NomosPraxis

Prof. Dr. Alexander Roßnagel [Hrsg.]

Das neue Datenschutzrecht

Europäische Datenschutz-Grundverordnung und deutsche Datenschutzgesetze

Stephan Blazy, LL.M., Universität Kassel | **Tamer Bile**, LL.M., Universität Kassel | **Steffen Braun**, LL.M., Universität Kassel | **Dr. Christian L. Geminn**, Mag. iur., Universität Kassel | **Dr. Olga Grigorjew**, LL.M., Universität Kassel | **Johanna M. Hofmann**, LL.M., Ass. iur., Universität Kassel | **Carolin Hohmann**, LL.M., Universität Kassel | **Dominik Hoidn**, Rechtsanwalt Frankfurt am Main und Berlin | **Charlotte Husemann**, MLE, Ass. iur., Universität Kassel | **Dr. Silke Jandt**, PD, Universität Kassel | **Paul C. Johannes**, LL.M., Rechtsanwalt, Universität Kassel | **Anne Laubach**, Ass. iur., Universität Kassel | **Natalie Maier**, LL.M., Universität Kassel | **Kevin Marschall**, LL.M., Universität Kassel | **Nadine Miedzianowski**, LL.M., Universität Kassel | **Johannes Karl Martin Müller**, MLE., Ass. iur., Universität Kassel | **Maxi Nebel**, Ass. iur., Universität Kassel | **Verena Ossoinig**, LL.M., Universität Kassel | **Dr. Philipp Richter**, Referent beim Landesbeauftragten für den Datenschutz und die Informationsfreiheit Rheinland-Pfalz | **Prof. Dr. Alexander Roßnagel**, Universität Kassel | **Fabian Schaller**, LL.M., Universität Kassel | **Robert Weinhold**, Rechtsanwalt, Düsseldorf

Nomos

Die Deutsche Nationalbibliothek verzeichnet diese Publikation in der Deutschen Nationalbibliografie; detaillierte bibliografische Daten sind im Internet über http://dnb.d-nb.de abrufbar.

ISBN 978-3-8487-4411-4

1. Auflage 2018

Vorwort

Die Datenschutz-Grundverordnung vom 27. April 2016 wird ab dem 25. Mai 2018 in allen Mitgliedstaaten unmittelbar gelten und in diesen das Datenschutzrecht auf eine neue Grundlage stellen. Die Datenschutz-Grundverordnung wird dann Teil der jeweiligen nationalen Rechtsordnung sein, ohne diese aber formell zu verändern. Diese gilt grundsätzlich fort, ist aber im Fall eines Widerspruchs zur Verordnung nicht mehr anwendbar. An einem Widerspruch zur Unionsverordnung fehlt es allerdings, wenn deutsche Regelungen deren Vorgaben präzisieren, konkretisieren oder ihnen zur Durchsetzung verhelfen. Die rechtliche Situation wird zusätzlich noch dadurch verkompliziert, dass die Datenschutz-Grundverordnung mehr als 70 Öffnungsklauseln enthält, die es den Mitgliedstaaten ermöglichen, bestehende Datenschutzregeln beizubehalten oder neue zu erlassen. Von diesen Regelungskompetenzen hat der deutsche Gesetzgeber schon mehrfach Gebrauch gemacht und wird auch künftig viele weitere Datenschutzregelungen, die sich in das Konzept der Datenschutz-Grundverordnung einpassen müssen, erlassen. Dieses Nebeneinander von Datenschutz-Grundverordnung und deutschem Datenschutzrecht führt zu einer Ko-Regulierung des Datenschutzes durch die Gesetzgeber der Union, des Bundes und der Länder. Diese Ko-Regulierung erzeugt für das künftige Datenschutzrecht in Deutschland eine sehr schwer durchschaubare Gemengelage aus Unionsrecht, weitergeltendem deutschen Datenschutzrecht und neu erlassenen und noch zu erlassenden Datenschutzvorschriften. In vielen Fällen wird unklar oder gar strittig sein, ob im Einzelfall deutsches oder europäisches Datenschutzrecht anwendbar ist. Zusätzlich soll bis zum 25. Mai 2018 eine ePrivacy-Verordnung erlassen werden, die der Datenschutz-Grundverordnung vorgehen wird. Diese Rechtslage verursacht ein hohes Maß an Rechtsunsicherheit.

Auf diese Rechtsunsicherheit hat der Bundesgesetzgeber bereits reagiert. Noch in der 18. Legislaturperiode hat er mit dem neuen Bundesdatenschutzgesetz vom 30. Juni 2017 das allgemeine Datenschutzrecht des Bundes an die Datenschutz-Grundverordnung angepasst und diese ergänzt. Im bereichsspezifischen Datenschutzrecht hat er durch Gesetz vom 24. Juli 2017 neue Datenschutzvorschriften durch die Änderung der Abgabenordnung und des Sozialgesetzbuchs I und X erlassen. Viele weitere bereichsspezifische Datenschutzregelungen – allein im Bund dürfte dies über 250 Gesetze betreffen – warten noch auf ihre Überarbeitung. Auch die Länder müssen ihre allgemeinen und bereichsspezifischen Datenschutzregelungen an das neue Datenschutzrecht der Union anpassen.

Diese Anpassung wird angesichts des enormen Umfangs des deutschen Datenschutzrechts nicht auf einmal und nicht vollständig bis zum 25. Mai 2018 möglich sein. Sie wird vielmehr einen längerfristigen und mehrstufigen Überarbeitungsprozess erfordern. Bis zu dessen Abschluss wird sich noch für viele Vorschriften des Datenschutzrechts des Bundes und der Länder die Frage stellen, ob sie weiterhin – trotz der Datenschutz-Grundverordnung – anwendbar sind. Für die in der Überarbeitung befindlichen Regelungen müssen die Gesetzgeber des Bundes und der Länder entscheiden, ob sie diese zur Gewährleistung von Kontinuität beibehalten, inhaltlich ändern oder wegen Widerspruchs zur Verordnung abschaffen wollen, können oder müssen.

Bereits jetzt ist absehbar, dass die Datenschutz-Grundverordnung nicht – wie ursprünglich erhofft – zu einem einheitlichen modernen Datenschutzrecht in der Union geführt hat, sondern zu einer hochkomplizierten Ko-Regulierung zwischen Union und Mitgliedstaaten. Dies führt für Unternehmen, Behörden und betroffene Personen zu großer Rechtsunsicherheit, welche Kombination von Regelungen ab dem 25. Mai 2018 für welches Datenschutzproblem gelten wird.

Diese Frage will das vorliegende Buch beantworten. Es beschreibt in § 1 die komplizierte Rechtslage, die zum großen Teil aus dem Machtkampf zwischen den Verfassungsgewalten der Union im Entstehungsprozess der Verordnung abgeleitet wird. § 2 stellt die Grundlagen des Primärrechts der Union und des Verfassungsrechts Deutschlands dar, die für die Beantwortung der Frage berücksichtigt werden müssen. § 3 untersucht den Anwendungsbereich und die Grundsätze der Datenschutz-Grundverordnung sowie ihre Ausprägungen in Erlaubnistatbeständen. § 4 widmet sich den Rechten und Rechtsbehelfen der betroffenen Person und § 5 den Pflichten des Verantwortlichen und des Auftragsverarbeiters. § 6 thematisiert die Datenschutzaufsicht als wichtigstes Instrument zur Durchsetzung des neuen Datenschutzrechts. Schließlich geben die §§ 7 und 8 Antworten auf thematische Datenschutzfragen im öffentlichen Bereich und in der Wirtschaft.

Das vorliegende Handbuch baut auf dem Buch „Europäische Datenschutzgrundverordnung" des Herausgebers aus dem Jahr 2017 auf. Dieses reagierte auf die Verabschiedung der Datenschutz-Grundverordnung und verfolgte die Frage, welche Vorschriften des bisherigen deutschen Datenschutzrechts die Datenschutz-Grundverordnung in der Anwendung verdrängt und welche Vorschriften auch nach Geltung der Verordnung anwendbar bleiben. Diese Frage besteht noch immer, wird aber durch die Überarbeitung des deutschen Datenschutzrechts zunehmend überholt. Je mehr durch neue Datenschutzregelungen in Deutschland der Charakter des europäischen Datenschutzrechts als Ko-Regulierung der Union, des Bundes und der Länder deutlich wird, umso stärker tritt die Frage nach vorn, wie sich das Zusammenwirken von Datenschutz-Grundverordnung und deutschem Datenschutzrecht gestaltet. Um das europäische Datenschutzrecht zu verstehen, genügt nicht mehr ein Blick in die Datenschutz-Grundverordnung, sondern es ist erforderlich, die Datenschutzregelungen der Union im Zusammenspiel mit dem deutschen Datenschutzrecht zu betrachten. Diese neue Fragestellung konnte nicht durch eine weitere Auflage des zugrundeliegenden Buchs beantwortet werden, sondern erforderte ein neues Buch mit einem neuen Ansatz und erweitertem Inhalt.

Das Handbuch entstand in einer intensiven Kooperation zwischen den Mitgliedern der Projektgruppe verfassungsverträgliche Technikgestaltung (provet). Sie ist eine Abteilung im Wissenschaftlichen Zentrum für Informationstechnik-Gestaltung (ITeG) der Universität Kassel. In vielen Forschungsprojekten, die provet derzeit durchführt, stellte sich immer wieder die Frage, welche Regelungen des deutschen oder des unionalen Datenschutzrechts anzuwenden ist. Um diese Frage für die weitere wissenschaftliche Bearbeitung der Forschungsprojekte zu beantworten, haben die Mitglieder von provet sie systematisch und arbeitsteilig untersucht. Das Buch enthält damit zugleich Beiträge zu einzelnen Forschungsprojekten, in denen der Umgang mit der Datenschutz-Grundverordnung und den Änderungen des deutschen Datenschutzrechts eine wichtige Frage ist. Diese Beiträge wurden für den Forschungsschwerpunkt „Always Online? Ein neues Kommunikationsparadigma für die Kommunikationsgesellschaft" (Social Link) der Landes-Offensive zur Entwicklung wissenschaftlich-ökonomischer Exzellenz (LOEWE) des Landes Hessen, für das DFG-Graduiertenkolleg 2050 „Privatheit und Vertrauen für mobile Nutzer", für das BMBF-Projekt „Forum Privatheit und selbstbestimmtes Leben in der digitalen Welt" (Forum Privatheit) (FKZ 16KIS0744), für das BMBF-Projekt „Erkennung von Wirtschaftskriminalität und Versicherungsbetrug" (EWV) (FKZ 13N13502), für das Nationale Referenzprojekt des BMBF zur IT-Sicherheit in Industrie 4.0 (IUNO) (FKZ 16KIS0329), für das BMBF-Projekt „Integration vernetzter Daten und Früherkennung von Phänomenen der Organisierten Kriminalität" (LiDaKrA) (FKZ 13N13626), für das BMBF-Projekt „Multisensoriell gestützte Erfassung von Straftätern in Menschenmengen bei komplexen Einsatzlagen" (MUSKAT) (FKZ 13N13246), für das BMBF-Projekt „Vertrauenswürdige Cloud-Services durch dynamische Zertifizierung qualitativer, datenschutzrechtlicher und sicherheitstechnischer Anforderungen: Next Generation Certification" (NGCert) (FKZ 16KIS0149), für das BMBF-Projekt „Datenschutzrecht" im Verbundprojekt „Notfall-Kommunikationsnetze auf Basis von Mobiltelefonen" (SMARTER) (FKZ 13N13405), für das BMBF-Projekt „Vertrauenswürdige Verteilung von Verschlüsselungsschlüsseln" (VVV) (FKZ 16KIS0356), für das BMJV-Projekt „Smart Environment, Smart Information? (SenSi) (FKZ 28V22001), für das BMBF-und ESF-Projekt „Gestaltung der Arbeitswelt der Zukunft durch Erreichbarkeitsmanagement (SANDRA)" (FKZ 02L15A272) und für das BMWi-Projekt „Rechtsfragen der Gebäudebetriebsoptimierung durch Nutzeridentifikation in Räumen" (Geop-Nu), (FKZ 03ET1428B) erbracht.

Das Buch ist mit der Hoffnung verknüpft, dass es dazu beiträgt, das künftige europäische Datenschutzrecht in seiner Ausprägung aus dem Recht der Union und der Mitgliedstaaten besser zu verstehen, mögliche Streitfälle in der Praxis zu vermeiden und die Datenschutzgesetzgebung zu unterstützen.

Kassel, Oktober 2017 *Alexander Roßnagel*

Inhaltsübersicht

Verzeichnis der Autoren

Stephan Blazy, LL.M.: Nach Abschluss seines Bachelorstudiums „Recht, Personalmanagement und -psychologie“ an der Brunswick European Law School, absolvierte der Autor sein Masterstudium „Wirtschaftsrecht“ an der Universität Kassel. Seit April 2016 ist er als wissenschaftlicher Mitarbeiter und Doktorand in der „Projektgruppe verfassungsverträgliche Technikgestaltung“ (provet) im „Wissenschaftlichen Zentrum für Informationstechnik-Gestaltung“ (ITeG) an der Universität Kassel tätig. Hier arbeitet er am Projekt „Vertrauenswürdige Verteilung von Verschlüsselungsschlüsseln“ (VVV), das vom Bundesministerium für Bildung und Forschung gefördert wird. Publikationen und Vorträge zu datenschutzrechtlichen Themen.

Tamer Bile, LL.M.: Der Autor studierte Internationales und Europäisches Wirtschaftsrecht an der Universität Kassel. Seit 2017 ist er wissenschaftlicher Mitarbeiter in der Projektgruppe verfassungsverträgliche Technikgestaltung (provet) im Wissenschaftlichen Zentrum für Informationstechnik-Gestaltung (ITeG). Dort arbeitet er in dem interdisziplinären Forschungsprojekt „Forum Privatheit und selbstbestimmtes Leben in der digitalen Welt“. Publikationen zum Telemedienrecht und Datenschutzrecht.

Steffen Braun, LL.M.: Er studierte europäisches und internationales Wirtschaftsrecht an der Universität Kassel. In seiner Masterarbeit untersuchte er die besonderen Anforderungen des IT-Sicherheitsgesetzes für Betreiber von kritischer Infrastruktur im Bereich von Erdgastransportnetzen. Während seines Studiums arbeitete er in der Rechtsabteilung eines Energieversorgungsunternehmens. Seit 2017 ist er wissenschaftlicher Mitarbeiter in der „Projektgruppe verfassungsverträgliche Technikgestaltung“ (provet) im Wissenschaftlichen Zentrum für Informationstechnik-Gestaltung (ITeG). Dort arbeitet er in dem vom Bundesministerium für Wirtschaft und Energie (BMWi) geförderten Projekt „Gebäudebetriebsoptimierung durch Nutzeridentifikation in Räumen“ (GeopNu). Publikationen und Vorträge zu datenschutzrechtlichen Themen.

Christian L. Geminn, Dr. jur., Mag. iur.: Der Autor studierte Rechtswissenschaften an der Johannes Gutenberg-Universität Mainz und der De Montfort University Leicester (UK). 2013 wurde er mit seiner Dissertationsschrift „Rechtsverträglicher Einsatz von Sicherheitsmaßnahmen im öffentlichen Verkehr“ an der Universität Kassel promoviert. Seit 2011 ist er wissenschaftlicher Mitarbeiter in der „Projektgruppe verfassungsverträgliche Technikgestaltung“ (provet) im Wissenschaftlichen Zentrum für Informationstechnik-Gestaltung (ITeG). Dort arbeitete er in den interdisziplinären Forschungsprojekten „Security Impact Assessment Measures – A decision support system for security technologies“ (SIAM) und „Untersuchung zur Kartografie und Analyse der Privacy-Arena“ (Privacy-Arena). Seit September 2017 ist er Geschäftsführer der Projektgruppe. Publikationen, Vorträge und Gutachten u.a. zum Datenschutzrecht und zum Verfassungsrecht.

Olga Grigorjew, Dr. jur., LL.M.: Sie studierte Wirtschaftsrecht an der Universität Kassel und promovierte dort mit einer Arbeit zur „Beweiseignung fortgeschrittener elektronischer Signaturen“. Seit 2011 ist sie wissenschaftliche Mitarbeiterin in der Projektgruppe verfassungsverträgliche Technikgestaltung“ (provet) im Wissenschaftlichen Zentrum für Informationstechnik-Gestaltung (ITeG). Mitarbeit in den interdisziplinären Forschungsprojekten: „Beweiseignung fortgeschrittener Signaturen“ (BefeS), „Resiscan“ zur rechtlichen Begleitung der Technischen Richtlinie BSI TR 03138 und „Forum Privatheit und selbstbestimmtes Leben in der Digitalen Welt". Publikationen zum Telemedienrecht, zum elektronischen Rechtsverkehr und zum Datenschutzrecht.

Johanna M. Hofmann, LL.M., Ass. iur.: Studium der Rechtswissenschaften an der Universität Potsdam. Wissenschaftliche Mitarbeiterin in Rechtsanwaltskanzleien in Berlin, Brüssel und Barcelona, jeweils mit den Schwerpunkten im IP- und IT-Recht. 2012 Zweite Juristische Staatsprüfung in Berlin. 2014 Abschluss des Masterstudiums im Bereich Intellectual Property & Information Law am King's College, London. 2014 - 2017 wissenschaftliche Mitarbeiterin in der „Projektgruppe verfassungsverträgliche Technikgestaltung" (provet) im Wissenschaftlichen Zentrum für Informationstechnik-Gestaltung (ITeG). Mitarbeit in dem Projekt „Vertrauenswürdige Cloud-Services durch dynamische Zertifizierung qualitativer, datenschutzrechtlicher und sicherheitstechnischer Anforderungen: Next Generation Certification" (NGCert). Seit 2015 Doktorandin an der Universität Kassel. Ab Januar 2018 Rechtsanwältin in München. Publikationen und Vorträge u.a. zum Wettbewerbs-, Datenschutz- und IT-Sicherheitsrecht.

Carolin Hohmann, LL.M.: Sie hat Europäisches und Internationales Wirtschaftsrecht an der Universität Kassel studiert. Von April 2015 bis Juni 2016 war sie Stipendiatin des Center for Advanced Security Research (CASED) an der TU Darmstadt und wissenschaftliche Mitarbeiterin in der „Projektgruppe verfassungsverträgliche Technikgestaltung" (provet) im Wissenschaftlichen Zentrum für Informationstechnikgestaltung (ITeG) an der Universität Kassel. Neben ihrer Masterarbeit „Datenschutz bei Wearable Computing – Eine juristische Analyse am Beispiel von Google Glass" publizierte sie weitere Beiträge zum Datenschutzrecht. Seit August 2016 Mitarbeiterin im Bereich Konzerndatenschutz eines international tätigen Konzerns.

Dominik Hoidn, RA: Er studierte Rechtswissenschaften an den Universitäten Frankfurt am Main und Lyon. In Lyon erwarb er das Diplôme Universitaire de Droit Français (DUDF). Seine Examensarbeit untersuchte die Auswirkungen des Urteils des Bundesverfassungsgerichts zur Online-Durchsuchung auf das Allgemeine Persönlichkeitsrecht. Das Referendariat absolvierte er in Frankfurt am Main und Brüssel. Seit 2012 Zulassung als Rechtsanwalt, zunächst in internationaler Großkanzlei tätig. Seit 2014 Doktorand an der Universität Kassel bei Prof. Dr. Alexander Roßnagel in der „Projektgruppe verfassungsverträgliche Technikgestaltung" (provet) zum Thema „Auswirkungen des Grundrechts auf Gewährleistung der Vertraulichkeit und Integrität informationstechnischer Systeme in Bezug auf Smartphones". Weiter ist er als Rechtsanwalt in Frankfurt am Main und Berlin tätig.

Charlotte Husemann, MLE, Ass. iur.: Sie studierte Rechtswissenschaften an der Georg-August-Universität Göttingen und an der Universitat Autònoma in Barcelona. Im Rahmen des zusätzlichen Magisterstudiengangs „Europäische Rechtsintegration" verfasste sie eine rechtsvergleichende Magisterarbeit zu den verfassungsrechtlichen Voraussetzungen der europäischen Integration in Deutschland und Spanien. Das Referendariat absolvierte sie in Hamburg und Lüneburg unter anderem bei Graf von Westphalen und arbeitete im Anschluss in einer mittelständischen Kanzlei in Berlin insbesondere im IP- und IT-Recht. Seit April 2015 ist sie Mitarbeiterin der „Projektgruppe verfassungsverträgliche Technikgestaltung" (provet) im Wissenschaftlichen Zentrum für Informationstechnik-Gestaltung (ITeG); zunächst als Stipendiatin des Center for Advanced Security Research Darmstadt (CASED) und seit Juli 2016 als wissenschaftliche Mitarbeiterin in den Projekten „Untersuchung zur Kartografie und Analyse der

Privacy-Arena“ (Privacy-Arena), „Smart Environment, Smart Information?" (SEnSI) und „Forum Privatheit“.

Silke Jandt, PD Dr. jur.: Sie studierte Rechtswissenschaften an der Georg-August-Universität in Göttingen und promovierte 2008 an der Universität Kassel. 2016 habilitierte sie sich an der Universität Kassel. Die schriftliche Habilitation trägt den Titel „Technikadäquate Grundrechtsentwicklung – Verfassungsrechtliche Steuerung technischer Innovationen am Beispiel des Internet“ und sie hat den Habilitationsvortrag zum Thema „Die europäische Datenschutz-Grundverordnung – Auswirkungen auf das nationale Recht“ gehalten. Von 2011 bis 2015 war sie Geschäftsführerin der „Projektgruppe verfassungsverträgliche Technikgestaltung“ (provet) im Wissenschaftlichen Zentrum für Informationstechnik-Gestaltung (ITeG). Sie hat viele Forschungsprojekte zu moderner Informations- und Kommunikationstechnik durchgeführt und geleitet und zahlreiche Publikationen u.a. zum Datenschutzrecht vorzuweisen. Seit April 2016 ist sie Referentin bei der Landesbeauftragten für Datenschutz.

Paul C. Johannes, LL.M., RA: Studierte Rechtswissenschaften und Informatik an der Friedrich Schiller Universität (Jena), der Leibniz Universität (Hannover) und der Queen Mary University (London). Absolvent des European Legal Informatics Study Programmes (EULISP). Seit 2009 Rechtsanwalt mit den Tätigkeitsschwerpunkten IT-Recht und Datenschutzrecht. Seit 2010 wissenschaftlicher Mitarbeiter in der „Projektgruppe verfassungsverträgliche Technikgestaltung“ (provet) im Wissenschaftlichen Zentrum für Informationstechnik-Gestaltung (ITeG). Seit Oktober 2017 stellvertretender Geschäftsführer der Projektgruppe. Mitarbeit u.a. in den Projekten „Beweissicheres elektronisches Laborbuch“ (BeLab), „ProPrivacy“ und „Integration vernetzter Daten und Früherkennung von Phänomenen der Organisierten Kriminalität“ (LiDaKrA). Publikationen zum Datenschutzrecht, zum Wissenschaftsrecht und dem Recht des elektronischen Geschäfts- und Rechtsverkehrs.

Anne Laubach, Ass. iur.: Sie studierte Rechtswissenschaften an der Georg-August-Universität Göttingen. Das Rechtsreferendariat absolvierte sie in Kassel und Frankfurt am Main. Seit 2016 ist sie wissenschaftliche Mitarbeiterin und Doktorandin in der „Projektgruppe verfassungsverträgliche Technikgestaltung“ (provet) im Wissenschaftlichen Zentrum für Informationstechnik-Gestaltung (ITeG) an der Universität Kassel in dem interdisziplinären Forschungsprojekt und Graduiertenkolleg „Privacy and Trust for Mobile Users“. Publikationen und Vorträge zu datenschutz- und IT-rechtlichen Themen.

Natalie Maier, LL.M.: Sie studierte Wirtschaftsrecht an der Universität Kassel und untersuchte in ihrer Masterarbeit „die Datenweitergabe im Rahmen des Cloud Computings unter besonderer Betrachtung von Unterauftragsverhältnissen“. Seit 2014 ist sie wissenschaftliche Mitarbeiterin in der „Projektgruppe verfassungsverträgliche Technikgestaltung“ (provet) im Wissenschaftlichen Zentrum für Informationstechnik-Gestaltung (ITeG); Mitarbeit in dem Projekt „Always Online? – ein neues Kommunikationsparadigma für die Kommunikationsgesellschaft“ (Social Link). Publikationen zu arbeits- und datenschutzrechtlichen Themen.

Kevin Marschall, LL.M.: Nach Abschluss seines rechtswissenschaftlichen Bachelorstudiums (Informationsrecht) an der Hochschule Darmstadt absolvierte er ein Masterstudium der Rechtsinformatik an der Universität Hannover sowie an der Strathcylde Universität in Glasgow (UK). Während seines Studiums arbeitete er in der Datenschutzabteilung eines internationalen Managementberatungsunternehmens. Seit 2015 ist er wissenschaftlicher Mitarbeiter und Doktorand in der „Projektgruppe verfassungsverträgliche Technikgestaltung“ (provet) im Wissenschaftlichen Zentrum für Informationstechnik-Gestaltung (ITeG). Er bearbeitet dort das Projekt „Erkennung von Wirtschaftskriminalität und Versicherungsbetrug“ (EWV) und beschäftigt sich in diesem Rahmen mit der rechtsverträglichen Gestaltung IT-forensischer Systeme. Er ist zudem Autor zahlreicher – vor allem datenschutzrechtlicher – Fachpublikationen und gefragter Referent zum nationalen und europäischen Datenschutzrecht.

Nadine Miedzianowski, LL.M.: Sie studierte Internationales und Europäisches Wirtschaftsrecht an der Universität Kassel. In ihrer Bachelorarbeit beschäftigte sie sich mit datenschutzrechtlichen Fragestellungen im Zusammenhang mit Suchmaschinen und untersuchte in ihrer Masterarbeit Online-Bewertungen hinsichtlich Datenschutz, Persönlichkeitsschutz und Meinungsfreiheit. Seit August 2016 ist sie wissenschaftliche Mitarbeiterin der „Projektgruppe verfassungsverträgliche Technikgestaltung“ (provet) im Wissenschaftlichen Zentrum für Informationstechnik-Gestaltung (ITeG). Dort arbeitete sie zunächst in dem Projekt „Untersuchung zur Kartografie und Analyse der Privacy-Arena“ (Privacy-Arena) und bearbeitet seit April 2017 das interdisziplinäre Projekt „Gestaltung der Arbeitswelt der Zukunft durch Erreichbarkeitsmanagement“ (SANDRA). Publikationen erfolgten zu datenschutzrechtlichen Themen.

Johannes Karl Martin Müller, MLE., Ass. iur.: Er studierte Rechtswissenschaften an der Georg-August-Universität in Göttingen und der Eötvös Loránd Tudományegyetem (ELTE) in Budapest. Abschluss des Magisterstudiengangs „Europäische Rechtsintegration“ mit einer rechtsvergleichenden Magisterarbeit zum Einfluss des Europäischen Wettbewerbsrechts auf das Wettbewerbsrecht Ungarns. Sein Rechtsreferendariat absolvierte er am LG Darmstadt. Ab 2011 war er als Rechtsanwalt, zuletzt in Kassel mit Schwerpunkt im Handels- und Gesellschafts- sowie dem Immobilienrecht, tätig. Seit 2016 ist er wissenschaftlicher Mitarbeiter in der „Projektgruppe verfassungsverträgliche Technikgestaltung“ (provet) im Wissenschaftlichen Zentrum für Informationstechnik-Gestaltung (ITeG) im Projekt IUNO – Nationales Referenzprojekt zur IT-Sicherheit in Industrie 4.0. Publikationen und Vorträge zu datenschutz- und IT-sicherheitsrechtlichen Themen.

Maxi Nebel, Ass. iur.: Sie studierte Rechtswissenschaften an der Friedrich-Alexander-Universität Erlangen-Nürnberg. Das Rechtsreferendariat absolvierte sie in Nürnberg und Washington, DC. Seit 2012 arbeitet sie als wissenschaftliche Mitarbeiterin in der „Projektgruppe verfassungsverträgliche Technikgestaltung“ (provet) im Wissenschaftlichen Zentrum für Informationstechnik-Gestaltung (ITeG) an der Universität Kassel. Mitarbeit in verschiedenen Projekten, u.a. „Internet Privacy“, „Resiscan“ zur rechtlichen Begleitung der Technischen Richtlinie BSI TR 03138 und zuletzt im BMBF-geförderten Projekt „Forum Privatheit und selbstbestimmtes Leben in der Digitalen Welt“. Publikationen und Vorträge u.a. zu Big Data, Datenschutz-Grundverordnung und ersetzendem Scannen.

Verena Ossoinig, LL.M.: Sie studierte deutsches und internationales Wirtschaftsrecht an der Universität Kassel und der James Cook University Cairns, Australien. Abschluss des Masterstudiengangs mit einer Arbeit über die verbraucher- und datenschutzrechtliche Bewertung von Onlineshops. 2014-2017 wissenschaftliche Mitarbeiterin in der „Projektgruppe verfassungsverträgliche Technikgestaltung“ (provet) im Wissenschaftlichen Zentrum für Informationstechnik-Gestaltung (ITeG) an der Universität Kassel.

Mitarbeit in dem Projekt „Always Online? – ein neues Kommunikationsparadigma für die Kommunikationsgesellschaft“ (Social Link). Publikationen und Vorträge zu datenschutz- und arbeitsrechtlichen Themen.

Philipp Richter, Dr. jur.: Er studierte Rechtswissenschaften an der Humboldt Universität zu Berlin und absolvierte den juristischen Vorbereitungsdienst am Kammergericht Berlin. 2009 kam er zur „Projektgruppe verfassungsverträgliche Technikgestaltung“ (provet) im Wissenschaftlichen Zentrum für Informationstechnik-Gestaltung (ITeG) und bearbeitete das DFG-Forschungsprojekt „Juristisch-informatische Modellierung von Online-Wahlen“. 2012 wurde er mit seiner Dissertationsschrift „Wahlen im Internet rechtsgemäß gestalten“ promoviert. Im Anschluss bearbeitete er das BMBF-Forschungsprojekt „Internet Privacy – Eine Kultur des Vertrauens und der Privatsphäre im Internet“. Von September 2015 bis August 2017 war er Geschäftsführer der Projektgruppe. Seit September 2017 ist er Referent beim Landesbeauftragten für den Datenschutz und die Informationsfreiheit Rheinland-Pfalz. Publikationen und Vorträge zu: Big Data, Wearable Computing, Datenschutz-Grundverordnung, Privacy by Design, elektronische Demokratie, Robotik, Industrie 4.0, sensorische Umgebungen.

Alexander Roßnagel, Prof. Dr. jur.: Er studierte Rechtswissenschaften an den Universitäten Mannheim und Heidelberg und promovierte an der Universität Gießen. 1991 habilitierte er mit einer Arbeit zur „Rechtswissenschaftlichen Technikfolgenforschung“ an der Technischen Universität Darmstadt. Seit 1993 ist er Universitätsprofessor für Öffentliches Recht mit dem Schwerpunkt Recht der Technik und des Umweltschutzes an der Universität Kassel. Dort war er von 2003 bis 2011 Vizepräsident. Er ist wissenschaftlicher Leiter der „Projektgruppe verfassungsverträgliche Technikgestaltung“ (provet) im Wissenschaftlichen Zentrum für Informationstechnik-Gestaltung (ITeG). Sehr viele Forschungsprojekte und Publikationen u.a. zum Datenschutzrecht.

Fabian Schaller, LL.M.: Er studierte Wirtschaftsrecht an der Hochschule Pforzheim und an der Universität Kassel. Anschließend arbeitete er als Juristischer Referent bei der Steuerberaterkammer München. Seit 2015 ist er wissenschaftlicher Mitarbeiter der „Projektgruppe verfassungsverträgliche Technikgestaltung“ (provet) im Wissenschaftlichen Zentrum für Informationstechnik-Gestaltung (ITeG). Dort arbeitet er im Projekt „Notfall-Kommunikationsnetze auf Basis von Mobiltelefonen“ (SMARTER), das vom Bundesministerium für Bildung und Forschung (BMBF) zum Themenfeld „Zivile Sicherheit – Schutz und Rettung bei komplexen Einsatzlagen“ im Rahmen des Programms „Forschung für die zivile Sicherheit 2012 – 2017“ gefördert wird.

Robert Weinhold, Ass. iur.: Er studierte Rechtswissenschaften an der Georg-August-Universität in Göttingen und war dort wissenschaftlicher Mitarbeiter im Projekt „Scalable Measures for Automated Recognition Technologies“ (SMART). Das Referendariat absolvierte er in Kassel und München u.a. bei der ProSiebenSat.1 Media SE. Seit September 2014 ist er wissenschaftlicher Mitarbeiter der „Projektgruppe verfassungsverträgliche Technikgestaltung“ (provet) im Wissenschaftlichen Zentrum für Informationstechnik-Gestaltung (ITeG) in dem Projekt „Multisensoriell gestützte Erfassung von Straftätern in Menschenmengen bei komplexen Einsatzlagen" (Muskat). Ab November 2017 Rechtsanwalt in Düsseldorf. Publikationen und Vorträge u.a. zum Wettbewerbs-, Verbraucherschutz- und Datenschutzrecht.

Abkürzungsverzeichnis

a.F.	Alte Fassung
aA	anderer Ansicht
ABl. EG	Amtsblatt der Europäischen Gemeinschaften
ABl. EU	Amtsblatt der Europäischen Union
Abs.	Absatz
aE	am Ende
AEUV	Vertrag über die Arbeitsweise der Europäischen Union
AGG	Allgemeines Gleichbehandlungsgesetz
AK	Arbeitskreis
Alt.	Alternative
AO	Abgabenordnung
APuZ	Aus Politik und Zeitgeschichte
ArbGG	Arbeitsgerichtsgesetz
Art.	Artikel
Az.	Aktenzeichen
AZRG	Gesetz über das Ausländerzentralregister
BAG	Bundesarbeitsgericht
BArchG	Bundesarchivgesetz
BayDSG	Bayerisches Datenschutzgesetz
BayObLG	Bayerisches Oberstes Landesgericht
BB	Betriebsberater (Zeitschrift)
BBG	Bundesbeamtengesetz
BbgDSG	Brandenburgisches Datenschutzgesetz
Bd.	Band
BDSG	Bundesdatenschutzgesetz in der Fassung vom 30.6.2017
BDSG a.F.	Bundesdatenschutzgesetz in der Fassung vom 14.1.2003
BeamtStG	Gesetz zur Regelung des Statusrechts der Beamtinnen und Beamten in den Ländern
BeckEuRS	Beck online Rechtsprechung des EuGH, EuG und EuGöD
BeckOK	Beck'scher Online-Kommentar
BeckRS	Beck-Rechtsprechung
BetrVG	Betriebsverfassungsgesetz
BfDI	Bundesbeauftragte(r) für den Datenschutz und die Informationsicherheit
BGB	Bürgerliches Gesetzbuch
BGBl.	Bundesgesetzblatt
BGH	Bundesgerichtshof
BGHSt	Entscheidungen des Bundesgerichtshofs in Strafsachen
BGHZ	Entscheidungen des Bundesgerichtshofs in Zivilsachen
BKAG	Bundeskriminalamtgesetz
BlnDSG	Berliner Datenschutzgesetz
BMBF	Bundesministerium für Bildung und Forschung
BMI	Bundesministerium des Innern
BMWi	Bundesministerium der Wirtschaft
BND	Bundesnachrichtendienst
BNDG	Gesetz über den Bundesnachrichtendienst
BNotO	Bundesnotarordnung
BPolG	Gesetz über die Bundespolizei
BRAO	Bundesrechtsanwaltsordnung
BR-Drs.	Bundesrats-Drucksache
BremDSG	Bremisches Datenschutzgesetz
BSI	Bundesamt für Sicherheit in der Informationstechnik

BSIG	Gesetz über das Bundesamt für Sicherheit in der Informationstechnik
bspw.	beispielsweise
BStatG	Gesetz über die Statistik für Bundeszwecke
BT-Drs.	Bundestags-Drucksache
BvD	Bundesverband der Datenschutzbeauftragten Deutschlands
BVerfG	Bundesverfassungsgericht
BVerfGE	Entscheidungen des Bundesverfassungsgerichts
BVerfSChG	Bundesverfassungsschutzgesetz
BVerwG	Bundesverwaltungsgericht
BWO	Bundeswahlordnung
CB	Compliance-Berater (Zeitschrift)
CDU	Christlich Demokratische Union Deutschlands
CR	Computer und Recht (Zeitschrift)
CSU	Christlich-Soziale Union in Bayern
DB	Der Betrieb (Zeitschrift)
DeMailG	De-Mail-Gesetz
ders.	derselbe
dh	das heißt
dies.	dieselbe
digma	Zeitschrift für Datenrecht und Informationssicherheit (Zeitschrift)
Drs.	Drucksache
DSG MV	Datenschutzgesetz Mecklenburg-Vorpommern
DSG NRW	Datenschutzgesetz Nordrhein-Westfalen
DSG Rh.-Pf.	Rheinland-pfälzisches Datenschutzgesetz
DSGVO	Datenschutz-Grundverordnung
DSGVO-KOM	Vorschlag der Europäischen Kommission für eine Datenschutz-Grundverordnung
DSGVO-PARL	Vorschlag des Europäischen Parlaments für eine Datenschutz-Grundverordnung
DSRL	Datenschutz-Richtlinie
DuD	Datenschutz und Datensicherheit (Zeitschrift)
DVBl.	Deutsches Verwaltungsblatt (Zeitschrift)
DVD	Deutsche Vereinigung für Datenschutz e. V.
e.V.	eingetragener Verein
EEG	Erneuerbare-Energien-Gesetz
EG	Europäische Gemeinschaft
Eg.	Erwägungsgrund
EGG	Elektronischer Geschäftsverkehr-Gesetz
EGMR	Europäischer Gerichtshof für Menschenrechte
eGovG	E-Government-Gesetz
eID	elektronische Identifizierung
eIDAS-VO	Verordnung für elektronische Identifizierung und Vertrauensdienste für elektronische Transaktionen im Binnenmarkt
Einl.	Einleitung
EKD	Evangelische Kirche in Deutschland
EL	Ergänzungslieferung
Empf.	Empfehlung
EMRK	Europäische Menschenrechtskonvention
ENISA	Europäische Agentur für Netz- und Informationssicherheit
EnWG	Energiewirtschaftsgesetz
ePrivacy-VO-E	Entwurf der EU-ePrivacy-Verordnung
ePrivacy-VO-E-KOM	Kommissions-Entwurf der EU-ePrivacy-Verordnung
ERA	Europäische Rechtsakademie

EstG	Einkommenssteuergesetz
et al.	et alii
EU	Europäische Union
EuG	Gerichte der Europäischen Union
EuGH	Europäischer Gerichtshof
EuGöD	Gericht für den öffentlichen Dienst der Europäischen Union
EuGRZ	Europäische Grundrechte-Zeitschrift (Zeitschrift)
EuR	Europarecht (Zeitschrift)
EUV	Vertrag über die Europäische Union
EuZW	Europäische Zeitschrift für Wirtschaftsrecht (Zeitschrift)
EWR	Europäischer Wirtschaftsraum
f.	folgend(e)
F.A.Z.	Frankfurter Allgemeine Zeitung
FamFG	Gesetz über das Verfahren in Familiensachen und in den Angelegenheiten der freiwilligen Gerichtsbarkeit
ff.	fortfolgende
FGO	Finanzgerichtsordnung
Fn.	Fußnote
GBO	Grundbuchordnung
GDV	Gesamtverband der Deutschen Versicherungswirtschaft
GebrMG	Gebrauchsmustergesetz
GG	Grundgesetz
ggf.	gegebenenfalls
GPS	Global Positioning System
GRCh	Charta der Grundrechte der Europäischen Union
grds.	grundsätzlich
GVG	Gerichtsverfassungsgesetz
HArchG	Hessisches Archivgesetz
HBG	Hessisches Beamtengesetz
HDSG	Hessisches Datenschutzgesetz
HGB	Handelsgesetzbuch
HKHG	Hessisches Krankenhausgesetz
hM	herrschende Meinung
HmbDSG	Hamburgisches Datenschutzgesetz
HPresseG	Hessisches Pressegesetz
HPRG	Hessisches Privatrundfunkgesetz
Hrsg.	Herausgeber
HS	Halbsatz
HSOG	Hessisches Gesetz über die öffentliche Sicherheit und Ordnung
HTTP	Hypertext Transfer Protocol
HTTPS	Hypertext Transfer Protocol Secure
ICO	Information Commissoner's Office
i.d.F.	in der Fassung
i.E.	im Erscheinen
i.S.e.	im Sinne einer
idR	in der Regel
IM	Information Management (Zeitschrift)
IP	Internetprotokoll/Information à la presse
iSd	im Sinne des/der
ISO	International Standards Organisation
iSv	im Sinne von
IT	Informationstechnologie
ITeG	Wissenschaftliches Zentrum für Informationstechnik-Gestaltung
ITRB	IT-Rechtsberater (Zeitschrift)

IuR	Informatik und Recht (Zeitschrift)
iVm	in Verbindung mit
JIPITEC	Journal of Intellectual Property, Information Technology and Electronic Commerce Law (Zeitschrift)
JI-RL	Richtlinie (EU) 2016/680 des Europäischen Parlaments und des Rates vom 27.4.2016
juris-PR ITR	juris PraxisReport IT-Recht
JuS	Juristische Schulung (Zeitschrift)
JZ	Juristenzeitung (Zeitschrift)
K&R	Kommunikation und Recht (Zeitschrift)
Kap.	Kapitel
KG	Kammergericht
KK-StPO	Karlsruher Kommentar zur StPO
Kodex-RL-E	Entwurf der Richtlinie über den europäischen Kodex für die elektronische Kommunikation
KOM	Dokumente der Kommission der EU
KritV	Die Kritische Vierteljahresschrift für Gesetzgebung und Rechtswissenschaft (Zeitschrift)
KWG	Gesetz über das Kreditwesen
LBG	Landesbeamtengesetz
LDSG	Landesdatenschutzgesetz(e)
LDSG SH	Schleswig-Holsteinisches Gesetz zum Schutz personenbezogener Informationen
LG	Landgericht
lit.	Litera
LKG RhPf	Landeskrankenhausgesetz Rheinland-Pfalz
LuftSig	Luftsicherheitsgesetz
MADG	Gesetz über den militärischen Abschirmdienst
MarkenG	Markengesetz
MBO-Ä	(Muster-)Berufsordnung für die in Deutschland tätigen Ärztinnen und Ärzte
MMR	Multimedia und Recht (Zeitschrift)
MRRG	Melderechtsrahmengesetz
mwN	mit weiteren Nachweisen
n.F.	neue Fassung
NBG	Niedersächsisches Beamtengesetz
NDSG	Niedersächsisches Datenschutzgesetz
NEJM	The New England Journal of Medicine
NGCert	Next Generation Certification
NJ	Neue Justiz (Zeitschrift)
NJW	Neue Juristische Wochenschrift (Zeitschrift)
Nr.	Nummer
NRW	Nordrhein-Westfalen
NSA	National Security Agency
NVwZ	Neue Zeitschrift für Verwaltungsrecht (Zeitschrift)
NZA	Neue Zeitschrift für Arbeitsrecht (Zeitschrift)
NZG	Neue Zeitschrift für Gesellschaftsrecht
OLG	Oberlandesgericht
OVG	Oberverwaltungsgericht
OWiG	Gesetz über Ordnungswidrigkeiten
PatG	Patentgesetz
PGP	Pretty Good Privacy
PinG	Privacy in Germany (Zeitschrift)
PKI	Public-Key-Infrastruktur
PostG	Postgesetz

provet	Projektgruppe verfassungsverträgliche Technikgestaltung
RDV	Recht der Datenverarbeitung (Zeitschrift)
RiStBV	Richtlinie für das Strafverfahren und das Bußgeldverfahren
RL	Richtlinie
Rn.	Randnummer
Rs.	Rechtssache
RStV	Rundfunkstaatsvertrag
RTFM	Read the Fucking Manual
S./s.	Siehe
SächsBG	Sächsisches Beamtengesetz
SächsDSG	Sächsisches Datenschutzgesetz
SGB	Sozialgesetzbuch
SGG	Sozialgerichtsgesetz
SigG	Signaturgesetz
SigV	Signaturverordnung
Slg	Sammlung
sog	sogenannt/e/r
SPD	Sozialdemokratische Partei Deutschlands
SPON	Spiegel Online Nachrichten
StBerG	Steuerberatungsgesetz
StGB	Strafgesetzbuch
StPO	Strafprozessordnung
SÜG	Sicherheitsüberprüfungsgesetz
SWD	Arbeitsunterlagen der Kommissionsdienststellen
SZ	Süddeutsche Zeitung
TDSV	Telekommunikations-Datenschutzverordnung
ThürPsychKG	Thüringer Gesetz zur Hilfe und Unterbringung psychisch kranker Menschen
TK	Telekommunikation
TK-Anbieter	Anbieter von Telekommunikationsdienstleistungen
TK-Dienst	Telekommunikationsdienst
TKG	Telekommunikationsgesetz
TKÜV	Telekommunikations-Überwachungsverordnung
TMG	Telemediengesetz
TR	Technische Richtlinie
TVG	Tarifvertragsgesetz
u.v.m.	und viele mehr
ua	unter anderem, und andere
UAbs.	Unterabsatz
UAG	Umweltauditgesetz
UKlaG	Unterlassungsklagegesetz
ULD	Unabhängiges Landeszentrum für Datenschutz Schleswig-Holstein
UmwRG	Umwelt-Rechtsbehelfsgesetz
UPR	Umwelt- und Planungsrecht (Zeitschrift)
UrhG	Urheberrechtsgesetz
Urt.	Urteil
USA	United States of America
UStG	Umsatzsteuergesetz
UWG	Gesetz gegen den unlauteren Wettbewerb
v.	von
v.d.	von der/von dem
VBlBW	Verwaltungsblätter für Baden-Württemberg (Zeitschrift)
VG	Verwaltungsgericht
Vgl.	Vergleich(e)
VM	Verwaltung und Management (Zeitschrift)

VO	Verordnung
Vol.	Volume (Band)
Vorb.	Vorbemerkung
VuR	Verbraucher und Recht (Zeitschrift)
VwGO	Verwaltungsgerichtsordnung
VwVfG	Verwaltungsverfahrensgesetz
WiPrO	Gesetz über eine Berufsordnung der Wirtschaftsprüfer (Wirtschaftsprüferordnung)
WP	Working Paper
WRP	Wettbewerb in Recht und Praxis (Zeitschrift)
zB	zum Beispiel
ZD	Zeitschrift für Datenschutz (Zeitschrift)
ZPO	Zivilprozessordnung
ZRP	Zeitschrift für Rechtspolitik (Zeitschrift)
ZUM	Zeitschrift für Urheber- und Medienrecht (Zeitschrift)

§ 1 Einleitung: Das künftige Datenschutzrecht in Europa

Die Verordnung (EU) 2016/679 des Europäischen Parlaments und des Rates vom 27. April 2016 zum Schutz natürlicher Personen bei der Verarbeitung personenbezogener Daten, zum freien Datenverkehr und zur Aufhebung der Richtlinie 95/46/EG (Datenschutz-Grundverordnung)[1] gilt vom 25. Mai 2018 an mit all ihren Regelungen in allen Mitgliedstaaten unmittelbar und wird Teil ihrer Rechtsordnung. Sie bestimmt vorrangig das künftige Datenschutzrecht in der Union und im Europäischen Wirtschaftsraum. Wie sich inzwischen deutlich herausstellt, wird dieses aber nicht allein durch sie geprägt. Vielmehr wird sie in vielen Bereichen und Aspekten ergänzt durch Datenschutzregelungen der Mitgliedstaaten. Dadurch entsteht im Datenschutz eine **Ko-Regulierung** durch Union und Mitgliedstaaten. Erst das komplizierte Zusammenwirken von Unionsrecht und Recht der Mitgliedstaaten bewirkt das zukünftige europäische Datenschutzrecht. Dies widerspricht zwar vielen Erwartungen und Wünschen nach einem einfachen und einheitlichen Datenschutzrecht in der Union,[2] ist aber – nüchtern betrachtet – das Ergebnis des politischen Prozesses, der die Datenschutz-Grundverordnung hervorgebracht hat. Dieser wird im Folgenden – in der gebotenen Kürze – nachgezeichnet. Er ist nicht nur entscheidend für die Regelungsinhalte und -struktur der Verordnung, sondern auch für ihre Mängel und Defizite. Ihre Ergänzungsbedürftigkeit führte zwangsläufig dazu, dass nationales Recht sie konkretisieren und ergänzen muss, um zu rechtssicheren und praktikablen Regelungen zu kommen. 1

Nach mehreren Jahren vorbereitender Diskussion und einem anschließenden Gesetzgebungsprozess von über vier Jahren ist die Datenschutz-Grundverordnung am 24. Mai 2016 in Kraft getreten.[3] Sie wurde mit großen Versprechen angekündigt,[4] mit hohen Erwartungen versehen,[5] mit tiefen Enttäuschungen aufgenommen[6] und durch viel Lobby-Arbeit beeinflusst.[7] Sie wird im Ergebnis sehr unterschiedlich bewertet. Sie wird – vor 2

1 EU ABl. L 119 vom 4.5.2016, 1.

2 Insbesondere von am Entstehungsprozess Beteiligten – s. zB *Selmayr/Ehmann*, in: Ehmann/Selmayr 2017, Einleitung Rn. 3; *Albrecht*, CR 2016, 97 ff.

3 Zusammen mit der Richtlinie (EU) 2016/680 des Europäischen Parlaments und des Rates vom 27.4.2016 zum Schutz natürlicher Personen bei der Verarbeitung personenbezogener Daten durch die zuständigen Behörden zum Zwecke der Verhütung, Ermittlung, Aufdeckung oder Verfolgung von Straftaten oder der Strafvollstreckung sowie zum freien Datenverkehr und zur Aufhebung des Rahmenbeschlusses 2008/977/JI des Rates, EU ABl. 119 vom 4.5.2016, 89.

4 Mitteilung der Europäischen Kommission: Der Schutz der Privatsphäre in einer vernetzten Welt. Ein europäischer Datenschutzrahmen für das 21. Jahrhundert, KOM(2012) 9 endg.; die damalige Justizkommissarin *Reding*, ZD 2012, 195.

5 S. zB *Schaar*, DuD 2012, 154.

6 S. zB BvD 2012.

7 S. zB *Albrecht*, CR 2016, 97.

allem von den an ihrem Entstehen Beteiligten – als „Meilenstein“ bezeichnet,[8] als „Goldstandard“ gepriesen[9] sowie als „Beginn einer neuen Zeitrechnung im Datenschutzrecht“[10] und als „festes Fundament für die anstehenden Herausforderungen der Digitalisierung“ gefeiert.[11] Umgekehrt wird sie von anderen zu „einem der schlechtesten Gesetze des 21. Jahrhunderts“ gekürt und für das Datenschutzrecht als „größte Katastrophe des 21. Jahrhunderts“ bezeichnet.[12]

I. Ansprüche der Datenschutz-Grundverordnung

3 Um eine faire Bewertung der Verordnung durchzuführen, erscheint es sinnvoll, keine subjektiven Erwartungen einzelner Personen oder Gruppen an die Datenschutz-Grundverordnung heranzutragen, sondern sie an ihren eigenen Ansprüchen zu messen. Ausweislich ihrer Erwägungsgründe verfolgt die Verordnung drei Zielsetzungen:

4 Zum einen will sie das Datenschutzrecht **unionsweit vereinheitlichen** und einen soliden, „kohärenten und durchsetzbaren Rechtsrahmen im Bereich des Datenschutzes in der Union“ schaffen.[13] „Damit in der Union ein gleichmäßiges Datenschutzniveau für natürliche Personen gewährleistet ist und Unterschiede, die den freien Verkehr personenbezogener Daten im Binnenmarkt behindern könnten, beseitigt werden, ist eine Verordnung erforderlich, die für die Wirtschaftsteilnehmer ... Rechtssicherheit und Transparenz schafft, natürliche Personen in allen Mitgliedstaaten mit demselben Niveau an durchsetzbaren Rechten ausstattet, dieselben Pflichten und Zuständigkeiten für die Verantwortlichen und Auftragsverarbeiter vorsieht und eine gleichmäßige Kontrolle der Verarbeitung personenbezogener Daten und gleichwertige Sanktionen in allen Mitgliedstaaten sowie eine wirksame Zusammenarbeit zwischen den Aufsichtsbehörden der einzelnen Mitgliedstaaten gewährleistet.“[14]

5 Zum anderen will sie einheitliche Vorgaben für **gleiche wirtschaftliche Bedingungen** in der Union bieten und damit den Binnenmarkt stärken.[15] „Die Vorschriften zum Schutz der Grundrechte und Grundfreiheiten von natürlichen Personen bei der Verarbeitung personenbezogener Daten sollten unionsweit gleichmäßig und einheitlich angewandt werden.“[16] „Unterschiede beim Schutzniveau für die Rechte und Freiheiten von natürlichen Personen im Zusammenhang mit der Verarbeitung personenbezogener Daten in den Mitgliedstaaten, vor allem beim Recht auf Schutz dieser Daten, können den unionsweiten freien Verkehr solcher Daten behindern. Diese Unterschiede im Schutzniveau können daher ein Hemmnis für die unionsweite Ausübung von Wirtschaftstätigkeiten darstellen, den Wettbewerb verzerren und die Behörden an der Erfüllung der ihnen nach dem Unionsrecht obliegenden Pflichten hindern.“[17] „Das reibungslose Funktionieren des Binnenmarkts erfordert, dass der freie Verkehr personenbezogener Daten in der Union nicht aus Gründen des Schutzes natürlicher Personen bei der Verarbeitung personenbezogener Daten eingeschränkt oder verboten wird.“[18]

8 *Albrecht*, CR 2016, 97; BfDI *Voßhoff* nach heise-online, http://heise.de/-3179872 vom 21.4.2016.
9 *Albrecht*, CR 2016, 98.
10 *Schantz*, NJW 2016, 1841.
11 *Albrecht*, CR 2016, 97.
12 *Hoeren*, nach heise-online, http://heise.de/-3190299 vom 27.4.2016; ähnlich negativ *Giesen* 2016, 23 ff.
13 S. hierzu Eg. 3 und 9 DSGVO.
14 Eg. 13 DSGVO.
15 S. Eg. 5 und 10 DSGVO.
16 Eg. 10 DSGVO.
17 Eg. 9 DSGVO.
18 Eg. 13 DSGVO.

Schließlich will sie den Datenschutz angesichts der Herausforderungen der technischen Entwicklung **modernisieren** und den Schutz der Grundrechte verbessern.[19] „Rasche technologische Entwicklungen und die Globalisierung haben den Datenschutz vor neue Herausforderungen gestellt. Das Ausmaß der Erhebung und des Austauschs personenbezogener Daten hat eindrucksvoll zugenommen. Die Technik macht es möglich, dass private Unternehmen und Behörden im Rahmen ihrer Tätigkeiten in einem noch nie dagewesenen Umfang auf personenbezogene Daten zurückgreifen. Zunehmend machen auch natürliche Personen Informationen öffentlich weltweit zugänglich. Die Technik hat das wirtschaftliche und gesellschaftliche Leben verändert."[20] Diese Entwicklungen erfordern einen „soliden, kohärenteren und durchsetzbaren Rechtsrahmen im Bereich des Datenschutzes in der Union, um eine Vertrauensbasis zu schaffen, die die digitale Wirtschaft dringend benötigt, um im Binnenmarkt weiter wachsen zu können. Jede Person sollte die Kontrolle über ihre eigenen Daten besitzen, und private Nutzer, Wirtschaft und Staat sollten in rechtlicher und praktischer Hinsicht über mehr Sicherheit verfügen."[21] 6

Für die Bewertung der Datenschutz-Grundverordnung, aber auch für ihre Anwendung in Deutschland und die Notwendigkeit eigener deutscher Datenschutzregelungen ist es wichtig, die Frage zu beantworten, ob und wie sie ihre eigenen Ziele erfüllt. 7

II. Inhalte der Datenschutz-Grundverordnung

Die Datenschutz-Grundverordnung regelt das von ihr erfasste Datenschutzrecht in elf Kapiteln mit 99 Artikeln. Kapitel I enthält in den Art. 1 bis 4 allgemeine Bestimmungen, Kapitel II nennt in Art. 5 bis 10 die allgemeinen Grundsätze des Datenschutzrechts, Kapitel III regelt in den Art. 11 bis 23 die Rechte der betroffenen Person, Kapitel IV bestimmt in Art. 24 bis 43 die Pflichten des Verantwortlichen und des Auftragsverarbeiters und Kapitel V beschreibt in Art. 44 bis 50 die Vorgaben zur Übermittlung personenbezogener Daten in Drittländer oder an internationale Organisationen. Nimmt man zu diesen Vorschriften noch die Regelung zur Haftung der Datenverarbeiter in Art. 82 hinzu, so regelt die Datenschutz-Grundverordnung das materielle Datenschutzrecht in nur 51 Artikeln. Die verbleibenden 48 Artikel beantworten überwiegend organisatorische Fragen der Datenschutzaufsicht und der Regelungskompetenzen und betreffen weitere formelle Themen. In Kapitel VI regelt die Verordnung in den Art. 51 bis 59 die Aufgaben und Befugnisse der unabhängigen Aufsichtsbehörden, in Kapitel VII enthält sie in Art. 60 bis 76 Vorgaben zur Zusammenarbeit und zur Kohärenz der Entscheidungen der Aufsichtsbehörden und in Kapitel VIII regelt sie in Art. 77 bis 84 Rechtsbehelfe und Sanktionen. Kapitel IX enthält in Art. 85 bis 91 Vorschriften für besondere Datenverarbeitungssituationen, Kapitel X gibt in Art. 92 und 93 Vorgaben für delegierte Rechtsakte und Durchführungsrechtsakte und Kapitel X enthält in Art. 94 bis 99 Schlussbestimmungen. 8

1. Fortschreibung des bestehenden Datenschutzrechts

Die neue Verordnung orientiert sich in weiten Teilen weiterhin an den alten Zielen und Grundsätzen der **Datenschutz-Richtlinie** 95/46/EG[22] von 1995.[23] Sie übernimmt unter anderem in Art. 2 und 3 DSGVO weitgehend die Regelungen zum sachlichen und räumlichen Anwendungsbereich, in Art. 5 DSGVO nahezu unverändert die Grundsätze der 9

19 S. hierzu Eg. 1, 2, 4 und 6 DSGVO.
20 Eg. 6 DSGVO.
21 Eg. 7 DSGVO.
22 EG ABl. L 281 vom 23.11.1995, 31.
23 S. Eg. 9 DSGVO.

Datenverarbeitung, in Art. 6 Abs. 1 DSGVO wörtlich die Voraussetzungen für die Zulässigkeit der Datenverarbeitung und in Art. 9 DSGVO grundsätzlich die Regelungen zu besonderen Kategorien personenbezogener Daten. Hinsichtlich der Rechte der betroffenen Person orientiert sie sich in den Art. 12 bis 23 DSGVO ebenfalls stark an der Richtlinie. In Art. 28 und 29 DSGVO greift die Verordnung grundsätzlich auf die Vorgaben der Richtlinie zur Auftragsverarbeitung zurück. In Art. 32 DSGVO übernimmt sie weitgehend die Anforderungen an die Datensicherheit, in Art. 44 bis 50 DSGVO konzeptionell die Grundsätze zur Datenübermittlung in Drittländer und in Art. 51 bis 59 DSGVO die Konzeption der Stellung und Aufgaben der Aufsichtsbehörde. Diese Regelungen werden in der Verordnung präzisiert, neu gestaltet oder erweitert, aber konzeptionell nicht weiterentwickelt.

2. Innovationen der Verordnung

10 Innovativ ist dagegen in Art. 3 Abs. 2 DSGVO die Ausweitung des räumlichen Anwendungsbereichs durch das **Marktortprinzip**. Danach ist die Verordnung auch anwendbar, wenn ein Datenverarbeiter personenbezogene Daten von Personen verarbeitet, die sich in der Union aufhalten. Dies gilt allerdings nur, wenn der Verarbeiter entweder der betroffenen Person Waren oder Dienstleistungen anbietet oder die Datenverarbeitung der Beobachtung ihres Verhaltens in der Europäischen Union dient.[24] Neu ist auch, dass ein **Kind** ab 16 Jahren nach Art. 8 DSGVO in die Verarbeitung seiner Daten für Dienste der Informationsgesellschaft einwilligen kann. Bisher unbekannt ist das Recht für betroffene Personen in Art. 20 DSGVO, ihre Daten, die sie einem Verantwortlichen bereitgestellt haben, auf einen anderen Datenverarbeiter zu übertragen. Innovativ sind auch die Anforderungen an den Datenschutz durch **Systemgestaltung** und Voreinstellungen in Art. 25 DSGVO und die **Datenschutz-Folgenabschätzung** in Art. 35 DSGVO. Die engere Zusammenarbeit der Aufsichtsbehörden in der Union erforderte in Art. 60 bis 76 DSGVO eigene Regelungen zu deren Durchführung. Eine auffällige Veränderung bringt auch Art. 83 DSGVO, der für Verstöße gegen Vorgaben der Verordnung drastische **Sanktionen** ermöglicht. Nach Art. 83 Abs. 5 DSGVO können bei den dort aufgelisteten Verstößen Geldbußen von bis zu 20 Mio. Euro oder im Fall eines Unternehmens von bis zu 4 % seines gesamten weltweit erzielten Jahresumsatzes des vorangegangenen Geschäftsjahrs verhängt werden, je nachdem, welcher der Beträge höher ist.[25]

3. Verluste im Datenschutzrecht

11 Bezogen auf das deutsche Datenschutzrecht bewirkt die Verordnung als solche,[26] dass unter anderen die Grundsätze der **Direkterhebung** beim Betroffenen (§ 4 Abs. 2 BDSG) und der **Datensparsamkeit** (§ 3 a BDSG), das **Datengeheimnis** (§ 5 BDSG), die Nichtabdingbarkeit von Betroffenenrechten (§ 6 BDSG) sowie risikospezifische Regelungen zur Zulässigkeit der Datenverarbeitung für Werbung (zB § 28 Abs. 3 bis 5 BDSG), Auskunfteien (§ 29 BDSG), Marktforschung (§ 30a BDSG), Telemedien (Internet) (§§ 11–15 a TMG), **Videoüberwachung** (§ 6 b BDSG) und mobile Verarbeitungsmedien (§ 6 c BDSG) nicht mehr anwendbar sind. Durch Öffnungsklauseln der Verordnung kann allerdings ein Mitgliedstaat die eine oder andere an sich ausgeschlossene Regelung doch beibehalten oder neu erlassen (→ § 7 Rn. 2 ff.). Insbesondere die Öffnungsklausel des Art. 6 Abs. 2 DSGVO bewirkt, dass in Deutschland viele Regelungen des bereichsspezi-

24 Diese Erweiterung sorgt auf dem europäischen Markt für Wettbewerbsgleichheit zwischen Anbietern in der Union und Anbietern außerhalb der Union und vereinfacht die Wahrnehmung von Betroffenenrechten.

25 S. zB BfDI 2016, 18 ff.

26 Also ohne die Regelungsmöglichkeiten des Mitgliedstaats.

fischen öffentlichen Datenschutzrechts weiterhin anwendbar bleiben (→ § 3 Rn. 98 und § 7 Rn. 16 f.).

4. Weitergeltung deutschen Datenschutzrechts

Für das Verständnis dieser Vorschriften sowie ihrer Bedeutung und Auswirkungen für das deutsche Datenschutzrecht sind aber nicht nur die alten und neuen Regelungen im Text der Verordnung entscheidend, sondern mindestens ebenso ihre direkten und indirekten Öffnungen für weiter anwendbare oder neue Regelungen der Mitgliedstaaten.[27] Denn die Verordnung gilt nicht allein und nicht in allen Bereichen und für alle Fragen des Datenschutzrechts. Vielmehr ergibt sich das **Gesamtbild** des neuen Datenschutzrechts in Deutschland erst dann, wenn die Texte der Verordnung und der anwendbaren Vorschriften des nationalen Datenschutzrechts zusammen gesehen werden. 12

Nationales Datenschutzrecht kann neben der Datenschutz-Grundverordnung mindestens aus drei Gründen anwendbar sein. Es kann erstens eine explizite oder implizite **Öffnungsklausel** der Datenschutz-Grundverordnung ausfüllen, die den Mitgliedstaaten einen Spielraum einräumt, Regelungen, die die Verordnung nicht enthält, weiterhin anzuwenden oder neu zu erlassen. Es kann weiterhin abstrakte Vorgaben der Datenschutz-Grundverordnung **präzisieren** und damit Handlungs- und Bewertungsmaßstäbe bieten, die der Verordnung fehlen, sofern sie nicht Entscheidungen der Verordnung widersprechen. Schließlich kann das nationale Datenschutzrecht Vorgaben der Verordnung **konkretisieren**, die eine unfertige Regelung im Text der Verordnung erst anwendbar machen. Dies ist meist dann der Fall, wenn ursprünglich eine Konkretisierung der Verordnung durch delegierte Rechtsakte oder Durchführungsrechtsakte der Kommission vorgesehen waren, diese Konkretisierungsmöglichkeiten aber entfallen sind. 13

Dieses Zusammenspiel zwischen Datenschutz-Grundverordnung und nationalem Datenschutzrecht ist nur dann richtig zu verstehen und nachzuvollziehen, wenn neben dem endgültigen Text der Verordnung auch dessen **Entstehungsprozess** und die verschiedenen Vorschläge zur Verordnung durch Kommission, Parlament und Rat betrachtet werden. 14

III. Kampf um die Datenschutzpolitik

Der Entstehungsprozess ist durch einen **Machtkampf** zwischen der Union und den Mitgliedstaaten sowie zwischen den drei entscheidenden Gewalten der Europäischen Union sowie durch einen unglaublichen Lobbyeinfluss hinter den Kulissen[28] auf jeweils jede der drei Gewalten geprägt. Dabei ging es nicht nur um die Inhalte der zu beschließenden Verordnung, sondern auch um die Gestaltung der **künftigen Datenschutzpolitik.** Angesichts der Geschwindigkeit und Radikalität, mit der sich die Informationstechnik und ihre Anwendungen verändern, sind die Probleme von heute bald durch Probleme überholt, die heute noch gar nicht bekannt sind. Entscheidend ist daher die Frage, wie in Zukunft die Antworten auf heute noch unbekannte Fragen gefunden werden. Da nahezu alle Lebens-, Wirtschafts- und Verwaltungsbereiche davon abhängig sind, personenbezogene Daten zu verarbeiten, hat derjenige, der über die Fortentwicklung des Datenschutzes bestimmt, ein zentrales Instrument zur Gestaltung der digitalen Gesellschaft in Europa in der Hand.[29] Daher entspann sich ein heftiger Kampf, wer mit welchen Kompetenzen künftig die Datenverarbeitung reguliert. Dieser politische Kampf wirkte sich auf die Kontroversen über die Inhalte der Datenschutz-Grundverordnung aus, mit 15

27 S. zB auch *Dammann*, ZD 2016, 301 f.; *Roßnagel*, DuD 2017, 277 ff.
28 S. zu diesem zB *Albrecht*, CR 2016, 97.
29 S. *Roßnagel*, DuD 2012, 553.

denen diese Entwicklung begonnen werden sollte. Je nach erwartetem künftigem Einfluss war man an präzisen, abschließenden oder an abstrakten, offenen Regelungen interessiert. Das Ergebnis der Datenschutz-Grundverordnung ist nur zu verstehen, wenn dieser Interessenhintergrund und die Geschichte der politischen Auseinandersetzung über unterschiedliche Interessen der Beeinflussung des künftigen Datenschutzrechts berücksichtigt werden.

1. Der Entwurf der Kommission

16 Seit einigen Jahren hat die Europäische Kommission ihre Strategie zur **europäischen Integration verschärft.** Sie wechselte von einer „Angleichung der Rechtsvorschriften" (Art. 114 Abs. 1 AEUV) zur einer Vereinheitlichung der Rechtsordnungen in der Union. Als Instrument nutzt sie nicht mehr vorrangig wie in ihrer bisherigen Praxis die Richtlinie, sondern die Verordnung, weil dies „die Gefahr einer unterschiedlichen Umsetzung, Auslegung und Anwendung" des Unionsrechts vermeiden soll.[30] Politikbereiche, die bisher durch Richtlinien geprägt waren, werden seitdem durch Verordnungen reguliert.[31] Dies galt auch für die Datenschutz-Richtlinie.

17 Nach mehrjährigen Vorbereitungen hat die Europäische Kommission am 25. Januar 2012 ihren Entwurf einer Datenschutz-Grundverordnung[32] zusammen mit einem Entwurf einer Richtlinie für die Datenverarbeitung zum Zwecke der Verhütung, Aufdeckung, Untersuchung oder Verfolgung von Straftaten oder der Strafvollstreckung[33] vorgelegt. In diesem schlug sie eine sehr radikale Lösung für die notwendige kontinuierliche Modernisierung der Datenschutzrechts vor: Durch die **Wahl einer Verordnung**[34] wollte sie die Mitgliedstaaten von der weiteren Gesetzgebung im Bereich des Datenschutzes ausschließen, durch viele unbestimmte und ausfüllungsbedürftige Vorgaben sowie inhaltsleere Generalklauseln mit Ankündigungen, Absichten und Vorsätzen wichtige Datenschutzregelungen offen halten und innerhalb der Union sich selbst die Kompetenz vorbehalten, sie auszufüllen und fortzuentwickeln. Zu diesem Zweck sieht der Entwurf 26 Ermächtigungen vor, die Verordnung durch **delegierte Rechtsakte** nachträglich zu konkretisieren, und 23 Ermächtigungen, sie durch **Durchführungsrechtsakte** auszugestalten. Außerdem behielt sie sich das Recht vor, bei einer Meinungsverschiedenheit zwischen verschiedenen Aufsichtsbehörden am Ende verbindlich zu entscheiden. Dadurch hätte die Kommission die künftige Rechtsetzung im Datenschutzrecht bei sich zentralisiert und monopolisiert.[35]

18 Dieser Entwurf hätte zur Folge gehabt, dass die Datenschutzregelungen der **Mitgliedstaaten**, die gerade für öffentliche Stellen stark ausdifferenzierte bereichsspezifische Regelungen enthalten, die den Umgang mit Daten durch den Staat und seine Behörden re-

30 So zB in der Mitteilung der Kommission, Eine Vision für den Binnenmarkt für Industrieprodukte, vom 22.1.2014, KOM (2014)24 endg., 9.

31 S. zB auch der Wechsel von der Signaturrichtlinie 1999/93/EG zur Verordnung (EU) 910/2014 vom 23.7.2014 über elektronische Identifizierung und Vertrauensdienste für elektronische Transaktionen im Binnenmarkt (eIDAS-VO), EU ABl. L 257 vom 28.8.2014, 73, s. hierzu *Roßnagel* 2016, 16 ff.

32 KOM (2012) 11 endg.; s. hierzu zB Stellungnahme des Ausschusses der Regionen, ABl. C vom 18.12.2012, 391/128; BT-Drs. 17/11325, 2; Bundesrat, BR-Drs. 52/12; Der Europäische Datenschutzbeauftragte, ABl. C vom 30.6.2012, 192/7; *Hornung*, ZD 2012, 99; *Roßnagel*, DuD 2012, 553; *Roßnagel/Richter/Nebel*, ZD 2013, 103; *Richter*, DuD 2012, 578; *Nebel/Richter*, ZD 2012, 407 ; *Ronellenfitsch*, DuD 2012, 562 f.; *von Lewinski*, DuD 2012, 569 f.; *Schild/Tinnefeld*, DuD 2012, 317; *Nguyen*, ZeuS 2012, 277 f.; *Eckhardt/Kramer/Mester*, DuD 2013, 627; *Härting*, CR 2013, 716; *Wagner*, DuD 2012, 677; *Gola/Schulz*, RDV 2013, 3; *Schwartmann*, RDV 2012, 55 f.; *Dehmel/Hullen*, ZD 2013, 151 f.; *Weichert*, RDV 2013, 8.

33 KOM (2012) 10 endg.; s. hierzu zB *Kugelmann*, DuD 2012, 583; *Bäcker/Hornung*, ZD 2012, 147.

34 Zu den Gründen s. *Reding*, ZD 2012, 195 ff.

35 Nach dem Scheitern dieser Strategie werden beide Instrumente der Machtsteigerung nachträglich als geniale Scheingefechte dargestellt, die nie ernst gemeint waren, sondern nur die Mitgliedstaaten zu entsprechenden Entscheidungen verleiten sollten – s. *Selmayr/Ehmann*, in: Ehmann/Selmayr 2017, Einleitung Rn. 56.

gulieren, aufgrund des umfassenden Regelungsanspruchs der Verordnung hinfällig geworden wären. Doch nicht nur für das bestehende Datenschutzrecht hätte der Entwurf gravierendste Auswirkungen gehabt. Seine tiefgreifendste Folge wäre die Entmächtigung der Mitgliedstaaten und die Ermächtigung der Kommission zur Fortentwicklung des Datenschutzrechts gewesen. Durch die Monopolisierung der Rechtssetzung bei der Kommission wären politisch die Datenschutzdiskussionen in den Mitgliedstaaten ausgetrocknet und durch einen Lobby-Diskurs in Brüssel ersetzt worden.

Der Vorschlag der Kommission, ihr die Fortentwicklung des Datenschutzrechts durch 19
vielfältige Ermächtigungen zu überlassen, stieß nicht nur auf politischen Widerstand, sondern auch auf **unionsrechtliche Bedenken**. Insbesondere wurde geltend gemacht, dass eine Kompetenzaufteilung, nach der der Gesetzgeber nur unwesentliche abstrakte Floskeln festlegt und die Kommission alle wesentlichen Inhalte regelt, sowohl gegen den Wesentlichkeits- als auch den Bestimmtheitsgrundsatz in Art. 290 AEUV verstoße.[36]

2. Der Entwurf des Parlaments

Nach mehr als zwei Jahren Diskussion hat das Parlament am 12. März 2014 seine Ver- 20
handlungsposition vorgelegt.[37] Auf den Angriff der Kommission auf die Gewaltenteilung und die Demokratie in der Union hat das Parlament nur beschränkt reagiert. Im Machtkampf zwischen Union und Mitgliedstaaten hält das Parlament sowohl an dem Rechtsinstrument einer **Verordnung** fest als auch an deren einheitlicher Anwendung auf öffentliche wie nichtöffentliche Stellen. Insofern trug es die Entmachtung der Mitgliedstaaten in der Regulierung des Datenschutzes mit. Es gab jedoch der Kritik insofern nach, als es eine **Öffnung für nationale Regelungen** vorsah. Nach Art. 6 Abs. 3 lit. b Satz 3 seines Entwurfs sollten die Mitgliedstaaten Einzelheiten der Erlaubnistatbestände der „klassischen" Datenverarbeitung durch öffentliche Stellen selbst regeln können. Auch an wenigen anderen Stellen – etwa hinsichtlich des Sozialdatenschutzes – gewährte der Entwurf den Mitgliedstaaten weiterhin Entscheidungsspielräume. Dadurch aber gab das Parlament selbst die Zielsetzung eines einheitlichen europäischen Datenschutzrechts weitgehend auf.

Hinsichtlich der Gewaltenteilung innerhalb der Union reagierte das Parlament stärker. 21
Es war bemüht, **delegierte Rechtsakte** und **Durchführungsrechtsakte** der Kommission zurückzudrängen und vieles in der Verordnung selbst zu regeln. Es beließ der Kommission nur zehn Ermächtigungen für delegierte Rechtsakte und eine einzige Ermächtigung für Durchführungsrechtsakte. Die normative Inhaltsleere der Regelungen im Entwurf der Kommission versuchte das Parlament mit vielfältigen Präzisierungen und Erweiterungen auszugleichen. Dabei verlor sich der Entwurf jedoch in Details und konnte die Unterkomplexität der Verordnung doch nicht beseitigen. Er kam angesichts der Komplexität und Breite der Regelungsmaterien über abstrakte Regelungen selten hinaus. Wo die Vorschläge konkreter wurden, verzettelte sich das Parlament und die Regelungen wurden unhandlich.

36 S. zur Kritik ua BT-Drs. 17/11325, 3; BR-Drs. 52/12, 1; Ausschuss der Regionen ABl. C vom 18.12.2012, 391/129, 131; *Hornung*, ZD 2012, 105; *Schild/Tinnefeld*, DuD 2012, 314; *Roßnagel*, DuD 2012, 553; *ders.*, ZD 2014, 545 f.; *Ronellenfitsch*, DuD 2012, 562 f.; *Jaspers*, DuD 2012, 571; *Gießen*, CR 2012, 550; *Wagner*, DuD 2012, 677; *Dehmel/Hullen*, ZD 2013, 151 f.; *Schild/Tinnefeld*, DuD 2012, 317; *Kahler*, RDV 2013, 269; *Kranig*, RDV 2013, 217; vorsichtiger der Europäische Datenschutzbeauftragte, ABl. C vom 30.6.2012, 192/7.

37 EU-Parlament, P7_TA-PROV(2014)0212; s. kritisch *Roßnagel/Kroschwald*, ZD 2014, 495; *Härting*, CR 2013, 715; *Herrmann*, ZD 2014, 439; *Leucker*, PinG 2015, 195; *Schneider/Härting*, CR 2014, 306.

3. Der Entwurf des Rats

22 Nach mehr als drei Jahren hat der Rat am 11. Juni 2015 sein Verhandlungsdokument[38] beschlossen. Die Wahl einer **Verordnung**, die nach Art. 288 Abs. 2 AEUV in den Mitgliedstaaten unmittelbar gilt und diesen, soweit sie reicht, den Datenschutz als Gegenstand ihrer Politik und Gesetzgebung nimmt, hat der Rat als Regelungsform für den europäischen Datenschutz akzeptiert. Nicht akzeptiert hat er aber die Machtkonzentration, die die Kommission in ihrem Entwurf für sich selbst vorgesehen hatte. Der Rat war viel radikaler als das Parlament und strich nahezu alle Ermächtigungen der Kommission.[39] Nur zu Anforderungen und Kriterien für Zertifizierungsverfahren erlaubte er der Kommission noch, **delegierte Rechtsakte** zu erlassen.[40] Die Macht, über die Zukunft der digitalen Gesellschaft zu bestimmen, sollte zu einem großen Teil bei den Mitgliedstaaten bleiben – insbesondere, wenn es deren eigene Angelegenheiten und nicht den europäischen Binnenmarkt betrifft.[41] Hierfür sprach auch die hohe Komplexität der vielen bereichsspezifischen Regelungen der Mitgliedstaaten insbesondere im öffentlichen Bereich, die durch wenige Vorschriften der Datenschutz-Grundverordnung nicht zu ersetzen waren. Überall wo die geringe Komplexität der Regelungen des Kommissionsentwurfs Probleme bereitet hätte, wurden – statt der Kommission – die Mitgliedstaaten ermächtigt, bestehende Regelungen beizubehalten oder neue zu erlassen.

23 Der Entwurf des Rats begrenzte zwar die exekutiven Rechtssetzungsbefugnisse und stärkte damit die demokratische Rechtssetzung, führte jedoch zu einer erhöhten **Rechtsanwendungsunsicherheit,** weil nur wenige der sehr unbestimmt gefassten Regelungen, die mit Ermächtigungen der Kommission verbunden waren, durch den Rat präzisiert wurden. Die dadurch entstehende Lücke an vollzugsfähigen Rechtsregeln sollten nach dem Ratsentwurf vor allem die **Mitgliedstaaten** schließen. Nach Erwägungsgrund 35 a sollte die Verordnung „nicht Rechtsvorschriften der Mitgliedstaaten aus(schließen), in denen die Umstände spezifischer Verarbeitungssituationen festgelegt werden, einschließlich einer genaueren Bestimmung der Voraussetzungen, unter denen die Verarbeitung personenbezogener Daten rechtmäßig ist. Das nationale Recht kann auch spezielle Verarbeitungsbedingungen für spezifische Sektoren und für die Verarbeitung spezieller Kategorien von Daten vorsehen."

4. Das Ergebnis des Trilogs

24 Im zweiten Halbjahr 2015 haben sich Vertreter des Rats und des Parlaments unter Vermittlung der Kommission im sogenannten „Trilog" auf eine gemeinsame Fassung geeinigt, die die drei Entwürfe[42] zum endgültigen Text der Verordnung[43] zusammenführte.[44] Im Ausgleich zwischen Parlament und Rat blieben nur zwei Ermächtigungen der

38 Rat der Europäischen Union, 9565/15; s. zB *Roßnagel/Nebel/Richter*, ZD 2015, 455; *Roßnagel*, VuR 2015, 361.

39 S. *Roßnagel/Nebel/Richter*, ZD 2015, 455; *Roßnagel*, VuR 2015, 361; *Gierschmann*, ZD 2016, 51; *Keppeler*, MMR 2015, 779; *Maas*, DuD 2015, 579; *Mester*, DuD 2015, 822; *Richter*, DuD 2015, 735; *Tinnefeld*, DuD 2015, 817.

40 Außerdem akzeptierte der Rat sieben Durchführungsrechtsakte.

41 Nach Art. 1 Abs. 2 a des Rats-Entwurfs sollten die Mitgliedstaaten spezifischere Bestimmungen als die Verordnungsregelungen im öffentlichen Bereich oder zur Erfüllung einer rechtlichen Verpflichtung beibehalten oder einführen dürfen – s. auch Eg. 8, 16, 16 a und 41 des Rats-Entwurfs.

42 S. zu den drei Entwürfen die Synopse des Bayrischen Landesamts für Datenschutzaufsicht, www.lda.bayern.de.

43 S. zu den Unterschieden zwischen der Entwurfsfassung vom 28.1.2016 zur verkündeten Fassung im Detail die Arbeitshilfe in *Roßnagel* 2016.

44 S. Ratsdokument – Trilog-Ergebnis dt., 28.1.2016, 5455/16; s. *Albrecht*, CR 2016, 88; *Buchner*, DuD 2016, 155.

Kommission, **delegierte Rechtsakte** zu erlassen,[45] und sieben Ermächtigungen für **Durchführungsrechtsakte** übrig.[46]

In Verhältnis der Union zu den Mitgliedstaaten konnte der Rat seine Ziele uneingeschränkt durchsetzen. Die mangelnde Komplexität der Verordnungsregelungen wird in sehr vielen Fällen durch die Möglichkeit ausgeglichen, dass die **Mitgliedstaaten** ihre **bereichsspezifischen Datenschutzreglungen** beibehalten oder neue erlassen können. 25

Dies steht zwar im eklatanten Widerspruch zu der Intention des Kommissionsentwurfs, ist aber als Ergebnis des Gesetzgebungsprozesses zu akzeptieren. Die Kommission hat zwar die allgemeine Erwartung genährt, dass ein einheitliches Datenschutzrecht der Union die unterschiedlichen Datenschutzregelungen der Mitgliedstaaten ablösen wird. Im Ergebnis erweist sich diese Erwartung allerdings nur als politische Propaganda der Kommission. Gerade diese Position wurde nicht Unionsrecht. Vielmehr setzte sich eine Konzeption durch, die auf einer **Ko-Regulierung** zwischen Union und Mitgliedstaaten aufbaut. 26

IV. Zielerreichung?

Die verabschiedete Verordnung ist das **Ergebnis dieses Entstehungsprozesses:** In ihr sind noch Zielsetzungen und Instrumente enthalten, die der Konzeption des Kommissionsentwurfs zuzurechnen sind, sie weist Bestandteile auf, die auf den Ansatz des Parlamentsentwurfs zurückzuführen sind, und ist durch viele Korrekturen geprägt, die der Rat durchgesetzt hat. 27

Wer die selbstgesteckten drei Ziele der Datenschutz-Grundverordnung ernst nimmt, muss feststellen, dass sie keines erreicht. Sie bewirkt weder eine **Modernisierung** des Datenschutzrechts noch führt sie zu dessen solider, kohärenter **Vereinheitlichung** und erreicht daher auch keine einheitlichen **Wettbewerbsbedingungen** im Binnenmarkt. 28

1. Fehlende Vereinheitlichung

Das Hauptproblem der Verordnung liegt vor allem in der hohen Diskrepanz zwischen der enormen Komplexität des Regelungsbedarfs einerseits und der Abstraktheit und damit **Unterkomplexität** ihrer Vorschriften andererseits. Sie will in 51 Artikeln des materiellen Datenschutzrechts die gleichen Probleme behandeln, für die im deutschen Datenschutzrecht Tausende von bereichsspezifischen Vorschriften bestehen. Wird unterstellt, dass diese vielen Spezialregelungen nicht alle einer Verkennung der Regelungsprobleme zu verdanken sind, wird deutlich, welche Defizite die Verordnung aufweisen muss. Der Regelungsansatz der Verordnung verkennt die Breite und Komplexität der Aufgabe. Datenschutz ist zu einem zentralen Querschnittsthema der Informationsgesellschaft in Europa geworden. Kein Gesellschaftsbereich kann heute ohne die automatisierte Verarbeitung personenbezogener Daten auskommen. Alle Verfahrensabläufe in Verwaltung und Wirtschaft, Wissenschaft und Kultur sind durch sie geprägt. Wer Datenschutz regelt, verursacht Veränderungen in allen Gesellschaftsbereichen – vom Archivwesen bis zum Zeitungsverlag. Wer meint, die vielen und vielfältigen gesetzlichen Regelungen zum Datenschutz in den Mitgliedstaaten durch wenige generelle und abstrakte Regelungen ersetzen zu können, unterschätzt nicht nur diese Aufgabe gewaltig, sondern übersieht auch die negativen Auswirkungen, die dadurch entstehen, wenn er die Vielfalt und Differenzierung bestehender Regelungen beseitigt und dadurch gewaltige Lücken der Rechtsunsicherheit erzeugt.[47] 29

45 S. Art. 12 Abs. 8 und 43 Abs. 8 DSGVO. S. auch Art. 92 DSGVO.
46 S. Art. 40 Abs. 9, 43 Abs. 9, 45 Abs. 3 und 5, 47 Abs. 3, 61 Abs. 9 und 67 DSGVO.
47 S. näher *Roßnagel/Geminn/Jandt/Richter* 2016, 176 f.

30 Ihr Ziel, einen soliden, kohärenten, einheitlichen Rechtsrahmen für den Datenschutz in allen Mitgliedstaaten der Union zu bilden, verfehlt die Verordnung durch eine Reihe von Gründen. Zwar **gilt** ihr Text nach Art. 288 Abs. 2 Satz 1 AEUV in allen Mitgliedstaaten **unmittelbar** (→ § 2 Rn. 2). Sie wird mit ihrem Inkrafttreten Teil der Rechtsordnung eines jeden Mitgliedstaats und gilt dort für alle Personen und Organisationen. Diese Wirkung wird jedoch durch allgemeine Rechtsgrundsätze und durch viele Ausnahmeregelungen in der Verordnung erheblich eingeschränkt.

31 Die Europäische Union hat keine Kompetenz, deutsche Gesetze zu verändern oder außer Kraft zu setzen. Eine Unionsverordnung hat **keinen Geltungsvorrang.** Daher gelten auch nach ihrem Erlass die deutschen Datenschutzregelungen unverändert weiter. Dieses Nebeneinander kann dazu führen, dass sich Regelungen widersprechen und sich die Frage stellt, welche Regelung anwendbar ist. In einem solchen Konflikt genießt die Unionsverordnung **Anwendungsvorrang** (→ § 2 Rn. 5 ff.). Dennoch können mitgliedstaatliche Regelungen aus drei Gründen weiterhin anwendbar sein:

32 Erstens ist ihre Anwendbarkeit nur insoweit eingeschränkt, als sie den Regelungen der Unionsverordnung widersprechen. Soweit kein Widerspruch vorliegt, sondern nur eine **Präzisierung** unbestimmter Rechtsbegriffe, eine **Konkretisierung** ausfüllungsbedürftiger Vorgaben, die **Ergänzung** unvollständiger Regelungen oder die Schließung von Regelungslücken, ohne das Regelungsziel der Verordnung zu verletzten, kann die mitgliedstaatliche Regelung weiter anwendbar bleiben, auch wenn ihr Wortlaut sich von dem der Verordnung unterscheidet. Ob ein solcher **Widerspruch** besteht, ist für die Anwendung einer bestimmten Vorschrift der Unionsverordnung **im Einzelfall** zu prüfen. Ein schlichter Unterschied im Wortlaut reicht für die Feststellung eines solchen Widerspruchs nicht aus. ZB kann die betroffene Person nach Art. 15 Abs. 1 lit. h DSGVO Auskunft über die „verwendete Logik" der automatisierten Entscheidungsfindung verlangen. Würde eine deutsche Regelung fordern, dass sie Auskunft über die Berechnung und das Zustandekommen von Wahrscheinlichkeitswerten fordern kann, wäre diese Regelung nicht mit Art. 15 Abs. 1 lit. h DSGVO identisch, wäre aber als Präzisierung der „verwendeten Logik" im Rahmen des Scoring zulässig.

33 Zweitens kann die mitgliedstaatliche Regelung weiter anwendbar sein, wenn die Verordnung **explizite Spielräume** für nationale Regelungen lässt. So können zum Beispiel die Mitgliedstaaten nach Art. 6 Abs. 3 DSGVO zur Erfüllung einer rechtlichen Verpflichtung nach Art. 6 Abs. 1 UAbs. 1 lit. c DSGVO und zur Wahrnehmung einer Aufgabe im öffentlichen Interesse oder in Ausübung öffentlicher Gewalt nach Art. 6 Abs. 1 UAbs. 1 lit. e DSGVO eigene Erlaubnistatbestände beibehalten oder erlassen. Sie können dabei auch den Zweck der Datenverarbeitung sowie Verarbeitungsbedingungen, Arten von Daten, betroffene Personen, Weitergabe von Daten, Speicherfristen sowie die Verarbeitungsvorgänge und -verfahren näher regeln (→ § 2 Rn. 19 ff.; § 3 Rn. 98 ff.; § 7 Rn. 16 f.).[48]

34 Drittens kann eine von der Verordnung abweichende mitgliedstaatliche Regelung weiter angewendet werden, wenn sie einen **impliziten Spielraum** ausfüllt. Vollendet erst die mitgliedstaatliche Regelung eine unvollständige Vorschrift der Verordnung in der erforderlichen Bestimmtheit, ermöglicht erst sie den Vollzug der Verordnung durch die nationalen Behörden oder Gerichte, unterstützt sie die Umsetzung der Verordnung durch einen im nationalen Recht notwendigen Rechtsrahmen oder passt sie die Vorschrift der Verordnung in die Systematik und den Sprachgebrauch des nationalen Rechts ein, dann besteht kein Widerspruch zur Unionsverordnung, der ihren Anwendungsvorrang aktiviert und die Nichtanwendbarkeit der nationalen Regelung zur Folge hat. Dies gilt etwa

48 S. hierzu *Roßnagel*, DuD 2017, 291 ff.; *Kühling/Martini u.a.* 2016, 27 ff.

für die Ergänzung des Schutzes von Profiling in Art. 22 DSGVO. Die automatisierte Generierung von Einzelentscheidungen ist nur zulässig, wenn der Mitgliedstaat „geeignete Maßnahmen zur Wahrung der Rechte und Freiheiten sowie der berechtigten Interessen der betroffenen Person" geregelt hat.

Im Ergebnis fehlt es in sehr vielen Regelungsbereichen an einem unionsweit einheitlichen Datenschutzrecht. In all diesen Fällen gelten zukünftig gerade nicht die gleichen Standards in allen Staaten der Union.[49] Vielmehr bestimmt jeder Mitgliedstaat für sich, wie er die unbestimmten Rahmensetzungen durch die Verordnung ausgestaltet.[50] 35

2. Fehlende Angleichung des praktizierten Datenschutzes

Selbst soweit die Verordnung anwendbar ist, führt dies **nicht** immer zu unionsweit **einheitlichen Wettbewerbsbedingungen.** Gerade die vielen abstrakten und unbestimmten Regelungen der Verordnung bedürfen in der Praxis der Präzisierung und Konkretisierung durch die Verantwortlichen, betroffenen Personen, nationalen Aufsichtsbehörden und Gerichte. 36

Es ist ein entscheidender Unterschied, ob eine **Richtlinie** fünf Erlaubnistatbestände als Ziel vorgibt, die eine bereichs- und problemspezifische Konkretisierung durch nationale Gesetze erfahren sollen, oder ob die gleichen fünf Erlaubnistatbestände in einer **Verordnung** unmittelbare Rechtsgeltung haben und die bestehenden ausdifferenzierten nationalen Regelungen ersetzen sollen. In diesem Fall kann Vereinheitlichung und Rechtssicherheit nur eine Illusion sein. Insbesondere die offene Abwägung berechtigter Interessen der Verantwortlichen mit den schutzwürdigen Interessen der betroffenen Personen wird in jedem Mitgliedstaat nach der bisherigen Datenschutzkultur erfolgen. 37

So wird etwa der wichtige Erlaubnistatbestand der Interessenabwägung in Art. 6 Abs. 1 UAbs. 1 lit. f DSGVO nach der jeweiligen nationalen **Datenschutzkultur** konkretisiert und daher in der Praxis von Mitgliedstaat zu Mitgliedstaat unterschiedlich sein. In der Folge werden zB für die Videoüberwachung in allen Mitgliedstaaten jeweils unterschiedliche Konkretisierungen zur Anwendung kommen, je nachdem wie die bisherige Praxis dort mit Videoüberwachung umgegangen ist. Entsprechend wird man sich in Deutschland etwa für die Interessenabwägung für Werbung an § 28 Abs. 3 BDSG a.F., für Auskunfteien an § 29 BDSG a.F., für Marktforschung an § 30 a BDSG a.F. und für Internetangebote an §§ 14 und 15 TMG ausrichten.[51] Kein anderer Mitgliedstaat wird für Scoring und Bonitätsauskünfte die gleichen Regelungen haben wie § 31 BDSG n.F. oder für automatisierte Entscheidungen von Krankenversicherungen wie § 37 BDSG n.F.. Europäischer Datenschutz wird hinsichtlich der Zulässigkeit der Datenverarbeitung **in jedem Mitgliedstaat praktisch einen anderen Inhalt** haben. Dadurch entsteht kein einheitlich durchgesetztes und gelebtes Recht. Wettbewerbsgleichheit ist so nicht zu erreichen.[52] 38

Indem die Verordnung die Entscheidung über die Abwägung letztlich auf die **Gerichte** überträgt, entstehen aber noch viel unterschiedlichere Ergebnisse als unter der Datenschutzrichtlinie. Bisher waren die typisierten vom Gesetzgeber vorgenommenen Interessenabwägungen wenigstens für die Bundesrepublik Deutschland einheitlich. Jetzt wird es möglich sein, dass sie für lange Zeit von Gerichtsbezirk zu Gerichtsbezirk unterschiedlich ausfallen. Erst wenn die obersten Gerichte (in den jeweiligen Einzelfällen) für Rechtsklarheit sorgen, wie einzelne Interessenabwägungen vorzunehmen sind, entsteht für diese Rechtssicherheit. Dies kann gerade bei datenschutzrechtlichen Fragen beson- 39

49 So aber *Voßhoff*, in: BfDI 2016, 7.
50 S. hierzu auch *Leucker*, PinG 2015, 195.
51 S. zu den Beispielen *Roßnagel*, ZD 2014, 545 f.
52 So aber *Voßhoff*, in: BfDI 2016, 7.

ders lange dauern, da sie sich häufig „nur" um ein ideelles Interesse drehen, nicht aber finanzielle Forderungen begründen.

40 Zwar haben für die Anwendung der unbestimmten Rechtsbegriffe die **Aufsichtsbehörden** des Bundes, der Länder und aller Mitgliedstaaten einen bestimmenden Einfluss. Um diesen unionsweit zu vereinheitlichen, gibt es umständliche Koordinationsmechanismen (→ § 6 Rn. 85 ff.). Da aber die Beschlüsse des Europäischen Datenschutzausschusses nach Art. 65 DSGVO nur die Aufsichtsbehörden verpflichten und kein allgemeinverbindliches (Exekutiv-)Recht setzen,[53] unterliegen die divergierenden oder vereinheitlichten Versuche der Aufsichtsbehörden, die Verordnung zu interpretieren, der Überprüfung durch die örtlichen **Gerichte**. Diese können jeden vereinheitlichten Interpretationsversuch durch den Datenschutzausschuss konterkarieren. Eine Vereinheitlichung der Rechtsprechung ist allenfalls in einzelnen Fällen bezogen auf die jeweils enge Fallfrage nach jahrelangen Prozessen[54] durch den Europäischen Gerichtshof zu erwarten.

3. Fehlende Modernisierung

41 Die Verordnung führt – von wenigen Ausnahmen abgesehen – grundsätzlich die Konzeptionen der Datenschutz-Richtlinie von 1995 weiter. Da die Verordnung konzeptionell an Lösungen anknüpft, die weit über 20 Jahre alt sind, wird sie den künftigen Herausforderungen der technischen Entwicklung nur selten gerecht. Sie versucht nicht einmal, sie zu adressieren.[55] Einzelne Verbesserungen stehen vielen Verschlechterungen des Datenschutzes gegenüber. Unterm Strich führt die Verordnung für die Bundesrepublik Deutschland zu einer **Absenkung des Datenschutzes,**[56] die insbesondere deshalb nicht so gravierend ausfällt, weil die Verordnung nicht zu einem einheitlichen unionsweiten Datenschutzrecht führt.[57] Sie belässt nämlich in vielen Fragen den Mitgliedstaaten Entscheidungsspielräume, das bestehende Datenschutzrecht beizubehalten oder neue – bessere oder präzisere – Regelungen zu erlassen (→ § 2 Rn. 17 ff.; § 7 Rn. 16 f.).

42 Inhaltlich verursacht die Verordnung Defizite und verfehlt ihr Modernisierungsziel vor allem durch ihren spezifischen Ansatz der **Technikneutralität.**[58] Dieser Ansatz ist sinnvoll, wenn er bewirken soll, dass rechtliche Vorschriften so formuliert werden, dass sie technische Weiterentwicklungen nicht ausschließen.[59] In der Verordnung wird dieser Ansatz aber im Sinne einer **Risikoneutralität**[60] genutzt: In keiner Regelung werden die spezifischen Grundrechtsrisiken zum Beispiel von smarten Informationstechniken im Alltag, von Big Data, Cloud Computing oder datengetriebenen Geschäftsmodellen angesprochen oder gar gelöst.[61] Die gleichen Zulässigkeitsregeln, Zweckbegrenzungen oder Rechte der betroffenen Person gelten für die Kundenliste beim „Bäcker um die Ecke" wie für diese risikoreichen Datenverarbeitungsformen. Insbesondere durch Zulässigkeitsregelungen wie in Art. 6 DSGVO und durch die Beschränkung „auf Grund-

53 S. *Roßnagel* 2017, 151 ff.

54 Das Urteil zur Vorratsdatenspeicherung vom 8.4.2014 erfolgte über acht Jahre nach Erlass der Richtlinie zur Vorratsdatenspeicherung, das Urteil zu Safe Harbor vom 6.10.2015 erging über 15 Jahre nach der Entscheidung der Kommission zur Anerkennung des Safe-Harbor-Systems.

55 S. näher *Roßnagel/Geminn/Jandt/Richter* 2016, 155 ff.

56 Entgegen der Zusicherung der damaligen Justizkommissarin *Reding*, ZD 2012, 197.

57 S. hierzu *Roßnagel/Geminn/Jandt/Richter* 2016, 155 ff.

58 S. Eg. 15 DSGVO; *Reding*, ZD 2012, 198.

59 S. grundsätzlich *Roßnagel* 2009, 323.

60 Der in der Verordnung angewandte „Risikoansatz" – s. zB *Veil*, ZD 2015, 352 f.; *Albrecht*, CR 2016, 94 – beschränkt sich darauf, bestimmte Pflichten des Datenverarbeiters „entsprechend der Risiken von Datenverarbeitungsprozessen" zu reduzieren; s. kritisch *Roßnagel*, DuD 2016, 565, weil dieser Ansatz bewirkt, dass nur ein Bruchteil der Verantwortlichen und Auftragsverarbeiter diese Pflichten erfüllen muss.

61 So auch *Albrecht*, CR 2016, 98; *Dammann*, ZD 2016, 313 f.; aA insbesondere hinsichtlich der Bewältigung der Grundrechtsrisiken durch Big Data *Voßhoff*, in: BfDI 2016, 8.

prinzipien und allgemeine Vorgaben des Datenschutzes"[62] werden gerade die spezifischen Grundrechtsrisiken verfehlt.[63] Nur durch die Berücksichtigung typischer Risiken bestimmter Datenverarbeitungsformen im Verordnungstext hätte die notwendige Rechtssicherheit und Interessengerechtigkeit erreicht werden können. Dass es im Unionsrecht sehr wohl möglich ist, sowohl technikneutrale als auch funktions- und risikobezogene Datenschutzvorgaben vorzusehen, zeigt etwa Art. 6 der eCall-Verordnung (EU) 2015/758,[64] der klare Datenschutzanforderungen an die Zulässigkeit des automatisierten Notrufs stellt.

4. Notwendigkeit nationalen Datenschutzrechts

Zusammenfassend kann festgehalten werden: Aufgrund der Unterkomplexität der Unionsregelungen sind mitgliedstaatliche Präzisierungen, Ausfüllungen und Ergänzungen notwendig, um die Verordnung für die faktischen Probleme, die es zu bewältigen gilt, anwendbar zu machen. Aus diesem Grund ist die Datenschutz-Grundverordnung **kein homogenes, in sich geschlossenes Gesetzeswerk** für den Datenschutz in der Union, sondern gleicht eher einem „Schweizer Käse", der zwar einige strukturierende Elemente aufweist, vor allem aber durch die Löcher dazwischen auffällt. Anders als bei einem Schweizer Käse werden diese Löcher aber unterschiedlich gefüllt. In der Folge wird kein einheitliches Datenschutzrecht in allen Mitgliedstaaten zur Anwendung kommen. Vielmehr werden vergleichbar viele Unterschiede wie zuvor unter der Datenschutz-Richtlinie bestehen – nur an anderen Stellen und mit erheblicher Rechtsunsicherheit. 43

Soll die Rechtsunsicherheit beseitigt werden, sind ergänzende Regelungen des nationalen Datenschutzrechts notwendig, die die hochabstrakten Vorgaben der Verordnung auf differenzierte praxisrelevante und risikospezifische Fallkonstellationen zur Anwendung bringen. Nur durch konkretisierende und präzisierende Vorschriften kann eine von der Verordnung verfehlte Modernisierung des Datenschutzrechts erreicht werden, die auch den absehbaren Herausforderungen modernster Informationstechnikanwendungen gerecht wird. Erst eine **Ko-Regulierung** des Datenschutzes durch das Unionsrecht und das nationale Datenschutzrecht kann den Zielen der Datenschutz-Grundverordnung gerecht werden. 44

V. Weiteres Datenschutzrecht der Union

Bevor aber auf diese Ko-Regulierung eingegangen werden kann, ist kurz vorzustellen, welche Datenschutzregelungen der Unionsgesetzgeber noch erlassen hat oder vorhat zu erlassen. Er erließ neben der Datenschutz-Grundverordnung zeitgleich am 27. April 2016 die **Richtlinie (EU) 2016/680)** zum Schutz natürlicher Personen bei der Verarbeitung personenbezogener Daten durch die zuständigen Behörden zum Zwecke der Verhütung, Ermittlung, Aufdeckung oder Verfolgung von Straftaten oder der Strafvollstreckung sowie zum freien Datenverkehr und zur Aufhebung des Rahmenbeschlusses 2008/977/JI des Rates (**JI-Richtlinie**). [65] Diese ist bis zum 25. Mai 2018 in nationales Recht umzusetzen und bereits durch das neue BDSG, Teil 3, umgesetzt worden (→ § 7 Rn. 71 ff.). 45

Am 10. Januar 2017 hat die Kommission den Entwurf einer Verordnung über die Achtung des Privatlebens und den Schutz personenbezogener Daten in der elektronischen Kommunikation und zur Aufhebung der Richtlinie 2002/58/EG (Verordnung über Pri- 46

62 So *Reding*, ZD 2012, 198, zur Erläuterung von Technikneutralität.
63 S. näher *Roßnagel*, DuD 2016, 565.
64 EU ABl. L 123 vom 19.5.2015, 77.
65 Richtlinie (EU) 2016/680, EU ABl. 119 vom 4.5.2016, 89.

vatsphäre und elektronische Kommunikation – **ePrivacy-VO**) in das Gesetzgebungsverfahren eingebracht.[66] Diese Verordnung soll die Datenschutz-Grundverordnung als lex specialis ergänzen und speziell den Risiken neuer Telekommunikationstechniken gerecht werden. Die ePrivacy-Verordnung soll zeitgleich mit der Datenschutz-Grundverordnung ab dem 25. Mai 2018 gelten. Ob der Zeitplan realistisch ist, ist derzeit nicht eindeutig bestimmbar. In den folgenden Kapiteln wird der Entwurf so behandelt, als würde die ePrivacy-Verordnung in dieser Form in Kraft treten. Zwar sind im Detail Änderungen zu erwarten. Für die Zwecke dieses Buchs, einen umfassenden Überblick über das europäischen Datenschutzrecht zu liefern, erscheint es dennoch sinnvoller zu sein, die ePrivacy-Verordnung in der Entwurfsfassung zu berücksichtigen als sie zu ignorieren.

VI. Deutsches Datenschutzrecht neben der Grundverordnung

47 Daher ergibt sich für die Rechtspolitik, die Rechtsdogmatik und die Rechtspraxis die drängende Frage, welchen **Spielraum** die Datenschutz-Grundverordnung dem deutschen Datenschutzrecht lässt. Für welche Rechtsfragen ist sie einschlägig und für welche können deutsche Regelungen erlassen oder beibehalten werden? Welche Regelungen der Verordnung erfordern eine Anpassung des deutschen Datenschutzrechts, welche ihrer Regelungen werden erst durch die deutschen Vorschriften anwendbar, umsetzbar oder durchsetzbar? Da die Verordnung keines ihrer selbstgesteckten Ziele erreicht, wird ihr nur eine Interpretation gerecht, die nicht die Hoffnungen ihrer Befürworter ernst nimmt, sondern die Zwischentöne wahrnimmt, die beim Lesen sowohl der Erwägungsgründe als auch der verbindlichen Vorschriften deutlich werden. Viele Defizite ihrer Unterkomplexität werden nämlich dadurch ausgeglichen, dass sie auf eine **Vereinheitlichung verzichtet** und Differenzierungen und Modernisierungen durch die Mitgliedstaaten zulässt.

48 Die Verordnung beschreibt ihr Ziel der Vereinheitlichung des Datenschutzrechts recht großzügig. Sie will nicht als einheitliches und abschließendes Datenschutzrecht in allen Mitgliedstaaten gelten, sondern verfolgt bestimmte vereinheitlichende inhaltliche **Ziele**. Sie will „in der Union ein gleichmäßiges *Datenschutzniveau* für den Einzelnen" gewährleisten. Hierfür will sie Unterschiede zwischen den Mitgliedstaaten, „die den freien Datenverkehr im *Binnenmarkt* behindern könnten", beseitigen. Sie will hierzu „überall in der Union für die Wirtschaftsteilnehmer … *Rechtssicherheit und Transparenz*" schaffen und den „Einzelnen mit demselben *Niveau* an durchsetzbaren Rechten" ausstatten, „dieselben Pflichten und Zuständigkeiten für die für die Verarbeitung Verantwortlichen und Auftragsverarbeiter" vorsehen und eine *„gleichmäßige Kontrolle* der Verarbeitung personenbezogener Daten und *gleichwertige Sanktionen* in allen Mitgliedstaaten sowie eine wirksame Zusammenarbeit zwischen den Aufsichtsbehörden der einzelnen Mitgliedstaaten" gewährleisten.[67] Auch hinsichtlich der Zulässigkeit der Datenverarbeitung verfolgt sie ein beschränktes Ziel: „Damit der Binnenmarkt reibungslos funktioniert, sollte der freie Verkehr personenbezogener Daten in der Union nicht aus Gründen des Schutzes natürlicher Personen bei der Verarbeitung personenbezogener Daten eingeschränkt oder verboten werden."[68] Diese Zielsetzungen setzen keine vollständige Vereinheitlichung des Datenschutzrechts voraus. Sie ermöglichen und erfordern – angesichts ihrer Unterkomplexität – Ergänzungen und Ausfüllungen durch das Recht der Mitgliedstaaten.

66 EU-Kommission, COM(2017) 10 final.
67 Alle Zitate aus Eg. 13 DSGVO, Hervorhebungen durch Verf.
68 Eg. 13 DSGVO.

Sieht die Verordnung aber in Form des **Datenschutzausschusses** ein eigenes Instrument vor, um Lücken auszufüllen und Regelungen zu präzisieren? Werden Beschlüsse dieses Ausschusses den Zielsetzungen der Verordnung nicht gerechter als divergierende Regelungen durch die Mitgliedstaaten? Der Datenschutzausschuss hat seine Rolle bei der Rechtsanwendung (→ § 6 Rn. 97 ff.). Er hat keine Gesetzgebungskompetenzen. Recht setzen können nur die Union oder die Mitgliedstaaten. Tertiärrecht der Union in Form delegierter Rechtsakte der Kommission hat der Unionsgesetzgeber gezielt nicht ermöglicht. Also können die Mitgliedstaaten die Themen aufgreifen, zu denen der Kommissionsentwurf delegierte Rechtsakte oder Durchführungsrechtsakte vorgesehen hatte und die gegenüber dem Kommissionsentwurf nicht in der Verordnung präzisiert worden sind. Dass der Kommissionsentwurf für diese Themen Tertiärrechtsetzung vorgesehen hatte und gerade nicht Beschlüsse des Datenschutzausschusses, zeigt dass diese Fragen nicht allein mit der Auslegung unbestimmter Rechtsbegriffe beantwortet werden können, sondern nur durch ausreichend bestimmte zusätzliche neue Rechtsregeln. Diese können nach dem Primärrecht der Union bis zu einer Novelle der Datenschutz-Grundverordnung nur die Mitgliedstaaten setzen. 49

Wenn die Verordnung (EU) 2016/679 sich selbst „Datenschutz-Grundverordnung" nennt, deutet sie bereits in ihrem Titel an, dass sie nicht den Anspruch erhebt, in allen datenschutzrechtlichen Fragen abschließende Detailregelungen zu enthalten.[69] Die Bezeichnung als „**Grundverordnung**" steht eher dafür, dass sie Zielsetzungen und Grundsätze, grundlegende Rechte und Pflichten und fundamentale Strukturen der Durchsetzung von Datenschutzrecht in der Union einheitlich regeln will, es ihr aber nicht widerspricht, wenn bereichsspezifische Regelungen der Mitgliedstaaten, die ihren grundsätzlichen Regelungen nicht widersprechen, weiterhin Anwendung finden können oder erlassen werden. 50

Dies bringt sie auch in Erwägungsgrund 8 zum Ausdruck: „Wenn in dieser Verordnung Präzisierungen oder Einschränkungen ihrer Vorschriften durch das Recht der Mitgliedstaaten vorgesehen sind, können die Mitgliedstaaten Bestandteile der Verordnung in ihre jeweiligen nationalen Rechtsvorschriften aufnehmen, soweit dies erforderlich ist, um die Kohärenz zu wahren und die nationalen Rechtsvorschriften für die Personen, für die sie gelten, verständlicher zu machen."[70] 51

Die Verordnung überträgt in ca. 70 **Öffnungsklauseln** den Mitgliedstaaten explizit Regelungskompetenzen im Datenschutzrecht. Dadurch werden faktisch ganze Regelungsbereiche der Regelungskompetenz der Mitgliedstaaten zugeordnet. Zum einen enthalten diese Öffnungsklauseln **Regelungsaufträge** an die Mitgliedstaaten. Beispiele hierfür sind Art. 84 DSGVO zu Sanktionen und Art. 85 DSGVO zum Ausgleich zwischen Datenschutz und Meinungsfreiheit. Zum anderen werden **Regelungsoptionen** eröffnet. Diese können den Mitgliedstaaten einen eigenen Regelungsbereich ohne Vorgaben der Verordnung eröffnen – wie in Art. 88 DSGVO für den Beschäftigtendatenschutz.[71] Diese können einen Spielraum zur Konkretisierung bieten, in dem die Verordnung als eine Art Mindeststandard wirkt – wie in Art. 91 Abs. 2 DSGVO für den Datenschutz von Kirchen und religiösen Vereinigungen. Schließlich werden die Mitgliedstaaten ermächtigt, präzisierend „spezifische Anforderungen für die Verarbeitung sowie sonstige Maßnahmen präziser" zu bestimmen.[72] Die umfangreichsten Ermächtigungen dieser Art sind in Art. 6 Abs. 2 und 3 DSGVO (→ § 2 Rn. 21 ff.; § 7 Rn. 16 f.) zu finden.[73] Danach kann 52

69 Bundesregierung, BT-Drs. 18/11325, 72.
70 Eigentlich gilt im Unionsrecht ein Normwiederholungsverbot → § 2 Rn. 30 f.
71 S. zB *Maier*, DuD 2017, 169; *Roßnagel*, DuD 2017, 292.
72 Zu diesen Kategorien von Öffnungsklauseln s. *Lorbach-Roth* 2016, 20 ff.; s. hierzu auch *Kühling/Martini u.a.* 2016, 9 ff.
73 *Roßnagel*, DuD 2017, 291 ff.

jeder Mitgliedstaat für den gesamten Bereich der Datenverarbeitung in öffentlichen Stellen und in nicht öffentlichen Stellen, die zur Datenverarbeitung verpflichtet werden oder diese im öffentlichen Interesse vornehmen, eigene Regeln erlassen oder beibehalten. Erwägungsgrund 10 DSGVO erläutert die weitere Anwendung des nationalen Datenschutzrechts selbst:

53 „Hinsichtlich der Verarbeitung personenbezogener Daten zur Erfüllung einer rechtlichen Verpflichtung oder zur Wahrnehmung einer Aufgabe, die im öffentlichen Interesse liegt oder in Ausübung öffentlicher Gewalt erfolgt, die dem für die Verarbeitung Verantwortlichen übertragen wurde, sollten die Mitgliedstaaten die Möglichkeit haben, **nationale Bestimmungen**, mit denen die Anwendung der Vorschriften dieser Verordnung genauer festgelegt wird, **beizubehalten oder einzuführen**. In Verbindung mit den allgemeinen und horizontalen Rechtsvorschriften über den Datenschutz zur Umsetzung der Richtlinie 95/46/EG gibt es in den Mitgliedstaaten mehrere sektorspezifische Rechtsvorschriften in Bereichen, die spezifischere Bestimmungen erfordern. Diese Verordnung bietet den Mitgliedstaaten darüber hinaus einen gewissen Spielraum für die Spezifizierung ihrer Vorschriften, auch für die Verarbeitung sensibler Daten. Diesbezüglich schließt diese Verordnung Rechtsvorschriften der Mitgliedstaaten nicht aus, in denen die Umstände spezifischer Verarbeitungssituationen festgelegt werden, einschließlich einer genaueren Bestimmung der Voraussetzungen, unter denen die Verarbeitung personenbezogener Daten rechtmäßig ist."

54 Die vielen Möglichkeiten, deutsches Datenschutzrecht zu erlassen oder beizubehalten, führt nicht zu einer unionsweiten Vereinheitlichung und gleichmäßigen Anwendung von Datenschutz. Aber diese Form und dieser Grad der Vereinheitlichung – und auch dieser Grad der Selbstbestimmung der Mitgliedstaaten – ist das Ergebnis des Gesetzgebungsprozesses zur Datenschutz-Grundverordnung. Es entspricht nicht den Wünschen und Hoffnungen, die viele mit der Verordnung verbunden haben. Mehr als dieses **Nebeneinander von Unions- und nationalem Datenschutzrecht**, das im günstigen Fall zu einer **Ko-Regulierung** des europäischen Datenschutzrechts führt, hat der Unionsgesetzgeber aber nicht gewollt und die Verordnung nicht geregelt.

VII. Nationale Datenschutzgesetzgebung

55 Die in der Verordnung gegebenen Möglichkeiten hat der deutsche Gesetzgeber bereits genutzt und noch in der 18. Legislaturperiode des Deutschen Bundestags ergänzend zu ihr erste neue Datenschutzgesetze erlassen. Weitere sind in der folgenden Legislaturperiode zu erwarten. Es ist damit zu rechnen, dass allein auf Bundesebene mehr als 250 Gesetze und Verordnungen[74] noch der Datenschutz-Grundverordnung angepasst werden müssen.

56 In Art. 1 des Gesetzes zur Anpassung des Datenschutzrechts an die Verordnung (EU) 2016/679 und zur Umsetzung der Richtlinie (EU) 2016/680 (**Datenschutz-Anpassungs- und -Umsetzungsgesetz EU – DSAnpUG-EU**) vom 30. Juni 2017 [75] ist das neue Bundesdatenschutzgesetz enthalten. Dieses tritt mit am 25. Mai 2018 – zusammen mit dem Geltungsbeginn der Datenschutz-Grundverordnung in Deutschland – in Kraft und wird das bisherige Bundesdatenschutzgesetz (im Folgenden BDSG a.F.) zu diesem Zeitpunkt vollständig ersetzen. Art. 2 bis 6 enthalten Anpassungen des Bundesverfassungsschutzgesetzes, des MAD-Gesetzes, den BND-Gesetzes, des Sicherheitsüberprüfungsgesetzes und des Artikel-10-Gesetzes.

---

74 *Wolff/Brink*, in: BeckOK Datenschutzrecht 2017, Einleitung zur DSGVO, Rn. 19.
75 BGBl. I, 2097.

Das **neue Bundesdatenschutzgesetz** (im Folgenden BDSG) regelt im ersten Teil in §§ 1 bis 21 ua Definitionen, allgemeine Erlaubnistatbestände sowie die Stellung und die Aufgaben der Bundesbeauftragten für den Datenschutz und die Informationsfreiheit. Diese Regelungen gelten sowohl für die Anpassung an die Verordnung als auch der Umsetzung der JI-Richtlinie. Der zweite Teil betrifft in §§ 22 bis 44 allein die Anpassung des allgemeinen Bundesdatenschutzrechts an die Verordnung. Er enthält Vorgaben für besondere Verarbeitungssituationen, für zulässige Zweckänderungen und für Einschränkungen der Rechte der betroffenen Personen. Im dritten Teil finden sich in §§ 45 bis 84 spezifische Bestimmungen zur Umsetzung der JI-Richtlinie (→ § 7 Rn. 71 ff.). 57

Mit dem neuen Bundesdatenschutzgesetz hat der deutsche Gesetzgeber die **Öffnungsklauseln** der Verordnung – insbesondere in Art. 6, 9, 22, 23, 88 und 89 DSGVO – **ausgenutzt** und darüber hinaus auch ohne Öffnungsklausel die Regelungen in der Verordnung präzisiert, konkretisiert und ergänzt.[76] Er hat diese Kompetenzen aber fast ausschließlich dazu benutzt, Möglichkeiten zur Verarbeitung personenbezogener Daten zu erweitern und Rechte der betroffenen Personen zu beschränken.[77] Damit hat er im Ergebnis das Datenschutzniveau in Deutschland sowohl gegenüber dem bisherigen Bundesdatenschutzgesetz als auch sogar gegenüber der Datenschutz-Grundverordnung reduziert. Einige der neuen Vorschriften sind jedoch unionsrechtswidrig, weil er seine Kompetenzen überdehnt hat.[78] Vor allem ist jedoch zu kritisieren, dass er die **Chance vergeben** hat, das deutsche Datenschutzrecht den absehbaren Risiken modernen Informationstechnikanwendungen entsprechend fortzuentwickeln[79] und wichtige Regelungen der Verordnung – wie etwa Datenschutz durch Systemgestaltung nach Art. 25 DSGVO,[80] Vorgaben zur Datenschutz-Folgenabschätzung, zu Verhaltensregeln und zur Zertifizierung von Verarbeitungsvorgängen – zu konkretisieren.[81] 58

Eine Neuregelung des **Sozialdatenschutzes** erfolgte durch Art. 19 und 24 des Gesetzes zur Änderung des Bundesversorgungsgesetzes und anderer Vorschriften vom 24. Juli 2017.[82] Der Gesetzgeber stützt sie durchgängig – ohne weitere Differenzierung – auf die die Öffnungsklauseln für den öffentlichen Bereich in Art. 6 Abs. 2 und 3 sowie Art. 9 Abs. 2 DSGVO.[83] Neugefasst wurden die Regelung des Sozialgeheimnisses in § 35 SGB I, die Definitionen in § 67 SGB X, die Erlaubnistatbestände in §§ 67 a ff. und die Rechte betroffenen Personen in §§ 81 ff. SGB X. Hinsichtlich des Verhältnisses zur Verordnung ist die amtliche Begründung widersprüchlich. Einerseits geht sie davon aus, dass „die datenschutzrechtlichen Regelungen des Sozialdatenschutzes ... das bereichsspezifische Datenschutzrecht abschließend regeln“. Andererseits nimmt sie an, dass die Verordnung unmittelbare Geltung habe und künftig unmittelbar neben den Regelungen zum Sozialdatenschutz anzuwenden sei.[84] Die Öffnungsklauseln des Art. 6 Abs. 2 DSGVO soll jedoch gerade dazu dienen, gewachsene hochkomplexe Datenschutzregelungen, wie sie für die Systeme der sozialen Sicherheit bestehen, die spezifische Eigenheiten der Mitgliedstaaten betreffen, beibehalten zu können. Daher kann auch der deutsche Regelungskomplex des Sozialdatenschutzes als ein in sich abgeschlossenes System beibehalten werden (→ § 7 Rn. 110 ff.). 59

76 S. hierzu auch *Roßnagel*, DuD 2017, 277; *Geminn*, DuD 2017, 297 f.; *Johannes/Richter*, DuD 2017, 300 ff.
77 S. *Roßnagel*, DuD 2017, 281.
78 ZB § 4 BDSG zur Videoüberwachung durch Private, § 24 zur Zweckänderung durch nichtöffentliche Stellen, § 27 zur Datenverarbeitung zu wissenschaftlichen und statistischen Zwecken oder spezifische Einschränkungen der Rechte betroffener Personen §§ 32 bis 37 – s. näher in den folgenden Kapiteln.
79 S. hierzu *Roßnagel/Geminn/Jandt/Richter* 2016, 129 ff.
80 S. zB *Bieker/Hansen*, DuD 2017, 285.
81 S. zB *Roßnagel*, DuD 2017, 290 ff.
82 BGBl. I, 2541.
83 Amtliche Begründung, BT-Drs. 18/12611, 104 f., 110 ff.
84 BT-Drs. 18/12611, 105.

60 In der **Abgabenordnung** erfolgten Änderungen und Einfügungen zum Datenschutzrecht durch Art. 17 des Gesetzes zur Änderung des Bundesversorgungsgesetzes und anderer Vorschriften vom 24. Juli 2017.[85] Diese passen die Abgabenordnung den Begriffen der Verordnung an und spezifizieren abstrakte Vorgaben der Verordnung für die besonderen Bedingungen des Steuerrechts. Die neuen Regelungen stützt der Gesetzgeber überwiegend auf die Öffnungsklauseln des Art. 6 Abs. 2 und 3 DSGVO.[86]

61 Die Länderdatenschutzgesetze und noch sehr viele bereichsspezifische Datenschutzregelungen in Fachgesetzen des Bundes und der Länder – insbesondere des öffentlichen Bereichs im weiteren Sinn – sind noch daraufhin zu untersuchen, welche Regelungen beibehalten werden können, welche Anpassungen erforderlich sind und welche bereichs- und risikospezifischen Ergänzungen, Präzisierungen und Konkretisierungen gegenüber der Verordnung erforderlich und möglich sind. Angesichts dieses enormen Untersuchungs- und Anpassungsbedarfs ist damit nicht zu rechnen, dass bis zum 25. Mai 2018 alle notwendigen Anpassungen erfolgt sein werden. Für die Gesetze, die zu diesem Datum noch nicht angepasst oder umgestellt worden sind, stellt sich für jede Vorschrift die Frage, inwieweit sie weiter anwendbar sind oder von dem Anwendungsvorrang der Datenschutz-Grundverordnung verdrängt werden (→ § 2 Rn. 1 ff.). Für Rechtsanwender und Rechtsbetroffene ist diese Gemengelage aus Datenschutz-Grundverordnung sowie dem bisherigen und künftigen deutschem Datenschutzrecht schwer zu durchschauen und verursacht ein hohes Maß an **Rechtsunsicherheit**.

VIII. Zielsetzungen des Buches

62 In dieser Situation will das vorliegende Buch zum einen themenspezifisch klären, welche Regelungen zum Datenschutz die Datenschutz-Grundverordnung im Detail enthält, wie diese zu verstehen sind, welche Auswirkungen diese haben und welche Spielräume sie dem nationalen Datenschutzrecht lassen. Zum anderen erläutert das Buch, welche Regelungen für den jeweils untersuchten Themenbereich im bisherigen und im zukünftigen deutschen Datenschutzrecht bestehen und in welchem Verhältnis diese zum Recht der Datenschutz-Grundverordnung oder der künftigen ePrivacy-Verordnung stehen. Durch die intensive Zusammenschau des Datenschutzrechts der Union und Deutschlands will das Buch der Ko-Regulierung im Datenschutzrecht und den damit verbundenen Problemen im Verständnis des geltenden und künftigen Datenschutzrechts gerecht werden. Es will einen Beitrag zur **Datenschutzrechtswissenschaft** leisten, indem es klärt, wie der Anwendungsvorrang der Datenschutz-Grundverordnung im Einzelfall zu bestimmen ist. Es will der **Datenschutzpraxis** Hilfestellungen bieten, indem es für wichtige Anwendungsbereiche und Fragestellungen feststellt, welche Rechtsvorschriften der Verordnung oder des deutschen Datenschutzrechts anzuwenden sind. Schließlich will es eine Grundlage für die **rechtspolitische Datenschutzdiskussion** in Deutschland herstellen. Es untersucht, welche Regelungsmöglichkeiten der deutsche Gesetzgeber hat, indem es Öffnungsklauseln der Verordnung vermisst, Konkretisierungsbedarfe bestimmt und Präzisierungserfordernisse feststellt. Es klärt, welche Regelungsnotwendigkeiten bestehen, indem es feststellt, welche Regelungen des deutschen Rechts weiterhin anwendbar sind und welche nicht.

85 BGBl. I, 2541.
86 Amtliche Begründung, BT-Drs. 18/12611, 84 ff.

§ 2 Grundlagen

I. Anwendungsvorrang des Unionsrechts

Die Datenschutz-Grundverordnung ersetzt die Datenschutz-Richtlinie 95/46/EG. Der Unionsgesetzgeber hat für die Neuregelung des Datenschutzes in der Union ausdrücklich die Form einer Verordnung statt einer Richtlinie gewählt. Er sah diese Form als erforderlich an, „damit in der Union ein gleichmäßiges Datenschutzniveau für den Einzelnen gewährleistet ist und Unterschiede, die den freien Datenverkehr im Binnenmarkt 1 behindern könnten, beseitigt werden“.[1] Im Folgenden wird untersucht, wie sich die Wahl dieser Gesetzesform auf die nationalen Datenschutzvorschriften auswirkt und den Spielraum des nationalen Gesetzgebers bestimmt.[2]

1. Anwendungsvorrang der Verordnung

2 Eine Verordnung der Europäischen Union besitzt nach Art. 288 Abs. 2 Satz 1 AEUV **allgemeine Geltung.** Das heißt, dass sie auf „objektiv bestimmte Sachverhalte anwendbar ist und Rechtswirkungen für allgemein und abstrakt umrissene Personengruppen zeitigt“.[3] Sie ist nach Art. 288 Abs. 2 Satz 2 AEUV in all ihren Teilen **verbindlich.** Sie ist nicht nur wie eine Richtlinie hinsichtlich ihrer Zielsetzung verbindlich, sondern auch hinsichtlich der zu ergreifenden Formen und Mittel.[4] Schließlich wird die Verordnung mit ihrem Inkrafttreten Teil der Rechtsordnung eines jeden Mitgliedstaats.[5] Sie ist ohne nationalen Umsetzungsakt unmittelbar für alle Unionsbürger und staatlichen Stellen verbindlich.[6] Sie entfaltet „ihre volle Wirkung einheitlich in sämtlichen Mitgliedstaaten“.[7]

3 Das Recht der Union und das Recht der Mitgliedstaaten sind jeweils eigene autonome Rechtsordnungen[8] mit jeweils eigenem Geltungsgrund.[9] Beide Rechtsordnungen stehen jedoch nicht unverbunden nebeneinander. Die Mitgliedstaaten haben ihre Souveränitätsrechte insoweit beschränkt, als sie die **Europäische Union** gegründet und ihr staatliche Kompetenzen übertragen haben. Die Mitgliedstaaten haben „so einen Rechtskörper geschaffen, der für ihre Angehörigen und sie selbst verbindlich ist“.[10]

4 Allerdings hat die Europäische Union keine Kompetenz, deutsche Gesetze zu verändern oder außer Kraft zu setzen. Daher **gelten** auch nach dem Erlass einer Unionsverordnung **deutsche Regelungen** unverändert **weiter.** Dieses Nebeneinander kann dazu führen, dass sich Regelungen widersprechen und sich die Frage stellt, welche Regelung anwendbar ist.

5 In einem solchen Konflikt genießt die Unionsverordnung **Anwendungsvorrang.**[11] Sie ist von den nationalen Behörden und Gerichten anzuwenden.[12] Die konfligierende – wei-

1 Eg. 11 DSGVO.
2 Ähnliche Erwägungen bezogen auf die Verordnung 910/2014 über elektronische Identifizierung und Vertrauensdienste vom 23.7.2014 (eIDAS-VO) finden sich in *Roßnagel* 2016, 29 ff.
3 EuGH, Urt. v. 5.5.1977 – C-101/76, ECLI:EU:C:1977:70, Rn. 20/22 – Scholten Honig/Rat; EuG, Urt. v. 26.10.1995 – T-482/93, ECLI:EU:T:1996:97, Rn. 55 – Weber/Kommission; *Schroeder*, in: Streinz 2012, Art. 288 Rn. 54.
4 S. näher *Schroeder*, in: Streinz 2012, Art. 288 AEUV, Rn. 56; *Geismann*, in: v. d. Groeben/Schwarze/Hatje 2015, Art. 288 AEUV, Rn. 34; *Biervert*, in: Schwarze 2012, Art. 288 AEUV, Rn. 20.
5 EuGH, Urt. v. 15.7.1964 – C-6/64, ECLI:EU:C:1964:66, Rn. 3 – Costa/ENEL; EuGH, Urt. v. 9.3.1978 – C-106/77, ECLI:EU:C:1978:49, Rn. 17/18 – Simmenthal II.
6 EuGH, Urt. v. 14.12.1971 – C-43/71, ECLI:EU:C:1971:122, Rn. 9 – Politi; EuGH, Urt. v. 10.10.1973 – C-34/73, ECLI:EU:C:1973:101, Rn. 10 – Variola; EuGH, Urt. v. 9.3.1978 – C-106/77, ECLI:EU:C:1978:49, Rn. 14 – Simmenthal II; *Schroeder*, in: Streinz 2012, Art. 288 AEUV, Rn. 54; *Ehlers*, in: Schulze/Zuleeg/Kadelbach 2015, § 11 Rn. 8; *König*, in: Schulze/Zuleeg/Kadelbach 2015, § 2, Rn. 41.
7 EuGH, Urt. v. 9.3.1978 – C-106/77, ECLI:EU:C:1978:49, Rn. 14 – Simmenthal II.
8 EuGH, Urt. v. 15.7.1964 – C-6/64, ECLI:EU:C:1964:66 – Costa/ENEL; EuGH, Urt. v. 5.2.1963 – C-26/62, ECLI:EU:C:1963:1 – van Gend & Loos; *Jarass/Beljin*, NVwZ 2004, 1.
9 BVerfGE 22, 293 (296).
10 EuGH, Urt. v. 15.7.1964 – C-6/64, ECLI:EU:C:1964:66, Rn. 3 – Costa/ENEL.
11 EuGH, Urt. v. 15.7.1964 – C-6/64, ECLI:EU:C:1964:66, Rn. 3 – Costa/ENEL; EuGH, Urt v. 17.12.1970 – C-11/70, ECLI:EU:C:1970:114, Rn. 3 – Internationale Handelsgesellschaft; EuGH, Urt. v. 9.3.1978 – C-106/77, ECLI:EU:C:1978:49, Rn. 17 f. – Simmenthal II; EuGH, Urt. v. 31.1.1978 C-94/77, ECLI:EU:C:1978:17, Rn. 22, 27 – Zerbone; BVerfGE 31, 145 (173 ff.); 73, 223 (244); *Schroeder*, in: Streinz 2012, Art. 288 AEUV, Rn. 40; *Nettesheim*, in: Grabitz/Hilf/Nettesheim, Art. 288 AEUV, Rn. 89; *Geismann*, in: v. d. Groeben/Schwarze/Hatje 2015, Art. 288 AEUV, Rn. 37; *Biervert*, in: Schwarze 2012, Art. 288 AEUV, Rn. 22; *Ruffert*, in: Calliess/Ruffert 2011, Art. 288 AEUV, Rn. 20; *Jarass/Beljin*, NVwZ 2004, 1 ff.
12 Zur damit verbundenen Verwerfungskompetenz und -pflicht s. *Streinz*, in: ders. 2012, Art. 4 EUV, Rn. 39.

terhin geltende – deutsche Vorschrift darf nicht angewendet werden – gleichgültig, ob sie früher oder später als die Unionsnorm ergangen ist.[13] Dieser Vorrang gilt unmittelbar – nicht erst nachdem die konfligierende Vorschrift beseitigt worden ist.[14] Dies gilt nach der Rechtsprechung des Europäischen Gerichtshofs selbst dann, wenn es sich um eine Vorschrift des deutschen Verfassungsrechts handelt.[15] Dagegen sieht das Bundesverfassungsgericht eine Grenze des Anwendungsvorrangs, wenn **Identitätsmerkmale der deutschen Verfassung** betroffen sind. Durch Maßnahmen der Union darf nicht gegen den „unantastbaren Kerngehalt der Verfassungsidentität des Grundgesetzes nach Art. 23 Abs. 1 Satz 3 iVm Art. 79 Abs. 3 GG" verstoßen werden.[16]

Der Anwendungsvorrang ist eine „ungeschriebene Norm des primären (Unions)rechts".[17] Seit über 50 Jahren geht der Europäische Gerichtshof von einem solchen Anwendungsvorrang des Unionsrechts gegenüber widersprechendem nationalem Recht aus.[18] Seitdem hat sich die Auffassung durchgesetzt, dass das Unionsrecht im konkreten Fall vorrangig anzuwenden ist und die nationale Vorschrift unbeachtet bleibt.[19] Diese Auffassung wurde auch in der Protokollerklärung Nr. 17 zum Vertrag von Lissabon anerkannt.[20] 6

Die Begründung für diesen Anwendungsvorrang liegt in der **Integrationsfunktion** des Unionsrechts.[21] Wenn die Europäische Union der Integration der europäischen Völker in ein vereintes Europa dient, muss ihre Rechtsordnung den Rechtsordnungen der Mitgliedstaaten vorgehen.[22] Würde umgekehrt den Gesetzgebungsakten der Mitgliedstaaten „irgendeine rechtliche Wirkung zuerkannt, so würde insoweit die Effektivität der Verpflichtungen, welche die Mitgliedstaaten nach dem Vertrag vorbehaltlos und unwiderruflich übernommen haben, verneint".[23] Die Union könnte als Rechtsgemeinschaft nicht bestehen, wenn die einheitliche Wirksamkeit des Unionsrechts in den Mitgliedstaaten nicht gewährleistet wäre.[24] Andernfalls würde ihm sein Charakter als Unionsrecht aberkannt und die Rechtsgrundlage der Union selbst in Frage gestellt.[25] 7

Der Anwendungsvorrang entspricht auch der verfassungsrechtlichen Ermächtigung des Art. 23 Abs. 1 GG, wonach Hoheitsrechte auf die Europäische Union übertragen werden können.[26] Art. 23 Abs. 1 GG erlaubt mit der **Übertragung von Hoheitsrechten** – soweit vertraglich vorgesehen und gefordert – zugleich deren unmittelbare Ausübung innerhalb der mitgliedstaatlichen Rechtsordnungen. Er enthält somit ein Wirksamkeits- 8

---

13 EuGH, Urt. v. 9.3.1978 – C-106/77, ECLI:EU:C:1978:49, Rn. 21/23 – Simmenthal II.

14 EuGH, Urt. v. 9.3.1978 – C-106/77, ECLI:EU:C:1978:49, Rn. 24 – Simmenthal II; *Jarass* 1994, 1.

15 EuGH, Urt. v. 17.12.1970 – C-11/70, ECLI:EU:C:1970:114, Rn. 3 – Internationale Handelsgesellschaft; EuGH, Urt. v. 9.3.1978 – C-106/77, ECLI:EU:C:1978:49, Rn. 21/23 – Simmenthal II; *Ehlers*, in: Schulze/Zuleeg/Kadelbach 2015, § 11, Rn. 15; *Hasselbach*, JZ 1997, 942; *Ehlers*, in: Schulze/Zuleeg/Kadelbach 2015, § 11 Rn. 15; *Jarass/Beljin*, NVwZ 2004, 2.

16 Zum grundgesetzlichen Identitätsvorbehalt s. BVerfGE 123, 267 (353 f.); s. auch BVerfGE 125, 260 (323); BVerfGE 126, 286 (302), einschränkende Verfahrensvoraussetzungen in BVerfGE 126, 286 (302 ff.).

17 BVerfGE 73, 223 (244); s. auch EuGH, Urt. v. 5.2.1963 – 26/62, ECLI:EU:C:1963:1 – Van Gend & Loos.

18 Seit EuGH, Urt. v. 5.2.1963 – 26/62, ECLI:EU:C:1963:1 – Van Gend & Loos.

19 *Kirchhof*, NVwZ 2014, 1537; *Streinz*, in: ders. 2012, Art. 4 EUV, Rn. 35 f.

20 *Schroeder*, in: Streinz 2012, Art. 288, Rn. 41; *Ehlers*, in: Schulze/Zuleeg/Kadelbach 2015, § 11 Rn. 17.

21 S. zB *BVerfGE* 126, 286 (301 f.) = NJW 2010, 3422 (3423): *Ruffert*, in: Calliess/Ruffert 2011, Art. 1 AEUV, Rn. 16 f.; *Streinz*, in: ders. 2012, Art. 4 EUV, Rn. 33 ff.; *Schroeder*, in: Streinz 2012, Art. 288 AEUV, Rn. 38; *Ehlers*, in: Schulze/Zuleeg/Kadelbach 2015, § 11, Rn. 14, 17.

22 EuGH, Urt. v. 9.3.1978 – C-106/77, ECLI:EU:C:1978:49, Rn. 17/18 und 21/23 – Simmenthal II; s. auch *Kirchhof*, NVwZ 2014, 1537 und *Dederer*, JZ 2014, 313, zweifelnd in Bezug auf die Grundrechte.

23 EuGH, Urt. v. 9.3.1978 – C-106/77, ECLI:EU:C:1978:49, Rn. 17/18 – Simmenthal II.

24 S. EuGH, Urt. v. 15.7.1964 – C-6/64, ECLI:EU:C:1964:66, Rn. 3 – Costa/ENEL; BVerfGE 126, 286 (301 f.).

25 EuGH, Urt. v. 15.7.1964 – C-6/64, ECLI:EU:C:1964:66, Rn. 3 – Costa/ENEL; EuGH, Urt. v. 17.12.1970 – C-11/70, ECLI:EU:C:1970:114, Rn. 3 – Internationale Handelsgesellschaft; EuGH, Urt. v. 9.3.1978 – C-106/77, ECLI:EU:C:1978:49, Rn. 17/18 – Simmenthal II; *Streinz*, in: ders. 2012, Art. 4 EUV, Rn. 35.

26 S. BVerfGE 31, 145 (174); 123, 267 (402); 126, 286 (301).

und Durchsetzungsversprechen, dem der unionsrechtliche Anwendungsvorrang entspricht.[27]

9 Dieses Integrationsziel gilt auch für die Datenschutz-Grundverordnung. Sie beruht auf der **Kompetenz** des Art. 16 Abs. 2 AEUV,[28] Vorschriften über den Schutz natürlicher Personen bei der Verarbeitung personenbezogener Daten und zum freien Verkehr solcher Daten zu erlassen.[29] Gerade durch den unionsweit einheitlichen, soliden, kohärenten und durchsetzbaren Rechtsrahmen im Bereich des Datenschutzes in der Union will sie „eine Vertrauensbasis [...] schaffen, die die digitale Wirtschaft dringend benötigt, um im Binnenmarkt weiter wachsen zu können".[30] Sie verfolgt nach Art. 1 Abs. 2 DSGVO das Ziel, unterschiedliche Rechtsregelungen zu einer unionseinheitlichen Rechtsordnung für den „Schutz der Grundrechte und Grundfreiheiten natürlicher Personen" bei der Verarbeitung personenbezogener Daten zu integrieren. Dieses Ziel kann nur effektiv erreicht werden, wenn die Vorschriften der Verordnung einen Anwendungsvorrang vor den nationalen Datenschutzregelungen genießen.

2. Konflikt zwischen nationalem Recht und Unionsrecht

10 Aufgrund des Vorrangs wird „jede entgegenstehende Bestimmung des geltenden staatlichen Rechts ohne weiteres unanwendbar".[31] Dies gilt bei direkten Kollisionen, wenn beide Normen den gleichen Sachverhalt unterschiedlich regeln.[32] Dies gilt aber auch bei indirekten **Kollisionen**,[33] wenn beide Vorschriften bezogen auf den gleichen Sachverhalt etwas anderes regeln und dennoch zu unterschiedlichen Ergebnissen kommen. Dann darf die nationale Norm „die Ausübung der durch die [Unions]Rechtsordnung verliehenen Rechte nicht praktisch unmöglich machen oder übermäßig erschweren".[34] Dabei ist allerdings zwischen speziell auf die Unionsregelung bezogenen und allgemeinen Regelungen, die viele unterschiedliche Fälle betreffen, zu unterscheiden. Bei einer indirekten Kollision gilt der Anwendungsvorrang, wenn die nationale Regelung gezielt die Möglichkeit einschränkt, die vom Unionsrecht eingeräumten Rechte geltend zu machen.[35] Der Anwendungsvorrang betrifft jedoch nicht allgemeine nationale Regelungen wie etwa die Bestimmung der zuständigen Gerichte, die Ausgestaltung von Verfahren oder die Festsetzung von allgemeinen Ausschlussfristen für die Geltendmachung von Forderungen, die sich neben vielen anderen Fällen auch auf die Unionsregelung auswirken.[36] Diese Fragen zu regeln, ist mangels unionsrechtlicher Regelung „Sache der innerstaatlichen Rechtsordnung der einzelnen Mitgliedstaaten".[37]

11 Der Anwendungsvorrang gilt nicht nur zugunsten der Regelungen in der Unionsverordnung, sondern auch zugunsten von abgeleiteten **Tertiärrechtsakten** der Union wie delegierten Rechtsakten und Durchführungsrechtsakten der Kommission nach Art. 290 und 291 AEUV.[38]

27 BVerfGE 126, 286 (301).
28 S. Eg. 10 DSGVO.
29 Kritisch hierzu *Ronellenfitsch*, DuD 2012, 561 ff.; *Giesen*, 2016, 43 ff.
30 Eg. 6 DSGVO.
31 EuGH, Urt. v. 9.3.1978 – C-106/77, ECLI:EU:C:1978:49, Rn. 17/18 – Simmenthal II.
32 Wie etwa die Anforderungen an fortgeschrittene Signaturen in Art. 26 eIDAS-VO und § 2 Nr. 2 SigG.
33 S. dazu *Schroeder*, in: Streinz 2012, Art. 288 AEUV, Rn. 42 f.; *Jarass/Beljin*, NVwZ 2004, 3; *Roßnagel*, MMR 2015, 359.
34 EuGH, Urt. v. 15.9.1998 – C-231/96, ECLI:EU:C:1998:401, Rn. 34 – Edis.
35 S. EuGH, Urt. v. 15.9.1998 – C-231/96, ECLI:EU:C:1998:401, Rn. 23 bis 25 – Edis mwN; s. auch *Jarass/Beljin*, NVwZ 2004, 5.
36 S. EuGH, Urt. v. 15.9.1998 – C-231/96, ECLI:EU:C:1998:401, Rn. 20 f. – Edis mwN.
37 EuGH, Urt. v. 15.9.1998 – C-231/96, ECLI:EU:C:1998:401, Rn. 20 – Edis.
38 EuGH, Urt. v. 17.12.1970 – C-11/70, ECLI:EU:C:1970:114, Rn. 3 – Internationale Handelsgesellschaft; EuGH, Urt. v. 9.3.1978 – C-106/77, ECLI:EU:C:1978:49, Rn. 21 ff. – Simmenthal II; *Ehlers*, in: Schulze/

Ein Konflikt, der erst den Anwendungsvorrang der Unionsverordnung auslöst, kann aber nur zu einer Regelung in der Unionsverordnung bestehen, die **unmittelbar anwendbar** ist.[39] Art. 288 Abs. 2 Satz 2 AEUV bestimmt zwar, dass die Unionsverordnung ohne nationalen Umsetzungsakt unmittelbar in jedem Mitgliedstaat gilt. Welche Regelung in einer Unionsverordnung unmittelbar anwendbar ist, legt Art. 288 Abs. 2 AEUV allerdings nicht fest.[40] Dabei geht es nicht um den abstrakten Geltungsanspruch, sondern um die Eignung der Normstruktur der jeweiligen Regelung, in einem konkreten Anwendungsfall unmittelbar Rechtswirkungen zu entfalten. Sie ist dann anwendbar, wenn sie hinreichend bestimmt und unbedingt formuliert ist, um ohne weitere gesetzliche Konkretisierung die Normadressaten zu berechtigen oder zu verpflichten.[41] Voraussetzung für die unmittelbare Anwendbarkeit ist somit, dass die Regelung „eine klare und unbedingte Verpflichtung begründe(t)“, die „keiner weiteren Maßnahme der [Unions]Organe oder der Mitgliedstaaten“ bedarf und deshalb von staatlichen Behörden und Gerichten angewendet werden kann.[42] Diese Anforderung an vollziehbare Normen hat der Europäische Gerichtshof für das Primärrecht aufgestellt. Sie muss aber auch für Akte des Sekundärrechts gelten.[43] 12

Diese Beschränkung des Anwendungsvorrangs ist insbesondere für **unvollständige Unionsverordnungen** bedeutsam, die zu ihrer unmittelbaren Anwendbarkeit erst durch Durchführungsmaßnahmen der Kommission oder des nationalen Gesetzgebers aufgrund ausdrücklicher oder impliziter Ermächtigung oder Verpflichtung vervollständigt werden müssen.[44] Solange diese nicht erlassen sind, kann ein Anwendungsvorrang der ausfüllungsbedürftigen Regelung in der Unionsverordnung nicht bestehen.[45] 13

Kein Konflikt zum Unionsrecht besteht auch, wenn eine nationale Vorschrift in ihrer Anwendung nicht zu einem Widerspruch zu den Vorgaben der Unionsverordnung führt, weil sie sie nur ergänzt. Sie bleibt anwendbar, solange und soweit eine im Bereich geteilter Unionskompetenzen erlassene Unionsverordnung den Sachverhalt nicht abschließend regelt. Nach Art. 2 Abs. 2 Satz 1 AEUV können im Bereich geteilter Zuständigkeiten sowohl die Union als auch die Mitgliedstaaten tätig werden. Allerdings gilt dies für die Mitgliedstaaten nach Art. 2 Abs. 2 Satz 2 AEUV nur, „sofern und soweit die Union ihre Zuständigkeit nicht ausgeübt hat“.[46] Nach Art. 4 Abs. 1 AEUV ist die **geteilte Zuständigkeit** der Regelfall, der immer dann gegeben ist, wenn die Verträge der Union außerhalb der in Art. 3 und 6 AEUV genannten Bereiche Zuständigkeiten übertragen.[47] Die Datenschutz-Grundverordnung ist auf die Kompetenz zum Erlass von „Vorschriften über den Schutz natürlicher Personen bei der Verarbeitung personenbezogener Daten … durch die Mitgliedstaaten im Rahmen der Ausübung von Tätigkeiten, die in den 14

Zuleeg/Kadelbach 2015, § 11 Rn. 15; *Jarass/Beljin*, NVwZ 2004, 2; *Gellermann*, in: Streinz 2012, Art. 291 AEUV, Rn. 2; *Roßnagel*, MMR 2015, 359.

39 S. hierzu *Streinz*, in: ders. 2012, Art. 4 EUV, Rn. 40; *Jarass* 1994, 4.

40 Zur Unterscheidung zwischen unmittelbarer Geltung und Anwendbarkeit s. *König*, in: Schulze/Zuleeg/Kadelbach 2015, § 2 Rn. 42.

41 S. zB *König*, in: Schulze/Zuleeg/Kadelbach 2015, § 2 Rn. 42; *Ruffert*, in: Calliess/Ruffert 2011, Art. 288 AEUV, Rn. 20 f.; *Nettesheim*, in: Grabitz/Hilf/Nettesheim, Art. 288 AEUV, Rn. 39 ff.; *Biervert*, in: Schwarze 2012, Art. 288 AEUV, Rn. 21.

42 EuGH, Urt. v. 16.6.1966 – C-57/65, ECLI:EU:C:1966:34 – Lütticke.

43 S. *Schroeder*, in: Streinz 2012, Art. 288 AEUV, Rn. 60; *König*, in: Schulze/Zuleeg/Kadelbach 2015, § 2 Rn. 42. *Jarass/Beljin*, NVwZ 2004, 3.

44 S. zB *Schroeder*, in: Streinz 2012, Art. 288 AEUV, Rn. 61; *König*, in: Schulze/Zuleeg/Kadelbach 2015, § 2 Rn. 42.

45 EuGH, Urt. v. 28.3.1985 – C-272/83, ECLI:EU:C:1985:147, Rn. 25 – Kommission/Italien; *Schroeder*, in: Streinz 2012, Art. 288 AEUV, Rn. 61; *Roßnagel*, MMR 2015, 360.

46 Dies entspricht der aus dem GG bekannten konkurrierenden Gesetzgebungskompetenz – s. zB *Görlitz*, DÖV 2004, 375.

47 S. *Pelka*, in: Schwarze 2012, Art. 4 AEUV, Rn. 2; *Streinz*, in: ders. 2012, Art. 2 AEUV, Rn. 8; *König*, in: Schulze/Zuleeg/Kadelbach 2015, § 2 Rn. 22.

Anwendungsbereich des Unionsrechts fallen, und über den freien Datenverkehr" in Art. 16 Abs. 2 Satz 1 AEUV gestützt. Die Gesetzgebungskompetenz in Art. 16 Abs. 2 Satz 1 AEUV betrifft den „Hauptbereich" „Binnenmarkt", der in Art. 4 Abs. 2 lit. a AEUV als erstes Beispiel für eine geteilte Zuständigkeit genannt ist.[48] Ob der Mitgliedstaat noch zur Rechtssetzung befugt ist, muss in jedem Einzelfall anhand des erlassenen Sekundärrechts geklärt werden.[49] Entscheidend ist, in welchem Umfang die Union durch einen Sekundärrechtsakt von einer ihr zustehenden geteilten Zuständigkeit Gebrauch gemacht hat und dadurch der Akt eine Sperrwirkung gegenüber den Mitgliedstaaten entfaltet. Im Umkehrschluss ergibt sich aus dieser Analyse, „welche (Rest-)Zuständigkeit bei den Mitgliedstaaten verblieben ist".[50] Das Protokoll Nr. 25 zum Vertrag von Lissabon „Über die Ausübung der geteilten Zuständigkeiten"[51] stellt insofern klar: „Ist die Union in einem bestimmten Bereich" iSd Art. 2 Abs. 2 AEUV „betreffend die geteilte Zuständigkeit tätig geworden, so erstreckt sich die Ausübung der Zuständigkeit nur auf die durch den entsprechenden Rechtsakt der Union geregelten Elemente und nicht auf den gesamten Bereich." Daher sind Vorschriften der Mitgliedstaaten auch dann weiterhin anwendbar, wenn die Unionsverordnung bestimmte **Themen ungeregelt** lässt oder Regelungslücken lässt, auch wenn sie keine ausdrückliche Ermächtigung für ergänzende Maßnahmen enthält.[52] Dies gilt aber auch für unzureichende Konkretisierungen: „Solange und soweit" eine im Bereich geteilter Zuständigkeiten „erlassene Verordnung nicht durch Maßnahmen des Unionsgesetzgebers abschließend konkretisiert worden ist, sind auch ergänzende Maßnahmen der Mitgliedstaaten zulässig, und zwar mit oder ohne ausdrückliche Ermächtigung durch die Verordnung".[53]

3. Weitere Geltung und Anwendung nationalen Rechts

15 Der Anwendungsvorrang begründet **keinen Geltungsvorrang** des Unionsrechts.[54] Alle mitgliedstaatlichen Regelungen gelten weiter.[55] Für sie stellt sich nur die Frage, ob sie weiterhin anwendbar sind.

16 Nach dem beschriebenen allgemeinen Verhältnis zwischen Regelungen einer Unionsverordnung und den Regelungen eines Mitgliedstaats können Vorschriften des Mitgliedstaats im Anwendungsbereich einer Unionsverordnung trotz ihres grundsätzlichen Anwendungsvorrangs aus drei Gründen **weiterhin anwendbar** sein:

a) Präzisierung, Konkretisierung, Ergänzung

17 Erstens ist ihre Anwendbarkeit nur insoweit eingeschränkt, als sie den Regelungen der Unionsverordnung widersprechen.[56] Soweit **kein Widerspruch** vorliegt, sondern nur

48 Nach *Streinz*, in: ders. 2012, Art. 16 AEUV, Rn. 8; *Hatje*, in: Schwarze 2012, Art. 4 AEUV, Rn. 7, ersetzt die Vorschrift für den spezifischen Bereich des Datenschutzes die Kompetenz des Art. 114 AEUV zur Harmonisierung der Regelungen für den Binnenmarkt.

49 S. *Streinz*, in: ders. 2012, Art. 2 AEUV, Rn. 8; *König*, in: Schulze/Zuleeg/Kadelbach 2015, § 2 Rn. 22; aA *Selmayr/Ehmann*, in: Ehmann/Selmayr 2017, Einführung, Rn. 3: DSGVO schließt das gesamte BDSG aus.

50 S. *Pelka*, in: Schwarze 2012, Art. 2 AEUV, Rn. 14.

51 EU ABl. C 115 vom 9.5.2008, 307.

52 *Biervert*, in: Schwarze 2012, Art. 288 AEUV, Rn. 21; *Jarass/Beljin*, NVwZ 2004, 5; *Schroeder*, in: Streinz 2012, Art. 288 AEUV, Rn. 61 – s. dort das Beispiel der EMAS-VO und des deutschen Ausführungsgesetzes.

53 *Schroeder*, in: Streinz 2012, Art. 288 AEUV, Rn. 61 unter Hinweis auf EuGH, Urt. v. 13.3.1984 – C-16/83, ECLI:EU:C:1984:101, Rn. 13 ff., 16 – Prantl.

54 S. BVerfGE 73, 339 (375); 123, 267 (398); 126, 286 (301 f.); *Ehlers*, in: Schulze/Zuleeg/Kadelbach 2015, § 11 Rn. 48; s. hierzu kritisch *Hwang*, EuR 2016, 355.

55 Zur Selbständigkeit der europäischen und nationalen Rechtsordnungen s. zB *Ehlers*, in: Schulze/Zuleeg/ Kadelbach 2015, § 11 Rn. 5 und 48; *Jarass/Beljin*, NVwZ 2004, 2. Der EuGH ist deshalb auch nicht befugt, über die Nichtigkeit mitgliedstaatlichen Rechts zu entscheiden – s. EuGH, Urt. v. 7.2.1984 – C-237/82, ECLI:EU:C:1984:44, Rn. 6 – Kaas.

56 *Biervert,* in: Schwarze 2012, Art. 288 AEUV, Rn. 6.

eine Präzisierung unbestimmter Rechtsbegriffe,[57] eine Konkretisierung ausfüllungsbedürftiger Vorgaben oder die Ergänzung von unvollständigen Regelungen oder die Schließung von Regelungslücken, ohne das Regelungsziel der Verordnung zu verletzen, kann die mitgliedstaatliche Regelung weiter anwendbar bleiben oder erlassen werden, auch wenn ihr Wortlaut sich von der Regelung in der Verordnung unterscheidet. Ob ein solcher Widerspruch besteht ist für die Anwendung einer bestimmten Vorschrift der Unionsverordnung **im Einzelfall zu prüfen.**[58] Ein schlichter Unterschied im Wortlaut reicht für die Feststellung eines solchen Widerspruchs nicht aus.

Ergänzungen könnten zB Regelungen zur Durchführung der Datenschutz-Folgenab- 18
schätzung nach Art. 35 DSGVO sein, sie könnten die Wirkungen von Verhaltensregeln nach Art. 40 DSGVO im innerstaatlichen Recht betreffen oder sie könnten vielfältige Verfahrensfragen der datenschutzspezifischen Zertifizierung nach Art. 42 DSGVO betreffen. Als Ergänzungen können auch die spezifischen Vorgaben für Scoring und Bonitätsauskünfte in § 31 BDSG angesehen werden. **Präzisierungen** könnten bereichsspezifische Spezifizierungen zu hochabstrakten Begriffen wie zB „Treu und Glauben", „öffentliche Interessen", „angemessen" oder „erforderlich" sein oder zB die Inhalte der Informationen nach Art. 13 und 14 DSGVO oder der Auskunft nach § 15 DSGVO betreffen. **Konkretisierungen** für Privacy by Design und by Default nach Art. 25 Abs. 1 und 2 DSGVO könnten bereichsspezifische Anforderungen an die transparente, datensparsame und missbrauchsresistente Gestaltung bestimmter Typen von Techniksystemen (Vermeidung von Profilen) und deren datenärmste Konfigurierung sein. Eine Konkretisierung der Anforderungen an die Datensicherheit nach Art. 32 Abs. 1 DSGVO könnte in der „Nennung der Schutzziele Datensparsamkeit, Vertraulichkeit, Integrität, Verfügbarkeit, Nichtverkettbarkeit, Transparenz und Intervenierbarkeit" liegen, „um einen einfachen, flexiblen und praxistauglichen technischen und organisatorischen Datenschutz zu konkretisieren".[59] Überall, wo Pseudonymisierung als Garantie gefordert wird, könnte diese durch Vorgaben an den Grad der Sicherheit gegen Re-Identifizierung und ausdrückliche Verbote der Wiederherstellung eines Personenbezugs konkretisiert werden.[60]

b) Explizite Öffnungsklausel

Zweitens kann die mitgliedstaatliche Regelung weiter anwendbar sein, wenn die Ver- 19
ordnung **explizite Spielräume** für nationale Regelungen lässt.[61] Solche Öffnungsklauseln bietet die Verordnung in mindestens 70 Fällen. Sie sind zum Teil Regelungsverpflichtungen, die bis zum 25. Mai 2018 erfüllt sein müssen – wie etwa Art. 84 und 85 DSGVO, überwiegend jedoch Regelungsoptionen, die die Mitgliedstaaten nutzen können oder auch nicht (→ § 1 Rn. 52). Die wichtigste Regelungsoption enthalten die Öffnungsklauseln in Art. 6 Abs. 2 und 3 DSGVO, die den Mitgliedstaaten letztlich ermöglichen, das gesamte bereichsspezifische Datenschutzrecht für öffentliche Stellen und für nicht-öffentliche Stellen, die eine Verpflichtung zur Datenverarbeitung haben oder diese im öffentlichen Interesse durchführen, beizubehalten oder einzuführen (→ § 3 Rn. 98 ff. und § 7 Rn. 16 ff.).

Öffnungsklauseln sind **nicht generell restriktiv** auszulegen – auch wenn dies als Ausle- 20
gungsregel behauptet wird, um das Ziel einer einheitlichen Regulierung durch die

57 S. zB *Brühann*, EuZW 2009, 643.
58 AA *Selmayr/Ehmann*, in: Ehmann/Selmayr 2017, Einführung, Rn. 3, pauschal für ein gesamtes Gesetz.
59 Konferenz der unabhängigen Datenschutzbehörden, Entschließung „Stärkung des Datenschutzes in Europa – nationale Spielräume nutzen" vom 6./7.4.2016.
60 Weitere Beispiele in *Roßnagel*, DuD 2017, 290 ff.
61 S. zB *Jarass* 1994, 37 ff.

DSGVO nicht zu gefährden.[62] Ein solches Ziel ist dem Text der Verordnung nicht zu entnehmen. Lediglich Erwägungsgrund 3 und 9 DSGVO zielen darauf ab, einen „kohärenten und durchsetzbaren Rechtsrahmen im Bereich des Datenschutzes in der Union" zu schaffen. Dagegen ist in Art. 1 Abs. 2 DSGVO das Ziel der Verordnung festgehalten, „die Grundrechte und Grundfreiheiten natürlicher Personen und insbesondere deren Recht auf Schutz personenbezogener Daten" zu schützen. Den Datenschutz angesichts der Herausforderungen der technischen Entwicklung zu modernisieren und den Schutz der Grundrechte zu verbessern, ist außerdem den Erwägungsgründen 1, 2, 4 und 6 DSGVO zu entnehmen. Ebenso ist Vertrauen und Rechtssicherheit für die digitale Wirtschaft, für den Staat und für natürliche Personen nach Erwägungsgrund 7 DSGVO ein weiteres Ziel der Verordnung. Weitere Ziele werden in anderen Erwägungsgründen genannt (→ § 1 Rn. 4 ff.). Es gibt keinen Hinweis dafür, warum das Ziel der Rechtsvereinheitlichung gegenüber allen anderen Zielen vorrangig sein soll. Wenn die Verordnung Öffnungsklauseln vorsieht, um – gerade wie in Art. 6 DSGVO – bei fehlenden einheitlichen Regelungen in der Verordnung die Ziele des Grundrechtsschutzes, der Vertrauensgenerierung und der Rechtssicherheit besser zu verwirklichen, gibt es keinen Grund, sie restriktiv auszulegen. Vielmehr spricht alles dafür, sie – nachdem die Verordnung selbst in vielen Vorschriften mit Öffnungsklauseln das Ziel der Vereinheitlichung hintangesetzt hat – sie so weit auszulegen, wie dies zur jeweiligen Zielerreichung erforderlich ist. Bei 70 Öffnungsklauseln mit unterschiedlichen Inhalten, Voraussetzungen und Beschränkungen[63] verbietet sich ohnehin eine generelle Auslegungsregel. Vielmehr ist jede Öffnungsklausel **aus sich selbst heraus zu interpretieren.**

21 Jedenfalls die Öffnungsklauseln in Art. 6 Abs. 2 und 3 DSGVO sind sehr weit.[64] Die **Öffnungsklausel in Art. 6 Abs. 3 DSGVO** fordert die Mitgliedstaaten auf, die im Rahmen der Bedingungen nach Art. 6 Abs. 1 UAbs. 1 lit. c und e DSGVO erforderlichen Erlaubnistatbestände festzulegen (→§ 7 Rn. 16 f.). Da diese risikospezifisch von bestimmten Bedingungen abhängig sein müssen, ermöglicht Art. 6 Abs. 3 Satz 3 DSGVO, in der Rechtsgrundlage des Mitgliedstaats „spezifische Bestimmungen zur Anpassung der Anwendung der Vorschriften dieser Verordnung" zu treffen. Diese können ua Bestimmungen zu allgemeinen Bedingungen der Rechtmäßigkeit der Verarbeitung, zu Arten von Daten, zu betroffenen Personen, zu Offenlegungen personenbezogener Daten, zu ihrer Zweckbindung, zur Speicherdauer, zu zulässigen Verarbeitungsvorgängen und -verfahren sowie zu besonderen Verarbeitungsgarantien enthalten. Dies ermöglicht den Mitgliedstaaten, eine in sich kohärentes bereichsspezifisches Regelungssystem beizubehalten oder einzuführen.

22 Noch weiter geht die **Öffnungsklausel in Art. 6 Abs. 2 DSGVO.**[65] Sie ist nicht – wie die speziellere Öffnungsklausel des Abs. 3 – auf Regelungen beschränkt, die mit der Zulässigkeit der Datenverarbeitung im Zusammenhang stehen. Vielmehr ermöglicht sie dem Mitgliedstaat, bezogen auf alle Vorschriften der Verordnung „spezifische Anforderungen für die Verarbeitung sowie sonstige Maßnahmen präziser (zu) bestimmen" – soweit „innere Angelegenheiten" des Mitgliedstaats betroffen sind.[66] In diesen Angelegenhei-

---

62 So *Albrecht/Janson*, CR 2016, 501; *Culik/Döpke*, ZD 2017, 229; *Selmayr*, in: Ehmann/Selmayr 2017, Einführung Rn. 89.

63 Zu den Unterschieden der Öffnungsklauseln s. zB *Kühling/Martini u.a.* 2016, 10 ff.; *Benneke/Wagner*, DVBl. 2016, 600.

64 *BfDI* 2016, 29; *Kühling/Martini u.a.* 2016, 28, 34; *Kühling/Martini*, EuZW 2016, 449; *Reimer*, in: Sydow 2017, Art. 6 Rn. 29; aA Vertreter der Kommission wie zB *Selmayr*, in: Ehmann/Selmayr 2017, Einführung Rn. 3; *Heberlein*, in: Ehmann/Selmayr 2017, Art. 6 Rn. 33 und des Parlaments wie zB *Albrecht/Jotzo* 2017, 73.

65 S. auch *BfDI* 2016, 29; *Kühling/Martini u.a.* 2016, 34; *Greve*, NVwZ 2017, 743; *Reimer*, in: Sydow 2017, Art. 6 Rn. 29.

66 *Roßnagel*, DuD 2017, 292; *Greve*, NVwZ 2017, 743.

ten hat der Mitgliedstaat jeweils unterschiedliche öffentlichen Interessen mit den Zielsetzungen des Datenschutzes abzuwägen, die die Verordnung in ihrer Unterkomplexität nicht berücksichtigen konnte. Daher ermöglicht auch diese Öffnungsklausel dem Mitgliedstaat, für die jeweilige konkrete Datenverarbeitungssituation eine kohärente Gesamtregelung zu treffen.[67] Hierzu gehören auch Regelungen zu Definitionen, Schutzvorkehrungen, Berechtigungen und Anforderungen, Rechten betroffener Personen und Pflichten von Verantwortlichen und Auftragsverarbeitern, soweit diese mit den Zielen der Verordnung vereinbar sind (→§ 7 Rn. 22 ff.).

c) Implizite Regelungsspielräume

Drittens kann eine von der Verordnung abweichende mitgliedstaatliche Regelung weiter angewendet werden, wenn sie einen **impliziten Spielraum** der Verordnung ausfüllt.[68] Vollendet erst die mitgliedstaatliche Regelung eine unvollständige Vorschrift der Verordnung in der erforderlichen Bestimmtheit, ermöglicht sie erst den Vollzug der Verordnung durch die nationalen Behörden oder Gerichte, unterstützt sie die Umsetzung der Verordnung durch einen im nationalen Recht notwendigen Rechtsrahmen oder passt sie die Vorschrift der Verordnung in die Systematik und den Sprachgebrauch des nationalen Rechts ein, dann besteht kein Widerspruch zur Unionsverordnung, der ihren Anwendungsvorrang aktiviert und die Nichtanwendbarkeit der nationalen Regelung zur Folge hat.[69] 23

Beispiele für unterstützende Regelungen im neuen Bundesdatenschutzgesetz sind die Regelungen zu den Datenschutzbeauftragten in öffentlichen Stellen in §§ 5 bis 7 BDSG, die Spezifizierungen zur Bundesbeauftragten für den Datenschutz und Informationsfreiheit in §§ 8 bis 16 BDSG, die Regelungen zu Rechtsbehelfen in §§ 20 und 21 BDSG oder die Regelungen zu den Aufsichtsbehörden der Länder in § 40 BDSG.

In allen drei Fällen darf die mitgliedstaatliche Regelung **nicht gegen die Zielsetzung** der Verordnung verstoßen, sondern muss sie widerspruchsfrei und zielgerichtet in ihrer effektiven Umsetzung unterstützen. 24

4. Erlass neuer nationaler Regelungen

Das Nebeneinandergelten der Rechtsordnungen der Union und des Mitgliedstaats sowie die Bedingungen für den Anwendungsvorrang können zu großen **Rechtsunsicherheiten** führen. Zwar greift im Konfliktfall der Vorrang zugunsten der Unionsverordnung, die deshalb kollidierende nationale Regelungen in ihrem Anwendungsbereich verdrängt. Jedoch ergeben sich aus einer solchen Situation „Unklarheiten tatsächlicher Art, weil die Normadressaten bezüglich der ... Möglichkeiten, sich auf das [Unions]recht zu berufen, in einem Zustand der Ungewissheit gelassen werden".[70] Diese Rechtsunsicherheiten können einen **Bedarf an nationalen Regelungen** begründen, die sie beseitigen. Daher stellt sich die Frage, ob der nationale Gesetzgeber im Anwendungsbereich der Unionsverordnung neue Regelungen erlassen darf. 25

Im Fall eines Widerspruchs verhindert der Anwendungsvorrang des Unionsrechts „ein wirksames Zustandekommen neuer staatlicher Gesetzgebungsakte" der Mitgliedstaaten.[71] Sie können auch verpflichtet sein, Vorschriften, die Unionsrecht widersprechen, 26

67 *Kühling/Martini u.a.* 2016, 34; *BfDI*, DSGVO, 2016, 29 f.; zurückhaltend *Frenzel*, in: Paal/Pauly 2016, Art. 6 Rn. 32.
68 S. zB *Jarass* 1994, 37 ff.
69 S. zB *Ehlers*, in: Schulze/Zuleeg/Kadelbach 2015, § 11 Rn. 58.
70 EuGH, Urt. v. 26.4.1988 – C-74/86, ECLI:EU:C:1988:198, Rn. 10 – Kommission/Deutschland; *Schroeder*, in: Streinz 2012, Art. 288 AEUV, Rn. 62; *Biervert*, in: Schwarze 2012, Art. 288 AEUV, Rn. 21.
71 EuGH, Urt. v. 9.3.1978 – C-106/77, ECLI:EU:C:1978:49, Rn. 17/18 – Simmenthal II; *Schroeder*, in: Streinz 2012, Art. 288 AEUV, Rn. 45.

anzupassen oder aufzuheben, auch wenn diese aufgrund des Vorrangs unanwendbar sind.[72]

27 Der Gesetzgeber darf **kein gegen Unionsrecht verstoßendes Recht setzen.**[73] Um keinen Zustand der Ungewissheit, welches Recht anwendbar ist, zu belassen, kann der Mitgliedstaaten verpflichtet sein, nicht anwendbare Regelungen wieder „abzuschaffen".[74]

28 Soweit es nur um die Abwehr des unionsrechtswidrigen nationalen Rechts geht, genügt die Nichtanwendung der nationalen Vorschrift. Soweit es um positive **Rechtsgestaltung** geht, sind die Mitgliedstaaten dazu verpflichtet, „die geeigneten innerstaatlichen Maßnahmen zu erlassen, um die uneingeschränkte Anwendbarkeit" der Unionsverordnung „zu gewährleisten, wenn dies erforderlich ist".[75] Sie dürfen daher im Regelungsbereich der Unionsverordnung geeignete Durchführungsmaßnahmen **auch ohne Ermächtigung durch die Unionsverordnung** erlassen. Sie können hierzu sogar nach Art. 291 Abs. 1 AEUV verpflichtet sein, wenn dies erforderlich ist, um die Unionsverordnung durchzusetzen. Dies gilt auch, wenn eine Lücke im Unionsrecht besteht und die Unionsverordnung durch die nationale Vorschrift abgerundet wird. Die nationale Vorschrift darf die Unionsverordnung jedoch nicht inhaltlich abändern.[76] Trifft das Unionsrecht keine subsumtionsfähige positive Regelung, muss der Mitgliedstaat selbst die fehlenden Regelungen treffen, die die Unionsvorschrift erst vollzugsfähig oder umsetzbar macht.[77]

29 Soweit die Unionsverordnung unvollständig und ergänzungsbedürftig oder abstrakt und präzisierungs- und konkretisierungsbedürftig ist, kann und muss es zu einer **Ko-Regulierung** des Regelungsbereiches durch die Verordnung und nationale Regelungen, die die Lücken schließen und die Anwendung abstrakter Vorgaben praktikabel machen, kommen. Ein Beispiel für eine gelungene Ko-Regulierungen bietet zB die **Umweltaudit-Verordnung** (EG) Nr. 1221/2009)[78] und das deutsche **Umweltauditgesetz**[79] mit sechs begleitenden Rechtsverordnungen an. Ein neueres Beispiel ist die Verordnung (EU) 910/2014 über elektronische Identifizierung und Vertrauensdienste (**eIDAS-VO**) vom 23. Juli 2014[80] und das deutsche **Vertrauensdienstegesetz** vom 18. Juli 2017,[81] das sie – auch mit nur sehr wenigen und engen Öffnungsklauseln – umfassend ergänzt und konkretisiert.[82]

30 Soweit nationale Regelungen die Unionsverordnung in das nationale Recht umsetzen, würde es sich anbieten, die Regelungen der Verordnung und die Regelungen des mitgliedstaatlichen Gesetzes, das die weiterhin anwendbaren nationalen Regelungen enthält, in einem Regelwerk zusammenzufassen. Dies wäre für alle Beteiligten übersichtlicher und rechtssicherer als getrennte, sich ergänzende Regelwerke. Allerdings besteht für mitgliedstaatliche Regelungen, die Unionsverordnungen unterstützen, ein **Normwie-**

---

72 EuGH, Urt. v. 26.4.1988 – C-74/86, ECLI:EU:C:1988:198, Rn. 10 f. – Kommission/Deutschland; EuGH, Urt. v. 2.7.1996 – C-290/94, ECLI:EU:C:1996:265, Rn. 29 – Kommission/Griechenland; *Schroeder*, in: Streinz 2012, Art. 288 AEUV, Rn. 46; *Ehlers*, in: Schulze/Zuleeg/Kadelbach 2015, § 11 Rn. 54.

73 *Ehlers*, in: Schulze/Zuleeg/Kadelbach 2015, § 11 Rn. 62.

74 EuGH, Urt. v. 26.4.1988 – C-74/86, ECLI:EU:C:1988:198, Rn. 10 f. – Kommission/Deutschland.

75 EuGH, Urt. v. 22.6.1993 – C-54/91, ECLI:EU:C:1993:258, Rn. 38 – Deutschland/Kommission; EuGH, Urt. v. 7.12.1995 – C-52/95, ECLI:EU:C:1995:432, Rn. 28 – Kommission/ Frankreich; *Schroeder*, in: Streinz 2012, Art. 288 AEUV, Rn. 62; *Biervert*, in: Schwarze 2012, Art. 288 AEUV, Rn. 21; *König*, in: Schulze/Zuleeg/Kadelbach 2015, § 2, Rn. 43.

76 EuGH, Urt. v. 18.2.1970 – C-40/69, ECLI:EU:C:1970:12, Rn. 4 ff. – Hauptzollamt Hamburg/Bollmann; *Biervert*, in: Schwarze 2012, Art. 288 AEUV, Rn. 21.

77 S. zB *Ehlers*, in: Schulze/Zuleeg/Kadelbach 2015, § 11 Rn. 58.

78 EU ABl. L 342 v. 22.12.2009, 1.

79 BGBl. I, 3490.

80 EU ABl. L 257 v. 28.8.2014, 73.

81 BGBl. I, 2745.

82 S. hierzu näher *Roßnagel* 2016.

derholungsverbot.[83] Da Verordnungen unmittelbar gelten, sind sie auch unmittelbar Bestandteil der Rechtsordnung jedes Mitgliedstaats. Für ihre Geltung bedarf es keiner Umwandlung in nationales Recht.[84] Würde eine solche Umwandlung erfolgen, wäre es der jeweiligen Regelung nicht mehr anzusehen, welchen Ursprung sie hat und welcher Maßstab (Grundrechtecharta oder Grundgesetz) für sie entscheidend ist und welche Entscheidungsinstanz (Europäischer Gerichtshof oder Bundesverfassungsgericht) diesen Maßstab anwendet. Deshalb ist eine Umsetzung von Verordnungen durch Gesetzgeber der Mitgliedstaaten eigentlich nicht nur überflüssig, sondern unzulässig, weil andernfalls die Adressaten den Unionsrechtscharakter der einschlägigen Regelung nicht mehr erkennen könnten und das Auslegungsmonopol des Europäischen Gerichtshofs ausgehöhlt würde.[85]

Dieses grundsätzliche Verbot nationaler Parallelgesetzgebung schließt jedoch nicht aus, 31
dass mitgliedstaatliche Bestimmungen **einzelne Passagen des Wortlauts** der Unionsverordnung wiederholen, um den inneren Zusammenhang zwischen Unionsregelung und mitgliedstaatlicher Regelung zu verdeutlichen und ihren gemeinsamen Inhalt für die Adressaten verständlich zu machen. Kann ein bestimmtes **„System“ von Regelungen** nur durch „das Zusammentreffen einer ganze Reihe unionsrechtlicher, einzelstaatlicher und regionaler Vorschriften“ verwirklicht werden, darf der nationale Gesetzgeber eine zersplitterte Rechtslage, ausnahmsweise durch den Erlass eines zusammenhängenden Gesetzeswerks bereinigen, auch wenn dadurch punktuelle Normwiederholungen nötig sind.[86] Diese Ausnahme greift **Erwägungsgrund 8** der Verordnung auf und weist darauf hin, dass die Mitgliedstaaten, wenn sie Vorschriften der Verordnung präzisieren oder einschränken, „Bestandteile der Verordnung in ihre jeweiligen nationalen Rechtsvorschriften aufnehmen (können), soweit dies erforderlich ist, um die Kohärenz zu wahren und die nationalen Rechtsvorschriften für die Personen, für die sie gelten, verständlicher zu machen“.

Der Anwendungsvorrang und seine Ausprägung in der Datenschutz-Grundverordnung 32
selbst ist der entscheidende Maßstab für die Verteilung der Kompetenzen in der Ko-Regulierung des europäischen Datenschutzrechts zwischen Union und Mitgliedstaat. Dieser spezifischen Ausprägung entsprechend hat der deutsche Gesetzgeber die Möglichkeiten, die die Datenschutz-Grundverordnung für eine Ko-Regulierung bietet, bereits ausgiebig genutzt und ein **neues Bundesdatenschutzgesetz**[87]erlassen, die Datenschutzregelungen in der **Abgabenordnung**[88] intensiv neu geregelt und das System des Sozialdatenschutzes im **Sozialgesetzbuch I und X**[89] komplett überarbeitet. Er hat sich dabei vor allem auf die Öffnungsklauseln in Art. 6 Abs. 2, 3 und 4, 9 Abs. 2, 22 Abs. 2, 23 Abs. 1, 88 Abs. 1 und 89 Abs. 2 und 3 sowie 90 Abs. 1 DSGVO gestützt, aber auch ohne Öffnungsklausel unterstützende, ergänzende präzisierende und konkretisierende Regelungen erlassen. Die Datenschutz-Grundverordnung steht diesen Regelungen grundsätzlich nicht entgegen, auch wenn in wenigen Einzelfällen eine Überdehnung von Öffnungs-

83 S. auch *Bundesministerium der Justiz* 2008, Rn. 285.

84 EuGH, Urt. v. 31.1.1978 – C-94/77, ECLI:EU:C:1978:17, Rn. 22, 27 – Zerbone; *Schroeder*, in: Streinz 2012, Art. 288 AEUV, Rn. 58.

85 S. EuGH, 7.2.1973 – C-39/72, ECLI:EU:C:1985:147 – Italien; EuGH, 10.10.1973 – C-34/73, ECLI:EU:C:1973:101, Rn. 9 ff. – Variola; *Schroeder*, in: Streinz 2012, Art. 288, Rn. 58.

86 S. EuGH, Urt. v. 28.3.1985 – C-272/83, ECLI:EU:C:1985:147, Rn. 27 – Kommission/Italien; *Schroeder*, in: Streinz 2012, Art. 288 AEUV, Rn. 65.

87 Art. 1 des Gesetzes zur Anpassung des Datenschutzrechts an die Verordnung (EU) 2016/679 und zur Umsetzung der Richtlinie (EU) 2016/680 vom 30. 6.2017, BGBl. I, 2097.

88 Art. 17 des Gesetzes zur Änderung des Bundesversorgungsgesetzes und anderer Vorschriften vom 24.7. 2017, BGBl. I, 2541.

89 Art. 19 und 24 des Gesetzes zur Änderung des Bundesversorgungsgesetzes und anderer Vorschriften vom 24.7.2017, BGBl. I, 2541.

klauseln festgestellt werden muss.[90] Im Ergebnis beruht diese Gesetzgebungstätigkeit auf der richtigen Erkenntnis, dass komplizierte nationale Regelungsregime, vor allem wenn sie „innere Angelegenheiten“ im weiteren Sinn betreffen, wie sie durch die Anwendungsbereiche des Art. 6 Abs. 1 UAbs. 1 lit. c und e DSGVO beschrieben werden, beibehalten und fortentwickelt werden können – wie etwa das Datenschutzregime für das nationale Steuerecht oder das nationale Sozialrecht.

5. Grenzen des Anwendungsbereichs der Verordnung

33 Die Datenschutz-Grundverordnung ist auf die Kompetenz zum Erlass von „Vorschriften über den Schutz natürlicher Personen bei der Verarbeitung personenbezogener Daten in Art. 16 Abs. 2 Satz 1 AEUV gestützt.[91] Soweit es um die Datenverarbeitung personenbezogener Daten geht, kann sich diese **Gesetzgebungskompetenz** auf zwei Anwendungsbereiche beziehen, einerseits auf die Datenverarbeitung „durch die Mitgliedstaaten im Rahmen der Ausübung von Tätigkeiten, die in den Anwendungsbereich des Unionsrechts fallen“, und andererseits auf „den freien Datenverkehr“ im Binnenmarkt.[92]

34 Verarbeiten die Mitgliedstaaten personenbezogene Daten, kann sich die Regelung einer auf Art. 16 Abs. 2 Satz 1 AEUV gestützten Verordnung nur auf die Datenverarbeitungen beziehen, die „im Rahmen der Ausübung von Tätigkeiten (erfolgen), die in den Anwendungsbereich des Unionsrechts fallen“. Die Datenverarbeitung in nicht unionsrechtlich geregelten Bereichen kann daher von der Datenschutz-Grundverordnung nicht geregelt werden. Für diese Fälle der Verarbeitung personenbezogener Daten sind alle nationalen Datenschutzregelungen anwendbar. Soweit die Verordnung nach Art. 16 Abs. 2 Satz 1 AEUV „den freien Datenverkehr“ erfassen kann, ist sie auf den grenzüberschreitenden Austausch personenbezogener Daten im Binnenmarkt beschränkt. **Rein innerstaatliche Sachverhalte**, die keinen grenzüberschreitenden Datenaustausch betreffen, kann sie somit ebenfalls nicht erfassen.

35 Aufgrund ihrer Ermächtigungsgrundlage gilt die Datenschutz-Grundverordnung somit nicht für die Verarbeitung personenbezogener Daten durch die Mitgliedstaaten in **unionsrechtlich nicht geregelten Bereichen** und ebenso nicht für die Verarbeitung personenbezogener Daten durch öffentliche und nichtöffentliche Stellen, die nicht grenzüberschreitend erfolgt. Beispiele hierfür sind die Datenverarbeitung deutscher Behörden, die nur Sachverhalte betreffen, die allein und ausschließlich in Deutschland stattfinden und nur die inneren Angelegenheiten in Deutschland betreffen – wie etwa die Datenverarbeitung in Einwohnermeldeämtern, Standesämtern oder Grundbuchämtern sowie die Datenverarbeitung für Infrastrukturleistungen deutscher Kommunen (zB Müllabfuhr), soweit nicht ausnahmsweise grenzüberschreitende Übermittlungen personenbezogene Daten vorgesehen sind.[93]

36 Nach Art. 1 Abs. 1 und Art. 2 Abs. 1 DSGVO gilt die Verordnung nur „für die ganz oder teilweise automatisierte Verarbeitung personenbezogener Daten natürlicher Personen sowie für die nichtautomatisierte Verarbeitung personenbezogener Daten, die in einer Datei gespeichert sind oder gespeichert werden sollen. Die Verordnung kann damit **keine Anwendung finden auf Daten nicht-natürlicher Personen**, wie zum Beispiel für die Telekommunikationsdaten von juristischen Personen, die von den Datenschutzvorschriften des Telekommunikationsgesetzes geschützt werden.[94] Sie kann weiterhin keine

---

90 S. dazu in den folgenden Kapiteln.

91 S. Eg. 12 DSGVO.

92 S. zur Kompetenz der Union kritisch zB *Ronellenfitsch*, DuD 2012, 561 ff.; *Giesen* 2016, 43 ff.

93 Diese Ausnahme gilt aber nur für diese Übermittlungen, nicht für alle – auch rein innerstaatlichen – Datenverarbeitungen nach dem jeweiligen Gesetz.

94 S. zB § 91 Abs. 2 iVm §§ 93 ff. TKG.

Anwendung finden auf die Erhebung, Verarbeitung und Nutzung personenbezogener Daten natürlicher Personen, die **nicht in automatisierten Verfahren** und auch nicht für die Speicherung in Dateien erfolgt.[95] Die Beobachtung von natürlichen Personen durch persönliche Überwachung oder durch Videoaufnahmen und die Übertragung in einen Kontrollraum[96] oder durch einen Lauschangriff fällt zum Beispiel aus dem Anwendungsbereich der Verordnung ebenso heraus wie die Aufschaltung auf eine Telefonverbindung und das Abhören des Gesprächs.[97] Nicht erfasst werden von der Verordnung schließlich alle Verarbeitungen personenbezogener Daten, die **nicht in Dateien** erfolgen oder erfolgen sollen.[98] Schließlich sind die Ermächtigungsgrundlage des Art. 16 Abs. 2 Satz 1 AEUV ebenso wie der Anwendungsbereich der Verordnung beschränkt auf Vorschriften zum Zweck des Schutzes natürlicher Personen bei der Verarbeitung personenbezogener Daten. Ein Konflikt mit Vorschriften des deutschen Rechts, die den **Schutz von Verbrauchern** vor unfairen Allgemeinen Geschäftsbedingungen bezwecken[99] oder der Aufklärung der Verbraucher dienen,[100] kann daher nicht entstehen.

Fällt eine nationale Regelung in den Anwendungsbereich der Verordnung, ist aber auch 37
auf Sachverhalte anwendbar, die nicht von der Verordnung erfasst werden, ist eine differenzierte Behandlung erforderlich. Die nationale Regelung ist dann nicht mehr auf Sachverhalte mit Unionsrechtsbezug anwendbar, kann aber auf rein innerstaatliche Sachverhalte weiterhin angewendet werden.[101] Sie bleibt insoweit anwendbar, als sie zwar nicht auf Angehörige anderer Mitgliedstaaten, wohl aber auf Inländer angewendet werden darf.[102] Eine solche **„Inländerdiskriminierung“** ist mit Art. 18 Abs. 1 AEUV vereinbar.[103] Dabei darf der Begriff des Inländers nicht im staatsrechtlichen Sinn verstanden werden, sondern ist auf die Bindung an die nationale Rechtsordnung eines Mitgliedstaats zu beziehen, so dass ein im Inland ansässiger Ausländer auch von der zulässigen „Inländerdiskriminierung“ erfasst sein kann.[104] Entscheidend ist, dass es um Fälle geht, „die ausschließlich im Innern eines Mitgliedstaats spielen und keine Berührungspunkte mit Sachverhalten aufweisen, auf die das Unionsrecht abstellt“.[105] Eine eigenständige Regelung rein innerstaatlicher Sachverhalte durch den Mitgliedstaat ist entgegen einer Verordnung nur dann ausgeschlossen, wenn die Verordnung zur Rechtsangleichung erlassen wird und für das gesamte Unionsrecht ein einheitliches Recht schafft, unabhängig davon, ob es um zwischenstaatliche Sachverhalte geht oder nicht.[106] Dies ist aber durch den Wortlaut der Gesetzgebungskompetenz in Art. 16 Abs. 2 Satz 1 AEUV ausgeschlossen. Daher ist eine **differenzierte Anwendung** deutscher Datenschutzregeln geboten, je nachdem ob sie Sachverhalte innerhalb oder außerhalb des Anwendungsbereichs der Verordnung betrifft.

95 ZB für die Überprüfung der Identität durch Ausweiskontrollen.

96 S. § 6 b BDSG a.F.

97 S. §§ 88 bis 90 TKG.

98 S. dagegen aber § 1 Abs. 2 Nr. 1 und 2 – im Gegensatz zu Nr. 3 BDSG a.F. Der Begriff der Datei umfasst nach Art. 4 Nr. 6 DSGVO „jede strukturierte Sammlung personenbezogener Daten, die nach bestimmten Kriterien zugänglich sind“.

99 S. zB §§ 305 ff. BGB.

100 S. zB § 6 SigG, §§ 9 und 16 DeMailG, § 312 d BGB, § 6 TMG.

101 BVerfGE 126, 286 (301); *Bievert,* in: Schwarze 2012, Art. 288 AEUV, Rn. 6; *Ehlers,* in: Schulze/Zuleeg/Kadelbach 2015, § 11 Rn. 48, *Jarass/Beljin*, NVwZ 2004, 4.

102 *Ehlers,* in: Schulze/Zuleeg/Kadelbach 2015, § 11 Rn. 49; *Jarass/Beljin*, NVwZ 2004, 4.

103 S. *Streinz*, in: ders. 2012, Art. 18 AEUV, Rn. 62 ff.; *Holoubek*, in: Schwarze 2012, Art. 18 AEUV, Rn. 28 ff.

104 S. *Streinz*, in: ders. 2012, Art. 18 AEUV, Rn. 62; *Holoubek*, in: Schwarze 2012, Art. 18 AEUV, Rn. 28.

105 EuGH, Urt. v. 15.1.1986 – C-44/84, ECLI:EU:C:1986:2, Rn. 55 – Hurd; EuGH, Urt. v. 28.1.1992 – C-332/90, ECLI:EU:C:1992:40 – Steen.

106 S. *Streinz*, in: ders. 2012, Art. 18 AEUV, Rn. 65.

6. Vorrang und Weitergeltung

38 Die unvollständige und unterkomplexe Datenschutz-Grundverordnung führt durch ihren **nur partiellen Anwendungsvorrang** und das Fortgelten des deutschen Datenschutzrechts zu einer sehr schwer zu durchschauenden Gemengelage von Unionsrecht und deutschem Recht. Wie weit der Anwendungsvorrang reicht, ist für jede Regelung der Verordnung und des deutschen Datenschutzrechts eigens und genau festzustellen. Dies soll in den folgenden Kapiteln für die wichtigsten Regelungsbereiche geschehen.

39 Doch schon hier kann festgehalten werden, dass die Vereinheitlichung allenfalls im Ansatz gelungen ist und die in der Praxis anzuwendende gemischt unions- und nationalrechtlich Rechtsmaterie weder für Verantwortliche noch für Betroffene ausreichende Rechtssicherheit bietet.[107] Noch für viele Jahre könnten die Nachteile dieser **Rechtsunsicherheit** größer sein als die Gewinne durch die partielle Vereinheitlichung der Rechtsvorgaben.

II. Grundrechtecharta und Grundgesetz

40 Die Mitgliedstaaten der Europäischen Union bindet sowohl das jeweilige nationale Recht als auch eine Reihe völkerrechtlicher Verträge an **Grundrechte.** Die Bindung der Europäischen Union an Grundrechte ergibt sich aus Art. 6 EUV.

41 Die **Grundrechtecharta** ist gem. Art. 6 Abs. 1 EUV Teil des EU-Primärrechts und damit in der Normenhierarchie innerhalb der Union an erster Stelle anzusiedeln. Sie richtet sich gemäß Art. 51 GRCh an die Union selbst und an die Mitgliedstaaten, wenn sie Unionsrecht durchführen. Mittelbar durch die Umsetzung einer Richtlinie oder Verordnung, unmittelbar durch Vollziehung zum Beispiel eines Beschlusses. Sowohl das abgeleitete Unionsrecht als auch das in den Bereich des Unionsrechts fallende nationale Recht müssen im Licht der Charta ausgelegt werden.[108] Dies gilt sowohl für die Grundverordnung als auch das Bundesdatenschutzgesetz.

42 Die **Europäische Konvention für Menschenrechte** (EMRK) und die in ihr anerkannten Grundrechte sind zwar, wie Art. 6 Abs. 3 EUV zeigt, als allgemeine Grundsätze Teil des Unionsrechts. Jedoch ist die EMRK, solange die Union ihr nicht beigetreten ist, kein Rechtsinstrument, das förmlich in die Unionsrechtsordnung übernommen wurde.[109]

43 Die wechselseitige **Überlappung** der drei Grundrechtsordnungen **Konvention, Grundrechtecharta** und **Grundgesetz** ist in der Anwendung eine Herausforderung. Dabei geht es nicht nur um den jeweiligen materiellen Schutzstandard bei Mehrfachbindungen, sondern auch um den darin liegenden institutionellen Konflikt.[110] Verschiedene Gerichte ringen um Kontrollansprüche und damit auch um ihre jeweiligen Einflusssphären (→ § 2 Rn. 67, 91).

44 Mit zwei großen Leitentscheidungen von 1974[111] und 1986[112] hat das Bundesverfassungsgericht den **„Solange"-Vorbehalt** formuliert: Hoheitsakte der Europäischen Union und deren Umsetzung in Deutschland sind nicht an deutschen Grundrechten zu messen, „solange" es in der Union einen dem Grundgesetz vergleichbaren europäischen Grundrechtsschutz gibt (ausführlich → § 2 Rn. 70). Da es inzwischen eine **primärrechtliche Verankerung der Grundrechte** gibt und zusätzlich die allgemeinen Grundsätze der Verfassungen der Mitgliedstaaten weitergelten, weist die Union einen ausreichenden

107 S. hierzu *Roßnagel*, in: Hill 2014, 105 ff.; *Gierschmann*, ZD 2016, 55.
108 *Roßnagel/Geminn/Jandt/Richter* 2016, 31 f.
109 EuGH, Urt. vom 21.12.2016 – C-203/15 und C-698/15, ECLI:EU:C:2016:970 Rn. 92 – Tele2 Sverige AB/ Post- och telestyrelsen und Secretary of State for the Home Department/Watson ua.
110 *Huber*, NJW 2011, 2385; zur Abgrenzung *Thym*, DÖV 2014, 941.
111 BVerfGE 37, 271.
112 BVerfGE 73, 339; 89, 155.

Grundrechtsstandard vor (s. → § 2 Rn. 77). Dagegen kontrolliert das Bundesverfassungsgericht, ob die deutschen Staatsorgane bei der Wahrnehmung unionsrechtlich gewährter Umsetzungsspielräume die **nationalen Grundrechte** beachten.[113] Das bedeutet allerdings, dass das Bundesverfassungsgericht den umzusetzenden Rechtsakt der Union daraufhin auslegt, ob er Umsetzungsspielräume enthält (→ § 2 Rn. 88).

In Bezug auf die Datenschutz-Grundverordnung ergibt sich die Frage, ob die maßgeblichen Regeln, die für den Datenschutz aus der Grundrechtecharta folgen, einen solchen **Mindeststandard** darstellen. Die Prüfung zeigt, das der durch die Charta gewährte Schutz vergleichbar mit dem Schutz ist, der sich aus dem Grundrecht auf informationelle Selbstbestimmung und anderen Grundrechten ergibt. 45

1. Schutzbereich der Grundrechte

Die Grundrechtecharta enthält grundlegende Freiheits- und Gleichheitsrechte, soziale Rechte, Unionsbürgerrechte und justizielle Rechte. Insoweit ist sie mit dem deutschen Grundgesetz vergleichbar. Die Prüfung einer Verletzung eines Grundrechts aus der Charta entspricht der Prüfung, ob ein Grundrecht des Grundgesetzes verletzt ist. Es wird zunächst der **Schutzbereich** des jeweiligen Grundrechts bestimmt, festgestellt, ob ein Eingriff in diesen Schutzbereich vorliegt und dann nach einer Rechtfertigung für den **Eingriff** gesucht. 46

Der Schutzbereich richtet sich nach dem jeweiligen Grundrecht. Zunächst ist der **personale Schutzbereich** zu bestimmen. Berechtigte sind natürliche Personen und juristische Personen, soweit das Grundrecht seinem Inhalt nach nicht ausschließlich auf natürliche Personen anwendbar ist. Bis auf spezifische Unionsbürgerrechte gilt die Grundrechtscharta auch für Drittstaatsangehörige. Der **sachliche Schutzbereich** hängt von der spezifischen Gewährleistung des Grundrechts ab.[114] 47

2. Schutz nach dem deutschen Grundgesetz

Für den Datenschutz sind im Grundgesetz vor allem das Grundrecht auf informationelle Selbstbestimmung und das Grundrecht auf Telekommunikationsgeheimnis bedeutsam.[115] 48

a) Schutzbereich der informationellen Selbstbestimmung

Als besondere Ausprägung des allgemeinen Persönlichkeitsrechts gilt das Recht auf informationelle Selbstbestimmung.[116] Das Bundesverfassungsgericht führt hierzu aus, dass unter den Bedingungen der modernen Datenverarbeitung der Schutz des Einzelnen gegen unbegrenzte Erhebung, Speicherung, Verwendung und Weitergabe seiner personenbezogenen Daten von dem **allgemeinen Persönlichkeitsrecht** umfasst wird.[117] 49

Das Recht auf informationelle Selbstbestimmung gewährleistet die Befugnis des Einzelnen, grundsätzlich **selbst** über die **Preisgabe** und **Verwendung** seiner persönlichen Daten zu **bestimmen.**[118] Jeder Bürger soll wissen können, „wer was wann und bei welcher Gelegenheit über ihn weiß".[119] Er soll selbst entscheiden können, wann und innerhalb welcher Grenzen persönliche Lebenssachverhalte offenbart werden. Bei der Festlegung der Tragweite des Rechts auf informationelle Selbstbestimmung kommt es nicht allein 50

113 BVerfGE 118, 79 (95, 98).
114 *Herdegen*, in: Maunz/Dürig 2016, Art. 1 Abs. 3, Rn. 36.
115 Das Private schützen situationsabhängig auch andere Grundrechte, insbesondere Art. 13 und Art. 4 GG.
116 Versuche, das Grundrecht ausdrücklich in das Grundgesetz aufzunehmen, sind bisher gescheitert; s. hierzu *Roßnagel* 2009, 99 ff.
117 BVerfGE 65, 1.
118 *Roßnagel/Geminn/Jandt/Richter* 2016, 40 f.
119 BVerfGE 65, 1 (43).

auf die Art der Angaben an. „Entscheidend sind ihre Nutzbarkeit und Verwendungsmöglichkeit. Diese hängen einerseits von dem Zweck, dem die Erhebung dient, und andererseits von den der Informationstechnologie eigenen Verarbeitungs- und Verknüpfungsmöglichkeiten ab. Dadurch kann ein für sich gesehen belangloses Datum einen neuen Stellenwert bekommen; insoweit gibt es unter den Bedingungen der automatischen Datenverarbeitung kein „belangloses" Datum mehr".[120]

51 Das Bundesverfassungsgericht hält ferner am Gedanken fest, dass es einen **letzten unantastbaren Bereich privater Lebensgestaltung** gibt, der öffentlichen Gewalt schlechthin entzogen sein soll.[121] Zum Beispiel sind im Strafverfahren für die Bestimmung des Kernbereiches der privaten Lebensgestaltung formale wie auch inhaltliche Komponenten zu berücksichtigen.[122] Es kommt ferner darauf an, ob der Sachverhalt **höchstpersönlichen Charakter** hat und in welcher Art und Intensität er aus sich heraus die Sphäre anderer oder Belange der Gemeinschaft berührt.[123]

52 Auch im Urteil zum großen Lauschangriff hat das Bundesverfassungsgericht den **Kernbereich privater Lebensgestaltung** präzisiert.[124] Zur Entfaltung der Persönlichkeit im Kernbereich privater Lebensgestaltung gehört die Möglichkeit, innere Vorgänge wie Empfindungen und Gefühle sowie Überlegungen, Ansichten und Erlebnisse höchstpersönlicher Natur zum Ausdruck zu bringen, und zwar ohne Angst, dass staatliche Stellen dies überwachen. Vom Schutz umfasst sind auch Gefühlsäußerungen, Äußerungen des unbewussten Erlebens sowie Ausdrucksformen der Sexualität.[125]

53 Dem Recht auf informationelle Selbstbestimmung kommt nicht nur eine individuelle, subjektiv-rechtliche, sondern auch eine gesellschaftliche, objektiv-rechtliche Funktion zu (**Gemeinwohl**).[126] Das Recht auf informationelle Selbstbestimmung schützt nicht nur vor direkten staatlichen Eingriffen, sondern entfaltet als objektive Norm auch im Privatrecht **Ausstrahlung.**[127]

54 Die Rechtsprechung hat das Recht auf informationelle Selbstbestimmung weiter konkretisiert. Es umfasst:[128]

- Verbot von Persönlichkeitsprofilen und Personenkennzeichen,[129]
- Schutz von Kommunikationsverbindungsdaten,[130]
- Bestimmtheit des Verwendungszwecks,[131]
- Schutz auch des geringen Informationsgehalts,[132]
- Schutz gegen Zweckentfremdung,[133]

120 BVerfGE 65, 1 (43), s. auch *Roßnagel/Geminn/Jandt/Richter* 2016, 43.
121 BVerfGE 80, 373; 109, 279 (313); 141, Rn. 120.
122 *Polenz*, in: Kilian/Heussen 2017, 1. Abschnitt, Teil 13, Rn. 7.
123 Nach BVerfG, NJW 1990, 563 (564) unterliegen daher Tagebücher und andere private Aufzeichnungen nicht schlechthin einem strafprozessualen Verwertungsverbot, insbesondere dann nicht, wenn diese Notizen zu geplanten Straftaten betreffen.
124 BVerfGE 109, 279.
125 BVerfGE 109, 279 (313).
126 BVerfGE 65, 1 (43).
127 *Di Fabio*, in: Maunz/Dürig 2016, Art. 2 Rn. 191.
128 Überblick und Kategorien nach *Polenz*, in: Kilian/Heussen 2017, 1. Abschnitt, Teil 13, Rn. 18 ff.
129 BVerfGE 27, 1 (6), 65, 1 (53); 141, Rn. 130; BGH, NJW 1988, 3078; BVerwG, NJW 1986, 2332.
130 BVerfGE, 115, 166 (183).
131 BVerfG, NJW 2005, 1917 (1920); BVerfGE 115, 166 (191); BVerfG, NVwZ 2007, 688 (690); BVerfGE 118, 168 (188).
132 BVerfGE 65, 1, 45; 115, 320 (350); 118, 168 (185); 120, 351 (354).
133 BVerfGE 65, 1, 46.

- Verbot der Datensammlung auf Vorrat ohne bestimmten Grund,[134]
- Erfordernis einer gesetzlichen Ermächtigungsgrundlage.[135]

Klargestellt hat das Bundesverfassungsgericht aber auch, dass die technikbedingte Miterhebung von personenbezogenen Daten und die Verarbeitung anonymisierter Daten keinen Grundrechtseingriff darstellen.[136]

b) Schutzbereich des Telekommunikationsgeheimnisses

Art. 10 Abs. 1 GG schützt unter anderem das „Fernmeldegeheimnis". Dieses begründet ein **Abwehrrecht** gegen das **Abhören**, die Kenntnisnahme und das **Aufzeichnen** des Inhalts der Telekommunikation, aber auch gegen die Erfassung ihrer Umstände, die Auswertung des Inhalts und die Verwendung gewonnener Daten".[137] Dem Grundrecht ist auch ein „**Auftrag an den Staat**" zu entnehmen, „Schutz insoweit vorzusehen, als private Dritte sich Zugriff auf die Kommunikation verschaffen".[138] 55

Fernmeldegeheimnis und Recht auf informationelle Selbstbestimmung stehen, soweit es den Schutz der Telekommunikationsverbindungsdaten betrifft, in einem **Ergänzungsverhältnis**. In seinem Anwendungsbereich enthält Art. 10 GG bezogen auf den Fernmeldeverkehr eine spezielle Garantie, die die allgemeine Gewährleistung des Rechts auf informationelle Selbstbestimmung verdrängt.[139] Soweit der Eingriff in das Fernmeldegeheimnis die Erlangung personenbezogener Daten betrifft, sind dabei die Maßgaben, die das Bundesverfassungsgericht im Volkszählungsurteil aus Art. 2 Abs. 1 in Verbindung mit Art. 1 Abs. 1 GG entwickelt hat, grundsätzlich auch auf die spezielle Garantie in Art. 10 Abs. 1 GG zu übertragen.[140] 56

c) Eingriffe in die Grundrechte

Jede Erhebung, Verarbeitung und Nutzung personenbezogener Daten ist ein **Eingriff** in das Grundrecht auf informationelle Selbstbestimmung oder des Telekommunikationsgeheimnisses. Da diese Grundrechte dem Bürger jedoch „nicht ein Recht im Sinne einer absoluten, uneingeschränkten Herrschaft über ‚seine' Daten" gewähren, sondern „ein Abbild sozialer Realität" darstellen,[141] „das nicht ausschließlich dem Betroffenen allein zugeordnet werden kann", muss er Einschränkungen dieser Grundrechte „im überwiegenden Allgemeininteresse hinnehmen".[142] 57

Beschränkungen dieser Grundrechte bedürfen jedoch „einer (verfassungsmäßigen) gesetzlichen Grundlage, aus der sich die Voraussetzungen und der Umfang der Beschränkungen klar und für den Bürger erkennbar ergeben und die damit dem rechtsstaatlichen Gebot der Normenklarheit entspricht."[143] Diese gesetzliche Einschränkung muss außerdem dem Grundsatz der Verhältnismäßigkeit entsprechen.[144] 58

134 BVerfGE 65, 1, (46); 100, 313 (360); 115, 320 (350).
135 BVerfGE 120, 378 (401); BVerfGE 16, 123.
136 BVerfGE 115, 320 (343); 100, 313 (366); 107, 299 (328); 120, 378 (399).
137 BVerfGE 67, 157 (1729); 85, 386 (396); 100, 313 (358 ff.); 106, 28 (37); 110, 33 (53).
138 BVerfGE 106, 28 (37).
139 BVerfGE 67, 157 (171); 100, 313 (358); 107, 299 (312); 110, 33 (53); BVerfG, NJW 2005, 2603 (2604); BVerfG, NJW 2006, 976 (979), Rn. 88.
140 BVerfGE 100, 313 (359); 110, 33 (53); s. auch BVerfGE 67, 157 (171); BVerfG, NJW 2006, 976 (979 f.), Rn. 88.
141 BVerfGE 4,7 (15); 8, 274 (329); 27, 1 (7); 27, 344 (351 f.); 33, 303 (334); 50, 290 (353); 56, 37 (49); 65, 1 (44).
142 BVerfGE 61, 1 (43 f.).
143 BVerfGE 65, 1 (44); 100, 313 (359 f., 372); 110, 33 (53).
144 BVerfGE 65, 1 (44).

3. Schutz nach der europäischen Grundrechtecharta

59 Die im Kontext des Datenschutzes primär relevanten **Rechte der Charta** sind in Art. 7 und 8 GRCh. Die Rechte nach Art. 7 GRCh entsprechen den Rechten, die durch Art. 8 EMRK garantiert sind.[145] Dieses schützt im weitesten Sinn die Identität und Entwicklung jeder Person sowie das Recht, Beziehungen zu anderen Personen und der Außenwelt einzugehen.[146] Art. 7 GRCh ist jedoch kein Auffanggrundrecht vergleichbar mit Art. 2 Abs. 1 GG, der die allgemeine Handlungsfreiheit schützt.[147] Dagegen schützt Art. 8 GRCh speziell die personenbezogenen Daten des Betroffenen.[148]

a) Schutzbereich des Privaten

60 Art. 7 GRCh enthält die vier Gewährleistungen **Privatleben, Familienleben, Wohnung** und **Kommunikation.** Obwohl aufgrund der Aufzählung der Eindruck entstehen könnte, dass es sich um vier verschiedene Grundrechte handelt, wird in Art. 7 GRCh insgesamt das Recht des Privaten oder der Privatsphäre ausgemacht.[149] Man kann auch von **Privatheit** sprechen.[150] Bezüglich des Vergleichs mit dem Schutzbereich des Grundrechts auf informationelle Selbstbestimmung und des Telekommunikationsgeheimnisses, sind die Gewährleistungen Privatleben und Kommunikation zu betrachten.

61 Die **Achtung des Privatlebens** („private life"/„vie privée") schützt zum einen die Privatheit der Privatsphäre, einschließlich des Intimen. Dies betrifft alle Bereiche, in denen aufgrund der Umstände vernünftigerweise der Schutz der Privatheit erwartet werden kann. Weiter schützt das Grundrecht die personale Selbstbestimmung und Lebensführung und damit die persönliche Entwicklung.[151] Darunter fallen Handlungen des Privatlebens und die Verfügung über die eigene Person sowie personale Güter.[152]

62 Die Gewährleistung der **Achtung der Kommunikation** bezieht sich auf den Schutz von Mitteilungen, die nicht an die Öffentlichkeit gerichtet sind; zudem geht es um die Kommunikation unter Abwesenden, um die durch Dritte vermittelte Kommunikation. Geschützt wird vor allem die vermittelte Individualkommunikation, insbesondere das Brief- und Telekommunikationsgeheimnis, ohne dass das Grundrecht darauf begrenzt ist. Das Grundrecht enthält ein Abwehrrecht gegen Eingriffe der Grundrechtsverpflichteten.[153] Das Telekommunikationsgeheimnis nach Art. 10 GG findet seine Entsprechung im Schutz der Kommunikation nach Art. 7 Alt. 4 GRCh iVm Art. 8 GRCh.[154]

b) Schutz personenbezogener Daten

63 Nach Art. 8 Abs. 1 GRCh hat jede Person das Recht auf **Schutz der sie betreffenden personenbezogenen Daten.** Geschützt wird jedes Datum, das eine bestimmte oder bestimmbare natürliche Person betrifft. Soweit private Daten verarbeitet werden, erstreckt sich auch die Achtung des Privatlebens nach Art. 7 GRCh auf diesen Schutz. Sie ist nicht deckungsgleich mit dem Schutz personenbezogener Daten.[155] Art. 8 GRCh ist lex specialis zu Art. 7 GRCh und schützt den Einzelnen bei der Verarbeitung personenbezogener Da-

145 Da die EMRK die allg. Handlungsfreiheit nicht garantiert, hat der EGMR das Recht nach Art. 8 EMRK faktisch zu einer Art Auffanggrundrecht entwickelt.
146 *Roßnagel/Geminn/Jandt/Richter* 2016, 33.
147 S. *Bernsdorff*, in: Meyer 2014, Art. 7 Rn. 15.
148 S. hierzu *Danwitz*, DuD 2015, 581 ff.
149 *Gersdorf*, in: Gersdorf/Paal 2017, Art. 7 GRCh, Rn. 8.
150 Obgleich dies eher ein Sammelbegriff für den Schutzbereich vieler Grundrechte ist, s. *Geminn/Roßnagel*, JZ 2015, 707, s. auch *Johannes/Roßnagel* 2016, 7.
151 *Kingreen*, in: Calliess/Ruffert 2016, Art. 7 GRCh, Rn. 4.
152 *Jarass* 2016, Art. 7 Rn. 7 ff.
153 S. *Bernsdorff*, in: Meyer 2014, Art. 7 GRCh, Rn. 24.
154 *Kingreen*, in: Calliess/Ruffert 2016, Art. 7 GRCh, Rn. 10.
155 EuGH, Urt. v. 6.10.2015 – C-362/14, ECLI:EU:C:2015:650 Rn. 39 – Maximilian Schrems/Data Protection Commissioner.

ten.[156] Da der **Datenschutz** allerdings weiter geht als die Achtung des Privatlebens, wurde dafür ein **eigenständiges Grundrecht** begründet. Verdrängt wird Art. 7 GRCh durch Art. 8 GRCh jedoch nicht; sie werden in der Regel nebeneinander angewendet.[157]

Art. 8 GRCh knüpft den Schutz personenbezogener Daten an deren „Verarbeitung", die bereits bei der Erhebung beginnt. Art. 8 Abs. 2 Satz 2 GRCh normiert den **Auskunfts- und den Berichtigungsanspruch**, die ein wesentlicher Bestandteil des Datenschutzrechts sind. Art. 8 Abs. 3 GRCh legt fest, dass eine **unabhängige Stelle** die Einhaltung der Vorschriften zu überwachen hat. 64

Grundrechtsberechtigt sind natürliche Personen und eingeschränkt wohl auch juristische Personen des Privatrechts.[158] Der **sachliche Anwendungsbereich** des Art. 8 GRCh wird mit den Begriffen „personenbezogene Daten" und „Verarbeitung" umschrieben. Er erfasst alle nur denkbaren, auf eine Person bezogenen Informationen, nicht nur private oder sensitive Daten.[159] Danach sind personenbezogene Daten alle Informationen über eine bestimmte oder bestimmbare natürliche Person.[160] Die Schutzvoraussetzung ist demzufolge das Bestehen eines ausreichenden **personalen Bezugs.**[161] Bestimmbar ist eine Person, wenn sie direkt oder indirekt identifiziert werden kann, insbesondere durch Zuordnung zu einer Kennnummer oder zu einem oder mehreren spezifischen Elementen, die Ausdruck ihrer physischen, physiologischen, psychischen, wirtschaftlichen, kulturellen oder sozialen Identität sind.[162] Umfang und Grenzen des Rechts auf Schutz personenbezogener Daten bestimmen sich in erster Linie jedoch nach den gemeinschaftsrechtlichen Regelungen.[163] 65

c) Eingriffe in die Grundrechte

Jede Verarbeitung personenbezogener Daten durch Dritte kann grundsätzlich einen **Eingriff** in diese Grundrechte nach der Charta darstellen.[164] Sie ist nur unter den Voraussetzungen des Art. 52 Abs. 1 GRCh zulässig. Danach muss sie gesetzlich vorgesehen sein und den Wesensgehalt dieser Rechte und Freiheiten achten. Unter Wahrung des Grundsatzes der **Verhältnismäßigkeit** dürfen Einschränkungen nur vorgenommen werden, wenn sie notwendig sind und den von der Union anerkannten dem Gemeinwohl dienenden Zielsetzungen oder den Erfordernissen des Schutzes der Rechte und Freiheiten anderer tatsächlich entsprechen. Außerdem sind die Besonderheiten der Regelung des Art. 8 Abs. 2 GRCh zu berücksichtigen. 66

4. Vergleichbarkeit der geschützten Bereiche

Gemäß Art. 6 Abs. 3 EUV sind die **Grundrechte,** wie sie in der Europäischen Konvention zum Schutz der Menschenrechte und Grundfreiheiten gewährleistet sind und wie sie sich aus den gemeinsamen Verfassungsüberlieferungen der Mitgliedstaaten ergeben, **allgemeine Grundsätze des Unionsrechts.** Vor Inkrafttreten des Lissabon-Vertrages gab es keinerlei primärrechtliche Verankerung der Grundrechte, so dass der europäische Gerichtshof in seiner Rechtsprechung allgemeine Grundsätze aus der nationalen Verfassungstradition der Mitgliedstaaten entwickelt hat. Art. 6 Abs. 3 EUV ordnet ausdrück- 67

156 *Roßnagel/Geminn/Jandt/Richter* 2016, 34.

157 EuGH, Urt. v. 17.10.2013 – C-291/12, ECLI:EU:C:2013:670 – Schwarz; EuGH, Urt. v. 8.4.2014 – C-293/12 und C-594/12, ECLI:EU:C:2014:238 Rn. 53 – Digital Rights Ireland.

158 S. *Jarass* 2016, Art. 8 Rn. 7.

159 *Bernsdorff*, in: Meyer 2014, Art. 8 Rn. 15.

160 EuGH, Urt. v. 17.10.2013 – C-291/12, ECLI:EU:C:2013:670 Rn. 26 – Schwarz.

161 *Gersdorf*, in: Gersdorf/Paal 2017, Art. 8 GRCh, Rn. 16.

162 *Jarass* 2016, Art. 8 Rn. 5.

163 *Bernsdorff*, in: Meyer 2014, Art. 8 Rn. 14; *Roßnagel/Geminn/Jandt/Richter* 2016, 40 f.

164 EuGH, Urt. v. 17.10.2013 – C-291/12, ECLI:EU:C:2013:670 Rn. 24 ff. – Schwarz.

lich an, dass diese entwickelten Grundsätze trotz der Grundrechtecharta weitergelten sollen.

68 Die **vergleichbare Konzeptualisierung** der europäischen Datenschutzgrundrechte zum deutschen Datenschutz ist augenfällig. Dies ist Ausdruck der gesetzgeberischen Entwicklung und gegenseitigen Bedingung der jeweiligen Rechtssetzung. Diese hat über die konturierende Kraft des Bundesgesetzebers im Europarat in die eine Richtung und das europäische Sekundärrecht in die andere Richtung **Wechselwirkungen** in Formulierung und Auslegung erfahren.

69 Die Gleichartigkeit ist auch Ausdruck der **parallelen Schutzziele** der zugrundliegenden Verfassungen. Die Grundrechte auf informationelle Selbstbestimmung und Telekommunikationsgeheimnis nach dem Grundgesetz gehen weiter als ein grundrechtlicher Schutz von persönlichen Daten nach Art. 8 GRCh. Bei einem **Schutzbereichsvergleich** müssen deswegen Art. 7 und 8 GRCh zusammen betrachtet werden.

70 Das **Zusammenspiel von Art. 7 und 8 GRCh** bietet ein den deutschen Grundrechten **vergleichbares Schutzniveau.** Die Schutzbereiche von Art. 7 und 8 GRCh sind jedoch richterrechtlich noch nicht so weit ausdifferenziert worden, wie die deutschen Grundrechte. Der Europäische Gerichtshof hat aber **Abwägungsgedanken** entwickelt, bei der das „Privatleben" mindestens gleichrangig mit dem Datenschutz auf der einen Seite, den Grundrechten der Datenverwender auf der anderen Seite gegenübersteht.[165] Dem Text der Grundrechtecharta und der Rechtsprechung des Europäischen Gerichtshofs lassen sich auch zu den oben genannten Konkretisierungen zum Recht auf informationelle Selbstbestimmung Entsprechungen entnehmen:

- Unantastbarer privater Bereich,[166]
- Selbstbestimmung,[167]
- Gemeinwohl,[168]
- Verbot von Persönlichkeitsprofilen und Personenkennzeichen,[169]
- Schutz von Kommunikationsverbindungsdaten,[170]
- Bestimmtheit des Verwendungszwecks,[171]
- Schutz auch des geringen Informationsgehalts,[172]
- Schutz gegen Zweckentfremdung,[173]
- Verbot der Datensammlung auf Vorrat ohne bestimmten Grund,[174]
- Erfordernis einer formell-gesetzlichen Ermächtigungsgrundlage.[175]

165 *Härting/Schneider*, CR 2015, 821.

166 EuGH, Urt. v. 14.2.2008 – C-450/06, Slg. 2008, I-581 Rn. 49 – Varec SA/Belgien.

167 Art. 8 Abs. 2 Satz 1 GRCh; EuGH, Urt. vom 21.12.2016 – C-203/15 und C-698/15, ECLI:EU:C:2016:970 Rn. 100 – Tele2 Sverige AB/Post- och telestyrelsen und Secretary of State for the Home Department/ Watson ua.

168 EuGH, Urt. v. 13.5.2014 – C-131/12, ECLI:EU:C:2014:317 Rn. 81 = MMR 2014, 455 – Google Spain und Google.

169 EuGH, Urt. v. 13.5.2014 – C-131/12, ECLI:EU:C:2014:317 Rn. 80 = MMR 2014, 455 – Google Spain und Google.

170 Art. 7 Alt. 4 GRCh; EuGH, Urt. v. 22.11.2012 – C-119/12, ECLI:EU:C:2012:748 – Probst.

171 Art. 8 Abs. 2 Satz 1 GRCh.

172 EuGH, Urt. v. 13.5.2014 – C-131/12, ECLI:EU:C:2014:317 Rn. 87 = MMR 2014, 455 – Google Spain und Google.

173 Art. 8 Abs. 2 Satz 1 GRCh.

174 EuGH, Urt. v. 8.4.2014 – C-293/12 und 594/12, ECLI:EU:C:2014:238 – Digital Rights Ireland; Urt. vom 21.12.2016 – C-203/15 und C-698/15, ECLI:EU:C:2016:970 – Tele2 Sverige AB/Post- och telestyrelsen und Secretary of State for the Home Department/Watson ua.

175 Art. 8 Abs. 2 Satz 1 GRCh; EuGH, Urt. v. 6.10.2015 – C-362/14, ECLI:EU:C:2015:650 Rn. 91 – Maximilian Schrems/111Data Protection Commissioner.

5. Prüfungsmaßstab für die Datenschutz-Grundverordnung und Anpassungsgesetze

Die im Hinblick auf die Verordnung von deutschen Gesetzgebern erlassenen **Anpassungs- und Umsetzungsgesetze**, wie zum Beispiel das neue Bundesdatenschutzgesetz, müssen sowohl dem Grundgesetz als auch europäischen Grundrechten genügen. 71

Die Datenschutz-Grundverordnung ist dagegen gemäß Art. 6 Abs. 3 EUV in Verbindung mit Art. 51 GRCh als Unionsrecht am Maßstab der Grundrechtecharta zu messen. Insbesondere Art. 7 und 8 GRCh und die Rechtsprechung des Europäischen Gerichtshofs geben Auslegungshinweise. Diese sind bei der Anwendung und Auslegung der Datenschutz-Grundverordnung auch von nationalen Behörden und Gerichten zu beachten. Da die Charta einem den Grundrechten auf informationelle Selbstbestimmung und dem Telekommunikationsgeheimnis vergleichbaren Schutz gewährt, ist eine Auslegung der Datenschutz-Grundverordnung am Maßstab des deutschen Grundrechts und der Rechtsprechung des Bundesverfassungsgerichts nicht vorgesehen. Da bei der Auslegung der Grundrechtcharta aber gemäß Art. 52 Abs. 4 GRCh gemeinsame Grundrechte im Einklang mit den **gemeinsamen Verfassungsüberlieferungen** der Mitgliedstaaten auszulegen sind, kann die Rechtsprechung des Bundesverfassungsgerichts (und auch die der Untergerichte) zum Grundrecht auf informationelle Selbstbestimmung bei der **Auslegung von unbestimmten Rechtsbegriffen** aus der Grundrechtecharta herangezogen werden und darüber bei der Auslegung der Datenschutz-Grundverordnung zur Anwendung kommen. Vergleichbares gilt nach Art. 6 Abs. 3 EUV hinsichtlich der gemeinsamen Verfassungsüberlieferungen. 72

Im Anwendungsbereich der Datenschutz-Grundverordnung und dem neuen deutschen Bundesdatenschutzgesetz finden die deutschen Grundrechte dann als Prüfungsmaßstab Anwendung, sofern von der Datenschutz-Grundverordnung und der JI-Richtlinie im Rahmen der Umsetzung in nationales Recht den Mitgliedstaaten ein Gestaltungsspielraum eingeräumt wurde (ausführlich → § 2 Rn. 96).[176] Die Grundrechtecharta findet in diesem Bereich **parallele Anwendung**, denn es sind keine Fallgestaltungen denkbar, die vom Unionsrecht erfasst würden, ohne dass die Grundrechte-Charta anwendbar wäre. Der Anwendungsbereich der Grundrechtecharta ist dann gem. Art. 51 Abs. 1 GrCH eröffnet.[177] 73

III. Europäischer Gerichtshof und Bundesverfassungsgericht

1. Einleitung

Die europäische Datenschutz-Grundverordnung wirkt in weiten Bereichen als Vollharmonisierung, andere Bereiche können durch die Mitgliedstaaten geregelt werden. Dies wirft die Frage auf, wieweit Datenschutzrecht an Grundrechten der Union oder noch an deutschen Grundrechten zu messen ist (→ § 2 Rn. 40 ff.) und so Entscheidungskompetenzen dem Europäischen Gerichtshof zuwachsen oder dem Bundesverfassungsgericht verbleiben.[178] 74

2. Grundrechtskontrolle im Zuge der europäischen Integration

Das Bundesverfassungsgericht hat in einer Serie von Entscheidungen sein Verhältnis zum Europäischen Gerichtshof konkretisiert. Dabei ging es um die Frage, inwieweit das Bundesverfassungsgericht Unionsrecht anhand der deutschen Grundrechte überprüfen kann. So hat das Bundesverfassungsgericht seine Kompetenzen zunächst mit Fortschreiten der europäischen Integration zurückgenommen, dann aber wieder betont, dass es 75

176 *Greve*, NVwZ 2017, 744.
177 EuGH, Urt. v. 27.6.2006 – C-540/03, ECLI:EU:C:2006:429 104 f. – Parlament/Rat.
178 Skeptisch bereits *Masing*, SZ vom 9.1.2012, 10.

seine Entscheidungskompetenz nicht ganz aufgibt. Mit seiner Rechtsprechung vollzieht das Bundesverfassungsgericht damit den jeweiligen **Stand der europäischen Integration** nach, aber auch die daran aufkommenden politischen Vorbehalte.

a) Keine Überprüfung von Unionsrecht durch das Bundesverfassungsgericht

76 Bereits im Jahr 1967 entschied das Bundesverfassungsgericht in seinem Beschluss zu *EWG-Verordnungen*,[179] dass es nicht die Kompetenz besitze, EU-Verordnungen unmittelbar zu überprüfen. Dies begründete es damit, dass es nur Akte der deutschen „öffentlichen Gewalt“ überprüfen kann. EU-Verordnungen seien jedoch gerade keine Akte der deutschen öffentlichen Gewalt, sondern Rechtsakte einer supranationalen öffentlichen Gewalt, der EWG, und daher nicht vom Bundesverfassungsgericht überprüfbar. Für sie bestehe ein eigenes Rechtsschutzsystem. Eine unmittelbare **Verfassungsbeschwerde** sei daher nach § 90 BVerfGG nicht zulässig.[180] Allerdings ließ das Bundesverfassungsgericht damals die Frage ausdrücklich offen, in welchem Umfang es im Rahmen einer zulässigerweise erhobenen Verfassungsbeschwerde Gemeinschaftsrecht an Grundrechten messen kann.[181]

b) Uneingeschränkter Vorrang von Unionsrecht aus Sicht des Europäischen Gerichtshofs

77 Drei Jahre später beantworte der Europäische Gerichtshof diese Frage in seiner Entscheidung *Internationale Handelsgesellschaft*.[182] Er entschied, dass Handlungen der Gemeinschaftsorgane ausschließlich am Gemeinschaftsrecht zu beurteilen seien. Die einheitliche Geltung des Gemeinschaftsrechts würde beeinträchtigt werden, wenn es auch an nationalen Normen und Grundrechten oder Strukturprinzipien nationaler Verfassungen zu messen wäre.[183] Die **Wahrung der Grundrechte** obliege daher dem Europäischen Gerichtshof.[184] Er beanspruchte damit schon damals einen uneingeschränkten Vorrang des Gemeinschaftsrechts vor nationalem Recht und für sich die Letztentscheidungskompetenz, so wie dies später ausdrücklich in der Erklärung zum Vertrag von Lissabon genannt wurde.[185]

c) Reaktion des Bundesverfassungsgerichts: Solange I-Beschluss

78 Dies ging für das Bundesverfassungsgericht damals noch zu weit. Es schränkte den vom Europäischen Gerichtshof angenommenen **Vorrang des Gemeinschaftsrechts** im gleichen Verfahren durch seinen *Solange I*-Beschluss[186] ein, am Ende jedoch ohne einen Verstoß gegen deutsche Grundrechte zu bejahen. Das vorlegende deutsche Gericht hatte, nachdem es die Vorabentscheidung des Europäischen Gerichtshofs eingeholt hatte, die Auslegung des Europäischen Gerichtshofs für mit dem Grundgesetz nicht vereinbar erachtet und daher den Fall dem Bundesverfassungsgericht vorgelegt.

79 Das Bundesverfassungsgericht stellte schon im amtlichen Leitsatz klar, dass „die Vorlage eines Gerichts der Bundesrepublik Deutschland an das Bundesverfassungsgericht im Normenkontrollverfahren zulässig und geboten“ ist, „*solange* der **Integrationsprozess** der Gemeinschaft nicht so weit fortgeschritten ist, dass das Gemeinschaftsrecht auch einen […] formulierten Katalog von Grundrechten enthält, der dem Grundrechtskatalog des Grundgesetzes“ entspricht.[187] Bei dem damaligen Stand der europäischen Inte-

---

179 BVerfGE 22, 293.
180 BVerfGE 22, 293 (295 ff.).
181 BVerfGE 22, 293 (298 f.).
182 EuGH, Urt. v. 17.12.1970 – C-11/70, ECLI:EU:C:1970:114 – Internationale Handelsgesellschaft.
183 EuGH, Urt. v. 17.12.1970 – C-11/70, ECLI:EU:C:1970:114, Rn. 3, 4 – Internationale Handelsgesellschaft.
184 EuGH, Urt. v. 17.12.1970 – C-11/70, ECLI:EU:C:1970:114, Rn. 2 – Internationale Handelsgesellschaft.
185 Erklärung 17 zum Vertrag von Lissabon: „Erklärung zum Vorrang“, EU ABl. 2008 C 115/344.
186 BVerfGE 37, 271.
187 BVerfGE 37, 271 (Leitsatz).

gration habe es an einem „unmittelbar demokratisch legitimierten, aus allgemeinen Wahlen hervorgegangenen Parlament" als Gesetzgeber und eines auf Dauer geltenden kodifizierten Grundrechtskatalog gefehlt.[188] *Solange* dies noch nicht erreicht sei, setzen sich im Falle eines **Normenkonflikts** die Grundrechtsgarantien des Grundgesetzes durch und zwar, *solange* die zuständigen Organe der Gemeinschaft den Normenkonflikt nicht entsprechend dem Vertragsmechanismus behoben haben.[189] Dementsprechend sah das Bundesverfassungsgericht eine Verfassungsbeschwerde, die unmittelbar gegen Gemeinschaftsrecht gerichtet wäre, weiter als unzulässig an. Dagegen sah es seine Zuständigkeit für die Kontrolle von Umsetzungsakten von Gemeinschaftsrecht durch deutsche Behörden als gegeben an. Der Europäische Gerichtshof entscheide zwar über die Gültigkeit von Gemeinschaftsrecht. Seine Auslegung des Gemeinschaftsrechts bei Vorlagefragen sei jedoch nicht für den deutschen Staat verbindlich.[190]

d) Zwischenstadium: Der Vielleicht- und Eurocontrol I-Beschluss

Eine Einschränkung seiner Prüfungskompetenz sah das Bundesverfassungsgericht im Jahr 1979 in seinem *Vielleicht*-Beschluss.[191] Hier begründete es knapp, dass es keine Kompetenz besitze, **primäres Gemeinschaftsrecht** zu prüfen. Allerdings könne eine Vorlage an das Bundesverfassungsgericht statthaft sein, sofern sie sich auf das deutsche Zustimmungsgesetz zum Vertrag beziehe. Es sei das **Zustimmungsgesetz** zum völkerrechtlichen Vertrag, das den Rechtsanwendungsbefehl für die Geltung des primären Gemeinschaftsrechts für den Hoheitsbereich der Bundesrepublik Deutschland erteilt habe.[192] Angesichts der politischen und rechtlichen Entwicklung der europäischen Integration deutete das Bundesverfassungsgericht am Ende an, dass es im Hinblick auf die Prüfung von abgeleitetem Gemeinschaftsrecht nicht unbedingt weiter an seinen Grundsätzen des Solange I-Beschlusses festhalte.[193] Allerdings hat sich das Bundesverfassungsgericht in seinem *Eurocontrol I*-Beschluss[194] die Prüfungskompetenz dahingehend vorbehalten, ob ein Rechtsakt der europäischen Einrichtungen und Organe innerhalb der ihnen übertragenen Hoheitsrechte erging (*ultra-vires*-Kontrolle).[195] 80

e) Der Solange II-Beschluss

Es dauerte noch bis zum Jahr 1986, bis das Bundesverfassungsgericht den **Vorrang des Gemeinschaftsrechts** und damit auch den Europäischen Gerichtshof als gesetzlichen Richter durch den *Solange II*-Beschluss[196] angesichts der damals mittlerweile begründeten umfangreichen institutionellen Garantien[197] anerkannte. Es sah den Grundrechtsschutz mittlerweile so weit vorangeschritten, dass er „nach Konzeption, Inhalt und Wirkungsweise dem Grundrechtsstandard des Grundgesetzes im Wesentlichen gleich zu achten" sei.[198] Mitentscheidend dafür sei die Rechtsprechung des Europäischen Gerichtshofs, die sich spätestens seit 1974 der Gewährleistung der Grundrechte und den **gemeinsamen Verfassungsüberlieferungen** der Mitgliedstaaten verpflichtete.[199] Zwar habe die Rechtsprechung des Europäischen Gerichtshofes zur Gewährleistung von Grund- 81

188 BVerfGE 37, 271 (280).
189 BVerfGE 37, 271 (281).
190 BVerfGE 37, 271 (281 ff.); jedoch entgegen des Sondervotums der Richter *Rupp*, *Hirsch* und *Wand*, die keine Kompetenz des Bundesverfassungsgerichts sahen, s. *BVerfGE* 37, 271 (299).
191 BVerfGE 52, 187.
192 BVerfGE 52, 187 (199).
193 BVerfGE 52, 187 (202 f.).
194 BVerfGE 58, 1.
195 BVerfGE 58, 1, (30 f.).
196 BVerfGE 73, 339.
197 BVerfGE 73, 339 (367).
198 BVerfGE 73, 339 (378).
199 BVerfGE 73, 339 (379).

rechten noch Lücken und entwickle sich erst. Allerdings hätten sich durch Erklärungen die Organe der Europäischen Gemeinschaft und des Europäischen Rats der Europäischen Menschenrechtskonvention und den Grundrechten unterworfen. Das Bundesverfassungsgericht sah so einen im Wesentlichen mit dem Grundgesetz **vergleichbaren Grundrechtsschutz** durch den Europäischen Gerichtshof als gegeben an, ohne dass dieser mit dem des Grundgesetzes identisch sein müsse.[200]

82 Daher kam das Bundesverfassungsgericht zu seinem Leitsatz, dass, *solange* der Europäische Gerichtshof einen vergleichbaren Grundrechtsschutz gewährleiste und nicht offenkundig unterschreitet, das Bundesverfassungsgericht seine Gerichtsbarkeit nicht mehr über abgeleitetes Gemeinschaftsrecht ausüben werde.[201]

83 Der *Solange II*-Beschluss markiert damit eine wesentliche Etappe der Ausgestaltung des Verhältnisses von Bundesverfassungsgericht zu Europäischem Gerichtshof. Er beinhaltete auch die tragende Formulierung, dass das Bundesverfassungsgericht seine Gerichtsbarkeit nicht mehr ausüben wird. Dies ließe den Schluss zu, dass die Frage damit umfangreich zugunsten des Europäischen Gerichtshofs geklärt sei. Deutschland hat die *Solange II*-Rechtsprechung in Art. 23 GG kodifiziert,[202] allerdings mit Schranken.[203] So gab es weiterhin Unklarheiten zum Verhältnis der beiden Gerichte, die sogar den Ruf nach einer *Solange III*-Entscheidung aufkommen ließen.[204]

3. Vorbehalt von Kontrollkompetenz durch das Bundesverfassungsgericht

84 Das Bundesverfassungsgericht hat in der Folgezeit sein Verhältnis zum Europäischen Gerichtshof weiter austariert, indem es seine Kontrollkompetenzen erweiternd präzisiert hat. Über die Kontrolle der Gewährleistung eines Mindeststandards von Grundrechten nahm es für sich auch eine **Identitätskontrolle** in Anspruch. Diese soll sicherstellen, dass der identitätsprägende Verfassungskern entsprechend Art. 79 Abs. 3 GG gewahrt bleibt. Darüber hinaus beansprucht es weiter die **ultra-vires-Kontrolle**, einschließlich der Kontrolle nationaler Zustimmungsgesetze, mit denen Kompetenzen an Unionsorgane übertragen werden.[205]

a) Gewährleistung eines Mindeststandards von Grundrechten

85 Im Jahre 1993 sprach das Bundesverfassungsgericht in seinem *Maastricht*-Urteil[206] davon, dass es seine Rechtsprechung zur Anwendbarkeit von abgeleitetem Recht in Deutschland in einem **Kooperationsverhältnis** mit dem Europäischen Gerichtshof ausübe.[207] Dabei könne es sich auf die Kontrolle einer generellen Gewährleistung der Grundrechtsstandards beschränken.[208]

86 Für die (Wieder-)Anwendung der deutschen Grundrechte hat das Bundesverfassungsgericht im *Bananenmarkt*-Beschuss[209] unter Verweis auf *Solange II* sehr hohe Hürden gesetzt. Danach ist eine Verfassungsbeschwerde von vornherein unzulässig, wenn der Beschwerdeführer nicht darlegt, dass die europäische Rechtsentwicklung unter den erforderlichen **Grundrechtsstandard** abgesunken sei. Dies ist in einer Gegenüberstellung der Grundrechtsstandards darzulegen.[210]

---

200 BVerfGE 73, 339 (383 ff.).
201 BVerfGE 73, 339 (387 und 2. Leitsatz).
202 *Hillgruber*, in: Schmidt-Bleibtreu/Hofmann/Hennecke 2014, Art. 23 Rn. 23.
203 *Scholz*, in: Maunz/Dürig 2015, Art. 23 Rn. 113 ff.
204 *Scholz*, NJW 1990, 941.
205 BVerfGE 126, 286; *Herdegen*, § 10 Rn. 28 ff.; *Ludwigs*, NVwZ 2015, 539.
206 BVerfGE 89, 155.
207 BVerfGE 89, 155 (175 und 7. Leitsatz).
208 BVerfGE 89, 155 (175).
209 BVerfGE 102, 147.
210 BVerfGE 102, 147 (164 und Leitsätze).

Bereits mit dem *Kloppenburg*-Beschluss[211] von 1987 bestätigte das Bundesverfassungsgericht zwar, dass der Europäische Gerichtshof **gesetzlicher Richter** im Sinne von Art. 101 Abs. 1 Satz 2 GG sei, was eine konkurrierende Kompetenz deutscher Gerichte ausschließe.[212] Die auf den Europäischen Gerichtshof übertragene Kompetenz sei jedoch nicht schrankenlos und die durch das Grundgesetz gezogenen Grenzen unterliegen der Kontrolle durch das Bundesverfassungsgericht.[213] Dies führte das Bundesverfassungsgericht jedoch nicht weiter aus, sondern bestätigte die Kompetenz des Europäischen Gerichtshofs und die **Vorlagepflicht** nationaler Gerichte.[214] 87

b) Identitätskontrolle durch das Bundesverfassungsgericht

Seine Beschränkung auf eine Kontrolle der Gewährleistung des grundrechtlichen Mindeststandards bestätigt das Bundesverfassungsgericht grundsätzlich auch in seiner *Lissabon*-Entscheidung.[215] Es betont jedoch, dass die staatliche Identität der Mitgliedstaaten mit den in Art. 20 Abs. 1 und Abs. 2 GG iVm Art. 79 Abs. 3 GG als unveränderbar festgelegten Grundsätzen des deutschen Verfassungsrechts nicht durch die europäische Integration aufgegeben werden dürfe. Sie müssen im Rahmen einer **Identitätskontrolle** weiter durch das Bundesverfassungsgericht kontrollierbar sein.[216] Zwar erlaube Art. 23 Abs. 1 Satz 1 GG die Mitwirkung Deutschlands an der Entwicklung der Europäischen Union, was neben der Bildung einer Wirtschafts- und Währungsgemeinschaft auch eine politische Union, dh die gemeinsame Ausübung öffentlicher Gewalt, erfasst.[217] Die Integration darf aber nicht so ausgestaltet werden, dass „in den Mitgliedstaaten kein ausreichender Raum zur politischen Gestaltung der wirtschaftlichen, kulturellen und sozialen Lebensverhältnisse mehr bleibt".[218] Die Kontrolle der Verfassungsidentität ist damit nicht nur auf Demokratie- und Rechtsstaatsprinzip beschränkt. Das Bundesverfassungsgericht zählt weitere Bereiche auf, die den Mitgliedstaaten als **Herren der Verträge** vorbehalten bleiben müssen. Dies sind etwa die Finanzhoheit und die Ausgestaltung des Sozialstaates sowie die wesentlichen Entscheidungen in kulturellen Fragen, wie die Verfügung über die Sprache, die Gestaltung der Familien- und Bildungsverhältnisse, die Medienordnung oder der Status religiöser oder weltanschaulicher Gemeinschaften.[219] In seiner Entscheidung zur *Vorratsdatenspeicherung* hat das Bundesverfassungsgericht auch die Freiheit, in seiner Freiheitswahrnehmung nicht total erfasst und registriert zu werden, „zur verfassungsrechtlichen Identität der Bundesrepublik Deutschland" gezählt.[220] 88

Schon in der Entscheidung zum *Europäischen Haftbefehl*[221] hatte das Bundesverfassungsgericht darauf verwiesen, dass auch das Unionsrecht die Bewahrung der nationalen Identität schützt, die in der jeweiligen grundlegenden politischen und verfassungsrechtlichen Struktur zum Ausdruck kommt.[222] Im Ergebnis löst sich das Bundesverfassungsgericht durch die Identitätskontrolle davon, nur die **Gewährleistung eines generellen Grundrechtsstandards** zu fordern. Es lässt damit wieder eine einzelfallbezogene Prü- 89

211 BVerfGE 75, 223.
212 BVerfGE 75, 223 (234).
213 BVerfGE 75, 223 (235).
214 BVerfGE 75, 223 (243 ff.).
215 BVerfGE 123, 267.
216 BVerfGE 123, 267 (341 und 354).
217 BVerfGE 123, 267 (344 ff.).
218 BVerfGE 123, 267 (358).
219 BVerfGE 123, 267 (358 ff.).
220 BVerfGE 125, 260, Rn. 218; s. ausführlich *Roßnagel*, NJW 2010, 1240 f.
221 BVerfGE 113, 273.
222 BVerfGE 113, 273 (298).

fung auf die identitätsstiftenden Verfassungswerte, insbesondere die Menschenwürdegarantie, zu.[223]

90 In einer weiteren Entscheidung zum *Europäischen Haftbefehl II*[224] Ende 2015 führte das Bundesverfassungsgericht aus, dass strenge Voraussetzungen für eine Aktivierung der Identitätskontrolle bestehen, die sich in erhöhten **Zulässigkeitsanforderungen** an entsprechende Verfassungsbeschwerden niederschlagen.[225] Es behielt sich jedoch selbst die Kontrolle von Unionsrecht auf Achtung der Menschenwürdegarantie und des Rechtsstaatsprinzips vor.[226] Dabei stellte es auf die **Menschenwürde** als höchsten Rechtswert innerhalb der verfassungsmäßigen Ordnung ab. Die in Art. 23 Abs. 1 Satz 3 iVm Art. 79 Abs. 3 GG für integrationsfest erklärten Schutzgüter duldeten keine Relativierung im Einzelfall.[227] Allerdings verletzte nicht jede Beeinträchtigung einer aus der Menschenwürdegarantie abgeleiteten Gewährleistung die Verfassungsidentität. Das Bundesverfassungsgericht entschied in einer weiteren Entscheidung zum Europäischen Haftbefehl 2016,[228] dass nur sofern der Kern der Menschenwürdegarantie betroffen sei, ein Verstoß gegen die Verfassungsidentität vorläge. Dabei akzeptiert es einen geringeren Grundrechtsstandard auf europäischer Ebene oder in anderen Mitgliedstaaten.[229]

91 Diese Frage der Verfassungsidentität stellte sich auch bei den durch die Finanzkrise angestoßenen Rettungsmaßnahmen. In der Entscheidung zum *EFS*[230] begründet das Bundesverfassungsgericht wieder, dass der Bürger sich durch die Verfassungsbeschwerde zur Wehr setzen können müsse, wenn der Gesetzgeber „**Kernbestandteile politischer Selbstbestimmung** aufgäbe und damit dem Bürger dauerhaft seine demokratischen Einflussmöglichkeiten entzöge". Dies widerspräche Art. 79 Abs. 3 GG. Ein weitergehendes Rügerecht sehe das Grundgesetz allerdings nicht vor.[231]

c) Ultra-vires-Kontrolle

92 Mit der Identitätskontrolle steht die *ultra-vires*-Kontrolle im Zusammenhang. Wie schon im *Eurocontrol I*-Beschluss hatte sich das Bundesverfassungsgericht auch in der *Lissabon*-Entscheidung[232] die Kontrolle vorbehalten, ob ein Akt der Unionsorgane innerhalb der ihnen übertragenen Kompetenzen liegt. Es betont das **Prinzip der begrenzten Einzelermächtigung.** Deutsche Staatsorgane seien nicht berechtigt, „Hoheitsrechte derart zu übertragen, dass aus ihrer Ausübung heraus eigenständig weitere Zuständigkeiten für die Europäische Union begründet werden können".[233] Im Hinblick auf den **effet utile** müsse diese Kontrolle zwar durch den Europäischen Gerichtshof erfolgen. Das Bundesverfassungsgericht behielt sich aber eine Prüfungskompetenz vor, falls Rechtsschutz auf Unionsebene nicht zu erlangen sei.[234]

---

223 *Sauer*, NJW 2016, 1136.
224 BVerfG, NJW 2016, 1149 (Rn. 50).
225 Im entschiedenen Fall sollte ein US-Amerikaner aufgrund eines Europäischen Haftbefehls an Italien ausgeliefert werden, wo er in Abwesenheit zu einer Freiheitsstrafe verurteilt worden war. Es war jedoch nicht sichergestellt, dass der Betroffene überhaupt von dem Verfahren gegen ihn Kenntnis hatte, indem er in Abwesenheit verurteilt wurde. Auch konnten die Behörden, die die Auslieferung verlangten, nicht zusichern, dass das Verfahren wieder aufgenommen werde, so dass der Betroffene sich ausreichend verteidigen könnte und seine individuelle Schuld berücksichtigt wird. Die Vollstreckung einer Freiheitsstrafe ohne Prüfung der individuellen Schuld verletze jedoch das Schuldprinzip, das aus der Menschenwürdegarantie folge.
226 BVerfG, NJW 2016, 1149 (Rn. 43, 52 ff.).
227 BVerfGE 140, 317 (Rn. 49).
228 BVerfG, Beschl. v. 6.9.2016 – 2 BvR 890/16, NJOZ 2016, 1879.
229 BVerfG, Beschl. v. 6.9.2016 – 2 BvR 890/16, NJOZ 2016, 1879 (Rn. 36, 42).
230 BVerfGE 129, 124.
231 BVerfGE 129, 124 (169 f.).
232 BVerfGE 123, 267.
233 BVerfGE 123, 267 (349).
234 BVerfGE 123, 267 (353).

Dies bestätigte das Bundesverfassungsgericht in seiner *Honeywell*-Entscheidung.[235] Darin führt es aus, dass der **Anwendungsvorrang des Unionsrechts** nicht umfassend sein könne.[236] Faktisch schränkte es seine Kompetenz zur *ultra-vires*-Kontrolle aber auf eine Evidenzkotrolle ein. Die *ultra-vires*-Kontrolle sei auch mit dem Europäischen Gerichtshof zu koordinieren.[237] Ihm sei daher Gelegenheit zur Äußerung zu gegeben.[238] Außerdem müsse diese Kontrolle europarechtsfreundlich ausgeübt[239] werden. Ein Verstoß müsse demnach offensichtlich sein. Das Bundesverfassungsgericht gesteht dem Europäischen Gerichtshof sogar einen **„Anspruch auf Fehlertoleranz"**[240] zu, sofern die juristischen Auslegungsmethoden eingehalten werden. 93

Die Beteiligung des Europäischen Gerichtshofes im Rahmen der **Vorlagepflicht** kontrolliert das Bundesverfassungsgericht im Rahmen der Garantie auf den gesetzlichen Richter gemäß Art. 101 Abs. 1 Satz 2 GG. In seinem *OMT*-Beschluss[241] legte es dem Europäischen Gerichtshof erstmals selbst Fragen zur Vorabentscheidung vor. So fragte es, ob der Beschluss des Rats zum *OMT*-Programm über die Befugnisse der Europäischen Zentralbank wegen des Verbots monetärer Haushaltsfinanzierung hinausgeht und in die Zuständigkeit der Mitgliedstaaten eingreift.[242] Dies hat der Europäische Gerichtshof verneint,[243] sodass das Bundesverfassungsgericht die Verfassungsbeschwerden entscheiden musste. Das nutzte das Bundesverfassungsgericht dazu, nochmals ausgiebig seinen eigenen Prüfungsanspruch im Rahmen der ultra-vires-Kontrolle wie auch der Identitätskontrolle darzulegen.[244] 94

In der Entscheidung zum *Europäischen Stabilitätsmechanismus*[245] überprüfte das Bundesverfassungsgericht das entsprechende deutsche Zustimmungsgesetz. Dies sei weiter möglich, da die Bundesrepublik nicht berechtigt sei, wesentliche **Kompetenzen** oder gar eine Kompetenz-Kompetenz zu übertragen. Es müsse weiter das Prinzip der begrenzten Einzelermächtigung gelten. Allerdings sah das Bundesverfassungsgericht wegen des **europäischen Integrationsgrundsatzes** sogar die Übernahme von theoretisch unbegrenzten Haushaltsrisiken noch als zulässig an.[246] 95

d) Grundrechtskontrolle bei nationalen Umsetzungsspielräumen

Dagegen sieht das Bundesverfassungsgericht sich zu keiner Kontrolle ermächtigt, soweit das Unionsrecht dem nationalen Recht bindende Vorgaben macht. So klärte das Bundesverfassungsgericht mit seinem Beschluss zu *Treibhausgas-Emissionsberechtigungen*[247] erstmals, dass es keine Überprüfung von nationalem Recht vornehme, wenn dieses unmittelbare unionsrechtliche Vorgaben aus Richtlinien umsetzt, die dem nationalen Gesetzgeber keinen Spielraum zulassen.[248] Das bestätigte es in seinen Entscheidungen zur *Vorratsdatenspeicherung*[249] unter Bezug auf die *Solange II*-Formel einschließlich der 96

235 BVerfGE 126, 286.
236 BVerfGE 126, 286 (302).
237 BVerfGE 126, 286 (302 f.).
238 BVerfGE 126, 286 (304).
239 BVerfGE 126, 286 (302); BVerfGE 123, 267 (354).
240 BVerfGE 126, 286 (307).
241 BVerfGE 134, 366.
242 BVerfGE 134, 366 (392 ff.).
243 EuGH, Urt. v. 16.6.2015 – C-62/14, ECLI:EU:C:2015:400 – Gauweiler ua/Deutscher Bundestag.
244 BVerfG, Urt. v. 21.6.2016, Az. 2 BvR 2728/13 ua (Rn. 115 – 162).
245 BVerfGE 132, 195.
246 BVerfGE 132, 195 (238 ff.).
247 BVerfGE 118, 79.
248 BVerfGE 118, 79 (95).
249 BVerfGE 121, 1 (einstw. Rechtschutz) und BVerfGE 125, 260 (Urteil) – s. auch *Roßnagel*, NJW 2010, 1238; zur Entwicklung der Vorratsdatenspeicherung s. *Roßnagel*, NJW 2016, 533.

Aussage, dass es seine Gerichtsbarkeit nicht ausübe, soweit Unionsrecht unmittelbar umgesetzt werde.[250]

97 Das Bundesverfassungsgericht stellte aber klar, dies gelte nur, soweit Unionsrecht dem nationalen Gesetzgeber unmittelbare bindende Vorgaben macht. Dort wo ein **Umsetzungsspielraum** gegeben ist, unterliegen die nationalen Regelungen voll der Grundrechtskontrolle durch das Bundesverfassungsgericht.[251] Dennoch überprüfte es bei der Vorratsdatenspeicherung auch die vom Unionsrecht fest vorgegebene Mindestspeicherdauer.[252] Diese prüfte es allerdings anhand der von der Identitätsgarantie umfassten Menschenwürdegarantie. Nach den Grundsätzen der *Solange II*-Rechtsprechung wäre dies nicht möglich gewesen. Eigentlich hätte es schon damals einer Vorlage an den Europäischen Gerichtshof bedurft, die das Bundesverfassungsgericht nur deshalb vermeiden konnte, weil es die Mindestspeicherdauer mit deutschen Grundrechten vereinbar hielt. Dies zeigt aber, dass das Bundesverfassungsgericht entgegen *Solange II* von seiner Prüfungskompetenz ausging.[253]

98 In der Entscheidung zum *Anwendungsvorrang*[254] sah sich das Bundesverfassungsgericht auch für Fälle zuständig, wenn das Ausgangsgericht fälschlich eine **Vollharmonisierung** durch das Unionsrecht annahm, obwohl dies dem nationalen Gesetzgeber Umsetzungsspielräume ließ.[255]

99 Selbst dann, wenn die Umsetzungsspielräume nicht voll ausgenutzt wurden, unterliegen sie aus Sicht des Bundesverfassungsgerichts seiner Grundrechtskontrolle. So hat es in zwei weiteren Kammerentscheidungen zum Europäischen Haftbefehl 2016 direkt deutsche Grundrechte angewendet. Dadurch hat es eine Auslieferung von Deutschen wegen Verstoßes gegen Art. 16 Abs. 2 GG abgelehnt.[256] Bei Inlandsbezug sah der Rahmenbeschluss zum Europäischen Haftbefehl für die Mitgliedstaaten Umsetzungsspielräume zum Schutz eigener Staatsangehöriger vor.[257] Auch wenn die Bundesrepublik diese Spielräume nicht ausgenutzt hatte, legte das Bundesverfassungsgericht die maßgeblichen nationalen Vorschriften grundrechtskonform anhand deutscher Grundrechte aus, obwohl diese unionsrechtlich determiniert waren.[258]

4. Kompetenzkonflikt zwischen Europäischem Gerichtshof und Bundesverfassungsgericht

100 Nachdem das Bundesverfassungsgericht mit der *Solange II*-Entscheidung eine weitreichende Kompetenz des Europäischen Gerichtshofs anerkannt hatte, hat es sich wie aufgezeigt dennoch weitere Kompetenzen vorbehalten. Zu einem offenen Bruch mit dem Europäischen Gerichtshof kam es allerdings nicht, da das Bundesverfassungsgericht stets die Europa- und Integrationsfreundlichkeit des Grundgesetzes betont hatte und in den zu entscheidenden Fällen letztendlich nicht gegen den Europäischen Gerichtshof entschied. Dieses weitgehende Einvernehmen brach jedoch 2013 auf, als der Europäische Gerichtshof einen uneingeschränkten Vorrang für sich beanspruchte und das Bundesverfassungsgericht ihm unmittelbar widersprach.[259]

250 BVerfGE 125, 260 (306).
251 BVerfGE 121, 1 (15); 125, 260 (306 f.).
252 BVerfGE 125, 260 (322).
253 *Roßnagel*, DuD 2010, 544 ff.; *Bäcker*, EuR 2011, 108.
254 BVerfGE 129, 78.
255 BVerfGE 129, 78 (94); 100, 103 f.
256 BVerfG (3. Kammer des Zweiten Senats), Beschl. v. 15.1.2016 – 2 BvR 1860/15, NJW 2016, 1714; BVerfG (2. Kammer des Zweiten Senats), Beschl. v. 9.11.2016 – 2 BvR 545/16, NStZ-RR 2017, 55.
257 BVerfG (2. Kammer des Zweiten Senats), Beschl. v. 9.11.2016 – 2 BvR 545/16, NStZ-RR 2017, 55, 56.
258 BVerfG (2. Kammer des Zweiten Senats), Beschl. v. 9.11.2016 – 2 BvR 545/16, NStZ-RR 2017, 55, 56.
259 Von „Kriegserklärung" spricht *Thym*, NVwZ 2013, 891.

a) Vorrang des Unionsrecht vor nationalen Grundrechten aus Sicht des Europäischen Gerichtshofes

Der Europäische Gerichtshof entschied 2013 in seiner Entscheidung *Åklagare/Hans Åkerberg Fransson*,[260] dass die Unionsgrundrechte nach Art. 51 Abs. 1 GRCh und damit seine eigene Kontrollkompetenz „in allen unionsrechtlich geregelten Fallgestaltungen, aber nicht außerhalb derselben, Anwendung finden".[261] Er führte aus: 101

„Da folglich die durch die Charta garantierten Grundrechte zu beachten sind, wenn eine nationale Rechtsvorschrift in den Geltungsbereich des Unionsrechts fällt, sind keine Fallgestaltungen denkbar, die vom Unionsrecht erfasst würden, ohne dass diese Grundrechte anwendbar wären. Die Anwendbarkeit des Unionsrechts umfasst die Anwendbarkeit der durch die Charta garantierten Grundrechte. Wird dagegen eine rechtliche Situation nicht vom Unionsrecht erfasst, ist der Gerichtshof nicht zuständig, um über sie zu entscheiden, und die möglicherweise angeführten Bestimmungen der Charta können als solche keine neue Zuständigkeit begründen".[262]

Im zu entscheidenden Fall ging es um einen Verstoß gegen Mitteilungspflichten im Rahmen der Mehrwertsteuererhebung. Der Gerichtshof stellte zwar fest, dass die entscheidenden Vorschriften (steuerliche Sanktionen und Strafvorschriften) des nationalen Rechts nicht auf einer Richtlinie beruhen, also nicht direkt von Unionsrecht geregelt wurden.[263] Sie dienten aber der **Durchführung von Unionsrecht**, weil durch sie Verstöße gegen Unionsrecht geahndet und dadurch Verpflichtungen der Mitgliedstaaten gegenüber der Union erfüllt würden.[264] Dies reichte dem Europäischen Gerichtshof, um seine Kompetenz vor nationalen Verfassungsgerichten anzunehmen. 102

Der Gerichtshof sieht den Anwendungsbereich der Grundrechtecharta und seine eigene Zuständigkeit demnach schon bei einem **geringen Bezug zum Unionsrecht** gegeben, selbst wenn die maßgeblichen Vorschriften nicht auf Unionsrecht beruhen, sondern ihm nur dienen.[265] Allerdings stellt der Europäische Gerichtshof klar, dass dies nicht nationale Behörden und Gerichte daran hindert, eigene Grundrechtsstandards anzuwenden, wenn dadurch weder das Schutzniveau gesenkt „noch der Vorrang, die Einheit und die Wirksamkeit des Unionsrechts beeinträchtigt werden".[266] 103

An dieser letzten Einschränkung entsteht ein Konflikt, wenn die nationalen Grundrechte der Einheit und Wirksamkeit des Unionsrechts hinderlich würden. Der Europäische Gerichtshof verweist dabei auf seine Entscheidung *Melloni*[267] vom gleichen Tag. Wegen des **Vorrangs des Unionsrechts** aus Art. 53 GRCh sei es Mitgliedstaaten nicht gestattet, die Ausführung von Unionsrecht zu verweigern, selbst wenn dadurch das höhere **Schutzniveau des nationalen Grundrechts** verletzt werde.[268] 104

260 EuGH, Urt. v. 26.2.2013 – C-617/10, ECLI:EU:C:2013:105 – Åklagare/Hans Åkerberg Fransson; kritisch *Scholz*, DVBl 2014, 197; Übersicht bei *Lange*, NVwZ 2014, 169.

261 EuGH, Urt. v. 26.2.2013 – C-617/10, ECLI:EU:C:2013:105, Rn. 19 – Åklagare/Hans Åkerberg Fransson.

262 EuGH, Urt. v. 26.2.2013 – C-617/10, ECLI:EU:C:2013:105, Rn. 21 f. – Åklagare/Hans Åkerberg Fransson.

263 EuGH, Urt. v. 26.2.2013 – C-617/10, ECLI:EU:C:2013:105, Rn. 28 – Åklagare/Hans Åkerberg Fransson.

264 EuGH, Urt. v. 26.2.2013 – C-617/10, ECLI:EU:C:2013:105, Rn. 24 ff., 27 f. – Åklagare/Hans Åkerberg Fransson.

265 S. dazu auch *Streinz*, JuS 2013, 568.

266 EuGH, Urt. v. 26.2.2013 – C-617/10, ECLI:EU:C:2013:105, Rn. 29 – Åklagare/Hans Åkerberg Fransson.

267 EuGH, Urt. v. 26.2.2013 – C-399/11, ECLI:EU:C:2013:107 – Stefano Melloni/Ministerio Fiscal. Dort ging es um die Auslieferung nach den Bestimmungen des Europäischen Haftbefehls eines in Italien in Abwesenheit verurteilten, der sich in Spanien aufhielt. Die Verurteilung in Abwesenheit ohne Möglichkeit der Wiederaufnahme verstieß jedoch gegen spanische Grundrechte (Recht auf faires Verfahren), weshalb das spanische *Tribunal Constitucional* vorab den EuGH zur Entscheidung ersuchte, ob es den Europäischen Haftbefehl entgegen seiner eigenen Grundrechtsauslegung vollstrecken müsse.

268 EuGH, Urt. v. 26.2.2013 – C-399/11, ECLI:EU:C:2013:107 Rn. 55 ff., 59 – Stefano Melloni/Ministerio Fiscal; dazu *Thym*, NVwZ 2013, 891, der darin ein Kompromissangebot sieht.

105 In späteren Entscheidungen hatte der Europäische Gerichtshof seine Haltung relativiert.[269] Er hielt zwar an den Grundsätzen seiner Entscheidung *Melloni* fest, also dass die Mitgliedstaaten Europäischen Haftbefehlen grundsätzlich Folge leisten müssen.[270] Er erkannte aber, dass unter außergewöhnlichen Umständen die Mitgliedstaaten von den Regelungen des Rahmenbeschlusses zum Europäischen Haftbefehl abweichen können. Diese berühre nicht die Pflicht, die Grundrechte, wie sie insbesondere in der Charta niedergelegt sind, zu achten.[271]

106 Der Europäische Gerichtshof hat auch versucht, diese weite Auslegung zu konkretisieren. Danach handele es sich um die „**Durchführung des Rechts der Union**" iSv Art. 51 GRCh, wenn ein hinreichenden Zusammenhang von einem gewissen Grad bestehe, „der darüber hinausgeht, dass die fraglichen Sachbereiche benachbart sind oder der eine von ihnen mittelbare Auswirkungen auf den anderen haben kann".[272] Kriterien können sein, ob mit der nationalen Regelung „eine Durchführung einer Bestimmung des Unionsrechts bezweckt wird, welchen Charakter diese Regelung hat und ob mit ihr nicht andere als die unter das Unionsrecht fallenden Ziele verfolgt werden, selbst wenn sie das Unionsrecht mittelbar beeinflussen kann, sowie ferner, ob es eine Regelung des Unionsrechts gibt, die für diesen Bereich spezifisch ist oder ihn beeinflussen kann".[273]

107 Der Europäische Gerichtshof erkennt zwar im Hinblick auf Art. 6 Abs. 1 EUV an, dass die Grundrechte der Charta nur in Bereichen Geltung haben können, wo auch eine Kompetenz der Union besteht.[274] Im Ergebnis sieht er seine Prüfungskompetenz auch für nationale Gesetze, wenn die nationale Regelung dem gleichen Zweck dient, den auch ein Unionsrechtsakt verfolgt.[275]

108 Dementsprechend betonte der Europäische Gerichtshof nicht nur das Recht, sondern auch die Pflicht der nationalen Gerichte, den Gerichtshof um eine **Vorabentscheidung** zu ersuchen.[276] Im Ergebnis bedeutete dies, dass selbst sekundäres Unionsrecht den nationalen Grundrechtsschutz einschränken könne und dem nationalen Grundrechtsschutz entzogen sei.[277]

b) Erwiderung des Bundesverfassungsgerichts

109 Das Bundesverfassungsgericht sah sich hier zu einer Klarstellung veranlasst.[278] In seinem Urteil zur *Antiterrordatei*[279] stellte es klar, dass Vorschriften dann an den Grundrechten des Grundgesetzes zu messen seien, wenn sie nicht durch Unionsrecht „**determiniert**" sind. Dann handele es sich auch nicht um die Durchführung des Rechts der Europäischen Union. Es verwies auf Art. 51 Abs. 1 Satz 1 GRCh, nachdem unter Wahrung des **Subsidiaritätsgrundsatzes** ausschließlich bei **Durchführung von Unionsrecht** die Bindung der Mitgliedstaaten an die Grundrechtecharta bestehe.[280] Trotz mittelbarer Auswirkungen und Anknüpfungspunkte zum Unionsrecht sei daher nicht der Europäische Gerichtshof, sondern das Bundesverfassungsgericht gesetzlicher Richter und sind

---

269 *Classen*, EuR 2014, 441 (445) mit Rechtsprechungsnachweisen.
270 EuGH, Urt. v. 5.4.2016 – C-404/15, C-659/15 PPU, ECLI:EU:C:2016:198, Rn. 79 – Pál Aranyosi/ Robert Căldăraru.
271 EuGH, Urt. v. 5.4.2016 – C-404/15, C-659/15 PPU, ECLI:EU:C:2016:198, Rn. 82 f. – Pál Aranyosi/ Robert Căldăraru.
272 EuGH, Urt. v. 6.3.2014 – C-206/13, ECLI:EU:C:2014:126, Rn. 4 – Cruciano Siragusa/Regione Sicilia.
273 EuGH, Urt. v. 6.3.2014 – C-206/13, ECLI:EU:C:2014:126, Rn. 25 – Cruciano Siragusa/Regione Sicilia.
274 EuGH, Urt. v. 8.5.2014 – C-483/12, ECLI:EU:C:2014:304, Rn. 21.
275 EuGH, Urt. v. 6.10.2016 – C-218/15, ECLI:EU:C:2016:748, Rn. 18 – Gianpaolo Paoletti.
276 EuGH, Urt. v. 26.2.2013 – C-399/11, ECLI:EU:C:2013:107, Rn. 30 – Åklagare/Hans Åkerberg Fransson.
277 Dazu *Frenz*, DVBl 2015, 741; ablehnend *Kirchhof*, NVwZ 2014, 1538 ff.
278 *Kingreen*, EuR 2013, 446.
279 BVerfGE 133, 277.
280 BVerfGE 133, 277 (313 f.).

deutsche Grundrechte maßgeblich.[281] Wie schon in der Entscheidung zur Vorratsdatenspeicherung behielt es sich die Überprüfung von nationalen Umsetzungsakten vor, wenn dort ein **Umsetzungsspielraum** für die Mitgliedstaaten besteht.[282]

In seiner weiteren Entscheidung zum *Europäischen Haftbefehl II* stellt sich das Bundesverfassungsgericht ebenfalls gegen den Europäischen Gerichtshof.[283] Es führt dort aus, dass die Ausführung von Unionsrecht trotz dessen Vorrang nicht in Frage komme, wenn dies die Grenze der staatlichen Identität der Mitgliedstaaten verletze. Obwohl das Bundesverfassungsgericht ausdrücklich auf die Entscheidung *Melloni* des Europäischen Gerichtshofes eingeht, konnte es jedoch eine abweichende Entscheidung dadurch vermeiden, dass es die maßgeblichen Vorschriften zum Europäischen Haftbefehl unter Verweis auf die Grundrechtecharta und die Europäische Menschenrechtskonvention so einschränkend auslegte, dass es im Ergebnis eine Auslieferungspflicht verneinen konnte. 110

Interessanterweise lehnte das Bundesverfassungsgericht trotz der divergierenden Entscheidung des Europäischen Gerichtshofes in der Rechtssache *Melloni* eine **Vorlagepflicht** nach Art. 267 AEUV ab, da die Auslegung des Unionsrechts offensichtlich sei.[284] Das spanische Verfassungsgericht sah sich im Verfahren *Melloni* dagegen zu einer Vorlage verpflichtet. 111

c) Dialog zwischen Bundesverfassungsgericht und Europäischen Gerichtshof

Soweit beide Gerichte auf ihre Kompetenzen beharren, haben sie bislang jedoch den direkten Bruch vermieden. Grundsätzlich erkennt das Bundesverfassungsgericht eine Vorlagepflicht und damit die Kompetenz des Europäischen Gerichtshofes an. In seinem *OMT*-Beschluss[285] hat es zum ersten Mal selbst eine Vorlage an den Europäischen Gerichtshof gestellt.[286] Es trat so in einen Dialog. Der Europäische Gerichtshof entschied daraufhin, dass die Ermächtigung der Europäischen Zentralbank zum theoretisch unbegrenzten Ankauf von Staatsanleihen nicht ihr Mandat verletze.[287] Dazu legte er den OMT-Beschluss einschränkend aus und formulierte eigene Anforderungen, die die Europäische Zentralbank binden. Das Bundesverfassungsgericht musste daher die Verfassungsbeschwerden, die ein Mitwirken der Bundesregierung an dem Beschluss untersagen wollten und ein Einschreiten dagegen verlangten, entscheiden. In seinem *OMT II*-Urteil[288] äußerte das Bundesverfassungsgericht deutliche Kritik an der Entscheidung des Europäischen Gerichtshofes. So kritisierte es sogar die Methode der Urteilsfindung.[289] Es nutzte das Urteil auch, um über fast 50 Absätze hinweg seine Vorbehalte im Rahmen der ultra-vires und Identitätskontrolle darzulegen und zusammenzufassen.[290] Dazu stützte es sich auch auf die Rechtsprechung der obersten Verfassungsgerichte anderer Mitgliedstaaten.[291] Letztendlich hielt es die durch den Europäischen Gerichtshof formulierten Einschränkungen gerade noch für ausreichend, um einen *offensichtlichen* ultra-vires-Akt und einen Verstoß gegen die Verfassungsidentität zu verneinen.[292] 112

Auch wenn das Bundesverfassungsgericht die Entscheidungskompetenz des Europäischen Gerichtshofs anerkannte, so hat es ihm allein durch seine Vorlagebeschlüsse 113

281 BVerfGE 133, 277 (315 ff.).
282 BVerfGE 125, 260 (307).
283 BVerfGE 140, 317.
284 BVerfGE 140, 317, Rn. 125.
285 BVerfGE 134, 366.
286 S. *Voßkuhle*, JZ 2016, 163, der daraus einen Verbund zwischen BVerfG und EuGH schließt.
287 EuGH, Urt. v. 16.6.2015, Az. C-62/14, ECLI:EU:C:2015:400 – Gauweiler ua/Deutscher Bundestag.
288 BVerfG, Urt. v. 21.6.2016, Az. 2 BvR 2728/13 ua, NJW 2016, 2473.
289 BVerfG, Urt. v. 21.6.2016, Az. 2 BvR 2728/13 ua, NJW 2016, 2473, Rn. 181 ff.
290 BVerfG, Urt. v. 21.6.2016, Az. 2 BvR 2728/13 ua, NJW 2016, 2473, Rn. 115-162.
291 BVerfG, Urt. v. 21.6.2016, Az. 2 BvR 2728/13 ua, NJW 2016, 2473, Rn. 142.
292 BVerfG, Urt. v. 21.6.2016, Az. 2 BvR 2728/13 ua, NJW 2016, 2473, Rn. 190 ff.

Grenzen vorgegeben und dadurch dessen Rechtsprechung über den Fall hinaus beeinflusst. Es konnte zwar bislang ein Bruch vermieden werden. Das Bundesverfassungsgericht hat sich scheinbar dem Europäischen Gerichtshof untergeordnet. Es nutzte aber die Gelegenheit, sich zugleich auch seine Kompetenz vorzubehalten.

114 Diese Linie verfolgte das Bundesverfassungsgericht in seinen Entscheidungen zum **Freihandelsabkommen *CETA*.**[293] Es betonte seine Prüfungskompetenz, kam aber letztendlich zu dem Ergebnis, dass kein Verstoß gegen die Verfassungsidentität und kein ultra-vires-Akt vorläge. Dabei stützte es sich auf die Zusicherungen der Bundesregierung, sich ein Widerrufsrecht vorzubehalten und bestimmten Abschnitten des CETA-Entwurfs nicht zuzustimmen, die bestimmte Hoheitsrechte der Bundesrepublik zu weit beschnitten hätten.[294]

115 Zunächst war die EU-Kommission noch davon ausgegangen, dass das CETA-Abkommen auch ohne Beteiligung der Mitgliedstaaten abgeschlossen werden könne. Aufgrund starker Kritik sah sie dann aber doch eine **Beteiligung der nationalen Parlamente** vor, allerdings freiwillig. In einem von der Kommission veranlassten Gutachten des Europäischen Gerichtshofes zum vergleichbaren Freihandelsabkommen mit Singapur stellte dieser fest, dass das Abkommen nur von der Union und den Mitgliedstaaten gemeinsam abgeschlossen werden kann.[295] Allerdings sah der Gerichtshof nur im Hinblick auf die Regelungen zu Direktinvestitionen und Investitionsschutz die Beteiligung der Mitgliedstaaten für erforderlich an. Insoweit ergibt sich auch hier eine Diskrepanz zwischen der Rechtsprechung des Bundesverfassungsgerichts und dem Gutachten des Europäischen Gerichtshofs. So sieht der Gerichtshof auch im Hinblick auf die Regelungen zur Anerkennung beruflicher Qualifikationen oder zum internationalen Seeverkehr eine ausschließliche Zuständigkeit der Union.[296] Das Bundesverfassungsgericht hatte dagegen in diesen Bereichen eine Kompetenz der Mitgliedstaaten angenommen. So sah es keine Unionskompetenz für die Anerkennung ausländischer Berufsqualifikationen aus Drittstaaten oder den internationalen Seeverkehr.[297] Aus Sicht des Bundesverfassungsgerichts hätte es einen ultra-vires-Akt und eine Verletzung der Verfassungsidentität dargestellt, wenn das Abkommen ohne die Beteiligung der Mitgliedstaaten abgeschlossen worden wäre.[298]

116 Der Dialog der Gerichte intensiviert sich weiter. In einem weiteren Vorlagebeschluss im Verfahren über die **Wertpapierankaufsprogramme der Europäischen Zentralbank** hat das Bundesverfassungsgericht erneut den Europäischen Gerichtshof angerufen und sich direkt auf dessen Rechtsprechung bezogen.[299] Darin befürchtete das Bundesverfassungsgericht, dass die Europäische Zentralbank ihr Mandat überschreitet und gegen das Verbot monetärer Haushaltsfinanzierung verstößt.[300] Dies würde in die nationale Verfassungsidentität eingreifen und auch einen ultra-vires-Akt darstellen. Das Bundesverfassungsgericht setzte durch seine Vorlage den Europäischen Gerichtshof unter Druck. Denn es kritisierte erneut dessen *OMT*-Urteil als unzureichend, nahm den Europäischen Gerichtshof aber beim Wort und legte anhand seiner darin aufgestellten Kriterien dar, dass die neuen Ankaufsprogramme der Europäischen Zentralbank über diese hinausgehen.[301] Es betonte weiter, dass auch das Unionsrecht in Art. 4 Abs. 2

---

293 BVerfG, Urt. v. 13.10.2016, Az. 2 BvR 1368/16 ua, NVwZ 2016, 1799.
294 BVerfG, Urt. v. 13.10.2016, Az. 2 BvR 1368/16 ua, NVwZ 2016, 1799, Rn. 66 ff.
295 Gutachten des EuGH (Plenum) 2/15 vom 16.5.2017.
296 Gutachten des EuGH (Plenum) 2/15 vom 16.5. 2017, insb. Rn. 53, 193, 267, 277.
297 BVerfG, Urt. v. 13.10.2016, Az. 2 BvR 1368/16 ua, NVwZ 2016, 1799, Rn. 56.
298 BVerfG, Urt. v. 13.10.2016, Az. 2 BvR 1368/16 ua, NVwZ 2016, 1799, Rn. 51 ff., 62, 65.
299 BVerfG, Beschl. v. 18.7.2017, Az. 2 BvR 859/15 ua, BeckRS 2017, 120645.
300 BVerfG, Beschl. v. 18.7.2017, Az. 2 BvR 859/15 ua, BeckRS 2017, 120645, Rn. 76 ff.
301 BVerfG, Beschl. v. 18.7.2017, Az. 2 BvR 859/15 ua, BeckRS 2017, 120645, Rn. 76 ff.

EUV die nationale Verfassungsidentität sowie das Kompetenzgefüge der Mitgliedstaaten durch Art. 5 EUV ausdrücklich respektiert.[302] Zudem betonte es die Pflicht deutscher Verfassungsorgane sich einem ultra-vires Akt entgegenzusetzen.[303] Dessen Feststellung überlässt es aber der Auslegung durch den Europäischen Gerichtshof.[304]

5. Ergebnis und Ausblick

Nach *Solange II* hat sich das Bundesverfassungsgericht eine Kontrollhoheit für von Unionsrecht vorgegebene Regelungen auch im Einzelfall vorbehalten. Wo für den deutschen Gesetzgeber ein Umsetzungsspielraum verbleibt, steht dieser unter der Kontrolle des Bundesverfassungsgerichts. Dagegen bestand aus Sicht des Europäischen Gerichtshofs schon immer ein umfassender Vorrang des Unionsrechts, aus dem er seine Letztentscheidungskompetenz folgerte. Diese unterschiedliche Deutung ist also nicht neu, hat bislang allerdings nicht zu divergierenden Entscheidungen in ein und demselben Fall geführt. 117

a) Datenschutz in Zukunft vor allem an Unionsrecht zu messen

Auch im Hinblick auf die Datenschutz-Grundverordnung besteht diese Problematik fort. Soweit sie für bestimmte Bereiche eine Vollharmonisierung vorsieht, die dem nationalen Gesetzgeber keinen Umsetzungsspielraum belässt, besteht Anwendungsvorrang (s. → § 2 Rn. 1 ff.)[305] und Entscheidungskompetenz des Europäischen Gerichtshofs.[306] Auch aus Sicht des Bundesverfassungsgerichts bleibt aufgrund der Kompetenz des Art. 16 Abs. 2 AEUV zugunsten der Union[307] kein Raum für eine *ultra-vires*-Kontrolle im Bereich des Datenschutzes. Hier könnte das Bundesverfassungsgericht höchstens kontrollieren, ob ein Mindeststandard an Grundrechtsschutz eingehalten wird, der mit Blick auf den Datenschutz zwar zur Verfassungsidentität der Bundesrepublik Deutschland gehört, aber nicht in Frage steht. Aufgrund von **Öffnungsklauseln und Bereichsausnahmen** ist auch kein Eingriff in die Verfassungsidentität ersichtlich. Dort, wo dadurch **Regelungsspielräume** eröffnet sind, ist aber eine Überprüfung des Datenschutzes anhand nationaler Grundrechte aus Sicht des Bundesverfassungsgerichts weiterhin möglich.[308] 118

Aus Sicht des Europäischen Gerichtshofes war im Datenschutz dieser Spielraum auch vor der Datenschutz-Grundverordnung begrenzt.[309] Er ging schon im Hinblick auf die Datenschutz-Richtlinie von *„einer grundsätzlich umfassenden Harmonisierung"* aus.[310] Er wird daher auch für die Datenschutz-Grundverordnung eine umfassende Prüfungskompetenz für sich beanspruchen. 119

Absehbar sind Konflikte im Bereich der Öffnungsklauseln. So kann etwa der nationale Gesetzgeber die Datenverarbeitung für öffentliche Stellen und für nicht-öffentliche Stellen regeln, soweit sie zur Erfüllung einer rechtlichen Verpflichtung des Verantwortlichen oder für die Wahrnehmung einer Aufgabe im öffentlichen Interesse erforderlich ist. 120

302 BVerfG, Beschl. v. 18.7.2017, Az. 2 BvR 859/15 ua, BeckRS 2017, 120645, Rn. 61 ff. unter Verweis auf die Rechtsprechung des EuGH, zB Urt. v. 12.6.2014 – C-156/13, ECLI:EU:C:2014:1756 – Albers/Westdeutsche Lotterie.

303 BVerfG, Beschl. v. 18.7.2017, Az. 2 BvR 859/15 ua, BeckRS 2017, 120645, Rn. 47 ff., 69 ff.

304 BVerfG, Beschl. v. 18.7.2017, Az. 2 BvR 859/15 ua, BeckRS 2017, 120645, Rn. 65.

305 *Roßnagel*, MMR 2015, 359 f. zur eIDAS-Verordnung.

306 *Spiecker gen. Döhmann/Eisenbarth*, JZ 2011, 169 ff.

307 S. *Herrmann*, in: Streinz 2012, Art. 16 AEUV, Rn. 3, 8 ff.; *Kingreen*, in: Calliess/Ruffert, Art. 16 AEUV, Rn. 4.

308 *Frenz*, DVBl 2015, 743 f.

309 *Sobotta*, in: Grabitz/Hilf/Nettesheim 2015, Art. 16 AEUV, Rn. 14 f.; *Bäcker*, EuR 2015, 392.

310 EuGH, Urt. v. 24.11.2011 – C-468/10 ua, ECLI:EU:C:2011:777, 1. Leitsatz; s. dazu *Fleddermann*, AuRAktuell 2011, 661.

Art. 6 Abs. 2 DSGVO gestattet den Mitgliedstaaten, für diese Bereiche spezifischere Anforderungen zu normieren, die die Regelungen präziser bestimmen. Der Europäische Gerichtshof wird auch diese als unionsrechtlich determiniert sehen. Dagegen wird sich das Bundesverfassungsgericht wegen des Entscheidungsspielraums des nationalen Gesetzgebers nicht seine Prüfungskompetenz nehmen lassen.

b) Mitsprache des Bundesverfassungsgerichts

121 Soweit kritisiert wird, dass die Europäisierung des Datenschutzes die nationalen Verfassungsgerichte verdrängt, ist zu hinterfragen, ob dies tatsächlich zu einer Verschlechterung führt.[311] Kritiker der Kompetenzverlagerung von Grundrechtsschutz – und hier Datenschutz[312] – auf den Europäischen Gerichtshof schulden bislang den Beweis dafür, dass der Europäische Gerichtshof einen schlechteren Schutzstandard bietet oder dass hierdurch Nachteile entstehen.[313] Das mag in anderen Bereichen zutreffen. Für den Datenschutz ist dies nicht ersichtlich.[314]

122 Dabei ist zu beachten, dass der Europäische Gerichtshof den Datenschutz bereits im Jahr 1969 anerkannt hat,[315] also vor dem Volkszählungsurteil. Hinzu kommt, dass das Grundrecht auf Datenschutz in der Grundrechtecharta in Art. 8 GRCh sowie Art. 16 AEUV positiv kodifiziert ist. Es ist auch zu erwarten, dass der Europäische Gerichthof sein Engagement für den Datenschutz weiter intensiv ausübt[316] – mangelnde Innovationsfähigkeit ist ihm jedenfalls nicht vorzuwerfen. Mit seinen Entscheidungen zur *Vorratsdatenspeicherung*,[317] zu den *Löschungspflichten von Suchmaschinenbetreibern*[318] und zum *Safe Harbour-Abkommen*[319] hat der Europäische Gerichtshof den Datenschutz klar gestärkt.[320] Die beiden letztgenannten Entscheidungen zeigen auch auf, dass eine zentrale Grundrechtskontrolle in der Union den Vorteil bietet, ihr mehr Gewicht zB gegenüber Weltkonzernen oder anderen Ländern zu verleihen.[321] Dies hat der Europäische Gerichtshof auch in seinem Gutachten über das Abkommen zur Übermittlung von **Fluggastdaten** mit Kanada gezeigt.[322] Jedenfalls sind im Datenschutz keine so divergierenden Entscheidungen zu erwarten, wie etwa zum Europäischen Haftbefehl.

123 Sofern nationales Datenschutzrecht noch vom Bundesverfassungsgericht anhand der Grundrechte überprüfbar bleibt, ist es damit nicht der Kontrolle des Europäischen Gerichtshofs entzogen.[323] Das kann zu einem Zirkelschluss führen.[324] Unionsrecht, etwa die Grundfreiheiten, binden auch rein nationales Recht. Für diese Kontrolle sieht sich wieder der Europäische Gerichtshof als letztzuständig an. Zwar wird eine Klärung des

---

311 S. *Kühling*, NVwZ 2014, 684.
312 *Masing*, SZ vom 9.1.2012, 10.
313 *Classen*, EuR 2014, 442; dagegen *Masing*, NJW 2012, 2311.
314 S. *Nettesheim*, JZ 2016, 426.
315 EuGH, Urt. v. 12.11.1969 – C-29/69, Slg. 1969, 419 Rn. 7 – Stauder/Ulm.
316 *Streinz*, JuS 2011, 280.
317 EuGH, Urt. v. 8.4.2014 – C-293/12 und C-594/12, ECLI:EU:C:2014:238 – Digital Rights Ireland.
318 EuGH, Urt. v. 13.5.2014 – C-131/12, ECLI:EU:C:2014:317 – Google Spain und Google.
319 EuGH, Urt. v. 6.10.2015 – C-362/14, ECLI:EU:C:2015:650 – Maximillian Schrems/Data Protection Commissioner.
320 *Leutheusser-Schnarrenberger*, DuD 2016, 356.
321 *Kühling*, EuZW 2014, 530; einschränkend *Masing*, NJW 2012, 2311, der jedoch Vorteile in der „Pluralität" sieht. Ob auch eine Entscheidung eines nationalen Gerichts selbst in den USA solche Beachtung oder Kopfschütteln erhielte, muss bezweifelt werden. Völliges Unverständnis für Datenschutz zeigt *Crovitz*, Wall Street Journal vom 30.8.2015.
322 Gutachten des EuGH v. 26.7.2017 – 1/15. Darin betont der EuGH, dass eine Speicherung der Daten auf das Notwendigste zu beschränken ist.
323 Für eine rein nationale Kontrolle *Burkiczak*, ZRP 2015, 24.
324 *Mayer*, NJW 2015, 2003 zum OMT-Beschluss.

Kompetenzgefüges gefordert.[325] Das Bundesverfassungsgericht wird aber auch weiterhin Impulse setzen.[326] Soweit nach dem Sprichwort „Konkurrenz belebt das Geschäft" der Dialog der Gerichte zu einem höheren Grundrechtsstandard führt, kann dies nur begrüßt werden.[327]

IV. Rechtswege

Müssen datenschutzrechtliche Konflikte vor Gericht ausgetragen werden, stellt sich die Frage, welcher Rechtsweg hierfür einzuschlagen ist. Die Verordnung selbst hält diesbezüglich nur wenige Regelungen bereit. Das neugefasste Bundesdatenschutzgesetz hat mit § 20 BDSG eine Rechtswegzuweisung geschaffen. 124

1. Regelungen der Verordnung

Absicht der Verordnung ist es, ihre Ziele und Vorgaben effektiv durchzusetzen[328] und das Durchsetzungsdefizit der Datenschutz-Richtlinie abzubauen.[329] **Effektiver Rechtsschutz** ist zudem ein verfassungsrechtlich verankertes Recht in Art. 19 Abs. 4 GG und Art. 47 GRCh. Die Verordnung trifft keine Aussage zur Bestimmung des Rechtswegs, also dem konkreten Zugang zu Gerichten. Einzig die Vorschriften zu den Rechtsbehelfen geben Aufschluss darüber, in welchem Umfang der Rechtsweg beschritten werden kann. Die **Beschwerde nach Art. 77 DSGVO** steht zunächst nach Abs. 1 „unbeschadet eines anderweitigen verwaltungsrechtlichen oder gerichtlichen Rechtsbehelfs" und damit unabhängig vom Rechtsweg zur Verfügung (→ § 4 Rn. 67 ff.). Auf dem Rechtsweg sieht die Verordnung das Recht auf wirksame gerichtliche **Rechtsbehelfe gegen Aufsichtsbehörden** nach Art. 78 DSGVO und **gegen Verantwortliche und Auftragsverarbeiter** nach Art. 79 DSGVO vor (→ § 4 Rn. 71 ff.). 125

Die **internationale Zuständigkeit**, also ob ein Gericht eines Mitgliedstaats zuständig ist, bestimmt sich mangels spezieller Regelungen nach den Vorschriften über die **örtliche Zuständigkeit.** Für Verfahren gegen eine Aufsichtsbehörde sind nach Art. 78 Abs. 3 DSGVO die Gerichte des Mitgliedstaats zuständig, in dem die Aufsichtsbehörde ihren Sitz hat. Für Rechtsbehelfe gegen Verantwortliche und Auftragsverarbeiter sind nach Art. 79 Abs. 2 DSGVO die Gerichte des Mitgliedstaats zuständig, in dem der Verantwortliche oder Auftragsverarbeiter eine Niederlassung hat. Wahlweise ist eine Klageerhebung auch bei Gerichten des Mitgliedstaats möglich, in dem die betroffene Person ihren Aufenthaltsort hat. Das gilt nach Art. 79 Abs. 2 Satz 2 DSGVO jedoch nicht, wenn der Verantwortliche eine Behörde ist und in Ausübung hoheitlicher Befugnisse handelt; in diesem Fall ist das Gericht am Ort der Behörde ausschließlich zuständig. Gleiches gilt nach Art. 82 Abs. 6 DSGVO für Verfahren bezüglich des Rechts auf Schadenersatz. Die Wahl des zuständigen Gerichts nach Art. 79 Abs. 2 DSGVO obliegt nach Erwägungsgrund 145 dem Kläger, also der betroffenen Person oder ihrer Vertretung. 126

2. Regelungen in Deutschland

§ 20 Abs. 1 Satz 1 BDSG eröffnet den **Verwaltungsrechtsweg** für Streitigkeiten zwischen natürlichen oder juristischen Personen und einer Aufsichtsbehörde des Bundes oder Landes. Streitgegenständlich sind nach dem Wortlaut das Recht auf einen wirksamen 127

325 *Bäcker*, EuR 2015, 389; *Scholz*, DVBl 2014, 202; Effektivitätsverluste sieht *Zuck*, in: Lechner/Zuck 2015, § 90 Rn. 81; eine „durchaus befruchtende Wirkung" ist möglich nach *Ohler*, NVwZ 2013, 1438; s. auch *Voßkuhle*, JZ 2016, 164.

326 S. *Voßkuhle*, JZ 2016, 164; *Bäcker*, EuR 2011, 112.

327 In diesem Sinne auch *Voßkuhle*, NVwZ 2010, 7.

328 Eg. 148 DSGVO.

329 *Bergt*, in: Kühling/Buchner 2017, vor Art. 77 Rn. 1.

gerichtlichen Rechtsbehelf gegen eine Aufsichtsbehörde aus Art. 78 Abs. 1 und 2 DSGVO sowie das Recht auf Rechtsschutz gegen Entscheidungen der Bundesbeauftragten oder deren Untätigkeit. Dies gilt nach § 20 Abs. 1 Satz 2 BDSG nicht für Bußgeldverfahren, da hier nach §§ 68, 46 OWiG die ordentliche Gerichtsbarkeit zuständig ist.[330] Nach der Gesetzesbegründung dient § 20 BDSG zusätzlich der Umsetzung des Art. 53 JI-RL.[331] § 20 Abs. 2 BDSG stellt klar, dass die Verwaltungsgerichtsordnung (VwGO) nach den Maßgaben der Abs. 3 bis 7 Anwendung findet.

128 Unklar bleibt jedoch, ob der Regelung ein eigener Regelungsgehalt in Form einer aufdrängenden Sonderzuweisung zukommt[332] oder ob es sich schlicht um eine Wiederholung des § 40 Abs. 1 VwGO handelt.[333] Bei einer aufdrängenden Rechtswegzuweisung wären für alle datenschutzrechtlichen Streitigkeiten zwischen betroffenen Personen und Aufsichtsbehörden die Verwaltungsgerichte zuständig. In der Gesetzesbegründung wird aber ausdrücklich klargestellt, dass § 20 Abs. 1 BDSG nicht gelten soll, wenn bereichsspezifische Regelungen des Bundes den Rechtsweg zu anderen Gerichten zuweisen. Die Gesetzesbegründung nennt beispielhaft § 51 SGG und behält sich explizit weitere Rechtswegzuweisungen vor, etwa einen Finanzrechtsweg im Bereich der Abgabenordnung.[334] Warum der Gesetzgeber die bestehende Zuweisung zu den Sozialgerichten nach § 51 SGG als vorrangige Norm akzeptiert, die ebenfalls bestehende Zuweisung zu den Finanzgerichten nach §§ 33, 35 FGO jedoch nicht, bleibt unklar. Dass die Möglichkeit vorrangiger Sonderzuweisungen jedoch angenommen wird, spricht dafür, dass § 20 BDSG **keinen über § 40 VwGO hinausgehenden Regelungsgehalt** hat. Es muss jedenfalls davon ausgegangen werden, dass bei Rechtsbehelfen zwischen einer natürlichen oder juristischen Person und einer Aufsichtsbehörde nach Art. 78 DSGVO der Verwaltungsrechtsweg eröffnet ist, sofern nicht bereichsspezifische Normen des Bundes einen anderen Rechtsweg eröffnen.

129 Für Rechtsbehelfe nach Art. 79 DSGVO gegen Verantwortliche und Auftragsverarbeiter gelten in Ermangelung einer speziellen Rechtswegzuweisung im Bundesdatenschutzgesetz die jeweiligen Regelungen zur **sachlichen Zuständigkeit**. Ist ein Verwaltungsakt Streitgegenstand, der von einer öffentlichen Stelle als Verantwortliche erlassen wurde, handelt es sich um eine öffentlich-rechtliche Streitigkeit. Hier ist der **Verwaltungsrechtsweg** nach § 40 Abs. 1 VwGO eröffnet und das Verwaltungsgericht sachlich zuständig. In Angelegenheiten des Sozialrechts ist dann die Zuständigkeit des Sozialgerichts nach §§ 8, 51 SGG eröffnet, in steuerrechtlichen Fragen ist gemäß §§ 33, 35 FGO das Finanzgericht zuständig. Richtet sich eine von der Datenverarbeitung betroffene Person – oder gegebenenfalls ein Verbraucherschutzverband[335] – gegen **Tätigkeiten eines Verantwortlichen, die keine Ausübung hoheitlicher Tätigkeit sind**, handelt es sich zumeist um Klagen auf Tätigwerden oder Unterlassen und Schadenersatz, etwa im Rahmen von datenschutzrechtlichen Betroffenenrechten oder auch aus Verbraucherschutzrecht.[336] Ist nicht gemäß §§ 2 ff. ArbGG[337] der Rechtsweg zum Arbeitsgericht eröffnet, etwa bei

---

330 BT-Drs. 18/11325, 93.
331 BT-Drs. 18/11325, 93.
332 So *Bergt*, in: Kühling/Buchner 2017, Art. 78 Rn. 34.
333 Kritisch hierzu die Stellungnahme des Bundesrates, BT-Drs. 18/11655, 8 f.
334 BT-Drs. 18/11325, 93.
335 Gemäß § 3 Abs. 1 Satz 1 UKlaG. So etwa im Verfahren zu Facebooks „Freundefinder“, *KG*, ZD 2014, 412.
336 S. zB Verfahren zum Lehrerbewertungsportal Spickmich.de (BGHZ 181, 328) und zu Facebooks „Freundefinder“ (*KG*, ZD 2014, 412).
337 ZB bei Auskunftsanspruch nach § 34 BDSG BAG, ZD 2014, 630.

Streitigkeiten zwischen Arbeitnehmer und Arbeitgeber, sind gemäß § 1 ZPO und § 13 GVG die **ordentlichen Gerichte** zuständig.[338]

3. Ausgestaltung des Rechtswegs im Einzelnen

Ist der Rechtsweg eröffnet, stellt sich weiter die Frage, welche Rechtsbehelfe im Einzelnen zur Verfügung stehen. Hierbei bilden Rechtsbehelfe bei den zuständigen nationalen Gerichten den Schwerpunkt. Es kommen zusätzlich auch einige wenige Rechtsbehelfe in Betracht, die nach Erschöpfung des nationalen Rechtswegs vor europäischen Gerichten geltend gemacht werden können. 130

a) Vor Gerichten des Mitgliedstaats

Die Verordnung spricht schlicht von „Rechtsbehelfen", definiert diese aber nicht genauer. Daher ist auch in diesem Zusammenhang nach Erwägungsgrund 143 das „nationale Verfahrensrecht"[339] heranzuziehen. Auf dem Verwaltungsrechtsweg bei Rechtsbehelfen im Rahmen des Art. 78 DSGVO und dessen Umsetzung nach § 20 BDSG gegen Aufsichtsbehörden sind vor allem **Anfechtungs-, Verpflichtungs- und Feststellungsklagen** statthaft. Das gilt auch, soweit es sich bei einem Rechtsbehelf iSd Art. 79 DSGVO gegen den Verantwortlichen oder Auftragsverarbeiter um eine öffentlich-rechtliche Streitigkeit handelt. Ist der Verwaltungsrechtsweg eröffnet, sind auch hier Anfechtungs-, Verpflichtungs- und Feststellungsklagen statthaft. Wird ein Tätigwerden oder Unterlassen eines Verantwortlichen oder Auftragsverarbeiters vor den ordentlichen Gerichten oder etwa den Arbeitsgerichten eingefordert, sind entsprechende **Leistungs-, Gestaltungs- oder Feststellungsklagen** zu erheben. Dazu zählen auch Klagen gegen den Verantwortlichen oder Auftragsverarbeiter auf **Schadenersatz** wegen materiellem oder immateriellem Schaden, die nach Art. 82 DSGVO statthaft sind. 131

Die Rechtsbehelfe der Art. 77 bis 79 und 82 DSGVO können zudem gemäß Art. 80 DSGVO im Wege der **Verbandsklage** (→ § 4 Rn. 74 f.) geltend gemacht werden. Dazu ist eine gemeinnützige Vereinigung zu beauftragen. So können zukünftig alle Ansprüche, etwa auf Löschen, Berichtigen oder Schadenersatz durch Verbraucherschutzverbände geltend gemacht werden. Durch den größeren öffentlichen Druck auf die Verantwortlichen entsteht ein Anreiz zu datenschutzkonformem Verhalten.[340] 132

b) Vor dem Europäischen Gerichtshof

Ist der Rechtsweg erschöpft und macht die betroffene Person eine Verletzung ihrer Grundrechte durch eine Vorschrift der Verordnung geltend, stellt sich die Frage, welche Rechtsbehelfe ihr zur Verfügung stehen. Eine **Verfassungsbeschwerde** vor dem Bundesverfassungsgericht wegen Verletzung nationaler Grundrechte, insbesondere der informationellen Selbstbestimmung, ist in aller Regel **nicht zulässig**, weil das Bundesverfassungsgericht seine Gerichtsbarkeit über die Überprüfung von Unionsrecht nicht mehr ausübt, solange der Grundrechtsstandard der Europäischen Union nicht generell unter den nationaler Standards absinkt (→ § 2 Rn. 74 ff.).[341] Die Verordnung ist zunächst nach der Grundrechtecharta zu beurteilen und auszulegen (→ § 2 Rn. 1 ff.). 133

---

338 Bei datenschutzrechtlichen Fragen zwischen den Beteiligten in Sachen der freiwilligen Gerichtsbarkeit wie Betreuungs-, Unterbringungs-, Nachlass- und Registersachen sind grundsätzlich die nach dem FamFG jeweils sachlich zuständigen Gerichte anzurufen.

339 Steht das nationale Verfahrensrecht im Widerspruch zur Verordnung, ist dieses unionsrechtskonform zu beschränken, *Mundil*, in: Wolff/Brink 2017, Art. 77 DSGVO, Rn. 12 und Art. 79 DSGVO, Rn. 20; *Bergt*, in: Kühling/Buchner 2017, Art. 78 Rn. 34 mwN.

340 *Gierschmann*, ZD 2016, 53.

341 BVerfGE 73, 339 (Solange II); *Schwartmann*, RDV 2012, 57; s. auch *Lewinski*, DuD 2012, 569.

134 Der betroffenen Person – sowie gegebenenfalls dem Verantwortlichen und dem Auftragsverarbeiter – bleiben demzufolge ein Rechtsbehelf vor dem Europäischen Gericht und dem Europäischen Gerichtshof. Gegen Handlungen europäischer Organe, Einrichtungen und sonstiger Stellen der Union kann grundsätzlich **Nichtigkeitsklage** nach Art. 263 AEUV erhoben werden.

135 Gegenstand der Klage können zum Beispiel **Regelungen der Verordnung** selbst sein. Soweit der Europäische Datenschutzausschuss eine Entscheidung mit Außenwirkung trifft (zB Akkreditierung von Zertifizierungsstellen nach Art. 70 Abs. 1 lit. o DSGVO[342]), kann sich eine Klage auch gegen ihn richten, da er nach Art. 68 Abs. 1 DSGVO eine Einrichtung der Union ist. Juristische und natürliche Personen sind jedoch nicht-privilegierte Kläger (im Gegensatz zu Mitgliedstaaten oder Organen der Europäischen Union); für sie ist dieser Rechtsbehelf daher gemäß Art. 263 Abs. 4 AEUV nur eingeschränkt zulässig. Klagebefugt ist der nicht-privilegierte Kläger zum einen bei gegen ihn gerichteten (Var. 1) oder ihn unmittelbar und individuell betreffenden Handlungen (Var. 2). **Individuell betroffen** iSd Var. 2 ist der Kläger durch die Verordnung aber nicht bereits dann, wenn er in den Anwendungsbereich der Verordnung fällt. Vielmehr muss der Klagewillige gemäß der *Plaumann*-Formel des Europäischen Gerichtshofs durch besondere Umstände oder besondere persönliche Eigenschaften aus dem Kreis der übrigen Betroffenen hervorgehoben und schwerer benachteiligt sein als die übrigen Betroffenen.[343] Eine solche individuelle Betroffenheit wird im Regelfall nur schwer zu begründen sein.

136 Klagebefugt ist der nicht-privilegierte Kläger schließlich bei **Rechtsakten mit Verordnungscharakter**, die den Kläger unmittelbar betreffen und keine Durchführungsrechtsakte nach sich ziehen (Art. 263 Abs. 4 Var. 3 AEUV). Rechtsakte mit Verordnungscharakter iSd Var. 3 betreffen nur Handlungen, die nicht in einem Gesetzgebungsverfahren entstanden sind.[344] Unter Var. 3 fallen damit keine Verordnungen, aber auch keine Entscheidungen des Europäischen Datenschutzausschusses, weil diese nach Art. 65 Abs. 2 und 5 DSGVO nur für die Aufsichtsbehörden und nicht für die Beteiligten des Ausgangsverfahrens verbindlich sind, sondern dazu erst der Umsetzung durch die Aufsichtsbehörden bedürfen.

137 Da eine Nichtigkeitsklage für nicht-privilegierte Kläger daher in aller Regel unzulässig sein wird, ist die Überprüfung der Verordnung daher nur in einem laufenden Gerichtsverfahren vor einem mitgliedstaatlichen Gericht mittels eines **Vorabentscheidungsverfahrens** nach Art. 267 AEUV möglich, indem das mitgliedstaatliche Gericht dem Europäischen Gerichtshof konkrete Fragen zur Entscheidung vorlegt. Gegenstand des Vorabentscheidungsverfahrens sind Fragen zur Auslegung des Unionsrechts, also auch der Verordnung, sowie Fragen zur Gültigkeit und zur Auslegung der Handlungen der Organe, Einrichtungen oder sonstigen Stellen der Union. Gemäß Art. 267 Abs. 3 AEUV besteht eine Vorlagepflicht jedoch nur für letztinstanzliche Gerichte und nach der Rechtsprechung des Europäischen Gerichtshofs abweichend davon für alle Gerichte, die eine Unionsnorm für ungültig halten und nicht anwenden wollen.[345] Eine Missachtung der Vorlagepflicht bedeutet den Entzug des gesetzlichen Richters im Sinn von Art. 102 GG. Eine Verfassungsbeschwerde ist jedoch nur dann möglich, wenn das letztinstanzliche Gericht willkürlich nicht vorgelegt hat, da das Bundesverfassungsgericht keine Kon-

---

342 S. jedoch zum Widerspruch dieser Norm zu Art. 43 Abs. 1 Satz 2 DSGVO *Hofmann,* ZD-Aktuell 2016, 05324.

343 EuGH, Urt. vom 15.7.1963, Rs. 25/62, Slg. 1963, 199.

344 EuGH, Urt. vom 3.10.2013, Rs. C-583/11 P, ECLI:EU:C:2013:625 (Inuit), EuR 2014, 86; ausführlich *Cremer,* in: Calliess/Ruffert 2016, Art. 263 AEUV, Rn. 62-68; *Gaitanides,* in: v. d. Groeben/Schwarze/Hatje 2015, Art. 263 AEUV, Rn. 75; aA *Schwarze,* in: Schwarze/Becker/Hatje/Schoo 2012, Art. 263 AEUV, Rn. 51 f.

345 *Ehrike,* in: Streinz 2012, Art. 267 AEUV, Rn. 45 mwN.

trollinstanz zur Behebung jeglicher Verfahrensfehler nationaler Gerichte ist.[346] Weitere Rechtsmittel stehen nach deutschem Recht nicht zur Verfügung.[347] Alle anderen Gerichte sind zur Vorlage berechtigt, aber nicht verpflichtet, wenn sie Zweifel an der Gültigkeit oder Auslegung unionsrechtlicher Bestimmungen haben und eine Vorlage zur Klärung dieser Zweifel für erforderlich erachten. Ein Rechtsmittel gegen die Entscheidung des vorlageberechtigten Gerichts ist ebenfalls nicht möglich, da die Einschätzung der richterlichen Unabhängigkeit unterfällt.

Damit ist das Vorabentscheidungsverfahren die **einzige Möglichkeit einer betroffenen Person**, Rechtschutz vor dem Europäischen Gerichtshof zu finden. Gleichzeitig obliegt es einzig den mitgliedstaatlichen Gerichten, dem Europäischen Gerichtshof eine Frage vorzulegen. Die betroffene Person hat selbst keinen Einfluss auf das Verfahren und kann dieses auch nicht selbst in Gang setzen. Die Möglichkeiten des Rechtsschutzes vor dem Europäischen Gerichtshof sind daher für betroffene Personen nur sehr rudimentär, was gerade im Zuge der Europäisierung des Datenschutzrechts eine bedenkliche Situation darstellt.[348] 138

Würde die Europäische Union der Europäischen Menschenrechtskonvention (EMRK) beitreten,[349] könnte eine natürliche oder juristische Person zusätzlich **Individualbeschwerde zum Europäischen Gericht für Menschenrechte** nach Art. 34 EMRK einlegen. Eine solche Beschwerde wäre begründet, wenn eine Handlung oder ein Unterlassen der Union ein durch die EMRK garantiertes Recht verletzen würde. Solange die Union selbst kein Mitglied der EMRK ist, bleibt dieser Weg allerdings versperrt. Da die Mitgliedstaaten bei der Anwendung und Auslegung der Verordnung die EMRK zu beachten haben, bleibt eine Individualbeschwerde auf Grundlage des Art. 34 EMRK gegen die einzelnen Mitgliedstaaten möglich, soweit ein Bürger aufgrund eines Akts eines Mitgliedstaats auf Grundlage der Verordnung in seinen Rechten aus der EMRK verletzt wird. 139

4. Erschöpfung des Rechtswegs

Das zwischen dem Bundesverfassungsgericht und dem Europäischen Gerichtshof bestehende **Konkurrenz- und Kooperationsverhältnis** (→ § 2 Rn. 74 ff.) im Hinblick auf europäisches Recht wirft die Frage auf, welcher Rechtsbehelf nach Erschöpfung des Rechtswegs gegen die Entscheidungen der obersten Bundesgerichte statthaft ist. Da das Bundesverfassungsgericht nach der Solange-II-Rechtsprechung nur auf die Überprüfung von abgeleitetem Gemeinschaftsrecht, also etwa Rechtsakte der Union nach Art. 288 AEUV, verzichtet, ist das Bundesverfassungsgericht grundsätzlich zur Überprüfung gerichtlicher Entscheidungen hinsichtlich der Anwendung mitgliedstaatlicher Regelungen am Maßstab des Grundgesetzes selbst zuständig (→ § 2 Rn. 96 ff.). 140

Da die Verordnung jedoch Öffnungsklauseln und Bereichsausnahmen bereithält, die die Anwendung mitgliedstaatlicher Regelungen erfordern, aber der Umsetzung unionsrechtlicher Vorgaben dienen, ist zusätzlich zu prüfen, ob gegebenenfalls Rechtsbehelfe zum Europäischen Gerichtshof statthaft sind. Wie beschrieben wird in der Regel das **Vorabentscheidungsverfahren** statthaft sein. Da der Europäische Gerichtshof keine Kompetenz zur Überprüfung nationalstaatlicher Regelungen hat, sondern nur zur Überprüfung und Auslegung von Unionsrecht befugt ist, stellt sich die Frage, nach welchen Gesichtspunkten die Kompetenz des Europäischen Gerichtshofs eröffnet ist. Bei 70 **Öffnungs-** 141

346 *Ehrike*, in: Streinz 2012, Art. 267 AEUV, Rn. 52.
347 *Ehrike*, in: Streinz 2012, Art. 267 AEUV, Rn. 53.
348 *Lewinski*, DuD 2012, 570.
349 Dies hat der EuGH vorerst ausgeschlossen, Gutachten 2/13 vom 18.12.2014.

klauseln[350] ist danach zu differenzieren, welchen Regelungsgehalt die jeweilige Öffnungsklausel hat. Gibt eine spezifische Klausel Rahmenbedingungen vor, überlässt aber den Mitgliedstaaten einen **Spielraum zur konkreten Ausgestaltung** dieser Rahmenbedingungen,[351] obliegt dem Europäischen Gerichtshof die Überprüfung, ob der jeweilige Mitgliedstaat diese Vorgaben beachtet hat, da es sich dabei um die Auslegung von Unionsrecht handelt. Zum Beispiel hieße das bei Art. 23 DSGVO, der eine Beschränkung der Betroffenenrechte aus besonderen, ausdrücklich genannten Gründen zulässt, wenn diese notwendig und verhältnismäßig sind, dass dem Europäischen Gerichtshof die Kompetenz obliegt, das Vorliegen der besonderen Gründe nach unionsrechtlichen Grundsätzen sowie die Umstände der Verhältnismäßigkeit zu prüfen. Eröffnet die Verordnung hingegen den Mitgliedstaaten die Möglichkeit, eine **abweichende Regelung** zu treffen,[352] bleibt für den Europäischen Gerichtshof kein Spielraum zur Überprüfung der Einhaltung der Verordnung. Wenn zum Beispiel Art. 9 Abs. 1 DSGVO ein Verbot der Verarbeitung besonderer Kategorien personenbezogener Daten vorgibt und Abs. 2 lit. a erklärt, dass eine Einwilligung in die Verarbeitung dieser Daten nicht erlaubt ist, wenn nach mitgliedstaatlichem Recht eine solche Einwilligung unwirksam ist, bleibt kein Raum für den Europäischen Gerichtshof zur Überprüfung der Auslegung und Anwendung dieser Ausnahme im Recht des Mitgliedstaats.

142 Sieht die Verordnung Öffnungsklauseln für einen bestimmten Regelungsbereich vor, sind aber keine ausreichenden mitgliedstaatlichen Regelungen vorhanden, könnte zudem ein **Vertragsverletzungsverfahren** statthaft sein. Dabei handelt es sich jedoch nicht um ein Mittel des Individualrechtsschutzes, da nur die Kommission dieses Verfahren nach Art. 258 AEUV einleiten kann. Voraussetzung ist allerdings, dass die Öffnungsklausel eine Umsetzungspflicht für die Mitgliedstaaten vorsieht. Dies betrifft aber allenfalls einen kleinen Bereich der zahlreichen Öffnungsklauseln wie zum Beispiel Art. 85 DSGVO, da die meisten Vorschriften lediglich fakultative Vorgaben bereithalten.

5. Zusammenfassung

143 Die Beurteilung des Rechtswegs richtet sich auch ab dem 25. Mai 2018 nach dem Verfahrensrecht des jeweiligen Mitgliedstaats. Eine explizite Regelung findet sich im neuen Bundesdatenschutzgesetz nur in § 20 BDSG für Gerichtsverfahren zwischen einer natürlichen oder juristischen Person und einer Aufsichtsbehörde. Die praktische Handhabung dieser Vorschrift muss sich aber erst noch erweisen. Die Regelung ist dem Gesetzgeber jedenfalls nicht gelungen. Reichweite und Umfang des § 20 BDSG bleiben in seiner jetzigen Form unklar. Hier wäre eine Klärung durch den Gesetzgeber wünschenswert.

144 Im Übrigen ergibt sich der Rechtsweg aus jeweiligen einschlägigen Verfahrensvorschriften und Gerichtsordnungen. Gleiches gilt hinsichtlich der Rechtsbehelfe; auch diese ergeben sich bis auf das Recht auf Beschwerde nach Art. 77 DSGVO aus den Gesetzen der Mitgliedstaaten und sind abhängig vom einzuschlagenden Rechtsweg. Nach Erschöpfung des Rechtswegs ist nur ein eingeschränkter Individualrechtsschutz vor dem Europäischen Gerichtshof zu erlangen, da eine Nichtigkeitsklage in der Regel an der individuellen Betroffenheit scheitern wird. Allenfalls über ein Vorabentscheidungsverfah-

350 Auflistung aller Öffnungsklauseln im Parlaments- und Ratsentwurf in *Leucker*, PinG 2015, 196.
351 Solche Regelungen sind zB Art. 4 Nr. 7, 23, 85 Abs. 1 und 2, 86 DSGVO (nicht abschließend).
352 Dazu gehören zB Art. 6 Abs. 2 und 3, 8 Abs. 1, 9 Abs. 2 lit. a, 20 Abs. 2 lit. b; 87 und 88 DSGVO (nicht abschließend).

ren im innerstaatlichen Rechtsweg lassen sich spezifische Fragen zur Verordnung durch den Europäischen Gerichtshof klären. Es bleibt daher zu befürchten, dass sich ein einheitliches Schutzniveau auf Basis der Verordnung nur sehr langsam in Europa etablieren wird.

§ 3 Grundsätze

I. Anwendungsbereich der Datenschutz-Grundverordnung

Für die Anwendbarkeit des neuen europäischen Datenschutzrechts muss der Anwendungsbereich der Datenschutz-Grundverordnung eröffnet sein. Ihre Relevanz wird ganz wesentlich durch ihren Anwendungsbereich bestimmt. Aufgrund der Ko-Regulierung des künftigen Datenschutzes durch Union und Mitgliedstaaten ist auch der Anwendungsbereich des neuen Bundesdatenschutzgesetzes zu bestimmen. 1

1. Der Anwendungsbereich der Verordnung

Art. 1 Abs. 1 DSGVO nennt den **Regelungsgegenstand** der Verordnung, nämlich den Schutz natürlicher Personen bei der Verarbeitung personenbezogener Daten sowie den Schutz des freien Verkehrs personenbezogener Daten und enthält in Art. 2 und 3 Vorschriften zum sachlichen und räumlichen Anwendungsbereich. Die Verordnung soll insofern gewährleisten, dass das Grundrecht auf Datenschutz (→ § 2 Rn. 63 ff.) ungeachtet der Staatsangehörigkeit und des Aufenthaltsortes natürlicher Personen gewahrt wird.[1] 2

a) Regelungsadressaten der Datenschutz-Grundverordnung

Die Verordnung differenziert nicht zwischen öffentlichen und nicht-öffentlichen Stellen, sondern adressiert den **Verantwortlichen** und den **Auftragsverarbeiter.**[2] Beide Begriffe sind weit gefasst. Es kann sich nach den Legaldefinitionen in Art. 4 Nr. 7 und 8 DSGVO jeweils um eine natürliche oder juristische Person, eine Behörde oder jede andere Stelle handeln, die personenbezogene Daten allein oder im Auftrag verarbeitet. Der Auftragsverarbeiter bekommt damit in der Verordnung einen höheren Stellenwert als dies im deutschen Datenschutzrecht der Fall war.[3] Er wird neben dem Verantwortlichen stärker in die Pflicht genommen (→ § 5 Rn. 92 f.).[4] Nach der Konzeption des Bundesdatenschutzgesetzes a.F. hatte der Auftragnehmer lediglich eine Hilfs- und Unterstützungsfunktion, die Verantwortlichkeit blieb aber bei der verantwortlichen Stelle.[5] § 11 BDSG a.F. privilegierte die Datenübermittlung an den Auftragnehmer insofern, als die Voraussetzungen für Datenübermittlungen an Dritte nicht eingehalten werden mussten.[6] 3

b) Sachlicher Anwendungsbereich der Datenschutz-Grundverordnung

In sachlicher Hinsicht gilt die Verordnung gemäß Art. 2 Abs. 1 DSGVO für die automatisierte **Verarbeitung personenbezogener Daten** und für die nichtautomatisierte Verarbeitung, soweit die Daten in einem Dateisystem gespeichert sind oder gespeichert werden sollen. Ausgenommen vom Anwendungsbereich sind damit Akten oder Aktensammlungen sowie ihre Deckblätter, die nicht nach bestimmten Kriterien geordnet sind.[7] 4

aa) Verarbeitung

Voraussetzung für die Eröffnung des Anwendungsbereichs der Verordnung ist die Verarbeitung personenbezogener Daten. Zur Verarbeitung zählt gemäß Art. 4 Nr. 2 DSGVO das Erheben, das Erfassen, die Organisation, das Ordnen, die Speicherung, die Anpassung oder Veränderung, das Auslesen, das Abfragen, die Verwendung, die Offenlegung durch Übermittlung, Verbreitung oder eine andere Form der Bereitstellung, der 5

1 Eg. 2 DSGVO.
2 Art. 3 Abs. 1 DSGVO; Eg. 22 DSGVO.
3 *Barlag*, in: Roßnagel 2017, § 3 Rn. 4.
4 *Roßnagel/Richter/Nebel*, ZD 2013, 105; *Koós/Englisch*, ZD 2014, 276.
5 *Kroschwald* 2016, 127.
6 S. zB *Büllesbach*, in: Roßnagel 2003, Kap. 7.1 Rn. 25 ff.
7 Eg. 15 DSGVO.

Abgleich oder die Verknüpfung, die Einschränkung, das Löschen oder die Vernichtung. Der Begriff der Verarbeitung ist weit zu verstehen. Grundsätzlich unterfällt folglich jeder systematische Umgang mit personenbezogenen Daten dem sachlichen Anwendungsbereich der Verordnung.

bb) Personenbezug

6 Darüber hinaus muss es sich bei den verarbeiteten Daten um personenbezogene Daten handeln. Art. 4 Nr. 1 DSGVO fasst darunter alle Informationen, die sich auf eine identifizierte oder identifizierbare lebende[8] natürliche Person beziehen. Diese wird dann im Sinne der Verordnung auch als „betroffene Person" bezeichnet.[9] Von der **Identifizierbarkeit** einer Person wird insbesondere dann ausgegangen, wenn sie mittels Zuordnung zu einer Kennung wie einem Namen, zu einer Kennnummer, zu Standortdaten, zu einer Online-Kennung oder zu einem oder mehreren besonderen Merkmalen bestimmt werden kann, die Ausdruck ihrer physischen, physiologischen, genetischen, psychischen, wirtschaftlichen, kulturellen oder sozialen Identität sind. Der Name der Person muss nicht bekannt sein. Lange und intensiv diskutiert wurde die Frage, ob es sich bei **IP-Adressen** um personenbezogene Daten handelt,[10] was die Verordnung unter bestimmten Voraussetzungen nunmehr bejaht. Laut Erwägungsgrund 30 DSGVO sind IP-Adressen und Cookie-Kennungen, die in Kombination mit eindeutigen Kennungen und anderen beim Server eingehenden Informationen einem Nutzer zugeordnet werden, dazu geeignet, Spuren zu hinterlassen, die dazu benutzt werden können, Profile der Personen zu erstellen und sie zu identifizieren. Sowohl IP-Adressen als auch Cookie-Einstellungen können damit personenbezogene Daten im Sinne der Verordnung sein.

7 Ob ansonsten ein personenbezogenes Datum vorliegt, richtet sich nach der Identifizierbarkeit einer Person. Im deutschen Datenschutzrecht wurde insofern bislang der Begriff der Bestimmbarkeit verwendet. Diese ist, im Anwendungsbereich der Verordnung, abhängig davon, welche direkten oder indirekten Identifizierungsmittel voraussichtlich von dem Verantwortlichen oder einem Dritten nach allgemeinem Ermessen genutzt werden, um eine natürliche Person zu identifizieren.[11] Die Ermittlung, welche Mittel dem Verantwortlichen zur Verfügung stehen und wahrscheinlich von diesem genutzt werden, orientiert sich dabei nach dem objektiv zu bestimmenden Aufwand an Kosten und Zeit unter Berücksichtigung künftig zu entwickelnder Technologien. Bleibt die Frage zu beantworten, ob wie bislang von einem **relativen Begriff des Personenbezugs** auszugehen ist[12] oder ob der Verordnung eine inhaltliche Änderung zu Grunde liegt. Dagegen sprechen zum einen Erwägungsgrund 26 und zum anderen Gesichtspunkte der Zweckmäßigkeit. Nach Erwägungsgrund 26 DSGVO sind Mittel zu berücksichtigen, die von dem Verantwortlichen oder einer anderen Person nach allgemeinem Ermessen wahrscheinlich genutzt werden. Die Formulierung „genutzt werden" ist ganz konkret und stellt auf die relativen Möglichkeiten des Verantwortlichen ab. Die Identifizierbarkeit hängt hier erkennbar vom gegebenen Kontext ab.[13] Auch die Formulierung „nach allgemeinem Ermessen" in Erwägungsgrund 26 soll offensichtlich einen einschränkenden Zweck erfüllen. Sie ist vergleichbar mit dem Bezug auf einen „unverhältnismäßig großen Aufwand"

---

8 Eg. 27 DSGVO.

9 Art. 4 Nr. 1 DSGVO.

10 Die hM nimmt einen Personenbezug an, s. *Dammann*, in: Simitis 2014, § 3 Rn. 63 mwN; s. auch EuGH Urt. v. 19.10.2016 – C-582/14, ECLI:EU:C:2016:779 – Breyer.

11 Eg. 26 DSGVO.

12 *Roßnagel*, digma 2011, 161 mwN; *Dammann*, in: Simitis 2014, § 3 Rn. 32; *Gola/Schomerus* 2015, § 3 Rn. 10; *Tinnefeld*, in: Roßnagel 2003, Kap. 4.1 Rn. 22; aA *Buchner*, in: Taeger/Gabel 2013, § 3 BDSG, Rn. 13; *Weichert*, in: Däubler/Klebe/Wedde/Weichert 2014, § 3 Rn. 13; ausführliche Darstellung des Streitstandes: *Bergt*, ZD 2015, 365.

13 AA *Buchner*, DuD 2016, 156.

in § 3 Abs. 6 BDSG a.F. Auch der Ausschluss anonymer Daten aus dem Anwendungsbereich der Verordnung stützt den Standpunkt von einem relativen Personenbezug auszugehen.[14] Ginge man von einem absoluten Verständnis des Personenbezugs aus, gäbe es keine anonymen Daten, da es irgendjemandem immer möglich ist, den Personenbezug herzustellen, sodass anonyme Daten nie aus dem Anwendungsbereich der Verordnung ausgeschlossen wären.[15] Aus diesem Grund führt ein absolutes Verständnis auch zu nicht vertretbaren Ergebnissen, da jedes Datum für jeden personenbezogen wäre. Die Wahrscheinlichkeit, dass ein großes Technologieunternehmen eine Identifizierung vornehmen kann, ist dabei nicht nur aufgrund eines größeren Datenbestandes höher als bei einem kleinen Unternehmen. Berücksichtigt werden muss ferner, dass weitere objektive Faktoren, wie beispielsweise die Personalstärke und die vertiefte Sachkenntnis des Verantwortlichen den Aufwand beeinflussen können. Im Ergebnis ist daher festzuhalten, dass die Grundverordnung auf einen relativen Personenbezug abstellt.[16]

cc) Ausnahmen vom Anwendungsbereich

Art. 2 Abs. 2 DSGVO legt vier Ausnahmen vom sachlichen Anwendungsbereich nach 8
Art. 2 Abs. 1 DSGVO fest: Die Verordnung findet dann keine Anwendung, wenn die Verarbeitung personenbezogener Daten im Rahmen einer Tätigkeit vorgenommen wird, die nicht in den Anwendungsbereich des Unionsrechts fällt (lit. a). Die Vorschrift ist auf das Prinzip der begrenzten Einzelermächtigung zurückzuführen, die Europäische Union darf stets nur dann gesetzgeberisch tätig werden, wenn die Mitgliedstaaten ihr die Zuständigkeit übertragen haben. Tätigkeiten, die die nationale Sicherheit betreffen fallen zB nicht in den Zuständigkeitsbereich der Union und damit auch nicht in den Anwendungsbereich der Grundverordnung.[17] Ausgenommen von der Anwendung der Verordnung ist auch die Verarbeitung personenbezogener Daten durch die Mitgliedstaaten im Rahmen der gemeinsamen Außen- und Sicherheitspolitik (lit. b).

Eine weitere Ausnahme ist die Verarbeitung personenbezogener Daten durch natürliche 9
Personen, wenn eine Datenverarbeitung vorgenommen wird, die ausschließlich der Ausübung persönlicher oder familiärer Tätigkeiten dient (lit. c). Diese sogenannte **„Haushaltsausnahme“** setzt voraus, dass es keinen Bezug zu einer beruflichen oder wirtschaftlichen Tätigkeit geben darf, um die Anwendung der Verordnung auszuschließen.[18] Nach den Erwägungsgründen können privater Schriftverkehr oder private Adressbücher sowie die Nutzung sozialer Netzwerke jeweils allein im persönlichen oder familiären Kontext den sachlichen Anwendungsbereich der Verordnung ausschließen.[19] Eine Klarstellung findet sich in Erwägungsgrund 18: Für die Verantwortlichen oder Auftragsverarbeiter, die die Instrumente für die Verarbeitung personenbezogener Daten für solche persönlichen oder familiären Tätigkeiten bereitstellen, gilt die Verordnung. Was die Datenverarbeitung zu ausschließlich persönlichen oder familiären Tätigkeiten angeht, ist auch der Anwendungsbereich des Bundesdatenschutzgesetzes nicht eröffnet, sodass dieser Bereich datenschutzrechtlich keine Relevanz hat.[20] Angesichts der informationstechnischen Aufrüstung privater IT-Nutzer im Rahmen von Ubiquitous Computing und Cloud Computing und der Gefährdung der Grundrechte vieler betroffenen Personen[21] ist diese Ausnahme eng auszulegen.[22]

14 Eg. 26 DSGVO.
15 *Roßnagel/Kroschwald*, ZD 2014, 497.
16 So auch *Hofmann/Johannes*, ZD 2017, 221.
17 Eg. 16 DSGVO.
18 Eg. 18 DSGVO.
19 Eg. 18 DSGVO; s. auch *Schantz*, NJW 2016, 1842; *Gola/Lepperhoff*, ZD 2016, 9.
20 § 1 Abs. 1 Satz 2 BDSG.
21 S. zB *Skistims* 2015, 393 ff.; *Roßnagel/Geminn/Jandt/Richter* 2016, 117.
22 S. *Roßnagel* 2007, 131, 192 f.

10 Die letzte Ausnahme des Art. 2 Abs. 2 DSGVO bezieht sich auf die Verarbeitung personenbezogener Daten durch die zuständigen Behörden zur Gefahrenabwehr, zur Strafverfolgung und -vollstreckung sowie zum Schutz vor Bedrohungen der öffentlichen Sicherheit (lit. d) (→ § 7 Rn. 53 ff.). Der sachliche Anwendungsbereich der Verordnung und der Anwendungsbereich der **JI-Richtlinie** schließen sich gegenseitig aus. Nach Art. 2 Abs. 4 DSGVO bleibt die Anwendung der **E-Commerce-Richtlinie** 2000/31/EG unberührt.

dd) Öffnungsklauseln

11 In den Art. 85 ff. DSGVO finden sich Vorschriften für besondere Verarbeitungssituationen, für die die Mitgliedstaaten eigene Regelungen erlassen können. Dabei handelt es sich aber keinesfalls um Ausnahmen vom Anwendungsbereich der Verordnung, sondern um Öffnungsklauseln. Das heißt, dass etwa im Hinblick auf den Beschäftigtendatenschutz die Verordnung anwendbar ist, wenn der sachliche und räumliche Anwendungsbereich nach Art. 2 und 3 DSGVO eröffnet ist. Nur weil die Verordnung Anwendung findet, kann sie den Mitgliedstaaten gestatten, spezifischere Vorschriften etwa zum Datenschutz im Beschäftigungskontext zu erlassen, wie dies in Art. 88 DSGVO der Fall ist (→ § 8 Rn. 1 ff.).

c) Räumlicher Anwendungsbereich der Datenschutz-Grundverordnung

12 Die Verordnung schafft im Hinblick auf den räumlichen Anwendungsbereich gleiche Ausgangsbedingungen für den Verantwortlichen und den Auftragsverarbeiter und gilt für beide gleichermaßen – im Fall des Art. 3 Abs. 2 DSGVO unabhängig davon, ob sie eine Niederlassung in der Union haben oder nicht. Nach dem Bundesdatenschutzgesetz a.F. wurde die Datenverarbeitung im Auftrag nur dann privilegiert, wenn der Auftragnehmer in der Europäischen Union oder in einem EWR-Staat tätig wurde.[23] Diese Privilegierung entfällt, der Auftragsverarbeiter ist nie „Dritter" im Sinne der Verordnung.[24]

13 Der Anwendungsbereich der Verordnung geht in zwei verschiedene Richtungen. Zum einen findet sie gemäß Art. 3 Abs. 1 DSGVO dann Anwendung, wenn der Verantwortliche oder der Auftragsverarbeiter in der EU oder dem EWR[25] eine **Niederlassung** hat und im Rahmen der Tätigkeiten dieser Niederlassung personenbezogene Daten verarbeitet. Die Verordnung ist in diesem Fall auch dann anwendbar, wenn die Verarbeitung selbst gar nicht in der Union stattfindet. Die Niederlassung setzt die effektive und tatsächliche Ausübung einer Tätigkeit durch eine feste Einrichtung voraus – dabei ist es unerheblich, welche Rechtsform die Einrichtung hat.[26] Seit der Google Spain-Entscheidung des Europäischen Gerichtshofs[27] ist zudem klargestellt, dass es auch nicht darauf ankommt, dass die Niederlassung selbst eine Verarbeitungstätigkeit vornimmt, wenn die Tätigkeit der Niederlassung untrennbar mit der Datenverarbeitung verknüpft ist. Es genügt eine reine Marketingtätigkeit. Mit der Weltimmo-Entscheidung hat der Europäische Gerichtshof diesen Ansatz konsequent fortgeführt und den Begriff der Niederlassung abermals erweitert.[28] Er wendet eine flexible Konzeption des Begriffs an und lässt

23 S. § 3 Abs. 8 Satz 3 BDSG a.F.
24 S. Art. 4 Nr. 10 DSGVO.
25 Dem Abkommen über den Europäischen Wirtschaftsraum (EWR) sind neben der Europäischen Union und ihren Mitgliedstaaten Island, Norwegen und Liechtenstein beigetreten, EWR-Abkommen vom 2.5.1992, EG ABl. L 1 vom 3.1.1994, 3. Der Überschrift der Verordnung ist in Klammern der Zusatz angefügt: „Text von Bedeutung für den EWR".
26 Eg. 22 DSGVO.
27 EuGH Urt. v. 13.5.2014 – C 131/12, ECLI:EU:C:2014:317 = EuZW 2014, 541 – Google Spain und Google.
28 EuGH Urt. v. 1.10.2015 – C-230/14, ECLI:EU:C:2015:639 = ZD 2015, 580 – Weltimmo/Nemzeti Adatvédelmi és Információszabadság Hatós.

es für eine „feste Einrichtung" genügen, wenn nur ein einziger Vertreter mit einem ausreichenden Grad an Beständigkeit im fraglichen Mitgliedstaat tätig ist.

Zum anderen – und das ist neu – findet die Datenschutz-Grundverordnung nach Art. 3 Abs. 2 DSGVO auch Anwendung, wenn weder der Verantwortliche noch der Auftragsverarbeiter seinen Sitz in der EU oder dem EWR hat, sie aber die personenbezogenen Daten einer Person verarbeiten, die sich in der Union aufhält. Es ist kein gefestigter Aufenthalt im Sinne eines gewöhnlichen Aufenthaltes oder eines Wohnsitzes erforderlich. Der Schutz der Verarbeitung personenbezogener Daten soll nicht von der Staatsangehörigkeit oder von dem Aufenthaltsort der betroffenen Person abhängig sein.[29] Dieses **„Marktortprinzip"** gilt dann, wenn die Datenverarbeitung entweder nach lit. a dazu dient, betroffenen Personen in der Union Waren oder Dienstleistungen anzubieten, gleich ob entgeltlich oder unentgeltlich, oder wenn sie nach lit. b der Beobachtung ihres Verhaltens in der Union dient. 14

Die erste Alternative erfasst beispielsweise internationale Internetkonzerne, die sich bisher dem Datenschutzrecht der Mitgliedstaaten weitgehend entziehen konnten.[30] Waren oder Dienstleistungen werden im Sinne der Verordnung schon dann angeboten, wenn der Verantwortliche oder der Auftragsverarbeiter dies offensichtlich beabsichtigt. Ein Vertragsschluss ist dafür nicht erforderlich. Die Absicht kann sich aus der Gestaltung der Webseite in Verbindung mit den Angebotsmodalitäten oder aus der Verwendung einer bestimmten Sprache oder Währung ergeben. Auch eine bestimmte Domain-Endung dürfte ein ausreichendes Indiz für das Anbieten sein, da sie ganz klar zum Ausdruck bringt, dass ein Unternehmen sich auf einem bestimmten Markt platzieren will. Durch die Voraussetzung des „Anbietens" soll verhindert werden, dass die Verordnung nicht schon dann gilt, wenn irgendein Betroffener eine ausländische Webseite aufruft, ohne dass deren Betreiber dies beabsichtigt.[31] Gleichzeitig soll sich der Anwendungsbereich der Verordnung auch auf außereuropäische Unternehmen erstrecken, die auf dem europäischen Markt tätig sind. 15

Der zweite Anwendungsfall des Marktortprinzips ist immer dann gegeben, wenn Web Analytics-Techniken – also das Sammeln von Daten und deren Auswertung bezüglich des Verhaltens von Besuchern auf Webseiten durch technische Instrumente anhand von in Webseiten integriertem Code – zum Einsatz kommen. Durch diese können umfangreiche Nutzerprofile erstellt werden.[32] Damit ist so gut wie jede kommerzielle Webseite betroffen und die Webseitenbetreiber sind den Pflichten der Datenschutz-Grundverordnung unterworfen, wenn sie solche Analyse-Techniken einsetzen. 16

Das Marktortprinzip verbessert den status quo. Allerdings ist der Schutz durch die Grundverordnung nur in den beiden vom Gesetz vorgesehenen Fällen gegeben. Die Datenverarbeitung muss dazu dienen, der betroffenen Person Waren oder Dienstleistungen anzubieten, oder ihr Verhalten zu beobachten. Es wäre wünschenswert gewesen, den Anwendungsbereich auf jegliche Datenverarbeitung von betroffenen Personen, die sich in der Union aufhalten, zu erstrecken. So wären Abgrenzungsschwierigkeiten und dadurch entstehende Rechtsunsicherheiten vermieden worden und ein umfassender Schutz von sich in der Union aufhaltenden Personen gewährleistet worden.[33] 17

Zusätzlicher Schutz für Betroffene soll für den Fall, dass es an einer Niederlassung des Verantwortlichen oder des Auftragsverarbeiters in der Union fehlt, dadurch erreicht werden, dass der Verantwortliche oder der Auftragsverarbeiter schriftlich einen **Vertre-** 18

29 S. Eg. 14 DSGVO.
30 S. zB *Schantz*, NJW 2016, 1842; zur bisherigen Situation zB *Simitis*, in: ders. 2014, § 1 Rn. 241.
31 Eg. 23 DSGVO.
32 Eg. 24 DSGVO.
33 *Roßnagel* 2016, Antwort 2.

ter in der Union benennt.[34] Der Vertreter soll dann im Hinblick auf datenschutzrechtliche Fragen als Anlaufstelle für Betroffene fungieren.

2. Anwendungsbereich der ePrivacy-Verordnung

19 Am 10. Januar 2017 hat die Europäische Kommission ihren Entwurf für eine ePrivacy-Verordnung vorgelegt,[35] die die ePrivacy-Richtlinie[36] ablösen und die Vertraulichkeit der elektronischen Kommunikation schützen soll. Sie soll lex specialis zur Datenschutz-Grundverordnung und daher im Hinblick auf elektronische Kommunikationsdaten vorrangig anwendbar sein. Der Vorschlag der ePrivacy-VO ist auf erhebliche Kritik gestoßen.[37] Dennoch soll die ePrivacy-Verordnung genau wie die Grundverordnung ab dem 25. Mai 2018 gelten.[38]

20 Die Verordnung erfasst im Gegensatz zu ihrer Vorgängerin nicht nur die klassische elektronische Kommunikation, wie Telefonieren, E-Mailen oder das Versenden von Kurzmitteilungen, sondern auch sogenannte **Over-The-Top-Kommunikationsdienste** („OTT-Dienste"), wie beispielsweise VoIP-Telefonie, Sofortnachrichtenübermittlung (Instant-Messaging) und webgestützte E-Mail-Dienste.[39]

21 Die ePrivacy-Verordnung ist zusammen mit dem Entwurf für einen europäischen **Kodex für die elektronische Kommunikation** („Kodex") zu lesen.[40] Die Verordnung soll zwar kein Bestandteil des Kodex sein, sie beruht aber teilweise auf den darin enthaltenen Begriffsbestimmungen wie zB der für „elektronische Kommunikationsdienste". Beide gehören zum Rechtsrahmen für die elektronische Kommunikation. Der Kodex wird derzeit genau wie die Verordnung überarbeitet. Momentan liegen der Entwurf der europäischen Kommission sowie der Berichtsentwurf des Ausschusses für Industrie, Forschung und Energie vor.[41] Der Kodex zielt auf Anreize für Investitionen in Hochgeschwindigkeitsbreitbandnetze, die Schaffung eines kohärenten Rechtsrahmens für die Frequenzpolitik und die Frequenzverwaltung.[42] Da es sich bei dem Kodex um eine Richtlinie handelt, bedarf er noch der Umsetzung in nationales Recht durch die Mitgliedstaaten.

22 **Gegenstand** des Entwurfs der **ePrivacy-Verordnung** sind nach Art. 1 Abs. 1 ePrivacy-VO-E Vorschriften zum Schutz von Grundrechten und Grundfreiheiten natürlicher und juristischer Personen bei der Bereitstellung und Nutzung elektronischer Kommunikationsdienste. Sie soll insbesondere die Rechte auf Achtung des Privatlebens und der Kommunikation und den Schutz natürlicher Personen bei der Verarbeitung personenbezogener Daten gewährleisten.

23 Der **sachliche Anwendungsbereich** des Entwurfs der Verordnung erstreckt sich gemäß Art. 2 Abs. 1 ePrivacy-VO-E auf die Verarbeitung elektronischer Kommunikationsdaten, die in Verbindung mit der Bereitstellung und Nutzung elektronischer Kommunikationsdienste erfolgt und für Informationen in Bezug auf die Endeinrichtungen der End-

---

34 Art. 27 iVm Art. 4 Nr. 17 DSGVO; Eg. 80 DSGVO.

35 COM(2017) 10 final, 2017/0003(COD), im Folgenden als ePrivacy-VO-E bezeichnet. S. hierzu auch den Entwurf einer Stellungnahme des LIBE-Ausschusses des Europäischen Parlaments vom 9.6.2017.

36 Richtlinie 2002/58/EG, ABl. EG L 201, 37.

37 S. zB BR-Drs. 145/17 (B), 2 f., 6 ff.; *Zuiderveen/Borgesius u.a.* 2017, 8 ff.; Committee on Legal Affairs, Draft Opinion for the Committee on Civil Liberties, Justice and Home Affairs, 6.6.2017, 2017/0003(COD); weitere Kritik zusammenfassend *Lurtz*, ZD-Aktuell 2017, 05707.

38 Art. 29 Abs. 2 ePrivacy-VO-E.

39 S. die sog. „REFIT-Evaluierung" im Rahmen des Programms zur Gewährleistung der Effizienz und Leistungsfähigkeit der Rechtsetzung (REFIT) im Auftrag der Kommission.

40 Vorschlag vom 12.10.2016, COM(2016) 590 final, 2016/0288.

41 Europäisches Parlament, Ausschuss für Industrie, Forschung und Energie, Entwurf eines Berichts über den Vorschlag für eine Richtlinie des Europäischen Parlaments und des Rates über den europäischen Kodex für die elektronische Kommunikation (Neufassung), COM(2016)0590 – C8-0379/2016 – 2016/0288(COD)).

42 Eg. 3 Kodex-E-KOM.

nutzer. Elektronische Kommunikationsdaten sind gemäß Art. 4 Abs. 3 lit. a ePrivacy-VO-E elektronische Kommunikationsinhalte und elektronische Kommunikationsmetadaten. Der Begriff der „elektronischen Kommunikationsdienste" ist in Art. 2 Nr. 4 des Kommissionsentwurfs des Kodex bestimmt. Es handelt sich dabei um für gewöhnlich gegen Entgelt über elektronische Kommunikationsnetze erbrachte Dienste, die „Internetzugangsdienste" oder „interpersonelle Kommunikationsdienste" oder Dienste umfasst, die ganz oder überwiegend in der Übertragung von Signalen bestehen. Letztere sind die klassischen Kommunikationsdienste, wie das Telefon oder die E-Mail. Dadurch dass Internetzugangsdienste und interpersonelle Kommunikationsdienste in den Anwendungsbereich mit aufgenommen werden, soll eine Definition von elektronischen Kommunikationsdiensten möglich werden, die auf einem funktionalen Ansatz aufbaut.[43] Damit werden Online-Dienste wie Internet-Telefonie, Mitteilungsdienste und Web-gestützte E-Mail-Dienste vom Anwendungsbereich des Kodex und damit auch von dem der ePrivacy-Verordnung erfasst. Ungeregelt bleiben aber Peer-to-Peer-Kommunikationsdienste.[44] Der europäische Gesetzgeber ist der Auffassung, dass ein Dienst auch dann gegen Entgelt angeboten wird, wenn der Nutzer statt einer Gegenleistung in Geld personenbezogene Daten wie Namen oder E-Mail-Adresse preisgibt.[45] Im Hinblick auf den **räumlichen Anwendungsbereich** gilt, wie bei der Grundverordnung auch, das Marktortprinzip.[46]

Für den Fall, dass die ePrivacy-Verordnung bis zum 25. Mai 2018 noch nicht verab- 24
schiedet wurde, legt Art. 95 DSGVO fest, dass für die Anbieter von elektronischen Kommunikationsdiensten keine zusätzlichen Pflichten durch die Grundverordnung entstehen, die ePrivacy-Richtlinie bleibt damit neben der Datenschutz-Grundverordnung weiter anwendbar.

3. Regelungen in Deutschland

Auch das neue Bundesdatenschutzgesetz, das am 25. Mai 2018 in Kraft tritt, muss sei- 25
nen Anwendungsbereich bestimmen.

a) Regelungsadressaten des Bundesdatenschutzgesetzes

§ 1 Abs. 1 BDSG verpflichtet **öffentliche Stellen des Bundes[47] und der Länder** sowie 26
nichtöffentliche Stellen. Für die öffentlichen Stellen der Länder[48] gilt das Bundesdatenschutzgesetz nur, soweit der Datenschutz nicht durch Landesgesetz geregelt ist und soweit sie Bundesrecht ausführen oder als Organe der Rechtspflege tätig werden. Für die allermeisten öffentlichen Stellen der Länder sind damit die **Landesdatenschutzgesetze** anwendbar, die noch an die Datenschutz-Grundverordnung anzupassen sind.

Zusätzliche Anwendungsvoraussetzung für die **nichtöffentlichen Stellen[49]** ist, dass der 27
Datenumgang einen Dateibezug haben muss, die Daten also in einem Dateisystem gespeichert sind oder gespeichert werden sollen, wenn die Verarbeitung nicht ohnehin au-

43 Eg. 15 Kodex-E.
44 S. *Maier/Schaller*, ZD 2017, 373.
45 Eg. 16 Kodex-E.
46 Art. 3 ePrivacy-VO-E.
47 Öffentliche Stellen sind in § 2 Abs. 1 BDSG legaldefiniert. Die Begriffsbestimmung entspricht der Definition des § 2 Abs. 1 Satz 1 BDSG a.F. im Wortlaut. Einzige Änderung: § 2 Abs. 1 Satz 2 BDSG a.F. wurde gestrichen. Dort hieß es: „Als öffentliche Stellen gelten die aus dem Sondervermögen der Deutsche Bundespost durch Gesetz hervorgegangenen Unternehmen, solange ihnen ein ausschließliches Recht nach dem Postgesetz zusteht".
48 Die Begriffsbestimmung für öffentliche Stellen der Länder ergibt sich aus § 2 Abs. 2 BDSG und entspricht wortgleich der Begriffsbestimmung in § 2 Abs. 2 BDSG a.F.
49 Die Begriffsbestimmung für nicht-öffentliche Stellen ergibt sich aus § 2 Abs. 4 BDSG, die im Wortlaut der Definition des § 2 Abs. 4 BDSG a.F. entspricht.

tomatisiert erfolgt.[50] § 1 Abs. 1 BDSG entspricht damit § 1 Abs. 2 BDSG a.F. und bestimmt den gleichen Adressatenkreis. § 1 Abs. 1 Satz 2 BDSG ist allerdings in seinem Wortlaut an die Formulierung des Art. 2 Abs. 1 DSGVO angepasst. Für nichtöffentliche Stellen gilt das Bundesdatenschutzgesetz daher im Rahmen des sachlichen Anwendungsbereichs der Verordnung.[51] Es geht insofern nicht über diesen hinaus.

b) Sachlicher Anwendungsbereich des neuen Bundesdatenschutzgesetzes

28 Voraussetzung für die Anwendbarkeit des Bundesdatenschutzgesetzes ist nach § 1 Abs. 1 BDSG die **Verarbeitung personenbezogener Daten** (→ Rn. 5 ff.). Damit sind zum einen alle Phasen der Datenverarbeitung erfasst und zum anderen sowohl die elektronische als auch die nicht-elektronische Verarbeitung.[52] Die vormalige Differenzierung des § 1 Abs. 2 BDSG a.F. zwischen Erhebung, Verarbeitung und Nutzung personenbezogener Daten entfällt damit, obwohl sie in den Einzelvorschriften beibehalten wird. Nach § 1 Abs. 2 Nr. 1 und 2 BDSG a.F. ist das Gesetz für öffentliche Stellen auch für die Datenverarbeitung in Akten anzuwenden. Dies gilt nach § 1 Abs. 2 Nr. 3 BDSG a.F. für nichtöffentliche Stellen nur, wenn die Akten nach bestimmten personenbezogenen Kriterien strukturiert sind. Diese Unterscheidung hat auch § 1 Abs. 1 Satz 2 BDSG übernommen. Das Bundesdatenschutzgesetz macht keine Angaben zu der Frage, wann Personenbezug vorliegt, insofern ist daher stets auf die Datenschutz-Grundverordnung zurückzugreifen (→ Rn. 6 f.).

c) Räumlicher Anwendungsbereich des neuen Bundesdatenschutzgesetzes

29 Grundsätzlich ist das Bundesdatenschutzgesetz bei jedem Umgang mit personenbezogenen Daten innerhalb Deutschlands zu beachten. Ist bislang § 1 Abs. 5 BDSG a.F. als Kollisionsnorm zu berücksichtigen, so wird in Zukunft § 1 Abs. 4 BDSG darüber entscheiden, ob der räumliche Anwendungsbereich des Bundesdatenschutzgesetzes eröffnet ist.

30 § 1 Abs. 4 Nr. 1 BDSG stellt zunächst auf das **Territorialprinzip** ab.[53] Findet die Verarbeitung personenbezogener Daten im Inland statt, so ist das Bundesdatenschutzgesetz anwendbar. Es kommt daher weder auf den Sitz noch auf die Nationalität der verantwortlichen Stelle an.[54] Liegt ein grenzüberschreitender Sachverhalt vor, finden die Regelungen des Bundesdatenschutzgesetzes nach § 1 Abs. 4 Nr. 2 BDSG Anwendung, wenn die Verarbeitung im Rahmen der Tätigkeiten einer inländischen Niederlassung erfolgt. Für den Fall, dass der Verantwortliche oder der Auftragsverarbeiter keine Niederlassung in der Union haben, erklärt das Bundesdatenschutzgesetz sich dann für anwendbar, wenn der Anwendungsbereich der Verordnung eröffnet ist. Damit wird das **Marktortprinzip** im neuen Bundesdatenschutzgesetz aufgegriffen und gilt auch für dessen Anwendungsbereich, selbst wenn der Verantwortliche oder der Auftragsverarbeiter keinen Sitz in der Union oder im EWR hat.

31 Problematisch ist in diesem Zusammenhang, dass dadurch auch Datenverarbeitungen vom Anwendungsbereich des nationalen Datenschutzrechts erfasst werden, die keinerlei Bezug zu Deutschland haben. Wenn also ein chinesisches Unternehmen Waren oder Dienstleistungen in Spanien anbietet, fiele die Verarbeitung personenbezogener Daten in den Anwendungsbereich des Bundesdatenschutzgesetzes. Im Gesetzestext findet sich keine Vorgabe, dass die Datenverarbeitung einen Bezug zu Deutschland haben muss. Dies ist für die Anwendung des Bundesdatenschutzgesetzes aber zu unterstellen.

---

50 So schon für die wortgleiche Vorschrift im BDSG a.F. *Dammann*, in: Simitis 2014, § 1 Rn. 137.
51 BT-Drs. 18/11325, 79.
52 *Schild*, in: Wolff/Brink 2017, Art. 4 DSGVO Rn. 32 ff.
53 Für das BDSG a.F. *Gusy*, in: Wolff/Brink 2016, § 1 DSGVO, Rn. 99.
54 *Simitis*, in: ders. 2014, § 4 b Rn. 9.

Die innereuropäische Kollisionsregel des § 1 Abs. 5 Satz 1 BDSG a.F. ist denknotwendig nicht mehr im Bundesdatenschutzgesetz enthalten, da ihr mit dem einheitlichen europäischen Rechtsrahmen schlicht kein Anwendungsbereich verbleibt. 32

Die Anwendbarkeit des Bundesdatenschutzgesetzes wird nach **§ 1 Abs. 5 BDSG** ausgeschlossen, soweit das Recht der Union, insbesondere die Datenschutz-Grundverordnung unmittelbar gilt. Diese Vorschrift ist in zweierlei Hinsicht redundant. Zum einen gelten Verordnungen der Union immer unmittelbar, das ergibt sich aus dem Wortlaut des Art. 288 Abs. 2 AEUV. Verantwortliche, Auftragsverarbeiter und betroffene Personen werden daher durch die Datenschutz-Grundverordnung unmittelbar berechtigt und verpflichtet und Behörden und Gerichte müssen sie anwenden, ohne dass es eines weiteren nationalen Umsetzungsaktes bedürfte. Zum anderen entfalten Verordnungen einen Anwendungsvorrang. Nationales und europäisches Recht gelten grundsätzlich nebeneinander, gleichwohl ist das europäische Recht vorrangig anwendbar (→ § 2 Rn. 1 ff.). Die Anwendbarkeit des Bundesdatenschutzgesetzes wird daher grundsätzlich ohnehin ausgeschlossen, soweit der Anwendungsbereich der Datenschutz-Grundverordnung eröffnet ist. 33

§ 1 Abs. 6 BDSG regelt darüber hinaus, dass die EWR-Staaten sowie die Schweiz den Mitgliedstaaten der Europäischen Union gleichstehen, sofern es sich um Verarbeitungen zu Zwecken gemäß Art. 2 DSGVO handelt. Diese sind demnach keine Drittstaaten. Andere Staaten gelten aber insoweit als Drittstaaten. Art. 2 DSGVO legt den sachlichen Anwendungsbereich der Verordnung fest, sodass die Vorschrift so zu lesen ist, dass es für Verantwortliche, die in den Anwendungsbereich des Bundesdatenschutzgesetzes fallen, keiner zusätzlichen Voraussetzungen bei Datenübermittlungen an Verantwortliche in der Schweiz oder in einem EWR-Staat bedarf. 34

d) Subsidiaritätsgrundsatz

Das Bundesdatenschutzgesetz hat den Charakter eines Auffanggesetzes und ist damit subsidiär anzuwenden.[55] Dies ergibt sich sowohl aus § 1 Abs. 3 BDSG a.F. als auch aus § 1 Abs. 2 BDSG. Die Subsidiarität gilt allerdings nur insoweit, als **Tatbestandskongruenz** besteht. Dies gilt bereits für das bisherige Bundesdatenschutzgesetz[56] und wird für das neue Bundesdatenschutzgesetz nun explizit festgehalten. Diese explizite Erwähnung soll sicherstellen, dass auf die Einschränkungen der Betroffenenrechte in §§ 32 ff. BDSG als Auffangregelung auch dann zurückgegriffen werden kann, wenn die bereichsspezifischen Regelungen keine tatbestandskongruenten Vorschriften vorhalten.[57] 35

4. Verhältnis der nationalen Regelungen zur Datenschutz-Grundverordnung

Wann Datenschutzrecht künftig anwendbar ist, richtet sich innerhalb des beschriebenen Anwendungsbereichs nach der Verordnung und nicht mehr nach dem nationalen Recht. Der Schutz personenbezogener Daten wird nunmehr umfassend durch die Datenschutz-Grundverordnung geregelt. Mitgliedstaatliche Datenschutzgesetze können dann weiter anwendbar sein, wenn die Verordnung explizite oder implizite Spielräume für nationale Regelungen lässt, wenn unbestimmte Rechtsbegriffe konkretisiert werden oder wenn die Verordnung unvollständig ist und erst durch die mitgliedstaatliche Regelung die erforderliche Bestimmtheit hergestellt wird. Wann dies in den unterschiedlichen Bereichen bezogen auf deutsches Datenschutzrecht der Fall ist, wird in den folgenden Kapiteln untersucht, und kann jeweils nur für den Einzelfall beantwortet werden. Hierbei handelt 36

55 BT-Drs. 18/11325, 79.
56 *Gola/Schomerus* 2015, § 1 Rn. 24; *Dix*, in: Simitis 2014, § 1 Rn. 170.
57 BT-Drs. 18/11325, 79.

es sich aber um eine Frage des Anwendungsvorrangs und nicht um eine Frage des Anwendungsbereichs (→ § 2 Rn. 1 ff.).

37 Ab dem 25. Mai 2018 wird das Datenschutzrecht in der Union durch eine **Ko-Regulierung** von Union und Mitgliedstaaten geprägt. Auf europäischer Ebene wird es maßgeblich von der Grundverordnung, der ePrivacy-Verordnung und der JI-Richtlinie bestimmt. Hinzu kommen auf nationaler Ebene das Bundesdatenschutzgesetz sowie zahlreiche bereichsspezifische Regelungen. Die bereichsspezifischen nationalen Normen gehen dabei dem Bundesdatenschutzgesetz vor, dieses wiederum findet keine Anwendung, wenn die Datenschutz-Grundverordnung unmittelbar anwendbar ist. Sofern die bereichsspezifischen Regelungen bis zum 25. Mai 2018 nicht angepasst sind, wird dies zu einer erheblichen Rechtsunsicherheit führen, da jeweils für den Einzelfall festgestellt werden muss, ob die entsprechende Vorschrift weiter anwendbar ist, weil sie die Verordnung konkretisiert oder präzisiert oder weil sie eine Öffnungsklausel ausfüllt, oder ob sie im Widerspruch zur Grundverordnung steht und damit unanwendbar ist.

5. Zusammenfassung

38 Adressaten der Verordnung sind mit einigen wenigen Ausnahmen die Verantwortlichen und die Auftragsverarbeiter, gleich ob es sich dabei jeweils um öffentliche oder nichtöffentliche Stellen handelt. Grundsätzlich wird damit nicht zwischen öffentlichen Stellen und nichtöffentlichen Stellen unterschieden. Eine begrüßenswerte Erweiterung gegenüber dem Anwendungsbereich des bisherigen Bundesdatenschutzgesetzes hat der räumliche Anwendungsbereich durch Einführung des Marktortprinzips erfahren. Durch sie wird insoweit eine Wettbewerbsgleichheit hergestellt, als das Datenschutzrecht in der Union gleichermaßen für Unternehmen aus der Union und von außerhalb gilt, wenn diese personenbezogene Daten aus der Union verarbeiten.

II. Grundsätze für die Verarbeitung personenbezogener Daten

39 Die **allgemeinen Grundsätze der Verarbeitung personenbezogener Daten** in Art. 5 DSGVO prägen alle materiellen Vorschriften der Datenschutz-Grundverordnung und sind bei deren Anwendung zu beachten. Sie beschreiben in grundsätzlicher Weise, wie eine Datenverarbeitung nach der Verordnung zu erfolgen hat. Sie gelten unmittelbar und sind für alle Adressaten verbindlich. Ein Verstoß gegen die Grundsätze macht die Datenverarbeitung rechtswidrig.

40 Die in Art. 5 DSGVO geregelten Grundsätze sind Ausfluss des Primärrechts der Union. Sie beruhen zum einen auf **Art. 8 Abs. 2 GRCh**. Diese Ausprägung des Grundrechts auf Datenschutz gibt in Satz 1 der Verordnung die Grundsätze der **Rechtmäßigkeit**, der Datenverarbeitung nach **Treu und Glauben** und der **Zweckbindung** vor. Satz 2 gewährleistet das Recht auf Auskunft als Teil des Grundsatzes der **Transparenz** und das Recht auf Berichtigung als Ausprägung des Grundsatzes der **Richtigkeit**. Die Grundsätze konkretisieren auch die allgemeinen Regelungen zum Grundrecht auf Datenschutz in **Art. 16 Abs. 2 AEUV**, in Art. **8 EMRK** und in **Art. 5 Datenschutzkonvention** Nr. 108 des Europarats.

41 Die Grundsätze gelten **unmittelbar** für alle **Adressaten** der Verordnung, in erster Linie jedoch, wie Abs. 2 deutlich macht, für den Verantwortlichen, der für ihre Einhaltung verantwortlich ist und sie nachweisen können muss. Dies gilt auch, soweit er die Datenverarbeitung einem Auftragsverarbeiter überträgt (→ § 5 Rn. 75 ff.). Die Grundsätze leiten auch das Handeln der Aufsichtsbehörden. Sie haben die Grundsätze durch ihre Informationen, Beratungen, Hilfestellungen und Anordnungen anwendungsspezifisch zu

konkretisieren. Verstöße gegen die Grundsätze sind von ihnen nach Art. 57 Abs. 1 lit. a DSGVO zu verhindern oder zu beseitigen (→ § 6 Rn. 59).[58]

1. Die Verarbeitungsgrundsätze der Datenschutz-Grundverordnung

Die Datenschutzgrundsätze sind allgemeine fundamentale Regeln, die anderen Regeln zugrunde liegen. Sie sind Antworten auf die Frage, welche Bedingungen bei der Verarbeitung personenbezogener Daten gegeben sein müssen, um das Grundrecht auf Datenschutz zu gewährleisten. Die Datenschutzgrundsätze sind somit die wesentlichen **Zielsetzungen des Schutzkonzepts** der Verordnung. 42

a) Bedeutung der Grundsätze

Grundsätze beschreiben rechtlich erwünschte Zustände, die in der Verwirklichung des Rechts zu erreichen sind. Sie enthalten somit **Zielsetzungen für die Gestaltung** der Datenverarbeitungssysteme und die Durchführung der Datenverarbeitungsvorgänge. Für die meisten Grundsätze lässt sich keine klare Grenze angeben, ob sie erreicht worden sind oder nicht. Sie können vielmehr immer mehr oder weniger gut erreicht sein. Bei ihnen geht es nicht um eine schlichte Befolgung, sondern um eine **Optimierung** der Verwirklichung des von ihnen angestrebten Idealzustands.[59] 43

Die Relativierung ergibt sich nicht nur aus ihrem Charakter als Grundsatz, sondern auch aus vielen Tatbestandsmerkmalen, die ausfüllungsbedürftig und abwägungsbezogen formuliert sind. Sie setzen immer eine Abwägung zwischen unterschiedlichen Interessen voraus. Die meisten Grundsätze setzen daher aus beiden Gründen die **Konkretisierung** durch die Aufsichtsbehörde nach Art. 58 Abs. 2 lit. a bis d DSGVO in einen ausreichend bestimmten Rechtsbefehl voraus, um an die nicht ausreichende Befolgung des Rechtsbefehls Abhilfemaßnahmen nach Art. 58 Abs. 2 lit. f bis h und j DSGVO und **Sanktionen** nach Art. 58 Abs. 2 lit. i und 83 Abs. 6 DSGVO knüpfen zu können. 44

Die Grundsätze sind **unmittelbar geltendes Recht**. An sie sind vor allem alle Verantwortlichen und Auftragsverarbeiter gebunden.[60] Sie beschreiben eine **allgemeine objektive Ordnung** des Datenschutzrechts. Für diese können die einzelnen Grundsätze als Strukturprinzipien angesehen werden. Als objektives Recht mit Regelungsgehalt sind sie auch dann einzuhalten, wenn eine Aufsichtsbehörde keine entsprechende Anordnung trifft oder eine betroffene Person keinen entsprechenden Antrag stellt. Sie sind zugleich aber auch **Leitlinien für die Auslegung** der materiellen Vorschriften der Verordnung.[61] Sie müssen im Zweifel so ausgelegt werden, dass sie die Grundsätze bestmöglich verwirklichen. 45

Die Grundsätze sind sehr **allgemein und abstrakt** und bedürfen für ihre Anwendung der Konkretisierung.[62] Für einzelne Grundsätze wie die Rechtmäßigkeit,[63] die Zweckbin- 46

58 S. *Roßnagel* 2017, 95 ff.

59 S. zum Charakter von Grundsätzen oder Prinzipien am Beispiel der Grundrechte *Alexy* 1986, 71 ff.

60 Hier zeigt sich auch die Drittwirkung des Datenschutzgrundrechts – s. EuGH Urt. v. 17.10.2013 – C-291/12, ECLI:EU:C:2013:670, Rn. 25 – Schwarz; EuGH Urt. v. 13.5.2014 – C-131/12, ECLI:EU:C:2014:317, Rn. 69 – Google Spain.

61 S. zB EuGH Urt. v. 1.10.2015 – Rs. C-201/14, ECLI:EU:C:2015:638, Rn. 30 mwN – Bara zu Art. 6 DSRL.

62 Sie sind daher für eine unmittelbar vollziehbare Verordnung untypisch. Sie zeigen – neben den Öffnungsklauseln und vielen unfertigen Vorschriften – den Hybridcharakter der DSGVO als Richtlinie im Gewand einer Verordnung – s. auch *Kühling/Martini*, EuZW 2016, 449; *Frenzel*, in: Paal/Pauly 2017, Art. 5 Rn. 9; *Roßnagel* 2017, 31.

63 EuGH Urt. v. 1.10.2015 – C-201/14, ECLI:EU:C:2015:638, Rn. 30 – Bara; BVerfGE 84, 192 (195); 100, 313 (359 f.); 110, 33 (52 ff.); 120, 274 (315 ff.).

dung[64] sowie die Datenminimierung und Speicherbegrenzung (Erforderlichkeit)[65] kann dies durch eine stabile Dogmatik in einer gefestigten Rechtsprechung und Literatur erfolgen. Für andere Grundsätze wie Treu und Glauben oder Integrität und Vertraulichkeit wird diese Dogmatik noch zu erarbeiten sein. Die Grundsätze anwendungsbezogen zu konkretisieren, wird Aufgabe der Aufsichtsbehörden und des Datenschutzausschusses sein.[66] Dies ist notwendig, um die Grundsätze vollzugsfähig zu machen und den Verantwortlichen ausreichende **Rechtssicherheit** zu geben.

47 Für die Grundsätze gelten auch **Ausnahmen.** Diese berücksichtigen die Grundrechte der Verantwortlichen und überwiegende Allgemeininteressen. Sie ergeben sich allerdings nicht durch freie Abwägungen, sondern müssen in der Verordnung selbst geregelt sein. Solche Ausnahmen sind zB in Art. 23 DSGVO bezogen auf die Grundsätze der Transparenz, der Richtigkeit und der Datenminimierung sowie in Art. 85 und 89 DSGVO bezogen auf die meisten Grundsätze enthalten. Als Ausnahmen zu den Grundsätzen sind diese eng auszulegen und **restriktiv** zu handhaben. Aus der grundrechtlichen Absicherung der Grundsätze ergibt sich, dass nach Art. 52 Abs. 1 Satz 2 GRCh ihr **Wesensgehalt** erhalten bleiben muss.

48 Die in Art. 5 DSGVO genannten Grundsätze sind **nicht abschließend.** Der Verordnung liegen weitere Grundsätze zugrunde, wie zB das Territorialitätsprinzip in Art. 3 Abs. 1 DSGVO und das Marktortprinzip in Art. 3 Abs. 2 DSGVO sowie der Grundsatz der Unabhängigkeit der Datenschutzaufsicht in den Art. 51 ff. DSGVO.[67] Für die Verordnung gelten außerdem alle allgemeinen Grundsätze des Unionsrechts wie der Grundsatz der Effektivität[68] oder der Grundsatz der Verhältnismäßigkeit[69] und die aus ihnen ableitbaren Grundsätze der Erforderlichkeit und der Datensparsamkeit.

b) Grundsatz der Rechtmäßigkeit

49 Nach Art. 5 Abs. 1 lit. a DSGVO müssen personenbezogene Daten „auf rechtmäßige Weise ... verarbeitet werden". Die Verordnung setzt damit Art. 8 Abs. 2 Satz 1 GRCh um. Das **Grundrecht auf Datenschutz** fordert für eine zulässige Datenverarbeitung entweder eine informierte und freiwillige Einwilligung in Kenntnis aller relevanten Umstände oder die Erfüllung von Erlaubnistatbeständen wie sie in Art. 6 DSGVO enthalten sind.[70]

50 Der Grundsatz der Rechtmäßigkeit enthält **kein Verbotsprinzip,** wie vielfach unterstellt wird.[71] Die Datenverarbeitung ist nicht grundsätzlich verboten, sondern unter bestimmten, in den datenschutzrechtlichen Erlaubnistatbeständen genannten Bedingungen erlaubt. Den Erlaubnistatbeständen liegen Abwägungen des Grundrechts auf Datenschutz mit anderen Grundrechten zugrunde. Die Erlaubnistatbestände bilden die Grenzziehung

---

64 BVerfGE 61, 1 (46); 100, 313 (360 f.).

65 EuGH Urt. v. 16.12.2008 – C-73/07, ECLI:EU:C:2008:727 – Satakunnan Markkinapörssi und Satamedia; EuGH Urt. v. 9.11.2010 – C-92/09 und C-93/09, ECLI:EU:C:2010:662, Rn. 77 – Schecke und Eifert; EuGH Urt. v. 8.3.2014 – C-293/12 und C-594/12, ECLI:EU:C:2014:238 – Digital Rights Ireland; EuGH Urt. v. 6.10.2015 – C-362/14, ECLI:EU:C:2015:650, – Schrems; EuGH Urt. v. 21.12.2016 – C-203/15 und C-698/15, ECLI:EU:C:2016:970 – Tele2 Sverige.

66 S. *Roßnagel* 2017, 161 ff.

67 EuGH Urt. v. 9.3.2010 – C-518/07, ECLI:EU:C:2010:125 – Kommission/Deutschland; EuGH Urt. v. 16.10.2012 – C-614/10, ECLI:EU:C:2012:631 – Unabhängige Aufsichtsbehörde in Österreich; *Roßnagel* 2017, 7 ff.; *Albrecht/Jotzo* 2017, 56.

68 S. *Ruffert*, in: Calliess/Ruffert 2016, Art. 1 AEUV, Rn. 22 mwN.

69 S. zB EuGH Urt. v. 8.3.2014 – C-293/12 und C-594/12, ECLI:EU:C:2014:238 – Digital Rights Ireland; EuGH Urt. v. 15.2.2016 – C-601/15, ECLI:EU:C:2016:84 – PPU; EuGH Urt. v. 21.12.2016 – C-203/15 und C-698/15, ECLI:EU:C:2016:970 – Tele2 Sverige; *Roßnagel*, NJW 2017, 696 ff.

70 S. zB EuGH Urt. v. 1.10.2015 – C-201/14, ECLI:EU:C:2015:638 Rn. 30 – Bara.

71 So zB *Schneider/Härting*, ZD 2012, 202; *Veil*, ZD 2015, 347; *Buchner*, DuD 2016, 157; *Conrad*, ZD 2016, 553; *Albrecht/Jotzo* 2017, 33; *Buchner/Petri*, in: Kühling/Buchner 2017, Art. 6 Rn. 1, 10 f.; *Schulz*, in: Gola 2017, Art. 6 Rn. 2.

zwischen den Grundrechten der Verantwortlichen oder den öffentlichen Interessen, die diese vertreten, und dem Grundrecht auf Datenschutz, wie die gesetzgeberische Schutzpflicht für die Grundrechte[72] sie gebietet. Soweit der Gesetzgeber die Grundrechte der Verantwortlichen oder die von ihnen verfolgten öffentlichen Interessen für überwiegend hält, hat er die Datenverarbeitung freigegeben. Im Ergebnis begrenzt Art. 6 Abs. 1 DSGVO die Datenverarbeitung kaum und gibt sie weitgehend frei. Der Grundsatz führt auch **nicht** zum einem **Verbot mit Erlaubnisvorbehalt,**[73] auch wenn dies überwiegend behauptet wird.[74] Ein Verbot mit Erlaubnisvorbehalt ist eine Regelung in einem Gesetz, die eine bestimmte Handlung verbietet, bis diese von einer Verwaltungsbehörde in einem Genehmigungsverfahren überprüft und zugelassen worden ist.[75] Das Verbot mit Erlaubnisvorbehalt ist im Technikrecht ein Instrument der Vormarktkontrolle, das eine präventive behördliche Überprüfung und Erlaubnis des Marktauftritts zum Gegenstand hat. Dies ist bei den Regelungen zur Zulässigkeit der Datenverarbeitung nicht der Fall.

Der Grundsatz der Rechtmäßigkeit wird durch Regelungen zur Zulässigkeit und zur 51
Art und Weise der Datenverarbeitung **in der Verordnung** und im Recht der Mitgliedstaaten umgesetzt. Sie bestimmen in ihrer Gesamtheit, ob die Datenverarbeitung rechtmäßig oder rechtswidrig ist. Die Regelungen zur Zulässigkeit der Datenverarbeitung folgen dem Prinzip des **Vorbehalts des Gesetzes.** Jede Datenverarbeitung ist ein Eingriff in das Grundrecht auf Datenschutz, das durch Art. 8 Abs. 1 GRCh geschützt ist.[76] Jeder Eingriff in ein Grundrecht ist nach Art. 52 Abs. 1 GRCh nur zulässig, wenn er auf einer gesetzlichen Grundlage erfolgt. Eine solche gesetzliche Grundlage stellt zB Art. 6 Abs. 1 DSGVO dar.

Der Grundsatz der Rechtmäßigkeit erschöpft sich allerdings nicht in der Forderung 52
nach einer gesetzlichen Grundlage für die Zulässigkeit der Datenverarbeitung. Er bringt vielmehr zum Ausdruck, dass nicht nur das „Ob" der Datenverarbeitung, sondern auch das „Wie", die Art und Weise der Datenverarbeitung, rechtmäßig sein müssen. Auch wenn die Datenverarbeitung grundsätzlich zulässig ist, bestehen rechtsverbindliche **Pflichten** der Verantwortlichen und Auftragsverarbeiter, wie sie die Datenverarbeitung durchzuführen haben. Die Art und Weise der Datenverarbeitung betrifft auch die **Rechte** der betroffenen Personen, die diesen eine Mitwirkung an der Datenverarbeitung ermöglichen sollen. Ein **Verstoß** gegen die rechtlichen Vorgaben zur Art und Weise der Datenverarbeitung macht zwar nicht per se die Datenverarbeitung unzulässig. Er verstößt aber gegen Handlungspflichten oder ignoriert Rechte der betroffenen Personen. Er ist daher **rechtswidrig.** Um einen rechtmäßigen Zustand herzustellen, hat die Aufsichtsbehörde Abhilfemaßnahmen zu ergreifen. Die betroffene Person kann Leistungs-, Unterlassungs- oder Schadensersatzansprüche geltend machen. Bei einem erheblichen Verstoß gegen eine Anordnung kann die Aufsichtsbehörde erhebliche Geldbußen verhängen, die Datenverarbeitung untersagen und die Löschung von Daten anordnen.[77]

---

72 S. zB *Jarass* 2016, Art. 51 Rn. 5 und Art. 52 Rn. 17.

73 Ebenso *Scholz/Sokol,* in: Simitis 2014, § 4 Rn. 3; ähnlich *Albrecht/Jotzo* 2017, 50 f.; „terminologisch unglücklich" nennt dies *Pötters,* in: Gola 2017, Art. 5 Rn. 6.

74 So zB *Gola/Schomerus* 2015, § 4 Rn. 3; *Plath,* in: Plath 2013, § 4 Rn. 2; *Buchner,* DuD 2016, 157; *von Grafenstein,* DuD 2015, 792; *Albrecht/Jotzo* 2017, 33; *Laue/Nink/Kremer* 2016, 77, 80; *Kühling/Martini u.a.* 2016, 27; *Kühling/Seidel/Sivridis* 2015, Rn. 204; *Buchner/Petri,* in: Kühling/Buchner 2017, Art. 6 Rn. 1, 10 f.; *Schulz,* in: Gola 2017, Art. 6 Rn. 2; *Heberlein,* in: Ehmann/Selmayr 2017, Art. 6 Rn. 1.

75 S. zB *BVerfG,* Urt. v. 6.12.2016 – 1 BvR 2821/11 ua., Rn. 231 für die Regelung in § 7 AtG; *Wolff/Bachof/Stober/Kluth* 2017, § 46 Rn. 38 ff.; *Creifelds,* Rechtswörterbuch, Stichwort „Dispens".

76 S. EuGH Urt. v. 1.10.2015 – C-201/14, ECLI:EU:C:2015:638 Rn. 30 – Bara; EuGH Urt. v. 6.10.2015 – C-362/14, ECLI:EU:C:2015:650 – Schrems; EuGH Urt. v. 6.12.2003 – C-101/01, ECLI:EU:C:2003:596 – Lindqvist; BVerfGE 100, 313 (366); dies gilt auch für die Datenverwendung durch private Stellen.

77 S. näher *Roßnagel* 2017, 97 ff.

c) Grundsatz der Fairness

53 Nach Art. 5 Abs. 1 lit. a DSGVO müssen personenbezogene Daten „nach Treu und Glauben ... verarbeitet werden. „Treu und Glauben" steht zwar auch in der deutschen Übersetzung des Art. 5 lit. a der Datenschutzkonvention des Europarats, des Art. 6 lit. a DSRL und des Art. 8 Abs. 2 GRCh. Dies ist jedoch eine missverständliche Übersetzung des Wortes „fairly" und wurde von da in die deutsche Fassung der Vorschrift übernommen. Dennoch ist schwer zu bestimmen, was der Grundsatz im deutschen Recht bedeuten soll. Das englische „Fairness" und das französische „loyautè" hat mit dem deutschen Begriff von „Treu und Glauben" im Privatrechtsverkehr nichts zu tun.[78] In der Verordnung betrifft dieser Grundsatz die Art und Weise der Rechtsausübung im Verhältnis zwischen Verantwortlichem und betroffener Person.[79] Er wird daher durch das auch im Deutschen inzwischen geläufigen Wort **„Fairness"** ausgedrückt. Statt ihn mit rechtmäßigem Verhalten gleichzusetzen und ihn damit angesichts des Grundsatzes der Rechtsmäßigkeit überflüssig zu machen, könnte er mit der Bezeichnung „Fairness" als eine Art **Auffangklausel** angesehen werden, „um eine als unklar zu beanstandende Datenverarbeitung auch bei Fehlen einer einschlägigen Regelung als rechtswidrig qualifizieren zu können".[80]

54 Als unfair sind zum einen Verhaltensweisen anzusehen, die **Vertrauen missbrauchen.** Berechtigtes Vertrauen kann explizit über Absprachen oder vorausgegangenes Verhalten hervorgerufen werden oder implizit über berechtigte Erwartungen in die Einhaltung von Verkehrs-, Handels- oder Berufsregeln. Zum anderen kann der Grundsatz verletzt sein, wenn eine betroffene Person durch die Verarbeitung der sie betreffenden Daten einen Nachteil erfährt, der dem **Gesamtbild eines Kräftegleichgewichts** zwischen der betroffenen Person und dem Verantwortlichen, wie es die Verordnung beschreibt, widerspricht, ohne zwingend gegen gesetzliche Vorgaben zu verstoßen.[81] Dieser Aspekt von Fairness ist zB bei der Abwägung der widerstreitenden Interessen zwischen Verantwortlichem und betroffener Person nach Art. 6 Abs. 1 UAbs. 1 lit. f DSGVO, bei der Bestimmung der Freiwilligkeit einer Einwilligung sowie des Kopplungsverbots nach Art. 7 Abs. 4 DSGVO und bei der Festlegung von Verhaltensregeln nach Art. 40 Abs. 2 DSGVO zu berücksichtigen.[82] Aus beiden Gründen lässt sich über den Grundsatz der Fairness eine normative Brücke zur **Kontrolle von Datenschutzregelungen in AGB** herstellen.

d) Grundsatz der Transparenz

55 Nach Art. 5 Abs. 1 lit. a DSGVO müssen personenbezogene Daten „in einer für die betroffene Person nachvollziehbaren Weise" verarbeitet werden. Der Grundsatz der Transparenz umfasst **alle Informationen und Informationsmaßnahmen**, die erforderlich sind, damit die betroffene Person überprüfen kann, ob die Datenverarbeitung rechtmäßig ist, und ihre Rechte wahrnehmen kann. Ohne ausreichende Transparenz wird die betroffene Person faktisch rechtlos gestellt. Transparenz der Datenverarbeitung ist die notwendige Voraussetzung zur Wahrnehmung auch vieler anderer Grundrechte.

56 Der Grundsatz begründet für den **Verantwortlichen Pflichten**, ausreichende Transparenz durch Informationen über die Datenverarbeitung nach Art. 13 und 14 DSGVO zu gewährleisten, und für die **betroffene Person** einen **Rechtsanspruch auf Auskunft** nach

78 Ähnlich *Frenzel*, in: Paal/Pauly 2017, Rn. Art. 5 Rn. 19; *Herbst*, in: Kühling/Buchner 2017, Art. 5 Rn. 13; *Heberlein*, in: Ehmann/Selmayr 2017, Art. 5 Rn. 9.

79 S. zB *Albrecht/Jotzo* 2017, 51; *Heberlein*, in: Ehmann/Selmayr 2017, Art. 5 Rn. 9.

80 *Dammann/Simitis*, DSRL, Art. 6 Rn. 3 für die DSRL; ebenso *Herbst*, in: Kühling/Buchner 2017, Art. 5 Rn. 17.

81 *Herbst*, in: Kühling/Buchner 2017, Art. 5 Rn. 17.

82 *Heberlein*, in: Ehmann/Selmayr 2017, Art. 5 Rn. 10.

Art. 15 DSGVO. Die geforderte Transparenz betrifft nach Art. 13 Abs. 2 lit. f und Art. 14 Abs. 2 lit. g DSGVO auch „aussagekräftige Informationen über die **involvierte Logik**“ der Datenverarbeitung, „sowie die Tragweite und die angestrebten Auswirkungen einer derartigen Verarbeitung für die betroffene Person“.

Transparenz kann auch durch datenschutzgerechte **Systemgestaltung** und durch datenschutzfreundliche **Voreinstellungen** gemäß Art. 25 Abs. 1 und 2 DSGVO gewährleistet werden.[83] Auch **Zertifizierungsverfahren** sowie Zertifikate, Datenschutzsiegel und -prüfzeichen nach Art. 42 DSGVO ermöglichen Transparenz.[84] Der Bezug zu den Auswirkungen auf die Grundrechte und Freiheiten der betroffenen Person zeigt, dass der Grundsatz der Transparenz auch die **Systeme der Informationstechnik** betrifft und betreffen muss.[85] Transparenz in diesem Sinn bedeutet, dass mit angemessenem Aufwand durchschaubar ist, was das System einschließlich aller Betriebs- und Anwendungssoftware genau tut und tun kann und wie sich das System in der Zeit verändern kann. 57

Schließlich muss die Transparenz auch eine **Aufklärung** der betroffenen Person über ihre **Rechte** umfassen. Nach Eg. 39 müssen „natürliche Personen ... über die Risiken, Vorschriften, Garantien und Rechte im Zusammenhang mit der Verarbeitung personenbezogener Daten informiert und darüber aufgeklärt werden, wie sie ihre diesbezüglichen Rechte geltend machen können“. 58

Der Grundsatz der Transparenz erfordert nach Erwägungsgrund 39 DSGVO, dass alle notwendigen Informationen „**leicht zugänglich und verständlich** ... abgefasst sind“. Sie sind nach Art. 12 Abs. 1 DSGVO „in präziser, transparenter, verständlicher und leicht zugänglicher Form in einer klaren und einfachen Sprache zu übermitteln; dies gilt insbesondere für Informationen, die sich speziell an Kinder richten“. Die Übermittlung der Informationen erfolgt schriftlich oder in anderer Form, gegebenenfalls auch elektronisch.[86] Informationen sind situationsgerecht, also öfter als nur bei der Ersterhebung oder der Erstspeicherung zu geben.[87] Sie sind in der jeweils gewünschten Tiefe und Ausführlichkeit zu geben (z.B. Multi-Layer-Technik) und erfordern für besondere Situationen auch besondere Maßnahmen. 59

e) Grundsatz der Zweckbindung

Nach Art. 5 Abs. 1 lit. b DSGVO müssen personenbezogene Daten „für festgelegte, eindeutige und legitime Zwecke erhoben werden und dürfen nicht in einer mit diesen Zwecken nicht zu vereinbarenden Weise weiterverarbeitet werden“. Die Zweckbindung ist der **zentrale Grundsatz** des Datenschutzrechts. Durch ihn unterscheidet sich das Datenschutzrechts der Union vom Datenschutzrecht anderer Rechtsordnungen. 60

Das **Grundrecht auf Datenschutz** wird nur dann gewahrt, wenn der Verantwortliche die konkreten Zwecke respektiert, zu deren Erfüllung die betroffene Person in die Datenverarbeitung eingewilligt hat. Hat der Gesetzgeber die Datenverarbeitung erlaubt, entspricht sie nur dann dem Grundrecht auf Datenschutz, wenn der Verantwortliche seinen Verarbeitungszweck konkret und präzis festgelegt hat. Nur für diesen festgelegten Zweck muss die betroffene Person sich der Datenverarbeitung in dem dafür erforderlichen Ausmaß beugen. Für das Grundrecht auf Datenschutz sind nicht nur die personenbezogenen Daten entscheidend, sondern vor allem der Verarbeitungszweck und der Verarbeitungskontext.[88] 61

---

83 S. auch Eg. 78.
84 S. Eg. 100.
85 S. Eg. 58 und 78.
86 S. Eg. 59.
87 S. auch Eg. 61.
88 *Roßnagel/Pfitzmann/Garstka* 2002, 111 ff.

62 Der Zweck der Datenverarbeitung ist Bezugspunkt des **Grundsatzes der Erforderlichkeit.** Nach Erwägungsgrund 39 DSGVO dürfen „personenbezogene Daten ... nur verarbeitet werden..., wenn der Zweck der Verarbeitung nicht in zumutbarer Weise durch andere Mittel erreicht werden kann". Der Eingriff in das Grundrecht auf Datenschutz ist nur zulässig, soweit er auf das geringstmögliche Maß begrenzt ist.[89] Der Grundsatz fehlt in der Verordnung, ergibt sich aber aus Art. 52 Abs. 1 Satz 2 GRCh.[90] Er ist die Grundlage der Grundsätze der Datenminimierung, der Speicherbegrenzung und der Datenberichtigung.

63 Der **Zweck** der Datenverarbeitung ist die Beschreibung des Zustands, der durch das Mittel der Datenverarbeitung erreicht werden soll.[91] Er ist ein Sollwert, der das **Ziel** und den **Grund** benennt, zu dem der Verantwortliche die Datenverarbeitung durchführt.[92] Der Zweck legitimiert die Datenverarbeitung und begrenzt sie zugleich.[93] Er ist die **steuernde Größe** für die Auswahl der Daten und die Prozessschritte der Datenverarbeitung. Am Zweck knüpfen weitere Datenschutzgrundsätze an und an ihm orientiert sich die Prüfung der Verhältnismäßigkeit der Datenverarbeitung als Mittel.

64 Personenbezogene Daten dürfen nur „für festgelegte, eindeutige und legitime Zwecke erhoben" werden.[94] Der Verantwortliche muss zu Beginn der Datenverarbeitung **festlegen**, für welchen Zweck die Daten verarbeitet werden. Mit Blick auf Art. 24 Abs. 2 und 30 Abs. 1 DSGVO sollte er den Zweck schriftlich festhalten. Der Zweck muss **„eindeutig"**[95] festgelegt sein. Er muss sich von anderen möglichen Zwecken klar unterscheiden.[96] Eine Verarbeitung, deren Zwecke zum Zeitpunkt der Erhebung nicht ausreichend präzis und konkret bestimmt sind,[97] verstößt gegen den Grundsatz der Zweckbindung. Bezogen auf diesen so bestimmten Zweck muss der Verantwortliche die Zulässigkeit der Datenverarbeitung, den Inhalt und den Umfang der Daten, ihre Richtigkeit und den Datenverarbeitungsvorgang prüfen und die betroffenen Personen informieren.

65 Eine enge Zweckbestimmung ist auch notwendig, damit die Zweckbindung ihre von der Verordnung vorgesehenen **Funktionen** für die anderen Grundsätze – nämlich Transparenz, Legitimität der Zweckwahl, Datenminimierung, Datenrichtigkeit, Speicherbegrenzung und die Rechenschaftspflicht – erfüllen kann.

66 Die bloße Auswahl eines Erlaubnistatbestands nach Art. 6 Abs. 1 UAbs. 1 DSGVO wäre unzureichend **präzis und konkret.**[98] Auch Zweckbestimmungen eine Hierarchiestufe tiefer sind **unzureichend.** So genügen allgemeine Hinweise auf Vertragszwecke wie „Gewährleistung individueller Leistungen", „Sicherung der Kundenzufriedenheit", auf berechtigte Interessen wie „Marketingzwecke" oder „Unterrichtung befreundeter Unternehmen" oder auf öffentliche Interessen wie „Versorgung mit Mobilitätsdienstleistun-

---

89 EuGH Urt. v. 16.12.2008 – C-73/07, ECLI:EU:C:2008:727 – Satakunnan Markkinapörssi und Satamedia; EuGH Urt. v. 9.11.2010 – C-92/09 und C-93/09, ECLI:EU:C:2010:662 Rn. 77 – Volker und Markus Schecke und Eifert; EuGH Urt. v. 8.3.2014 – C-293/12 und C-594/12, ECLI:EU:C:2014:238 – Digital Rights Ireland; EuGH Urt. v. 6.10.2015 – C-362/14, ECLI:EU:C:2015:650 – Schrems; EuGH Urt. v. 21.12.2016 – C-203/15 und C-698/15, ECLI:EU:C:2016:970 – Tele2 Sverige.

90 *Jarass* 2016, Art. 52 Rn. 39 f.

91 *Podlech* 1990. 352; *Hoffmann* 1991, 83.

92 S. *Podlech* 1990. 352.

93 S. z.B. *Hoffmann* 1991, 20 f.

94 S. auch Eg. 39.

95 Eg. 39: „bestimmt".

96 *Monreal*, ZD 2016, 509; *von Grafenstein*, DuD 2015, 794 f. weist darauf hin, dass auch viele weitere Grundrechte eine enge Zweckbestimmung fordern.

97 *Art. 29-Datenschutzgruppe*, WP 203, 17.

98 S. auch *Richter*, DuD 2015, 736; *Heberlein*, in: Ehmann/Selmayr 2017, Art. 5 Rn. 14; so aber sind *Albrecht/Jotzo* 2017, 52 zu verstehen.

gen" dem Gebot der Eindeutigkeit nicht.[99] Erst recht unzureichend bestimmt ist der Zweck,[100] Daten aus unterschiedlichen Quellen zu sammeln und für (beliebige) **Big Data-Auswertungen** zu verwenden.[101] Vielmehr muss die **Zweckfestlegung** den präzisen und konkreten Geschäftszweck (Reise nach Mallorca im Mai 2018) oder Verwaltungszweck (Bearbeitung des Antrags auf Genehmigung vom 15.7.2018) oder das spezifische Interesse (Abwehr einer möglichen Schadensersatzforderung wegen der umstrittenen Fehlehrhaftigkeit des am 16.8.2018 gelieferten Küchenschranks) nennen, um „eindeutig" und „bestimmt" zu sein.[102]

Personenbezogene Daten dürfen nach der Erhebung „nicht in einer mit diesen Zwecken nicht zu vereinbarenden Weise weiterverarbeitet werden". Diese **Zweckbindung** ist Voraussetzung für die Zulässigkeit der Weiterverarbeitung der Daten. Das **Verbot der Zweckänderung** gilt nicht nur für den Verantwortlichen, der die Daten erhoben hat, sondern auch für alle Folgenutzer. Die **zweckändernde Weiterverarbeitung** ist nicht mehr vom bisherigen Zweck gedeckt, sondern eine „neue" Datenverarbeitung, für die **alle Voraussetzungen** erfüllt sein müssen wie für die erstmalige Datenverarbeitung. 67

Eine **Zweckänderung** verstößt allerdings nur dann gegen die Zweckbindung, wenn die Weiterverarbeitung mit dem Erhebungszweck **nicht vereinbar** ist.[103] Die Prüfung der Vereinbarkeit erfordert einen wertenden Vergleich zwischen dem Primärzweck und dem Sekundärzweck. Welche Aspekte für die Prüfung der Vereinbarkeit zu berücksichtigen sind, bestimmt grundsätzlich Art. 6 Abs. 4 DSGVO. Für die Weiterverarbeitung zu einem anderen, aber vereinbaren Zweck benötigt der Verantwortliche **keine neue, eigene Rechtsgrundlage.**[104] Vielmehr ist die zweckgeänderte Weiterverarbeitung weiterhin auf der Grundlage des Erlaubnistatbestands für die ursprüngliche Datenverarbeitung zu dem festgelegten Primärzweck zulässig.[105] Auch wenn die Zweckänderung mit dem originären Zweck vereinbar ist, muss der Verantwortliche diese Zweckänderung und ihre Vereinbarkeit nach Art. 30 DSGVO **dokumentieren** und der betroffenen Person nach Art. 14 Abs. 1 lit. c DSGVO **mitteilen.** 68

Nach Art. 5 Abs. 1 lit. b DSGVO besteht eine rechtliche Vermutung, dass „eine Weiterverarbeitung für im öffentlichen Interesse liegende **Archivzwecke,** für wissenschaftliche oder historische **Forschungszwecke** oder für **statistische Zwecke** ... nicht als unvereinbar mit den ursprünglichen Zwecken" gilt (→ § 7 Rn. 146 ff., 191 ff. und 241 ff.). 69

f) Grundsatz der Datenminimierung

Nach Art. 5 Abs. 1 lit. c DSGVO muss die Verarbeitung personenbezogener Daten „dem Zweck angemessen und erheblich sowie auf das für die Zwecke der Verarbeitung notwendige Maß beschränkt" sein. Der Grundsatz der **Datenminimierung** beschränkt die Datenverarbeitung und damit die Tiefe des Eingriffs in das Grundrecht auf Datenschutz auf das Erforderliche. Damit unterstützt er den Grundsatz der Zweckbindung. Der Grundsatz der Minimierung kann sich aus **drei Gründen** ergeben,[106] die sich über- 70

99 S. *Art. 29-Datenschutzgruppe*, WP 203, 16, 52, mit weiteren negativen Beispielen.
100 Zur Praxis weiter Zweckbestimmungen *Culik/Döpke*, ZD 2017, 227.
101 *Roßnagel*, ZD 2013, 564; *Richter*, DuD 2015, 735; *Buchner*, DuD 2016, 156.
102 *Roßnagel/Nebel/Richter*, ZD 2015, 458; *Buchner*, DuD 2016, 156.
103 Die Vereinbarkeit ist jedoch keine „Ausnahme" der Zweckbindung – so *Pötters,* in: Gola 2017, Art. 5 Rn. 18 –, sondern deren Grenze.
104 Eg. 50 Satz 2 und 5.
105 S. auch *Roßnagel/Nebel/Richter*, ZD 2015, 457 f.; *Richter*, DuD 2015, 736; *Richter*, DuD 2016, 584 f.; *Roßnagel/Geminn/Jandt/Richter* 2016, 161; *Monreal,* ZD 2016, 510; *Kühling/Martini*, EuZW 2016, 451; *Piltz*, K&R 2016, 566; *Frenzel*, in: Paal/Pauly 2017, Art. 5 Rn. 31; *Hornung/Hofmann*, ZD-Beilage 4/2017, 8; *Culik/Döpke*, ZD 2017, 330; amtliche Begründung zum BDSG n.F., BT-Drs. 18/11325, 98; *Schulz,* in: Gola 2017, Art. 6 Rn. 185; aA *Schantz*, NJW 2016, 1844; *Albrecht*, CR 2016, 92; *Heberlein*, in: Ehmann/Selmayr 2017, Art. 5 Rn. 20; *Herbst*, in: Kühling/Buchner 2017, Art. 5 Rn. 28, 48 ff.
106 *Frenzel*, in: Paal/Pauly 2017, Art. 5 Rn. 34, sieht dies als drei Anforderungen an die Datenverarbeitung.

lappen können, aber auch jeweils für sich das Minimierungsgebot begründen: Die Datenminimierung ist erforderlich, wenn die personenbezogenen Daten nicht dem Zweck angemessen, wenn sie nicht erheblich und wenn sie nicht auf das für die Zwecke der Verarbeitung notwendige Maß beschränkt sind.

71 Das Gebot der Datenminimierung begrenzt die Datenverarbeitung auf das für den jeweiligen Zweck Erforderliche. Der Verantwortliche kann aber den **Zweck der Datenverarbeitung** frei auszuwählen. Je nach Zweckwahl sind die Daten angemessen, erheblich und auf das Notwendige begrenzt. Dagegen fordert der **Grundsatz der Verhältnismäßigkeit**, den Eingriff in das Grundrecht auf Datenschutz so gering wie möglich zu halten.[107] Dieses aus Art. 52 Abs. 1 Satz 2 GRCh ableitbare Gebot gilt nicht nur für die Wahl der Mittel, sondern auch für die **Wahl des Zwecks.** Wenn der Verantwortliche das Ziel seiner unternehmerischen Betätigung, seiner Meinungsäußerung oder seiner Persönlichkeitsentfaltung auch durch eine weniger eingriffsintensive Zweckkonkretisierung erreichen kann – die also weniger personenbezogene Daten benötigt –, so muss er die weniger eingriffsintensive Variante wählen. Er muss– auch unter Einbezug der von ihm konkretisierten Zwecke – sein Datenverarbeitungssystem und seinen Datenverarbeitungsvorgang so gestalten, dass möglichst wenige Daten mit Personenbezug verarbeitet werden. Dieser Grundsatz der Datensparsamkeit[108] als Gestaltungsziel ist eng verbunden mit dem Grundsatz der datenschutzgerechten Systemgestaltung, wie er in Art. 25 Abs. 1 DSGVO normiert ist (→ § 5 Rn. 41 ff.).

72 Der Grundsatz fordert nicht eine Minimierung von Daten, sondern die **Reduzierung des Personenbezugs** von Daten. Bezogen auf personenbezogene Daten fordert er, nicht nur die Daten, sondern auch das **Maß der Datenverarbeitung** – also um deren Phasen und Formen – sowie die **Anzahl und das Maß der Nutzungen** und die Zahl der betroffenen Personen auf das Erforderliche zu minimieren. Der Minimierung ist nicht ein begrenztes quantitatives Ziel vorgegeben. Vielmehr ist die Minimierung des Personenbezugs eine Aufgabe, die immer noch besser erfüllt werden kann (→ § 3 Rn. 43).

g) Grundsatz der Richtigkeit

73 Nach Art. 5 Abs. 1 lit. d DSGVO muss die Verarbeitung personenbezogener Daten „sachlich richtig und erforderlichenfalls auf dem neuesten Stand sein“. Der Grundsatz der Richtigkeit der erhobenen und verarbeiteten Daten betrifft die **Datenqualität.** Nicht richtige und nicht aktuelle Daten sind im Regelfall weder erheblich noch auf das notwendige Maß beschränkt, so dass deren Verarbeitung nicht nur gegen den Grundsatz der Richtigkeit verstößt, sondern auch nach dem Grundsatz der Datenminimierung unzulässig ist.[109] Unrichtige personenbezogene Daten sollen gelöscht oder berichtigt werden.[110] Dies gilt für alle Formen und Phasen der Datenverarbeitung.[111]

74 Daten vermitteln Informationen, die als gedankliches Modell bestimmte Ausschnitte der Realität repräsentieren. Sachlich **richtig** sind Daten, die bezogen auf den Zweck der Datenverarbeitung den relevanten Ausschnitt aus der Realität korrekt darstellen. Die Unterscheidung zwischen „richtig“ und „unrichtig“ folgt einer digitalen Logik, die für die sprachliche Repräsentation von Wirklichkeit nur anwendbar ist, wenn deren Richtigkeit **objektiv** zu bestimmen ist. Der Grundsatz ist daher nur für **Tatsachenangaben** an-

107 EuGH Urt. v. 8.3.2014 – C-293/12 und C-594/12, ECLI:EU:C:2014:238 – Digital Rights Ireland; EuGH Urt. v. 6.10.2015 – C-362/14, ECLI:EU:C:2015:650 – Schrems; EuGH Urt. v. 21.12.2016 – C-203/15 und C-698/15, ECLI:EU:C:2016:970 – Tele2 Sverige; BVerfGE 65, 1 (43, 46).

108 S. zu diesem *Roßnagel* 2011, 41 ff.

109 EuGH Urt. v. 13.5.2014 – C-131/12, ECLI:EU:C:2014:317 Rn. 93 – Google Spain.

110 Eg. 39.

111 EuGH Urt. v. 13.5.2014 – C-131/12, ECLI:EU:C:2014:317 Rn. 73 – Google Spain; EuGH Urt. v. 20.5.2003 – C-465/00, ECLI:EU:C:2003:294 Rn. 65 – Österreichischer Rundfunk.

wendbar, die einem empirischen Beweis zugänglich sind.[112] Unrichtig können auch Daten sein, die die Wirklichkeit **unvollständig** repräsentieren.

Die Daten müssen „erforderlichenfalls auf dem **neuesten Stand** sein". Nachträgliche Veränderungen der Wirklichkeit machen die Daten nicht falsch, wenn es auf die ursprüngliche Situation ankommt. Sind für die Datenverarbeitung aber die tatsächlichen Veränderungen entscheidend, müssen die Daten dem neuesten Stand der sachlichen und persönlichen Verhältnisse der betroffenen Person entsprechen. Wenn das falsche Datum zu einer unzutreffenden Rechtsfolge führen oder in anderer Weise für die betroffene Person nachteilig sein kann, dann ist die Aktualität der Daten erforderlich. 75

Der Grundsatz enthält zum einen eine **Verpflichtung des Verantwortlichen** und führt zum anderen zu **Rechten der betroffenen Person** auf Berichtigung oder Löschung der unrichtigen Daten oder einer Einschränkung der Verarbeitung. 76

h) Grundsatz der Speicherbegrenzung

Nach Art. 5 Abs. 1 lit. e DSGVO müssen personenbezogene Daten „in einer Form gespeichert werden, die die Identifizierung der betroffenen Personen nur so lange ermöglicht, wie es für die Zwecke, für die sie verarbeitet werden, erforderlich ist".[113] Dieser Grundsatz der zeitlichen Speicherbegrenzung ist ein Ausfluss des **Grundsatzes der Erforderlichkeit.** Er ist vom Wortlaut her auf die Aufbewahrung von personenbezogenen Daten beschränkt. Die grundrechtliche Begründung dieses Grundsatzes zwingt jedoch dazu, diese zeitliche Begrenzung auf **alle Formen der Datenverarbeitung** anzuwenden. 77

Die Speicherbegrenzung ist eigentlich nicht auf das Speichern von Daten, sondern auf die **Identifizierbarkeit** der betroffenen Person bezogen. Daher ist ein Löscher der Daten nicht notwendig, wenn der Personenbezug durch Anonymisierung oder Pseudonymisierung wirksam beseitigt wird. Die Pseudonymisierung kommt nur für einen Verantwortlichen in Betracht, der die Pseudonymität nicht wieder rückgängig machen kann. 78

Der **Verantwortliche** muss zur Erfüllung seiner Verantwortung für alle Daten oder Datenkategorien jeweils eine Speicherfrist **festlegen**, die auf das erforderliche Mindestmaß beschränkt ist, und Fristen bestimmen, nach denen er die personenbezogenen Daten löscht oder ihren Personenbezug beseitigt. Alternativ kann er eine regelmäßige Überprüfung der Daten vorsehen. 79

Eine Ausnahme der Speicherbegrenzung gilt für personenbezogene Daten, die ausschließlich im öffentlichen Interesse liegende **Archivzwecke** oder für **wissenschaftliche und historische Forschungszwecke** oder für **statistische Zwecke** verarbeitet werden. Sie unterliegen einem eigenen Erforderlichkeitsgrundsatz (→ § 7 Rn. 146 ff., 191 ff. und 241 ff.). 80

i) Grundsatz des Systemdatenschutzes

Nach Art. 5 Abs. 1 lit. f DSGVO dürfen personenbezogene Daten nur „in einer Weise verarbeitet werden, die eine angemessene Sicherheit der personenbezogenen Daten gewährleistet, einschließlich Schutz vor unbefugter oder unrechtmäßiger Verarbeitung und vor unbeabsichtigtem Verlust, unbeabsichtigter Zerstörung oder unbeabsichtigter Schädigung durch geeignete technische und organisatorische Maßnahmen". Die Bezeichnung als Grundsatz der „Integrität und Vertraulichkeit" ist unzutreffend. Denn er geht im Schutz der Datenverarbeitung weit über die technischen Ziele der Integrität und Vertraulichkeit hinaus und umfasst auch die Ziele der Verfügbarkeit und Unversehrtheit 81

---

112 Ebenso *Herbst*, in: Kühling/Buchner 2017, Art. 5 Rn. 60; s. auch *Mallmann*, in: Simitis 2014, § 20 Rn. 17 ff. für die DSRL; *Dix*, in: Simitis 2014, § 35 Rn. 13 für das BDSG a.F.

113 S. auch Eg. 39.

der Daten sowie der Beschränkung des Zugangs zu und des Zugriffs auf die Daten.[114] Der Grundsatz zielt auf die technische und organisatorische **Sicherung der anderen Grundsätze** und damit auf den **Schutz des Grundrechts auf Datenschutz.** Er schützt somit die Interessen der betroffenen Person und nicht die Interessen des Verantwortlichen. Wenn die Sicherungsmaßnahmen auch „Schutz vor unbefugter oder unrechtmäßiger Verarbeitung" gewährleisten sollen, richten sie sich zum Teil sogar gegen den Verantwortlichen. Sie zielen letztlich auf einen **Systemdatenschutz.**[115]

82 Der Grundsatz wird durch die Vorgaben zu einer datenschutzgerechten **Systemgestaltung** nach Art. 25 Abs. 1 DSGVO und zur Datensicherheit nach Art. 32 Abs. 1 DSGVO konkretisiert. Der Unionsgesetzgeber hat **versäumt**, weitere wichtige technisch-organisatorische Schutzziele wie die **Nichtverkettbarkeit** und die **Intervenierbarkeit**[116] in diesen Grundsatz mit aufzunehmen.[117]

j) Grundsatz der Verantwortung

83 Nach Art. 5 Abs. 2 DSGVO ist der Verantwortliche für die Einhaltung der Grundsätze verantwortlich und muss ihre Einhaltung nachweisen können. Er hat die materielle Pflicht, aktiv Maßnahmen zu ergreifen, um die Grundsätze in seinen Datenverarbeitungsvorgängen umzusetzen. Daneben trifft ihn die formelle Pflicht, die Einhaltung der Grundsätze zu dokumentieren und nachweisen zu können. Nur für diese formelle Pflicht passt die Bezeichnung „**Rechenschaftspflicht**". Beide Pflichten zusammen sind Ausdruck des Konzepts der „**Verantwortung**", das eine Gesamtverantwortung des Verantwortlichen für seine Verarbeitung personenbezogener Daten begründet.[118]

84 Diese Verantwortung wird vor allem durch Art. 24 DSGVO **konkretisiert** (→ § 5 Rn. 160 ff.), der geeignete technisch-organisatorische Datenschutzvorkehrungen fordert, die in gebotenen Abständen zu überprüfen und zu aktualisieren sind.[119] Art. 5 Abs. 2 DSGVO fordert letztlich ein **Datenschutzmanagementsystem.** Nach Art. 24 Abs. 1 DSGVO muss der Verantwortliche seine Verantwortung allerdings nur unter Berücksichtigung der Art, des Umfangs, der Umstände und der Zwecke der Verarbeitung sowie der unterschiedlichen Eintrittswahrscheinlichkeit und Schwere der Risiken für die Rechte und Freiheiten natürlicher Personen umsetzen. Diese Einschränkungen führen in der Praxis dazu, dass nur ein **Bruchteil** aller Verantwortlichen die in der Verordnung vorgesehenen Maßnahmen zur Erfüllung der Verantwortung erfüllen muss.[120]

85 Der Verantwortliche muss den **Nachweis** dafür erbringen können, dass die Verarbeitung gemäß der Verordnung erfolgt. Gefordert ist eine umfassende Dokumentation sämtlicher Maßnahmen zur Sicherstellung des Datenschutzes, insbesondere zur Wirksamkeit der technisch-organisatorischen Maßnahmen. Die Nachweispflicht wird durch die Pflicht nach Art. 30 DSGVO, ein **Verzeichnis aller Verarbeitungstätigkeiten** zu führen, konkretisiert (→ § 5 Rn. 160 ff.). In Streitfällen liegt die Darlegungs- und Beweislast für die Einhaltung der Grundsätze beim Verantwortlichen. Ein unzureichender Nachweis geht zu seinen Lasten. Außerdem kann er im Rahmen des Art. 83 Abs. 4 DSGVO zu Sanktionen führen und eine Haftungsbefreiung nach Art. 82 Abs. 3 DSGVO verhindern.

---

114 Dies wird durch Eg. 39 bestätigt.
115 S. *Dix*, in: Roßnagel 2003, 366 ff.
116 S. zB *Rost*, DuD 2011, 351.
117 *Roßnagel*, DuD 2017, 294.
118 S. auch *Art. 29-Datenschutzgruppe*, WP173, 3/2010, 9 ff.
119 S. Eg. 78.
120 Kritisch hierzu *Roßnagel*, DuD 2016, 565.

2. Datenschutzgrundsätze im deutschen Datenschutzrecht

Die Grundsätze der Verordnung gehen zurück auf **Art. 6 DSRL**. Sie unterscheiden sich inhaltlich nur geringfügig. Neu sind nur der Grundsatz der Transparenz in Art. 5 Abs. 1 lit. a DSGVO, der Grundsatz des Systemdatenschutzes in Art. 5 Abs. 1 lit. f DSGVO und die Rechenschaftspflicht in Art. 5 Abs. 2 DSGVO. 86

Das Bundesdatenschutzgesetz a.F. hat die Regelung des Art. 6 DSRL **nicht unmittelbar übernommen.**[121] Im Rahmen der Richtlinie bilden die Datenschutzgrundsätze **Ziele**, die der Gesetzgeber des Mitgliedstaats in seiner Rechtsordnung umsetzen, aber nicht wörtlich übernehmen muss.[122] Diese Grundsätze sind im deutschen Datenschutzrecht in Form von Verarbeitungsvoraussetzungen (insbesondere der Grundsatz der Rechtmäßigkeit in §§ 4, 28 Abs. 6 bis 9, der Zweckbindung in § 28 Abs. 1 und 2, von Treu und Glauben in §§ 28 Abs. 3 bis 5, 28 a bis 30 a BDSG a.F.) und Betroffenenrechte (insbesondere der Grundsatz der Transparenz in §§ 19, 19 a sowie 33 und 34, der Grundsatz der Richtigkeit in §§ 20 Abs. 1 und 4 sowie 35 Abs. 1 und 4 und der Grundsatz der Speicherbegrenzung in §§ 20 Abs. 2 und 3 sowie 35 Abs. 2 und 3 BDSG a.F.) umgesetzt, so dass Art. 6 DSRL keine spezifischen Umsetzungen erforderte. 87

Die Regelungen widersprechen den Vorgaben in Art. 5 DSGVO weitgehend nicht. Der **Anwendungsvorrang** des Unionsrechts wäre ab dem 25. Mai 2018 nur zur Anwendung gekommen hinsichtlich der Zweckvereinbarkeit der Weiterverarbeitung nach Art. 5 Abs. 1 lit b DSGVO sowie der Ausnahmen für Weiterverarbeitungen für ausschließlich im öffentlichen Interesse liegende Archivzwecke, für wissenschaftliche und historische Forschungszwecke und für statistische Zwecke nach Art. 5 Abs. 1 lit b und e DSGVO, soweit diese über § 28 Abs. 2 Satz 3 BDSG a.F. hinausgehen. 88

Das **neue Bundesdatenschutzgesetz** enthält **keine Regelungen** zu Grundsätzen der Datenverarbeitung. Datenschutzgrundsätze werden also von der **Verordnung allein** geregelt. Unterstützende und ausfüllende Vorschriften enthalten allerdings §§ 23 bis 25 BDSG zur Zulässigkeit von Zweckänderungen[123] und hinsichtlich der Ausnahmen zur Weiterverarbeitung für ausschließlich im öffentlichen Interesse liegende Archivzwecke, für wissenschaftliche und historische Forschungszwecke und für statistische Zwecke die §§ 27 und 28 BDSG. 89

3. Ausblick

Die Ausgestaltung der Datenschutzgrundsätze als **rechtsverbindliche Handlungsanweisungen** an alle Adressaten der Verordnung ist zu begrüßen. Sie sind nicht nur unverbindliche Programmsätze, sondern einzuhaltende Handlungsvorgaben, die rechtsfähige Schutzpositionen begründen. Sie setzen der Datenverarbeitung klare Ziele, die sie durch ihre Gestaltung oder ihre Durchführung erreichen muss. 90

Allerdings sind die Grundsätze nicht systematisch entwickelt. Ihr **Abstraktions- und Regelungsniveau** schwankt beträchtlich. Während die Grundsätze der Rechtsmäßigkeit und Transparenz durch die Vorschriften der Verordnung einigermaßen konkretisiert sind, ist der Grundsatz der Fairness extrem stark wertungsbedürftig. Die Grundsätze der Datenminimierung und Speicherbegrenzung sind Ableitungen aus den Grundsätzen der Zweckbindung und der Erforderlichkeit. Der Grundsatz der Erforderlichkeit[124] 91

---

121 S. für den Grundsatz der Zweckbindung *von Zezschwitz*, in: Roßnagel 2003, 224.

122 S. zB *Herbst*, in: Kühling/Buchner 2017, Art. 5 Rn. 81; *Frenzel*, in: Paal/Pauly 2017, Rn. Art. 5 Rn. 1.

123 Allerdings ist § 24 BDSG unionsrechtswidrig, weil es keine Öffnungsklausel für den deutschen Gesetzgeber gibt, die Zulässigkeit der Datenverarbeitung privater Verantwortlicher zu regeln.

124 Dieser hat in der Rechtsprechung des EuGH eine sehr hohe Relevanz – s. zB EuGH Urt. v. 9.11.2010 – C-92/09 und C-93/09, ECLI:EU:C:2010:662 Rn. 77 – Volker und Markus Schecke und Eifert; EuGH Urt. v. 8.3.2014 – C-293/12 und C-594/12, ECLI:EU:C:2014:238 – Digital Rights Ireland; EuGH Urt.

fehlt jedoch und ist nur punktuell durch diese beiden Untergrundsätze repräsentiert. Auch der Grundsatz der Richtigkeit kann als Untergrundsatz zum Grundsatz der Zweckbindung gesehen werden. Der Grundsatz des Systemdatenschutzes ist hinsichtlich der Umsetzung der anderen Grundsätze von hoher Bedeutung, aber in dieser Funktion unvollständig. Die Vorschrift bietet daher **kein vollständiges Bild der Grundsätze**, die eine datenschutzgerechte Datenverarbeitung prägen.

92 Die Grundsätze werden durch offene wertungsbedürftige Begriffe in ihrem normativen Gehalt stark **relativiert**. Begriffe wie „nachvollziehbar", „geeignet", „angemessen", „legitim", „vereinbar", „erheblich" und „erforderlichenfalls" schwächen die Bestimmtheit und Vollzugsfähigkeit der Handlungsvorgaben zusätzlich. Rechtssicherheit wird hier erst nach langer Zeit eintreten. Dies hätte der Unionsgesetzgeber abkürzen können. Hier zeigen sich die Nachteile der Unterkomplexität der Verordnung.

93 Viel problematischer für den Gehalt der Grundsätze ist jedoch, dass der Unionsgesetzgeber sie **nicht risikoadäquat für künftige Herausforderungen** fortentwickelt und risikospezifisch konkretisiert hat. Er hat vielmehr die Risiken für Grundrechte und Freiheiten, die von modernen Technikanwendungen ausgehen völlig ignoriert (→ § 1 Rn. 41 ff.). Die Ziele, die mit dem Einsatz von Internetinfrastrukturen, Ubiquitous Computing und Big Data verfolgt werden, widersprechen den Grundsätzen des Datenschutzrechts diametral. In diesem Konflikt dürfte entscheidend sein, dass die neuen Technikanwendungen den betroffenen Personen in den meisten Fällen nicht aufgedrängt werden – in diesem Fall dürften die Grundsätze greifen –, sondern von diesen gewollt werden. Sie wollen sich mit ihrer Hilfe die Träume erfüllen, die sie mit diesen Technikanwendungen verbinden. Sie werden dann als Konsequenz auch damit einverstanden sein müssen, dass die neuen Techniksysteme die notwendige Kenntnis über ihre Lebensweise, Gewohnheiten, Einstellungen und Präferenzen erhalten. Bei Big Data-Auswertungen werden die Betroffenen die Datenverarbeitung nur dann merken, wenn diese zu automatisierten Entscheidungen führen. Wenn Big Data-Auswertungen nur zu statistischen Mustern führen, werden sie zwar unter diese subsumiert, sie werden dies aber nicht als Wirkung von Big-Data-Auswertungen erfahren. In diesen neuen Verhältnissen werden alle Grundsätze fundamental in Frage gestellt. Ohne eine adäquate Neuorientierung der Grundsätze stehen sie in Gefahr, leer zu laufen und ihre Bedeutung für die Steuerung der Informationstechnik und den Schutz der Grundrechte zu verlieren.[125]

III. Erlaubnis zur Datenverarbeitung

94 Jede Datenverarbeitung ist ein Eingriff in das Grundrecht auf Datenschutz (→ § 2 Rn. 40 ff.). Ein solcher Eingriff ist gemäß Art. 8 Abs. 2 und 52 Abs. 1 GRCh nur auf gesetzlicher Grundlage zulässig. Solche gesetzlichen Erlaubnistatbestände der Verordnung finden sich vorrangig in Kapitel II in den Art. 6 bis 11 DSGVO. Möglichkeiten, weitere Erlaubnistatbestände durch die Mitgliedstaaten zu erlassen, gibt es in Art. 22 DSGVO und in Kapitel IX zu besonderen Datenverarbeitungssituationen. Das Bundesdatenschutzgesetz nutzt Öffnungsklauseln der Verordnung, um vereinzelt eigene Regelungen zur Erlaubnis der Datenverarbeitung zu erlassen. Die ePrivacy-VO stellt zudem gesonderte Erlaubnistatbestände für die Verarbeitung von elektronischen Kommunikationsdaten auf.

---

v. 6.10.2015 – C-362/14, ECLI:EU:C:2015:650 – Schrems; EuGH Urt. v. 21.12.2016 – C-203/15 und C-698/15, ECLI:EU:C:2016:970 – Tele2 Sverige.

125 *Roßnagel/Geminn/Jandt/Richter* 2016, 98 ff.

1. Erlaubnistatbestände in den EU-Verordnungen

a) Datenschutz-Grundverordnung

Zentraler Erlaubnistatbestand der Verordnung ist Art. 6 DSGVO. Eine Datenverarbeitung ist nach Abs. 1 UAbs. 1 lit. a dann zulässig, wenn die betroffene Person ihre **Einwilligung** für eine oder mehrere Zwecke gegeben hat. Art. 4 Nr. 11 DSGVO definiert die Einwilligung als eine **freiwillige, in informierter Weise und unmissverständlich** abgegebenen Willensbekundung in Form einer Erklärung oder sonstigen eindeutigen bestätigenden Handlung. Ein Schweigen, vorangekreuzte Kästchen und Untätigkeit der betroffenen Person sollen danach für eine wirksame Einwilligung nicht ausreichen.[126] Wirksam eingeholt werden kann die Einwilligung somit am besten dann, wenn sie als Opt-in-Erklärung ausgestaltet wird. Art. 7 Abs. 1 bis 3 DSGVO stellt weitere Anforderungen auf. So muss die Einwilligung von anderen Erklärungen klar zu unterscheidend abgegeben werden und jederzeit mit Wirkung für die Zukunft widerruflich sein; hierauf ist die betroffene Person hinzuweisen. Die Einwilligung muss zwar nicht schriftlich erfolgen, da sie aber auch zukünftig durch den Verantwortlichen nachweisbar sein muss, ist zu erwarten, dass diese zumindest elektronisch in Textform eingeholt werden wird. Hinsichtlich der Frage, ob die Einwilligung ohne Zwang erfolgte, ist gemäß Art. 7 Abs. 4 DSGVO unter anderem darauf abzustellen, ob die Durchführung des Vertrags unzulässigerweise an die Erhebung nicht erforderlicher Daten geknüpft wurde (**Koppelungsverbot**). Eine Einwilligung gilt als nicht freiwillig erteilt, wenn ein klares Ungleichgewicht zwischen der betroffenen Person und dem Verantwortlichen besteht.[127] 95

Hinsichtlich der Einwilligung von **Kindern** ist die Sondervorschrift des Art. 8 DSGVO zu beachten. Danach ist die Einwilligung von Kindern unter 16 Jahren in Angebote für Dienste der Informationsgesellschaft nur dann wirksam, wenn der Erziehungsberechtigte eingewilligt oder seine Genehmigung erteilt hat.[128] Die Altersgrenze kann durch mitgliedstaatliche Regelungen individuell herabgesetzt werden, darf aber nach Art. 8 Abs. 1 UAbs. 2 DSGVO nicht unter 13 Jahren liegen. Der Verantwortliche hat unter Berücksichtigung der verfügbaren Technik angemessene Anstrengungen zu unternehmen, um eine Authentifizierung des Erziehungsberechtigten durchzuführen.[129] Art. 8 DSGVO gilt nur für Einwilligungen in **Dienste der Informationsgesellschaft.** Das sind alle Dienstleistungen, die in der Regel gegen Entgelt im Fernabsatz mittels Geräten für die elektronische Verarbeitung und Speicherung von Daten auf individuellen Abruf eines Empfängers erbracht werden.[130] Damit regelt die Verordnung die Einwilligung von Kindern nicht für sämtliche Anwendungsbereiche, in denen personenbezogene Daten verarbeitet werden können, sondern nur solche mit Bezug zu Online-Diensten. Sachverhalte ohne Bezug zur digitalen Welt, also „Offline-Sachverhalte“, werden hingegen von Art. 8 DSGVO nicht erfasst. 96

Neben der Einwilligung nennt Art. 6 Abs. 1 UAbs. 1 DSGVO weitere Erlaubnistatbestände, die eine Datenverarbeitung rechtfertigen. So ist eine Verarbeitung personenbezogener Daten nach lit. b zulässig, soweit diese zur **Anbahnung oder Durchführung** ei- 97

126 Eg. 32 DSGVO.

127 Eg. 43 DSGVO; differenzierend *Buchner/Kühling*, in: Kühling/Buchner 2017, Art. 7 Rn. 42 ff.

128 Zur Einwilligung zB *Buchner*, DuD 2016, 158 f.; *Gierschmann*, ZD 2016, 54; *Gola/Schulz*, ZD 2013, 475; *Roßnagel/Nebel/Richter*, ZD 2015, 456; *Gola/Schulz*, RDV 2013, 5 f.; *Dehmel/Hullen*, ZD 2013, 149; *Nebel/Richter*, ZD 2012, 410; *Eckhardt*, CR 2012, 197; *Kipker/Voskamp*, DuD 2012, 737 ff.; *Schneider/Härting*, ZD 2012, 201; zum Opt-in *Caspar*, DuD 2013, 769 f.

129 *Buchner/Kühling*, in: Kühling/Buchner 2017, Art. 7 Rn. 23 ff.

130 Eg. 16 der Richtlinie 98/48/EG vom 20.7.1998 zur Änderung der Richtlinie 98/34/EG über ein Informationsverfahren auf dem Gebiet der Normen und technischen Vorschriften, ABl. EG 1998, L 217/8; Eg. 16 f. der Richtlinie 2000/31/EG vom 8.6.2000 über bestimmte rechtliche Aspekte der Dienste der Informationsgesellschaft, insbesondere des elektronischen Geschäftsverkehrs, im Binnenmarkt („E-Commerce-Richtlinie“), ABl. EG 2000, L 178/1. Zur Abgrenzung *Wendehorst*, in: MüKo 2016, § 312 i BGB Rn. 15 ff.

nes **Vertrags** mit der betroffenen Person erforderlich sind. Der **Schutz lebenswichtiger Interessen** der betroffenen Person oder Dritter ist nach lit. d ein weiterer Zulässigkeitsgrund. Was unter lebenswichtige Interessen fallen soll, ist nicht näher definiert. Erwägungsgrund 46 nennt beispielhaft die Überwachung von Epidemien oder die Versorgung in humanitären Notfällen. Zu diesem Zweck dürfen alle personenbezogenen Daten außer besondere Kategorien personenbezogener Daten verarbeitet werden, da letztere der Sondervorschrift des Art. 9 DSGVO unterfallen.

98 Nach lit. c dürfen personenbezogene Daten verarbeitet werden, soweit sie erforderlich sind, um **rechtliche Verpflichtungen** des Verantwortlichen zu erfüllen. Lit. e erlaubt eine Verarbeitung personenbezogener Daten zur Wahrnehmung von **Aufgaben im öffentlichen Interesse oder zur Ausübung hoheitlicher Gewalt.** Aus der Verbindung mit Art. 6 Abs. 3 Satz 1 DSGVO ergibt sich, dass Abs. 1 UAbs. 1 lit. c und e nur **Scharniernormen** sind und der **eigentliche Erlaubnistatbestand** in der „Rechtsgrundlage für die Verarbeitungen" der Union oder des Mitgliedstaats zu sehen ist. Die Regelungen in lit. c und e allein können keine Verarbeitung personenbezogener Daten rechtfertigen.[131] Sie bestimmen vielmehr die inhaltlichen Anforderungen an einen Erlaubnistatbestand der Union oder des Mitgliedstaats. Die Datenverarbeitung muss durch deren gesetzliche Rechtsgrundlage erlaubt werden, die sie nur zulassen dürfen, wenn sie zur Erfüllung einer rechtlichen Verpflichtung oder zur Wahrnehmung einer Aufgabe erforderlich sind, die im öffentlichen Interesse liegt oder in Ausübung öffentlicher Gewalt erfolgt.

99 Schließlich erlaubt lit. f eine Datenverarbeitung zur **Wahrung berechtigter Interessen** des Verantwortlichen oder eines Dritten. Dieser Erlaubnistatbestand setzt eine **Abwägung mit den Interessen und Grundrechten der betroffenen Person** zum Schutz ihrer personenbezogenen Daten voraus,[132] insbesondere dann, wenn es sich um ein Kind handelt. Die Bestimmung der berechtigten Interessen sowie die Abwägung mit den Interessen der betroffenen Person obliegen allein dem Verantwortlichen. Die Verordnung gibt nur sporadische Beispiele:[133] So könnte ein berechtigtes Interesse beispielsweise vorliegen, wenn eine „maßgebliche und angemessene Beziehung zwischen der betroffenen Person und dem Verantwortlichen besteht", letztere also ein „Kunde des Verantwortlichen ist".[134] Ein berechtigtes Interesse liegt auch in der Verarbeitung personenbezogener Daten „im für die Verhinderung von Betrug unbedingt erforderlichen Umfang" sowie zu Zwecken der Direktwerbung. Die Interessen der betroffenen Person überwiegen, wenn diese „vernünftigerweise nicht mehr mit einer weiteren Verarbeitung rechnen muss". Die Vorschrift gilt gemäß UAbs. 2 nicht für Behörden in Erfüllung ihrer Aufgaben, da es nach Erwägungsgrund 47 dem Gesetzgeber obliegt, hierfür Rechtsgrundlagen zu schaffen.

100 **Zweckänderungen** sind trotz der Zweckbindung nach Art. 5 Abs. 1 lit. b DSGVO gemäß Art. 6 Abs. 4 DSGVO zulässig, wenn eine Einwilligung oder eine unions- oder mitgliedstaatliche Rechtsvorschrift vorliegt, oder wenn der geänderte Zweck mit dem ursprünglichen Zweck vereinbar ist.[135] Um die Vereinbarkeit zu beurteilen, hat der Verantwortliche die in Abs. 4 lit. a bis e genannten Aspekte zu berücksichtigen.

101 Die Verarbeitung **besonderer Kategorien personenbezogener Daten**, die in Art. 9 Abs. 1 DSGVO definiert sind, ist gemäß Art. 9 Abs. 1 DSGVO grundsätzlich **verboten.** Abs. 2 lit. a bis j halten weitgehende **Ausnahmen** von diesem Verbot bereit: Die Verarbeitung solcher Daten ist unter anderem zulässig bei Vorliegen einer Einwilligung (lit. a), zur

131 Ebenso *Kühling/Martini u.a.*, Die DSGVO und das nationale Recht, 2016, 30.
132 Ausführlich *Buchner/Petri*, in: Kühling/Buchner 2017, Art. 6 Rn. 141 ff.
133 Für nachfolgende Beispiele s. Eg. 47 DSGVO.
134 Hier ist jedoch auf die Abgrenzung zu Art. 6 Abs. 1 UAbs. 1 lit. b DSGVO zu achten.
135 Dazu auch *Richter*, DuD 2015, 736 ff.; *Roßnagel/Nebel/Richter*, ZD 2015, 457; *Gierschmann*, ZD 2016, 54.

Wahrung der aus dem Arbeitsrecht und dem Bereich der sozialen Sicherheit erwachsenden Rechte und Pflichten (lit. b), zur Wahrung lebenswichtiger Interessen, sofern die betroffene Person nicht einwilligen kann (lit. c), durch politische, weltanschauliche, religiöse oder gewerkschaftliche Interessenvertretungen für ihre (auch ehemaligen) Mitglieder (lit. d), bei offensichtlich öffentlich gemachten Daten (lit. e), zur Durchsetzung von Rechtsansprüchen (lit. f), für erhebliche öffentliche Interessen, sofern der Eingriff verhältnismäßig ist (lit. g), für Zwecke der Gesundheitsvorsorge und Arbeitsmedizin (lit. h), für die öffentliche Gesundheit und zur Sicherheit von Medizinprodukten (lit. i) sowie für im öffentlichen Interesse liegende Archivzwecke, wissenschaftliche Forschungszwecke und statistische Zwecke (lit. j).

Personenbezogene Daten im Zusammenhang mit **Strafurteilen** und **Straftaten** dürfen gemäß Art. 10 DSGVO auch bei Vorliegen einer der Erlaubnistatbestände aus Art. 6 Abs. 1 DSGVO nur unter Aufsicht einer Behörde verarbeitet werden oder wenn der Datenumgang durch unions- oder mitgliedstaatliches Recht legitimiert ist und die Rechte der betroffenen Person gewahrt werden. 102

Die **automatisierte Generierung von Einzelentscheidungen** (→ § 8 Rn. 227 ff.) ist nach Art. 22 Abs. 2 DSGVO als Ausnahme vom Verbot in Abs. 1 dieser Vorschrift dann zulässig, wenn diese zur Vertragsdurchführung erforderlich ist, unions- oder mitgliedstaatliches Recht sie erlaubt oder die betroffene Person eingewilligt hat. Das Verbot umfasst auch **Profiling und Scoring**, solange diese ausschließlich auf einer automatisierten Entscheidung beruhen; andernfalls fallen diese unter Art. 6 Abs. 1 DSGVO. Davon ausgenommen sind gemäß Art. 22 Abs. 4 DSGVO besondere Kategorien personenbezogener Daten, sofern nicht die Voraussetzungen des Art. 9 Abs. 2 DSGVO erfüllt sind. Kinder sollten einer automatisierten Generierung von Einzelentscheidungen nicht unterworfen werden.[136] 103

b) ePrivacy-Verordnung

Neben der Datenschutz-Grundverordnung enthält auch die **ePrivacy-Verordnung** (→ § 8 Rn. 43 ff.) Erlaubnistatbestände zur Datenverarbeitung. Dabei unterscheidet sie in Art. 6 ePrivacy-VO zwischen elektronischen Kommunikationsmetadaten, elektronischen Kommunikationsinhalten sowie **elektronische Kommunikationsdaten**, die als Überbegriff nach Art. 4 Abs. 3 lit. a ePrivacy-VO sowohl die Metadaten als auch die Inhaltsdaten umfassen. Weiterhin wird für jede der Datenkategorien in Art. 6 Abs. 1 bis 3 ePrivacy-VO abschließend festgelegt, unter welchen Umständen und gegebenenfalls für welche Zwecke diese verarbeitet werden dürfen. Sofern eine **Einwilligung** des Nutzers vorausgesetzt wird, verweist Art. 9 ePrivacy-VO auf die Datenschutz-Grundverordnung. 104

Darüber hinaus untersagt Art. 8 ePrivacy-VO die Erhebung von Informationen, die sich auf dem Endgerät des Nutzers befinden sowie solchen Informationen, die vom Endgerät ausgesendet werden, um sich mit anderen Geräten oder Netzanlagen zu verbinden. Unter den in Art. 8 Abs. 1 und 2 ePrivacy-VO genannten Voraussetzungen ist eine Erhebung dieser Daten jedoch erlaubt. Die vorgesehenen Zwecke beschränken sich dabei – sofern keine Einwilligung vorliegt – im Wesentlichen auf die Durchführung und Bereitstellung der Dienste. 105

136 Eg. 71 DSGVO. Zum Profiling s. zB *Roßnagel/Richter/Nebel*, ZD 2013, 108; *Ehmann*, ZD 2015, 10.

2. Erlaubnistatbestände im deutschen Recht

a) Bisherige Regelungen im deutschen Recht

106 Das bisherige Bundesdatenschutzgesetz gestaltet die Erlaubnistatbestände **ausdifferenziert** und **risikoorientiert.** Vor allem aber sind sie in der Regel mit bereichsspezifischen Anforderungen in dem jeweiligen Fachgesetz enthalten. Der Sozialdatenschutz ist in §§ 67 a ff. SGB X umfassend geregelt (→ § 7 Rn. 110 ff.). Für Telemediendienste gelten die Erlaubnistatbestände hinsichtlich Bestands- und Nutzungsdaten der §§ 14 und 15 TMG (→ § 8 Rn. 145 ff. und Rn. 148 ff.). Für Verkehrs- und Standortdaten bei Telekommunikationsdienstleistungen gelten §§ 91 ff. TKG (→ § 8 Rn. 72 ff.). Spezielle Erlaubnistatbestände zur Datenverarbeitung im öffentlichen Bereich (→ § 7 Rn. 1 ff.) finden sich unter anderem in §§ 21 ff. BPolG zur Wahrnehmung von Aufgaben der öffentlichen Sicherheit, in § 16 Abs. 2 bis 9 BStatG für statistische Zwecke, in §§ 4 f. BArchG für Zwecke der Archivierung. Sind keine spezialgesetzlichen Regelungen oder Landesdatenschutzgesetze einschlägig, gelten subsidiär nach § 1 Abs. 3 Satz 1 BDSG die allgemeinen Erlaubnistatbestände des bisherigen Bundesdatenschutzgesetzes.[137]

107 Das bisherige Bundesdatenschutzgesetz sieht für alle datenverarbeitenden Stellen zunächst allgemeine Bestimmungen vor, die in ihrer derzeitigen Form hauptsächlich auf der Datenschutz-Richtlinie 95/46/EG beruhen. So gilt nach § 4 Abs. 1 BDSG a.F. der Grundsatz, dass eine Datenverarbeitung nur zulässig ist, wenn eine **Einwilligung** oder ein **gesetzlicher Erlaubnistatbestand** vorliegt. Personenbezogene Daten sind gemäß § 4 Abs. 2 BDSG a.F. grundsätzlich beim Betroffenen zu erheben. Beim Umgang mit personenbezogenen Daten ist weiterhin der Zweckbindungsgrundsatz zu beachten. Als weitere allgemeine Vorschrift verbietet § 6 a BDSG a.F. ausschließlich auf automatisierter Verarbeitung personenbezogener Daten beruhende Einzelentscheidungen. Hinsichtlich spezieller Erlaubnistatbestände differenziert das bisherige Bundesdatenschutzgesetz nach **öffentlichen und nichtöffentlichen Stellen.** Erlaubnistatbestände für öffentliche Stellen ergeben sich aus §§ 12 ff. BDSG a.F., solche für nichtöffentliche Stellen und öffentlich-rechtliche Wettbewerbsunternehmen aus §§ 27 ff. BDSG a.F.

108 Den Erlaubnistatbeständen liegen genaue, nach dem Risiko für den Betroffenen, Zweck und Herkunft der Daten abgestufte Interessenabwägungen zugrunde. Im **nichtöffentlichen** Bereich unterscheidet das Bundesdatenschutzgesetz danach, ob eine verantwortliche Stelle Daten für **eigene Geschäftszwecke** erhebt, speichert, verändert oder übermittelt oder ob dies geschäftsmäßig zum **Zweck der Übermittlung** an andere Stellen erfolgt. Den Datenumgang für eigene Geschäftszwecke regelt § 28 BDSG a.F. Ein Datenumgang ist nach § 28 Abs. 1 Satz 1 Nr. 1 bis 3 BDSG a.F. erlaubt, wenn er zur Begründung, Durchführung oder Beendigung eines Schuldverhältnisses erforderlich ist, wenn es zur Wahrung berechtigter Interessen der verantwortlichen Stelle erforderlich ist oder wenn die Daten allgemein zugänglich sind. Für die beiden letztgenannten Fälle ist eine weiter abgestufte Interessenabwägung erforderlich. Abs. 2 regelt weiter, wann eine Übermittlung und Nutzung für andere Zwecke zulässig ist. Abs. 3 stellt Sonderbestimmungen für die Nutzung personenbezogener Daten zu Werbezwecken auf und Abs. 6 bis 9 regeln die Verarbeitung besonderer Kategorien personenbezogener Daten im Sinn des § 3 Abs. 9 BDSG a.F. für eigene Geschäftszwecke. § 28 a BDSG a.F. erlaubt die Datenübermittlung an Auskunfteien bei nicht erbrachter Leistung, wenn die Übermittlung zur Wahrung berechtigter Interessen erforderlich ist und die Forderung gerichtlich oder außergerichtlich anerkannt wurde. § 28 b BDSG a.F. erlaubt die Erhebung und Verwendung eines Wahrscheinlichkeitswerts zur Entscheidung über die Begründung oder Durchführung eines Vertrags. Den Beschäftigtendatenschutz regelt § 32 BDSG a.F.

137 Zusätzlich können weitere Vorschriften aus Kollektivvereinbarungen gelten.

Die geschäftsmäßige Datenerhebung und -speicherung **zum Zweck der Übermittlung insbesondere für Werbung, Tätigkeiten von Auskunfteien und Adresshandel**, unterliegt den Voraussetzungen des § 29 BDSG a.F. Das geschäftsmäßige Erheben, Speichern, Verändern und Nutzen von Daten ist gemäß § 29 Abs. 1 Satz 1 Nr. 1 bis 3 BDSG a.F. nur zulässig, wenn der Betroffene kein schutzwürdiges Interesse am Ausschluss des Datenumgangs hat, wenn die Daten aus allgemein zugänglichen Quellen stammen und das schutzwürdige Interesse des Betroffenen am Ausschluss des Datenumgangs nicht überwiegt oder wenn bestimmte Voraussetzungen des § 28 a BDSG a.F. vorliegen. Die geschäftsmäßige Übermittlung unterliegt zudem den Voraussetzungen des § 29 Abs. 2 BDSG a.F. Für die Übermittlung in anonymisierter Form gilt § 30 BDSG a.F. Datenerhebung, -verarbeitung und -nutzung für Zwecke der Markt- und Meinungsforschung regelt § 30 a BDSG a.F. 109

b) Regelungen des neuen Bundesdatenschutzgesetzes

Das neue Bundesdatenschutzgesetz enthält nur vereinzelte Ermächtigungsgrundlagen zur Datenverarbeitung. Dabei unterscheidet es teilweise zwischen öffentlichen und nichtöffentlichen Stellen. Unter den gemeinsamen Bestimmungen zur Umsetzung sowohl der Verordnung als auch der JI-Richtlinie regelt § 3 BDSG ganz allgemein die **Verarbeitung personenbezogener Daten durch öffentliche Stellen** zur Erfüllung der in der Zuständigkeit des Verantwortlichen liegenden Aufgaben oder zur Ausübung öffentlicher Gewalt (→ § 7 Rn. 1 ff. und Rn. 53 ff.). § 4 BDSG erlaubt die **Videoüberwachung öffentlich zugänglicher Räume**. Die Regelung entspricht fast wortgleich dem § 6 b BDSG a.F. (→ § 3 Rn. 118 ff.). Ermächtigungsgrundlagen, die speziell der Umsetzung der Verordnung dienen, finden sich in §§ 22 ff. BDSG und regeln die Verarbeitung besonderer Kategorien personenbezogener Daten, Verarbeitung zu anderen Zwecken als dem ursprünglichen Zweck und Datenübermittlung durch öffentliche Stellen. 110

aa) Besondere Kategorien personenbezogener Daten

§ 22 BDSG stellt Voraussetzungen zur Verarbeitung **besonderer Kategorien personenbezogener Daten** auf. Dabei unterscheidet § 22 Abs. 1 BDSG zwischen **öffentlichen** und **nichtöffentlichen** Stellen. Die Vorgaben der Nr. 1 gelten für beide, etwa zum Zweck des Rechts der sozialen Sicherheit und des Sozialschutzes in lit. a, zum Zweck von Maßnahmen im Gesundheits- und Sozialbereich nach lit. b oder aus Gründen des öffentlichen Interesses im Bereich der öffentlichen Gesundheit nach lit. c. 111

Die Vorgaben des § 22 Abs. 1 Nr. 2 BDSG ermächtigen darüber hinaus speziell **öffentliche Stellen**, **besondere Kategorien personenbezogener Daten** zu verarbeiten. Nach lit. a ist das möglich, soweit es aus Gründen eines erheblichen öffentlichen Interesses oder nach lit. c zur Abwehr erheblicher Nachteile für das Gemeinwohl oder zur Wahrung erheblicher Belange des Gemeinwohls zwingend erforderlich ist. Nach lit. b ist eine Verarbeitung zulässig, wenn dies zur Abwehr einer erheblichen Gefahr für die öffentliche Sicherheit oder nach lit. d aus zwingenden Gründen der Verteidigung oder zur Erfüllung über- oder zwischenstaatlicher Verpflichtungen einer öffentlichen Stelle des Bundes auf dem Gebiet der Krisenbewältigung oder Konfliktverhinderung erforderlich ist. § 22 Abs. 2 BDSG listet einen nicht abschließenden Katalog angemessener und spezifischer Maßnahmen auf, die der für die Verarbeitung Verantwortliche zur Wahrung der Interessen der betroffenen Person wahrnehmen soll. Gemäß § 22 Abs. 2 Satz 3 BDSG gilt Abs. 2 nicht für die Verarbeitung zum Zweck von Maßnahmen im Gesundheits- und Sozialbereich nach § 22 Abs. 1 Nr. 1 lit. b BDSG, da lit. b eigene diesbezügliche Anforderungen aufstellt. 112

bb) Verarbeitung zu anderen Zwecken

113 Weiterhin regelt das neue Bundesdatenschutzgesetz die Verarbeitung personenbezogener Daten zu **anderen Zwecken** als demjenigen, für den die Daten ursprünglich erhoben wurden. § 23 BDSG richtet sich an öffentliche Stellen und entspricht weitestgehend § 13 Abs. 2, 14 Abs. 2 bis 4 BDSG a.F. § 24 BDSG richtet sich an nichtöffentliche Stellen und orientiert sich an den §§ 28 Abs. 2 Nr. 2 b, 28 Abs. 2 iVm Abs. Nr. 2, 28 Abs. 8 Satz 1 iVm Abs. 6 Nr. 1 bis 3 und Abs. 7 Satz 2 BDSG a.F.[138] **Öffentliche Stellen** dürfen im Rahmen ihrer Aufgabenerfüllung danach personenbezogene Daten zu anderen als dem ursprünglichen Zweck erheben, wenn eine der Voraussetzungen des § 23 Abs. 1 Nr. 1 bis 6 BDSG erfüllt sind. Für besondere Kategorien personenbezogener Daten gilt gemäß § 23 Abs. 2 BDSG zusätzlich Art. 9 Abs. 2 DSGVO und § 22 BDSG. **Nichtöffentliche Stellen** dürfen demgegenüber personenbezogene Daten zu anderen als dem ursprünglichen Zweck nur dann verarbeiten, wenn dies nach § 24 Abs. 1 Nr. 1 BDSG zur Abwehr von Gefahren für die staatliche oder öffentliche Sicherheit oder zur Verfolgung von Straftaten oder nach Nr. 2 zur Geltendmachung, Ausübung oder Verteidigung von Rechtsansprüchen erforderlich ist und Interessen der betroffenen Person nicht überwiegen. Für besondere Kategorien personenbezogener Daten gilt auch hier gemäß § 23 Abs. 2 BDSG zusätzlich Art. 9 Abs. 2 DSGVO und § 22 BDSG.

cc) Datenübermittlung

114 § 25 BDSG gestattet öffentlichen Stellen eine **Datenübermittlung** an Dritte und differenziert danach, ob der Empfänger nach Abs. 1 eine öffentliche oder nach Abs. 2 eine nichtöffentliche Stelle ist. Eine Datenübermittlung durch öffentliche Stellen an andere öffentliche Stellen ist nach § 25 Abs. 1 möglich, wenn dies für die Aufgabenerfüllung des Übermittelnden oder Empfängers erforderlich ist und die Voraussetzungen des § 23 BDSG vorliegen.

115 Eine **Übermittlung an nichtöffentliche Stellen** ist nach § 25 Abs. 2 Satz 1 Nr. 1 BDSG zulässig, wenn sie zur Erfüllung der in der Zuständigkeit des Übermittelnden liegenden Aufgaben erforderlich sind. Nach Nr. 2 soll eine Übermittlung an nichtöffentliche Dritte zulässig sein, wenn der Dritte ein berechtigtes Interesse an der Kenntnis der Daten glaubhaft machen kann. Nach Nr. 3 ist die Datenübermittlung dann zulässig, wenn sie zur Geltendmachung, Ausübung oder Verteidigung rechtlicher Ansprüche erforderlich ist. Einerseits muss der Dritte sich gegenüber der öffentlichen Stelle verpflichten, die Daten nur für den Zweck zu verarbeiten, für den sie übermittelt wurden. Andererseits soll nach § 25 Abs. 2 Satz 2 BDSG eine Verarbeitung zu anderen Zwecken zulässig sein, wenn die Übermittlung nach Satz 1 zulässig ist und die übermittelnde Stelle zugestimmt hat. Für besondere Kategorien personenbezogener Daten gilt Abs. 3. Damit entspricht § 25 BDSG im Wesentlichen den §§ 15 und 16 BDSG a.F. Eine vergleichbare Vorschrift für nichtöffentliche Stellen, ähnlich den §§ 29 ff. BDSG a.F., gibt es im neuen Bundesdatenschutzgesetz nicht mehr. Hier ist auf die allgemeinen Vorschriften der Verordnung, insbesondere Art. 6 DSGVO, zurückzugreifen.

dd) Sonstige

116 Weiterhin hält das neue Bundesdatenschutzgesetz Ermächtigungsgrundlagen für besondere Datenverarbeitungssituationen bereit, nämlich hinsichtlich der Datenverarbeitung für Zwecke des **Beschäftigungsverhältnisses** nach § 26 BDSG (→ § 8 Rn. 1 ff.), zu **wissenschaftlichen** oder historischen **Forschungszwecken** und zu **statistischen** Zwecken gemäß § 27 BDSG (→ § 7 Rn. 146 ff. und Rn. 241 ff.), zu im öffentlichen Interesse liegenden **Archivzwecken** nach § 28 BDSG (→ § 7 Rn. 191 ff.) sowie zur Datenverarbeitung

138 BT-Drs. 18/11325, 96.

zum Zwecke des **Scorings** und Bonitätsauskünften nach § 31 BDSG (→ § 8 Rn. 227 ff.). Weitere Ermächtigungsgrundlagen, die speziell der Umsetzung der Richtlinie dienen, finden sich in §§ 48 ff. BDSG (→ § 7 Rn. 53 ff.).

3. Verhältnis des Bundesdatenschutzgesetzes zur Verordnung

a) Allgemeine Regelung des § 3 BDSG

§ 3 BDSG nutzt den Regelungsspielraum des Art. 6 Abs. 1 UAbs. 1 lit. e iVm Abs. 3 Satz 1 DSGVO. § 3 BDSG stellt eine **subsidiäre**, allgemeine Rechtsgrundlage dar.[139] Sie gilt demnach nicht, sofern die Verordnung unmittelbar anwendbar ist,[140] etwa im Rahmen von Art. 6 Abs. 1 DSGVO, oder wenn bereichsspezifische, auf Grundlage der Verordnung oder der Richtlinie erlassene, nationale Gesetze vorrangig anwendbar sind (→ § 7 Rn. 1 ff. und Rn. 53 ff.).[141] 117

b) Videoüberwachung

Die Ermächtigung zur **Videoüberwachung** nach § 4 BDSG entspricht in ihrem Wortlaut weitestgehend § 6 b BDSG a.F. Über eine Öffnungsklausel schweigt sich die Gesetzesbegründung aus. Diese ist für jeden gesetzlichen Erlaubnistatbestand eines Mitgliedstaats gesondert festzustellen. Hinsichtlich der **Aufgabenerfüllung öffentlicher Stellen** und solcher nichtöffentlichen Stellen, die die Wahrnehmung hoheitlicher Aufgaben übertragen bekommen haben, nach § 4 Abs. 1 Satz 1 Nr. 1 BDSG, stellt Art. 6 Abs. 1 UAbs. 1 lit. e iVm Abs. 3 DSGVO eine geeignete Öffnungsklausel da. Soll die Videoüberwachung jedoch der Strafverfolgung oder Gefahrenabwehr dienen, sind konkrete, bereichsspezifische Regelungen notwendig, die hinsichtlich des Zwecks der Datenverarbeitung und der Eingriffsintensität bestimmt genug sein müssen, um den Eingriff in die informationelle Selbstbestimmung zu rechtfertigen. § 4 Abs. 1 Nr. 1 BDSG erfüllt diese Anforderungen jedenfalls nicht.[142] Der Anwendungsbereich der Nr. 1 ist daher eng auszulegen. 118

Hinsichtlich der **Videoüberwachung zur Wahrnehmung des Hausrechts** nach § 4 Abs. 1 Satz 1 Nr. 2 BDSG kommt nur Art. 6 Abs. 1 UAbs. 1 lit. f DSGVO als Rechtsgrundlage in Frage. Dieser eröffnet dem deutschen Gesetzgeber jedoch keine Regelungskompetenz nach Art. 6 Abs. 2 oder 3 DSGVO. Die Wahrnehmung des Hausrechts ist auch bei einer öffentlichen Stelle weder eine Aufgabe im öffentlichen Interesse im Sinne des Art. 6 Abs. 1 UAbs. 1 lit. e DSGVO noch kommt sie rechtlichen Verpflichtungen im Sinne des Art. 6 Abs. 1 UAbs. 1 lit. c DSGVO nach. § 4 Abs. 1 Satz 1 Nr. 2 BDSG ist daher **unionsrechtswidrig.** 119

Für § 4 Abs. 1 Nr. 3 BDSG hinsichtlich der **Videoüberwachung zur Wahrnehmung berechtigter Interessen** ist einzig Art. 6 Abs. 1 UAbs. 1 lit. f DSGVO eine denkbare Rechtsgrundlage. Dieser gewährt dem nationalen Gesetzgeber jedoch keine eigene Regelungskompetenz, sodass Nr. 3 als **unionsrechtswidrig** angesehen werden muss. Insbesondere nichtöffentliche Stellen müssen grundsätzlich zur Beurteilung der Rechtmäßigkeit der Videoüberwachung auf Art. 6 Abs. 1 DSGVO zurückgreifen. 120

Für den – damit verbleibenden engen – Anwendungsbereich des § 4 Abs. 1 Satz 1 BDSG gibt Satz 2 Anhaltspunkte vor, wann von einem besonders wichtigem Interesse auszugehen ist, die Videoüberwachungsmaßnahmen rechtfertigen. Satz 2 ist **unions- und verfassungsrechtlich äußerst bedenklich**, da die Regelung auf unverhältnismäßige Weise in 121

139 BT-Drs. 18/11325, 81.
140 BT-Drs. 18/11325, 70.
141 BT-Drs. 18/11325, 81 nennt zB Verarbeitung von Sozialdaten nach SGB.
142 Bezüglich der wortgleichen Regelung des § 6 b Abs. 1 Nr. 1 BDSG a.F. *Brink*, in: Wolff/Brink 2017, § 6 b BDSG, Rn. 12; kritisch hinsichtlich des Videoüberwachungsverbesserungsgesetzes und der Umsetzung in der Verordnung auch *Weinhold*, ZD-aktuell 2017, 05555; vgl. auch *Buchner/Petri*, in: Kühling/Buchner 2017, Art. 6 Rn. 138 und 172; *Scholz*, in: Simitis 2014, § 6 b Rn. 72 und 155.

grundrechtssensible Lebensbereiche einer Vielzahl von Personen eingreift, ohne hinreichend genaue Kriterien aufzustellen und zwischen Risiken und Nutzen abzuwägen.[143] Es ist daher zu erwarten, dass § 4 BDSG in seiner jetzigen Form keinen dauerhaften Bestand haben wird.

c) Verarbeitung besonderer Kategorien personenbezogener Daten

122 Der Gesetzgeber macht für die Verarbeitung **besonderer Kategorien personenbezogener Daten** nach § 22 Abs. 1 Nr. 1 lit. a bis c BDSG von den Öffnungsklauseln des Art. 9 Abs. 2 lit. b, h und i DSGVO Gebrauch. Art. 9 Abs. 2 lit. b DSGVO setzt zusätzlich geeignete Garantien voraus, die in § 22 Abs. 2 BDSG vorgesehen sind. Art. 9 Abs. 2 lit. h iVm Abs. 3 DSGVO setzt voraus, dass Angehörige der Gesundheitsberufe der Geheimhaltungspflicht unterliegen. Im deutschen Recht gibt es umfangreiche Berufsgeheimnispflichten; auch § 203 StGB gewährleistet einen entsprechenden Schutz. Art. 9 Abs. 2 lit. i DSGVO setzt angemessene und spezifische Maßnahmen voraus, um die Rechte der betroffenen Person zu wahren. Auch hierfür stellt sowohl § 22 Abs. 2 BDSG als auch § 203 StGB ausreichende Vorgaben auf. § 22 Abs. 1 Nr. 1 BDSG ist damit ausreichend spezifisch und ist in seinem Anwendungsbereich vorrangig vor der Verordnung anwendbar.

123 Demgegenüber gilt § 22 Abs. 1 Nr. 2 BDSG nur für **öffentliche Stellen.** Nach der Gesetzesbegründung wird Art. 9 Abs. 2 lit. g DSGVO umgesetzt.[144] Ein entsprechender Wortlaut einschließlich der nach lit. g geforderten Interessenabwägung findet sich in § 22 Abs. 1 Nr. 2 lit. a BDSG, wobei das Bundesdatenschutzgesetz abweichend von der Verordnung eine **„zwingende Erforderlichkeit"** voraussetzt. Fraglich ist jedoch, worauf § 22 Abs. 1 Nr. 2 lit. b bis d BDSG zurückzuführen ist. Entsprechende Formulierungen finden sich in Art 23 DSGVO, etwa hinsichtlich der Datenverarbeitung zu Zwecken der öffentlichen Sicherheit, des Gemeinwohls oder aus Gründen der Verteidigung. Art. 23 DSGVO ist aber auf Art. 9 DSGVO nicht anwendbar. Die in § 22 Abs. 1 Nr. 2 lit. b bis d BDSG aufgeführten Verarbeitungszwecke könnten lediglich hilfsweise unter lit. a subsumiert werden, wenn diese als „erhebliches öffentliches Interesse" ausgelegt werden. Eine Verarbeitung müsste dann aber in jedem Fall „zwingend erforderlich" sein. Als eigenständiger Datenverarbeitungstatbestand fehlt es für § 22 Abs. 1 Nr. 2 lit. b bis d BDSG jedenfalls an einer Rechtsgrundlage im Unionsrecht, so dass diese als **unionsrechtswidrig** angesehen werden muss.

d) Verarbeitung zu anderen Zwecken

124 Die **Verarbeitung personenbezogener Daten zu anderen Zwecken** nach §§ 23 und 24 BDSG basieren auf dem Verweis des Art. 6 Abs. 4 DSGVO, durch mitgliedstaatliches Recht eigene Rechtsvorschriften zu erlassen. Ob Art. 6 Abs. 4 DSGVO eine **selbstständige Ermächtigungsgrundlage** darstellt, ist **umstritten.**[145] Der Gesetzgeber nutzt für § 23 BDSG die Öffnungsklausel des Art. 6 Abs. 4 iVm Art. 23 DSGVO. Begründen lässt sich dies jedoch nur für § 23 Abs. 1 Nr. 3 bis 6 BDSG, die entsprechende Verarbeitungszwecke des Art. 23 DSGVO aufgreifen. Keine entsprechende Rechtsgrundlage findet sich jedoch für § 23 Abs. 1 Nr. 1 und 2 BDSG, da die Verordnung die dort genannten Verarbeitungszwecke in Art. 23 DSGVO nicht vorsieht. So entspricht die Annahme des § 23 Abs. 1 Nr. 1 BDSG, dass die Verarbeitung im Interesse der Person liegt und diese in Kenntnis des Zwecks ihre Einwilligung nicht verweigern würde, nicht den Vorgaben des

143 Ausführlich *Weinhold*, ZD-aktuell 2017, 05555; *Helfrich*, ZD 2017, 98.
144 BT-Drs. 18/11325, 95.
145 S. einerseits zB *Kühling/Martini u.a.*, Die DSGVO und das nationale Recht, 2016, 38, andererseits zB *Buchner/Petri*, in: Kühling/Buchner 2017, Art. 6 Rn. 181 ff., 199 f.; *Reimer*, in: Sydow 2017, Art. 6 Rn. 67 und 69.

Art. 7 Abs. 1 DSGVO zu den Voraussetzungen einer datenschutzrechtlichen Einwilligung. Die Verarbeitung von Daten zu anderen Zwecken bei Unrichtigkeit der Daten könnte je nach Einzelfall unter Art. 23 DSGVO fallen und damit rechtmäßig sein, zB zur Verfolgung oder Aufdeckung von Straftaten nach Art. 23 lit. d DSGVO oder zur Verfolgung von Verstößen gegen berufsständische Regelungen nach Art. 23 lit. g DSGVO. Dies ist im Einzelfall zu prüfen.

Als Rechtsgrundlage der Verarbeitung personenbezogener Daten durch nichtöffentliche Stellen zu Zwecken der **Gefahrenabwehr** nach § 24 Abs. 1 Nr. 1 BDSG kommt Art. 6 Abs. 1 UAbs. 1 lit. e, Abs. 2 iVm Art. 23 lit. d DSGVO in Betracht. § 24 Abs. 1 Nr. 1 BDSG kann aber nur gelten, **wenn der nichtöffentlichen Stelle die Wahrnehmung der öffentlichen Aufgabe übertragen wurde** (→ § 7 Rn. 10 ff.), da dem Gesetzgeber andernfalls keine Regelungskompetenz zukommt. § 24 Abs. 1 Nr. 2 BDSG erfüllt die Voraussetzungen des Art. 6 Abs. 1 UAbs. 1 lit. c, Abs. 2 iVm Art. 23 lit. j DSGVO und ist damit vorrangig anwendbar. 125

e) Datenübermittlung durch öffentliche Stellen

Da der Begriff „Datenübermittlung" in der Verordnung vom Begriff der „Verarbeitung" nach Art. 4 Nr. 2 DSGVO mit umfasst wird, dient als Rechtsgrundlage für die **Datenübermittlung durch öffentliche Stellen** nach § 25 Abs. 1 BDSG die Öffnungsklausel des Art. 6 Abs. 1 UAbs. 1 lit. e, Abs. 2 DSGVO. § 25 Abs. 1 BDSG ist damit vorrangig anzuwenden. 126

Die Varianten des § 25 Abs. 2 Satz 1 BDSG sind differenziert zu betrachten: § 25 Abs. 2 Satz 1 Nr. 1 BDSG basiert ebenfalls auf Art. 6 Abs. 2 iVm Abs. 1 UAbs. 1 lit. e DSGVO und § 25 Abs. 2 Satz 1 Nr. 3 BDSG entspricht der Öffnungsklausel des Art. 6 Abs. 2 iVm Abs. 1 UAbs. 1 lit. c DSGVO. Beide sind vorrangig anwendbar. § 25 Abs. 2 Satz 1 Nr. 2 BDSG zur Datenübermittlung **an nichtöffentliche Dritte bei berechtigtem Interesse des Dritten** entbehrt hingegen jeder Rechtsgrundlage in der Verordnung: Denkbarer Anwendungsfall wäre etwa, dass Einwohnermeldeämter Daten der gemeldeten Bürger an Unternehmen herausgeben, wenn diese die Daten für eigene Geschäftszwecke nutzen möchten. Eine Rechtsgrundlage für diese Regelung bestünde nur, wenn die Datenübermittlung zur Wahrnehmung öffentlicher Aufgaben erforderlich wäre oder der Erfüllung rechtlicher Verpflichtungen dient, da nur hier den Mitgliedstaaten durch Art. 6 Abs. 2 iVm Abs. 1 UAbs. 1 lit. c und e DSGVO ein Regelungsspielraum eröffnet wird. Beide Regelungsvarianten finden sich bereits in § 25 Abs. 2 Satz 1 Nr. 1 und 3 BDSG, sodass für § 25 Abs. 2 Satz 1 Nr. 2 BDSG kein Raum bleibt. Damit ist die Variante des § 25 Abs. 2 Satz 1 Nr. 2 BDSG **unionsrechtswidrig.** 127

Die **zweckfremde Verwendung der Daten** nach § 25 Abs. 2 Satz 2 BDSG bei Vorliegen der Voraussetzungen des Satzes 1 und Zustimmung der übermittelnden Stelle entspricht nicht den Vorgaben, die Art. 6 Abs. 4 DSGVO an eine zweckfremde Datenverarbeitung stellt. Vielmehr müsste für eine rechtmäßige Datenverarbeitung statt eines Verweises auf § 25 Abs. 2 Satz 1 BDSG die Vorgaben des § 23 BDSG erfüllt sein. § 25 Abs. 2 Satz 2 BDSG ist damit in seiner gegenwärtigen Form **unionsrechtswidrig.** 128

f) Sonstige Erlaubnistatbestände

Hinsichtlich des Verhältnisses der besonderen Datenverarbeitungssituationen der §§ 26 ff. BDSG zur Verordnung sei auf die Ausführungen (→ § 7 Rn. 146 ff. sowie § 8 Rn. 1 ff. und Rn. 227 ff.) verwiesen. 129

4. Zusammenspiel von Verordnung und Bundesdatenschutzgesetz

130 Aufgrund der **Ko-Regulierung** der Zulässigkeit der Datenverarbeitung durch das Recht der Union und der Mitgliedstaaten werden sich Erlaubnistatbestände zur Datenverarbeitung zukünftig sowohl in der Verordnung als auch im Bundesdatenschutzgesetz sowie in zahlreichen Spezialgesetzen finden.

131 Hinsichtlich der **Einwilligung** gilt ausschließlich Art. 6 Abs. 1 UAbs. 1 lit. a iVm Art. 7 DSGVO. Bezüglich der Einwilligung von **Kindern** in Dienste der Informationsgesellschaft sind die speziellen Vorgaben des Art. 8 DSGVO zu beachten. Da der deutsche Gesetzgeber von der Ermächtigungsgrundlage des Art. 8 DSGVO keinen Gebrauch gemacht hat, gilt die Altersgrenze von 16 Jahren für die rechtmäßige Erteilung der Einwilligung durch ein Kind.

132 Sollen personenbezogene Daten für die **Erfüllung eines Vertrags** oder zur Durchführung vorvertraglicher Maßnahmen verarbeitet werden, gilt Art. 6 Abs. 1 UAbs. 1 lit. b DSGVO. Dient die Datenverarbeitung der **Erfüllung einer rechtlichen Verpflichtung,** gelten § 24 Abs. 1 Nr. 2 und § 25 Abs. 2 Satz 1 Nr. 3 BDSG vorrangig. Für die Verarbeitung personenbezogener Daten zum **Schutz lebenswichtiger Interessen** der betroffenen oder einer anderen Person gilt Art. 6 Abs. 1 UAbs. 1 lit. d DSGVO.

133 Dient die Datenverarbeitung einer **Aufgabe im öffentlichen Interesse** oder der Ausübung hoheitlicher Gewalt, also durch öffentliche Stellen oder solche nichtöffentlichen Stellen, denen hoheitliche Aufgaben übertragen wurden, sind zunächst spezialgesetzliche Regelungen heranzuziehen (→ § 7 Rn. 1 ff.). Hinsichtlich der **Videoüberwachung** durch öffentliche Stellen gilt vorrangig § 4 Abs. 1 Nr. 1 und 2 BDSG. Bei einer **Datenübermittlung** an öffentliche oder nichtöffentliche Stellen ist vorrangig § 25 BDSG zu prüfen. Subsidiär gilt § 3 BDSG als allgemeine Norm. Schließlich ist eine Datenverarbeitung durch nichtöffentliche Stellen, die der **Wahrung berechtigter Interessen** dient, ausschließlich nach Art. 6 Abs. 1 UAbs. 1 lit. f DSGVO zu beurteilen.

134 Sollen personenbezogene Daten zu einem **anderen Zweck** als dem, für den sie ursprünglich erhoben wurden, verarbeitet werden, gilt für öffentliche Stellen neben gegebenenfalls einschlägigen Fachgesetzen vor allem § 23 BDSG und für nichtöffentliche Stellen § 24 BDSG, in dem Umfang, wie diese nicht unionsrechtswidrig sind. Sind keine unions- oder mitgliedstaatlichen Rechtsvorschriften einschlägig, ist die Vereinbarkeit des neuen mit dem ursprünglichen Zweck nach Art. 6 Abs. 4 DSGVO zu prüfen.

135 Bezüglich **besonderer Kategorien personenbezogener Daten** gilt neben den zahlreichen Spezialgesetzen, die anwendbar bleiben,[146] zunächst § 22 BDSG in Umsetzung des Art. 9 Abs. 2 lit. b, g, h und i DSGVO. Im Anwendungsbereich der §§ 23, 24 und 25 BDSG ist über deren Verweis in §§ 23 Abs. 2, 24 Abs. 2 und 25 Abs. 3 BDSG ebenfalls § 22 BDSG einschlägig. Art. 9 Abs. 2 lit. a, c, e, und f DSGVO finden darüber hinaus direkt Anwendung.

136 Die Verarbeitung personenbezogener Daten über **strafrechtliche Verurteilungen** und Straftaten richtet sich nach den Vorgaben des Bundeszentralregistergesetzes. Dieses geht Art. 10 DSGVO insoweit vor.[147] Hinsichtlich der besonderen Datenverarbeitungssituationen der §§ 26 ff. BDSG sei weiterhin auf die Ausführungen an entsprechender Stelle verwiesen (→ § 7 Rn. 146 ff., 191 ff. und 241 ff. sowie § 8 Rn. 1 ff. und Rn. 227 ff.).

5. Zusammenfassung

137 Für die Suche nach der einschlägigen Ermächtigungsgrundlage zur Datenverarbeitung wird der Verantwortliche wegen der Ko-Regulierung von Union und Deutschland zu-

146 Ausführlich *Nebel*, in: Roßnagel 2017, § 3 Rn. 99 ff sowie *Jandt*, in: Roßnagel 2017, § 4 Rn. 325 ff.
147 *Nebel*, in: Roßnagel 2017, § 3 Rn. 106.

künftig auf eine **Vielzahl von Gesetzen** heranziehen müssen. Neben der Datenschutz-Grundverordnung und der ePrivacy-Verordnung als unionsrechtliche Grundlagen werden auch das Bundesdatenschutzgesetz sowie spezifische deutsche Fachgesetze anwendbar sein. Insbesondere im Bundesdatenschutzgesetz ist der Gesetzgeber jedoch an einigen Stellen über das Ziel hinausgeschossen. Einige Regelungen, allen voran die Regelung zur Videoüberwachung, werden in ihrer derzeitigen Form keinen Bestand haben, da sie mangels Rechtsgrundlage unionsrechtswidrig oder verfassungsrechtlich bedenklich sind. Hier sollte der Gesetzgeber dringend nachbessern.

IV. Übermittlung personenbezogener Daten in Drittländer

Durch die fortschreitende Internationalisierung zahlreicher Wirtschaftsunternehmen 138
und die Zunahme grenzüberschreitender Datenflüsse (insbesondere aufgrund des Online-Handels, Cloud-Dienste oder Tracking- und Analysetools) entstehen neue Herausforderungen und Anforderungen in Bezug auf den Schutz personenbezogener Daten.[148] Mangels direkter Anwendbarkeit europäischer Datenschutzvorschriften bei der Verarbeitung in einem Land außerhalb der Europäischen Union oder des Europäischen Wirtschaftsraums, sogenannte **Drittländer**,[149] ist ein hinreichendes Maß an Datenschutz nicht gewährleistet. Es droht daher sowohl das Risiko einer uneingeschränkten Datenverwendung im Empfängerland als auch eines unkontrollierten Rückflusses in den europäischen Raum. Damit das hohe Datenschutzniveau des Unionsrechts auch bei der Verarbeitung außerhalb der Union oder des Europäischen Wirtschaftsraums gewährleistet bleibt,[150] ohne andererseits den für die Praxis wichtigen grenzüberschreitenden Datenverkehr über das notwendige Maß zu beschränken,[151] trifft die Datenschutz-Grundverordnung, wie bereits die Datenschutz-Richtlinie, umfangreiche Regelungen zur Zulässigkeit von Übermittlungen personenbezogener Daten aus der Union oder des Europäischen Wirtschaftsraums an Empfänger in Drittländern oder an **internationale Organisationen**[152] und legt diese in Kapitel V, in den Art. 44 bis 50 DSGVO und erläuternd in den Erwägungsgründen 101 bis 116, fest.

1. Regelungen der Datenschutz-Grundverordnung

Die Übermittlung personenbezogener Daten in Drittländer ist in den Art. 44 bis 50 139
DSGVO geregelt und entspricht im Wesentlichen dem geltenden Recht. Art. 44 DSGVO legt die allgemeinen Grundsätze der Datenübermittlung fest und bildet dabei den Rahmen des Schutzkonzepts.[153] Gemäß Art. 44 Satz 1 DSGVO ist die Übermittlung von personenbezogenen Daten in ein Drittland- wie bisher auch – zulässig, wenn der Verantwortliche und der Auftragsverarbeiter die in diesem Kapitel niedergelegten Bedingungen und auch die sonstigen Bestimmungen der Verordnung einhalten.[154]

Dies gilt gem. Art. 44 Satz 1 DSGVO auch für die **Weiterübermittlung** von personenbe- 140
zogenen Daten durch das jeweilige Drittland an ein anderes Drittland.[155]

148 Eg. 101 DSGVO.
149 In der Praxis und in anderen Gesetzen wird zutreffender der Begriff des „Drittstaats“ verwendet.
150 Art. 44 Satz 2 und Eg. 101 DSGVO.
151 Eg. 3 DSRL.
152 Neben den Drittländern führt die Verordnung die Kategorie der “internationalen Organisationen” gemäß Art. 4 Nr. 26 DSGVO ein, welche zuvor weder in der Datenschutz-Richtlinie noch im Bundesdatenschutzgesetz a.F. enthalten war. Hierunter können gemäß Eg. 112 DSGVO zB auch internationale humanitäre Organisationen fallen. Im Folgenden werden unter „Drittland“ auch immer „internationale Organisationen“ mit erfasst.
153 *Towfigh/Ulrich*, in: Sydow 2017, Art. 44 Rn. 2.
154 *Düsseldorfer Kreis*, Beschl. v. 11./12.9.2013, 1; *Spindler*, in: Spindler/Schuster 2015, § 4 c BDSG, Rn. 4; *Ambrock/Karg*, ZD 2017, 155; *Karg*, VuR 2016, 458; *Laue/Nink/Kremer* 2016, § 5 Rn. 33.
155 *Kamp*, in: Wolff/Brink 2017, Art. 44 DSGVO, Rn. 3; *Karg*, VuR 2016, 458.

141 Zunächst gelten, unabhängig vom Drittlandbezug, dieselben Voraussetzungen, die auch für innereuropäische Datenübermittlungen gelten (1. Stufe).[156] Dies betrifft insbesondere die Frage, ob ein gesetzlicher Erlaubnistatbestand iSv Art. 6 Abs. 1 DSGVO vorliegt, der die geplante Datenübermittlung legitimiert und, falls erforderlich, weitere allgemeine Anforderungen der Verordnung erfüllt werden.[157]

142 Wenn diese Prüfung ergibt, dass die Datenübermittlung grundsätzlich zulässig ist, erfolgt die Prüfung der speziellen Voraussetzungen für die Übermittlung von personenbezogenen Daten an Drittländer nach den Vorgaben der Art. 45 ff. DSGVO (2. Stufe).[158] Die Art. 45 ff. DSGVO orientieren sich an dem bereits aus der Datenschutz-Richtlinie bekannten abgestuften System der Zulässigkeit im Regel-Ausnahme-Verhältnis. Danach muss sichergestellt werden, dass (aus Sicht der Union) ein **angemessenes Datenschutzniveau** beim Empfänger der Daten gewährleistet ist. Die Datenschutz-Grundverordnung sieht zur Legitimation von Übermittlungen personenbezogener Daten in Drittländer folgende Möglichkeiten vor:

a) Feststellung der Angemessenheit des Datenschutzniveaus durch die EU-Kommission

143 Die EU-Kommission hat die Möglichkeit, nach sorgfältiger Prüfung der in Art. 45 Abs. 2 DSGVO aufgeführten Kriterien[159] das Bestehen eines angemessenen Datenschutzniveaus festzustellen. Datenübermittlungen an Empfänger im Geltungsbereich eines **Angemessenheitsbeschlusses** bedürfen nach Art. 45 Abs. 1 Satz 2 DSGVO keiner Genehmigung der zuständigen nationalen Aufsichtsbehörde. Inhaltlich müssen die Feststellungen den Kriterien in Art. 45 Abs. 3 DGVO genügen. **Gegenstand** eines solchen Angemessenheitsbeschlusses können, als Neuerung gegenüber der bisherigen Rechtslage, künftig ausdrücklich nicht nur ein **Drittland** als Ganzes, sondern partiell auch ein Gebiet oder ein oder mehrere spezifische Sektoren eines Drittlands sein.

144 Eine Definition des **angemessenen Schutzniveaus** bot die bisherige Rechtslage nicht, was zu einer unterschiedlichen Auslegung und Beurteilung der Angemessenheit durch die nationalen Aufsichtsbehörden und innerhalb der Europäischen Union führte.[160] Die Angemessenheit erfordert gemäß Erwägungsgrund 104 DSGVO keinen mit dem europäischen identischen Schutz im Drittland, ausreichend ist ein Niveau, das einen Schutz bietet, der mit dem europäischen der Sache nach gleichwertig ist.[161]

145 Eine weitere zu begrüßende Neuerung ist die **Pflicht zur regelmäßigen Überprüfung** der Angemessenheitsbeschlüsse durch die EU-Kommission mindestens alle vier Jahre.[162] Darüber hinaus obliegen der Kommission gemäß Art. 45 Abs. 4 DSGVO **fortlaufende Überwachungspflichten** für das jeweilige Drittland.

146 Art. 45 Abs. 8 DSGVO sieht vor, dass die Kommission im EU-Amtsblatt und auf ihrer Webseite eine Liste aller Drittländer sowie aller Gebiete und spezifischen Sektoren veröffentlicht, die nach Feststellung der Kommission über ein angemessenes Datenschutzniveau verfügen bzw. nicht verfügen und sorgt damit für mehr Transparenz.

---

156 *Düsseldorfer Kreis*, Beschl. v. 11./12.9.2013, 1.

157 *Kamp*, in: Wolff/Brink 2017, Art. 44 DSGVO, Rn. 28.

158 *Ambrock/Karg*, ZD 2017, 155 f; *Düsseldorfer Kreis*, Beschl. v. 11./12.9.2013, 1.

159 Die Kriterien sind anders als noch in der Datenschutz-Richtlinie künftig ausführlich in der Verordnung geregelt.

160 *Simitis*, in: Simitis 2014, § 4 b Rn. 48; EuGH Urt. v. 6.10.2015 – C-362/14, ECLI:EU:C:2015:650 Rn. 70 – Maximilian Schrems/Data Protection Commissioner.

161 Damit übernimmt der Gesetzgeber die Vorgaben des EuGH aus der Safe-Harbor-Entscheidung, EuGH Urt. v. 6.10.2015 – C-362/14, ECLI:EU:C:2015:650 – Maximilian Schrems/Data Protection Commissioner, wonach ein angemessenes Schutzniveau dann bestehe, wenn in dem Drittland auf der Grundlage seiner innerstaatlichen Rechtsvorschriften oder internationaler Verpflichtungen ein Schutzniveau der Freiheiten und Grundrechte existiere, das mit dem in der Verordnung gewährten Niveau der Sache nach gleichwertig ist.

162 Art. 45 Abs. 3 Satz 2; zum Ablauf der Überprüfungen Eg. 106 DSGVO.

Die Verordnung sieht in Art. 45 Abs. 9 DSGVO eine **Fortgeltung der bisherigen Angemessenheitsbeschlüsse**[163] vor, bis sie von der EU-Kommission geändert, ersetzt oder aufgehoben oder durch eine Entscheidung des EuGH für ungültig erklärt werden.[164] 147

Gegenstand eines Angemessenheitsbeschlusses iSv Art. 45 DSGVO können ebenfalls Abkommen zwischen der Union und Drittländern darstellen, welche die Möglichkeit einer freiwilligen Selbstverpflichtung vorsehen.[165] Eine besondere Situation besteht für **Datenübermittlungen in die USA**. Die Datenschutzstandards dort liegen hinter den europäischen zurück, im datenschutzrechtlichen Sinn sind die USA daher ein unsicheres Drittland. Seit dem Jahr 2000 beruhen Übermittlungen personenbezogener Daten in die USA auf dem **Safe-Harbor-Abkommen**. Voraussetzung hierfür war, dass US-Unternehmen sich durch **Selbstzertifizierung** verpflichteten, die Grundsätze des Safe-Harbor-Abkommens zum Schutz personenbezogener Daten einzuhalten. Mit Urteil[166] vom 6. Oktober 2015 hat der EuGH das Safe-Harbor-Abkommen für ungültig erklärt[167] und dies maßgeblich damit begründet, dass das Abkommen nur für die dem Abkommen beigetretenen Unternehmen gelte, nicht aber für amerikanische Sicherheitsbehörden, die möglicherweise ebenfalls Zugriff auf die Daten erhalten. Daher könne durch das Safe Harbor-Abkommen kein angemessenes Datenschutzniveau für in die USA übermittelte europäische Daten gewährleistet werden. Viele Unternehmen haben in der Folge für Datenübermittlungen in die USA auf Standarddatenschutzklauseln zurückgegriffen, um das fehlende Datenschutzniveau im Empfängerland auszugleichen.[168] 148

Mit Beschluss vom 12. Juli 2016[169] hat die EU-Kommission entschieden, dass die neuen Grundsätze des **Privacy Shields** ein angemessenes Datenschutzniveau bei teilnehmenden Unternehmen[170] in den USA gewährleisten und das Nachfolgeabkommen in Kraft gesetzt. Von den Datenschutzbehörden wird es trotz einiger Verbesserungen im Vergleich zum Safe-Harbor-Abkommen nach wie vor sehr kritisch beurteilt.[171] 149

b) Vorliegen geeigneter Garantien

Bei Fehlen eines Angemessenheitsbeschlusses ist eine Übermittlung von personenbezogenen Daten in ein Drittland zulässig, wenn der Verantwortliche oder Auftragsverarbeiter **geeignete Garantien** zur Gewährleistung eines angemessenen Datenschutzniveaus vorge- 150

---

163 Die EU-Kommission hat ein angemessenes Schutzniveau nach bisheriger Rechtslage für folgende Drittländer anerkannt: Andorra, Argentinien, Australien, Kanada, Schweiz, Färöer, Guernsey, Israel, Isle of Man, Jersey, Neuseeland und Uruguay. Der aktuelle Stand ist abrufbar unter: http://ec.europa.eu/justice/data-protection/international-transfers/adequacy/index_en.htm.

164 Die EU-Kommission hat ihre Angemessenheitsbeschlüsse am 16.12.2016 geändert. Die Beschlüsse haben weiterhin Bestand, die Änderungen dienen der Umsetzung der in der Safe-Harbor-Entscheidung v. 6.10.2015 – C-362/14, ECLI:EU:C:2015:650 – Maximilian Schrems/Data Protection Commissioner festgestellten Anforderungen des EuGH die Befugnisse der Aufsichtsbehörden betreffend; der Änderungsbeschluss der EU-Kommission ist abrufbar unter: http://eur-lex.europa.eu/legal-content/DE/TXT/PDF/?uri=CELEX:32016D2295&from=DE.

165 Auch mit Japan ist aktuell ein Abkommen zur Herstellung eines angemessenen Datenschutzniveaus geplant, EU-Kommission-Erklärung v. 6.7.2017, STATEMENT 17/1917, http://europa.eu/rapid/press-release_STATEMENT-17-1917_de.pdf.

166 EuGH Urt. v. 6.10.2015 – C-362/14, ECLI:EU:C:2015:650 – Maximilian Schrems/Data Protection Commissioner.

167 S. ausführlicher *Moos/Schefzig*, CR 2015, 625 ff.

168 *Ritzer*, CB 2016, 364.

169 EU-Kommission, C(2016) 4176 final, ABl. L 207 v. 1.8.2016, 1.

170 Die aktuelle Liste der bereits zertifizierten US-Unternehmen ist abrufbar unter: https://www.privacyshield.gov/list.

171 Die Art. 29-Datenschutzgruppe sieht zwar eine deutliche Verbesserung im Verhältnis zum Safe-Harbor-Abkommen, dennoch hält sie die Regelungen für intransparent und nicht ausreichend. Ein wesentlicher Kritikpunkt bezieht sich auf fehlende explizite Regeln zur Begrenzung einer Massenüberwachung durch die US-Geheimdienste, Statement abrufbar unter http://ec.europa.eu/justice/data-protection/article29/pressmaterial/pressrelease/art29_press_material/2016/20160726_wp29_wp_statement_eu_us_privacy_shield_en.pdf.

sehen hat.[172] Zweck dieser Garantien und gemäß Art. 46 Abs. 1 DSGVO a.E. bei allen in Betracht kommenden Garantien erforderlich ist es, dass der Empfänger im Drittland das Recht der betroffenen Person auf Datenschutz in angemessener Art und Weise achtet und ihr als zusätzliche Bedingung durchsetzbare Rechte sowie wirksame Rechtsbehelfe zur Verteidigung dieser Rechte zugestanden werden, damit sie ihre Rechte in der Union oder im Drittland durchsetzen kann.[173]

151 Als geeignete Garantien gelten, wie bisher, insbesondere Standarddatenschutzklauseln,[174] verbindliche interne Datenschutzvorschriften, sogenannte Binding Corporate Rules, sowie genehmigte Vertragsklauseln. Als **Neuerungen** im Rahmen der Verordnung kommen künftig branchen-, verbands- oder bereichsspezifische Verhaltensregeln iSd Art. 40 DSGVO (→ § 5 Rn. 193 ff.) sowie die Zertifizierung der verantwortlichen Stelle oder der Empfänger iSd Art. 42 DSGVO (→ § 5 Rn. 229 ff.) hinzu.[175]

aa) Standarddatenschutzklauseln

152 Bei den **Standarddatenschutzklauseln** iSv Art. 46 Abs. 2 lit. c und d DSGVO handelt es sich um Vertragsvorlagen, die für Verträge zwischen Datenimporteur und Datenexporteur verwendet werden können, um dem Verantwortlichen und Auftragsverarbeiter eine rechtssichere Datenübermittlung zu ermöglichen. Neben den, wie bisher, von der Kommission selbst erlassenen Standarddatenschutzklauseln (lit. c), ist es künftig auch den nationalen Aufsichtsbehörden möglich, eigene Klauseln zu entwerfen und dann von der Kommission nach dem Prüfverfahren iSv Art. 93 Abs. 2 DSGVO genehmigen zu lassen (lit. d). Vorteilhaft und daher für die Praxis von besonderer Relevanz ist, dass beim Zurückgreifen auf die Vertragsvorlagen kein aufwändiges Genehmigungsverfahren, wie etwa für individuelle Vertragsklauseln, durchgeführt werden muss. Diese Vorlagen sind allerdings nur dann gültig und eine zusätzliche Genehmigung entbehrlich, wenn sie in unveränderter Form übernommen werden. Erweiterungsmöglichkeiten durch Hinzufügen weiterer Klauseln oder Garantien bestehen nur, soweit sie nicht im Widerspruch zu den Standardvertragsklauseln stehen und die Grundrechte der betroffenen Personen nicht beschränken.[176] Andernfalls lebt die Genehmigungspflicht wieder auf. Da das Risiko zu Lasten des Verantwortlichen und Auftragsverarbeiters geht, ist es für die Unternehmen ratsam, nur zurückhaltend Gebrauch von einer Erweiterungsmöglichkeit zu machen.

153 Ebenso wie bei den Angemessenheitsbeschlüssen gelten die bestehenden Standarddatenschutzklauseln gemäß Art. 46 Abs. 5 DSGVO fort.[177]

bb) Verbindliche interne Datenschutzvorschriften (Binding Corporate Rules)

154 Die Verordnung regelt künftig, anders als die Datenschutz-Richtlinie, ausdrücklich in Art. 46 und 47 DSGVO die **verbindlichen internen Datenschutzvorschriften (sog. Binding Corporate Rules)**. Ihr Vorteil gegenüber den Standarddatenschutzklauseln besteht in ihrer individuellen Gestaltbarkeit.

172 Eg. 108 DSGVO.
173 Eg. 108 DSGVO. Damit hat der Gesetzgeber die Grundsätze, die der EuGH im Safe-Harbor-Urteil zur Angemessenheitsentscheidung aufgestellt hat, berücksichtigt und auf die geeigneten Garantien iSd Verordnung übertragen.
174 In der Datenschutz-Richtlinie wird der Begriff der „EU-Standardvertragsklauseln" verwendet.
175 *Ambrock/Karg*, ZD 2017, 156.
176 Eg. 109 DSGVO.
177 Europäische Kommission, Entscheidung 2001/497/EG v. 15.6.2001 geändert durch Entscheidung 2004/915/EG v. 27.12.2004; Entscheidung 2010/87/EG v. 5.2.2010. Die derzeitigen Standardvertragsklauseln sind unter folgendem Link abrufbar: http://ec.europa.eu/justice/data-protection/international-transfers/transfer/index_en.htm.

In der Verordnung sind als mögliche **Adressaten** die betreffenden Mitglieder der Unternehmensgruppe oder einer Gruppe von Unternehmen, die eine gemeinsame Wirtschaftstätigkeit ausüben, genannt. Künftig können nicht nur Unternehmen eines Konzerns ihre Datenübermittlungen auf verbindliche interne Datenschutzvorschriften stützen, sondern auch mehrere unabhängige Unternehmen derselben Branche. Der Kreis der potenziellen Verwender wird dadurch deutlich erweitert. 155

Die nationalen Aufsichtsbehörden müssen vorab die Binding Corporate Rules gemäß dem **Kohärenzverfahren** nach Art. 47 Abs. 1 DSGVO genehmigen lassen. Einzelne Übermittlungen müssen, anders als bisher, nicht mehr genehmigt werden. Die **inhaltlichen Anforderungen** in Form eines Mindestinhalts regelt Art. 47 Abs. 2 DSGVO, die teilweise auf den bereits durch die Art. 29-Datenschutzgruppe, über entsprechende Arbeitspapiere eigenen entwickelten Anforderungen basieren.[178] 156

Bestehende und genehmigte Binding Corporate Rules erhalten gemäß Art. 46 Abs. 5 DSGVO ihre Gültigkeit bis sie von einer Aufsichtsbehörde geändert, ersetzt oder aufgehoben werden. 157

cc) Genehmigte Verhaltensregeln und genehmigte Zertifizierungsmechanismen

Als **Neuerung** hinzugekommen ist die Möglichkeit, Datenübermittlungen auf der rechtlichen Grundlage von branchenspezifischen **Verhaltensregeln** gemäß Art. 40 DSGVO zu legitimieren (→§ 5 Rn. 193 ff.). Gemäß Art. 40 Abs. 2 DSGVO dürfen Verbände und andere Vereinigungen, die Kategorien von Verantwortlichen oder Auftragsverarbeitern vertreten, Verhaltensregeln ausarbeiten. Diese Verhaltensregeln können nach Art. 40 Abs. 9 DSGVO von der Kommission für in der Union allgemeingültig erklärt werden. Enthalten solche Verhaltensregeln rechtsverbindliche und durchsetzbare Verpflichtungen zugunsten der betroffenen Person, dann bieten sie gemäß Art. 46 Abs. 2 lit. e DSGVO ebenfalls geeignete Garantien für den Drittlandtransfer. 158

Auch **Zertifizierungen** (→ § 5 Rn. 229 ff.) nach Art. 42 DSGVO sind vorbehaltlich der vorherigen Genehmigung durch die zuständige Aufsichtsbehörde iVm rechtsverbindlichen und durchsetzbaren Verpflichtungen des Verantwortlichen oder Auftragsverarbeiters eine zulässige Rechtsgrundlage für die Datenübermittlung an Drittländer. 159

c) Ausnahmen für bestimmte Fälle

Sofern weder ein Angemessenheitsbeschluss vorliegt noch geeignete Garantien bestehen, dürfen Übermittlungen an ein Drittland nur unter den engen Bedingungen der **Ausnahmetatbestände** des Art. 49 DSGVO erfolgen.[179] Dieser Ausnahmenkatalog entspricht im Wesentlichen den Ausnahmen der bisherigen Rechtslage. Die Ausnahmen erfassen Fälle, in denen die Risiken für die betroffene Person verhältnismäßig gering sind, da sie etwa in die Übermittlung ausdrücklich eingewilligt hat oder die Übermittlung zur Erfüllung eines Vertrags mit der betroffenen Person oder in deren Interesse erforderlich ist. 160

Ein bedeutender Fall in der Praxis dürfte insoweit die **Einwilligung** der betroffenen Person darstellen (lit. a). Die Hürden für eine solche Einwilligung sind praktisch jedoch hoch. Wichtig ist, dass die betroffene Person diese Entscheidung freiwillig und in Kenntnis der Konsequenzen trifft.[180] Erforderlich ist daher die konkrete Aufklärung der betroffenen Person darüber, welche Daten übermittelt werden und zu welchem Zweck. Ferner muss explizit darüber informiert werden, dass in dem Drittland kein angemesse- 161

178 Art. 29-Datenschutzgruppe, WP 74, 108, 133, 153, 154, 155, 195 und 204.

179 Die Erwägungsgründe 111 bis 113 DSGVO betonen den absoluten Ausnahmecharakter der geregelten Fallgruppen.

180 *Laue/Nink/Kremer* 2016, § 5 Rn. 60.

nes Datenschutzniveau besteht und Betroffenenrechte gegebenenfalls nicht adäquat durchgesetzt werden können.[181]

162 **Neu** gegenüber der bisherigen Rechtslage im Rahmen der Ausnahmetatbestände ist die Präzisierung, dass die Übermittlung aus **lebenswichtigen Interessen** iSv Art. 49 Abs. 1 UAbs. 1 Satz 1 lit. f DSGVO dennoch ausnahmsweise durchgeführt werden darf, wenn die betroffene Person aus physischen oder rechtlichen Gründen nicht in der Lage ist ihre Einwilligung zu erteilen.

163 Eine **weitere Neuerung** stellt der gegenüber den geeigneten Garantien und den übrigen Ausnahmetatbeständen subsidiäre **Auffangausnahmetatbestand** in Art. 49 Abs. 1 UAbs. 2 Satz 1 DSGVO dar, der nur einzelne Übermittlungen einer begrenzten Zahl von Daten erlaubt, wenn zwingende berechtigte Interessen des Verantwortlichen gegenüber dem Schutz der betroffenen Person überwiegen. Um die vorstehenden Ausnahmen aus Art. 49 Abs. 1 UAbs. 1 Satz 1 DSGVO nicht leerlaufen zu lassen, muss Art. 49 Abs. 1 UAbs. 2 Satz 1 DSGVO eng ausgelegt werden.[182]

2. Regelungen in Deutschland

a) Rechtslage bis zum 25. Mai 2018

164 Das Konzept der Grundsätze zur Übermittlung von personenbezogenen Daten an Drittländer ist bereits aus der Datenschutz-Richtlinie und aus dem Bundesdatenschutzgesetz a.F. bekannt.

165 Die Übermittlung personenbezogener Daten an Drittländer ist im deutschen Recht bisher in den §§ 4 b und 4 c BDSG a.F. geregelt, die weitgehend Art. 25 und 26 DSRL umgesetzt haben. § 4 b BDSG a.F. und Art. 25 DSRL beinhalten grundlegende Vorschriften zur Übermittlung personenbezogener Daten innerhalb und außerhalb der Union und des Europäischen Wirtschaftsraums durch öffentliche und nichtöffentliche Stellen.

166 Im Rahmen der speziellen Voraussetzungen ist für die **Zulässigkeit der Datenübermittlung** erforderlich, dass im Drittland ein angemessenes Datenschutzniveau gewährleistet ist. Die Regelungen über Angemessenheitsentscheidungen finden sich bislang im deutschen Recht in § 4 b Abs. 2 und 3 BDSG a.F. und auf europäischer Ebene in Art. 25 Abs. 2 DSRL. Die weiteren Fragen der **Angemessenheit**, insbesondere die Möglichkeit der Gewährleistung **ausreichender Garantien** durch den Verantwortlichen, sind in Art. 26 Abs. 2 DSRL und § 4 c Abs. 2 BDSG a.F. vorgesehen. Art. 26 Abs. 1 DSRL und § 4 c Abs. 1 BDSG a.F. enthalten zudem eine Reihe von Tatbeständen, die **ausnahmsweise** eine Übermittlung in ein Drittland auch ohne angemessenes Datenschutzniveau ermöglichen.

167 Insgesamt sind die **Änderungen** der künftigen Regelungen zu Drittlandübermittlungen in der Verordnung gegenüber den Regelungen in der Datenschutz-Richtlinie und den §§ 4 b und 4 c BDSG a.F. überschaubar. Festzustellen ist aber, dass die Art. 44 bis 50 DSGVO, die sich an den Regelungen der Datenschutz-Richtlinie orientieren, im Vergleich zu den derzeitigen Regelungen in der Datenschutz-Richtlinie und in §§ 4 b und 4 c BDSG vergleichsweise strukturiert, präzise, ausführlich und transparent ausgestaltet wurden, um ihre Durchsetzung im internationalen Rechtsverkehr zu stärken.[183] Dies wird bereits am **stark erweiterten Umfang** der Ausgestaltung der Regelungen zur Drittlandübermittlung deutlich. Aus Kapitel IV der Datenschutz-Richtlinie, bestehend

181 EuGH Urt. v. 6.10.2015 – C-362/14, ECLI:EU:C:2015:650 – Maximilian Schrems/Data Protection Commissioner; *Spindler*, in: Spindler/Schuster 2015, § 4 c BDSG, Rn. 6.

182 *Pauly*, in: Paal/Pauly 2017, Art. 49 Rn. 29.

183 *Hornung*, ZD 2012, 99 ff.; *Wybitul/Rauer*, ZD 2012, 164; *Albrecht*, CR 2016, 94 f.

aus lediglich zwei Artikeln (Art. 25 und 26 DSRL), ist nunmehr ein Kapitel mit insgesamt sieben Artikeln (Art. 44 bis 50 DSGVO) in der Verordnung geworden.

Weiterhin bestehen auch einige **inhaltliche Abweichungen.** Die Instrumentarien zur Übermittlung sind im Wesentlichen die gleichen geblieben, allerdings wurden zum einen die bereits in der Datenschutz-Richtlinie vorhandenen Instrumente, wie die Angemessenheitsbeschlüsse, in ihren Vorgaben (konkrete Kriterien) teilweise erweitert und angehoben sowie die in der Datenschutz-Richtlinie nicht explizit erwähnten, durch die aufsichtsbehördliche Praxis entwickelten Instrumente,[184] wie die Binding Corporate Rules, gesetzlich bestätigt und konkretisiert. Hinzugekommen sind im Rahmen der geeigneten Garantien für die Einhaltung eines angemessenen Datenschutzniveaus genehmigte Verhaltensregelungen und Zertifizierungen. 168

b) Rechtslage ab dem 25. Mai 2018

Im **neuen Bundesdatenschutzgesetz**, das am 25. Mai 2018 in Kraft tritt, findet sich im Zusammenhang mit der Übermittlung personenbezogener Daten an Drittländer **im ersten Teil** (Gemeinsame Bestimmungen) mit § 21 BDSG eine Vorschrift, die den Aufsichtsbehörden des Bundes und der Länder die Möglichkeit einräumt, Angemessenheitsbeschlüsse der Kommission iSv Art. 45 DSGVO und Art. 36 JI-RL, Genehmigungen von Standarddatenschutzklauseln und genehmigte Verhaltensregeln nach Art. 46 Abs. 2 lit. c bis e DSGVO sowie Beschlüsse über die Allgemeingültigkeit von Verhaltensregeln nach Art. 40 Abs. 9 DSGVO auf Antrag gerichtlich vor dem BVerwG überprüfen zu lassen. 169

Der **zweite Teil** des neuen Bundesdatenschutzgesetzes mit Bestimmungen zur Ausgestaltung der Verordnung enthält keine Regelungen zur Übermittlung personenbezogener Daten an Drittländer. 170

Lediglich **im dritten Teil** des neuen Bundesdatenschutzgesetzes, der jedoch ausschließlich Bestimmungen zur Umsetzung der JI-Richtlinie (→ § 7 Rn. 53 ff.) und gerade nicht die Umsetzung der Grundverordnung zum Gegenstand hat, sind in den §§ 78 bis 81 BDSG Vorgaben zur Datenübermittlung in Drittländer enthalten. 171

c) Regelungen in anderen deutschen Gesetzen

Neben den genannten Regelungen im neuen Bundesdatenschutzgesetz findet sich hinsichtlich der **Übermittlung von Sozialdaten** an Drittländer eine **bereichsspezifische Regelung** im Zehnten Sozialgesetzbuch (→ § 7 Rn. 118 f.). 172

§ 77 Abs. 1 SGB X n.F. regelt die Zulässigkeitsvoraussetzungen zur Übermittlung von Sozialdaten an Personen oder Stellen in anderen Mitgliedstaaten der Europäischen Union. § 77 Abs. 2 SGB X n.F. weitet die Regelungen des Abs. 1 entsprechend auch auf die Übermittlung an Personen oder Stellen in ein Drittland aus, wenn deren angemessenes Datenschutzniveau durch Angemessenheitsbeschluss gemäß Art. 45 DSGVO festgestellt wurde. § 77 Abs. 3 SGB X n.F. bestimmt die Voraussetzungen für die Datenübermittlung an Drittländer, sofern kein Angemessenheitsbeschluss vorliegt. § 77 Abs. 4 SGB X n.F. regelt eine Hinweispflicht seitens der übermittelnden Stelle an den Empfänger hinsichtlich des Übermittlungszwecks. 173

Wie die nationalen Regelungen zusammenspielen, wird nach dem jeweiligen Anwendungsbereich zu bestimmen sein. Gem. § 1 Abs. 2 BDSG n.F. gehen auch künftig andere Rechtsvorschriften des Bundes über den Datenschutz dem neuen Bundesdatenschutzgesetz vor, so dass dieses neben der Verordnung und dem bereichsspezifischen Datenschutzrecht nur subsidiäre Anwendung findet. 174

---

184 Die Art. 29-Datenschutzgruppe hat Kriterien für die Genehmigung sowie Hilfestellungen für die Erstellung von Binding Corporate Rules erstellt, WP 74, 108, 133, 153, 154 und 155.

3. Verhältnis zur Datenschutz-Grundverordnung

175 Um die deutschen Regelungen an die Verordnung anzupassen, hat der deutsche Gesetzgeber in einem ersten Schritt bereits das Bundesdatenschutzgesetz und als zweite Maßnahme den Sozialdatenschutz in § 35 Abs. 1 SGB I und §§ 67 bis 85 a SGB X (→ § 7 Rn. 115 ff.), jeweils mit Wirkung zum 25. Mai 2018, an die Verordnung angepasst. In naher Zukunft bedürfen sowohl die Landesdatenschutzgesetze als auch weitere bereichsspezifische Vorschriften der Anpassung an das neue Bundesdatenschutzgesetz und die Verordnung.

176 Da das neue Bundesdatenschutzgesetz keine Vorgaben zur Übermittlung personenbezogener Daten an Drittländer enthält, die die entsprechenden europäischen Vorgaben der Verordnung ergänzen oder konkretisieren, sind die Art. 44 bis 50 DSGVO insofern die entscheidenden Vorschriften. Ergänzt werden sie bereichsspezifisch hinsichtlich der Übermittlung von Sozialdaten durch den bereits (redaktionell) an die Verordnung angepassten § 77 SGB X n.F.

177 Hierfür wurde von einer der Öffnungsklauseln der Verordnung für den öffentlichen Bereich Gebrauch gemacht. Die Datenschutz-Grundverordnung erlaubt den Mitgliedstaaten gemäß Art. 6 Abs. 3 iVm Art. 6 Abs. 1 UAbs. 1 lit. e DSGVO spezifischere Bestimmungen zur Anpassung der Anwendung der Vorschriften dieser Verordnung beizubehalten oder einzuführen. Dies gilt gemäß Art. 6 Abs. 1 UAbs. 1 lit. e DSGVO ausdrücklich, wenn die Verarbeitung zur Wahrnehmung einer im öffentlichen Interesse liegenden oder einer in Ausübung öffentlicher Gewalt erfolgenden Aufgabe erforderlich ist.

178 Die Regelung der **Hinweispflicht** seitens der übermittelnden Stelle hinsichtlich des Übermittlungszwecks in § 77 Abs. 4 SGB X n.F. kollidiert nicht mit der Verordnung. Art. 14 DSGVO regelt lediglich Pflichten des Verantwortlichen gegenüber betroffenen Personen, nicht jedoch gegenüber Empfängern. Eine mit § 77 Abs. 4 SGB X n.F. vergleichbare Vorschrift ist in der Verordnung nicht enthalten.

179 Die **Beschränkung der Übermittlung** von Sozialdaten in Drittländer in § 77 Abs. 3 SGB X n.F. ist von der Öffnungsklausel der Rückausnahme in Art. 49 Abs. 5 DSGVO gedeckt. Art. 49 Abs. 5 DSGVO gestattet den Mitgliedstaaten **aus wichtigen Gründen des öffentlichen Interesses** ausdrückliche Beschränkungen der Bestimmungen der Verordnung für die Übermittlung bestimmter Kategorien von personenbezogenen Daten[185] in Drittländer, bei Fehlen eines Angemessenheitsbeschlusses iSv Art. 45 Abs. 3 DSGVO, vorzusehen. Dass auch Datenübermittlungen auf der Grundlage von Garantiemaßnahmen iSv Art. 46 DSGVO ausgeschlossen werden, steht der Öffnungsklausel nicht entgegen.[186] Derartige Bestimmungen müssen dann seitens der Mitgliedstaaten der Kommission mitgeteilt werden.[187]

180 Darüber hinaus lässt Kapitel V der Verordnung dem deutschen Gesetzgeber kaum Spielraum für weitergehende Regelungen im nationalen Recht. Die Bestimmungen für die Übermittlung in Drittländer sind in der Verordnung **grundsätzlich abschließend** geregelt.

181 Lediglich Art. 49 DSGVO sieht **einen begrenzten mitgliedstaatlichen Regelungsspielraum** vor. Aus Art. 49 Abs. 1 lit. d und g ergibt sich für den deutschen Gesetzgeber die Möglichkeit, die Vorgaben der Verordnung zu konkretisieren, soweit sich diese Konkretisierungen im Rahmen der Vorgaben der Verordnung bewegen.

---

185 Die DSGVO lässt offen, welche Datenkategorien das sein können. Rat der Europäischen Union, Dok. 10349/14, 6: Eine Delegation hat als Beispiel für Arten von Daten iSd Art. 49 Abs. 5 DSGVO nationale Passdaten oder elektronische Gesundheitsakten genannt.

186 *Pauly*, in: Paal/Pauly, 2017, Art. 49 Rn. 35.

187 Art. 49 Abs. 5 Satz 2 DSGVO.

Der Ausnahmetatbestand des Art. 49 Abs. 1 UAbs. 1 lit. d iVm Abs. 4 DSGVO erlaubt die Übermittlung von personenbezogenen Daten in Drittländer, soweit sie aus **wichtigen Gründen des öffentlichen Interesses notwendig** ist. Art. 49 Abs. 4 DSGVO legt hierzu ergänzend fest, dass die wichtigen Gründe des öffentlichen Interesses im Unions- oder mitgliedstaatlichen Recht anerkannt sein müssen. Damit eröffnet Art. 49 Abs. 1 UAbs. 1 lit. d iVm Abs. 4 DSGVO den Mitgliedstaaten die Möglichkeit, „wichtige Gründe des öffentlichen Interesses" iSd Art. 49 Abs. 1 UAbs. 1 lit. d DSGVO zu konkretisieren. 182

Gemäß Art. 49 Abs. 1 lit. g DSGVO ist eine Übermittlung personenbezogener Daten an ein Drittland zulässig, wenn die **Übermittlung im Wege der Einsichtnahme in ein öffentliches Register** erfolgt und sowohl die öffentliche Zugänglichkeit als auch die Voraussetzungen für die Einsichtnahme nach dem Recht der Union oder der Mitgliedstaaten vorliegen. Daraus ergibt sich für den deutschen Gesetzgeber die Gelegenheit, Voraussetzungen der öffentlichen Zugänglichkeit bestimmter Register festzulegen. Register sind etwa das Handelsregister oder auch das Grundbuch.[188] Regelungen zur Einsichtnahme und mithin zur öffentlichen Zugänglichkeit von Registern finden sich bereits in nationalen Gesetzen der jeweiligen Register außerhalb des Regelungsbereichs des Datenschutzrechts, die beibehalten werden können.[189] 183

4. Zusammenfassung

Die Europäische Union erhebt den Anspruch mit den derzeitigen und insbesondere den zukünftigen datenschutzrechtlichen Vorgaben Maßstäbe mit deutlicher Wirkung über die eigenen territorialen Grenzen hinaus zu setzen. 184

Eine Übermittlung personenbezogener Daten an ein Drittland darf auch unter der Verordnung nur dann erfolgen, wenn der Empfänger im Drittland ein angemessenes Datenschutzniveau aufweist. Die Instrumentarien zur Übermittlung sind im Wesentlichen gleich geblieben, neu hinzugekommen sind genehmigte Verhaltensregeln und Zertifizierungen als geeignete Garantien für die Einhaltung eines angemessenen Datenschutzniveaus. Alle Instrumente bringen individuelle Vor- und Nachteile mit sich. Welches das passende Mittel für ein Unternehmen ist, hängt letztlich von mehreren Faktoren ab. Es kann im Einzelfall auch sinnvoll sein, für verschiedene Empfänger oder Daten unterschiedliche Instrumente zur Übermittlung zu wählen. 185

Unternehmen sollten besonders die **aktuellen Entwicklungen** im Auge behalten. Es bleibt zum Beispiel abzuwarten, wie die Europäische Kommission und die deutschen Datenschutzbehörden auf das im Januar 2017 von Donald Trump unterzeichnete Dekret „zur Verbesserung der Öffentlichen Sicherheit" reagieren werden und welche Konsequenzen sich daraus für die Rechtsmittel von EU-Bürgern im Fall eines Datenmissbrauchs von US-Unternehmen oder eines Zugriffs von Seiten der Sicherheitsbehörden und damit für das Privacy Shield und die Standarddatenschutzklauseln ergeben. Eine weitere wesentliche Veränderung könnte sich aufgrund des Brexit aus der zukünftigen Gestaltung der Beziehungen zwischen Großbritannien und der EU ergeben. Datenschutzrechtlich könnte Großbritannien nach erfolgtem EU-Austritt zu einem Drittland werden. 186

Insbesondere auch vor dem Hintergrund, dass Verstöße gegen die Bestimmungen der Art. 44 bis 49 DSGVO vom zukünftig deutlich verschärften Bußgeldrahmen des Art. 83 Abs. 5 der Verordnung erfasst sind, wonach potenziell Bußgelder von bis zu 20 Millionen Euro oder bei Unternehmen von bis zu 4 Prozent des gesamten weltweit erzielten Jahresumsatzes des vorangegangenen Geschäftsjahres drohen, je nachdem, welcher der 187

188 *Gola/Schumerus* 2015, § 4 c Rn. 8; *Gabel*, in: Taeger/Gabel 2013, § 4 c BDSG, Rn. 12.
189 Etwa in § 9 HGB zum Handelsregister und in § 12 GBO hinsichtlich der Einsichtnahme in das Grundbuch.

Beträge höher ist, werden Datenübermittlungen in Drittländer nach wie vor ein wichtiges Thema für Unternehmen bleiben.

§ 4 Rechte und Rechtsbehelfe der betroffenen Person

I. Rechte der betroffenen Person

Das Grundrecht auf Datenschutz kann nur unionsweit verwirklicht werden, wenn die Rechte betroffener Personen gestärkt werden und zugleich eine Verschärfung der Pflichten derjenigen erfolgt, die über die Datenverarbeitung entscheiden und hierfür verantwortlich sind.[1] Die Stärkung der Betroffenenrechte ist eines der Hauptanliegen der Verordnung. 1

1. Betroffenenrechte in der Datenschutz-Grundverordnung

Die Regelungen zu den Rechten betroffener Personen finden sich im dritten Kapitel der Verordnung in den Art. 12 bis 23 DSGVO wieder. Aus den Rechten ergeben sich in gleicher Weise Pflichten und Maßnahmen, die von den datenverarbeitenden Verantwortlichen zu achten und durchzuführen sind. 2

1 Eg. 11 DSGVO.

a) Transparenz und Modalitäten

3 Art. 12 DSGVO legt allgemein die Anforderungen an eine **transparente Information und Kommunikation** gegenüber der betroffenen Person sowie die **Modalitäten** für die Ausübung ihrer Rechte fest. Davon umfasst sind Vorgaben etwa zu Form, Sprache, Zugang, Fristen, Kosten und Identifizierung der betroffenen Person.[2] Mit Art. 12 DSGVO zielt die Verordnung auf die Gewährleistung eines verständlichen und rechtzeitigen Informationsaustauschs ab, der für die nachfolgenden Rechte und Pflichten des Verordnungskapitels maßgeblich ist. Nur wenn die betroffene Person die Informationen versteht, kann sie ihre Rechte ordnungsgemäß wahrnehmen (→ § 3 Rn. 55).

b) Informationspflichten und Recht auf Auskunft

4 Gemäß Art. 13 und 14 DSGVO hat die betroffene Person das Recht, von dem Verantwortlichen über Details der Datenverarbeitung informiert zu werden.[3] Dabei differenziert die Verordnung, ob die personenbezogenen Daten bei der betroffenen Person erhoben werden oder nicht. Werden die **Daten bei der betroffenen Person erhoben** (Direkterhebung), treffen den Verantwortlichen[4] zum Erhebungszeitpunkt[5] gegenüber dieser **Informationspflichten** nach Art. 13 Abs. 1 lit. a bis f DSGVO. Die Informationen wie zB über die Verarbeitungszwecke sind aktiv und ohne Aufforderung zu erteilen. Um eine faire und transparente Verarbeitung der Daten zu gewährleisten, sind diese Informationen um weitere notwendige Auskünfte gemäß Art. 13 Abs. 2 DSGVO, wie zB einen Hinweis auf die Rechte aus den Art. 15 bis 18, 20 und 77 DSGVO, zu ergänzen (zum Recht auf Beschwerde → § 4 Rn. 68 ff.). Nur wenn die betroffene Person die Informationen über die Datenverarbeitung erlangt, wird sie sich der Datenverarbeitung bewusst und kann auf dieser Grundlage ordnungsgemäß von ihren Rechten Gebrauch machen.[6] Die transparente Datenverarbeitung hängt insoweit eng mit der Rechtschutzgarantie des Art. 47 GRCh zusammen (→ § 4 Rn. 72).[7] Möchte der Verantwortliche den ursprünglichen Zweck der Datenerhebung ändern, hat er gemäß Art. 13 Abs. 3 DSGVO dies vor der Zweckänderung der betroffenen Person mitzuteilen.[8] Die Informationspflichten treffen den Verantwortlichen gemäß Art. 13 Abs. 4 DSGVO jedoch nicht, wenn die betroffene Person bereits über die Informationen der Abs. 1 bis 3 verfügt.[9]

5 Im Sinne einer fairen und transparenten Datenverarbeitung ist es erforderlich, die betroffene Person ohne ihre Aufforderung über die Verarbeitung zu informieren, auch wenn die Daten nicht von ihr, sondern einer anderen Quelle erlangt wurden (**Fremderhebung**).[10] Die Informationspflichten ergeben sich aus Art. 14 Abs. 1[11] und 2 DSGVO

---

2 Art. 12 DSGVO unterscheidet zwischen Vorgaben, die die Informationspflichten nach Art. 13 und 14 DSGVO betreffen und solchen, die insbesondere auf die Rechte nach Art. 15 bis 22 und 34 DSGVO verweisen. Zur näheren Bestimmung dieser Vorgaben s. Eg. 58 bis 60 DSGVO.

3 Eg. 60 DSGVO.

4 Sind mehrere Stellen gemeinsam für die Datenverarbeitung verantwortlich, legen sie gemäß Art. 26 Abs. 1 Satz 2 DSGVO in einer Vereinbarung fest, wer den Informationspflichten von Art. 13 DSGVO nachkommt.

5 Die Informationen sind vor Beginn der Datenerhebung mitzuteilen, *Bäcker*, in: Kühling/Buchner 2017, Art. 13 Rn. 56.

6 So stellte bereits BVerfGE 65, 1 (43) fest, dass derjenige, der nicht absehen kann, welche ihn betreffenden Informationen seiner Umwelt bekannt sind, in seiner Freiheit und Selbstbestimmung gehemmt ist.

7 Ebenso *Bäcker*, in: Kühling/Buchner 2017, Art. 13 Rn. 8.

8 S. Eg. 61 DSGVO.

9 S. Eg. 62 DSGVO.

10 S. Eg. 61 DSGVO.

11 Diese gleichen den Pflichten aus Art. 13 Abs. 1 lit. a bis c und e DSGVO. Die Informationspflichten aus lit. f stimmen größtenteils überein. Art. 14 Abs. 1 lit. f DSGVO spricht von einer Übermittlung der personenbezogenen Daten an einen Empfänger in einem Drittland. Art. 13 Abs. 1 lit. f DSGVO nennt hingegen nur die Übermittlung an ein Drittland. Darüber hinaus fordert Art. 14 Abs. 1 lit. d DSGVO Informationen über die Kategorien der verarbeiteten Daten. Dies fehlt in Art. 13 Abs. 1 DSGVO.

und sind der betroffenen Person vom Verantwortlichen zur Verfügung zu stellen.[12] Davon umfasst sind auch Informationen über die Quelle, aus der die personenbezogenen Daten stammen.[13] Der Informationszeitpunkt ergibt sich je nach Einzelfall aus den in Art. 14 Abs. 3 DSGVO genannten Voraussetzungen.[14] Plant der Verantwortliche den ursprünglichen Datenerhebungszweck zu ändern, hat er dies gemäß Art. 14 Abs. 4 DSGVO der betroffenen Person mitzuteilen. Die Informationspflicht entfällt, sofern eine der in Art. 14 Abs. 5 DSGVO genannten Voraussetzungen erfüllt ist.[15]

Darüber hinaus ergeben sich **Informations- und Mitteilungspflichten** aus Art. 18 Abs. 3 6
und 19 DSGVO, die bei der Ausübung der Rechte auf Berichtigung, Löschung oder Einschränkung zu beachten sind. Diese entfallen nur, wenn gemäß Art. 19 Satz 1 HS 2 DSGVO die Erfüllung der Pflicht sich als unmöglich erweist oder mit einem unverhältnismäßigen Aufwand verbunden ist. Eine Melde- und Benachrichtigungspflicht besteht ebenfalls nach Art. 33 und 34 DSGVO, sobald der Schutz personenbezogener Daten verletzt wird.

Werden von einer betroffenen Person personenbezogene Daten verarbeitet, hat diese 7
voraussetzungslos das Recht, sich von der Rechtmäßigkeit der Datenverarbeitung zu überzeugen und nach Art. 15 Abs. 1 DSGVO in angemessen Abständen[16] **Auskunft** darüber zu verlangen,[17] welche personenbezogenen Daten[18] zu welchem Zweck (lit. a) und in welchen Kategorien (lit. b) verarbeitet werden und ob eine automatisierte Entscheidungsfindungen einschließlich Profiling (lit. h)[19] (→ § 8 Rn. 245) besteht. Ferner ist sie über die Empfänger der Daten (lit. c), die Speicherdauer (lit. d) und Herkunft (lit. g) sowie bei Datenübermittlungen an ein Drittland oder eine internationale Organisation gemäß Art. 15 Abs. 2 DSGVO über geeignete Garantien iSd Art. 46 DSGVO zu informieren. Das Auskunftsrecht ist ausdrücklich durch Art. 8 Abs. 2 Satz 2 GRCh gewährleistet. Auf der Grundlage der Informationen kann die betroffene Person die Rechtmäßigkeit der Datenverarbeitung überprüfen. Zusätzlich muss der Verantwortliche diese auf das Recht auf Berichtigung, Löschung, Einschränkung und Widerspruch gegen die Verarbeitung (lit. e) sowie das Recht auf Beschwerde bei einer Aufsichtsbehörde (lit. f) aufmerksam machen (→ § 4 Rn. 68). Die verarbeiteten personenbezogenen Daten sind ihr gemäß Art. 15 Abs. 3 Satz 1 DSGVO in Form einer Kopie zur Verfügung zu stellen, sofern dies nicht die Rechte und Freiheiten anderer Personen[20] beeinträchtigt.

---

12 Die Informationspflichten des Art. 14 Abs. 2 DSGVO entsprechen Art. 13 Abs. 2 lit. a bis d und f DSGVO. Art. 14 Abs. 2 lit. b DSGVO fordert bei den zusätzlichen Informationen die Informationen nach Art. 13 Abs. 1 lit. d DSGVO.

13 Sollten die Informationen mehreren Quellen entnommen worden sein und ist dadurch unklar, woher sie stammen, ist die Untererrichtung nach Eg. 61 DSGVO allgemein zu halten.

14 Eg. 61 DSGVO.

15 Eg. 62 DSGVO.

16 Die zeitliche Begrenzung und Häufigkeit der Auskunftserteilung wird nicht ausdrücklich geregelt. Lediglich Eg. 63 DSGVO stellt klar, dass das Recht auf Auskunft in „angemessenen Abständen" wahrgenommen werden können muss.

17 Eg. 63 DSGVO.

18 Davon sind laut Eg. 63 DSGVO auch gesundheitsbezogene Daten wie zB Daten aus Patientenakten, Befunde, oder Untersuchungsergebnisse erfasst.

19 Die Informationen gemäß Art. 15 Abs. 1 lit. h DSGVO beziehen sich auf die Fälle nach Art. 22 Abs. 1 und 4 DSGVO und umfassen ferner Informationen über die involvierte Logik, die Tragweite und die Auswirkungen einer derartigen Verarbeitung. Aus lit. h geht nicht hervor, wie weit der Auskunftsanspruch in die Vergangenheit reicht.

20 Dies sind nach Eg. 63 DSGVO zB Geschäftsgeheimnisse, Rechte des geistigen Eigentums und insbesondere das Urheberrecht an Software.

c) Berichtigung, Löschung, Einschränkung und Übertragbarkeit

8 Gemäß Art. 16 Satz 1 DSGVO hat die betroffene Person das Recht, von dem Verantwortlichen unverzüglich[21] die **Berichtigung** ihrer unrichtigen personenbezogenen Daten zu fordern[22] sowie nach Art. 16 Satz 2 DSGVO unter Berücksichtigung der Zwecke der Verarbeitung eine **Vervollständigung** unvollständiger personenbezogener Daten zu verlangen. Das Recht auf Berichtigung ist durch Art. 8 Abs. 2 Satz 2 GRCh gewährleistet (→ § 3 Rn. 78 ff.).

9 Art. 17 Abs. 1 DSGVO gibt der betroffenen Person das Recht, vom Verantwortlichen die **Löschung** ihrer personenbezogenen Daten zu verlangen.[23] Darüber hinaus ist der Verantwortliche dazu unverzüglich verpflichtet, wenn einer der in Art. 17 Abs. 1 lit. a bis f DSGVO genannten Gründe erfüllt ist.[24] Hat der Verantwortliche die zu löschenden Daten öffentlich gemacht, ist er gemäß Art. 17 Abs. 2 DSGVO verpflichtet, andere Verantwortliche, die diese Daten verarbeiten, über das Löschbegehren der betroffenen Person bezüglich aller Links zu ihren Daten oder Kopien oder Replikationen zu informieren.[25] Das Recht auf Löschung[26] und die Mitteilung der Löschung entfallen in den Fällen des Art. 17 Abs. 3 DSGVO.

10 Daneben kann die betroffene Person gemäß Art. 18 Abs. 1 DSGVO unter bestimmten Voraussetzungen die **Einschränkung der Verarbeitung**[27] verlangen. Wurde die Verarbeitung iSd Abs. 1 eingeschränkt, dürfen die Daten nur unter den Voraussetzungen des Art. 18 Abs. 2 DSGVO weiter verarbeitet werden.[28]

11 Gemäß Art. 20 Abs. 1 DSGVO hat die betroffene Person das Recht ihre personenbezogenen Daten vom Verantwortlichen in einer strukturierten, gängigen und maschinenlesbaren Form zu erhalten sowie das **Recht auf Übertragung**[29] dieser Daten an einen anderen Verantwortlichen, sofern die automatisierte Datenverarbeitung auf Grundlage einer Einwilligung oder einer Vertragsbeziehung beruht.[30] Dadurch soll der betroffenen Person bei der Verarbeitung ihrer Daten mit automatischen Mitteln eine bessere Kontrolle über diese ermöglicht[31] sowie der Anbieter- oder Providerwechsel erleichtert werden.[32] Dies stärkt zum einen die wirtschaftliche Entscheidungsfreiheit der betroffenen Person und zum anderen den Wettbewerb durch die Verringerung von Lock-in-Effekten.[33]

d) Widerspruchsrecht und automatisierte Entscheidung im Einzelfall

12 Der betroffenen Person steht gemäß Art. 21 Abs. 1 Satz 1 HS 1 DSGVO ein allgemeines **Widerspruchsrecht** gegen eine rechtmäßige Verarbeitung ihrer personenbezogenen Daten zu. Dies gilt nach HS 2 auch für Profiling. Der Verantwortliche kann die Daten nur dann weiter verarbeiten, wenn er zwingende schutzwürdige Gründe hierfür hat, die ge-

---

21 Eg. 59 DSGVO.
22 Dadurch wird der Grundsatz der Datenrichtigkeit iSv Art. 5 Abs. 1 lit. d DSGVO ergänzt.
23 Das Recht wurde vom EuGH bereits aus Art. 12 DSRL abgeleitet; s. hierzu EuGH Urt. v. 13.5.2014 – C-131/12, ECLI:EU:C:2014:317 – Google Spain und Google.
24 S. auch Eg. 65 DSGVO.
25 Gemäß Art. 70 Abs. 1 lit. d DSGVO stellt der Europäische Datenschutzausschuss Leitlinien, Empfehlungen und bewährte Verfahren für die Pflicht gemäß Art. 17 Abs. 2 DSGVO bereit. S. hierzu auch *Hornung*, ZD 2012, 103; *Jandt/Kieselmann/Wacker*, DuD 2013, 237; *Hornung/Hofmann*, JZ 2013, 165.
26 Zu den technischen und rechtlichen Problemen bei der Umsetzung der Löschpflichten s. *Keppeler/Berning*, ZD 2017, 314.
27 Dies kann nach Eg. 67 DSGVO zB durch eine vorübergehende Sperrung, Löschung oder Übertragung der Daten auf ein anderes Verarbeitungssystem erfolgen.
28 Der Verantwortliche hat in diesen Fällen die betroffene Person gemäß Art. 18 Abs. 3 DSGVO über die Aufhebung der Einschränkung zu unterrichten.
29 Hierzu ausführlich *Strubel*, ZD 2017, 355.
30 Dies gilt nicht für den öffentlichen Bereich, s. Eg. 68 DSGVO.
31 Eg. 68 DSGVO.
32 Das kann zB der Wechsel des E-Mail-Kontos oder des Profils eines sozialen Netzwerks sein.
33 *Hornung*, ZD 2012, 103; *Schantz*, NJW 2016, 1845.

genüber den Interessen, Freiheiten und Rechten der betroffenen Person überwiegen[34] oder dies für die Geltendmachung von Rechtsansprüchen notwendig ist. Ferner besteht ein Widerspruchsrecht gegen Verarbeitungen zu Zwecken des Direktmarketings[35] (→ § 8 Rn. 176 f.), einschließlich Profiling, und unter den Voraussetzungen des Art. 21 Abs. 2 und 6 DSGVO auch zu wissenschaftlichen oder historischen Forschungszwecken (→ § 7 Rn. 255) oder zu statistischen Zwecken (→ § 7 Rn. 169).

Art. 22 Abs. 1 DSGVO verbietet, eine Person einer allein auf **automatisierter Verarbeitung beruhenden Entscheidung** zu unterwerfen.[36] Dieses Verbot gilt nach Abs. 2 nicht, wenn es für den Abschluss oder die Erfüllung eines Vertrags zwischen der betroffenen Person und dem Verantwortlichen erforderlich ist (lit. a), es aufgrund von Rechtsvorschriften der Union oder eines Mitgliedstaats zulässig ist (lit. b) oder die Person dazu eingewilligt hat (lit. c). 13

e) Beschränkungen

Die Verordnung regelt die Rechte der betroffenen Person und Pflichten des Verantwortlichen sehr ausführlich und abschließend. **Beschränkungen** dieser sieht die Verordnung selbst nicht vor. Trotzdem ermöglichen Art. 6 Abs. 2, 9 Abs. 4, 23,[37] 85 Abs. 2 und 89 Abs. 2 und 3 DSGVO den Mitgliedstaaten die Pflichten und Rechte der Art. 12 bis 22 DSGVO unter den dort jeweils genannten Voraussetzungen zu beschränken. 14

2. Betroffenenrechte im deutschen Recht

Auch das bisherige und das neue Bundesdatenschutzgesetz sowie weitere deutsche Bestimmungen enthalten Regelungen zu Betroffenenrechten. 15

a) Rechtslage bis zum 25. Mai 2018

Die Betroffenenrechte sind im bisherigen Bundesdatenschutzgesetz,[38] in den Landesdatenschutzgesetzen und in bereichsspezifischen Sonderbestimmungen geregelt. Die §§ 4 Abs. 3, 19 a Abs. 1 und 33 Abs. 1 BDSG a.F. **verpflichten** die verantwortliche Stelle dem Betroffenen bei der Direkterhebung sowie bei der Datenerhebung oder Speicherung[39] ohne seine Kenntnis über die Speicherung, die Art der Daten, die Zweckbestimmung des Datenumgangs, die Identität der verantwortlichen Stelle und die Empfänger der Daten **zu informieren.**[40] Die **Benachrichtigungspflicht** entfällt, sofern der Betroffene bereits Kenntnis über die Informationen erlangt hat und die Voraussetzungen des Ausnahmekatalogs in §§ 19 a Abs. 2 und 3 sowie 33 Abs. 2 Satz 1 BDSG a.F. erfüllt sind.[41] 16

---

34 Mangels unionsrechtlicher Vorgaben zur Interessenabwägung, wird diese vermutlich in jedem Mitgliedstaat nach der bisherigen Datenschutzpraxis erfolgen, s. *Roßnagel* 2016, Ausschussdrucksache 18(24)94, 14 f.

35 *Albrecht*, CR 2016, 93; *Spindler*, DB 2016, 944.

36 Dies sind zB die automatische Ablehnung eines Online-Kreditantrags oder Online-Einstellungsverfahrens ohne ein menschliches Eingreifen; vgl. Eg. 71 DSGVO.

37 Der Ausnahmekatalog des Art. 23 Abs. 1 DSGVO ist abschließend, ebenso *Albrecht/Jotzo* 2017, Teil 4 Rn. 30; *Peuker*, in: Sydow 2017, Art. 23 Rn. 10.

38 Für den öffentlichen und nichtöffentlichen Bereich getrennt geregelt.

39 § 33 BDSG a.F. knüpft im Gegensatz zu § 19 a BDSG a.F. nicht an das Erheben von Daten an, sondern an die erstmalige Speicherung.

40 Mit Geltungsbeginn der Verordnung entfällt das bisher durch § 4 Abs. 2 BDSG a.F. festgelegte Rangverhältnis zwischen der Datenerhebung bei der betroffenen Person oder bei Dritten und der daraus folgende Direkterhebungsgrundsatz, hierzu kritisch *Roßnagel/Richter/Nebel*, ZD 2013, 105. Dies gilt auch für die risikoadäquate Regelung in § 33 Abs. 1 BDSG a.F. mit der vorgesehenen Differenzierung zwischen der Speicherung zu eigenen Zwecken und der geschäftsmäßigen Speicherung zum Zweck der Übermittlung. Im Vergleich zu Art. 13 und 14 DSGVO trifft die verantwortliche Stelle ein geringerer und weniger detaillierterer Informationsaufwand. Eine Informationspflicht aufgrund einer Weiterverarbeitung für einen anderen Zweck als den ursprünglichen Erhebungszweck der Daten, kennt das alte Bundesdatenschutzgesetz nicht.

41 Die Verordnung normiert deutlich weniger Ausnahmen, wann die Informationspflichten der Art. 13 und 14 DSGVO entfallen können.

17 Bei der Ausübung der Rechte auf Berichtigung, Löschung und Sperrung sind die verantwortlichen Stellen gemäß §§ 20 Abs. 8 und 35 Abs. 7 BDSG a.F. zur Benachrichtigung verpflichtet. Daneben trifft nach § 42 a BDSG a.F. nichtöffentliche und öffentlich-rechtliche Wettbewerbsunternehmen[42] die Pflicht, bei unrechtmäßiger Kenntniserlangung von Daten die Aufsichtsbehörde und den Betroffenen darüber zu informieren.

18 Der Betroffene hat gemäß §§ 19 Abs. 1 und 34 Abs. 1 BDSG a.F. das Recht grundsätzlich unentgeltlich[43] **Auskunft** über alle ihn betreffenden gespeicherten personenbezogenen Daten, die Herkunft und den Datenempfänger sowie den Speicherungszweck zu verlangen.[44] Die Form und das Verfahren der Auskunftserteilung bestimmen sich nach §§ 19 Abs. 1 Satz 2 bis 4 und 34 Abs. 1 Satz 2 und Abs. 6 BDSG a.F.[45] Bei **automatisierten Einzelentscheidungen** erstreckt sich die Auskunft auch auf den logischen Aufbau der Verarbeitung.[46] Darüber hinaus enthält § 34 BDSG a.F. Sonderbestimmungen für den Auskunftsanspruch gegenüber Stellen, die geschäftsmäßig personenbezogene Daten zum Zwecke der Übermittlung speichern und für zusammengefasste personenbezogene Daten zu Werbezwecken sowie Scoring.[47] Der Auskunftsanspruch gegenüber öffentlichen Stellen wird durch die Vorgaben des § 19 Abs. 2 bis 4 BDSG a.F. und gegenüber nichtöffentlichen Stellen durch entgegenstehende Betriebs- und Geschäftsgeheimnisse[48] sowie gemäß § 34 Abs. 7 BDSG a.F. beim Entfall der Benachrichtigungspflicht nach § 33 Abs. 2 Satz 1 Nr. 2, 3 und 5 bis 7 BDSG a.F. eingeschränkt.

19 Die insoweit inhaltsgleichen §§ 20 Abs. 1 und 35 Abs. 1 BDSG a.F. verpflichten die verantwortliche Stelle zur **Berichtigung** unrichtiger Daten.[49] Die **Löschung** personenbezogener Daten ist bei Erfüllung der Voraussetzungen der §§ 20 Abs. 2 und 35 Abs. 2 BDSG a.F. vorzunehmen.[50] §§ 20 Abs. 3 und 35 Abs. 3 BDSG a.F. zeigen drei Alternativen auf, bei denen die Daten entgegen den bestehenden Löschungspflichten in gesperrter Form weiter gespeichert werden können.[51] Gleichwohl ordnen die §§ 20 Abs. 4 und 35 Abs. 4 BDSG a.F. die **Sperrung** personenbezogener Daten[52] in den sogenannten „non-liquet"-Fällen an, in denen der Betroffene die Richtigkeit der Daten bestreitet, sich aber weder diese noch die Unrichtigkeit feststellen lassen.[53] § 20 Abs. 6 BDSG a.F. trifft eine Sonderregelung hinsichtlich der Sperrung personenbezogener Daten, die weder automatisiert verarbeitet oder in einer nicht-automatisierten Datei gespeichert sind. Die Rechtsfolgen der Sperrung sind in §§ 20 Abs. 7 und 35 Abs. 8 BDSG a.F. geregelt.

20 Gemäß §§ 20 Abs. 5 und 35 Abs. 5 BDSG a.F. steht dem Betroffenen ein **Widerspruchsrecht** gegen eine an sich rechtmäßige Verarbeitung und Nutzung seiner Daten zu.[54] Der

42 *Simitis*, in: ders. 2014, § 27 Rn. 5 ff.; *Gola/Schomerus* 2015, § 27 Rn. 6 ff.
43 §§ 19 Abs. 7 und 34 Abs. 8 BDSG a.F.
44 Im Vergleich dazu verlangt Art. 15 DSGVO mehr Informationen vom Verantwortlichen sowie eine Kopie der verarbeiteten Daten, jedoch wird für den nichtöffentlichen Bereich die differenzierte Regelungssystematik des § 34 BDSG a.F. verloren gehen.
45 S. *Mallmann*, in: Simitis 2014, § 19 Rn. 30 ff.; *Dix*, in: Simitis 2014, § 34 Rn. 40 ff., 49 ff.; *Gola/Schomerus* 2015, § 19 Rn. 13 ff., § 34 Rn. 4 ff.; 13 ff.
46 § 6 a Abs. 3 BDSG a.F. S. *Scholz*, in: Simitis 2014, § 6 a Rn. 38 ff.
47 § 34 Abs. 1 a bis 4 BDSG a.F.
48 § 34 Abs. 1 Satz 4 und Abs. 3 Satz 3 BDSG a.F.
49 Auch unvollständige Daten sind im Sinne des alten Bundesdatenschutzgesetzes unrichtige Daten, die es zu berichtigen gilt, s. BVerwG, NVwZ 2004, 626; *Mallmann*, in: Simitis 2014, § 20 Rn. 12, 27.
50 Nach § 35 Abs. 2 Satz 1 BDSG a.F. ist eine Löschung grundsätzlich jederzeit zulässig, während §§ 20 Abs. 2 und 35 Abs. 2 Satz 2 BDSG a.F. eine ausdrückliche Löschpflicht normieren; eine spezielle Löschpflicht enthält § 6 b Abs. 5 BDSG a.F.
51 *Gola/Schomerus* 2015, § 35 Rn. 15.
52 Im öffentlichen Bereich gilt dies für personenbezogene Daten die automatisiert verarbeitet oder in nicht automatisierten Dateien gespeichert sind, während es für den nichtöffentlichen Bereich für alle personenbezogenen Daten gilt.
53 *Mallmann*, in: Simitis 2014, § 20 Rn. 55 ff.; *Dix*, in: Simitis 2014, § 35 Rn. 51 ff.
54 S. auch § 28 Abs. 4 BDSG a.F.

Betroffene hat darzulegen, dass sein schutzwürdiges Interesse gegenüber dem Erhebungs-, Verarbeitungs- oder Nutzungsinteresse der verantwortlichen Stelle überwiegt. § 35 Abs. 6 BDSG a.F. schreibt für die geschäftsmäßige Datenverarbeitung zur Übermittlung eine Ausnahme des Berichtigungs-, Sperrungs- und Löschungsgebots vor.

§ 6 a BDSG a.F. schützt den Betroffenen vor den Risiken einer wertenden Entscheidung über Profildaten, die dann entstehen, wenn diese in einem **automatisierten und undurchschaubaren Prozess** gefällt wird.[55] 21

Ein **Recht auf Datenübertragbarkeit**, wie es Art. 20 DSGVO normiert, ist dem alten Bundesdatenschutzgesetz fremd.[56] 22

b) Rechtslage ab dem 25. Mai 2018

Mit Geltungsbeginn der Verordnung wird das neu verabschiedete Bundesdatenschutzgesetz das alte Bundesdatenschutzgesetz ersetzen. Das neue Gesetz muss als Ergänzung der Verordnung verstanden werden (→ § 1 Rn. 48).[57] Bestimmungen zu den Rechten betroffener Personen finden sich künftig in den §§ 32 bis 37 BDSG mit weiteren Ergänzungen in den §§ 27 bis 29 BDSG. Präzisierungen oder Konkretisierungen zu den Rechten der betroffenen Person hinsichtlich Transparenz und den Modalitäten für die Ausübung der Betroffenenrechte, zum Recht auf Berichtigung und Datenübertragbarkeit sowie zu den Mitteilungspflichten nach Art. 19 DSGVO sind nicht im neuen Gesetz enthalten. Das neue Bundesdatenschutzgesetz beschränkt sich im Wesentlichen darauf, die Rechte der betroffenen Person einzuschränken. 23

Für die **Erhebung personenbezogener Daten bei der betroffenen Person** normieren §§ 29 Abs. 2 und 32 Abs. 1 BDSG ergänzend zu Art. 13 Abs. 3 DSGVO weitere Ausnahmen, wann die **Informationspflichten** bei einer Weiterverarbeitung der Daten entgegen des ursprünglichen Verarbeitungszwecks entfallen können. Werden Daten Dritter im Rahmen oder zur Aufnahme eines Mandatsverhältnisses an einen Berufsgeheimnisträger übermittelt, muss der Übermittler gemäß § 29 Abs. 2 BDSG diese über die Weiterverarbeitung nicht informieren, sofern nicht das Informationsinteresse der betroffenen Person überwiegt.[58] 24

Gemäß § 32 Abs. 1 Nr. 1 BDSG muss der Verantwortliche über die **Weiterverarbeitung nicht informieren**, wenn diese analog gespeicherte Daten betrifft, der neue Zweck mit dem ursprünglichen Zweck vereinbar ist,[59] sich der Verantwortliche durch die Weiterverarbeitung unmittelbar und in nicht digitaler Form an die betroffene Person wendet und diese ein geringes Interesse an der Informationserteilung hat.[60] Die Informationspflichten des Art. 13 Abs. 1 und 2 DSGVO bleiben hiervon unberührt. Davon umfasst sind folglich solche Situationen, bei denen die betroffene Person als Adressat der Informationen zwangsläufig Kenntnis von der Weiterverarbeitung erlangt.[61] Durch die Beschränkung sollen kleine und mittlere Unternehmen der analogen Wirtschaft entlastet werden, da sie überwiegend in nicht digitaler Form kommunizieren.[62] Darüber hinaus kann die Informationspflicht entfallen, wenn dies die Aufgabenerfüllung einer öffentli- 25

55 S. *Scholz*, in: Simitis 2014, § 6 a Rn. 1 ff.
56 Dazu *Roßnagel*, VuR 2015, 362; *Gierschmann*, ZD 2016, 54.
57 So auch *Kremer*, CR 2017, 368; *Kühling*, NJW 2017, 1986.
58 Damit folgt das neue Bundesdatenschutzgesetz der bisherigen Rechtslage nach §§ 19 a Abs. 3 iVm 19 Abs. 4 Nr. 3, 33 Abs. 2 Satz 1 Nr. 3 BDSG a.F.
59 Hierbei sind die Voraussetzungen des Art. 6 Abs. 4 DSGVO zu beachten.
60 Der Gesetzesentwurf sah entgegen der konsolidierten Fassung vor, dass die Informationspflicht, ohne eine Unterscheidung zwischen digital und analog gespeicherten Daten, bereits bei einem unverhältnismäßigen Aufwand des Verantwortlichen sowie einem geringen Interesse der betroffenen Person, unter Berücksichtigung des Einzelfalls, entfallen kann, s. BT-Drs. 18/11325, 33.
61 BT-Drs. 18/12144, 4.
62 BT-Drs. 18/12144, 4.

chen Stelle (Nr. 2) oder eine vertrauliche Übermittlung an diese (Nr. 5)[63] oder die öffentliche Sicherheit oder Ordnung gefährden würde (Nr. 3) oder wenn dadurch die Geltendmachung, Ausübung oder Verteidigung von rechtlichen Ansprüchen beeinträchtigt wird (Nr. 4). In den Fällen der Nr. 2 bis 4 müssen die Interessen des Verantwortlichen gegenüber den Interessen der betroffenen Person überwiegen. Die Beschränkungen ermöglichen somit eine Datenerhebung zu verdeckten Zwecken. Macht der Verantwortliche von einer der Ausnahmen Gebrauch, hat er die **Gründe** hierfür gemäß § 32 Abs. 2 BDSG schriftlich **festzuhalten,**[64] die **Informationen** nach Art. 13 Abs. 1 und 2 DSGVO **öffentlich zugänglich** zu **machen**[65] sowie geeignete Maßnahmen zum Schutz der Interessen der betroffenen Person zu ergreifen. Sollte der Verantwortliche der Benachrichtigungspflicht nicht nachgekommen sein, ist sie gemäß § 32 Abs. 3 BDSG spätestens **innerhalb von zwei Wochen** nachzuholen.

26 Werden die **Daten nicht bei der betroffenen Person erhoben**, ergibt sich ergänzend zu Art. 14 Abs. 5 DSGVO gemäß § 29 Abs. 1 Satz 1 BDSG ein weiterer Ausnahmetatbestand, bei dem die **Informationspflichten** nach Art. 14 Abs. 1 bis 4 DSGVO entfallen können. Demnach bestehen die Pflichten nicht, wenn durch deren Erfüllung geheime Informationen offenbart werden. Welche Daten unter „geheim zu halten" fallen, ist nicht bestimmt.

27 § 33 Abs. 1 BDSG legt weitere Ausnahmen fest, bei denen die **Informationspflichten** nach Art. 14 Abs. 1, 2 und 4 DSGVO entfallen können. Sofern es sich beim Verantwortlichen um eine **öffentliche Stelle** handelt, sind die Informationen nicht zu erteilen, wenn dadurch die ordnungsgemäße Erfüllung ihrer Aufgaben nach Art. 23 Abs. 1 lit. a bis e DSGVO oder die öffentliche Sicherheit oder Ordnung gefährdet oder es dem Wohl des Bundes oder eines Landes Nachteile bereiten würde und aus diesen Gründen das Interesse der betroffenen Person an der Informationserteilung zurücktreten muss.[66] Eine **nichtöffentliche Stelle** treffen die Informationspflichten nicht, wenn die Informationen die Wahrnehmung von zivilrechtlichen Ansprüchen beeinträchtigen würde, es sich um verarbeitete Daten aus zivilrechtlichen Verträgen handelt oder die Daten der Verhütung von Schäden durch Straftaten[67] dienen.[68] Diese Ausnahmen greifen jedoch nur, wenn nicht das Interesse der betroffenen Person an der Erteilung der Information überwiegt. Sollte eine öffentliche Stelle feststellen, dass die Voraussetzungen des § 33 Abs. 1 Nr. 2 b BDSG[69] erfüllt sind, muss die nichtöffentliche Stelle ferner keine Informationen erteilen.[70] Auf diese Weise wird die Beurteilung nicht der nichtöffentlichen Stelle überlassen.[71] Sollte der Verantwortliche von einem der Ausnahmetatbestände Gebrauch machen, treffen ihn bestimmte Pflichten gemäß § 33 Abs. 2 BDSG.

63 Die Beschränkung dient unter anderem dem Schutz von Whistleblowern; s. *Greve*, NVwZ 2017, 740.

64 Entgegen der in der Verordnung vorgeschriebenen Textform iSv § 126 b BGB, wird hier ausdrücklich die Schriftform nach § 126 BGB gefordert.

65 Dies kann zB auf einer allgemein zugänglichen Webseite des Verantwortlichen erfolgen, s. Eg. 58 DSGVO und BT-Drs. 18/11325, 103.

66 § 33 Abs. 1 Nr. 1 a und b BDSG. Die Ausnahmetatbestände sind eng an die der §§ 19 a Abs. 3 iVm 19 Abs. 4 Nr. 1 und 2 BDSG a.F. angelehnt.

67 ZB Betrugspräventionsdateien der Wirtschaft, s. BT-Drs. 18/12144, 5.

68 § 33 Abs. 1 Nr. 2 a BDSG.

69 Dies entspricht der Rechtslage gemäß § 33 Abs. 2 Nr. 6 BDSG a.F.

70 Der Gesetzesentwurf sah für nichtöffentliche Stellen andere Ausnahmen vor, nach denen die Informationspflicht unterbleiben konnte. Dazu gehörten die Gefährdung anerkannter Geschäftszwecke des Verantwortlichen, sofern nicht das Interesse der betroffenen Person an der Informationserteilung überwiegt, sowie die Gefährdung der öffentlichen Sicherheit oder Ordnung oder das Bereiten von Nachteilen für das Wohl des Bundes oder der Länder, s. BT-Drs. 18/11325, 34.

71 BT-Drs. 18/12144, 5.

Das **Auskunftsrecht** der betroffenen Person besteht gemäß § 34 Abs. 1 BDSG nicht, wenn sie nach § 33 Abs. 1 Nr. 1, 2 b oder Abs. 3 BDSG nicht zu informieren ist[72] oder die Daten nur gespeichert werden, weil diese durch Gesetz oder Satzung nicht gelöscht werden dürfen oder ausschließlich Zwecken der Datensicherung oder -schutzkontrolle dienen.[73] Darüber hinaus muss die Auskunftserteilung einen unverhältnismäßigen Aufwand für den Verantwortlichen darstellen und durch geeignete technische und organisatorische Maßnahmen (→ § 5 Rn. 58 ff.) ausgeschlossenen werden, dass die Daten zu anderen Zwecken verarbeitet werden.[74] Wird das Auskunftsbegehren der betroffenen Person abgelehnt, sind nach § 34 Abs. 2 BDSG die **Gründe** der Verweigerung zu **dokumentieren**[75] und gegenüber der betroffenen Person zu begründen, damit sie die Ablehnung nachvollziehen sowie diese gegebenenfalls durch eine Aufsichtsbehörde überprüfen lassen kann (→ § 4 Rn. 68 f.).[76] Möchte die Person ihr Auskunftsrecht bei einer **öffentlichen Stelle** in Anspruch nehmen oder wird die Auskunft durch diese verweigert, gelten die gesonderten Voraussetzungen nach § 34 Abs. 3[77] und 4[78] BDSG. 28

Ergänzend zu den Ausnahmen des Art. 17 Abs. 3 DSGVO hat die betroffene Person gemäß § 35 Abs. 1 Satz 1 BDSG kein **Recht auf Löschung** ihrer sie betreffenden personenbezogenen Daten, wenn dies in Fällen nicht automatisierter Verarbeitung nicht oder nur mit unverhältnismäßigem Aufwand verbunden ist[79] und sie daran nur ein geringes Interesse hat.[80] Die **Löschpflicht** des Verantwortlichen wird dann **durch** eine **Einschränkung der Verarbeitung** nach Art. 18 DSGVO **ersetzt.**[81] Dies gilt gemäß § 35 Abs. 2 BDSG auch dann, wenn die personenbezogenen Daten iSd Art. 17 Abs. 1 lit. a und d DSGVO zum einen unrechtmäßig verarbeitete wurden oder sie für ihren Erhebungs- oder Verarbeitungszweck nicht mehr notwendig sind, und zum anderen der Verantwortliche annimmt, dass durch eine Löschung die schutzwürdigen Interessen der betroffenen Person beeinträchtigt werden.[82] § 35 Abs. 1 BDSG gilt nach Abs. 3 im Fall des Art. 17 Abs. 1 lit. a DSGVO ferner, wenn die Löschung satzungsmäßigen oder vertraglichen Aufbewahrungsfristen entgegensteht.[83] 29

Das **Widerspruchsrecht** der betroffenen Person nach Art. 21 Abs. 1 DSGVO besteht gegenüber einer öffentlichen Stelle gemäß § 36 BDSG nicht, wenn an der Verarbeitung ihrer Daten ein zwingendes öffentliches Interesse besteht, das die Interesse der betroffenen Person überwiegt, oder eine Rechtsvorschrift die Verarbeitung vorschreibt. 30

---

72 Durch den Verweis auf § 33 Abs. 1 Nr. 1, 2 b oder Abs. 3 BDSG übernimmt das neue Bundesdatenschutzgesetz in modifizierter Weise die Vorgaben der §§ 19 Abs. 3 und 4 Nr. 1 und 2, 34 Abs. 7 iVm 33 Abs. 2 Satz 1 Nr. 6 BDSG a.F.

73 Der Gesetzesentwurf sah für § 34 Abs. 1 Nr. 1 BDSG den Entfall des Auskunftsrechts für die Fälle des § 33 Abs. 1 und 3 BDSG vor sowie nach § 34 Abs. 1 Nr. 2 BDSG auch, wenn die Daten aufgrund von vertraglichen Aufbewahrungspflichten gespeichert werden müssen, s. BT-Drs. 18/11325, 35.

74 § 34 Abs. 1 Nr. 2 BDSG führt damit im Wesentlichen die Bestimmungen der §§ 19 Abs. 2 und 33 Abs. 2 Satz 1 Nr. 2 BDSG a.F. unter Hinzunahme „geeigneter technischer und organisatorischer Maßnahmen" fort.

75 § 34 Abs. 2 BDSG entspricht der bisherigen Regelung des § 19 Abs. 5 BDSG a.F.

76 BT-Drs. 18/11325, 104.

77 § 34 Abs. 3 BDSG entspricht der bisherigen Regelung des § 19 Abs. 6 BDSG a.F.

78 § 34 Abs. 4 BDSG führt die Beschränkungen des § 19 Abs. 1 Satz 3 BDSG a.F. fort.

79 ZB bei Archivierungen in Papierform oder der Nutzung analoger Speichermedien wie Mikrofiche, s. BT-Drs. 18/12144, 5.

80 Im Gesetzesentwurf wurde der Anwendungsbereich nicht auf nicht automatisierte Datenverarbeitungen beschränkt. Außerdem wurde nicht das Interesse der betroffenen Person an der Löschung berücksichtigt, s. BT-Drs. 18/11325, 35.

81 § 35 Abs. 1 Satz 1 und 2 BDSG entspricht der bisherigen Rechtslage nach §§ 20 Abs. 3 Nr. 3 und 35 Abs. 3 Nr. 3 BDSG a.F.

82 Letzteres entspricht der bisherigen Rechtslage gemäß §§ 20 Abs. 3 Nr. 2 und 35 Abs. 3 Nr. 2 BDSG a.F.

83 Dies entspricht weitestgehend der bisherigen Rechtslage gemäß §§ 20 Abs. 3 Nr. 1 und 35 Abs. 3 Nr. 1 BDSG a.F.

31 Das Recht der betroffenen Person, nicht einer ausschließlich auf einer **automatisierten Entscheidung** – einschließlich Profiling – beruhenden Entscheidung unterworfen zu werden, besteht gemäß § 37 Abs. 1 BDSG ergänzend zu Art. 22 Abs. 2 lit. a und c DSGVO nicht, wenn diese im Rahmen der Leistungserbringung eines Versicherungsvertrages erfolgt[84] und die Voraussetzungen von § 37 Abs. 1 Nr. 1 und 2 BDSG erfüllt sind.[85]

32 In Ergänzung zu den §§ 32 bis 37 BDSG werden die Rechte der betroffenen Person durch das neue Bundesdatenschutzgesetz an einigen weiteren Stellen eingeschränkt. So entfällt das Recht auf Auskunft, Berichtigung, Einschränkung der Verarbeitung und Widerspruch für alle Kategorien personenbezogener Daten im Rahmen von Forschungs- und Statistikzwecken iSd § 27 Abs. 2 BDSG[86] (→ § 7 Rn. 167 ff.) und in Zusammenhang mit Archivzwecken nach § 28 Abs. 2 bis 4 BDSG (→ § 7 Rn. 217 ff.). Darüber hinaus wird das Auskunftsrecht der betroffenen Person aufgrund von Geheimhaltungsgründen gemäß § 29 Abs. 1 Satz 2 BDSG sowie ihr Recht auf Datenübertragbarkeit nach § 28 Abs. 4 BDSG begrenzt.

c) Regelungen anderer deutscher Gesetze

33 Die Rechte betroffener Personen sind auch in bereichsspezifischen Sonderbestimmungen geregelt. Dazu zählen beispielsweise Bestimmungen aus dem Bereich des Sozialdatenschutzes[87] (→ § 7 Rn. 126 ff.), der Abgabenordnung,[88] des Gesundheitswesens[89] sowie anderen spezifischen Rechtsbereichen.[90] Im Zuge der Anpassung an die Vorgaben der Verordnung wurden bereits neue bereichsspezifische Bestimmungen[91] zu den Betroffenenrechten erlassen.[92]

3. Verhältnis zwischen Datenschutz-Grundverordnung und deutschem Recht

34 Die Verordnung kann über Öffnungsklauseln die Anwendung nationalen Rechts erlauben, sodass neue Vorschriften erlassen werden können, wenn sie die geforderten Voraussetzungen der Verordnung erfüllen. Ein mitgliedstaatlicher Regelungsspielraum hinsichtlich der Rechte betroffener Personen wird an verschiedenen Stellen in der Verordnung eröffnet.

a) Neues Bundesdatenschutzgesetz und Datenschutz-Grundverordnung

35 Entgegen der Zielsetzung der Rechtsvereinheitlichung ist es den Mitgliedstaaten überlassen Beschränkungen der in Art. 12 bis 22, 34 sowie 5 DSGVO normierten Rechte und Pflichten vorzunehmen.[93] Art. 23 Abs. 1 DSGVO nennt bestimmte Voraussetzungen für solche Legislativmaßnahmen, die zu erfüllen sind. Werden die Rechte und Pflichten beschränkt, muss der Wesensgehalt der Grundrechte und -freiheiten geachtet

---

84 Hierfür ist nicht notwendig, dass zwischen der betroffenen Person und dem Verantwortlichen ein Vertragsverhältnis besteht, s. BT-Drs. 18/11325, 106.

85 Die Voraussetzung des § 37 Abs. 1 Nr. 1 BDSG führt die alte Rechtslage gemäß § 6 a Abs. 2 Nr. 1 BDSG a.F. fort. Sie ermöglicht insbesondere die automatisierte Schadensregulierung zwischen der Kfz-Haftpflichtversicherung des Schädigers und dem Geschädigten. § 37 Abs. 1 Nr. 2 BDSG ähnelt § 6 a Abs. 2 Nr. 2 BDSG a.F. und ermöglicht automatisierte Entscheidungen im Rahmen von Versicherungsleistungen der Privaten Krankenversicherung, s. BT-Drs. 18/11325, 106.

86 Dies entspricht im Rahmen der Benachrichtigung der betroffenen Person §§ 33 Abs. 2 Satz 1 Nr. 5 iVm 34 Abs. 7 und 19 a Abs. 2 Nr. 2 BDSG a.F.

87 ZB §§ 76 Abs. 3, 82 bis 84 SGB X n.F., § 25 SGB X sowie § 305 SGB V.

88 §§ 32 a ff. AO n.F.

89 ZB § 36 Abs. 4 Satz 2 ThürPsychKG, § 10 Abs. 2 MBO-Ä oder § 630 g BGB.

90 ZB §§ 12 und 15 BVerfSchG, § 83 BetrVG, § 35 BPolG, §§ 5, 7 und 11 BNDG, § 9 MADG, § 23 SÜG, §§ 90 ff. BBG, § 8 MRRG sowie §§ 17 und 18 BWO.

91 ZB § 10 a HGB n.F., § 31 a PatG n.F., § 8 Abs. 8 GebrMG, § 62 a MarkenG n.F. oder § 138 a UrhG n.F.

92 S. BT-Drs. 18/12611.

93 Insofern dessen Bestimmungen den in Art. 12 bis 22 DSGVO vorgesehenen Rechten und Pflichten entsprechen.

werden und die Gesetzgebungsmaßnahme notwendig und verhältnismäßig sowie hinsichtlich ihrer Voraussetzungen und ihres Umfangs hinreichend bestimmt sein.[94] Demnach lassen sich Beschränkungen der Betroffenenrechte nur rechtfertigen, wenn sie erforderlich sind, um dadurch die Rechte Privater oder öffentliche Interessen nicht zu gefährden oder zu beeinträchtigen.[95] Sie sind folglich eng auszulegen. Zusätzlich muss die beschränkende Regelung nach Art. 23 Abs. 2 DSGVO geeignete Garantien enthalten und dabei insbesondere Aufschluss über den Umfang, die zu beschränkende Datenverarbeitung und das Ziel der Beschränkung geben.[96] Darüber hinaus ermöglicht Art. 6 Abs. 2 DSGVO Einschränkungen, wenn dies zur Erfüllung einer rechtlichen Verpflichtung oder die Verarbeitung für die Wahrnehmung einer Aufgabe erforderlich ist, die im öffentlichen Interesse liegt oder in Ausübung öffentlicher Gewalt erfolgt (→ § 7 Rn. 8 ff. und 21 ff.).[97] Dabei sind ferner die weiteren Voraussetzungen von Art. 6 Abs. 3 UAbs. 1 lit. b oder UAbs. 2 DSGVO zu beachten.

Die **Informationspflichten** des Verantwortlichen werden bei der **Datenerhebung bei der betroffenen Person** durch §§ 29 Abs. 2 sowie 32 Abs. 1 BDSG beschränkt. Die Beschränkung des § 29 Abs. 2 BDSG dient dem Schutz der betroffenen Person gemäß Art. 23 Abs. 1 lit. i DSGVO und soll die ungehinderte Kommunikation zwischen einem Mandanten und Berufsgeheimnisträger ermöglichen, indem nicht jede durch die Datenübermittlung weitere betroffene Person über die in Art. 13 Abs. 1 DSGVO aufgelisteten Informationen zu benachrichtigen ist.[98] Die Beschränkung dient dem geschützten Vertrauensverhältnis, in dem der Berufsgeheimnisträger die Daten verarbeitet. Die Grundrechte und -freiheiten der betroffenen Person werden durch die dabei vorzunehmende Interessensabwägung gewahrt. Schließlich sind auch der Umfang, die Datenverarbeitung und das Ziel der Beschränkung aus § 29 Abs. 2 BDSG ersichtlich, sodass Art. 23 Abs. 2 DSGVO entsprochen wird. 36

Auf welcher Grundlage die **Beschränkungen der Informationspflichten** gemäß § 32 Abs. 1 Nr. 1 bis 3 BDSG erfolgen, kann der Gesetzesbegründung nicht entnommen werden. § 32 Abs. 1 Nr. 1 BDSG wird vermutlich auf Art. 23 Abs. 1 lit. i DSGVO zurückzuführen sein, der dem Schutz anderer Personen und folglich dem Verantwortlichen dient. Ob diese Einschränkung jedoch mit Art. 23 Abs. 1 DSGVO vereinbar ist, ist fraglich (→ § 4 Rn. 57). Für die Beschränkung nach § 32 Abs. 1 Nr. 2 BDSG wird der Gesetzgeber auf die Öffnungsklausel in Art. 6 Abs. 2 DSGVO mit dem Verweis auf Abs. 1 lit. e abgestellt haben. Danach dürfen spezifischere Bestimmungen in Bezug auf die Verarbeitung in Zusammenhang mit Aufgaben im öffentlichen Interesse von den Mitgliedstaaten beibehalten werden, wenn sie für deren Wahrnehmung erforderlich sind. Diese Möglichkeit gilt insbesondere für Aufgaben öffentlicher Stellen (→ § 7 Rn. 8 ff. und 21 ff.).[99] Mit § 32 Abs. 1 Nr. 2 BDSG behält der Gesetzgeber die Regelung der §§ 19 a Abs. 3 iVm 19 Abs. 4 Nr. 1 BDSG a.F. wortgleich bei und ergänzt sie um eine vorzunehmende Interessensabwägung. Dadurch ist die Beschränkung als zulässig anzusehen. Bei der Ausnahme des § 32 Abs. 1 Nr. 3 BDSG kann auf der Grundlage der Begründung zu § 33 Abs. 1 Nr. 2 BDSG angenommen werden, dass auch in diesem Fall auf den konkreten Umfang des Art. 23 Abs. 1 lit. c DSGVO abgestellt wird und den Zielen aus lit. a bis 37

94 Eg. 73 DSGVO, s. auch Art. 52 Abs. 1 Satz 1 GRCh.
95 Eine eventuelle Beeinträchtigung oder Gefährdung genügt indes nicht, ebenso *Bäcker*, in: Kühling/Buchner 2017, Art. 13 Rn. 93.
96 S. *Bäcker*, in: Kühling/Buchner 2017, Art. 23 Rn. 42 ff.
97 S. Art. 6 Abs. 1 lit. c und e DSGVO.
98 BT-Drs. 18/11325, 100 f.
99 Eg. 10 DSGVO.

e nachgekommen werden soll.[100] Die Grundrechte und -freiheiten der betroffenen Person werden durch die dabei vorzunehmende Interessensabwägung gewahrt. Die Beschränkungen gemäß § 32 Abs. 1 Nr. 4 und 5 BDSG beruhen auf den Gründen des Art. 23 Abs. 1 lit. e und j DSGVO[101] (→ § 4 Rn. 58) und sind notwendig, um öffentliche Interessen nicht zu beeinträchtigen.

38 Die Pflichten des § 32 Abs. 2 BDSG, die der Verantwortliche bei Nichterteilung der Informationen zu erfüllen hat, sollen der Beachtung der erforderlichen Schutzmaßnahmen des Art. 23 Abs. 2 DSGVO dienen.[102] Sie genügen hinsichtlich ihres Umfangs, Ziels und der Datenverarbeitung den Voraussetzungen des Art. 23 Abs. 2 DSGVO, lassen jedoch unklar, weshalb die Informationen lediglich gegenüber der Öffentlichkeit darzulegen sind (→ § 4 Rn. 60).

39 Werden die **Daten nicht bei der betroffenen Person erhoben**, entfallen gemäß §§ 29 Abs. 1 Satz 1 und 33 Abs. 1 BDSG die **Informationspflichten** des Verantwortlichen. § 29 Abs. 1 Satz 1 BDSG beschränkt das Informationsrecht der betroffenen Person gegenüber Geheimnisträgern und beruht auf der Vorgabe des Art. 23 Abs. 1 lit. i DSGVO. Dies soll dem Schutz der Rechte und Freiheiten anderer Personen dienen. In welchem Zusammenhang Informationen als „geheim" eingestuft werden, ist jedoch unklar (→ § 4 Rn. 24).

40 Bei den Beschränkungen des § 33 Abs. 1 Nr. 1 BDSG verweist die Gesetzesbegründung auf die Ausführungen zu § 31 Abs. 1 Nr. 2 und 3 BDSG.[103] Dabei wird es sich aber um einen redaktionellen Fehler handeln müssen, da § 31 BDSG Bestimmungen zum Schutz des Wirtschaftsverkehrs bei Scoring und Bonitätsauskünften enthält. Vielmehr wird ein Verweis auf § 32 Abs. 1 Nr. 2 und 3 BDSG gemeint sein, da dieser Regelungen für öffentliche Stellen beinhaltet. Somit werden auch die Beschränkungen des § 33 Abs. 1 Nr. 1 BDSG auf Art. 6 Abs. 2 DSGVO zurückzuführen sein, da diese wortgleich die Regelungen der §§ 19 a Abs. 3 iVm 19 Abs. 4 Nr. 1 und 2 BDSG a.F. übernehmen. Somit sind die Beschränkungen als zulässig anzusehen. Die Ausnahmetatbestände des § 33 Abs. 1 Nr. 2 BDSG basieren auf dem konkreten Umfang des Art. 23 Abs. 1 lit. c DSGVO und dienen den Zielen aus lit. a bis e.[104] Sie sind sachgerecht und mit Art. 23 Abs. 1 DSGVO vereinbar und genügen hinsichtlich ihres Umfangs, Ziels und der Datenverarbeitung den Voraussetzungen des Abs. 2.

41 Auf welche gesetzliche Grundlage die Beschränkungen des **Auskunftsrechts** der betroffenen Person nach § 34 Abs. 1 Nr. 1 BDSG zurückzuführen sind, kann der Gesetzesbegründung nicht entnommen werden.[105] Sie verweist auf § 33 Abs. 1 Nr. 1, 2 b und Abs. 3 BDSG, was darauf schließen lässt, dass sie auch den Zielen in Art. 23 Abs. 1 lit. c DSGVO dienen sollen und aufgrund von Art. 6 Abs. 2 DSGVO als zulässig anzusehen sind. Die Beschränkung gemäß § 34 Abs. 1 Nr. 2 BDSG stellt auf die Gründe des Art. 13 Abs. 1 lit. i und h[106] DSGVO ab.[107] Ob aber ein „unverhältnismäßiger Aufwand" mit den Voraussetzungen des Art. 23 Abs. 1 DSGVO vereinbar ist, ist fraglich (→ § 4 Rn. 61). Die Dokumentations- und Begründungspflicht des § 34 Abs. 2 BDSG dient den

100 So die Gesetzesbegründung zur ursprünglichen Fassung des § 33 Abs. 1 Nr. 2 b BDSG, der ohne die geforderte Interessensabwägung in § 32 Abs. 1 Nr. 3 BDSG diesem inhaltlich gleicht, s. hierzu BT-Drs. 18/11325, 104.

101 BT-Drs. 18/11325, 103.

102 BT-Drs. 18/11325, 103.

103 BT-Drs. 18/11325, 103.

104 So die Gesetzesbegründung zur ursprünglichen Fassung des § 33 Abs. 1 Nr. 2 b BDSG, s. BT-Drs. 18/11325, 104.

105 Zur Begründung der Beschränkung des Auskunftsrechts nach § 29 Abs. 1 Satz 1 BDSG wir auf die Ausführungen zur Beschränkung des Informationsrechts in diesem Zusammenhang verwiesen; → § 4 Rn. 37.

106 In Bezug auf öffentliche Stellen.

107 S. Referentenentwurf v. 23.11.2016, 99.

Maßnahmen gemäß Art. 23 Abs. 2 lit. c, d, g und h DSGVO und dem Schutz der Rechte und Freiheiten der betroffenen Person.[108]

Die Einschränkung des Auskunftsrechts gemäß § 29 Abs. 1 Satz 2 BDSG soll laut Gesetzesbegründung durch Art. 23 Abs. 1 lit. i DSGVO gerechtfertigt sein, da dadurch der Schutz betroffener Personen oder der Schutz der Rechte und Freiheiten anderer Personen sichergestellt wird. Vorstellbar ist, dass zum Beispiel personenbezogene Daten durch einen Berufsgeheimnisträger verarbeitet werden, die auch Dritte betreffen. In diesem Zusammenhang dient die Beschränkung dem Schutz der Person, auf die sich das Berufsgeheimnis bezieht und wird meist dem Recht des Dritten auf Auskunft vorgehen.[109] Somit ist die Beschränkung notwendig, um den grundrechtlichen Schutzauftrag nachkommen zu können. Darüber hinaus erfüllt sie die Voraussetzungen des Art. 23 Abs. 2 DSGVO. 42

Gemäß § 35 Abs. 1 Satz 1 BDSG hat die betroffene Person kein **Recht auf Löschung** sie betreffender personenbezogener Daten. Auf welche Grundlage die Beschränkung abstellt, kann der Gesetzesbegründung nicht entnommen werden. Vermutlich wird der Gesetzgeber diese durch Art. 23 Abs. 1 lit. i DSGVO rechtfertigen wollen, wobei fraglich ist, ob die Beschränkung den Voraussetzungen des Art. 23 Abs. 1 DSGVO (→ § 4 Rn. 62) genügt. Mit der Einschränkung der Verarbeitung, die dann an Stelle der Löschung tritt, soll der Umfang der erfolgten Beschränkung des Rechts auf Löschung iSd Art. 23 Abs. 2 lit. c DSGVO vorgenommen werden.[110] Dadurch hat die betroffene Person weiterhin die Möglichkeit sich einen vollständigen Überblick über die Datenverarbeitung zu verschaffen. 43

Gemäß § 35 Abs. 2 BDSG hat die betroffene Person ergänzend zu Art. 18 Abs. 1 lit. b und c DSGVO ferner kein Recht auf Löschung sie betreffender Daten. Die Verordnung fordert dabei, dass die betroffene Person die Einschränkung der Verarbeitung oder Nutzung der personenbezogenen Daten verlangt. § 35 Abs. 2 BDSG normiert darüber hinaus die Einschränkung der Löschung, wenn durch diese das schutzwürdige Interesse der betroffenen Person beeinträchtigt wird. Dies dient dem Ziel des Art. 23 Abs. 1 lit. i DSGVO.[111] Da der Verantwortliche gemäß § 35 Abs. 2 Satz 2 BDSG verpflichtet ist die betroffene Person darüber in Kenntnis zu setzen, wird Art. 23 Abs. 2 lit. h DSGVO nachgekommen. Die Einschränkung gemäß § 35 Abs. 3 BDSG gilt bei Erfüllung einer rechtlichen Verpflichtung nach dem Recht der Union oder des Mitgliedstaats des Verantwortlichen im Fall des Art. 17 Abs. 1 lit. a DSGVO und soll diesen vor eine Pflichtenkollision schützen.[112] Sie ergänzt damit die Beschränkung von Art. 17 Abs. 3 lit. b DSGVO und soll dem Ziel des Art. 23 Abs. 1 lit. c DSGVO nachkommen,[113] indem sie den Verantwortlichen schützt. 44

Die Beschränkung des **Widerspruchsrechts** der betroffenen Person gemäß § 36 BDSG setzt öffentliche Interessen des Verantwortlichen iSd Art. 23 Abs. 1 lit. e DSGVO voraus,[114] die gegenüber den Interessen der betroffenen Person überwiegen müssen. Dadurch sollen ihre Grundrechte und -freiheiten gewahrt werden. Die weitere Beschränkung aufgrund einer Rechtsvorschrift, die die Verarbeitung der personenbezogenen Daten vorschreibt, kann nicht auf Art. 23 Abs. 1 DSGVO zurückgeführt werden, da dieser eine solche Ausnahme nicht kennt. Vielmehr ist dies auf Art. 6 Abs. 2 iVm Abs. 1 lit. c 45

108 BT-Drs. 18/11325, 104.
109 Ebenso *Bäcker*, in: Kühling/Buchner 2017, Art. 15 Rn. 35.
110 BT-Drs. 18/11325, 105.
111 BT-Drs. 18/11325, 105.
112 BT-Drs. 18/11325, 106.
113 S. Referentenentwurf v. 23.11.2016, 101.
114 BT-Drs. 18/11325, 106.

DSGVO zurückzuführen, für den ohnehin nicht das Widerspruchsrecht des Art. 21 Abs. 1 Satz 1 DSGVO greift.

46 Die Einschränkung des Rechts der betroffenen Person gemäß § 37 Abs. 1 BDSG nicht einer ausschließlich auf einer **automatisierten Entscheidung** beruhenden Entscheidung unterworfen zu werden, besteht auch ohne Vertragsverhältnis zwischen der betroffenen Person und dem Verantwortlichen und geht über die Rechtsbeschränkung in Art. 22 Abs. 2 lit. a DSGVO hinaus. § 37 Abs. 1 BDSG beruht auf der in Art. 22 Abs. 2 lit. b DSGVO eingeräumten Möglichkeit. Danach kann das Recht ausgeschlossen werden, wenn eine Rechtsvorschrift der Mitgliedstaaten dies erlaubt und diese angemessene Maßnahmen zur Wahrung der Rechte und Freiheiten sowie der berechtigten Interessen der betroffenen Person enthält. Den Forderungen kommt die Einschränkung mit den Voraussetzungen in § 37 Abs. 1 Nr. 1 und 2 sowie Abs. 2 BDSG nach und erfüllt ferner die Vorgaben des Art. 22 Abs. 3 DSGVO, die nur für die Fälle nach Art. 22 Abs. 2 lit. a und c DSGVO vorgeschrieben sind.

47 In Ergänzung zu den §§ 32 bis 37 BDSG werden die Rechte auf Auskunft, Berichtigung, Einschränkung der Verarbeitung und Widerspruch im Rahmen von Forschungs- und Statistikzwecken gemäß § 27 Abs. 2 BDSG (→ § 7 Rn. 162 ff.) unter Ausnutzung der Öffnungsklauseln der Art. 89 Abs. 2 und 23 Abs. 1 lit. i DSGVO sowie bei im öffentlichen Interesse liegenden Archivzwecken nach § 28 Abs. 2 bis 4 BDSG (→ § 7 Rn. 217 ff.) aufgrund der Öffnungsklausel in Art. 89 Abs. 3 DSGVO eingeschränkt.[115] Die Beschränkung des Auskunftsrechts gemäß § 29 Abs. 1 Satz 2 BDSG ist auf Art. 23 Abs. 1 lit. i DSGVO sowie des Rechts auf Datenübertragbarkeit nach § 28 Abs. 4 BDSG auf Art. 89 Abs. 3 DSGVO zurückzuführen.

b) Regelungen anderer deutscher Gesetze und Datenschutz-Grundverordnung

48 Grundsätzlich sind bereichsspezifische Sonderregelungen für die Rechte betroffener Personen im Anwendungsbereich der Verordnung obsolet, auch wenn der Gesetzgeber die Verordnungsvorgaben durchaus konkretisieren, ergänzen oder beschränken kann. Dann besteht eine mögliche ergänzende Anwendung nationaler Regelungen.

49 Art. 6 Abs. 2 DSGVO eröffnet einen mitgliedstaatlichen Regelungsspielraum für Datenschutzregelungen zur Erfüllung einer rechtlichen Verpflichtung sowie zur Wahrnehmung von Aufgaben im öffentlichen Interesse oder in Ausübung öffentlicher Gewalt. So können unter bestimmten Voraussetzungen bereichsspezifische Betroffenenrechte zum Beispiel aus dem Sozialgesetzbuch (→ § 7 Rn. 128) weiter Anwendung finden.[116]

50 Art. 9 Abs. 4 DSGVO ermöglicht Beschränkungen der Betroffenenrechte einzuführen oder aufrechtzuerhalten, wenn durch die Verarbeitung genetische, biometrische oder Gesundheitsdaten betroffen sind. Dadurch können Regelungen wie beispielsweise § 36 Abs. 5 Satz 3 LKG RhPf oder § 36 Abs. 4 Satz 2 ThürPsychKG, die das Auskunftsrecht der betroffenen Person einschränken, erhalten bleiben.[117]

51 Nach Art. 14 Abs. 5 lit. c DSGVO ist von der Informationspflicht abzusehen, soweit eine nationale Vorschrift die Erlangung und Offenlegung der Daten ausdrücklich vorsieht. Auch nach Art. 17 Abs. 3 lit. b DSGVO müssen personenbezogene Daten nicht gelöscht werden, soweit die Verarbeitung zur Erfüllung einer rechtlichen Verpflichtung nach mitgliedstaatlichem Recht erforderlich ist. Solche rechtlichen Verpflichtungen ergeben sich zum Beispiel aus gesetzlichen Aufbewahrungsvorschriften.[118] Diese können weiter angewandt werden.

---

115 BT-Drs. 18/11325, 99 f.
116 ZB §§ 76 Abs. 3, 82 bis 84 SGB X n.F., § 25 SGB X sowie § 305 SGB V.
117 Ebenso *Herbst*, in: Kühling/Buchner 2017, Art. 20 Rn. 39.
118 ZB § 147 AO, § 257 HGB oder § 110 a SGB IV.

Erwägungsgrund 63 DSGVO stellt klar, dass Art. 15 DSGVO auch das Recht auf Auskunft über die eigenen **gesundheitsbezogenen Daten**[119] umfasst. Patienten können über § 630g BGB und § 10 Abs. 2 MBO-Ä ihren Anspruch auf Einsichtnahme in die Originalpatientenakte geltend machen. Der zivilrechtliche Anspruch des § 630g BGB stellt primär eine vertragliche Nebenpflicht des Behandelnden dar, wodurch der Anwendungsbereich der Verordnung nicht eröffnet wird.[120] Die auf Grundlage der Kammer- und Heilberufsgesetze beschlossene Berufsordnung richtet sich mit § 10 Abs. 2 MBO-Ä speziell an Ärzte und kann durch die Öffnungsklausel in Art. 9 Abs. 2 lit. h DSGVO weiter Anwendung finden. Art. 15 DSGVO steht künftig neben den Ansprüchen auf Einsicht in die Originalpatientenakte aus § 630 g BGB und § 10 MBO-Ä. 52

Der Anwendungsvorrang der Verordnung in Bezug auf Art. 21 Abs. 2 DSGVO beim Widerspruchsrecht bezüglich der Datenverarbeitung zum Zweck des **Direktmarketings** (→ § 8 Rn. 176) ändert nichts daran, dass der Verantwortliche im Rahmen seiner Nachforschungspflicht weiterhin einen Abgleich mit der „Robinson-Listen" vorzunehmen hat.[121] 53

Gemäß Art. 85 Abs. 1 DSGVO müssen die Mitgliedstaaten das Recht auf Schutz personenbezogener Daten mit dem Recht auf **Meinungs- und Informationsfreiheit** in Einklang bringen.[122] Nach Abs. 2 können sie bei bestimmten Datenverarbeitungen Abweichungen oder Ausnahmen der Betroffenenrechte vornehmen, soweit es notwendig ist, um widerstreitende Positionen zu einem Ausgleich zu bringen.[123] Das nationale Recht sieht ebenfalls vor, zwischen dem Recht auf informationelle Selbstbestimmung betroffener Personen und den Äußerungs- und Informationszugangsrechten Dritter im Wege der praktischen Konkordanz jeweils im Einzelnen einen möglichst schonenden Ausgleich herzustellen.[124] Daher können zum Beispiel die Beschränkungen des Auskunftsanspruchs aus §§ 47 Abs. 2 und 57 Abs. 2 RStV, Vorschriften zur Gegendarstellung bei unrichtigen Tatsachenbehauptungen des § 56 RStV und der Presse- und Rundfunkgesetze der Länder[125] sowie der presserechtliche Auskunftsanspruch aus den Landespressegesetzen und dem Informationsfreiheits-, Umweltinformations- und Verbraucherinformationsgesetz weiter angewendet werden (→ § 8 Rn. 348 und § 8 Rn. 376). 54

Art. 88 DSGVO ermöglicht den Mitgliedstaaten den Schutz der Rechte und Freiheiten in Bezug auf die Verarbeitung personenbezogener Daten im Beschäftigungskontext (→ § 8 Rn. 1 ff.) spezifischer zu regeln. Nach Art. 88 Abs. 2 DSGVO sollen diese Bestimmungen insbesondere Transparenzrechte regeln. Diesen Anforderungen werden etwa §§ 83 BetrVG und 110 BBG, die das Recht auf Einsicht in die Personalakten normieren, gerecht und können folglich weiter Anwendung finden (→ § 8 Rn. 29). 55

c) Anwendungsvorrang der Datenschutz-Grundverordnung gegenüber dem Bundesdatenschutzgesetz

Die Verordnung genießt gegenüber nationalem Recht immer dann Anwendungsvorrang, wenn sie Gleiches oder Weitergehendes regelt oder wenn nationale Datenschutzregelungen zu ihr in klarem Widerspruch stehen. 56

119 ZB Daten in Patientenakten, Informationen wie Diagnosen, Untersuchungsergebnisse, Befunde der behandelnden Ärzte und Angaben zu Behandlungen oder Eingriffen.
120 *Weidenkaff*, in: Palandt 2015, § 630g BGB, Rn. 1; BGH, NJW 1983, 328; BGH, NJW 1985, 674.
121 S. Art. 7 Abs. 2 RL 2000/31/EG, ABl. 178/1; *Weichert*, WRP 1996, 532; *Gola/Schomerus*, § 28 Rn. 62; *Wedde*, in: Däubler/Klebe/Wedde/Weichert 2014, § 28 Rn. 156; *Gola/Wronka*, RDV 1996, 221.
122 Eg. 4 DSGVO.
123 S. Art. 17 Abs. 3 lit. a DSGVO.
124 *Dix*, in: Simitis 2014, § 35 BDSG, Rn. 84; *Hufen* 2014, § 9 Rn. 31.
125 S. zB § 9 HPresseG, § 28 HPRG; so auch *Maas*, DuD 2015, 579.

57 § 32 Abs. 1 Nr. 1 BDSG schränkt die Informationspflicht des Verantwortlichen ein und ist auf Art. 23 Abs. 1 lit. i DSGVO zu stützen. Ob sich die Beschränkung jedoch durch ihr Ziel, kleine und mittlere Unternehmen der analogen Wirtschaft einer geringeren Arbeitsbelastung auszusetzen,[126] legitimieren lässt, ist zu bezweifeln. Art. 23 Abs. 1 lit. i DSGVO schützt nämlich gerade nicht rein wirtschaftliche Interessen.[127] Außerdem kann der Beschränkung lediglich ihr Umfang und die Datenverarbeitung entnommen werden, jedoch nicht ihr Ziel, sodass Art. 23 Abs. 2 DSGVO nicht vollumfänglich erfüllt wird. Schließlich werden auch die Grundrechte und -freiheiten der betroffenen Person nicht in ausreichender Weise gewahrt, da die Informationspflicht bereits dann entfallen kann, wenn ein geringes Interesse der betroffenen Person an der Information angenommen wird. Somit erfüllt die Beschränkung des § 32 Abs. 1 Nr. 1 BDSG nicht die Verordnungsvorgaben.

58 Die Beschränkung der Informationspflicht gemäß § 32 Abs. 1 Nr. 4 BDSG beruht auf Art. 23 Abs. 1 lit. j DSGVO[128] und schließt die Informationspflicht des Verantwortlichen bei einer Beeinträchtigung rechtlicher Ansprüche aus. Art. 23 Abs. 1 lit. j DSGVO ermöglicht dies jedoch nur für zivilrechtliche und nicht für alle rechtlichen Ansprüche. § 32 Abs. 1 Nr. 4 BDSG darf gegenüber der Verordnungsvorgabe nicht Weitergehendes regeln und muss diesbezüglich auf ihre Vorgabe beschränkt werden.

59 Nutzt der Verantwortliche die Beschränkungsgründe des § 32 Abs. 1 BDSG, muss er gemäß Abs. 2 unter anderem der Öffentlichkeit Informationen über den geänderten Verarbeitungszweck bereitstellen. Die Verordnung fordert gemäß Art. 13 Abs. 3 DSGVO dies aber gegenüber der betroffenen Person. Weshalb die Informationen dieser nicht direkt mitgeteilt werden sollen, ist unklar. Für die Fälle des § 32 Abs. 1 Nr. 4 und 5 BDSG entfällt diese Pflicht vollkommen. Der Verantwortliche muss ferner nicht festhalten, aus welchen Gründen diese entfällt. Es ist nicht ersichtlich, welches Ziel damit verfolgt werden soll und auf welche Weise damit der Wesensgehalt der Grundrechte und -freiheiten geachtet wird.[129] Unterbleibt die Benachrichtigung des Verantwortlichen aufgrund eines Hinderungsgrundes, hat nach § 32 Abs. 3 BDSG dieser nach dessen Entfall oder spätesten innerhalb von zwei Wochen die Benachrichtigung nachzuholen. Die Verordnung fordert bei einer Zweckänderung gemäß Art. 13 Abs. 1 DSGVO die Informationserteilung vor der Weiterverarbeitung der Daten, damit die betroffene Person vor der Verarbeitung Einwände dagegen erheben kann.[130] Dieses Ziel wird durch § 32 Abs. 3 BDSG untergraben. Im Ergebnis erfüllt die Beschränkung des § 32 Abs. 2 BDSG nicht die Verordnungsvorgaben.

60 Werden die **Daten nicht bei der betroffenen Person erhoben**, entfallen gemäß § 29 Abs. 1 Satz 1 BDSG die **Informationspflichten** des Verantwortlichen, wenn durch deren Erfüllung geheime Informationen offenbart werden. Welche Daten genau die Voraussetzungen der Ausnahme im Sinne von „geheimen“ Daten erfüllen, bleibt aufgrund der Unbestimmtheit der Eigenschaft unklar und ermöglicht einen großen Interpretationsspielraum.[131] Der in Art. 23 Abs. 2 lit. c BDSG geforderte Umfang der Beschränkung ist nicht kalkulierbar. Art. 23 DSGVO verlangt, dass Beschränkungen auf einer Gesetzge-

126 BT-Drs. 18/12144, 4.
127 *Bäcker*, in: Kühling/Buchner 2017, Art. 23 Rn. 32.
128 BT-Drs. 18/11325, 103.
129 Die Informationen könnten der Öffentlichkeit auch in allgemeiner, nicht personenbezogener Form erfolgen, s. BR-Drs. 110/17, 37.
130 Ebenso *Bäcker*, in: Kühling/Buchner 2017, Art. 13 Rn. 78.
131 So auch *Geminn*, DuD 2017, 298. Dadurch könnten nicht nur Berufsgeheimnisse gemäß § 203 Abs. 1, 2a und 3 StGB, sondern auch das Sozialgeheimnis nach § 35 SGB I oder weitere Betriebs- und Geschäftsgeheimnisse erfasst werden, s. *Weichert/Spaeing/Hülsmann*, DVD-Stellungnahme zum Entwurf eines Gesetzes zur Anpassung des Datenschutzrechts an die Verordnung (EU) 2016/679 und zur Umsetzung der Richtlinie (EU) 2016/680, 1.2.2017, 10.

bungsmaßnahme beruhen, die einen Mindeststandard an Rechtssicherheit und Vorhersehbarkeit gewährleistet.[132] Die Eigenschaft kann sukzessiv nur durch Aufsichtsbehörden oder die zuständigen Gerichte geklärt werden und wird bis dahin zu großer Rechtsunsicherheit in der Praxis führen.[133] Inwiefern dies der Rechtsprechung oder den Aufsichtsbehörden überlassen werden darf, lässt das formelle Erfordernis von Gesetzgebungsmaßnahmen offen.[134]

Die Beschränkung des **Auskunftsrechts** gemäß § 34 Abs. 1 Nr. 2 BDSG stellt auf die 61
Gründe des Art. 13 Abs. 1 lit. i und h[135] DSGVO ab.[136] Ein „unverhältnismäßiger Aufwand“ genügt jedoch nicht, um die Auskunftserteilung gegenüber der betroffenen Person zu verweigern. Die Vorschrift ist daher nicht mit den Voraussetzungen des Art. 23 Abs. 1 DSGVO vereinbar.[137] Daraus würde folgen, dass dem Verantwortlichen nur ein zu großer Aufwand erspart werden soll, was gerade nicht in Art. 23 Abs. 1 DSGVO zu finden ist und dem Schutzcharakter des Auskunftsrechts widerspricht. Die Beschränkungen würden sich durch Art. 6 Abs. 2 DSGVO für öffentliche und nichtöffentliche Stellen, die Aufgaben im öffentlichen Interesse oder in Ausübung öffentlicher Gewalt wahrnehmen, legitimieren lassen, da sie wortgleich die Regelungen des § 19 Abs. 2 BDSG a.F. übernehmen. Da jedoch aus § 34 Abs. 1 Nr. 2 BDSG nicht ersichtlich ist, dass seine Beschränkungen einer solchen Aufgabenerfüllung dienen sollen, entfällt die mögliche Legitimierung durch Art. 6 Abs. 2 DSGVO.

Die Beschränkung des **Rechts auf Löschung** gemäß § 35 Abs. 1 Satz 1 BDSG kann auf 62
die Vorgabe des Art. 23 Abs. 1 lit. i DSGVO zurückgeführt werden. In diesem Zusammenhang ist jedoch fraglich, ob ein „unverhältnismäßiger Aufwand“ die Löschpflicht des Verantwortlichen entfallen lassen kann. Andernfalls würde dies für den Verantwortlichen den Anreiz bieten, die Löschung von Daten so zu gestalten, dass diese aufgrund des Aufwands ausgeschlossen wird.[138] Darüber hinaus ist zu bezweifeln, dass die Beschränkung den Voraussetzungen des Art. 23 Abs. 1 DSGVO genügt, da insbesondere keine Interessensabwägung vorgenommen wird, sondern das geringe Interesse der betroffenen Person ausreichend ist, damit die Löschpflicht entfällt.[139] Art. 23 Abs. 1 lit. i DSGVO dient zwar auch dem Schutz des Verantwortlichen, kann jedoch nicht auf rein wirtschaftliche Interessen gestützt werden.[140]

4. Ko-Regulierungen der Rechte der betroffenen Person

Aufgrund der zahlreichen Ausnahmen der Pflichten des Verantwortlichen und der Be- 63
schränkungen der Rechte betroffener Personen in den §§ 27 bis 29 und 32 bis 37 BDSG besteht ein gewisses Nebeneinander zwischen den Bestimmungen der Verordnung und des neuen Bundesdatenschutzgesetzes. Diese bestimmen letztlich gemeinsam den Umfang und die Bedingungen der Betroffenenrechte innerhalb Deutschlands. Allerdings sind einige Einschränkungen im nationalen Recht nicht mit den Verordnungsvorgaben vereinbar. Entgegen dem durch die Verordnung geschaffenen Transparenzniveaus, füh-

132 So auch *Bäcker*, in: Kühling/Buchner 2017, Art. 23 Rn. 35.
133 S. *Geminn*, DuD 2017, 298.
134 Ebenso *Bäcker*, in: Kühling/Buchner 2017, Art. 23 Rn. 39.
135 In Bezug auf öffentliche Stellen.
136 Referentenentwurf v. 23.11.2016, 99.
137 So auch *Roßnagel*, DuD 2017, 281; *Verbraucherzentrale Bundesverband e. V.*, Ausschussdrucksache 18(4)824 B, 8 f. und *Bäcker*, in: Kühling/Buchner 2017, Art. 23 Rn. 12.
138 Insbesondere dürfen Löschschwierigkeiten, die sich aus komplexen Dateninfrastrukturen (zB bei Ubiquitous Computing) ergeben, nicht dazu führen, dass das Recht auf Löschung leerläuft; s. *Geminn*, DuD 2017, 298.
139 So auch *Roßnagel*, DuD 2017, 281; *Verbraucherzentrale Bundesverband e. V.*, Ausschussdrucksache 18(4)824 B, 9 sowie *Deutscher Gewerkschaftsbund Bundesvorstand*, Ausschussdrucksache 18(4)833, 24.
140 Ebenso *Bäcker*, in: Kühling/Buchner 2017, Art. 23 Rn. 32.

ren die zahlreichen Sonderregelungen des neuen Bundesdatenschutzgesetzes bezüglich der Betroffenenrechte zu einer Absenkung dieses Niveaus. Insbesondere die Art. 13 und 14 DSGVO dienen der fairen und transparenten Datenverarbeitung. So fordert eine immer stärker vernetze und digitalisierte Welt gerade ein Mehr an Transparenz.[141] Die Einschränkungen der Informationspflichten erschweren im Ergebnis die Wahrnehmung der weiteren Betroffenenrechte.

5. Zusammenfassung

64 Die Datenschutz-Grundverordnung regelt die Rechte betroffener Personen sehr umfangreich und detailliert. Zum einen stärkt sie die bisherigen Vorgaben der Datenschutz-Richtlinie sowie des Bundesdatenschutzgesetzes und weitet diese in manchen Bereichen aus. Als Innovation kommt das Recht auf Datenübertragbarkeit hinzu. Zum anderen gehen risikospezifische Betroffenenrechte des alten Bundesdatenschutzgesetzes im Zusammenhang mit Werbung und Auskunfteien verloren. Unternehmen werden sich auf die erweiterten Rechte betroffener Personen einstellen und interne Verfahren einrichten müssen, um ihren neuen Pflichten nachzukommen. Das Ziel der Rechtsvereinheitlichung hinsichtlich der Betroffenenrechte wird nicht erreicht, da die Verordnung viele Öffnungsklauseln enthält, die Regelungsspielraum für nationales Recht schaffen und dementsprechend in der Europäischen Union zu national unterschiedlichen Regelungen zu den Betroffenenrechten führen werden. Diese Öffnungsklauseln wurden intensiv im Zuge des neuen Bundesdatenschutzgesetzes bei der Beschränkung der Betroffenenrechte genutzt. Durch die zahlreichen Einschränkungen wird der Eindruck erweckt, als möchte der Gesetzgeber so viele Beschränkungen wie möglich aus dem alten Bundesdatenschutzgesetz beibehalten. Durch die vielen Abweichungen von den Verordnungsvorgaben wird jedoch weder das Ziel der Grundverordnung, das Datenschutzrecht zu harmonisieren, noch das Ziel, die Grundrechte zu stärken, erreicht. Für die Praxis wird insbesondere für den Bereich der Betroffenenrechte das Zusammenspiel zwischen dem neuen Bundesdatenschutzgesetz und der Verordnung zu beachten sein, das nicht zur Rechtsklarheit beiträgt.

II. Rechtsbehelfe und Haftung

65 Eine von der Verarbeitung ihrer Daten betroffene Person muss diese nicht hinnehmen, wenn sie ihre Rechte verletzt. Ist ihr dadurch ein Schaden entstanden, haftet der für den Schaden Verantwortliche. In datenschutzrelevanten Konfliktsituationen kann die betroffene Person ihr **Recht auf wirksamen Rechtsbehelf** geltend machen. Das Recht auf Rechtsschutz ist auf nationaler Ebene in Art. 19 Abs. 4 GG und auf unionsrechtlicher Ebene in Art. 47 Abs. 1 GRCh verankert. Es ist eines der wichtigsten Instrumente für einen **effektiven Grundrechtsschutz.**[142]

1. Rechtsbehelfe und Haftung in der Datenschutz-Grundverordnung

66 Die Regelungen zu möglichen Rechtsbehelfen und zur Haftung finden sich im achten Kapitel in den Art. 77 bis 82 DSGVO.

a) Rechtsbehelfe

67 Die betroffene Person kann zum einen ihr Recht auf wirksamen Rechtsbehelf **außergerichtlich in Form einer Beschwerde** gegen eine unzulässige Verarbeitung personenbezogener Daten ausüben. Zum anderen kann sie gegen eine Entscheidung einer Aufsichts-

141 S. hierzu ausführlich zur Datenverarbeitung der Dienste und Dinge *Geminn*, DuD 2017, 298 f.
142 *Thiele*, ERA Forum 2015, 512.

behörde über die Beschwerde sowie direkt gegen das datenschutzwidrige Verhalten einer juristischen oder natürlichen Person ihr **Recht vor Gericht geltend machen.**

aa) Beschwerde bei einer Aufsichtsbehörde

68 Ist die betroffene Person der Ansicht, dass die Verarbeitung ihrer personenbezogenen Daten gegen die Verordnung verstößt, hat sie nach Art. 77 Abs. 1 DSGVO ein **Recht auf Beschwerde** bei einer Aufsichtsbehörde. Beschwerdegegenstand ist eine verordnungswidrige Datenverarbeitung durch einen Verantwortlichen. Das Beschwerderecht gilt unabhängig anderer gerichtlicher oder verwaltungsrechtlicher Rechtsbehelfe (→ § 2 Rn. 130 ff.) und führt iSd Art. 8 Abs. 1 iVm Abs. 3 GRCh das Recht auf Eingabe bei einer nationalen Aufsichtsbehörde aus.[143] Es ermöglicht der betroffenen Person auf unkomplizierte Weise und ohne besondere Form- oder Fristvorgaben einen Rechtsbehelf zu erheben und stärkt und vereinfacht dadurch die Durchsetzung ihrer Rechte.[144] Auf diese Weise soll zum einen sie selbst zu einem Durchsetzungshebel und zu einem Vollzugbeschleuniger im Datenschutzrecht werden und zum anderen eine bessere Kenntnislage der Aufsichtsbehörden herbeigeführt werden (zu den Aufgaben der Aufsichtsbehörden → § 6 Rn. 58).[145]

69 **Beschwerdeberechtigt** ist jede betroffene Person iSd Art. 4 Nr. 1 DSGVO. Somit steht das Recht lediglich natürlichen, durch die verarbeiteten Daten identifizierbaren Personen zu.[146] Es dient vorrangig dem individuellen Rechtschutz und nicht der objektiven Durchsetzung des europäischen Datenschutzrechts. Vorbehaltlich gerichtlicher Überprüfungen hat die Untersuchung der Beschwerde in einem angemessenen Umfang, entsprechend der Bedeutung des Einzelfalls, zu erfolgen.[147] Der Umstand bezieht sich auf die inhaltlichen Pflichten der Aufsichtsbehörde nach Art. 57 Abs. 1 lit. f DSGVO, die den entsprechenden Sachverhalt sorgfältig prüfen muss.[148] Wie sorgfältig und umfangreich diese Prüfung im Einzelfall ausgestaltet sein soll, geht aus der Verordnung nicht näher hervor (→ § 6 Rn. 52 ff.).[149]

70 Die Beschwerde kann bei einer einzigen Aufsichtsbehörde, insbesondere einer Aufsichtsbehörde in dem Mitgliedstaat, in dem die betroffene Person ihren gewöhnlichen Aufenthaltsort oder Arbeitsplatz hat, oder an dem Ort des mutmaßlichen Verstoßes eingereicht werden (→ § 2 Rn. 126). Die die Beschwerde bearbeitende Behörde wird dadurch zur „betroffenen" Aufsichtsbehörde iSd Art. 4 Nr. 22 DSGVO (→ § 6 Rn. 91 ff.). Sie trifft nach Art. 77 Abs. 2 DSGVO sodann eine Unterrichtungspflicht gegenüber dem Beschwerdeführer, die das Unterrichten über den Stand und die Ergebnisse der Beschwerde sowie über das Recht auf gerichtlichen Rechtsbehelf nach Art. 78 DSGVO umfasst. Die Unterrichtung muss innerhalb eines angemessenen Zeitraums erfolgen.[150]

---

143 S. EuGH Urt. v. 6.10.2015 – C-362/14, ECLI:EU:C:2015:650 – Schrems.

144 *Roßnagel* 2017, 41; *Pötters/Werkmeister*, in: Gola 2017, Art. 77 Rn. 2.

145 *Mundil*, in: Wolff/Brink 2017, Art. 77 DSGVO, vor Rn. 1.

146 Zur Auslegung des Personenbezugs nach der DSGVO s. *Hofmann/Johannes*, ZD 2017, 221 ff.

147 Eg. 141 DSGVO.

148 Dies nahm der EuGH bereits bei Art. 28 Abs. 4 DSRL an; EuGH Urt. v. 6.10.2015 – C-362/14, ECLI:EU:C:2015:650 = EuZW 2015, 881 – Schrems; *Roßnagel* 2017, 42.

149 Die Literatur geht von einem beschränkten pflichtgemäßen Verfahrensermessen der Aufsichtsbehörde aus, so zB *Roßnagel* 2017, 89.

150 Eg. 141 DSGVO. Der Zeitraum kann als angemessen angesehen werden, wenn die Unterrichtung innerhalb von drei Monaten nach Beschwerdeeingang erfolgt, s. Art. 78 Abs. 2 DSGVO.

bb) Rechtsbehelfe gegen die Entscheidung einer Aufsichtsbehörde

71 Möchte der Adressat eines rechtsverbindlichen Beschlusses[151] einer Aufsichtsbehörde gegen diesen **gerichtlich vorgehen**, steht ihm gemäß Art. 78 Abs. 1 DSGVO dieses Recht unabhängig anderer verwaltungsrechtlicher oder außergerichtlicher Rechtsbehelfe zu. **Klageberechtigt** sind nicht nur natürliche, sondern auch juristische Personen. Voraussetzung hierfür ist, dass der verbindliche Beschluss Rechtswirkung gegenüber dem Adressaten entfaltet.[152]

72 Darüber hinaus kann die betroffene Person nach Art. 78 Abs. 2 DSGVO gerichtlich gegen die „betroffene" **Aufsichtsbehörde** vorgehen, wenn diese trotz eingegangener Beschwerde **untätig** bleibt oder ihren **Unterrichtungspflichten** nicht innerhalb von drei Monaten nachkommt.[153] Durch den Verweis in Art. 78 Abs. 2 DSGVO auf Art. 77 DSGVO wird das Beschwerderecht zu einem rechtlich durchsetzbaren Rechtsbehelf erhoben.[154] Zusammengefasst unterscheidet Art. 78 DSGVO zwischen zwei verschiedenen Klageverfahren und konkretisiert das Grundrecht auf **gerichtlichen Rechtsbehelf** von Art. 47 Abs. 1 GRCh.[155] Die gerichtliche Zuständigkeit obliegt im Sinne von Art. 78 Abs. 3 DSGVO dem Mitgliedstaat, in dem sich die betroffene Behörde befindet (→ § 2 Rn. 126).[156] Das Gerichtsverfahren wird nach dem Verfahrensrecht dieses Mitgliedstaats durchgeführt.[157]

cc) Rechtsbehelfe gegen Verantwortliche oder Auftragsverarbeiter

73 Die betroffene Person hat gemäß Art. 79 Abs. 1 DSGVO unbeschadet ihres Beschwerderechts und eines verfügbaren verwaltungsrechtlichen oder außergerichtlichen Rechtsbehelfs das **Recht auf wirksamen gerichtlichen Rechtsbehelf gegen einen Verantwortlichen oder Auftragsverarbeiter** im Sinne von Art. 4 Nr. 7 und 8 DSGVO. Das Recht ermöglicht eine eigene, lückenlose und unmittelbar geltende Rechtsschutzgarantie gegenüber sämtlichen verantwortlichen Daten- und Auftragsverarbeitern.[158] **Klageberechtigt** ist jede betroffene natürliche Person iSd Art. 4 Nr. 1 DSGVO, wenn sie der Ansicht ist, dass ihre personenbezogenen Daten verordnungswidrig verarbeitet werden. Danach muss zum einen die streitgegenständliche Datenverarbeitung die betroffene Person identifizieren und zum anderen eine **Verletzung ihres subjektiven Rechts** vorliegen.[159] Art. 79 Abs. 1 DSGVO dient somit ebenfalls dem individuellen Rechtschutz und nicht der objektiven Durchsetzung des europäischen Datenschutzrechts. Für solche Konfliktsituationen sind gemäß Art. 79 Abs. 2 DSGVO entweder die Gerichte am Ort der Niederlassung[160] des Verantwortlichen oder Auftragsverarbeiters oder wahlweise die am gewöhnlichen Aufenthaltsort der betroffenen Person zuständig.[161]

---

151 Dies kann nach Eg. 141 DSGVO auch die komplette oder teilweise Ablehnung der Beschwerde durch die Aufsichtsbehörde sein. Der Beschluss betrifft zB die Ausübung von Untersuchungs-, Genehmigungs- und Abhilfebefugnissen durch die Aufsichtsbehörde, nicht aber rechtlich nicht bindende Maßnahmen, Stellungnahmen oder Empfehlungen, s. Eg. 143 DSGVO.

152 Eg. 143 DSGVO.

153 Die Beweislast trägt bei solchen Fällen iSv Art. 57 Abs. 4 Satz 2 DSGVO die betroffene Aufsichtsbehörde.

154 *Mundil*, in: Wolff/Brink 2017, Art. 77 DSGVO, vor Rn. 1.

155 Eg. 141 DSGVO.

156 Anderes gilt, wenn sich die betroffene Person gegen eine abgelehnte oder abgewiesene Beschwerde wehren möchte. Dann kann sie auch in dem Mitgliedstaat einen gerichtlichen Rechtsbehelf geltend machen, in dem sie ihre Beschwerde eingereicht hat, s. Eg. 143 DSGVO.

157 Eg. 143 DSGVO.

158 Ebenso *Mundil*, in: Wolff/Brink 2017, Art. 79 DSGVO, Rn. 8.

159 Die Bestimmung der subjektiven Rechte orientiert sich am Einzelfall; *Mundil*, in: Wolff/Brink 2017, Art. 79 DSGVO, Rn. 3, 6; *Bergt*, in: Kühling/Buchner 2017, Art. 79 Rn. 5.

160 Zum Begriff der Niederlassung s. Eg. 22 DSGVO.

161 Sofern der Verantwortliche oder Auftragsverarbeiter eine Behörde ist, kann die betroffene Person nach Art. 79 Abs. 2 Satz 2 DSGVO die Klage nur in dem Mitgliedstaat der Behörde erheben, in dem diese in

dd) Vertretung von betroffenen Personen

Mit Art. 80 DSGVO zielt der Unionsgesetzgeber auf die Vereinheitlichung des **Verbandsklage- und Verbandsbeschwerderechts** bei der Geltendmachung von Ansprüchen aufgrund von Datenschutzverstößen ab. Die betroffene Person hat gemäß Art. 80 Abs. 1 DSGVO das Recht, eine Einrichtung, Organisation oder Vereinigung (gemeinsam: Verbände),[162] die die Voraussetzungen des Abs. 1 erfüllt, zu beauftragen, in ihrem Namen eine Beschwerde einzureichen sowie gegen Verantwortliche oder Auftragsverarbeiter vorzugehen.[163] Ferner kann diese für die betroffene Person das Recht wahrnehmen, alle Möglichkeiten und Ansprüche einer Entscheidung einer Aufsichtsbehörde gerichtlich zu überprüfen.[164] Art. 80 Abs. 1 DSGVO normiert damit eine Form der Prozessstandschaft.[165] Die beauftragten Verbände können das Recht auf Schadensersatz aber nur dann im Auftrag der betroffenen Person geltend machen, sofern dies im Recht der Mitgliedstaaten vorgesehen ist.[166] 74

Art. 80 Abs. 2 DSGVO eröffnet den Mitgliedstaaten die Möglichkeit, nationale Regelungen zu erlassen, die Verbänden iSd Abs. 1 das Recht einräumen, eigenständig und ohne Tätigwerden einer betroffenen Person die Rechte der Art. 77 bis 79 DSGVO für diese auszuüben, sofern sie der Ansicht sind, dass die Rechte der betroffenen Person aufgrund einer nicht verordnungskonformen Verarbeitung verletzt wurden. Ohne einen Auftrag dürfen sie aber nicht im Namen dieser Schadensersatz verlangen.[167] Mit der **Öffnungsklausel** reagiert die Verordnung auf Vollzugsdefizite bei der Kontrolle, Durch- und Umsetzung datenschutzrechtlicher Vorgaben durch die Aufsichtsbehörden und stärkt den kollektiven Rechtsschutz.[168] Sie verdeutlicht, dass dem materiellen Datenschutzrecht nunmehr auch eine **verbraucherrechtliche Komponente** innewohnt. 75

ee) Aussetzung des Gerichtsverfahrens

Sofern ein zuständiges Gericht Kenntnis erlangt, dass bereits ein Verfahren über denselben Gegenstand in Bezug auf die Verarbeitung durch denselben Verantwortlichen oder Auftragsverarbeiter bei einem anderen Gericht eines anderen Mitgliedstaats anhängig ist,[169] muss sich das zuständige Gericht nach Art. 81 Abs. 1 DSGVO bei dem anderen Gericht über die Anhängigkeit des Verfahrens erkundigen. Besteht ein solches Verfahren bereits, kann jedes später angerufene Gericht nach Art. 81 Abs. 2 DSGVO das bei ihm anhängige Verfahren aussetzen oder seine Unzuständigkeit nach den Voraussetzungen des Abs. 3 erklären. Dieses Vorgehen soll sich widersprechende Entscheidungen über denselben Sachverhalt durch unterschiedliche Gerichte vermeiden[170] und im Ergebnis eine einheitliche Rechtsprechung herbeiführen. Art. 81 DSGVO verpflichtet die Instanzgerichte verschiedener Mitgliedstaaten zur Zusammenarbeit und führt für die Judikati- 76

Ausübung ihrer hoheitlichen Befugnisse tätig geworden ist, s. Eg. 145 DSGVO. So wird verhindert, dass diese einer fremden Gerichtsbarkeit unterworfen wird.

162 Diese Verbände benötigen keine behördliche Zulassung, wie dies zB § 3 Abs. 1 Satz 1 UmwRG für Vereinigungen vorschreibt, die Umweltrechtsbehelfe gegen Entscheidungen bei Umweltverträglichkeitsprüfungen nach § 1 Abs. 1 UmwRG einlegen wollen.

163 ZB Verbraucherschutzvereine, Datenschutzverbände oder Gewerkschaften.

164 Dies umfasst auch Auskunfts- und Löschansprüche, s. hierzu *Roßnagel* 2017, 43 f.

165 Dies wurde nach deutschem Recht bisher abgelehnt, da solchen Verbänden ein eigenes schutzwürdiges Interesse fehle; s. BGH, GRUR 1998, 417 ff. Aufgrund des Wortlauts und den Voraussetzungen des Art. 80 Abs. 1 DSGVO ist jedoch davon auszugehen, dass Verbände iSd Verordnung über das notwendige schutzwürde Interesse verfügen, so zB auch *Laue/Nink/Kremer* 2016, § 11 Rn. 40.

166 *Roßnagel* 2017, 137.

167 Anders als in Art. 81 Abs. 1 DSGVO wird in Abs. 2 das Recht auf Schadensersatz nicht ausdrücklich genannt. Das Verbot folgt der systematischen Logik von Schadensersatzansprüchen, die dem individuellen und nicht dem kollektiven Rechtsschutz dienen, s. Eg. 142 DSGVO.

168 So auch *Dieterich*, ZD 2016, 266.

169 S. Eg. 144 DSGVO.

170 Eg. 144 DSGVO.

ve den Ansatz eines umfassenden Kohärenzverfahrens der Art. 60 ff. DSGVO in kleinerem Umfang fort.[171] Dies dient der Prozessökonomie, da Verfahren mehrerer Mitgliedstaaten gebündelt werden können.

b) Haftung

77 Ist aufgrund einer verordnungswidrigen Verarbeitung ein Schaden entstanden, haftet gemäß Art. 82 Abs. 2 Satz 1 DSGVO jeder an der Verarbeitung beteiligte Verantwortliche.[172] Dies gilt für Auftragsverarbeiter aber nur, wenn sie ihren durch die Verordnung auferlegten Pflichten nach Art. 28 DSGVO (→ § 5 Rn. 81 ff.) nicht nachgekommen sind oder die Anweisungen des für die Datenverarbeitung Verantwortlichen nicht beachtet oder dagegen gehandelt haben. Die **Haftung** umfasst Verantwortliche und Auftragsverarbeiter nach Art. 4 Abs. 7 und 8 DSGVO für den öffentlichen wie nichtöffentlichen Bereich gleichermaßen. Somit gelten dieselben Haftungsvoraussetzungen für privat-rechtliche und öffentlich-rechtliche Organisationen. **Anspruchsberechtigt** ist jede betroffene Person iSd Art. 4 Nr. 1 DSGVO, die durch eine nicht verordnungskonforme Verarbeitung ihrer personenbezogenen Daten einen Schaden erlitten hat. Der **Begriff des Schadens** ist weit auszulegen, ungeachtet anderer Schadensersatzforderungen aufgrund von Verstößen gegen das Unionsrecht oder das Recht der Mitgliedstaaten.[173] Umfasst sind dabei ausdrücklich sowohl materielle Schäden wie Vermögensbeeinträchtigungen als auch immaterielle Schäden wie Beeinträchtigungen des Persönlichkeitsrechts.[174]

78 Sofern der Anspruchsgegner nachweisen kann, dass ihn für den Schadenseintritt keine Verantwortung trifft, scheidet nach Art. 82 Abs. 3 DSGVO eine Haftung aus. Durch diese **Beweislastumkehr** muss der Schadensverantwortliche beweisen, dass ihn kein Verschulden am Schadenseintritt trifft. Sind an der schadensverursachenden Verarbeitung mehrere Verantwortliche oder Auftragsverarbeiter beteiligt und für den Schaden verantwortlich, haftet gemäß Art. 82 Abs. 4 DSGVO jeder von ihnen für den gesamten Schaden, um einen wirksamen Schadensersatz für die betroffene Person gewährleisten zu können. Die **gesamtschuldnerische Haftung** ist unabhängig vom jeweiligen Anteil am entstandenen Schaden.[175] Die Zuständigkeit der Gerichte orientiert sich an Art. 79 Abs. 2 DSGVO.

2. Rechtsbehelfe und Haftung nach deutschem Recht

79 Die Bestimmungen zu Rechtsbehelfen und Haftung in der alten Fassung des Bundesdatenschutzgesetzes und der Datenschutz-Richtlinie sind erheblich weniger ausgeprägt als die Vorgaben der Verordnung. Die Regelungen des neuen Bundesdatenschutzgesetzes erweitern die Vorgaben des deutschen Rechts und passen sie der Verordnung an.

a) Rechtlage bis zum 25. Mai 2018

80 Im Vergleich zur bisherigen Rechtslage sind die Bestimmungen der Art. 77 bis 81 DSGVO für das nationale Datenschutzrecht neu. Ein **Beschwerderecht** wie es Art. 77 DSGVO festlegt, hat Art. 28 Abs. 4 DSRL nur in ähnlicher Weise geregelt. Danach kann sich jede Person an jede Kontrollstelle mit einer Eingabe wenden. Diese hat die betroffene Person über die Behandlung der Eingabe zu informieren. Im deutschen Recht

171 *Mundil*, in: Wolff/Brink 2017, Art. 81 DSGVO, Rn. 1.

172 Davon umfasst sind auch Verstöße gegen delegierte Rechtsakte und Durchführungsrechtsakte nach Maßgabe der Verordnung sowie Vorschriften der Mitgliedstaaten, die die Vorgaben der Verordnung präzisieren, s. Eg. 146 DSGVO.

173 Eg. 146 DSGVO.

174 Beispiele für Vermögens- und Nicht-Vermögensschäden lassen sich Eg. 75 und 85 DSGVO entnehmen.

175 *Gola/Piltz*, in: Gola 2017, Art. 82 Rn. 7. Der Beitrag und die Verantwortung am Schaden ist aber für den Innenausgleich iSd Art. 82 Abs. 5 DSGVO von Bedeutung.

wurde die Richtlinienvorgabe mit § 21 Satz 1 BDSG a.F. umgesetzt. Das Recht wird durch die jeweiligen Datenschutzgesetze der Länder ergänzt.[176]

81 Gemäß Art. 28 Abs. 3 DSRL steht gegen beschwerende Entscheidungen der Kontrollstelle der Rechtsweg offen. Dieses Richtlinienziel kommt dem Zweck des Art. 78 DSGVO nahe, wurde jedoch nicht im alten Bundesdatenschutzgesetz umgesetzt, weil nach allgemeinem Prozessrecht der Verwaltungsrechtsweg beschritten werden kann. Unbeschadet des verwaltungsrechtlichen Beschwerdeverfahrens nach Art. 28 DSRL legen die Mitgliedstaaten nach Art. 22 Abs. 3 DSRL fest, dass jede Person bei einer Verletzung der ihr datenschutzrechtlich zustehenden und einzelstaatlich garantierten Rechte einen **gerichtlichen Rechtsbehelf** einlegen kann. Dieses Regelungsziel kommt Art. 79 DSGVO nahe. Hierzu gibt es jedoch keine Entsprechung im alten Bundesdatenschutzgesetz. Eine **Verbandsbeschwerde oder -klage** iSd Art. 80 DSGVO kennt die Datenschutz-Richtlinie nicht.[177] Dies stellt ihr gegenüber eine Neuerung dar. So sieht Art. 22 DSRL lediglich ein Individualklagerecht vor. Auch Entsprechungen zu den Bestimmungen des Art. 81 DSGVO finden sich weder in der Richtlinie noch im alten Bundesdatenschutzgesetz.

82 Die **deliktische Haftung** des Art. 82 DSGVO entspricht in Teilen Art. 23 DSRL und wurde in den §§ 7 und 8 BDSG a.F. umgesetzt. Die alte Rechtslage unterscheidet bei der Haftung zwischen dem öffentlichen und nichtöffentlichen Bereich. Nach § 7 Satz 1 BDSG a.F. ist die verantwortliche nichtöffentliche Stelle verpflichtet, dem Betroffenen bei einem datenschutzrechtlich unzulässigen Umgang mit seinen personenbezogenen Daten den ihm daraus entstanden Schaden zu ersetzen. **Immaterieller Schadensersatz** wird allerdings nur bei schwerwiegenden Persönlichkeitsverletzungen gewährt. Sollte die verantwortliche Stelle mit gebotener Sorgfalt gehandelt haben, entfällt der Anspruch. Hierbei handelt es sich folglich um eine **Verschuldenshaftung mit Beweislastumkehr.** Gemäß § 8 Abs. 1 BDSG a.F. trifft diese Pflicht öffentliche Stellen auch unabhängig eines Verschuldens. Die Gefährdungshaftung des § 8 BDSG a.F. wird jedoch aufgrund der Verordnung verloren gehen. Ihre Vorgaben führen im Vergleich mit dem Bundesdatenschutzgesetz keine Unterscheidung zwischen öffentlichen und nichtöffentlichen Stellen aus, ermöglichen die gesamtschuldnerische Haftung sowie die Exkulpation öffentlicher Stellen und eröffnen einen darüber hinausgehenden deliktischen **Schadensersatzanspruch** ausdrücklich auch bei immateriellen Schäden sowie gegenüber Auftragsverarbeitern.

b) Rechtslage ab dem 25. Mai 2018

83 Das neue Bundesdatenschutzgesetz ist nicht in sich geschlossen, sondern muss als Ergänzung der Verordnung verstanden und gelesen werden. Bestimmungen zu gerichtlichen Rechtsbehelfen ergeben sich künftig aus den §§ 20 und 44 BDSG. Vorgaben zu Beschwerderechten oder -verfahren, der Aussetzung eines Gerichtsverfahrens sowie zur Haftung, finden sich im neuen Gesetz nicht.

84 § 20 BDSG regelt im Abschnitt „gemeinsame Bestimmungen“ den **gerichtlichen Rechtsschutz.** Gemäß § 20 Abs. 1 Satz 1 BDSG ist für Konfliktsituationen zwischen natürlichen oder juristischen Personen und einer Aufsichtsbehörde des Landes oder Bundes, die den Art. 78 Abs. 1 und 2 DSGVO betreffen, der **Verwaltungsrechtsweg**[178] gegeben. Dabei ist gemäß § 20 Abs. 2 BDSG die Verwaltungsgerichtsordnung für die Fälle der Abs. 3 bis 7 anzuwenden. Die örtliche Zuständigkeit obliegt nach § 20 Abs. 3 BDSG

176 ZB § 28 Abs. 1 HDSG, § 19 Abs. 1 NDSG oder § 21 Abs. 1 BbgDSG.

177 Art. 28 Abs. 4 DSRL sieht lediglich vor, dass sich der Betroffene durch einen Verband bei der Eingabe an eine Kontrollstelle vertreten lassen kann.

178 Dieser ist jedoch nach § 20 Abs. 1 Satz 2 BDSG für Bußgeldverfahren ausgeschlossen.

dem Verwaltungsgericht, in dessen Bezirk die Aufsichtsbehörde ihren Sitz hat. Die Behörde ist bei solchen Verfahren nach § 20 Abs. 4 BDSG beteiligungsfähig.[179] Darüber hinaus sind nach § 20 Abs. 5 Satz 1 BDSG die betroffene Person als Klägerin (Nr. 1) sowie die Aufsichtsbehörde als Beklagte (Nr. 2) Beteiligte eines solchen Verfahrens.[180] Gemäß § 20 Abs. 6 BDSG ist kein Vorverfahren für solche Konfliktsituationen vorgesehen.[181]

85 § 44 BDSG enthält die Vorgaben zu **Rechtsbehelfen gegen Verantwortliche oder Auftragsverarbeiter** für „besondere Verarbeitungssituationen". Danach legt § 44 Abs. 1 BDSG die gerichtliche Zuständigkeit bei Klagen aufgrund einer Verletzung der durch die Verordnung bestimmten Rechte einer betroffenen Person oder aufgrund eines Verstoßes gegen die Bestimmungen der Verordnung fest. So kann die Klage zum einen am Ort der Niederlassung des Verantwortlichen oder Auftragsverarbeiters erhoben werden, zum anderen an dem Ort, an dem die betroffene Person ihren gewöhnlichen Aufenthaltsort hat. Beide Möglichkeiten sind jedoch nach § 44 Abs. 2 BDSG ausgeschlossen, sofern eine beklagte Behörde in Ausübung ihrer hoheitlichen Befugnisse tätig geworden ist.[182]

c) Weitere deutsche Regelungen

86 Bei der Durchführung von Klage- und Beschwerdeverfahren sind nach deutschem Recht das Prozessrecht und die allgemeinen verwaltungsrechtlichen Verfahrensvorschriften anzuwenden.[183] Diese geben auch Aufschluss über die sachliche und örtliche Zuständigkeit der Gerichte, die den Klageweg vor den ordentlichen Gerichten oder den Verwaltungsrechtsweg eröffnen (→ § 2 Rn. 127 ff.).[184] Darüber hinaus existieren bereichsspezifische Rechtsvorschriften, die den Rechtsweg vor anderen Gerichten eröffnen.[185]

87 Im deutschen Zivilrecht finden sich zahlreiche Bestimmungen zur Ausgestaltung der Haftung. Hervorzuheben sind vor allem die Ansprüche aus §§ 280 Abs. 1 Satz 1 iVm 241 Abs. 2, 323 ff., 823 Abs. 1 und 2, 831 Abs. 1 Satz 1 und 840 Abs. 1 BGB. Insbesondere ist zu beachten, dass mehrere Haftungsansprüche – sowohl deliktische als auch vertragliche – parallel bestehen können.[186]

88 Bei verbraucherschutzwidrigen Praktiken sind die Unterlassungs- und Beseitigungsansprüche des § 2 Abs. 2 Nr. 11 UKlaG anzuwenden. Verbände können demnach gegen Unternehmen vorgehen, die gegen für Verbraucher relevante Bereiche des Datenschutzrechts verstoßen.

3. Verhältnis zwischen Datenschutz-Grundverordnung und deutschem Recht

89 Durch die unmittelbare Geltung und Anwendung der Verordnung in jedem Mitgliedstaat der Europäischen Union gemäß Art. 288 Abs. 2 AEUV wird das widersprechende oder gleichlautende nationale Recht aufgrund des Anwendungsvorrangs der Verord-

179 Mit dieser Vorgabe weicht das Bundesdatenschutzgesetz von § 61 Nr. 3 und 4 VwGO im Rahmen des Art. 74 Abs. 1 Nr. 1 GG ab, s. BT-Drs. 18/11325, 93.

180 Dabei bleiben nach § 20 Abs. 5 Satz 2 BDSG die § 63 Nr. 3 und 4 VwGO unberührt. Darüber hinaus ist im Zusammenhang mit § 20 Abs. 1, 4 und 5 Nr. 2 BDSG unklar, ob der Bund über die Gesetzgebungskompetenz verfügt, solche Regelungen für die Länder zu bestimmen, s. BT-Drs. 18/11655, 14.

181 Da es keine der betroffenen Aufsichtsbehörde übergeordnete Instanz gibt, wäre der mit einem Vorverfahren angestrebte Devolutiveffekt nicht erreicht, s. BT-Drs. 18/11325, 93. Schließlich ist dahingehend § 68 VwGO anzupassen, s. hierzu *Bergt*, in: Kühling/Buchner 2017, Art. 79 Rn. 20.

182 Solche Verfahren richten sich nach den Verfahrensordnungen der zuständigen Fachgerichte; vgl. BT-Drs. 18/11325, 110.

183 ZB §§ 40, 42 und 75 VwGO, § 35 VwVfG.

184 *Weiss*, in: Knyrim 2016, 321; *Becker*, in: Plath 2016, Art. 79 DSGVO, Rn. 2.

185 ZB § 51 SGG, § 32 i AO n.F., § 81 a SGB X n.F. oder § 33 FGO.

186 *Gola/Piltz*, in: Gola 2017, Art. 82 Rn. 20; *Laue/Nink/Kremer* 2016, § 11 Rn. 15.

nung verdrängt. Es stellt sich daher die Frage nach einer möglichen ergänzenden Anwendung nationaler Regelungen, sofern diese in keinem klaren Widerspruch zur Verordnung stehen und deren Regelungen präzisieren, ausfüllen oder konkretisieren.

a) Deutsches Recht und Datenschutz-Grundverordnung

Mit zunehmendem Einfluss des europäischen Gemeinschaftsrechts vergrößert sich auch dessen Einfluss auf den mitgliedstaatlichen Rechtsschutz. Die unionsrechtlichen Maßstäbe und Kriterien wirken sich somit auch auf den Umfang des deutschen Rechtsschutzrahmens aus.[187] 90

aa) Neues Bundesdatenschutzgesetz und Datenschutz-Grundverordnung

§ 20 BDSG konkretisiert die Vorgaben des Art. 78 Abs. 1 bis 3 DSGVO zum **Recht auf wirksamen gerichtlichen Rechtsbehelf** gegen eine Aufsichtsbehörde. Er dient zum einen der Durchführung des Art. 78 Abs. 1 DSGVO, zum anderen der Umsetzung des Art. 53 Abs. 1 JI-RL.[188] Das Recht nach Art. 78 Abs. 1 DSGVO hat das neue Bundesdatenschutzgesetz mit § 20 Abs. 1 Satz 1 BDSG spezifiziert und verdeutlicht, dass für gerichtliche Rechtsbehelfe gegen Aufsichtsbehörden der **Verwaltungsrechtsweg** gegeben ist. Folgerichtig schließt § 20 Abs. 2 Satz 2 BDSG dies für Bußgeldverfahren aus, da diese der ordentlichen Gerichtsbarkeit zugewiesen sind. Fraglich ist jedoch, inwiefern durch § 20 Abs. 1 Satz 1 BDSG § 40 Abs. 1 VwGO beeinflusst wird und sich eine aufdrängende Rechtszuweisung an die Verwaltungsgerichte ergibt.[189] 91

Laut der Gesetzesbegründung soll § 20 BDSG keine Anwendung finden, wenn bereichsspezifischere Rechtsvorschriften des Bundes den Rechtsweg vor anderen Gerichten eröffnen.[190] Daraus könnte man schließen, dass § 20 Abs. 1 Satz 1 BDSG auf den Inhalt und die Vorgaben des § 40 Abs. 1 VwGO abstellt. Allerdings ist § 20 Abs. 1 BDSG künftig lex specialis zu § 40 Abs. 1 VwGO. Daher kann ferner angenommen werden, dass durch § 20 Abs. 1 Satz 1 BDSG in jedem Fall der Verwaltungsrechtsweg eröffnet ist.[191] Dieser Eindruck wird durch § 20 Abs. 2 BDSG verstärkt. Mit Abs. 2 reagiert das nationale Recht auf Erwägungsgrund 143 der Verordnung und bestimmt das Verfahrensrecht, das für Gerichtsverfahren den Art. 78 DSGVO betreffend angewendet werden soll. Gemäß Art. 78 Abs. 3 DSGVO obliegt die Bestimmung der gerichtliche Zuständigkeit dem Mitgliedstaat, in dem sich die betroffene Behörde befindet. Entsprechend des zuvor festgelegten Rechtswegs und Verfahrensrechts konkretisiert § 20 Abs. 3 BDSG die örtliche Zuständigkeit mit Bestimmung des Verwaltungsgerichts. Der Feststellung in § 20 Abs. 5 Satz 1 Nr. 1 und 2 BDSG, dass in einem Verfahren nach Art. 78 Abs. 1 und 2 DSGVO die Aufsichtsbehörde die Beklagte und die betroffene Person die Klägerin ist, bedarf es eigentlich nicht. 92

§ 44 BDSG steht in direkter Beziehung zu den Vorgaben des Art. 79 Abs. 2 DSGVO und dient seiner Durchführung.[192] Die örtliche Zuständigkeit bei Gerichtsverfahren gegen Auftragsverarbeiter oder Verantwortliche bestimmt § 44 Abs. 1 BDSG und wiederholt die Vorgaben des Art. 79 Abs. 2 DSGVO. Inhaltsgleich nennt dieser zum einen den Ort der Niederlassung[193] der Beklagten und zum anderen den Ort des gewöhnlichen Auf- 93

187 *Schmidt-Kötters*, in: Posser/Wolff 2017, § 42 VwGO, Rn. 165.
188 BT-Drs. 18/11325, 93.
189 S. BT-Drs. 18/11655, 13.
190 ZB § 51 SGG. Für Verfahren iSv § 33 FGO behält sich der Gesetzgeber vor in einem gesonderten Gesetzgebungsverfahren Bestimmungen zu erlassen, s. BT-Drs. 18/11325, 93.
191 S. hierzu auch BT-Drs. 18/11325, 93.
192 BT-Drs. 18/11325, 109.
193 Durch die Schaffung eines besonderen Gerichtsstands der Niederlassung begegnet das nationale Recht der Beschränkung durch § 21 Abs. 1 ZPO, s. BT-Drs. 18/11325, 109.

enthaltsorts der betroffenen Person[194] als mögliche Orte der gerichtlichen Zuständigkeit. Dieses Vorgehen verstößt jedoch nicht gegen das Normwiederholungsverbot (→ § 2 Rn. 30 f.), da § 44 BDSG damit den Zusammenhang zwischen der Verordnung und der Regelung des Bundesdatenschutzgesetzes verdeutlicht. Dies trägt im Ergebnis zu einem besseren Verständnis der Bestimmung bei.[195] Ferner dient es entsprechend der Gesetzesbegründung der Abgrenzung gegenüber Bestimmungen der Zivilprozessordnung.[196]

94 § 44 Abs. 2 BDSG entspricht Erwägungsgrund 145 der Verordnung. Er regelt gesondert eine Ausnahme der zuvor dargelegten gerichtlichen Zuständigkeit. Sofern eine beklagte Behörde in Ausübung ihrer hoheitlichen Befugnisse tätig geworden ist, gilt § 44 Abs. 2 BDSG nicht. Welcher Ort dann maßgeblich ist, lässt das künftige Bundesdatenschutzgesetz selbst offen.[197]

bb) Weitere deutsche Regelungen und Datenschutz-Grundverordnung

95 Für die Durchführung der Klage- und Beschwerdeverfahren ist die Verordnung auf die **Verfahrensvorschriften der Mitgliedstaaten** angewiesen, da sie keine eigenen Verfahrensvorschriften enthält. Die Verordnung gibt somit ausfüllungsbedürftige Mindestvorgaben vor.

96 Zur konkreten Ausgestaltung des **Beschwerdeverfahrens** nach Art. 77 Abs. 1 DSGVO macht die Verordnung keine Angaben. Dessen nähere Ausgestaltung erfolgt somit durch die Verwaltungsverfahrensgesetze des Bundes und der Länder. Das Gleiche gilt für die **Klagerechte** in Art. 78 Abs. 1 und 79 Abs. 1 DSGVO, da sie nur im allgemeinen Sinne ausgeführt werden. Diese sind durch das nationale Prozessrecht zu ergänzen und auszufüllen. Dies gilt ferner für die sachliche und örtliche Zuständigkeit der Gerichte nach Art. 81 DSGVO.[198]

97 Der Systematik des Art. 78 DSGVO zufolge würde die Klage gegen einen Ablehnungsbeschluss des Abs. 1 einer **Anfechtungs- oder Verpflichtungsklage** gegen einen Verwaltungsakt iSd § 42 Abs. 1 VwGO entsprechen. Art. 78 Abs. 2 DSGVO ist wiederum mit der nationalen **Untätigkeitsklage** gemäß § 75 VwGO vergleichbar. § 42 Abs. 2 VwGO ähnelt vom Wortlaut nach der Voraussetzung des Art. 77 Abs. 1 DSGVO. Ferner ist Art. 79 Abs. 1 DSGVO den Anforderungen des § 42 Abs. 2 VwGO äußerst ähnlich. Schließlich stellt Erwägungsgrund 143 DSGVO klar, dass Gerichtsverfahren im Einklang mit dem Verfahrensrecht der Mitgliedstaaten durchzuführen sind. Folgerichtig und mit dem Unionsrecht vereinbar, legt § 20 Abs. 2 BDSG dies auch fest. Im Ergebnis sind die deutschen Verfahrensvorschriften als Konkretisierungen der Regelungen der Verordnung anzusehen. Folglich bestimmt das nationale Recht die statthafte Klageart. Sofern ihre Anwendung jedoch im Widerspruch zu den unionsrechtlichen Vorgaben steht, sind sie anzupassen und entsprechend verordnungskonform auszulegen.

98 Verbände können nach Art. 80 Abs. 1 DSGVO als **Stellvertreter** für die betroffene Person deren **Beschwerde- und Klagerecht** wahrnehmen. Hierfür sind die nationalen Bestimmungen des Rechtsdienstleistungsgesetzes aufgrund des Anwendungsvorrangs der Verordnung anzupassen.[199]

---

194 Indem der Aufenthaltsort der betroffenen Person einen möglichen Klageort darstellt, begegnet das nationale Recht den Beschränkungen der §§ 12 ff. ZPO, s. BT-Drs. 18/11325, 109.

195 S. auch Eg. 8 DSGVO.

196 BT-Drs. 18/11325, 109 f.

197 Mangels spezialgesetzlicher Zuweisung gilt § 52 VwGO.

198 Die Zuständigkeit ist nach ZPO, VwGO und GVG zu bestimmen.

199 So auch *Roßnagel* 2017, 137.

Das eigenständige Beschwerde- und Klagerecht von Verbänden ist durch die Formulierung einer fakultativen **Öffnungsklausel** in Art. 80 Abs. 2 DSGVO nicht unionsweit verbindlich. Die Verordnung ermöglicht den Mitgliedstaaten den Kreis der Beschwerdeberechtigten um die in Art. 80 Abs. 1 DSGVO genannten Verbände zu erweitern und das **Verbandsbeschwerderecht und -klagerecht** national zu regeln. Art. 80 Abs. 2 DSGVO gibt damit eine nicht zwingende Zielvorgabe und keine Regelungsverpflichtung vor. Im deutschen Recht existiert hierzu mit § 2 Abs. 2 Nr. 11 UKlaG bereits eine entsprechende Regelung, sodass Deutschland diese Öffnungsklausel zum Teil schon nutzt.[200] Danach dürfen Verbände[201] Unterlassungs- und Beseitigungsansprüche geltend machen, wenn gegen die Zulässigkeit der Erhebung personenbezogener Daten eines Verbrauchers oder durch Verarbeitung oder Nutzung dieser Daten durch ein Unternehmen verstoßen wurde. Die Grenzen möglicher Ansprüche ergeben sich aus den Zwecken des Datenumgangs.[202] Bei einer vergleichenden Betrachtung der Vorgaben der Verordnung und § 2 Abs. 2 Nr. 11 UKlaG wird deutlich, dass die nationale Bestimmung den Kreis der Handlungsberechtigten und Datenschutzverstöße einschränkt. Ferner greift sie nicht das Recht auf Schadensersatz und das Beschwerderecht der betroffenen Person auf. Dadurch bleibt das geltende deutsche Recht hinter den von der Verordnung eröffneten Regelungsmöglichkeiten zurück.[203] 99

Mit Art. 82 DSGVO trifft die Verordnung fast keine Regelungen zur Ausgestaltung der **Haftung.**[204] Da Art. 82 DSGVO ein eigenständiger zivilrechtlicher Anspruch ist, unterliegt er lediglich den allgemeinen Bestimmungen des Zivilrechts, sodass die allgemeinen Haftungsregelungen des Bürgerlichen Gesetzbuchs hinzuzuziehen sind.[205] Einer weiteren Umsetzung oder Konkretisierung bedarf Art. 82 DSGVO nicht.[206] 100

b) Anwendungsvorrang der Datenschutz-Grundverordnung gegenüber anderen deutschen Regelungen

Sofern das deutsche Prozessrecht den Vorgaben der Verordnung nicht widerspricht, sondern sie konkretisiert, ist es bei Beschwerde- oder Klageverfahren hinzuzuziehen. Für die Anwendung von § 75 VwGO als Ergänzung des Art. 78 Abs. 2 DSGVO ist jedoch zu berücksichtigen, dass für die „angemessene Frist" der Aufsichtsbehörde die konkreten Vorgaben der Verordnung maßgeblich sind und nicht das nationale weitere Verständnis.[207] Schließlich ist bei Art. 81 DSGVO zu beachten, dass die Bestimmung materielle Verfahrensvorschriften enthält, die den nationalen Regelungen vorgehen.[208] Da Art. 81 DSGVO aber nur das Verhältnis zwischen den Gerichten unterschiedlicher Mitgliedstaaten regelt und keine Aussagen darüber trifft, wie bei parallel bestehenden Gerichtsverfahren innerhalb eines Mitgliedstaats vorzugehen ist, ist in solchen Fällen weiterhin das nationale Recht ausschlaggebend. 101

4. Ko-Regulierung des Datenschutzrechts durch Union und Mitgliedstaat

Für die Rechtspraxis können die **Vorgaben der Verordnung als verfahrensrechtlicher Mindeststandard** angesehen werden, der durch die nationalen Vorschriften umzusetzen und auszufüllen ist. Trotzdem ist bei der Anwendung nationaler Regelungen immer die 102

200 Hierzu ausführlich *Spindler*, ZD 2016, 114; *Halfmaier*, NJW 2016, 1126.
201 Klageberechtigt sind nach deutschem Recht insbesondere Verbände, wie Verbraucherschutzverbände, nach § 3 Abs. 1 Satz 1 Nr. 1 UKlaG und § 8 Abs. 3 Nr. 3 UWG.
202 Umfasst sind die in § 2 Abs. 2 Nr. 11 UKlaG genannten Zwecke.
203 So auch *Dieterich*, ZD 2016, 265.
204 Ausnahme: Art. 82 Abs. 5 DSGVO.
205 Dies sind zB Verjährungsregelungen und Bestimmungen zu vertraglichen oder deliktischen Ansprüchen.
206 *Quaas*, in: Wolff/Brink 2017, Art. 82 DSGVO, Rn. 3.
207 *Pötters/Werkmeister*, in: Gola 2017, Art. 78 Rn. 9.
208 *Mundil*, in: Wolff/Brink 2017, Art. 81 DSGVO, vor Rn. 1.

Vereinbarkeit mit den Verordnungsvorgaben zu überprüfen. Dies kann in der Praxis zu Abgrenzungsschwierigkeiten führen und somit zur Rechtsunsicherheit beitragen.

103 Auf Unionsebene werden praxisrelevante Unterschiede bei der Nutzung der **Öffnungsklausel** in Art. 80 Abs. 2 DSGVO existieren, was zu Unterschieden des kollektiven Rechtsschutzes innerhalb der Union führen wird. In der Praxis wird eine betroffene Person das eigenständige Beschreiten des Rechtswegs meiden, insbesondere wenn sie gegen einen Großkonzern vorgehen muss, der bei Gerichtsverfahren weder Zeit noch Kosten scheut.[209] Hier hilft bereits die mögliche Vertretung durch Verbände nach Art. 80 Abs. 1 DSGVO. Durch das Nutzen der Öffnungsklausel und einem eigenständigen Beschwerde- und Klagerecht der Verbände wird der **Verbraucher- und Datenschutz** erheblich gestärkt und das Beschreiten des Rechtswegs für betroffene Personen erleichtert. Ferner werden sich auf diesem Gebiet neue wirtschaftliche Dienstleistungen ergeben. Aufgrund der Teilumsetzung der Öffnungsklausel innerhalb des deutschen Rechts wäre es wünschenswert, wenn der Gesetzgeber alle Handlungsmöglichkeiten der Verordnung für Verbände ermöglichen würde.

104 In Zukunft werden die Aufsichtsbehörden eine größere Arbeitsbelastung haben (→ § 6 Rn. 83), da sie nun mit Klagen rechnen müssen, wenn sie bei einer Beschwerde untätig bleiben oder nicht ihren neuen Unterrichtungspflichten bei eingereichten Beschwerden nachkommen. Sie können somit nicht wie bisher bei hoher Arbeitsbelastung eine Beschwerde ignorieren oder zu einem späteren Zeitpunkt bearbeiten, sondern müssen diese umgehend untersuchen.[210]

105 Es bleibt abzuwarten, wie sich die Vorgaben des Art. 81 DSGVO auf die gerichtliche Praxis der Mitgliedstaaten auswirken werden. Dabei ist zu kritisieren, dass Art. 81 Abs. 1 DSGVO keine Angaben zur Kenntnislage der Gerichte macht. Dem Wortlaut nach scheint diese von zufällig erlangtem Wissen abzuhängen, sodass die betroffenen Gerichte meist nur ohne eigenes Handeln Informationen über solche Verfahren erhalten würden. Art. 81 Abs. 1 DSGVO verpflichtet die Gerichte gerade nicht, sich über anhängige Verfahren zu erkundigen oder hierfür ein Informationssystem zum Abgleich zu erstellen.

106 Schließlich wird sich trotz der Reduzierung der **Gefährdungshaftung** gegenüber der bisherigen Rechtlage und aufgrund der Möglichkeit der Verbände auf Auftrag betroffener Personen hin tätig zu werden, die Anzahl der **Schadensersatzklagen** in der Praxis deutlich erhöhen. Dies ist ferner der Ausweitung der Ansprüche auf immaterielle Schäden geschuldet, die bisher nur in schwerwiegenden Fällen gewährt wurden. Hinsichtlich der Haftung von Behörden stellt Art. 82 DSGVO die betroffenen Personen gegenüber § 8 BDSG a.F. jedoch schlechter, da die verschuldensunabhängige Haftung entfällt. Zugleich erhöht sich das wirtschaftliche Risiko für datenverarbeitende Unternehmen und öffentliche Stellen, die ihre Compliance-Maßnahmen ausweiten müssen, um präventiv Datenschutzverstößen und Imageschäden entgegenzuwirken. Dies macht umfassende Dokumentationsmaßnahmen[211] (→ § 3 Rn. 83 ff. und § 5 Rn. 160 ff.) notwendig, die sich entlastend auf das Haftungsrisiko auswirken können.

5. Zusammenfassung

107 Über die Art. 77 bis 80 DSGVO gibt die Verordnung betroffenen Personen starke Werkzeuge an die Hand, um gegen mögliche verordnungswidrige Verarbeitungen ihrer Daten vorzugehen. Dabei müssen sie sich nicht für einen der verschiedenen Rechtsbehelfe ent-

209 S. hierzu auch *Roßnagel* 2017, 44.
210 *Roßnagel* 2017, 43.
211 Vgl. Art. 5 Abs. 2 DSGVO.

scheiden, sondern können davon parallel Gebrauch machen. Vor allem können sie diese Rechtsbehelfe mit Hilfe von Verbänden in Anspruch nehmen, die aber auch eigenständig gegen eine solche Verarbeitung vorgehen können. Die Ausweitung des Schadensumfangs auf immaterielle Schäden stärkt darüber hinaus den effektiven Schadensersatz für betroffene Personen. Bei der Verfahrensausgestaltung der Rechtsbehelfe sind weiterhin die nationalen Prozessordnungen maßgeblich. Das neue Bundesdatenschutzgesetz erleichtert durch Konkretisierungen teilweise die Anwendung der Verordnungsvorgaben. Ferner erfahren die nationalen Verfahrensgesetze durch das neue Gesetz punktuell Einschränkung, was Abgrenzungsschwierigkeiten zwischen den deutschen Vorschriften und den Einschränkungen der Verordnung entgegenwirkt.

§ 5 Pflichten des Verantwortlichen

I. Verantwortung für die Datenverarbeitung

Die Verordnung betont im verstärkten Maß die Eigenverantwortung des Verantwortlichen für die Datenverarbeitung.[1] Im Vergleich zur bisherigen Rechtslage sind sowohl die Entscheidungsmöglichkeiten[2] als auch die Anforderungen an die Verantwortlichkeit gestiegen.[3] Der **Grundsatz der Verantwortung** ist in Art. 5 Abs. 2 DSGVO verortet und findet in Art. 24 ff. DSGVO eine nähere Konkretisierung. Der Verantwortliche ist danach zur Einhaltung der Datenschutzgrundsätze verpflichtet. Außerdem muss er deren wirksame Einhaltung auch nachweisen können. 1

Sofern mehrere Verantwortliche an der Datenverarbeitung beteiligt sind, legt die Verordnung Wert auf eine klare und transparente **Zuteilung der Verantwortlichkeiten.** Aus ihr soll hervorgehen, wer in welcher Phase für die Datenverarbeitung verantwortlich ist, um Rechte und Freiheiten der Betroffenen bestmöglich zu schützen sowie die Handlungsfähigkeit der Aufsichtsbehörden zu gewährleisten.[4] 2

Die Verantwortlichkeit besteht auch fort, wenn der Verantwortliche außerhalb der EU und des EWR ansässig ist. In diesen Fällen statuiert die Verordnung die schriftliche **Benennung eines Vertreters**, mit dem Ziel die Aufsichtsbehörden zu unterstützen und eine effektive Einhaltung der Verordnung zu ermöglichen.[5] 3

---

1 *Roßnagel* 2017, 30.
2 S. Art. 6 Abs. 1 DSGVO.
3 S. *Dammann*, ZD 2016, 308; *Kühling/Raab*, in: Kühling/Buchner 2017, Einführung Rn. 90.
4 Eg. 79 DSGVO.
5 Eg. 80 DSGVO.

4 Die Durchsetzbarkeit der aufsichtsbehördlichen Aufgaben iSd Art. 51 ff. DSGVO ist auch das Ziel der umfassenden Pflicht zur **Zusammenarbeit**, wie Art. 31 DSGVO sie fordert.

1. Regelungen in der Datenschutz-Grundverordnung

5 Als Adressaten für die Regelungen über die Verantwortung für die Datenverarbeitung benennt die Verordnung den **Verantwortlichen**. Nach der Definition des Art. 4 Nr. 7 DSGVO sind hiervon natürliche oder juristische Personen, Behörden, Einrichtungen oder andere Stellen umfasst, die allein oder gemeinsam mit anderen über die Verarbeitung von personenbezogenen Daten entscheiden. Die Verordnung definiert den Begriff des Verantwortlichen damit in gleicher Weise wie schon Art. 2 lit. d DSRL und zugleich umfassender als das entsprechende Pendant des § 3 Abs. 7 BDSG a.F.

a) Rechenschaftspflicht

6 Die in Art. 5 Abs. 2 DSGVO normierte **Verantwortung** verlangt vom Verantwortlichen zum einen die in Art. 5 Abs. 1 DSGVO genannten Grundsätze der Verarbeitung personenbezogener Daten einzuhalten und nicht lediglich nur zu beachten oder zu berücksichtigen. Zum anderen muss diese Einhaltung auch nachgewiesen werden können (Rechenschaftspflicht).[6] Art. 5 Abs. 2 DSGVO enthält somit die zwei wesentlichen Merkmale der „**Accountability**“[7] in Bezug zu den in Art. 5 Abs. 1 DSGVO verorteten Grundsätzen (→ § 3 Rn. 39 ff.). Darüber hinaus trifft Art. 5 DSGVO keine weitergehende Aussage bezüglich der Rechenschaftspflicht.

b) Verantwortung des für die Verarbeitung Verantwortlichen

7 Das Prinzip der Eigenverantwortlichkeit des Art. 5 Abs. 2 DSGVO erfährt an mehreren Stellen der Verordnung eine **Konkretisierung**. Ausprägungen hiervon sind etwa die Verantwortung zur sicheren Systemgestaltung nach Art. 25 DSGVO (→ § 5 Rn. 41 ff.), im Rahmen der Auftragsdatenverarbeitung nach Art. 28 DSGVO (→ § 5 Rn. 80 ff.), zur Datensicherheit nach Art. 32 DSGVO (→ § 5 Rn. 135 ff.), zur Datenschutz-Folgenabschätzung gemäß Art. 35 DSGVO (→ § 5 Rn. 160 ff), zur Einhaltung von genehmigten Verhaltensregeln nach Art. 40 DSGVO (→ § 5 Rn. 196 ff.) sowie zur Benennung eines Datenschutzbeauftragten nach Art. 37 DSGVO (→ § 5 Rn. 279 ff.).

8 Als zentrale Norm für die Verantwortungszuweisung datenschutzrechtlicher Pflichten kann Art. 24 DSGVO angesehen werden. So wird zunächst in Art. 24 Abs. 1 Satz 1 DSGVO die Verantwortung des Art. 5 Abs. 2 DSGVO weiter auskonturiert. Hiernach hat der Verantwortliche geeignete **technische und organisatorische Maßnahmen** umzusetzen, die eine Verarbeitung von personenbezogenen Daten im Einklang mit der Verordnung ermöglichen und die den Nachweis hierüber zulassen.

9 Die zu ergreifenden Maßnahmen stehen dabei unter dem weiten Vorbehalt **risikobasierter** Ausnahmen, wonach die Art, der Umfang und Zweck der Verarbeitung sowie Eintrittswahrscheinlichkeit und Schwere etwaiger Risiken für die Freiheiten natürlicher Personen mit zu berücksichtigen sind.[8] Art. 24 Abs. 1 Satz 2 DSGVO statuiert – soweit erforderlich – für die technischen und organisatorischen Maßnahmen eine fortlaufende Überprüfung und Aktualisierung.[9] Aufgrund dieses weiten Vorbehalts werden in der

---

6 S. *Pötters*, in: Gola 2017, Art. 5 Rn. 30; *Plath*, in: Plath 2016, Art. 5 Rn. 22.

7 Laut Art. 29-Datenschutzgruppe, 2010 WP 173, 9 f. sind hierzu geeignete und wirksame Maßnahmen zur Umsetzung der Grundsätze des Datenschutzes zu treffen und diese auf Verlangen nachzuweisen.

8 Eg. 74 und 76 DSGVO; s. dazu ausführlich *Veil*, ZD 2015, 352 f.; *Piltz*, in: Gola 2017, Art. 24 Rn. 11 ff

9 S. ausführlich *Martini*, in: Paal/Pauly 2017, Art. 24 Rn. 37.

Praxis nur relativ wenige Verantwortliche und Auftragsverarbeiter die Vorgaben zur Erfüllung ihrer Verantwortung erfüllen müssen.[10]

Um die Anforderungen des Art. 24 Abs. 1 DSGVO zu erfüllen und Verstöße gegen die 10
Verordnung zu vermeiden, wird der Verantwortliche gemäß Art. 24 Abs. 2 DSGVO dazu angehalten, bereits im Vorfeld geeignete **Datenschutzvorkehrungen**, im Sinne einer umfassenden Datenschutz-Compliance, zu treffen. Hierzu zählen insbesondere die Grundsätze des Privacy by Design und by Default nach Art. 25 Abs. 1 und 2 DSGVO (→ § 5 Rn. 41 ff.) und die Gewährleistung der Datensicherheit nach Art. 32 DSGVO (→ § 5 Rn. 135 ff.). Die Datenschutzvorkehrungen stehen indes unter dem Vorbehalt, dass sie in einem angemessenen Verhältnis zu den Verarbeitungstätigkeiten des Verantwortlichen stehen.

Eine Handreichung, wie der Verantwortliche seiner Verantwortung unter der Maxime 11
der **regulierten Selbstregulierung** nachkommen und dies nachweisen kann, bietet Art. 24 Abs. 3 DSGVO. Hiernach dienen die Einhaltung genehmigter Verhaltensregeln nach Art. 40 DSGVO oder eines genehmigten Zertifizierungsverfahrens im Sinne des Art. 42 DSGVO als Gesichtspunkte, die zur Beurteilung, ob der Verantwortliche seine Pflichten erfüllt, herangezogen werden können (→ § 5 Rn. 260).[11]

c) Gemeinsam für die Verarbeitung Verantwortliche

Um die Rechte und Freiheiten der Betroffenen zu schützen und die Verantwortung so- 12
wie Haftung der Verantwortlichen und Auftragsverarbeiter zu regeln (→ § 4 Rn. 77 f.), bedarf es einer klaren Zuteilung von Verantwortlichkeiten.[12] Art. 26 DSGVO statuiert vor diesem Hintergrund die Verantwortlichkeit für alle an der Datenverarbeitung beteiligten Unternehmen als sogenannte **Joint Controller** und legt ihnen die transparente Dokumentation ihrer jeweiligen Zuständigkeiten auf.[13] Art. 26 Abs. 1 DSGVO regelt dabei das Verhältnis zwischen den Verantwortlichen und Art. 26 Abs. 2 DSGVO betrifft das Außenverhältnis in Form der Offenlegungspflicht der Innenverhältnisse gegenüber den Betroffenen. Hiervon unbeschadet kann nach Art. 26 Abs. 3 DSGVO der Betroffene seine Rechte gegenüber jedem Verantwortlichen geltend machen (→ § 4 Rn. 2 ff.).

d) Vertreter von nicht niedergelassenen Verantwortlichen oder Auftragsverarbeitern

Sofern die Datenverarbeitung von einem Verantwortlichen oder Auftragsverarbeiter 13
durchgeführt wird, der seinen Sitz außerhalb der Union hat, fordert Art. 27 Abs. 1 DSGVO, für eine effektive Ausübung der Befugnisse der Aufsichtsbehörden und die Durchsetzung von Ansprüchen der Betroffenen, schriftlich einen **Vertreter** innerhalb der Union zu benennen.[14] Eine Ausnahme von dieser Benennung ist für nicht öffentliche Stellen nur unter kumulativem Vorliegen der in Art. 27 Abs. 2 lit. a DSGVO genannten Anforderungen möglich.[15] Behörden oder öffentliche Stellen sind gemäß Art. 27 Abs. 2 lit. b DSGVO von der Benennungspflicht des Art. 27 Abs. 1 DSGVO ausgenommen.

Der Ort der Niederlassung des Vertreters muss nach Art. 27 Abs. 3 DSGVO zwingend 14
in einem der Mitgliedstaaten liegen, in dem sich die von der Datenverarbeitung Betroffenen befinden. Dort hat er die Aufgabe laut Art. 27 Abs. 4 DSGVO – zusätzlich zum Verantwortlichen oder ausschließlich – als Anlaufstelle für Behörden und Betroffenen

---

10 S. hierzu kritisch *Roßnagel*, DuD 2016, 565.

11 Schmidt/*Brink*, in: Wolff/Brink 2017, Art. 24 DSGVO Rn. 31; Eg. 77 DSGVO.

12 Eg. 79 DSGVO.

13 *Piltz*, in: Gola 2017, Art. 26 Rn. 2; wesentliche Dokumentationserfordernisse im Rahmen von Joint speziell vor dem Hintergrund von Start-ups s. *Marschall/Blazy*, DatenschutzPraxis 5/2017, 8 f.

14 Eg. 80 DSGVO; Art. 27 Abs. 1 DSGVO konkretisiert folglich das in Art. 3 Abs. 2 DSGVO verortete Marktortprinzip.

15 So auch *Plath*, in: Plath 2017, Art. 27 Rn. 4.

zu fungieren sowie sonstige Aufgaben entsprechend seines Mandats auszuführen.[16] Nach Art. 27 Abs. 5 DSGVO wirkt sich die Benennung des Vertreters nicht auf die Verantwortung und Haftung des Verantwortlichen oder Auftragsverarbeiters selbst aus.[17]

e) Zusammenarbeit mit der Aufsichtsbehörde

15 Art. 31 DSGVO statuiert eine allgemeine **Kooperationspflicht** für Verantwortliche, Auftragsverarbeiter und gegebenenfalls deren Vertreter. Diese Zusammenarbeit bezieht sich explizit auf das Erfüllen aufsichtsbehördlicher Pflichten. Ausgelöst wird die Kooperationspflicht auf Anfrage der jeweiligen Aufsichtsbehörde.[18]

2. Regelungen in Deutschland

16 Während das bis zum 25.5.2018 noch geltende deutsche Datenschutzrecht mehrere Regelungen zur Verantwortung der Datenverarbeiter enthält, wird die Rechtslage ab dem 25.5.2018 nahezu allein von der Grundverordnung bestimmt. Das neue Bundesdatenschutzgesetz enthält nur wenige konkretisierende Regelungen zur Verantwortung von Verantwortlichen und Auftragsverarbeitern.

a) Bisherige Regelungen im Bundesdatenschutzgesetz und in der Rahmenrichtlinie

17 Eine Regelung entsprechend der mit Art. 5 Abs. 2 DSGVO geschaffenen **Verantwortung** finden sich in der Richtlinie und im Bundesdatenschutzgesetz a.F. nicht in einer derart ausgeprägten Form. Lediglich die Verpflichtung zur Einhaltung der Grundsätze des Art. 5 Abs. 1 DSGVO hat mit Art. 6 Abs. 2 DSRL ein entsprechendes Pendant.[19] Auf nationaler Ebene ließ sich bisher, lediglich sporadisch, im Zusammenspiel von §§ 1 Abs. 2 Nr. 3, 2 Abs. 4 und § 27 BDSG a.F. eine Verantwortlichkeit für nichtöffentliche Stellen zur Einhaltung der Bestimmungen des bisherigen Bundesdatenschutzgesetzes entnehmen.[20] Die explizite Verpflichtung des Verantwortlichen die Einhaltung der datenschutzrechtlichen Grundsätze auch nachzuweisen, etwa bei Anfragen oder Prüfungen der Aufsichtsbehörde, ist indes ein Novum.[21]

18 Art. 24 Abs. 1 DSGVO legt dem Verantwortlichen **technische und organisatorische Maßnahmen** auf, um sicherzustellen, dass die Verarbeitung im Sinne der Verordnung erfolgt. Dieses Begriffspaar ist nicht neu und kann bereits dem mit „Sicherheit in der Verarbeitung" überschriebenen Art. 17 Abs. 1 DSRL entnommen werden. Diese Maßnahmen müssen iSd Art. 17 Abs. 1 Satz 2 DSRL in Verbindung mit Erwägungsgrund 46 DSRL dem Stand der Technik entsprechen und ein angemessenes Schutzniveau in Relation zu den Durchführungskosten und dem Risiko, das aus der Verarbeitung erwächst, gewährleisten. Diese Vorgaben entsprechen im Wesentlichen denen aus Art. 24 Abs. 1 DSGVO im Verbindung mit Erwägungsgrund 82 DSGVO mit dem Unterschied, dass sich die Verordnung hinsichtlich der Beurteilung der Angemessenheit der Maßnahmen allein auf deren **Implementierungskosten** beschränkt, wohingegen die Richtlinie auf die entstehenden Kosten bei deren Durchführung abstellt.[22] Ein weiterer Unterschied liegt in der Nachweispflicht sowie Überprüfung und Aktualisierung der Maßnahmen seitens der Verordnung, welche in der Richtlinie nicht festgelegt sind.[23]

---

16 S. Eg. 80 DSGVO.
17 Eg. 80 DSGVO.
18 Eg. 80 und 82 DSGVO.
19 *Schantz*, in: Wolff/Brink Art. 5 DSGVO Rn. 37.
20 *Hartung*, in: Kühling/Buchner 2017, Art. 24 Rn. 3.
21 *Werry/Knoblich*, MPR 2017, 4; *Pötters*, in: Gola 2017, Art. 5 Rn. 32.
22 S. Eg. 83 DSGVO und Eg. 46 DSRL; ähnlich bis auf die Berücksichtigung der Kosten *Hartung*, in: Kühling/Buchner 2017, Art. 24 Rn. 2; zur Problematik der in der Verordnung unberücksichtigten Folgekosten s. *Marschall/Blazy*, DatenschutzPraxis 5/2017, 10.
23 *Hartung*, in: Kühling/Buchner 2017, Art. 24 Rn. 2.

Auch im Bundesdatenschutzgesetz a.F. findet sich in der Gestalt des mit „Technische und organisatorische Maßnahmen" übertitelten § 9 BDSG a.F. eine rudimentär Art. 24 Abs. 1 DSGVO entsprechende Norm. Auch hier umfasst der Begriff der Maßnahme alle Handlungen, die in geeigneter Weise dem Ziel der Datenschutzkonformität dienen.[24] Eine Neuerung gegenüber den bekannten Regelungen birgt Art. 24 Abs. 1 Satz 1 DSGVO indes in der Klarstellung, dass der Verantwortliche mittels der Maßnahmen auch den Nachweis über verordnungsgemäße Verarbeitung erbringen können muss. Auch die in Art. 24 Abs. 1 Satz 2 DSGVO erforderlichenfalls durchzuführende Überprüfung und Anpassung ist dem bisherigen deutschen Recht fremd. 19

Die in Art. 26 DSGVO normierte gemeinsame Verantwortlichkeit mehrerer an der Verarbeitung beteiligter Verantwortlicher ist als anerkanntes Institut bereits im Art. 2 lit. b DSRL verortet.[25] Im Vergleich zur bisherigen, als unzureichend zu wertenden Rechtslage, ist die Regelung der Verordnung indes ungleich detaillierter. Ist dem **Joint Controllership** in der Richtlinie lediglich im Rahmen der Begriffsbestimmungen ein Nebensatz ohne nähere Ausgestaltung vergönnt, ist ihm nunmehr ein eigener Artikel gewidmet. Im Gegensatz zur Richtlinie legt die Verordnung nicht lediglich die gemeinsame Verantwortung als solche fest, sondern bestimmt darüber hinaus in Art. 26 Abs. 1 und 2 DSGVO die transparente Zuteilung von Verpflichtungen nach der Verordnung sowie Funktionen und Beziehungen zwischen den Verantwortlichen.[26] Das dient insbesondere der Wahrung von Betroffenenrechten vor dem Hintergrund stätig komplexer werdender Verarbeitungsvorgänge. 20

Demgegenüber findet sich eine explizite Aufteilung der Verantwortlichkeit im Bundesdatenschutzgesetz a.F. nicht. Betrachtet man § 3 Abs. 7 BDSG a.F. so wird deutlich, dass sich das Bundesdatenschutzgesetz a.F. gegenüber der Richtlinie und Verordnung verstärkt durch eine **lineare Verantwortungsstruktur** auszeichnet.[27] Dennoch ermöglichte eine richtlinienkonforme Interpretation von § 3 Abs. 7 BDSG a.F. die Verteilung der Verantwortlichkeit auf mehrere Verantwortliche.[28] Gänzlich neu ist dem nationalen Datenschutzrecht indes die von der Verordnung in Art. 26 Abs. 1 und 2 DSGVO vorgesehene Dokumentation der Verantwortlichkeiten und deren Transparenz gegenüber dem Betroffenen. Neben dem Unterschied des Vorbehalts der automatisierten Speicherung regelt § 6 Abs. 2 Satz 1 BDSG a.F wie nun Art. 26 Abs. 3 DSGVO, dass sich der Betroffene an jeden Verantwortlichen wenden kann. Jedoch resultiert aus § 6 Abs. 2 Satz 2 BDSG a.F. lediglich eine Pflicht zur Weiterleitung an denjenigen, der die Daten gespeichert hat und nicht wie in Art. 26 Abs. 3 DSGVO eine originäre gemeinsame **Erfüllungsverantwortung.**[29] 21

Eine dem Art. 27 Abs. 1 DSGVO entsprechende Pflicht eines in einem Drittstaat niedergelassenen Verantwortlichen, einen **Vertreter** innerhalb der Union zu benennen, findet sich bereits in Art. 4 Abs. 2 DSRL.[30] Beide Regelungen verfolgen dieselbe Zielsetzung, eine erleichterte Kommunikation und Rechtsdurchsetzung seitens der Aufsichtsbehörde zu erwirken, ohne das Hindernis einer grenzüberschreitendenden Kommunikation.[31] Ein Unterschied ergibt sich lediglich in der Hinsicht, dass die Verordnung an zahlreichen Stellen nunmehr auch explizit die Auftragsverarbeiter von dieser Pflicht umfasst. 22

24 *Karg*, in: Wolff/Brink 2017, § 9 BDSG Rn. 68.

25 So auch *Hartung*, in: Kühling/Buchner 2017, Art. 26 Rn. 2 hier fälschlicherweise als Art. 2 lit. b DSRL bezeichnet; *Spoerr*, in: Wolff/Brink 2017, Art. 26 DSGVO Rn. 1.

26 Eg. 79 DSGVO; *Albrecht/Jotzo*, 2017, 61; *Spoerr*, in: Wolff/Brink 2017, Art. 26 DSGVO Rn. 2.

27 S. *Hoffmann/Schulz/Brackmann*, in: Schliesky /Schulz 2012, 184; *Voigt* NJW 2011, 3543.

28 *Martini/Fritzsche*, NVwZ-Extra 21/2015, 1; *Martini*, in: Paal/Pauly 2017, Art. 26 Rn. 38.

29 Ebenso *Martini*, in: Paal/Pauly 2017, Art. 26 Rn. 40.

30 Nach *Piltz*, in: Gola 2017, Art. 27 Rn. 2 handelt es sich bei Art. 4 Abs. 2 DSRL mit Verweis auf das Arbeitspapier der Kommissionsdienststellen SEC(2012) 72 final, 24 f. um ein bisher kaum beachtetes Institut.

31 In diesem Sinne ist auch Art. 27 Abs. 4 DSGVO zu deuten.

23 An die Benennung eines Vertreters knüpft die Richtlinie mit Berufung auf Art. 4 Abs. 1 lit. c DSRL – neben der drittstaatlichen Niederlassung – die Voraussetzung, dass der Verantwortliche zum Zwecke der Verarbeitung personenbezogener Daten auf Mittel zurückgreift, die im jeweiligen Mitgliedstaat belegen sind. Ausgenommen hiervon sind reine Durchleitungen von Daten durch das Unionsgebiet.[32] Art. 27 Abs. 2 lit. a DSGVO sieht **Ausnahmen** hingegen in den Fällen einer gelegentlichen, risikoarmen Verarbeitung, ohne umfangreiche Verarbeitung personenbezogener Daten im Sinne von Art. 9 und 10 DSGVO vor. Art. 27 Abs. 2 lit. b DSGVO nimmt, im Gegensatz zu Art. 4 Abs. 1 lit. c DSRL in Verbindung mit Art. 4 Abs. 2 DSRL, öffentliche Stellen von der Benennung eines Vertreters aus. Der Vertreter muss nach Art. 4 Abs. 2 DSRL ebenso wie nach Art. 27 Abs. 3 DSGVO in einem Mitgliedstaat niedergelassen sein, in dem sich die betroffenen Personen befinden.

24 Auch die Verantwortlichkeit des Verantwortlichen bleibt in der Regelung des Art. 4 Abs. 2 DSRL von der Bestellung eines Vertreters ebenso unberührt, wie in Art. 27 Abs. 5 DSGVO.

25 Eine dem Wesen nach Art. 27 Abs. 1 DSGVO entsprechende Regelung enthält in § 1 Abs. 5 Satz 3 BDSG a.F.. Im Unterschied zur Verordnung ist die nationale Regelung, aufgrund der mangelnden Sanktionierbarkeit einer ausbleibenden Vertreterbenennung aber vielmehr als **Aufforderung zur Zusammenarbeit mit der Aufsichtsbehörde** zu werten.[33]

26 Eine umfassende Pflicht der Verantwortlichen, Auftragsverarbeiter sowie deren Vertreter zur **Zusammenarbeit mit der Aufsichtsbehörde**, wie sie Art. 31 DSGVO erstmals vorsieht, sind dem bisherigen nationalen und europäischen Recht fremd. Lediglich Befugnisse der Aufsichtsbehörde gegenüber dem Verantwortlichen – und über § 11 Abs. 4 Nr. 2 BDSG a.F. analog auch für den Auftragsverarbeiter – zur Auskunftserteilung und zum Zugang von Geschäftsräumlichkeiten sind in § 38 Abs. 3 und 4 BDSG a.F. normiert. Diese Befugnisse sind aber nicht derart weitreichend wie die von der Verordnung normierte umfangreiche Zusammenarbeit.

b) Neue Regelungen im Bundesdatenschutzgesetz

27 Der deutsche Gesetzgeber hat die in der Verordnung umfangreich geregelte Verankerung der Verantwortung für die Datenverarbeitung nicht weiter auskonturiert. Lediglich in § 26 Abs. 5 BDSG findet sich – für Datenverarbeitung für Zwecke des Beschäftigungsverhältnisses – mit Bezug auf Art. 5 DSGVO eine entsprechende Regelung. Demnach muss der Verantwortliche geeignete Maßnahmen ergreifen um insbesondere die Einhaltung der in Art. 5 DSGVO festgeschriebenen Grundsätze einzuhalten.

28 In Bezug auf die Benennung eines **Vertreters** im Sinne des Art. 27 Abs. 1 DSGVO konkretisiert § 44 Abs. 3 BDSG, dass dieser auch für die Entgegennahme von Zustellungen in zivilgerichtlichen Verfahren als Bevollmächtigter gilt.

c) Regelungen in anderen nationalen Gesetzen

29 Im Hinblick auf die allgemeine Kooperationspflicht des Verantwortlichen mit der Aufsichtsbehörde, wird Art. 31 DSGVO in datenschutzrechtlichen Sachverhalten von § 26 Abs. 2 VwVfG flankiert. Nach § 26 Abs. 2 Satz 1 und 2 VwVfG sollen die Beteiligten bei der Sachverhaltsermittlung, insbesondere durch Angabe von Tatsachen und Beweismitteln mitwirken. § 26 Abs. 2 Satz 3 VwVfG stellt eine weitergehende Mitwirkungspflicht des Verantwortlichen bei der Sachverhaltsermittlung unter den Vorbehalt, dass diese durch eine Rechtsvorschrift besonders vorgesehen sein muss.

32 S. *Ehmann/Herfrich* 1999, Art. 4 Rn. 16 f.
33 Ebenso *Hartung*, in: Kühling/Buchner 2017, Art. 27 Rn. 2; *Gabel*, in: Taeger/Gabel 2013, § 1 Rn. 61.

3. Verhältnis zur Verordnung

Die Beziehung der neuen deutschen Regelungen gegenüber der Verordnung sind von einem Übergewicht der der Unionsregelungen geprägt. 30

a) Beziehungen zwischen Normen des Bundesdatenschutzgesetzes und der Verordnung

Nach § 26 Abs. 5 BDSG soll der Verantwortliche die Einhaltung der Grundsätze des Art. 5 Abs. 1 DSGVO sicherstellen, indem er **geeignete Maßnahmen** ergreift. Diese Regelung, die lediglich das Ergreifen geeigneter Maßnahmen vorsieht, ist weniger konkret als Art. 24 Abs. 1 DSGVO.[34] Dieser sieht als Konkretisierung von Art. 5 Art. 2 DSGVO die Ergreifung technischer und organisatorischer Maßnahmen im Hinblick eines risikobasierten Ansatzes vor, die nicht bloß der Einhaltung der in Art. 5 DSGVO genannten Grundsätze genügen müssen, sondern auch den Nachweis hierrüber zulassen. Die Regelung des § 26 Abs. 5 BDSG nutzt jedoch die weitreichende **Öffnungsklausel** des Art. 88 Abs. 1 DSGVO in Bezug auf Datenverarbeitung im Beschäftigungskontext (→ § 8 Rn. 14 ff.) und ist somit als rechtmäßig zu qualifizieren. 31

§ 44 Abs. 3 BDSG stellt eine national konkretisierende Norm des Art. 27 Abs. 1 DSGVO dar. Art. 27 DSGVO enthält indes keine Öffnungsklausel, die es dem deutschen Gesetzgeber ermöglichen würde, den Pflichtenkreis des Verantwortlichen oder dessen Bestellung abweichend von der Verordnung zu regeln. Dieser Charakter ist aber § 44 Abs. 3 BDSG auch nicht zu attestieren. Er stellt vielmehr eine zulässige Konkretisierung der Befugnisse des Vertreters in zivilprozessualen Belangen dar, die der Verordnung nicht widerspricht. 32

b) Beziehungen anderer nationaler Gesetze zur Verordnung

Als **verwaltungsverfahrensrechtliche** Norm steht § 26 Abs. 2 VwVfG unter dem Grundsatz der Verfahrensautonomie der Mitgliedstaaten bei der Durchführung des Unionsrechts, soweit dies keine eigenen Regelungen vorsieht.[35] In der Pflicht zur Zusammenarbeit der Verantwortlichen, Auftragsverarbeiter und Vertreter mit der Aufsichtsbehörde ist eine derartige Regelung zu sehen. Allerdings ist die Norm des Art. 31 DSGVO sehr abstrakt gehalten. Auch hinsichtlich eines Verstoßes gegen die **Zusammenarbeitspflicht** sieht Art. 31 DSGVO – in Ermangelung einer spezielleren Eingriffsbefugnis – indes keine unmittelbaren Rechtsfolgen vor.[36] Folglich präzisiert § 26 Abs. 2 VwVfG und das Regime des deutschen Verwaltungsverfahrens in Datenschutzsachverhalten die Verordnung.[37] 33

4. Ko-Regulierungen

Die Regelungen der Verordnung zur Verantwortlichkeit der Datenverarbeitung sind überwiegend abschließend. Vereinzelt sind nationale Rechtsnormen flankierend zum unionalen Datenschutzrecht als Ko-Regulierungen statthaft. 34

---

34 Art. 24 DSGVO enthält wie Art. 5 DSGVO keine expliziten oder impliziten Öffnungsklauseln und folglich sehr begrenzten Spielraum für die nationalen Gesetzgeber. Jegliche speziellere Regelungsmöglichkeit verneinend, s. *Hartung*, in: Kühling/Buchner 2017, Art. 24 Rn. 25; *Martini*, in: Paal/Pauly 2017, Art. 24 Rn. 49.

35 *v. Danwitz*, Europäisches Verwaltungsrecht, 2008, 302 ff.; s. EuGH Urt. v. 21.9.1983 – C-205/82, Slg. 1983, 2633, Rn. 17 – Deutsche Milchkontor GmbH; EuGH Urt. v. 14.12.1995 – C-312/93, Slg.1995 I-4599, Rn. 12 – Peterbroeck; EuGH Urt. v. 16.5.2000 – C-78/98, Slg. 2000 I-3201, Rn. 31 – Preston u. a.; EuGH Urt. v. 7.1.2004 – C-201/02, Slg. 2004 I-723 Rn. 67 – Delena Wells.

36 *Martini*, in: Paal/Pauly 2017, Art. 31 DSGVO Rn. 34.

37 S. *Spoerr*, in: Wolff/Brink 2016, Art 31 DSGVO Rn. 20; anders *Martini*, in: Paal/Pauly 2017, Art. 31 Rn. 10, der Art. 31 DSGVO ggü. § 26 Abs. 2 VwVfG einen tatbestandlichen Anwendungsvorrang attestiert. Überdies können sich aus dem deutschen Verwaltungsrecht im Falle einer unterbliebenen Zusammenarbeit mittelbare Rechtsfolgen wie etwa Kosten des Verwaltungsverfahrens und des Verwaltungsgerichtsverfahrens ergeben, s. ausführlich *Martini*, in: Paal/Pauly 2017, Art. 31 Rn. 41 ff.

35 Die Rechenschaftspflicht des Art. 5 Abs. 2 DSGVO wird innerhalb der Verordnung in Art. 24 DSGVO weiter konkretisiert. Art. 24 DSGVO enthält seinerseits aber keine Öffnungsklausel und folglich auch nur Spielraum für konkretisierende oder präzisierende Regelungen der Mitgliedstaaten (→ § 2 Rn. 1 ff.). Darüber hinaus kann der nationale Gesetzgeber in **bestimmten Bereichen der Datenverarbeitung**, in denen die Verordnung weite Öffnungsklauseln vorsieht – wie das beispielsweise gemäß Art. 88 Abs. 1 DSGVO der Fall ist (→ § 8 Rn. 6) – die Rechenschaftspflicht näher ausgestalten.[38]

36 Art. 26 Abs. 1 DSGVO enthält hingegen eine – wenn auch nur begrenzte – **Öffnungsklausel**, die Aufgaben der gemeinsam für die Verarbeitung Verantwortlichen auf nationaler Ebene zu **konkretisieren**. Das betrifft insbesondere die Wahrnehmung der Betroffenenrechte gem. Art. 15 bis 22 DSGVO (→ § 4 Rn. 6 ff.) sowie die Informationspflichten der Art. 13 und 14 DSGVO.[39] Die deutsche Legislative hat jedoch von dieser Möglichkeit keinen Gebrauch gemacht. Die Gestaltungsfreiheit der Parteien zu beschränken, erscheint an dieser Stelle auch wenig sinnvoll. Wie die Art. 29-Datenschutzgruppe bereits zur Richtlinie ausgeführt hat, sind die möglichen Fallkonstellationen, was die Verteilung der Verantwortlichkeit betrifft, in der betrieblichen Praxis sehr groß.[40] Eine Vereinbarung, welche eine individuelle Pflichtenverteilung anhand der vorherrschenden Gewichtungen in der Arbeitsteilung der Verantwortlichen zulässt, zeichnet sich durch Praxisnähe und Praktikabilität aus.[41]

37 Die Regelung des Vertreters von nicht in der Union niedergelassenen Verantwortlichen oder Auftragsverarbeitern sind in Art. 27 DSGVO abschließend und ohne explizite Regelungsmöglichkeiten auf mitgliedsstaatlicher Ebene festgelegt. **Präzisierungen** sind an dieser Stelle aber dennoch möglich (→ § 2 Rn. 1 ff.). Von dieser Form der Ko-Regulierung hat der deutsche Gesetzgeber mit dem neugeschaffenen § 44 Abs. 3 BDSG Gebrauch gemacht (→ § 5 Rn. 28).

38 Auch die umfangreiche, aber nur sehr abstrakt geregelte Kooperationspflicht der Verantwortlichen gegenüber der Aufsichtsbehörde gemäß Art. 31 DSGVO gilt unmittelbar ohne entsprechende Konkretisierungsmöglichkeiten durch Öffnungsklauseln. Eine **mittelbare Ko-Regulierung** ergibt sich dennoch durch die Präzisierung der abstrakten und so nicht durchsetzbaren Norm. Diese findet sich in Gestalt des § 26 Abs. 2 VwVfG (→ § 5 Rn. 29). Die nationale Veraltungsvorschrift ist mit der Statuierung der Mitwirkung des Verantwortlichen gegenüber der allgemeinen Zusammenarbeitspflicht der Verordnung zwar weniger streng, laut § 26 Abs. 2 Satz 2 VwVfG kann eine weitergehende Pflicht bei der Sachverhaltsermittlung aber durch Rechtsvorschrift besonders vorgesehen werden. Diese ist nun in Art. 31 DSGVO zu sehen. § 26 Abs. 2 VwVfG verleiht Art. 31 DSGVO folglich nationale Durchsetzungskraft.

5. Zusammenfassung

39 Die Verordnung regelt die Verantwortlichkeit für die Datenverarbeitung in weiten Teilen autoritär und daher mit begrenztem Spielraum für die nationalen Gesetzgeber. Vereinzelt werden die Vorschriften der Verordnung allerdings durch das Bundesdatenschutzgesetz in zulässiger Weise präzisiert. Dabei ist vieles aus dem Pflichtenkanon der dem Verantwortlichen nun vom europäischen Gesetzgeber übertragen wird nicht völlig neuartig, sondern der Richtlinie entlehnt. Abseits der bekannten Basis existieren dennoch einige Neuerungen wie die Nachweispflicht auf Anfrage der Aufsichtsbehörde

---

38 Eine Möglichkeit die Grundsätze des Art. 5 Abs. 1 DSGVO direkt einzuschränken ist gem. Art. 23 DSGVO grundsätzlich möglich.

39 So auch *Martini*, in: Paal/Pauly 2017, Art. 26 Rn. 40.

40 Art. 29-Datenschutzgruppe, WP 169, 2010, 23 f.

41 S. hierzu auch *Dovas*, ZD 2016, 513; ICO, 2014, 6.

über die Einhaltung der Datenschutzgrundsätze oder die Veröffentlichung der Verantwortungszuteilung und Beziehungsstruktur von gemeinsam Verantwortlichen.

Für die Verantwortlichen dürfte aber vieles von dem, was nun im Rahmen der Stärkung der Eigenverantwortung bei der Datenverarbeitung zur rechtlichen Pflicht erhoben wird, bereits betriebliche Praxis sein. So sind etwa Elemente der Verantwortlichkeitsabgrenzung in Joint Controllerships Ausprägungen betriebswirtschaftlicher Erwägungen oder einer gesunden Compliance-Verantwortung. Die Verordnung kommt dem in weiten Teilen durch praxisnahe Regelungen entgegen. Lediglich die weit gefasste und zu unbestimmte Zusammenarbeitspflicht mit den Aufsichtsbehörden trübt das Bild eines ansonsten ausgewogenen Normenkonglomerats, das den Verantwortlichen rechtlich nun verstärkt in die Pflicht nimmt. 40

II. Datenschutz durch Systemgestaltung

Die Konzepte des **„Privacy by Design"** und **„Privacy by Default"** werden in der Wissenschaft schon seit vielen Jahren diskutiert.[42] Die deutschen Bezeichnungen „Datenschutz durch Technik" und „datenschutzfreundliche Voreinstellungen" klingen vergleichsweise trocken, bedeuten aber nichts anderes. Diese Prinzipien sind nunmehr in Art. 25 DSGVO erstmals unionsrechtlich normiert und sind für das europäische Datenschutzrecht wesentliche Neuerungen. In der deutschen Übersetzung der Datenschutz-Grundverordnung ist Art. 25 mit „Datenschutz durch Technikgestaltung" überschrieben. Da es um mehr geht als nur die Gestaltung von Technik, soll hier statt „Technikgestaltung" der Terminus „Systemgestaltung" verwendet werden. „Technikgestaltung" greift an dieser Stelle zu kurz, da es um **Systemdatenschutz** geht, der weiter zu verstehen ist als die Gestaltung der Technik.[43] Das verdeutlicht auch ein Blick in andere Sprachfassungen der Datenschutz-Grundverordnung.[44] Allein in der deutschen Übersetzung findet sich in der Überschrift der Vorschrift der Begriff „Technik", in anderen Fassungen liegt der Schwerpunkt auf der Gestaltung des gesamten Datenverarbeitungssystems. Es ist daher geboten, die Regelung weit zu verstehen und von datenschutzgerechter Systemgestaltung oder von Privacy by Design zu sprechen. 41

Datenschutz durch Systemgestaltung bedeutet, dass Datenschutz gerade durch oder mit Hilfe von Technik und Organisation realisiert wird. Ziel ist es, datenschutzfreundliche Systeme zu entwickeln, die es gar nicht ermöglichen, datenschutzrechtliche Vorgaben zu missachten. Datenschutz ist solchen Systemen immanent.[45] Datenschutz durch Systemgestaltung setzt damit zeitlich schon im Vorfeld der Verarbeitung personenbezogener Daten an.[46] Die Grundrechte der Betroffenen werden schon durch den Entwurf des Systems geschützt.[47] 42

1. Datenschutz durch Systemgestaltung in der Verordnung

Art. 25 DSGVO normiert Datenschutz durch Systemgestaltung als zentrales Prinzip der Verordnung und als allgemeine Pflicht für den Verantwortlichen. Abs. 1 enthält Vorgaben zur Umsetzung von Datenschutz durch Systemgestaltung und Abs. 2 normiert das Erfordernis datenschutzfreundlicher Voreinstellungen. Datenschutz durch Systemgestal- 43

42 BMBF 1995; *Roßnagel/Pfitzmann/ Garstka* 2001, 35; *Hansen*, in: Roßnagel 2003, Kap. 3.3 Rn. 7 ff. mwN.
43 So auch *Bieker/Hansen*, DuD 2017, 285.
44 In der englischen Übersetzung heißt es „Data protection by design", in der französichen „Protection des données dès la conception" und in der spanischen „Protecciòn de datos desde el diseño".
45 So auch *Roßnagel/Pfitzmann/Garstka* 2001, 35 f.
46 *Hansen*, in: Roßnagel 2003, Kap. 3.3 Rn. 2.
47 National betrifft das das Recht auf informationelle Selbstbestimmung (Art. 2 Abs. 1 iVm. Art. 1 Abs. 1 GG) und das Telekommunikationsgeheimnis (Art. 10 GG) sowie im Anwendungsbereich der Verordnung die Grundrechte auf Privatleben (Art. 7 GRCh) und Datenschutz (Art. 8 GRCh).

tung findet aber auch an anderen Stellen Erwähnung, so in Erwägungsgrund 78 und 108. Außerdem bestimmt Art. 47 Abs. 2 lit. d DSGVO, dass für die Übermittlung personenbezogener Daten an Drittländer auf der Grundlage verbindlicher unternehmensinterner Datenschutzvorschriften (Binding Corporate Rules), Angaben zum Datenschutz durch Systemgestaltung und durch datenschutzfreundliche Voreinstellungen enthalten sein müssen.

a) Privacy by Design

44 Art. 25 Abs. 1 DSGVO verpflichtet den Verantwortlichen, technische und organisatorische Maßnahmen zu treffen, um sicherzustellen, dass die Verordnung eingehalten wird und die Rechte der betroffenen Personen geschützt werden. Hinsichtlich des Zeitpunkts legt die Vorschrift fest, dass diese Maßnahmen schon dann getroffen werden müssen, wenn die Zwecke der Verarbeitung festgelegt werden, aber auch zum Zeitpunkt der Verarbeitung selbst. Bezüglich der Eignung der Maßnahme finden die folgenden Faktoren Berücksichtigung: Der Stand der Technik und die Implementierungskosten (→ § 5 Rn. 18) sowie Art, Umfang, Umstände und Zwecke der Verarbeitung. Außerdem müssen die Schwere und die Eintrittswahrscheinlichkeit der Risiken für die Rechte und Freiheiten natürlicher Personen, die von der Verarbeitung ausgehen, in Betracht gezogen werden. Als Beispiel für die Umsetzung der Datenschutzziele aus Art. 5 DSGVO (→ § 3 Rn. 39 ff.) – wie etwa das der Datenminimierung – und damit für eine wirksame Umsetzung von Datenschutz durch Systemgestaltung, nennt die Vorschrift die Pseudonymisierung gemäß Art. 4 Nr. 5 DSGVO.

45 Aus **Erwägungsgrund** 78 ergibt sich darüber hinaus, dass der Verantwortliche zum Nachweis dafür, dass er die Verordnung einhält, interne Strategien festlegen sollte, die dem Datenschutz durch Systemgestaltung und durch datenschutzfreundliche Voreinstellungen Genüge tun. Als Beispiel für die Umsetzung von Datenschutz durch Systemgestaltung soll Transparenz in Bezug auf personenbezogene Daten und die Funktionen ihrer Verarbeitung hergestellt werden. Dies soll es der betroffenen Person ermöglichen, die Datenverarbeitung zu überwachen. Gleichzeitig soll der Verantwortliche dadurch in die Lage versetzt werden, Sicherheitsfunktionen zu schaffen und zu verbessern.

46 Erwägungsgrund 78 richtet sich zudem auch an die **Technikhersteller.** Diese sollen ermutigt werden, Datenschutzrecht bei der Entwicklung und Auslegung der Produkte zu berücksichtigen. So soll insbesondere sichergestellt werden, dass die Verantwortlichen ihrerseits in der Lage sind, ihrer Verpflichtung nachzukommen, sich an die Grundsätze Datenschutz durch Systemgestaltung und durch datenschutzfreundliche Voreinstellungen zu halten.

b) Stand der Technik

47 Art. 25 Abs. 1 DSGVO enthält eine ganze Reihe **unbestimmter Rechtsbegriffe.** Diese bedürfen alsbald einer Klärung, denn der Verantwortliche kann seiner Verpflichtung nur dann nachkommen, wenn ausreichend bestimmt ist, was von ihm erwartet wird. Dies ergibt sich schon aus dem **Bestimmtheitsgrundsatz,** der aus dem Rechtsstaatsprinzip gemäß Art. 20 Abs. 3 GG abgeleitet wird.[48] Auch für die Europäische Union ist die Rechtstaatlichkeit in Art. 2 Satz 1 EUV als grundlegender Wert festgelegt. Daraus hat der Europäische Gerichtshof von Fall zu Fall konkrete Grundsätze – so auch den der Bestimmtheit – herausgearbeitet.[49] Unbestimmte Rechtsbegriffe sind verfassungsrechtlich gleichwohl grundsätzlich zulässig, der Adressat der Vorschrift muss aber stets in der Lage sein, die Rechtslage zu erkennen, sodass er sein Verhalten daran ausrichten

48 *Grzeszick*, in: Maunz/Dürig 2016, Art. 20 Rn. 69.
49 EuGH Urt. v. 9.7.1981 – 169/80, Slg. 1981, 1931 Rn. 17.

kann.[50] Gleiches gilt auch auf Unionsebene. Der Europäische Gerichtshof stellt zwar nicht ausdrücklich die Zulässigkeit fest, setzt sich aber mit der Auslegung unbestimmter Rechtsbegriffe auseinander[51] und bejaht ihre Europarechtskonformität in mitgliedstaatlichen Rechtsvorschriften.[52]

Bei der Auswahl der geeigneten technischen und organisatorischen Maßnahmen ist stets der **Stand der Technik** zu berücksichtigen. Die Vorschrift bekommt damit ein dynamisches Element, denn „der rechtliche Maßstab für das Erlaubte oder Gebotene wird hierdurch an die Front der technischen Entwicklung verlagert", wie es das Bundesverfassungsgericht in seinem Kalkar-Beschluss aus dem Jahr 1978 formulierte.[53] Was im Rahmen der Verordnung genau unter „Stand der Technik" zu verstehen ist, ergibt sich allerdings weder aus der Datenschutz-Grundverordnung selbst noch aus der Rechtsprechung des Europäischen Gerichtshofs. Obgleich in einer Reihe von nationalen Gesetzen bestimmt wird, was unter dem Stand der Technik zu verstehen ist, können diese nationalen Definitionen grundsätzlich nicht zur Bestimmung eines Begriffs einer europäischen Verordnung herangezogen werden. Die Begriffe sind vielmehr autonom auszulegen.[54] Das gilt auch für unbestimmte Rechtsbegriffe.[55] 48

Im Unionsrecht findet sich aber eine Definition in der Richtlinie über die integrierte Vermeidung und Verminderung der Umweltverschmutzung,[56] die fast wortgleich von ihrer Nachfolgerin, der Richtlinie über Industrieemissionen,[57] übernommen wurde. Dort wird in Art. 2 Nr. 11 IVU-RL beziehungsweise in Art. 3 Nr. 10 IE-RL bestimmt, was unter den besten verfügbaren Techniken zu verstehen ist. Anders als in der Grundverordnung wurde im Unionsrecht bislang der Begriff der **„besten verfügbaren Technik"** statt des Begriffs „Stand der Technik" verwendet.[58] Gemäß Art. 3 Nr. 10 IE-RL bezeichnet die beste verfügbare Technik den „effizientesten und fortschrittlichsten Entwicklungsstand der Tätigkeiten und entsprechenden Betriebsmethoden, der bestimmte Techniken als praktisch geeignet erscheinen lässt, als Grundlage für die Emissionsgrenzwerte und sonstige Genehmigungsauflagen zu dienen, um Emissionen in und Auswirkungen auf die gesamte Umwelt zu vermeiden oder, wenn dies nicht möglich ist, zu vermindern". Dabei gelten Techniken als verfügbar, „die in einem Maßstab entwickelt sind, der unter Berücksichtigung des Kosten/Nutzen-Verhältnisses die Anwendung unter in dem betreffenden industriellen Sektor wirtschaftlich und technisch vertretbaren Verhältnissen ermöglicht, gleich, ob diese Techniken innerhalb des betreffenden Mitgliedstaats verwendet oder hergestellt werden, sofern sie zu vertretbaren Bedingungen für den Betreiber zugänglich sind". Die europarechtlichen Vorgaben der IVU-Richtlinie und der IE-Richtlinie wurden durch Anpassungen im Bundesimmissions- 49

50 BVerfGE 21, 73 (79).

51 EuGH Urt. v. 16.5.2017 – T-122/15, ECLI:EU:T:2017:337 – Landeskreditbank Baden-Württemberg/Europäische Kommission.

52 EuGH Urt. v. 19.7.2012 – C-470/11, ECLI:EU:C:2012:505 – SIA Garkalns/Rigas dome.

53 BVerfGE 49, 89 (135).

54 *Hofmann/Johannes*, ZD 2017, 221.

55 *Möllers*, in: Schulze/Zuleeg/Kadelbach 2015, § 18 Rn. 22; Zu weit geht insofern *Ritter*, NJW 2010, 1110, der davon ausgeht, dass auch unbestimmte Rechtsbegriffe des nationalen Rechts grds. im Lichte der objektiven europäischen Werteordnung auszulegen sind, unabhängig davon, ob die Vorschrift europäisches Recht umsetzt.

56 Richtlinie 96/61/EG des Rates vom 24.9.1996 über die integrierte Vermeidung und Verminderung der Umweltverschmutzung, ABl. EG L 257, 26, im Folgenden „IVU-Richtlinie" und „IVU-RL".

57 Richtlinie 2010/75/EU des Europäischen Parlaments und des Rates vom 24.11.2010 über Industrieemissionen (integrierte Vermeidung und Verminderung der Umweltverschmutzung) (Neufassung), ABl. EU L 334, 17, im Folgenden „IE-Richtlinie" und „IE-RL".

58 So etwa in der Richtlinie 2006/21/EG des Europäischen Parlaments und des Rates vom 15.3.2006 über die Bewirtschaftung von Abfällen aus der mineralgewinnenden Industrie, ABl. EU L 102, 15 oder in der Richtlinie 2009/128/EG des Europäischen Parlaments und des Rates vom 21.10.2009 über einen Aktionsrahmen der Gemeinschaft für die nachhaltige Verwendung von Pestiziden, ABl. EU L 309, 71.

schutzgesetz, im Kreislaufwirtschaftsgesetz und im Wasserhaushaltsgesetz ins nationale Recht umgesetzt.[59] In den nationalen Gesetzen wiederum wird der Begriff „Stand der Technik" benutzt, sodass die beiden Begriffe synonym verwendet werden können.[60]

50 Insofern kann zur Bestimmung des Begriffs „Stand der Technik" auch auf die vom Bundesverfassungsgericht in seinem **Kalkar-Beschluss** entwickelte „Drei-Stufen-Theorie" zurückgegriffen werden, in dem es den „Stand der Technik" gegen die „allgemein anerkannten Regeln der Technik" und gegen den „Stand von Wissenschaft und Technik" abgegrenzt hat. Wird auf die „allgemein anerkannten Regeln der Technik" abgestellt, so müssen Behörden und Gerichte die herrschende Auffassung unter den technischen Praktikern ermitteln. Bezieht sich das Gesetz dagegen auf den „Stand der Technik", muss geprüft werden, was technisch notwendig, geeignet, angemessen und vermeidbar ist.[61] Der Stand von Wissenschaft und Technik geht darüber noch hinaus und bezeichnet die Spitze des Machbaren, was nicht zwingend heißt, dass diese Technik auch am Markt erhältlich ist.

51 Während es im Umweltrecht in erster Linie darum geht, Emissionen zu vermeiden oder zu vermindern, ist es gemäß Art. 5 Abs. 1 lit. c DSGVO ein zentraler Grundsatz des Datenschutzrechts die Verarbeitung personenbezogener Daten möglichst gering zu halten. Dabei ist es sehr viel einfacher, Grenzwerte für umweltbelastende Emissionen unterschiedlicher Art festzulegen, als zu bestimmen, ab wann zu viele personenbezogene Daten erhoben werden. Gleichwohl soll in Anlehnung an Art. 3 Nr. 10 IE-RL eine **Definition** für den **Stand der Technik** im Datenschutzrecht hergeleitet werden. Zunächst ist festzustellen, dass der effizienteste und fortschrittlichste Entwicklungsstand gefordert ist. Das ist jedenfalls mehr als die allgemein anerkannten Regeln der Technik. Übertragen auf die von Art. 25 DSGVO geforderten technischen und organisatorischen Maßnahmen bedeutet das, dass diese den effizientesten und fortschrittlichsten Entwicklungsstand abbilden und unter in dem betreffenden Sektor wirtschaftlich und technisch vertretbaren Verhältnissen anwendbar sein müssen, um die Verarbeitung personenbezogener Daten möglichst zu vermeiden oder jedenfalls zu vermindern, sodass die Datenschutzgrundsätze wirksam umgesetzt und die Rechte der betroffenen Person geschützt werden. Es ist insofern ein Mehr als der jeweils branchenübliche Standard zu Grunde zu legen, da von den jeweils verfügbaren Techniken immer die effizientesten und fortschrittlichsten ausgewählt werden müssen.

52 Gleichwohl wird sich der Stand der Technik stets an dem orientieren müssen, was **am Markt verfügbar** ist.[62] Wie wirkungsvoll die am Markt angebotene Technik ist und damit die Frage nach der Geeignetheit diskutieren aber wiederum die Techniker.[63] An dieser Stelle sind sowohl die Aufsichtsbehörden als auch das Bundesamt für Sicherheit in der Informationstechnik gefordert. Die Aufsichtsbehörden können Leitlinien und Stellungnahmen veröffentlichen und so jedenfalls negativ festzulegen, was nicht mehr dem Stand der Technik entspricht. So wird dem Stand der Technik nicht die ihm immanente Dynamik genommen, gleichzeitig könnte auf diese Weise ein hohes Mindestmaß festge-

---

59 BT-Drs. 14/4599, 82, 125, 147.

60 Gem. § 3 Abs. 6 BImschG ist der Stand der Technik „der Entwicklungsstand fortschrittlicher Verfahren, Einrichtungen, oder Betriebsweisen, der die praktische Eignung einer Maßnahme zur Begrenzung von Emissionen in Luft, Wasser und Boden, zur Gewährleistung der Anlagensicherheit, zur Gewährleistung einer umweltverträglichen Abfallentsorgung oder sonst zur Vermeidung oder Verminderung von Auswirkungen auf die Umwelt zur Erreichung eines allgemein hohen Schutzniveaus für die Umwelt insgesamt gesichert erscheinen lässt. Bei der Bestimmung des Standes der Technik sind insbesondere die in der Anlage aufgeführten Kriterien zu berücksichtigen." § 3 Nr. 11 WHG und § 3 Abs. 28 KrWG definieren den Stand der Technik nahezu wortgleich.

61 BVerfGE 49, 89 (105 f.).

62 *Piltz*, in: Gola 2017, Art. 32 Rn. 19.

63 Zu den Gefahren, die das mit sich bringen kann *Roßnagel*, UPR 1986, 50 f.

setzt werden. Zwecks einer unionsweit einheitlichen Auslegung und Anwendung der Verordnung sollten diese Bestrebungen auch in den Europäischen Datenschutzausschuss eingebracht werden, sodass dieser Leitlinien und Empfehlungen gemäß Art. 70 Abs. 1 lit. e DSGVO bereitstellen kann (→ § 6 Rn. 97 ff.). Darüber hinaus liegt es auch in der Hand des Gesetzgebers bestimmte Funktionen – wie beispielsweise Verschlüsselung – festzulegen, die den Stand der Technik abbilden.

Als ein Beispiel für Privacy by Design nennt Art. 25 Abs. 1 DSGVO Pseudonymisierung. 53
Für die Umsetzung der abstrakten Vorgabe einer datenschutzfreundlichen Systemgestaltung muss die falsch verstandene Risikoneutralität der Verordnung (→ § 1 Rn. 42) überwunden und die Vorgabe bezogen auf konkrete Systeme zur Bekämpfung konkreter Risiken konkretisiert werden. **Ansatzpunkte für eine datenschutzfreundliche Systemgestaltung** sind etwa im Standard-Datenschutzmodell[64] dargestellt.[65] Beispiele für solche Systemgestaltungen finden sich in der Literatur zu vielen gestaltungsbedürftigen und riskanten Datenverarbeitungssystemen – wie zB für Cloud Computing,[66] und Ubiquitous Computing[67] mit seinen Anwendungen im Smart Home,[68] im Smart Car[69] oder im Rahmen von Smart Health[70] sowie deren gezielte Auswertung durch Big Data-Techniken.[71]

c) Privacy by Default

Im engen Zusammenhang mit Datenschutz durch Systemgestaltung steht der **Datenschutz durch datenschutzfreundliche Voreinstellungen**. Dadurch soll eigentlich gewährleistet werden, dass standardmäßig Voreinstellungen realisiert werden, die möglichst wenig personenbezogene Daten verarbeiten. Dagegen fordert die Vorschrift lediglich, dass nur die für den jeweiligen Zweck erforderlichen Daten verarbeitet werden, wie viele Daten dieser auch immer benötigt. Art. 25 Abs. 2 DSGVO normiert, dass der Verantwortliche hierfür geeignete technische und organisatorische Maßnahmen trifft. Dies gilt im Hinblick auf den Umfang der erhobenen Daten, den Umfang der Verarbeitung, die Speicherfrist der Daten und ihre Zugänglichkeit. Damit gehört das aus der Richtlinie bekannte Erforderlichkeitsprinzip nunmehr unter dem Stichwort „Datenminimierung" nicht nur zu den Grundsätzen der Datenverarbeitung (→ § 3 Rn. 70 ff.), sondern begründet gleichsam die Pflicht des Verantwortlichen, das **Gebot der Datenminimierung** bei jeder Datenverarbeitung umzusetzen. Dies steht auch – anders als in Abs. 1 – unter keiner Bedingung. Weder die Implementierungskosten können als begrenzender Faktor herangezogen werden, noch ist es erforderlich, die Eintrittswahrscheinlichkeit und die Schwere der mit der Verarbeitung verbundenen Risiken abzuwägen. 54

Insbesondere sollen die datenschutzfreundlichen Voreinstellungen sicherstellen, dass 55
personenbezogene Daten nicht ohne Eingreifen einer natürlichen Person einer unbestimmten Zahl von natürlichen Personen zugänglich gemacht werden. Dies zielt insbesondere auf Portale mit geschlossenen Nutzergruppen wie beispielsweise soziale Netzwerke sowie auf Suchmaschinen.[72] Die Erfüllung der Anforderungen zu Datenschutz durch Systemgestaltung und durch datenschutzfreundliche Voreinstellungen kann nach

64 S. https://www.datenschutzzentrum.de/sdm/.
65 S. *Bieker/Hansen*, DuD 2017, 285 ff.; *Dix*, in: Roßnagel 2003, Kap. 3.5 Rn. 19 ff.
66 S. zB *Kroschwald* 2016; *Roßnagel* (Hrsg.), 2015; *Roßnagel/Jandt/Kroschwald/Wicker*, in: Krcmar/Leimeister/Roßnagel/Sunyaev 2016, 207.
67 ZB *Roßnagel* 2007; *Roßnagel/Geminn/Jandt/Richter* 2016, 139 ff.
68 ZB *Geminn*, DuD 2016, 575.
69 ZB *Roßnagel*, in: Hilgendorf 2017, 23.
70 ZB *Jandt*, DuD 2016, 571.
71 ZB *Richter*, DuD 2016, 581; *Roßnagel/Nebel*, DuD 2015, 455; *Roßnagel/Geminn/Jandt/Richter* 2016, 150 ff.
72 *Caspar*, DuD 2013, 767 (768).

Art. 25 Abs. 3 DSGVO durch ein genehmigtes Zertifizierungsverfahren gemäß Art. 42 DSGVO nachgewiesen werden.

d) Normadressat der Verpflichtungen

56 Adressat der Vorschrift ist ausschließlich der **Verantwortliche**. Nicht verpflichtet werden der Hersteller und der Auftragsverarbeiter. Mittelbar kann sich die Vorschrift auch auf **Hersteller** auswirken, da die Verantwortlichen verpflichtet sind, auf Produkte zurückzugreifen, die den Anforderungen des Art. 25 DSGVO genügen. Das gilt jedenfalls dann, wenn es solche Produkte gibt oder der Verarbeiter ökonomisch so stark ist, dass er ihre Herstellung wirtschaftlich durchsetzen kann. Dies wird aber bei Standard-Software selten der Fall sein. Doch nur dann funktioniert die indirekte Hebelwirkung des Art. 25 DSGVO. Es handelt sich bedauerlicherweise nicht um einen zwingenden Mechanismus. Er ist außerdem dadurch relativiert, dass die Pflicht der Verantwortlichen unter den in Art. 25 Abs. 1 DSGVO genannten Vorbehalten steht.

57 Der Verstoß gegen diese Vorschrift ist gemäß Art. 83 Abs. 4 lit. a DSGVO grundsätzlich bußgeldbewehrt. Allerdings steht die Pflicht des Verantwortlichen unter so vielen unbestimmten Vorbehalten, dass einem Verantwortlichen ein Verstoß kaum nachzuweisen sein wird. Jedenfalls wird dies sehr schwierig sein, wenn die Hersteller keine datenschutzfreundliche Technik anbieten. Da die Pflicht sehr wenig bestimmt ist, wird es auch schwierig sein, den **Sanktionsvorschriften** eine ausreichende Bestimmtheit zuzusprechen (→ § 6 Rn. 126 ff.). Die Klärung dieser Frage wird in den nächsten Jahren den Gerichten vorbehalten sein. Sanktionierbar wird ein Verstoß gegen die Anforderung des Privacy by Design daher nur nach Art. 83 Abs. 6 DSGVO, wenn ihm eine konkretisierende Anordnung einer Aufsichtsbehörde vorausgegangen ist.[73]

e) Technische und organisatorische Maßnahmen

58 In einer Reihe weiterer Normen finden die technischen und organisatorischen Maßnahmen Erwähnung.[74] Allerdings sind diese nicht gleichzusetzen mit Datenschutz durch Systemgestaltung. Hinter dem Konzept von Datenschutz durch Systemgestaltung steht die Idee, Systeme von Anfang an so zu entwickeln, dass nur die rechtlich zulässigen Datenverarbeitungen durchgeführt werden können. Das System ist mithin so konzipiert, dass es nur datenschutzfreundlich arbeiten kann. Die technischen und organisatorischen Maßnahmen setzen in diesem Fall schon bei der Entwicklung an. Technische und organisatorische Maßnahmen ganz allgemein können aber auch zu jedem anderen Zeitpunkt der Verarbeitung personenbezogener Daten eingesetzt werden, sodass sie nicht mit Datenschutz durch Systemgestaltung gleichzusetzen sind (→ § 5 Rn. 42). Datenschutz durch Systemgestaltung zielt auf die Vermeidung personenbezogener Daten. Die technischen und organisatorischen Maßnahmen dienen der Sicherheit beim Umgang mit personenbezogenen Daten.

f) Grundsatz der Datenminimierung

59 Art. 5 DSGVO stellt Grundsätze auf, die für jede Datenverarbeitung gelten, darunter nach Art. 5 Abs. 1 lit. c DSGVO den Grundsatz der Datenminimierung (→ § 3 Rn. 70 ff.). Danach muss die Verarbeitung personenbezogener Daten dem Zweck angemessen und erheblich sowie auf das für die Zwecke der Verarbeitung notwendige Maß beschränkt sein. Es dürfen also nur Daten verarbeitet werden, die für den vom Verantwortlichen vorgesehenen Zweck unbedingt benötigt werden.[75] Sie dürfen nur so lange aufbewahrt werden wie erforderlich. Die Datenminimierung wird von Art. 25 Abs. 1

73 S. *Roßnagel* 2017, 132 ff.
74 So zB in den Art. 24, 28 und 32 DSGVO.
75 *Roßnagel/Friedewald/Geminn u.a.* 2017.

DSGVO beispielhaft als Ziel angeführt, das es durch technische und organisatorische Maßnahmen, wie etwa die Pseudonymisierung, zu erreichen gilt. Dabei ist es wichtig zu beachten, dass dies nicht der einzige Grundsatz ist, der bei der Systemgestaltung zu berücksichtigen ist, es handelt sich lediglich um ein Beispiel. Die Systeme müssen nach Art. 25 Abs. 1 DSGVO so gestaltet sein, dass sie „den Anforderungen dieser Verordnung genügen und die Rechte der betroffenen Person schützen". Das heißt, dass grundsätzlich alle Grundsätze für die Verarbeitung personenbezogener Daten, etwa der der Transparenz, der Grundsatz der Zweckbindung sowie die Integrität und Vertraulichkeit gleichermaßen bei der Systemgestaltung Beachtung finden müssen (→ § 3 Rn. 39 ff.).

Das Prinzip der Datenminimierung ist dem Datenschutzrecht nicht neu, die Bezeichnung dagegen schon. Art. 6 Abs. 1 lit. c DSRL[76] hat fast den gleichen Wortlaut wie Art. 5 Abs. 1 lit. c DSGVO, der Grundsatz hieß aber bislang nicht Datenminimierung, sondern **Erforderlichkeit**. Die Erforderlichkeit und die Datenminimierung wiederum sind nicht mit der im Bundesdatenschutzgesetz verankerten **Datensparsamkeit** gleichzusetzen.[77] Die Datensparsamkeit ist strenger und setzt früher an als die Erforderlichkeit, sie ist der Zweckbestimmung vorgeschaltet und hinterfragt diese. Währenddessen versucht die Erforderlichkeit, im Einzelfall die Datenverarbeitung zu einem vom Verantwortlichen ausgesuchten Zweck auf ein gerade noch erforderliches Maß zu reduzieren.[78] Die Datenminimierung, wie sie die Verordnung vorsieht, knüpft genau wie der Grundsatz der Erforderlichkeit an einen festgelegten Zweck an, im Unterschied zur Erforderlichkeit erfasst sie aber nicht die Speicherbegrenzung. Das ergibt sich daraus, dass Art. 5 Abs. 1 lit. e DSGVO die Speicherbegrenzung als eigenen Grundsatz normiert, sie ist damit nicht Teil der Datenminimierung. Die vermeintliche Nähe der Datenminimierung zur Datensparsamkeit aufgrund des ähnlichen Wortlauts, verkehrt sich bei näherer Betrachtung ins Gegenteil, bietet sie doch einen schwächeren Schutz als der Grundsatz der Erforderlichkeit. 60

Gleichwohl findet der Grundsatz der Datensparsamkeit auch unter der Datenschutz-Grundverordnung weiterhin Anwendung, denn er ist eine direkt aus Art. 8 GRCh und dem **Verhältnismäßigkeitsprinzip** ableitbare Anforderung. Der in Art. 52 Abs. 1 Satz 2 GRCh niedergelegte Grundsatz der Verhältnismäßigkeit erstreckt sich auch auf die Festlegung des Zwecks, sodass im Hinblick auf die Systemgestaltung, die Zwecke so zu konkretisieren sind, dass möglichst wenig personenbezogene Daten verarbeitet werden.[79] 61

2. Datenschutz durch Systemgestaltung im Entwurf der ePrivacy-Verordnung

Der Entwurf einer ePrivacy-Verordnung,[80] die die ePrivacy-Richtlinie[81] ablösen und die Vertraulichkeit der elektronischen Kommunikation schützen soll, wird lex specialis zur Datenschutz-Grundverordnung und daher im Hinblick auf elektronische Kommunikationsdaten vorrangig anwendbar sein. Die bereichsspezifischen Vorschriften für die Bereitstellung und Nutzung elektronischer Kommunikationsdienste enthalten mit **Art. 10 ePrivacy-VO-E** auch spezifische Privacy by Default-Regeln für Internet-Browser, die die Cookie-Einstellungen betreffen. Statt der gegenwärtigen Standardeinstellung der allermeisten Internet-Browser „Alle Cookies annehmen" sollen Anbieter von Software für Browser ihre Software so konfigurieren, dass die Möglichkeit besteht, die Speicherung 62

76 Nach Art. 6 Abs. 1 lit. c DSRL entsprechen personenbezogene Daten den Zwecken, für die sie erhoben und weiterverarbeitet werden, sind dafür erheblich und gehen nicht darüber hinaus.
77 *Roßnagel*, in: Eifert/Hoffmann-Riem 2011, 41 ff.
78 So auch *Dix*, in: Roßnagel 2003, Kap. 3.5 Rn. 25.
79 *Roßnagel/Friedewald/Geminn u.a.* 2017, 12.
80 Vorschlag vom 10.1.2017, COM(2017) 10 final, 2017/0003(COD), im Folgenden ePrivacy-VO-E.
81 Richtlinie 2002/58/EG, ABl. EG L 201, 37.

von Cookies zu verhindern.[82] Der Anbieter soll den Endnutzern eine Reihe verschiedener Einstellungsmöglichkeiten im Hinblick auf Cookies zur Verfügung stellen und auf diese auch schon zum Zeitpunkt der Installation der Software hinweisen. Anbieter von Webbrowsern sollen den Nutzern darüber hinaus in einfacher Weise ermöglichen, die Einstellungen zur Privatsphäre während der Benutzung jederzeit zu ändern.[83] Das Europäische Parlament begrüßt die Regelung grundsätzlich, fordert aber die Verbindlichkeit des „Do-Not-Track-Mechanismus".[84]

3. Regelungen in Deutschland

63 Im deutschen Recht ist Datenschutz durch Systemgestaltung bislang nicht explizit geregelt. Allerdings normiert § 3 a BDSG a.F. den **Grundsatz der Datenvermeidung und Datensparsamkeit.** Dieser 1997 durch § 3 Abs. 4 TDDSG und § 12 Abs. 5 MDStV ins Datenschutzrecht eingeführte[85] und 2001 in § 3 a BDSG übernommene Grundsatz soll nach dem Willen des Gesetzgebers dafür sorgen, dass bereits durch die Gestaltung technischer Systeme, die Erhebung, Verarbeitung oder Nutzung personenbezogener Daten vermieden und so das Recht auf informationelle Selbstbestimmung des Betroffenen geschützt wird.[86] Obgleich anders benannt, verfolgt § 3 a BDSG a.F. damit den gleichen Zweck wie Art. 25 DSGVO. Der Grundsatz der Datenvermeidung und Datensparsamkeit soll dazu führen, dass die Gefahren für das Recht auf informationelle Selbstbestimmung reduziert werden und besagt im Wesentlichen, dass, wann immer mehrere Mittel zur Erfüllung einer Aufgabe zur Verfügung stehen, die gleich effektiv sind, stets das mildeste Mittel zu wählen ist.[87] Das bedeutet im Hinblick auf die Datenverarbeitung, dass die erforderliche Datenverwendung das geringstmögliche Ausmaß haben muss.[88] Damit ist § 3 a BDSG a.F. ein Kernelement datenschutzfreundlicher Systemgestaltung.[89]

64 Die Datenschutz-Richtlinie kennt das Prinzip der Datenvermeidung und Datensparsamkeit nicht. Stattdessen ist in Art. 6 Abs. 1 lit. c DSRL der **Erforderlichkeitsgrundsatz** normiert. Da das Prinzip der Datenvermeidung und Datensparsamkeit ein Mehr gegenüber dem Erforderlichkeitsgrundsatz ist, geht die deutsche Norm über die Anforderungen der Datenschutz-Richtlinie hinaus.[90] Während sich das Erforderlichkeitsprinzip auf einen festgelegten Zweck, ein gegebenes technisches System und einen gegebenen Datenverarbeitungsprozess bezieht, ist der Grundsatz der Datenvermeidung und Datensparsamkeit ein vorsorgendes Gestaltungsprinzip – die Datenverarbeitung sollte schon im Voraus so gestaltet werden, dass keine oder aber möglichst wenige personenbezogene Daten verarbeitet werden.[91] Den Mitgliedstaaten verbleibt aber ein gewisser Gestaltungsspielraum – insbesondere in der Umsetzung von Grundsätzen – bei der Umsetzung einer Richtlinie.[92] Verbindlich ist die Richtlinie nur hinsichtlich ihres Ziels und ihres Ergebnisses.[93]

65 Zur Ausgestaltung des in § 3 a Satz 1 BDSG a.F. normierten Grundsatzes sieht Satz 2 der Vorschrift insbesondere anonyme und pseudonyme Formen der Datenverarbeitung

82 Art. 10 iVm Eg. 23 ePrivacy-VO-E.
83 Eg. 24 ePrivacy-VO-E.
84 Europäisches Parlament vom 9.6.2017, 2017/0003(COD), 87.
85 S. hierzu den Gesetzentwurf von *Roßnagel* u.a. 1996: www.provet.org/bib/mmge; s. hierzu auch *Dix*, in: Roßnagel 2003, Kap. 3.5 Rn. 22.
86 BT-Drs. 14/4329, 33.
87 BT-Drs. 14/4329, 30.
88 *Deutlmoser/Filip*, in: Hoeren/Sieber/Holznagel 2017, Teil 16.6, Rn. 17.
89 *Scholz*, in: Simitis 2014, § 3 a Rn. 3.
90 *Roßnagel*, in: Eifert/Hoffmann-Riem 2011, 45.
91 *Roßnagel*, in: Eifert/Hoffmann-Riem 2011, 44 f.
92 *Herdegen* 2015, § 8 Rn. 42.
93 *Ruffert*, in: Calliess/Ruffert 2016, Art. 288 AEUV, Rn. 23.

vor. Dabei handelt es sich um bloße Möglichkeiten der Ausgestaltung des Systemdatenschutzes – die Aufzählung ist mithin nicht abschließend.[94]

§ 3 a Satz 1 BDSG a.F. adressiert zum einen die **verantwortlichen Stellen**, zum anderen aber auch die **Hersteller** von Datenverarbeitungssystemen, da sowohl die „Auswahl" als auch die „Gestaltung" der Systeme am Grundsatz der Datenvermeidung und Datensparsamkeit auszurichten sind.[95] Diese Argumentation lässt sich mit Hilfe der Richtlinie stützen. Aus Erwägungsgrund 46 DSRL ergibt sich, dass schon zum Zeitpunkt der Planung des Verarbeitungssystems technische und organisatorische Maßnahmen getroffen werden müssen, die die Rechte der Betroffenen schützen. Die Planung eines Verarbeitungssystems ist Aufgabe des Herstellers oder Entwicklers, sodass auch die Richtlinie davon ausgeht, dass in einer frühen Phase der Entwicklung datenschutzfreundliche Techniksysteme implementiert werden soll. 66

Die Verpflichtung der Hersteller und der verantwortlichen Stelle auf Datenvermeidung und Datensparsamkeit ist aber gleichwohl ein stumpfes Schwert, da es sich bei § 3 a BDSG um eine reine Zielvorgabe handelt und es somit an der Durchsetzbarkeit der Regelung fehlt.[96] 67

Das **Gebot der Anonymisierung und Pseudonymisierung** zur Umsetzung des Grundsatzes der Datenvermeidung und Datensparsamkeit findet sich auch in einigen Landesdatenschutzgesetzen.[97] Danach ist von den Möglichkeiten der Anonymisierung und Pseudonymisierung Gebrauch zu machen, soweit dies möglich ist und der Aufwand in einem angemessenen Verhältnis zu dem angestrebten Schutzzweck steht. Gleiches ergibt sich bezogen auf Telemediendienste auch aus § 13 Abs. 6 TMG.[98] 68

Das neue Bundesdatenschutzgesetz, das am 25. Mai 2018 in Kraft tritt, enthält in Teil 1 und 2 keine Regelungen zum Datenschutz durch Systemgestaltung. Der dritte Teil enthält mit **§ 71 BDSG** eine entsprechende Norm, die aber nicht die Verordnung konkretisiert, sondern Art. 20 JI-RL umsetzt. Der deutsche Gesetzgeber fordert hier sogar explizit die Umsetzung des Grundsatzes der Datensparsamkeit und geht damit über die Anforderungen der JI-Richtlinie hinaus. 69

4. Anwendungsvorrang der Verordnung

Mit dem Geltungsbeginn der Datenschutz-Grundverordnung wird diese maßgeblich den Rechtsrahmen für Datenverarbeitungen personenbezogener Daten bestimmen. Der deutsche Gesetzgeber hat in einem ersten Schritt das Bundesdatenschutzgesetz an die Verordnung angepasst. Sowohl die Landesdatenschutzgesetze als auch die bereichsspezifischen Vorschriften bedürfen noch der Angleichung. Da das Bundesdatenschutzgesetz keine Vorgaben zur datenschutzgerechten Systemgestaltung enthält, ist Art. 25 DSGVO insofern die entscheidende Vorschrift. Sie wird bereichsspezifisch durch Art. 10 ePrivacy-VO-E ergänzt werden. 70

Darüber hinaus ergibt sich für den deutschen Gesetzgeber nunmehr die Möglichkeit und Notwendigkeit, für einzelne Technikbereiche **konkretisierende Regelungen für Privacy by Design** festzulegen, soweit sich diese Konkretisierungen im Rahmen der Vorgaben der Verordnung bewegen (→§ 1 Rn. 1 ff.). Dadurch können auf nationaler Ebene innovative Datenschutzlösungen auf den Weg gebracht werden, die für mehr Rechtssicherheit sorgen. Das wäre beispielsweise für aktuelle Themen wie Cloud-Computing, 71

94 BT-Drs. 14/4329, 33.
95 So auch *Hornung*, ZD 2011, 51 (53); aA *Scholz*, in: Simitis 2014, § 3 a Rn. 26.
96 *Roßnagel*, in: Eifert/Hoffmann-Riem 2011, 45; *Gola/Schomerus* 2015, § 3 a Rn. 2.
97 § 5 a BlnDSG; § 7 Abs. 1 BremDSG; § 5 Abs. 4 HmbDSG; § 5 Abs. 1 DSG MV; § 4 Abs. 2 S. 1 DSG NRW; § 1 Abs. 3 DSG Rh.-Pf.
98 *Jandt/Schaar/Schulz*, in: Roßnagel 2013, § 13 TMG, Rn. 120 ff.

Smart Car oder Smart City denkbar.[99] Insbesondere im Bereich des vernetzten Fahrens, das in den kommenden Jahren kontinuierlich hin zum autonomen Fahren ausgebaut werden wird, verbirgt sich großes Potenzial für den nationalen Gesetzgeber, da führende Automobilhersteller ihren Sitz in Deutschland haben, sodass an dieser Stelle proaktiv in die Systemgestaltung eingegriffen werden kann.[100] Mit der Einführung von Regelungen zum Fahren von Autos mit hoch- und vollautomatisierter Fahrfunktion hat der Gesetzgeber diese Chance nicht ergriffen.[101] Obgleich mit § 63 a StVG eine Vorschrift zur Datenverarbeitung in Kraftfahrzeugen existiert, regelt diese nur, was gespeichert werden muss und an wen die gespeicherten Daten übermittelt werden dürfen.[102] Es wäre aber richtig gewesen, Anforderungen an die datenschutzgerechte Gestaltung des Speichermediums zu stellen und etwa Festlegungen zu Löschfristen zu treffen.

72 Zu beachten ist auch, dass die **Öffnungsklauseln** der Datenschutz-Grundverordnung den Mitgliedstaaten Möglichkeiten eröffnen, gerade die Vorgabe des Privacy by Design durch eigene Rechtssetzung zu konkretisieren. Insbesondere die Öffnungsklauseln der Art. 6 Abs. 2 und 88 DSGVO ermöglichen es, vorbildliche Regelungen für den öffentlichen Bereich im weitesten Sinn und für den Beschäftigtendatenschutz zu datenschutzfreundlichen Systemgestaltungen zu erlassen.[103]

5. Zusammenfassung

73 Bisher galt das Prinzip der Datenvermeidung und Datensparsamkeit nach § 3 a BDSG. Dieses wird nun von Art. 25 DSGVO abgelöst. Es sind damit nunmehr spezifische Anforderungen an Datenschutz durch Systemgestaltung und datenschutzfreundliche Voreinstellungen durch den Verantwortlichen zu erfüllen.

74 Es wäre zu begrüßen gewesen, hätte der europäische Gesetzgeber auch die **Hersteller** mit Art. 25 DSGVO in die Pflicht genommen. Dass er durchaus in der Lage ist, Hersteller zu verpflichten, hat er mit der eCall-Verordnung gezeigt.[104] Marktregulierung ist also dann, wenn sie gewollt ist oder anderweitigen Mehrwert bringt, kein Gesetzgebungshindernis. Mittelbar kann die Verordnung aber – unter bestimmten ökonomischen Voraussetzungen – Auswirkungen auch auf Hersteller haben. Daneben besteht auch die Möglichkeit anderweitige Anreize für Privacy by Design zu setzen, wie beispielsweise die staatliche Förderung der Entwicklung von Produkten, die Art. 25 DSGVO umsetzen oder deren Berücksichtigung bei öffentlichen Ausschreibungen. So könnte Datenschutz ein Qualitätsmerkmal der europäischen Digitalwirtschaft werden.

III. Die Auftragsverarbeitung (Cloud Computing)

75 Wie bereits das deutsche Recht regelt die Datenschutz-Grundverordnung die Verarbeitung personenbezogener Daten im Auftrag. Dabei treffen vor allem den Auftragsverar-

---

99 *Roßnagel/Geminn/Jandt/Richter* 2016.
100 *Roßnagel*, in: Hilgendorf 2017, 23 ff.
101 Achtes Gesetz zur Änderung des Straßenverkehrsgesetzes vom 16.6.2017, BGBl. I, 1648.
102 *Wagner/Goeble*, ZD 2017, 263 ff.
103 S. hierzu *Roßnagel*, DuD 2017, 290 ff.
104 Verordnung (EU) 2015/758, ABl. EU L 123, 77. E-Call ist ein von der Europäischen Union geplantes automatisches Notrufsystem für Kraftfahrzeuge, das ab dem 31.3.2018 verpflichtend in alle neuen Modelle von Pkw und leichten Nutzfahrzeugen eingebaut werden muss. Es setzt bei einem Verkehrsunfall automatisch einen Notruf ab. Art. 6 eCall-VO legt fest, dass personenbezogene Daten nicht länger gespeichert werden dürfen, als dies für die Handhabung der Notfallsituation erforderlich ist, und dass diese sodann vollständig gelöscht werden müssen. Das eCall-System darf ferner nicht rückverfolgbar sein und es darf darüber keine dauerhafte Verfolgung erfolgen. Wird der Notruf nicht ausgelöst, dürfen die Daten für keine Einrichtung zugänglich sein. Ferner sind eCall-Systeme so zu gestalten, dass Überwachung und Missbrauch verhindert werden.

beiter wesentliche Neuerungen, auf denen der Schwerpunkt nachfolgender Darstellung liegt.

1. Die Auftragsverarbeitung in der Datenschutz-Grundverordnung

Die Grundverordnung folgt bei der Auftragsverarbeitung grundsätzlich dem Konzept der Datenschutz-Richtlinie. Die **Definitionen** des Auftragsverarbeiters[105] und des Verantwortlichen[106] sind im Wesentlichen unverändert geblieben. 76

Während das deutsche Recht allerdings bislang den Auftragnehmer der verantwortlichen Stelle zurechnete und davon ausging, dass die Übertragung personenbezogener Daten auf ihn keine Übermittlung darstellt und daher keiner eigenständigen Ermächtigung bedarf,[107] sieht die Verordnung darin gemäß Art. 4 Nr. 8 und Nr. 2 eine **Offenlegung durch Übermittlung.**[108] Obgleich Art. 4 Nr. 10 DSGVO ausdrücklich klarstellt, dass er kein „Dritter" ist, gilt der Auftragsverarbeiter wie jeder andere, dem personenbezogene Daten offengelegt werden, als „Empfänger" im Sinne des Art. 4 Nr. 9 DSGVO. Folglich bedarf auch die Übertragung der Daten an den Auftragsverarbeiter einer **Rechtfertigung,**[109] die auf verschiedenen Wegen erfolgen kann. Denkbar ist nach Art. 6 Abs. 1 UAbs. 1 lit. a DSGVO etwa eine Einwilligung. Gemäß lit. f kann auch die Erforderlichkeit der Datenverarbeitung zur Wahrung der berechtigten Interessen des Verantwortlichen oder eines Dritten, zu denen auch die Verarbeitung im Auftrag selbst oder wirtschaftliche Interessen gehören können,[110] soweit diese Interessen gegenüber jenen der betroffenen Person überwiegen, die Datenübertragung an den Auftragsverarbeiter rechtfertigen. 77

Allerdings gilt dies nur, soweit die zu verarbeitenden Daten keiner **besonderen Datenkategorie** des Art. 9 Abs. 1 DSGVO unterfallen. Zwar verschließt sich die Verordnung der Verarbeitung solcher Daten im Auftrag nicht grundsätzlich.[111] Da aber Art. 9 Abs. 2 DSGVO keine dem Art. 6 Abs. 1 UAbs. 1 lit. f DSGVO vergleichbare Regelung enthält, scheidet eine Interessenabwägung insoweit aus.[112] Bereichsspezifisch dürfen die Mitgliedstaaten gemäß Kapitel IX davon abweichen. Eine Rechtfertigung kann sich indes aus Art. 9 Abs. 2 DSGVO ergeben, der etwa in lit. b die zur Wahrnehmung der Betroffenenrechte erforderliche Verarbeitung im Beschäftigtenkontext gestattet (→ § 8 Rn. 17). 78

105 Art. 4 Nr. 8 DSGVO; Art. 2 lit. e DSRL. Beim Cloud Computing ist das je nach Sachverhaltsgestaltung regelmäßig der Cloud-Anbieter. Das deutsche Recht sprach bislang insoweit vom Auftragnehmer. Dieser Begriff sollte künftig nur noch im Zusammenhang mit dem bisherigen deutschen Recht gebraucht werden.

106 Art. 4 Nr. 7 DSGVO; Art. 2 lit. d DSRL; fortan auch „Auftraggeber" genannt.

107 § 3 Abs. 4 Satz 2 Nr. 3 iVm § 3 Abs. 8 BDSG a.F. Dies wird häufig als „Privilegierung" bezeichnet. Das allerdings führt in die Irre, da es sich bei der Auftragsverarbeitung nicht um Sonderrecht handelt. Vielmehr soll § 11 BDSG a.F. sicherstellen, dass die Verantwortung klar verteilt ist und das Datenschutzniveau bei der Einschaltung externer Dienstleister nicht absinkt – s. *Petri*, ZD 2015, 306.

108 So auch *Ingold*, in: Sydow 2017, Art. 28 Rn. 29; aA *Martini*, in: Paal/Pauly 2017, Art. 28, Rn. 8 f.; *Albrecht/Jotzo* 2017, Teil 5 Rn. 22.

109 S. *Nebel/Richter*, ZD 2012, 411; *Roßnagel/Richter/Nebel*, ZD 2013, 105; *Piltz*, K&R 2016, 712; *Laue/Nink/Kremer* 2016, § 5 Rn. 10; sowie *Ingold*, in: Sydow 2017, Art. 28 Rn. 31, der diese Ansicht zwar für „konsequent subsumiert" hält, der eine Rechtfertigung aber akzessorisch zum Erlaubnisgrund der zugrunde liegenden Verarbeitung vorzieht, weil er erreichen will, dass die Verarbeitung besonderer personenbezogener Daten praktikabel bleibt; aA *Schmitz/von Dall'Armi*, ZD 2016, 432; *Albrecht/Jotzo* 2017, Teil 5 Rn. 22.

110 S. Eg. 47 DSGVO, demzufolge selbst Direktwerbung einem berechtigten Interesse dienlich sein kann.

111 S. zB den Umkehrschluss aus Art. 27 Abs. 2 lit. a DSGVO, demzufolge ein Verantwortlicher oder Auftragsverarbeiter, der nicht in der Union niedergelassen ist, keinen Vertreter benennen muss, soweit die Verarbeitung von Daten iSd Art. 9 Abs. 1 DSGVO nicht umfangreich ist. So auch *BayLDA*, Kurz-Papier v. 26.10.2016 „Auftragsdatenverarbeitung nach der DS-GVO", 1.

112 So bereits zur alten Rechtslage *Düsseldorfer Kreis*, Orientierungshilfe – Cloud Computing, Version 2.0 v. 9.10.2014, 16; sowie zur DSGVO *Laue/Nink/Kremer* 2016, 166; aA i.E. *Ingold*, in: Sydow 2017, Art. 28 Rn. 31; *Schmid/Kahl*, ZD 2017, 57.

79 Um sicherzustellen, dass bei der Datenverarbeitung in einem **Drittstaat** das durch die Verordnung gewährleistete Schutzniveau für natürliche Personen erhalten bleibt, müssen die Beteiligten gemäß Art. 44 DSGVO zusätzlich Kapitel V der Verordnung einhalten. Insoweit räumt die Verordnung dem Schutz natürlicher Personen eindeutigen Vorrang gegenüber ihrem zweiten Schutzziel aus Art. 1 Abs. 1, dem freien Verkehr personenbezogener Daten, ein (→ § 3 Rn. 138 ff.).

a) Verantwortungsverteilung

80 Datenschutzrechtlich ist derjenige verantwortlich, der über Zwecke und Mittel der Verarbeitung entscheidet und diese Verantwortung auch tatsächlich effektiv ausüben kann. Dies gilt auch dann, wenn er die Daten nicht selbst verarbeitet.[113] Soweit die Anforderungen an seine Entscheidungsfreiheit und seine Kontrollmöglichkeiten erfüllt sind,[114] ist also grundsätzlich auch bei der Auftragsverarbeitung der den Auftrag erteilende **Verantwortliche** verantwortlich iSd Art. 4 Nr. 7 DSGVO.

81 Dies ändert sich allerdings, soweit der **Auftragsverarbeiter**, der nicht lediglich aufgrund von Unions- oder mitgliedstaatlichem Recht zur Verarbeitung verpflichtet ist,[115] entgegen Art. 29 DSGVO nicht den Weisungen des Verantwortlichen entspricht, sondern stattdessen selbst **über Zwecke und Mittel der Verarbeitung entscheidet.** Dann erklärt Art. 28 Abs. 10 DSGVO ihn zum Verantwortlichen. In diesem Fall können die betroffenen Personen ihre Rechte aus der Verordnung auch gegenüber dem – vermeintlichen – Auftragsverarbeiter geltend machen. Gemeinsam mit der Auswahl des Auftragsverarbeiters[116] und dem Weisungsrecht nach Art. 29 DSGVO bildet die Entscheidung über Zwecke und Mittel der Verarbeitung ein Mindestmaß an Autonomie des Verantwortlichen, das künftig dafür ausschlaggebend sein wird, ob überhaupt eine Auftragsverarbeitung vorliegt oder nicht.[117]

82 Eine Ausnahme bildet der **Schadensersatzanspruch**, bei dem immer dann eine Mithaftung des Auftragsverarbeiters nach Art. 82 Abs. 2 Satz 2 DSGVO droht, wenn er seine spezifischen Pflichten nicht erfüllt oder sich nicht an die rechtmäßigen Weisungen des Verantwortlichen hält. Kann er sich nicht nach Abs. 3 exkulpieren, hat auch der Auftragsverarbeiter der betroffenen Person einen (im)materiellen Schaden zu ersetzen.[118] Schließlich können ihn nach Art. 83 DSGVO Sanktionen treffen, die verhältnismäßig sein, aber abschreckend wirken sollen (→ § 6 Rn. 126 ff.).

83 Daneben ist der Auftragsverarbeiter nach Art. 28 Abs. 4 Satz 2 DSGVO für verordnungswidrig handelnde **„weitere Auftragsverarbeiter“**[119] verantwortlich, die er selbst im Einvernehmen mit dem Verantwortlichen beauftragt hat.[120] Holt er das erforderliche Einverständnis des Verantwortlichen nicht ein, liegt bereits darin ein Verstoß gegen die Verordnung, soweit personenbezogene Daten übertragen werden. Der weitere Auftragsverarbeiter, der Datenschutzpflichten verletzt, die ihm auferlegt wurden, haftet nach au-

---

113 S. auch *von Lewinski/Herrmann*, ZD 2016, 469.

114 S. etwa Art. 28 Abs. 1, 2 und 3 lit. h, Art. 29 DSGVO.

115 In diesem Fall bedarf es zwar keiner Weisungen des Verantwortlichen, der Auftragsverarbeiter hat ihm gemäß Art. 28 Abs. 3 UAbs. 1 Satz 2 lit a 2. Hs. DSGVO diese rechtliche Verpflichtung aber mitzuteilen, soweit das nationale Recht die Mitteilung nicht aufgrund eines wichtigen öffentlichen Interesses verbietet.

116 Laut Art. 28 Abs. 1 DSGVO arbeitet der Verantwortliche nur mit Auftragsverarbeitern zusammen, die hinreichende Garantien dafür bieten, dass geeignete technische und organisatorische Maßnahmen so durchgeführt werden, dass die Verarbeitung der Verordnung entspricht und die Rechte der betroffenen Personen wahrt.

117 Deretwegen kritisch zur Auftragsverarbeitung innerhalb von Konzernstrukturen *Ingold*, in: Sydow 2017, Art. 28 Rn. 19.

118 S. Eg. 146 DSGVO. Zu Konflikten mit dem Weisungsrecht s. *Eckhardt*, DuD 2013, 626.

119 Das deutsche Recht sprach insoweit von Unterauftragsnehmern. In Abgrenzung zum weiteren Auftragsverarbeiter wird der Auftragsverarbeiter nachfolgend als „primärer“ Auftragsverarbeiter bezeichnet.

120 Zu bedenken ist, dass auch diese Auslagerung der Rechtfertigung bedarf.

ßen gemäß Art. 82 Abs. 4 DSGVO gleichsam mit dem Verantwortlichen und dem primären Auftragsverarbeiter gesamtschuldnerisch.[121]

Während Einigkeit darüber herrscht, dass der primäre gegenüber dem weiteren Auftragsverarbeiter grundsätzlich stufenweise in die Verantwortungsposition aufrückt, wird diskutiert, wer dem weiteren Auftragsverarbeiter gegenüber letztweisungs- und kontrollbefugt ist, das heißt, ob der **Verantwortliche durchgriffsberechtigt** ist.[122] Dazu ist festzustellen, dass es gemäß Art. 28 Abs. 4 Satz 1 DSGVO bei einer Verarbeitung „im Namen des Verantwortlichen" bleibt. Darum haftet der primäre Auftragsverarbeiter nach Art. 28 Abs. 4 Satz 2 DSGVO anstelle des weiteren Auftragsverarbeiters im Innenverhältnis, soweit jener gegen die weitergegebenen Vorgaben aus dem Hauptauftrag verstößt. Überhaupt können weitere Auftragsverarbeiter nur mit Einverständnis des Verantwortlichen hinzugezogen oder ersetzt werden. Dessen Weisungsrecht kann folglich nicht durch eine weitere Beauftragung begrenzt werden. Vielmehr steht ihm für jede Veränderung gemäß Art. 28 Abs. 2 Satz 2 DSGVO der Einspruch zu. Wenn er aber weisungsberechtigt bleibt, muss er auch kontrollberechtigt sein, um Erfordernis und Erfüllung seiner Weisung überprüfen zu können. Allein diese Auslegung rechtfertigt eine gesamtschuldnerische Haftung auch des Verantwortlichen, der grundsätzlich alleiniger Ansprechpartner für die betroffenen Personen bleibt. 84

Beim **Cloud Computing** handelt es sich oft um eine Auftragsverarbeitung. Die konkrete Verantwortungsverteilung hängt dabei von der jeweiligen tatsächlichen Ausgestaltung und dem jeweiligen Dienstmodell ab.[123] Je größer die Einflussmöglichkeiten des Cloud-Anbieters, desto eher ist er für die personenbezogenen Daten verantwortlich, die zur Diensterbringung verarbeitet werden.[124] Stellt er zum Beispiel eine Anwendungsumgebung zur Verfügung (SaaS), bei der dem Cloud-Kunden kaum Gestaltungsspielraum verbleibt, ist sein Einflussbereich wesentlich größer, als wenn er lediglich die Infrastruktur bereitstellt. Im Ergebnis wird es häufig zu einem „Nebeneinander" der Verantwortungsbereiche kommen, bei dem der Cloud-Kunde in der Regel die Verantwortung für diejenigen Daten trägt, die der Cloud-Nutzer (sein Mitarbeiter oder Kunde) in die Cloud-Umgebung überträgt, der Cloud-Anbieter hingegen für solche, die für die Diensterbringung erforderlich sind. 85

b) Ein Vertrag oder ein anderes Rechtsinstrument

Für die Auftragserteilung ist gemäß Art. 28 Abs. 3 DSGVO ein Vertrag oder ein anderes Rechtsinstrument erforderlich. Beide sind nach Abs. 9 schriftlich abzuschließen, ohne jedoch für die Auftragsverarbeitung konstitutiv zu sein.[125] Für die Schriftlichkeit genügt der Datenschutz-Grundverordnung in diesem Zusammenhang ein „elektronisches Format".[126] 86

121 So auch *Kühling/Martini u.a.* 2016, 83.

122 Bejahend *Ingold*, in: Sydow 2017, Art. 28 Rn. 41; aA *Müthlein*, RDV 2016, 82.

123 S. dazu *Roßnagel*, in: ders. 2015, 31 ff.; *Kroschwald* 2016, 120 ff.; *Hofmann*, ZD-Aktuell 2017, 05488.

124 *Kroschwald* 2016, 120 ff. Auch der EuGH hat im Zusammenhang mit der Verantwortlichkeit einen funktionalen Ansatz gewählt, als er im Google Spain-Urteil entschied, dass es für die Anwendbarkeit der DS-RL genügt, dass ein in einem Drittstaat belegenes und dort personenbezogene Daten verarbeitendes Unternehmen seine (hier werbliche) Tätigkeit einer Niederlassung innerhalb der Union auf die Einwohner eines Mitgliedstaat ausgerichtet hat und damit seinen Absatz fördert, da insoweit diese Tätigkeit untrennbar mit der Datenverarbeitung verbunden ist, s. EuGH Urt. v. 13.5.2014 – C-131/12, ECLI:EU:C:2014:317 Rn. 60 – Google Spain und Google.

125 Eine anderweitige Auslegung findet in der DSGVO keine Stütze, so auch *Piltz*, K&R 2016, 712.

126 Für die Genehmigung einer weiteren Beauftragung durch den Auftragsverarbeiter nennt Art. 28 Abs. 2 Satz 1 DSGVO das elektronische Format hingegen nicht.

87 In Ermangelung einer verordnungseigenen Definition ist durch autonome Auslegung[127] zu ermitteln, was genau die Verordnung unter einem **elektronischen Format** versteht.[128] Sie verwendet die Bezeichnung auch noch als Alternative zur Kopie der verarbeiteten Daten im Zusammenhang mit der Auskunftserteilung in Art. 15 Abs. 3 Satz 2 DSGVO oder in Art. 30 Abs. 3 DSGVO in Bezug auf das Verzeichnis von Verarbeitungstätigkeiten. All diesen Fällen ist gemein, dass es um einen Gegenstand geht, der während eines zu dem jeweiligen Zweck erforderlichen Zeitraums zur Verfügung stehen und deshalb auf eine Weise erstellt und übermittelt worden sein muss, die es dem Empfänger zumindest ermöglicht, ihn zu seiner dauerhaften Verfügbarkeit aufzubewahren oder zu speichern.

88 In anderen Zusammenhängen hat der Unionsgesetzgeber für die deutsche Sprachfassung zwar eine andere Formulierung gewählt. So genügt für die **„elektronische Form“**,[129] dass eine für die Öffentlichkeit oder die betroffene Person bestimmte Information präzise, leicht zugänglich und verständlich sowie in klarer und einfacher Sprache abgefasst und zB auf einer Website dargestellt ist, soweit sie für die Öffentlichkeit bestimmt ist.[130] Ein Vergleich mit anderen Sprachfassungen, wie etwa der englischen, der spanischen oder der französischen, offenbart allerdings die Willkür dieser Formulierung.

89 Auf das deutsche Recht übertragen, dürfte der Formanforderung des „elektronischen Formats“ am ehesten die **Textform** aus § 126 b BGB, die die Fähigkeit zur dauerhaften Widergabe voraussetzt, entsprechen.[131] Aus Beweis- und Transparenzgründen und damit teleologischen Erwägungen sind jedenfalls einmalige elektronische Darstellungen ausgeschlossen, die im Nachhinein nicht wieder aufgerufen werden können. Da der Verantwortliche die Einhaltung der Pflichten aus der Verordnung nachweisen können werden muss,[132] wird außerdem nicht nur der Auftragsverarbeiter, sondern auch er ein starkes Interesse an dauerhafter Verfügbarkeit haben.

c) Vertragsinhalt

90 Im Auftragsverarbeitungsvertrag ist gemäß Art. 28 Abs. 3 DSGVO unter anderem vorzusehen, dass der Auftragsverarbeiter

- Daten nur nach dokumentierten Weisungen oder aufgrund Gesetzes verarbeitet (lit. a),[133]
- den Verantwortlichen über eine Übermittlung informiert, zu der er verpflichtet ist (lit. a),
- ausschließlich vertraglich zur Vertraulichkeit oder gesetzlich angemessen zur Verschwiegenheit Verpflichtete mit der Datenverarbeitung betraut (lit. b),
- erforderliche technische und organisatorische Maßnahmen ergreift (lit. c),

---

127 S. zur Auslegung der DSGVO *Hofmann/Johannes*, ZD 2017, 221 ff.

128 Der Begriff kann nicht einfach nach deutschem Recht als elektronische Form gemäß § 126 a BGB ausgelegt werden, die von beiden Vertragspartnern nach Abs. 2 eine qualifizierte Signatur nach der eIDAS-VO erfordert (zul. geändert durch Art. 11 Abs. 27 eIDAS-Durchführungsgesetz v. 18.7.2017, BGBl. I 2745).

129 Etwa in Art. 12 Abs. 1 Satz 3 DSGVO, der die Informationspflicht des Verantwortlichen gegenüber der betroffenen Person regelt; s. auch Eg. 58 DSGVO.

130 S. Eg. 58 DSGVO.

131 So auch *Albrecht/Jotzo* 2017, Teil 5 Rn. 26; aA *Müthlein*, RDV 2016, 76, der aus Gründen der Warnung zumindest eine einfache elektronische Signatur für erforderlich hält.

132 S. zB Art. 5 Abs. 2 DSGVO sowie Art. 24 Abs. 1 DSGVO, sowie zB Eg. 74, 78, 82 DSGVO.

133 Schriftform ist im deutschen Recht insoweit bloß ratsam – *Maisch/Seidl*, VBlBW 2012, 10 f.; *Petri*, in: Simitis 2014, § 11 Rn. 86; *Barnitzke* 2014, 221 f.; zum Cloud Computing *Kroschwald* 2016, 285.

- nur mit vorheriger schriftlicher Zustimmung des Verantwortlichen und unter Weitergabe seiner eigenen Verpflichtungen weitere Auftragsverarbeiter beauftragt (lit. d),
- den Verantwortlichen bei der Erfüllung von Betroffenenrechten (lit. e) sowie
- bei technischen und organisatorischen Maßnahmen, der Unterrichtung der Aufsichtsbehörde und betroffener Personen, der Datenschutz-Folgenabschätzung und der Konsultation der Aufsichtsbehörde unterstützt (lit. f),
- Daten nach der Wahl des Verantwortlichen im Nachhinein löscht oder zurückgibt (lit. g) und
- dem Verantwortlichen Kontrollmöglichkeiten einräumt und Informationen zukommen lässt (lit. h), auch über seiner Meinung nach rechtswidrige Weisungen (UAbs. 2).

Art. 28 Abs. 7 und 8 DSGVO sehen vor, dass die Kommission oder die Aufsichtsbehör- 91
den **Standardvertragsklauseln** erlassen können, auf die sich Verantwortlicher und Auftragsverarbeiter stützen können. Gemäß Abs. 6 können Verantwortlicher und Auftragsverarbeiter diese Standardvertragsklauseln innerhalb der Grenzen der Verordnung ergänzen.[134]

d) Pflichten des Auftragsverarbeiters

Im Unterschied zum deutschen Recht treffen den Auftragsverarbeiter gemäß Art. 30 92
Abs. 2 DSGVO eigene Dokumentationspflichten (→ § 5 Rn. 169). Daneben muss auch er unter den Voraussetzungen des Art. 27 DSGVO einen Vertreter benennen, sofern er nicht in der Union sitzt. Weitere **Pflichten des Auftragsverarbeiters** betreffen die Zusammenarbeit mit den Aufsichtsbehörden nach Art. 31 DSGVO und die Bestellung eines Datenschutzbeauftragten nach Art. 37 DSGVO (→ § 5 Rn. 279 ff.). Hinzu kommt, dass auch der Auftragsverarbeiter den Beschränkungen des Art. 44 DSGVO bei Datentransfers in Drittländer unterliegt (→ § 3 Rn. 138 ff.).

Der Auftragsverarbeiter muss nach Art. 28 Abs. 1 DSGVO hinreichende Garantien für 93
die Umsetzung **technischer und organisatorischer Maßnahmen** bieten (→ § 5 Rn. 133 ff.), die sich auf Fachwissen, Zuverlässigkeit und Ressourcen beziehen.[135] Da der Verantwortliche nur mit solchen Auftragsverarbeitern zusammenarbeiten darf, die derartige Garantien bieten, und die Missachtung dieser Pflicht mit empfindlichen Bußgeldern belegt werden kann, wird die Bedeutung des Datenschutzes als Wettbewerbsfaktor steigen. Denn Verantwortliche werden unter den angebotenen diejenigen Verarbeiter auswählen, die ihnen die erforderlichen Nachweise möglichst umfassend und nachhaltig erbringen.

Um übermäßig präskriptive Vorschriften zu vermeiden und die Kosten der Durchset- 94
zung für die zuständigen Behörden zu verringern,[136] können nach Art. 28 Abs. 5 DSGVO Verhaltensregeln (→ § 5 Rn. 193 ff.) und Zertifizierungen (→ § 5 Rn. 229 ff.) ein möglicher „Faktor" des Nachweises der Einhaltung der genannten Garantien sein.[137] Es ist eine Frage des Einzelfalls, ob ein durchlaufenes Zertifizierungsverfahren oder die Einhaltung von Verhaltensregeln den Nachweis sogar vollständig erbringen kann oder ob es zusätzlicher „Faktoren" bedarf.

134 S. auch Eg. 109 DSGVO.
135 Eg. 81 DSGVO. Insoweit verpflichtet auch Art. 17 DSRL den Auftragnehmer zu Schutzmaßnahmen nach Maßgabe des Rechts seines Mitgliedstaates.
136 S. *Rat*, Entwurf der Begründung des Rates, 8.4.2016, 5419/1/16, 23.
137 Eg. 77 DSGVO.

2. Der Entwurf der ePrivacy-Verordnung und das Cloud Computing

95 Die ePrivacy-Verordnung wird als *lex specialis* die Grundverordnung auch für gewisse Konstellationen der Datenverarbeitung im Auftrag ergänzen und präzisieren. Mit einem entsprechenden Entwurf („ePrivacy-VO-E")[138] hat die EU-Kommission im Januar 2017 das Gesetzgebungsverfahren eingeleitet (→ § 3 Rn. 19 ff.).

96 Bestimmte Cloud-Dienste können von der vorgeschlagenen ePrivacy-Verordnung erfasst sein, da diese nach Art. 2 Abs. 1 für die Verarbeitung elektronischer Kommunikationsdaten gilt, die mit der Bereitstellung und Nutzung **elektronischer Kommunikationsdienste** erfolgt (sog. **Over-The-Top-Dienste**). Art. 4 Abs. 1 lit. b ePrivacy-VO-E verweist auf Art. 2 Nr. 4 Kodex-RL-E, der darunter für gewöhnlich gegen Entgelt über elektronische Kommunikationsnetze erbrachte Dienste versteht und neben anderen **interpersonelle Kommunikationsdienste** nennt. Das wiederum sind gemäß Nr. 5 Dienste, die einen direkten interpersonellen und interaktiven Informationsaustausch zwischen einer nicht potentiell unbegrenzten Zahl von Personen ermöglichen und bei denen die die Kommunikation veranlassenden oder daran beteiligten Personen die Empfänger bestimmen. Erfasst sind herkömmliche Sprachanrufe zwischen zwei Personen, aber auch E-Mails, Mitteilungen oder Gruppenchats.[139] **Interaktiv** ist die Kommunikation, soweit ein Dienst dem Empfänger zu antworten ermöglicht.[140] Modifizierend regelt Art. 4 Abs. 2 ePrivacy-VO-E, dass im Unterschied zum Kodex sogar Dienste erfasst sind, die eine interpersonelle und interaktive Kommunikation lediglich als untrennbar mit einem anderen Dienst verbundene untergeordnete Nebenfunktion ermöglichen.

97 Erfasst werden folglich Dienste, die Kommunikation ermöglichen, ganz gleich, welche Rolle die Signalübertragung einnimmt. Damit wurde ein funktionaler Ansatz gewählt, da es aus Sicht des Endnutzers irrelevant ist, ob ein Anbieter die Signale selbst überträgt, oder ob ein Internetzugangsdienst die Kommunikation vermittelt. Im Ergebnis dürfte dieser Ansatz Schwierigkeiten ausräumen, die nach bisherigem deutschen Recht die **Einordnung von Cloud-Diensten als Telekommunikations- oder Telemediendienst** bereitete.[141] Es galt die „Faustregel", dass das Telekommunikationsgesetz in Abgrenzung zum Telemediengesetz nur dann Anwendung findet, wenn es sich um Vorgänge der Nachrichtenübertragung handelt, bei denen keine Datenaufbereitung stattfindet.[142] Derartige Nachrichten übermittelt in der Regel nicht der Webseitenbetreiber, sondern der Internetanbieter.

98 Der Cloud-Anbieter eines **Speicherdienstes** nimmt beispielsweise regelmäßig Inhalt an entsprechenden Schnittstellen entgegen und speichert ihn.[143] Teilweise konnte das Telekommunikationsgesetz dennoch auf einzelne Cloud-Dienste anwendbar sein, namentlich, soweit der Cloud-Anbieter selbst den Internetzugang zur Verfügung stellte oder Nachrichtendienste wie etwa Voice Over IP- oder Video-Konferenz- oder E-Mail-Dienste anbot. Zwar war auch dann die innerhalb der Cloud betriebene Software nicht als Telekommunikationsanlage einzustufen, jedoch ermöglicht das zugrunde liegende Protokoll, wie etwa das sogenannte Session Initiation Protocol, eine Signalübertragung.[144] Selbst dann unterfiel jedoch nicht der gesamte Dienst dem Telekommunikationsge-

138 Der Entwurf ist auf grundliegende Kritik gestoßen (s. *Lurtz*, ZD-Aktuell 2017, 05707; *Maier/Schaller*, ZD 2017, 373; ua zur Auftragsverarbeitung s. *Engeler/Felber*, ZD 2017, 251 ff.).

139 Eg. 17 Kodex-RL-E; sind juristische Personen an der Kommunikation beteiligt, ist auch diese erfasst, wenn natürliche Personen ua zumindest auf einer Seite an der Kommunikation beteiligt sind.

140 Nicht interaktiv sind etwa der lineare Rundfunk, Videoabrufdienste, Webseiten, soziale Netzwerke, Blogs und der Informationsaustausch zwischen Maschinen (s. Eg. 17 Kodex-RL-E).

141 Vgl. für den Streitstand *Grünwald/Nüßing*, MMR 2016, 94 f.

142 *Schmitz*, DuD 2001, 396.

143 *Kremer/Völkel*, CR 2015, 503.

144 *Boos/Kroschwald/Wicker*, ZD 2013, 206.

setz.[145] Soweit die Signalübertragung lediglich untergeordnete Bedeutung hatte, konnte eine Subsumtion unter das Telekommunikationsgesetz auch ganz ausscheiden.

Während Erwägungsgrund 13 ePrivacy-VO-E geschlossene Benutzergruppen und Unter- 99
nehmensnetzwerke vom Anwendungsbereich der Verordnung ausschließt, stellen Cloud-Dienste häufig **interpersonelle Kommunikationsdienste** dar, für die die vorgeschlagene ePrivacy-VO Geltung beansprucht. Erwägungsgrund 8 stellt klar, dass die ePrivacy-Verordnung für Betreiber elektronischer Kommunikationsdienste und öffentlich zugänglicher Verzeichnisse, für Anbieter von Software, die elektronische Kommunikation ermöglicht, einschließlich Abruf und Darstellung von Informationen aus dem Internet und natürliche und juristische Personen gelten soll, die Direktwerbung an Endnutzer richten oder auf deren Endgeräten gespeicherte Informationen sammeln.

Soweit dies der Fall ist, richtet sich laut Art. 2 Abs. 1 ePrivacy-VO-E die Verarbeitung 100
elektronischer Kommunikationsdaten nach der ePrivacy-Verordnung. Dieser Begriff ist autonom, weit und technologieneutral auszulegen.[146] Elektronische Kommunikationsdaten sind gemäß Art. 4 Abs. 3 lit. a ePrivacy-VO-E sowohl Inhalte als auch Metadaten elektronischer Kommunikation. **Elektronische Kommunikationsinhalte**, so präzisiert lit. b), sind mittels elektronischer Kommunikationsdienste übermittelte Inhalte, wie Textnachrichten, Sprache, Videos, Bilder und Ton. **Elektronische Kommunikationsmetadaten** sind laut lit. c) solche, die in einem elektronischen Kommunikationsnetz zu Zwecken der Übermittlung, der Verarbeitung oder des Austauschs der genannten Inhalte verarbeitet werden, wie etwa die zur Verfolgung und Identifizierung des Ausgangs- und Zielpunkts verwendeten Daten, die im Zusammenhang mit der Bereitstellung elektronischer Kommunikationsdienste erzeugten Daten über Gerätestandort, Datum, Uhrzeit, Dauer und Art der Kommunikation. Auch besuchte Webseiten und angerufene Nummern können darunter fallen.[147]

Elektronische Kommunikationsdaten sind gemäß Art. 5 ePrivacy-VO-E **vertraulich** und 101
dürfen von anderen als den Endnutzern nur abgefangen, überwacht und verarbeitet werden, sofern die ePrivacy-Verordnung dies gestattet. Art. 6 ePrivacy-VO-E enthält wenige Ausnahmen von diesem Grundsatz, die Art. 7 ePrivacy-VO-E mit strengen Lösch- und Anonymisierungspflichten versieht. Daten, die für die Abrechnung eines Dienstes erforderlich sind, dürfen gemäß Art. 7 Abs. 3 ePrivacy-VO-E längstens für die Dauer nationaler Verjährungsfristen für den Zahlungsanspruch gespeichert werden. Darüber hinaus regelt die ePrivacy-Verordnung in Kapitel III die Direktwerbung vermittels elektronischer Kommunikation (→ § 8 Rn. 178 ff.).

3. Die Auftragsdatenverarbeitung nach bisherigem deutschem Recht

Bisher enthält **§ 11 BDSG a.F.** die allgemeine Regelung zur Auftragsdatenverarbeitung 102
für öffentliche Stellen des Bundes und nicht-öffentliche Stellen. Für Bestands- und Nutzungsdaten, die im Rahmen des Cloud Computing erhoben wurden, können je nach Einzelfall vorrangig die Regelungen des Telemedien- und des Telekommunikationsgesetzes zur Anwendung kommen (→ § 8 Rn. 116 ff. und 37 ff.).[148]

Eine Datenverarbeitung im Auftrag namens oder durch öffentliche Stellen des Landes 103
beurteilt sich bisher nach Landesrecht.[149] Die Auftragsdatenverarbeitung im öffentlichen Bereich ist bislang zudem in vielerlei Spezialgesetzen geregelt, die häufig nicht ab-

145 AA AG Köln MMR 2016, 142; kritisch *Grünwald/Nüßing*, MMR 2016, 94 f.
146 Eg. 14 ePrivacy-VO-E; zur autonomen Auslegung s. *Hofmann/Johannes*, ZD 2017, 221 ff.
147 Eg. 2 ePrivacy-VO-E.
148 S. *Boos/Kroschwald/Wicker*, ZD 2013, 205 ff.
149 Etwa §§ 3 Abs. 1 und § 4 HDSG.

schließend sind.[150] Lediglich die Verarbeitung von Sozialdaten im Auftrag hat in § 80 SGB X eine Vollregelung erfahren (→ § 7 Rn. 110 ff.); strenger und ausführlicher als § 11 BDSG a.F. Der Bereich der Gesundheitsdaten richtete sich bisher je nach verantwortlicher Stelle häufig zusätzlich nach Landesrecht[151] und den Regelungen kirchlicher Träger.[152] Bedeutsam war § 3 Abs. 9 BDSG a.F. und die entsprechenden landesrechtlichen Regelungen zu besonderen Arten personenbezogener Daten.

104 Der **Auftrag** ist gemäß § 11 Abs. 2 Satz 2 BDSG a.F. schriftlich zu schließen. Über die Vorgaben der Datenschutz-Richtlinie hinaus wird dabei Schriftform verlangt.[153]

105 Der Auftragnehmer muss laut § 11 Abs. 4 iVm § 9 und bei automatisierter Verarbeitung iVm der Anlage zu § 9 Satz 1 BDSG a.F. die **Datensicherheit** für Inhaltsdaten gewährleisten. Für Nutzungs- und Bestandsdaten gilt bislang vorrangig § 13 Abs. 7 TMG, der regelmäßig auch Cloud-Anbieter umfasst, die Inhalte im Rahmen von SaaS und PaaS bereitstellen (→ § 8 Rn. 116 f.).

106 Den Auftraggeber trifft nach § 11 Abs. 2 Satz 4 BDSG a.F. hinsichtlich der technischen und organisatorischen Maßnahmen eine **Überzeugungspflicht.**[154] Ob die Einhaltung der Anforderungen anhand von Zertifizierungen, Audits und Gütesiegeln nachgewiesen werden kann, ist umstritten[155] und wird im Zusammenhang mit dem Cloud Computing[156] diskutiert, bei dem eine Vor-Ort-Kontrolle – wenn überhaupt möglich – häufig unpraktisch, kostenintensiv und sogar risikoerhöhend wirkt.[157]

107 Die Verarbeitung von Daten, die einer **Geheimhaltungspflicht** unterfallen, begegnet nach wie vor besonderen Herausforderungen (→ § 8 Rn. 309 ff.). Die Auslagerung der Datenverarbeitung von Krankenhäusern in Hessen ist bislang – wie in einer Reihe anderer Bundesländer – unter bestimmten weiteren Voraussetzungen zulässig.[158]

108 Unter den Voraussetzungen der §§ 7 f. BDSG a.F. ist bisher die verantwortliche Stelle oder deren Träger dem Betroffenen zum Schadensersatz verpflichtet. Der Auftragnehmer **haftet** nach h.M. aus § 7 BDSG a.F. nur, soweit er weisungswidrig Daten verarbeitet oder bösgläubig rechtswidrige Weisungen befolgt. Daneben kann er bislang aus Zivilrecht – vertraglich, aus Geschäftsführung ohne Auftrag oder deliktisch – haften oder strafrechtlich als Gehilfe oder Mittäter verantwortlich sein.[159] Abgesehen von § 85 SGB X für Sozialdaten ist die zweckwidrige Verwendung personenbezogener Daten durch den Verarbeiter nicht generell bußgeldbewehrt (→ § 6 Rn. 136 ff.).

109 **Verhaltenskodizes**, die bislang nach § 38 a Abs. 1 BDSG a.F. der zuständigen Aufsichtsbehörde unter anderem von Berufsverbänden vorgeschlagen werden können, enthalten unter Umständen auch Regelungen zur Datenverarbeitung im Auftrag[160] (→ § 5 Rn. 222 ff.). Ein Beispiel ist der Code of Conduct der Versicherungswirtschaft,[161] der die Auftragsdatenverarbeitung und die Funktionsübertragung regelt. Solche freiwilligen

150 S. zB § 1 Abs. 1 AZRG, § 387 Abs. 5 FamFG oder § 126 Abs. 3 GBO.
151 S. *Jandt*, in: Rossnagel 2017, § 4 Rn. 314.
152 S. zB § 11 EKD-Datenschutzgesetz.
153 *Petri*, in: Simitis 2014, § 11 Rn. 64; *Gola/Schomerus* 2015, § 11 Rn. 17, halten das Erfordernis sogar für konstitutiv; aA *Kroschwald* 2016, 134 ff.; *Hartung/Storm*, in: Hilber 2014, 358 Fn. 1.
154 Das Unterlassen der Erstkontrolle ist nach § 43 Abs. 1 BDSG bußgeldbewehrt.
155 S. *Kroschwald* 2016, 271 ff.; *Maier* 2014, 40 f., 54 f.; *Hartung/Storm*, in: Hilber 2014, 368 ff.
156 S. *Hartung/Storm*, in: Hilber 2014, 345 ff.
157 S. zB *Kroschwald* 2016, 270 ff.
158 S. für Hessen § 12 HKHG iVm § 4 HDSG; s. *Jandt/Roßnagel/Wilke*, RDV 2011, 222 ff.
159 S. *Petri*, in: Simitis 2014, § 11 Rn. 96; *Wicker*, MMR 2014, 715 ff. Zu den Möglichkeiten der Haftungsbegrenzung des Cloud-Anbieters *Wicker*, MMR 2014, 787 ff.; zu den strafrechtlichen Risiken *dies.*, 2016, passim; zu Insiderangriffen s. *Müller*, DuD 2017, 371 ff.
160 *Petri*, in: Simitis 2014, § 38 a Rn. 21; *Vomhof*, PinG 2014, 211.
161 Vom 7.10.2012, diesem sind laut GDV fast 90 Prozent der deutschen Versicherungsunternehmen beigetreten.

Selbstverpflichtungen verschaffen dem Verwender Rechtssicherheit, ohne jedoch selbst konkrete Rechtsfolgen auszulösen.

4. Regelungen im neuen Bundesdatenschutzgesetz

Wie bereits das bisherige deutsche Recht ist auch das neue Bundesdatenschutzgesetz *lex generalis* gemäß § 1 Abs. 2. Spezielle nationale Regelungen zur Auftragsverarbeitung können also weiterhin Anwendung finden, soweit sie sich im Rahmen dessen bewegen, was die Grundverordnung gestattet. Regelungen zur Auftragsverarbeitung im Geltungsbereich der Verordnung enthält das neue Bundesdatenschutzgesetz nicht. 110

Soweit das neue Bundesdatenschutzgesetz im dritten Teil die Auftragsverarbeitung konkret regelt, setzt es die Richtlinie (EU) 2016/680 in nationales Recht um. Diese Regelungen sind gemäß § 45 Satz 1 BDSG n.F. folglich ausschließlich auf die Verarbeitung personenbezogener Daten durch für die Verhütung, Ermittlung, Aufdeckung, Verfolgung oder Ahndung von Straftaten oder Ordnungswidrigkeiten zuständige öffentliche Stellen anwendbar (→ § 7 Rn. 53 ff.).[162] Die öffentlichen Stellen gelten dabei laut Satz 2 als Verantwortliche. Nach § 62 BDSG n.F. dürfen sie auf Ressourcen und Dienstleistungen von Auftragsverarbeitern zurückgreifen. Außerhalb des straf- und ordnungsrechtlichen Bereichs enthält das neue Bundesdatenschutzgesetz für die Datenverarbeitung im Auftrag keine Regelungen. Allerdings sind spezielle Vorgaben zu beachten, beispielsweise § 22 BDSG n.F., der besondere Kategorien personenbezogener Daten betrifft. 111

Die Anforderungen an die Datensicherheit aus § 13 Abs. 7 TMG für Nutzungs- und Bestandsdaten werden aufgrund der Öffnungsklausel des Art. 6 Abs. 2 DSGVO für den öffentlichen Bereich grundsätzlich weiterhin Anwendung finden können, soweit es sich nicht um eine Materie handelt, die der ePrivacy-Verordnung unterfallen wird (→ § 8 Rn. 123) und der deutsche Gesetzgeber die Frage nicht neu regelt. 112

5. Datensicherheitsrechtliche Änderungen mit Cloud-Relevanz

Der Bundesgesetzgeber hat die Vorgaben der Cybersicherheitsrichtlinie (**NIS-RL**)[163] umgesetzt[164] und das Gesetz über das Bundesamt für Sicherheit in der Informationstechnik[165] auf sogenannte **digitale Dienste** erweitert.[166] Darunter sind solche Dienste der Informationsgesellschaft zu verstehen, durch die Kauf- oder Dienstleistungsverträge mit Unternehmen auf Online-Marktplätzen oder auf einer Website dieser Dienste abgeschlossen werden können. Gleichzeitig umfasst der Begriff der digitalen Dienste auch Suchmaschinen und **Cloud Computing-Dienste**.[167] Unter diesen versteht § 2 Abs. 1 Nr. 3 BSIG technikoffen Dienste, die den Zugang zu einem skalierbaren und elastischen Pool gemeinsam nutzbarer Rechenressourcen ermöglichen.[168] Die Vorschriften über digitale Dienste sind laut § 15 BSIG ab dem 10. Mai 2018 anwendbar. 113

162 S. für die Umsetzung der Richtlinie *Weinhold/Johannes* 2017 i.E., passim.

163 Richtlinie (EU) 2016/1148 des Europäischen Parlaments und des Rates vom 6.7.2016 über Maßnahmen zur Gewährleistung eines hohen gemeinsamen Sicherheitsniveaus von Netz- und Informationssystemen in der Union, ABl. EU L 194 S. 1 ff.

164 S. BT-Drs. 18/11242 und BR-Drs. 64/17 sowie BR-Drs. 335/17.

165 Gesetz v. 14.8.2009 (BGBl. I, 2821).

166 Vgl. zu den Neuerungen *Kipker*, MMR 2017, 143 ff. sowie *ders.*, MMR-Aktuell 2017, 389121; *Hofmann*, ZD-Aktuell 2017, 05488; zur zivilrechtlichen Haftung *Spindler*, CR 2016, 305 ff.

167 Ausgenommen sind gemäß dem 2. Hs. Dienste, die zum Schutz grundlegender staatlicher Funktionen eingerichtet worden sind oder für diese genutzt werden. Vgl. zu den Begriffen sowie kritisch zur weiten Definition der Cloud Computing-Dienste s. *Schallbruch*, CR 2016, 666.

168 S. auch Art. 4 Nr. 19 NIS-RL. Zu den Rechenressourcen zählen Netze, Server oder sonstige Infrastruktur, Speicher, Anwendungen und Dienste. Sie sind skalierbar, soweit sie der Cloud-Anbieter unabhängig von ihrem geografischen Standort flexibel zuteilen kann, um Schwankungen in der Nachfrage zu bewältigten (s. Eg. 17 NIS-RL sowie BT-Drs. 18/11242, 36).

114 Gemäß § 8 c Abs. 1 BSIG müssen Anbieter digitaler Dienste geeignete und verhältnismäßige technische und organisatorische Maßnahmen treffen, um Risiken für die Sicherheit der Netz- und Informationssysteme zu bewältigen, die sie zur Bereitstellung derartiger Dienste innerhalb der Union nutzen. Sie haben vorbeugende Maßnahmen aus Abs. 2 zu treffen und die Auswirkungen von Sicherheitsvorfällen möglichst gering zu halten. Auch ist dem BSI nach Abs. 3 grundsätzlich jeder erhebliche Sicherheitsvorfall unverzüglich zu melden. Das BSI erhält in Abs. 4 weitergehende Befugnisse, Informationen und die Beseitigung zu verlangen. Soweit es sich bei Cloud-Diensten zusätzlich um sogenannte **kritische Infrastrukturen** handelt, gelten strengere Anforderungen.[169]

6. Anpassungsbedarf bestehender Regelwerke

115 Bestehende Regelwerke sind bis zum 25. Mai 2018 an die Datenschutz-Grundverordnung anzupassen.[170] Erfasst sind Individualverträge, verbindliche Unternehmensrichtlinien (Binding Corporate Rules), Verhaltensregeln (Codes of Conduct), Standardvertragsklauseln und Musterverträge.

a) Individualverträge

116 Im Zusammenhang mit Individualverträgen sticht hervor, dass eine übermäßige Nutzung der Auftragsverarbeitung, wie sie durch sehr weite Weisungen häufig praktiziert wurde, künftig angesichts der Klarheit des Art. 28 Abs. 10 DSGVO nicht mehr ohne Weiteres möglich sein wird.[171]

117 Unter der Verordnung bestehen zudem (weiterhin) grundsätzliche Bedenken gegen die Qualifikation des **Cloud Computing** als Auftragsverarbeitung im Einzelfall.[172] Wie gezeigt, stellt die Verordnung strenge Anforderungen an die Entscheidungsautonomie des Verantwortlichen und sorgt für klare Rechtsfolgen bei deren Missachtung. Will ein Cloud-Anbieter künftig eine volle (Mit-)Verantwortung und Bußgelder vermeiden, muss er dem Cloud-Kunden Kontroll- und Gestaltungsmöglichkeiten einräumen, die über die bisher häufig geübte Praxis hinausgehen.

118 Neu und deshalb **besonders zu beachten** sind gemäß Art. 28 Abs. 3 DSGVO zudem die Dokumentation von Weisungen, die Informationspflicht des Auftragsverarbeiters über ihn bindende gesetzliche Verpflichtungen zur Datenübermittlung, eine erforderliche vorherige schriftliche Zustimmung des Verantwortlichen zur Vergabe weiterer Aufträge und die grundsätzliche Lösch- oder Rückgabepflicht des Auftragsverarbeiters. Er hat außerdem den Auftraggeber bei technischen und organisatorischen Maßnahmen, der Unterrichtung von Aufsichtsbehörde und betroffenen Personen, der Datenschutz-Folgenabschätzung und der Konsultation der Aufsichtsbehörde zu unterstützen.

b) Binding Corporate Rules

119 Anpassungsbedarf besteht auch bei auf § 4 c Abs. 2 BDSG a.F. basierenden verbindlichen Unternehmensregeln, die Betroffenen rechtlich garantierte Rechtspositionen einräumen. Einmal erteilte Genehmigungen der Aufsichtsbehörden, die auf der Daten-

169 S. etwa § 5 Abs. 1 BSI-KritisV, der Dienstleistungen zur Sprach- und Datenübertragung sowie zur Datenspeicherung und -verarbeitung zu kritischen Dienstleistungen iSd § 10 BSIG zählt – s. dazu auch *Schallbruch*, CR 2016, 666 f.

170 Das VG Karlsruhe hat mit Urt. v. 6.7.2017 entschieden, dass weder DSGVO noch BDSG a.F. eine Ermächtigung für ein Tätigwerden der Aufsichtsbehörde vor Geltung der DSGVO enthalten, gewissermaßen um frühzeitig sicherzustellen, dass die künftig anwendbaren Vorschriften unter Berücksichtigung der Rechtsauffassung der Aufsichtsbehörde eingehalten werden (VG Karlsruhe, BeckRS 2017, 121701).

171 Stattdessen dürfte häufig eine gemeinsame Verantwortlichkeit vorliegen – s. auch *Ingold*, in: Sydow 2017, Art. 28 Rn. 16 und 24 ff.

172 Unter Hinweis auf ein "erhebliches Risiko für entsprechende Anbieter und Modelle" s. *Ingold*, in: Sydow 2017, Art. 28 Rn. 23 mwN.

schutzrichtlinie beruhen, bleiben zwar in Kraft, bis sie geändert, ersetzt oder aufgehoben werden.[173] Gleichwohl müssen Verarbeitungen an die formalen und materiellen Vorgaben aus Art. 47 DSGVO angepasst werden.

c) Codes of Conduct

Grundsätzlich erkennt die Verordnung nach Art. 46 Abs. 5 Satz 1 DSGVO auch die Weitergeltung existierender Verhaltensregeln an. Erfolgt keine Anpassung an die Verordnung läuft der Verarbeiter jedoch Gefahr, für eine Weiterverwendung von Verhaltensregeln, die nicht der Verordnung entsprechen, sanktioniert zu werden. In formaler Hinsicht ist das Verfahren nach Art. 40 DSGVO durchzuführen. Gemäß Art. 31 des Code of Conduct der Versicherungswirtschaft erfolgt eine Überarbeitung spätestens fünf Jahre nach seiner Überprüfung. Der Fristablauf fällt auf die Zeit zwischen Inkrafttreten und Geltung der Verordnung, so dass deren Neuerungen voll berücksichtigt werden können. 120

d) Standardvertragsklauseln und Musterverträge

Hilfreich wäre, wenn die EU-Kommission oder Aufsichtsbehörden von ihrer Befugnis zur Festlegung von Standardvertragsklauseln für die (weitere) Beauftragung gemäß Art. 28 Abs. 7 bzw. 8 DSGVO Gebrauch machten. Bislang existieren Standardvertragsklauseln für die Auftragsdatenverarbeitung nur im Zusammenhang mit der Datenübertragung an einen Drittstaaten-Auftragnehmer.[174] Ob diese Klauseln überhaupt ausreichenden Schutz bieten, ist spätestens seit dem **Safe-Harbor-Urteil** des EuGH umstritten. Die EU-Kommission bejaht[175] und das ULD verneint diese Frage.[176] Die Konferenz deutscher Datenschutzbehörden und die Art. 29-Datenschutzgruppe haben Zweifel geäußert.[177] Seit Februar 2017 lässt die irische Datenschutzbeauftragte die Klauseln vom irischen High Court überprüfen.[178] Ein Grund für den EuGH in dieser Frage anders zu entscheiden, als im Zusammenhang mit Safe-Harbor, ist nicht ersichtlich. Art. 46 Abs. 5 Satz 2 DSGVO stellt jedoch klar, dass die bestehenden Standardvertragsklauseln solange in Kraft bleiben, bis sie "erforderlichenfalls" per Kommissionsbeschluss geändert, ersetzt oder aufgehoben wurden. 121

Eine Anpassungspflicht gilt auch für nationale Standardvertragsklauseln und Musterverträge für die Auftragserteilung und Unterbeauftragung wie etwa die „Mustervereinbarung zum Datenschutz und zur Datensicherheit in Auftragsverhältnissen nach § 11 BDSG“ für den nicht-öffentlichen Bereich oder den „Mustervertrag zur Auftragsdatenverarbeitung zwischen öffentlichen Stellen und öffentlichen oder nicht-öffentlichen Auftragnehmern“ des Hessischen Datenschutzbeauftragten.[179] 122

7. Weitere Anwendung deutschen Rechts

Obgleich für die Auftragsverarbeitung künftig überwiegend die Datenschutz-Grundverordnung gilt, werden gewisse Regelungen des deutschen Rechts weiterhin Anwendung finden. So ergänzt das deutsche **Vertragsrecht** die materiell-rechtlichen und formalen Vorgaben der Verordnung. Unter anderem sind das Fragen um den Abschluss eines Ver- 123

173 Art. 46 Abs. 5 DSGVO.
174 EU-Kommission, Beschl. v. 5.2.2010 (2010/87/EU); s. zur Neufassung *Moos*, CR 2010, 281 ff.
175 *Timmermans*, Stellungnahme vom 6.10.2015.
176 ULD SH 2015, 4; so auch *Weichert*, Juve-Rechtsmarkt 1/2016, 76.
177 Positionspapier der Konferenz der unabhängigen Datenschutzbehörden des Bundes und der Länder, 21.10.2015, Nr. 12; Art. 29-Datenschutzgruppe, Statement on the Decision of the Court of Justice of the European Union on Safe Harbor, 1.
178 S. https://www.dataprotection.ie/docs/01-02-2017-Update-on-Litigation-involving-Facebook-and-Maximilian-Schrems/1598.htm..
179 Stand 28.9.2010 und 3.11.2003.

trages, der entweder individuell verhandelt oder auf Grundlage von Allgemeinen Geschäftsbedingungen[180] sowie Standardvertragsklauseln gemäß Art. 28 Abs. 6 DSGVO nach dem nationalen Recht geschlossen wird. Vertragsstatut ist dabei gemäß Art. 3 Abs. 1 Satz 1 Rom-I-Verordnung (EG) Nr. 593/2008 in erster Linie das von den Parteien gewählte Recht. Daneben beurteilen sich auch sonstige Rechtsinstrumente, die nach Art. 28 Abs. 3 Satz 1 DSGVO Rechtsgrundlage der Auftragsverarbeitung sein können, nach „dem Recht der Mitgliedstaaten".[181] Auch für die Beendigung der Verarbeitung macht Art. 28 Abs. 3 Satz 2 lit. g DSGVO teilweise Vorgaben, von denen die Mitgliedstaaten abweichen können. In Ermangelung verordnungseigener Regelungen finden zudem nationale Gestaltungsrechte Anwendung.

124 Auch verdrängt das neue Haftungsregime der Verordnung nicht das deutsche **zivilrechtliche Haftungssystem.** Vielmehr kommt mit der Verordnung eine zusätzliche Anspruchsgrundlage hinzu. Die Datenverarbeitung ohne Rechtfertigungsgrund könnte dazu führen, dass der Verarbeiter, für den die personenbezogenen Kundendaten Entgeltcharakter aufweisen, für deren Nutzung aus den §§ 812 Abs. 1 Satz 1, 818 Abs. 2 BGB ein marktkonformes Entgelt schuldet.[182] Hinzu kommen diverse weitere zivilrechtliche Ansprüche.[183] Verstärkte Dokumentations- und Informationspflichten, die künftig auch den Auftragsverarbeiter treffen, werden bestehende beweisrechtliche Schwierigkeiten überwinden, die Betroffene bislang oftmals daran gehindert haben, erlittene Schäden geltend zu machen.

125 Wegen seiner unterschiedlichen Schutzrichtung und in Ermangelung von Unions-Kompetenzen bleibt zudem das **Strafrecht** unberührt. Straftatbestände mit Relevanz für die Auftragsverarbeitung sind beispielsweise §§ 203 StGB[184] und 355 StGB für Steuerbehörden sowie § 353 b StGB für die öffentliche Verwaltung.[185]

126 Deutsche Regelungen zur Auftragsverarbeitung können ferner über bereichsspezifische Öffnungsklauseln der Verordnung Anwendung finden. So können die Mitgliedstaaten gemäß Art. 87 DSGVO die **Verarbeitung nationaler Kennziffern oder spezieller Kennzeichen** von allgemeiner Bedeutung gesondert regeln, soweit geeignete Garantien für die Wahrung der Rechte der betroffenen Personen vorliegen. In Deutschland könnte die Krankenversicherungsnummer davon erfasst sein.[186]

127 Weitere **bereichsspezifische Ausnahmen**, die für die Auftragsverarbeitung relevant sein können, finden sich in Art. 89 Abs. 2 DSGVO für die Datenverarbeitung zu wissenschaftlichen oder historischen Forschungszwecken oder zu statistischen Zwecken (→ § 7 Rn. 241 ff. und 146 ff.). Ferner dürfen die Mitgliedstaaten nach Art. 88 DSGVO die Datenverarbeitung im Beschäftigungskontext konkretisieren (→ § 8 Rn. 1 ff.). Auf dem Gebiet des Arbeitsrechts können damit künftig Regelungen zur Datenverarbeitung im Auftrag zum Beispiel für die Auslagerung der Mitarbeiterdatenverarbeitung, ihre Zentralisierung im Konzern oder für Fragen der IT-gestützten Ermittlung und Analyse von

---

180 S. ausführlich *Wendehorst/Graf v. Westphalen*, NJW 2016, 3745 ff.

181 S. Eg. 81 DSGVO.

182 So der Vorschlag von *Wendehorst/Graf v. Westphalen*, NJW 2016, 3750.

183 ZB Zurückbehaltungsrechte aus § 273 Abs. 1 BGB, Schadensersatzansprüche nach § 280 Abs. 1 Satz 1 BGB iVm § 241 Abs. 2 BGB oder den §§ 823 Abs. 1 und 2, 824, 826 BGB; Zurechnung nach § 278 BGB und Eigenhaftung von Hilfspersonen nach Deliktsrecht; Unterlassungs- und Beseitigungsansprüche nach § 823 Abs. 1 BGB iVm § 1004 BGB analog (s. ausführlich *Dendorfer-Ditges*, in: Moll 2017, § 35 Rn. 259).

184 Der Bundestag hat am 29.6.2017 ein Gesetz zur Neuregelung des Schutzes von Geheimnissen bei der Mitwirkung Dritter an der Berufsausübung schweigepflichtiger Personen verabschiedet, mit dem eine Änderung des § 203 StGB einhergeht.

185 S. auch *Dendorfer-Ditges*, in: Moll 2017, § 35 Rn. 260.

186 *Grages/Stamer/Kuhnke*, in: Plath 2016, Art. 87 Rn. 1; auch Eg. 35 zB spricht von Kennzeichnen, die einer natürlichen Person zugeteilt wurden, um diese natürliche Person für gesundheitliche Zwecke eindeutig zu identifizieren.

seitens der Mitarbeiter ohne Wissen des Abreitgebers genutzten Cloud Diensten (sog. Schatten-IT) eine Rolle spielen.

Soweit umfassende **kirchliche Regelwerke** mit den Vorschriften der Verordnung in Einklang gebracht werden, sind diese laut Art. 91 DSGVO weiterhin anwendbar.[187] In Deutschland dürfen die Kirchen, denen das Grundgesetz gemäß Art. 140 GG in Verbindung mit Art. 137 Abs. 3 und 5 Weimarer Reichsverfassung einen besonderen Schutz einräumt,[188] im Rahmen der Gesetze ihre eigenen Angelegenheiten regeln.[189] § 11 des Kirchengesetzes über den Datenschutz der Evangelischen Kirche in Deutschland (EKD) regelt beispielsweise die Datenverarbeitung im Auftrag. Relevanz besitzt die Norm, da die Kirchliche Gemeinschaftsstelle für Datenverarbeitung GmbH, deren Gesellschafter das Kirchenamt der EKD ist, eine „Kirchencloud" auf Servern innerhalb Deutschlands betreibt und die christlichen Großkirchen in Deutschland Daten im massiven Umfang verarbeiten.[190] 128

Normen der Fachdatenverarbeitung durch öffentliche oder private Stellen **im öffentlichen Interesse** oder **in Ausübung öffentlicher Gewalt** sind grundsätzlich nach Art. 6 Abs. 2 DSGVO weiterhin anwendbar (→ § 7 Rn. 1 ff.). Teilweise ist bereits eine Anpassung an die Verordnung erfolgt, wie zB bei § 80 SGB X n.F. zur Verarbeitung von Sozialdaten im Auftrag.[191] Andere Normen über die Auftragsverarbeitung dürften voraussichtlich angepasst werden, könnten aber grundsätzlich weiter Anwendung finden, wie etwa im Passwesen § 3 Abs. 3 Allgemeine Verwaltungsvorschrift über die Ausstellung amtlicher Pässe der Bundesrepublik oder § 111 a Bundesbeamtengesetz zur Verarbeitung von Personalaktendaten. 129

8. Zusammenfassung

Die wesentlichen Veränderungen der Verarbeitung personenbezogener Daten im Auftrag lassen sich dahingehend zusammenfassen, dass in der Übertragung von Daten an den Auftragsverarbeiter eine Übermittlung liegt, die Möglichkeit des elektronischen Formats für den Vertrag eröffnet sein und eine unmittelbare Haftung des Auftragsverarbeiters gegenüber der betroffenen Person bestehen wird. Letztere erspart künftig einen Umweg über das Zivilrecht, ohne diesen Weg jedoch zu versperren. Zudem sieht Art. 33 Abs. 2 DSGVO eine eigene und generelle Pflicht des Auftragsverarbeiters zur **Meldung von Datenschutzverstößen** vor. Deswegen ist im Unterschied zur bisherigen deutschen Rechtslage eine vertragliche Festlegung zu meldender Verstöße auch nicht mehr erforderlich. 130

Bestimmte **Spezialfälle der Auftragsverarbeitung** werden aber weiterhin nach deutschem Recht zu beurteilen sein. Dennoch erreicht die Verordnung im Gegensatz zu vielen anderen Regelungsbereichen für die Auftragsverarbeitung ihr Ziel, die Rechtssicherheit für den Anwender zu stärken. Auch sieht sie Alternativen zu umständlichen, sicherheitsriskanten und kostenintensiven Auswahl- und Kontrollverpflichtungen des Auftraggebers vor. Damit passt die Verordnung selbst zu dynamischen Konzeptionen, wie dem Cloud Computing, dessen dynamische Entwicklung dazu führt, dass herkömmliche Kontrollmechanismen nicht praktikabel sind. 131

Die **angestrebten Neuerungen** des spezifischen Datenschutz- und Datensicherheitsrechts, die teilweise auch das Cloud Computing betreffen, stehen zwar noch nicht end- 132

187 So auch BfDI (Hrsg.), DSGVO 2016, 30; *Hense*, in: Sydow 2017, Art. 91 Rn. 15.
188 Diesen Status achtet Eg. 165 DSGVO im Einklang mit Artikel 17 AEUV.
189 S. ausführlich dazu *Preuß*, ZD 2015, 217 ff.; *Hense*, in: Sydow 2017, Art. 91 Rn. 9.
190 S. dazu bereits *Hoeren*, NVwZ 1993, 650 ff.
191 Gesetz zur Änderung des Bundesversorgungsgesetzes und anderer Vorschriften vom 17.7.2017 in Kraft ab dem 25.5.2018 (BGBl. I 2541).

gültig fest, lassen aber dennoch eine Richtung erkennen. Der seitens der Kommission eingeschlagene Weg ist ein strengerer, als der bisherige und bedarf erheblicher Nachbesserung, Konkretisierung und Klarstellung, beispielsweise hinsichtlich der Abgrenzung zum Anwendungsbereich der Grundverordnung und des aufsichtsbehördlichen Vollzugs. Die anvisierte grundsätzliche Vereinheitlichung der Regelungen ist aber aus Sicht der betroffenen Personen zu begrüßen.

IV. Datensicherheit

133 Unter Datensicherheit ist die **Gesamtheit aller technischen und organisatorischen Maßnahmen** zu verstehen, die einen unzulässigen Umgang mit personenbezogenen Daten verhindern.[192] Sie dient damit dem Schutz der Grundrechte auf Datenschutz und informationelle Selbstbestimmung. Die Datensicherheit stellt sechs Bedingungen an die Informationsverarbeitung. Diese entsprechen zum einen den drei Zielen der IT-Sicherheit, wie sie auch § 2 Abs. 2 BSIG definiert: Verfügbarkeit, Integrität und Vertraulichkeit.[193] Sie werden ergänzt durch drei spezifisch datenschutzrechtliche Sicherheitsziele: Nicht-Verkettbarkeit, Intervenierbarkeit und Transparenz.[194]

134 Seit den ersten Datenschutzgesetzen wird versucht, Technik dienstbar zu machen, um Datenschutzziele zu erreichen.[195] Dies wird in den letzten Jahren durch **Vorgaben für die Systemgestaltung** ergänzt (→ § 5 Rn. 41 ff.). Während diese zum Ziel hat, technische und organisatorische Maßnahmen schon in die Technik zu implementieren, können technische und organisatorische Maßnahmen, die der Datensicherheit dienen, zu jedem Zeitpunkt der Verarbeitung eingesetzt werden. Für sie geht es um die Gesamtheit der technischen und organisatorischen Maßnahmen, mit denen ein unzulässiger Umgang mit den personenbezogenen Daten verhindert und die genannten sechs Ziele der Datensicherheit erreicht werden sollen.[196]

1. Die Datensicherheit in der Datenschutz-Grundverordnung

135 Datensicherheit beschreibt einen Zustand, in dem das Risiko eines Schadenseintritts für die genannten Grundrechte auf ein Minimum reduziert ist.[197] Die zentrale Vorschrift für Datensicherheit ist Art. 32 DSGVO. Die Norm ist mit „Sicherheit der Verarbeitung" überschrieben und nimmt für das Erreichen dieses Ziels sowohl den **Verantwortlichen** als auch den **Auftragsverarbeiter** in die Pflicht. Beide müssen geeignete technische und organisatorische Maßnahmen treffen, um eine sichere Verarbeitung zu gewährleisten.

136 Die Datensicherheit konkretisiert den zentralen **Grundsatz der Systemsicherheit** nach Art. 5 Abs. 1 lit. f DSGVO (→ § 3 Rn. 81 f.). Durch technische und organisatorische Maßnahmen muss der Schutz vor unbefugter oder unrechtmäßiger Verarbeitung und vor unbeabsichtigtem Verlust, vor unbeabsichtigter Zerstörung oder unbeabsichtigter Schädigung sichergestellt werden. Dazu gehört, dass Unbefugte keinen Zugang zu den Daten haben und weder die Daten noch die Geräte, mit denen diese verarbeitet werden, benutzen können.[198]

---

192 *Ernestus*, in: Simitis 2014, § 9 Rn. 2.

193 *Herchenbach-Canarius/Sommer*, in: Kilian/Heussen 2017, 1. Abschnitt, Teil 15, II, Rn. 5; *Kramer/Meints*, in: Hoeren/Sieber/Holznagel 2017, Teil 16.5, Rn. 3.

194 AK Technik der Konferenz der unabhängigen Datenschutzbehörden, Standard-Datenschutzmodell 2016, 14 f.; zur Transparenz und Unverkettbarkeit schon *Rost/Pfitzmann*, DuD 2009, 355 f.

195 So schon in § 6 BDSG vom 27.1.1977, BGBl. I 201.

196 *Ernestus*, in: Simitis 2014, § 9 Rn. 2.

197 *Ernestus*, in: Roßnagel 2003, Kap. 3.2 Rn. 4.

198 Eg. 39 DSGVO aE.

Die Datenverarbeiter[199] haben gemäß Art. 32 Abs. 1 DSGVO die Pflicht, geeignete **technische und organisatorische Maßnahmen** zu treffen, um ein dem Risiko angemessenes Schutzniveau zu gewährleisten. Dabei sind der Stand der Technik, die Implementierungskosten und die Art des Umfangs, der Umstände und der Zwecke der Verarbeitung sowie die unterschiedliche Eintrittswahrscheinlichkeit und die Schwere des Risikos[200] für die persönlichen Rechte und Freiheiten natürlicher Personen zu berücksichtigen. Die Verordnung führt sodann einen unsystematischen Katalog auf, der Instrumente, Eigenschaften und Verfahrensanforderungen enthält: 137

- die Pseudonymisierung und Verschlüsselung personenbezogener Daten (lit. a),
- die Fähigkeit, die Vertraulichkeit, Integrität, Verfügbarkeit und Belastbarkeit der Systeme und Dienste im Zusammenhang mit der Verarbeitung personenbezogener Daten auf Dauer sicherzustellen (lit. b),
- die Fähigkeit, die Verfügbarkeit der Daten und den Zugang zu ihnen bei einem physischen oder technischen Zwischenfall rasch wiederherzustellen (lit. c), sowie
- ein Verfahren zur regelmäßigen Überprüfung, Bewertung und Evaluierung der Wirksamkeit der technischen und organisatorischen Maßnahmen zur Gewährleistung der Sicherheit der Verarbeitung (lit. d).

Die Verordnung verfolgt wie auch das Bundesdatenschutzgesetz einen risikobasierten Ansatz. Die technischen und organisatorischen Maßnahmen müssen stets ein dem Risiko angemessenes Schutzniveau gewährleisten Es ist an dieser Stelle allerdings nicht ersichtlich, warum in den lit. a bis d Datensicherheitsziele gleichwertig neben Maßnahmen stehen, die eben diese Ziele umsetzen sollen.[201] Auch wird nicht deutlich, warum angesichts der Vielzahl möglicher Datensicherheitsmaßnahmen gerade Pseudonymisierung und Verschlüsselung explizit genannt werden. 138

Auch ist nicht klar, wie der Begriff **„Belastbarkeit der Systeme“** in Art. 32 Abs. 1 lit. b DSGVO zu verstehen ist. Dabei handelt es sich um keinen im deutschen Datenschutzrecht bekannten Begriff. Denkbare Komponenten für eine Interpretation könnten beispielsweise Skalierbarkeit, Flexibilität, Performanz oder Ausfallsicherheit sein. In der englischen Übersetzung spricht die Verordnung von „resilience“. IT-Resilienz bedeutet, dass es sich um ein widerstandsfähiges Gesamtsystem handelt, das Störungen und Angriffe unbeschadet absorbieren kann. Mangels näherer Erläuterung in der Verordnung oder in den Erwägungsgründen und mit Hilfe der grammatischen und der systematischen Auslegung ist davon auszugehen, dass es sich hierbei um ein weiteres Datensicherheitsziel handelt. 139

Fest steht bei allen Unklarheiten, die die Norm mit sich bringt, dass die Datenverarbeiter vor jeder Datenverarbeitung eine **Risikobewertung** für den Einzelfall durchführen und ein darauf abgestimmtes Schutzkonzept entwerfen müssen, das sie wiederum regelmäßig überprüfen. 140

Art. 32 Abs. 2 DSGVO legt fest, welche Risiken bei der Beurteilung des **angemessenen Schutzniveaus** zu berücksichtigen sind. Das sind insbesondere solche Risiken, die mit der Verarbeitung verbunden sind – namentlich in erster Linie: unbeabsichtigte oder unrechtmäßige Vernichtung, Verlust oder Veränderung, unbefugte Weitergabe von oder unbefugter Zugang zu personenbezogenen Daten. Die Datenverarbeiter müssen gemäß Art. 32 Abs. 4 DSGVO sicherstellen, dass ihnen unterstellte Personen, die Zugang zu 141

199 Der Begriff „Datenverarbeiter“ wird im Folgenden benutzt, wenn sowohl der Verantwortliche als auch der Auftragsverarbeiter gemeint ist.

200 Zur Eintrittswahrscheinlichkeit und der Bewertung der Schwere von Risiken im Datenschutzrecht am Beispiel von § 42 a BDSG a.F. s. *Marschall*, RDV 2015, 17.

201 Zum Verhältnis von Schutzzielen und Schutzmaßnahmen s. *Rost/Pfitzmann*, DuD 2009, 356.

personenbezogenen Daten haben, diese nur auf Anweisung des Verantwortlichen verarbeiten. Eine Ausnahme hiervon gilt nur dann, wenn sie nach Unions- oder mitgliedstaatlichem Recht zur Verarbeitung verpflichtet sind. Ein Indiz dafür, dass die in Art. 32 Abs. 1 DSGVO genannten Anforderungen erfüllt sind, kann nach Art. 32 Abs. 3 DSGVO die Einhaltung genehmigter Verhaltensregeln gemäß Art. 40 DSGVO oder ein Zertifikat gemäß Art. 42 DSGVO sein.

142 Die Datensicherheit spielt im Rahmen der Datenschutz-Folgenabschätzung gemäß Art. 35 Abs. 9 DSGVO und bei den Verhaltensregeln gemäß Art. 40 Abs. 2 lit. h DSGVO, bei der Datenübermittlung auf der Grundlage verbindlicher unternehmensinterner Datenschutzvorschriften nach Art. 47 Abs. 2 lit. d DSGVO sowie im Hinblick auf die Aufgaben des Europäischen Datenschutzausschusses gemäß Art. 70 Abs. 1 lit. g DSGVO eine Rolle.

2. Datensicherheit im Entwurf der ePrivacy-Verordnung

143 Erklärtes Ziel der Kommission für die Überarbeitung der ePrivacy-Richtlinie ist es, mit der ePrivacy-Verordnung zum einen das Vertrauen in digitale Dienste und zum anderen auch deren Sicherheit zu erhöhen.[202] Die Sicherheit digitaler Dienste ist damit ein ganz zentrales Anliegen. Gleichwohl entfallen die Sicherheitspflichten des Art. 4 ePrivacy-Richtlinie durch die Angleichung an die Datenschutz-Grundverordnung, um doppelte rechtliche Vorgaben zu vermeiden.[203] Der Kodex[204] dagegen ergänzt den Entwurf der ePrivacy-Verordnung, indem er die Sicherheit elektronischer Kommunikationsdienste in **Art. 40 Kodex-E** gewährleistet (→ § 3 Rn. 21).[205] Die Sicherheitspflichten für Betreiber elektronischer Kommunikationsdienste ergeben sich daher sowohl aus der Grundverordnung als auch aus dem Kodex.[206] Der Wortlaut der Vorschriften lässt vermuten, dass es in erster Linie um die Sicherheit der Dienste geht, sie sollen aber etwa nach Erwägungsgrund 21 ePrivacy-RL gewährleisten, dass insbesondere die Vertraulichkeit der mit öffentlichen Kommunikationsnetzten und öffentlich zugänglichen elektronischen Kommunikationsdiensten übertragenen Nachrichten geschützt wird. In Art. 2 Nr. 22 Kodex-E wird die Sicherheit von Netzen und Diensten als die Fähigkeit elektronischer Kommunikationsnetze und -dienste bezeichnet, „auf einem bestimmten Vertrauensniveau alle Angriffe abzuwehren, die die Verfügbarkeit gespeicherter, übermittelter oder verarbeiteter Daten oder damit zusammenhängender Dienste, die über diese Netze oder Dienste angeboten werden bzw. zugänglich sind, beeinträchtigen“. Die Vertraulichkeit und die Verfügbarkeit sind zwei von sechs Bedingungen, die die Datensicherheit an die Informationssicherheit stellt, sodass es sich bei den Vorschriften auch um Vorgaben für die Datensicherheit handelt. Im Ergebnis bedeutet das für Anbieter elektronischer Kommunikationsdienste, dass sie neben Art. 32 DSGVO grundsätzlich auch Art. 40 Kodex-E beachten müssen, der aber nach Abschluss des Gesetzgebungsverfahrens auf Unionsebene zunächst noch der Umsetzung durch die Mitgliedstaaten bedarf.

3. Regelungen in Deutschland

a) Rechtslage bis zum 25. Mai 2018

144 Die Pflicht, **technische und organisatorische Maßnahmen** durchzuführen, die erforderlich sind für den Schutz gegen die zufällige oder unrechtmäßige Zerstörung, den zufälligen Verlust, die unberechtigte Änderung, die unberechtigte Weitergabe oder den unbe-

202 COM(2017) 10 final, 2017/0003 (COD), S. 2.
203 COM(2017) 10 final, 2017/0003 (COD), S. 3, 10.
204 COM(2016) 590 final, 2016/0288 (im Folgenden als „Kodex“ oder Kodex-E“ abgekürzt).
205 COM(2017) 10 final, 2017/0003 (COD), S. 3.
206 COM(2017) 10 final, 2017/0003 (COD), S. 11.

rechtigten Zugang und gegen jede andere Form der unrechtmäßigen Verarbeitung personenbezogener Daten, sieht die Datenschutz-Richtlinie in Art. 17 vor. **§ 9 Satz 1 BDSG a.F.** verpflichtet sowohl öffentliche als auch nicht-öffentliche Stellen, die personenbezogene Daten erheben, verarbeiten oder nutzen, die zur Ausführung des Gesetzes erforderlichen technischen und organisatorischen Maßnahmen zu treffen. § 9 Satz 2 BDSG a.F. stellt klar, dass all jene Maßnahmen erforderlich sind und damit gemäß Satz 1 getroffen werden müssen, deren Aufwand in einem angemessen Verhältnis zum angestrebten Schutzzweck steht.

Insbesondere müssen bei der automatisierten Verarbeitung oder Nutzung die in der **Anlage zu § 9 Satz 1 BDSG a.F.** genannten Anforderungen gewährleistet werden. Die Anlage enthält die acht Gebote der Datensicherheit und sieht folgende Maßnahmen vor: Zutritts-, Zugangs-, Zugriffs-, Weitergabe-, Eingabe-, Auftrags- und Verfügbarkeitskontrolle sowie das Trennungsgebot. Eine Maßnahme zur Gewährleistung der Zugangs-, der Zugriffs- und der Weitergabekontrolle ist gemäß Satz 3 der Anlage zu § 9 Satz 1 BDSG a.F. insbesondere ein Verschlüsselungsverfahren. 145

b) Rechtslage ab dem 25. Mai 2018

Das neue Bundesdatenschutzgesetz, das am 25. Mai 2018 in Kraft tritt, enthält in Teil 1 und 2 keine Regelungen zur Datensicherheit. Der dritte Teil enthält mit § 64 BDSG eine Vorschrift, die Anforderungen an die Sicherheit der Datenverarbeitung festlegt, die aber nicht die Verordnung konkretisiert, sondern Art. 29 JI-RL umsetzt (→ § 7 Rn. 53 ff.). Die Vorschriften des bisherigen Bundesdatenschutzgesetzes entfallen damit ersatzlos. 146

c) Regelungen in bereichsspezifischen nationalen Vorschriften

Datensicherheitsvorschriften finden sich auch in anderen Datenschutzgesetzen. So sieht etwa **§ 13 Abs. 4 TMG** vor, dass der Diensteanbieter durch technische und organisatorische Vorkehrungen sicherzustellen hat, dass die in § 13 Abs. 4 Nr. 1 bis 6 TMG genannten Schutzanforderungen verwirklicht werden. Diese Anforderungen betreffen die Möglichkeit des jederzeitigen Nutzungsabbruchs (Nr. 1), die unmittelbare Löschung von Nutzungsdaten nach Nutzungsende (Nr. 2), den Schutz der Vertraulichkeit (Nr. 3), die Möglichkeit der getrennten Nutzung der Daten bei verschiedenen Telemedien (Nr. 4), die Beschränkung der Zusammenführung von Nutzungsdaten nur für Abrechnungszwecke (Nr. 5) und das Verbot, Nutzungsprofile mit Daten über den Träger des Pseudonyms zusammenzuführen (Nr. 6).[207] 147

Auch der mit dem IT-Sicherheitsgesetz[208] neu ins Telemediengesetz eingeführte **§ 13 Abs. 7 TMG** soll die Datensicherheit verbessern. Danach sind Diensteanbieter – soweit dies technisch möglich und wirtschaftlich zumutbar ist – verpflichtet, durch technische und organisatorische Vorkehrungen sicherzustellen, dass kein unerlaubter Zugriff auf die für ihre Telemedienangebote genutzten technischen Einrichtungen möglich ist. Darüber hinaus müssen diese auch gegen Verletzungen des Schutzes personenbezogener Daten und gegen Störungen gesichert werden, wobei der Stand der Technik zu berücksichtigen ist. Die Vorschrift erfasst alle geschäftsmäßig angebotenen Telemedien, soweit sie nicht in der Übertragung von Kommunikation bestehen, und ist damit weit gefasst. Lediglich das nicht-kommerzielle Angebot von Telemedien durch Private und Idealvereine wird nicht erfasst. Ziel der Regelung ist es insbesondere, die Verbreitung von Schadsoftware einzudämmen.[209] 148

207 *Jandt/Schaar/Schulz*, in: Roßnagel 2013, § 13 TMG, Rn. 89 ff.
208 IT-Sicherheitsgesetz vom 17.7.2015, BGBl. I 2015, 1324.
209 BT-Drs. 18/4096, 34; s. hierzu *Roßnagel*, DVBl. 2015, 1206 ff.; *Hornung*, NJW 2015, 3334.

149 Auch die Regelung des **§ 109 TKG** ist lex specialis zu § 9 BDSG a.F. Gemäß § 109 Abs. 1 TKG hat jeder Anbieter von Telekommunikationsdiensten erforderliche technische Vorkehrungen und sonstige Maßnahmen zum Schutz des Fernmeldegeheimnisses und gegen die Verletzung des Schutzes personenbezogener Daten zu treffen. Dabei ist jeweils der Stand der Technik zu berücksichtigen. Außerdem enthalten die Abs. 2 bis 5 und 7 Pflichten für Betreiber öffentlicher Telekommunikationsnetze und Erbringer öffentlich zugänglicher Telekommunikationsdienste.

4. Verhältnis des nationalen Rechts zur Datenschutz-Grundverordnung

150 Zentrale Vorschrift für die Datensicherheit ist in Zukunft Art. 32 DSGVO. Das neue Bundesdatenschutzgesetz sieht diesbezüglich im Anwendungsbereich der Grundverordnung keine weitere Vorschrift vor. Im Hinblick auf § 109 TKG und § 13 TMG ergibt sich ein differenzierteres Bild (s. für Telekommunikationsdienste → § 8 Rn. 37 ff. und für Telemediendienste → § 8 Rn. 116 ff.).

5. Anwendbares Recht im Hinblick auf die Datensicherheit

151 Neben Art. 32 DSGVO finden die bereichsspezifischen Vorschriften der ePrivacy-Verordnung und über diese Art. 40 des Kodex, der noch der Umsetzung durch die Mitgliedstaaten bedarf, Anwendung.

152 Darüber hinaus können auch die Kontrollen der **Anlage zu § 9 BDSG Satz 1 a.F.** weiter als Maßnahmen, die die Anforderungen des Art. 32 DSGVO konkretisieren, herangezogen werden. Art. 32 Abs. 1 DSGVO enthält in Halbsatz 2 einen Katalog, der „unter anderem" vorstellt, wie technische und organisatorische Maßnahmen ausgestaltet sein können. Darunter sind unsystematisch zum einen die Datensicherheitsziele, Vertraulichkeit, Integrität und Verfügbarkeit zu finden und zum anderen Sicherheitsmaßnahmen, die diese Ziele fördern sollen. Dagegen listet die Anlage zu § 9 Satz 1 BDSG a.F. Maßnahmen auf, die geeignet sind, Datensicherheit zu erreichen.[210] Der Begriff der technischen und organisatorischen Maßnahmen ist in der Verordnung weit zu verstehen. Er wird zwar in dem neuen europäischen Regelwerk nicht näher konkretisiert, technische und organisatorische Maßnahmen sollen aber ganz unterschiedlichen Zwecken dienen. So etwa um eine faire und transparente Verarbeitung personenbezogener Daten im Rahmen des Profiling[211] oder um Datenschutz durch Systemgestaltung (→ § 5 Rn. 41 ff.) zu gewährleisten und nicht zuletzt um die Datensicherheit zu garantieren.

153 Die Anforderungen und Konzepte zur Zutritts-, die Zugangs-, die Weitergabe-, die Eingabe- und die Zugriffskontrolle sowie das Trennungsgebot der Anlage zu § 9 Satz 1 BDSG a.F. können auch unter der Grundverordnung als konkretisierende Maßnahmen herangezogen werden, um die Sicherheit der Verarbeitung zu gewährleisten. Der Katalog des Art. 32 Abs. 1 DSGVO ist unstrukturiert, beliebig und insbesondere nicht abschließend. Die Formulierung „unter anderem" macht deutlich, dass es sich um eine beispielhafte Aufzählung von Maßnahmen, Eigenschaften und Verfahrensanforderungen handelt, die genutzt werden können, um das Ziel der Datensicherheit herzustellen. Daneben sind viele weitere Maßnahmen möglich, die der Verordnung nicht widersprechen, sondern ihre Ziele fördern. Die Sicherheit der Datenverarbeitung ist in Art. 5 DSGVO als ein zentraler Grundsatz der Verarbeitung normiert, der Maßnahmenkatalog in Art. 32 DSGVO hingegen ist recht spärlich, sodass es nur im Sinne des europäischen Gesetzgebers sein kann, weitere als die in Art. 32 DSGVO genannten Kontrollen

210 *Ernestus*, in: Simitis 2014, § 9 Rn. 48.
211 S. Eg. 71 DSGVO.

anzuwenden. Die folgenden Kontrollen dienen insbesondere auch den in Art. 32 Abs. 1 lit. b DSGVO genannten Zielen.

Die **Zutrittskontrolle** gemäß Nr. 1 verlangt, dass Unbefugten der räumliche Zutritt zu den Datenverarbeitungsanlagen verwehrt wird. Geeignete Maßnahmen sind physische Barrieren und Zutrittskontrollen. Die **Zugangskontrolle** gemäß Nr. 2 richtet sich auf die tatsächliche Benutzung der Systeme. Dies soll nur Befugten möglich sein, schon die Möglichkeit der Nutzung durch Unbefugte soll verhindert werden. Maßnahmen der Zugangskontrolle sind beispielsweise die Identifizierung und die Authentifizierung. Die in Nr. 3 erwähnte **Zugriffskontrolle** bezieht sich auf grundsätzlich nutzungsbefugte Nutzer. Sie wird etwa durch ein rollenbasiertes Berechtigungskonzept gefördert. All diese Sicherungsanforderungen konkretisieren die Verordnung, ohne ihr zu widersprechen. Die Regelung der Verordnung wäre ansonsten unvollständig. Die **Weitergabekontrolle** gemäß Nr. 4 betrifft die Übermittlung personenbezogener Daten. Zum einen sollen die Übertragungswege gesichert werden und zum anderen sollen die Übermittlungsvorgänge überprüfbar bleiben.[212] Für die Weitergabekontrolle findet sich keine Entsprechung in der Verordnung, sie kann daher weiter zur Konkretisierung des Art. 32 DSGVO herangezogen werden. Die **Eingabekontrolle** dient nach Satz 2 Nr. 5 der Anlage zu § 9 Satz 1 BDSG a.F. weniger einer Verhinderung von Verstößen gegen die Datensicherheit, sondern vielmehr der Möglichkeit, diese nachträglich zuzuordnen und nachvollziehen zu können.[213] Eine entsprechende Regelung hält die Verordnung nicht bereit, die Eingabekontrolle kann dennoch weiter Berücksichtigung finden. Das gilt auch für das Trennungsgebot. Das **Trennungsgebot** gemäß Nr. 8 dient dem Grundsatz der Zweckbindung und soll gewährleisten, dass zu unterschiedlichen Zwecken erhobene Daten getrennt verarbeitet werden können. 154

Die übrigen Maßnahmen der Anlage zu § 9 Satz 1 BDSG a.F. – namentlich die Auftragskontrolle, die Verfügbarkeitskontrolle sowie die Verschlüsselungsverfahren werden auch von der Verordnung vorgesehen, sodass insofern kein unterstützender Rückgriff auf das Bundesdatenschutzgesetz a.F. nötig ist. 155

Bei der **Auftragskontrolle** gemäß Nr. 6 handelt es sich um eine Kontrollmaßnahme, die auf die Auftragsdatenverarbeitung ausgelegt ist und gewährleisten soll, dass im Rahmen einer Auftragsdatenverarbeitung die Weisungen des Auftraggebers maßgebend sind. Der Auftragnehmer hat die ihm erteilten Weisungen einzuhalten und der Auftraggeber ist dafür verantwortlich, dass die Weisungen widerspruchsfrei sind und hinlänglich präzise gegeben werden.[214] 156

Die **Verfügbarkeitskontrolle** nach Nr. 7 richtet sich gegen die Zerstörung oder den Verlust personenbezogener Daten. Die Verordnung geht indes noch weiter. Die Verfügbarkeit ist nach Art. 32 Abs. 1 lit. b DSGVO dauerhaft sicherzustellen. Die Verfügbarkeit ist aus rechtlicher Sicht begrifflich nicht eindeutig zu fassen. Es obliegt darum den Parteien, festzulegen, was genau sie darunter begreifen. Der Begriff „auf Dauer“ kann vor diesem Hintergrund nicht absolut im Sinne von „pausenlos“ verstanden werden. Dagegen sprechen Praktikabilitätserwägungen. Es wird weder technisch möglich, noch finanzierbar sein, die pausenlose, unterbrechungsfreie Verfügbarkeit zu garantieren. Dass der Begriff „auf Dauer“ relativ auszulegen ist, zeigt Art. 32 Abs. 1 lit. c DSGVO. Verfügbarkeit muss – sollte der Zugang zu Daten aufgrund eines physischen oder technischen Zwischenfalls kurzfristig nicht möglich sein – durch technische oder organisatorische Maßnahmen rasch wiederherzustellen sein. 157

212 *Ernestus*, in: Simitis 2014, § 9 Rn. 112 f.
213 *Schultze-Melling*, in: Taeger/Gabel 2013, § 9 BDSG a.F., Rn. 69.
214 *Ernestus*, in: Simitis 2014, § 9 Rn. 147.

6. Zusammenfassung

158 Im Hinblick auf die Datensicherheit sind die Art. 32 und Art. 5 Abs. 1 lit. f DSGVO sowie die bereichsspezifischen Regelungen der ePrivacy-Verordnung einschlägig. Die ePrivacy-Verordnung ist gegenüber der Grundverordnung lex specialis und verweist wiederum auf den Kodex, sodass die Sicherheitsvorschriften des Art. 40 iVm Art. 2 Nr. 22 Kodex-E im Anwendungsbereich der ePrivacy-Verordnung zu beachten sind (→ § 8 Rn. 37 ff. und 116 ff.) und damit die jeweilige Umsetzung durch die Mitgliedstaaten, da es sich bei dem Kodex um eine Richtlinie handelt.

159 Das Bundesdatenschutzgesetz wird künftig keine Vorschriften zur Datensicherheit enthalten, gleichwohl können die Anforderungen, Konzepte und Literaturhinweise zur Zutritts-, die Zugangs-, Weitergabe-, Eingabe- und Zugriffskontrolle sowie das Trennungsgebot der Anlage zu § 9 Satz 1 BDSG a.F. auch unter der Grundverordnung als konkretisierende Maßnahmen herangezogen werden, um die Sicherheit der Verarbeitung zu gewährleisten. Dieses Ergebnis entspricht auch der Entstehungsgeschichte des Art. 32 DSGVO. Der Vorschlag der Kommission enthielt in Art. 30 DSGVO-KOM[215] neben einer kurzen Auflistung der Schutzziele in Abs. 2 in Abs. 3 und 4 eine Ermächtigung der Kommission für delegierte Rechtsakte und Durchführungsbestimmungen. Sie sollte die Kriterien und Bedingungen für die technischen und organisatorischen Maßnahmen festlegen und diese situationsbezogen konkretisieren. Dagegen hatte der Entwurf des Parlaments statt dieser Ermächtigungen in Art. 30 Abs. 1 a DSGVO-PARL[216] detailliert aufgelistet, durch welche Maßnahmen eine sichere Datenverarbeitung gewährleistet wird. Im Ergebnis wurde in Art. 32 DSGVO der umfangreiche Katalog des Parlamentsentwurfs erheblich abstrakter gefasst, aber auch auf die Ermächtigung der Kommission zur Konkretisierung der Sicherheitsmaßnahmen verzichtet. Übrig bleibt die Aufstellung des Abs. 1 lit. a bis d, die unvollständig ist und daher weiterer Konkretisierung bedarf.

V. Datenschutz-Folgenabschätzung und Dokumentation

160 Die Verordnung sieht die Datenschutz-Folgenabschätzung in Art. 35 DSGVO und das Verzeichnis von Verarbeitungstätigkeiten in Art. 30 DSGVO als konzeptionell neu gefasste Pflichten Verantwortlicher vor. Beide sind sowohl für die Erfüllung der gesetzlichen Vorgaben als auch für ihren Nachweis von besonderer Bedeutung. Hiernach müssen vor Beginn der Nutzung einer neuen IT-Anwendung die Risiken analysiert und notwendige Schutzvorkehrungen geplant und während des Betriebs der Anwendungen, die Einhaltung gesetzlicher Vorgaben dokumentiert werden.

161 Die Datenschutz-Folgenabschätzung als **präventives Instrument** zur Bewertung von Risiken[217] geht zurück auf die weiter gefasste **Technikfolgenabschätzung.**[218] Ihr Ziel ist, die Sicherheit der Datenverarbeitung durch risikoorientierte Schutzmaßnahmen zu gewährleisten und dadurch die Vorgaben der Verordnung sicherzustellen.[219] Dieses Instrument soll die Rechte und Freiheiten der betroffenen Personen vor potenziellen Risiken und Rechtsverletzungen schützen. Als Folge der Risikoevaluierung und -bewertung

215 KOM(2012) 11 endgültig; 2012/0011 (COD).

216 2012/0011 (COD); 7427/1/14, REV 1.

217 S. Empfehlung 2014/724/EU (ABl. Nr. L 300, 63); *Hornung*, ZD 2012, 104; *Veil*, ZD 2015, 347; *Thoma*, ZD 2013, 578; zur datenschutzrechtlichen Risikoprognose siehe *Marschall*, RDV 2015, 17; ders., DatenschutzPraxis 08/2017, 1 ff.

218 S. *Grunwald* 2010; *Woopen/Mertz*, APuZ 6-7 2014, 40; aus rechtlicher Perspektive *Roßnagel* 1993.

219 So Eg. 83 DSGVO; ausführlich *Friedewald u.a.* 2016, 7 ff.

muss den identifizierten Risiken mit adäquaten Maßnahmen zum Schutz begegnet werden.[220]

Die Dokumentationspflichten verfolgen primär das Ziel, **Transparenz** bei datenverarbeitenden Tätigkeiten herzustellen.[221] Durch diese Transparenz sollen nicht nur die Vorgaben der Verordnung eingehalten und diese Einhaltung „demonstriert" werden, sondern darüber hinaus auch die regelmäßige Überprüfung der ordnungsgemäßen Einhaltung, etwa durch die zuständigen Aufsichtsbehörden, ermöglicht werden.[222] Eine **nachvollziehbare Dokumentation** kann außerdem helfen die Rechte der Betroffenen zu erfüllen.[223] 162

1. Regelungen der Datenschutz-Grundverordnung

a) Datenschutz-Folgenabschätzung

Nach Art. 35 Abs. 1 Satz 1 DSGVO ist künftig eine Folgenabschätzung durch den Verantwortlichen vorab durchzuführen, wenn eine Form der Verarbeitung, insbesondere unter Verwendung **neuer Technologien**, aufgrund der Art, des Umfangs, der Umstände und der Zwecke der Verarbeitung **voraussichtlich ein hohes Risiko** für die Rechte und Freiheiten natürlicher Personen zur Folge hat.[224] Nach Satz 2 kann die Folgenabschätzung auch ähnliche Verarbeitungsvorgänge mit ähnlich hohen Risiken zusammenfassen. Abs. 3 nennt beispielhaft drei Fälle, in denen sie „insbesondere" erforderlich ist: nämlich bei systematischer und umfassender Bewertung natürlicher Personen mittels Profiling, bei der Verarbeitung spezieller Kategorien von personenbezogenen Daten in großem Umfang und bei einer Überwachung öffentlich zugänglicher Bereiche. Entsprechend den Vorgaben der Abs. 4 bis 6 konkretisieren die Aufsichtsbehörden den **Anwendungsbereich** der Folgenabschätzung, indem sie Listen mit positiven oder negativen Anwendungsfällen erstellen. Zu beachten ist jedoch, dass nach dem Wortlaut der Verordnung nur die Erstellung von Positivlisten gemäß Art. 35 Abs. 4 DSGVO obligatorisch ist, wohingegen Negativlisten nur optional, aber nicht verpflichtend, erstellt werden können.[225] 163

Inhalt und Verfahren der Folgenabschätzung werden in Abs. 7 und 9 präzisiert.[226] Die Folgenabschätzung muss zumindest eine systematische Beschreibung der geplanten Datenverarbeitungsvorgänge, die Zwecke der Verarbeitung und falls möglich die legitimen Interessen des Verantwortlichen, eine Bewertung der Notwendigkeit und Verhältnismäßigkeit der Verarbeitungsvorgänge in Bezug auf den Zweck sowie eine Bewertung der Risiken für die Rechte und Freiheiten, die geplanten Abhilfemaßnahmen, Garantien, Sicherheitsvorkehrungen und Verfahren unter Berücksichtigung der Rechte und Interes- 164

220 Zu diesen Maßnahmen gibt die Verordnung keine konkreten Vorgaben. Solche lassen sich nur den Eg. 78, 84, 94, 98 sowie den Art. 32, 33, 34 DSGVO mit Bezug zu den Schutzzielen der Datensicherheit entnehmen.

221 Eg. 39 DSGVO.

222 Eg. 39 DSGVO; s. auch *Nguyen*, ZD 2015, 265 zur Datenschutzaufsicht nach der Verordnung.

223 S. *Marschall*, DSB 2016, 230 ff. zur Bedeutung der Dokumentation zur Erfüllung von Informations- und Auskunftspflichten nach Art. 13 und 14 DSGVO; s. auch *Hornung*, ZD 2012, 101 zu Rechenschaftspflichten.

224 Kritisch zur Relativierung von Verarbeiterpflichten durch den risikobasierten Ansatz der Verordnung, der bewirkt, dass nur ein Bruchteil der Verantwortlichen und Auftragsverarbeiter diese Pflichten erfüllen muss *Roßnagel*, DuD 2016, 565.

225 *Roßnagel* 2017, 49 ff.; kritisch zu Negativlisten *Hansen*, in: Wolff/Brink 2016, Art. 35 DSGVO Rn. 21, wonach die Risiken einer Verallgemeinerung kaum zugänglich sind; aA wohl *Martini*, in: Paal/Pauly 2017, Art. 35 Rn. 38, der annimmt, dass Patienten- und Mandatendatenverarbeitungen in eine Negativliste gehören; ähnlich auch *Jandt*, in: Kühling/Buchner 2017, Art. 35 Rn. 20.

226 Zu den Phasen (Vorbereitungs-, Bewertungs-, Maßnahmen- und Berichtsphase) einer Folgenabschätzung s. *Hansen*, DuD 2016, 589; *Volkmer/Kaiser*, PinG 2017, 155 f. zu Herausforderungen bei der praktischen Umsetzung und Anwendung der Folgenabschätzung sowie zum Verzeichnis von Verarbeitungstätigkeiten.

sen der betroffenen oder anderer Personen,[227] durch die der Schutz personenbezogener Daten sichergestellt und der Nachweis im Sinne einer Dokumentation dafür erbracht werden soll, enthalten.[228]

165 Bei ihrer Durchführung ist nach Abs. 2 der **betriebliche Datenschutzbeauftragte** zu Rate zu ziehen, der den Verantwortlichen hierbei unterstützt,[229] wobei dieser zuständig bleibt. Nach Art. 35 Abs. 11 DSGVO führt der Verantwortliche eine Überprüfung durch, um zu bewerten, ob die Verarbeitung gemäß der Folgenabschätzung durchgeführt wird. Dies ist zumindest dann erforderlich, wenn hinsichtlich des mit den Verarbeitungsvorgängen verbundenen Risikos Änderungen organisatorischer, technischer, rechtlicher oder tatsächlicher Art eingetreten sind, die eine andere Bewertung der Risiken und Folgen nahelegen.

166 Eine **Ausnahme** für die Durchführung sieht Abs. 10 vor. Beruht die Datenverarbeitung auf einem Erlaubnistatbestand gemäß Art. 6 Abs. 1 UAbs. 1 lit. c oder e DSGVO, in dem der **Gesetzgeber** zu einer Datenverarbeitung verpflichtet ist oder eine Verarbeitung im öffentlichen Interesse oder in Ausübung hoheitlicher Gewalt erfolgt, muss keine Folgenabschätzung durchgeführt werden, wenn der Gesetzgeber eine solche schon bei Erlass der Regelung vorgenommen hat,[230] es sei denn, er trifft eine Regelung, weil er eine projektbezogene Datenschutz-Folgenabschätzung für erforderlich hält.

167 Art. 36 DSGVO, der die **vorherige Konsultation** der Aufsichtsbehörde regelt, steht in unmittelbarem Zusammenhang mit der Folgenabschätzung aus Art. 35 DSGVO.[231] Hat der Verantwortliche ein hohes Risiko durch die jeweilige Datenverarbeitung prognostiziert und trifft dieser keine Maßnahmen zur Eindämmung des Risikos, so konsultiert der Verantwortliche – unter Mitteilung der in Art. 36 Abs. 3 DSGVO aufgelisteten Informationen – die Aufsichtsbehörde. Diese berät sodann den Verantwortlichen im Rahmen ihrer Möglichkeiten, spricht schriftliche Empfehlungen zur Eindämmung oder übt ihre Befugnisse gemäß Art. 58 DSGVO aus. Art. 36 Abs. 5 DSGVO enthält eine Öffnungsklausel, wonach die Mitgliedstaaten eine **Pflicht zur Konsultation** und überdies einen **Genehmigungsvorbehalt** von Datenverarbeitungen vorsehen können, die der Erfüllung einer im öffentlichen Interesse liegenden Aufgabe, einschließlich der Verarbeitung zu Zwecken der **sozialen Sicherheit** und der **öffentlichen Grundversorgung**, wie im Bereich der Energie- und Wasserversorgung oder der Gefahrenabwehr, dient.[232]

b) Dokumentationspflichten

168 Dokumentationspflichten finden sich nicht nur im Zusammenhang mit einer Folgenabschätzung, sondern – neben weiteren – zentral in Art. 30 DSGVO. Nach Abs. 1 hat künftig jeder **Verantwortliche** ein Verzeichnis aller **Verarbeitungstätigkeiten**, die seiner Zuständigkeit unterliegen,[233] zu führen. Die Inhalte finden sich in Art. 30 Abs. 1 lit a bis g DSGVO.[234]

169 Die Dokumentationspflichten der **Auftragsdatenverarbeiter** regelt Art. 30 Abs. 2 DSGVO – anders als Art. 18 DS-RL – als eigenständige Rechtspflicht für Verarbeitungs-

---

227 Hierbei ist der Standpunkt der Betroffenen, also auch von Betroffenen, oder deren Vertreter, z.B. von Verbraucherverbänden, einzuholen, wobei die Verordnung eine Pflicht zur Berücksichtigung nicht ausdrücklich anordnet, wenngleich sie zur inhaltlichen Auseinandersetzung zwingt, s. auch *Martini*, in: Paal/Pauly 2017, Art. 35 Rn. 61.
228 Art. 35 Abs. 7 lit. a, b, c, d DSGVO.
229 *Marschall/Müller*, ZD 2015, 419.
230 Hierzu auch *Hansen*, DuD 2016, 589; s. *Schmitz/von Dall'Armi*, ZD 2017, 62 mit Beispielfällen.
231 *Roßnagel* 2017, 119 f. Näher hierzu auch *Volkmer/Kaiser*, PinG 2017, 157.
232 Vgl. etwa *Nolte/Werkmeister*, in: Gola 2017, Art. 36 Rn. 19.
233 Zu Zuständigkeitsfragen bei der Dokumentationspflicht s. *Marschall/Blazy*, DatenschutzPraxis 05/2017, 8 f.
234 Näher zu den einzelnen Inhalten s. *Marschall/Blazy*, DatenschutzPraxis 05/2017, 8 f.

tätigkeiten, die seiner Zuständigkeit unterfallen. Die Inhalte betreffen spezifische Angaben zum Auftragsverhältnis und entsprechen inhaltlich denen des Art. 30 Abs. 1 lit. a, c, e und g DSGVO. Die Dokumentation ist nach Art. 30 Abs. 3 DSGVO schriftlich zu führen. Dies umfasst auch die elektronische Form, womit jedoch nicht eine mit § 126 a BGB vergleichbare, sondern eine einfache Form gemeint ist. Die Dokumentation ist nach Art. 30 Abs. 4 DSGVO der Aufsichtsbehörde nur auf Anfrage zur Verfügung zu stellen, wodurch keine „automatische" Übermittlungspflicht des Verantwortlichen begründet wird.

Nach Art. 30 Abs. 5 DSGVO gilt die Dokumentationspflicht nicht für Unternehmen 170
oder Einrichtungen, die weniger als 250 Mitarbeiter[235] beschäftigen.[236] Hiervon gibt es eine **Rückausnahme:** Die Dokumentation hat auch in diesem Fall zu erfolgen, wenn die Datenverarbeitung voraussichtlich ein Risiko für die Reche und Freiheiten der betroffenen Personen birgt,[237] wenn sie „nicht nur gelegentlich" erfolgt,[238] oder wenn sie sich auf besondere Daten nach Art. 9 Abs. 1 DSGVO oder auf strafrechtliche Verurteilungen und Straftaten nach Art. 10 DSGVO bezieht.[239] Insofern hängen die Voraussetzungen zur Dokumentationspflicht nicht nur von quantitativen sondern – im Sinne der Rückausnahme – auch von qualitativen risikobezogenen Kriterien ab.

Unklar ist, ob und in welchem Umfang eine **Aktualisierungspflicht** für das Verzeichnis 171
besteht. Dass eine solche Pflicht noch in der Parlamentsfassung enthalten war, die später weggefallen ist, könnte dagegen sprechen. Dafür spricht jedoch die mit der Dokumentationspflicht korrespondierende **Rechenschaftspflicht** in Art. 5 Abs. 2 DSGVO, nach der der Verantwortliche die Einhaltung der Vorgaben der Verordnung nachweisen können muss. Diese Rechenschaftspflicht ist weder qualitativ noch zeitlich eingegrenzt. Der Verantwortliche muss also jederzeit in der Lage sein, Rechenschaft über Verarbeitungstätigkeiten ablegen zu können. Dies wäre objektiv unmöglich, wenn das Verzeichnis nicht auf dem aktuellen Stand gehalten werden würde. Im Ergebnis bedeutet dies, dass der Verantwortliche – nicht zuletzt auch aus eigenem Interesse – sicherstellen muss, etwa durch interne Organisations- und Überprüfungsprozesse, das bei neuen, aber auch gerade bei Änderungen an bestehenden Verarbeitungstätigkeiten und Anwendungen eine fortlaufende Aktualisierung des Verzeichnisses erfolgt,[240] um bußgeldbewehrtes Verhalten zu vermeiden.

2. Regelungen des Bundesdatenschutzgesetzes

Vergleichbare Regelungen gelten auch im bisherigen Bundesdatenschutzgesetz. Sie wur- 172
den in das neue Bundesdatenschutzgesetz jedoch nicht übernommen.

235 Zur Dokumentationspflicht von KMU's *Marschall/Blazy*, DatenschutzPraxis 05/2017, 8. Zur Berechnung der Mitarbeiterzahl nach dem Anhang I. zur Empfehlung 2003/361/EG s. *Martini*, in: Paal/Pauly 2017, Art. 30 Rn. 26. Im Falle der Pflichten des Auftragsverarbeiters sind alleine dessen Mitarbeiter und nicht die des Verantwortlichen maßgeblich.

236 Auch diese Einschränkung bewirkt, dass nur ein Bruchteil der Verantwortlichen und Auftragsverarbeiter der se Dokumentationspflicht unterliegt – kritisch *Roßnagel*, DuD 2016, 565.

237 Ein hohes Risiko, wie etwa gemäß Art. 34 Abs. 1 DSGVO, wird an dieser Stelle nicht verlangt. Näher zum Risikobegriff *Marschall*, DuD 2015, 187; *ders.*, BvD-News 01/2015, 31 f.; *ders.*, DatenschutzPraxis 08/2017, 2 f.

238 S. *Spoerr*, in: Wolff/Brink 2016, Art. 30 DSGVO Rn. 24 ff. mit Beispielen.

239 Zur missverständlichen deutschen Fassung, die – im Gegensatz zur englischen und französischen Fassung – impliziert, dass bereits eine der drei Tatbestandsvarianten ausreichend ist, um in den Genuss der Privilegierung zu kommen, was jedoch nicht der Fall ist; s. *Martini*, in: Paal/Pauly 2017, Art. 30 Rn. 30 f. mwN.

240 Im Ergebnis auch *Hartung*, in: Kühling/Buchner 2017, Art. 30 Rn. 31 mwN.

a) Bisheriges Bundesdatenschutzgesetz

173 Die Regelungen im Bundesdatenschutzgesetz a.F. gehen auf die europäische Datenschutz-Richtlinie im Jahr 1995 zurück und umfassen sowohl die Vorabkontrolle als auch die damit in Zusammenhang stehenden Meldepflichten.

aa) Vorabkontrolle

174 Die **Vorabkontrolle**, vergleichbar mit der Folgenabschätzung, ist bisher knapp in § 4 d Abs. 5 und 6 BDSG a.F. geregelt. Sie ist eine Umsetzung des Art. 20 DSRL, wonach die Mitgliedstaaten festlegen können, welche Verarbeitungen spezifische Risiken für die Rechte und Freiheiten der Betroffenen beinhalten können. Während die Folgenabschätzung vorrangig die mit einer Datenverarbeitung verbundenen Risiken erkennen soll, bezieht sich die Vorabkontrolle stärker auf ihre **Rechtmäßigkeit.**[241] Im Gegensatz zur Verordnung unterliegen **nur automatisierte Datenverarbeitungsprozesse** nach § 4 d Abs. 5 BDSG a.F. vor ihrer Inbetriebnahme einer Vorabkontrolle, soweit diese **besondere Risiken** für die Rechte und Freiheiten der Betroffenen aufweisen. Sie ist insbesondere dann durchzuführen, wenn besondere Arten personenbezogener Daten nach § 3 Abs. 9 BDSG a.F. verarbeitet werden oder die Verarbeitung dazu bestimmt ist, die Persönlichkeit, die Fähigkeiten, die Leistung und das Verhalten des Betroffenen zu bewerten. Zu den Inhalten der Vorabkontrolle sind im nationalen Recht – im Gegensatz zur Verordnung – keine ausdrücklichen Regelungen enthalten. Die Pflicht zur Vorabkontrolle entfällt, wenn eine gesetzliche Verpflichtung oder Einwilligung des Betroffenen vorliegt oder die Datenverarbeitung innerhalb eines Schuldverhältnisses mit dem Betroffenen erforderlich ist. Die Verordnung ist insoweit strenger als die entsprechenden Vorgaben der Verordnung. Darüber hinaus sieht Art. 35 DSGVO keine der in § 4 d Abs. 2, 3 und 4 BDSG a.F. enthaltenen Ausnahmen vor. Sie orientiert sich dagegen an **Rückausnahmen**, die an Risiken, Häufigkeit der Datenverarbeitung und der Art der Daten orientiert sind.[242] Zuständig für die Vorabkontrolle ist ausweislich des Gesetzeswortlauts der Datenschutzbeauftragte, anders als nach der Verordnung, die die Zuständigkeit ausdrücklich dem Verantwortlichen und dem Datenschutzbeauftragten nur eine beratende Funktion zuschreibt.[243] Diesem kommt eine **Konsultationsmöglichkeit** der Aufsichtsbehörde in Zweifelsfällen zu, wohingegen Art. 36 DSGVO unter den dortigen Voraussetzungen, in Anlehnung an den Wortlaut, eher von einer **Konsultationspflicht** ausgeht.[244] Auch eine regelmäßige und situative Überprüfung einer einmal erfolgten Vorabkontrolle ist im nationalen Recht nicht vorgesehen.

bb) Dokumentationspflichten

175 Eine mit den Dokumentationspflichten nach Art. 30 DSGVO vergleichbare nationale Regelung findet sich im Rahmen der **Meldepflichten** nach § 4 d und § 4 e BDSG a.F. und des damit zusammenhängenden Verfahrensverzeichnisses.[245] Das **Verfahrensverzeichnis** als „Dokumentationswerk“ korrespondiert inhaltlich mit den von der Meldepflicht geforderten Angaben und soll besondere Risiken – zwecks Vorabkontrolle – erkennbar

---

241 *Marschall/Blazy*, DatenschutzPraxis 05/2017, 8, 10; zur Funktion *Spindler*, in: Spindler/Schuster 2015, § 4 d BDSG, Rn. 9.

242 Bei neuen Datenverarbeitungsvorgängen ist die Einschränkung von Art. 30 Abs. 5 DSGVO jedoch wenig relevant, weil überwiegend mit Risiken zu rechnen ist – notwendig ist daher eine Prüfung im Einzelfall, ob ein solches Risiko *nicht* besteht.

243 S. *Marschall/Müller*, ZD 2016, 419 zur Rolle und Funktion des Datenschutzbeauftragten nach der Verordnung. Zur haftungsrechtlichen Rolle des Datenschutzbeauftragten aus Sicht des Strafrechts s. *Marschall*, ZD 2014, 66; *Marschall/Blazy*, DatenschutzPraxis 05/2017, 11 zu den Bestellungsvoraussetzungen.

244 *Marschall/Müller*, ZD 2016, 419.

245 Die entsprechenden europäischen Grundlagen finden sich in Art. 18, 19 und 21 der Datenschutz-Richtlinie, wobei eine derart umfassende Dokumentationspflicht wie nach der Verordnung dem nationalen Recht fremd ist.

machen. Ziel dieser Pflichten ist es, durch die Dokumentation der in § 4e Satz 1 Nr. 1 bis 9 BDSG a.F. festgelegten Angaben die Transparenz der Datenverarbeitung herzustellen sowie die **Kontrolle der Zulässigkeit** der Datenverarbeitung durch die Aufsichtsbehörde und den Datenschutzbeauftragten zu ermöglichen.[246] Automatisierte Datenverarbeitungsverfahren hat nur die verantwortliche Stelle nach § 4d Abs. 1 BDSG a.F. vor ihrer Inbetriebnahme zu melden. Diese Pflicht entfällt nach Abs. 2 bei Bestellung eines Datenschutzbeauftragten. Sie entfällt – wesentlich enger als nach der Verordnung –[247] außerdem nach Abs. 3 bei Erhebung von personenbezogenen Daten für eigene Zwecke, sofern höchstens neun Personen ständig mit der Erhebung, Verarbeitung und Nutzung der Daten beschäftigt sind und entweder eine Einwilligung der Betroffenen vorliegt oder dies für die Begründung, Durchführung oder Beendigung eines Schuldverhältnisses mit dem Betroffenen erforderlich ist. Rückausnahmen hiervon finden sich in § 4d Abs. 4 Nr. 1 bis 3 BDSG a.F. Die Inhalte des Verfahrensverzeichnisses sind in § 4g Abs. 2 Satz 1 Nr. 1 bis 9 BDSG a.F. normiert und unterscheiden sich in einigen Details von den Inhalten der Verordnung.[248] Eine besondere Form des Verzeichnisses ist – im Gegensatz zur Verordnung – normativ nicht festgeschrieben. Das Verfahrensverzeichnis ist nicht nur innerbetrieblich, sondern – anders als nun nach der Verordnung – auch (teilweise) – in „aufgespaltener" Form – öffentlich, etwa den Betroffenen, zugänglich zu machen.[249]

Auch wenn sich die Inhalte der Meldung und des Verfahrensverzeichnisses mit denen 176 der Dokumentationspflicht nach Art. 30 DSGVO weitgehend decken, bleibt festzuhalten, dass die Verordnung eine allgemeine Meldepflicht von Verarbeitungstätigkeiten nicht mehr vorsieht. Mit Inkrafttreten des BDSG werden sowohl die Vorgaben zur Dokumentation, zum Verfahrensverzeichnis, zur Meldepflicht sowie zur Vorabkontrolle aufgehoben.

b) Neues Bundesdatenschutzgesetz

Im neuen Bundesdatenschutzgesetz finden sich weder normspezifischen Vorgaben zu 177 einer Vorabkontrolle und zu einem Verfahrensverzeichnis noch zu einer Pflicht zur Folgenabschätzung oder Dokumentationspflicht.[250] Lediglich der dritte Teil des neuen Bundesdatenschutzgesetzes enthält nationale Vorschriften zur Datenschutz-Folgenabschätzung in § 67 BDSG und zu den Dokumentationspflichten in § 70 BDSG. Diese Regelungen betreffen jedoch nur die Umsetzung der Art. 24 und 27 der JI-Richtlinie (EU) 2016/680 und damit die nationalen Vorschriften zum Datenschutz im Bereich der Strafverfolgung, Strafvollstreckung und der öffentlichen Sicherheit (→ § 7 Rn. 53 ff.), nicht die der Verordnung.

3. Verhältnis zur Datenschutz-Grundverordnung

Das neue Bundesdatenschutzgesetz enthält im Hinblick auf die Folgenabschätzung und 178 die Dokumentationspflichten künftig keine nationalen Regelungen, die diese europäischen Vorgaben ergänzen, spezifizieren oder konkretisieren. Es wurde auch kein Gebrauch von einer Öffnungsklausel gemacht. Insofern stellt sich auch die Frage nach einem Anwendungsvorrang im Verhältnis von Normen der Verordnung zu den nationalen Normen nicht,[251] da entsprechende Vorgaben, die noch im Bundesdatenschutzgesetz

246 *Gola/Schomerus* 2015, § 4g BDSG a.F: Rn. 25; s. auch *Ehmann/Helfrich* 1999, Vor Art. 18 Rn. 6.
247 *Europäische Kommission* – Pressemitteilung 2015, IP/15/5176 zur Entlastung von KMU's durch weite Ausnahmen.
248 S. *Gierschmann*, ZD 2016, 51 f.; kritisch *Roßnagel*, DuD 2016, 565.
249 Zu dieser wesentlichen Änderung s. auch *Volkmer/Kaiser*, PinG 2017, 153 (154).
250 Näher hierzu *Spoerr*, in: Wolff/Brink 2016, Art. 30 DSGVO Rn. 32.
251 Ausführlich zum Vergleich der nationalen Normen im Hinblick auf den Regelungsgehalt der Art. 35 und 30 DSGVO vor dem Hintergrund des Anwendungsvorrangs s. *Marschall*, in: Roßnagel 2017, § 3 Rn. 169–181.

a.F. vorhanden waren, nach Inkrafttreten des Bundesdatenschutzgesetzes (ersatzlos) entfallen und durch dieses aufgehoben werden.

179 Aufgrund dessen soll nachfolgend dargestellt werden, ob und in welchem Maß dem nationalen Gesetzgeber (weiterhin) Regelungsspielräume und -möglichkeiten verbleiben, um Regelungslücken in Art. 30 und 35 DSGVO zu schließen und mehr Rechtssicherheit zu schaffen.

a) Datenschutz-Folgenabschätzung

180 In Art. 35 DSGVO finden sich drei Ansatzpunkte für eine Einflussnahme der Mitgliedstaaten auf die Durchführung der Folgenabschätzung. Zum einen bieten die Festlegungen von Fällen, die der Folgenabschätzung unterliegen oder von ihr ausgenommen werden sollen, nach Art. 35 Abs. 4 bis 6 DSGVO Ansatzpunkte für Einflussnahmen. Zum anderen erfordern die Mindestinhalte der Folgenabschätzung, die in Abs. 7 aufgeführt sind, grundsätzlich erstmal eine Konkretisierung und Ergänzung. Drittens enthält Art. 36 Abs. 5 DSGVO eine Öffnungsklausel, nach der die Mitgliedstaaten risikoreiche Datenverarbeitungen, die der Erfüllung einer im öffentlichen Interesse liegenden Aufgabe dienen, von einer Datenschutz-Folgenabschätzung abhängig machen können. Viertens eröffnet insbesondere die Ausnahmeregelung in Abs. 10 für die generelle Folgenabschätzung des nationalen Gesetzgebers an Stelle einer Folgenabschätzung durch den Verantwortlichen unmittelbare Regelungsspielräume für den deutschen Gesetzgeber. Schließlich bietet fünftens im Anwendungsbereich des Art. 6 Abs. 1 UAbs. 1 lit. c und e DSGVO die Öffnungsklausel des Art. 6 Abs. 2 DSGVO die Möglichkeit, die Datenschutz-Folgenabschätzung näher auszugestalten, und die Öffnungsklausel des Art. 6 Abs. 2 Satz 3 DSGVO die Gelegenheit, die Zulässigkeit von Datenverarbeitungen mit der Datenschutz-Folgenabschätzung zu verknüpfen.

aa) Festlegung von Listenfällen durch Aufsichtsbehörden

181 Nach Art. 35 Abs. 4 und 5 DSGVO müssen oder können die Aufsichtsbehörden zur Konkretisierung von Art. 35 Abs. 3 DSGVO Positiv- und Negativlisten für die Folgenabschätzung aufstellen. Dadurch können die Mitgliedstaaten den Anwendungsbereich der Folgenabschätzung praxisbezogen präzisieren. Er kann sich daher auch von Mitgliedstaat zu Mitgliedstaat unterscheiden.

182 Nach Art. 35 Abs. 6 DSGVO (→ § 6 Rn. 85 ff.) muss jedoch die zuständige Aufsichtsbehörde vor Festlegung der Listen das **Kohärenzverfahren** gemäß Art. 60 DSGVO anwenden, „wenn solche Listen Verarbeitungstätigkeiten umfassen, die mit dem **Angebot von Waren oder Dienstleistungen** für betroffene Personen oder der **Beobachtung des Verhaltes** dieser Personen in mehreren Mitgliedstaaten in Zusammenhang stehen oder die den freien Verkehr personenbezogener Daten innerhalb der Union beeinträchtigen können". Diese Vorgabe, angelehnt an Art. 3 Abs. 2 lit a und b DSGVO, der den Anwendungsbereich der Verordnung regelt, gilt also bei grenzüberschreitenden datenverarbeitenden Tätigkeiten, die einer Folgenabschätzung unterliegen oder von dieser ausgeschlossen sein sollen.[252] In Fällen des E-Commerce und der Verhaltensbeobachtung **ohne Auslandsbezug** und in allen anderen entsprechenden Fallkonstellationen können die nationalen Aufsichtsbehörden derartige Listenfälle selbst und ohne Herstellung europäischer Kohärenz festlegen,[253] und zumindest in diesen Fällen – auf nationaler Ebene – Rechtssicherheit schaffen. Durch das Kohärenzverfahren, an dem die Aufsichtsbehörden aller 28 Mitgliedstaaten mitwirken, können sich Festlegungen ergeben, die den Rechtsansichten und der Rechtskultur in einem Mitgliedstaat widersprechen.

252 So auch *Veil*, ZD 2014, 348; zum Kohärenzverfahren s. *Roßnagel* 2017, 89 ff.
253 Ähnlich *Gierschmann*, ZD 2016, 53.

Bis zum jetzigen Zeitpunkt existiert jedoch weder eine Positivliste noch eine Negativliste seitens der Aufsichtsbehörden, an denen sich die Verantwortlichen orientieren können. Bis zur Festlegung von Positiv- oder Negativlisten[254] sollten Verantwortliche insbesondere aufgrund des eng mit der Folgenabschätzung in Zusammenhang stehenden **Konsultationsverfahrens** nach Art. 36 DSGVO die Zusammenarbeit mit den Aufsichtsbehörden verstärken, um etwaige Rechtsunsicherheit zu vermeiden oder zumindest zu reduzieren. 183

bb) Konkretisierung der Inhalte der Folgenabschätzung

Die Verordnung regelt die **Inhalte der Folgenabschätzung** in Art. 35 Abs. 7 DSGVO **nicht abschließend**, sondern lediglich ein inhaltliches Minimum an Informationen („zumindest"), die gewonnen werden sollen und den Inhalt der Folgenabschätzung näher konturieren. Insofern könnte der nationale Gesetzgeber die Liste noch ergänzen oder konkretisieren, ohne gegen die Verordnung zu verstoßen. Vor allem aber können Standards, Mustervorlagen und Verfahren zur Vorabkontrolle, die weitergehende Inhalte als Art. 35 Abs. 7 DSGVO vorsehen, auch weiterhin – wenn auch in modifizierter und an die Besonderheiten der Folgenabschätzung nach der Verordnung angepasster Weise – Verwendung in der Praxis finden.[255] Diese weitergehenden Inhalte müssen jedoch an die spezifischen Verfahren, die der Prüfung unterliegen, angepasst werden. 184

cc) Bindung von Erlaubnistatbestände an Datenschutz-Folgenabschätzung

Raum für zukünftige nationale Regelungen und damit für eine Ko-Regulierung bestehen auch hinsichtlich der Öffnungsklausel in Art. 36 Abs. 5 DSGVO für den öffentlichen Bereich der **Daseinsvorsorge und sozialen Sicherheit.** Hier kann sich der nationale Gesetzgeber im Rahmen weiterer Anpassungsgesetze zur Verordnung entscheiden, ob er diese besonders risikoträchtigen Verarbeitungsbereiche der Daseinsvorsorge und sozialen Sicherheit zusätzlich zu den in Art. 35 und 36 DSGVO geforderten Regelungen einer generellen **Konsultationspflicht** unterwirft, oder ob er überdies für solche Verarbeitungen sogar einen **Genehmigungsvorbehalt** etabliert, den die Aufsichtsbehörden gemäß Art. 58 Abs. 3 lit. c DSGVO zu leisten haben.[256] Aufgrund der besonderen gesellschaftlichen Bedeutung von Datenverarbeitungen in diesem Bereich und daraus ebenso resultierender Risiken erscheint es empfehlenswert zumindest eine Konsultationspflicht national einzuführen und zu regeln, die – bei Bedarf und je nach Risiko der Datenverarbeitungsbereiche – auch mit einem Genehmigungsvorbehalt ergänzt werden kann. 185

dd) Folgenabschätzung durch den Gesetzgeber

Einen Regelungsspielraum der Mitgliedstaaten bietet auch die Ausnahmeregelung in Art. 35 Abs. 10 DSGVO. Danach können die Mitgliedstaaten bei Verarbeitungen, die unter Art. 6 Abs. 1 UAbs. 1 lit. c oder lit. e DSGVO fallen, auf eine konkrete Folgenabschätzung für das jeweilige datenverarbeitende IT-Verfahren verzichten, falls der Gesetzgeber beim Erlass der Erlaubnistatbestände bereits eine allgemeine **(Gesetzes-)Folgenabschätzung** durchgeführt hat (Eg. 93 DSGVO). Die Mitgliedstaaten können für die erfassten Datenverarbeitungen konkrete Folgenabschätzungen vorsehen.[257] Dies war auch schon im Rahmen der Vorabkontrolle nach Art. 20 DSRL möglich.[258] Von der möglichen Ausnahme wurde auf nationaler Ebene bisher jedoch kein Gebrauch ge- 186

254 S. hierzu erste Bestrebungen der Art. 29- Datenschutzgruppe 2017, E-WP 248 zur Folgenabschätzung.
255 Dadurch können bewährte Verfahren beibehalten werden – s. hierzu auch *Friedewald* u.a. 2016.
256 Kritisch hierzu – aufgrund des personellen Aufwands – *Hansen*, in: Wolff/Brink 2016, Art. 36 DSGVO Rn. 33.
257 S. Art. 29-Datenschutzgruppe, WP 191, 14.
258 *Brühann*, in: Grabitz/Hilf/Nettesheim 2009, Art. 20 DSRL, Rn. 9.

macht, wie sich an den verschiedenen Landesdatenschutzgesetzen zeigt, die die Vorabkontrolle nicht nur angelehnt an § 4 d Abs. 5 BDSG a.F. generell eingeführt,[259] sondern diese – zumindest teilweise – zu einem generellen Freigabeverfahren ausgestaltet haben.[260] Gerade aufgrund der Tatsache, dass die allgemeinen (Gesetzes-)Folgenabschätzungen, die innerhalb eines Gesetzgebungsverfahrens erfolgen, oft nur sehr rudimentär und wenig differenziert erfolgen,[261] ist zu bedenken, dass alleine aufgrund der Tatsache, dass ein Gesetz, das die Datenverarbeitung regeln soll, einer Folgenabschätzung unterzogen worden ist, noch nichts über die mit der Datenverarbeitung auf dieser Rechtsgrundlage verbundenen Risiken für die Rechte und Interessen der betroffenen Personen etwas auszusagen vermag. Die möglichen Risiken entstehen nämlich nicht aufgrund eines Gesetzes, sondern bestimmen sich vielmehr anhand mehrerer Parameter, die an den jeweiligen Kontext und das Umfeld der konkreten Datenverarbeitungssituation anzupassen sind. Gerade aufgrund der **Schutzpflicht** des deutschen Gesetzgebers für das Recht auf informationelle Selbstbestimmung sollte dieser nicht – im Wege weiterer legislativer Gesetze zur weiteren Anpassung und Konkretisierung der Verordnung – von einer Folgenabschätzung, wie sie bisher auch im öffentlichen Bereich praktiziert wird, absehen, sondern vielmehr besondere Verarbeitungssituationen definieren und festlegen, die auch im öffentlichen Bereich einer Folgenabschätzung an den Maßstäben des Art. 35 DSGVO zu erfolgen haben und damit die gleichen datenschutzrechtlichen Anforderungen stellen, wie an die nichtöffentlichen Stellen.[262]

ee) Risikoorientierte Regelungen

187 Art. 6 Abs. 2 DSGVO eröffnet einen weiten Gestaltungsspielraum für nationale Gesetzgeber, um Regelungen im Anwendungsbereich des Art. 6 Abs. 1 UAbs. 1 lit. c und e DSGVO beizubehalten oder zu erlassen. Für den öffentlichen Bereich im weitesten Sinn könnte der deutsche Gesetzgeber die Regelungsdefizite im Rahmen der Art. 35 und 36 DSGVO schließen und risikoorientierte Rechtsvorschriften zu konkreten Verarbeitungsvorgängen erlassen.[263] Diese könnten die Pflicht zu Datenschutz-Folgenabschätzung, ihren Gegenstand, ihren Umfang, ihr Verfahren, ihre Kriterien und ihre Folgen betreffen.

b) Dokumentationspflichten

188 Eine explizite Öffnungsklausel, die Raum für nationale Regelungen lassen würde, findet sich im Verordnungstext nicht. Der Umstand, dass im ursprünglichen Kommissionsentwurf noch delegierte Rechtsakte zur Konkretisierung der Dokumentationspflicht enthalten waren, deutet auf eine unvollständige Regelung hin, die durch nationales Recht konkretisiert und ergänzt werden könnte. Allerdings regelt Art. 30 DSGVO die Inhalte, die Voraussetzungen und die Kriterien der Dokumentationspflicht relativ ausführlich[264] und enthält – im Gegensatz zum Kommissionsentwurf – konkretisierte und grundsätzlich abschließende Festlegungen.[265] Auch ist der Wortlaut hinsichtlich der Inhalte der Dokumentation im Gegensatz zu den Inhalten der Folgenabschätzung eindeutig und vor allem abschließend formuliert, da sich in Art. 30 Abs. 1 Satz 2 und Abs. 2 Satz 1 DSGVO kein Bezug auf sog. „Mindestinhalte“ wiederfindet. Entsprechende Vorschrif-

---

259 S. zB Art. 26 BayDSG, § 12 LDSG BW, § 19 a Abs. 1 Nr. 1 BlnDSG, § 7 Abs. 6 i.V.m. § 5 Abs. 2 Nr. 5 HDSG.
260 *Gola/Schomerus* 2015, § 4 d Rn. 20 ff.
261 S. etwa *Böhret*, Verwaltung und Management 2006, 290 f.; *Stöbener/Wurster*, EuZW 2014, 664.
262 S. *Friedewald u.a.* 2016, 15; so auch *Hansen*, DuD 2016, 589.
263 S. hierzu zB *Roßnagel*, DuD 2017, 290 (291 ff.).
264 S. Art. 29-DatenschutzgGruppe, WP 199, 27.
265 *Hartung*, in: Kühling/Buchner 2017, Art. 30 Rn. 41 mwN.

ten durch den deutschen Gesetzgeber sind daher weder möglich noch erforderlich.[266] Die Bestimmtheit der Dokumentationspflichten erscheint jedoch dann fraglich, wenn man sie vor dem Hintergrund der **Sanktionen** nach Art. 83 Abs. 2 lit. a und Abs. 4 lit. a DSGVO betrachtet.[267] So verweist etwa Art. 83 Abs. 4 lit. a DSGVO auf die Pflichten aus Art. 30 DSGVO und fordert eine Sanktionierung „bei Verstößen gegen diese (…) Bestimmung". Welche Verstöße damit im konkreten Fall gemeint sind, bleibt unklar[268] und wird durch Art. 83 Abs. 4 lit. a DSGVO nicht näher definiert (→ § 6 Rn. 130 ff.).[269]

Dass die Verordnung die Dokumentationspflichten neu, umfassend und differenziert re- 189 gelt und daher das nationale Recht in diesem Bereich keine Bedeutung mehr haben wird, hat jedoch keine Auswirkungen auf die fortgeltende Möglichkeit, auf internationale und anerkannte Standards bei der **technikgestützten Dokumentation und Protokollierung** Bezug zu nehmen. Vielmehr hat sich der EU-Gesetzgeber gerade an solchen Standards bei dem Entwurf der Verordnung orientiert.[270] Sie sind weiter von den Verantwortlichen zu beachten und können als Richtschnur für die Erfüllung der Pflichten aus Art. 30 DSGVO angesehen werden, wenngleich durch die Verordnung erhöhte Anforderungen statuiert werden.

4. Ko-Regulierung nationaler und europäischer Datenschutzgesetze

Eine Ko-Regulierung besteht, wenn die Verordnung und das nationale Recht etwas im 190 Zusammenspiel regeln. Überall dort, wo die Verordnung etwas regelt und das nationale Recht etwas regeln könnte, es aber nicht tut, besteht nur die **Möglichkeit einer Ko-Regulierung.** Keine Möglichkeit einer Ko-Regulierung besteht dort, wo die Verordnung eigenständig und abschließend regelt und keinen nationalen Regelungsspielraum zulässt. Die Datenschutz-Folgenabschätzung und die Dokumentationspflichten regelt die Verordnung weitestgehend abschließend regelt und eröffnet nur einen sehr begrenzten Bereich möglicher Ko-Regulierungen. Der deutsche Gesetzgeber sieht überdies auch keinen Bedarf[271] und will Konkretisierungen im Zusammenhang mit einer Folgenabschätzung letztlich der Praxis und damit der Rechtsprechung, der Wissenschaft und den Aufsichtsbehörden überlassen.[272] Dennoch sind – wie gezeigt – mehrere Regelungen auf nationaler Ebene nötig und möglich.

5. Zusammenfassung

Die Verordnung regelt die Folgenabschätzung und die Dokumentationspflicht inhaltlich 191 weitgehend allein. Sie ist daher bei der Umsetzung der Pflichten von zentraler Bedeutung. Die Folgenabschätzung als „neues" Instrument im europäischen Datenschutz bringt für die Verantwortlichen aber nicht derart viel Neues mit sich, wie auf den ersten Blick vermutet werden könnte. Sie regelt die Datenschutz-Folgenabschätzung jedoch umfangreicher und präzisier als das Bundesdatenschutzgesetz a.F. die Vorabkontrolle. Dabei ist es befriedigend zu sehen, dass sich die Folgenabschätzung und die Vorabkontrolle – trotz unterschiedlicher Verantwortlichkeiten für ihre Durchführung und Ausgestaltung – inhaltlich nicht so sehr unterscheiden und daher bewährte Praktiken fortgeführt werden können und „lediglich" in einzelnen Bereichen an die Verordnung ange-

266 So auch *Hartung*, in: Kühling/Buchner 2017, Art. 30 Rn. 21.
267 S. *Faust/Spittka/Wybitul*, ZD 2016, 120; näher zu Bußgeldern auch *Weber*, PinG 2016, 228.
268 Kritisch bereits BR-Drs. 52/1/12 Ziff. 60; *Schneider*, in: Garstka/Coy 2014, 257.
269 S. *Ashkar*, DuD 2015, 796.
270 S. *Meints/Thomsen*, DuD 2007, 749 mwN zur Protokollierung auf Basis international anerkannter Standards.
271 BT-Drs. 17/1135, 117.
272 S. etwa *Friedewald u.a.* 2016, 19 ff; *Bitkom e.V.* Risk Assessment und Datenschutz-Folgenabschätzung 2017, 38 ff; *CNIL*, Privacy Impact Assessment 2015, 11 ff.

passt werden müssen.[273] Hier bietet sich aus praktischer Sicht eine Überarbeitung und Modifizierung von Mustervorlagen und Standards zur Vorabkontrolle an die Vorgaben der Verordnung an, um den gestiegenen Anforderungen zu begegnen.

192 In der Praxis sind die Bestrebungen der Aufsichtsbehörden und wissenschaftlicher Institutionen, die die Folgenabschätzung näher konkretisieren und systematisieren, nicht zu unterschätzen. In Bezug zum verbleibenden Regelungsspielraum des Gesetzgebers nach Art. 35 Abs. 10 DSGVO darf nicht verkannt werden, dass die bisherige Praxis, die eine Vorabkontrolle von Verfahren im öffentlichen Bereich nicht auf das Gesetzgebungsverfahren beschränkt, ein wirksamer Schutzmechanismus ist, der auch den mit Datenverarbeitungsverfahren verbundenen Risiken angemessen begegnen kann. Diese Praxis sollte beibehalten werden.

VI. Verhaltensregeln

193 Viele Regelungen der Datenschutz-Grundverordnung sind hochabstrakt und zu allgemein, um in einem rechtsstaatlichen Verfahren vollzogen und sanktioniert werden zu können. Wenn der Unionsgesetzgeber seine Regelungsaufgaben nur unzureichend erfüllt, am Ende aber entschieden werden muss, ob ein Datum verarbeitet werden darf, müssen andere die für diese Entscheidung notwendigen Regeln setzen. Sie bedürfen der weiteren **regelsetzenden Präzisierung oder Konkretisierung.** Die Verordnung sieht hierfür die Mitgliedstaaten, die Aufsichtsbehörden oder Verbände und Vereinigungen der Regelungsadressaten in der Pflicht.

194 Verhaltensregeln durch **Wirtschafts- oder Branchenverbände** können den Datenschutz befördern. Sie können die Verantwortung der betroffenen Verantwortlichen aktivieren, deren Kenntnisse zur wirtschaftlichen Erfüllung der Datenschutzanforderungen nutzen, deren Interesse an einem Datenschutz durch Systemgestaltung stärken und die abstrakten Vorgaben der Datenschutz-Grundverordnung in vollzugstauglicher Weise präzisieren. Selbstgesetzte Verhaltensregeln können allerdings auch dazu führen, dass versucht wird, datenschutzrechtliche Anforderungen aufzuweichen und die Umsetzung des Datenschutzrechts allein oder überwiegend an den geschäftlichen Bedürfnissen der Verantwortlichen oder Auftragsdatenverarbeiter zu orientieren.[274]

195 Das Konzept der Selbstregulierung durch Interessenverbände war im Datenschutz bisher in Europa wenig erfolgreich. In Deutschland sind in mehr als 20 Jahren nur zwei anerkannte Verhaltensregeln entstanden,[275] in anderen Mitgliedstaaten ist die Entwicklung ebenfalls nicht sehr ermutigend. Unionsweit wurden nur einmal Verhaltensregeln anerkannt.[276] Dennoch will die Verordnung dieses Konzept mit **neuen Impulsen** versehen.

1. Verhaltensregeln in der Datenschutz-Grundverordnung

196 Art. 40 und 41 regeln die Förderung, Anerkennung und Kontrolle von Verhaltensregeln der Regelungsadressaten. Mit diesen Regelungen setzt die Verordnung das **Konzept der Ko-Regulierung** durch Staat und Verbände in Form der **regulierten Selbstregulierung** um.[277] Sie gibt den Verbänden und Vereinigungen ihre Grundentscheidungen als Ziel-

---

273 S. *Friedewald u.a.* 2016, 7 ff.

274 S. hierzu näher *Roßnagel*, in: ders. 2003, Kap. 3.6, Rn. 36 ff., 53 ff.

275 Die Verhaltensregeln des Gesamtverbands der Deutschen Versicherungswirtschaft vom 7.9.2012 und der „Geo-Business Code of Conduct" des Selbstregulierung Informationswirtschaft (SRIW) e.V. und der Kommission für Geoinformationswirtschaft (GIW) vom 13.1.2015.

276 S. für den Bereich der Direktwerbung den Ehrenkodex der Federation of European Direct Marketing; s. auch Art. 29-Datenschutzgruppe, WP 77 sowie WP 174 zur Neufassung des Kodex 2010.

277 S. hierzu *Talidou* 2005, 27 ff.; *Roßnagel*, in: ders. 2003, Kap. 3.6, Rn. 19 ff., 68 ff.

setzungen der Selbstregulierung vor und ermöglicht ihnen, sie branchenspezifisch auszufüllen. Verhaltensregeln können **nur nichtöffentliche Stellen** aufstellen.

Verhaltensregeln sind Vorschriften, die sich die **Regelungsadressaten** selbst geben, um ihr Verhalten in gleicher Weise zu regeln.[278] Selbstregulierung kann aus Gründen demokratischer Legitimation nicht als Ersatz für gesetzlichen Datenschutz stehen, sondern soll mit diesem gemeinsam die Herausforderungen des Datenschutzes arbeitsteilig und kooperativ bewältigen. Selbstregulierung kann daher nur in **Ausfüllung** solcher Regelungen erfolgen. Sie kann die abstrakten und allgemeinen Vorgaben der Verordnung **branchenspezifisch** für einzelne Fragen **präzisieren** oder unter Berücksichtigung der besonderen Umstände des jeweiligen Verarbeitungsbereichs **konkretisieren.** Die Ausfüllungsbedürftigkeit gilt insbesondere für die Technik- und **Risikoneutralität** der Verordnung, die in ihrem Vollzug für jede Branche und für jeden Anwendungsbereich **überwunden** werden müssen (→ § 1 Rn. 42). Für die Rationalität und Rechtssicherheit des Vollzugs wäre es sehr hilfreich, wenn die Verantwortlichen sich selbst Regeln setzen würden, nach denen sie bestimmte Datenschutzmaßnahmen vorsehen. Sie verstärken dadurch die Regelungstiefe der gesetzlichen Vorgaben und tragen den Besonderheiten der jeweiligen Branche Rechnung. 197

Die Verhaltensregeln sollen die „besonderen **Bedürfnisse von Kleinstunternehmen sowie kleinen und mittleren Unternehmen**"[279] berücksichtigen. Ein Unternehmen mit weniger als zehn Beschäftigten und einem Jahresumsatz von maximal 2.000.000 EUR ist ein Kleinstunternehmen, mit weniger als 50 Beschäftigten und einem Jahresumsatz von maximal 10.000.000 EUR ist es ein kleines Unternehmen und mit weniger als 250 Beschäftigten und einem Jahresumsatz von maximal 43.000.000 EUR ist es ein mittleres Unternehmen. So wie die Verordnung selbst diese Unternehmen von aufwändigen Pflichten ausnimmt, sollen auch Verhaltensregeln ihnen die Erfüllung einzelner Pflichten oder ihres Nachweises erleichtern. 198

a) Förderpflicht

Anreize, um Verhaltensregeln zu erarbeiten, bietet die Verordnung durch den Gewinn an **Rechtssicherheit** für die Unternehmen.[280] Außerdem kann die Einhaltung genehmigter Verhaltensregeln als „Gesichtspunkt" oder als „**Faktor**" herangezogen werden, um „die Erfüllung" von Pflichten oder „hinreichende Garantien ... nachzuweisen" (→ Rn. 206). Schließlich besteht ein Anreiz darin, dass die Aufsichtsbehörden bei der Festlegung von Sanktionen die Einhaltung von genehmigten Verhaltensregeln zu berücksichtigen haben (→ Rn. 206). Zusätzlich zu diesen Anreizen fordert § 40 Abs. 1 DSGVO, dass Kommission, Datenschutzausschuss, Mitgliedstaaten und Aufsichtsbehörden die Ausarbeitung von Verhaltensregeln fördern müssen, damit diese Möglichkeit stärker genutzt wird als bisher. Was „**Fördern**" bedeutet, bestimmt die Verordnung nicht. Es ist davon auszugehen, dass die Verpflichteten Verhaltensregeln durch geeignete Rahmenregelungen und Kriterien, Leitlinien und Empfehlungen, bewährte Verfahren und Muster, Bewerbung und Beratung, Initiativen und Überzeugungsarbeit, zügige Anerkennungsverfahren und sonstige Aufklärungs- und Unterstützungsmaßnahmen aktiv fördern müssen.[281] 199

278 S. hierzu auch *Talidou* 2005, 140.
279 Eg. 13 DSGVO verweist auf die Definition in der Empfehlung 2003/361/EG der Kommission vom 6.5.2003, C(2003)1422), ABl. L 124, 3.
280 Zur Verbindlichkeit der Genehmigung durch die Aufsichtsbehörde s. Rn. 14.
281 S. *Roßnagel* 2017, 110.

b) Präzisierung und Konkretisierung der Verordnung

200 Nach Erwägungsgrund 98 DSGVO dienen die Verhaltensregeln dem Zweck, die wirksame Anwendung der Verordnung zu erleichtern. Sie können ein Mittel sein, die zahlreichen unbestimmten Regelungen der Verordnung durch Selbstregulierung vollzugsfähig zu machen und hierdurch die **Rechtssicherheit** für alle Beteiligten zu erhöhen.[282] Daher eröffnet Art. 40 Abs. 2 DSGVO Verbänden und anderen Vereinigungen, die Kategorien von Verantwortlichen oder Auftragsverarbeitern vertreten, die Möglichkeit, Verhaltensregelungen zu erarbeiten. Dies gilt nicht nur für **Vereine**, sondern auch für alle **Kammern** und freiwilligen **Zusammenschlüsse.**[283] Allerdings muss die Vereinigung eine gewisse Homogenität in Bezug auf die Vertretenen aufweisen. Auch Konzerne und andere Unternehmensgruppen können ihre Verhaltensregeln vorlegen. Nicht vorlageberechtigt sind dagegen einzelne Unternehmen, die ihre unternehmensinternen Regelungen überprüfen lassen wollen.[284] Nach Erwägungsgrund 99 DSGVO sind bei der Erarbeitung von Verhaltensregeln „die maßgeblichen **Interessenträger**, möglichst auch die betroffenen Personen, (zu) **konsultieren** und die Eingaben und Stellungnahmen", die sie einreichen, zu berücksichtigen. Diesem Erwägungsgrund entspricht keine Regelung der Verordnung. Ein solch ergänzender Erwägungsgrund begründet keine verbindlichen Rechte und Pflichten. Er bringt aber zum Ausdruck, dass der Unionsgesetzgeber das beschriebene Ergebnis gern sehen würde.[285]

201 Verhaltensregeln sollen zur ordnungsgemäßen Anwendung der Verordnung beitragen. Sie können keine eigenen Rechtsgrundlagen zur Verarbeitung personenbezogener Daten erzeugen,[286] sondern diejenigen der Verordnung präzisieren und konkretisieren.[287] Hierzu nennt Art. 41 Abs. 2 DSGVO einige wichtige **Beispiele:** Nach lit. a könnten für eine „faire und transparente Verarbeitung" notwendige Vertragsdaten, Einwilligungserklärungen, Zweckbestimmungen und Datenschutzerklärungen festgehalten werden. Beispiele für „die berechtigten Interessen des Verantwortlichen in bestimmten Zusammenhängen" könnten nach lit. b branchentypischen Abwägungen nach Art. 6 Abs. 1 UAbs. 1 lit. f DSGVO sein. Für die „Erhebung personenbezogener Daten" nach lit. c könnten Verhaltensregeln klären, welche Daten unter welchen Umständen als personenbeziehbar anzusehen sind, und Regeln für die Erhebung bestimmter Datenkategorien sowie Schutzvorkehrungen für diese festlegen. Für die „Pseudonymisierung" nach lit. d wären zB Kriterien zu entwickeln, unter welchen Umständen ein ausreichender faktischer Ausschluss eines Personenbezugs erfolgt. Nach lit. e könnten Regeln die rechtssichere „Unterrichtung der Öffentlichkeit und der betroffenen Personen" bestimmen. Auch nach lit. f. kann die Rechtsicherheit erheblich erhöht werden, wenn Verhaltensregeln Voraussetzungen und Bedingungen für die „Ausübung der Rechte betroffener Personen" präzisieren. Das Gleiche gilt nach lit. g für die „Unterrichtung und Schutz von Kindern". Lit. h erwähnt „Maßnahmen und Verfahren" zur Sicherstellung der Verantwortung sowie zur Umsetzung der Prinzipien des Privacy by Design und Privacy by Default sowie Maßnahmen „für die Sicherheit der Verarbeitung". Für alle vier Beispiele könnten Verhaltensregeln die notwendigen technisch-organisatorischen Maßnahmen branchenspezifisch präzisieren. Nach lit. i könnten Verhaltensregeln auch die unbestimmten Voraussetzungen für die Meldung und Benachrichtigung von Verletzungen nach Art. 33 und 34 DSGVO näher bestimmen. Gemäß lit. f können für die „Übermitt-

282 S. *Kranig/Peintinger*, ZD 2014, 8.
283 Simitis-*Petri*, BDSG § 38 a Rn. 12, für die Datenschutz-Richtlinie.
284 Für diese gilt Art. 47 DSGVO.
285 S. zur rechtlichen Bedeutung der Eg. *Borchardt,* in: Schulze/Zuleeg/Kadelbach, 2015, § 15 Rn. 44.
286 *Laue/Nink/Kremer* 2016, 256; *Dammann/Simitis*, DSRL, Art. 27 Rn. 3; aA *Martini*, NVwZ 2016, 354: „Fortbildung".
287 S. Eg. 98 Satz 2 DSGVO.

lung personenbezogener Daten an Drittländer oder an internationale Organisationen" die nach Art. 46 Abs. 2 lit. e DSGVO notwendigen rechtsverbindlichen und durchsetzbaren Verpflichtungen konkretisieren. Schließlich können gemäß lit. k Verhaltensregeln branchenspezifische Schlichtungsverfahren einrichten.

c) Verhaltensregeln zur internationalen Datenübermittlung

Nach Art. 40 Abs. 3 DSGVO können Verantwortliche oder Auftragsverarbeiter, die ge- 202
mäß Art. 3 DSGVO nicht in den räumlichen Anwendungsbereich der Verordnung fallen, Verhaltensregeln einhalten, um **geeignete Garantien** im Rahmen der Übermittlung personenbezogener Daten an Drittländer oder internationale Organisationen gemäß Art. 46 Abs. 2 lit. e DSGVO zu bieten. Allerdings regelt die Verordnung nicht, was sie unter „**zusätzlichen rechtsverbindlichen und durchsetzbaren Verpflichtungen**" in Art. 40 Abs. 3 Satz 2 DSGVO versteht. Im Ergebnis muss die betroffene Person sicher sein können, dass die von ihr im Ausland nicht kontrollierbare Verarbeitung ihrer personenbezogenen Daten mit dem im Wesentlichen gleichen Datenschutzniveau wie in der Union erfolgt. Außerdem muss sie auch im Ausland vergleichbare Rechte wahrnehmen können, wie wenn die Daten in der Union verarbeitet würden.

d) Prüfung, Stellungnahme und Genehmigung

Ob die Verbände ihre Verhaltensregeln der Aufsichtsbehörde vorlegen und genehmigen 203
lassen, steht ihnen frei. Die **Rechtsfolgen** nach der Verordnung (→ Rn. 206 ff.) entstehen allerdings nur, wenn die nach Art. 55 Abs. 1 DSGVO zuständige Aufsichtsbehörde die Verhaltensregeln **genehmigt** hat. Art. 40 Abs. 5 DSGVO regelt ansatzweise die hierfür erforderlichen Verfahrensschritte und Voraussetzungen.

Die vorlegende Vereinigung muss den **Entwurf** rechtlich, technisch und organisatorisch 204
ausreichend begründen und der nach Art. 55 Abs. 1 DSGVO zuständigen Aufsichtsbehörde vorlegen. Diese überprüft, ob der Entwurf mit der Verordnung vereinbar ist. Die Verhaltensregeln dürfen das **Datenschutzniveau** der Verordnung einschließlich ihrer mitgliedstaatlichen Ausfüllungen der Öffnungsklauseln nicht unterschreiten. Im Fall des Art. 40 Abs. 3 DSGVO prüft die Aufsichtsbehörde, ob der vorgelegte Entwurf „geeignete Garantien" enthält (→ Rn. 202).

Das **Verfahren** erfolgt **zweistufig:**[288] In der ersten Stufe prüft und bewertet die Auf- 205
sichtsbehörde den Entwurf und gibt eine Stellungnahme ab, ob die Verhaltensregeln mit der Verordnung „vereinbar" sind. Ist diese positiv, prüft die Aufsichtsbehörde in der zweiten Stufe, ob der Entwurf ausreichende geeignete Garantien bietet. Diese liegen vor, wenn die Verhaltensregeln ausreichende rechtlich bindende Maßnahmen dafür vorsehen, dass die Verpflichteten ihre Pflichten umsetzen, und Vorkehrungen installiert haben, dass sie diese tatsächlich einhalten.[289] Ist dies der Fall, endet das Verfahren mit der Genehmigung. Fehlt es an ausreichenden geeigneten Garantien, lehnt sie die Genehmigung ab. Die **Genehmigung** ist eine Voraussetzung für die Gültigkeit der Verhaltensregeln. Sie ist jedoch keine Kontrollerlaubnis, sondern trotz der irreführenden Bezeichnung „Genehmigung" ein **feststellender Verwaltungsakt.**[290] Es steht im pflichtgemäßen Ermessen der Aufsichtsbehörde, ob sie die Genehmigung befristet. In der **Praxis** wird das Verfahren komplizierter ablaufen, als Art. 40 Abs. 5 DSGVO suggeriert. Die Verhaltensregeln werden vielmehr in einem **iterativen Prozess** von Entwürfen, Verhandlungen,

---

288 So auch *von Braunmühl*, in: Plath, DSGVO, Art. 40 Rn. 12; aA *Paal*, in: Paal/Pauly 2016, Art. 40 Rn. 22.
289 S. näher *von Braunmühl*, in: Plath, DSGVO, Art. 40 Rn. 12.
290 S. *Kranig/Peintinger*, ZD 2014, 4 (7); *Wronka*, RDV 2014, 94; *Laue/Nink/Kremer* 2016, 258; s. hierzu nach BDSG a.F. *Petri*, in: Simitis 2014, § 38 a Rn. 25; *Roßnagel*, in: ders. 2003, Kap. 3.6 Rn. 137; *Martini*, NVwZ 2016, 354.

Modifikationen, Kompromisssuchen, Überarbeitungen, Prüfungen und letztlich einer Einigung unter Beteiligung des Düsseldorfer Kreises erarbeitet werden.[291]

206 Die genehmigten Verhaltensregeln sind kein allgemeinverbindliches Recht, da ihnen die notwendige über das Demokratieprinzip vermittelte personelle Legitimation fehlt. Ihre **Verbindlichkeit** ist daher **adressatenbezogen differenziert** zu beurteilen.[292] Inwieweit die genehmigten Verhaltensregeln für die **Mitglieder** der Vereinigung rechtlich verbindlich sind, ist eine Frage des Satzungsrechts [293] Die Verhaltensregeln binden jedoch nicht Unternehmen, die weder Mitglied der Vereinigung sind noch eine Verpflichtungserklärung abgegeben haben.[294] Die Einhaltung genehmigter Verhaltensregeln kann als „Gesichtspunkt" oder als „Faktor" herangezogen werden, um „die Erfüllung" von Pflichten oder „hinreichende Garantien … nachzuweisen".[295] Dies gilt nach Art. 24 Abs. 3 DSGVO für die Pflichten des Verantwortlichen,[296] nach Art. 28 Abs. 5 DSGVO für die Pflichten des Auftragsverarbeiters,[297] nach Art. 32 Abs. 3 DSGVO für die Sicherungspflichten und nach Art. 35 Abs. 8 DSGVO für die Beurteilung der Auswirkungen der Datenverarbeitungsvorgänge im Rahmen der Datenschutz-Folgenabschätzung. Schließlich müssen die Aufsichtsbehörden bei der Entscheidung über die Verhängung einer Geldbuße gemäß Art. 83 Abs. 2 Satz 2 lit. j DSGVO die Einhaltung von genehmigten Verhaltensregeln gebührend berücksichtigen (→ § 6 Rn. 129).

207 Gegenüber der genehmigenden **Aufsichtsbehörde** tritt spätestens mit Eintritt der Bestandskraft der Genehmigung eine Bindungswirkung ein. Sie muss die genehmigten Verhaltensregeln bei ihrer Aufsichtstätigkeit und bei der Verhängung von Sanktionen beachten.[298] Die verpflichteten Unternehmen können sich darauf verlassen, dass die Aufsichtsbehörde diese Vorschriften der Verordnung so versteht, wie sie in den Verhaltensregeln präzisiert oder konkretisiert worden sind. Auf diese Bindung können sich aber die Unternehmen nicht berufen, für die die Verhaltensregeln nicht gelten. Soweit in einem Mitgliedstaat mehrere Aufsichtsbehörden bestehen, gelten die von einer Aufsichtsbehörde genehmigten Verhaltensregeln für den gesamten Mitgliedstaat.[299] Soweit die genehmigten Verhaltensregelungen in **mehreren Mitgliedstaaten** gelten, binden sie auch den Europäischen Datenschutzausschuss, der ihnen nach Art. 40 Abs. 7 DSGVO (→ Rn. 210) und Art. 64 DSGVO zugestimmt hat, und die Aufsichtsbehörden in anderen Mitgliedstaaten. Hat die Kommission nach Art. 40 Abs. 9 DSGVO beschlossen, dass die Verhaltensregeln allgemeine Gültigkeit in der Union besitzen, sind sie für die Kommission und alle Aufsichtsbehörden in der Union verbindlich, jedoch nicht für Unternehmen, die nicht der Vereinigung angehören und die Verhaltensregeln nicht als für sie verpflichtend anerkannt haben.

208 Für die **betroffenen Personen** haben die genehmigten Verhaltensregeln zwar insofern eine faktische Wirkung, als die Unternehmen sie ihrer Datenverarbeitung und die Aufsichtsbehörden sie ihrer Aufsichtstätigkeit zu Grunde legen. Die Verhaltensregeln sind jedoch für sie und für die **Gerichte** nicht rechtlich verbindlich. Sie können jederzeit die

---

291 S. *Roßnagel* 2017, 57.

292 *Roßnagel*, in: ders. 2003, Kap. 3.6 Rn. 135.

293 *Kranig/Peintinger*, ZD 2014, 4; *Laue/Nink/Kremer* 2016, 261; für das BDSG a.F. s. *Gola/Schomerus* 2015, § 38 a Rn. 6; *Roßnagel*, in: ders., 2003, Kap. 3.6 Rn. 133.

294 *Spindler*, ZD 2016, 412.

295 S. hierzu die Aufzählung in *Paal*, in: Paal/Pauly 2016, Art. 40 Rn. 5.

296 Aus den Verhaltensregeln können sich nach Satz 1 des Eg. 77 Anleitungen ergeben, wie der Verantwortliche oder der Auftragsverarbeiter geeignete Maßnahmen durchzuführen hat und wie die Einhaltung der Anforderungen nachzuweisen ist.

297 S. hierzu auch Satz 2 des Eg. 81.

298 *Kranig/Peintinger*, ZD 2014, 4; *Roßnagel*, in: ders., 2003, Kap. 3.6 Rn. 137.

299 *Kranig/Peintinger*, ZD 2014, 5; *Wronka* RDV 2014, 94; *Krings/Mammen*, RDV 2015, 233; *Laue/Nink/Kremer* 2016, 261; *von Braunmühl*, in: Plath 2016, Art. 40 Rn. 18; *Petri*, in: Simitis 2014, § 38 a Rn. 7.

Rechtsauffassung geltend machen, dass die Verhaltensregeln der Verordnung widersprechen und eine ihnen folgende Datenverarbeitung rechtswidrig ist.

Die Verhaltensregeln sind öffentlich bekannt zu geben. Betreffen sie die Verarbeitungs- 209
tätigkeiten nur in einem Mitgliedstaat, nimmt nach Art. 40 Abs. 6 DSGVO die zuständige Aufsichtsbehörde die Verhaltensregeln in ein **Verzeichnis** auf und **veröffentlicht** sie. Betreffen sie Verarbeitungstätigkeiten in mehreren Mitgliedstaaten, nimmt nach Art. 40 Abs. 11 DSGVO der Datenschutzausschuss alle genehmigten Verhaltensregeln in ein Register auf und veröffentlicht sie.

e) Verhaltensregeln für mehrere Mitgliedstaaten

Bezieht sich der Entwurf der Verhaltensregeln auf Verarbeitungstätigkeiten in **mehreren** 210
Mitgliedstaaten, so legt die zuständige Aufsichtsbehörde nach Art. 40 Abs. 7 DSGVO – bevor sie den Entwurf genehmigt – ihn in Rahmen des Kohärenzverfahrens dem **Europäischen Datenschutzausschuss** vor. Der Ausschuss nimmt dann nach Art. 40 Abs. 7 und Art. 64 Abs. 1 lit. b DSGVO zu der Frage Stellung, ob der Entwurf der Verhaltensregeln mit der Verordnung vereinbar ist oder – im Fall des Art. 40 Abs. 3 DSGVO – geeignete Garantien vorsieht. Im Streit mit der Aufsichtsbehörde kann der Ausschuss nach Art. 65 DSGVO mit Zwei-Drittel-Mehrheit einen für diese **verbindlichen** Beschluss fassen. Bestätigt der Ausschuss, dass der Entwurf mit der Verordnung vereinbar ist oder – im Fall des Art. 40 Abs. 3 DSGVO – geeignete Garantien vorsieht, so übermittelt er seine Stellungnahme nach Art. 40 Abs. 8 DSGVO der **Kommission**. Diese kann dann beschließen, dass die genehmigten Verhaltensregeln **allgemeine Gültigkeit in der Union** besitzen.

f) Kontrolle von Verhaltensregeln

Verhaltensregeln müssen nach Art. 40 Abs. 4 DSGVO ein **Verfahren** vorsehen, das es 211
einer mit der Vereinigung kooperierenden privaten akkreditierten Überwachungsstelle ermöglicht, „die **obligatorische Überwachung** der Einhaltung ihrer Bestimmungen durch die Verantwortlichen oder die Auftragsverarbeiter, die sich zur Anwendung der Verhaltensregeln verpflichten, vorzunehmen". In der Regel sollen also die Vereinigungen selbst dafür sorgen, dass ihre Verhaltensregeln eingehalten werden. Nach Art. 41 Abs. 6 DSGVO gilt dies allerdings nicht für die Überwachung von Behörden oder sonstigen öffentlichen Stellen. Diese werden allein durch die zuständige Aufsichtsbehörde kontrolliert.

aa) Überwachungsstellen und Aufsichtsbehörden

Nach Art. 41 Abs. 1 DSGVO kann die Einhaltung von genehmigten Verhaltensregeln 212
von einer privaten akkreditierten **Überwachungsstelle** überwacht werden. Diese beschränkt sich auf die Überwachung, ob die genehmigten Verhaltensregeln eingehalten werden. Dadurch kann die **Aufsichtsbehörde** zwar faktisch entlastet werden, bleibt aber rechtlich in vollem Umfang und mit uneingeschränkten Befugnissen zuständig, die Einhaltung der Verordnung, die durch die Verhaltensregeln nur präzisiert oder konkretisiert wird, zu überwachen. Indirekt ist die Aufsichtsbehörde daher auch für die Durchsetzung der Verhaltensregeln verantwortlich. Sie muss jedoch akzeptieren, dass die von ihr genehmigten Verhaltensregeln die abstrakten und allgemeinen Vorgaben präzisieren oder konkretisieren, und insoweit für sie bindend sind (→ Rn. 207).

bb) Akkreditierung

Die Überwachungsstelle darf ihre Überwachungstätigkeit nur aufnehmen, wenn sie auf 213
ihren Antrag hin nach Art. 41 Abs. 2 DSGVO von der Aufsichtsbehörde akkreditiert worden ist. Das Akkreditierungsverfahren ist in der Verordnung nicht näher geregelt.

Es ist daher nach den Regeln des Mitgliedstaats durchzuführen.[300] Der Antrag setzt ein **Verfahren** in Gang, das mit der Akkreditierung oder mit einer ablehnenden Entscheidung der Aufsichtsbehörde endet. Die Akkreditierung ist eine echte Kontrollerlaubnis. Sie erst ermöglicht der Überwachungsstelle, ihre Tätigkeit auszuüben. Die Akkreditierung steht im **Ermessen** der Aufsichtsbehörde. Diese muss allerdings berücksichtigen, dass der Antragsteller sein Grundrecht auf Berufsfreiheit nach Art. 15 GRCh und auf unternehmerische Freiheit nach Art. 16 GRCh geltend macht. Sie kann den Antrag bei einem Bedarf an Überwachung daher praktisch nur ablehnen, wenn eine Akkreditierungsvoraussetzung fehlt. Außer der Zulassung hat die Verordnung die **Wirkungen** der Akkreditierung nicht geregelt. Sie sind in der Akkreditierung selbst festzulegen. In dieser ist nicht nur zu bestimmen, für welche Verhaltensregeln die Überwachungsstelle zuständig ist, sondern auch für welche Branchen. In der Akkreditierung ist auch der regionale Bereich festzulegen, in dem sie ihre Überwachungstätigkeit ausüben darf. Dieser kann sich bei unionsweit gültigen Verhaltensregeln auf das gesamte Gebiet der Union erstrecken. Eine **zeitliche Begrenzung** der Akkreditierung sieht die Verordnung nicht vor. Es gibt aber auch keine Hinweise, dass sie von einer unbefristeten Geltung der Akkreditierung ausgeht. Die Akkreditierung kann daher nach pflichtgemäßem Ermessen befristet werden.

214 Die Aufsichtsbehörde kann die Akkreditierung erteilen, wenn die beantragende Stelle **kumulativ vier Voraussetzungen** erfüllt. Der Antragsteller muss die Voraussetzungen durch geeignete Dokumente belegen, die er mit dem Antrag auf Akkreditierung vorlegt. Da die Voraussetzungen sehr abstrakt sind, muss die Aufsichtsbehörde ihre **Kriterien** für die Akkreditierung nach Art. 41 Abs. 3 DSGVO selbst **konkretisieren** und nach Art. 57 Abs. 1 lit. p DSGVO **veröffentlichen.**[301]

215 Nach Art. 41 Abs. 2 lit. a DSGVO muss die beantragende Stelle „ihre Unabhängigkeit und ihr Fachwissen hinsichtlich des Gegenstands der Verhaltensregeln zur Zufriedenheit der zuständigen Aufsichtsbehörde nachgewiesen“ haben. Zum Beleg der **Unabhängigkeit** ist nachzuweisen, dass die Überwachungsstelle von niemandem weisungsabhängig und mit ausreichenden Ressourcen ausgestattet ist. Es darf personell-organisatorisch keine Verflechtung mit Verantwortlichen und Auftragsverarbeitern bestehen, die zu überwachen sind, und keine Beeinflussung durch die zu Kontrollierenden möglich sein. Ist dies gewährleistet, schließt diese Forderung nicht aus, dass die Überwachungsstelle von der Vereinigung, die die Verhaltensregeln beschlossen hat, betrieben wird. Das notwendige **Fachwissen** umfasst die relevanten rechtlichen Regelungen, die technischen Grundlagen und die die organisatorischen Strukturen bezogen auf die vorherrschenden Geschäftsprozesse.

216 Nach Art. 41 Abs. 2 lit. b DSGVO muss die beantragende Stelle **„Verfahren festgelegt“** haben, die es ihr ermöglichen, die Einhaltung der Verhaltensregeln zu überwachen. Sie muss nachweisen, dass sie Datenverarbeitungsvorgänge hinsichtlich ihrer Konformitätsfähigkeit einschätzen kann, dass sie einen Verstoß gegen die Verhaltensregeln effektiv erkennen kann und dass sie einen Überwachungsplan für die anlassunabhängige und die anlassbezogene Überwachung aller betroffenen Unternehmen hat und dass sie über effektive Mittel verfügt, um Verstöße abzustellen.

217 Nach Art. 41 Abs. 2 lit. c DSGVO muss sie ein niederschwellig erreichbares **Beschwerdeverfahren** eingerichtet und in leicht verständlicher Form bekannt gemacht sowie ein geeignetes Beschwerdemanagement etabliert haben.

---

300 Zum notwendigen Akkreditierungsmanagementsystem s. *Roßnagel* 2017, 74.
301 S. *Roßnagel* 2017, 69.

Schließlich muss sie nach Art. 41 Abs. 2 lit. d DSGVO nachgewiesen" haben, dass ihre Aufgaben und Pflichten zu **keinem Interessenkonflikt** führen. Diese Anforderung geht über die Anforderung der Unabhängigkeit nach lit. a hinaus, weil trotz Unabhängigkeit ein Interessenkonflikt mit anderen Zielsetzungen der Stelle – etwa aus Wettbewerbsgründen – möglich ist. 218

Nach Art. 41 Abs. 5 DSGVO widerruft die zuständige Aufsichtsbehörde die Akkreditierung, „wenn die Voraussetzungen für ihre Akkreditierung nicht oder nicht mehr erfüllt sind oder wenn die Stelle Maßnahmen ergreift, die nicht mit dieser Verordnung vereinbar sind". Der **Widerruf** ist eine gebundene Entscheidung, die erfolgen muss, wenn die Voraussetzungen erfüllt sind. 219

cc) Durchsetzung der Verhaltensregeln

Wenn die Verhaltensregeln verbindlich sein sollen, müssen sie auch vollzogen und durchgesetzt werden. Nach Art. 41 Abs. 4 DSGVO ergreift die Überwachungsstelle im Fall einer **Verletzung** der Verhaltensregeln geeignete Maßnahmen, um die Verletzung **abzustellen.** Die Abhilfebefugnisse können nur auf Satzungs- oder Vertragsrecht beruhen und müssen gemäß Art. 40 Abs. 4 DSGVO in den Verhaltensregeln vorgesehen sein. Dies können zB Hinweise und Ermahnungen, Vertragsstrafen sowie Veröffentlichungen von Verstößen sein. Außerdem muss immer auch der vorläufige oder endgültige Ausschluss aus der Vereinigung von den Verhaltensregeln als mögliche Sanktion vorgesehen sein. Nach Art. 41 Abs. 4 Satz 2 DSGVO **unterrichtet** die Überwachungsstelle die zuständige **Aufsichtsbehörde** über Maßnahmen zur Durchsetzung der Verhaltensregeln und deren Begründung. Dadurch behält die Aufsichtsbehörde den Überblick über die Situation zur Befolgung der Verhaltensregeln und damit letztlich auch der Verordnung. Ein Verstoß gegen die Verhaltensregeln ist immer zugleich auch ein Verstoß gegen die Verordnung. Daher kann zusätzlich zur Überwachungsstelle die zuständige Aufsichtsbehörde von ihren **Abhilfebefugnissen** nach Art. 58 Abs. 2 DSGVO und ihren **Sanktionsbefugnissen** nach Art. 83 Abs. 4 bis 6 DSGVO Gebrauch machen. 220

2. Verhaltensregeln im deutschen Datenschutzrecht

Verhaltensregeln regelt auch **Art. 27 DSRL** – mit der gleichen Zielsetzung allerdings weniger ausführlich als Art. 40 DSGVO. Regelungen zur Überwachung der Verhaltensregeln wie in Art. 41 DSGVO fehlen. 221

Art. 27 DSRL wurde in der 1. Änderungsnovelle zum Bundesdatenschutzgesetz vom 21.5.2001 in **§ 38 a BDSG a.F.** umgesetzt. Diese Vorschrift kennt keine Pflicht zur Förderung von Verhaltensregeln. Sie stellt es in das Belieben der Berufsverbände, die freiwillige Verhaltensregeln aufstellen, ob sie diese der Aufsichtsbehörde „unterbreiten". Die Aufsichtsbehörde „überprüft" nach § 38 a Abs. 2 BDSG „die Vereinbarkeit der ihr unterbreiteten Entwürfe mit dem geltenden Datenschutzrecht".[302] Die Verhaltensregeln haben keine Außenwirkung, sondern sollen als „interne Regelungen" zur ordnungsgemäßen Durchführung datenschutzrechtlicher Vorschriften beitragen.[303] Die Aufsichtsbehörde überprüft die Vereinbarkeit der ihr unterbreiteten Entwürfe mit dem geltenden Datenschutzrecht, um zu verhindern, dass die Vereinigungen sich interne Verhaltensregeln geben, die im Widerspruch zu den gesetzlichen Regelungen stehen.[304] Die Anerkennung der Verhaltensregeln bindet jedoch die Aufsichtsbehörde und andere Behörden in ihrem folgenden Aufsichtsverhalten.[305] Eine klare Regelung zur Bindungswirkung ent- 222

302 S. hierzu auch *Vomhof*, PinG 2014, 209.
303 BT-Drs. 14/4329, 46.
304 BT-Drs. 14/4329, 46; *Heil*, DuD 2001, 131.
305 S. *Petri*, in: Simitis 2014, § 38 a Rn. 25.

hält § 38 a BDSG nicht. Hinsichtlich der Beschreibung der Verhaltensregeln und ihrer Überprüfung ist die Regelung in § 38 a BDSG weniger aussagekräftig als die Regelung in Art. 27 DSRL. Kriterien und Verfahrensregeln für die Aufstellung und Prüfung der Verhaltensregeln kennt § 38 a BDSG nicht. Ebenso wenig regelt er die Durchsetzung der Verhaltensregeln.

223 Die Regelungen in § 38 a BDSG a.F. widersprechen den Vorgaben in Art. 40 DSGVO. Sie wären daher ab dem 25. Mai 2018 dem **Anwendungsvorrang** des Unionsrechts unterlegen und nicht mehr anwendbar gewesen, wenn das neue Bundesdatenschutzgesetz sie nicht zu diesem Zeitpunkt aufgehoben hätte.

224 Das **neue Bundesdatenschutzgesetz** enthält **keine Regelungen** zu selbstgesetzten Verhaltensregeln. Obwohl präzisierende und ausfüllende Regelungen insbesondere zu den Verfahren der Genehmigung von Verhaltensregeln und zur Akkreditierung von Überwachungsstellen möglich und hilfreich gewesen wären (→ Rn. 203 ff.), hat der deutsche Gesetzgeber seiner Förderpflicht nach Art. 40 Abs. 1 DSGVO nicht genüge getan und solche Regelungen nicht getroffen. Das Thema der Selbstregulierung durch Verhaltensregeln wird also von der **Verordnung allein** geregelt. Deutsche unterstützende Vorschriften fehlen.

3. Ausblick

225 Angesichts der zunehmenden Dynamik und Komplexität sind branchenspezifische Präzisierungen und Konkretisierungen des Datenschutzrechts immer wichtiger, um dieses den spezifischen Bedingungen anzupassen und durchzusetzen. Für die Erarbeitung von Verhaltensregeln bietet die Verordnung erheblich **bessere Rahmenbedingungen** und **wirksamere Anreize** als die Datenschutz-Richtlinie.

226 Die Vorschrift bewirkt aber auch kontraproduktive Effekte. Verhaltensregeln sind notwendig auf eine Branche und im Regelfall auch auf eine Region beschränkt. Sie sind daher von Branche zu Branche und Region zu Region unterschiedlich. Da die Vorgaben der Verordnung meist sehr allgemein und abstrakt sind, können unterschiedliche Präzisierungen und Konkretisierungen in Verhaltensregeln nicht als Verstoß gegen die Verordnung angesehen und abgelehnt werden, sondern sind unvermeidlich, wenn die Abstraktheit der Vorgaben überwunden wird (→ § 1 Rn. 29 ff.). Daher führen die Verhaltensregeln zu einer weiteren **Zersplitterung des Datenschutzrechts** und nicht zu einer Vereinheitlichung. Dies ist eine Folge der Unvollständigkeit, Abstraktheit und Unterkomplexität der Verordnung.

227 Auch wenn Art. 40 und 41 DSGVO erheblich umfangreicher und präziser als Art. 27 DSRL sind, fehlen doch einige wichtige Regelungen, die **mehr Rechtssicherheit** für alle Beteiligten bieten würden. Um der Interessenselektivität jeder Selbstregulierung entgegen zu wirken, sind **Verfahrensregelungen** notwendig, die ein Mindestmaß an Fairness und Interessenberücksichtigung gewährleisten. Dies gilt insbesondere für die innerverbandliche Willensbildung, wenn die Interessen der Kleinstunternehmen sowie kleinen und mittleren Unternehmen berücksichtigt werden sollen. Verfahrensregelungen sind auch notwendig, um die **Beteiligung der maßgeblichen Interessenträger** an der Erarbeitung sicherzustellen.[306] Je verbindlicher die Verhaltensregeln sind, desto attraktiver sind sie. Daher erweist sich als großes Manko der Verordnung, dass sie die **Verbindlichkeit** der genehmigten Verhaltensregeln für Verantwortliche und Auftragsverarbeiter, betroffene Personen und Aufsichtsbehörden nicht regelt.

228 Da diese ergänzenden Regelungrn zur Verbindlichkeit der Verhaltensregeln nicht der Vorschrift widersprechen, sondern nur helfen würden, dass sie ihr Ziel besser erreichen

306 Eg. 99.

kann, wären entsprechende **mitgliedstaatliche Vorschriften** mit dem Anwendungsvorrang vereinbar (→ § 2 Rn. 23). Deutschland hat diese Chance zu mehr Rechtssicherheit und Verfahrensgerechtigkeit im Bundesdatenschutzgesetz vertan. Hinsichtlich der Verfahrensfragen und der Rechtswirkungen von Verhaltensregeln und Akkreditierung wird es daher unnötiger Weise weiterhin Rechtunsicherheiten geben. Dadurch hat Deutschland auch seine Förderpflicht nach Art. 40 Abs. 1 DSGVO nicht erfüllt.

VII. Zertifizierung

Mit der Verordnung wird das Instrument der freiwilligen datenschutzspezifischen Zertifizierung auf europäischer Ebene eingeführt. Dieses Instrument stellt eigentlich ein strukturiertes Verfahren dar, bei dem von unabhängigen Dritten überprüft und bestätigt wird, ob und inwieweit von Organisationen oder Produkten bestimmte Datenschutzanforderungen eingehalten werden.[307] Die Verordnung verfolgt mit diesem Instrument das Ziel, auf Seiten der Verantwortlichen oder Auftragsverarbeiter die **Einhaltung der Verordnung** zu verbessern und gleichzeitig **Transparenz** für alle Interessierten, insbesondere für die betroffenen Personen zu bieten, sich einen raschen Überblick über das Datenschutzniveau bestimmter **Datenverarbeitungsvorgänge** verschaffen zu können. 229

1. Regelungen der Verordnung

Der europäische Gesetzgeber hat dem Instrument der datenschutzspezifischen Zertifizierung zusammen mit den Verhaltensregelungen (→ § 5 Rn. 193 ff.) in der Verordnung einen eigenen Abschnitt (5) innerhalb des Kapitels IV gewidmet. Art. 42 DSGVO regelt den Inhalt und die Voraussetzungen von datenschutzrechtlichen Zertifizierungen, Art. 43 DSGVO die Akkreditierung und Arbeit der Zertifizierungsstellen. 230

a) Begriffe und Grundlagen

Art. 42 Abs. 1 Satz 1 DSGVO verpflichtet die Mitgliedstaaten, die Aufsichtsbehörden, den Europäischen Datenschutzausschuss sowie die Europäische Kommission, datenschutzspezifische **Zertifizierungsverfahren, Datenschutzsiegel** und **-prüfzeichen** (zusammengefasst Zertifizierungen) zu fördern.[308] 231

Eine Erläuterung der oben genannten Begriffe enthält die Verordnung nicht. Zudem differenziert sie nicht zwischen der Bewertung von Produkten und der Überprüfung von Organisationsstrukturen und -abläufen.[309] In Deutschland wurden prozessbezogene Bewertungen bisher unter den Begriffen „Auditierung“ oder „**Audit**“ zusammengefasst.[310] 232

Eine Bewertung von Produkten kann im Prinzip nur vom Hersteller oder Vertreiber beantragt werden, da nur diese über alle notwendigen Informationen über ihre Produkte verfügen.[311] Für datenverarbeitende Stellen, die IT-Produkte nutzen, ist es hingegen wenig sinnvoll, wenn sie diese ohne ausreichende Informationen vielfach zertifizieren lassen.[312] Für die Zertifizierung von Produkten ist deren abschließende Bewertung unabdingbar.[313] Die Bewertung bezieht sich dabei auf einen spezifischen Gegenstand und 233

307 *Roßnagel*, DuD 1997, 505.
308 Zertifizierungsverfahren stellen die eigentlichen Prüfverfahren und Datenschutzsiegel- und prüfzeichen das Ergebnis der Prüfung dar, s *Bergt*, in: Kühling/Buchner 2017, Art. 42 Rn. 1.
309 Zur begrifflichen Differenzierung zwischen den Begriffen der Zertifizierung und Audit s. *Hornung/Hartl*, ZD 2014, 219 f.
310 *Roßnagel* 2000, 58 f.
311 S. *Roßnagel*, DuD 1997, 509.
312 Üblicherweise verfügen die Anwender auch nicht über die für eine Produktzertifizierung notwendigen Detailinformationen, wie über Quelltexte und verwendete Hilfsmittel, Entwurfsdokumentation und ähnliches.
313 *Roßnagel*, DuD 1997, 509.

muss bei jeder noch so kleinen Änderung erneut durchlaufen werden.[314] Die **Zertifizierung von IT-Produkten** ist „statisch und objektbezogen."[315]

234 Demgegenüber wurde der Begriff des **System-Audits** der **Auditierung eines Datenschutzmanagements** vorbehalten, das ein Datenschutzkonzept umsetzt.[316] Im Gegensatz zur Produktzertifizierung ist es weder statisch noch objektbezogen, sondern struktur- und prozessbezogen.

235 Das **Datenschutzaudit** soll einen „dynamischen Lernprozess" in Gang setzen und aufrechterhalten.[317] Mit dem System-Audit „soll die Fähigkeit einer datenverarbeitenden Stelle überprüft und prämiert werden, flexibel auf die rasanten Veränderungen der Informations- und Kommunikationstechniken zu reagieren und die sich dadurch immer wieder neu stellenden Herausforderungen für den Datenschutz und für die Datensicherheit zu meistern".[318]

236 Im Gegensatz zur Produktzertifizierung zielt das System-Audit insoweit nicht auf eine einmalige Bewertung eines Produkts ab, sondern auf die Fähigkeit, stetig neue Lösungskonzepte zu erarbeiten und dadurch regelmäßig zur **Verbesserung eines Datenschutzmanagementsystems** beizutragen.[319] Gegenstand des Datenschutzaudits ist somit die Funktionalität und Praktikabilität des unternehmensinternen Datenschutzmanagements.[320]

237 Die Verordnung stellt weder auf die Zertifizierung von Produkten noch auf die Auditierung von Datenschutzmanagementsystemen ab, sondern führt unter dem Begriff der datenschutzrechtlichen Zertifizierung eine Überprüfung und Bestätigung von **„Datenverarbeitungsvorgängen"** allein am **Maßstab** der **Einhaltung** der Vorgaben der **Verordnung** ein. Art. 42 und 43 DSGVO erwecken dabei insbesondere vor dem Hintergrund von **Eg. 100 DSGVO** den Eindruck, sich auf eine (statische) Bewertung eines Produkts oder einer Dienstleistung im Sinne einer produktbezogenen Zertifizierung zu beschränken. Die Verordnung schließt jedoch struktur- und prozessbezogene Audits – auch wenn sie nicht ausdrücklich darauf abstellt – nicht aus.[321] Die Verordnung enthält etwa mit dem **Verantwortungs-Prinzip** in Art. 5 Abs. 2 (→ § 3 Rn. 39 ff.) und Art. 24 DSGVO (→ § 5 Rn. 1 ff.), mit den Regelungen zu **Privacy by Design** in Art. 25 Abs. 1 DSGVO und **Privacy by Default** in Art. 25 Abs. 2 DSGVO (→ § 5 Rn. 41 ff.) oder mit den Anforderungen an die **Sicherheit der Verarbeitung** in Art. 32 DSGVO (→ § 5 Rn. 133 ff.) **dynamische Elemente** iSd **prozessbezogenen Audits**, die bei einer Zertifizierung nach Art. 42 f. DSGVO umfassend zu berücksichtigen sind. Der Begriff „Datenverarbeitungsvorgänge ist insofern weit auszulegen und umfasst neben der Zertifizierung von Produkten und Dienstleistungen auch die Auditierung von Datenschutzmanagementsystemen.[322]

238 Die Verordnung sieht gemäß Art. 42 Abs. 1 Satz 1 DSGVO mit dem Instrument der datenschutzrechtlichen Zertifizierung nur die Einhaltung der – ohnehin rechtsverbindlichen Pflichten – der Verordnung vor. Demzufolge wird im Ergebnis ein Datenschutzsiegel oder -prüfzeichen für eine **„rechtliche Selbstverständlichkeit** vergeben".[323] Dennoch können in Zertifizierungsverfahren weitere – über das rechtlich geforderte Maß hinausgehende – datenschutzspezifische Anforderungen für Zertifizierungsverfahren festgelegt

---

314 S. für die Datensicherheit z.B. die Produktzertifizierung durch das BSI nach dem BSIG.
315 *Roßnagel*, DuD 1997, 509.
316 Es besteht jedoch kein einheitliches Verständnis der jeweiligen Terminologie.
317 *Roßnagel* 2000, 58; *ders.*, DuD 1997, 509.
318 *Roßnagel* 2000, 58; *ders.*, DuD 1997, 509.
319 *Roßnagel* 2000, 5; *ders.*, DuD 1997, 509.
320 *Roßnagel*, DuD 1997, 509.
321 So auch *Hofmann*, ZD-Aktuell 2016, 05324.
322 Ebenso *Bergt*, in: Kühling/Buchner 2017, Art. 42 Rn. 3.
323 *Roßnagel/Nebel/Richter*, ZD 2015, 459.

werden; es ist also durchaus ein **„Mehr" an Datenschutz** möglich, sofern die zusätzlichen Anforderungen im Einklang mit den Zielen der Verordnung stehen.

Art. 42 Abs. 4 DSGVO stellt indes klar, dass eine Zertifizierung den Verantwortlichen oder Auftragsverarbeiter weder aus seiner Verpflichtung entlässt, die Vorgaben der Verordnung einzuhalten, noch die **Aufgaben und Befugnisse der Aufsichtsbehörden** schmälert. Dies erscheint schon allein deshalb sinnvoll, weil die mit der Zertifizierung einhergehende Bestätigung der Datenschutzkonformität allenfalls eine Momentaufnahme darstellt und somit keine Aussage über einen späteren Zeitpunkt treffen kann.[324] 239

b) Akkreditierung

Die Verordnung berechtigt Aufsichtsbehörden sowie private Stellen, die nach Art. 43 DSGVO akkreditiert wurden, Zertifizierungen durchzuführen.[325] Zudem weist sie den Mitgliedstaaten die Aufgabe zu, selbst zu regeln, ob die Akkreditierung der Zertifizierungsstellen durch die Aufsichtsbehörde[326] oder durch eine nationale Akkreditierungsstelle – in Deutschland also zB durch die **Deutsche Akkreditierungsstelle GmbH** (DAkkS)[327] – auf Grundlage der Kriterien, die von der Zertifizierungsstelle aufgestellt und von der zuständigen Aufsichtsbehörde nach Art. 57 Abs. 1 lit. p iVm Art. 43 Abs. 3 DSGVOoder durch den Ausschuss nach Art. 64 DSGVO genehmigt wurden, erfolgen soll.[328] Soweit die Akkreditierung durch die nationale Akkreditierungsstelle erfolgt, sind nach Art. 43 Abs. 3 DSGVO zusätzlich die Akkreditierungsanforderungen zu berücksichtigen, die in der **EU-Verordnung 765/2008**[329] und in den technischen Regelungen, in denen die Methoden und Verfahren der Zertifizierungsstellen beschrieben werden, vorgesehen sind. 240

Eine Zertifizierungsstelle darf nur akkreditiert werden, wenn sie die in Art. 43 Abs. 2 DSGVO normierten Voraussetzungen zur Zufriedenheit der zuständigen Aufsichtsbehörde erfüllt. Ihre Anforderungen an die Zufriedenheit muss die zuständige Aufsichtsbehörde gemäß Art. 43 Abs. 6 DSGVO in ihren Kriterien für die Akkreditierung festhalten und in **leicht zugänglicher Form veröffentlichen.**[330] 241

So hat eine zu akkreditierende Stelle nach Art. 43 Abs. 2 lit. a DSGVO **unabhängig** zu sein. Wann eine Zertifizierungsstelle als unabhängig anzusehen ist, wird in der Verordnung nicht definiert. Unter dem Begriff der **Unabhängigkeit** könnte gemeint sein, dass keine gegenwärtige oder vergangene, wirtschaftliche, finanzielle[331] oder persönliche Beziehung zwischen der zu akkreditierenden Zertifizierungsstelle und dem zu zertifizierenden Verantwortlichen oder Auftragsverarbeiter bestehen darf. 242

Ferner muss die zu akkreditierende Zertifizierungsstelle nach lit. e auch zur Zufriedenheit der zuständigen Aufsichtsbehörde nachgewiesen haben, dass ihre Aufgaben und 243

---

324 *Roßnagel/Nebel/Richter*, ZD 2015, 459. Dieser Problematik kann nur mit Hilfe einer dynamischen Zertifizierung abgeholfen werden. Vgl. *Hofmann*, ZD-Aktuell 2017, 05665.

325 Art. 42 Abs. 5 S. 1 DSGVO.

326 S. die korrespondierende Zuweisung der Aufgaben in Art. 57 Abs. 1 lit. q DSGVO und der Befugnis in Art. 58 Abs. 3 lit. e DSGVO.

327 Die DAkkS ist Beliehene aufgrund von § 1 Abs. 1 Satz 1 AkkStelleG; zum Begriff und Folgen der Beleihung vgl. *Hoch*, in: Bloehs/Frank 2015, § 1 Rn. 1 ff.

328 Art. 43 Abs. 1 Satz 2 und Abs. 3 DSGVO.

329 Verordnung (EG) Nr. 765/2008 des Europäischen Parlaments und des Rates vom 9.7.2008 über die Vorschriften für die Akkreditierung und Marktüberwachung im Zusammenhang mit der Vermarktung von Produkten, ABl. L 218 vom 13.8.2008, 30. Diese Verordnung regelt nach Art. 1 die Organisation und Durchführung der Akkreditierung von Konformitätsbewertungsstellen, die Konformitätsbewertungstätigkeiten durchführen.

330 S. *Roßnagel* 2017. Angesichts der Möglichkeit der Mitgliedstaaten, die Akkreditierung allein der nationalen Akkreditierungsstelle zuzuweisen, erscheint diese Formulierung als redaktionelles Versehen.

331 Eine gewisse finanzielle Abhängigkeit lässt sich jedoch kaum vermeiden, denn die Tätigkeit der Zertifizierungsstelle wird typischerweise durch die zu zertifizierenden Unternehmen finanziert.

Pflichten nicht zu einem **Interessenkonflikt** führen. Auch zu dem Begriff Interessenkonflikt trifft die Verordnung keine weitere Aussage. In der Literatur wird unter diesem Terminus häufig ein Umstand verstanden, der dazu führt, dass ein primäres Interesse durch ein sekundäres gefährdet oder beeinflusst wird.[332]

244 Angesichts ihrer engen Verbindung werden **Unabhängigkeit** und **Interessenkonflikt** zum Teil als **korrespondierende Begriffe** angesehen.[333] So kann sich ein Interessenkonflikt aus einer wirtschaftlichen Abhängigkeit gegenüber dem zu zertifizierenden Verantwortlichen oder Auftragsverarbeiter ergeben, wenn die zu akkreditierende Zertifizierungsstelle zB Gefälligkeitsbewertungen vornimmt, um sich dadurch langfristige Geschäftsbeziehungen oder zusätzliche Aufträge zu sichern.

245 Zu einem Interessenkonflikt kann es jedoch auch außerhalb eines bestehenden Abhängigkeitsverhältnisses zwischen der Zertifizierungsstelle und dem Verantwortlichen oder Auftragsverarbeiter kommen. So kann bereits die datenschutzrechtliche Beratung des zu zertifizierenden Verantwortlichen oder Auftragsverarbeiters einen Interessenkonflikt auslösen, weil sich die Zertifizierungsstelle dadurch faktisch selbst binden könnte. Auch die Gewährung von Zuwendungen und Geschenken durch aktuelle oder potenzielle Geschäftspartner kann zu Interessenkonflikten führen.

246 Insoweit sind die Nachweispflichten in lit. a und lit. e zusammen zu lesen, wobei die Nachweispflicht zur Vermeidung von Interessenkonflikten weiter geht als die der Unabhängigkeit und somit im Ergebnis als **Auffangtatbestand für lit. a** verstanden werden kann.

247 Die zu akkreditierende Zertifizierungsstelle muss nach lit. a über **Fachwissen** hinsichtlich des Datenschutzes und des Gegenstands der Zertifizierung verfügen.[334]

248 Ferner ist eine zu akkreditierende Zertifizierungsstelle nach lit. b dazu verpflichtet, die gemäß Art. 42 Abs. 5 DSGVO für die Zertifizierung genehmigten Kriterien einzuhalten. Eine weitere Voraussetzung für die Akkreditierung besteht nach lit. c darin, dass die zu akkreditierende Zertifizierungsstelle **Verfahren** für die **Erteilung**, die **regelmäßige Überprüfung** und den **Widerruf** der Zertifizierung festgelegt haben muss.

249 Nach lit. d muss die Zertifizierungsstelle Verfahren und Strukturen festgelegt haben, mit denen sie **Beschwerden** über Verletzungen der Zertifizierung oder die Art und Weise, in der die Zertifizierung von dem Verantwortlichen oder dem Auftragsverarbeiter umgesetzt wird oder wurde, nachgehen und diese Verfahren und Strukturen für betroffene Personen und die Öffentlichkeit transparent machen.

250 Eine Akkreditierung wird gemäß Art. 43 Abs. 4 Satz 2 DSGVO der Zertifizierungsstelle jeweils für die Dauer von **maximal fünf Jahren** erteilt. Allerdings besteht nach Art. 43 Abs. 4 DSGVO die Möglichkeit, die Akkreditierung unter denselben Bedingungen zu verlängern, sofern die Akkreditierungsvoraussetzungen noch vorliegen. Im Umkehrschluss kann die Akkreditierung einer Zertifizierungsstelle nach Art. 43 Abs. 7 DSGVO von der zuständigen Aufsichtsbehörde oder durch die nationale Akkreditierungsstelle auch widerrufen werden, sofern die Akkreditierungsvoraussetzungen nicht (mehr) eingehalten werden oder die Zertifizierungsstelle Maßnahmen ergreift, die nicht im Einklang mit der Verordnung stehen.

332 *Thompson,* NEJM 1993, 573.

333 Zur Wechselbeziehung zwischen Interessenkonflikten und Unabhängigkeit vgl. *Scholderer*, NZG 2012, 168 ff.

334 Das Fachwissen bezieht sich einerseits auf die Zertifizierungskriterien und andererseits auf die für die Datenverarbeitung einschlägigen Vorgaben der Verordnung sowie auf die technischen und organisatorischen Maßnahmen, wie zB zur IT-Sicherheit.

c) Zertifizierungskriterien

251 Wer für die Ausgestaltung der Zertifizierungskriterien verantwortlich ist, ist in der Verordnung nicht geregelt. Es ist davon auszugehen, dass sie jeweils durch die **Zertifizierungsstellen** erfolgen wird.[335] Überdies könnten Zertifizierungskriterien zB auch von **Wirtschafts-** oder **Verbraucherverbänden** ausgearbeitet werden.[336]

252 Bei der Festlegung der Kriterien werden die Anforderungen zu berücksichtigen sein, die noch von der Kommission nach Art. 43 Abs. 8 DSGVO auszuarbeiten sind.[337] Allerdings ist damit in naher Zukunft nicht zu rechnen.[338] Die Kriterien werden von der zuständigen Aufsichtsbehörde nach Antragsstellung der Zertifizierungsstelle gemäß Art. 57 Abs. 1 lit. n und 58 Abs. 3 lit. f DSGVO und gegebenenfalls im **Kohärenzverfahren** nach **Art. 63 ff. DSGVO** genehmigt. Durch den Ausschuss genehmigte Kriterien können gemäß Art. 42 Abs. 5 Satz 2 DSGVO schließlich zu einem **Europäischen Datenschutzsiegel**[339] führen (Zum Europäischen Datenschutzausschuss → § 6 Rn. 97 ff.).

253 Sollten Zertifizierungsstellen tatsächlich berechtigt sein, ihre Zertifizierungsverfahren selbst festzulegen, so kann dies zu einem Wettstreit zwischen Unternehmen führen, die mit möglichst geringen Anforderungen um die Gunst der nationalen und internationalen Organisationen buhlen, die ihre „Datenverarbeitungsvorgänge" zertifizieren lassen wollen. Um der Einheitlichkeit und Rechtssicherheit Rechnung zu tragen, sollten Zertifizierungskriterien entweder von den Mitgliedstaaten oder von den Aufsichtsbehörden festgelegt werden.[340]

d) Zertifizierungsverfahren

254 Wer für die Bestimmung des Zertifizierungsverfahrens zuständig ist, lässt sich aus Art. 42 f. DSGVO nicht entnehmen. Es ist jedoch davon auszugehen, dass die Verfahren von den Zertifizierungsstellen festgelegt werden. Bei der Bestimmung des Zertifizierungsverfahrens werden die technischen Standards für Zertifizierungsverfahren zu berücksichtigen sein, die noch von der Kommission nach Art. 43 Abs. 9 DSGVO im Rahmen von **Durchführungsakten** zu erlassen sind.

255 Der zu zertifizierende Verantwortliche oder Auftragsverarbeiter hat nach Art. 42 Abs. 6 DSGVO der Zertifizierungsstelle oder „gegebenenfalls" der zuständigen Aufsichtsbehörde alle für die Durchführung des Zertifizierungsverfahrens erforderlichen Informationen zur Verfügung zu stellen und gewährt ihr den in diesem Zusammenhang erforderlichen **Zugang zu seinen Verarbeitungstätigkeiten.**

256 Bevor eine Zertifizierungsstelle dem Verantwortlichen oder Auftragsverarbeiter ein Datenschutzgütesiegel verleiht, muss sie gemäß Art. 43 Abs. 1 und 5 DSGVO die zuständige Aufsichtsbehörde über die Gründe für die Zertifizierung informieren, damit diese die Möglichkeit hat, gegebenenfalls nach Art. 58 Abs. 2 lit. h DSGVO Einspruch einzulegen.

257 Nach der erfolgreich durchlaufenen Zertifizierung erhalten die zertifizierten Verantwortlichen oder Auftragsverarbeiter schließlich das beantragte Datenschutzgütesiegel. Dabei wird das **Gütesiegel** gemäß Art. 42 Abs. 7 Satz 1 DSGVO für eine Dauer von

335 Ebenso *Bergt*, in: Kühling/Buchner 2017, Art. 42 Rn. 16.

336 Ähnlich *von Braunmühl*, in: Plath 2016, Art. 42 DSGVO, Rn. 9.

337 Soweit die Kommission einen delegierten Rechtsakt mit Kriterien für das Zertifizierungsverfahren erlässt, werden diese einen relativ hohen Abstraktionsgrad aufweisen, deren Konkretisierung den zuständigen Aufsichtsbehörden und Zertifizierungsstellen obliegen wird, s. *Roßnagel* 2017, 73.

338 *Kipker/Dix*, ZD-Aktuell 2016, 04197.

339 https://www.european-privacy-seal.eu/EPS-en/Home.

340 Will man jedoch mitgliedstaatlichen Wettstreit durch gegenseitiges Unterbieten verhindern, sind europäische Vorgaben unabdingbar, s. *Hofmann*, ZD-Aktuell 2016, 05324.

höchstens drei Jahren vergeben.[341] Während dieser Zeit muss die Zertifizierungsstelle oder die zuständige Aufsichtsbehörde gemäß Art. 42 Abs. 7 Satz 2 DSGVO „gegebenenfalls" regelmäßig überprüfen und sicherstellen, dass die Zertifizierungskriterien eingehalten werden. Werden die Zertifizierungskriterien von dem Verantwortlichen oder Auftragsverarbeiter nicht oder nicht mehr eingehalten, so muss das Gütesiegel von der akkreditierten Zertifizierungsstelle nach Art. 43 Abs. 7 DSGVO oder der zuständigen Aufsichtsbehörde nach Art. 42 Abs. 7 Satz 2 DSGVO widerrufen werden.[342] Zu beachten ist hierbei jedoch, dass der **Widerruf des Gütesiegels verhältnismäßig** sein muss.

258 Die besonderen Bedürfnisse von **Kleinstunternehmen sowie kleinen und mittleren Unternehmen** sollen nach Art. 42 Abs. 1 Satz 2 DSGVO berücksichtigt werden. Die Verordnung regelt hier allerdings nicht genau, auf welche Weise die Bedürfnisse von Kleinstunternehmen sowie kleinen und mittleren Unternehmen zu berücksichtigen sind. Es erklärt sich jedoch von selbst, dass die Geltung des Datenschutzrechts nicht nach der Größe eines Unternehmens differenzieren kann. Dementsprechend besteht für Kleinstunternehmen sowie kleine und mittlere Unternehmen auch **kein Anspruch** auf eine **„Zertifizierung light"** iSe abgemilderten Zertifizierungsverfahrens zu schwächeren Kriterien. Vielmehr könnte sich eine Berücksichtigung in modifizierten Nachweisformen oder in einer finanziellen Entlastung widerspiegeln. Denkbar wäre etwa auch die Gewährung von Steuervorteilen oder direkten Subventionen.

e) Rechtsfolgen der Zertifizierung

259 Auch wenn Art. 42 Abs. 4 DSGVO klarstellt, dass die Verantwortung zur Einhaltung der datenschutzrechtlichen Bestimmungen – unabhängig von etwaigen Zertifizierungen – unberührt bleibt, sieht die Verordnung einige Anreize für Verantwortliche und Auftragsverarbeiter vor, ihre "Datenverarbeitungsvorgänge" datenschutzspezifischen Zertifizierungsverfahren zu unterwerfen. Einen wesentlichen Anreiz stellt dabei die **Erleichterung der Nachweispflichten** dar.[343]

260 So kann die Einhaltung eines genehmigten Zertifizierungsverfahrens nach Art. 24 Abs. 3 DSGVO als **„Gesichtspunkt"** herangezogen werden, um die Einhaltung der Pflichten des **Verantwortlichen** nachzuweisen.[344] **Auftragsverarbeitern** wird über das Instrument der datenschutzrechtlichen Zertifizierung die Möglichkeit eingeräumt, **hinreichende Garantien** dafür zu bieten, dass die betreffenden technischen und organisatorischen Maßnahmen so durchgeführt werden, dass die Verarbeitung im Einklang mit den Vorgaben der Verordnung erfolgt und den Schutz der betroffenen Personen gewährleistet.[345]

261 Darüber hinaus kann ein genehmigtes Zertifizierungsverfahren als **„Faktor"** herangezogen werden, um die Erfüllung von Maßnahmen zu **Privacy by Design** und zu **Privacy by Default** (→ § 5 Rn. 41 ff.) sowie zur **Sicherheit der Verarbeitung** (→ § 5 Rn. 133 ff.) nachzuweisen.

262 Schließlich können nach Art. 42 Abs. 2 Satz 1 DSGVO Verantwortliche oder Auftragsverarbeiter in Drittländern durch eine Zertifizierung nachweisen, dass sie **geeignete Ga-**

341 Eine längere Gültigkeit ist ausgeschlossen; eine kürzere Gültigkeit ist jedoch möglich, s. *Bergt*, in: Kühling/Buchner 2017, Art. 42 Rn. 21.

342 Da das Gütesiegel lediglich bestätigt, dass ein „Datenverarbeitungsvorgang" den Anforderungen der Datenschutz-Verordnung entspricht, dürfte ein Widerruf auch zur Bedeutung haben, dass die betroffene Verarbeitung rechtlich unzulässig ist.

343 Die Anerkennung von Zertifizierungen als Nachweis für die Einhaltung der Pflichten der Verordnung ist – im Gegensatz zu der bisherigen Rechtslage – neu. S. auch zur Zertifizierung als Chance für einen Wettbewerbsvorteil *Kinast/Schröder*, ZD 2012, 207 ff.

344 Kritisch im Hinblick auf die Nachweiserleichterung in Haftungsfällen s. *Laue/Nink/Kremer* 2016, 267.

345 Art. 28 Abs. 5 iVm Abs. 1 bzw. bei Inanspruchnahme des Dienstes eines weiteren Auftragsverarbeiters Abs. 4 DSGVO.

rantien im Sinne des Art. 46 Abs. 2 lit. f DSGVO für den **Datenexport an Drittländer** oder **internationale Organisationen** bieten, ohne dass hierzu eine besondere Genehmigung der Aufsichtsbehörde erforderlich wäre. Diese Verantwortlichen oder Auftragsverarbeiter in Drittländern gehen nach Art. 42 Abs. 2 Satz 2 DSGVO mittels vertraglicher oder sonstiger rechtlich bindender Instrumente die verbindliche und durchsetzbare Verpflichtung ein, die geeigneten Garantien[346] – auch unter Berücksichtigung der Rechte der betroffenen Personen – anzuwenden (→ § 3 Rn. 138 ff.).

Indem die Verordnung festlegt, dass in der Zertifizierung ein „**Faktor**“ oder „**Gesichtspunkt**“ ist, um die Einhaltung der Pflichten der Verordnung nachzuweisen, enthält sie zumindest eine **schwache Rechtsfolge**. Datenschutzrechtliche Zertifikate sind dementsprechend in allen Mitgliedstaaten (förmlich) anzuerkennen. Inwieweit die Begriffe „Faktor“ und „Gesichtspunkt“ jedoch zu verstehen sind, regelt die Verordnung nicht. Letztlich wird es dem **Ermessen der Aufsichtsbehörden** überlassen, ob eine Zertifizierung aus einem anderen Mitgliedstaat einen „Faktor“ oder „Gesichtspunkt“ darstellt und somit als Nachweis für die Einhaltung der Pflichten der Verordnung anerkannt wird. 263

Hinsichtlich der Entscheidung über die Verhängung einer Geldbuße und über deren Betrag ist die **Einhaltung** eines **genehmigten Zertifizierungsverfahrens** gemäß **Art. 83 Abs. 2 lit. j DSGVO „gebührend“ zu berücksichtigen.** Hieraus lässt sich folgern, dass ein datenschutzspezifisches Gütesiegel in den Fällen einer unzulässigen Datenverarbeitung zwar nicht explizit zur Exkulpation des zertifizierten Unternehmens führt. Allerdings kann sich ein datenschutzrechtliches Gütesiegel positiv auf die Höhe der zu verhängenden Bußgelder auswirken. 264

f) Rechtsfolgen von Verstößen

Verletzen Verantwortliche oder Auftragsverarbeiter ihre Pflichten im Rahmen der Zertifizierung nach Art. 42 DSGVO, so kann die zuständige Aufsichtsbehörde gemäß Art. 83 Abs. 4 lit. a DSGVO ein Bußgeld von bis zu 10 Millionen Euro oder, sofern höher, zwei Prozent des weltweiten Jahresumsatzes des Vorjahres verhängen. Welche Pflichtverletzungen genau gemeint sind, lässt sich aus dieser „maximal“ unbestimmten Regelung nicht entnehmen. Gemeint sein könnten hier unter anderem Sachverhalte, in denen von Verantwortlichen oder Auftragsverarbeitern der Versuch unternommen wird, mittels Täuschungshandlungen die Zertifizierung zu erschleichen. 265

Verletzt eine Zertifizierungsstelle ihre Pflichten nach Art. 42 DSGVO – zB durch Unterlassen des Widerrufs einer Zertifizierung – so droht ihr nach Art. 83 Abs. 4 lit. b DSGVO ein Bußgeld in gleicher Höhe. 266

2. Regelungen in Deutschland

Im Bund wird schon lange über die gesetzliche Einführung eines Datenschutzaudits und einer datenschutzspezifischen Produktzertifizierung diskutiert, eingeführt wurde sie jedoch nur auf Länderebene. 267

a) Rechtslage bis zum 25. Mai 2018

In § 17 MDStV 1997 sowie in § 9 a BDSG a.F. 2001 hat der Gesetzgeber den Gedanken des Datenschutzaudits aufgegriffen.[347] § 9 a Satz 1 BDSG a.F. sieht für Anbieter von Datenverarbeitungssystemen und -programmen sowie datenverarbeitenden Stellen die 268

346 Eg. 108 DSGVO zählt hierzu „insbesondere“ die allgemeinen Grundsätze der Verarbeitung personenbezogener Daten.

347 Die Idee eines Datenschutzaudits ist zurückzuführen auf das Umweltschutzaudit, vgl. *Roßnagel* 2000, 41 ff.

Möglichkeit vor, ihr Datenschutzkonzept sowie ihre technischen Einrichtungen durch unabhängige und zugelassene Gutachter prüfen und bewerten zu lassen (sog. **Datenschutzaudit**).[348] § 9 a BDSG a.F. stellt eine **Programmnorm** dar, die ein Datenschutzaudit lediglich in Aussicht stellt. § 9 a Satz 2 BDSG a.F. verlangt für die nähere Ausgestaltung des Verfahrens eine gesetzliche Regelung. Ein solches Ausführungsgesetz ist – trotz der zuletzt intensiven Diskussionen im Kontext mit der Novellierung des Bundesdatenschutzgesetzes 2009[349] – bisher nicht erlassen worden.[350] Auch enthält das Bundesdatenschutzgesetz bisher keine Regelungen zur Bestimmung einer Akkreditierungsstelle im Rahmen von Zertifizierungsverfahren.

269 Derzeit enthalten fünf Landesdatenschutzgesetze[351] Regelungen zum Datenschutzaudit, die weitgehend der bundesrechtlichen Programmnorm entsprechen. Die erforderlichen Umsetzungsregelungen wurden jedoch bisher nur in **Schleswig-Holstein** und **Bremen** erlassen.[352] So wurden in Schleswig-Holstein Regelungen für ein Datenschutzaudit für Datenschutzmanagementsysteme in § 43 Abs. 2 LDSG[353] und eine Datenschutzzertifizierung für einzelne Produkte in § 4 Abs. 2 LDSG erlassen.[354] Nach dem Vorbild von Schleswig-Holstein bietet auch Bremen ein Datenschutzaudit und ein Gütesiegel nach einer am 15.10.2005 in Kraft getretenen Bremischen Datenschutzauditverordnung an.[355] Sofern eine Anpassung der Landesdatenschutzgesetze an Art. 42 f. DSGVO erfolgt, finden diese Regelungen künftig neben den Vorschriften der Verordnung Anwendung (→ § 2 Rn. 15 ff.).[356]

b) Rechtslage ab dem 25. Mai 2018

270 Das Bundesdatenschutzgesetz enthält in § 39 eine Regelung zu dem in Art. 43 Abs. 1 Satz 2 DSGVO normierten Regelungsauftrag. **§ 39 BDSG** sieht vor, dass die Akkreditierung der Zertifizierungsstellen durch die **Deutsche Akkreditierungsstelle GmbH** zu erfolgen hat. Zusätzlich bedarf jedoch die Zertifizierungsstelle der **„Befugnis“**, um als solche gemäß Art. 43 Abs. 1 Satz 1 DSGVO tätig werden zu dürfen. Diese Befugnis wird von der für die datenschutzrechtliche Aufsicht über die Zertifizierungsstelle **zuständigen Aufsichtsbehörde** auf der Grundlage einer Akkreditierung durch die Deutsche Akkreditierungsstelle erteilt. Die Zuständigkeit der Aufsichtsbehörde für die Erteilung der Befugnis ergibt sich aus § 1 Abs. 2 Satz 1 AkkStelleG.[357] Dadurch wird die gebotene Beteiligung und Mitsprache der Aufsichtsbehörden an der Akkreditierungsentscheidung gewährleistet.[358] Im Ergebnis trifft die Deutsche Akkreditierungsstelle die Akkreditierungsentscheidung unter **Beteiligung und Mitsprache der zuständigen Aufsichtsbehörde** nach Art. 43 Abs. 1 lit. a DSGVO. Kriterien und Verfahren der Erteilung der Befugnis bleiben jedoch ungeregelt.

348 Ausführlich zum Datenschutzaudit vgl. *Roßnagel*, DuD 1997, 505 f.; *ders.*, 2000.

349 S. BT-Drs. 16/12011.

350 Gleiches gilt für die in § 78 c SGB X normierte Regelung zum Datenschutzaudit.

351 Brandenburg, Bremen, Mecklenburg-Vorpommern, Nordrhein-Westfalen, Schleswig-Holstein, vgl. *Bergt*, in: Kühling/Buchner 2017, Art. 42 Rn. 39 ff.

352 S. *Gola/Klug/Körfer*, in: Gola/Schomerus 2015, § 9 a Rn. 2 ff.

353 S. auch die Schleswig-Holsteinische Landesverordnung über ein Datenschutzaudit (GVBl. 2008, 562 und 2009, 742). Hierzu hat das ULD Schleswig-Holstein Ausführungsbestimmungen in Form von Verwaltungsrichtlinien erlassen – s. www.datenschutzzentrum.de/audit/.

354 Hierzu hat das ULD Schleswig-Holstein Ausführungsbestimmungen in Form von Verwaltungsrichtlinien erlassen – s. www.datenschutzzentrum.de/audit/.

355 S. Bremische Datenschutzaudit-Verordnung von 2004 (Brem. GBl., 515).

356 *Roßnagel* 2011.

357 Gesetz über die Akkreditierungsstelle (Akkreditierungsstellengesetz – AkkStelleG) vom 31.7.2009, BGBl. I, 2625.

358 BT-Drs. 18/11325, 108.

Damit hat der deutsche Gesetzgeber die Chance zu mehr Rechtssicherheit vertan. Die Deutsche Akkreditierungsstelle hat im Gegensatz zu den Aufsichtsbehörden wenig Erfahrung mit den spezifischen Inhalten des Datenschutzrechts. Dieser Umstand könnte zu Unstimmigkeiten zwischen der Deutschen Akkreditierungsstelle und der zu akkreditierenden Zertifizierungsstellen führen und ein hohes Maß an Rechtsunsicherheit auf Seiten der zu akkreditierenden Zertifizierungsstellen hervorrufen.[359] 271

Um diesem Umstand zu begegnen, sollte die Kommission möglichst noch vor dem 25. Mai 2018 nach Art. 42 Abs. 8 DSGVO **delegierte Rechtsakte** erlassen. Dabei sollte die Bestimmung des förmlichen Akkreditierungsverfahrens der Deutschen Akkreditierungsstelle und die genauere Ausgestaltung der datenschutzspezifischen Inhalte des Akkreditierungsverfahrens vorzugsweise den Aufsichtsbehörden vorbehalten werden, welche einheitliche Akkreditierungskriterienkataloge erstellen und diese im Rahmen eines einheitlichen Akkreditierungsverfahrens anwenden sollten. 272

Im Ergebnis erscheint die in § 39 BDSG eingeführte Erteilung einer Befugnis zur Zertifizierung unionsrechtlich zweifelhaft, weil sie keine Konkretisierung der in Art. 43 DSGVO vorgesehenen Akkreditierung, sondern eine zusätzliche Anforderung für die Zertifizierungsstelle ist. Außerdem ist fraglich, ob der geregelte **zweistufige Akkreditierungsweg** – allein schon vor dem Hintergrund der Förderpflicht der Mitgliedstaaten in Art. 42 Abs. 1 DSGVO – sachgerecht ist, da dieser Weg zu mehr Bürokratie und somit zu mehr Kosten der Zertifizierung insgesamt führt. 273

3. Zusammenfassung

Die ausdrückliche Regelung des Instruments der datenschutzspezifischen Zertifizierung in Art. 42 f. DSGVO ist grundsätzlich zu begrüßen, weil es das Potenzial hat, einen zusätzlichen Anreiz für Verantwortliche oder Auftragsverarbeiter zu schaffen, die Vorgaben der Verordnung einzuhalten. 274

Dabei stellen die Regelungen zur Zertifizierung, wie etwa zur unionsweiten Förderpflicht sowie die Rahmenbedingungen für die Zertifizierungsverfahren und -kriterien ein Novum des europäischen Datenschutzrechts dar. Neuartig ist auch, dass ein genehmigtes Zertifizierungsverfahren als Faktor herangezogen werden kann, um die Einhaltung der Vorgaben der Verordnung nachzuweisen. 275

Angesichts der Tatsache, dass die Verordnung jedoch keine konkreten Regelungen zu den Zertifizierungskriterien und -verfahren enthält, können datenschutzspezifische Zertifizierungen in der aktuellen Ausgestaltung zu Problemen führen. Überlässt man die nähere Ausgestaltung tatsächlich privaten Unternehmen oder Verbänden, so könnte dieser Umstand zu einem **„Race to the Bottom"** innerhalb der Europäischen Union führen.[360] Es obliegt in erster Linie den Mitgliedstaaten, den **vorgegebenen Rahmen der Verordnung** zu **konkretisieren.**[361] Auch die Kommission sollte möglichst vor dem 25. Mai 2018 von ihren Kompetenzen in **Art. 43 Abs. 8 und 9 DSGVO** Gebrauch machen, um Rechtsunsicherheiten, die sich aus den abstrakten Regelungen der Verordnung ergeben können, zu beseitigen. 276

Es bleibt abzuwarten, ob die Zertifizierung mit ihrer Nachweisfunktion im europäischen Datenschutz mehr Bedeutung erfahren wird, als es im bisherigen Bundesdatenschutzgesetz der Fall war. Es ist zu erwarten, dass insbesondere das **Europäische Daten-** 277

359 Unstimmigkeiten könnten sich etwa auf Grund von unklaren, unbeständigen, unvorhersehbaren und unverlässlichen Akkreditierungsanforderungen ergeben.

360 In föderalistisch geprägten Staaten – wie bspw. Deutschland – ist ein „Race to the Bottom" auch innerhalb eines Mitgliedstaates zwischen den Bundeländern möglich.

361 Vgl. *Roßnagel* 2016.

schutzsiegel aller Voraussicht nach auf große Akzeptanz stoßen wird, da dieses Gütesiegel unionsweit aufsichtsbehördliche Bindungswirkungen entfalten dürfte.

VIII. Betriebliche und behördliche Datenschutzbeauftragte

278 **Datenschutzbeauftragte** wirken in Unternehmen und Behörden auf die Einhaltung des Datenschutzes und die Weiterentwicklung von Verfahren zur Umsetzung von Datenschutz hin.[362] Ihnen kommt damit eine **Schlüsselrolle** bei der Umsetzung des Datenschutzrechts zu. Da die Datenschutz-Richtlinie das Instrument des Datenschutzbeauftragten nicht verpflichtend vorgegeben hat, haben sich in den Mitgliedstaaten sehr unterschiedliche Regelungen und Praktiken herausgebildet: Den meisten EU-Ländern ist das Konzept des Datenschutzbeauftragten bisher fremd.[363] Deutschland hingegen hat auf die Datenschutzbeauftragten großen Wert gelegt und ihnen im Bundesdatenschutzgesetz eine starke Position eingeräumt.[364]

1. Datenschutzbeauftragte nach der Datenschutz-Grundverordnung

279 Die Verordnung enthält erstmalig eine europarechtliche Verpflichtung zur **Benennung** von betrieblichen und behördlichen Datenschutzbeauftragten. Sie trifft zwar umfassende Regelungen zur Stellung und zu den Aufgaben eines Datenschutzbeauftragten, lässt jedoch zugleich Raum für die weitere Anwendbarkeit einiger nationaler Datenschutzregelungen. So enthält Art. 37 Abs. 4 DSGVO eine Öffnungsklausel, die es den Mitgliedstaaten ermöglicht, die Benennungspflicht des Datenschutzbeauftragten zu konkretisieren.

280 Die Voraussetzungen der Benennung des Datenschutzbeauftragten, seine Stellung und seine Aufgaben sind in Art. 37 bis 39 DSGVO geregelt. Art. 37 Abs. 1 DSGVO nennt die Voraussetzungen der Benennung. Die Verordnung setzt dabei einen **risikobasierten Ansatz** um, wonach die Benennungspflicht unabhängig von ihrer Größe nur Unternehmen trifft, deren Datenverarbeitung einen gewissen Risikograd erreicht.[365]

281 **Behörden und öffentliche Stellen** sind gemäß Art. 37 Abs. 1 lit. a DSGVO immer zur **Benennung** eines **Datenschutzbeauftragten** verpflichtet.[366] Verantwortliche oder Auftragsverarbeiter, die nicht Behörden oder öffentliche Stellen sind, müssen einen Datenschutzbeauftragten benennen, wenn gemäß Art. 37 Abs. 1 lit. b DSGVO ihre „Kerntätigkeit" in der Durchführung von Verarbeitungsvorgängen besteht, die „aufgrund ihres Wesens, ihres Umfangs und/oder ihrer Zwecke eine regelmäßige und systematische Beobachtung von betroffenen Personen erforderlich" machen. Unter Kerntätigkeiten sind alle Geschäftsbereiche zu verstehen, die entscheidend für die Umsetzung der Unternehmensstrategie sind und den oder einen Hauptzweck der verantwortlichen Stelle bilden; Verwaltungsaufgaben sind hingegen nicht erfasst.[367] Dies stellt Erwägungsgrund 97 DSGVO klar, der dort keine Kerntätigkeit sieht, wo personenbezogene Daten nur als Nebentätigkeit verarbeitet werden, wie z. B. bei der Mitarbeiterverwaltung, der Bereitstellung technischer Infrastruktur oder beim Rechnungswesen und diese Aufgaben gera-

---

362 *Büllesbach/Abel*, in: Roßnagel 2003, Kap. 5.5. und 5.6.
363 *Kühling u.a.* 2016, 326.
364 *Kort*, ZD 2017, 3.
365 *Klug*, in: Gola 2017, Art. 37 Rn. 1; kritisch zur Relativierung von Verarbeiterpflichten durch den risikobasierten Ansatz der Verordnung, der bewirkt, dass nur ein Bruchteil der Verantwortlichen und Auftragsverarbeiter diese Pflichten erfüllen muss – *Roßnagel*, DuD 2016, 565.
366 Eine Ausnahme gilt gem. Art. 37 Abs. 1 lit. a DSGVO nur für Gerichte, die im Rahmen ihrer justiziellen Tätigkeit handeln.
367 *Jaspers/Reif*, RDV 2016, 62; *Dammann*, ZD 2016, 308.

de nicht den Hauptzweck der Tätigkeit darstellen, wie etwa bei Personaldienstleistern oder IT-Dienstleistern.[368]

Gemäß lit. c gilt die Benennungspflicht auch, wenn **besondere Datenkategorien** gemäß Art. 9 DSGVO oder personenbezogene Daten, die strafrechtliche Verurteilungen und Straftaten gemäß Art. 10 DSGVO betreffen, verarbeitet werden. Erforderlich dabei ist, dass die Kerntätigkeit der für die Verarbeitung verantwortlichen Stelle in der umfangreichen Verarbeitung besonders geschützter Daten oder von personenbezogenen Daten besteht. 282

Art. 37 DSGVO enthält in Abs. 2 Vorgaben über die **Einzelheiten der Benennungspflicht.** Danach darf eine Unternehmensgruppe[369] einen gemeinsamen Datenschutzbeauftragten ernennen, sofern er von jeder Niederlassung aus leicht erreicht werden kann. Gemäß Art. 37 Abs. 3 DSGVO kann auch ein Datenschutzbeauftragter für mehrere öffentliche Behörden oder Stellen benannt werden. Ferner sieht die Verordnung in Art. 37 Abs. 4 Satz 1 DSGVO eine Benennungspflicht in anderen als den in Abs. 1 geregelten Fällen vor, wenn dies durch Unionsrecht oder nationales Recht vorgegeben ist. Die Benennung des Datenschutzbeauftragten erfolgt gemäß Art. 37 Abs. 5 DSGVO auf Grundlage der beruflichen Qualifikation und des Fachwissens zum Datenschutzrecht und zur Datenschutzpraxis. Art. 37 Abs. 6 DSGVO stellt klar, dass der Datenschutzbeauftragte Beschäftigter des Unternehmens sein oder als externer Datenschutzbeauftragter seine Aufgaben auf der Grundlage eines Dienstvertrags erfüllen kann. 283

Art. 38 DSGVO regelt die **Stellung des Datenschutzbeauftragten.** Der Verantwortliche und der Auftragsverarbeiter stellen nach Abs. 1 sicher, dass der Datenschutzbeauftragte ordnungsgemäß und frühzeitig in alle mit dem Schutz personenbezogener Daten zusammenhängenden Fragen eingebunden wird. Diese Pflicht korrespondiert mit der Pflicht zur Unterstützung des Datenschutzbeauftragten nach Art. 38 Abs. 2 DSGVO. Die Norm verpflichtet den Verantwortlichen oder den Auftragsverarbeiter dazu, den Datenschutzbeauftragten bei der Erfüllung seiner Aufgaben gemäß Art. 39 DSGVO zu unterstützen und die dazu erforderlichen Ressourcen zur Verfügung zu stellen. Dies umfasst die notwendige Ausstattung mit sachlichen und persönlichen Mitteln.[370] Abs. 3 sichert dem Datenschutzbeauftragten Weisungsfreiheit bei der Ausübung seiner Aufgaben zu; ihm darf wegen der Erfüllung seiner Aufgaben nicht gekündigt werden, ebenso darf er nicht benachteiligt werden. Nach Erwägungsgrund 97 DSGVO soll der Datenschutzbeauftragte seine Aufgaben in vollständiger Unabhängigkeit ausüben können. 284

§ 38 Abs. 4 DSGVO regelt seine Stellung als Ansprechpartner für betroffene Personen in Bezug auf die Verarbeitung ihrer personenbezogenen Daten und die ihnen zustehenden Rechte. Die Vorschrift soll eine wesentliche Maxime der Verordnung – die Schaffung von Transparenz nach Art. 5 Abs. 1 lit a DSGVO (→ § 3 Rn. 55 ff.) – unterstützen.[371] Durch Abs. 5 wird der Datenschutzbeauftragte zur **Vertraulichkeit** und **Verschwiegenheit** hinsichtlich seiner Tätigkeit verpflichtet. Gemäß Abs. 6 darf er neben der Funktion des Datenschutzbeauftragten auch andere Aufgaben wahrnehmen. Der Verantwortliche oder der Auftragsverarbeiter müssen jedoch sicherstellen, dass hierdurch kein Interessenskonflikt entsteht. 285

Art. 39 DSGVO benennt die **Aufgaben** des Datenschutzbeauftragten. Gemäß Abs. 1 lit. a obliegt ihm die **Unterrichtung** und **Beratung** hinsichtlich der Pflichten aus der Verordnung und anderer unionsrechtlicher und nationaler Datenschutzvorschriften, die für 286

368 *Piltz*, K&R 2016, 717.
369 Nach Art. 4 Nr. 19 DSGVO versteht man unter einer Unternehmensgruppe eine Gruppe, die aus einem herrschenden Unternehmen und den von diesem abhängigen Unternehmen besteht.
370 *Franzen*, EuZA 2017, 340.
371 *Klug*, ZD 2016, 318.

den Verantwortlichen, den Auftragsverarbeiter und mit Datenverarbeitungen betraute Beschäftigte gelten. Die Vorschrift korreliert mit der in Art. 38 Abs. 3 DSGVO normierten Berichtspflicht gegenüber der höchsten Managementebene.[372] Ebenso ist der Datenschutzbeauftragte gemäß Abs. 1 lit. b für die **Überwachung** dieser Datenschutzvorschriften, der vom Auftragsverarbeiter oder dem Verantwortlichen verfolgten Strategie zum Schutz personenbezogener Daten sowie für die **Schulung** der mit Datenverarbeitung betrauten Mitarbeiter zuständig. Auf Anfrage obliegt ihm gemäß Abs. 1 lit. c eine beratende Funktion bei der Datenschutz-Folgenabschätzung (→ § 5 Rn. 160 ff.) und der Überwachung ihrer Durchführung. Schließlich zählt die Zusammenarbeit mit der Aufsichtsbehörde nach § 38 Abs. 1 lit. d DSGVO zu den Aufgaben des Datenschutzbeauftragten und gemäß Abs. 1 lit. e dient er dieser als Anlaufstelle. Durch Art. 39 Abs. 2 DSGVO, wonach der Datenschutzbeauftragte seine Aufgaben risikoorientiert zu erfüllen hat, kommt der risikobasierte Ansatz[373] erneut zum Tragen.[374]

2. Datenschutzbeauftragte nach dem Bundesdatenschutzgesetz

a) Rechtslage bis zum 25. Mai 2018

287 Die Verpflichtung unter bestimmten Voraussetzungen einen behördlichen oder betrieblichen Datenschutzbeauftragten zu bestellen, besteht seit Geltung des Bundesdatenschutzgesetzes und hat insofern einen prägenden Charakter für das deutsche Datenschutzrecht.[375] Die **Datenschutz-Richtlinie** sah keine einheitliche Verpflichtung zur **Bestellung** eines Datenschutzbeauftragten vor, sondern gewährte den Mitgliedstaaten in dieser Frage eine Wahlmöglichkeit. Die Mitgliedstaaten konnten den für die Verarbeitung Verantwortlichen von seinen Meldepflichten aus Art. 18 bis 21 DSRL entbinden, wenn im Gegenzug dafür „der für die Verarbeitung Verantwortliche … einen Datenschutzbeauftragten bestellt".[376] Dieser sollte insbesondere in unabhängiger Weise überprüfen, ob die zur Umsetzung der Datenschutz-Richtlinie erlassenen nationalen Datenschutzregeln angewendet werden. Weiterhin kam ihm die Pflicht zu, ein Verzeichnis mit den in Art. 21 Abs. 1 DSRL vorgesehenen Informationen über die Verarbeitungen zu führen, die der für die Verarbeitung Verantwortliche vornimmt (→ § 3 Rn. 3).

288 In Deutschland wurde in Folge der Datenschutz-Richtlinie die **Option der Bestellung** eines Datenschutzbeauftragten an Stelle einer weitreichenden Pflicht zur Meldung bei den nationalen Kontrollstellen weiterhin beibehalten. Das bisherige Bundesdatenschutzgesetz differenziert bei der Bestellpflicht zwischen öffentlichen und nichtöffentlichen Stellen.

289 **Öffentliche Stellen** sind zur **Bestellung** eines Datenschutzbeauftragten verpflichtet, wenn sie personenbezogene Daten automatisiert erheben, verarbeiten oder nutzen. Dies gilt gemäß § 4 f Abs. 1 BDSG a.F. unabhängig von der Anzahl der damit beschäftigten Personen. Gemäß § 4 f Abs. 1 Satz 5 BDSG a.F. kann auch für mehrere öffentliche Stellen ein bereichsübergreifender Datenschutzbeauftragter bestellt werden.

290 **Nichtöffentliche Stellen** sind nach § 4 f Abs. 1 Satz 4 BDSG a.F. hingegen nur dann zur **Bestellung** verpflichtet, wenn sie über einen gewissen Mindestumfang an Datenverarbeitung verfügen. Weiterhin ist die Bestellung von der Art der Datenverarbeitung abhängig. Solange mit der automatisierten Datenverarbeitung weniger als zehn Personen und mit der manuellen Datenverarbeitung weniger als 20 Personen betraut sind, kann eine

372 *Klug*, ZD 2016, 318.
373 Zu einzelnen Risikofaktoren vgl. Eg. 75 f. DSGVO.
374 *Klug*, in: Gola 2017, Art. 39 Rn. 2.
375 *Hoeren*, ZD 2012, 355.
376 S. Art. 18 Abs. 2 DSRL.

Bestellung unterbleiben.[377] Die Bestellpflicht entfällt nicht, wenn aus der Datenverarbeitungsart oder dem Verwendungszweck besondere Gefährdungen für das Persönlichkeitsrecht des Betroffenen resultieren können.[378] Dies ist zum einen der Fall, wenn Datenverarbeitungen vorgenommen werden, die gemäß § 4 d Abs. 5 BDSG a.F. einer Vorabkontrolle unterliegen. Zum anderen besteht die Pflicht nach § 4 f Abs. 1 Satz 6 BDSG a.F. dann, wenn die personenbezogenen Daten geschäftsmäßig zu Übermittlungszwecken automatisiert verarbeitet werden. Gemäß § 4 f Abs. 2 Satz 1 BDSG a.F. kann nur derjenige zum Datenschutzbeauftragten bestellt werden, der die für diese Aufgabe nötige Fachkunde und Zuverlässigkeit besitzt.[379]

b) Rechtslage ab dem 25. Mai 2018

In §§ 5 bis 7 BDSG finden sich Regelungen zu Datenschutzbeauftragten bei öffentlichen 291
Stellen. § 5 enthält Regelungen zur Benennung des Datenschutzbeauftragten, § 6 normiert seine Stellung und § 7 benennt die Aufgaben des Datenschutzbeauftragten.

Nach § 5 Abs. 1 BDSG benennen **öffentliche Stellen** einen Datenschutzbeauftragten. § 5 292
Abs. 1 BDSG geht insofern über die Regelungen des § 4 f BDSG a.F. hinaus, als ein Datenschutzbeauftragter unabhängig von einer automatisierten Verarbeitung personenbezogener Daten zu benennen ist. Von der schriftlichen Bestellung des Datenschutzbeauftragten wird im zukünftigen Bundesdatenschutzgesetz abgesehen. Nach § 5 Abs. 2 BDSG kann für mehrere öffentliche Stellen unter Berücksichtigung ihrer Organisationsstruktur und ihrer Größe ein **gemeinsamer Datenschutzbeauftragter** benannt werden. Gemäß Abs. 3 wird der Datenschutzbeauftragte auf der Grundlage seiner **beruflichen Qualifikation** und insbesondere seines Fachwissens benannt, das er auf dem Gebiet des Datenschutzrechts und der Datenschutzpraxis besitzt sowie auf der Grundlage seiner Fähigkeit zur Erfüllung der in § 7 BDSG genannten Aufgaben. Nach § 5 Abs. 4 BDSG kann der Datenschutzbeauftragte Beschäftigter der öffentlichen Stelle sein oder seine Aufgaben auf der Grundlage eines Dienstvertrags erfüllen. Gemäß § 5 Abs. 5 BDSG veröffentlicht die öffentliche Stelle die Kontaktdaten des Datenschutzbeauftragten und teilt diese Daten der oder dem Bundesbeauftragten für den Datenschutz und die Informationsfreiheit mit.

In § 6 BDSG wird die **Stellung des Datenschutzbeauftragten** normiert. Nach Abs. 1 293
stellt die öffentliche Stelle sicher, dass der Datenschutzbeauftragte ordnungsgemäß und frühzeitig in alle mit dem Schutz personenbezogener Daten zusammenhängenden Fragen eingebunden wird. Gemäß Abs. 2 unterstützt die öffentliche Stelle den Datenschutzbeauftragten bei der Erfüllung seiner Aufgaben gemäß § 7, indem sie die für die Erfüllung dieser Aufgaben erforderlichen Ressourcen und den Zugang zu personenbezogenen Daten und Verarbeitungsvorgängen sowie die zur Erhaltung seines Fachwissens erforderlichen Ressourcen zur Verfügung stellt. Zudem stellt die öffentliche Stelle nach Abs. 3 die Unabhängigkeit des Datenschutzbeauftragten in der Erfüllung seiner Aufgaben sicher. Der Datenschutzbeauftragte hat eine Berichtspflicht gegenüber der höchsten Leitungsebene.

§ 6 regelt **Rechte und Pflichten** des Datenschutzbeauftragten. Er darf aufgrund der Er- 294
füllung seiner Aufgaben nicht abberufen oder benachteiligt werden. Eine solche Abberufung ist nach § 6 Abs. 4 BDSG nur aus wichtigem Grund zulässig. Die **Kündigung** des Arbeitsverhältnisses ist unzulässig, es sei denn, dass ein wichtiger Grund vorliegt, der zur Kündigung berechtigt. Gleiches gilt innerhalb eines Jahres nach dem Ende der Tä-

377 *Gola/Schomerus* 2015, § 4 f BDSG, Rn. 9; *Linnenkohl*, NJW 1979, 1190.
378 *Gola/Schomerus* 2015, § 4 f BDSG, Rn. 10.
379 Zu den Mindestanforderungen hinsichtlich datenschutzrechtlicher und technisch-organisatorischer Kenntnisse an die Person des Datenschutzbeauftragten aus Sicht der Aufsichtsbehörden s. *Düsseldorfer Kreis*, RDV 2011, 52.

tigkeit als Datenschutzbeauftragter. § 6 Abs. 5 BDSG gewährt der betroffenen Person das Recht, Datenschutzbeauftragte zu allen mit der Verarbeitung ihrer personenbezogenen Daten und der Wahrnehmung ihrer Rechte nach der Grundverordnung zusammenhängenden Fragen zu Rate zu ziehen. Der Datenschutzbeauftragte ist weiterhin zur **Verschwiegenheit** über die Identität der Person sowie über die Umstände, die Rückschlüsse auf diese zulassen, verpflichtet. Zudem enthält Abs. 6 ein **Zeugnisverweigerungsrecht** des Datenschutzbeauftragten. Über die Ausübung dieses Rechts entscheidet die Person, der es aus beruflichen Gründen zusteht, es sei denn, dass diese Entscheidung in absehbarer Zeit nicht herbeigeführt werden kann.

295 Nach § 7 Abs. 1 BDSG obliegen dem Datenschutzbeauftragten folgende **Aufgaben:** die Unterrichtung und Beratung der öffentlichen Stelle und der Beschäftigten, die Verarbeitungen durchführen über die Vorschriften des Datenschutzes (Nr. 1), die Überwachung der Einhaltung des Bundesdatenschutzgesetzes und sonstiger Vorschriften über den Datenschutz sowie der Strategien der öffentlichen Stelle zum Datenschutz (Nr. 2), die Beratung im Zusammenhang mit der Datenschutz-Folgeabschätzung (Nr. 3), die Zusammenarbeit mit der Aufsichtsbehörde (Nr. 4) und die Tätigkeit als Anlaufstelle für die Aufsichtsbehörden (Nr. 5). Der Datenschutzbeauftragte kann darüber hinaus nach § 7 Abs. 2 BDSG andere Aufgaben und Pflichten wahrnehmen und trägt nach Abs. 3 bei der Erfüllung seiner Aufgaben den mit den Verarbeitungsvorgängen verbundenen Risiken gebührend Rechnung.

296 Für **nichtöffentlichen Stellen** hat der nationale Gesetzgeber mit § 38 BDSG von seiner Berechtigung Gebrauch gemacht, eine über Art. 37 Abs. 1 DSGVO hinausgehende Benennpflicht für den Datenschutzbeauftragten zu normieren. Nach § 38 Abs. 1 BDSG benennen der Verantwortliche und der Auftragsverarbeiter einen Datenschutzbeauftragten, soweit sie in der Regel mindestens zehn Personen ständig mit der **automatisierten Verarbeitung personenbezogener Daten** beschäftigen. Soweit der Verantwortliche oder der Auftragsverarbeiter Verarbeitungen vornehmen, die einer Datenschutz-Folgenabschätzung unterliegen oder verarbeiten sie personenbezogene Daten geschäftsmäßig zum Zweck der Übermittlung, anonymisierten Übermittlung oder für Zwecke der Markt- und Meinungsforschung, haben sie unabhängig von der Zahl der damit beschäftigten Personen einen Datenschutzbeauftragten zu benennen. Die Vorschrift entspricht weitestgehend § 4f Abs. 1 Satz 4 BDSG a.F., ergänzt sie aber in einem Punkt. § 38 Abs. 2 BDSG verweist auf § 6 Abs. 4, 5 Satz 2 und 6 BDSG und weitet damit die Vorgaben zur Aufdeckung von Straftaten und zur Kündigung des Datenschutzbeauftragten für öffentliche Stellen auch auf den Datenschutzbeauftragten für nichtöffentliche Stellen aus. § 6 Abs. 4 BDSG gilt mit der Maßgabe, dass die Benennung eines Datenschutzbeauftragten verpflichtend ist.

3. Anwendungsvorrang der Datenschutz-Grundverordnung

297 Soweit eine nationale Vorschrift den Regelungen der Grundverordnung widerspricht oder wortgleich mit dieser ist, genießt die Verordnung Anwendungsvorrang. Nur wenn eine Präzisierung unbestimmter Rechtsbegriffe, eine Konkretisierung ausfüllungsbedürftiger Vorgaben oder eine Ergänzung unvollständiger Regelungen der Grundverordnung vorliegt und diese nicht dem Regelungsziel der Verordnung zuwiderläuft, können mitgliedstaatliche Regelungen weiterhin anwendbar bleiben, auch wenn ihr Wortlaut nicht dem der Grundverordnung entspricht (→ § 2 Rn. 1 ff.).

298 Art. 37 Abs. 2 und 3 DSGVO trifft Regelungen zur Ernennung eines gemeinsamen Datenschutzbeauftragten einer Unternehmensgruppe oder mehrerer Behörden. Die Benennung eines gemeinsamen Datenschutzbeauftragten ist den Unternehmen einer Unternehmensgruppe gemäß Art. 37 Abs. 2 DSGVO unter der Voraussetzung möglich, dass die-

ser von jeder Niederlassung aus leicht erreicht werden kann. Dieses Erfordernis bezieht sich nicht nur auf die örtliche, sondern auch auf die funktionale Dimension und ist etwa zu verneinen, wenn eine Sprachbarriere besteht.[380] Durch die Regelung wird die zentrale Bestellung eines **Konzerndatenschutzbeauftragten** durch die Konzernleitung möglich, sodass keine separaten Mehrfachbenennungen in den angeschlossenen Konzernunternehmen mehr durchgeführt werden müssen.[381] Eine entsprechende Regelung findet sich im zukünftig geltenden Bundesdatenschutzgesetz nicht. Es ist die Vorschrift der Verordnung anzuwenden.

Nach Art. 37 Abs. 3 DSGVO können mehrere Behörden oder öffentliche Stellen unter 299
Berücksichtigung ihrer Organisationsstruktur und Größe einen **gemeinsamen Datenschutzbeauftragten** benennen. Die Verordnung gibt allerdings nicht vor, welches Organ den gemeinsamen Datenschutzbeauftragten bestellen muss. Im Ergebnis muss es genügen, wenn die Leitung der jeweiligen Organisation die Bestellung vornimmt. Eine gemeinschaftliche Bestellung durch alle für die Datenverarbeitung verantwortlichen Stellen, würde die dargestellte Regelung überflüssig machen, da die getrennte Bestellung durch mehrere Verantwortliche immer möglich sein muss.[382] In § 5 Abs. 2 BDSG findet sich die entsprechende Regelung der Verordnung. Die nationale Regelung hat aufgrund des Anwendungsvorrangs der Verordnung zurückzutreten.

Art. 37 Abs. 5 DSGVO regelt die **fachliche Eignung**, die eine Person mitbringen muss, 300
um zum Datenschutzbeauftragten benannt werden zu können. Trotz anderweitiger Ansätze[383] stellt sie allerdings weder zwingende Vorgaben bezüglich der Qualifikation auf, noch bestimmt sie den nötigen Umfang des Fachwissens, wie dies in dem bisher geltenden § 4 f Abs. 2 Satz 2 BDSG a.F. geschieht. Je größer der Umfang der Datenverarbeitung und je höher der Schutzbedarf, desto höhere Anforderungen sind an das erforderliche Fachwissen zu stellen. Als erforderlich sind daher entsprechende Kenntnisse des einschlägigen Rechts und der Datenverarbeitungsvorgänge sowie technisches Verständnis und organisatorisches Geschick anzusehen. Eine mangelnde Eignung führt allerdings nicht zur Unwirksamkeit der Benennung.[384] Die Regelung des § 37 Abs. 5 DSGVO findet sich wortgleich in § 5 Abs. 3 BDSG und geht der Vorschrift des Bundesdatenschutzgesetzes vor. Von dem Erfordernis der Zuverlässigkeit des Datenschutzbeauftragten, das in § 4 f Abs. 2 Satz 1 BDSG a.F. verlangt wird, wird sowohl in der Verordnung als auch in der entsprechenden Regelung im zukünftigen Bundesdatenschutzgesetz abgesehen. Der nationale Gesetzgeber hat den ihm – ob des Fehlens einer dezidierten Beschreibung der notwendigen Qualifikation des Datenschutzbeauftragten – eröffneten Gestaltungsspielraum in diesem Bereich leider nicht genutzt.

Der Datenschutzbeauftragte muss gemäß Art. 37 Abs. 6 DSGVO in keinem Beschäfti- 301
gungsverhältnis zum Verantwortlichen oder dem Auftragsverarbeiter stehen, sondern kann auch aufgrund eines Dienstleistungsvertrages tätig werden. Damit wird die in Deutschland bestehende Praxis von **externen Datenschutzbeauftragten** bestätigt.[385] Diese Regelung entspricht § 5 Abs. 4 BDSG und verdrängt diesen. In Art. 37 Abs. 7 DSGVO wird verlangt, dass der Verantwortliche oder der Auftragsverarbeiter die Kontaktdaten des Datenschutzbeauftragten veröffentlicht und diese Daten der Aufsichtsbehörde mitteilt. Auch wenn die Grundverordnung keine ausdrücklichen Vorgaben zur **Form der Benennung** des Datenschutzbeauftragten enthält, dürfte es sich anbieten, die Benennung schriftlich festzuhalten, wie dies die bisher geltende Vorschrift des Bundes-

380 *Jaspers/Reif*, RDV 2016, 63; *Klug*, ZD 2016, 317.
381 *Jaspers/Reif*, RDV 2012, 79; *Gierschmann*, ZD 2016, 52.
382 *Franzen*, EuZA 2017, 339; *Jaspers/Reif*, RDV 2016, 63.
383 S. *Klug*, RDV 2014, 92.
384 *Franzen*, EuZA 2017, 340.
385 *Franzen*, EuZA 2017, 339; BT-Drs. 18/11325, 82 zu § 5.

datenschutzgesetzes in § 4f Abs. 1 Satz 1 BDSG a.F. verlangt. Die Art. 37 Abs. 7 DSGVO entsprechende Regelung in § 5 Abs. 5 BDSG sieht auch von einer schriftlichen Benennung des Bundesdatenschutzbeauftragten ab. Die Regelung wird durch die Vorschrift in der Verordnung verdrängt.

302 Die Regelungen zur **Stellung** des Datenschutzbeauftragten in Art. 38 DSGVO wurden in weiten Teilen in § 6 BDSG übernommen. Gemäß Art. 38 Abs. 1 DSGVO stellt der Verantwortliche oder der Auftragsverarbeiter sicher, dass der Datenschutzbeauftragte ordnungsgemäß und frühzeitig in alle mit dem Schutz personenbezogener Daten zusammenhängenden Fragen eingebunden wird. Dabei wird nicht bestimmt, wie früh eine Einbindung und ab welchem **Zeitpunkt** überhaupt eine **Bestellung** eines Datenschutzbeauftragten zu erfolgen hat. Der Festlegung eines zeitlichen Rahmens ist besondere Bedeutung im Hinblick darauf zuzumessen, dass sie maßgeblich für den einsetzenden Schutz und die Beachtung der Persönlichkeitsrechte ist. Die Regelung in Art. 38 Abs. 1 DSGVO verdeutlicht, dass die Notwendigkeit einer möglichst zeitnahen Beteiligung erkannt wurde, jedoch im Hinblick auf die zeitliche Bestellung des Datenschutzbeauftragten lückenhaft ist. Auch im künftigen § 6 BDSG findet die bisherige Regelung des § 4f Abs. 1 Satz 2 BDSG a.F., nach der nichtöffentliche Stellen innerhalb eines Monats nach Aufnahme ihrer Tätigkeit zur Bestellung eines Datenschutzbeauftragten verpflichtet sind, keinen Eingang mehr. Die Regelung des § 6 Abs. 1 BDSG entspricht nunmehr Art. 38 Abs. 1 DSGVO und tritt hinter die Vorschrift der Grundverordnung zurück.

303 Art. 38 Abs. 2 DSGVO normiert die Pflicht des Verantwortlichen und des Auftragsverarbeiters zur **Unterstützung** des Datenschutzbeauftragten. Diese Regelung entspricht insoweit § 6 Abs. 2 BDSG und geht diesem vor. In Art. 38 Abs. 3 DSGVO wird die **Unabhängigkeit** des Datenschutzbeauftragten bei der Ausübung seiner Aufgaben sowie seine Berichtspflicht gegenüber der höchsten Leitungsebene normiert. Zudem darf der Datenschutzbeauftragte nach Abs. 3 nicht von dem Verantwortlichen oder dem Auftragsverarbeiter wegen der Erfüllung seiner Aufgaben abberufen oder benachteiligt werden. § 6 Abs. 3 BDSG überträgt die Vorgaben des Art. 38 Abs. 3 DSGVO auf alle öffentlichen Stellen des Bundes, unabhängig davon, zu welchem Zweck die Datenverarbeitung erfolgt. Die Vorschrift des Bundesdatenschutzgesetzes hat zurückzutreten.

304 Nach Art. 38 Abs. 4 DSGVO können betroffene Personen den Datenschutzbeauftragten zu allen mit der Verarbeitung ihrer personenbezogenen Daten und mit der Wahrnehmung ihrer Rechte in Zusammenhang stehenden Fragen zu Rate ziehen. Eben jene Norm findet sich in § 6 Abs. 5 Satz 1 BDSG wieder. Die Regelung der Grundverordnung genießt Vorrang. Art. 38 Abs. 5 DSGVO verpflichtet den Datenschutzbeauftragten zur **Vertraulichkeit** und **Verschwiegenheit** hinsichtlich der Erfüllung seiner Aufgaben. Diese Regelung ist weitgehender als die in § 6 Abs. 5 Satz 2 BDSG, da diese nur zur Verschwiegenheit hinsichtlich der Identität des Betroffenen und der Umstände, die auf diesen Rückschlüsse zulassen, verpflichtet. Die nationale Regelung findet somit keine weitere Anwendung. Darüber hinaus verpflichtet Art. 38 Abs. 6 DSGVO den Verantwortlichen oder den Auftragsverarbeiter sicherzustellen, dass keine **Interessenskonflikte** beim Datenschutzbeauftragten bestehen. Sind bereits zum Zeitpunkt der Benennung Interessenskonflikte bekannt, so darf die betreffende Person nicht ernannt werden. Eine entsprechende Regelung findet sich in § 7 Abs. 2 BDSG und hat zurückzutreten.

305 Art. 39 Abs. 1 lit. a DSGVO regelt die **Unterrichtungs- und Beratungsaufgabe** des Datenschutzbeauftragten. Diese Aufgabe entspricht inhaltlich § 7 Abs. 1 Nr. 1 BDSG und genießt diesem gegenüber Anwendungsvorrang. Art. 39 Abs. 1 lit. b DSGVO sieht umfassende **Überwachungspflichten** des Datenschutzbeauftragten vor, die deutlich über die Vorschrift des bisherigen § 4g Abs. 1 Satz 1 BDSG a.F. hinausgehen, nach der er lediglich auf die Einhaltung des Datenschutzes hinzuwirken hat. Nach der bisherigen

Rechtslage hat er eine beratende und unterstützende Funktion und übernimmt keinerlei Gewähr dafür, dass die verantwortliche Stelle die datenschutzrechtlichen Vorschriften einhält.[386] Auch nach der neuen Rechtslage besteht für den Datenschutzbeauftragten **keine Haftung** nach außen. § 7 Abs. 1 Nr. 2 BDSG entspricht inhaltlich Art. 39 Abs. 1 lit. b DSGVO und hat zurückzutreten.

Gemäß Art. 39 Abs. 1 lit. c DSGVO berät der Datenschutzbeauftragte auf Anfrage im Zusammenhang mit der **Datenschutz-Folgenabschätzung** und überwacht ihre Durchführung gemäß Art. 35 DSGVO. Damit findet mit Inkrafttreten der Verordnung eine Zuständigkeitsverschiebung statt. Die Durchführung der Datenschutz-Folgenabschätzung wird in die Hände des Verantwortlichen gegeben, während der Datenschutzbeauftragte nur noch auf Anfrage beratend tätig wird und die Durchführung überwacht. Dies wird auch in Art. 35 Abs. 1 Satz 1 und Abs. 2 DSGVO deutlich. § 7 Abs. 1 Nr. 3 BDSG darf keine Anwendung mehr finden, da er dem Datenschutzbeauftragten im Vergleich zur Verordnung weitergehende Befugnisse einräumt, die Verordnung jedoch den Mitgliedstaaten keine diesbezüglichen Regelungsspielräume eröffnet. Die Regelung des § 39 Abs. 2 DSGVO findet sich in § 7 Abs. 3 BDSG wieder und genießt Anwendungsvorrang. 306

4. Ko-Regulierung des deutschen Recht und der Datenschutz-Grundverordnung

Der Berufsverband der Datenschutzbeauftragten Deutschlands (BvD e.V.) hatte gemahnt, dass die Bestellung betrieblicher Datenschutzbeauftragter in Industrie, Handel und Mittelstand mit Geltung der Verordnung auslaufen würde, wenn eine Bestellpflicht bei nichtöffentlichen Stellen lediglich in den Fällen des Art. 37 Abs. 1 lit. b und c DSGVO bestehen würde.[387] Schließlich werde der Großteil der Unternehmen, der derzeit nach dem Bundesdatenschutzgesetz zur Bestellung betrieblicher Datenschutzbeauftragter verpflichtet ist, weder seine Kerntätigkeit in der systematischen Beobachtung von Betroffenen haben, noch in seiner Kerntätigkeit Daten gemäß Art. 9 und 10 DSGVO verarbeiten.[388] 307

Diesen Befürchtungen wurde durch die **Öffnungsklausel** in Art. 37 Abs. 4 DSGVO entsprochen. Sie wurde als Ausgleich der unterschiedlichen Interessen der Mitgliedstaaten vom Verordnungsgeber als Kompromiss in die Verordnung aufgenommen. Die Öffnungsklausel ist für den deutschen Rechtsraum von besonderer Bedeutung, weil die Verordnung hinsichtlich der Benennung des Datenschutzbeauftragten weniger strenge Maßstäbe anlegt.[389] Sie bezieht sich allerdings ausschließlich auf die Erweiterung der Benennungspflicht, die Aufgaben und Rechtsstellung eines aufgrund der Öffnungsklausel ernannten Datenschutzbeauftragten darf der nationale Gesetzgeber nicht abweichend regeln.[390] 308

Nach § 5 Abs. 1 BDSG haben **öffentliche Stellen** einen Datenschutzbeauftragten zu benennen. Weitere Benennungsvoraussetzungen bestehen nicht. Die Regelung ist wesentlich weiter ausgestaltet als der risikobasierte Ansatz der Verordnung in Art. 37 Abs. 1 DSGVO und geht zudem über die Regelung des bisherigen § 4 f Abs. 1 Satz 1 BDSG a.F. hinaus. Für nichtöffentliche Stellen hat der nationale Gesetzgeber die Benennungspflicht des Datenschutzbeauftragten in § 38 BDSG konkretisiert. Abs. 1 entspricht weitestgehend § 4 f Abs. 1 Satz 4 BDSG a.F. Eine **Benennpflicht** besteht somit, wenn **nichtöffentli-** 309

386 *Simitis*, in: ders. 2014, § 4 g Rn. 30.
387 BvD e.V, „Betriebliche Selbstkontrolle vor dem Aus“, Pressemitteilung vom 7.12.2015, https://www.bvdnet.de/system-ordner/tt-news/detailansicht/article/betriebliche-selbstkontrolle-vor-dem-aus.html.
388 Gemäß Eg. 97 liegt keine Kerntätigkeit vor, wenn die Verarbeitung personenbezogener Daten nur eine Nebentätigkeit des Verantwortlichen darstellt; *Gierschmann*, ZD 2016, 52.
389 *Klug*, ZD 2016, 317; *Paal*, in: Paal/Pauly 2017, Art. 37 Rn. 12.
390 *Kort*, ZD 2017, 4; *Jaspers/Reif*, RDV 2016, 62.

che **Stellen** mindestens zehn Personen ständig mit der automatisierten Datenverarbeitung beschäftigen. Weiterhin ist, unabhängig von der Anzahl der mit der Verarbeitung beschäftigten Personen, ein Datenschutzbeauftragter zu benennen, wenn Verarbeitungen erfolgen, die einer Datenschutz-Folgenabschätzung unterliegen oder die Daten zum Zweck der Übermittlung, der anonymisierten Übermittlung oder der Markt- oder Meinungsforschung geschäftsmäßig verarbeiten. Dies entspricht dem bisherigen § 4 f Abs. 1 Satz 6 BDSG a.F. und wird im zukünftigen Bundesdatenschutzgesetz fortgeführt.

310 Gemäß Art. 38 Abs. 3 DSGVO darf der Datenschutzbeauftragte nicht vom Verantwortlichen oder dem Auftragsverarbeiter wegen der Erfüllung seiner Aufgaben **abberufen** oder **benachteiligt** werden. In § 6 Abs. 4 BDSG findet sich eine entsprechende Regelung, wonach der interne Datenschutzbeauftragte nur aus wichtigem Grund abberufen werden kann und einen Schutz vor einer **ordentlichen Kündigung** genießt. Als wichtig können in erster Linie solche Gründe gelten, die mit der Tätigkeit als Datenschutzbeauftragter in Zusammenhang stehen und ihre weitere Ausübung unmöglich machen oder gefährden können. Neben der dauerhaften Vernachlässigung der Prüfung einzelner Verarbeitungsbereiche, Verstößen gegen die Verschwiegenheitspflicht und nachträglich festgestellten Mängeln der Fachkunde, kann auch die andauernde Weigerung, Beratungs- und Schulungsverpflichtungen nachzukommen, eine **außerordentliche Kündigung** rechtfertigen.[391] Die ordentliche Kündigung ist nach § 6 Abs. 4 Satz 3 BDSG erst ein Jahr nach Abberufung des Datenschutzbeauftragten wieder zulässig. Die Vorschriften in § 6 Abs. 4 BDSG sind als Konkretisierung des Art. 38 Abs. 3 DSGVO zu lesen, die die Unabhängigkeit des Datenschutzbeauftragten stärken und zugleich die Möglichkeit bieten, den Datenschutzbeauftragten bei unzureichender Erfüllung seiner gesetzlichen Pflichten oder mangelnder Fachkunde zu kündigen. Durch § 38 Abs. 2 BDSG wird diese Regelung auch auf Datenschutzbeauftragte bei nichtöffentlichen Stellen ausgeweitet. Die nationalen Regelungen zum Sonderkündigungsrecht des Datenschutzbeauftragten in § 6 Abs. 4 BDSG sind weiterhin anwendbar.

311 Nach § 6 Abs. 6 BDSG wird dem Datenschutzbeauftragten ein **Zeugnisverweigerungsrecht** zugestanden, soweit der Leiter der Stelle oder eine bei der öffentlichen Stelle beschäftigte Person sich auf ein beruflich bedingtes Zeugnisverweigerungsrecht berufen kann. Eine entsprechende Regelung findet sich in der Verordnung nicht. Jedoch ist der Datenschutzbeauftragte nach Art. 38 Abs. 5 DSGVO zur Vertraulichkeit und Verschwiegenheit hinsichtlich seiner Aufgaben im Einklang mit dem Unionsrecht oder nationalem Recht verpflichtet. Insofern ist auf die nationalen Regelungen abzustellen. Das Zeugnisverweigerungsrecht ist als Ergänzung und Präzisierung der Verschwiegenheitspflicht zu werten. § 6 Abs. 6 BDSG bleibt daher anwendbar.

5. Zusammenfassung

312 Das zukünftige Bundesdatenschutzgesetz hat in §§ 5 Abs. 3, 4 und 5, 6 Abs. 1, 2, 3 und 5 Nr. 1 und 2 sowie 7 Abs. 1 Nr. 1 bis 3, Abs. 2 und 3 BDSG die Vorgaben der Verordnung übernommen. Diese Regelungen sind überflüssig, weil sie durch den Anwendungsvorrang der Art. 37 bis 39 DSGVO verdrängt werden. Zu begrüßen ist, dass der nationale Gesetzgeber durch die Nutzung der Öffnungsklausel die Benennungspflicht des Datenschutzbeauftragten erweitert und vom risikobasierten Ansatz der Datenschutz-Grundverordnung Abstand genommen hat. Damit hat er zugleich einer Schwächung des Abberufungs- und Sonderkündigungsschutzes des Datenschutzbeauftragten vorgebeugt.

391 *Simitis*, in: ders. 2014, § 4 f Rn. 183; *Mengel*, in: Grobys/Panzer 2014, Datenschutzbeauftragter, Rn. 32.

§ 6 Datenschutzaufsicht

I. Datenschutzaufsichtsbehörden (Organisation und Zuständigkeit)

1 Kapitel VI der Datenschutz-Grundverordnung befasst sich mit der Datenschutzaufsicht[1] und verleiht den Aufsichtsbehörden vielseitige Aufgaben und Befugnisse (→ § 6 Rn. 47 ff.). Dieses und Kapitel VII, das die Zusammenarbeit der Aufsichtsbehörden regelt (→ § 6 Rn. 90 ff.), gelten als „die wohl wichtigsten Kapitel der Datenschutz-Grundverordnung".[2]

1. Die Regelungen der Datenschutz-Grundverordnung

2 Künftig obliegt die datenschutzrechtliche Aufsicht den nationalen Aufsichtsbehörden[3] und einem die Artikel-29-Datenschutzgruppe ablösenden Gemeinschaftsgremium namens „Europäischer Datenschutzausschuss" (→ § 6 Rn. 97 ff.).

a) Unabhängigkeit der Aufsichtsbehörden

3 Die Errichtung unabhängiger Kontrollstellen in den Mitgliedstaaten ist ein wesentliches Element der Wahrung des Schutzes der Personen bei der Verarbeitung ihrer personenbezogenen Daten.[4] Sie ergibt sich bereits aus Art. 8 Abs. 3 GRCh und Art. 16 Abs. 2 Satz 2 AEUV, die vorschreiben, dass die Einhaltung der Datenschutzvorschriften „von einer unabhängigen Stelle überwacht" wird.[5]

4 Jeder Mitgliedstaat muss gemäß Art. 51 Abs. 1 DSGVO die Überwachung der Anwendung der Verordnung durch eine oder mehrere unabhängige Behörden vorsehen. Soweit die Verordnung konkreter wird, greift sie zwar in die mitgliedstaatliche Organisationsautonomie ein.[6] Allerdings dient Art. 52 DSGVO in Verbindung mit den übrigen Normen aus Kapitel VI der **Vereinheitlichung.** Da sich die Unabhängigkeit von Aufsichtsbehörden in erster Linie gegen ihre eigenen Mitgliedstaaten richtet[7] und das Bedürfnis nach Rechtssicherheit bei der Datenschutzaufsicht besonders hoch ist, tut der Unionsgesetzgeber gut daran, diese Frage einheitlich zu regeln. Und so trifft die Verordnung in den Art. 52-54 weitreichende Regelungen zur Organisation der Aufsichtsbehörden.[8]

5 Die Aufsichtsbehörden sind **Kontrollorgane sui generis** und können nicht als Teil der Legislative, Exekutive oder Judikative angesehen werden.[9] Sie sind gemäß Art. 52 Abs. 1 DSGVO institutionell völlig unabhängig.

6 Der **Begriff der Unabhängigkeit** ist nach unionsrechtlichen Vorgaben **weit** zu verstehen.[10] Nicht einmal eine eigentlich bindende Kommissionsentscheidung vermag sie davon abzuhalten, ihren Aufgaben nachzugehen und gegebenenfalls entgegenstehend zu entscheiden.[11] Die Regelung des Art. 52 DSGVO ist eindeutiger als ihre Vorgängerrege-

---

1 Zur Genese der Regelungen über die Aufsicht s. *Nguyen*, ZD 2015, 265 ff. sowie *Albrecht/Jotzo* 2017, Teil 7 Rn. 2. Die Kompetenz leitet die Union dabei aus Art. 16 Abs. 2 Satz 1 AEUV ab.

2 *Albrecht/Jotzo* 2017, Teil 7 Rn. 1.

3 Zum Begriff s. Art. 4 Nr. 21 f. DSGVO.

4 S. Eg 117 DSGVO; Art. 28 und Eg. 62 DSRL; s. zu der Bedeutung bereits BVerfGE 65, 1 (46) sowie EuGH, Urt. v. 9.3.2010 – C-518/07, Slg. 2010, I-01885 = NJW 2010, 1265 – Kommission/BRD und Urt. v. 16.10.2012 – C-614/10, ECLI:EU:C:2012:631 = ZD 2012, 563 – Kommission/Österreich.

5 Ähnlich lautet auch Art. 39 Satz 2 EUV; s. auch Art. 1 des Zusatzprotokolls zum Übereinkommen zum Schutz des Menschen bei der automatischen Verarbeitung personenbezogener Daten bezüglich Kontrollstellen und grenzüberschreitendem Datenverkehr des Europarats (Konvention 108), (Nr. 181), 8.XI.2001.

6 *Schneider*, in: Wolff/Brink, Art. 51 DSGVO, vor Rn. 1; *Boehm*, in: Kühling/Buchner, Art. 52 Rn. 1.

7 *Roßnagel* 2017, 36.

8 S. auch Eg 121 DSGVO.

9 *Boehm*, in: Kühling/Buchner, Art. 51 Rn. 10.

10 Ausführlich zu diesen Vorgaben sowie zur europarechtswidrigen Ausgestaltung der Datenschutzaufsicht in Deutschland bis in das Jahr 2015 hinein s. *Roßnagel*, ZD 2015, 106 ff.

11 EuGH Urt. v. 6.10.15 – C-362/14, ECLI:EU:C:2015:650 = MMR 2015, 753 (759) m. Anm. *Bergt* – Schrems.

lung in der Datenschutz-Richtlinie und bezieht sich auf beides, die Aufgabenausführung und die Organisation (→ § 6 Rn. 21 ff.).

Die Verordnung sichert die Unabhängigkeit weiter ab. Nach Art. 52 Abs. 2 DSGVO etwa ist die Behördenleitung absolut **weisungsfrei** und unterliegt keiner (in)direkten Beeinflussung von außen. Völlige Personalhoheit gewährt den Aufsichtsbehörden zudem Abs. 5. Ferner unterlässt die Behördenleitung gemäß Abs. 3 jegliche mit den Aufgaben ihres Amtes nicht zu vereinbarenden Handlungen und übt während ihrer Amtszeit keine andere, nicht vereinbare Tätigkeit aus. Hinzu kommen Regelungen zur Absicherung des Ressourcenbedarfs der Aufsichtsbehörden in Art. 52 Abs. 4 DSGVO (→ § 6 Rn. 10 ff.). 7

Erwägungsgrund 118 DSGVO verdeutlicht jedoch, dass die Unabhängigkeit **keine absolute Kontroll- und Überwachungsfreiheit** bedeutet. Gemäß Art. 52 Abs. 6 DSGVO unterliegt die Aufsichtsbehörde vielmehr der Finanzkontrolle. Auch sind ihre Entscheidungen nach Art. 78 DSGVO gerichtlich überprüfbar (→ § 2 Rn. 124 ff.). Das Prinzip der einheitlichen Auslegung und Umsetzung des Unionsrechts stellt eine weitere materielle Einschränkung dar (→ § 6 Rn. 9 und 85 ff.). Folgerichtig gilt sie rechtlich auch nicht gegenüber bindenden Beschlüssen des Ausschusses und wird faktisch durch das Verfahren der Zusammenarbeit eingeschränkt[12] (→ § 6 Rn. 90 ff.). 8

b) Prinzip der einheitlichen Anwendung

Art. 1 Abs. 1 DSGVO stellt nicht nur den Grundrechtsschutz in den Mittelpunkt, sondern will laut Art. 51 Abs. 1 DSGVO gleichzeitig den freien Verkehr personenbezogener Daten erleichtern. Beide Schutzziele erfordern die einheitliche Auslegung, Anwendung und Durchsetzung der zwar harmonisierten, jedoch noch lückenhaften und relativ abstrakten Vorgaben der Grundverordnung.[13] Die Verordnung strebt dabei ein gleichmäßiges und hohes Datenschutzniveau für natürliche Personen an und will die Hemmnisse für den Verkehr personenbezogener Daten in der Union beseitigen. Dazu ist ein **gleichwertiges Schutzniveau in allen Mitgliedstaaten** erforderlich.[14] Deshalb verpflichtet sie die Aufsichtsbehörden in Art. 51 Abs. 2 DSGVO auf das Prinzip der einheitlichen Anwendung und überträgt ihnen damit die Letztverantwortung für die Harmonisierung. Einheitliche Anwendung bedeutet nicht nur einheitliche und autonome Auslegung der Grundverordnung,[15] sondern verpflichtet die Aufsichtsbehörden nach Art. 51 Abs. 2 Satz 2 DSGVO im besonderen Maße zur Zusammenarbeit (→ § 6 Rn. 90 ff.). Letztendlich wird der Erfolg des neuen Rechtsrahmens an der Frage der verbesserten Durchsetzbarkeit durch die Aufsichtsbehörden hängen.[16] 9

c) Personelle, technische und finanzielle Ausstattung der Aufsichtsbehörden

Von besonderer Bedeutung für die Unabhängigkeit ist Art. 52 Abs. 4 DSGVO, dem zufolge die Mitgliedstaaten sicherstellen müssen, dass jede Aufsichtsbehörde mit den personellen, technischen und finanziellen Ressourcen, Räumlichkeiten und Infrastrukturen ausgestattet wird, die sie benötigt, um ihre **Aufgaben und Befugnisse effektiv wahrnehmen** zu können. Dies schützt einerseits vor mittelbarer Beeinflussung der Aufsichtsbehörden durch den Mitgliedstaat und stellt sicher, dass sie ihre Aufgaben zur Durchsetzung des Datenschutzes tatsächlich ausüben können (→ § 6 Rn. 47 ff.). Zudem werden der One-Stop-Shop und die verstärkte Zusammenarbeit Sprachkenntnisse erfordern. Hinzu kommen Anforderungen an technisches und rechtliches Knowhow – insbesonde- 10

12 *Roßnagel* 2017, 36 f.
13 Eg. 10 und 13 DSGVO.
14 Vgl. Eg. 10 DGSVO.
15 Zur autonomen Auslegung von EU-Normen s. *Hofmann/Johannes*, ZD 2017, 221 ff.
16 *Albrecht/Jotzo* 2017, Teil 7 Rn. 5.

re, da der öffentliche Bereich weitgehend ausgenommen ist und es künftig häufig zur Anwendung des Rechts anderer Mitgliedstaaten kommen wird. Sie benötigten durchschnittlich 28 Personalstellen, um allein die zusätzlichen Aufgaben durch die Grundverordnung zu erfüllen.[17]

11 Aber nicht nur bei der personellen Ausstattung müssen Bund und Länder erheblich nachbessern. Um Handlungs-, Duldungs- und Unterlassungsverfügungen und Bußgeldbescheide im Wege des Verwaltungsvollstreckungsverfahrens durchzusetzen und um nötigenfalls den Gerichtsweg zu beschreiten, werden auf Grundlage der Verordnung im Vergleich zum Status Quo nicht unerhebliche **zusätzliche finanzielle Mittel zur Verfügung gestellt werden** müssen.[18] Die Verordnung jedenfalls unterstellt die uneingeschränkte Finanzierbarkeit des Gesetzesvollzugs. Sie bindet die Mitgliedstaaten unmittelbar aus Art. 288 Abs. 2 AEUV.

12 Die angemessene Ressourcenausstattung folgt auch aus **verfassungsrechtlichen Erwägungen.** So sind die Aufsichtsbehörden gemäß Art. 20 Abs. 3 GG sowie Art. 2 EUV an Recht und Gesetz gebunden und damit verpflichtet, die ihnen durch die Verordnung zugewiesenen Aufgaben auch tatsächlich effektiv auszuüben. Darüber hinaus kann der Gleichheitssatz des Art. 20 GRCh beim Vollzug von Gesetzen deren Regelungskraft verstärken, soweit die Gesetze selbst differenziert genug sind und keiner verlängernden Verwaltungsentscheidung bedürfen. Die Mitgliedstaaten müssen folglich bereits gegenüber den Grundrechtsträgern dafür Sorge tragen, dass die Aufsichtsbehörden ihren Aufgaben angemessen nachkommen können.

13 Zudem begründet auch das **Haushaltsrecht**, das die finanzerheblichen Staatsaufgaben und ihre Dringlichkeit bestimmt,[19] eine Verpflichtung zur Befähigung zum Gesetzesvollzug. So erkennt etwa der Haushaltsplan des Hessischen Landtags als Aufgabe des Landesdatenschutzbeauftragten die Sicherstellung des Rechts auf informationelle Selbstbestimmung gegenüber öffentlichen Landesstellen und der Aufsicht dieser Stellen unterliegender sowie nichtöffentlicher Stellen als finanzerheblich an. Zudem hat der Landesdatenschutzbeauftragte Ordnungswidrigkeiten nach den bisherigen § 43 BDSG und § 16 TMG zu verfolgen und soll das auf dem Grundsatz der Gewaltenteilung beruhende verfassungsmäßige Gefüge des Staates, vor allem die Beziehungen der Verfassungsorgane des Landes und der Organe kommunaler Selbstverwaltung untereinander und zueinander, vor einer Gefährdung infolge der automatisierten Datenverarbeitung bewahren.[20]

14 Hingegen dürfte die **bisherige finanzielle Ausstattung** deutscher Datenschutzaufsichtsbehörden in der Regel nicht ausreichen, um mit der juristischen „Schlagkraft“ mithalten zu können, die jedenfalls mittlere und große datenverarbeitende Unternehmen zu finanzieren in der Lage sein dürften.[21] Künftig wird unionseinheitlich zu beurteilen sein, welches Maß an Finanzabdeckung eine effektive Aufgabenwahrnehmung erfordert. Aus alledem folgt, dass sich künftig weder Aufsichtsbehörden noch Mitgliedstaaten grundsätzlich auf unzureichende Ressourcen werden berufen können. Vielmehr dürfte bei unzureichender finanzieller Ausstattung der Aufsichtsbehörden durch den Bund oder die Länder ein Vertragsverletzungsverfahren statthaft sein, das zusätzlichen Umsetzungs-

17 *Roßnagel* 2017, 197.

18 So auch *Boehm*, in: Kühling/Buchner 2017, Art. 52 Rn. 24.

19 S. dazu *Kirchhof*, NVwZ 1983, 505.

20 S. Landeshaushaltsplan Hessen, Einzelplan 01für den Geschäftsbereich des Hessischen Landtags, Kap. 01 03, 54.

21 ZB ist im Haushaltsplan von Baden-Württemberg für das Jahr 2017 lediglich ein Betrag von 500 Euro für Rechtsstreitigkeiten vor ordentlichen- und Verwaltungsgerichten inklusive der Kostenerstattungen im gegen die Verwaltung erfolgreichen Vorverfahren nach § 80 LVwVfG vorgesehen (s. Einzelplan 01 Landtag BW, Kap. 0103, Titel 526 21).

druck auf die Mitgliedstaaten ausüben, gleichzeitig aber auch zur Vereinheitlichung führen dürfte.

d) Zuständigkeitsverteilung

Aufsichtsbehörden üben die Aufsicht über private und öffentliche Stellen aus.[22] Grundsätzlich ist laut Art. 56 Abs. 1 und 6 DSGVO für den grenzüberschreitenden Datenverkehr diejenige Aufsichtsbehörde für ihr Hoheitsgebiet federführend international und örtlich zuständig, die für die Haupt- oder einzige Niederlassung des Datenverarbeiters zuständig ist (**One-Stop-Shop-Mechanismus**).[23] Zwar definiert Art. 4 Nr. 16 DSGVO die Hauptniederlassung für den Verantwortlichen und den Auftragsverarbeiter unterschiedlich. Gemeint ist im Falle mehrerer Niederlassungen aber jeweils der Hauptverwaltungssitz innerhalb der Union oder in Ermangelung eines solchen die Niederlassung, die hauptsächlich mit der Datenverarbeitung befasst ist.[24] 15

Allerdings unterfällt dem One-Stop-Shop lediglich die Aufsicht über die **grenzüberschreitende Verarbeitung** durch nichtöffentliche und nicht im öffentlichen Interesse tätige Datenverarbeiter[25] mit Niederlassung in der Union. Grenzüberschreitend ist der Bezug nach Art. 4 Nr. 23 DSGVO, wenn die Verarbeitung Niederlassungen des Verarbeiters in mehreren Mitgliedstaaten betrifft oder „erhebliche Auswirkungen" auf betroffene Personen in verschiedenen Mitgliedstaaten haben kann. Die Artikel 29-Datenschutzgruppe betont, dass die Tatsache, dass bei einem Datenverarbeitungsvorgang eine Vielzahl personenbezogener Daten betroffener Personen in verschiedenen Mitgliedstaaten verarbeitet werden, nicht zwangsläufig bedeutet, dass die Verarbeitung „erheblich Auswirkungen" auf diese Personen hat.[26] 16

Alle anderen Fälle, in denen **kein grenzüberschreitender Bezug** in diesem Sinne vorliegt, fallen gemäß Art. 55 DSGVO in die Zuständigkeit der Aufsichtsbehörde des betroffenen Mitgliedstaats. Nationale Zuständigkeitsregeln gelten für die Aufsicht somit bei Verarbeitung aufgrund gesetzlicher Verpflichtung oder im Zusammengang mit einer im öffentlichen Interesse liegenden oder in Ausübung hoheitlicher Gewalt erfolgenden Aufgabe. Vom One-Stop-Shop sind ferner rein nationale Sachverhalte ausgeschlossen. 17

Abgesehen davon ist die Kompetenzbündelung auch nicht absolut. So kann ein **engerer Bezug zu einem anderen Mitgliedstaat** dazu führen, dass dessen Aufsichtsbehörde zuständig ist.[27] Dies ist etwa der Fall, wenn die Datenverarbeitung lediglich eine Niederlassung in seinem Hoheitsgebiet betrifft oder betroffene Personen nur innerhalb seines Hoheitsgebiets erheblich beeinträchtigt.[28] Ob eine betroffene Person sich „innerhalb" eines Gebietes befindet, richtet sich nach Erwägungsgrund 124 nach ihrem Wohnsitz. Soweit sich die federführende Behörde nach Art. 56 Abs. 4 DSGVO trotzdem dafür entscheidet, sich selbst mit dem Fall zu befassen, koordiniert sie gemeinsame Maßnahmen mit den Aufsichtsbehörden anderer Mitgliedstaaten (→ § 6 Rn. 93). 18

Obgleich die federführende Behörde in grenzüberschreitenden Sachverhalten gemäß Art. 56 Abs. 6 DSGVO die alleinige Ansprechpartnerin der Datenverarbeiter ist, können betroffene Personen nach Art. 77 Abs. 1 DSGVO **Beschwerden** bei weiteren Aufsichts- 19

---

22 Eg. 122 DSGVO.

23 S. auch Eg. 124 DSGVO. Zur Genese s. *Albrecht/Jotzo* 2017, Teil 7 Rn. 12. Der One-Stop-Shop zählt zu den wichtigsten Neuerungen der Reform, *Dammann*, ZD 2016, 314.

24 Hilfestellung bieten Eg 36 DSGVO und Art. 29-Datenschutzgruppe, WP 244 rev. 01, v. 13.12.2016, zul. geändert am 5.4.2017, 5 f. sowie Annex I.

25 „Datenverarbeiter" oder „Verarbeiter" umfasst fortan Verantwortliche und Auftragsverarbeiter.

26 Art. 29-Datenschutzgruppe, WP 244 rev. 01, v. 13.12.2016, zul. geändert am 5.4.2017, 4.

27 S. Eg. 127 DSGVO.

28 Wann eine solche Beeinträchtigung vorliegt, konkretisiert nach Art. 70 Abs. 1 lit. e DSGVO der Ausschuss.

behörden einreichen – nach Erwägungsgrund 141 auch über ein elektronisches Kontaktformular (→ § 4 Rn. 68 ff.).

2. Datenschutzaufsicht in Deutschland vor und nach dem 25. Mai 2018

20 In Deutschland üben im Wesentlichen die Beauftragte für den Datenschutz und die Informationsfreiheit (Bundesbeauftragte) und die Landesdatenschutzbeauftragten sowie in Bayern zusätzlich das Landesamt für Datenschutzaufsicht die datenschutzrechtliche Aufsicht aus. Daran wird auch das neue Bundesdatenschutzgesetz nichts ändern. Soweit es auf Landesrecht ankommt, beschränkt sich die folgende Darstellung auf das Beispiel Hessens. Eine Anpassung der Landesdatenschutzgesetze an die Vorgaben der Verordnung ist allerdings noch nicht erfolgt.

a) Unabhängigkeit der Aufsichtsbehörde

21 Bereits Art. 28 Abs. 1 Satz 2 DSRL fordert die Unabhängigkeit der Datenschutzaufsicht. Der Europäische Gerichtshof musste in den Jahren 2010 bis 2014 gleich dreimal über seine Auslegung entscheiden.[29] Er stellte dabei unter anderem klar, dass es sich bei der Unabhängigkeit um ein **Wesensmerkmal** der Behörden handelt, das sich nicht in einer reinen Handlungsmaxime erschöpft.[30]

22 Im Bundesrecht findet sich die Regelung zur Unabhängigkeit bislang im Wesentlichen in § 22 Abs. 4 Satz 2 und Abs. 5 BDSG a.F. für die Bundesbeauftragte[31] und in den Landesgesetzen für die Landesdatenschutzbeauftragten.[32]

23 Auch künftig schreibt § 10 BDSG die **funktionelle Unabhängigkeit** der Bundesbeauftragten vor. Gemäß Abs. 1 Satz 2 unterliegt sie keinen Weisungen und ist von äußerer Beeinflussung frei. Sie ist laut § 8 Abs. 1 Satz 1 BDSG eine oberste Bundesbehörde und damit **institutionell unabhängig.** Zudem enthält § 13 Abs. 1 BDSG ein umfassendes und im Vergleich zu Art. 52 Abs. 3 DSGVO präziseres **Tätigkeitsverbot.**

24 Der **Hessische Landesdatenschutzbeauftragte** zB ist eine oberste Landesbehörde gemäß § 22 HDSG. Seine Position ist ein Amt besonderer Art und deshalb nicht als Beamtenposition ausgestaltet. Tätigkeitsverbote bestehen nach Satz 3 soweit seine Unabhängigkeit oder Unparteilichkeit gefährdet oder die Tätigkeit anderweitig nicht mit dem Ansehen des Amtes vereinbar ist.

25 Auch die von Art. 52 Abs. 5 DSGVO geforderte **Personalhoheit** folgt aus der Natur als oberste Bundes- oder Landesbehörde. Eine (zulässige) Besonderheit im Vergleich zur Grundverordnung stellt § 8 Abs. 3 BDSG n.F. dar, der die Übertragung von Aufgaben der Personalverwaltung und -wirtschaft im Rahmen der Funktionsübertragung auf andere Stellen des Bundes gestattet, soweit die Unabhängigkeit nicht beeinträchtigt ist (→ § 6 Rn. 3 ff.).

b) Ausstattung der Aufsichtsbehörde

26 Die **Ausstattung mit Finanzmitteln** der Bundesbeauftragten als oberste Bundesbehörde[33] erfolgt jährlich durch seitens des Bundestags verabschiedete Haushaltspläne. So weist zB der Einzelplan 21 für das Jahr 2017 für die Bundesbeauftragte einen Haushalt in

---

29 EuGH Urt. v. 9.3.2010 – C-518/07, Slg. 2010, I-01885 = NJW 2010, 1265 – Kommission/BRD; EuGH Urt. v. 16.10.2012 – C-614/10, ECLI:EU:C:2012:631 = ZD 2012, 563 – Kommission/Österreich; EuGH Urt. v. 8.4.2014 – C-288/12, ECLI:EU:C:2014:237 = ZD 2014, 301 – Kommission/Ungarn.

30 S. etwa EuGH Urt. v. 9.3.2010 – C-518/07, Slg. 2010, I-01885 Rn. 25 = NJW 2010, 1265 (1266) – Kommission/BRD und Urt. v. 16.10.2012 – C-614/10, ECLI:EU:C:2012:631= ZD 2012, 563 (564) – Kommission/Österreich.

31 S. ausführlich zur Gesetzesänderung aufgrund der Rspr. des EuGH *Roßnagel*, ZD 2015, 106 ff.

32 S. etwa § 22 HDSG.

33 S. § 8 Abs. 1 BDSG n.F. sowie § 22 Abs. 5 BDSG a.F.

Höhe von 15,4 Millionen Euro aus. Ihr wurden für das Jahr 2017 insgesamt 160,5 Personalstellen bewilligt.[34] Das sind 49 Planstellen mehr als im Jahr 2016.

Der Präsident des Hessischen Landtags hat dem Hessischen Landesdatenschutzbeauftragten als oberster Landesbehörde Personal- und Sachausstattung gemäß § 31 Abs. 1 HDSG zur Verfügung zu stellen und im Einzelplan des Landtags in einem eigenen Kapitel auszuweisen. Gemäß Kapitel 01 03 umfasst der Haushalt des Hessischen Datenschutzbeauftragten für das Jahr 2017 knapp 5 Millionen Euro. Ihm wurden zudem insgesamt 43 Planstellen zugesprochen.[35] 27

c) Ernennung der Behördenleitung

Die Verordnung spricht in Art. 52 ff. vom **„Mitglied"** der Aufsichtsbehörde und meint damit die Leitung. Davon unterscheidet sie das „Personal", das laut Art. 52 Abs. 5 DSGVO der Leitung untersteht. An die Bestellung des Mitglieds stellt Art. 53 Abs. 1 DSGVO strenge Anforderungen. Nach Art. 54 Abs. 1 lit. c DSGVO haben Mitgliedstaaten die Ernennung eines Mitglieds zu regeln.[36] Die Ernennung muss gemäß Art. 53 Abs. 1 DSGVO transparent und durch die dort genannten Stellen erfolgen. 28

Gemäß § 11 Abs. 1 Satz 1 BDSG **wählt der Deutsche Bundestag künftig auf Vorschlag der Bundesregierung** die Bundesbeauftragte ohne Aussprache mit Kanzlermehrheit. Sodann ernennt der Bundespräsident die Bundesbeauftragte gemäß Satz 2, die im Anschluss nach Abs. 3 vereidigt wird. Die Regelung entspricht dem bisherigen § 22 BDSG a.F. sowie dem Konzept der bisherigen hessischen Regelung in § 21 HDSG. 29

Auch die materiellen Anforderungen an die Behördenleitung sind künftig präziser. So ist § 11 BDSG wesentlich konkreter als § 22 BDSG a.F. und entspricht damit Art. 54 Abs. 1 lit. b iVm Art. 53 Abs. 2 DSGVO, die von den Mitgliedstaaten Regelungen zu **Qualifikation, Auswahl, Sachkunde und Erfahrung** der Behördenleitung verlangen. Nach § 11 Abs. 1 BDSG muss die Bundesbeauftragte das 35. Lebensjahr vollendet haben und über die für die Erfüllung ihrer Aufgaben und Ausübung ihrer Befugnisse erforderliche Qualifikation, Erfahrung und Sachkunde insbesondere im Bereich des Datenschutzes verfügen. 30

d) Amtsende der Behördenleitung

Die **Bundesbeauftragte** steht laut § 12 Abs. 1 BDSG n.F. zum Bund in einem Amtsverhältnis. Ihre **Amtszeit** beträgt **fünf Jahre**, wobei eine **einmalige Wiederwahl** zulässig ist. Für das **Amtsende** sieht § 23 Abs. 1 BDSG a.F. außerdem ihre Entlassung vor. Diese kann die Bundesbeauftragte selbst verlangen oder vom Bundestagspräsidenten vorschlagen werden, soweit Gründe vorliegen, die es rechtfertigen würden, einen Richter oder eine Richterin auf Lebenszeit aus dem Dienst zu entlassen. Künftig ersetzt der Rücktritt die Entlassung auf Ersuchen durch die Bundesbeauftragte. Es erfolgt zudem in § 12 Abs. 2 Satz 3 BDSG eine Anpassung an die Vorgaben der Verordnung dahingehend, dass künftig eine „schwere Verfehlung" die Entlassung rechtfertigt oder die Bundesbeauftragte die Voraussetzungen für die Wahrnehmung ihrer Aufgaben nicht mehr erfüllt. 31

Auch der **Hessische Landesdatenschutzbeauftragte** steht gemäß § 21 Abs. 3 Satz 1 HDSG bisher in einem öffentlich-rechtlichen Amtsverhältnis. In Abs. 4 finden sich zudem Regelungen zum Zeitablauf, zum Rücktritt und zur Amtsenthebung. 32

---

34 S. *BfDI,* 26. Tätigkeitsbericht 2015-2016, 185 f.

35 S. Einzelplan 1 Hessischer Landtag, Kapitel 01 03, 86.

36 S. auch Eg. 121 DSGVO.

e) Finanzkontrolle

33 Art. 52 Abs. 6 DSGVO verlangt einen **eigenen, öffentlichen jährlichen Haushaltsplan** und eine die Unabhängigkeit nicht gefährdende Finanzkontrolle. Auch hierzu bestehen ergänzende Regelungen in Deutschland. Ein getrennter Haushalt ist zB für den Hessischen Beauftragten für den Datenschutz in § 31 Abs. 1 HDSG vorgesehen. Die Überprüfung obliegt laut § 88 Abs. 1 Hessischer Landeshaushaltsordnung dem **Landesrechnungshof**. Auch die Bundesbeauftragte verfügt über einen eigenen, getrennten, jährlichen Haushalt und wird laut § 88 Abs. 1 Bundeshaushaltsordnung vom **Bundesrechnungshof** kontrolliert. Beide Finanzkontrollen sind darauf ausgelegt, die Unabhängigkeit der Aufsicht nicht zu gefährden. Das neue Bundesdatenschutzgesetz sieht dies ausdrücklich noch einmal in § 10 Abs. 2 vor.

f) Verschwiegenheit

34 Die Mitgliedstaaten müssen laut Art. 54 Abs. 2 DSGVO vorsehen, dass Mitglieder und Mitarbeiter während und nach ihrer Amtszeit hinsichtlich der Informationen, die ihnen dienstlich bekannt geworden sind, einem Berufsgeheimnis unterliegen. Zudem ist die Bundesbeauftragte nach § 13 Abs. 4 BDSG grundsätzlich auch nach Beendigung ihres Amtsverhältnisses zur Verschwiegenheit verpflichtet. Eine Verschwiegenheitspflicht für den Hessischen Datenschutzbeauftragten folgt bislang aus § 23 HDSG.

g) Zeugnisverweigerungsrecht

35 Der neue § 13 Abs. 3 BDSG enthält ein Zeugnisverweigerungsrecht über dienstlich bekannt gewordene Tatsachen und die Identität der jeweiligen Informanten der Bundesbeauftragten und über Abs. 6 der Landesbeauftragten und unterscheidet sich nicht von der Vorgängerregelung in den §§ 23 Abs. 4, 12 Abs. 3 BDSG a.F. Die Behördenleitung entscheidet darüber, ob sich das Recht auch auf Mitarbeiter erstreckt. Es umfasst die Berechtigung die Herausgabe von Akten zu verweigern. Damit kann dies die Informationsfreiheit betreffen (→ § 8 Rn. 360 ff.).

36 Schließlich kann die Bundesbeauftragte gemäß § 13 Abs. 5 BDSG wie bereits nach § 23 Abs. 6 BDSG a.F. nur in begrenzten Fällen **Zeugnis ablegen** und muss sich nach Satz 2 ins **Benehmen mit der Bundesregierung** setzen, soweit die Aussage Vorgänge betrifft, die dem Kernbereich deren exekutiver Eigenverantwortung zuzurechnen sind.

h) Funktionelle und örtliche Zuständigkeit

37 Die Zuständigkeitsverteilung regeln bisher neben § 38 BDSG a.F. die Datenschutzgesetze der Länder und Fachgesetze, wie etwa § 115 Abs. 4 TKG. Hintergrund dieser Regelungen sind Art. 28 DSRL und zudem Erwägungsgrund 62 DSRL. Bisher erfolgt die Bestimmung der zuständigen Aufsichtsbehörde in Deutschland in zwei Schritten: Zuerst orientiert sich eine **institutionelle Verantwortungsverteilung** an der Natur des Datenverarbeiters. Für öffentliche Stellen der Länder sind bislang die Landesdatenschutzbeauftragten, für öffentliche Stellen des Bundes ist die Bundesbeauftragte zuständig. Für nichtöffentliche Stellen liegt die Zuständigkeit bei den Aufsichtsbehörden der Länder und für Telekommunikations- und Postunternehmen bei der Bundesbeauftragten. Im zweiten Schritt ist bisher für die Bestimmung der **örtlichen Zuständigkeit** das Bundesland, in dem der Ort des Kontrollgegenstandes (des Vorgangs oder Zustands) liegt maßgeblich[37] – in der Regel die Niederlassung der datenverarbeitenden Stelle.

38 Die Regelung der **funktionellen und der örtlichen Zuständigkeit** ist auch gemäß Art. 51 Abs. 1 DSGVO weiterhin Sache der Nationalstaaten.[38] Das differenzierte System insti-

37 S. *Dammann*, in: Simitis 2014, § 1 Rn. 239.
38 S. zur DSRL EuGH Urt. v. 1.10.2015 – C-230/14, ECLI:EU:C:2015:639 Rn. 56 = EuZW 2015, 912 (915) – Weltimmo.

tutioneller und örtlicher Zuständigkeiten in Deutschland widerspricht daher nicht der Verordnung. Vielmehr erkennt diese in Art. 51 Abs. 1 DSGVO und Erwägungsgrund 117 insbesondere föderale Strukturen an. Auch wird die in Deutschland erst kürzlich aufgegebene Trennung in Aufsicht über private und öffentliche Stellen nicht wieder eingeführt werden.

aa) Funktionelle Zuständigkeit der Bundesbeauftragten ab dem 25. Mai 2018

Die **Befugnisse** der Bundesbeauftragten werden ab dem 25. Mai 2018 durch Art. 58 DSGVO erheblich ausgeweitet. Wo sie im öffentlichen Bereich lediglich beanstanden konnte,[39] kann sie künftig auch[40] und gerade gegenüber Bundesbehörden anordnen und untersuchen (→ § 6 Rn. 64 ff.). 39

Auch die **Zuständigkeit** der Bundesbeauftragten ist künftig ausführlicher geregelt. § 9 Abs. 1 BDSG erklärt die Bundesbeauftragte für die Aufsicht über öffentliche Stellen des Bundes, auch soweit sie als öffentlich-rechtliche Unternehmen am Wettbewerb teilnehmen, für zuständig und stellt klar, dass auch Auftragsverarbeiter erfasst sind, soweit sie nichtöffentliche Stellen sind, bei denen dem Bund die Mehrheit der Anteile gehört oder die Mehrheit der Stimmen zusteht und der Auftraggeber eine öffentliche Stelle des Bundes ist. 40

Für die Verarbeitung **elektronischer Kommunikationsdaten**, die in Verbindung mit der Bereitstellung und Nutzung elektronischer Kommunikationsdienste erfolgt, und für Informationen in Bezug auf die Endeinrichtungen der Endnutzer verweist Art. 18 Abs. 1 ePrivacy-VO-E für die Aufsicht auf das Zuständigkeitssystem der Datenschutz-Grundverordnung. Dem deutschen Gesetzgeber obliegt folglich auch in diesem Bereich die Gesetzgebungskompetenz für die funktionale Zuständigkeit der Aufsichtsbehörden.[41] 41

Eine Regelung, die der Bundesbeauftragten wie bisher die Aufsicht über den **Post- und Telekommunikationsbereich** zuweist, enthält das künftige Bundesdatenschutzgesetz nicht. Es ist davon auszugehen, dass sich diese Aufgabenzuweisung wie bisher[42] im neuzufassenden Post- und Telekommunikationsgesetz finden wird. Die bisherige Parallelzuständigkeit der Bundesnetzagentur kann angesichts deren Stellung als dem Bundesministerium für Wirtschaft und Energie nachgeordnete Behörde aufgrund der Vorgaben der Grundverordnung an die Unabhängigkeit der Aufsichtsbehörden nicht aufrechterhalten bleiben. 42

bb) Funktionelle Zuständigkeit der Landesdatenschutzbeauftragten ab dem 25. Mai 2018

Auch künftig werden die Landesdatenschutzbeauftragten für die Aufsicht über nichtöffentliche Stellen zuständig sein, wie § 40 Abs. 1 BDSG regelt. Zudem werden sie auch weiterhin für die Aufsicht über öffentliche Landesstellen zuständig sein. Auch sind die Landesdatenschutzbeauftragten regelmäßig für die Aufsicht über Tätigkeiten der Landesgerichte zuständig, die nicht dem justiziellen Bereich zuzuschreiben sind.[43] 43

cc) Örtliche Zuständigkeit ab dem 25. Mai 2018

Hinsichtlich der örtlichen Zuständigkeit der deutschen Aufsichtsbehörden stellt § 40 Abs. 2 BDSG klar, dass für den Fall, dass der Verantwortliche oder Auftragsverarbeiter **mehrere inländische Niederlassungen** hat, für die Bestimmung der zuständigen Aufsichtsbehörde Art. 4 Nr. 16 DSGVO entsprechende Anwendung findet (→ § 6 Rn. 15). 44

39 Vgl. § 25 BDSG a.F.
40 Dabei ist die Beanstandung nach § 16 Abs. 2 BDSG n.F. grundsätzlich nach wie vor das Mittel der Wahl.
41 Eine Überarbeitung der Zuständigkeitsregeln des Entwurfs hat der Bundesrat erbeten, BR-Drs. 145/17, 5.
42 § 42 PostG und § 115 TKG.
43 § 24 Abs. 1 Satz 3 HDSG.

Halten sich **mehrere Behörden** für zuständig oder für unzuständig oder bei anderweitigen Zweifeln an der Zuständigkeit, entscheiden die Aufsichtsbehörden künftig gemäß § 40 Abs. 2 Satz 2 BDSG **gemeinsam** nach Maßgabe des § 18 Abs. 2 BDSG. **Verändern** sich im Laufe eines Vorgangs die Umstände, die eine Zuständigkeit begründen, kann die bisher zuständige Behörde nach § 40 Abs. 2 Satz 3 BDSG das Verfahren mit Zustimmung der nunmehr zuständigen Behörde fortführen, soweit dies unter Wahrung der Interessen der Beteiligten der einfachen und zweckmäßigen Durchführung des Verfahrens dient. Bei **Gefahr in Verzug** ist nach § 40 Abs. 2 Satz 3 BDSG in Verbindung mit § 3 Abs. 4 Satz 1 VwVfG analog für unaufschiebbare Maßnahmen jede Behörde örtlich zuständig, in deren Bezirk der Anlass für die Amtshandlung hervortritt. Für das Kohärenzverfahren enthält § 19 BDSG zudem Regelungen für die örtliche Zuständigkeit (→ § 6 Rn. 117 f.).

3. Zusammenfassung

45 Auch die Datenschutzaufsicht wird künftig in einem System der Ko-Regulierung zwischen Union und Mitgliedstaaten gestaltet. Die Verordnung ist in vielen Bereichen **konkreter als das bisherige deutsche Regelungssystem** und bestimmt die wesentlichen Grundstrukturen. Insofern greifen künftig grundsätzlich dieselben Regeln, obgleich die Zuständigkeit der Aufsichtsbehörden unterschiedlich ausfallen kann. Andererseits bleibt das förderale System der Datenschutzaufsicht in Deutschland erhalten. Solange die Landesregelungen nicht aktualisiert sind, wird das bisherige Landesrecht fortgelten, soweit es nicht von der Verordnung verdrängt wird (→ § 2 Rn. 1 ff.).

46 Die mangelnde Einheitlichkeit der Datenschutzaufsicht verursachte in verschiedenen Mitgliedstaaten tätigen Unternehmen erhebliche praktische Schwierigkeiten. Mit dem Ziel, die Situation durch Vereinheitlichung zu vereinfachen, reformiert die Verordnung das Aufsichtssystem grundlegend. Insgesamt stellt die ausführliche Regelung der Aufsicht durch die Verordnung eine Verbesserung dar. Sowohl Transparenz als auch Effizienz werden damit gesteigert. Allerdings zeigen sich bereits jetzt Regelungslücken im Zuständigkeitssystem. So adressiert die Verordnung zB die Frage der Zuständigkeit für die Zertifizierung von Drittstaaten-Datenverarbeitern ohne Niederlassung innerhalb der Union nicht. Die Regelungen der Verordnung sind außerdem auf vielfältige Umsetzungen und Rahmensetzungen im Recht der Mitgliedstaaten angewiesen. Ob sich die Vorteile der Neuregelungen voll entfalten können, hängt nun davon ab, wie die Mitgliedstaaten ihre Aufsichtssysteme an die Verordnung angleichen und ob eine nationale Zusammenarbeit sichergestellt wird. Solange keine einheitlichen Vorgaben durch den Ausschuss ergehen, wird es voraussichtlich bei der unterschiedlichen Durchsetzung durch die Aufsichtsbehörden bleiben. Soweit der Ausschuss allerdings durch verbindliche Vorgaben vereinheitlicht, verlieren die Aufsichtsbehörde ihre Unabhängigkeit.

II. Durchsetzung des Datenschutzrechts

47 Mit der Datenschutz-Grundverordnung werden den Aufsichtsbehörden umfangreiche neue Aufgaben und Befugnisse zugewiesen, die bestehende Vollzugsdefizite abbauen sollen. Ebenfalls existieren in der Verordnung erstmals Regelungen für Verfahren der Zusammenarbeit zwischen den Aufsichtsbehörden, die zu einem einheitlichen Datenschutzniveau in der Europäischen Union führen sollen. Mit Geltungsbeginn der Verordnung am 25. Mai 2018 werden auch die nationalen Vorschriften zur Datenschutzaufsicht im künftigen Bundesdatenschutzgesetz in Kraft treten. Der gesetzliche Rahmen wird sich ab diesem Zeitpunkt aus einer **Ko-Regulierung** von Verordnung und neuem Bundesdatenschutzgesetz ergeben.

1. Ziel und Umfeld der Regelungen

Ein Erfolg bei der Umsetzung der Verordnung kann sich nur einstellen, wenn die **Effektivität der Aufsicht** sowie eine funktionierende Kooperation zwischen den Aufsichtsbehörden gegeben sind. Um eine effektive Durchsetzung der Datenschutzvorschriften zu gewährleisten, ist es von hoher Wichtigkeit, Aufsichtsbehörden zur Erfüllung entscheidender Aufgaben zu verpflichten und sie mit entsprechenden Befugnissen auszustatten.[44] Auch wenn die Durchsetzung des Datenschutzrechts in Zukunft durch die mitgliedstaatlichen Aufsichtsbehörden erfolgt, werden nach Art. 57 und 58 DSGVO Aufgaben und Befugnisse – mit einzelnen Ausnahmen – unmittelbar durch die Verordnung vorgegeben.[45] In der Wahrnehmung der Aufgaben und Befugnisse durch die Aufsichtsbehörden liegt ein „wesentlicher Bestandteil des Schutzes natürlicher Personen bei der Verarbeitung personenbezogener Daten".[46] Die Aufsichtsbehörden sollen Grundrechtsschutz durch eine effektive Wahrnehmung ihrer Verpflichtungen – auch in Anbetracht neuer technischer Entwicklungen – gewährleisten.[47] 48

Ob die Stellung der Aufsichtsbehörden und damit die Datenschutzaufsicht allgemein mit der Verordnung deutlich verbessert wird, lässt sich anhand der reinen zahlenmäßigen Zunahme an Regelungen im Vergleich zur Datenschutz-Richtlinie noch nicht eindeutig vorhersehen. Die Richtlinie enthält drei Normen zur Datenschutzaufsicht, wohingegen es in der Verordnung nun 26 Artikel sind, durch welche die Aufsichtsbehörden an Bedeutung gewinnen sollen.[48] Die Zunahme an Aufgaben und Befugnissen bringt für die Aufsichtsbehörden auch einen **erhöhten Arbeitsaufwand** mit sich, den es entsprechend zu bewältigen gilt. 49

2. Regelungen der Verordnung

Die Verordnung enthält in den Art. 57 bis 59 DSGVO umfangreiche **Aufgaben und Befugnisse** für Aufsichtsbehörden. Art. 57 DSGVO beschreibt detailliert verschiedene Aufgabentypen. Dabei kann zwischen Aufgaben mit verpflichtendem Charakter – die bei Vorliegen der Voraussetzungen keinerlei Ermessensspielräume bieten – und Aufgaben, die der Aufsichtsbehörde hinsichtlich des Umfangs und der Intensität der Durchführung einen gewissen Spielraum lassen, differenziert werden.[49] Erwägungsgrund 129 erläutert formelle Hinweise hinsichtlich der Aufgaben und Befugnisse und weist daraufhin, dass zusätzliche Anforderungen nach dem Verfahrensrecht der Mitgliedstaaten nicht ausgeschlossen werden. 50

Art. 58 DSGVO weist den Aufsichtsbehörden, einen Katalog von Befugnissen zu, der sich in **Untersuchungsbefugnisse** (Abs. 1), **Abhilfebefugnisse** (Abs. 2) und **Genehmigungs- und Beratungsbefugnisse** (Abs. 3) gliedert. Art. 59 DSGVO enthält die separat aufgeführte Pflicht der Aufsichtsbehörde, einen jährlichen **Tätigkeitsbericht** zu erstellen. 51

a) Aufgaben (Art. 57 DSGVO)

Art. 57 DSGVO enthält eine Auflistung von Aufgaben, die den Aufsichtsbehörden bestimmte Tätigkeiten zuweist, die unbeschadet anderer in der Verordnung dargelegter Aufgaben zu erfüllen sind. Die Aufsichtsbehörde muss tätig werden, wenn in ihrem Hoheitsgebiet die entsprechenden Voraussetzungen vorliegen. Es verbleibt ihr im Rahmen 52

---

44 *Nguyen*, ZD 2015, 265; Eine primärrechtliche Verpflichtung dazu ergibt sich aus Art. 16 Abs. 1 und Abs. 2 AEUV und aus Art. 8 GRCh.
45 *Kühling/Martini*, EuZW 2016, 452; *Nguyen*, ZD 2015, 265.
46 Eg. 117 DSGVO; *Albrecht/Jotzo*, Teil 7 Rn. 1; *Roßnagel* 2017, 27.
47 *Roßnagel* 2017, 27.
48 *Laue/Nink/Kremer* 2016, § 10 Rn. 1.
49 S. dazu näher *Roßnagel* 2017, 41 ff., 95 ff.

bestimmter Tätigkeiten jedoch ein **Ermessensspielraum**, sodass Umfang und Intensität der Aufgabenerfüllung durch die Aufsichtsbehörde bestimmt werden können.[50]

53 Der **Aufgabenkatalog der Aufsichtsbehörden** beinhaltet die Tätigkeiten Überwachen, Durchsetzen, Sensibilisieren, Beraten, Informieren, Untersuchen, Dokumentieren, Bewerten, Genehmigen, Regulieren, Zusammenarbeiten sowie das Bearbeiten von Beschwerden. Die Aufsichtsbehörde interagiert bei der Erfüllung ihrer Aufgaben mit betroffenen Personen, der Öffentlichkeit, Verantwortlichen, Datenschutzbeauftragten, Überwachungs- und Zertifizierungsstellen, Einrichtungen der Legislative, Gerichten und anderen mitgliedstaatlichen Aufsichtsbehörden (→ § 6 Rn. 90 ff.). Spezifische Aufgaben der Aufsichtsbehörden sind in einzelnen Normen der Verordnung detailliert dargelegt und werden in vielfacher Weise durch die in Art. 57 DSGVO gelisteten Tätigkeiten konkretisiert oder der Behörde wird ein entsprechender Ermessensspielraum bei der Ausfüllung von bestimmten Tätigkeiten eingeräumt. Eine Aufgabenzuweisung erfolgt zB durch Art. 77 und 35 DSGVO, während Art. 57 Abs. 1 DSGVO die Aufsichtsbehörden explizit hinsichtlich eines Tätigwerdens verpflichtet. Die Erfüllung der Aufgaben erfolgt gemäß Art. 57 Abs. 3 DSGVO für die betroffene Person und gegebenenfalls für den Datenschutzbeauftragten unentgeltlich. Das gilt gemäß Abs. 4 nicht bei offenkundig unbegründeten oder exzessiven Anfragen. In solchen Fällen kann die Aufsichtsbehörde eine angemessene Gebühr auf der Grundlage der Verwaltungskosten verlangen oder sich verweigern. Die Aufsichtsbehörde trägt dafür die Beweislast.

aa) Aufgaben ohne Ermessensspielraum

54 Die folgenden Aufgaben sind als **Pflichten der Aufsichtsbehörde** – ohne entsprechenden Ermessensspielraum – gegenüber verschiedenen Adressaten der Verordnung ausgestaltet.

55 **Gegenüber betroffenen Personen** sind gemäß Art. 57 Abs. 1 lit. f DSGVO insbesondere die Beschwerde nach Art. 77 DSGVO (→ § 4 Rn. 68 ff.) und der gerichtliche Rechtsbehelf nach Art. 78 DSGVO (→ § 4 Rn. 71 ff.) als Auslöser für ein spezifisches Tätigwerden der Aufsichtsbehörde zu nennen.[51] Für die **Öffentlichkeit** steht die Erstellung des Jahresberichts im Mittelpunkt. Dieser kann eine Liste der Arten der getroffenen Maßnahmen nach Art. 58 Abs. 2 DSGVO sowie eine Liste der gemeldeten Verstöße gemäß Art. 57 Abs. 1 lit. u DSGVO enthalten (Kann-Vorschrift). Die Erstellung dieser internen Verzeichnisse nach Art. 57 Abs. 1 lit. u DSGVO ist eine verpflichtende organisatorische Aufgabe der Aufsichtsbehörden, sodass nichts gegen eine mögliche transparenzfördernde Veröffentlichung spricht.

56 Als Pflichten der Aufsichtsbehörde **gegenüber Verantwortlichen** sind die Erstellung einer Liste mit Verarbeitungsvorgängen gemäß Art. 35 Abs. 4 DSGVO), für die eine Datenschutz-Folgenabschätzung erforderlich ist (Positivliste → § 5 Rn. 163),[52] die Abgabe einer Empfehlung im Rahmen der Konsultation zur Datenschutz-Folgenabschätzung nach Art. 36 Abs. 2 DSGVO (→ § 5 Rn. 167), die Prüfung und Genehmigung von Verhaltensregeln nach Art. 40 Abs. 5 DSGVO (→ § 5 Rn. 203 ff.),[53] die Zertifizierung von Verarbeitungsvorgängen gemäß Art. 42 DSGVO (→ § 5 Rn. 229 ff.), die Festlegung von Standardvertragsklauseln nach Art. 57 Abs. 1 lit. j DSGVO für die Auftragsverarbeitung

50 S. *Roßnagel* 2017, 41 ff., 95 ff.

51 Gem. Art. 57 Abs. 2 DSGVO erleichtert die Aufsichtsbehörde das Einreichen von Beschwerden, indem entsprechende Beschwerdeformulare – auch elektronischer Natur bereitgestellt werden.

52 *Laue/Nink/Kremer* 2016, § 7 Rn. 71; eine Negativliste gem. Art. 35 Abs. 5 DSGVO „kann" ebenfalls durch die Aufsichtsbehörde erstellt werden (Aufgabe mit Ermessensspielraum).

53 Eine Wiederholung dieser Pflicht erfolgt in Art. 57 Abs. 1 lit. m DSGVO.

entsprechend Art. 28 Abs. 8 DSGVO (→ § 5 Rn. 91),[54] die Prüfung und Genehmigung von Vertragsklauseln iSd Art. 46 Abs. 3 DSGVO (Übermittlung personenbezogener Daten in ein Drittland vorbehaltlich geeigneter Garantien → § 3 Rn. 150 ff.) nach Art. 57 Abs. 1 lit. r DSGVO, die Genehmigung von verbindlichen internen Vorschriften im Sinne von Art. 47 Abs. 1 DSGVO (→ § 3 Rn. 154 ff.)[55] nach Art. 57 Abs. 1 lit. s DSGVO und die in Art. 57 Abs. 1 lit. j DSGVO normierte Aufgabe zum Erlass von Standardvertragsklauseln[56] gemäß Art. 46 Abs. 2 lit. d DSGVO (→ § 3 Rn. 152) zu identifizieren.[57]

Gegenüber Überwachungs- und Zertifizierungsstellen hat die Aufsichtsbehörde nach Art. 57 Abs. 1 lit. p DSGVO entsprechende Kriterien für die Akkreditierung von Überwachungsstellen gemäß Art. 41 Abs. 3 DSGVO (→ § 5 Rn. 214) und Zertifizierungsstellen gemäß Art. 43 Abs. 3 DSGVO (→ § 5 Rn. 240 abzufassen und zu veröffentlichen.[58] Des Weiteren sind entsprechend Art. 57 Abs. 1 lit. q DSGVO auf Antrag die Akkreditierung von Überwachungsstellen gemäß Art. 41 DSGVO (→ § 5 Rn. 213 ff.) und Zertifizierungsstellen gemäß Art. 43 (→ § 5 Rn. 240 ff.) vorzunehmen. Die Pflichten zur kooperativen Zusammenarbeit mit anderen mitgliedstaatlichen Aufsichtsbehörden nach Art. 60 ff. DSGVO (→ § 6 Rn. 90 ff.), zur Amtshilfe nach Art. 61 DSGVO (→ § 6 Rn. 95) und zum Kohärenzverfahren nach Art. 63 ff. DSGVO (→ § 6 Rn. 101 ff.) sind in Art. 57 Abs. 1 lit. g DSGVO normiert und werden in den jeweiligen Normen erneut aufgegriffen und konkretisiert.[59] 57

bb) Aufgaben mit Ermessensspielraum

Die Auflistung in Art. 57 DSGVO enthält eine Reihe von Vorschriften, die Aufgaben an die Aufsichtsbehörden übertragen, wobei für die Rechtsfolgen ein erheblicher Ermessensspielraum auf Seite der Aufsichtsbehörden besteht. Umfang und Intensität bei Erfüllung der Aufgaben liegen dabei allein im **Ermessen der Aufsichtsbehörde.**[60] Daneben enthalten die Vorschiften eine Vielzahl an ausfüllungsbedürftigen Rechtsbegriffen. 58

Mit Art. 57 Abs. 1 lit. a DSGVO wird die Aufsichtsbehörde angewiesen, „die Anwendung dieser Verordnung [zu] überwachen“ und nach Art. 57 Abs. 1 lit. h DSGVO die notwendigen „Untersuchungen über die Anwendung dieser Verordnung“ durchzuführen (**Datenschutzkontrolle**). Dafür sollen die entsprechenden Untersuchungsbefugnisse nach Art. 58 Abs. 1 DSGVO genutzt werden (→ § 6 Rn. 65). Art. 57 Abs. 1 lit. a DSGVO normiert weiterhin, dass die Aufsichtsbehörde für die Durchsetzung der Verordnung zuständig ist (**Datenschutzanordnungen**), wofür entsprechende Abhilfebefugnisse gemäß Art. 58 Abs. 2 DSGVO zur Verfügung stehen (→ § 6 Rn. 66). 59

Durch Art. 57 Abs. 1 lit. b DSGVO erhalten die Aufsichtsbehörden einen umfangreichen Auftrag zur **Aufklärungs- und Öffentlichkeitsarbeit.** Das heißt die Öffentlichkeit (besondere Beachtung sollen Kinder erfahren) ist für „Risiken, Vorschriften, Garantien und Rechte im Zusammenhang mit der Verarbeitung“ zu sensibilisieren und darüber aufzuklären. Diese Aufgabe steht im Zusammenhang mit Art. 57 Abs. 1 lit. i DSGVO, der die stetige Verfolgung von „maßgebliche[n] Entwicklungen“ im Bereich des Schutzes personenbezogener Daten von den Aufsichtsbehörden fordert. Entsprechende beratende Befugnisse werden der Aufsichtsbehörde durch Art. 58 Abs. 3 lit. b DSGVO zuge- 60

54 Die Aufsichtsbehörde muss hier zusätzlich in Einklang mit dem Kohärenzverfahren gem. Art. 63 DSGVO handeln (→ § 6 Rn. 85 ff.).
55 S. Fn. 15.
56 Art. 46 Abs. 2 lit. d DSGVO spricht von „Standarddatenschutzklauseln“.
57 S. dazu näher *Roßnagel* 2017, 49 ff.
58 In beiden Fällen sind die Kriterien dem Datenschutzausschuss vorzulegen (→ § 6 Rn. 97 ff.) und das Kohärenzverfahren (→ § 6 Rn. 101 ff.) ist durchzuführen.
59 S. dazu näher *Roßnagel* 2017, 67 ff.
60 S. dazu näher *Roßnagel* 2017, 95.

wiesen (→ § 6 Rn. 67). Konkretisiert wird die Informationsweitergabe durch die Anfragemöglichkeit in Art. 57 Abs. 1 lit. e DSGVO, wodurch die Aufsichtsbehörde aufgefordert wird, entsprechende Informationen auf Anfrage mitzuteilen.

61 Nach Art. 57 Abs. 1 lit. c DSGVO ist die Aufsichtsbehörde für die **politische Beratung** im Einklang mit dem Recht des Mitgliedstaats zuständig und muss „das nationale Parlament, die Regierung und andere Einrichtungen und Gremien über legislative und administrative Maßnahmen zum Schutz der Rechte und Freiheiten natürlicher Personen in Bezug auf die Verarbeitung beraten". Neben der politischen Beratung sind **weitere beratende Tätigkeiten** in Verbindung mit Verantwortlichen und Auftragsverarbeitern nach Art. 57 Abs. 1 lit. d DSGVO möglich. Beide müssen entsprechend Art. 31 DSGVO auf Anfrage der Aufsichtsbehörde mit dieser zusammenarbeiten (→ § 5 Rn. 15). Eine gegenseitige Beratungsfunktion erstreckt sich entsprechend Art. 39 Abs. 1 lit. e DSGVO (→ § 5 Rn. 286) auch auf die betrieblichen und behördlichen Datenschutzbeauftragten.[61] Eine weitere spezifische Beratungsfunktion liegt nach Art. 57 Abs. 1 lit. l DSGVO im Zusammenhang mit der Datenschutz-Folgenabschätzung vor (Konsultation nach Art. 36 Abs. 2 DSGVO → § 5 Rn. 167).

62 Art. 57 Abs. 1 lit. m DSGVO nennt das **Fördern** der Ausarbeitung von Verhaltensregeln und Art. 57 Abs. lit. n DSGVO das **Anregen** von Datenschutzzertifizierungsmechanismen, Datenschutzsiegeln und -prüfzeichen. Das bedeutet, dass die Aufsichtsbehörde die entsprechenden Voraussetzungen schaffen muss, um die Einführung und die Ausarbeitung der genannten Datenschutzinstrumente zu ermöglichen (→ § 5 Rn. 193).[62] Art. 57 Abs. 1 lit. o DSGVO in Verbindung mit den Untersuchungsbefugnissen aus Art. 58 Abs. 1 lit. c DSGVO ermöglicht der Aufsichtsbehörde die **Überprüfung** von nach Art. 42 Abs. 7 DSGVO erteilten Zertifizierungen (→ § 5 Rn. 250). Nach Art. 57 Abs. 1 lit. t DSGVO „muss" jede Aufsichtsbehörde „Beiträge zur Tätigkeit des Ausschusses leisten", wobei Umfang und Intensität nicht genauer bestimmt sind. Insbesondere die Zuständigkeit und Koordination bei Vorhandensein von mehreren nationalen Aufsichtsbehörden (so zB in Deutschland) sind an dieser Stelle der Verordnung nicht geregelt. Hier ist der Gesetzgebungsauftrag an die Mitgliedstaaten zur Koordination der nationalen Aufsichtsbehörden in Art. 51 Abs. 3 und 68 Abs. 4 DSGVO zu beachten (→ § 6 Rn. 113 ff.).[63]

63 Nach Art. 57 Abs. 1 lit. v DSGVO müssen weitere Aufgaben im Zusammenhang mit dem Schutz personenbezogener Daten erfüllt werden. Daher sind die **Aufgaben nicht abschließend geregelt**. Durch Auslegung der Verordnung und im Zusammenhang mit den Erwägungsgründen können sich eine Vielzahl an weiteren Aufgaben für die Aufsichtsbehörden ergeben.[64]

b) Befugnisse (Art. 58 DSGVO)

64 Die in Art. 58 DSGVO normierten Befugnisse sind von entscheidender Bedeutung für die unionsweite Durchsetzung des Datenschutzrechts. Den Aufsichtsbehörden wird damit das entsprechende Werkzeug in die Hand gegeben, um die Verordnung effektiv durchzusetzen.[65] Nach Art. 58 Abs. 4 DSGVO erfolgt die Ausübung der Befugnisse entsprechend des Verfahrensrechts der Mitgliedstaaten, sofern das Unionsrecht keine besonderen Vorschriften vorgesehen hat. Die Anwendung der Befugnisse erfolgt unmittelbar aus der Verordnung und nicht aus dem nationalen Recht. Mit dem **unmittelbar an-**

61 *Roßnagel* 2017, 106.
62 *Roßnagel* 2017, 128 f.
63 *Roßnagel* 2017, 151 ff; s. §§ 17 bis 19 BDSG.
64 *Körffer*, in: Paal/Pauly 2017, Art. 57 Rn. 26.
65 S. dazu Eg. 129 DSGVO.

wendbaren Katalog an Befugnissen für die mitgliedstaatlichen Aufsichtsbehörden soll ein einheitliches Datenschutzniveau gewährleistet werden.[66]

Die **Untersuchungsbefugnisse** nach Abs. 1 sind notwendig, damit die Aufsichtsbehörde bestimmte Aufgaben erfüllen kann, darunter u.a. Datenschutzüberprüfungen (lit. b), die Überprüfung von nach Art. 42 Abs. 7 DSGVO (→ § 5 Rn. 250) erteilten Zertifizierungen (lit. c) und der Hinweis an den Verantwortlichen oder den Auftragsverarbeiter über einen vermeintlichen Verstoß gegen die Verordnung (lit. d). Art. 58 Abs. 1 lit. a und e DSGVO dienen dazu, alle notwendigen Informationen zu erhalten, die zur Erfüllung der Aufgaben erforderlich sind und Art. 58 Abs. 1 lit. f DSGVO enthält die Möglichkeit, Zugang zu etwaigen Geschäftsräumen oder Datenverarbeitungsanlagen zu erlangen.[67] Das Zugangsrecht besteht nur in den verfahrensrechtlichen Grenzen des Mitgliedstaates.[68] Untersuchungsbefugnisse aus lit. e und f können gemäß der Öffnungsklausel in Art. 90 Abs. 1 DSGVO zur Gewährleistung von Geheimhaltungspflichten (→ § 8 Rn. 329) durch die Mitgliedstaaten beschränkt werden.[69] 65

Die **Abhilfebefugnisse** in Abs. 2 lit. a und b umfassen die Möglichkeit, gegenüber Verantwortlichen und Auftragsverarbeitern Warnungen oder Verwarnungen auszusprechen,[70] bindende Anweisungen zu geben (lit. c bis e und g), eine Beschränkung der Verarbeitung bis hin zum Verbot (lit. f) sowie eine Geldbuße (lit. i) im Sinne von Artikel 83 DSGVO (→ § 6 Rn. 129 ff.) zu verhängen.[71] Daneben besteht die Möglichkeit eine Zertifizierung zu widerrufen (lit. h) und die „Aussetzung der Übermittlung von Daten an einen Empfänger in einem Drittland“ anzuordnen (lit. j).[72] 66

Die **Genehmigungsbefugnisse und beratenden Befugnisse** in Art. 58 Abs. 3 lit. a bis j DSGVO dienen den Aufsichtsbehörden dazu, ihre Aufgaben aus der Verordnung (→ § 6 Rn. 52 ff.), die im Zusammenhang mit beratenden Tätigkeiten, Akkreditierung und Genehmigung stehen, zu erfüllen.[73] Art. 58 Abs. 5 DSGVO ermöglicht den Aufsichtsbehörden, bei Rechtsverstößen ein gerichtliches Verfahren einzuleiten. Dafür ist den Aufsichtsbehörden in den nationalen Vorschriften eine Anzeigebefugnis und ein Klagerecht einzuräumen.[74] Nach Abs. 6 können die Mitgliedstaaten für Aufsichtsbehörden weitere Befugnisse vorsehen. 67

3. Regelungen in Deutschland

Die Durchsetzung des Datenschutzrechts richtet sich bis zum 25. Mai 2018 nach der Datenschutz-Richtlinie und den Regelungen im bisherigen Bundesdatenschutzgesetz und den Landesdatenschutzgesetzen. Für die Zeit ab diesem Datum gelten ergänzend zur Verordnung die Vorschriften des neuen Bundesdatenschutzgesetzes. 68

a) Rechtslage bis zum 25. Mai 2018

Ein Verfahren zur Zusammenarbeit zwischen den Aufsichtsbehörden ist in der Datenschutz-Richtlinie nicht vorgesehen und auch eine internationale Zuständigkeit regelt sie nicht.[75] Das Bundesdatenschutzgesetz verfolgt bisher einen institutionellen Ansatz und 69

66 *Nguyen*, ZD 2015, 269; *Albrecht/Jotzo* 2017, Teil 7 Rn. 8.
67 S. dazu näher *Roßnagel* 2017, 95 ff.
68 S. dazu Eg. 129 DSGVO.
69 S. *Roßnagel* 2017, 95 ff.
70 *Dieterich*, ZD 2016, 263.
71 *Laue/Nink/Kremer* 2016, § 10 Rn. 24 ff.; *Albrecht/Jotzo* 2017, Teil 7 Rn. 8 ff.
72 S. dazu näher *Roßnagel* 2017, 97 ff.
73 S. dazu näher *Roßnagel* 2017, 103 ff. und 188 ff.
74 *Albrecht/Jotzo* 2017, Teil 7 Rn. 8.
75 Art. 28 Abs. 6 Satz 1 DSRL ist vor dem Hintergrund territorialer Souveränität, Gesetzmäßigkeit der Verwaltung und Rechtsstaatsprinzip zu unkonkret, um von nationalen Kompetenznormen Abweichendes zu regeln – s. *Cruz Villalón*, Schlussanträge C-230/14, Rn. 51.

differenziert in § 2 BDSG a.F. zwischen öffentlichen Stellen des Bundes und der Länder sowie nichtöffentlichen Stellen. **Nichtöffentliche Stellen** werden gemäß § 38 Abs. 6 BDSG a.F. durch von den Landesregierungen bestimmte Stellen kontrolliert. **Öffentliche Stellen** des Bundes unterstehen gemäß § 24 Abs. 1 BDSG a.F. der Aufsicht der Bundesbeauftragten für den Datenschutz und die Informationsfreiheit (Bundesbeauftragte). Die Regelungen für die Aufsicht über öffentliche Landesstellen ergeben sich aus den Landesdatenschutzgesetzen (Zuständigkeitsverteilung→ § 6 Rn. 37 ff.).[76] Außer in Bayern liegt die Zuständigkeit für die Kontrolle der öffentlichen und nichtöffentlichen datenverarbeitenden Stellen bei den Landesdatenschutzbeauftragten.

70 Befugnisseder Aufsichtsbehörde sind in der Richtlinie ebenfalls vorgesehen, jedoch im Vergleich zur Datenschutz-Grundverordnung weniger umfangreich und detailliert vorgegeben. Insbesondere gegenüber Behörden beschränkten sich die Befugnisse auf **Beanstandungen durch die Aufsichtsbehörden.** Mit der Verordnung sind die vorgesehenen Befugnisse auch gegenüber Behörden einsetzbar.[77] In Art. 28 Abs. 3 DSRL werden Untersuchungsbefugnisse, Einwirkungsbefugnisse, Klagerechte und Anzeigebefugnisse (mit einzelnen Beispielen) genannt. Im Vergleich dazu nennt Art. 58 Abs. 1 bis 3 DSGVO 26 konkrete Untersuchungs-, Abhilfe,- und Genehmigungsbefugnisse.[78] Einige Aufgaben aus der Verordnung sind in ähnlicher Form auch schon aus der Richtlinie bekannt, werden jedoch durch die Verordnung in deutlich konkretisierter Form abgebildet und um viele weitere Tätigkeiten ergänzt.

71 Aufgaben und Befugnisse der Aufsichtsbehörden für die Privatwirtschaft regelt § 38 BDSG a.F. Für die Aufsicht über Landesstellen gelten die **Landesdatenschutzgesetze.** Die Aufsichtsbehörden kontrollieren die Einhaltung datenschutzrechtlicher Vorschriften, beraten und unterstützen Beauftragte für den Datenschutz und verantwortliche Stellen, unterrichten Betroffene bei Verstößen und bringen diese zur Anzeige, leisten Amtshilfe, berichten und führen ein Register meldepflichtiger Verarbeiter. Auf nationaler Ebene findet ein Austausch über den sog. „Düsseldorfer Kreis“ statt, dem Vertreter der Aufsichtsbehörden für den Datenschutz im nicht-öffentlichen Bereich angehören.[79] Aufgaben und Befugnisse der Bundesbeauftragten finden sich in den §§ 24 ff. BDSG a.F. und in Sondergesetzen. Die Bundesbeauftragte hat sehr begrenzte Befugnisse (unter anderem beanstanden, zur Stellungnahme auffordern, berichten, beraten, unterrichten, zusammenarbeiten, kontrollieren, zertifizieren),[80] die im Unterschied zu den Ländern eine nur **unzureichende Durchsetzung des Datenschutzrechts** ermöglichen.[81] Durch die Aufgaben und Befugnisse aus der Datenschutz-Grundverordnung erhalten sowohl die Bundesbeauftragte als auch die Aufsichtsbehörden der Länder ein deutliches mehr an Vollzug fördernden Kompetenzen.

b) Regelungen des neuen Bundesdatenschutzgesetzes

72 Das künftige Bundesdatenschutzgesetz beinhaltet Regelungen zur Datenschutzaufsicht in den §§ 14 bis 18 für die Bundesbeauftragte und den §§ 39 und 40 für die Aufsichtsbehörden der Länder. Das neue Bundesdatenschutzgesetz übernimmt wieder die Unterteilung in öffentliche Stellen des Bundes und in nichtöffentliche Stellen. (Zuständigkeits-

---

76 S. etwa § 24 Abs. 1 HDSG; s. *Roßnagel* 2017, 89.

77 Eine Ausnahme sind die möglichen Geldbußen nach Art. 58 Abs. 2 lit. i und 83 Abs. 7 iVm § 43 Abs. 3 BDSG (→ § 6 Rn. 141).

78 *Dieterich*, ZD 2016, 263.

79 Daneben existiert noch die Konferenz der unabhängigen Datenschutzbehörden des Bundes und der Länder, an der die Bundesbeauftragte und die Landesdatenschutzbeauftragten sowie der Präsident des Bayerischen Landesamtes für Datenschutzaufsicht teilnehmen. Sie dient dem Informationsaustausch und der Abstimmung nationaler datenschutzrechtlicher Empfehlungen.

80 § 18 Abs. 3 Nr. 4 DeMailG.

81 S. auch 88. Konferenz der Datenschutzbeauftragten, ZD-Aktuell 2014, 04361.

verteilung→ § 6 Rn. 39 ff.).[82] Daraus folgt nach dem Bundesdatenschutzgesetz eine **geteilte Regelung für die Aufgaben und Befugnisse** der beiden Aufsichtssphären.

aa) Aufgaben und Befugnisse der Bundesbeauftragten

§ 14 BDSG richtet sich an die Bundesbeauftragte und beinhaltet eine teilweise Wieder- 73
holung der in Art. 57 DSGVO genannten Aufgaben. Dabei dient die Vorschrift der **Umsetzung der JI-Richtlinie** (→ § 7 Rn. 53 ff.). Es handelt sich dabei um Aufgaben aus der Richtlinie, für welche die Bundesbeauftragte ebenfalls zuständig ist. Die Umsetzung der Richtlinie erfolgt in Übereinstimmung mit den Vorschriften aus Art. 57 DSGVO und soll eine Klarstellung hinsichtlich der Zuständigkeiten bewirken.[83] Die Aufgaben in § 14 BDSG bestehen dabei aus einer Schnittmenge der Aufgaben aus Verordnung und Richtlinie.[84] § 15 BDSG greift die Regelung aus Art. 59 DSGVO auf, indem sie die Bundesbeauftragte dazu auffordert, jährlich einen entsprechenden Tätigkeitsbericht zu erstellen.[85] Diese weitere Wiederholung dient ebenfalls der Umsetzung der Richtlinie (→ § 7 Rn. 53 ff.) und findet aus „Gründen der Einheitlichkeit und Praktikabilität" statt.[86] Die teilweise Wiederholung der Aufgaben und Befugnisse tangiert demnach nur die Umsetzung der Richtlinie und stellt **keine Konkretisierung oder Ergänzung** hinsichtlich der Verordnung dar.[87]

§ 16 Abs. 1 BDSG **modifiziert** gegenüber öffentlichen Stellen die **Befugnisse** aus Art. 58 74
DSGVO und überträgt diese entsprechend der Zuständigkeit nach § 9 BDSG an die Bundesbeauftragte. Die Anpassung der Befugnisse führt gegenüber der Verordnung zu wesentlichen Änderungen bei der entsprechenden Ausübung durch die Bundesbeauftragte. Bei Verstößen gegen Vorschriften des Datenschutzes informiert die Bundesbeauftragte zunächst die zuständigen **Rechts- oder Fachaufsichtsbehörden** und gibt diesen vor Ausübung ihrer Befugnisse die Möglichkeit zur Stellungnahme. Dadurch wird ein weiterer Arbeitsschritt notwendig, der zu einer besseren Abstimmung zwischen Datenschutzaufsicht und Rechts- oder Fachaufsicht führen soll, sich aber ebenfalls hemmend auf die jeweilige wirksame Ausübung der Befugnisse durch die Bundesbeauftragte auswirken kann. Der Gesetzgeber hat hier der **Lösung des Abstimmungsproblems** Vorrang eingeräumt und eine entsprechende Regelung dafür geschaffen.

Werden Daten zu Zwecken außerhalb des Anwendungsbereichs der Verordnung (→ § 3 75
Rn. 1 ff.) verarbeitet, so bleibt es bei den bisherigen beschränkten Befugnissen der Bundesbeauftragten gegenüber öffentlichen Stellen des Bundes. Denn § 16 Abs. 2 BDSG nennt nur die Beanstandung von Verstößen und die Warnung bei drohenden Verstößen als mögliche Befugnisse der Bundesbeauftragten, die in der Vergangenheit kein wirksames Instrument der Aufsichtsbehörden dargestellt haben. Damit werden die **Errungenschaften der Datenschutz-Grundverordnung** zum Schutz der Strafverfolgungs- und Sicherheitsbehörden und Nachrichtendienste bewusst **eingeschränkt.** Gegenüber diesen Behörden sollen keine Durchgriffsbefugnisse angewandt werden können.[88] Der Gesetzgeber erachtet – wider besserem Wissen – die **deutlich abgeschwächten Befugnisse** als ausreichend, um in datenschutzrechtlich sensiblen Anwendungsbereichen eine Durchsetzung des Datenschutzes zu beschränken.

---

82 Die Regelungen für die Aufsicht über öffentliche Landesstellen ergeben sich weiterhin aus den Landesdatenschutzgesetzen.
83 S. dazu Eg. 8 DSGVO.
84 BT-Drs. 18/11325, 87.
85 Hier erfolgt eine Änderung des bisherigen Berichtszeitraums (zwei Jahre) des § 26 Abs. 1 BDSG a.F.
86 BT-Drs.18/11325, 87.
87 Mithin liegt kein Verstoß gegen das Normwiederholungsverbot vor; s. dazu Eg. 8 DSGVO.
88 S. dazu auch BT-Drs.18/11325, 88.

bb) Aufgaben und Befugnisse der Aufsichtsbehörden der Länder

76 Die Aufgaben und Befugnisse der Aufsichtsbehörden der Länder sind in § 40 Abs. 4 bis Abs. 6 BDSG geregelt. Dabei handelt sich um **Ergänzungen und Konkretisierungen** zu den bereits in Art. 57 und 58 DSGVO enthaltenen Vorschriften. Die Regelung orientiert sich an § 38 BDSG a.F., geht jedoch über diese hinaus.[89] Darunter sind unter anderem Vorschriften zur Beratung, Unterstützung und Abberufung von Datenschutzbeauftragten. Daneben wird mit § 21 BDSG explizit auf Art. 58 Abs. 5 DSGVO Bezug genommen, durch den eine Rechtsvorschrift geschaffen wird, die den Aufsichtsbehörden ermöglicht, gegebenenfalls ein gerichtliches Verfahren einzuleiten oder sich daran zu beteiligen, um die Bestimmungen der Verordnung durchzusetzen.[90] Ebenso dient § 40 Abs. 2 S. 3 BDSG der Umsetzung von Art. 58 Abs. 5 DSGVO. Die Regelung ermöglicht der Aufsichtsbehörde die Anzeige von strafrechtlich relevanten Verstößen gegen das Datenschutzrecht. Damit wird die allgemeine Vorgabe der Verordnung in das deutsche Recht eingepasst.[91]

cc) Akkreditierung

77 § 39 BDSG enthält eine Konkretisierung der Vorschriften aus Art. 43 Abs. 1 Satz 2 DSGVO und bezieht sich auf die **Erteilung der Befugnis** als Zertifizierungsstelle tätig zu werden. Hier sind je nach Zuständigkeit die Aufsichtsbehörden des Bundes oder der Länder für die Erteilung auf Grundlage einer Akkreditierung durch die **Deutsche Akkreditierungsstelle** verantwortlich. Durch diese Regelung wird die Aufgabe aus Art. 57 Abs. 1 lit. p und q DSGVO und die damit verbundene Befugnis aus Art. 58 Abs. 3 lit. e und f DSGVO konkretisiert und ins deutsche Datenschutzrecht eingepasst (→ § 5 Rn. 270 ff.).

4. Zusammenspiel von Verordnung und Bundesdatenschutzgesetz

78 Die Verordnung enthält in einigen Bereichen sehr umfangreiche Regelungen, die aber oft nicht konkret genug ausgestaltet sind. Im Vergleich mit den nationalen Regelungen im künftigen Bundesdatenschutzgesetz zeigt sich, dass auf mitgliedstaatlicher Ebene deutlich weniger geregelt wurde oder geregelt werden musste. Dennoch ermöglicht die Verordnung den Mitgliedstaaten auch eine weitere Konkretisierung, Präzisierung und Ergänzung der vorhandenen Vorschriften – insbesondere aufgrund von Öffnungsklauseln und ausfüllungsbedürftigen Vorschriften – vorzunehmen (→ § 2 Rn. 15 ff.). Die Vorschriften zur Datenschutzaufsicht werden damit durch eine **Ko-Regulierung** aus Datenschutz-Grundverordnung und neuem BDSG bestimmt.

79 Die Aufgaben und Befugnisse der Aufsichtsbehörden ergeben sich unmittelbar aus der Verordnung und lassen den nationalen Gesetzgebern nur wenige Möglichkeiten von individuellen mitgliedstaatlichen Anpassungen. Die erfolgten Anpassungen im neuen Bundesdatenschutzgesetz stellen weitgehend eine **sachgerechte Ergänzung** dar und unterstützen das Ziel einer einheitlichen Durchsetzung der Verordnung in der Europäischen Union und im Europäischen Wirtschaftsraum. Dennoch werden durch die Verordnung **viele Fragen offengelassen**, die auch durch die nationalen Regelungen nicht zufriedenstellend beantwortet werden.

80 Trotz der Abstraktheit vieler Regelungen in der Verordnung beschränken sich die durchgeführten Anpassungen und Ergänzungen im nationalen Recht auf ein Minimum.

89 *Hullen*, in: Plath 2016, Art. 58 Rn. 2 ff.

90 Die Regelung richtet sich speziell an die mögliche Rechtswidrigkeit eines Angemessenheitsbeschlusses der Europäischen Kommission und dient insbesondere der Umsetzung des EuGH Urt. v. 6.10.2015 – C-362/14, ECLI:EU2015:650 = MMR 2015,753 – Schrems.

91 S. dazu näher *Roßnagel* 2017, 140 f.

Dies wird gleichzeitig zu einem großen Manko, da viele Regelungen in der Verordnung eine **Konkretisierung, Präzisierung oder Ergänzung erfordert** hätten (→ § 2 Rn. 15 ff.). Das neue Bundesdatenschutzgesetz nimmt dies in einzelnen Vorschriften vor, jedoch kann die **Unterkomplexität der Verordnung** damit in keiner Weise aufgefangen werden. Entsprechend angepasst wurden die Regelung über die Befugnisse für die Bundesbeauftragte in § 16 BDSG und die Vorschriften zur Akkreditierung in § 39 BDSG. Dabei wurde die für den Anwendungsbereich außerhalb der Verordnung die alte eingeräumte Aufsichtsregelung („beanstanden") beibehalten, wodurch eine effektive Durchsetzung des Datenschutzrechts gegenüber öffentlichen Stellen nur schwer möglich ist. Für die Aufsichtsbehörden der Länder werden mit § 40 BDSG Konkretisierungen und Ergänzungen zu den in Art. 57 und 58 DSGVO enthalten Regelungen eingeführt, die u.a. die föderale Zuständigkeitsverteilung entsprechend würdigen. Die Beratung der Datenschutzbeauftragten sowie ihre Abberufung durch die Aufsichtsbehörden auf Verlangen hin nach § 40 Abs. 6 BDSG stellen eine sinnvolle Ergänzung dar. Alle weiteren Konkretisierungen der Befugnisse hinsichtlich Auskunftsverlangen und Zugangsrechten in Abs. 4 und 5 sind nachvollziehbar vorgenommen worden. Des Weiteren wird mit § 21 BDSG die „obligatorische Spezifizierungsklausel" in Art. 58 Abs. 5 DSGVO umgesetzt.

Aufgaben und Befugnisse sind für den nichtöffentlichen und öffentlichen Bereich unmit- 81
telbar aus der Verordnung zu entnehmen, wobei das nationale Recht eine Anpassung an die föderale Zuständigkeitsverteilung vornimmt. Daneben sind Konkretisierungen und Ergänzungen zur Klarstellung im neuen Bundesdatenschutzgesetz vorhanden. Im Vergleich zu vorherigen Rechtslage wurden insbesondere die Handlungsmöglichkeiten der Bundesbeauftragten erweitert.[92] Die Befugnisse aus Art. 58 DSGVO ermöglichen gegenüber öffentlichen Stellen eine **effektive Durchsetzung des Datenschutzrechts.**[93] Genau diese Errungenschaft der Verordnung wird jedoch im direkten Anschluss durch das neue Bundesdatenschutzgesetz deutlich eingeschränkt. Die radikale **Reduzierung der Befugnisse** gegenüber öffentlichen Stellen außerhalb des Anwendungsbereiches der Verordnung lässt wieder das **Problem des Vollzugsdefizits** aufleben. Um eine „echte" effektive Durchsetzung des Datenschutzrechts zu erreichen, muss es der Bundesbeauftragten möglich sein, ihre durch die Verordnung eingeräumten Befugnisse zur Durchsetzung aller datenschutzrechtlichen Vorschriften zu nutzen. Nur so kann sichergestellt werden, dass auch im Bereich der öffentlichen Stellen ein einheitliches Datenschutzniveau erreicht wird.

Bei der Anpassung des nationalen Datenschutzrechts ist für den Bereich Aufgaben und 82
Befugnisse kein Verstoß gegen das Normwiederholungsverbot (→ § 2 Rn. 30 ff.) ersichtlich.[94] Auch wenn ein solcher Verstoß nicht vorliegt, so kann insbesondere die **Vermengung** der Datenschutz-Richtlinie im Bereich von Justiz und Inneres (→ § 7 Rn. 53 ff.) mit Vorschriften der Verordnung zu einer erheblichen **Unsicherheit bei Rechtsanwendern** führen. Für den Anwendungsbereich der Verordnung ist zB lediglich auf die Auflistung der Aufgaben in Art. 57 DSGVO abzustellen und nicht auf § 14 Abs. 1 BDSG. An dieser Stelle wäre eine bessere Abgrenzung zwischen Richtlinie und Verordnung im Sinne der Klarheit und Übersichtlichkeit wünschenswert gewesen.

5. Zusammenfassung

Die Aufsichtsbehörden erhalten im Rahmen der Datenschutz-Grundverordnung einen 83
umfangreichen Arbeitsauftrag.[95] Sie sollen zentrale Instanzen bei der einheitlichen

92 *Greve*, NVwZ 2017, 738.
93 *Roßnagel* 2017, 98.
94 Eg. 8 DSGVO.
95 *Dammann*, ZD 2016, 308.

Durchsetzung der Datenschutzregelungen in der Europäischen Union und im Europäischen Wirtschaftsraum bilden.[96] Die Erweiterung des Aufgabenspektrums der Aufsichtsbehörden im Lichte der Verordnung muss zu einer veränderten Sichtweise auf deren bisheriges Rollenverständnis führen. Es wird nicht weniger als ein **„fundamentaler Wandel der Aufsichtsbehörde"** erwartet, der aus „reinen Kontroll- und Beratungsstellen [...] echte Aufsichtsbehörden" mit Exekutivbefugnissen machen soll.[97]

84 Ob die hohen Erwartungen in vollem Umfang erfüllt werden können, darf anhand der nationalen **Einschränkung von Befugnissen** gegenüber öffentlichen Stellen bezweifelt werden. Allenfalls das Maß an effektiver Datenschutzdurchsetzung der Prä-Grundverordnungszeit darf in diesen Fällen dann erwartet werden. Dem Ziel eines möglichst hohen Datenschutzniveaus in der gesamten Europäischen Union ist eine solche nationale Schwächung der Datenschutzaufsicht nicht dienlich. Daneben wird es insbesondere davon abhängen, ob die Mitgliedstaaten den Aufsichtsbehörden die **notwendige Ressourcenausstattung** – in personeller, technischer und finanzieller Hinsicht – gemäß Art. 52 Abs. 4 DSGVO zur Verfügung stellen, damit diese ihre Befugnisse wahrnehmen und ihre Aufgaben als Datenschutzaufsicht erfüllen können. Nur unter diesen Bedingungen ist eine effektive Durchsetzung des Datenschutzrechts möglich.[98]

III. Kohärenz der Datenschutzaufsicht

85 Ein wesentliches Ziel der Datenschutz-Grundverordnung ist es, eine **einheitliche Datenschutzpraxis** in der gesamten Europäischen Union und dem Europäischen Wirtschaftsraum zu erreichen (→ § 1 Rn. 5). Nur so sind ein gleichmäßiger Grundrechtsschutz und einheitliche Wettbewerbsbedingungen möglich.

86 Dieses Ziel ist jedoch in seiner Gesamtheit zum **Scheitern** verurteilt. Die Verordnung gilt zwar in allen Mitgliedstaaten unmittelbar. Sie ist aber der Sache nach zumindest „in Teilen eher eine Richtlinie im Verordnungsgewand".[99] Nicht nur aufgrund der vielfachen Verwendung ausfüllungsbedürftiger Rechtsbegriffe und der Unvollständigkeit ihrer Regelungen (→ § 1 Rn. 36 ff.), sondern vor allem durch die vielen Öffnungsklauseln für die Mitgliedstaaten (→ § 1 Rn. 29 ff.) hat sie nur einen „fragmentarischen Verordnungscharakter".[100] In der Folge behält das nationale Recht im öffentlichen Bereich einen prägenden Einfluss auf die Regelungen der Zulässigkeit und der Verarbeitung und Nutzung von personenbezogenen Daten (→ § 1 Rn. 52 ff.).[101]

87 Die Einheitlichkeit des Vollzugs der Verordnung ist daher eigentlich **nur gegenüber privaten Unternehmen**, die personenbezogene Daten grenzüberschreitend für wirtschaftliche Zwecke im Binnenmarkt verarbeiten, ein Thema. Für **Behörden** und private Stellen, die öffentliche Pflichten erfüllen oder öffentliche Interessen verfolgen, wird Uneinheitlichkeit – wie Art. 55 Abs. 2 DSGVO zeigt – akzeptiert. Für die Datenverarbeitung im Binnenmarkt ist ein einheitlicher Datenschutz vor allem dadurch gefährdet, dass die Verordnung viele Vorgaben nicht abschließend regelt, sondern thematische Lücken lässt oder ausfüllungsbedürftige Begriffe verwendet, die ein Auseinanderdriften der Anwendungspraxis in den Mitgliedstaaten ermöglichen (→ § 1 Rn. 36 ff.).[102]

88 Zumindest für wirtschaftliche Tätigkeiten versucht die Verordnung ihren Vollzug durch die Aufsichtsbehörden zu vereinheitlichen. Dies soll durch ein **kompliziertes Geflecht**

96 Vgl. *Roßnagel* 2017, 27.
97 *Roßnagel* 2017, 181.
98 S. dazu näher *Roßnagel* 2017, 175 ff.
99 *Kühling/Martini*, EuZW 2016, 448.
100 *Kühling/Martini*, EuZW 2016, 449.
101 S. *Dammann*, ZD 2016, 309; *Albrecht*, CR 2016, 92; *Greve*, NVwZ 2017, 743.
102 S. *Dammann*, ZD 2016, 309.

von **Regelungen zur unionsweiten Kooperation** zwischen den Aufsichtsbehörden und durch die Einrichtung des Europäischen Datenschutzausschusses erreicht werden. Während sich in der Datenschutz-Richtlinie nur zwei Vorschriften in Art. 29 und 30 mit der unionsweiten Zusammenarbeit der Aufsichtsbehörden befassen, regelt die Datenschutz-Grundverordnung diese Fragen in den Art. 60 bis 76 in insgesamt 17 Vorschriften.

Die zeigt die hohe Bedeutung der Aufsichtsbehörden für die Umsetzung eines einheitlichen Datenschutzniveaus in der Europäischen Union und im Europäischen Wirtschaftsraum.[103] Sie tragen aber auch die **Lasten der Vereinheitlichung** des praktizierten Datenschutzes. Sie müssen durch umfangreiche zusätzliche Anstrengungen die Einheitlichkeit der Datenschutzpraxis unter sich herstellen. Um die Vorteile eines einheitlichen Datenschutzniveaus für Verantwortliche und betroffene Personen zu erreichen, müssen die Aufsichtsbehörden einen enormen Zusatzaufwand erbringen.[104] 89

1. Zusammenarbeit der Aufsichtsbehörden nach der Datenschutz-Grundverordnung

Nach Art. 51 Abs. 2 DSGVO soll „jede Aufsichtsbehörde ... einen Beitrag zur einheitlichen Anwendung dieser Verordnung in der gesamten Union“ leisten. Nach Art. 57 Abs. 1 lit. g DSGVO muss sie „mit anderen Aufsichtsbehörden zusammenarbeiten, ... um die einheitliche Anwendung und Durchsetzung dieser Verordnung zu gewährleisten“.[105] Um den Vollzug in der gesamten Union zu koordinieren, weist die Datenschutz-Grundverordnung den Aufsichtsbehörden neue Pflichten zu, die sie unter der Datenschutz-Richtlinie nicht hatten. Sie müssen bei grenzüberschreitenden Datenverarbeitungen mit anderen Aufsichtsbehörden zusammenarbeiten, diesen Amtshilfe leisten und mit ihnen gemeinsame Maßnahmen durchführen. 90

a) Grenzüberschreitende Zusammenarbeit

Liegen der Aufenthaltsort einer betroffenen Person und die Niederlassung des Verantwortlichen im gleichen Mitgliedstaat, ist die Aufsichtsbehörde des Mitgliedstaats zuständig, in dessen Hoheitsgebiet die Datenverarbeitung stattfindet.[106] Liegen bei grenzüberschreitender Datenverarbeitung gemäß Art. 4 Nr. 23 DSGVO der Aufenthaltsort der betroffenen Person und die Niederlassung des Verantwortlichen in unterschiedlichen Mitgliedstaaten, ist die Zuständigkeitsregelung komplizierter und mit Abstimmungsnotwendigkeiten verbunden.[107] Gegenüber dem Verantwortlichen ist nach dem Grundsatz des **„One Stop Shop“**[108] gemäß Art. 56 Abs. 1 und 6 DSGVO nur die „Aufsichtsbehörde der Hauptniederlassung[109] oder der einzigen Niederlassung des Verantwortlichen oder des Auftragsverarbeiters zuständig. Sie gilt als die „federführende Aufsichtsbehörde“.[110] Dieser Grundsatz ist für international tätige Unternehmen von großem Vorteil, weil sie sich für alle Datenschutzfragen in allen Mitgliedstaaten nur mit einer einzigen Aufsichtsbehörde auseinander zu setzen haben.[111] Es ist jedoch für alle betroffenen Personen von großem Nachteil, weil sie sich nur an eine Aufsichtsbehörde in einem anderen Mitgliedstaat wenden könnten.[112] Daher hat die Verordnung den 91

103 Nach *Albrecht/Jotzo* 2017, Teil 7 Rn. 1, sind die Kapitel VI und VII „die wohl wichtigsten Kapitel der Grundverordnung“; ebenso *Albrecht*, CR 2016, 96.

104 S. hierzu *Roßnagel* 2017, 32.

105 S. auch Eg. 10 DSGVO.

106 Für die Kooperation zwischen federführender und betroffener Aufsichtsbehörde innerhalb Deutschlands s. § 19 BDSG und Rn. 118.

107 Hat der Verantwortliche keinen Sitz in der Union und greift das Marktortprinzips nach Art. 3 Abs. 2 DSGVO, ist nur die Aufsichtsbehörde zuständig, die für die betroffene Person zuständig ist.

108 S. zu diesem auch Eg. 124 DSGVO.

109 S. die Definition in Art. 4 Nr. 16 DSGVO.

110 S. zB *Schantz*, NJW 2016, 1846 f.; *Gierschmann*, ZD 2016, 52; *Albrecht/Jotzo* 2017, Teil 7 Rn. 12.

111 S. zB *Gierschmann*, ZD 2016, 51.

112 S. zB *Nguyen*, ZD 2015, 266; *Schantz*, NJW 2016, 1847.

Grundsatz des „One Stop Shop" durch das **„Näheprinzip"** gemäß Art. 56 Abs. 2 DSGVO ergänzt.[113] Auch die betroffene Person muss sich nur an eine Aufsichtsbehörde wenden. Für sie ist „jede Aufsichtsbehörde zuständig, wenn die Datenverarbeitung „nur mit einer Niederlassung in ihrem Mitgliedstaat zusammenhängt oder betroffene Personen nur ihres Mitgliedstaats erheblich beeinträchtigt" werden. Sie gilt als die „betroffene Aufsichtsbehörde" gemäß Art. 4 Nr. 22 DSGVO.

92 Werden die federführende Aufsichtsbehörde im Mitgliedstaat des Verantwortlichen und eine betroffene Aufsichtsbehörde im Mitgliedstaat der betroffenen Person mit dem gleichen Anliegen befasst, müssen beide Aufsichtsbehörden gemäß Art. 60 DSGVO zusammenarbeiten, um ein widersprüchliches Vorgehen zu vermeiden.[114] Dabei behalten beide Aufsichtsbehörden ihre Zuständigkeit. Für Entscheidungen gegenüber der Hauptniederlassung des Verantwortlichen ist allein die federführende Aufsichtsbehörde zuständig, für alle Entscheidungen gegenüber sonstigen Niederlassungen oder betroffenen Personen in einem anderen Mitgliedstaat die betroffene Aufsichtsbehörde in diesem Mitgliedstaat.[115]

93 Bei einer grenzüberschreitenden Datenverarbeitung ist die betroffene Aufsichtsbehörde nach Art. 56 Abs. 3 DSGVO verpflichtet, „unverzüglich die federführende Aufsichtsbehörde über diese Angelegenheit" zu unterrichten. Diese muss sich innerhalb von drei Wochen entscheiden, ob sie sich mit dem Fall gemäß dem **Verfahren der Zusammenarbeit** gemäß Art. 60 DSGVO befasst oder nicht.[116] Entscheidet sie, sich mit dem Fall zu befassen, so findet nach Art. 56 Abs. 4 DSGVO das Verfahren gemäß Art. 60 DSGVO Anwendung. In diesem Fall kann die betroffene Aufsichtsbehörde der federführenden Aufsichtsbehörde einen „Beschlussentwurf vorlegen". Die federführende Aufsichtsbehörde hat diesem Entwurf bei der Ausarbeitung ihres Beschlussentwurfs nach Art. 60 Abs. 3 DSGVO „weitestgehend Rechnung" zu tragen.[117] Diesen übermittelt sie den betroffenen Behörden. Nach Erwägungsgrund 126 DSGVO soll der Beschluss zwischen den beteiligten Aufsichtsbehörden „gemeinsam vereinbart werden". In Zweifel entscheidet gemäß Erwägungsgrund 125 DSGVO jedoch die federführende Behörde.[118] Entscheidet dagegen die federführende Aufsichtsbehörde, sich mit dem Fall nicht selbst zu befassen, so betreibt die betroffene Aufsichtsbehörde den Fall gemäß Art. 61 und 62 DSGVO.

94 Ist die betroffene Behörde mit dem Beschlussentwurf der federführenden Behörde nicht einverstanden, kann sie einen **„maßgeblichen und begründeten Einspruch"** gemäß Art. 4 Nr. 23 DSGVO einlegen. Schließt sich die federführende Behörde nach Art. 60 Abs. 4 DSGVO diesem Einspruch an, legt sie nach Art. 60 Abs. 5 DSGVO den anderen betroffenen Aufsichtsbehörden einen überarbeiteten Beschlussentwurf zur Stellungnahme vor. Liegt die Entscheidung fest, erlässt die federführende Aufsichtsbehörde nach Art. 60 Abs. 7 DSGVO den Beschluss und teilt ihn dem Verantwortlichen mit. Tut sie dies nicht, so leitet sie das Kohärenzverfahren gemäß Art. 63 DSGVO (→ § 6 Rn. 101) ein. Das Verfahren der Zusammenarbeit nach Art. 60 DSGVO kann für alle beteiligten Aufsichtsbehörden mit einem großen Arbeitsaufwand verbunden sein.[119]

---

113 S. zB *Nguyen*, ZD 2015, 266; *Schantz*, NJW 2016, 1847; *Albrecht/Jotzo* 2017, Teil 8 Rn. 4.
114 S. Eg. 124 bis 126 DSGVO.
115 S. zum Verfahren auch zB *Schantz*, NJW 2016, 1847; *Albrecht*, CR 2016, 96.
116 Kriterien für diese Entscheidung enthält Eg. 128 DSGVO.
117 Zu den Pflichten der federführenden Behörde s. auch Eg. 130 DSGVO.
118 Zu Details des Verfahrens der Zusammenarbeit s. *Roßnagel* 2017, 81 ff.
119 S. hierzu ausführlich *Roßnagel* 2017, 83 ff.

b) Gegenseitige Amtshilfe

Nach Erwägungsgrund 133 DSGVO sollen die „Aufsichtsbehörden sich gegenseitig bei der Erfüllung ihrer Aufgaben unterstützen und Amtshilfe leisten". Die Amtshilfe bezieht sich nach Art. 61 Abs. 1 Satz 2 DSGVO „insbesondere auf Auskunftsersuchen und aufsichtsbezogene Maßnahmen, beispielsweise Ersuchen um vorherige Genehmigungen und eine vorherige Konsultation, um Vornahme von Nachprüfungen und Untersuchungen". Jede Aufsichtsbehörde hat nach Art. 61 Abs. 2 DSGVO einem Ersuchen einer anderen Aufsichtsbehörde „unverzüglich und spätestens innerhalb eines Monats nach Eingang des Ersuchens nachzukommen". Dazu kann nach Art. 61 Abs. 2 DSGVO „insbesondere auch die Übermittlung maßgeblicher Informationen über die Durchführung einer Untersuchung gehören". Die ersuchte Aufsichtsbehörde darf nach Art. 61 Abs. 4 DSGVO das Ersuchen nur ablehnen, wenn sie unzuständig ist oder ein Eingehen auf das Ersuchen rechtswidrig wäre. In diesem Fall hat sie die Gründe für die Ablehnung des Ersuchens zu erläutern. Ansonsten informiert sie nach Art. 61 Abs. 5 Satz 1 DSGVO die ersuchende Aufsichtsbehörde über die Ergebnisse oder gegebenenfalls über den Fortgang der Maßnahmen, die getroffen wurden, um dem Ersuchen nachzukommen.[120] 95

c) Gemeinsame Maßnahmen der Aufsichtsbehörden

Verfügt ein Verantwortlicher über Niederlassungen in mehreren Mitgliedstaaten oder werden die Verarbeitungsvorgänge voraussichtlich auf eine bedeutende Zahl betroffener Personen in mehr als einem Mitgliedstaat erhebliche Auswirkungen haben, lädt die zuständige Aufsichtsbehörde nach Art. 62 Abs. 2 DSGVO die Aufsichtsbehörde jedes dieser Mitgliedstaaten zur Teilnahme an Aufsichtsmaßnahmen, die sie beabsichtigt, ein. Jede dieser Aufsichtsbehörden ist berechtigt, an den gemeinsamen Maßnahmen teilzunehmen.[121] Sie antwortet unverzüglich auf das Ersuchen einer Aufsichtsbehörde um Teilnahme. Die einladende Aufsichtsbehörde kann den Mitgliedern oder Bediensteten jeder unterstützenden Aufsichtsbehörde nach Art. 62 Abs. 3 DSGVO gestatten, Untersuchungen durchzuführen.[122] 96

2. Europäischer Datenschutzausschuss

Der Europäische Datenschutzausschuss ist die Institution, die die einheitliche Datenschutzpraxis in der Union koordiniert. Er ist nach Art. 68 Abs. 1 DSGVO eine **Einrichtung der Union** mit eigener Rechtspersönlichkeit. Gemäß Art. 69 DSGVO handelt der Ausschuss völlig unabhängig, Er ersucht bei der Erfüllung seiner Aufgaben oder in Ausübung seiner Befugnisse weder um Weisung noch nimmt er Weisungen entgegen. 97

a) Organisation

Der Ausschuss besteht nach Art. 68 Abs. 3 DSGVO aus dem **Leiter einer Aufsichtsbehörde** jedes Mitgliedstaats und dem Europäischen Datenschutzbeauftragten oder ihren jeweiligen Vertretern. Gibt es in einem Mitgliedstaat mehr als eine Aufsichtsbehörde, so wird nach Art. 68 Abs. 4 DSGVO nach den Rechtsvorschriften dieses Mitgliedstaats ein gemeinsamer Vertreter benannt. 98

Der Ausschuss fasst nach Art. 72 Abs. 1 DSGVO seine **Beschlüsse** mit einfacher Mehrheit seiner Mitglieder. Er wählt nach Art. 73 DSGVO aus dem Kreis seiner Mitglieder mit einfacher Mehrheit einen **Vorsitzenden** und zwei stellvertretende Vorsitzende für eine Amtszeit von fünf Jahren. Der Vorsitzende vertritt nach Art. 68 Abs. 2 DSGVO den Ausschuss und leitet nach Art. 74 DSGVO seine Geschäfte. Er wird nach Art. 75 99

120 Zu den vorbereitenden Maßnahmen, um Amtshilfe erbringen zu können, s. *Roßnagel* 2017, 150.
121 Nach Eg. 134 DSGVO sollte sie „an gemeinsamen Maßnahmen von anderen Aufsichtsbehörden teilnehmen". Eine Einladung kann sie daher nur im Ausnahmefall ausschlagen.
122 S. auch *Kühling/Martini u.a.* 2016, 232 f.

DSGVO von einem Sekretariat unterstützt, das von dem Europäischen Datenschutzbeauftragten bereitgestellt wird.

b) Aufgaben

100 Nach Art. 70 Abs. 1 DSGVO besteht die Aufgabe des Ausschusses darin, „die einheitliche Anwendung dieser Verordnung sicher“ zu stellen. Zu diesem Zweck soll er von sich aus oder gegebenenfalls auf Ersuchen der Kommission die in Art. 70 Abs. 1 lit. a bis y DSGVO detailliert aufgelisteten Aufgaben wahrnehmen.[123] Sie dienen alle dem Ziel, in der Union eine einheitliche Vollzugspraxis zu erreichen. Diesem Ziel ist nach Art. 51 Abs. 2 DSGVO auch jede Aufsichtsbehörde verpflichtet.[124] Daher kann der Ausschuss auch Beschlüsse fassen, die für alle Aufsichtsbehörden in der Union verbindlich sind.

3. Kohärenzverfahren nach der Datenschutz-Grundverordnung

101 „Um zur einheitlichen Anwendung dieser Verordnung in der gesamten Union beizutragen“, müssen alle Aufsichtsbehörden nach Art. 63 bis 66 DSGVO im Rahmen des Kohärenzverfahrens zusammenarbeiten.[125] Im Regelfall muss jede Aufsichtsbehörde für bestimmte Entscheidungen nach Art. 64 DSGVO Stellungnahmen des Datenschutzausschusses einholen, im Streitfall nach Art. 65 DSGVO das Verfahren der Streitbeilegung durch den Ausschuss durchführen und in Eilfällen das Dringlichkeitsverfahren nach Art. 66 DSGVO anstrengen.

a) Stellungnahmen des Ausschusses

102 Das in Art. 64 DSGVO geregelte Kohärenzverfahren hat vor allem zwei Ziele. Zum einen soll es Streitigkeiten zwischen Aufsichtsbehörden vermeiden, die unfertige Regelungen der Verordnung vollenden sollen. Zum andern soll es entstandene Unstimmigkeiten zwischen Aufsichtsbehörden auflösen.[126]

103 Um das erste Ziel zu erreichen, muss jede Aufsichtsbehörde die von ihr erarbeiteten **Entwürfe** für Konkretisierungen der in der Verordnung nur sehr abstrakt geregelten Vorgaben in den in Art. 64 Abs. 1 lit a bis f DSGVO genannten Fällen dem Ausschuss vorlegen. Dieser beschließt Empfehlungen an die jeweilige Aufsichtsbehörde. Diese Stellungnahme ist für die Aufsichtsbehörde zwar nicht verbindlich, hat aber aufschiebende Wirkung. Die beteiligte Aufsichtsbehörde darf nach Art. 64 Abs. 6 DSGVO ihren Beschlussentwurf vor Ablauf der dort genannten Fristen nicht annehmen.

104 Um das zweite Ziel, die Klärung von Meinungsverschiedenheiten zwischen Aufsichtsbehörden, zu erreichen, kann jede Aufsichtsbehörde nach Art. 64 Abs. 2 DSGVO „beantragen, dass eine Angelegenheit mit allgemeiner Geltung oder mit Auswirkungen in mehr als einem Mitgliedstaat vom Ausschuss geprüft wird, um eine Stellungnahme zu erhalten“. Dies gilt insbesondere, wenn eine zuständige Aufsichtsbehörde den Verpflichtungen zur Amtshilfe gemäß Art. 61 DSGVO oder zu gemeinsamen Maßnahmen gemäß Art. 62 DSGVO nicht nachkommt. Auch zu dieser Meinungsverschiedenheit gibt der Ausschuss eine unverbindliche Stellungnahme ab.[127] Die Stellungnahmen nach Art. 64 Abs. 2 DSGVO haben jedoch keine aufschiebende Wirkung. Die beteiligten Aufsichtsbehörden können auch während des Streitbeilegungsverfahrens ihre Befugnisse nutzen.

105 In beiden Fällen muss der Ausschuss die Stellungnahmen nach Art. 64 Abs. 3 DSGVO „binnen acht Wochen mit der einfachen Mehrheit der Mitglieder des Ausschusses ange-

123 Diese gehen weit über die Aufgaben hinaus, die die Art. 29-Datenschutzgruppe wahrzunehmen hatte.
124 S. auch Eg. 123 DSGVO.
125 S. Eg. 135 DSGVO; s. hierzu zB auch *Nguyen*, ZD 2015, 267 f.
126 S. näher *Roßnagel* 2017, 89 ff.
127 S. *Kühling/Martini u.a.* 2016, 114.

nommen" haben. Diese Frist kann unter Berücksichtigung der Komplexität der Angelegenheit um weitere sechs Wochen verlängert werden. Der Vorsitz des Ausschusses unterrichtet unverzüglich die beteiligten Aufsichtsbehörden über die Stellungnahme des Ausschusses. Die Aufsichtsbehörde, die einen Beschlussentwurf nach Art. 64 Abs. 1 DSGVO annehmen will, „trägt der Stellungnahme des Ausschusses weitestgehend Rechnung". Sie teilt dessen Vorsitz nach Art. 64 Abs. 1 DSGVO „binnen zwei Wochen nach Eingang der Stellungnahme" mit, „ob sie den Beschlussentwurf beibehalten oder ändern wird; gegebenenfalls übermittelt sie den geänderten Beschlussentwurf". Beabsichtigt sie, der Stellungnahme des Ausschusses insgesamt oder teilweise nicht zu folgen, so beginnt nach Art. 64 Abs. 8 DSGVO das Verfahren der Streitbeilegung gemäß Art. 65 Abs. 1 DSGVO.[128]

b) Streitbeilegung durch den Ausschuss

Das Verfahren der Streitbeilegung greift nach Art. 65 Abs. 1 DSGVO nicht nur im Fall 106
des Art. 64 Abs. 8 DSGVO, sondern auch, wenn eine betroffene Aufsichtsbehörde in einem Fall des Art. 60 Abs. 4 DSGVO einen maßgeblichen und begründeten Einspruch gegen einen Beschlussentwurf der federführenden Behörde eingelegt hat oder wenn es widersprüchliche Standpunkte dazu gibt, welche Aufsichtsbehörde für die Hauptniederlassung zuständig ist. Um „die ordnungsgemäße und einheitliche Anwendung dieser Verordnung in Einzelfällen sicherzustellen", erlässt der Ausschuss einen für die betroffenen Aufsichtsbehörden „verbindlichen Beschluss".[129] Der Beschluss wird nach Art. 65 Abs. 2 DSGVO „innerhalb eines Monats nach der Befassung mit der Angelegenheit mit einer Mehrheit von zwei Dritteln der Mitglieder des Ausschusses" angenommen. Diese Frist kann wegen der Komplexität der Angelegenheit um einen weiteren Monat verlängert werden. Ist der Ausschuss nicht in der Lage, innerhalb der genannten Fristen einen Beschluss anzunehmen, so trifft er seinen Beschluss „innerhalb von zwei Wochen" nach Ablauf der beiden genannten Monate „mit einfacher Mehrheit" der Mitglieder. Der Beschluss „wird begründet und an die federführende Aufsichtsbehörde und an alle betroffenen Aufsichtsbehörden übermittelt. Er ist für diese verbindlich".[130] Die betroffenen Aufsichtsbehörden treffen jeweils den endgültigen Beschluss nach der Vorgabe des Datenschutzausschusses „unverzüglich und spätestens einen Monat", nachdem der Ausschuss seinen Beschluss mitgeteilt hat". Sie beachten dabei die Maßgaben des Art. 65 Abs. 6 DSGVO.[131]

c) Dringlichkeitsverfahren

Im Dringlichkeitsverfahren nach Art. 66 DSGVO kann eine betroffene Aufsichtsbehör- 107
de „unter außergewöhnlichen Umständen" abweichend vom bisher geschilderten Kohärenzverfahren oder dem Verfahren der Zusammenarbeit nach Art. 60 DSGVO „sofort **einstweilige Maßnahmen** mit festgelegter Geltungsdauer von höchstens drei Monaten" treffen. Dies setzt voraus, dass „sie zu der Auffassung gelangt" ist, „dass dringender Handlungsbedarf besteht, um Rechte und Freiheiten von betroffenen Personen zu schützen".[132] Die Aufsichtsbehörde setzt die anderen betroffenen Aufsichtsbehörden, den Ausschuss und die Kommission unverzüglich von diesen Maßnahmen und den Gründen für deren Erlass in Kenntnis. Will sie „**dringend endgültige Maßnahmen** erlassen", kann sie nach Art. 66 Abs. 3 DSGVO „unter Angabe von Gründen im Dringlichkeitsverfahren um eine Stellungnahme oder einen verbindlichen Beschluss des Ausschus-

128 Nach Eg. 138 DSGVO soll das Kohärenzverfahren „eine Bedingung für die Rechtmäßigkeit einer Maßnahme einer Aufsichtsbehörde sein, die rechtliche Wirkungen entfalten soll".
129 S. hierzu auch Eg. 136 DSGVO.
130 Er bindet nicht die Gerichte, die letztlich über den Streitfall zu entscheiden haben → s. § 1 Rn. 39.
131 S. hierzu auch *Roßnagel* 2017, 91 f.
132 S. hierzu auch Eg. 137 DSGVO.

ses ersuchen". Auch jede andere Aufsichtsbehörde kann nach Art. 66 Abs. 3 DSGVO im Dringlichkeitsverfahren um eine Stellungnahme oder gegebenenfalls einen verbindlichen Beschluss des Ausschusses ersuchen, „wenn eine zuständige Aufsichtsbehörde trotz dringenden Handlungsbedarfs **keine geeignete Maßnahme** getroffen hat, um die Rechte und Freiheiten von betroffenen Personen zu schützen". In allen drei Fällen entscheidet der Datenschutzausschuss nach Art. 66 Abs. 4 DSGVO „binnen zwei Wochen mit einfacher Mehrheit der Mitglieder".

4. Regelungen im deutschen Datenschutzrecht

108 Da der Datenschutz-Richtlinie eine harmonisierte Datenschutzpraxis reicht, enthält werden sie noch das BDSG a.F. vergleichbare umfangreiche und weitgehende Regelungen zum Vollzug. Das neue BDSG beschränkt sich auf ergänzende und unterstützende Regelungen.

a) Vorgaben der Datenschutz-Richtlinie

109 Mit der **Art. 29-Datenschutzgruppe** ist zwar ein Vorgänger des Datenschutzausschusses etabliert worden. Diese hat nach Art. 29 Abs. 1 Satz 2 DSRL jedoch nur beratende Funktion und keine Entscheidungskompetenzen. Sie gibt nach Art. 30 DSRL unverbindliche Stellungnahmen ab.

110 Die grenzüberschreitende gegenseitige **Amtshilfe** ist in Art. 28 Abs. 6 Satz 2 DSRL als Möglichkeit, die Kontrollstelle eines anderen Mitgliedstaats um die Ausübung ihrer Befugnisse zu ersuchen, kurz erwähnt. Die anderen Formen der **grenzüberschreitenden Zusammenarbeit** sind jedoch neuartig. Ebenso ist das **Kohärenzverfahren** in Form der Stellungnahmen des Ausschusses, des Verfahrens der Streitbeilegung und des Dringlichkeitsverfahrens neu.

b) Regelungen im alten Bundesdatenschutzgesetz

111 Innerstaatliche Regelungen zu einem **unionsweit kohärenten Vollzug** waren bisher **nicht** notwendig. Datenschutzaufsicht ist allein Aufgabe und Angelegenheit des Mitgliedstaats. Auch die Zusammenarbeit der Aufsichtsbehörde in der Art. 29-Datenschutzgruppe ist kein Gegenstand des deutschen Datenschutzrechts.

112 **Amtshilfe** für Aufsichtsbehörden anderer Mitgliedstaaten kennt zwar § 38 Abs. 1 Satz 5 BDSG für den nichtöffentlichen Bereich und aufgrund der Verweisung in § 26 Abs. 4 Satz 2 BDSG für den öffentlichen Bereich. Danach leistet die Aufsichtsbehörde „auf Ersuchen ergänzende Hilfe (Amtshilfe)". Dagegen enthalten einige Datenschutzgesetze der Länder keine Regelung zur Amtshilfe.[133] Fälle der Amtshilfe sind jedoch selten vorgekommen, weil die Datenschutz-Richtlinie nicht das Verfahren der Zusammenarbeit kennt.

c) Regelungen im neuen Bundesdatenschutzgesetz

113 Auch das **neue Bundesdatenschutzgesetz** enthält **keine Regelungen** zur unionsweiten Zusammenarbeit der Aufsichtsbehörden und zum unionsweit kohärenten Vollzug der Datenschutzaufsicht. Insbesondere fehlen präzisierende und ausfüllende Regelungen zum Verfahren der Amtshilfe und zu gemeinsamen Maßnahmen der Aufsichtsbehörden, obwohl solche möglich und hilfreich wären. Diese Themen regelt also **allein** die **Verordnung.** Das neue Bundesdatenschutzgesetz enthält ausschließlich ergänzende und unterstützende Regelungen.

114 § 17 BDSG regelt in Ausfüllung der Regelungsaufträge der Art. 51 Abs. 3 und 68 Abs. 4 DSGVO die Vertretung Deutschlands im Europäischen Datenschutzausschuss. **Gemein-**

---

133 So zB das Hessische Datenschutzgesetz.

samer Vertreter aller deutschen Aufsichtsbehörden ist nach § 17 Abs. 1 BDSG die Bundesbeauftragte für den Datenschutz und die Informationsfreiheit.[134] Als **Stellvertreter** wählt der Bundesrat die Leiterin einer Landesaufsichtsbehörde. In Angelegenheiten, für die die Länder allein das Recht zur Gesetzgebung haben oder die Landesbehörden betreffen, überträgt nach § 17 Abs. 2 BDSG der gemeinsame Vertreter dem Stellvertreter auf dessen Verlangen die Verhandlungsführung und das Stimmrecht im Europäischen Datenschutzausschuss.[135]

Nach § 18 Abs. 1 BDSG arbeiten die Aufsichtsbehörden des Bundes und der Länder in Angelegenheiten der Europäischen Union mit dem Ziel einer einheitlichen Anwendung der Datenschutz-Grundverordnung zusammen.[136] Sie erarbeiten in allen Fragen, die Angelegenheiten der Europäischen Union betreffen,[137] jeweils einen **„gemeinsamen Standpunkt"**, den der gemeinsame Vertreter an die Aufsichtsbehörden der anderen Mitgliedstaaten, die Kommission oder den Ausschuss übermittelt.[138] An diesen gemeinsamen Standpunkt ist nach § 18 Abs. 3 BDSG die Vertretung Deutschlands im Datenschutzausschuss[139] gebunden.[140] Um vor der Abstimmung über einen gemeinsamen Standpunkt eine gemeinsame Willensbildung zu ermöglichen, geben sich die Aufsichtsbehörden des Bundes und der Länder frühzeitig Gelegenheit zur Stellungnahme. Zu diesem Zweck tauschen sie untereinander alle zweckdienlichen Informationen aus.[141] 115

Soweit sie kein Einvernehmen über den gemeinsamen Standpunkt erzielen, legen nach § 18 Abs. 2 BDSG die federführende Behörde oder in Ermangelung einer solchen der gemeinsame Vertreter und seine Stellvertreterin einen Vorschlag für einen gemeinsamen Standpunkt vor. Können sich beide nicht einigen, legt der gemeinsame Vertreter einen Vorschlag fest. In Angelegenheiten, für die die Länder allein das Recht zur Gesetzgebung haben oder die Landesbehörden betreffen, legt seine Stellvertreterin den Vorschlag für einen gemeinsamen Standpunkt fest. Allerdings können die Aufsichtsbehörden von Bund und Ländern jederzeit mit einfacher Mehrheit einen anderen Standpunkt beschließen. Der Bund und jedes Land haben jeweils eine Stimme. Enthaltungen werden nicht gezählt.[142] 116

Die Vorgaben des Art. 60 DSGVO zur grenzüberschreitenden Zusammenarbeit unterstellen eine einzige Aufsichtsbehörde pro Mitgliedstaat.[143] In Deutschland wirken jedoch 18 Aufsichtsbehörden – je eine Aufsichtsbehörde in 16 Bundesländern, die Bundesbeauftragte sowie in Bayern der Landesdatenschutzbeauftragte und das Landesamt für Datenschutzaufsicht. § 19 BDSG regelt in Ausfüllung des Art. 51 Abs. 3 DSGVO, wer innerhalb der Bundesrepublik Deutschland im Rahmen der Zusammenarbeit zuständig ist und überträgt die Regeln des Art. 60 DSGVO auf die Zusammenarbeit der Aufsichtsbehörden innerhalb Deutschlands. Nach § 19 Abs. 1 BDSG ist **federführende Aufsichtsbehörde** die Aufsichtsbehörde des Landes, in dem der Verantwortliche gemäß Art. 56 Abs. 2 DSGVO seine Niederlassung hat. Im Zuständigkeitsbereich der Bundesbeauftragten gilt Art. 56 Abs. 1 DSGVO entsprechend. Besteht über die Federführung 117

134 Diese richtet eine zentrale Anlaufstelle ein, die organisatorische Unterstützung in der Kommunikation mit Stellen der Union bietet – s. Eg. 119 DSGVO und amtliche Begründung, BT-Drs. 18/11325, 87 f.
135 Zur Begründung s. BT-Drs. 18/11325, 87 ff.
136 S. hierzu Art. 51 Abs. 3 und Eg. 119 DSGVO.
137 Dies gilt etwa auch für den Entwurf der federführenden Aufsichtsbehörde nach Art. 60 Abs. 3 DSGVO und für einen Einspruch gegen einen solchen nach Art. 60 Abs. 6 DSGVO.
138 Zur Begründung s. BT-Drs. 18/11325, 89 ff.
139 Zur Verhandlungsführung s. näher § 18 Abs. 3 BDSG.
140 *Kühling*, NJW 2017, 1989: „imperatives" Mandat.
141 Sofern Angelegenheiten der Presse, des Rundfunks und der Medien oder der Religionsgemeinschaften betroffen sind, werden nach § 18 Abs. 1 Satz 4 BDSG-E auch deren Aufsichtsbehörden beteiligt.
142 Zur Begründung s. BT-Drs. 18/11325, 90 f.
143 S. hierzu BT-Drs. 18/11325, 91.

kein Einvernehmen, findet für die Festlegung der federführenden Aufsichtsbehörde das Verfahren des § 18 Abs. 2 BDSG entsprechende Anwendung.[144]

118 Korrespondierend hierzu regelt § 19 Abs. 2 BDSG das Verfahren für **betroffene Behörden**. Danach gibt die Aufsichtsbehörde, bei der eine betroffene Person Beschwerde eingereicht hat, die Beschwerde an die federführende Aufsichtsbehörde nach Abs. 1 ab. Wird eine Beschwerde bei einer sachlich unzuständigen Aufsichtsbehörde eingereicht, gibt diese die Beschwerde an die Aufsichtsbehörde am Wohnsitz des Beschwerdeführers ab. Die empfangende Aufsichtsbehörde gilt als die Aufsichtsbehörde, bei der die Beschwerde eingereicht worden ist, und kommt den Verpflichtungen aus Art. 60 Abs. 7 bis 9 und Art. 65 Abs. 6 DSGVO nach.[145]

5. Datenschutz-Grundverordnung und deutsches Recht

119 Die Regelungen zur grenzüberschreitenden Zusammenarbeit, zum Kohärenzverfahren sowie zum Europäischen Datenschutzausschuss sind in den Art. 60 bis 76 DSGVO relativ ausführlich geregelt, so dass im deutschen Recht nur noch Raum für unterstützende und ausführende Regelungen bleibt.

a) Verhältnis zum bisherigen Bundesdatenschutzgesetz

120 Da sowohl die unionsweite Zusammenarbeit der Aufsichtsbehörden als auch Organisation und Aufgaben des Datenschutzausschusses als auch Verfahren zur Herstellung von Kohärenz in der Datenschutzaufsicht bisher kein Gegenstand des deutschen Datenschutzrechts sind, stellt sich die Frage eines **Anwendungsvorrangs** der neuen Unionsregelungen gegenüber den bisherigen deutschen Datenschutzrehgelungen nicht.

121 Art 51 Abs. 3 DSGVO anerkennt die föderale Struktur der Datenschutzaufsicht in Deutschland und akzeptiert alle **18 Aufsichtsbehörden** als solche iSd Art. 4 Nr. 21 DSGVO. Sie nehmen in Rahmen der Verordnung jeweils die Verantwortung für ihren Zuständigkeitsbereich wahr, der ihnen nach deutschem Recht zugeordnet ist.

b) Verhältnis zum neuen Datenschutzrecht

122 Die unionsweite Kohärenz in der Datenschutzaufsicht wird von **Unionsrecht und deutschem Recht gemeinsam** geregelt. Die wesentlichen Regelungen trifft die Verordnung, das Bundesdatenschutzgesetz sieht innerstaatliche Ergänzungen zur Besetzung des Europäischen Datenschutzausschusses sowie Folgeregelungen zur innerstaatlichen Willensbildung im Prozess kohärenter Datenschutzaufsicht vor. Da konkurrierende Regelungen fehlen und die deutschen Regelungen auf Regelungsaufträgen der Verordnung beruhen oder nur innerstaatliche Angelegenheiten betreffen, stellen sich keine Fragen eines Anwendungsvorrangs.

123 Ergänzende und unterstützende Regelungen im deutschen Recht können auch die zur Überarbeitung anstehenden **Landesdatenschutzgesetze** treffen. Sie könnten auch ausfüllende, präzisierende und konkretisierende Regelungen erlassen, die in ihrer Anwendung der Verordnung nicht widersprechen (→ § 1 Rn. 52 ff.) – etwa zur Amtshilfe und zu gemeinsamen Maßnahmen.

6. Zusammenfassung

124 Die Art. 60 bis 76 DSGVO bieten eine deutlich verbesserte rechtliche Grundlage für einen unionsweit einheitlichen Vollzug des Datenschutzrechts.[146] Sie erkaufen dies allerdings durch komplizierte Regelungen, um die Kohärenz der Datenschutzaufsicht in der

144 Zur Begründung s. BT-Drs. 18/11325, 90 f.
145 Zur Begründung s. BT-Drs. 18/11325, 91 f.
146 *Kühling*, NJW 2017, 1989.

Union herzustellen. Sie werden durch weitere komplizierte Regelungen des Bundesdatenschutzgesetzes ergänzt. Gemeinsam bilden sie den rechtlichen Kern der künftigen **Datenschutz-Governance** in der Union. Die gelebte Praxis dieser Regelungen wird zeigen, ob sich diese Konzeption bewährt. Die Regelungen stoßen auf grundsätzliche Bedenken:

Die Aufsichtsbehörden sind zwar institutionell Behörden des jeweiligen Mitgliedstaats, 125 funktional werden sie jedoch zu **Exekutivbehörden der Europäischen Union**. Durch sie zielt der Unionsgesetzgeber darauf ab, die Durchsetzung der Datenschutzregeln der Union in den Mitgliedstaaten zu verbessern. Daher richtet sich ihre Unabhängigkeit in erster Linie gegen den eigenen Mitgliedstaat. Ihre Durchsetzung der Verordnung wird „über den Erfolg des neuen Rechtsrahmens entscheiden“.[147] Damit diese in der Union einheitlich erfolgt, werden die Aufsichtsbehörden vielen Verfahrensvorschriften und Entscheidungsrestriktionen unterworfen. Ihre von Art. 8 Abs. 3 GRCh geforderte Unabhängigkeit[148] gilt in erster Linie gegenüber dem eigenen Mitgliedstaat, nicht aber gegenüber Institutionen und Verfahren der Union. Sie gilt rechtlich nicht gegenüber verbindlichen Beschlüssen des Europäischen Datenschutzausschusses und wird faktisch durch das Verfahren der Zusammenarbeit nach Art. 60 DSGVO eingeschränkt.[149] Sie handeln nach Art. 52 Abs. 1 „bei der Erfüllung ihrer Aufgaben und bei der Ausübung ihrer Befugnisse“ zwar gegenüber ihrem Mitgliedstaat „völlig unabhängig“ (→ § 6 Rn. 1 ff.), verlieren aber ihre Unabhängigkeit gegenüber der Gemeinschaft aller Aufsichtsbehörden und ihrer Institutionalisierung im Europäischen Datenschutzausschuss. Die **Unabhängigkeit** der Aufsichtsbehörde ist der **Einheitlichkeit** der Umsetzung des Unionsrechts **untergeordnet**. Besonders bedenklich sind die Pflichten der Aufsichtsbehörde zur Zusammenarbeit mit der Europäischen Kommission – etwa nach Art. 64 Abs. 2 DSGVO.[150] Bedenklich sind auch die Regelungen in § 18 BDSG zur Unterordnung unter einen gemeinsamen Standpunkt. Diese Einschränkungen der Unabhängigkeit verlieren nicht dadurch ihren einschränkenden Charakter, dass sie von der Mehrheit „unabhängiger“ Aufsichtsbehörden festgelegt werden. Daher erscheint es fraglich, ob diese Regelungen der vom EuGH geforderten „völligen Unabhängigkeit“ der Datenschutzaufsichtsbehörden gerecht werden.

IV. Sanktionen

Für ein einheitliches Datenschutzniveau in der Union ist es unerlässlich neben gleichmä- 126 ßigen Datenschutzkontrollen auch gleichwertige **Sanktionen** gegenüber den Wirtschaftsteilnehmern in der Union festzulegen.[151] Zur effektiven Durchsetzung der Verordnung sind bei Regelverstößen grundsätzlich zusätzlich oder anstatt geeigneter Abhilfemaßnahmen der Aufsichtsbehörden nach Art. 58 Abs. 2 DSGVO Geldbußen oder andere Sanktionen zu verhängen.[152]

Die unionsweite **effektive Durchsetzung** des Datenschutzrechts (→ § 6 Rn. 47 ff.) erfor- 127 dert entsprechende Sanktionen, die im Falle eines Verstoßes gegen die Vorschriften des Datenschutzes eingesetzt werden können. Eine der Abhilfebefugnisse in Art. 58 Abs. 2 DSGVO sieht die Möglichkeit vor, Geldbußen zu verhängen. Bisher konnten die Aufsichtsbehörden zwar Geldbußen verhängen, diese waren jedoch deutlich niedriger als

147 *Albrecht/Jotzo* 2017, Teil 7 Rn. 5.
148 EuGH Urt. v. 9.3.2010 – C-518/07, Slg. 2010, I-01885 = NJW 2010, 1265 – Kommission/Deutschland; EuGH, Urt. v. 16.10.2012 – C-614/10, ECLI:EU:C:2012:631 = ZD 2012, 563 – Kommission/Österreich; EuGH, Urt. v. 8.4.2014 – C-288/12, ECLI:EU:C:2014:237 = ZD 2014, 301 – Kommission/Ungarn.
149 S. auch *Körffer*, in: Paal/Pauly 2017, Art. 52 Rn. 4; kritisch *Koos*, ZD 2014, 14.
150 S. auch *Körffer*, in: Paal/Pauly 2017, Art. 52 Rn. 5; *Hornung*, ZD 2012, 105; *Caspar*, ZD 2012, 556.
151 Eg. 11 und 13 DSGVO; dazu *Magiera*, in: *Schulze/Zuleeg/Kadelbach* 2015, § 13 Rn. 76 ff.
152 Eg. 148 DSGVO; s. *Albrecht*, CR 2016, 96.

die von der Verordnung vorgesehene Bußgeldhöhe und fanden in der Praxis auch nur moderat Anwendung. Mit den neuen Vorschriften soll auch eine wirksame und abschreckende Sanktionierung der global agierenden Wirtschaftsunternehmen möglich werden, bei denen Strafandrohungen in der Vergangenheit nicht zur gewünschten Verhaltensanpassung führten.

128 Bei datenverarbeitenden Unternehmen wird diese Entwicklung eine umfassende Gefährdungsanalyse hinsichtlich etwaiger Bußgeldrisiken erforderlich machen.[153] Die **Datenschutz-Compliance** wird insgesamt an Bedeutung gewinnen. Besonders Unternehmen, die zur Erreichung ihrer Geschäftsziele intensiv personenbezogene Daten verarbeiten, werden durch die gestiegenen Bußgeldrisiken einen erhöhten Aufwand zur datenschutzkonformen Ausgestaltung ihrer Verarbeitungsprozesse auf sich nehmen müssen.[154] Von den Sanktionsmöglichkeiten der DSGVO und dem damit verbundenem Drohpotenzial werden genau diese Auswirkungen erhofft.

1. Regelungen der Verordnung

129 Sanktionen sind in Art. 83 und 84 DSGVO geregelt. Während die Datenschutz-Richtlinie den Mitgliedstaaten einen Ermessensspielraum bei der Festlegung der Sanktionen bei Verstößen gegen Datenschutzvorschriften einräumt, schreibt Art. 83 DSGVO dagegen zumindest für verwaltungsrechtliche Sanktionen die Verstöße, die Obergrenze der entsprechenden Geldbußen und die Kriterien für ihre Festsetzung vor und verpflichtet die Aufsichtsbehörden, alle Umstände des konkreten Einzelfalls zu berücksichtigen.[155] Diese Sanktionen setzen eine vorsätzlich oder fahrlässig begangene Handlung voraus und bestehen insbesondere in der Auferlegung einer Geldbuße durch die zuständige Aufsichtsbehörde.[156] Gemäß Art. 83 Abs. 1 DSGVO ist sicherzustellen, dass die zu verhängende Geldbuße wirksam und abschreckend ist und dem Verhältnismäßigkeitsgrundsatz genügt. Für die Verhängung einer Geldbuße und ihre Höhe müssen gemäß Art. 83 Abs. 2 DSGVO alle besonderen Aspekte des Einzelfalls, wie etwa Art, Schwere und Dauer des Verstoßes, dessen vorsätzlicher Charakter, die Folgen sowie ergriffenen Maßnahmen zur Einhaltung der vorgeschriebenen Verpflichtungen und Verhinderung oder Milderung der Folgen des Verstoßes berücksichtigt werden. Wird im Sinne von Art. 83 Abs. 3 DSGVO bei gleichen oder miteinander verbundenen Verarbeitungsvorgängen vorsätzlich oder fahrlässig gegen mehrere Vorgaben der Verordnung verstoßen, ist der Gesamtbetrag der Geldbuße auf die Höhe des gravierendsten Strafmaßes begrenzt.

130 Nach Art. 83 Abs. 4 DSGVO drohen Geldbußen von bis zu 10 Millionen Euro oder bis zu zwei Prozent des weltweiten Jahresumsatzes, wenn die Pflichten der Verantwortlichen und der Auftragsverarbeiter,[157] der Zertifizierungsstelle[158] oder der Überwachungsstelle[159] verletzt werden.

131 Wird gegen die Bestimmungen über die Grundsätze der Verarbeitung,[160] die Rechte der betroffenen Person,[161] die Übermittlung personenbezogener Daten an Drittländer oder

153 S. dazu auch *Wybitul/Böhm*, Compliance-Berater 2016, 101 ff.; *Kühling*, NJW 2017, 1989 f.
154 *Wybitul/Böhm*, Compliance-Berater 2016, 102; *Faust/Spittka/Wybitul*, ZD 2016, 125.
155 Eg. 150 DSGVO.
156 *Magiera*, in: Schulze/Zuleeg/Kadelbach 2015, § 13 Rn. 83; *Magiera*, in: Grabitz/Hilf/Nettesheim 2015, Art. 325 AEUV, Rn. 70; *Spitzer/Stiegel*, in: v. d. Groeben/Schwarze/Hajte 2015, Art. 325 AEUV, Rn. 32; s. Art. 4 und 5 Verordnung (EG, EURATOM) Nr. 2988/95 vom 18.12.1995, ABl. EG L 312/1.
157 Art. 8, 11, 25 bis 39, 42 und 43 DSGVO.
158 Art. 42 und 43 DSGVO.
159 Art. 41 Abs. 4 DSGVO.
160 Art. 5, 6, 7 und 9 DSGVO.
161 Art. 12 bis 22 DSGVO.

an internationale Organisationen,[162] alle Pflichten gemäß den Rechtsvorschriften der Mitgliedstaaten, die im Rahmen des Kapitels IX erlassen wurden oder die Untersuchungsbefugnisse der Aufsichtsbehörde[163] verstoßen, drohen gemäß Art. 83 Abs. 5 DSGVO **Geldbußen** von bis zu 20 Millionen Euro oder bis zu vier Prozent des weltweiten Jahresumsatzes. Gleiches gilt, wenn gemäß Art. 83 Abs. 6 DSGVO eine Anweisung der Aufsichtsbehörde nach Art. 58 Abs. 2 DSGVO nicht befolgt wird.

Von der Verhängung einer **Geldbuße** ist abzusehen, wenn es sich um einen geringfügigen Verstoß handelt oder die Geldbuße eine unverhältnismäßige Belastung für eine natürliche Person darstellen würde. In diesen Fällen genügt eine Verwarnung.[164] Für Unternehmen können die Beträge der Geldbußen die Grenzen von 10 oder 20 Millionen Euro überschreiten, falls die umsatzbasierte Geldbuße die höhere Strafe darstellt. Bei Kleinstunternehmen sowie kleinen und mittleren Unternehmen haben die Aufsichtsbehörden deren besondere Bedürfnisse zu berücksichtigen.[165] Ob und in welchem Umfang gegen Behörden und öffentliche Stellen Geldbußen verhängt werden, ist gemäß Art. 83 Abs. 7 DSGVO nach nationalem Recht zu beurteilen.[166] 132

Unter Hinzuziehung von Erwägungsgrund 150 kommen als mögliche Adressaten der genannten Geldbußen „**Unternehmen**" und „Personen, bei denen es sich nicht um Unternehmen handelt" in Betracht. Es wird klargestellt, dass bei der Sanktionierung von Unternehmen nicht der datenschutzrechtliche Unternehmensbegriff gemäß Art. 4 Nr. 18 DSGVO, sondern der weiter zu verstehende **kartellrechtliche Unternehmensbegriff** iSd Art. 101 und 102 AEUV herangezogen werden sollte. Diesbezüglich ist von einem funktionalen Unternehmensbegriff auszugehen[167] und nach ständiger Rechtsprechung des Europäischen Gerichtshofs darunter „jede wirtschaftliche Tätigkeit ausübende Einheit, unabhängig von ihrer Rechtsform und der Art ihrer Finanzierung" zu verstehen.[168] Dementsprechend kann eine wirtschaftliche Einheit nicht nur aus einem einzelnen Unternehmen als Rechtssubjekt, sondern auch aus mehreren, natürlichen oder juristischen Personen bestehen.[169] Wird auf eine Tochtergesellschaft aus wirtschaftlichen, organisatorischen oder rechtlichen Gründen ein bestimmender Einfluss ausgeübt, können die Mutter- und die Tochtergesellschaft gemeinsam für ein Fehlverhalten des Tochterunternehmens sanktioniert werden. Dies hat zur Konsequenz, dass die zuständigen Aufsichtsbehörden den gesamten globalen gruppenweiten Umsatz eines Konzerns für die Bemessung einer Geldbuße heranziehen können.[170] Ebenfalls kann das Verhalten einer für das Unternehmen handelnden natürlichen Person, dem Unternehmen zugerechnet werden.[171] Neben Unternehmen können auch **natürliche Personen** als Täter in Betracht kommen. Bei der Erwägung des angemessenen Betrages der Geldbuße sollte das allgemeine Einkommensniveau in dem betreffenden Mitgliedstaat und die wirtschaftliche 133

162 Art. 44 bis 49 DSGVO.

163 Art. 58 Abs. 1 und 2 DSGVO.

164 Eg. 148 DSGVO.

165 Eg. 13 DSGVO; s. die Empfehlung der Kommission vom 6.5.2003 (2003/361/EG), ABl. L 124, 36.

166 Eg. 150 DSGVO.

167 *Stockenhuber*, in: Grabitz/Hilf/Nettesheim, 57. EL 2015, Art. 101 AEUV, Rn. 51; *Weiß*, in: Calliess/Ruffert 2011, Art. 101 AEUV, Rn. 25; *Brinker*, in: Schwarze 2012, Art. 101 AEUV, Rn. 27.

168 ZB EuGH Urt. v. 12.7.1984 – 170/83, Slg. 1984, 2999 Rn. 11 – Hydrotherm; EuGH Urt. v. 23.4.1991 – C-41/90, Slg. 1991, I-1979 – Höfner und Elser/Macrotron; EuGH Urt. v. 17.2.1993 – C-159/91; C-160/91, Slg. 1993, I-637 – Poucet und Pistre/AGF und Cancava; EuGH Urt. v. 19.1.1994 – C-364/92, Slg. 1994, I-43 – SAT Fluggesellschaft/Eurocontrol; EuGH Urt. v. 11.12.1997 – C-55/96, Slg. 1977, I-7119 – Job Centre; EuGH, Urt. v. 11.7.2006 – C-205/03 P, Slg. 2005, I-6295 – FENIN/Kommission.

169 *Weiß*, in: Calliess/Ruffert 2011, Art. 101 AEUV, Rn. 33 ff.; *Faust/Spittka/Wybitul*, ZD 2016, 121; *Mestmäcker/Schweitzer* 2014, § 9, Rn. 14.

170 *Faust/Spittka/Wybitul*, ZD 2016, 121; *Roßnagel* 2017, 134 f.

171 *Faust/Spittka/Wybitul*, ZD 2016, 121; *Schröter*, in: Schröter/Jakob/Klotz/Mederer 2014, A. Vorbemerkung zu den Art. 101 bis 105 AEUV, Rn. 51 ff.

Lage der Person berücksichtigt werden.[172] Unter der Voraussetzung der Ausübung einer wirtschaftlichen Tätigkeit können sie auch unter den datenschutzrechtlichen Unternehmensbegriff des Art. 4 Nr. 18 DSGVO subsumiert werden.[173]

134 Art. 84 DSGVO stellt klar, dass die Mitgliedstaaten Vorschriften über andere und **strafrechtliche Sanktionen** für Verstöße gegen die Verordnung und auch Verstöße gegen auf der Grundlage und in den Grenzen der Verordnung erlassene nationale Vorschriften festlegen können. Dies gilt ebenfalls für Regelungen zur Gewinnabschöpfung.[174] Der Grundsatz des Doppelbestrafungsverbots sollte jedoch nicht verletzt werden.[175]

2. Regelungen in Deutschland

135 Die Regelungen zu datenschutzrechtlichen Sanktionen in Deutschland wurden bisher durch das **Bundesdatenschutzgesetz a.F.** vorgegeben und basieren auf der Umsetzung der Vorgaben aus der **Datenschutz-Richtlinie.** Ab dem 25. Mai 2018 werden die Vorschriften des künftigen Bundesdatenschutzgesetzes gelten.

a) Datenschutz-Richtlinie und bisheriges Bundesdatenschutzgesetz

136 §§ 43 und 44 BDSG a.F. setzen die entsprechende Aufforderung aus Art. 24 DSRL zur Einführung von geeigneten mitgliedstaatlichen Maßnahmen (insbesondere Sanktionen) bei Verstößen gegen datenschutzrechtliche Vorschriften um.[176] § 43 Abs. 1 BDSG a.F. sanktioniert fahrlässige oder vorsätzliche Verstöße gegen die im Einzelnen aufgezählten Vorschriften, bei denen es sich überwiegend um **verfahrensbezogene Regelungen und formale Anforderungen** handelt.[177] Dazu zählen zum Beispiel Verstöße gegen die Meldepflicht, die Pflicht zur Bestellung eines Beauftragten für den Datenschutz oder die Benachrichtigungs- und Auskunftspflicht.

137 Bei den Tatbeständen des § 43 Abs. 2 BDSG a.F. geht es hauptsächlich um die Verletzung von Pflichten, die sich unmittelbar auf den **Umgang mit personenbezogenen Daten** beziehen.[178] Nach § 4 Abs. 1 BDSG a.F. ist eine Datenverarbeitung nur zulässig, wenn eine Einwilligung oder ein gesetzlicher Erlaubnistatbestand vorliegt. Zur Sicherung dieses Grundsatzes sind unbefugte Datenverarbeitungen oder Verstöße gegen bestimmte materielle Verbote beim Umgang mit personenbezogenen Daten zu ahnden. Unbefugt ist die Datenverarbeitung etwa dann, wenn im öffentlichen Bereich gegen die §§ 12 ff. BDSG a.F. und im nichtöffentlichen Bereich gegen die Vorgaben der §§ 27 ff. BDSG a.F. verstoßen wurde. Zu ahnden sind weiter zum Beispiel Verstöße gegen das Kopplungsverbot des § 28 Abs. 3 b BDSG a.F. oder gegen die Informationspflicht bei unrechtmäßiger Kenntniserlangung von Daten nach § 42 a BDSG a.F.

138 Den zuständigen Behörden wird bei der Festsetzung des **Bußgeldes** unter Berücksichtigung der Umstände des Einzelfalls ein großer Ermessensspielraum eingeräumt.[179] Für die Tatbestände des § 43 Abs. 1 BDSG a.F. kann eine Geldbuße bis zu 50.000 Euro, bei denen nach Abs. 2 von bis zu 300.000 Euro festgesetzt werden. § 17 OWiG gibt subsidiär den Bußgeldrahmen sowie die Zumessungskriterien vor.[180] Das Bundesdatenschutzgesetz differenziert nicht zwischen vorsätzlichem und fahrlässigem Handeln, so-

---

172 Eg. 150 DSGVO.
173 *Faust/Spittka/Wybitul*, ZD 2016, 123.
174 Eg. 149 und 152 DSGVO.
175 S. *Mayer*, in: Grabitz/Hilf/Nettesheim 2015, Grundrechtsschutz und rechtsstaatliche Grundsätze, Rn. 382 ff.
176 Die DSRL selbst enthält keine weiteren Vorschriften zu Sanktionen.
177 Lediglich § 43 Abs. 1 Nr. 4 und 6 BDSG behandeln materielle Datenschutzverstöße.
178 S. zB *Krischker*, DuD 2015, 813; *Ehmann*, in: Simitis 2014, § 43 Rn. 53 ff.; *Mackenthun*, in: Taeger/Gabel 2013, § 43 BDSG, Rn. 50 ff.
179 *Gola/Schomerus* 2015, § 43 BDSG, Rn. 29; *Gassner*, in: Blum/Gassner/Seith 2016, § 17 Rn. 1.
180 *Gassner*, in: Blum/Gassner/Seith 2016, § 17 Rn. 1.

dass gemäß § 17 Abs. 2 OWiG für Fahrlässigkeit die Hälfte des angedrohten Strafmaßes als Höchstmaß gilt.[181] Bei der Bemessung der Höhe sind die Schwere des Verstoßes und die Umstände der Begehung sowie nach § 17 Abs. 3 Satz 2 OWiG die wirtschaftlichen Verhältnisse des Verantwortlichen zu berücksichtigen. § 43 Abs. 3 Satz 2 BDSG a.F. sieht wie § 17 Abs. 4 OWiG vor, dass der wirtschaftliche Vorteil, den der Täter aus der **Ordnungswidrigkeit** gezogen hat, abgeschöpft werden soll und darüber hinaus eine Geldbuße festzusetzen ist.

Adressaten der verwaltungsrechtlichen Sanktionen sind verantwortliche Stellen vorran- 139
gig des nicht-öffentlichen, aber auch des öffentlichen Bereichs.[182] Ein datenschutzrechtliches **Konzernprivileg** gibt es nicht. Verantwortliche Stelle nach § 3 Abs. 7 BDSG a.F. ist demnach nicht der Konzern, sondern jedes Unternehmen des Konzernverbunds für sich.[183] Aus dem Wortlaut „wer" ergibt sich, dass jede natürliche Person, ausgenommen der Betroffene hinsichtlich seiner persönlichen Daten, nach § 43 BDSG a.F. sanktioniert werden kann.[184] Der Täter kann der verantwortlichen Stelle angehören oder auch Dritter sein.[185] Entscheidend ist, wem die tatsächliche Entscheidungsbefugnis und Verantwortung bei dem Verletzungstatbestand zugestanden hat.[186] Bei **juristischen Personen** kommen dabei nach § 9 Abs. 1 OWiG sowohl die Mitglieder des Organs und deren Stellvertreter als auch gemäß § 9 Abs. 2 OWiG die von diesem Organ mit der eigenverantwortlichen Wahrnehmung der Pflichten beauftragten Personen in Betracht.[187] Nach den Voraussetzungen des § 30 OWiG kann eine Geldbuße auch gegen die verantwortliche juristische Person oder Personenvereinigung selbst festgesetzt werden, sofern die Ordnungswidrigkeit durch einen Täter, der eine Organ-, Vertreter- oder andere Verantwortungsposition innehatte, begangen worden ist. Darüber hinaus kann die Ordnungswidrigkeit auch in einer Aufsichtspflichtverletzung gemäß § 130 OWiG bestehen, wenn diese ursächlich für einen datenschutzrechtlichen Verstoß durch einen Mitarbeiter des Unternehmens war.[188]

§ 44 BDSG a.F. sanktioniert die in § 43 Abs. 2 BDSG a.F. genannten Verstöße als **Straf-** 140
taten, wenn sie zusätzlich vorsätzlich und gegen Entgelt oder mit Schädigungs- oder Bereicherungsabsicht begangen werden.[189] Liegt eine Straftat im Sinne von § 44 Abs. 1 BDSG a.F. vor, können der Betroffene, die verantwortliche Stelle, die Bundesbeauftragte für den Datenschutz und die Informationsfreiheit sowie die Aufsichtsbehörde Strafantrag stellen. Solche Verstöße werden mit Freiheitsstrafe bis zu zwei Jahren oder mit Geldstrafe bestraft. Dadurch soll zum einen der Abschreckungszweck erreicht und zum anderen zusätzlich eine gesellschaftliche Missbilligung oder ein ethischer Unwert zum Ausdruck gebracht werden.[190] § 44 BDSG a.F. ist gegenüber den bereichsspezifischen Strafnormen der Persönlichkeitsrechtsverletzung subsidiär.[191] Auf die Vorschrift finden

181 *Klebe*, in: Däubler/Klebe/Wedde/Weichert 2014, § 43 Rn. 24; *Gassner*, in: Blum/Gassner/Seith 2016, § 17 Rn. 9.
182 § 2 BDSG, *Gola/Schomerus* 2015, § 43 Rn. 2.
183 *Seifert*, in: Simitis 2014, § 32 Rn. 116; *Jandt/Roßnagel/Wilke*, NZS 2011, 642 f.; *Faust/Spittka/Wybitul*, ZD 2016, 122.
184 *Ehmann*, in: Simitis 2014, § 43 Rn. 22; *Bär*, in: Roßnagel 2003, Kap. 5.7 Rn. 24; *Klebe*, in: Däubler/Klebe/Wedde/Weichert 2014, § 43 Rn. 2.
185 *Ehmann*, in: Simitis 2014, § 43 Rn. 22; *Mackenthun*, in: Taeger/Gabel 2013, § 43 BDSG, Rn. 8.
186 *Ehmann*, in: Simitis 2014, § 43 Rn. 23; *Gola/Schomerus* 2015, § 43 Rn. 3; *Mackenthun*, in: Taeger/Gabel 2013, § 43 BDSG, Rn. 9.
187 *Klebe*, in: Däubler/Klebe/Wedde/Weichert 2014, § 43 Rn. 3; *Gola/Schomerus* 2015, § 43 Rn. 3; zur Organ- und Stellvertreterhaftung siehe *Kleemann*, in: Blum/Gassner/Seith, § 9 OWiG; *Bohnert* 2010, § 9.
188 *Gola/Schomerus* 2015, § 43 Rn. 2; *Ehmann*, in: Simitis 2014, § 43 Rn. 24 a; *Ziegler*, in: Blum/Gassner/Seith 2016, § 130.
189 *Ehmann*, in: Simitis 2014, § 43 Rn. 1 ff.; *Bär*, in: Roßnagel 2003, Kap. 5.7 Rn. 11; *Gola/Schomerus* 2015, § 44 Rn. 1 ff.; *Klebe*, in: Däubler/Klebe/Wedde/Weichert 2014, § 44 Rn. 3.
190 *Magiera*, in: Schulze/Zuleeg/Kadelbach 2015, § 13 Rn. 84.
191 *Mackenthun*, in: Taeger/Gabel 2013, § 44 BDSG, Rn. 5.

als Teil des Nebenstrafrechts die Vorschriften des Allgemeinen Teils des Strafgesetzbuchs Anwendung.[192] Die strafrechtlichen Sanktionen richten sich nicht nur gegen die Normadressaten des Bundesdatenschutzgesetzes, sondern gegen jede **natürliche Person**.[193]

b) Regelungen des neuen Bundesdatenschutzgesetzes

141 Das künftige BDSG enthält in den §§ 41 bis 43 ebenfalls Vorschriften zu Sanktionen. Nach § 41 Abs. 1 BDSG sind die Vorschriften des OWiG auch auf Verstöße nach Art. 83 Abs. 4 bis 6 DSGVO anzuwenden. Davon ausgenommen sind nach Satz 2 die §§ 17, 35, und 38 OWiG. Durch die Nichtanwendbarkeit von § 17 Abs. 4 OWiG entfällt die Möglichkeit der Einziehung der durch die Verstöße erzielten Gewinne.[194] Die Regelung zur **Gewinnabschöpfung** des § 43 Abs. 3 Satz 2 und 3 BDSG a.F. sah eine solche Möglichkeit vor und auch Art. 84 DSGVO würde eine solche Sanktion ermöglichen.[195] Der Gesetzgeber hat sich an dieser Stelle aber gegen eine solche Sanktionierungsoption entschieden, da er die Sanktionen in Art. 83 DSGVO als abschließend geregelt ansieht.[196] Die deutliche Steigerung des Bußgeldumfangs im Vergleich zum BDSG a.F. machen diese Entscheidung nachvollziehbar, die insbesondere dem Grundsatz des Doppelbestrafungsverbots Rechnung trägt.[197] Die §§ 35 und 36 OWiG entfallen, da sich die Zuständigkeit der Aufsichtsbehörden bereits aus Art. 83 DSGVO ergibt.[198] Nach § 68 OWiG haben die Amtsgerichte über Einsprüche gegen Bußgeldbescheide zu entscheiden. § 41 Abs. 1 S. 3 BDSG überträgt in Abweichung von § 68 OWiG die Zuständigkeit bei Geldbußen über 100 000 Euro auf die Landgerichte.

142 Die Verordnung selbst enthält keine Regelungen zu Bußgeld- und Strafverfahren. Für das Verfahren wegen eines Verstoßes nach Art. 83 Abs. 4 bis 6 DSGVO finden gemäß § 41 Abs. 2 Satz 1 BDSG das **Ordnungswidrigkeitengesetz** und die **Strafprozessordnung** sowie das **Gerichtsverfassungsgesetz** Anwendung. Damit werden die in Art. 83 Abs. 8 geforderten Verfahrensgarantien geschaffen, denen eine Aufsichtsbehörde unterliegt. Ausgenommen von der Anwendung sind nach § 41 Abs. 2 Satz 2 BDSG dabei die §§ 56 bis 58 (Verwarnung ist bereits in Art. 58 Abs. 2 lit. b DSGVO geregelt), 87, 88, 99 und 100 OWiG (Vorschriften zu Geldbußen gegen juristische Personen und zu Nebenfolgen sowie zur Vollstreckung von Bußgeldentscheidungen).[199] Unklar ist, inwieweit eine Verwarnung nach dem Ordnungswidrigkeitengesetz mit einer Verwarnung aus der Verordnung gleichzusetzen ist. Auch der Ausschluss der Vorschriften zur Vollstreckung kann hinterfragt werden, da eine Beibehaltung zumindest keine ersichtlichen negativen Auswirkungen gehabt hätte.[200] Der für das Verfahren zuständigen Staatsanwalt darf gemäß § 41 Abs. 2 Satz 3 BDSG eine Einstellung des Verfahrens nur mit Zustimmung der Aufsichtsbehörde – welche den Bußgeldbescheid erlassen hat – durchführen. Daraus resultiert eine enge Zusammenarbeit zwischen Staatsanwalt und Aufsichtsbehörde über den gesamten Zeitraum des Verfahrens.[201] Mit diesem Satz soll laut Gesetzgeber der Be-

---

192 S. *Ehmann*, in: Simitis 2014, § 44 Rn. 3; *Marschall*, ZD 2014, 66.
193 *Klebe*, in: Däubler/Klebe/Wedde/Weichert, § 44 Rn. 2; *Gola/Schomerus* 2015, § 44 Rn. 3.
194 *Faust/Spittka/Wybitul*, ZD 2016, 122.
195 Aus Erwägungsgrund 149 geht hervor, dass die strafrechtlichen Sanktionen auch die Einziehung der durch die Verstöße erzielten Gewinne umfassen können.
196 BT-Drs. 18/11325, 108; *Rost*, RDV 2017, 19.
197 S. *Mayer*, in: Grabitz/Hilf/Nettesheim 2015, Grundrechtsschutz und rechtsstaatliche Grundsätze, Rn. 382 ff.
198 S. *Mayer*, in: Grabitz/Hilf/Nettesheim 2015, Grundrechtsschutz und rechtsstaatliche Grundsätze, Rn. 382 ff.
199 BT-Drs. 18/11325, 108.
200 *Rost*, RDV 2017, 20.
201 *Roßnagel* 2017, 135.

deutung der Geldbußen und der Unabhängigkeit der Aufsichtsbehörden entsprechend Rechnung getragen werden.[202]

Nachdem § 41 BDSG verfahrensrechtliche Vorschriften festlegt, bestimmen die §§ 42 und 43 BDSG die Anwendung von spezifischen **Strafvorschriften** bzw. **Bußgeldvorschriften**. Damit wird von der Öffnungsklausel in Art. 84 DSGVO Gebrauch gemacht, die solche weitergehenden Sanktionen – insbesondere für Verstöße die keiner Geldbuße nach Art. 83 unterliegen – ermöglicht. Die Anzeige von strafrechtlich relevanten Verstößen kann entsprechend § 42 Abs. 3 BDSG (Übernahme von § 44 Abs. 2 BDSG a.F.) durch die betroffene Person, den Verantwortlichen oder die Bundesbeauftragte erfolgen. Die möglichen Strafen werden danach abgestuft, welche genauen Verstöße begangen wurden. Die gewerbsmäßige und unrechtmäßige Übermittlung von nicht allgemein zugänglichen personenbezogenen Daten an Dritte wird gemäß § 42 Abs. 1 BDSG mit bis zu drei Jahren Freiheitsstrafe oder Geldstrafe bestraft. Dabei muss die Tat „wissentlich" erfolgen. Im BDSG a.F. wurde hingegen von „vorsätzlichem Handeln" gesprochen. Hier wird nun die Tatbestandsvoraussetzung spezifiziert, da unter dem Begriff „wissentlich" im Strafgesetzbuch der direkte Vorsatz verstanden wird. Der Täter muss die Tatbestandsverwirklichung also für sicher halten (dolus directus 2. Grades).[203] Nicht erheblich ist dabei, ob der Täter die Tatbestandsverwirklichung anstrebt (dolus directus 1. Grades).[204] Der bedingte Vorsatz (dolus eventualis) wird damit im Vergleich zum BDSG a.F. als nicht ausreichend erachtet, jedoch ist das Strafmaß für diesen Tatbestand dementsprechend erhöht worden. 143

Die unrechtmäßige Verarbeitung oder Erschleichung von nicht allgemein zugänglichen personenbezogenen Daten gegen Entgelt oder mit der Absicht der Bereicherung oder Schädigung wird gemäß § 42 Abs. 2 BDSG mit Freiheitsstrafe von bis zu zwei Jahren oder Geldstrafe bestraft. Da die Norm keine weiteren Angaben macht, muss mindestens vorsätzliches Handeln vorliegen, was jede Form von Vorsatz umfasst.[205] Der allgemeine Teil des Strafrechts (u.a. § 15 StGB) ist anwendbar, da sowohl § 44 BDSG a.F. als auch § 42 BDSG n.F. zu den **Strafnormen des Nebenstrafrechts** gehören. Im BDSG a.F. wäre es ebenfalls nicht zwingend notwendig gewesen, ein vorsätzliches Handeln im Gesetzestext festzuhalten, da § 15 StGB anwendbar ist und vorsieht, dass grundsätzlich nur vorsätzliches Handeln strafbar ist (fahrlässiges Handeln müsste demnach ausdrücklich in der Gesetzesnorm unter Strafe gestellt werden). § 44 Abs. 2 BDSG a.F. sieht eine solche Klarstellung vor, da sie sich auf die Norm § 43 Abs. 2 BDSG a.F. bezieht, die sowohl vorsätzliches als auch fahrlässiges Handeln erfasst.[206] 144

Mit § 42 Abs. 4 wird das verfassungsrechtliche Verbot eines Zwangs zur Selbstbezichtigung umgesetzt.[207] Dabei wird der bisher in § 42a Satz 6 BDSG a.F. enthaltene Schutz für einen nach Art. 33 DSGVO Meldepflichtigen in das künftige Bundesdatenschutzgesetz übertragen. Die Strafvorschriften des künftigen Bundesdatenschutzgesetzes sind im Vergleich mit dem bisherigen Bundesdatenschutzgesetz auf den ersten Blick verschärft worden.[208] Dennoch bleibt abzuwarten, ob die Strafvorschriften zur Durchsetzung der Verordnung und der nationalen Datenschutzvorschriften wirksam eingesetzt werden können. Staatsanwaltschaften und Gerichte haben in der Vergangenheit mehrheitlich 145

202 BT-Drs. 18/11325, 108.
203 *Fischer*, StGB 2016, § 15 Rn. 7.
204 Abgrenzung zum bedingten Vorsatz (dolus eventualis) bei dem die Tatbestandsverwirklichung weder angestrebt noch für für sicher gehalten wird, sondern lediglich für möglich gehalten wird; S. dazu genauer *Fischer*, StGB 2016, § 15 Rn. 9.
205 *Fischer*, StGB 2016, § 15 Rn. 5.
206 S. *Ehmann*, in: Simitis 2014, § 44 Rn. 3.
207 BT-Drs. 18/11325, 109.
208 So auch *Kremer*, CR 6/2017, 377.

Strafverfahren gegen datenschutzrechtliche Verstöße eingestellt – auch weil Strafanträge nicht gut genug begründet waren – sodass es nur zu einer **geringen Anzahl an Verurteilungen** kam.[209]

146 Mit § 43 BDSG werden **weitere Bußgeldvorschriften** neben den Vorschriften in Art. 83 DSGVO eingeführt, die entsprechend der Öffnungsklausel in Art. 84 DSGVO möglich sind. Erfasst werden vorsätzliche und fahrlässige Handlungen. Dabei dient § 43 Abs. 1 BDSG der Umsetzung des Art. 9 der Verbraucherkreditrichtlinie, der zuvor durch § 43 Abs. 1 Nr. 7 a und b BDSG a.F. umgesetzt wurde.[210] Die Geldbuße entspricht mit 50 000 Euro in § 43 Abs. 3 BDSG der Bußgeldhöhe in § 43 Abs. 3 BDSG a.F. § 43 Abs. 3 BDSG nutzt die Öffnungsklausel in Art. 83 Abs. 7 DSGVO. Danach sind Sanktionen gegenüber **öffentlichen Stellen ausgeschlossen** und nur gegenüber nichtöffentlichen Verantwortlichen und Auftragsverarbeitern anzuwenden.[211] § 43 Abs. 4 BDSG enthält die identische Regelung des § 42 Abs. 4 BDSG (Verbot der Selbstbezichtigung) für das Verfahren nach dem Ordnungswidrigkeitengesetz.

3. Verhältnis der Verordnung zum BDSG

147 Die Verordnung genießt gegenüber nationalem Recht immer dann **Anwendungsvorrang,** wenn sie Gleiches oder Weitergehendes regelt oder wenn nationale Datenschutzregelungen zu ihr in klarem Widerspruch stehen (→ § 2 Rn. 1 ff.). Wie bereits in § 3 Abs. 7 BDSG a.F. sieht auch Art. 5 Abs. 2 DSGVO vor, dass die Rechtmäßigkeit der Verarbeitung personenbezogener Daten in der Verantwortung des Verantwortlichen liegt. Im Unterschied zum bisherigen deutschen Recht sind aber auch die Auftragsverarbeiter für die Einhaltung von Vorgaben aus der Verordnung selbst verantwortlich (→ § 5 Rn. 75 ff.). Des Weiteren gehören auch die Zertifizierungs- und Überwachungsstellen[212] zu den Normadressaten des Art. 83 DSGVO. Die Verordnung ermöglicht den Mitgliedstaaten, weitere Konkretisierung, Präzisierung und Ergänzung der vorhandenen Vorschriften – insbesondere aufgrund von Öffnungsklauseln und ausfüllungsbedürftigen Vorschriften – vorzunehmen (→ § 2 Rn. 15 ff.). Die Regelungen des Unions- und des nationalen Gesetzgebers bilden zusammen den datenschutzrechtlichen Sanktionsrahmen.

148 Die Beträge der in der Verordnung festgelegten **Geldbußen** übersteigen die bisherigen nationalen Vorgaben signifikant und könnten damit zu einer drastischen Erhöhung der Bußgelder in Deutschland führen, da eine unmittelbare Anwendung der Verordnung ab dem 25. Mai 2018 erfolgt. Hinzu kommt die Übertragung des **Unternehmensbegriffs** iSd Art. 101 und 102 AEUV auf Art. 83 DSGVO. Demnach könnte unter bestimmten Voraussetzungen die zuständige Aufsichtsbehörde die Geldbuße nicht nur gegen das rechtswidrig handelnde Unternehmen verhängen, sondern auch gegen die Muttergesellschaft und sich an ihrem Umsatz orientieren. Ferner hat das Unternehmen auch bei Datenschutzverstößen einer für das Unternehmen handelnden Person zu haften, ohne dass diese Person Teil der Geschäftsleitung gemäß § 30 Abs. 1 OWiG sein muss.[213]

149 Entsprechend dem **Opportunitätsprinzip** liegt es im pflichtgemäßen Ermessen der Aufsichtsbehörde, ob ein Tätigwerden erforderlich ist und in welcher Höhe eine Geldbuße verhängt werden soll. Eine Geldbuße kann gem. Art 83 Abs. 2 DSGVO „zusätzlich zu oder anstelle von“ Abhilfemaßnamen nach Art. 58 Abs. 2 lit. a) bis h) und j) DSGVO verhängt werden. Der defizitäre Vollzug des Datenschutzrechts in der Vergangenheit

---

209 *Dieterich*, ZD 2016, 265; *Roßnagel* 2017, 141.
210 BT-Drs. 18/11325, S. 109.
211 S. auch *Roßnagel* 2017, 131.
212 Art. 41 DSGVO, hierbei handelt es sich um Stellen, die die Einhaltung von Verhaltensregeln überwachen.
213 *Faust/Spittka/Wybitul*, ZD 2015, 124; *Schmitt-Leonardy*, in: Blum/Gassner/Seith 2016, § 30 Rn. 1 ff.

soll durch die neuen Abhilfebefugnisse ein Ende finden. Rechtskonformes Verhalten kann jedoch nicht alleine durch diese Abhilfemaßnahmen erreicht werden, sondern erfordern ein Druckmittel – in Form von Geldbußen –, das auch gegenüber wirtschaftlich starken Unternehmen Wirkung zeigt. Dabei ist insbesondere herauszuheben, dass hohe drohende Geldbußen schon im Vorhinein für ein datenschutzkonformes Verhalten sorgen können, sodass etwaige weitere Abhilfebefugnisse gar nicht erst wahrgenommen werden müssen. Dies setzt voraus, dass das Risiko einer Geldbuße bei einem Datenschutzverstoß für Verantwortliche und Auftragsverarbeiter hinreichend wahrscheinlich sein muss. Demnach ist das **Ermessen** der Aufsichtsbehörde bei der Frage, „ob" eine Geldbuße erfolgen soll, **deutlich reduziert.**[214]

150 An dieser Stelle wird auch erkennbar, dass sich die Aufsichtsbehörden in einem ständigen **Spannungsfeld** zwischen ihren Aufsichtspflichten aus Art. 58 Abs. 2 lit. a) bis h) und j) DSGVO und den Sanktionierungspflichten gemäß Art. 58 Abs. 2 i) iVm Art. 83 DSGVO befinden. Einerseits sollen die vergleichsweise „weichen" Abhilfebefugnisse der Warnung, Verwarnung, Anweisung, Beschränkung und Anordnung genutzt werden, um Rechtskonformität zu gewährleisten oder wiederherzustellen. Andererseits steht diesen Befugnissen mit kooperativem Charakter die „harte" und konfrontative Verhängung von Geldbußen gegenüber. Der genaue Umgang mit diesem Konflikt wird weder in der Verordnung noch im Bundesdatenschutzgesetz zufriedenstellend gelöst.[215]

151 Hinsichtlich des Tätigwerdens wird der Spielraum der Behörde auch durch Art. 83 Abs. 1 DSGVO stark eingeschränkt.[216] Im „Interesse einer konsequenteren Durchsetzung der Vorschriften" der Verordnung ist es erforderlich, dass die Aufsichtsbehörden von ihren Sanktionierungskompetenzen entsprechend Gebrauch machen.[217] Eine von Art. 83 Abs. 1 DSGVO geforderte wirksame, abschreckende und verhältnismäßige Geldbuße wird nur dann als **scharfes Schwert der Aufsichtsbehörden** wahrgenommen, wenn sie entsprechend Anwendung findet. Dies erfordert die konsequente Ausschöpfung der gegebenen Sanktionsmöglichkeiten und darf nicht auf eine chronische Zurückhaltung bei Sanktionsmöglichkeiten hinauslaufen. Insbesondere gegenüber global agierenden Wirtschaftsunternehmen sollten Aufsichtsbehörden im Fall einer Sanktionierung das notwendige Zeichen der Stärke in Form von hohen Geldbußen übermitteln.[218] Aufsichtsbehörden werden zur Umsetzung eine an den Einzelfall angepasste Kombination aus den oben aufgeführten kooperativen und konfrontativen Abhilfebefugnissen nutzen müssen. Für die genauere Ausgestaltung sollte bevorzugt eine **unionsweite Lösung** gefunden werden. Es besteht u.a. die Möglichkeit, dass der Datenschutzausschuss gemäß Art. 70 Abs. 1 lit. k) DSGVO Leitlinien zur Anwendung der Maßnahmen aus Art. 58 DSGVO und zur Vergabe von Geldbußen nach Art. 83 DSGVO erlässt.

152 Das **Bestimmtheitsgebot** als Teil des primären Unionsrechts soll gewährleisten, dass sowohl der Tatbestand als auch die Rechtsfolge einer Sanktionsnorm für den Adressaten erkennbar und vorhersehbar ist.[219] Die in Art. 83 DSGVO aufgezählten Vorschriften sind nicht nur sehr abstrakt und allgemein formuliert,[220] sondern eröffnen den Mitgliedstaaten auch zum Teil einen gewissen Regelungsspielraum.[221] Es ist daher zu bezweifeln, dass die Verordnung diesem Rechtsgrundsatz ausreichend Rechnung trägt. So-

214 AA *Neun/Lubitzsch*, BB 2017, Heft 27-28, 1542.
215 Vgl. dazu *Golla*, JIPITEC 8 (1) 2017, 77.
216 *Roßnagel* 2017, S. 133; aA *Neun/Lubitzsch*, BB 2017, Heft 27-28, 1542.
217 Eg. 148 DSGVO.
218 S. dazu *Roßnagel* 2017, S. 133.
219 ZB EuGH, Urt. v. 13.2.1996 – C-143/93, Slg. 1996, I-431 Rn. 27 – Van Es Douane Agenten; EuGH, Urt. v. 17.7.2008 – C-347/06, Slg. 2008, I-5641 Rn. 69 – ASM Brescia; dazu *Schmahl*, in: Schulze/Zuleeg/Kadelbach 2015, § 6 Rn. 40; *Soltész/Steinle/Bielesz*, EuZW 2003, 204 ff.
220 ZB Art. 25 und 35 DSGVO.
221 ZB in Art. 8 Abs. 1, Art. 6 Abs. 2, Art. 9 Abs. 2 lit. a, b, g, h, i, Art. 80 ff. DSGVO.

lange auf europäischer Ebene nicht für mehr Klarheit gesorgt wird, ist aufgrund der Existenz unterschiedlicher nationaler Regelungen und divergierender Rechtsauslegung anzunehmen, dass sich die Betroffenen in erheblichem Maß und mit großer Aussicht auf Erfolg gerichtlich gegen Bußgeldbescheide wehren. Die Sanktionstatbestände in Art. 83 Abs. 4 bis 6 DSGVO lassen sich nicht einfach in die deutsche Gesetzessystematik einpassen und erfordern die Konkretisierung von abstrakten und unbestimmten Begriffen. Weder Bundesdatenschutzgesetz noch Verordnung geben Hilfestellung für eine praktische Umsetzung bei Vorliegen von etwaigen Datenschutzverstößen, sodass Aufsichtsbehörden im Idealfall einen **Katalog mit konkreten strafbaren Verhaltensweisen** aufstellen. Anhand eines solchen Kataloges könnte, unter Beachtung des Verhältnismäßigkeitsprinzips, übersichtlich dargestellt werden, welches Verhalten mit welcher Geldbuße geahndet werden soll.[222]

153 Auf Seite der Rechtsfolgen mangelt es der Verordnung an Bestimmtheit hinsichtlich der Bußgeldhöhe, denn diese kann stark variieren und findet nur durch die maximale Höhe der Geldbuße gemäß Art. 83 Abs. 4 bis 6 DSGVO eine Begrenzung. Für die Festlegung der Bußgeldhöhe durch die Aufsichtsbehörden wird eine **Abstimmung auf Unionsebene** unerlässlich sein (Kohärenzverfahren → s. § 6 Rn. 101 ff.), da verhindert werden muss, dass Verantwortliche und Auftragsverarbeiter die mögliche Bußgeldhöhe als Kriterium bei Wahl ihrer Niederlassung nutzen (**„Bußgeldhopping“**).[223]

154 Die Regelungen des künftigen Bundesdatenschutzgesetzes sorgen hinsichtlich der Bestimmtheit der Tatbestände und der möglichen Rechtsfolgen nicht für ein Mehr an Rechtssicherheit. Eine Vielzahl an Regelungen wird erst mit der Konkretisierung durch die nationalen Aufsichtsbehörden und den europäischen Datenschutzausschuss (→ § 6 Rn. 97 ff.) an Kontur gewinnen und erst dann wird sich „eine unionsweit angepasste Anwendung des Entschließungs- und […] Auswahlermessens einstellen, die eine **kohärente Anwendung von Geldbußen** zur Folge hat“.[224]

4. Ko-Regulierung durch Verordnung und Bundesdatenschutzgesetz

155 Die Verordnung kann über **Öffnungsklauseln** die Anwendung nationalen Rechts erlauben, sodass neue Vorschriften erlassen werden können, wenn sie die geforderten Voraussetzungen erfüllen. Den Mitgliedstaaten wird in Art. 83 Abs. 7 und Art. 84 DSGVO die Möglichkeit eröffnet, nationale Sanktionsvorschriften festzulegen. Daneben fordert Art. 83 Abs. 8 DSGVO angemessene nationale und unionsweite Verfahrensgarantien, die durch die Aufsichtsbehörden bei Ausübung der Befugnisse aus Art. 83 DSGVO Beachtung finden. Das neue Bundesdatenschutzgesetz hat in den **§§ 41 bis 43 BDSG** von diesen Rechtsetzungskompetenzen Gebrauch gemacht, sodass diese Vorschriften und die **Art. 83 und 84 DSGVO** die **Ko-Regulierung** der Datenschutzsanktionen abbilden.

156 Nach Art. 83 Abs. 7 DSGVO kann auf nationaler Ebene geregelt werden, ob und in welchem Umfang gegen Behörden und öffentliche Stellen in Deutschland **Geldbußen** verhängt werden können. Während die Verhängung einer Geldbuße gegen Behörden dem deutschen Recht fremd ist, können öffentliche Stellen nach bisheriger Rechtslage bei Verletzungen der Meldepflicht und der mangelnden Bestellung des Datenschutzbeauftragten gemäß § 43 Abs. 1 Nr. 1 und 2 BDSG a.F. sanktioniert werden. Etwaige nationale Regelungen würden dabei auch Teil der Ausfüllung der Öffnungsklausel nach Art. 6 Abs. 2 DSGVO sein (→ § 7 Rn. 22 ff.). Der deutsche Gesetzgeber hat in § 43 Abs. 3 BDSG **Sanktionen gegenüber öffentlichen Stellen ausgeschlossen.** Dies hat zur

222 S. dazu *Roßnagel* 2017, 134.
223 *Roßnagel* 2017, 133.
224 *Roßnagel* 2017, 133; s. auch Eg. 150.

Folge, dass die Vorschriften aus Art. 83 DSGVO nur auf nichtöffentliche Stellen anzuwenden sind.

Mit § 41 BDSG werden die in Art. 83 Abs. 8 DSGVO geforderten Verfahrensgarantien für das Bußgeld- und Strafverfahren auf die Verstöße nach Art. 83 Abs. 4 bis 6 DSGVO übertragen. Insbesondere § 41 Abs. 2 Satz 3 BDSG hebt die besondere Stellung der Aufsichtsbehörden hervor und misst der Geldbuße eine hohe Wichtigkeit bei der Durchsetzung des Datenschutzrechts zu.[225] 157

Art. 84 DSGVO eröffnet den Mitgliedstaaten die Möglichkeit, zusätzliche Vorschriften über verwaltungsrechtliche oder strafrechtliche Sanktionen für Verstöße gegen die Verordnung festzulegen. Dies gilt insbesondere für Verstöße, die nicht schon einer Geldbuße gemäß Art. 83 DSGVO unterliegen. Erwägungsgrund 152 stellt dazu klar, dass soweit **verwaltungsrechtliche Sanktionen** durch die Verordnung nicht harmonisiert werden oder es in anderen Fällen erforderlich ist, dass die Mitgliedstaaten eine Regelung des nationalen Rechts, die wirksame, verhältnismäßige und abschreckende Sanktionen vorsieht, anwenden können. Die Art der Sanktion ist im nationalen Recht festzulegen. Mit den Anpassungsregelungen in § 41 und 43 BDSG werden dort entsprechende nationale Besonderheiten berücksichtigt. Die Bußgeldvorschriften werden damit primär durch Art. 83 DSGVO bestimmt und verfahrensrechtlich sowie inhaltlich durch einzelne Regelungen im Bundesdatenschutzgesetz flankiert. 158

Mit Erwägungsgrund 149 wird deutlich, dass die Mitgliedstaaten **strafrechtliche Sanktionen** für Verstöße gegen diese Verordnung regeln können. Gleiches gilt auch für Verstöße gegen auf der Grundlage und in den Grenzen der Verordnung erlassene nationale Vorschriften. Dem strafrechtlichen **Bestimmtheitsgebot** gemäß Art. 103 Abs. 2 GG und § 1 StGB wird mit § 42 BDSG entsprechend Rechnung getragen.[226] Daneben oder vorrangig können die strafrechtlichen Sanktionen des Strafgesetzbuches zum Beispiel zur Verletzung des höchstpersönlichen Lebensbereichs durch Bildaufnahmen (§ 201 a StGB), Ausspähung von Daten (§ 202 a StGB), Abfangen von Daten (§ 202 b StGB), Vorbereiten des Ausspähens und Abfangens von Daten (§ 202 c StGB), Datenhehlerei (§ 202 d StGB), Computerbetrug (§ 263 a StGB), Fälschung beweiserheblicher Daten (§ 269 StGB), Täuschung im Rechtsverkehr bei Datenverarbeitung (§ 270 StGB), Datenveränderung (§ 303 a StGB) sowie die Strafvorschriften aus anderen Gesetzen wie §§ 17 und 18 UWG zur Anwendung kommen. 159

5. Zusammenfassung

Die Sanktionsvorschriften der Verordnung stellen gegenüber den Vorgaben der Datenschutz-Richtlinie eine Neuerung dar und verschärfen die Sanktionsmöglichkeiten beträchtlich.[227] Durch die deutlich weiter reichenden Sanktionsdrohungen des Art. 83 DSGVO kommen künftig **erhebliche Haftungsrisiken** auf Unternehmen zu. Auch nach dem 25. Mai 2018 darf erwartet werden, dass Aufsichtsbehörden von ihren Sanktionsmöglichkeiten zunächst in moderater Weise Gebrauch machen werden. Dies ist insbesondere auf die bestehenden Rechtsunsicherheiten zurückzuführen, die weder durch die Verordnung noch durch das künftige Bundesdatenschutzgesetz gelöst werden. Erst eine Konkretisierung der Tatbestände und die Festlegung einer Berechnungsgrundlage für mögliche Geldbußen nach Art. 83 DSGVO werden für die notwendige Rechtssicherheit sorgen können. Ergänzend ist eine **Abstimmung auf europäischer Ebene** im Rahmen des Kohärenzverfahrens unerlässlich. Die effektive und umfassende Ausnutzung des Sanktionsrahmens wird durch die Aufsichtsbehörden erst dann erfolgen können, wenn wirk- 160

225 BT-Drs. 18/11325, S. 108.
226 *Schmitz*, in: MüKo StGB 2011, Bd. 1, § 1 Rn. 6; *Fischer* 2016, § 1 Rn. 1 ff.
227 *Ashkar*, DuD 2015, 799; *Maas*, DuD 2015, 580.

lich alle Spielregeln festgelegt sind und diese sowohl für Aufsichtsbehörden als auch für Verantwortliche und Auftragsverarbeiter nachvollziehbar sind.

161 Das **Drohpotenzial der Sanktionen** in der Verordnung zeigt jedoch auch vor ihrer Geltung seine Wirkung, was sich deutlich an den umfangreichen Anpassungsprozessen in vielen Unternehmen beobachten lässt. Datenschutz-Compliance hat seinen Nischenplatz verlassen und rangiert – selbst in den Chefetagen – aktuell sehr weit oben auf der Prioritätenliste.

§ 7 Datenschutz im öffentlichen Bereich

I. Öffentlicher Bereich

1 Entgegen vielfacher Behauptungen unterscheidet die Verordnung sehr wohl zwischen dem öffentlichen und dem nichtöffentlichen Bereich der Verarbeitung personenbezogener Daten. Sie lässt ihre Begriffe zwar für beide Bereiche gelten und wendet viele Vorschriften grundsätzlich ohne Differenzierung an. Aufgrund der vielfachen Verwendung ausfüllungsbedürftiger Rechtsbegriffe und der Unvollständigkeit ihrer Regelungen (→ § 1 Rn. 36), durch spezifische Ausnahmeregelungen, vor allem durch die vielen Öffnungsklauseln (→ § 1 Rn. 52), ermöglicht sie den Mitgliedstaaten, ein eigenes, jeweils **nationales Datenschutzrecht für den öffentlichen Bereich** beizubehalten oder zu erlassen.

2 Dies ist auch sinnvoll, weil der öffentliche Bereich im weiteren Sinn nicht unmittelbar den europäischen Binnenmarkt betrifft, sondern die **„inneren Angelegenheiten“** der Mitgliedstaaten. Die Datenverarbeitung für die Tätigkeiten ihrer Behörden, für die Verfolgung ihrer öffentlichen Interessen und für die Erfüllung innerstaatlicher Pflichten zu regeln, ist Sache des jeweiligen Mitgliedstaates und nicht der Union. Der Unionsgesetzgeber hat daher den Mitgliedstaaten überlassen, diese Formen der Datenverarbeitung näher auszugestalten. In der Ko-Regulierung des Datenschutzrechts in der Union erhalten damit im öffentlichen Bereich die Mitgliedstaaten den prägenden Einfluss (→ § 1 Rn. 44 ff.).

1. Anwendungsbereich der Grundverordnung

3 Die Verordnung ist grundsätzlich auf **private und auf öffentliche Stellen gleichermaßen anwendbar.** Hiervon ausgenommen ist die Verhütung, Aufdeckung, Untersuchung oder Verfolgung von Straftaten oder die Vollstreckung strafrechtlicher Sanktionen durch die dafür zuständigen Behörden gemäß Art. 2 Abs. 2 lit. e DSGVO. Für diesen Bereich wur-

de eine ergänzende Richtlinie erlassen (→ § 7 Rn. 53). Damit wird die Architektur der Datenschutz-Richtlinie weitergeführt.[1]

Gemäß Art. 3 Abs. 1 DSGVO findet die Verordnung auf die Verarbeitung personenbezogener Daten Anwendung, wenn diese im Rahmen der Tätigkeiten einer Niederlassung eines für die Verarbeitung Verantwortlichen in der Union verarbeitet werden. Art. 4 Nr. 7 DSGVO definiert den (für die Datenverarbeitung) **Verantwortlichen.** Diese weite Definition umfasst natürliche und juristische Personen, Behörden, Einrichtungen und jede andere Stelle, die über die Verarbeitung von personenbezogenen Daten entscheidet. 4

Grundsätzlich kann eine Verordnung, die sich auf Art. 16 Abs. 2 AEUV stützt, nur den Datenschutz für Tätigkeiten regeln, die unter das Unionsrechts fallen und den freien Datenverkehr betreffen. Die Anwendung des Unionsrechts ist dabei deckungsgleich mit der Wirkung des Unionsgrundrechts auf Schutz personenbezogener Daten gemäß Art. 8 GRCh im Anwendungsbereich der Grundrechtecharta gem. Art. 51 GRCh. Der freie Datenverkehr greift dann, wenn die Regelungen für den funktionierenden Binnenmarkt erforderlich sind und es sich grundsätzlich um einen vorstellbaren **grenzüberschreitenden Sachverhalt** handelt. Wo also Art. 8 GRCh keine Anwendung findet und auch kein grenzüberschreitender Sachverhalt vorstellbar ist, findet auch die Datenschutz-Grundverordnung keine Anwendung (→ § 2 Rn. 35).[2] Sofern also eine konkrete Datenverarbeitung im öffentlichen Bereich keinerlei möglichen Auslandsbezug aufweist, ist die Verordnung nicht anwendbar. Hierunter fällt zum Beispiel die Kommunikation zwischen zwei oder auch mehreren ausschließlich im Inland eines Mitgliedstaats liegenden Behörden. 5

a) Rechtmäßigkeit der Verarbeitung

Art. 6 DSGVO regelt die **Rechtmäßigkeit der Verarbeitung** von **personenbezogenen Daten.** So dürfen diese nur rechtmäßig verarbeitet werden, wenn mindestens einer der Erlaubnistatbestände von Art. 6 Abs. 1 DSGVO erfüllt ist. Allerdings findet Art. 6 Abs. 1 UAbs. 1 lit. f DSGVO laut UAbs. 2 explizit keine Anwendung auf Behörden. Zwar definiert die Verordnung den Behördenbegriff nicht, verwendet ihn aber unter anderem in Art. 4 Nr. 7 DSGVO zur Definition des Verantwortlichen und in mehreren Erwägungsgründen.[3] Näher definiert wird in Art. 4 Nr. 21 DSGVO lediglich der Begriff der Aufsichtsbehörde als „eine von einem Mitgliedstaat gemäß Artikel 51 GRCh eingerichtete unabhängige staatliche Stelle". Aus diesem Begriff kann jedoch nicht auf den ansonsten verwendeten allgemeinen **Behördenbegriff** geschlossen werden. Die Konkretisierung, was eine Behörde ist, überlässt die Verordnung offensichtlich dem jeweiligen Mitgliedstaat. Für Deutschland bedeutet dies, dass gemäß § 1 Abs. 4 VwVfG des Bundes und der Länder eine Behörde „jede Stelle (ist), die Aufgaben der öffentlichen Verwaltung wahrnimmt". Beliehene sind nach deutschem Recht ebenfalls Behörden.[4] Insbesondere aus Art. 27 Abs. 2 lit. b und Erwägungsgrund 45 und 154 DSGVO lässt sich aber schließen, dass der Behördenbegriff nicht den gesamten öffentlichen Bereich umfassen soll.[5] Für Verantwortliche, die dem öffentlichen Bereich zuzuordnen, aber keine Behörden sind, findet also der Erlaubnistatbestand in lit. f Anwendung. Für Behörden tritt an 6

1 *Weichert*, in: Däubler/Klebbe/Wede/Weichert 2014, § 2 Rn. 3.

2 S. *Roßnagel* 2016, 33 ff.; *Sobotta*, in: Grabitz/Hilf/Nettesheim 2015, Art. 16 AEUV, Rn. 31 f.; *Brühann*, in: v.d. Groeben/Schwarze/Hatje 2015, Art. 16 AEUV, Rn. 72 ff.

3 So zählt zB Eg. 31 Steuer-. Zoll- und unabhängige Verwaltungs- und Finanzmarktbehörden, aber auch Finanzermittlungs*stellen* als Beispiele für Behörden auf.

4 S. hierzu *Kastner*, in: Fehling/Kastner/Störmer 2016, § 1 VwVfG, Rn. 7 ff. und Rn. 31 ff.

5 Art 27 Abs. 2 lit. b und Eg. 154 DSGVO sprechen von Behörden oder öffentlichen Stellen und Eg. 45 von Behörden oder anderen natürlichen und juristischen Personen, die unter das öffentliche Recht fallen.

die Stelle der Interessenabwägung aufgrund ihrer Gesetzesbindung der Erlaubnistatbestand des Art. 6 Abs. 1 UAbs. 1 lit. e DSGVO.

7 Art. 9 Abs. 2 DSGVO enthält Erlaubnistatbestände für die Verarbeitung von in Abs. 1 definierten und als **besonders schützenswert eingestuften, personenbezogenen Daten** (→ § 8 Rn. 276 f.). Diese umfassen unter anderem genetische und biometrische Daten. Für den öffentlichen Bereich greifen Abs. 2 lit. g, i und j DSGVO (→ § 8 Rn. 282 ff.).

aa) Bereichsspezifische Rechtmäßigkeitsbedingungen für den öffentlichen Bereich

8 Art. 6 Abs. 1 UAbs. 1 DSGVO nennt zwei „Bedingungen" für die Rechtsmäßigkeit der Datenverarbeitung im öffentlichen Bereich im weiteren Sinn: Entweder muss die Verarbeitung nach lit. c „zur Erfüllung einer rechtlichen Verpflichtung erforderlich (sein), der der Verantwortliche unterliegt". Oder sie muss nach lit. e „für die Wahrnehmung einer Aufgabe erforderlich (sein), die im öffentlichen Interesse liegt oder in Ausübung öffentlicher Gewalt erfolgt, die dem Verantwortlichen übertragen wurde". Diese beiden „Bedingungen" sind – im Gegensatz zu den anderen „Bedingungen" des Art. 6 Abs. 1 UAbs. 1 DSGVO – keine selbständigen Erlaubnistatbestände. Sie können allein keine Verarbeitung personenbezogener Daten rechtfertigen.[6] Aus der Verbindung mit Abs. 3 Satz 1 ergibt sich vielmehr, dass lit. c und e nur **Scharniernormen** sind und die eigentlichen Erlaubnistatbestände in der „Rechtsgrundlage für die Verarbeitungen" der Union oder des Mitgliedstaats zu sehen sind. Die Regelungen in lit. c und e bestimmen vielmehr die inhaltlichen Anforderungen an einen Erlaubnistatbestand der Union oder des Mitgliedstaats. Dieser darf nur erlassen werden, wenn die Bedingungen der lit. c und e vorliegen.

9 Die bereichsspezifische Bedingung der Rechtmäßigkeit des **Art. 6 Abs. 1 UAbs. 1 lit. e DSGVO** umfasst zwei Alternativen:[7] Er rechtfertigt jede Datenverarbeitung, die für Wahrnehmung einer Aufgabe im öffentlichen Interesse oder in Ausübung öffentlicher Gewalt erforderlich ist. Die Verordnung selbst definiert weder, was sie unter öffentlichem Interesse und unter öffentlicher Gewalt versteht, noch, wie deren Übertragung zu erfolgen hat. Da Art. 6 Abs. 3 DSGVO für alle Datenverarbeitungen gilt, die unter Art. 6 Abs. 1 UAbs. 1 lit. e DSGVO fallen, spricht viel dafür, dass die Mitgliedstaaten diese Begriffe ausfüllen können. Allerdings eröffnet die Verordnung diese Möglichkeit nur, damit die Mitgliedstaaten „spezifischere Bestimmungen zur Anpassung der Anwendung der Vorschriften dieser Verordnung" erlassen. Daher ist es wichtig zu klären, ob die Verordnung an anderer Stelle Anhaltspunkte zur Ausfüllung dieser Begriffe enthält.

10 Der Begriff der **öffentlichen Gewalt** bleibt in der Verordnung unbestimmt. Es finden sich in der Verordnung auch keine Beispiele dafür. Das Unionsrecht spricht die Ausübung öffentlicher Gewalt explizit in Art. 51 AEUV an. Eine Definition des Begriffs öffentliche Gewalt findet sich aber auch hier nicht. Der Europäische Gerichtshof macht aber die Ausübung öffentlicher Gewalt, zumindest für das unionsrechtliche Wettbewerbsrecht, an hoheitlichen Befugnissen fest. Ob solche hoheitlichen Befugnisse im konkreten Fall vorliegen, macht der Gerichtshof von der jeweiligen verfolgten Tätigkeit abhängig. Stellt die Tätigkeit eine „im Allgemeininteresse stehende[n] Auftrag dar, der zu den wesentlichen Staatsaufgaben auf dem Gebiet … gehört",[8] handelt es sich regelmäßig um die Ausübung hoheitlicher Befugnisse und somit um öffentliche Gewalt.[9] Der jeweilige **Mitgliedstaat muss** dabei die **jeweilige Tätigkeit als Ausübung öffentlicher Ge-**

6 Ebenso *Kühling/Martini u.a.* 2016, 30.
7 *Kühling/Martini*, EuZW 2016, 450.
8 EuGH, Urt. vom 18.3.1997, Slg. 1997 I 1547, 1588 (Tz. 22) – Diego Cali & Figli.
9 *Mestmäcker/Schweitzer*, in: Immenga/Mestmäcker 2012, Art. 106 Abs. 1 AEUV, Rn. 16 f.

walt ansehen.[10] Dieses Verständnis, dass die Bestimmung dessen, was öffentliche Gewalt ist, durch die Mitgliedstaaten selbst erfolgt, wird auch in Erwägungsgrund 45 DSGVO deutlich, der eine Grundlage für die Datenverarbeitung in Ausübung öffentlicher Gewalt im Recht des Mitgliedstaats verlangt, solange dies nicht dem Unionsrecht widerspricht. Fest steht, dass unter die Ausübung öffentlicher Gewalt in jedem Fall die **hoheitliche Tätigkeit der Behörden und anderer Träger hoheitlicher Gewalt gehört.**

Art. 6 Abs. 1 UAbs. 1 lit. e DSGVO enthält zwei alternative Erlaubnistatbestände. Da dem Unionsgesetzgeber nicht unterstellt werden kann, dass er zwei Mal das Gleiche regeln wollte, muss sich der Erlaubnistatbestand der Wahrnehmung einer Aufgabe **„im öffentlichen Interesse"** von dem Erlaubnistatbestand der Wahrnehmung einer Aufgabe „in Ausübung öffentlicher Gewalt" unterscheiden. Da die zweite Alternative der Erlaubnistatbestand für die Datenverarbeitung durch öffentliche Stellen ist, muss sich die erste Alternative vor allem auf die Datenverarbeitung durch **Private** beziehen. Zwar nehmen auch Behörden Aufgaben im öffentlichen Interesse wahr, aber deren Datenverarbeitung ist bereits und spezieller durch die zweite Alternative legitimiert. 11

Die Erfüllung von Aufgaben im öffentlichen Interesse betrifft daher **nichtöffentliche Verantwortliche**, denen die Wahrnehmung von Aufgaben im öffentlichen Interesse übertragen worden sind. Ein Beispiel für ein solches öffentliches Interesse nennt etwa Art. 9 Abs. 2 lit. i DSGVO mit dem Bereich der öffentlichen Gesundheitsversorgung. Auch die Öffnungsklausel des Art. 89 DSGVO zeigt, dass bestimmte Archivzwecke im öffentlichen Interesse sein können. Auch finden sich in diversen Erwägungsgründen Beispiele dafür, wann ein öffentliches Interesse gegeben sein soll. So nennt Erwägungsgrund 45 DSGVO als Beispiele für öffentliche Interessen die öffentliche Gesundheit, die soziale Sicherheit und die Verwaltung von Leistungen der Gesundheitsfürsorge. Gemäß Erwägungsgrund 46 DSGVO fallen auch humanitäre Zwecke unter das öffentliche Interesse. Erwägungsgrund 52 DSGVO nennt die soziale Sicherheit und die Gesundheitsvorsorge. Erwägungsgrund 73 DSGVO nennt nicht abschließend „etwa wichtige wirtschaftliche oder finanzielle Interessen", „die Rechte und Freiheiten anderer Personen", die „soziale Sicherheit, öffentliche Gesundheit und humanitäre Hilfe". Eine abschließende Definition des Begriffs des öffentlichen Interesses enthält die Verordnung nicht. Die genannten Beispiele zeigen aber, dass sie ein weites Verständnis hat, das selbst wirtschaftliche und finanzielle Interessen der Mitgliedstaaten einschließt. 12

Welche Interessen konkret in den Mitgliedstaaten als Aufgabe im öffentlichen Interesse auf einen Verantwortlichen übertragen werden, ist im Rahmen von Art. 6 Abs. 1 UAbs. 1 lit. e DSGVO unter Hinzuziehung von Erwägungsgrund 45 DSGVO ebenfalls **Sache der Mitgliedstaaten.** Die Verordnung verlangt eine **Grundlage hierfür im Recht der Mitgliedstaaten.** Sie formuliert aber für die Übertragung keinen qualifizierten Gesetzesvorbehalt, so dass ein materielles Gesetz ausreicht, zum Beispiel kommunale Satzungen, die etwa die städtische Wasserversorgung oder den öffentlichen Personennahverkehr einem privaten Anbieter übertragen. Inhaltlich kommen vor allem Aufgaben der Daseinsvorsorge in Betracht. Diese Kompetenz-Kompetenz der Mitgliedstaaten im Hinblick auf die Reichweite der Öffnungsklausel kann aber nur soweit gehen, als sie nicht im Widerspruch zu den Zielen der Verordnung und zum übrigen Unionsrecht ausgeübt werden darf. 13

Die Datenschutz-Grundverordnung ist nicht der einzige Rechtsakt der Union, der den Begriff des öffentlichen Interesses verwendet. Eine **allgemeine Definition für den Begriff gibt es aber bis heute im europäischen Recht nicht.**[11] Definitionen aus anderen Berei- 14

10 *Forsthoff*, in: Grabitz/Hilf/Nettesheim 2015, Art. 51 AEUV, Rn. 10.

11 S. zB den Bericht der Kommission zur Bewertung der Verordnung (EG) NR. 1606/2002, COM(2015) 301 final, 7, in welchem die Kommission das öffentliche Interesse im Sinne der dortigen Verordnung auslegt.

chen können nicht ohne weiteres auf den Datenschutz übertragen werden, soweit sie andere Ziele verfolgen. Sie können aber im Zweifel vergleichend herangezogen werden, um zu bestimmen, ob das Unionsrecht einen konkreten Bereich als „öffentliches Interesse“ der Mitgliedstaaten oder der Union akzeptiert. Hierbei ist aber das dargestellte weite Verständnis der Verordnung vom öffentlichen Interesse zu beachten. Für die Mitgliedstaaten ergibt sich durch diese Alternative von Art. 6 Abs. 1 UAbs. 1 lit. e DSGVO ein recht weiter Spielraum, um für die Wahrnehmung öffentlicher Interessen spezifische Datenschutzregeln beizubehalten oder zu erlassen.[12]

15 Auch **Art. 6 Abs. 1 UAbs. 1 lit. c DSGVO** ist für den öffentlichen Bereich relevant. Diese Norm erlaubt es, personenbezogene Daten zu verarbeiten, wenn dies zur „Erfüllung einer rechtlichen Verpflichtung erforderlich [ist], der der Verantwortliche unterliegt“. Grundsätzlich erfüllen auch Behörden und andere öffentliche Stellen Verpflichtungen, denen sie durch gesetzliche Vorschriften unterliegen. Da sie hierfür hoheitliche Gewalt ausüben, ist Art. 6 Abs. 1 UAbs. 1 lit. e DSGVO die speziellere Regelung. Art. 6 Abs. 1 UAbs. 1 lit. c DSGVO greift daher für Verpflichtungen, denen privatrechtliche Verantwortliche unterliegen, wie zum Beispiel Auskunfts-, Übermittlungs- oder Aufbewahrungspflichten, die ihnen durch Vorschriften auferlegt worden sind.

bb) Erlaubnistatbestände

16 Der eigentliche Erlaubnistatbestand für den Anwendungsbereich des Art. 6 Abs. 1 UAbs. 1 lit. c und e DSGVO muss in der **Rechtsgrundlage** gemäß Art. 6 Abs. 3 Satz 1 lit. a DSGVO **im Unionsrecht oder** nach lit. b **im nationalen Recht des Mitgliedstaats** festgelegt werden. Art. 6 Abs. 3 Satz 1 lit. b DSGVO ermöglicht es somit dem nationalen Gesetzgeber, die von jeweils geforderten nationalen Erlaubnistatbestände zu erlassen oder beizubehalten.[13] Nach Erwägungsgrund 45 ist dabei aber nicht für jeden Verarbeitungsvorgang auch zwingend ein Gesetz notwendig. Ein nationalstaatliches Gesetz kann also auch die Rechtsgrundlage im Sinn von Art. 6 Abs. 3 Satz 1 lit. b DSGVO für verschiedene Datenverarbeitungssituationen im Rahmen von Art. 6 Abs. 1 UAbs. 1 lit c und e DSGVO darstellen.

17 **Inhaltliche Anforderungen** an die Regelungen der Mitgliedstaaten enthält Art. 6 Abs. 3 Satz 2 bis 4 DSGVO. Satz 2 fordert in der ersten Alternative, den Zweck der Datenverarbeitung im Rahmen der Verordnung konkret festzulegen. Satz 4 fordert zusätzlich, dass die nationale Regelung bezogen auf den mit ihr verfolgten Zweck verhältnismäßig sein muss. Gemäß Satz 3 hat der nationale Gesetzgeber die Möglichkeit, sonstige gesetzliche Regelungen zu erlassen, damit die konkrete Datenverarbeitungssituation rechtmäßig ist. Dies ermöglicht ihm, für die jeweilige konkrete Datenverarbeitungssituation eine **kohärente Gesamtregelung** zu treffen.[14] Hierzu gehören auch spezielle, über Art. 12 ff. DSGVO hinausgehende, Betroffenenrechte für Erlaubnistatbestände, die ohne diese speziellen Betroffenenrechte nicht verhältnismäßig wären. Diese dürfen dann aber lediglich der kohärenten Gesamtregelung für eine bestimmte Datenverarbeitungssituation dienen und keine neuen allgemeinen Betroffenenrechte darstellen. Gleiches gilt nach Art. 83 Abs. 7 DSGVO auch für Sanktionen gegenüber öffentlichen Stellen. Daneben darf der nationale Gesetzgeber auch bestimmte **technisch-organisatorische Maßnahmen** fordern. Regelt er im Rahmen der Öffnungsklausel einzelne Aspekte nicht, etwa zum Datenschutz durch Systemgestaltung, kommt insofern subsidiär die Verordnung zur Anwendung, im Beispielsfall Art. 25 DSGVO. Will der Gesetzgeber dies nicht, muss er dies durch seine Regelung zu erkennen geben. Eine **grundsätzliche Abweichung von den Zie-**

12 *BfDI* 2016, 29.
13 S. *Roßnagel*, DuD 2017, 291 f.
14 *BfDI* 2016, 29; *Roßnagel*, DuD 2017, 278 f.

len der Verordnung ist aber auch im Rahmen der Öffnungsklausel nicht möglich, denn diese erlaubt nur die Spezifizierung der Anwendung der Verordnung.

cc) Erlaubnis zum Umgang mit besonders schützenswerten Daten

18 Für den Umgang mit **besonders schützenswerten Daten** im öffentlichen Bereich sind in der Regel die Erlaubnistatbestände des Art. 9 Abs. 2 lit. g, i und j DSGVO einschlägig. Die Voraussetzungen von lit. g und i entsprechen dabei denen des Art. 6 Abs. 1 UAbs. 1 lit e DSGVO, werden aber noch zusätzlich qualifiziert. So fordert Art. 9 Abs. 2 lit. g DSGVO ein erhebliches öffentliches Interesse anstatt nur öffentliches Interesse, wie es Art. 6 Abs. 1 UAbs. 1 lit. e DSGVO in seiner ersten Alternative fordert. Art. 9 Abs. 2 lit j DSGVO erlaubt, die besonders schützenswerten Daten auch zu Archivzwecken, die im öffentlichen Interesse liegend, gemäß Art. 89 DSGVO zu verarbeiten, wenn dies verhältnismäßig ist (→ § 7 Rn. 228).

19 Für **besonders schützenswerte personenbezogene Daten** enthält Art. 9 Abs. 4 DSGVO eine Öffnungsklausel für die Mitgliedstaaten (→ § 8 Rn. 284).

dd) Erlaubnis zur Zweckänderung

20 Nach Art. 6 Abs. 4 HS 1 DSGVO kann eine Rechtsvorschrift der Union oder der Mitgliedstaaten bestimmen, dass eine Verarbeitung personenbezogener Daten zu einem anderen **Zweck** als zu demjenigen erfolgen darf, zu dem die personenbezogenen Daten erhoben wurden. Voraussetzung ist, dass dies in einer demokratischen Gesellschaft eine notwendige und verhältnismäßige Maßnahme zum Schutz der in Art. 23 Abs. 1 DSGVO genannten Ziele darstellt. Diese Öffnungsklausel gilt nicht nur für den öffentlichen Bereich, sondern für alle Datenverarbeitungsvorgänge, ist aber auch und insbesondere für den öffentlichen Bereich im weiteren Sinn von Bedeutung.

ee) Erlaubnis zur Einschränkung von Grundsätzen und Betroffenenrechte

21 Unabhängig von Art. 6 DSGVO stellt Art. 23 DSGVO eine **bereichsunabhängige**, also nicht nur für den öffentlichen Bereich geltende, Öffnungsklausel dar. Sie erlaubt dem nationalen Gesetzgeber die **Betroffenenrechte** gemäß Art. 12 bis 22 DSGVO zu beschränken, jedoch nicht zu erweitern. Art. 23 Abs. 1 lit. e DSGVO verweist dabei wieder auf das öffentliche Interesse. Allerdings wird dieses hier, im Gegensatz zu Art. 6 Abs. 1 UAbs. 1 lit. e DSGVO, eingeschränkt. So muss es sich um wichtige Ziele des allgemeinen öffentlichen Interesses handeln. Beispielhaft werden wichtige wirtschaftliche sowie finanzielle Interessen des Mitgliedstaates oder der Union genannt. Explizit fallen hierunter die Bereiche Währung, Haushalt, Steuern, öffentliche Gesundheit und Steuern. Die Öffnungsklausel des Art. 6 Abs. 2 DSGVO, als spezielle Öffnungsklausel für den öffentlichen Bereich, geht im Umfang, wie dargestellt, wesentlich weiter. Sofern sich der Umfang der beiden Öffnungsklauseln überschneidet, ist die Öffnungsklausel für den öffentlichen Bereich als die speziellere anzusehen, weil er sich auf die **„inneren Angelegenheiten“** des Mitgliedstaats beschränkt.[15]

b) Abweichungskompetenz

22 Hierdurch ergibt sich auch, dass die Mitgliedstaaten gemäß Art. 6 Abs. 2 DSGVO für die Datenverarbeitung ihrer Verwaltungen spezifischere Datenschutzvorschriften erlassen oder beibehalten können.[16]

In Art. 6 Abs. 2 DSGVO iVm Art. 6 Abs. 1 UAbs. 1 lit. c oder e DSGVO findet sich eine bereichsspezifische, sehr weite Öffnungsklausel für den öffentlichen Bereich. Art. 6

15 *Kühling/Martini*, EuZW 2016, 449.
16 BfDI 2016, 29.

Abs. 2 DSGVO erlaubt es den Mitgliedstaaten, bei der Datenverarbeitung, die sich rechtmäßig auf Art. 6 Abs. 1 UAbs. 1 lit. c oder e DSGVO stützt, **von der Verordnung abzuweichen.** Ein **völliger Ausschluss der Verordnung ist jedoch nach Art. 6 Abs. 2 DSGVO nicht möglich.** Art. 6 Abs. 2 DSGVO erlaubt es den Mitgliedstaaten, im Vergleich zur Verordnung spezifischere Datenschutzregelungen zu erlassen. Erlaubt sind **Konkretisierungen und Präzisierungen die zu einer kohärenten Gesamtregelung führen müssen.**[17] Art. 6 Abs. 2 DSGVO ermöglicht die Weiterentwicklung des nationalen Datenschutzrechts im Rahmen der Verordnung. Erwägungsgrund 10 stellt hierzu fest, dass der Bestand des nationalen Rechts sichergestellt werden soll. Da die Verordnung Anwendungsvorrang und nicht Geltungsvorrang hat, bestehen die nationalen Regelungen sowieso weiter (→ § 2 Rn. 15). Damit diese auch Anwendung finden, bedarf es der hier vorgestellten **Öffnungsklausel.** Sie ermöglicht im Ergebnis den Mitgliedstaaten, alle Datenschutzregeln für den weiten Bereich der Datenverarbeitung im – in weiten Sinn – öffentlichen Interesse selbst zu treffen und die bestehenden Regelungen beizubehalten.

23 Auch die Begriffsbestimmung in **Art. 4 Nr. 7 DSGVO** unterstützt den nationalen Gesetzgeber bei einer kohärenten Gesamtregelung.[18] Daher können auch im Fall im Rahmen des Art. 6 Abs. 2 DSGVO in der Verordnung fehlende oder nicht passende Begriffsbestimmungen beibehalten oder neu geschaffen werden. So könnte etwa der Begriff des Verantwortlichen in Art. 4 Nr. 7 DSGVO im nationalen Recht präzisiert werden.

24 Außerdem erfasst die Öffnungsklausel des Art. 6 Abs. 2 DSGVO nach dessen letztem Nebensatz auch alle „besonderen Verarbeitungssituationen gemäß Kapitel IX". Damit kann der nationale Gesetzgeber auch Regelungen treffen, die über die Öffnungsklauseln für bestimmte **besondere Datenverarbeitungssituationen** in Kapitel IX hinausgehen, wenn sie die Erlaubnistatbestände des Art. 6 Abs. 1 UAbs. 1 lit c und e DSGVO betreffen.

25 Das **Verhältnis der Öffnungsklauseln in Art. 6 Abs. 2 und 3 DSGVO** zueinander ist wie folgt zu bestimmen: Die Öffnungsklausel in Abs. 2 ist weiter als die Öffnungsklausel in Abs. 3 und diese spezieller als diejenige in Abs. 2. Die Regelung in Abs. 3 betrifft nur die Zulässigkeit der Datenverarbeitung. Sie fordert neben den Mitgliedstaaten auch die Union auf, die im Rahmen der Bedingungen nach Abs. 1 UAbs. 1 lit. c und e erforderlichen Erlaubnistatbestände festzulegen. Allerdings ermöglicht Abs. 3 Satz 3, in der Rechtsgrundlage der Union oder eines Mitgliedstaats „spezifische Bestimmungen zur Anpassung der Anwendung der Vorschriften dieser Verordnung" zu treffen. Diese können die zusätzlich „unter anderem Bestimmungen" zu den dort genannten Regelungsgegenständen umfassen. Diese Regelungsmöglichkeiten sind zwar auch von der Öffnungsklausel des Abs. 2 erfasst. Sie gehen aber als speziellere Vorgaben der Öffnungsklausel des Abs. 2 vor, soweit ihr Anwendungsbereich reicht. Die Öffnungsklausel des Abs. 2 kommt zu Anwendung, wenn die Öffnungsklausel des Abs. 3 nicht greift und betrifft in der Praxis andere Fragen als die der Zulässigkeit der Datenverarbeitung.

Zusätzlich können **Kirchen**, welche als Körperschaft öffentlichen Rechts organsiert sind durch die Öffnungsklausel in Art. 91 DSGVO ihre eigenen Datenschutzgesetze, sofern sie wie dort gefordert in Einklang mit der Datenschutz-Grundverordnung gebracht worden sind, weiter anwenden.[19]

17 BfDI 2016, 29; *Roßnagel*, DuD 2017, 291 f.
18 Ebenso *Schantz*, NJW 2016, 1841.
19 *BfDI* 2016, 30.

2. Der öffentliche Bereich in der ePrivacy-Verordnung

26 Die **ePrivacy-Verordnung** enthält keine allgemeinen Ausschluss ihrer Anwendbarkeit für den öffentlichen Bereich. Art. 2 ePrivacy-VO enthält aber, wie auch schon Art. 2 DSGVO, diverse Ausschlüsse, die auch für den öffentlichen Bereich von Belang sind (→§ 3 Rn. 19 ff.). Darüber hinaus stellt Art. 11 ePrivacy-VO eine Öffnungsklausel dar, welche auch den öffentlichen Bereich umfasst. Sie gesteht dem nationalen Gesetzgeber denselben Spielraum wie schon Art. 6 Abs. 2 DSGVO und Art. 23 DSGVO zu. Der Entwurf der Kommission zu Art. 11 Abs. 1 ePrivacy-VO sieht vor, dass die Öffnungsklausel sowohl die diversen Ausübungsmöglichkeiten öffentlicher Gewalt, als auch das öffentliche Interesse umfasst, in dem explizit auf Art. 23 Abs. 1 lit. e DSGVO mitverwiesen wird. Der LIBE-Bericht streicht diesen Verweis. Daher ist die Öffnungsklausel für das öffentliche Interesse strittig.

27 Die Reglungen der ePrivacy-Verordnung betreffen den öffentlichen Bereich hauptsächlich bei der Anwendung des **Telekommunikationsgesetzes** (→ § 8 Rn. 47 ff.) und des **Telemediengesetzes** (→ § 8 Rn. 119 ff.).

3. Regelungen in Deutschland

28 Durch die Öffnungsklauseln in Art. 6 Abs. 2 und 3 sowie 9 Abs. 4 DSGVO ist der Regelungsspielraum des nationalen Gesetzgebers in Bezug auf die Datenverarbeitung im öffentlichen Interesse im weiteren Sinn auch nach Einführung der Datenschutz-Grundverordnung sehr weit.[20] Diesen weiten Spielraum hat der deutsche Gesetzgeber, wie im Folgenden dargestellt, mit der Neufassung des Bundesdatenschutzgesetztes bei weitem nicht ausgenutzt.[21]

a) Umfang des öffentlichen Bereichs im neuen Bundesdatenschutzgesetz

29 In § 2 BDSG definiert der deutsche Gesetzgeber öffentliche und nichtöffentliche Stellen. So sind gemäß § 2 Abs. 1 BDSG die Behörden, Organe der Rechtspflege und andere öffentlich-rechtlich organisierte Einrichtungen des Bundes, der bundesunmittelbaren Körperschaften, der Anstalten und Stiftungen des öffentlichen Rechts sowie deren Vereinigungen ungeachtet ihrer Rechtsform öffentliche Stellen des Bundes. **Öffentliche Stellen** der Länder sind gemäß § 2 Abs. 2 BDSG die Behörden, Organe der Rechtspflege und andere öffentlich-rechtlich organisierte Einrichtungen eines Landes, einer Gemeinde, eines Gemeindeverbandes oder sonstiger der Aufsicht des Landes unterstehender juristischer Personen des öffentlichen Rechts sowie deren Vereinigungen ungeachtet ihrer Rechtsform. Auch **Vereinigungen des privaten Rechts** von öffentlichen Stellen des Bundes und der Länder sind gemäß § 2 Abs. 3 BDSG entweder öffentliche Stellen des Bundes oder der Länder, sofern sie Aufgaben der öffentlichen Verwaltung wahrnehmen. Dies gilt auch, wenn an ihnen nicht-öffentliche Stellen beteiligt sind. Behörden und andere öffentliche Stellen handeln nach deutschem Recht grundsätzlich mit **hoheitlicher Gewalt.** Hoheitliche Gewalt ist dabei mit der **öffentlichen Gewalt** im Sinn von Art. 6 Abs. 1 UAbs. 1 lit. e DSGVO gleichzusetzen.

30 Nichtöffentliche Stellen werden in § 2 Abs. 4 BDSG definiert. Hierunter fallen gemäß § 2 Abs. 4 Satz 1 BDSG natürliche und juristischen Personen. Gesellschaften sowie Personenvereinigung des privaten Rechts, wenn sie nicht schon öffentliche Stellen gemäß § 2 Abs. 1 bis 3 BDSG sind. Allerdings sind auch **nichtöffentliche Stellen** im Sinne von § 2 Abs. 4 Satz 1 BDSG gemäß § 2 Abs. 4 Satz 2 BDSG **im Rahmen der Wahrnehmung hoheitlicher Aufgaben öffentliche Stelle** iSd neuen Bundesdatenschutzgesetzes. Wiede-

20 *BfDI* 2016, 29; *Kühling/Martini* u.a. 2016, 34; Reimer, in: Sydow 2017, Art. 6 Rn. 29; aA *Albrecht/Jotzo* 2017 Teil 3 Rn. 46.
21 S. näher *Roßnagel*, DuD 2017, 279 ff.

rum gelten aber gemäß § 2 Abs. 5 BDSG **öffentlich-rechtliche Wettbewerbsunternehmen** des Bundes und der Länder,[22] im Rahmen ihrer Teilnahme am Wettbewerb als nichtöffentliche Stellen iSd neuen Bundesdatenschutzgesetzes.

31 § 2 BDSG nutzt den von Art. 4 Abs. 7 DSGVO vorgegeben Rahmen, den **Verantwortliche** für die Datenverarbeitung nicht, wie in der Verordnung vorgesehen, als solchen zu bezeichnen. Diese ermöglicht es dem Gesetzgeber, wie ihm Art. 6 Abs. 2 und Abs. 3 DSGVO erlauben, durch die Unterscheidung in „öffentlicher Stellen" und „nichtöffentliche Stelle" zusätzlich zu konkretisieren und zu präzisieren.

b) Anwendung des neuen Bundesdatenschutzgesetzes auf öffentliche Stellen

32 Gemäß § 1 Abs. 4 Satz 1 BDSG findet das Gesetz **Anwendung** auf alle oben genannten öffentliche Stellen des Bundes gemäß § 1 Abs. 1 Satz 1 Nr. 1 BDSG, als auch nach § 1 Abs. 1 Satz 1 Nr. 1 lit. a BDSG für öffentliche Stellen der Länder, sofern diese Bundesrecht ausführen oder diese als Organ der Rechtspflege tätig werden und es sich dabei nicht um Verwaltungshandlungen handelt.

33 Gemäß den Regelungen des § 1 Abs. 2 Satz 1 BDSG findet auch das neue Bundesdatenschutzgesetz, wie bereits die alte Fassung des Bundesdatenschutzgesetzes, nur **subsidiär** zu spezielleren Datenschutzregelungen Anwendung. Sofern also für öffentliche Stellen eine speziellere Regelung im deutschen oder EU-Datenschutzrecht Anwendung findet, ist das neue Bundesdatenschutzgesetz grundsätzlich nicht anwendbar. Wenn das speziellere Gesetz aber ein im neuen Bundesdatenschutzgesetz ebenfalls geregelten Sachverhalt nicht oder nicht abschließend regelt, muss gemäß § 1 Abs. 2 Satz 1 BDSG wieder auf das neue Bundesdatenschutzgesetz zurückgegriffen werden. Das neue Bundesdatenschutzgesetz findet also nur auf öffentliche Stellen im Sinne von § 1 Abs. 1 BDSG Anwendung, wenn keine speziellere Regelung vorliegt oder wenn ein bestimmter Sachverhalt unter die Ausnahme von § 1 Abs. 2 Satz 2 BDSG fällt.[23]

34 § 1 Abs. 5 BDSG fixiert das sich schon aus dem **Anwendungsvorrang des Unionsrechts** ergebende Gebot, dass das Bundesdatenschutzgesetz in seiner neuen Fassung keine Anwendung findet, sofern die Regelungen der Verordnung direkt Anwendung finden. Eine solche Wiederholung verstößt in der Regel gegen Unionsrecht (→§ 2 I Rn. 30). Der Gesetzgeber verweist in der Gesetzesbegründung auf ein Urteil des EuGH, welche solche Klarstellungen für den Adressaten unter besonderen Umständen erlaubt.[24] Das vom Gesetzgeber erwähnte Zusammenspiel von Regelungen der Datenschutz-Grundverordnung, der **JI-Richtlinie** sowie, zum Teil nicht unter Unionsrecht fallendes, nationales Recht mag hier einen solchen besonderen Fall begründen. Abschließend kann dies nur der EuGH entscheiden.[25]

35 Allerdings ist das neue Bundesdatenschutzgesetz **kein bloßes Ergänzungsgesetz** zur Datenschutz-Grundverordnung, welche die oben genannten Öffnungsklauseln ausfüllt. Denn gemäß § 1 Abs. 8 BDSG findet es für öffentliche Stellen auch dann Anwendung, wenn der konkrete datenschutzrechtliche Sachverhalt überhaupt nicht unter die Anwendung der Verordnung fällt. Dies ist unter anderem jedwede Datenverarbeitung durch die deutschen Geheimdienste.[26]

---

22 Sofern die öffentlichen Stellen der Länder Bundesaufgaben durchführen und auch nichts anderes im entsprechenden Landesdatenschutzgesetz geregelt ist.
23 *Greve*, NVwZ 2017, 738.
24 EuGH – Rs. C-272/83, Rn. 27, Slg. 1985, 1057 – Kommission/Italien.
25 BT-Drs. 18/11325, 80.
26 *Greve*, NVwZ 2017, 738.

c) Erlaubnistatbestände für öffentliche Stellen

Erlaubnistatbestände für den öffentlichen Bereich finden sich in allen vier Teilen des neuen Bundesdatenschutzgesetzes. Im Folgenden werden die allgemeinen Erlaubnistatbestände des Teils 1, 2 und 4 kurz dargestellt und darauf untersucht, ob sie auch unter die Öffnungsklauseln der Datenschutz-Grundverordnung für den öffentlichen Bereich fallen. Teil 3 dient der Umsetzung der JI-Richtlinie (→ § 7 Rn. 71 ff.). 36

Die amtliche Begründung zum neuen Bundesdatenschutzgesetz hat sich für **keine Vorschrift** auf die Öffnungsklausel des Art. 6 Abs. 2 DSGVO berufen. Der Gesetzgeber hätte unter Berufung auf diese Klausel aber viele bewährte Regelungen des bisherigen Datenschutzrechts beibehalten können.[27] Vor allem aber hätte er im Anwendungsbereich des Art. 6 Abs. 1 UAbs. 1 lit. c und e DSGVO Regelungen zu den modernen Herausforderungen des Datenschutzes treffen können, die in der Datenschutz-Grundverordnung fehlen.[28] 37

Die Regelungen zum Anwendungsbereich nach § 1 Abs. 1 bis 3 BDSG auf öffentliche Stellen, die Ergänzung der datenschutzrechtlichen Definitionen in § 2 BDSG sowie die Regelungen zum behördlichen Datenschutzbeauftragten nach §§ 5 bis 7 BDSG hätten auf **Art. 6 Abs. 2 DSGVO** gestützt werden müssen. 38

Für § 3 BDSG beruft sich der deutsche Gesetzgeber auf die **Öffnungsklausel** des Art. 6 Abs. 3 DSGVO.[29] § 3 BDSG entspricht im Wortlaut nicht exakt Art. 6 Abs. 1 UAbs. 1 lit. e DSGVO. Vielmehr stellt § 3 BDSG zusammen mit den Begriffsdefinitionen von § 2 BDSG im Vergleich zu Art. 6 Abs. 1 UAbs. 1 lit. e DSGVO eine spezifischere Regelung zu der Frage dar, wann eine Aufgabe im öffentliche Interesse oder durch hoheitliche Gewalt durch deutsche öffentliche Stellen ausgeführt wird. § 2 BDSG und § 3 BDSG führen hier zu einer von Art. 6 Abs. 2 und Abs. 3 DSGVO geforderten kohärenten Gesamtregelung. 39

In § 4 BDSG wird die **Videoüberwachung** als spezieller Erlaubnistatbestand eingeführt (→ § 3 Rn. 118 ff.). Zumindest für die Regelung der Videoüberwachung öffentlich zugänglicher Räume durch öffentliche Stelle hätte sich die amtliche Begründung auf die Öffnungsklausel des Art. 6 Abs. 3 S. 1 DSGVO stützen müssen und können. Für die Regelung der Videoüberwachung durch private Stellen kann sie sich nicht auf diese Öffnungsklausel berufen. Diese Regelung ist daher unionsrechtswidrig, [30] weil sie gegen Art. 6 Abs. 1 UAbs. 1 lit. f DSGVO verstößt, der als einziger Erlaubnistatbestand für private Stellen in Frage kommt. 40

Wenn öffentliche Stellen **Videoüberwachung** iSd § 4 BDSG zur Gefahrenabwehr oder zur Verfolgung von Straftaten einsetzen, ist der sachliche Anwendungsbereich der Verordnung entsprechend Art. 2 Abs. 2 lit. d DSGVO nicht eröffnet, daher kann hierfür auch nicht Art. 6 Abs. 2 und Abs. 3 DSGVO als **Öffnungsklausel** herangezogen werden. Die Gefahrenabwehr und Verfolgung von Straftaten wird durch die **JI-Richtlinie** geregelt und die Regelungen hierzu in § 4 BDSG müssen die dortigen Vorgaben erfüllen (→ § 7 Rn. 60). 41

Für die Verarbeitung von **besonders schützenswerte personenbezogene Daten** im Sinne von Art 9 Abs. 1 DSGVO (→ § 8 Rn. 281) durch öffentliche Stellen stellt § 22 BDSG einen speziellen Erlaubnistatbestand dar. Der deutsche Gesetzgeber nutzt zunächst die Öffnungsklausel von Art 9 Abs. 4 DSGVO um in § 22 Abs. 1 Nr. 1 und Nr. 2 BDSG iVm. § 22 Abs. 2 BDSG einen Teil der Erlaubnistatbestände des Art. 9 Abs. 2 DSGVO im nationalen Recht weiter zu präzisieren. Es erfolgt aber keine Präzisierung der Defini- 42

---

27 S. ausführlich *Roßnagel*, DuD 2017, 277 ff. und DuD 2017, 290 ff.
28 S. *Roßnagel*, DuD 2017, 293 f.
29 Amtliche Begründung zum BDSG, BT-Drs. 18/11325, 79.
30 So auch *Kühling*, NJW 2017, 1987.

ton der **besonders schützenswerten personenbezogenen Daten.** Diese ergibt sich weiter aus Art 9 Abs. 1 DSGVO. So stellen die Regelungen des § 22 Abs. 1 Nr. 1 lit. a bis c BDSG nur Präzisierungen von Art 9 Abs. 2 lit. b, h und i DSGVO dar. § 22 Abs. 1 Nr. 2 lit. a BDSG präzisiert die Regelung des Art. 9 Abs. 2 lit. g DSGVO. § 22 BDSG enthält allerdings keine Präzisierung der Erlaubnistatbestände von Art. 9 Abs. 2 lit. a, c, e, und f DSGVO für öffentliche Stellen. Diese sind direkt anwendbar.[31] Eine Präzisierung von Art. 9 Abs. 2 lit. j DSGVO findet sich in § 27 BDSG (→ § 7 Rn. 268 ff.).

43 Die Erlaubnistatbestände in § 22 Abs. 1 Nr. 2 lit. b und c BDSG fallen gemäß Art. 2 Abs. 2 lit. a und d DSGVO nicht in den sachlichen Anwendungsbereich der Verordnung, sondern zum Teil überhaupt nicht unter das Unionsrecht und ansonsten unter den Anwendungsbereich der **JI-Richtlinie** und müssen somit den dortigen Vorgaben entsprechen (→ § 7 Rn. 60).

44 Die §§ 23 und 25 BDSG geben weitere, präzisere Vorgaben als § 3 BDSG für **bestimmte Datenverarbeitung durch öffentlichen Stellen** vor. So regelt § 23 BDSG, wann Daten durch öffentliche Stellen zu einem anderen, als dem erhobenen **Zweck** verarbeitet werden dürfen. § 25 Abs. 1 BDSG gibt vor, wann personenbezogene Daten von einer öffentlichen Stelle an eine andere weitergegeben werde dürfen und erlaubt der empfangenden öffentlichen Stelle, lediglich die Daten zum übermittelten Zweck oder zu anderen nach § 23 BDSG erlaubten Zwecken zu verarbeiten. § 25 Abs. 2 BDSG regelt die **Übermittlung** durch öffentliche Stellen an nicht-öffentliche Stellen. Im Unterschied zur Übermittlung an andere öffentliche Stelen, darf hier gemäß § 25 Abs. 2 Satz 2 BDSG die nicht-öffentliche Stelle die übermittelten personenbezogenen Daten nur zu einem anderen als dem Zweck der Übermittlung verarbeiten, wenn die übermittelnde öffentliche Stelle dieser Zweckänderung zustimmt. Die Regelungen der §§ 23 und 25 BDSG bewegen sich dabei im Rahmen der Öffnungsklauseln von Art. 6 Abs. 4 DSGVO oder der **JI-Richtlinie** (→ § 7 Rn. 58).

45 Sollen **besonders schützenswerte personenbezogene Daten** im Sinne von Art 9 Abs. 1 DSGVO (→ § 8 Rn. 281) durch öffentliche Stellen im Rahmen der Erlaubnistatbestände von § 23 Abs. 1 BDSG beziehungsweise § 25 Abs. 1 oder Abs. 2 BDSG verarbeitet werden, so muss gemäß § 23 Abs. 2 BDSG oder § 25 Abs. 3 BDSG zusätzlich zu den in diesen Normen genannten Vorgaben auch mindestens ein Erlaubnistatbestand von § 22 BDSG oder Art. 9 Abs. 2 DSGVO vorliegen.[32]

46 § 85 BDSG regelt **spezielle Situationen der Verarbeitung personenbezogene Daten** für öffentliche Stellen, die weder unter die Verordnung, noch unter die **JI-Richtlinie** fallen. § 85 Abs. 1 BDSG stellt für solche Situationen einen speziellen, erweiterten Erlaubnistatbestand für die Übermittlung von personenbezogenen Daten an Drittstaaten dar.[33]

d) Weitere Regelungen mit besonderer Relevanz für den öffentlichen Bereich

47 Die § 5 bis § 16 BDSG enthalten Regelungen zur **Datenschutzaufsicht in öffentlichen Stellen.** So regeln § 5 bis 7 BDSG die Benennung, Stellung und Aufgaben von Datenschutzbeauftragten öffentlicher Stellen. § 8 bis 16 BDSG betreffen die **Bundesbeauftragte für den Datenschutz und die Informationsfreiheit.** Unter deren Zuständigkeit fällt gemäß § 9 Abs. 1 BDSG die Aufsicht über die öffentlichen Stellen des Bundes, inklusive öffentlich-rechtlicher Wettbewerbsunternehmen des Bundes.

48 § 26 bis § 28 BDSG enthalten **speziell Regelungen für besondere Verarbeitungssituationen,** die auch öffentliche Stellen betreffen. So regelt § 26 BDSG die Datenverarbeitung im **Beschäftigungsverhältnis** (→ § 8 Rn. 1 ff.). § 27 BDSG regelt die Datenverarbeitung

31 *Greve*, NVwZ 2017, 738.
32 *Greve*, NVwZ 2017, 739.
33 BT-Drs. 18/11325, 121.

zu **wissenschaftlichen** (→ § 7 Rn. 267 ff.) und **statistischen** Zwecken (→ § 7 Rn. 162 ff.). Und § 28 BDSG regelt die Datenverarbeitung für im öffentlichen Interesse liegenden **Archivzwecken** (→ § 7 Rn. 217 ff.). Bezogen auf diese besonderen Verarbeitungssituationen hat der deutsche Gesetzgeber den letzten Halbsatz des Art. 6 Abs. 2 DSGVO übersehen. Er hat nicht zwischen dem Anwendungsbereich des Art. 6 Abs. 1 UAbs. 1 lit. c und e DSGVO, für den sich die Öffnungsklausel aus Abs. 2 ergibt, und dem verbleibenden Anwendungsbereich, für den allein die Öffnungsklauseln der Art. 85 bis 91 DSGVO Anwendung finden können, differenziert.[34]

Darüber hinaus enthalten die § 32 bis § 37 BDSG **Einschränkungen der Betroffenenrechte** (→ § 4 Rn. 1 ff.). 49

Neben dem Bundesdatenschutzgesetz hat der deutsche Gesetzgeber durch das Gesetz zur Änderung des Bundesversorgungsgesetzes und anderer Vorschriften vom 17. Juli 2017 die Datenschutzregelungen des **Sozialgesetzbuchs I und X** (→ § 7 Rn. 115 ff.) sowie die Datenschutzvorschriften der Abgabenordnung an die Vorgaben der Verordnung angepasst. 50

4. Zusammenfassung

Durch die Öffnungsklausel des Art. 6 Abs. 2 DSGVO ist die Regelung der Zulässigkeit der Datenverarbeitung der staatlichen Verwaltung und des gesamten Bereichs des öffentlichen Interesses im weiteren Sinn von der Rechtsvereinheitlichung der Verordnung ausgenommen und den Mitgliedstaaten überlassen worden. Damit behalten es die Mitgliedstaaten in der Hand, welche Datenschutzregeln für die Datenverarbeitungen gelten, die sie selbst durchführen. Diese könne ihre Datenschutzregeln weitgehend unverändert beibehalten. Nur in wenigen Fällen wird eine Anpassung und Rechtsbereinigung notwendig sein. Der deutsche Gesetzgeber hat mit der Neufassung des Bundesdatenschutzgesetzes genau dies getan. Die Öffnungsklausel des Art. 6 Abs. 3 DSGVO gibt dem deutschen Gesetzgeber die Möglichkeit, die Erlaubnistatbestände und die sie begleitenden und unterstützenden Regelungen des deutschen Datenschutzrechts im Anwendungsbereich des Art. 6 Abs. 1 UAbs. 1 lit. c und e DSGVO beizubehalten. Schließlich ermöglicht Art. 6 Abs. 4 DSGVO den Mitgliedstaaten, für öffentliche und nichtöffentliche Stellen Zweckänderungen zuzulassen, wenn sie in dem jeweiligen Regelungsbereich eine Gesetzgebungskompetenz haben. 51

Ein Großteil der Regelungen des neuen Bundesdatenschutzgesetzes ist somit für den öffentlichen Bereich relevant oder betreffen sogar nur diesen. Der deutsche Gesetzgeber hat erkannt, dass eine Vollharmonisierung des Datenschutzrechts des öffentlichen Bereichs durch die Datenschutz-Grundverordnung zwar erwünscht, aber nicht möglich ist und sah darin einen Handlungsauftrag zur eigenen Regelung des öffentlichen Bereichs.[35] Die dadurch auch gegebene Möglichkeit, die Risikoneutralität der Datenschutz-Grundverordnung zu überwinden und gerade im öffentlichen Bereich zukunftsgerichtet auf die anstehenden Herausforderungen des Datenschutzes durch moderne Technikanwendungen adäquat zu reagieren und risikoorientierte Regelungen zu erlassen,[36] hat der Gesetzgeber leider versäumt. 52

II. Datenschutz im Bereich der öffentlichen Sicherheit

Der europäische Gesetzgeber erließ neben der Datenschutz-Grundverordnung zeitgleich eine Richtlinie zum Schutz natürlicher Personen bei der Verarbeitung personenbezoge- 53

34 Keine Differenzierung auch bei *Kühling*, NJW 2017, 1988; *Greve*, NVwZ 2017, 739.
35 BT-Drs. 18/11325, 73.
36 *Roßnagel*, DuD 2017, 292.

ner Daten im Bereich Justiz und Polizei. Die **Richtlinie (EU) 2016/680** (→ § 1 Rn. 45) wird im neuen Bundesdatenschutzgesetz in seinem dritten Teil in den §§ 45 bis 84 umgesetzt.

1. Ziele der Richtlinie im Bereich der Strafjustiz

54 Die Richtlinie verfolgt das Ziel, den **Anwendungsbereich** des europäischen Datenschutzrechts zum Zweck der justiziellen Zusammenarbeit in Strafsachen und der polizeilichen Zusammenarbeit gegenüber dem bisherigen **Rahmenbeschluss 2008/977/JI**[37] zu erweitern,[38] um einen durchweg hohen Schutz der personenbezogenen Daten natürlicher Personen zu gewährleisten. Dabei soll die Richtlinie den neuen Herausforderungen begegnen, die mit der raschen technologischen Entwicklung und der Globalisierung für den Datenschutz verbunden sind.[39] Der **freie Verkehr personenbezogener Daten** zwischen den zuständigen Behörden zum Zweck der Strafverfolgung, Strafvollstreckung und der Schutz vor und die Abwehr von Gefahren für die öffentliche Sicherheit und die Übermittlung solcher personenbezogener Daten an Drittländer und internationale Organisationen soll erleichtert und dabei gleichzeitig ein **hohes Schutzniveau** gewährleistet werden. Die Richtlinie soll dafür einen soliden und kohärenten Rechtsrahmen in der Union herstellen und diesen konsequent durchsetzen.[40]

55 Der Schutz der Grundrechte soll gleichermaßen im Bereich der Strafverfolgung, Strafvollstreckung und Gefahrenabwehr in allen Mitgliedstaaten gelten.[41] Der vor der Richtlinie geltende Rahmenbeschluss war in seiner Anwendung beschränkt auf grenzüberschreitende Datenverarbeitungen. Demgegenüber soll die neue Richtlinie auch innerstaatliche Datenverarbeitungen erfassen.[42]

2. Regelungsinstrument der Richtlinie

56 Durch die Wahl einer Richtlinie als **Regelungsinstrument** konnte das europäische Parlament erstmals an der Gesetzgebung in diesem Bereich mitwirken.[43] Im Gegensatz zu einer Verordnung richtet sich eine Richtlinie an die Mitgliedstaaten und ist für diese hinsichtlich ihrer Ziele verbindlich.[44] Die Wahl und Form der Mittel zu ihrer Umsetzung bleibt demgegenüber weitestgehend den Mitgliedstaaten überlassen.[45]

57 Die Richtlinie ist nach Art. 63 Abs. 1 Satz 1 JI-RL bis zum 6. Mai 2018 **umzusetzen.** Aber auch vor Ablauf dieser Frist bewirkt sie, dass die Mitgliedstaaten Rechtshandlungen unterlassen müssen, die den angestrebten Erfolg vereiteln können.[46] Der Bundesgesetzgeber kam dieser Verpflichtung mit dem dritten Teil des Bundesdatenschutzgesetzes nach. Neben dem Bundesdatenschutzgesetz wurden das Bundesverfassungsschutzgesetz, das MAD-Gesetz, das BND-Gesetz, das Sicherheitsüberprüfungsgesetz und das Artikel-10 Gesetz den neuen Definitionen in § 46 BDSG angepasst.

---

37 Rahmenbeschluss vom 27.11.2008 über den Schutz personenbezogener Daten, die im Rahmen der polizeilichen und justiziellen Zusammenarbeit in Strafsachen verarbeitet werden, EU ABl. L 350 vom 30. Dezember 2008, 60, im Folgenden der Rahmenbeschluss.

38 Eg. 6 JI-RL.

39 Eg. 3 JI-RL.

40 Eg. 4 JI-RL.

41 Eg. 7 JI-RL.

42 *Kugelmann*, DuD 2012, 582.

43 *Bäcker/Hornung*, ZD 2014, 147; s. Art. 14 Abs. 1 Satz 1 EUV-Lissabon; Art. 289 Abs. 1 AEUV.

44 Art. 288 Abs. 3 AEUV.

45 *Nettesheim*, in: Grabitz/Hilf/Nettesheim 2015, Art. 288 AEUV, Rn. 112.

46 EuGH Urt. v. 18.12.1997 – C-129/96, Slg. 1997, I-7411 Rn. 45 – Inter-Environnement Allonie/Région Wallonne; *Ruffert*, in: Calliess/Ruffert 2016, Art. 288 AEUV, Rn. 24.

3. Regelungsbereiche der Richtlinie

a) Anwendungsbereich der Richtlinie

Der Anwendungsbereich der Richtlinie ist vom **Anwendungsbereich** der Datenschutz-Grundverordnung abzugrenzen (→ § 3 Rn. 8 und § 7 Rn. 3 f.).[47] Die Richtlinie gilt für die Verarbeitungen personenbezogener Daten durch die zuständigen Behörden zu den in Art. 1 Abs. 1 JI-RL genannten Zwecken der Verhütung, Ermittlung, Aufdeckung oder Verfolgung von Straftaten, der Strafvollstreckung und dem Schutz vor und der Abwehr von Gefahren für die öffentliche Sicherheit. Die Datenschutz-Grundverordnung ist in diesen Regelungsbereichen gemäß Art. 2 Abs. 2 lit. d DSGVO nicht anwendbar. Handelt eine nicht nach Art. 3 Nr. 7 JI-RL zuständige Stelle, findet die Verordnung Anwendung. Die Richtlinie und die Verordnung sind demnach so aufeinander abgestimmt, dass die Sachverhalte, die positiv von der Richtlinie erfasst sind, negativ von Art. 2 Abs. 2 lit. d DSGVO ausgeschlossen sind. Um den Anwendungsbereich der Richtlinie genau bestimmen zu können, sind die Begriffe der Straftat und der öffentlichen Sicherheit europarechtlich eigenständig auszulegen.[48] 58

b) Regelungen der Richtlinie im Detail

Die Richtlinie regelt die Verarbeitung personenbezogener Daten im Bereich der Strafverfolgung und Strafvollstreckung sowie im Bereich der öffentlichen Sicherheit in insgesamt zehn Kapiteln.[49] **Kapitel I** enthält in Art. 1 bis 3 JI-RL Bestimmungen zu Gegenstand und Zielen der Richtlinie, dem Anwendungsbereich und Begriffsbestimmungen. 59

In **Kapitel II** werden in Art. 4 bis 11 JI-RL ua Bestimmungen zu den Grundsätzen und der Rechtmäßigkeit der Verarbeitung, Fristen für die Speicherung, der Unterscheidung verschiedener Kategorien betroffener Personen und Daten, besonderen Verarbeitungsbedingungen sowie der Verarbeitung besonderer Kategorien personenbezogener Daten und automatisierter Entscheidungsfindung getroffen. 60

Kapitel III regelt in Art. 12 bis 18 JI-RL die Rechte der betroffenen Personen auf Information, Auskunft, Berichtung und Löschung oder Einschränkung der Verarbeitung sowie die vollständige oder teilweise Einschränkung dieser Rechte. 61

Kapitel IV bestimmt in Art. 19 bis 34 JI-RL die Pflichten des Verantwortlichen sowie des Auftragsverarbeiters. Darin werden Bestimmungen zur Einhaltung des Datenschutzes durch Systemgestaltung und datenschutzfreundlichen Voreinstellungen sowie die Pflichten zur Protokollierung, Durchführung einer Datenschutz-Folgenabschätzung, Meldung eines Datenschutzverstoßes gegenüber der Aufsichtsbehörde und Benachrichtigung der betroffenen Personen im Falle eines Datenschutzverstoßes festgelegt. Außerdem werden die Verantwortlichen auf die Datensicherheit verpflichtet und die Benennung, Stellung und Aufgaben des Datenschutzbeauftragten geregelt. 62

Kapitel V normiert in Art. 35 bis 40 JI-RL die Grundsätze der Übermittlung personenbezogener Daten, die Übermittlung in Drittländer auf Grundlage eines Angemessenheitsbeschlusses oder auf Grundlage geeigneter Garantien sowie Ausnahmen in bestimmten Fällen. 63

Kapitel VI regelt in Art. 41 bis 49 JI-RL die Stellung der Aufsichtsbehörden und schreibt deren Unabhängigkeit fest. Daneben werden Bestimmungen über die Errichtung, Zuständigkeit, Aufgaben und Befugnisse getroffen. 64

---

47 Zur Kritik am Anwendungsbereich s. Europäischer Datenschutzbeauftragter, Stellungnahme 06/2015, 28.102015, 1 (6).

48 S. hierzu *Hofmann/Johannes*, ZD 2017, 221.

49 Dazu ausführlich *Johannes/Weinhold* 2018.

65 **Kapitel VII** regelt in Art. 50 bis 51 JI-RL die Zusammenarbeit der Aufsichtsbehörden. Umfasst sind Bestimmungen über die gegenseitige Amtshilfe und die Aufgaben des nach der Datenschutz-Grundverordnung errichteten Ausschusses.

66 **Kapitel VIII** räumt den betroffenen Personen in den Art. 52 bis 57 JI-RL wirksame Rechtsbehelfe gegen aufsichtsbehördliche Entscheidungen sowie die Verantwortlichen und Auftragsverarbeiter ein. Daneben sollen der Rechtsbehelf der Beschwerde bei einer Aufsichtsbehörde, die Möglichkeit zur Verbandsklage sowie ein Recht auf Schadensersatz bestehen. Außerdem werden die Mitgliedstaaten verpflichtet wirksame Sanktionen festzulegen.

67 In den **Kapitel IX und X** finden sich in Art. 58 und Art. 59 bis 65 JI-RL Vorschriften zur Durchführung der Richtlinie und die Schlussbestimmungen, die die Aufhebung des bisherigen Rahmenbeschlusses 2008/977/JI sowie die Umsetzung und das Inkrafttreten der Richtlinie regeln.

4. Regelungen in Deutschland

68 Die **Rechtslage** vor Inkrafttreten der Richtlinie war bestimmt durch die Regelungen in den zahlreichen Fachgesetzen auf Bundes-[50] und auf Landesebene[51] sowie dem Rahmenbeschluss. Dieser war nach Art. 29 (EU) 2008/977/JI verpflichtend bis zum 27. November 2010 in nationales Recht umzusetzen. Aufgrund der bevorstehenden unionsweiten Datenschutzreform kam Deutschland der Verpflichtung zur Umsetzung aber nur teilweise und im Ergebnis unvollständig nach.[52]

a) Bisherige Rechtslage

69 Die Richtlinie betrifft sämtliche der bestehenden nationalen Vorschriften zum Schutz personenbezogener Daten im **Aufgabenbereich** der öffentlichen Sicherheit und Strafverfolgung. Der Schutz der öffentlichen Sicherheit ist neben dem Schutz privater Rechte, dem Schutz der öffentlichen Ordnung und der Leistung von Vollzugshilfe für andere Behörden eine Aufgabe der für den Vollzug der Polizeigesetze zuständigen Behörden.[53] Die Strafverfolgung ist Aufgabe der Polizei, Staatsanwaltschaften und Gerichte.[54]

70 Soweit Polizei- und Justizbehörden Umgang mit personenbezogenen Daten haben, finden die spezialgesetzlichen Vorschriften der Polizeigesetze oder die Strafprozessordnung Anwendung.[55] Da die Tätigkeit der Polizei- und Justizbehörden in weiten Teilen vom Umgang mit personenbezogenen Daten abhängig ist, finden sich in den Polizeigesetzen der Länder und des Bundes zahlreiche vom **Bundesdatenschutzgesetz** abweichende Vorschriften. Neben Generalklauseln zur Erhebung personenbezogener Daten[56] regeln die Polizeigesetze zahlreiche Maßnahmen der Datenerhebung, -verarbeitung und -nutzung, die für die Rechte der Betroffenen, insbesondere für das **Recht auf informationelle Selbstbestimmung**, eine besondere Gefährdung bedeuten und nach den Erfordernissen des Bundesverfassungsgerichts eine bereichsspezifische und normenklare Bestimmung des Anlasses und Verwendungszwecks erfordern.[57] Daneben sind die Pflichten der Polizeibehörden und die Rechte der Betroffenen ausführlich, aber vom Bundesdatenschutzgesetz abweichend, geregelt.

---

50 BDSG, BVerfSchG, MAD-Gesetz, BND-Gesetz, StPO, AO, BPolG, BKAG, RiStBV u.a.; zum Änderungsbedarf nationalen Rechts auf Bundes- und Landesebene *Johannes/Weinhold* 2018, § 1 Kap. IV.

51 ZB in Hessen HSOG, HDSG, HSOG-DVO, HessJStVollzG, HStVollzG, VerfSchutzG HE 1990, HSÜG.

52 *Kugelmann*, DuD 2012, 581.

53 § 1 HSOG, § 1 Abs. 2 – 6 BPolG.

54 §§ 163 Abs. 1, 161 StPO.

55 § 1 Abs. 3 BDSG a.F.

56 § 13 HSOG; § 21 BPolG.

57 BVerfGE 120, 378 (409).

b) Regelungen des neuen Bundesdatenschutzgesetzes

Das Bundesdatenschutzgesetz setzt in Teil 3 in den §§ 45 bis 84 BDSG die Richtlinie um. Teil 3 besteht aus insgesamt 7 Kapiteln. 71

aa) Anwendungsbereich

Der **Anwendungsbereich** gilt nach § 45 Satz 1 BDSG für die Verarbeitung personenbezogener Daten durch die für die Verhütung, Ermittlung, Aufdeckung, Verfolgung oder Ahndung von Straftaten oder Ordnungswidrigkeiten zuständigen öffentlichen Stellen, soweit sie Daten zum Zweck der Erfüllung dieser Aufgaben verarbeiten. In Satz 2 wird klargestellt, dass die öffentlichen Stellen dann als Verantwortliche gelten. Satz 3 präzisiert den Begriff der Verhütung von Straftaten im Sinne von Satz 1 dahingehend, dass er auch den Schutz und die Abwehr von Gefahren für die öffentliche Sicherheit umfasst. Satz 4 erweitert den Anwendungsbereich dahingehend, dass die Sätze 1 und 2 auf diejenigen öffentlichen Stellen anzuwenden sind, die für die Vollstreckung von Strafen von Maßnahmen im Sinne des § 11 Abs. 1 Nr. 8 StGB, von Erziehungsmaßregeln oder Zuchtmitteln im Sinne des Jugendgerichtsgesetzes und von Geldbußen zuständig sind. Ferner stellt Satz 5 klar, dass soweit der dritte Teil Vorschriften für Auftragsverarbeiter enthält, diesen gegenüber ebenfalls gilt. 72

Der dritte Teil des Bundesdatenschutzgesetzes ist **lex specialis** zum ersten und zweiten Teil. Soweit der dritte Teil nicht anwendbar ist, ist die Datenschutz-Grundverordnung und der erste und zweite Teil des Bundesdatenschutzgesetzes anzuwenden. Die Eröffnung des Anwendungsbereichs des dritten Teils hat zwei kumulative Voraussetzungen. Zum einen muss der Verantwortliche für die in § 45 Satz 1 BDSG genannten Aufgaben zuständig sein, zum anderen muss die Verarbeitung personenbezogener Daten zum Zweck der Erfüllung dieser Aufgaben erfolgen. Die zuständigen Behörden sind insbesondere die Polizeibehörden, Staatsanwaltschaften sowie die Zoll- und Steuerfahndung.[58] 73

Mit Blick auf den in Art. 2 Abs. 1 iVm Art. 1 Abs. 1 JI-RL festgelegten **Anwendungsbereich** stellt sich die Frage, ob der nationale Gesetzgeber den Anwendungsbereich der Richtlinie zu weit ausgelegt hat, indem er diesen ausdrücklich auf den Bereich der Ordnungswidrigkeiten erstreckt. Die Gesetzesbegründung stützt sich auf Erwägungsgrund 13 der Richtlinie, wonach der Begriff der Straftat unionsrechtlich autonom durch den EuGH auszulegen ist.[59] Als allgemeine Grundsätze des Unionsrechts hat der EuGH auch die Europäische Menschrechtskonvention und die dazu ergangene Rechtsprechung durch den EGMR zu beachten.[60] 74

Die Richtlinie zählt zu den Tätigkeiten die der Verhütung, Ermittlung, Aufdeckung oder Verfolgung von Straftaten. Dem zuzurechnen sind auch **polizeiliche Tätigkeiten** in Fällen, in denen nicht von vornherein bekannt ist, ob es sich um eine Straftat handelt oder nicht. Auch können solche Tätigkeiten die Ausübung hoheitlicher Gewalt durch Ergreifung von Zwangsmitteln umfassen. Ebenfalls umfasst sind die Aufrechterhaltung der **öffentlichen Ordnung** als Aufgabe, die den Polizei- oder Strafverfolgungsbehörden übertragen wurde. Die Aufrechterhaltung muss für die Zwecke des Schutzes vor und der Abwehr von Bedrohungen der öffentlichen Sicherheit und Bedrohungen für durch Rechtsvorschriften geschützte grundlegende Interessen der Gesellschaft, die zu einer Straftat führen können, erforderlich sein.[61] Nicht zwangsläufig sind demnach Ordnungswidrigkeiten vom Begriff der Straftat umfasst. 75

58 BT-Drs. 18/11325, 110 f.
59 BT-Drs. 18/11325, 110.
60 Art. 6 Abs. 3 EuV.
61 Eg. 12 JI-RL.

76 Der EuGH äußerte sich bisher zur Auslegung des Begriffs „**Straftat**" nicht ausdrücklich. Im Rahmen eines Vorabentscheidungsverfahrens bezog er zum Verhältnis von Sanktionen und Straftaten Stellung, um die Frage zu beantworten, ob die Verhängung einer strafrechtlichen Sanktion nach einer bereits verhängten steuerrechtlichen Sanktion den Grundsatz „ne bis in idem" verletzt.[62] Für die Beurteilung stellte er darauf ab, ob die steuerrechtliche Sanktion strafrechtlichen Charakter habe. Dafür sind drei Kriterien maßgeblich zu berücksichtigen: die rechtliche Einordnung der Zuwiderhandlung nach innerstaatlichem Recht, die Art der Zuwiderhandlung und die Art und der Schweregrad der angedrohten Sanktion.[63]

77 Nach dem EGMR setzt der Begriff der Strafe das Vorliegen einer Straftat voraus.[64] Nach dem EGMR ist dabei das erste der drei zuvor genannten Kriterien nur von relativem Wert. Würde diesem Kriterium entscheidendes Gewicht beigemessen, könnten die Mitgliedstaaten selbst entscheiden, welchem Bereich eine Sanktion zuzuordnen ist und damit den Grundrechtsschutz durch die EMRK verkürzen.[65] Entscheidend kommt es auf das zweite und dritte Kriterium, den Charakter und die Art der Zuwiderhandlung sowie den Charakter der Sanktion an.[66] Den im Rahmen von Ordnungswidrigkeitenverfahren zu verhängenden Geldbußen kommt ein strafender Charakter zu, auch wenn sie weniger belastend sind, als die im Rahmen von Strafverfahren verhängten Geldstrafen.[67] **Ordnungswidrigkeiten** können demnach unter Berücksichtigung der Rechtsprechung des EuGH und des EGMR dem Strafverfahren zugeordnet werden. Der deutsche Gesetzgeber konnte demnach den Bereich der Ordnungswidrigkeiten im Rahmen der Umsetzung der Richtlinie unionsrechtskonform regeln.[68]

78 Die Abwehr von Gefahren für die öffentliche Sicherheit nach § 45 Satz 3 BDSG umfasst bei richtlinienkonformer Auslegung den Bereich der **straftatenbezogenen Gefahrenabwehr.** Nicht vom Anwendungsbereich umfasst ist demnach die nicht polizeiliche Gefahrenabwehr, zB durch Bauordnungs-, Waffen-, Hygiene- oder Passbehörden. Soweit die von ihnen geführten Verfahren jedoch in ein konkretes Ordnungswidrigkeitenverfahren übergehen, findet der dritte Teil des Bundesdatenschutzgesetzes Anwendung. Der Anwendungsbereich ist damit denkbar weit und erfasst nahezu jede Behörde.

bb) Begriffsbestimmungen und allgemeine Grundsätze der Verarbeitung

79 Die **Begriffsbestimmungen** in § 46 BDSG entsprechen weitgehend denen des Art. 3 JI-RL. Abweichungen bestehen in der Nummerierung, da zum einen der Begriff „zuständige Behörde" nicht definiert und verwendet[69] wird, zum anderen zusätzlich die Begriffe „besondere Kategorien von personenbezogenen Daten" und „Einwilligung" definiert werden.[70] Die Begriffsbestimmungen im dritten Teil gelten nur für diesen und sind im Licht der Richtlinie auszulegen.

---

62 EuGH Urt. v. 26.2.2013 – C 617/10, ECLI:EU:C:2013:105 – Åklagaren / Åkerberg Fransson = EuZW 2013, 302 ff.

63 EuGH Urt. v. 5.6.2012 – C 489/10, ECLI:EU:C:2012:319 – Łukasz Marcin Bonda = EuZW 2012, 543 ff. Die drei Kriterien werden in ständiger Rechtsprechung des EGMR als „Engel Criteria" bezeichnet, s. EGMR Urt. v. 8.6.1976, Engel u. a./Niederlande, Serie A Nr. 22, §§ 80 bis 82, und 10.2.2009, Zolotoukhine/Russland, Beschwerde-Nr. 14939/03, §§ 52 und 53; *Meyer-Ladewig/Harrendorf/König*, in: Meyer-Ladewig/Nettesheim/v. Raumer 2017, Art. 6 EMRK, Rn. 23 ff.

64 EGMR, Urt. v. 16.10.2012 – 49646/10, Rn. 36.

65 *Meyer-Ladewig/Harrendorf/König*, in: Meyer-Ladewig/Nettesheim/v. Raumer 2017, Art. 6 EMRK, Rn. 25 m.w.N.

66 EGMR, Urt. v. 21.2.1984 – 9/1982/55/84 = NStZ 1984, 269.

67 *Valerius*, in: Graf 2017, Art. 6 EMRK, Rn. 2, m.w.N.; EGMR, Urt. v. 21.2.1984 – 9/1982/55/84 = NStZ 1984, 269 f.

68 Noch aA *Weinhold*, in: Roßnagel 2017, § 3 Rn. 42.

69 Stattdessen findet der Begriff „zuständige öffentliche Stellen" Verwendung.

70 BT-Drs. 18/11325, 111.

Die **allgemeinen Grundsätze** der Verarbeitung sind in § 47 BDSG in Umsetzung von Art. 4 Abs. 1 JI-RL geregelt. Die Grundsätze beziehen sich auf jede Verarbeitung im Anwendungsbereich des dritten Teils. Der Begriff der Verarbeitung ist in § 46 Nr. 1 BDSG legaldefiniert und denkbar weit iS jeden Datenumgangs auszulegen. Neben den allgemeinen Grundsätzen der Verarbeitung sind die besonderen Voraussetzungen der §§ 48 bis 54 BDSG zu beachten. Festgelegt werden in Umsetzung des Art. 4 Abs. 1 JI-RL und in Anlehnung an Art. 5 DSGVO insgesamt sechs Grundsätze, die nahezu wortgleich den Vorgaben der Richtlinie entsprechen (→ § 3 Rn. 39 ff.). 80

cc) Rechtsgrundlagen der Verarbeitung personenbezogener Daten

Die Richtlinie selbst sieht entsprechend ihres rechtlichen Charakters nur einen Rahmen, aber keine eigenständigen Ermächtigungstatbestände vor. Vielmehr setzt sie das Bestehen von eigenständigen Rechtsgrundlagen im nationalen Recht voraus.[71] Der nationale Gesetzgeber ist verpflichtet, selbst hinreichend bestimmte Ermächtigungstatbestände zu schaffen. 81

Mit der Regelung des § 48 BDSG wird in Umsetzung des Art. 10 JI-RL eine Ermächtigungsgrundlage für die Verarbeitung **besonderer Kategorien von personenbezogenen Daten** geschaffen. Nach dem Willen des Gesetzgebers soll es sich dabei um eine eigenständige und nicht konkretisierungsbedürftige Ermächtigungsgrundlage handeln.[72] Nach § 48 Abs. 1 BDSG ist eine Verarbeitung besonderer Kategorien von Daten nur zulässig, wenn sie zur Aufgabenerfüllung unbedingt erforderlich ist. Soweit besondere Kategorien von personenbezogenen Daten verarbeitet werden, sind nach § 48 Abs. 2 BDSG geeignete Garantien für die Rechtsgüter der betroffenen Personen vorzusehen. In § 48 Abs. 2 Satz 2 Nr. 1 bis 8 BDSG werden unverbindliche geeignete Garantien festgelegt, zB spezifische Anforderungen an die Datensicherheit oder die Datenschutzkontrolle oder die Festlegung von besonderen Aussonderungsfristen. Die Aufzählung ist nicht verbindlich und soll nur mögliche Maßnahmen wiedergeben, wie geeignete Garantien aussehen könnten.[73] 82

Die Regelung selbst geht nicht über die Vorgaben der Richtlinie hinaus und präzisiert oder konkretisiert diese nicht.[74] Es ist fraglich, ob die Regelung den **verfassungsmäßigen Anforderungen** an eine hinreichend bestimmte, normenklare und verhältnismäßige Rechtsgrundlage ausreichend Rechnung trägt. Die Vorgabe der Richtlinie, geeignete Garantien durch die Mitgliedstaaten vorzusehen, darf sich im Rahmen der Umsetzung nicht darin erschöpfen, den Verarbeitern einen unverbindlichen Katalog an Maßnahmen vorzugeben. Vielmehr ist der Gesetzgeber verpflichtet, jeweils geeignete Garantien verbindlich vorzuschreiben. Die Richtlinie selbst geht darüber hinaus in Erwägungsgrund 37 davon aus, dass die Verarbeitung von besonderen Kategorien von personenbezogenen Daten nur „in durch Rechtsvorschriften geregelten Fällen" möglich sein soll. § 48 BDSG bezieht sich jedoch nicht auf einen konkreten Fall, zB die Verarbeitung biometrischer Daten zu Zwecken der Kontrolle des Ein- und Ausreiseverkehrs an Flughäfen, sondern legitimiert ohne eine Unterscheidung der besonderen Kategorien von personenbezogenen Daten jede Art der Verarbeitung zu nicht genau festgelegten Zwecken. 83

Von dem in § 47 Nr. 2 BDSG normierten Grundsatz der **Zweckfestlegung und Zweckbindung** macht § 49 BDSG eine weitreichende Ausnahme. Danach ist eine Verarbeitung zu einem anderen Zweck, als zu demjenigen zu dem sie erhoben wurden, zulässig, wenn es sich bei dem anderen Zweck um einen der in § 45 BDSG genannten Zwecke handelt. 84

71 *Bäcker/Hornung*, ZD 2012, 149.
72 BT-Drs. 18/11325, 111.
73 BT-Drs. 18/11325, 111.
74 *Voßhoff*, BT-Ausschussdrucksache 18(4)788, 18.

§ 49 BDSG setzt Art. 4 Abs. 2 Satz 1 JI-RL um. Indem die Regelung auf sämtliche der in § 45 BDSG genannten Zwecke verweist, begegnet sie verfassungsrechtlichen Bedenken. Erforderlich sind ebenso wie im Rahmen von § 48 BDSG spezifische Ermächtigungstatbestände, hier in Bezug auf Zweckänderungen. Darüber hinaus steht § 49 BDSG im Widerspruch zu den vom Bundesverfassungsgericht im Rahmen seines Urteils zum **Bundeskriminalamtgesetz** aufgestellten Anforderungen zur Zweckbindung.[75] Das Gericht forderte eine eigenständige und spezifische Rechtsgrundlage, soweit die Nutzung von Daten über den konkreten Anlass hinausgeht. Der in der Gesetzesbegründung enthaltene Hinweis, unter anderem auch auf die Entscheidung des Bundesverfassungsgerichts, dass besondere Anforderungen dem Fachrecht überlassen bleiben,[76] ist vor diesem Hintergrund nicht ausreichend.

85 Nach § 50 BDSG dürfen in Umsetzung des Art. 4 Abs. 3 JI-RL die im Rahmen der in § 45 BDSG genannten Zwecke verarbeiteten personenbezogenen Daten in **archivarischer, wissenschaftlicher und statistischer Form** verarbeitet werden, wenn hieran ein öffentliches Interesse besteht. Die Verarbeiter haben geeignete Garantien, zB die zeitnahe Anonymisierung, vorzusehen. Umfasst sind zB die kriminologische oder kriminaltechnische Forschung[77] ebenso wie polizeiliche Statistiken.

86 Die Richtlinie gibt für die Rechtmäßigkeit der Verarbeitung nach Art. 8 JI-RL vor, dass die Verarbeitung für die Erfüllung einer Aufgabe erforderlich sein muss und das sie auf Grundlage des Unionsrechts oder des Rechts der Mitgliedstaaten erfolgt. Die Möglichkeit der **Einwilligung** sieht die Richtlinie nicht ausdrücklich vor, geht aber nach Erwägungsgrund 35 und 37 davon aus, dass die Möglichkeit zur Einwilligung bestehen muss. Daher normiert § 51 BDSG, unter welchen Voraussetzungen eine wirksame Einwilligung erteilt werden kann. Die Vorschrift basiert im Wesentlichen auf Art. 7 DSGVO und § 4 a BDSG a.F.[78] Da § 51 BDSG nur die Voraussetzungen der Einwilligung normiert, setzt die Verarbeitung auf Grundlage einer Einwilligung einen Ermächtigungstatbestand voraus, der die Möglichkeit der Einwilligung ausdrücklich vorsieht.

87 Nach § 52 BDSG darf in Umsetzung des Art. 23 JI-RL jede einem Verantwortlichen oder Auftragsverarbeiter unterstellte Person Daten ausschließlich auf **Weisung** des Verantwortlichen verarbeiten.[79] Nach § 53 BDSG dürfen die mit der Verarbeitung befassten Personen nicht unbefugt Daten verarbeiten und sind bei Aufnahme ihrer Tätigkeit auf das **Datengeheimnis** zu verpflichten, das auch nach Beendigung der Tätigkeit fortbesteht. Nach § 5 BDSG a.F. waren die Personen, die bei nichtöffentlichen Stellen beschäftigt waren, auf das Datengeheimnis zu verpflichten.[80]

88 Nach § 54 BDSG ist in Umsetzung von Art. 11 JI-RL eine ausschließlich auf einer automatischen Verarbeitung beruhende Entscheidung, die mit nachteiligen Folgen für die betroffene Person verbunden ist oder sie erheblich beeinträchtigt, zulässig, soweit sie in einer Rechtsvorschrift vorgesehen ist. Bei einer solchen **automatisierten Einzelentscheidung** soll es sich nach der amtlichen Begründung um einen Rechtsakt mit Außenwirkung, also regelmäßig einen Verwaltungsakt, handeln.[81] Diese Auslegung ist weder mit dem Wortlaut der Vorschrift selbst noch mit den unionsrechtlichen Vorgaben zu vereinbaren. Ferner verbietet § 54 Abs. 3 BDSG **Profiling** nur unter bestimmten Umständen.

75 BVerfGE 141, 220 (220 ff.).
76 BT-Drs. 18/11325, 111.
77 BT-Drs. 18/11325, 111.
78 BT-Drs. 18/11325, 112.
79 Dazu ausführlich *Johannes/Weinhold* 2018, § 1 Kap. II. 11. e.
80 Vergleichbare Regelung in den Landesdatenschutzgesetzen, die auch die Beschäftigten öffentlicher Stellen auf das Datengeheimnis verpflichten, bestehen zB in § 6 ThürDSG, § 6 LDSG BW und Art. 5 BayDSG.
81 BT-Drs. 18/11325, 112.

Der Begriff des Profiling ist in § 46 Nr. 4 BDSG legaldefiniert.[82] Das Verbot des Profiling ist begrenzt auf besondere Kategorien von personenbezogenen Daten und greift nur dann, wenn die Verarbeitung zu einer Diskriminierung führt. Profiling ohne Verarbeitung besonderer Kategorien personenbezogener Daten unterliegt nur den Einschränkungen nach § 54 Abs. 1 BDSG.

Die Gewährleistung und die Beschränkungen der **Rechte der betroffenen Personen** sind 89
umfassend in den §§ 55 ff. BDSG geregelt. Nach § 55 BDSG in Umsetzung von Art. 13 Abs. 1 JI-RL hat der Verantwortliche in allgemeiner Form und für jedermann zugänglich Informationen zur Verfügung zu stellen. Das **Recht auf Information** besteht unabhängig von der Einforderung der betroffenen Person. Die betroffene Person soll sich in leicht zugänglicher Form, zB über die Internetseiten des Verantwortlichen, informieren können und eine Übersicht über die ihr zustehenden Betroffenenrechte erhalten.[83] Das Recht auf Information ist elementare Grundvoraussetzung, um effektiven Rechtsschutz und das Recht auf informationelle Selbstbestimmung zu gewährleisten. Die Pflicht, Informationen zur Verfügung zu stellen, bezieht sich nicht auf die konkrete Verarbeitung, sondern nur auf die allgemeine Bereitstellung von Informationen. Dies ergibt sich aus dem Wortlaut von Art. 13 Abs. 2 JI-RL, der die Pflicht zur Erteilung von Informationen statuiert.[84]

§ 56 BDSG regelt den Umfang der **Benachrichtigungspflicht**, soweit eine solche in spezi- 90
ellen Rechtsvorschriften vorgesehen oder angeordnet wird. Sie setzt teilweise die Art. 13 Abs. 2 und 3 JI-RL um. Die **Benachrichtigung** kann nach § 56 Abs. 2 BDSG aufgeschoben, eingeschränkt oder unterlassen werden, wenn eine Gefährdung für die in § 45 BDSG genannten Aufgaben, die öffentliche Sicherheit oder Rechtsgüter Dritter durch die Benachrichtigung anzunehmen ist. Soweit der Verantwortliche von Abs. 2 Gebrauch macht, ist nach § 56 Abs. 4 BDSG entsprechend § 57 Abs. 7 BDSG die Bundesbeauftragte anstelle der betroffenen Person zu benachrichtigen.

Das **Auskunftsrecht** als zentrales Betroffenenrecht im Datenschutz und die Möglichkei- 91
ten dieses einzuschränken wird von § 57 BDSG in Umsetzung von Art. 14 und 15 JI-RL geregelt. Im Unterschied zu den Informations- und Benachrichtigungspflichten setzt die Auskunft einen Antrag voraus, Auskunft darüber zu erteilen, ob der Verantwortliche die betroffene Person betreffende Daten verarbeitet. Das Recht auf Auskunft gilt nach § 57 Abs. 2 BDSG, wenn die Daten aufgrund gesetzlicher Aufbewahrungsvorschriften nicht gelöscht werden dürfen oder ausschließlich Zwecken der Datensicherung oder Datenschutzkontrolle dienen. Die Verweigerung der Auskunft setzt allerdings zusätzlich voraus, dass die Auskunftserteilung einen unverhältnismäßigen Aufwand erfordern würde und eine Verarbeitung zu anderen Zwecken durch geeignete technische und organisatorische Maßnahmen ausgeschlossen ist. Die Regelung setzt Art. 15 JI-RL um und basiert im Wesentlichen auf § 19 Abs. 2 BDSG a.F. Da die Richtlinie die in § 57 Abs. 2 BDSG genannten Konkretisierungen nicht vorgibt und die Vorschrift insoweit über diese hinausgeht, ist die Richtlinienkonformität der Regelung fraglich.[85]

Die Rechte auf **Berichtigung** und **Löschung** sowie **Einschränkung der Verarbeitung** sind 92
in § 58 BDSG in Umsetzung von Art. 16 JI-RL geregelt. Nach § 58 Abs. 1 BDSG kann die betroffene Person unverzüglich die Berichtigung unrichtiger sie betreffender Daten verlangen. Nach Satz 2 bezieht sich die Berichtigung auf die betroffene Person betreffende Tatsachen und nicht etwa auf den Inhalt einer Zeugenaussage.[86] Soweit die Fest-

82 Die Definition entspricht Art. 3 Nr. 4 JI-RL und Art. 4 Nr. 4 DSGVO.
83 BT-Drs. 18/11325, 112.
84 Dazu ausführlich *Johannes/Weinhold* 2018, § 1 Kap. II. 12. a).
85 *Piltz*, BT-Ausschussdrucksache 18(4)824 C, 33 f.
86 BT-Drs. 18/11325, 114.

stellung über die Richtigkeit nicht möglich ist, tritt nach Satz 3 an die Stelle der Berichtigung die Einschränkung der Verarbeitung. Das Recht auf unverzügliche Löschung und anstelle der Löschung die Möglichkeit zur Einschränkung der Verarbeitung regelt § 58 Abs. 2 und 3 BDSG. Die Einschränkung kommt insbesondere dann in Betracht, wenn die Daten zu Beweiszwecken aufbewahrt werden müssen. Nach § 58 Abs. 4 BDSG ist bei automatisierten Dateisystemen die eindeutige Erkennbarkeit der Einschränkung zu gewährleisten und eine Verarbeitung zu anderen Zwecken nur nach einer weiteren Prüfung zu ermöglichen. Im Falle einer Berichtigung von zuvor übermittelten Daten ist nach § 58 Abs. 5 BDSG der Empfänger über die Berichtigung zu unterrichten.

93 Die Verfahren über die **Ausübung der Rechte** der betroffenen Person bestimmt § 59 BDSG in Umsetzung von Art. 12 JI-RL. Danach ist die Kommunikation des Verantwortlichen mit der betroffenen Person in einer einfachen und klaren Sprache und in präziser, verständlicher und leicht zugänglicher sowie in der für den Antrag gewählten Form zu führen. Grundsätzlich sind die Rechte der betroffenen Personen nach § 59 Abs. 3 BDSG **unentgeltlich** zu erfüllen, mit Ausnahme von offenkundig unbegründeten oder exzessiven Auskunfts-, Berichtigungs- oder Löschungsverlangen.

94 Die betroffene Person kann sich nach § 60 BDSG in Umsetzung von Art. 52 JI-RL und Überführung von § 21 BDSG a.F. mit **Beschwerden** über die bei Verantwortlichen durchgeführten Verarbeitungen an die Bundesbeauftragte wenden. Soweit den betroffenen Personen gegenüber eine Entscheidung der Bundesbeauftragten ergeht, können sie nach § 61 BDSG in Umsetzung von Art. 53 Abs. 1 JI-RL Rechtsschutz ersuchen.

dd) Pflichten der Verantwortlichen und Auftragsverarbeiter

95 Die Pflichten der Verantwortlichen und Auftragsverarbeiter sind umfassend in den §§ 62 bis 77 BDSG geregelt. Die Regelungen über die **Auftragsverarbeitung** nach § 62 BDSG in Umsetzung von Art. 22 JI-RL knüpfen an § 11 BDSG a.F. an. In Abgrenzung zur Datenübermittlung braucht der Verantwortliche für die Übermittlung an den Auftragsverarbeiter keine eigene Rechtsgrundlage. Im Unterschied zur bisherigen Rechtslage kann der Vertrag über die Auftragsverarbeitung nach § 62 Abs. 6 BDSG auch elektronisch erteilt werden. Der Auftragsverarbeiter gilt nach § 62 Abs. 7 BDSG als Verantwortlicher, wenn er über die Zwecke und Mittel der Verarbeitung unter Verstoß gegen § 62 BDSG bestimmt. Zahlreiche Pflichten des Verantwortlichen treffen auch den Auftragsverarbeiter unmittelbar.[87] Mittelbar muss er ohnehin durch die Verpflichtung des Verantwortlichen nach § 62 Abs. 1 Satz 1 BDSG dessen Pflichten ebenfalls erfüllen.

96 Die Regelung über die **gemeinsam Verantwortlichen** des § 63 BDSG setzt Art. 21 JI-RL um und verpflichtet diese, wenn sie gemeinsam über die Zwecke und Mittel der Verarbeitung bestimmen, ihre Aufgaben und datenschutzrechtlichen Verantwortlichkeiten in transparenter Form in einer Vereinbarung festzuhalten.[88]

97 Die Anforderungen an die **Sicherheit der Datenverarbeitung** nach § 64 BDSG lehnt sich an § 9 BDSG a.F. an und setzt Art. 29 JI-RL um. Die ergriffenen Maßnahmen müssen risikoadäquat sein und die einschlägigen technischen Richtlinien und Empfehlungen des Bundesamtes für Sicherheit in der Informationstechnik berücksichtigen. Die Absätze 2 und 3 geben Zielvorgaben und Regelbeispiele vor. Die §§ 65 und 66 BDSG setzen Art. 30 und Art. 31 JI-RL um. Sie verpflichten den Verantwortlichen eine Verletzung des Schutzes personenbezogener Daten innerhalb von 72 Stunden gegenüber der Bun-

---

87 So insbesondere § 64 BDSG über die Anforderungen an die Sicherheit der Datenverarbeitung, § 65 Abs. 2 BDSG über die Meldepflicht gegenüber dem Verantwortlichen, § 70 Abs. 2 BDSG über die Pflicht zum Führen eines Verzeichnisses über Verarbeitungstätigkeiten im Auftrag.

88 BT-Drs. 18/11325, 116.

desbeauftragten zu **melden** und die betroffenen Personen über den Vorfall unverzüglich zu **unterrichten**, wenn eine erhebliche Gefahr für deren Rechtsgüter besteht.

Zur Durchführung einer **Datenschutz-Folgenabschätzung** sind die Verantwortlichen nach § 67 BDSG in Umsetzung von Art. 27 JI-RL verpflichtet. Die Voraussetzungen werden nur unvollkommen rechtlich erfasst und hängen vom konkreten Einzelfall ab. Sie beziehen sich nicht auf die konkreten Einzelverarbeitungen, sondern auf die Verwendung der maßgeblichen Systeme und Verfahren. Ob eine Datenschutz-Folgenabschätzung erforderlich ist, entscheidet sich maßgeblich danach, ob die Verarbeitung mit erhöhten Risiken für die betroffenen Personen verbunden ist.[89] 98

Der Verantwortliche ist nach § 68 BDSG in Umsetzung von Art. 26 JI-RL zur **Zusammenarbeit mit der Bundesbeauftragten** bei der Erfüllung ihrer Aufgaben verpflichtet. Darauf aufbauend muss der Verantwortliche nach § 69 BDSG in Umsetzung von Art. 28 JI-RL vor der Inbetriebnahme von neu anzulegenden Dateisystemen die Bundesbeauftragte anhören, wenn die Verarbeitung eine hohe Gefahr für die Rechtsgüter der betroffenen Personen bedeutet. Die Bundesbeauftragte kann nach § 69 Abs. 3 BDSG Empfehlungen über noch zu ergreifende Maßnahmen unterbreiten. 99

Über die vom Verantwortlichen und Auftragsverarbeiter durchgeführten Kategorien von Verarbeitungstätigkeiten ist nach § 70 BDSG in Umsetzung von Art. 24 JI-RL ein **Verzeichnis** zu führen. Dieses Verzeichnis dient der Kontrolle und Zusammenarbeit mit der Bundesbeauftragten[90] und dient der Transparenz über die Verarbeitungstätigkeiten. Inhaltlich lehnt sich das Verfahrensverzeichnis an die bisher nach §§ 4 d und 4 e BDSG a.F. bestehenden Meldepflichten an. Vergleichbar explizite Pflichten zur Dokumentation bestanden nach nationalem Recht bisher nicht. 100

Eine begrüßenswerte Neuerung ist die Verpflichtung des Verantwortlichen nach § 71 BDSG in Umsetzung von Art. 20 JI-RL zum **Datenschutz durch Systemgestaltung** und **datenschutzfreundlichen Voreinstellungen**. Der Gesetzgeber wollte in der Umsetzung bestehende und bewährte Grundsätze des § 3 a BDSG a.F. in die Regelung übernehmen und hat diese daher um Aspekte der alten Regelung „angereichert".[91] 101

Eine wesentliche Neuerung ist die in § 72 BDSG in Umsetzung von Art. 6 Abs. 2 und Art. 7 Abs. 1 JI-RL statuierte Pflicht zwischen **verschiedenen Kategorien von betroffenen Personen** zu differenzieren. Die Regelung selbst sieht keine konkreten Rechtsfolgen vor, die an die Unterscheidung anknüpfen. Eine Konkretisierung dieser Verpflichtung ist durch Anpassung und Umsetzung des Fachrechts zu erwarten. Neben dieser Unterscheidung hat der Verantwortliche nach § 73 BDSG in Umsetzung von Art. 7 Abs. 1 JI-RL soweit wie möglich zwischen **Tatsachen** und **persönlichen Einschätzungen** zu unterscheiden. Persönliche Einschätzungen sind soweit möglich als solche im Rahmen des Verarbeitungsprozesses zu kennzeichnen. 102

In Ergänzung zu den Rechten der Betroffenen auf Berichtigung und Löschung wird der Verantwortliche nach § 74 BDSG in Umsetzung von Art. 7 Abs. 2 JI-RL und Art. 9 Abs. 3 und 4 JI-RL verpflichtet, nicht richtige oder nicht mehr aktuelle Daten nicht zu übermitteln oder sonst zur Verfügung zu stellen und die Daten dahingehend zu prüfen. Weitergehend wird der Verantwortliche nach § 75 BDSG in Umsetzung von Art. 16 JI-RL verpflichtet, Daten zu berichtigen, wenn sie unrichtig sind oder unverzüglich zu löschen, wenn ihre Verarbeitung unzulässig ist, sie zur Erfüllung einer rechtlichen Verpflichtung gelöscht werden müssen oder ihre Kenntnis für die Aufgabenerfüllung nicht mehr erforderlich ist. Daneben bestehen im Fall der Übermittlung Benachrichtigungs- 103

89 BT-Drs. 18/11325, 117; dazu ausführlich *Johannes/Weinhold* 2018, § 1 Kap. II. 13. e.).
90 BT-Drs. 18/11325, 118.
91 BT-Drs. 18/11325, 118.

pflichten gegenüber der ursprünglich übermittelnden Stelle oder dem Empfänger von Daten.

104 Der Transparenz und Nachweisbarkeit dienen die in § 76 BDSG in Umsetzung von Art. 25 statuierten Pflichten zur umfassenden **Protokollierung** von Vorgängen der Erhebung, Veränderung, Abfrage, Offenlegung einschließlich Übermittlung, Kombination und Löschung von personenbezogenen Daten. Eine vergleichbare Pflicht bestand nach alter Rechtslage nicht. Nach § 77 BDSG in Umsetzung von Art. 48 JI-RL ist der Verantwortliche verpflichtet, es zu ermöglichen, ihm vertrauliche Meldungen über einen in seinem Verantwortungsbereich erfolgten Verstoß zuleiten zu können. Hierfür sind Kontaktmöglichkeiten bei den verantwortlichen Datenschutzbeauftragten einzurichten.

ee) Datenübermittlung an Drittstaaten und internationale Organisationen

105 Die allgemeinen Voraussetzungen der **Datenübermittlung an Drittstaaten** regelt § 78 BDSG in Umsetzung von Art. 35 JI-RL. Eine Datenübermittlung ist nach § 78 Abs. 1 BDSG insbesondere dann zulässig, wenn die übermittelnde Stelle oder internationale Organisation für die in § 45 BDSG genannten Zwecke zuständig ist und die Europäische Kommission gemäß Art. 36 Abs. 3 JI-RL einen **Angemessenheitsbeschluss** gefasst hat. Eine Übermittlung hat nach § 78 Abs. 2 BDSG jedoch auch bei Vorliegen dieser Voraussetzungen zu unterbleiben, wenn kein hinreichender Schutz elementarer Menschenrechte gesichert ist. Nach Abs. 3 erfordert die Übermittlung eine Genehmigung durch die zuständige Stelle eines anderen Mitgliedstaates, wenn der übermittelnde Mitgliedstaat die Daten von diesem zuvor erhalten hat. Liegt kein Angemessenheitsbeschluss vor, können personenbezogene Daten nach § 79 BDSG in Umsetzung von Art. 37 JI-RL übermittelt werden, wenn **geeignete Garantien** bestehen, die den Schutz personenbezogener Daten gewährleisten, und diese in rechtsverbindlichen Instrumenten vorgesehen sind. Weitere Ausnahmen sind in § 80 BDSG in Umsetzung von Art. 38 JI-RL vorgesehen. Die Voraussetzungen über die sonstige Datenübermittlung an Empfänger in Drittstaaten bestimmt sich nach § 81 BDSG in Umsetzung von Art. 39 JI-RL.

ff) Zusammenarbeit der Aufsichtsbehörden

106 Die Bundesbeauftragte ist nach § 82 BDSG in Umsetzung von Art. 50 JI-RL verpflichtet den Datenschutzaufsichtsbehörden in anderen Mitgliedstaaten Informationen zu übermitteln und **Amtshilfe** zu leisten.

gg) Haftung und Sanktionen

107 Ist der betroffenen Person durch die Verarbeitung ein **Schaden** entstanden, kann sie nach § 83 BDSG in Umsetzung von Art. 56 JI-RL **Schadensersatz** gegenüber dem Verantwortlichen oder seinem Rechtsträger geltend machen. Die nach § 42 BDSG geltenden Strafvorschriften finden nach § 84 BDSG in Umsetzung von Art. 57 JI-RL entsprechend Anwendung.

5. Zusammenfassung

108 Der nationale Gesetzgeber kam der aus der Richtlinie folgenden Umsetzungsverpflichtung umfassend nach. Neben den Regelungen des Bundesdatenschutzgesetzes hat er auch weitere nationale Vorschriften an die Vorgaben der Richtlinie angepasst. Spätestens mit dem Ablauf der Umsetzungsfrist sollte die Umsetzung auch in den Ländern erfolgt sein.

109 Die Erstreckung des Anwendungsbereichs auf Ordnungswidrigkeitenverfahren im Bundesdatenschutzgesetz überrascht, ist iSd einheitlichen datenschutzrechtlichen Schutzniveaus aber zu begrüßen. Einige der getroffenen Regelungen im Bundesdatenschutzgesetz

sind jedoch unionsrechtswidrig, da sie nicht mit den Vorgaben der Richtlinie vereinbar sind oder diese nur unzureichend umsetzt. Bedauerlicherweise handelt es sich dabei um Regelungen, die für die Grundrechte der betroffenen Personen besondere Gefahren begründen können. Mit zahlreichen Regelungen betritt Deutschland Neuland, zB mit den Differenzierungen nach Kategorien von Daten und betroffenen Personen oder den umfangreichen Protokollierungspflichten. Die bestehenden Datenverarbeitungsprozesse und -abläufe sind auf ihre Übereinstimmung mit dem neuen Gesetz hin zu prüfen und gegebenenfalls anzupassen.

III. Soziale Sicherheit

Die Datenverarbeitung im Bereich der sozialen Sicherheit unterlag bislang alleine den gesonderten Regelungen des Sozialgesetzbuches. Diese waren als Vollregime angelegt. Es war kein Rückgriff auf das allgemeine Datenschutzrecht möglich, sofern darauf nicht ausdrücklich verwiesen wurde. Im Zuge der Anpassung des deutschen Rechts an die Datenschutz-Grundverordnung steht die Abgeschlossenheit des Sozialdatenschutzes auf dem Spiel. 110

1. Sozialdatenschutz in der Datenschutz-Grundverordnung

Die Verordnung trifft selbst keine besonderen Bestimmungen zum Datenschutz im Bereich der sozialen Sicherheit, nimmt aber an mehreren Stellen Bezug darauf. So ist etwa nach Art. 9 Abs. 2 lit. b DSGVO die Verarbeitung von besonderen Kategorien personenbezogener Daten entgegen dem Verbot in Art. 9 Abs. 1 DSGVO im Bereich der sozialen Sicherheit nicht untersagt, wenn die Verarbeitung dafür erforderlich ist, dass der Verantwortliche die Rechte der sozialen Sicherheit ausüben oder seinen diesbezüglichen Pflichten nachkommen kann. Die Verarbeitung muss lediglich nach dem Recht der Mitgliedstaaten oder Unionsrecht zulässig sein. Nach Erwägungsgrund 52 kann eine solche Ausnahme zum Beispiel im Bereich der Verwaltung von Leistungen der Gesundheitsfürsorge etwa zur Sicherstellung der Qualität und Wirtschaftlichkeit von Leistungen der sozialen Krankenversicherung bestehen. Das Recht der Mitgliedstaaten muss jedoch geeignete Garantien für die Grundrechte und Interessen der Betroffenen vorsehen. 111

2. Sozialdatenschutz nach bisherigem deutschem Recht

Für den Bereich der sozialen Sicherheit ist der Datenschutz im Zehnten Sozialgesetzbuch und in weiteren sozialbereichsspezifischen Regelungen in anderen Teilen der Sozialgesetzbücher geregelt. Das zweite Kapitel des Zehnten Sozialgesetzbuchs war als **Vollregelung** d.h. als **in sich geschlossenes System** konzipiert.[92] Sie sahen nur wenige Verweise auf das Bundesdatenschutzgesetz (etwa in § 81 SGB X a.F. für die Kontrollzuständigkeit der Bundesdatenschutzbeauftragten und in § 82 SGB X a.F. für Schadensersatzfälle) vor.[93] Eine hilfsweise Heranziehung des allgemeinen Datenschutzrechts nach dem Bundesdatenschutzgesetz war – abgesehen von den ausdrücklichen Verweisen – ausgeschlossen.[94] 112

Im Interesse der Betroffenen sollte die Abgeschlossenheit der Regelungen eine **höhere Transparenz** erreichen und die Besonderheiten des Sozialleistungsbereichs besser berücksichtigen.[95] So werden häufig besonders schützenswerte Daten wie **Gesundheitsdaten** (→ § 8 Rn. 276 ff.) im Bereich der Sozialversicherung verarbeitet. Zudem muss der 113

92 *Krahmer*, in: Krahmer/Trenk-Hinterberger 2014, § 35 Rn. 20.
93 *Dix*, in: Simitis 2014, § 1 Rn. 160.
94 BSGE 102, 134; *Krahmer*, in: ders. 2011, Einführung, Rn. 22.
95 *Paulus*, in: Wolff/Brink 2017, Syst. M, Sozialdatenschutz, Rn. 11.

Betroffene personenbezogene Daten im Rahmen seiner ihm obliegenden Mitwirkungspflicht offenbaren, sofern er Sozialleistungen in Anspruch nimmt.[96] Sozialbehörden können darüber hinaus im Rahmen ihrer Amtsermittlung gemäß §§ 20 und 21 SGB X Kontrollen und Nachforschungen durchführen und damit weitere Daten des Betroffenen erheben.[97] Der Betroffene hat damit faktisch keine Wahl, seine Daten nicht zu offenbaren.[98]

114 Diese **zwangsweise Erhebung personenbezogener Daten** ist jedoch nicht unbeschränkt statthaft.[99] Daher gilt als Grundsatz das Sozialgeheimnis des § 35 Abs. 1 SGB I a.F. Das **Sozialgeheimnis** soll als eine mit dem Steuer- und Fernmeldegeheimnis vergleichbare Vorschrift den Ausgleich u.a. zu den Mitwirkungs- und Offenbarungspflichten des Betroffenen (§§ 60 ff. SGB I a.F.) herstellen.[100] Das Sozialgeheimnis als Grundsatz bedeutete, dass Sozialdaten im Sinne von § 67 SGB X gemäß § 35 Abs. 2 SGB I a.F. nur auf Grundlage der bereichsspezifischen Vorschriften in den Sozialgesetzbüchern insbesondere der §§ 67 a ff. SGB X a.F. verarbeitet werden konnten.[101]

3. Sozialdatenschutz nach künftigem deutschem Recht

115 Neben dem Bundesdatenschutzgesetz hat der deutsche Gesetzgeber durch das Gesetz zur Änderung des Bundesversorgungsgesetzes und anderer Vorschriften vom 17.7.2017 auch die Datenschutzregelungen des Sozialgesetzbuchs I und X an die Vorgaben der Verordnung angepasst. Diese Änderungen treten zum 25.5.2018 in Kraft.

116 Dabei hat der Gesetzgeber sich bemüht zum einen dem Anwendungsvorrang der Datenschutz-Grundverordnung (→ § 2 Rn. 1 ff.) gerecht zu werden und zum anderen zugleich das Konzept eines geschlossenen Systems aufrechtzuerhalten. So sieht § 35 Abs. 2 Satz 1 SGB I n.F. vor, dass die Vorschriften der Sozialgesetzbücher die Verarbeitung von Sozialdaten abschließend regeln, „soweit nicht" die Verordnung „unmittelbar gilt". Zwiespältig ist auch die Gesetzesbegründung. Sie geht einerseits davon aus, dass die **bereichsspezifischen Regelungen** des Sozialdatenschutzes diesen abschließend regeln und das auch im Verhältnis zur Verordnung, wenn aufgrund der Öffnungsklausel des Art. 6 Abs. 2 DSGVO für den öffentlichen Bereich eine spezifischere Regelung getroffen wird.[102] Andererseits erkennt sie an, dass auch die Erlaubnisnormen aus Art. 6 Abs. 1 DSGVO unmittelbar gelten, insbesondere auch der Erlaubnistatbestand der Wahrung berechtigter Interessen nach lit f.[103] Dies wiederum versucht sie durch die Bemerkung einzugrenzen: „Diese Verarbeitungsgrundlagen stehen bei öffentlichen Stellen wiederum nach den Grundsätzen der Gesetzmäßigkeit der Verwaltung unter dem Vorbehalt der Erforderlichkeit für die Erfüllung von gesetzlichen Aufgaben (vgl. für Sozialversicherungsträger § 30 des Vierten Buches)".[104] Danach würde es für diese bei dem geschlossenen System des Sozialdatenschutzes bleiben. Letztlich kommt es auf die Funktion und Reichweite der Öffnungsklauseln in Art. 6 Abs. 2 und 3 DSGVO an. Wenn diese als Ermächtigung der Mitgliedstaaten verstanden werden, ihre bewährten Systeme des be-

---

96 S. *v. Petersdorff*, in: Roßnagel 2003, Kap. 8.13 Rn. 22 ff.

97 *Tinnefeld/Buchner/Petri* 2012, 305 f.

98 So unterliegt der Betroffene etwa in der gesetzlichen Krankenversicherung häufig einer „Zwangsmitgliedschaft" unabhängig von seinem Willen, BSGE 102, 134 (Rn. 17 f.).

99 BVerfGE 65, 1 (45).

100 *Mrozynski*, in: ders. 2014, § 35, Rn. 9.

101 Dies bestätigte auch BVerfGE 61, 1 (45 f.). Die zwangsweise Erhebung von Daten ist danach nur zulässig, wenn deren Verwendungszweck durch den Gesetzgeber bereichsspezifisch und präzise bestimmt ist sowie die Angaben zu diesem Zweck geeignet und erforderlich sind.

102 BT-Drs. 18/12611, 105.

103 BT-Drs. 18/12611, 110, 112: die Anerkennung der unmittelbaren Geltung des DSGVO in Art. 35 Abs. 2 Satz 1 soll „deklaratorisch" sein.

104 BT-Drs. 18/12611, 110 f.

reichsspezifischen Datenschutzes beizubehalten, soweit sie „innere Angelegenheiten" des Mitgliedstaats (den Anwendungsbereich des Art. 6 Abs. 1 UAbs. 1 lit. c und e DSGVO) betreffen und den europäischen Binnenmarkt nicht unmittelbar berühren, dann kann auch das geschlossene System des Sozialdatenschutzes beibehalten werden. Dieses verpflichtet nur Verantwortliche, die unter Art. 6 Abs. 1 UAbs. 1 lit. c und e DSGVO fallen.[105] Zumindest Behörden können sich nach Art. 6 Abs. 1 UAbs. 2 DSGVO nicht auf den Erlaubnistatbestand der Wahrung berechtigter Interessen berufen.

Die Reichweite des **Sozialgeheimnisses** verdeutlichte seine besondere Absicherung nach 117
§ 35 Abs. 3 SGB I a.F. Eine Offenbarung von Sozialdaten, zum Beispiel bei einer Zeugenvernehmung eines Mitarbeiters eines Leistungsträgers, ist bisher nur dann möglich, wenn auch eine Übermittlung nach den §§ 67 d ff. SGB X zulässig wäre.[106] Der Schutz reichte auch so weit, dass nach § 35 Abs. 1 Satz 2 SGB I a.F. selbst innerhalb einer Stelle sichergestellt werden muss, dass Daten nur Befugten zugänglich sind oder an diese weitergegeben werden. Die Regelungen des § 35 Abs. 1 Satz 2 und Abs. 3 SGB I sind beibehalten worden. Sie würden nun aber leer laufen, wenn man davon ausginge, dass sich für Sozialleistungsträger auch andere Übermittlungsbefugnisse aus der Verordnung ergeben könnten[107] und damit die Vorschriften der §§ 67 d – 78 SGB X n.F. nicht abschließend sein sollten.

a) Zulässigkeit der Verarbeitung von Sozialdaten

Die Zulässigkeit der Verarbeitung von Sozialdaten richtet sich gemäß § 35 Abs. 2 SGB I 118
primär nach den §§ 67 ff. SGB X. § 67 Abs. 2 Satz 1 SGB X n.F. bestimmt, dass Sozialdaten personenbezogene Daten sind, die von einem Sozialleistungsträger verarbeitet werden. Die §§ 67 a ff. SGB X regeln die Zulässigkeit der verschiedenen Datenverarbeitungsphasen von der Erhebung gemäß § 67 a SGB X über die Verarbeitung und Nutzung gemäß § 67 b SGB X, die Speicherung, Veränderung und Nutzung gemäß § 67 c SGB X und die ausdifferenzierten Bestimmungen für die Übermittlung von Sozialdaten gemäß §§ 67 d bis 78 SGB X.

Die **Datenerhebung** ist nach § 67 a Abs. 1 Satz 1 SGB X n.F. zulässig, wenn sie zur Erfül- 119
lung einer Aufgabe der erhebenden Stelle nach dem Sozialgesetzbuch erforderlich ist. § 67 b Abs. 1 SGB X n.F. regelt, dass eine Speicherung, Veränderung, Nutzung, Übermittlung, Einschränkung der Verarbeitung und Löschung von Sozialdaten zulässig ist, soweit die Vorschriften oder eine andere Rechtsvorschrift des Sozialgesetzbuches es erlauben oder anordnen. Mit der Aufzählung der Verarbeitungsschritte soll klargestellt werden, dass nicht das Erheben von Daten eingeschlossen ist, wie beim Begriff „Verarbeiten" im Sinne von Art. 4 Nr. 2 DSGVO. Bisher war die **Übermittlung von Sozialdaten** nur zulässig, soweit eine gesetzliche Übermittlungsbefugnis nach §§ 68 bis 77 SGB X a.F. vorlag. In Frage kamen nur Übermittlungsbefugnisse nach dem Sozialgesetzbuch.[108] Der Wortlaut „ist zulässig, soweit" deutet zwar darauf hin, dass eine spezifische Befugnis aus dem Sozialgesetzbuch gemeint ist. Jedoch ist die Einschränkung des § 67 b Abs. 1 SGB X a.F. entfallen, dass die Datenverarbeitung und Nutzung „*nur* zulässig ist, soweit" eine Erlaubnis aus dem Sozialgesetzbuch vorliegt. Auch hier ist die Ge-

105 So wohl auch die amtliche Begründung, BT-Drs. 18/12611, 105, wenn sie feststellt, dass nicht auf „die Vorschriften des BDSG subsidiär zurückgegriffen werden (kann), sofern nicht im Einzelfall auf die Regelungen des BDSG ausdrücklich verwiesen wird" und dann fortfährt: „Dies gilt auch im Verhältnis zur Verordnung (EU) 2016/679, wenn im Sozialdatenschutz aufgrund einer Öffnungsklausel" (zB Art. 6 Abs. 1 iVm Abs. 2 und Abs. 3 oder Art. 9 Abs. 2 lit. b und j) „eine spezifische Regelung getroffen wird".
106 *Krahmer*, in: ders. 2011, Einführung, Rn. 25.
107 BT-Drs. 18/12611, 114.
108 *Bieresborn*, in: v. Wulffen/Schütze 2014, § 67 d, Rn. 3.

setzesbegründung wieder uneindeutig. Sie geht einerseits davon aus, dass eine Befugnis für die Übermittlung sich auch aus Art. 6 Abs. 1 oder 9 Abs. 2 DSGVO ergeben kann. Zugleich weist sie darauf hin, dass die Verarbeitung von „Sozialdaten durch öffentliche Stellen nach den Grundsätzen der Gesetzmäßigkeit der Verwaltung erfolgen soll“.[109] Der Wortlaut von § 67 b Abs. 1 SGB X n.F. ist künftig nicht mehr abschließend. Der Gesetzgeber sah eine Beschränkung der sich unmittelbar aus der Verordnung ergebenden Übermittlungsbefugnisse als nicht zulässig an.[110] Lediglich für die Übermittlung von biometrischen, genetischen oder Gesundheitsdaten muss nach § 67 b Abs. 1 Satz 3 SGB X n.F. abweichend von Art. 9 Abs. 2 lit. b und lit. d bis j DSGVO eine gesetzliche Übermittlungsbefugnis nach den §§ 68 bis 77 SGB X vorliegen.

b) Verarbeitung von Sozialdaten aufgrund Einwilligung

120 Eine häufig herangezogene Rechtfertigung zum Abweichen vom grundsätzlichen Sozialgeheimnis ist die **Einwilligung** des Betroffenen.[111] Diese richtet sich in Zukunft direkt nach Art. 6 Abs. 1 lit. a DSGVO, da die Regelung zur Einwilligung der §§ 67 a und 67 b Abs. 1 SGB X a.F. entfallen sind. Bisher geht man davon aus, dass erhöhte Anforderungen an die Einholung von Einwilligungen bestehen und die Vorschriften nur restriktiv anzuwenden sind.[112] So war die Einwilligung an erschwerende **Formvorschriften** nach § 67 b Abs. 2 SGB X a.F. geknüpft, nach der diese grundsätzlich nur schriftlich möglich ist, nachdem der Betroffenen hinsichtlich aller Umstände umfangreich aufgeklärt wurde.[113]

121 Die Einwilligung richtet sich künftig grundsätzlich nach Art. 6 Abs. 1 UAbs. 1 lit. a sowie Art. 9 Abs. 2 DSGVO für besondere Kategorien personenbezogener Daten.[114] Weiterhin soll aber gemäß § 67 b Abs. 2 Satz 1 SGB X n.F. die Einwilligung schriftlich oder elektronisch eingeholt werden. Die Vorschrift ist aber bewusst als Soll-Vorschrift ausgestattet, um auch andere Formen der Einwilligungserklärung zu ermöglichen.[115] Weiterhin soll nach § 67 b Abs. 2 Satz 2 SGB X n.F. der Betroffene auf den Zweck der vorgesehenen Verarbeitung, die Folgen der Verweigerung der Einwilligung und auf die jederzeitige Widerrufsmöglichkeit hingewiesen werden.

122 Umstritten ist bisher, ob auch bei Vorliegen einer Einwilligung eine Datenverarbeitung von Sozialdaten nur zulässig ist, wenn dies zu einem **Zweck des Sozialgesetzbuches** erforderlich ist. Hierfür spricht der besondere Schutzbedarf von Sozialdaten. Andererseits ist auch das Recht auf informationelle Selbstbestimmung dispositiv.[116] Häufig wird es aber im Bereich der sozialen Sicherheit an der Freiwilligkeit der Einwilligung fehlen.[117] Öffentliche Stellen unterliegen zudem dem Grundsatz der Rechtmäßigkeit der Verwaltung. Ihr Handeln ist auf ihnen zugewiesene Zwecke begrenzt. Insoweit können Sozialleistungsträger nicht unbegrenzt handeln, auch nicht bei Vorliegen einer Einwilligung.[118] Daher muss sich die Einwilligung auf Zwecke des Sozialgesetzbuches beziehen.

---

109 BT-Drs. 18/12611, 112.
110 Gesetzesbegründung zu § 67 d, BT-Drs. 18/12611, 114.
111 *Krahmer*, in: Krahmer/Trenk-Hinterberger 2014, § 35 SGB I, Rn. 20.
112 *Stähler*, in: Krahmer 2011, § 67 b SGB X, Rn. 5.2 ff.
113 *Bieresborn*, in: v. Wulffen/Schütze 2014, § 67 b, Rn. 13; vgl. auch SG Münster, Urteil vom 24.6.2011, Az. S 6 P 14/11, in: BeckRS 2011, 73868.
114 Davon geht jedenfalls die Gesetzesbegründung aus, vgl. BT-Drs. 18/12611,110.
115 BT-Drs. 18/12611, 112 f.
116 Vgl. zum Streit *Bieresborn*, in: v. Wulffen/Schütze 2014, § 67 a Rn. 5 a ff.
117 BSGE 102, 134 (Rn. 35 ff.).
118 BT-Drs. 18/12611, 112.

c) Anforderung an die Verarbeitung von Sozialdaten

Nach § 67c Abs. 1 SGB X n.F. unterliegen gespeicherte Sozialdaten der **Zweckbindung.**[119] Sie können aber gemäß seinem Abs. 2 Nr. 1 zur Erfüllung von Aufgaben aus dem Sozialgesetzbuch oder gemäß Abs. 2 Nr. 2 für Zwecke der Forschung und Planung für andere Zwecke gespeichert, verändert oder genutzt werden. Dabei sollte das bisherige Recht beibehalten, jedoch redaktionell an die Verordnung angepasst werden.[120] 123

§§ 78a bis 78c SGB X a.F. regelte weitere Bestimmungen zu **organisatorischen Vorkehrungen** zum Schutz der Sozialdaten wie etwa Datenschutzaudit gemäß § 78c SGB X a.F. Diese Regelungen werden entfallen, da deren Bestimmungen künftig durch Art. 5 Abs. 1 lit. c und e und Art. 32 DSGVO geregelt werden sowie der Vorschrift zum Datenschutzaudit vor dem Hintergrund der Verordnung keine Relevanz zukommen soll.[121] 124

Dafür ermöglicht künftig § 79 SGB X n.F. die Einrichtung **automatisierter Abrufverfahren.** Die Vorschrift stützt sich auch auf die Öffnungsklausel des Art. 6 Abs. 2 DSGVO für den öffentlichen Bereich. § 80 SGB X n.F. regelt die **Auftragsverarbeitung** (→ § 5 Rn. 75 ff.) **von Sozialdaten.** Da es sich auch bei der Auftragsverarbeitung um eine Art von Übermittlung handelt, wurde eine weitere Übermittlungsmöglichkeit jenseits der Übermittlungsbeschränkungen der §§ 67d ff. und § 77 SGB X geschaffen. Hier wurde berücksichtigt, dass auch im Bereich der sozialen Sicherheit ein Bedürfnis für die Nutzung u.a. von Cloud-Diensten besteht, andererseits das hohe Schutzbedürfnis von Sozialdaten beachtet werden soll.[122] Daher muss nach § 80 Abs. 1 SGB X n.F. jede Auftragsverarbeitung der Rechts- oder Fachaufsicht angezeigt werden. Nach § 80 Abs. 2 SGB X n.F. muss die Verarbeitung innerhalb der Union oder einem gleichgestellten Staat nach § 35 Abs. 7 SGB I n.F. erfolgen. Die Verarbeitung ist aber auch in Drittstaaten möglich, sofern ein Angemessenheitsbeschluss gemäß Art. 45 DSGVO vorliegt. Auch hier wurde von den Öffnungsklauseln der Verordnung für den öffentlichen Bereich Gebrauch gemacht. Zugleich wurden die Möglichkeiten der Übermittlung aus Art. 49 DSGVO unter Inanspruchnahme der Öffnungsklausel in Art. 49 Abs. 5 DSGVO ausgeschlossen. 125

d) Einschränkung der Betroffenenrechte, Rechtsbehelfe

In den §§ 81 bis 85a SGB X n.F. sind Einschränkungen der Betroffenenrechte geregelt und Bestimmungen zum **Datenschutzbeauftragten** getroffen. Das Recht des Betroffenen auf Anrufung des Datenschutzbeauftragten gemäß § 80 SGB X n.F. wurde beibehalten und lediglich redaktionell angepasst. 126

Neu eingeführt wurde § 81a SGB X n.F., der dem Betroffenen ein Recht auf einen **gerichtlichen Rechtsbehelf** gegen Entscheidungen der **Aufsichtsbehörde** einräumt. Dies dient der Durchführung von Art. 78 Abs. 1 und 2 DSGVO. Nach § 81a Abs. 1 SGB X n.F. werden diese Streitigkeiten den **Sozialgerichten** zugewiesen. Dem liegt die Annahme zugrunde, dass sozialdatenschutzrechtliche Fragestellungen sich nicht vom materiellen Sozialrecht trennen ließen und daher von der Fachgerichtsbarkeit behandelt werden sollen.[123] Nach § 81b SGB X n.F. steht den Betroffenen auch die Klagemöglichkeit gegen den Verantwortlichen oder Auftragsverarbeiter zu. Damit soll Art. 79 DSGVO durchgeführt werden.[124] Zur Umsetzung von Art. 58 Abs. 5 DSGVO wurde § 81c SGB X n.F. eingeführt. Dieser gibt Aufsichtsbehörden das Antragsrecht auf gerichtliche Entscheidung gegen Angemessenheitsbeschlüsse der Kommission. Er verweist auf § 21 BDSG n.F., womit diese dem Verwaltungsrechtsweg zugewiesen wird. 127

---

119 Zum Prinzip der Zweckbindung, § 3 Rn. 60 ff.
120 BT-Drs. 18/12611, 113 f.
121 BT-Drs. 18/12611, 123.
122 BT-Drs. 18/12611, 124.
123 BT-Drs. 18/12611, 125.
124 BT-Drs. 18/12611, 126.

128 Die Regelungen zu den **Betroffenenrechten** nach § 82 bis 84 SGB X n.F. gehen im Grundsatz von der Anwendbarkeit der entsprechenden Vorschriften der Verordnung aus. Sie schränken diese aber ein, was bereits Gegenstand von Kritik war.[125] §§ 82 ff. SGB X n.F. regeln die Informationspflichten für betroffene Personen. Dabei soll unter Rückgriff auf die Öffnungsklauseln für den öffentlichen Bereich das bisherige Recht beibehalten werden. In § 82 Abs. 1 SGB X n.F. wird die **Informationspflicht** aus Art. 13 Abs. 1 lit. e DSGVO über den Empfänger der Daten auf Grundlage von Art. 23 Abs. 1 lit. e DSGVO eingeschränkt. Rechtfertigung dafür ist die Funktionsfähigkeit der Verwaltung als wichtiges Interesse des Mitgliedstaates iSv Art. 23 Abs. 1 lit. e DSGVO. § 82 Abs. 2 SGB X n.F. schränkt auch die Informationspflicht im Falle einer Weiterverarbeitung der Daten zu einem anderen Zweck ein. § 82 a SGB X n.F. sieht weitere Beschränkungen der Informationspflichten über Art. 14 Abs. 5 DSGVO hinaus vor, wenn Daten nicht direkt beim Betroffenen erhoben werden. Als Kompensation muss der Verantwortliche gemäß § 82 Abs. 3 SGB X n.F. geeignete Maßnahmen zum Schutz berechtigter Interessen des Betroffenen ergreifen und hat nach § 82 Abs. 4 SGB X n.F. die Information nachzuholen. Entsprechend der Einschränkungen der Informationspflichten enthält § 83 Abs. 1 SGB X n.F. auch Einschränkungen des Auskunftsrechts der betroffenen Person, wenn keine Informationspflicht besteht oder wenn dies zu einem unverhältnismäßigen Aufwand führen würde.

129 Die Vorschrift des § 84 a Abs. 1 SGB X a.F., nach der die Betroffenenrechte unabdingbar sind und nicht durch Rechtsgeschäft ausgeschlossen werden können, sieht das neue SGB X nicht mehr vor.

130 Die §§ 85 und 85 a SGB X n.F. regeln **Bußgeld- und Strafvorschriften** und verweisen auf die entsprechenden Regelungen in §§ 41 und 42 Abs. 1 und 2 BDSG n.F. Nach § 85 a Abs. 3 SGB X n.F. sind Behörden und sonstige öffentliche Stellen von Geldbußen befreit.

131 Neben diesen Bestimmungen bestehen weitere sozialbereichsspezifische Vorschriften in den verschiedenen Sozialgesetzbüchern, etwa für den Bereich der Grundsicherung in §§ 50 bis 52 a SGB II, die Arbeitsförderung in §§ 394 bis 397 SGB III, in §§ 18 f und 18 g SGB IV zur Versicherungsnummer in der Sozialversicherung, für die gesetzlichen Krankenkassen in den §§ 284 bis 305 b SGB V, für die gesetzliche Rentenversicherung in §§ 145 bis 152 SGB VI, der Unfallversicherung in §§ 199 bis 208 SGB VII, für die Kinder- und Jugendhilfe in §§ 61 bis 68 SGB VIII und für die soziale Pflegeversicherung in den §§ 93 bis 108 SGB XI.

e) Weitere Besonderheiten des Sozialdatenschutzes

132 Die Vorschriften des Sozialdatenschutzes gelten für alle Verarbeitungsschritte gemäß § 67 Abs. 6 Satz 2 Nr. 3 Hs. 2 SGB X a.F. auch von Daten in nicht automatisierten Dateien, sogar selbst dann, wenn sie sich ein Mitarbeiter nur im Kopf merkt.[126] Die Verordnung trifft hier nun auch keine Differenzierung. Nach Art. 4 Nr. 2 DSGVO liegt auch eine Verarbeitung vor, wenn diese nicht automatisiert erfolgt.

133 Die Vorschriften gelten nach § 35 Abs. 5 Satz 1 SGB I n.F. auch in ihrer neuen Fassung gleichermaßen für die **Sozialdaten Verstorbener.**[127] Nach Erwägungsgrund 27 DSGVO gilt die Verordnung dagegen nicht für die Daten Verstorbener. Erwägungsgrund 27 ver-

---

125 ZB *Hansen*, ULD, https://www.datenschutzzentrum.de/artikel/1106-Patientengeheimnis-Vertrauen-ist-gut-doch-eine-Kontrolle-soll-wegfallen!-Drohende-Verschlechterungen-im-Entwurf-fuer-das-neue-Bundesdaten schutzgesetz.html.

126 *Krahmer*, in: ders. 2011, Einführung Rn. 4, 10.

127 *Spilker*, DÖV 2015, 57; *Paulus*, in: Wolff/Brinck 2017, Syst. M, Sozialdatenschutz, Rn. 10.

weist jedoch auf die Möglichkeit für Mitgliedstaaten, besondere Regelungen für die Daten Verstorbener zu erlassen.

Soweit Sozialdaten im Rahmen der Leistungserbringung durch freie Träger betroffen sind, gelten dagegen das allgemeine Datenschutzrecht, nun also insbesondere die Verordnung. Für Einrichtungen der Kirchen gilt nach Art. 91 DSGVO das jeweilige kirchliche[128] Datenschutzrecht.[129] 134

4. Verhältnis zur Datenschutz-Grundverordnung

Die Neuregelung des Sozialdatenschutzes wird durchweg auf die **Öffnungsklauseln** der Art. 6 Abs. 2 und Art. 9 Abs. 4 DSGVO für den öffentlichen Bereich gestützt. Allerdings ist der deutsche Gesetzgeber bei der Neufassung des Sozialdatenschutzes in seiner Begründung mehrfach uneindeutig. An mehreren Stellen der Gesetzesbegründung ist er zu Unrecht davon ausgegangen, dass jede Regelung der Verordnung unmittelbare Geltung haben müsse und künftig unmittelbar neben den Regelungen zum Sozialdatenschutz anzuwenden sei.[130] Diese Stellen scheinen darauf hinzuweisen, dass er eine Beibehaltung des Sozialdatenschutzes als Vollregelung nicht für möglich hält. Andererseits stellt die Gesetzesbegründung selbst fest, dass dort, wo die Öffnungsklauseln der Verordnung genutzt wurden, auch im Verhältnis zur Verordnung ein Rückgriff auf allgemeine Vorschriften, die entsprechend der Öffnungsklausel präzisiert worden sind, ausgeschlossen ist.[131] 135

Zunächst stellt sich die Frage, ob die Datenschutz-Grundverordnung aufgrund ihres Anwendungsvorranges (→ § 2 Rn. 1 ff.) zwingend die **Geschlossenheit** nationaler durch Öffnungsklauseln ermöglichter Gesamtregelungen durchbricht oder weitreichende abweichende Regelungen der Mitgliedstaaten möglich sind. Der Anwendungsbereich der Verordnung bezieht sich grundsätzlich auf den öffentlichen wie den nicht-öffentlichen Bereich. Jedoch sieht Art. 6 Abs. 2 DSGVO vor, dass Mitgliedstaaten spezifischere Regelungen für die Verarbeitung zur Erfüllung einer rechtlichen Pflicht oder zur Wahrnehmung einer Aufgabe, die im öffentlichen Interesse liegt oder in Ausübung öffentlicher Gewalt erfolgt, beibehalten oder erlassen können. Der Bereich der sozialen Sicherheit stellt für Behörden eine Aufgabe in Ausübung öffentlicher Gewalt genauso wie für private Verpflichtete eine **im öffentlichen Interesse liegende Aufgabe** dar, die ihnen übertragen wurde. Dies ergibt sich schon aus § 1 SGB I, der klarstellt, dass das Recht des Sozialgesetzbuchs zur Verwirklichung sozialer Gerechtigkeit dient und dazu beitragen soll, ein menschenwürdiges Dasein zu sichern. Der Bereich der sozialen Sicherheit liegt damit in der Öffnungsklausel des Art. 6 Abs. 2 iVm Abs. 1 UAbs. 1 lit. e DSGVO und kann von dem Mitgliedstaat durch eigene Regelungen näher spezifiziert werden. Hierfür kann der Mitgliedstaat spezifischere Vorschriften einführen oder beibehalten. Die Öffnungsklausel des Art. 6 Abs. 2 DSGVO soll gerade dazu dienen, hochkomplexe Regelungsbereiche wie die Systeme der sozialen Sicherheit, die spezifische Eigenheiten der Mitgliedstaaten betreffen, beibehalten zu können.[132] Der Bereich der sozialen Sicherheit zählt nach der Rechtsprechung des Bundesverfassungsgerichts zur **nationalen Verfassungsidentität** und ist daher vor grundlegenden Eingriffen in seine Struktur durch Unionsrecht geschützt (→ § 3 Rn. 88 zur Identitätskontrolle des Bundesverfassungsgerichts). Gerade mit Blick auf diese sehr unterschiedlich ausgestalteten Bereiche ist die Datenschutz-Grundverordnung viel zu unterkomplex, um problemangemessene und 136

128 Kirchengesetz über den Datenschutz der Evangelischen Kirche in Deutschland (EKD-Datenschutzgesetz) und Anordnung über den kirchlichen Datenschutz (KDO) für die katholische Kirche.
129 *Krahmer*, in: ders. 2011, Einführung, Rn. 18 und § 35, Rn. 14.
130 BT-Drs. 18/12611, 105, 110, 112.
131 BT-Drs. 18/12611, 105.
132 S. hierzu *Roßnagel*, DuD 2017, 292 f.

rechtssichere Regelungen bieten zu können. Dementsprechend haben sich nicht nur die Mitgliedstaaten gegen eine Regelung durch die Union gewehrt,[133] sondern auch Parlament[134] und Rat[135] entsprechende Regelungen vorgeschlagen. Im Trilog erfolgte eine Einigung auf die Öffnungsklausel des Art. 6 Abs. 2 DSGVO.

137 Im Vergleich zu den Öffnungsklauseln der Art. 85 ff. DSGVO besteht nach Art. 6 Abs. 2 DSGVO die Einschränkung, dass die Mitgliedstaaten für den öffentlichen Bereich nur spezifischere und präzisere Bestimmungen erlassen können, um eine rechtmäßige und nach Treu und Glauben erfolgende Datenverarbeitung zu gewährleisten. Dies deutet darauf hin, dass die Abweichungsmöglichkeiten begrenzt sind und sich diese Regelungen an der Verordnung zu orientieren haben. So sollen im Wesentlichen nur Konkretisierungen und Präzisierungen, aber keine grundsätzlichen Änderungen der Architektur der Datenschutz-Grundverordnung möglich sein,[136] wenngleich die Spielräume der nationalen Gesetzgeber recht weit seien.[137] Das heißt aber umgekehrt, dass die hochabstrakten und sehr allgemeinen Fassungen der Regelungen der Verordnung nicht gegen die aufgrund einer Öffnungsklausel präzisierten Regelungen ausgespielt werden dürfen.

138 Art. 6 Abs. 3 Satz 3 DSGVO gibt außerdem vor, für welche Bestimmungen die Mitgliedstaaten spezifischere Regelungen hinsichtlich der Zulässigkeit der Datenverarbeitung erlassen können. Die Aufzählung ist jedoch nicht abschließend. Art. 6 Abs. 3 Satz 4 DSGVO schränkt die Öffnungsklausel dagegen ein. Die mitgliedstaatlichen Regelungen müssen dem **Prinzip der Verhältnismäßigkeit** genügen.

139 Für die Auslegung der Öffnungsklausel gerade in Bezug auf den Sozialdatenschutz ist zu berücksichtigen, dass die Union eigentlich keine generelle **Regelungskompetenz** für den Bereich der sozialen Sicherheit besitzt. Sie kann zwar nach Art. 48 Abs. 1 AEUV Maßnahmen für die Herstellung der Freizügigkeit der Arbeitnehmer beschließen. Wenngleich der Europäische Gerichtshof zu einer **Harmonisierung** von Aspekten des Bereichs der sozialen Sicherheit in der Union tendiert, bleiben doch die konzeptionellen Entscheidungen hinsichtlich der sozialen Sicherungssysteme und andere Maßnahmen der Sozial- oder Arbeitsmarktpolitik in der Hoheit der Mitgliedstaaten, da sie diese in ihre demokratische Primärräume betreffen.[138] Zwar ist ihre Koordinierung bis hin zur allmählichen Angleichung nicht ausgeschlossen.[139] In Anbetracht, dass sich die Verordnung auf die Binnenmarktkompetenz der Union stützt, sind ihre Regelungen jedoch **restriktiv** auszulegen, wo sie in Bereiche staatlicher Identität hineinreichen, die keine Binnenmarktrelevanz besitzen.

140 Aus dem richtigen Verständnis der Öffnungsklausel als Möglichkeit der Mitgliedstaaten, ihre gewachsenen Systeme des Datenschutzes im öffentlichen Bereich beibehalten zu können (s. → § 7 Rn. 22 ff.), folgt, dass auch der deutsche Regelungskomplex des Sozialdatenschutzes als ein in sich abgeschlossenes System beibehalten werden kann. Wie auch die Verordnung orientieren sich die bisherigen deutschen Regelungen zum Sozialdatenschutz an der Datenschutz-Richtlinie.[140] Sie entsprechen so auch der Architektur der Verordnung. Dort wo Abweichungen zur Verordnung bestehen, können diese als **spezifischere Bestimmung** im Sinne von Art. 6 Abs. 2 und 3 DSGVO gesehen und beibehalten werden. Sie berücksichtigen die spezifischen Bedingungen des Sozialrechtes

---

133 BR-Drs. 52/12, Beschl. v. 30.3.2012, Ziff. 6; s. auch *Roßnagel/Kroschwald*, ZD 2014, 495 mwN.
134 S. Art. 6 Abs. 3 Satz 2 lit. b und 82 a DSGVO-E-Parl.
135 S. Art. 1 Abs. 2 a DSGVO-E-Rat; s. auch *Roßnagel/Nebel/Richter*, ZD 2015, 455 f.
136 *Benecke/Wagner*, DVBl 2016, 601.
137 *BfDI* 2016, 29.
138 BVerfGE 123, 267 (428 ff.).
139 BVerfGE 123, 267 (363).
140 Zu den Änderungen des SGB X aufgrund der Datenschutz-Richtlinie s. *Stähler*: in Krahmer 2011, Einführung, Rn. 34 ff.

und verfolgen damit ein im öffentlichen Interesse liegendes Ziel. Auch dort wo sie etwa Übermittlungen zur Kontrolle der Leistungsberechtigung von Betroffenen ermöglichen, steht dies in einem angemessenen Verhältnis zu dem verfolgten legitimen Zweck der sozialen Sicherung.

Dies gilt auch für den Datenschutz bei den privaten Leistungsträgern. Auch die sie betreffenden Datenschutzregelungen unterliegen nicht dem Anwendungsvorrang der Verordnung, da die Öffnungsklausel des Art. 6 Abs. 2 DSGVO auch für die **Tätigkeit von Privaten** gilt, wenn diese nach Art. 6 Abs. 1 UAbs. 1 lit. c und e DSGVO entweder rechtliche Verpflichtungen erfüllen oder Aufgaben wahrnehmen, die im öffentlichen Interesse liegen (→ § 7 Rn. 1 ff.). Für **kirchliche Leistungsträger**, die als Verantwortliche tätig sind, besteht zudem die speziellere Öffnungsklausel des Art. 91 DSGVO. Danach kann es hier bei der Anwendung des bestehenden kirchlichen Datenschutzrechtes bleiben. 141

5. Verarbeitungsbefugnisse für Sozialdaten außerhalb des Sozialgesetzbuchs

Auch wenn der Gesetzgeber davon ausging, die Anwendung der Verordnung nicht ausschließen zu können, stellt sich die Frage, ob auch die weiteren Erlaubnisnormen der Verordnung zur Datenverarbeitung tatsächlich anwendbar sind. Ausweislich der Gesetzesbegründung hat der Gesetzgeber von der Öffnungsklausel für den öffentlichen Bereich des Art. 6 Abs. 2 DSGVO Gebrauch gemacht, also eine spezifischere Regelung getroffen. Dann besteht aber keine Notwendigkeit für die Anwendung der allgemeinen Bestimmungen aus der Verordnung.[141] Der Gesetzgeber konnte die abschließende Regelung beibehalten. 142

Die Gesetzesbegründung stellt zwar fest, dass die Anwendbarkeit der Datenverarbeitungsbefugnisse aus Art. 6 Abs. 1 DSGVO dahingehend eingeschränkt werden, dass nach dem **Prinzip der Gesetzmäßigkeit der Verwaltung** bei öffentlichen Stellen die allgemeinen weitegehenden Ermächtigungen zur Datenverarbeitung nur einschlägig sein können, wenn dies für die Erfüllung der gesetzlichen Aufgabe der öffentlichen Stelle erforderlich ist.[142] Die Zulässigkeitsbedingungen des Art. 6 Abs. 1 lit. b bis f DSGVO stehen aber alle unter der Voraussetzung der **Erforderlichkeit**. Erwägungsgrund 45 DSGVO richtet dabei sogar einen Handlungsauftrag an die Mitgliedstaaten, durch Gesetz zu bestimmen, wann die Datenverarbeitung erforderlich ist und für welche Zwecke Daten verarbeitet werden dürfen. So hätte nach Art. 6 Abs. 3 DSGVO eine Rechtsgrundlage im Recht der Mitgliedstaaten beibehalten werden können, die den Zweck der Verarbeitung und ausdrücklich auch Bestimmungen zur Anpassung der Anwendung der Vorschriften der Verordnung enthalten, also von dieser abweichen. Eine derartige Rechtsgrundlage könnten weiterhin §§ 67 ff. SGB X sein. Aber auch wenn der deutsche Gesetzgeber versäumt hat, die Zwecke für die eine Datenverarbeitung erforderlich sein muss, abschließend zu bestimmen, können im Bereich der sozialen Sicherheit keine anderen Zwecke herangezogen werden, als die des Sozialgesetzbuches. Denn die Leistungsträger unterliegen als Verantwortliche hier dem Prinzip der Gesetzmäßigkeit der Verwaltung. Ihr Handeln ist auf diese Zwecke begrenzt. 143

Da Sozialdaten häufig **zwangsweise erhoben** werden, ist es notwendig, dass „der Gesetzgeber den Verwendungszweck **bereichsspezifisch** und präzise bestimmt und dass die Angaben für diesen Zweck geeignet und erforderlich sind".[143] Insoweit ist eine verfassungskonforme Auslegung dahingehend angezeigt, dass weiterhin nur Zwecke aus dem Sozialgesetzbuch eine Datenverarbeitung legitimieren können. Auch nach der Verordnung ist eine **bereichsspezifische Regelung** wünschenswert, wie Erwägungsgrund 45 144

141 So selbst die Gesetzesbegründung zu § 35 SGB I n.F., BT-Drs. 18/12611, 105.
142 BT-Drs. 18/12611, 110 f.
143 BVerfGE 65, 1 (46).

DSGVO verdeutlicht. Bei der Prüfung der Erforderlichkeit und Abwägung im Rahmen des Art. 6 Abs. 1 lit. b bis lit. f DSGVO wäre kein Fall jenseits der §§ 68 bis 77 SGB X denkbar.

6. Zusammenfassung und Kritik

145 Die Neufassung des Sozialdatenschutzes in § 35 SGB I und §§ 67 ff. SGB X ist hinsichtlich der Konzeption der Regelung als Vollregime uneindeutig. Soweit der Gesetzgeber davon ausging, dass er die Befugnisse zur Datenverarbeitung, die sich unmittelbar aus der Datenschutz-Datenschutz-Grundverordnung ergeben, nicht so präzisieren kann, dass die allgemeine und abstrakte Fassung des Erlaubnistatbestands in der Verordnung nicht eingeengt werden kann, ging er von einer Fehlvorstellung aus. Im Gegenteil hätte es der Gesetzgeber eindeutig bei der abschließenden Regelung belassen können und müssen. Insoweit müssen die weiteren Datenverarbeitungsbefugnisse des Art. 6 Abs. 1 lit. b bis lit. f DSGVO **restriktiv ausgelegt** werden. Eine Verarbeitung von Sozialdaten kann nur erforderlich sein, wenn diese zu einem Zweck aus dem Sozialgesetzbuch erfolgt.

IV. Statistik

146 Statistische Verfahren gewinnen in der Informationstechnik immer mehr an Bedeutung und erfahren auch in der Datenschutz-Grundverordnung und im Bundesdatenschutzgesetz eine eigenständige Regelung. Sie sind im Kontext von Big Data eine der großen Herausforderungen des Datenschutzes.

1. Statistik

147 Das deutsche Wort „Statistik" ist aus dem französischen „statistique" entlehnt und verweist zunächst auf den „Staat". Im 18. Jahrhundert verstand man darunter die systematische und zahlenbasierte Beschreibung eines bestimmten Staates anhand seiner im Hinblick auf die Wohlfahrt relevanten Eigenschaften.[144] Dieser ältere Begriff der Statistik korrespondiert stark mit der heute noch betriebenen amtlichen Statistik, durch das Bundesamt für Statistik, die Landesämter für Statistik sowie durch das Statistische Amt der Europäischen Union. Der Begriff der „Statistik" wird heutzutage aber viel abstrakter verwendet und beschreibt allgemein den methodischen Umgang mit empirischen Daten, der darauf zielt, „eine systematische Verbindung zwischen Erfahrung (Empirie) und Theorie herzustellen". Statistik ist eine methodische Grundlage für viele Wissenschaftsdisziplinen.[145] Ein thematischer Bezug zur staatlichen Wohlfahrt oder Planung ist nicht generell enthalten. Vielmehr kann Statistik für alle möglichen thematischen Bereiche genutzt werden, von der Gesundheitsvorsorge über Wahlprognosen bis hin zur Konsumforschung und dem Kreditscoring. Statistische Datenverarbeitung kann grundsätzlich mit anonymen Daten oder mit personenbezogenen Daten betrieben werden.

148 Die **anonyme Statistik** ist insbesondere typisch für die amtlichen Statistiken. Hier werden entweder Daten verwendet, die gar keinen Personenbezug aufweisen (zB bei der Preisentwicklung oder dem Gesamtaufkommen von Abfall in den Bundesländern) oder ursprünglich personenbezogene Daten werden anonymisiert (zB bei der Bevölkerungsentwicklung nach Alter und Geschlecht oder dem Bildungsstand). Die amtlichen Statistiken können außerdem weitgehend als **deskriptive Statistik**[146] bezeichnet werden, die zunächst vorhandenes Datenmaterial aufbereitet und zusammenfasst.

144 *Kluge* 1995, 789; *Achenwall* 1749, Vor. § 1 ff.
145 *Rinne* 2008, 1.
146 S. hierzu *Kohn* 2005, 7.

Die **personenbezogene Anwendung** von Statistik ist etwa aus dem Bereich des Scoring (§ 28 b BDSG a.F. und § 31 BDSG n.F.) bekannt. Hier wird anhand von statistischen Vergleichen geschätzt, ob eine bestimmte Person zum Beispiel nach einem Vertragsschluss ihre Rechnungen begleichen wird. Da dafür eine Wahrscheinlichkeitsaussage anhand statistisch untersuchter Stichproben getroffen wird, verbindet sich hier die Statistik mit der Wahrscheinlichkeitstheorie zur **Stochastik**. Dieser statistische Ansatz wird auch **induktive Statistik oder Inferenzstatistik** genannt. Anhand der untersuchten Stichprobe wird geschätzt, dass die Grundgesamtheit all derer, die bestimmte bekannte Merkmale teilen, mit einer bestimmten Wahrscheinlichkeit auch bestimmte andere Merkmale teilen, die nur von der Stichprobe bekannt sind, von der Grundgesamtheit aber nicht.[147] Zum Beispiel kann beim Scoring eine Person anhand ihres Wohnorts, in die Grundgesamtheit all derer eingeordnet werden, die im selben Stadtviertel wohnen. Hat eine Stichprobe ergeben, dass alle Personen in der Stichprobe, die in diesem Stadtviertel wohnen, ihre Telefonrechnungen nicht bezahlen, kann mit einer bestimmten Wahrscheinlichkeit gefolgert werden, dass sich auch alle weiteren Personen aus diesem Stadtviertel so verhalten. 149

Insbesondere im Zusammenhang mit dem Schlagwort „Big Data"[148] erlangt die **explorative Statistik** oder explorative Datenanalyse immer größere Bedeutung. In der explorativen Statistik wird nach unbekannten Strukturen in Datensammlungen gesucht.[149] Hierbei können zB auffällige Merkmale zu Tage treten, die mit anderen Merkmalen korrelieren[150] und daher mit einer bestimmten Wahrscheinlichkeit als Indikatoren für diese gelten können. Die explorative Statistik kann damit dazu genutzt werden, die Grundlagen für die induktive Statistik (zB beim Scoring) zu schaffen, indem sie Merkmale liefert, anhand derer Vergleichsgruppen oder Grundgesamtheiten aufgebaut werden können. Die sogenannten **Big Data-Analyseverfahren** führen hauptsächlich dazu, dass die explorative Statistik ressourcenschonender und gewinnbringender verfügbar wird, weil sie mit großen unstrukturierten Datenbeständen in kurzer Zeit durchgeführt werden kann. Hierdurch können immer mehr Indikatoren für relevante Merkmale von Dingen aber auch von Menschen insbesondere korrelativ bestimmt werden, wodurch im Umkehrschluss immer mehr Merkmale als relevant eingestuft werden, weil sie bestimmbar werden. Zum Beispiel wird diese Art der Datenanalysen genutzt, um den aktuellen emotionalen Zustand von Menschen („Zuversicht", „Unschlüssigkeit", „Nervosität", „Entspannung", „Trauer", „Müdigkeit") anhand ihrer Tippdynamik auf dem Smartphone mit einer hohen Wahrscheinlichkeit zu bestimmen.[151] Diese Art der Statistik bietet, obwohl sie anonym durchgeführt wird, die Grundlage dafür, in ihrer späteren personenbezogenen Anwendung besonders intensive Persönlichkeitsprofile zu erstellen, indem sie die Offenbarung nicht offenbarter und besonders tiefgreifender Merkmale ermöglicht.[152] 150

2. Statistik in der Datenschutz-Grundverordnung

Die Verordnung gilt nach Art. 2 Abs. 1 DSGVO nur für die Verarbeitung personenbezogener Daten gemäß Art. 4 Nr. 1 DSGVO (→ § 3 Rn. 6). Erwägungsgrund 26 stellt klar, dass die Verordnung die Verarbeitung anonymer Daten, auch für statistische und Forschungszwecke, nicht erfasst. Soweit Statistik nicht mit personenbezogenen Daten betrieben wird, ist die Verordnung also nicht anwendbar. Dagegen ist aber die Verarbei- 151

147 *Kohn* 2005, 7; *Kuckartz/Rädicker u.a.* 2010,129; *Ludwig-Mayerhofer/Liebeskind/Geißler* 2014, 120 ff.
148 Zum Begriff *Steinebach/Halvani u.a.* 2014, 10 ff.
149 *Rinne* 2008, 1; *Schäfer* 2010, 99.
150 *Krämer/Schoffer/Tschiersch* 2014, 317 ff.
151 *Wolfie* 2014, 21.
152 S. hierzu zB auch *Roßnagel/Geminn/Jandt/Richter* 2016, 21 ff.

tung (noch) personenbezogener Daten für „statistische Zwecke" von der Verordnung erfasst, wie Erwägungsgrund 162 DSGVO klarstellt. Das Gleiche gilt für die Anwendung statistischer Erkenntnisse auf bestimmbare Personen.

152 Art. 5 Abs. 1 lit. b DSGVO erklärt eine Weiterverarbeitung von zu anderen Zwecken erhobenen personenbezogenen Daten für statistische Zwecke als „nicht unvereinbar" mit dem Erhebungszweck (→ § 3 Rn. 68). Dies könnte, insbesondere unter Hinzuziehung von Erwägungsgrund 50, so ausgelegt werden, dass die statistische Verarbeitung immer als vereinbar gilt und eine Weiterverarbeitung zu anderen Zwecken stets ohne gesonderte Rechtsgrundlage zulässig ist.[153] Die vorsichtige Formulierung („nicht unvereinbar" anstatt „vereinbar") legt aber nahe, dass weniger weitgehend eine Art Regelfall für die Vereinbarkeitsprüfung nach Art. 6 Abs. 4 DSGVO etabliert werden sollte. Damit wäre eine Weiterverarbeitung von personenbezogenen Daten, die zu anderen Zwecken erhoben wurden, zu statistischen Zwecken in der Regel ohne gesonderte Rechtsgrundlage möglich. Die möglichen Folgen für die betroffene Person gem. Art. 6 Abs. 4 lit. d DSGVO könnten aber dazu führen, dass im Einzelfall doch eine gesonderte Rechtsgrundlage erforderlich wäre. Auch bei dieser Auslegung wäre aber die Verarbeitung zu statistischen Zwecken gegenüber anderen Verarbeitungszwecken deutlich erleichtert. Daher kommt der Klärung, was „statistische Zwecke" sind, große Bedeutung zu.

153 Während dies im Ratsentwurf noch nicht ausdrücklich erfolgte,[154] erklärt Erwägungsgrund 162 DSGVO in der endgültigen Fassung: „Unter dem Begriff **'statistische Zwecke'** ist jeder für die Durchführung statistischer Untersuchungen und die Erstellung statistischer Ergebnisse erforderliche Vorgang der Erhebung und Verarbeitung personenbezogener Daten zu verstehen. ... Im Zusammenhang mit den statistischen Zwecken wird vorausgesetzt, dass die Ergebnisse der Verarbeitung zu statistischen Zwecken keine personenbezogenen Daten, sondern aggregierte Daten sind und diese Ergebnisse oder Daten nicht für Maßnahmen oder Entscheidungen gegenüber einzelnen Betroffenen verwendet werden." Klar ist damit zunächst, dass nicht jede Verarbeitung personenbezogener Daten mit statistischen Methoden eine Verarbeitung zu „statistischen Zwecken" darstellt und nach Art. 5 Abs. 1 lit. b DSGVO erleichtert wird. Statistischen Zwecken dienen nur solche Untersuchungen, deren Ergebnisse **keine personenbezogenen Daten** sind und die auch nicht mit Personenbezug angewendet werden sollen.[155] Eine Begrenzung „statistischer Zwecke" auf die amtlichen Statistiken, kann der Verordnung aber nicht entnommen werden.[156]

154 Was aber als Maßnahme oder **Entscheidung gegenüber einzelnen Betroffenen** gilt, ist unklar. ZB ist fraglich, ob individualisierte Werbung dazu gehört oder nur rechtsverbindliche oder erheblich beeinträchtigende Entscheidungen wie in Art. 22 Abs. 1 DSGVO. Würden Werbemaßnahmen nicht als Maßnahmen gemäß Erwägungsgrund 162 DSGVO gelten, wäre die Anwendung statistischer Verfahren für personenbezogene Werbemaßnahmen als statistischer Zweck einzuordnen und würde gemäß Art. 5 Abs. 1 lit. b DSGVO erleichtert. Dies würde bedeuten, dass personenbezogene Daten, die zu anderen Zwecken erhoben wurden, grundsätzlich statistisch ausgewertet werden dürfen, auch wenn sie dafür gedacht sind, dass ihre Ergebnisse wieder personenbezogen angewendet werden, um Einzelpersonen zu kategorisieren. Da rechtsverbindliche und erheblich beeinträchtigende Entscheidungen in Art. 22 Abs. 1 DSGVO gesondert reguliert werden, ist davon auszugehen, dass Maßnahmen iSd Erwägungsgrunds 162 insbe-

153 So bisher *Richter* DuD 2015, 735; *ders.* DuD 2016, 584 f.; s. zum Streitstand mWn *Schantz*, in: Wolff/Brink 2017, Rn. 22.
154 S. hierzu *Richter*, DuD 2015, 735.
155 Vgl. mit Beispielen bei *Laue/Nink/Kremer* 2016, Rn. 119.
156 So aber *Frenzel*, in: Paal/Pauly 2017, Art. 5, Rn. 32.

sondere auch reine Werbemaßnahmen und andere Anwendungen statistischer Ergebnisse auf Einzelpersonen sind. Die statistische Verhaltensforschung oder ähnliche Verwendungen von personenbezogenen Daten, deren anonyme Ergebnisse später mit Personenbezug auf andere Personen angewendet werden sollen, stellen daher insgesamt keine „statistischen Zwecke" iSd Art. 5 Abs. 1 lit. b DSGVO dar. Dies gilt insbesondere dann, wenn mit den Daten „nur" Algorithmen „trainiert" werden sollen. Diese werden nicht zweckfrei trainiert, sondern um später auf der Basis ihres Wissens Personen für Marketing, Assistenzdienste oder andere Dienstleistungen zu kategorisieren. Die Weiternutzung von personenbezogenen Daten, die zu einem anderen Zweck erhobenen worden sind, für **„machine learning"** ist daher in vielen Fällen gerade nicht durch Art. 5 Abs. 1 lit. b DSGVO als „statistischer Zweck" gedeckt.

Die Ausnahme für statistische Zwecke bezieht sich überdies nur auf das Verarbeitungs- 155
stadium vor der anonymen Erstellung der Statistik. Die personenbezogene Anwendung der statistischen Ergebnisse selbst muss in jedem Fall auf eine Rechtsgrundlage gestützt oder gemäß Art. 5 Abs. 1 lit. b und Art. 6 Abs. 4 DSGVO mit dem Erhebungszweck der personenbezogenen Daten der (neuen) betroffenen Person vereinbar sein.

Die Ausnahme in Art. 5 Abs. 1 lit. b DSGVO verweist auf Art. 89 Abs. 1 DSGVO. Die- 156
ser verlangt für die Verarbeitung personenbezogener Daten zu statistischen Zwecken **Garantien für die Rechte und Freiheiten** der betroffenen Personen in Form von technischen und organisatorischen Maßnahmen, die insbesondere den Grundsatz der Datenminimierung (Art. 5 Abs. 1 lit. c DSGVO) (→ § 3 Rn. 70) gewährleisten. Zu diesen Maßnahmen „kann" gemäß Art. 89 Abs. 1 Satz 2 DSGVO die Pseudonymisierung zählen. Art. 89 Abs. 1 Satz 2 iVm Erwägungsgrund 156 DSGVO stellen klar, dass eine Verarbeitung personenbezogener Daten zu statistischen Zwecken nur dann zulässig ist, wenn der statistische Zweck nicht mit Daten ohne Personenbezug erreicht werden kann.

Werden diese Bedingungen und Garantien eingehalten, können nach Art. 89 Abs. 2 157
DSGVO die Mitgliedstaaten Rechtsvorschriften erlassen, die **Ausnahmen von den Rechten der betroffenen Person** nach Art. 15, 16, 18 und 21 DSGVO vorsehen, soweit diese Rechte voraussichtlich die Verwirklichung der spezifischen statistischen Zwecke unmöglich machen oder ernsthaft beeinträchtigen und solche Ausnahmen für die Erfüllung dieser statistischen Zwecke notwendig sind.

3. Statistik und Datenschutz im deutschen Recht

Das Datenschutzrecht als Schutzkonzept für die aus dem allgemeinen Persönlichkeits- 158
recht abgeleitete informationelle Selbstbestimmung ist generell nur auf personenbezogene Daten anwendbar, etwa gemäß § 1 Abs. 1 und § 3 Abs. 1 BDSG a.F.

a) Rechtslage bis zum 25. Mai 2018

Die Erhebung und Weiterverarbeitung personenbezogener Daten für eine anonyme Sta- 159
tistik ist bis zur Anonymisierung datenschutzrechtlich geregelt, für den Bereich der amtlichen Statistik zB gemäß § 16 Abs. 1 BStatG, für den privatrechtlichen Bereich der geschäftsmäßigen Markt- und Meinungsforschung bisher in § 30 a BDSG. Ebenfalls vom Datenschutzrecht erfasst ist jede Anwendung eines statistischen Ergebnisses auf ein Individuum, etwa in Form eines Inferenzschlusses. Es handelt sich hierbei um einen Umgang mit personenbezogenen Daten, so dass entweder eine informierte Einwilligung vorliegen oder ein Erlaubnistatbestand nach den allgemeinen Vorschriften erfüllt sein muss. Der Umgang mit personenbezogenen Daten für anonyme Statistik oder anhand anonymer Statistik ist also durch zwei „Schleusen" reguliert: Die erste Schleuse, die die Daten aus dem Datenschutzecht entlässt, ist die Anonymisierung. Bevor die Daten diese

Schleuse passieren, sind sie datenschutzrechtlich reguliert. Die zweite Schleuse bezieht sich auf die Ergebnisse der anonymen Statistik. Sollen sie auf Einzelpersonen angewendet werden, muss hierfür grundsätzlich eine Einwilligung vorliegen oder ein Erlaubnistatbestand erfüllt sein. Für die amtlichen Statistiken ist die personenbezogene Anwendung der Ergebnisse gemäß § 21 BStatG sogar vollständig untersagt. Eine personenbezogene Anwendung liegt nicht nur dann vor, wenn der Name der Person bekannt ist, sondern auch dann, wenn die Person auf andere Weise individualisiert werden kann.[157]

160 An den dazwischen liegenden anonymen Verarbeitungsabschnitt werden weitgehend keine persönlichkeitsrechtlich begründeten Anforderungen gestellt, sondern lediglich Qualitätsstandards bezüglich der Wissenschaftlichkeit sowie der Neutralität und Objektivität der Untersuchung, etwa gemäß § 1 Abs. 1 Satz 2 und Satz 3 BStatG. Überdies gilt für die amtlichen Statistiken der Grundsatz, dass nach § 9 Abs. 1 BStatG jede einzelne Statistik durch Gesetz angeordnet werden muss (§ 5 Abs. 1 BStatG, Ausnahmen in Abs. 2), in dem insbesondere die Erhebungsmerkmale, also der Inhalt einer Statistik festgelegt werden müssen. Welche Themen amtlich statistisch ausgewertet werden dürfen, hat damit grundsätzlich der Gesetzgeber oder unter den Voraussetzungen von § 5 Abs. 2 BStatG die Bundesregierung in der Hand. Eine, wenn auch nicht sehr weitgehende, inhaltliche Regulierung der verwendeten Erhebungsmerkmale ist bisher für die personenbezogene Anwendung anonymer Statistik beim Vertragsscoring in § 28 b BDSG etabliert. In § 28 b Nr. 3 BDSG ist festgelegt, dass ein Score nicht ausschließlich aus Anschriftendaten errechnet werden darf. Die Vorschrift soll verhindern, dass Personen allein deshalb keinen oder einen weniger günstigen Vertrag angeboten bekommen, weil sie in einer bestimmten Wohngegend leben.[158] Außerdem untersagt § 6 a Abs. 1 Satz 1 BDSG a.F., Entscheidungen, die für den Betroffenen eine rechtliche Folge nach sich ziehen oder erheblich beeinträchtigen, auf eine rein automatisierte Bewertung von Persönlichkeitsmerkmalen zu stützen. Ein Score iSd § 28 b BDSG a.F. darf daher nicht die einzige Entscheidungsgrundlage darstellen, vielmehr muss gemäß § 6 a Abs. 1 Satz 2 BDSG a.F. immer eine inhaltliche menschliche Entscheidung hinzukommen. Für den Bereich der geschäftsmäßigen Markt- und Meinungsforschung mit anonymisierten Daten existieren keine thematischen oder inhaltlichen Beschränkungen statistischer Untersuchungen.

b) Rechtslage ab dem 25. Mai 2018

161 Das neue Bundesdatenschutzgesetz enthält mehrere Regelungen, die für den Bereich der statistischen Zwecke relevant sind.

aa) Verarbeitung besonderer Kategorien von Daten zu statistischen Zwecken

162 Der neue § 27 Abs. 1 Satz 1 BDSG erlaubt die Verarbeitung besonderer Kategorien personenbezogener Daten für Archiv-, Forschungs- und statistische Zwecke. Damit wurden inhaltlich zunächst die §§ 13 Abs. 2 Nr. 8 und 14 Abs. 5 Satz 1 Nr. 2 mit 28 Abs. 6 Nr. 4 BDSG a.F. zusammengefasst. Dabei wurde aber der Anwendungsbereich gegenüber den Vorgängernormen erweitert. Hinzugenommen wurden nämlich statistische Zwecke. Dies ist von der **Öffnungsklausel** in Art. 9 Abs. 2 lit. j DSGVO gedeckt.

163 Der neue § 27 Abs. 1 Satz 1 BDSG richtet sich an **öffentliche und nichtöffentliche Stellen**. Die Norm wäre also grundsätzlich auch auf die Arbeit der statistischen Bundes- und Landesämter anwendbar. Allerdings stellt die Gesetzesbegründung[159] klar, dass das in § 1 Abs. 2 BDSG n. F. niedergelegte **Subsidiaritätsgebot** (für Landesgesetze in § 1

157 *Dammann*, in: Simitis 2014, § 3, Rn. 22.
158 *Ehmann*, in: Simitis 2014, § 28 b Rn. 65.
159 BT-Drs. 18/11325, 100.

Abs. 1 Nr. 2 BDSG n.F.) auf die Norm anwendbar ist. Die Bundes- und Landesstatistikgesetze bleiben also anwendbar. Aufgrund der Öffnungsklausel in Art. 6 Abs. 2 iVm Art. 6 Abs. 1 UAbs. 1 lit. e DSGVO bleiben sie auch im Verhältnis zur Datenschutz-Grundverordnung anwendbar. Auch andere Spezialregelungen, zB aus dem Medizinbereich, gehen § 27 Abs. 1 BDSG vor. Dies bedeutet, dass in § 27 Abs. 1 Satz 1 BDSG im Ergebnis die Verarbeitung personenbezogener Daten hauptsächlich für privatwirtschaftliche statistische Zwecke erleichtert wurde. Amtliche Statistik ist in den Statistikgesetzen geregelt, Forschungszwecke (die auch Statistik enthalten können) waren schon in den Vorgängernormen enthalten. Der Gesetzgeber erleichtert hier also zusätzlich solche statistischen Zwecke, die gerade nicht Forschung sind, also vor allem **Marktforschung mit Big Data-Methoden.** Die Markt- und Meinungsforschung konnte bisher nach §§ 30 a Abs. 5 und 28 Abs. 6 BDSG a.F. nur sehr eingeschränkt auf besondere Kategorien von Daten zugreifen. Nun kann sie es immer dann, wenn die Interessen des Verantwortlichen die Interessen des Betroffenen erheblich überwiegen. Hierbei wird neben dem genauen Zweck der Verarbeitung ausschlaggebend sein, welche Sicherungsmaßnahmen zur Wahrung der Betroffeneninteressen der Verantwortliche gemäß Satz 2 einführt (→ Rn. 165).

Gemäß der Gesetzesbegründung soll der neue § 27 Abs. 1 Satz 1 BDSG nicht selbst **Rechtsgrundlage** der Verarbeitung sein, sondern setzt eine Rechtsgrundlage nach Art. 6 Abs. 1 DSGVO voraus, zB lit. f.[160] Das ist aber nicht nachvollziehbar. Die Öffnungsklausel in Art. 9 Abs. 2 lit. j DSGVO enthält die Möglichkeit, einen eigenen Erlaubnistatbestand einzuführen oder beizubehalten. § 27 Abs. 1 Satz 1 BDSG enthält alle Merkmale einer Ermächtigungsgrundlage. Es ist auch kein Fall vorstellbar, in dem die Voraussetzungen von § 27 Abs. 1 Satz 1 BDSG n.F. vorliegen, die von Art. 6 Abs. 1 UAbs. 1 lit. f DSGVO aber nicht. Daher kann die Norm als eigene Ermächtigungsgrundlage genutzt werden. Für Datenverarbeitungen zu privatwirtschaftlichen statistischen Zwecken, die keine besonderen Kategorien von Daten betreffen, sind in Zukunft die Erlaubnistatbestände des Art. 6 Abs. 1 UAbs. 1 DSGVO direkt heranzuziehen, da das neue Bundesdatenschutzgesetz für sie keine Erlaubnistatbestände mehr enthält (sehr wohl aber Einschränkungen der Betroffenenrechte → Rn. 167). 164

Art. 9 Abs. 2 lit. j DSGVO verlangt, dass die Rechtsnorm des Mitgliedstaats, in angemessenem Verhältnis zu dem verfolgten Ziel steht, den Wesensgehalt des Rechts auf Datenschutz wahrt und angemessene und spezifische Maßnahmen zur Wahrung der Grundrechte vorsieht. Art. 89 Abs. 1 Satz 2 DSGVO schreibt überdies für Verarbeitungen zu statistischen Zwecken besondere **Garantien** für die Rechte und Freiheiten der betroffenen Personen vor. § 27 Abs. 1 Satz 2 BDSG n.F. verweist dem entsprechend auf Maßnahmen nach dem ebenfalls neu eingeführten § 22 Satz 2 BDSG. Diese beinhalten zB technisch-organisatorische Maßnahmen zum Datenschutz, die Sensibilisierung der an der Verarbeitung Beteiligten, die Benennung eines Datenschutzbeauftragten, Pseudonymisierung und Verschlüsselung personenbezogener Daten, IT-Sicherheitsmaßnahmen und Verfahren zur Überprüfung der Wirksamkeit der technischen Maßnahmen. 165

Es erscheint zunächst so, dass als Ausgleich für die relativ einfache Möglichkeit, besondere Kategorien von Daten statistisch zu verarbeiten, Maßnahmen gefordert werden, zu denen die Verantwortlichen ohnehin weitgehend für jede Verarbeitung personenbezogener Daten verpflichtet sind. Nichtöffentliche Stellen haben gemäß § 38 Abs. 1 Satz 1 BDSG sowieso einen Datenschutzbeauftragten zu bestellen, wenn sie in der Regel mindestens zehn Personen ständig mit der automatisierten Verarbeitung personenbezogener Daten beschäftigen. Soweit sie Markt- und Meinungsforschung betreiben (Hauptan- 166

160 BT-Drs. 18/11325, 99.

wendungsgebiet der statistischen Zwecke), haben sie gemäß Satz 2 unabhängig von der Mitarbeiterzahl einen Datenschutzbeauftragten zu bestellen. Die Pseudonymisierung und die Verschlüsselung personenbezogener Daten gehören nach Art. 32 Abs. 3 lit. a DSGVO ohnehin zu den grundlegenden Sicherungsmaßnahmen und Maßnahmen der Systemgestaltung nach Art. 25 Abs. 1 DSGVO.[161] Allerdings werden diese Handlungspflichten, die grundsätzlich keinen Bezug zur Zulässigkeit der Datenverarbeitung haben, hier zu Zulässigkeitsvoraussetzungen. Werden sie nicht erfüllt, riskiert der Verantwortliche nicht nur ein Bußgeld, sondern die Datenverarbeitung ist auch unzulässig. Dies wiederum würde dann zB Löschungsrechte der betroffenen Personen auslösen.

bb) Einschränkung von Betroffenenrechten

167 Gemäß dem neuen § 27 Abs. 2 Satz 1 BDSG sind die Betroffenenrechte aus Art. 15, 16, 18 und 21 DSGVO eingeschränkt, soweit diese voraussichtlich die Verwirklichung der statistischen Zwecke unmöglich machen oder erheblich beeinträchtigen. Der Gesetzgeber hat hierfür die **Öffnungsklausel** in Art. 89 Abs. 2 DSGVO genutzt. § 27 Abs. 2 Satz 1 BDSG bezieht sich, anders als Abs. 1 Satz 1, nicht nur auf besondere Kategorien von Daten, sondern auf **alle Daten**, die zu statistischen Zwecken verarbeitet werden.

168 Der Gesetzgeber hat hier, ohne dass die Verordnung ihn dazu zwingt, den gesamten Spielraum der Öffnungsklausel zu Lasten der Betroffenen ausgenutzt. Die Regelung wiederholt außerdem fast wörtlich die Formulierung in Art. 89 Abs. 2 DSGVO, ohne genauer zu spezifizieren, welche Betroffenenrechte wie weit eingeschränkt werden können. Dies ist damit weitgehend den Verarbeitern überlassen, die durch die Breite der Vorschrift dazu eingeladen werden, die Betroffenenrechte mit Hinweis auf den statistischen Zweck möglichst weitgehend einzuschränken. Überdies ist äußerst fraglich, ob die Einschränkung der Betroffenenrechte in dieser Form überhaupt ausreichend bestimmt genug ist.

169 Zur Begründung für die breite und undifferenzierte Vorschrift gibt die Gesetzesbegründung an, dass etwa Ethikkommissionen ohne Einschränkung der Betroffenenrechte bestimmte Forschungsprojekte ablehnen könnten.[162] Diese Begründung ist aber weder verständlich noch überzeugend. Der Gesetzgeber hat mit der Vorschrift schlicht seine Pflicht zum Schutz der Betroffenen völlig vernachlässigt. Im bisherigen Bundesdatenschutzgesetz sind viel spezifischere Regeln vorhanden. Ein Beispiel ist die Einschränkung der **Benachrichtigungspflicht** in § 33 Abs. 2 Satz 1 Nr. 5 BDSG a.F.[163] aus Gründen wissenschaftlicher Forschung. Sie gilt gemäß § 34 Abs. 7 BDSG a.F. schon bisher auch für das **Auskunftsrecht.** Nicht hingegen für das Auskunftsrecht gilt bisher die Einschränkung gemäß § 33 Abs. 2 Satz 1 Nr. 9 BDSG a.F. bei Markt- und Meinungsforschung. Nun ist dies aber der Fall, da § 27 Abs. 2 Satz 1 BDSG n.F. die Betroffenenrechte pauschal auch für statistische Zwecke einschränkt. Diese Einschränkung des Auskunftsrechts gilt außerdem bisher nur für den nichtöffentlichen Bereich, während § 27 Abs. 2 Satz 1 BDSG öffentliche und nichtöffentliche Verarbeiter adressiert. Für das Recht auf Berichtigung und das Recht auf Sperrung/Einschränkung der Verarbeitung gab es derartige Beschränkungen bisher gar nicht. Auch die Einschränkung des **Widerspruchsrechts** ist zu pauschal. Sie hätte zB auf Daten beschränkt werden können, die aus öffentlich zugänglichen Quellen entnommen wurden.

170 Die weitere Einschränkung des Auskunftsrechts in § 27 Abs. 2 Satz 2 BDSG n.F. ist nur auf Forschungszwecke anwendbar, nicht auf statistische Zwecke.[164]

---

161 S. auch Art. 25 Abs. 1 DSGVO.
162 BT-Drs. 18/11325, 99.
163 Für den öffentlichen Bereich § 19 a Abs. 2 Nr. 2 BDSG a.F.
164 S. *Johannes/Richter*, DuD 2017, 303.

Die neuen §§ 32 ff. BDSG enthalten außerdem Einschränkungen der Betroffenenrechte. Diese gelten allgemein und nicht spezifisch für die Verarbeitung zu statistischen Zwecken. Die Gesetzesbegründung gibt aber an, auch die **allgemeinen Beschränkungen** seien auf die Datenverarbeitung zu statistischen Zwecken anzuwenden da diese ansonsten gegenüber den übrigen Datenverarbeitungen schlechter gestellt sei, obwohl sie „privilegiert" sein sollte.[165] Eine solche Auslegung wäre allerdings verordnungswidrig (→ § 4 Rn. 32). 171

Die Erleichterungen der Verarbeitungen zu statistischen Zwecke gehen nur soweit, wie dies die Verordnung auch festlegt. Dies kann aber nicht als allgemeines Prinzip auf weitere Regelungen ausgeweitet werden, um für die statistische Datenverarbeitung zusätzliche Erleichterungen zu schaffen. Außerdem enthält die Verordnung in Art. 89 Abs. 2 und 3 DSGVO **spezielle Öffnungsklauseln** für die Einschränkung von Betroffenenrechten bei der Verarbeitung zu Archiv-, Forschungs- und statistischen Zwecken. Diese enthalten besondere Anforderungen. Insbesondere dürfen die Betroffenenrechte bei einer solchen Verarbeitung ausdrücklich nur eingeschränkt werden, wenn ansonsten die Verwirklichung dieser Zwecke unmöglich gemacht oder ernsthaft beeinträchtigt wird und die Einschränkungen für die Erfüllung der Zwecke notwendig sind.[166] Die Systematik der Verordnung besteht in dieser Hinsicht gerade darin, die Verarbeitung zu diesen Zwecken insbesondere hinsichtlich der Zweckbindung zu erleichtern, als Ausgleich hierfür aber besondere Garantien nach Art. 89 Abs. 1 DSGVO zu verlangen und die Einschränkung von Betroffenenrechten nur nach den Art. 89 Abs. 2 und 3 DSGVO zuzulassen. Auch das neue Bundesdatenschutzgesetz enthält in den §§ 27 und 28 BDSG spezifische Regelungen hierfür. Die Einschränkung der Betroffenenrechte nach §§ 32 ff. BDSG könnte ausnahmsweise auch auf die Datenverarbeitung zu statistischen Zwecken anzuwenden sein, soweit sich die Einschränkung im Einzelfall hinsichtlich des betroffenen Rechtsguts nach Art. 23 Abs. 1 lit. a bis lit. h DSGVO und der konkreten Ausgestaltung nach Art. 23 Abs. 2 DSGVO als spezieller darstellt. §§ 32 ff. BDSG sind aber keinesfalls grundsätzlich zusätzlich zu § 27 Abs. 2 Satz 1 BDSG auf Verarbeitungen zu statistischen Zwecken anzuwenden. 172

cc) Anonymisierung

Gemäß dem neuen § 27 Abs. 3 Satz 1 BDSG müssen besondere Kategorien von personenbezogenen Daten anonymisiert werden, sobald der Statistikzweck dies erlaubt. Die Norm ist gemäß der Begründung[167] auf § 40 Abs. 2 BDSG a.F. zurückzuführen. Sie ist allerdings nicht auf Forschungseinrichtungen begrenzt, sondern gilt nun für alle Stellen, die besondere Kategorien von Daten nach § 27 Abs. 1 Satz 1 BDSG zu statistischen Zwecken verarbeiten. Die Anonymisierung kann außerdem im Gegensatz zu § 40 Abs. 2 BDSG a.F. unterbleiben, wenn berechtigte Interessen der betroffenen Person ihr entgegenstehen. Die Norm verstößt damit gegen Art. 89 Abs. 1 DSGVO, auf den sich die **Öffnungsklausel** in Art. 9 Abs. 2 lit. j DSGVO ausdrücklich bezieht. Von einer Anonymisierung kann danach nur abgesehen werden, wenn dies für die Verfolgung statistischer Zwecke zwingend erforderlich ist. § 27 Abs. 3 Satz 1 BDSG ist in dieser Hinsicht **verordnungswidrig** und wird von Art. 89 Abs. 1 DSGVO verdrängt. 173

Nach dem neuen § 27 Abs. 3 Satz 2 BDSG sind die personenbezogenen Merkmale bis zur Anonymisierung **getrennt zu speichern**. Die Regelung entspricht der des § 40 Abs. 2 Satz 2 BDSG a.F. Eine Zusammenführung ist nach Satz 3 nur insofern zulässig, wie es 174

165 BT-Drs. 18/11325, 102.
166 Vgl. *Kühling/Martini et al.* 2016, 298.
167 BT-Drs. 18/11325, 100.

der statistische Zweck rechtfertigt. Die Norm ist nur auf die Ausgangsdaten einer Statistik anwendbar, da die Ergebnisse der Statistik ohnehin anonym sein müssen.

dd) Veröffentlichungsrecht

175 Nach dem neuen § 27 Abs. 4 BDSG darf der Verantwortliche personenbezogene Daten nur veröffentlichen, wenn die betroffene Person einwilligt oder wenn dies für die Darstellung von Forschungsergebnissen über Ereignisse der Zeitgeschichte unerlässlich ist. Trotz des offenen Wortlauts ist die Vorschrift auf die Verarbeitung zu Forschungs- und statistischen Zwecken zu reduzieren. Dafür sprechen die Überschrift und der Sinnzusammenhang mit § 27 Abs. 1 bis 3 BDSG. Die Regelung ist § 40 Abs. 3 BDSG a.F. entlehnt,[168] in dem auch nicht nach der Datenart differenziert wurde. Im Hinblick auf statistische Zwecke ist die Norm nur auf die Ausgangsdaten der Statistik anwendbar.[169] Daten für statistische Verarbeitungen können außerdem **nur mit Einwilligung** veröffentlicht werden, da sie unter keine der anderen Alternativen fallen.

4. Anwendungsvorrang der Verordnung und Anwendbarkeit deutschen Rechts

a) Amtliche Statistik

176 Die Verordnung gilt grundsätzlich sowohl für privatrechtliche als auch für öffentlichrechtliche Datenverarbeiter. Die Erlaubnistatbestände in Art. 6 Abs. 1 UAbs. 1 iVm Art. 5 Abs. 1 lit. b und Art. 89 Abs. 1 DSGVO könnten daher grundsätzlich die Vorschriften im Bundesstatistikgesetz und den Landesstatistikgesetzen zum Umgang mit (noch) personenbezogenen Daten für statistische Zwecke oder die Herstellung eines Personenbezugs zu anonymen statistischen Daten verdrängen. Allerdings enthalten Art. 6 Abs. 2 und 3 iVm Art. 6 Abs. 1 UAbs. 1 lit. e DSGVO eine Öffnungsklausel die die Möglichkeit eröffnet, spezifischere Vorschriften für die Erfüllung von Aufgaben im öffentlichen Interesse oder in Ausübung öffentlicher Gewalt einzuführen oder beizubehalten (→ § 7, Rn. 22). Hierdurch können die Vorschriften im **Bundesstatistikgesetz** und den **Landesstatistikgesetzen** zum Umgang mit (noch) personenbezogenen Daten weiter angewendet werden. Dies betrifft nach Art. 6 Abs. 3 DSGVO die Erlaubnisvorschriften und nach Art. 6 Abs. 2 DSGVO auch organisatorische Vorschriften zum Umgang mit personenbezogenen Daten und die spezifischen Betroffenenrechte. Gemäß § 9 Abs. 1 BStatG werden zB die Erhebungs- und Hilfsmerkmale, die für eine Statistik erhoben werden und die Art der Erhebung in der jeweiligen die einzelne Statistik anordnenden Rechtsvorschrift genau bestimmt. §§ 10 ff. BStatG enthalten weitere Vorschriften zum Umgang mit den Daten. § 17 BStatG enthält einige spezifische statistikbezogene Inhalte der Unterrichtungspflicht, die in der Verordnung nicht vorkommen, wie zum Beispiel die Unterrichtung über die statistische Geheimhaltung und das Bestehen einer Auskunftspflicht oder die Freiwilligkeit der Angaben. Die Regelungen des Bundesstatistikgesetzes und der Landesstatistikgesetze können aufgrund von Art. 6 Abs. 2 und 3 DSGVO umfassend weiter angewendet werden.

177 Soweit das Recht der Mitgliedstaaten Einschränkungen der Betroffenenrechte auf Auskunft, Berichtigung, Einschränkung der Verarbeitung oder Widerspruch enthält, die notwendig sind, um statistische Zwecke zu erfüllen, können solche Einschränkungen nach Art. 89 Abs. 2 DSGVO (weiter) angewendet werden. Dies ergibt sich sowohl aus Art. 89 Abs. 2 DSGVO als auch aus Art. 6 Abs. 2 DSGVO, der ausdrücklich die besonderen Verarbeitungssituationen in Kapitel IX der Verordnung mit einschließt. Im Bereich der amtlichen Statistik kann zB als Einschränkung des Widerspruchsrechts nach Art. 21 Abs. 1 DSGVO die in § 15 BStatG niedergelegte Möglichkeit angesehen werden,

168 So BT-Drs. 18/11325, 100.
169 Eg. 162 DSGVO.

die im Rahmen einer Statistik Befragten zur Auskunft zu verpflichten. Auch die Verordnung enthält in Art. 21 Abs. 6 DSGVO die Möglichkeit, das Widerspruchsrecht aus Gründen des öffentlichen Interesses für statistische Zwecke einzuschränken. § 15 BStatG stellt daher im Vergleich mit der Verordnung gar keine Einschränkung von Betroffenenrechten dar. Die Auskunftsrechte des Art. 15 DSGVO sind im deutschen Recht der Statistik gegenüber der Verordnung nicht eingeschränkt. Im Gegenteil erweitert § 17 BStatG das Recht auf Auskunft gegenüber dem allgemeinen Auskunftsrecht um statistikspezifische Inhalte. Das deutsche Recht der amtlichen Statistik in seiner derzeitigen Gestalt bedarf zur weiteren Anwendbarkeit im Hinblick auf die Einschränkung von Betroffenenrechten daher gar nicht der Öffnungsklausel des Art. 89 Abs. 2 oder Art. 6 Abs. 2 DSGVO.

Eine Besonderheit stellt das **Verbot der Reidentifizierung** in § 21 BStatG dar. Entsprechende Vorschriften sind auch in den Landesstatistikgesetzen enthalten. § 21 BStatG verbietet es generell, Einzelangaben aus Statistiken mit anderen Informationen zusammenzuführen, um einen Personenbezug herzustellen. Das Verbot richtet sich nicht nur an das Bundesamt, sondern auch an alle Dritten.[170] Art. 6 Abs. 2 iVm Abs. 1 UAbs. 1 lit. e DSGVO erfasst aber nicht alle Datenverarbeiter, sondern nur solche, die öffentliche Interessen erfüllen oder in Ausübung öffentlicher Gewalt tätig sind. Rein privatwirtschaftlich handelnde Dritte sind nicht erfasst. Daher bleibt § 21 BStatG aufgrund von Art. 6 Abs. 2 DSGVO nur für den öffentlichen Bereich anwendbar. Die Verordnung enthält ein vergleichbares Verbot nicht. Zwar können die dort geforderten Garantien für die Freiheiten der Betroffenen so ausgelegt werden, dass eine Reidentifizierung nicht stattfinden darf. Ausdrücklich und allgemeingültig, wie in § 21 BStatG, legt die Verordnung dies allerdings gerade nicht fest. Erwägungsgrund 156 DSGVO nennt als Garantien im Sinne des Art. 89 Abs. 1 DSGVO nur technische und organisatorische Maßnahmen, keine Nutzungsverbote, wie auch Art. 89 Abs. 1 Satz 2 DSGVO selbst. 178

Art. 89 Abs. 1 DSGVO bezieht sich überdies auf die Verarbeitung personenbezogener Daten für statistische Zwecke, also auf das Stadium vor einer anonymen statistischen Analyse. Die Norm richtet sich an den Verantwortlichen, der personenbezogene Daten für statistische Zwecke verarbeitet. Ein anderer Verarbeiter, der die statistischen Ergebnisse des ersten Verarbeiters reidentifizieren wollte, würde gerade keine statistischen Zwecke verfolgen, sondern personenbezogene Zwecke. Aus diesem Grund wären für ihn die Erlaubnistatbestände des Art. 6 Abs. 1 DSGVO anwendbar und nicht Art. 89 DSGVO. Die in Art. 89 Abs. 1 DSGVO geforderten Garantien stellen einen Ausgleich für die Erleichterung der Verarbeitung für statistische Zwecke in Art. 5 Abs. 1 lit. b DSGVO dar und sind Voraussetzung für deren Erlaubnis. 179

Der (erste) Verarbeiter, der statistische Zwecke verfolgt, könnte theoretisch als Garantie iSd Art. 89 Abs. 1 DSGVO Nutzungsbedingungen vorschreiben, die bei Nutzung seiner Statistiken eine Reidentifizierung verbieten. Ein Reidentifizierungsverbot, das auch für Dritte nach der statistischen Analyse bindend wäre, könnte sich aber nur durch solche dementsprechend gestaltete Nutzungsbedingungen des Erstellers der Statistik ergeben. Gemäß der Verordnung wäre eine personenbezogene Anwendung amtlicher Statistik durch Private an den Erlaubnisvorschriften des Art. 6 Abs. 1 DSGVO im Einzelfall zu messen. Hierbei wäre ein eventuelles Reidentifizierungsverbot des Erstellers der Statistik im Einzelfall zu beachten. Verzichtet der Ersteller der Statistik allerdings auf ein Reidentifizierungsverbot in Nutzungsbedingungen, entfaltet Art. 89 Abs. 1 DSGVO (selbst wenn er so ausgelegt würde, dass die Garantien ein Reidentifizierungsverbot enthalten 180

170 BT-Drs. 10/5345, 22.

müssen) auch keine Bindungswirkung gegenüber anderen Datenverarbeitern, die die statistischen Ergebnisse nutzen wollen.

181 Möglich und zu wünschen wäre es auch, dass im Rahmen der Prüfung, ob eine Reidentifizierung amtlicher Statistiken nach Art. 6 Abs. 1 DSGVO zulässig wäre, die Rechtsprechung generell zu dem Ergebnis kommt, dass dies unzulässig ist. § 21 BStatG ist aber mit seinem ausdrücklichen völligen Verbot deutlich strenger als die Verordnung und kann abseits der Reichweite von Art. 6 Abs. 1 UAbs. 1 lit. e DSGVO nicht weiter angewendet werden. Die Verordnung lockert hierdurch im Vergleich zur bisherigen Rechtslage den Schutz im Recht der amtlichen Statistik, indem sie die Nutzung von amtlicher Statistik für personenbezogene Anwendungen durch Private nicht grundsätzlich ausschließt.

b) Automatisierte Einzelentscheidungen und Scoring

182 Statistische Verarbeitung personenbezogener Daten ist ein wichtiger Bestandteil von automatisierten Einzelentscheidungen und Scoring.

183 Die Zulässigkeit automatisierter Einzelentscheidungen richtet sich nach Art. 22 DSGVO. Sie ist gemäß Abs. 1 grundsätzlich unzulässig. Abs. 2 enthält allerdings Ausnahmen und eine Öffnungsklausel. In § 37 BDSG hat der deutsche Gesetzgeber die Öffnungsklausel in Art. 22 Abs. 2 lit b DSGVO genutzt, um eine (zusätzliche) Ausnahme vom Verbot der automatisierten Einzelentscheidung für **Versicherungsverträge** einzuführen.

184 Anforderungen für Scoring sind in § 31 BDSG geregelt. § 31 Abs. 1 Satz 2 BDSG enthält weitgehend die Inhalte des bisherigen des § 28 b BDSG a.F. Ob der neue § 31 BDSG auf die Öffnungsklausel in Art. 22 Abs. 2 lit b DSGVO gestützt werden konnte, ist umstritten.[171] Diesbezüglich kann allerdings keine pauschale Aussage getroffen werden, es ist vielmehr zu differenzieren. Die Öffnungsklausel ist in jedem Fall für Scoring anwendbar, das im Rahmen automatisierter Einzelentscheidungen stattfindet, denn Art. 22 Abs. 1 DSGVO schließt ausdrücklich das Profiling mit ein, das in Art. 4 Nr. 4 DSGVO definiert wird und das Scoring enthält. Allerdings sind von Art. 22 Abs. 1 DSGVO nur solche Entscheidungen erfasst, die rechtlich binden oder nachteilig für die betroffene Person sind. Zu dieser Anwendungsgruppe können etwa die automatisierte „Preisdiskriminierung“ in Online-Shops oder automatisierte Bonitätsprüfungen von Online-Bezahldiensten zählen. Nur dort, wo tatsächlich noch ein Mensch eine qualitative Entscheidung aufgrund der Scores trifft (möglich bei Kreditverträgen beim Bankberater vor Ort), ist die Öffnungsklausel in Art. 22 Abs. 2 DSGVO tatsächlich nicht anwendbar. Diesbezüglich wird § 31 BDSG von den Erlaubnistatbeständen in Art. 6 Abs. 1, UAbs. 1 DSGVO verdrängt, insbesondere von lit. b (Vertragsdatenverarbeitung) und lit. f (berechtigtes Interesse). Allerdings kann auch ein Scoring im Rahmen dieser Tatbestände nur dann als erforderlich für den Vertrag oder den berechtigten Interessen der betroffenen Person genügend angesehen werden, wenn es sich insbesondere um ein wissenschaftlich anerkanntes Verfahren handelt, und nicht allein Adressdaten (oder andere einseitig diskriminierende Merkmale) verwendet werden. Inhaltlich besteht daher trotz der unterschiedlichen Rechtsgrundlagen kein Unterschied hinsichtlich der Zulässigkeitsanforderungen beim Scoring im Rahmen automatisierter Einzelentscheidungen und unter qualitativer Beteiligung eines Menschen (→ § 8 Rn. 227 ff.).

c) Private Markt- und Meinungsforschung

185 Für die private Markt- und Meinungsforschung, inklusive der Wahlforschung durch Private, gilt die Öffnungsklausel in Art. 6 Abs. 2 iVm Abs. 1 lit. e DSGVO nicht. § 30 a

171 Überblick hierzu mwN *Taeger*, RDV 2017, 5 ff.

BDSG a.F. wäre von der Datenschutz-Grundverordnung vollständig verdrängt worden und wurde dementsprechend vom deutschen Gesetzgeber ersatzlos gestrichen. Anwendbar sind damit auf diesen Bereich zunächst die Erlaubnistatbestände in **Art. 6 Abs. 1 UAbs. 1 DSGVO,** insbesondere lit. f. Hierbei gilt für die Verarbeitung zu statistischen Zwecken zusätzlich Art. 89 DSGVO, insbesondere Art. 89 Abs. 1 Satz 4 DSGVO, so dass die Anonymisierungspflicht aus § 30 a BDSG a.F. nicht verloren geht.

Hinsichtlich der Verarbeitung besonderer Kategorien von Daten zu statistischen Zwecken ist aber der neue **§ 27 Abs. 1 Satz 1 BDSG** anzuwenden, der die Öffnungsklausel in Art. 9 Abs. 2 lit. j DSGVO ausnutzt. Bezüglich der Garantien bei der Verarbeitung zu statistischen Zwecken ist grundsätzlich Art. 89 Abs. 1 DSGVO anzuwenden, wobei wiederum für die Verarbeitung besonderer Kategorien von Daten § 27 Abs. 1 Satz 2 BDSG n.F. vorrangig anzuwenden ist. Hinsichtlich der Anonymisierung besonderer Kategorien von Daten ist § 27 Abs. 3 BDSG gegenüber Art. 89 Abs. 1 Satz 4 DSGVO vorrangig anzuwenden. Allerdings ist die Einschränkung der Anonymisierungspflicht bei entgegenstehenden Interessen der Betroffenen im neuen § 27 Abs. 3 Satz 1 BDSG verordnungswidrig und nicht anzuwenden. 186

Hinsichtlich der Einschränkung von Betroffenenrechten bei der Verarbeitung personenbezogener Daten zu statistischen Zwecken im Allgemeinen ist § 27 Abs. 2 BDSG anzuwenden, der die Öffnungsklausel in Art. 89 Abs. 2 DSGVO umsetzt, nicht hingegen die neuen allgemeinen Einschränkungen in § 32 ff. BDSG. 187

Hinsichtlich der **Veröffentlichung** personenbezogener Daten, die zu statistischen Zwecken verarbeitet werden sollen, ist der neue § 27 Abs. 4 BDSG gegenüber Art. 6 Abs. 1 UAbs. 1 DSGVO vorrangig anzuwenden. Er kann auf die Öffnungsklausel in Art. 85 DSGVO gestützt werden. 188

5. Zusammenfassung

Auch der Bereich der Statistik wird durch eine Ko-Regulierung von Unionsrecht und deutschem Datenschutzrecht bestimmt. Im Bereich der amtlichen Statistik können für den Umgang mit personenbezogenen Daten die Statistikgesetze des Bundes und der Länder weiter angewendet werden. Im Bereich der privatrechtlichen Markt- und Meinungsforschung ist zunächst die Verordnung anzuwenden. Der neue § 27 BDSG enthält aber vorrangig anwendbare Vorschriften für die Verarbeitung besonderer Kategorien personenbezogener Daten zu statistischen Zwecken und für die Einschränkung von Betroffenenrechten bei der Verarbeitung personenbezogener Daten im Allgemeinen zu statistischen Zwecken. 189

Die Einschränkungen der Betroffenenrechte in den neuen §§ 32 ff. BDSG sind nicht auf die Verarbeitung personenbezogener Daten zu statistischen Zwecken anzuwenden, da dies **unionsrechtswidrig** wäre. Die Einschränkung des Auskunftsrechts im neuen § 27 Abs. 2 Satz 2 BDSG ist ebenfalls auf die Verarbeitung zu statistischen Zwecken **nicht anzuwenden.** § 27 Abs. 3 Satz 1 BDSG ist hinsichtlich der Möglichkeit, die Anonymisierung wegen berechtigter Interessen der betroffenen Person zu unterlassen, **verordnungswidrig** und wird von Art. 89 Abs. 1 DSGVO verdrängt. Das Veröffentlichungsrecht aus dem neuen § 27 Abs. 4 BDSG ist für statistische Datenverarbeitungen nur mit Einwilligung zulässig. Der neue **§ 31 BDSG ist nur hinsichtlich solcher Scoringverfahren anzuwenden,** die Teil einer automatisierten Entscheidung sind und eine rechtliche Wirkung oder negative Folge für die betroffene Person haben. Für alle anderen Scoringverfahren sind die Erlaubnistatbestände in Art. 6 Abs. 1 DSGVO anzuwenden. 190

V. Archivierung

191 Viele personenbezogene Daten können eine Bedeutung über die Verarbeitung zum primären Zweck hinaus haben. Das ist insbesondere der Fall, wenn sie Fragen des politischen, wirtschaftlichen und kulturellen Zeitgeschehens betreffen. In dem Maß, in dem die Verarbeitung personenbezogener Daten zunimmt, gewinnt Archivierung als Grundlage der **Auswertung** und **Wiederverwendung früheren Wissens** an Bedeutung. Im gleichen Maß zeigt sich die Archivierung personenbezogener Daten aber auch als große Herausforderung des Datenschutzes. Die Datenschutz-Grundverordnung hat der Archivierung eine so große Bedeutung zugewiesen, dass sie mehrere **eigenständige Regelungen** für sie getroffen hat.

1. Archivwesen und Archivierungspflichten

192 **Archive**[172] sind Institutionen oder Organisationseinheiten, die Archivgut erfassen, erschließen, dauerhaft erhalten und nutzbar machen. Es sind Speicherorte von Wissen und seit der Antike fest mit der europäischen Kultur verbunden.[173] Ihre kulturgutschützende, geschichtswahrende Funktion ist allgemein anerkannt und national und international gesetzlich festgeschrieben.[174] Archive dienen aber auch der Verwaltung in einer administrativen und rechtssichernden[175] Funktion.[176] Zur Verwahrung von Behörden- oder Verwaltungsschriftgut im öffentlichen Bereich bildeten sich im 20. Jahrhundert auf der Ebene des Bundes, der Länder und der Kommunen Archive auf gesetzlicher Grundlage heraus.[177] **Archivgesetze** des Bundes und der Länder wurden ab Ende der 1980er Jahre erlassen.

193 Archive existieren in nahezu allen Lebensbereichen, sowohl in öffentlicher als auch in privater Trägerschaft.[178] Die meisten öffentlichen Archive arbeiten aufgrund von Archivgesetzen, die die Archivierung und die damit verbundenen Arbeitsfelder als öffentliche Pflichtaufgabe deklarieren. Es besteht ein öffentliches Interesse an der Vorhaltung von öffentlichen Archiven, da die dort verwahrten **Unterlagen** den Behörden die im modernen Rechtsstaat notwendige Kontinuität sichern und die Grundlage für die Erforschung der Geschichte bilden.[179]

194 Dieses Interesse an der Archivierung von Daten und Unterlagen, die oft auch personenbezogene Daten enthalten, über längere Zeiträume als den ursprünglichen Zweck der Verarbeitung hinaus steht dem Interesse der betroffenen Person auf **Vergessen** gegenüber und konfligiert mit den Grundsätzen der Zweckbindung, Speicherminimierung und Datenminimierung nach Art. 5 DSGVO (→ § 3 Rn. 39 ff.). Einen Ausgleich dieser Positionen versucht die Verordnung durch spezielle Archivklauseln zu erreichen.[180]

---

172 Lateinisch archivum; aus altgriechisch ἀρχεῖον (archeíon) = Behörde/Amtsgebäude.

173 *Tibelius*, in: Archivschule 2015, Terminus Archiv.

174 S. *Hoppe/Heinze* 2016, 71 ff.

175 Schon die frühesten Archive waren von dem Interesse geleitet, herrschaftslegitimierende und territoriale Rechtsansprüche sicher zu verwahren und dauerhaft nachweisbar zu machen.

176 *Tibelius*, in: Archivschule 2015, Terminus Archiv.

177 S. *Schneider*, in: Roßnagel 2003, Kap. 8.9 Rn. 2 f.

178 Kirchenarchive, Archive von wissenschaftlichen Institutionen, Unternehmens-, Vereins-, Partei-, Medien- und Adelsarchive und Archive zu speziellen, gesellschaftlichen Themen, wie die Archive der sozialen Bewegung oder Frauenarchive, s. *Tibelius*, in: Archivschule 2015, Terminus Archiv.

179 *Schneider*, in: Roßnagel 2003, Kap. 8.9 Rn. 5.

180 Art. 5 Abs. 1 lit. b und lit. e, 14 Abs. 5 lit. b, 17 Abs. 3 lit. d, 21 Abs. 6, 89 Abs. 1 und 2 DSGVO, s. auch Eg. 50, 52, 53, 62, 65, 73, 113, 153, 156 und 158 DSGVO.

2. Regelungen der Datenschutz-Grundverordnung

Unterschieden werden muss zunächst zwischen **Aufbewahrung** und **Archivierung.** Die Aufbewahrung wird umgangssprachlich oft als „Archivierung“ bezeichnet.[181] In der Verwaltungspraxis sind Dokumente zu laufenden Vorgängen für die Dauer der Erforderlichkeit in der **Registratur** aufzubewahren.[182] Erst wenn sie nicht mehr benötigt werden, sind sie auszusondern. Die Aufbewahrung erfolgt in der Regel, um gesetzlichen Aufbewahrungspflichten nachzukommen. Dies ist jedoch keine Archivierung iSd Verordnung oder der Archivgesetze. Eine gesetzliche Aufbewahrungspflicht für nichtöffentliche Stellen[183] ist eine Rechtspflicht iSd Art. 6 Abs. 1 UAbs. 1 lit. c DSGVO. Sie kann auch im öffentlichen Interesse iSd Art. 6 Abs. 1 UAbs. 1 lit. e DSGVO liegen. Gesetzliche Aufbewahrungspflichten staatlicher Stellen stehen in direkter Beziehung zur Ausübung öffentlicher Gewalt im Sinne von Art. 6 Abs. 1 UAbs. 1 lit. e DSGVO. 195

Explizit sieht die Verordnung nur Regelungen für die Archivierung vor. Sie bevorzugt wiederholt die Verarbeitung von Daten für **im öffentlichen Interesse liegende Archivzwecke,** für wissenschaftliche und historische Forschungszwecke oder für statistische Zwecke.[184] Dieser Dreiklang wird nur an wenigen Stellen durchbrochen, um speziellere Regelungen für einen oder für zwei der drei Zwecke Archivierung, Forschung und Statistik festzulegen (s. zur Wissenschaft → § 7 Rn. 241, zur Statistik → § 7 Rn. 146).[185] 196

Die Verordnung **definiert** den Begriff „im öffentlichen Interesse liegende Archivzwecke“ **nicht,** auch nicht den Begriff „öffentliches Interesse“ (→ § 7 Rn. 9). Archive sind nach allgemeinem Sprachverständnis besondere Stellen zur Aufbewahrung von Informationen auf unbestimmte Zeit. Gemeint sein können sowohl staatliche als auch private Stellen, die Aufzeichnungen im öffentlichen Interesse bewahren.[186] Auch nach Erwägungsgrund 158 sind Behörden oder öffentliche oder private Stellen, die Aufzeichnungen von öffentlichem Interesse führen, solche, die gemäß dem Unionsrecht oder dem Recht der Mitgliedstaaten rechtlich dazu verpflichtet sind, **Aufzeichnungen von bleibendem Wert für das allgemeine öffentliche Interesse** zu erwerben, zu erhalten, zu bewerten, aufzubereiten, zu beschreiben, mitzuteilen, zu fördern, zu verbreiten sowie den Zugang dazu bereitzustellen. Daraus folgt, dass der im öffentlichen Interesse liegende Archivzweck in der Regel im Unionsrecht oder im Recht des Mitgliedstaats bestimmt sein und dem Allgemeininteresse dienen muss. Dies trifft sowohl für das deutsche Bundesarchiv und die Archive der Bundesländer als auch für die Archive der Kommunen und aller anderen öffentlich-rechtlich organisierten Einrichtungen mit Archivaufgaben zu.[187] Es gilt auch für privatrechtlich organisierte Stellen, die mit der Archivtätigkeit im öffentlichen Interesse **hoheitlich betraut** worden sind. Auch die Förderung eines Archivs mit öffentlichen Mitteln, zeigt in der Regel an, dass der Archivzweck im öffentlichen Interesse liegt.[188] 197

Keinen im öffentlichen Interesse liegenden Archivzweck iSd Verordnung haben in der Regel die Archive von Unternehmen, Vereinen, privatrechtliche Stiftungen und Medien und Presseorganisationen[189] und andere Archive, die keinen hoheitlichen Auftrag erhal- 198

181 S. *Katko/Knöple/Kirschner*, ZD 2014, 238.
182 Zumeist 10 Jahre.
183 ZB § 257 Abs. 1 Nr. 2 und 3 HGB für Kaufleute; § 14 b Abs. 1 Satz 5 Nr. 1 UStG für Privatpersonen.
184 Art. 5 Abs. 1 lit. b u. lit. e, 9 Abs. 2 lit. j; 14 Abs. 5 lit. b, 17 Abs. 3 lit. d und 89 Abs. 1 DSGVO, s. auch Eg. 50, 52, 53, 62, 65 und 156 DSGVO.
185 Art. 89 Abs. 3 betrifft nur Archivierung und Eg. 73 („... archivierten personenbezogenen Daten ...“) und 153 („... Nachrichten- und Pressearchive ...“) betreffen auch außerhalb des öffentlichen Interesses liegende Zwecke.
186 *Pötters*, in: Gola 2017, Art. 89, Rn. 17.
187 ZB Behörde des Bundesbeauftragten für die Stasi-Unterlagen, Deutsches Historisches Museum.
188 *Raum*, in: Ehmann/Selmayr 2017, Art. 89 DSGVO, Rn. 16; *Pötters*, in: Gola 2017, Art. 89, Rn. 17.
189 Nach Eg. 153 DSGVO sollen im Recht der Mitgliedstaaten dazu Regelungen getroffen werden, die Meinungsfreiheit und Datenschutz miteinander vereinbaren; zu Pressearchiven s. BGH NJW 2010, 2728

ten haben oder nicht mit öffentlichen Mitteln gefördert werden.[190] Dies gilt grundsätzlich auch für die **Archive der Kirchen.** Ihre Organisation unterfällt ohnehin nach Art. 91 DSGVO dem Kirchenrecht.

199 Die Verordnung umfasst gemäß Art. 2 Abs. 1 DSGVO grundsätzlich sowohl die Verarbeitung von Daten zu öffentlichen als auch zu privaten Archivzwecken. Sie gilt auch für die Verarbeitung personenbezogener Daten zu historischen Forschungszwecken.[191] Historische Forschungszwecke und Archivzwecke sind teilweise identisch. **Aufgabe** öffentlicher Archive ist in der Regel auch, dass Archivgut wissenschaftlich zu verwerten[192] und die Erforschung und das Verständnis der Geschichte zu fördern.[193] Erwägungsgrund 158 stellt diesbezüglich klar, dass Daten zu Archivzwecken nach dem Recht der Mitgliedstaaten weiterverarbeitet werden dürfen, zB im Hinblick auf die Bereitstellung spezifischer Informationen im Zusammenhang mit dem politischen Verhalten unter ehemaligen totalitären Regimen, Völkermord, Verbrechen gegen die Menschlichkeit, insbesondere dem Holocaust, und Kriegsverbrechen.

200 Ausgenommen vom sachlichen Anwendungsbereich der Verordnung sind gemäß Art. 2 Abs. 2 lit. d DSGVO jedoch Verarbeitungen von personenbezogenen Daten zur Ausübung ausschließlich persönlicher oder familiärer Tätigkeiten.[194] Somit fallen zum Beispiel **private Archive** zur Familiengeschichte nicht unter die Verordnung, soweit sie vom Verarbeiter ohne Bezug zu einer beruflichen oder wirtschaftlichen Tätigkeit geführt werden.[195]

201 Die Verordnung gilt auch nicht für Daten **verstorbener Personen,**[196] sondern nur für personenbezogene Daten bestimmbarer und noch **lebender Personen.** Archivgut, dass sich auf verstorbene Personen bezieht, fällt daher nicht unter Regelungen der Verordnung.[197]

202 Bei jeder Datenverarbeitung im Anwendungsbereich der Verordnung, die im öffentlichen Interesse liegende Archivzwecke verfolgt, müssen besondere **Garantien** nach Art. 89 Abs. 1 DSGVO eingehalten werden. Diese sollen sicherstellen, dass durch technische und organisatorische Maßnahmen das Prinzip der **Datenminimierung** eingehalten wird (→ § 3 Rn. 70). Mit Art. 89 DSGVO sieht die Verordnung weitergehende Garantien vor, als sie das deutsche Archivrecht bisher kennt. Anwendungsvorrang genießen grundsätzlich unter anderem auch die Vorschriften zu den Rechten der betroffenen Person (→ § 4 Rn. 1 ff.), zu den Pflichten der Verantwortlichen und zu Aufsichtsbehörden (→ § 7 Rn. 1 ff.).

203 Die in Art. 89 DSGVO geforderten Garantien sind Ausgleich für die in der Verordnung gewährten Begünstigungen. Eine Begünstigung ist die **Modifizierung des Zweckbindungsgrundsatzes** nach Art. 5 Abs. 1 lit. b DSGVO (→ § 3 Rn. 60 ff.). Sie ermöglicht die Verarbeitung bereits erhobener Daten, solange Garantien nach Art. 89 Abs. 1 DSGVO eingehalten werden. Mit dieser **Aufweichung** geht die Verordnung weiter als die bisherigen deutschen Regelungen. Sperrwirkungen auf Grund der Zweckbindung zu Lasten der Archivierung im öffentlichen Interesse wird es daher kaum geben. Aufgrund der vorsichtigen doppelt-negativen Formulierung ist in der Modifizierung eine **Flexibilisie-**

(2730) und OLG Hamburg, NJ 2015, 474; *Thomale*, Die Privilegierung der Medien im deutschen Datenschutzrecht, 2006.

190 *Grages*, in: Plath 2016, Art. 89 DSGVO, Rn. 2.
191 Eg. 160 DSGVO.
192 So zB die Aufgabenzuweisung in Deutschland, s. § 3 Abs. 1 BArchG; § 4 Abs. 6 HArchG.
193 S. zB § 6 Abs. 4 LArchG Rheinland-Pfalz.
194 Ähnlich §§ 1 Abs. 2 Nr. 3, 27 Abs. 1 Satz 2 BDSG.
195 S. Eg. 18; zur genealogischen Forschung Eg. 160 DSGVO.
196 Mehrfach klargestellt, s. Eg. 27, 158 und 160 DSGVO.
197 *Raum*, in: Ehmann/Selmayr 2017, Art. 89 Rn. 16.

rung[198] oder eine Art Regelfall des ersten Satzes von Art. 5 Abs. 1 lit. b DSGVO und der Vereinbarkeitsprüfung nach Art. 6 Abs. 4 DSGVO zu sehen.[199] Damit wäre eine Weiterverarbeitung von personenbezogenen Daten, die zu anderen Zwecken erhoben wurden, zu den bevorzugten Zwecken ohne gesonderte Rechtsgrundlage in der Regel möglich. Allerdings könnten die möglichen Folgen für die betroffene Person gem. Art. 6 Abs. 4 lit. d DSGVO dennoch zu beachten sein und dazu führen, dass doch eine **gesonderte Rechtsgrundlage** erforderlich ist.

Auch das Grundprinzip der **Speicherbegrenzung** nach Art. 5 Abs. 1 lit. e DSGVO (→ § 3 204
Rn. 77 ff.) wird für Archivzwecke im öffentlichen Interesse durchbrochen. Dies macht die Archivierung erst möglich. Archive dürfen im öffentlichem Interesse personenbezogene Daten vorbehaltlich angemessener technischer und organisatorischer Maßnahmen gemäß Art. 89 Abs. 1 DSGVO auf **unbestimmte Zeit** speichern.

Eine weitere Begünstigung ist die **Ausnahmereglung** nach Art. 14 Abs. 5 lit. b DSGVO, 205
wonach die betroffene Person nicht von der Veränderung der Verarbeitung zu anderen Zwecken informiert werden muss, wenn diese zu im öffentlichem Interesse liegenden Archivzwecken erfolgt und der Aufwand die Zweckverfolgung gefährden würde.[200]

Entsprechendes gilt für die **Ausnahme vom Recht auf Löschen** nach Art. 17 Abs. 3 lit. d 206
DSGVO. Die betroffene Person hat jedoch nur dann keinen Löschanspruch, wenn das Löschen der Daten das Gesamtziel des im öffentlichen Interesse liegenden Archivzwecks unmöglich macht oder stark einschränkt. Auch steht der betroffenen Person ein **Widerspruchsrecht** nach Art. 21 Abs. 1 DSGVO zu (→ § 4 Rn. 12 ff.).

3. Regelungen in Deutschland

Im bisherigen Recht ist der Datenschutz im Archivwesen nur randständig geregelt – so- 207
wohl im alten Bundesdatenschutzgesetz als auch in den Archivgesetzen. Im neuen Bundesdatenschutzgesetz findet er größere Aufmerksamkeit, wenn auch die Archivierung ihm gegenüber bevorzugt wird.

a) Rechtlage bis zum 25. Mai 2018

Zur Verarbeitung personenbezogener Daten für Zwecke der Statistik oder der histori- 208
schen oder wissenschaftlichen Forschung enthält bereits die **Datenschutz-Richtlinie** einige konkrete Regelungen. Zwecke der Archivierung wurden dort aber nicht ausdrücklich benannt.[201] Nach Art. 6 Abs. 1 UAbs. 1 lit. b DSRL war die „Weiterverarbeitung von Daten zu historischen, statistischen oder wissenschaftlichen Zwecken im Allgemeinen nicht als unvereinbar mit den Zwecken der vorausgegangenen Datenerhebung anzusehen, sofern die Mitgliedstaaten geeignete Garantien vorsehen". Wie in der Verordnung findet sich bereits in Art. 11 Abs. 2 und Art. 13 Abs. 2 DSRL die Konstruktion der Erleichterungen für Zwecke der Statistik oder der historischen oder wissenschaftlichen Forschung und im Gegenzug gesetzliche Garantien zur Wahrung der Rechte der betroffenen Personen. Entsprechendes galt nach Art. 6 Abs. 1 lit. e DSRL für die Aufbewahrung personenbezogener Daten für Zwecke der historischen Forschung und nach Art. 11 Abs. 2 DSRL für die Information der betroffenen Personen bei Verarbeitungen für Zwecke der historischen Forschung.[202]

Im bisherigen Bundesdatenschutzgesetz finden sich keine besonderen Reglungen für Ar- 209
chivierung im öffentlichen Interessen. **Rechtsgrundlagen** für den Datenschutz im Ar-

198 *Kastelitz*, in: Knyrim 2016, 102.
199 *Johannes/Richter*, DuD 2017, 302.
200 Zu beachten sind organisatorische und wirtschaftliche Gesichtspunkte, s. Eg. 62 DSGVO.
201 Zweck eines Archivs ist in der Regel auch die historische Forschung.
202 *Gerling*, in: Roßnagel, 2003, Kap. 7.10 Rn. 7.

chivwesen finden sich zunächst in den Archivgesetzen des Bundes und der Länder.[203] So ist zum Beispiel das Bundesarchiv nach § 5 Abs. 5 BArchG zur Verarbeitung personenbezogener Daten für Archivzwecke ermächtigt, wenn schutzwürdige Belange betroffener Personen nicht beeinträchtigt werden.[204]

210 In den Archivgesetzen spielten die Umsetzungsspielräume der Datenschutz-Richtlinie keine Rolle. Grundsätzlich treffen die Archivgesetze die Annahme, dass der Datenumgang bei der das Archivgut anbietenden Stelle rechtsgemäß erfolgte. **Informationspflichten** treffen nicht das Archiv, sondern allenfalls die anbietende Stelle. Dagegen hat die betroffene Person Auskunftsrechte und Berichtigungsansprüche gegen das Archiv aus den Archivgesetzen.[205]

211 Die **Archivgesetze** verpflichten die Behörden, Gerichte und sonstigen öffentlichen Stellen dazu, grundsätzlich alle **Unterlagen,**[206] die sie zur Erfüllung ihrer Aufgaben nicht mehr benötigen, dem für sie zuständigen Archiv zur Übernahme **anzubieten.**[207] In die öffentlichen Archive wird dann auch nur der kleine Teil all der angebotenen Unterlagen aufgenommen, der archivwürdig ist.

212 Die **Archivwürdigkeit** der zur Übernahme angebotenen Unterlagen haben die Archive zu bewerten.[208] Archivwürdig sind die Unterlagen, wenn sie **bleibenden Wert** haben, also wenn sie für die wissenschaftliche Forschung, zur Sicherung berechtigter Belange der Bürgerinnen und Bürger oder zur Bereitstellung von Informationen für die Gesetzgebung, Rechtsprechung und Verwaltung von Bedeutung sind.[209] Nicht übernommene Unterlagen haben die anbietenden Stellen nach den für sie geltenden Bestimmungen zu verarbeiten, wobei im Regelfall eine Vernichtung oder Löschung geboten ist.

213 Die Archive haben die übernommenen Unterlagen nach dem für sie geltendem Recht in der Regel zu erfassen, zu erschließen, dauerhaft zu erhalten und nutzbar zu machen.[210] Das Recht, **Zugang** zu den in den Archiven verwahrten Unterlagen zu erhalten und diese zu benutzen, steht nach den Archivgesetzen grundsätzlich jedermann zu, der daran ein berechtigtes Interesse hat.[211] Auch das bisherige deutsche Datenschutzrecht stellte die Daten Verstorbener nicht unter Schutz.[212]

214 Zur Wahrung der Rechte der Personen, deren Daten in den Archivunterlagen enthalten sind, setzen die Archivgesetze dem Nutzungsrecht Grenzen und geben Garantien. Dies geschieht in erster Linie durch Festsetzung von **Schutzfristen**, also Regelfristen, nach deren Zeitablauf, aller Erfahrung nach nicht mehr mit einer unverhältnismäßigen Beeinträchtigung von Rechten betroffener Personen zu rechnen ist. Archivgut darf deswegen zumeist erst 30 Jahre nach seiner Entstehung von Dritten benutzt werden.[213] Die Archive beschränken sich in dieser Zeit darauf, die Unterlagen aufzubewahren, zu sichern, zu erschließen und sie für die spätere Benutzung aufzubereiten. Soweit Unterlagen personenbezogene Daten enthalten, müssen die Archive die nach den für sie geltenden Datenschutzgesetzen geforderten technischen und organisatorischen Maßnahmen zur Sicherung einer datenschutzgerechten Verarbeitung treffen.

---

203 Aufstellung bei *Schneider*, in: Roßnagel 2003, Kap. 8.9 Rn. 6.
204 Zur Neufassung des BArchG *Berger*, ZRP 2017, 15.
205 ZB § 14 BArchG; § 15 HArchG.
206 Der Begriff „Unterlagen" ist umfassend zu verstehen und meint (elektronische) Akten, Karten, Pläne sowie alle Arten von Trägern von Daten-, Bild-, Ton- und sonstigen Aufzeichnungen.
207 S. zB § 5 BArchG, § 8 HArchG; die Pflicht wird oft durch Regelungen im Fachrecht wiederholt und konkretisiert, s. zB § 110 b Abs. 1 Satz 2 SGB.
208 So § 3 BArchG.
209 Entscheidung darüber treffen die Archive, *Schneider*, in: Roßnagel 2003, Kap. 8.9 Rn. 10.
210 S. zB § 3 Abs. 1 BArchG; § 2 Abs. 7 ArchG NRW; § 1 Abs. 1 Satz 2 HArchG.
211 *Schneider*, in: Roßnagel 2003, Kap. 8.9 Rn. 11; s. zB § 10 BArchG, § 12 HArchG.
212 Daten Verstorbener fielen schon nicht unter die DSRL, *Damann*, in: Simitis 2014, § 3 Rn. 17.
213 S. § 11 Abs. 1 BArchG; § 13 Abs. 1 HArchG.

Zur Wahrung des Persönlichkeitsrechts der Personen, deren Daten in den Archivunterlagen enthalten sind, gelten längere Schutzfristen. Archivgut, das sich auf natürliche Personen bezieht,[214] darf auch dann, wenn die Regelschutzfrist bereits abgelaufen ist, erst benutzt werden, wenn eine bestimmte Zeit seit dem **Tod der betroffenen Person** verstrichen ist. Die Frist beträgt gemäß § 11 Abs. 2 BArchG 10 Jahre oder, wenn das Todesjahr nicht festgestellt werden kann, 100 Jahre nach der Geburt.[215] Eine weitere Modifizierung erfährt die Schutzfrist bei Archivgut mit personenbezogenen Daten, für die besondere Geheimhaltungspflichten gelten. Nach § 10 Abs. 3 BArchG darf derartiges Archivgut frühestens 60 Jahre nach Entstehung der Unterlagen benutzt werden. 215

Archivgesetze sehen die Möglichkeit vor, Schutzfristen zu verlängern oder zu verkürzen. Die Voraussetzungen dafür sind unterschiedlich geregelt. Eine Verkürzung kommt insbesondere in Betracht, wenn die betroffenen Personen eingewilligt haben oder dies für die Durchführung von **Forschungsvorhaben** oder zur Wahrnehmung berechtigter Belange unerlässlich ist und eine Beeinträchtigung schutzwürdiger Belange ausgeschlossen werden kann. Diese Frage kann sich vor allem dann stellen, wenn personenbezogene Daten von **Personen der Zeitgeschichte** und Amtsträgern für die Erforschung der Zeitgeschichte benötigt werden.[216] 216

b) Rechtslage ab dem 25. Mai 2018

§ 28 Abs. 1 Satz 1 BDSG erlaubt die Verarbeitung **besonderer Kategorien** personenbezogener Daten iSd Verordnung, wenn sie für im öffentlichen Interesse liegende Archivzwecke erforderlich ist.[217] Die Norm bezieht sich sowohl auf öffentliches als auch auf privates Archivgut.[218] Nach § 28 Abs. 1 Satz 2 BDSG hat der Verantwortliche angemessene und spezifische Maßnahmen zur Wahrung der Interessen der betroffenen Person gemäß § 22 Abs. 2 Satz 2 BDSG vorzusehen. Die Regelung sieht keine Abwägung mit den Interessen der betroffenen Personen vor der Verarbeitung vor. 217

In § 28 Abs. 2 bis 4 BDSG werden unter Ausnutzung der Öffnungsklausel in Art. 89 Abs. 3 DSGVO die Betroffenenrechte gem. der Art. 15, 16, 18, 20 und 21 DSGVO eingeschränkt. Diese Einschränkungen gelten für die Verarbeitung sämtlicher personenbezogenen Daten, einschließlich solcher besonderer Kategorien. Abs. 2 sieht vor, dass das Recht auf Auskunft der betroffenen Person gemäß Art. 15 DSGVO nicht besteht, wenn das Archivgut nicht durch den Namen der Person erschlossen ist oder keine Angaben gemacht werden, die das Auffinden des betreffenden Archivguts mit vertretbarem Verwaltungsaufwand ermöglichen. 218

Nach Abs. 3 besteht das Recht auf Berichtigung gemäß Art. 16 DSGVO nicht zu Archivzwecken im öffentlichen Interesse. Ausgleichend hat die betroffene Person das Recht, den Unterlagen eine **Gegendarstellung** hinzufügen. 219

Nach § 28 Abs. 4 DSGVO bestehen die Rechte auf **Einschränkung der Verarbeitung** nach Art. 18 Abs. 1 lit. a, b und d DSGVO, auf **Datenübertragbarkeit** nach Art. 20 DSGVO und auf **Widerspruch** nach Art. 21 DSGVO nicht, soweit diese voraussichtlich die Verwirklichung der im öffentlichen Interesse liegenden Archivzwecke unmöglich machen oder ernsthaft beeinträchtigen und die Ausnahmen für die Erfüllung dieser Zwecke erforderlich sind. 220

Außerdem enthalten die §§ 32 ff. BDSG eine Reihe von allgemeinen Einschränkungen der Betroffenenrechte (→ § 4 Rn. 1), die nicht spezifisch für die Verarbeitung zu Archiv- 221

214 ZB Personal-, Steuer-, Prozess- oder Wohngeldakten.
215 Ländervorschriften haben vergleichbaren Zeitrahmen.
216 ZB § 12 BArchG; vgl. auch *Schneider*, in: Roßnagel 2003, Kap. 8.9 Rn. 11.
217 *Johannes/Richter*, DuD 2017, 304.
218 BT-Drs. 18/11325, S. 100.

zwecken sind. Diese Einschränkungen werden auf die Öffnungsklausel in Art. 23 DSGVO gestützt. Es ist bereits fraglich, ob sie sich alle in der vom neuem Bundesdatenschutzgesetz vorgesehenen pauschalen Breite mit den Vorgaben zu den geschützten Rechtsgütern nach Art. 23 Abs. 1 DSGVO oder dem Mindestinhalt beschränkender Gesetzgebungsmaßnahmen nach Art. 23 Abs. 2 DSGVO vereinbaren lassen.[219] Beschränkungen nach Art. 23 DSGVO müssen situationsorientiert gerechtfertigt sein, womit pauschale Regelungen nicht ausreichen.[220] Insbesondere dürfen die Betroffenenrechte bei einer solchen Verarbeitung ausdrücklich nur eingeschränkt werden, wenn ansonsten die Verwirklichung dieser Ziele gefährdet würde.[221]

4. Verhältnis zur Datenschutz-Grundverordnung

222 Grundsätzlich hat die Datenschutz-Grundverordnung **Anwendungsvorrang.** Anwendbar sind aber deutsche Regelungen, die unter eine Öffnungsklausel der Verordnung fallen. Auch deutsche Regeln, die nicht im Widerspruch zur Verordnung stehen, sondern den gleichen Bereich konkretisierend behandeln, bleiben anwendbar (→ § 2 Rn. 15 ff.).

a) Spezifische Regelungen für öffentliche Stellen

223 Art. 6 Abs. 3 DSGVO ist eine **Öffnungsklausel** für die Mitgliedstaaten, nach der sie spezifische Regeln für die Rechtmäßigkeit der Datenverarbeitung für den öffentlichen Bereich beibehalten oder erlassen können, da diese im Sinne von Art. 6 Abs. 1 lit. e DSGVO in **Ausübung öffentlicher Gewalt** handeln. Die datenschutzrechtlichen Ermächtigungsnormen und die Regeln zur Verarbeitung im öffentlichen Archivwesen können über diese Öffnungsklausel von Deutschland selbst geregelt werden. Art. 6 Abs. 2 DSGVO erlaubt weitere spezifische Maßnahmen zur Anpassung zu erlassen und von den Vorgaben aller Regelungsbereiche der Verordnung abzuweichen (→ § 7 Rn. 22).

b) Öffnungsklausel nach Art. 89 Abs. 3 DSGVO

224 Art. 89 Abs. 3 DSGVO ist eine **Öffnungsklausel**, die es den Mitgliedstaaten erlaubt, abweichende Regeln zum Zugangsrecht nach Art. 15, Recht auf Berichtigung nach Art. 16, zum Recht auf Einschränkung der Verarbeitung nach Art. 18, zur Mitteilungspflicht nach Art. 19, zum Recht auf Datenübertragbarkeit nach Art. 20 und zum Widerspruchsrecht nach Art. 21 DSGVO zu erlassen, soweit es um die Verarbeitung personenbezogener Daten zu im öffentlichen Interesse liegenden Archivzwecken geht und soweit die Konditionen und Garantien des Art. 89 Abs. 1 DSGVO eingehalten werden und diese Abweichungen zur Erfüllung des Zwecks notwendig sind. Mit § 28 Abs. 2 bis 4 BDSG werden unter Ausnutzung dieser Öffnungsklausel diese Betroffenenrechte eingeschränkt.

225 Die Regelung des § 28 Abs. 2 BDSG, die den Auskunftsanspruch bei noch **unerschlossenem Archivgut** einschränkt, ist im Kontext öffentlicher Archivierung gerechtfertigt. Soweit übernommenes Archivgut inhaltlich noch unerschlossen, das heißt zB nicht indexiert oder katalogisiert ist, kann ein Auskunftsverlangen nur schwer erfüllt werden.[222]

226 Das Recht auf eine **Gegendarstellung** nach § 14 Abs. 4 BArchG ist eine Konkretisierung des Rechts auf Berichtigung nach Art. 16 DSGVO. Auch nach § 28 Abs. 3 BDSG besteht das Recht auf Berichtigung gemäß Art. 16 DSGVO nicht zu Archivzwecken im öffentlichen Interesse. Ausgleichend hat die betroffene Person das Recht, den Unterlagen eine Gegendarstellung hinzufügen. Die Berichtigung von Archivgut, also zB als archiv-

---

219 Dazu *Johannes*, ZD-Aktuell 2017, 05533.
220 Ebenso *Paal*, in: Paal/Pauly 2016, Art. 23 Rn. 9.
221 Dazu *Johannes/Richter*, DuD 2017, 305.
222 Die Regelung entspricht § 14 Abs. 1 BArchG.

würdig eingestufter historischer Urkunden, würde den Zweck der Archivierung im öffentlichen Interesse, wie die Geschichtswahrung, ernsthaft beeinträchtigen. Durch das Recht zur Gegendarstellung werden die Rechte der Betroffen in genügender Weise berücksichtigt.[223]

Die Regelung des § 28 Abs. 4 BDSG lässt die die Rechte auf Einschränkung der Verarbeitung nach Art. 18 Abs. 1 lit. a, b und d DSGVO, auf Datenübertragbarkeit nach Art. 20 DSGVO und auf Widerspruch nach Art. 21 DSGVO **entfallen**, soweit diese Rechte voraussichtlich die Verwirklichung der im öffentlichen Interesse liegenden Archivzwecke unmöglich machen oder ernsthaft beeinträchtigen und die Ausnahmen für die Erfüllung dieser Zwecke erforderlich sind. Diese Regelung des neuen Bundesdatenschutzgesetzes ist **zu unbestimmt**, da hier wiederum nur der Wortlaut der Öffnungsklausel wiederholt wird, ohne ihn hinsichtlich der Erfüllung des Tatbestands oder wenigstens spezifischer Datenkategorien oder des Verarbeiters zu konkretisieren. Beides wäre im Fachrecht möglich und hinsichtlich der Vorgaben von Art. 89 Abs. 3 DSGVO auch geboten. Die Regelung § 28 Abs. 4 BDSG ist europarechtskonform und grundrechtsschonend äußerst **eng auszulegen.** 227

c) Öffnungsklausel nach Art. 9 DSGVO

Art. 9 Abs. 2 lit. j DSGVO enthält Öffnungsklauseln für die Datenverarbeitung von **besonderen Kategorien personenbezogener Daten.** Die Vorschrift ermöglicht die Verarbeitung besonderer Kategorien personenbezogener Daten, soweit sie auf Grundlage des Unionsrechts oder des Rechts eines Mitgliedstaats für Archivzwecke im öffentlichen Interesse erforderlich ist. Das so eingeräumte Recht muss im angemessenen Verhältnis zu dem verfolgten Ziel stehen, den Wesensgehalt des Rechts auf Datenschutz wahren und geeignete und spezifische Maßnahmen zur Wahrung der Grundrechte und Interessen der betroffenen Person vorsehen sowie die Vorgaben von Art. 89 Abs. 1 DSGVO einhalten. 228

§ 28 Abs. 1 BDSG entspricht nicht den Vorgaben der Öffnungsklausel von Art. 9 Abs. 2 lit. j DSGVO, weil unter anderem **keine angemessen und spezifischen Maßnahmen** zum Schutz berechtigter Interessen der betroffenen Person festgelegt wurden. § 28 Abs. 1 BDSG konkretisiert die Öffnungsklausel nur um den Hinweis auf § 22 Abs. 2 BDSG. Dieser wiederum enthält nur einen Beispielkatalog, der auch nach der Gesetzbegründung[224] nicht zwingend umzusetzen ist. Da die Archivierung im öffentlichen Interesse über die Festlegung der Befugnisse der archivierenden Stelle oder des Fachrechts zu besonderem Archivgut eingegrenzt und bestimmt werden kann, ist eine breite Ermächtigungsklausel auch unnötig. Die Regelung kann unionsrechtskonform nur als **Ausführungsbestimmung** verstanden werden, die allein das „Wie“ der Archivierung regelt und nicht als Ermächtigungsgrundlage.[225] 229

Weiteres diese Öffnungsklausel ausfüllendes deutsches Recht existiert bereits, wobei teilweise aber dem spezifischen Charakter sensitiver Daten nicht genügend Rechnung getragen wird. Zum Beispiel trifft § 16 Abs. 1 BMeldG die generelle Verpflichtung, **Meldedaten** von Wegzüglern fünf Jahre nach Wegzug den Kommunal- oder Landesarchiven anzubieten. Die Meldedaten enthalten mit den Angaben zum Lebenspartner Daten, aus denen die sexuelle Orientierung einer Person hervorgeht, und mit den Angaben über die Zugehörigkeit zu einer steuererhebenden Religionsgesellschaft Daten, aus denen die religiöse Überzeugung erkennbar ist. Auf der anderen Seite erlauben die Landesarchivgesetze in der Regel, die personenbezogenen Daten, einschließlich sensitiver Daten, im Ar- 230

223 Die Regelung entspricht § 14 Abs. 4 BArchG und anerkannter archivistischer Übung.
224 BT-Drs. 18/11325, 100.
225 *Johannes/Richter*, DuD 2017, 304.

chivgut aufzuarbeiten, wenn schutzwürdige Belange betroffener Personen oder Dritter nicht beeinträchtigt werden und die Archivwürdigkeit bejaht wird. Die Konformität solcher **generellen Erlaubnisse** zur Übermittlung an Archivbehörden und zur Archivierung mit den Vorgaben der Öffnungsklausel des Art. 9 Abs. 2 lit. j DSGVO ist fraglich, da hinsichtlich der sensitiven Daten keine Abwägung seitens der übermittelnden Behörde möglich ist und keine spezifischen Maßnahmen zur Wahrung der Interessen der betroffenen Person in den Ermächtigungsnormen erkennbar sind. Insoweit sind zwar die Schutzfristenregelungen im deutschen Archivrecht, die eine Verarbeitung von personenbezogenem Archivgut durch Dritte in der Regel erst nach einer mehrjahrzentigen Ablauffrist erlaubt, als Maßnahme zum **Interessenausgleich** zu sehen. Aufgrund der Ausnahmeregelungen zu den Sperrfristen und den grundsätzlichen Unwägbarkeiten,[226] die allein mit dem weiteren Vorhalten der Archivdaten im Gegensatz zur Löschung nach dem Wegfall des ursprünglichen Zwecks, entstehen, sollte aber dennoch bereits die Übermittlung an das Archiv und die Entscheidung über die Archivwürdigkeit stärker an die spezifischen Vorgaben der Öffnungsklausel zu sensitiven Daten ausgerichtet werden und eine **datenspezifischere Angemessenheitsprüfung** im deutschen Recht festgeschrieben werden.

d) Spezifische Regelungen zur Pseudonymisierung und Anonymisierung

231 Nach Art. 89 Abs. 1 DSGVO sind öffentliche Archive verpflichtet, personenbezogene Daten soweit möglich zu **anonymisieren** oder zu **pseudonymisieren**. Der deutsche Bundesgesetzgeber trifft hierzu im neuen Bundesdatenschutzrecht keine konkretisierenden Regelungen. Er hätte dazu auf die alten deutschen Regelungen zurückgreifen können (→ § 7 Rn. 287 ff.).

e) Archive zu journalistischen, wissenschaftlichen, künstlerischen und literarischen Zwecken

232 Mit Art. 85 Abs. 2 DSGVO besteht für die Mitgliedstaaten die Möglichkeit, für die Verarbeitung zu journalistischen, wissenschaftlichen, künstlerischen und literarischen Zwecken sehr weitreichende Abweichungen zu den Regelungen der Verordnung zu erlassen, wenn dies erforderlich ist, um das Recht auf Schutz personenbezogener Daten mit der **Freiheit der Meinungsäußerung** und der **Informationsfreiheit** in Einklang zu bringen (→ § 8 Rn. 335 ff.). Dies sollte insbesondere für die Verarbeitung personenbezogener Daten im audiovisuellen Bereich sowie in **Nachrichten- und Pressearchiven** gelten.[227] Die Öffnungsklausel kann aber auch die Verarbeitung von personenbezogenen Daten in öffentlichen Archiven oder Museen umfassen. Die Mitgliedstaaten können daher Gesetzgebungsmaßnahmen zur Regelung der Abweichungen und Ausnahmen erlassen, die für den Ausgleich zwischen diesen Grundrechten notwendig sind. Mangels Rahmengesetzgebungskompetenz ist dies eine Aufgabe der Länder.[228] In den Regelungsbereich dieser Öffnungsklausel fallen zum Beispiel die Vorgaben des § 11 d RStV zur Vorhaltung von Telemedien und §§ 47 und 57 RStV zum Datenschutz zu journalistisch-redaktionellen Zwecken (→ § 8 Rn. 342 ff.).[229]

5. Ko-Regulierung

233 Im Bereich der Archivierung im öffentlichen Interesse kommt es zu einer **Ko-Regulierung.** Deutschland kann bestimmen, welche Archivierung durch welche Stellen im öffentlichen Interesse liegt. Hierzu geben vor allem die Archivgesetze des Bundes und der

226 ZB unrechtmäßiger Gebrauch und unzureichende Datensicherheit.
227 Eg. 153 DSGVO.
228 Ebenso *Pötters*, in: Gola 2017, Art. 85 Rn. 19.
229 Zum Medienprivileg *BfDI* 2016, 32.

Länder sowie die Pflichten zur Archivierung nach dem Fachrecht wichtige Hinweise. Sie müssen dazu jedoch den Vorgaben für die innerstaatlichen Regelungen nach Art. 6 Abs. 3 DSGVO genügen (s. → § 2 Rn. 18) und insbesondere hinsichtlich der Datenverarbeitung bestimmt und konkret genug sowie angemessen sein. Aber auch die gezielte Förderung privater Archive mit öffentlichen Mitteln zeigt an, dass die Archivierung im öffentlichem Interesse erfolgt.

Es bedarf folglich eines **Abgleichs** des deutschen Rechts zur Archivierung im öffentlichen Interesse mit den Vorgaben der Verordnung. Wenn das deutsche Recht keine oder keine spezielleren Regelungen trifft, ist die Verordnung ergänzend anzuwenden. Soweit zum Beispiel die Archivgesetze derzeit keine spezifischeren Regelungen zu technischen und organisatorischen Maßnahmen zur Achtung des **Grundsatzes der Datenminimierung** enthalten,[230] genießt insbesondere Art. 89 DSGVO Anwendungsvorrang (→ § 7 Rn. 250). Daraus folgt, dass Archive im öffentlichen Interesse stets prüfen müssen, ob personenbezogene Daten anonymisiert oder pseudonymisiert werden können, ohne die Zwecke des Archivs zu gefährden. Auch haben die Archive die Vorschriften zur **Datensicherheit** nach Art. 32 ff. DSGVO einzuhalten. 234

Die Verordnung lässt den Schutz der betroffenen Person bereits mit dem **Tod** enden. Weder das bisherige noch das zukünftige Bundesdatenschutzgesetz weichen davon ab. Die in den deutschen Archivgesetzen vorgeschriebenen **langen Schutzfristen nach dem Tod** der betroffenen Person sind unionsrechtlich nicht zwingend. Diese Sperrzeiten sind jedoch dem Grundsatz nach bewährt und bieten ein hohes Maß an Sicherheit. Da die Daten Verstorbener aus dem Anwendungsbereich der Verordnung fallen, können die Mitgliedstaaten eigene Regelungen zu deren Umgang erlassen.[231] Zu beachten ist nämlich, dass Daten eines Verstorbenen auch Angaben über eine lebende Person enthalten können.[232] Neben den Sperrzeiten nach den Archivgesetzen, gibt es weitere deutsche Regelungen, die den Schutz personenbezogener Daten über den Tod der betroffenen Person hinausgelten lassen.[233] 235

Insoweit Archive gesetzlich Aufgaben zugewiesen worden sind, die nicht in den Anwendungsbereich von „im öffentliche Interessen liegende Archivzwecke" nach der Grundverordnung fallen, können sich die Archive für Verarbeitungen für diese Zwecke auch nicht auf die entsprechenden begünstigenden Vorschriften nach der Grundverordnung berufen. Dies ist dem Telos der Verordnung zu entnehmen und wird ausdrücklich in Art. 89 Abs. 4 DSGVO in Bezug auf die mögliche Einschränkung der Betroffenenrechte klargestellt. Von der Verordnung abweichende Regelungen können dann nur nach Maßgabe von Art. 6 Abs. 2 und 3 DSGVO für den öffentlichen Bereich erlassen werden. 236

Dies gilt zB für die Aufgabe des Bundesarchivs nach § 8 BArchG für alle Einrichtungen der Bundesverwaltung ein **digitales Zwischenarchiv** zu unterhalten. Hierbei fungiert das Bundesarchiv als Auftragsverarbeiter für die restliche Bundesverwaltung.[234] Eine zentrale Speicherung der Unterlagen bereits während der Aufbewahrungsfristen im digitalen Zwischenarchiv soll ermöglichen, die Unterlagen einheitlich und revisionssicher in einem standardisierten Verfahren langfristig zu speichern und für die Anbietung und 237

230 Nach § 5 Abs. 5 BArchG hat das Bundesarchiv die schutzwürdigen Belange Betroffener zu berücksichtigen und bei Unterlagen mit personenbezogenen Daten die Vorschriften über die Verarbeitung und Sicherung dieser Unterlagen zu beachten, die für die abgebende Stelle gelten.

231 Ebenso *Grages*, in: Plath 2016, Art. 89 Rn. 10.

232 ZB eine erbliche Krankheit, s. *Damann*, in: Simitis 2014, § 3 Rn. 17; *Klar/Kühling*, in: Kühling/Buchner 2017, Art. 4 Nr. 1, Rn. 5.

233 ZB das Steuergeheimnis nach § 30 AO und das Sozialgeheimnis nach § 35 Abs. 5 SGB.

234 Auch gemäß § 18 Registraturrichtlinie bleiben Unterlagen auch während der Speicherung im digitalen Zwischenarchiv im Verfügungsbereich der Behörden.

eventuelle Widmung zu Archivgut im Bundesarchiv vorzubereiten.[235] Überdies bleiben die Unterlagen im Digitalen Zwischenarchiv jederzeit für die laufende Verwaltung über das Dokumentenmanagementsystem abrufbar.[236]

6. Zusammenfassung

238 Im Gegensatz zur Datenschutz-Richtlinie regelt die Verordnung das **öffentliche Archivwesen** ausdrücklich. Dessen Bedeutung wird dadurch hervorgehoben. Für Archive privater Stellen trifft die Verordnung keine Sonderreglungen und sieht auch keine Öffnungsklauseln vor. Die Rechtmäßigkeit einer Datenverarbeitung wird dann in der Regel von einer Einwilligung der betroffenen Person oder der Erfüllung einer rechtlichen Verpflichtung oder der Wahrung eines berechtigten oder öffentlichen Interesses abhängig sein.

239 Die Regelungen der Verordnung zu öffentlichen Archiven ermöglichen es, den regelmäßig bestehenden Konflikt zwischen den konkurrierenden Interessen der betroffenen Personen und des öffentlichen Archivwesens zu einem sachgerechten **Ausgleich** zu führen. Dies geschieht über die Klarstellung, dass Daten verstorbener Personen nicht dem Regelungsbereich der Verordnung unterfallen und personenbezogene Daten für die Dauer der Archivierung besonderen Schutzpflichten und Garantien zur Weitergabe und Aufbewahrung unterliegen.

240 Außerdem wird die konkrete Ausgestaltung den Mitgliedstaaten über die Öffnungsklauseln des Art. 6 Abs. 2 und 3 DSGVO ermöglicht. Die deutschen Archivgesetze müssen dahingehend angepasst und ausgelegt werden, dass die von Art. 89 Abs. 1 DSGVO vorgesehenen Garantien bezüglich technischer und organisatorischer Maßnahmen zur Datenminimierung sowie zur **Anonymisierung** und **Pseudonymisierung** eingehalten werden. Das neue Bundesdatenschutzgesetz nutzt hinsichtlich der Archivierung im öffentlichem Interesse die Öffnungsklauseln der Verordnung. Die dazu erlassenen Regelungen sind jedoch teilweise nur eine Wiederholung des Wortlauts der Grundverordnung und nicht bestimmt genug.

VI. Wissenschaftliche Forschung

241 Der Mensch ist Forschungsobjekt vieler Wissenschaftsgebiete. In der Medizin,[237] der Psychologie und den Sozialwissenschaften bilden personenbezogene Daten die Grundlage für Erkenntnisgewinn. Der rechtskonforme Umgang mit personenbezogenen Daten bereitet der **„scientific community"** aber oft erhebliche praktische Umsetzungsprobleme,[238] was auch daran liegt, dass Wissenschaft ein mehrteiliger, inkrementeller Prozess ist.[239] Forschungsdaten werden erhoben, aus ihnen werden Erkenntnisse gewonnen, beide werden aufbewahrt[240] und dann, meist auch von anderen Stellen, weiterverarbeitet.[241]

242 Nicht nur die informationelle Selbstbestimmung und personenbezogene Daten sind grundrechtlich geschützt (→ § 2 Rn. 40 ff.). Auch die Freiheit der Wissenschaft ist ein anerkanntes Element **der Verfassungstraditionen** der Mitgliedstaaten.[242] Sie wird durch

235 *Berger*, ZRP 2017, 18.
236 BT-Drs. 18/9633, 63.
237 Zur personalisierten Medizin *Schaar*, ZD 2016, 225, zur Forschung mit Gesundheitsdaten *Spindler*, MedR 2016, 691.
238 *Huber* ua 2001, 13.
239 „Wenn ich weiter gesehen habe als andere, so deshalb, weil ich auf den Schultern von Riesen stehe.", zum Aphorismus *Merton* 1983.
240 S. *Hillegeist* 2012, 22.
241 S. zum Scientific Data Lifecycle *Johannes/Potthoff/Roßnagel* ua 2013, 17 f. mwN.
242 *Jarass* 2016, Art. 13 Rn. 1.

Art. 5 Abs. 3 Satz 1 GG („Wissenschaft, Forschung und Lehre sind frei") grundgesetzlich gewährleistet. Ähnlich formuliert Art. 13 GRCh „Kunst und Forschung sind frei". Die Begriffe Wissenschaft und Forschung sind in Literatur und Rechtsprechung durch objektive und subjektive Merkmale konkretisiert.[243] In der Rechtsprechung des Europäischen Gerichtshofs hat die Wissenschaftsfreiheit allerdings bislang kaum eine Rolle gespielt.[244]

Das Grundrecht ist primär ein **Abwehrrecht**, weist aber auch **Schutzgehalte** auf.[245] Der Begriff der „Wissenschaft" bildet den Oberbegriff für Forschung und akademische Lehre.[246] Er ist aufgrund der prinzipiellen Offenheit des wissenschaftlichen **Erkenntnisprozesses** wandelbar.[247] Die Wissenschaft ist ein dialogischer Prozess zur Suche nach Erkenntnis. Wissenschaftliche Forschung ist die Tätigkeit mit dem Ziel, in methodischer, systematischer und nachprüfbarer Weise neue Erkenntnisse zu gewinnen.[248] 243

Die **Wissenschaftsfreiheit** gilt nicht schrankenlos. Ihre Grenzen, die sich aus dem Risikopotential einer handlungs- und kommunikationsorientierten Forschung sowie aus ethischen Grundlagen ergeben, müssen als Rechte anderer – oder als Gemeinwohlbelange nach Art. 52 Abs. 1 GRCh – Berücksichtigung finden.[249] Geschützt sind also einerseits die Forschung mit personenbezogenen Daten, andererseits aber auch die informationelle Selbstbestimmung und personenbezogene Daten.[250] Die bei der Forschung konfligierenden Grundrechte müssen austariert werden. Datenschutzregeln sollen so gestaltet und angewendet werden, dass eine akzeptable **Lösung sozialer Konflikte** zwischen Forschern und betroffenen Personen möglich ist.[251] Diesen Ausgleich versucht die Verordnung, genauso wie auch schon die Datenschutz-Richtlinie und das bisherige und neue deutsche Recht, durch spezielle Forschungsklauseln zu erreichen.[252] 244

1. Regelungen der Datenschutz-Grundverordnung

In der Verordnung wird der Begriff „wissenschaftlich" als Adjektiv zum Zweck oder Grund für Datenverarbeitung benutzt. Mehrheitlich wird das Begriffspaar „**wissenschaftlicher und historischer Forschungszweck**" verwendet.[253] Teilweise wird nur von „wissenschaftlichen Forschungszwecken"[254] oder nur von „wissenschaftlichen Zwecken"[255] oder nur von „Forschungszwecken"[256] oder „Zwecken wissenschaftlicher Forschung"[257] gesprochen. Historische Forschungszwecke sind grundsätzlich Unterfälle der wissenschaftlichen Forschungszwecke. Die Hervorhebung erklärt sich aus der faktischen Überschneidung von Archivzwecken und historischen Forschungszwecken (→ § 7 Rn. 191).[258] Sie wirkt klarstellend und **verkleinert** faktisch den Anwendungsbereich der begünstigten Archivzwecke im öffentlichen Interesse. Die Abgrenzung kann zB im Hin- 245

243 S. *Trute* 1994, 747-790 mwN; *Scholz*, in: Maunz/Dürig 2016, Art. 5 III, vor Rn. 1.
244 S. aber EuGH, Urt. v. 11.1.2007 – C-40/05, Slg 2007, I-99 – Lyyski/Umeå universitet; EuGH, Urt. v. 18.12.2007 – C-281/06, Slg 2007, I-12231 – Jundt ua/FA Offenburg; s. auch *Fink*, EuGRZ 2001, 193.
245 Für GG *Scholz*, in: Maunz/Dürig 2016, Art. 5 III Rn. 8; für GRCh *Jarass* 2016, Art. 13 Rn. 2.
246 BVerfGE 35, 79 (113); *Scholz*, in: Maunz/Dürig 2016, Art. 5 III Rn. 85.
247 BVerfGE 35, 79; 90, 1.
248 So BVerfGE 35, 79 (113); s. auch *Jarass* 2013, Art. 13 Rn. 6.
249 *Ruffert*, in: Calliess/Ruffert 2016, Art. 13 GRCh, Rn. 11.
250 *Gerling*, in: Roßnagel 2003, Kap. 7.10 Rn. 1.
251 Zur Teilnahmebereitschaft an empirischen Studien *Schaar*, ZD 2016. 224 f.
252 Art. 5 Abs. 1 lit. b und lit. e, Art. 9 lit. j; 14 Abs. 5 lit. b, 17 Abs. 3 lit. d, 21 Abs. 6, 89 Abs. 1 und 2 DSGVO, s. auch Eg. 26, 33, 50, 52, 53, 62, 65, 113, 156, 157, 159, 160, 161, 162 DSGVO.
253 Art. 5 Abs. 1 lit. b und lit. e, Art. 9 lit. j, 14 Abs. 5 lit. b, 17 Abs. 3 lit. d, 21 Abs. 6, 89 Abs. 1 und 2 DSGVO, s. Eg. 50, 52, 53, 62, 65, 113, 156 DSGVO.
254 Eg. 157, 159, 162 DSGVO.
255 Art. 85 Abs. 1 DSGVO.
256 Eg. 26 DSGVO.
257 Eg. 33 DSGVO.
258 *Buchner/Tinnfeld*, in: Kühling/Buchner 2017, Art. 89 Rn. 14.

blick auf die unterschiedlichen Öffnungsklauseln nach Art. 89 Abs. 2 und 3 DSGVO bedeutsam sein.

246 Der **Wissenschafts- und der Forschungsbegriff** in der Verordnung ist dennoch sehr weit zu verstehen.[259] Erfasst sind auch die Ressortforschung, die Industrieforschung und die Großforschung.[260] Der Begriff ist personen- und institutionsunabhängig zu verstehen.[261] Auch der Verweis in Erwägungsgrund 159 auf Art. 179 AEUV bestätigt dieses weite Verständnis. Art. 179 AEUV stellt zu den Grundlagen der europäischen Forschungspolitik klar, dass sowohl die Forschung von Unternehmen – einschließlich der kleinen und mittleren Unternehmen –, als auch die der Forschungszentren und die Hochschulen förderungsfähig sind. Vom Forschungsbegriff der Verordnung eindeutig nicht umfasst ist dagegen die **wissenschaftliche Lehre.**[262]

247 Die wissenschaftliche Forschung ist die methodisch geleitete Suche und Generierung neuen Wissens.[263] Nicht unter den Begriff wissenschaftliche Forschung fällt in Abgrenzung zur angewandten Forschung die reine **Anwendung bereits gewonnener Erkenntnisse.**[264] Arbeiten und Untersuchungen nach wissenschaftlichen Standards, die zum Beispiel zu **Aufsichts- und Kontrollzwecken** gemacht werden, fallen nicht unter den Forschungsbegriff der Verordnung, auch wenn sie nach wissenschaftlichen Methoden durchgeführt werden. Auch Untersuchungen zur **Markt- und Meinungsforschung** sind die bloße Anwendung wissenschaftlicher Methoden, denen in der Regel kein wissenschaftlicher Erkenntnisgewinn folgt und auch kein Ziel dieser Untersuchungen ist.[265] Auch nicht privilegiert wird die Forschung mit unwissenschaftlichen Methoden. Das kann Forschung sein, die nicht ergebnisoffen geführt wird und zB nur der Bestätigung politisch oder religiös vorgegebener Dogmen dient oder deren Methodik eingeschränkt ist.

248 Die Verordnung betrifft gemäß Art. 2 Abs. 1 DSGVO lediglich die Verarbeitung personenbezogener Daten. **Forschungsdaten ohne Personenbezug,** wie sie in den Naturwissenschaften hauptsächlich generiert und ausgewertet werden,[266] liegen außerhalb des Regelungsbereichs der Verordnung. Gleiches gilt für anonymisierte Daten, bei denen kein Personenbezug (mehr) herstellbar ist (→ § 7 Rn. 90 ff.) und die Daten Verstorbener (→ § 7 Rn. 201).

249 Bei jeder Datenverarbeitung, die nach der Verordnung zu bewerten ist und wissenschaftliche Zwecke verfolgt, müssen besondere **Garantien** iSd Art. 89 Abs. 1 DSGVO eingehalten werden. Diese sollen sicherstellen, dass technische und organisatorische Maßnahmen getroffen werden, die garantieren, dass insbesondere das Prinzip der **Datenminimierung** (→ § 3 Rn. 70) eingehalten wird. Immer dann, wenn der Zweck durch Weiterverarbeitung von Daten erfüllt werden kann, die die Identifizierung von betroffenen Personen nicht oder nicht mehr erlaubt, ist der Zweck auf diese Weise, also durch **Anonymisierung** der Daten, zu erfüllen. Ist dies nicht möglich, sind andere Maßnahmen zum Schutz der betroffenen Personen vom Verantwortlichen zu treffen. Eine solche Maßnahme kann die **Pseudonymisierung** sein, soweit sie die Zweckverfolgung ermöglicht.

---

259 Gemäß Eg. 159 DSGVO fällt unter wissenschaftliche Forschung auch technologische Entwicklung und die Demonstration, Grundlagenforschung, angewandte Forschung und privat finanzierte Forschung.

260 Zu Forschungskategorien *Krüger*, in: Flämig ua 1996, Bd. 1, Kap. 9, 263 f.

261 Ausdifferenzierung zur Forschung im Gesundheitswesen *Spyra/Schütze*, RDV 2016, 292 f.

262 Hierzulande in den Schul- und Hochschulgesetzen geregelt.

263 *Ruffert*, in: Calliess/Ruffert 2016, Art. 13 GRCh, Rn. 15.

264 Eg. 159 DSGVO.

265 Differenzierend *Hornung/Hofmann*, ZD-Beilage 4/2017, 4.

266 Diesen Daten sind oft personenbezogene Metadaten der sie erzeugenden und verwendenden Forscher beigefügt, für die Datenschutzrecht – meist im Zusammenhang mit einem Arbeits- oder Auftragsverhältnis – zu beachten ist, s. *Johannes*, DuD 2012, 817.

Die in Art. 89 Abs. 1 DSGVO geforderten Garantien sind Ausgleich für die Begünstigung der Datenverarbeitung zu Forschungszwecken. Eine Begünstigung, ist die **Modifizierung des Zweckbindungsgrundsatzes** nach Art. 5 Abs. 1 lit. b Satz 2 DSGVO (→ § 3 Rn. 60 ff.). Sie ermöglicht die Verarbeitung bereits erhobener Daten, solange Garantien nach Art. 89 Abs. 1 DSGVO eingehalten werden. Aufgrund der vorsichtigen doppeltnegativen Formulierung ist in der Modifizierung eine Flexibilisierung[267] oder eine Art Regelfall des ersten Satzes von Art. 5 Abs. 1 lit. b DSGVO und der Vereinbarkeitsprüfung nach Art. 6 Abs. 4 DSGVO zu sehen.[268] Damit wäre eine Weiterverarbeitung von personenbezogenen Daten, die zu anderen Zwecken erhoben wurden, zu wissenschaftlichen Forschungszwecken ohne gesonderte Rechtsgrundlage in der Regel möglich. Diese Vereinbarkeitsfiktion ist allerdings keine gesetzliche Vermutung. Sie ist chartakonform eng auszulegen, so dass sie nicht gegen den Zweckbindungsgrundsatz in Art. 8 Abs. 2 GRCh verstößt. 250

Der Vereinbarkeitsfiktion entspricht es, dass **Einwilligungen für Forschungszwecke** abgegeben werden können, die zum Zeitpunkt der Datenerhebung für die betroffenen Personen und den Verarbeiter noch nicht vollständig bestimmbar sind. Die Anforderungen nach Art. 7 DSGVO an die Bestimmtheit der Einwilligungserklärung einerseits und die Informiertheit der betroffenen Person anderseits sind daher durch Auslegung abzusenken, soweit der Zweck der Verarbeitung die Forschung ist.[269] Auf diese Weise können **Einwilligungserklärungen** zum Beispiel für bestimmte **Forschungsbereiche** oder **Teile von Forschungsprojekten** abgegeben werden, ohne dass später für jede einzelne Verwendung der Daten zu anderen Forschungszwecken gesonderte Einwilligungen eingeholt werden müssten.Voraussetzung ist, dass Garantien für die wissenschaftliche Forschung nach Art. 89 Abs. 1 DSGVO eingehalten werden und der konkrete Zweck nicht ganz unvereinbar mit der Zweckbestimmung in der Einwilligungserklärung ist.[270] 251

Mit der Aufweichung des Erfordernisses an eine bestimmt informierte Einwilligung geht die Ausnahmereglung nach Art. 14 Abs. 5 lit. b DSGVO einher, wonach die betroffene Person nicht von der Veränderung der Verarbeitung zu anderen Zwecken **informiert** werden muss, wenn diese zu wissenschaftlichen Zwecken erfolgt und der Aufwand die Zweckverfolgung gefährden würde.[271] 252

Auch das Grundprinzip der **Speicherbegrenzung** nach Art. 5 Abs. 1 lit. e DSGVO (→ § 3 Rn. 77) wird durchbrochen. Forschungsdaten mit Personenbezug dürfen vorbehaltlich der Einhaltung angemessener technischer und organisatorischer Maßnahmen gemäß Art. 89 Abs. 1 DSGVO zu wissenschaftlichen Forschungszwecken länger gespeichert werden, als dies für den Primärzweck erforderlich ist.[272] Dies darf allerdings nicht zu einer unbegrenzten Vorratsdatenspeicherung führen. Der wissenschaftliche Zweck, der die Erhaltung des Personenbezugs erforderlich macht, muss wenigstens lege artis theoretisch nach der konkreten Wissenschaft absehbar und kein reines Wunschdenken sein. 253

Diese Einschränkung entspricht auch der Systematik der Verordnung, denn Entsprechendes gilt für die Ausnahme vom **Recht auf Löschen** nach Art. 17 Abs. 3 lit. d DSGVO aus zwingenden wissenschaftlichen Forschungsgründen.[273] Der betroffenen Person steht nur dann kein Recht auf Löschen nach Art. 17 Abs. 1 DSGVO zu, wenn das Löschen der Forschungsdaten das Gesamtziel des wissenschaftlichen Vorhabens unmöglich macht oder stark einschränkt. 254

267 *Kastelitz*, in: Knyrim 2016, 102.
268 *Johannes/Richter*, DuD 2017, 302.
269 S. Eg. 33 DSGVO.
270 Detailliert *Schaar*, ZD 2017, 213.
271 Organisatorische und wirtschaftliche Gesichtspunkte zählen, s. Eg. 62 DSGVO.
272 Dies korrespondiert mit Eg. 33 DSGVO.
273 S. zu der Ausnahme Eg 65 und 156 DSGVO.

255 Ausgleichend steht der betroffenen Person nach Art. 21 Abs. 6 DSGVO ein **Widerspruchsrecht** gegen die Verarbeitung zu wissenschaftlichen Zwecken zu, das nur aus Gründen des öffentlichen Interesses eingeschränkt werden kann. Dieses Widerspruchrecht steht unabhängig neben dem Widerspruchsrecht nach Art. 21 Abs. 1 DSGVO (→ § 4 Rn. 12). Eine Abwägung mit den berechtigten Interessen des Verarbeiters erfolgt nicht und zwingt den Verarbeiter – in systematischer Auslegung nach Art. 21 Abs. 1 Satz 2 DSGVO –, die personenbezogenen Daten nicht mehr zu verarbeiten.[274] Zur Ausübung muss die betroffene Person Gründe vortragen, die sich aus seiner besonderen Situation ergeben. Die Anforderungen an die Begründung des Widerspruchs sind dabei sehr niedrig zu halten.[275] Eine – auch pauschale – Stellungnahme, dass er sich durch die Verarbeitung persönlich gestört oder beobachtet fühlt, wird zB ausreichen. Denn eine Abwägung mit den berechtigten Interessen des Verarbeiters wie in Art. 21 Abs. 1 DSGVO muss nach Art. 21 Abs. 5 DSGVO nicht erfolgen. Außerdem ist das Widerspruchsrecht das letzte Mittel der einzelnen betroffenen Person, sich gegen die Verwendung seiner Daten zu den privilegierten Zwecken zu wehren und seine Grundrechte auszuüben.[276]

256 Zu wissenschaftlichen Forschungszwecken erlaubt ist nach Art. 9 Abs. 2 lit. j DSGVO auf Grundlage des Unionsrechts oder des Rechts der Mitgliedstaaten auch die Verarbeitung von **besonderen Kategorien personenbezogener Daten** iSd Art. 9 Abs. 1 DSGVO.[277]

257 Darüber hinaus regelt die Verordnung die Verarbeitung von **genetischen Daten, biometrischen Daten und Gesundheitsdaten.** Nach Art. 9 Abs. 4 DSGVO können die Mitgliedstaaten spezifischere Bestimmungen in Bezug für solche Daten beibehalten oder einführen (→ § 8 Rn. 276). Die gesonderte Kategorisierung von genetischen und Gesundheitsdaten in der Verordnung unterstreicht die bedeutende Rolle der Forschung mit diesen Daten.[278]

2. Regelungen zu wissenschaftlichen Forschung im deutschen Recht

258 Das Recht, personenbezogene Daten zu wissenschaftlichen Zwecken zu verarbeiten, ist über viele Gesetze verteilt. Dies liegt auch daran, dass unterschiedliche Wissenschaften die Daten und Rechte betroffener Personen aufgrund ihrer verschiedenen Methoden und Informationsinteressen auf ganz unterschiedliche Weise berühren.[279] Der deutsche Gesetzgeber hat inhaltliche und formale Anforderungen an rechtswirksame Einwilligungen in die Verarbeitung personenbezogener Daten zu Forschungszwecken getroffen und sowohl in den **Landesdatenschutzgesetzen**, im **Bundesdatenschutzgesetz**[280] wie auch in zahlreichen spezialgesetzlichen Bestimmungen[281] die Voraussetzungen festgelegt, unter denen personenbezogene Daten für wissenschaftliche Zwecke mit und ohne Einwilligung der Betroffenen erhoben und verarbeitet werden dürfen.[282] Einige Forschungsregelungen haben als Ausgangspunkt eine spezifische Art der Daten, zum Beispiel Sozialda-

274 Das Widerspruchsrecht dient dem Interessenausgleich; die Schutzwirkung ist fraglich, da die betroffenen Personen von der (Weiter)verarbeitung oft nichts erfahren.
275 AA *Albrecht/Jotzo* 2017, Teil 3, Rn. 75, die einen Widerspruch nur „ausnahmsweise“ als begründet ansehen wollen; *Martini*, in: Paal/Pauly 2017, Art. 21 Rn. 55, sieht eine „hohe Hürde“.
276 Nicht jede betroffene Person kann eine öffentliche Bekanntmachung zur Kenntnis nehmen.
277 Zur Gesundheitsforschung kann auch Art. 9 Abs. 2 lit. i DSGVO einschlägig sein.
278 S. Eg 34, 35, 45, 52, 53, 54, 65, 73, 91, 112, 158 DSGVO.
279 *Metschke/Wellbrock* 2002, 9 f.
280 §§ 4 a Abs. 2, 14 Abs. 2 Nr. 9, 20 Abs. 7 Nr. 1, 28 Abs. 2 Nr. 3, 30 Abs. 1 Satz 2, 40 BDSG.
281 ZB Landeskrankenhausgesetze, Meldegesetze, Krebsregistergesetz, Archivgesetze, Stasi-Unterlagen-Gesetz; § 75 SGB X, § 476 StPO, § 186 StVollzG.
282 *Metschke/Wellbrock* 2002, 9.

ten, Meldedaten oder archivierte Verwaltungsdaten. Andere Regelungen richten sich an bestimmte öffentliche Stellen als Verwalter unterschiedlichster Daten.[283]

a) Rechtslage bis zum 25. Mai 2018

Soweit keine spezielle gesetzliche Grundlage vorliegt und die forschende **verantwortliche Stelle** eine öffentliche Stelle des Bundes oder eine nichtöffentliche (private) Stelle ist, sind die Regelungen des Bundesdatenschutzgesetzes einschlägig. Ist die forschende verantwortliche Stelle eine öffentliche Stelle eines Landes, zB eine Hochschule, so gilt, soweit keine spezialgesetzliche Forschungsregelung einschlägig ist, das jeweilige Landesdatenschutzgesetz. 259

Zur Verarbeitung personenbezogener Daten für Forschungszwecke enthält die **Datenschutz-Richtlinie** einige konkrete Regelungen. Nach Art. 6 Abs. 1 b DSRL ist die „Weiterverarbeitung von Daten zu historischen, statistischen oder wissenschaftlichen Zwecken" im Allgemeinen nicht als unvereinbar mit den Zwecken der vorausgegangenen Datenerhebung anzusehen, sofern die Mitgliedstaaten geeignete Garantien vorsehen. Wie in der Verordnung findet sich bereits in Art. 11 Abs. 2 und Art. 13 Abs. 2 DSRL die Konstruktion der Erleichterungen für die Forschung und im Gegenzug gesetzliche Garantien zur Wahrung der Rechte der betroffenen Personen. Entsprechendes gilt nach Art. 6 Abs. 1 lit. e DSRL für die Aufbewahrung personenbezogener Daten für Zwecke der Forschung und nach Art. 11 Abs. 2 DSRL für die Information der betroffenen Personen bei Verarbeitungen für Zwecke der wissenschaftlichen Forschung.[284] 260

Im **Bundesrecht** wurden diese Umsetzungsspielräume aufgegriffen, aber nicht ausgeschöpft.[285] § 4 a Abs. 2 BDSG a.F. erlaubt es lediglich, im Rahmen der wissenschaftlichen Forschung auf die Schriftlichkeit von Einwilligungserklärungen zu verzichten. Ein weiteres Privileg ist die Befreiung vom Nutzungsverbot bei Datensperren nach §§ 20 Abs. 7 Nr. 1 und 35 Abs. 8 Nr. 1 BDSG a.F. Die §§ 13 Abs. 2 Nr. 8, 14 Abs. 5 Satz 1 Nr. 2 und 28 Abs. 6 Nr. 4 BDSG a.F. erlauben die Verarbeitung personenbezogener Daten nur, soweit der Zweck der Forschung auf andere Weise nicht oder nur mit unverhältnismäßigem Aufwand erreicht werden kann. Die Normen legen damit einen besonders strengen Erforderlichkeitsmaßstab an. 261

Die Erhebung **anonymisierter Daten** unterliegt keinen datenschutzrechtlichen Einschränkungen. Die Erhebung **personenbezogener Daten** zu Forschungszwecken ist hingegen durch eine Einwilligung der betroffenen Personen zu legitimieren. Können die erforderlichen **Einwilligungen** nicht eingeholt werden, so erlauben die Forschungsklauseln, die Daten zu anderen Zwecken zu verwenden, in der Regel nach Abwägung der schutzwürdigen Betroffeneninteressen mit dem öffentlichen Interesse an der Durchführung des Forschungsvorhabens. Werden die Daten bei öffentlichen Stellen erhoben, so sind hierbei teilweise besondere Genehmigungsverfahren und Unterrichtungspflichten zu beachten. Ein Beispiel ist die Genehmigung durch die oberste Landes- oder Bundesbehörde nach § 75 Abs. 2 SGB X. Auch einige Krankenhausgesetze der Länder enthalten Forschungsklauseln. So gestattet zum Beispiel Art. 27 Abs. 4 des Bayerischen Krankenhausgesetzes den Krankenhausärzten, die Patientendaten zu nutzen, soweit dies zu Forschungszwecken im Krankenhaus oder im Forschungsinteresse des Krankenhauses erforderlich ist. 262

Im Sinne einer Garantie bestimmt § 40 Abs. 1 BDSG eine **strikte Zweckbindung** an die Forschung.[286] Personenbezogene Daten, die für Zwecke der wissenschaftlichen For- 263

283 ZB statistische Ämter, Behörde des Bundesbeauftragten für Stasi-Unterlagen.
284 *Gerling*, in: Roßnagel 2003, Kap. 7.10 Rn. 7.
285 *Gerling*, in: Roßnagel 2003, Kap. 7.10 Rn. 9.
286 *Gerling*; in: Roßnagel 2003, Kap. 7.10 Rn. 11; *Simitis*, in: Simitis 2014, § 40 Rn. 43.

schung erhoben oder gespeichert worden sind, dürfen auch nur hierfür verwendet werden. Diese Bindung ist notwendig, da Forschungseinrichtungen sowohl im öffentlichen als auch im privaten Bereich erleichterte Zugangsmöglichkeiten zu Daten haben.[287] Eine Alternative zur forschungsspezifischen Verarbeitung gibt es nicht. Ausnahmen, die das Gesetz macht – etwa zur Verarbeitung im berechtigten Interesse – entfallen. Der Zweckbindungsgrundsatz wird in bereichsspezifischen Gesetzen und in einigen Landesdatenschutzgesetzen noch restriktiver gefasst.[288]

264 Hinsichtlich der Aufweichung des **Zweckbindungsgrundsatzes** und der Lockerung der Pflicht zur informierten Einwilligung geht die Verordnung weiter als die deutschen Regelungen. Anders als zB die deutschen Regelungen sieht die Verordnung **keine strikte Zweckbindung für Forschungsdaten** vor. Damit können Daten, die zu Forschungszwecken erhoben wurden, von der datenverarbeitenden Stelle unter den ansonsten geltenden Vorrausetzungen des Art. 6 DSGVO, also insbesondere wenn nach Abs. 1 UAbs. 1 lit. f ein berechtigtes Interesse besteht, auch zu anderen Zwecken genutzt, verarbeitet und auch übermittelt werden. Die Rückausnahme in Art. 89 Abs. 4 DSGVO gilt nur für die möglichen Derogationen.

265 Nach § 40 Abs. 2 BDSG a.F. sind Forschungseinrichtungen verpflichtet, personenbezogene Daten zu **anonymisieren**, sobald dies nach dem Forschungszweck möglich ist.[289] Private und öffentliche Forschungseinrichtungen dürfen personenbezogene Daten zu Forschungszwecken auf Grundlage allgemeiner Bestimmungen im Bundesdatenschutzgesetz a.F. und in Landesdatenschutzgesetzen selbst erheben, sofern die Voraussetzungen der gesetzlichen Erlaubnisvorschriften oder der wirksamen Einwilligung vorliegen.[290]

266 Die **Landesdatenschutzgesetze** tragen ihrerseits den besonderen Belangen der Forschung Rechnung.[291] Geregelt wird sowohl die Zulässigkeit der Verarbeitung der Daten durch forschende Stellen als auch die Übermittlung der von der öffentlichen oder privaten Stelle für den wissenschaftlichen Zweck benötigten Daten durch eine Behörde. Die Regelungen stimmen jedoch weder vom Wortlaut noch im vollen Umfang vom Inhalt her überein. Sie legen aber fest, unter welchen Bedingungen die Einwilligung der betroffenen Personen ersetzt werden kann. Grundsätzlich darf dazu der Zweck der Forschung nicht auf andere Weise erreichbar sein.[292] Die Verwendung darf die schutzwürdigen Belange der betroffenen Person nicht beeinträchtigten.[293]

b) Rechtslage ab dem 25. Mai 2018

267 § 27 BDSG trifft besondere Reglungen für die Datenverarbeitung für wissenschaftliche oder historische Forschungszwecke.

aa) Daten besonderer Kategorien

268 § 27 Abs. 1 Satz 1 BDSG erlaubt die Verarbeitung besonderer Kategorien personenbezogener Daten für wissenschaftliche oder historische Forschungszwecke. Die Verarbeitung dieser Daten ist zulässig, soweit dies für die genannten Zwecke erforderlich ist und die Interessen des Verantwortlichen an der Verarbeitung die Interessen der betroffenen Per-

---

287 S. § 14 Abs. 2 Nr. 9 und § 28 Abs. 3 Nr. 4 BDSG a.F.
288 *Simitis*, in: Simitis 2014, § 40 Rn. 48 ff. mwN.
289 Neben § 40 BDSG a.F. gibt es Regeln zu Einzelabwägungen in §§ 13 Abs. 2 Nr. 8, 14 Abs. 2 und 5, 28, 33 Abs. 2 Nr. 5 BDSG a.F.
290 *Desoi/Jandt*, DuD 2012, 897.
291 *Gola/Schomerus* 2015, § 40 Rn. 18.
292 ZB § 30 Abs. 1 BlnDSG; § 28 Abs. 2 lit. a BbgDSG; § 19 Abs. 1 und 2 BremDSG; § 27 Abs. 1 HmbDSG; § 33 Abs. 1 HDSG.
293 *Gola/Schomerus* 2015, § 40 Rn. 18.

sonen an der Nicht-Verarbeitung erheblich überwiegen. Laut Gesetzesbegründung ist § 27 Abs. 1 Satz 1 BDSG selbst keine Rechtsgrundlage für eine Verarbeitung, sondern setzt eine Rechtsgrundlage nach Art. 6 Abs. 1 DSGVO voraus.[294] Die Bedingungen von § 27 Abs. 1 Satz 1 BDSG treten dann zu denen der Rechtgrundlage nach Art. 6 Abs. 1 DSGVO hinzu (kritisch → § 7 Rn. 164).

Die zukünftige Regelung führt aus dem alten Recht die § 13 Abs. 2 Nr. 8 und § 14 Abs. 5 Satz 1 Nr. 2 mit § 28 Abs. 6 Nr. 4 BDSG a.F. zusammen. Dabei werden die Anforderungen gelockert. Das bisherige Recht erlaubt die Verarbeitung personenbezogener Daten nur, soweit der Zweck der Forschung auf andere Weise nicht oder nur mit unverhältnismäßigem Aufwand erreicht werden kann. Dieser strenge Maßstab fehlt in § 27 Abs. 1 Satz 1 BDSG. 269

§ 27 Abs. 1 Satz 2 BDSG verweist auf **angemessene Maßnahmen zum Schutz betroffener Personen** nach § 22 Abs. 2 BDSG, die der Verarbeiter bei der Verarbeitung besonderer Kategorien von personenbezogenen Daten treffen soll. Diese beinhalten zB technisch-organisatorische Maßnahmen zum Datenschutz, die Sensibilisierung der an der Verarbeitung Beteiligten, die Benennung eines Datenschutzbeauftragten, Pseudonymisierung und Verschlüsselung personenbezogener Daten, IT-Sicherheitsmaßnahmen und Verfahren zur Überprüfung der Wirksamkeit der technischen Maßnahmen (kritisch → § 7 Rn. 165). 270

bb) Einschränkung der Betroffenenrechte

Nach § 27 Abs. 2 Satz 1 BDSG sind die **Betroffenenrechte** gemäß Art. 15, 16, 18 und 21 DSGVO eingeschränkt, soweit sie voraussichtlich die Verwirklichung der Forschungszwecke unmöglich machen oder erheblich beeinträchtigen. § 27 Abs. 2 Satz 1 BDSG bezieht sich nicht bloß auf besondere Kategorien von Daten, sondern auf alle Daten, die zu Forschungs- oder statistischen Zwecken verarbeitet werden. Die Regelung wiederholt fast wörtlich die Formulierung in Art. 89 Abs. 2 DSGVO, ohne genauer zu spezifizieren, inwiefern welche Betroffenenrechte eingeschränkt werden können. Im bisherigen Bundesdatenschutzgesetz sind viel spezifischere Regeln vorhanden, wie etwa § 33 Abs. 2 Satz 1 Nr. 5 BDSG a.F.,[295] der die Pflicht zur Benachrichtigung der betroffenen Person aufhebt, wenn die Speicherung oder Übermittlung für Zwecke der Forschung erforderlich ist und die Benachrichtigung einen unverhältnismäßigen Aufwand bedeuten würde. Vergleichbares regelt Nr. 9 für die Markt- oder Meinungsforschung, der aber zusätzlich verlangt, dass es sich um Daten aus öffentlich zugänglichen Quellen handelt. § 33 Abs. 2 Satz 1 Nr. 5 a.F. gilt gemäß § 34 Abs. 7 BDSG a.F. auch für das Auskunftsrecht, § 33 Abs. 2 Satz 1 Nr. 9 BDSG a.F. hingegen nicht. Diese Einschränkung des Auskunftsrechts galt außerdem bisher nur für den nichtöffentlichen Bereich, während im neuen § 27 Abs. 2 Satz 1 BDSG öffentliche und nichtöffentliche Verarbeiter adressiert. Für das Recht auf Berichtigung und das Recht auf Sperrung/Einschränkung der Verarbeitung gibt es derartige Beschränkungen bisher gar nicht. 271

Zusätzlich schränkt § 27 Abs. 2 Satz 2 BDSG auch das **Auskunftsrecht** ein, wenn die Daten für Zwecke der Forschung erforderlich sind und die Auskunftserteilung einen unverhältnismäßigen Aufwand bedeuten würde. Dadurch soll die Forschungsfreiheit geschützt und die Forschenden von der Beantwortung von Auskunftsverlangen entlastet werden. Ist der Aufwand der Auskunftserteilung im Einzelfall, bezogen auf eine besonders große Zahl der Auskunftsersuchenden und besonders begrenzte personelle oder finanzielle Mittel des Verarbeiters, tatsächlich unverhältnismäßig hoch, kann dies die 272

294 BT-Drs. 18/11325, 99.
295 Für den öffentlichen Bereich § 19 a Abs. 2 Nr. 2 BDSG a.F.

Verwirklichung des Forschungszwecks ernsthaft beeinträchtigen. Dies dürfte praktisch aber nur äußerst selten der Fall sein.

cc) Anonymisierungs- und Trennungsgebot

273 § 27 Abs. 3 Satz 1 BDSG enthält das Gebot, besondere Kategorien von personenbezogenen Daten zu **anonymisieren**, sobald der Forschungszweck dies erlaubt. Die Norm hat ihren Ursprung laut Begründung[296] in § 40 Abs. 2 BDSG. Im Gegensatz zu § 40 Abs. 2 BDSG a.F. würde sie aber nicht nur für Forschungseinrichtungen gelten, sondern für alle Stellen, die besondere Kategorien von Daten nach § 27 Abs. 1 Satz 1 BDSG n.F. verarbeiten. Die Anonymisierung kann im Gegensatz zu § 40 Abs. 2 BDSG a.F. aber unterbleiben, wenn berechtigte Interessen der betroffenen Person ihr entgegenstehen. Zu denken ist zB an den Fall, dass durch die Forschung oder statistische Verarbeitung Informationen über die Gesundheit der betroffenen Person entstehen, die für die Person (lebens-)wichtig sein können und die im Fall einer Anonymisierung nicht mehr zugeordnet werden könnten.

274 Die personenbezogenen Merkmale sind nach § 27 Abs. 3 Satz 2 BDSG bis zur Anonymisierung **getrennt** zu speichern. Eine Zusammenführung ist nach Satz 3 nur soweit zulässig, wie es der Forschungszweck oder statistische Zweck rechtfertigt. Die Regelungen entsprechen dem bisherigen § 40 Abs. 2 Satz 2 und 3 BDSG a.F.

dd) Veröffentlichungsrecht

275 Nach § 27 Abs. 4 BDSG darf der Verantwortliche personenbezogene Daten nur **veröffentlichen**, wenn die betroffene Person einwilligt oder dies für die Darstellung von Forschungsergebnissen über Ereignisse der Zeitgeschichte unerlässlich ist. Trotz des offenen Wortlauts ist die Vorschrift auf die Verarbeitung zu Forschungszwecken zu reduzieren. Dafür sprechen die Überschrift und der Sinnzusammenhang mit § 27 Abs. 1 bis 3 BDSG. Außerdem ist die Regelung § 40 Abs. 3 BDSG a.F. entlehnt,[297] die auch nicht nach der Datenart differenziert. Die Regelung kann in dieser Breite hinsichtlich aller Datenarten und Verarbeiter nur auf die Öffnungsklausel Art. 85 Abs. 1 DSGVO gestützt werden und zwar unter Ausnutzung des Ziels Datenschutz und wissenschaftliche **Meinungsfreiheit** in Einklang zu bringen (→ § 8 Rn 335). „Veröffentlichen" muss dann aber eng verstanden werden. Die Regelung greift nur für solche Medien, bei denen der Adressatenkreis nicht begrenzt ist.[298]

3. Verhältnis zur Datenschutz-Grundverordnung

276 Nicht alle Regelungen des Bundesdatenschutzgesetzes entsprechen den Vorgaben der Verordnung und fallen unter den Anwendungsvorrang gegenüber dem nationalen Recht (→ § 2 Rn. 1 ff.).

a) Öffnungsklausel für Daten besonderer Kategorien

277 Art. 9 Abs. 4 DSGVO erlaubt es den Mitgliedstaaten, spezifischere Bestimmungen in Bezug auf **genetische Daten, biometrische Daten oder Gesundheitsdaten** beizubehalten oder einzuführen (→ § 8 Rn. 306). Eine **Öffnungsklausel** ist aber auch Art. 9 Abs. 2 lit. j DSGVO. Danach ist die Verarbeitung Daten besonderer Kategorien gemäß Abs. 1 möglich, soweit sie auf Grundlage des Unionsrechts oder des Rechts eines Mitgliedstaats für im öffentlichen Interesse liegende Forschungszwecke erforderlich ist. Das so eingeräumte Recht muss im angemessenen Verhältnis zu dem verfolgten Ziel stehen, den Wesens-

296 BT-Drs. 18/11325, 99.
297 So BT-Drs. 18/11325, 104; sie ist nahezu wortgleich.
298 ZB Internet, öffentliche (Fach-)Publikation, öffentlicher Vortrag.

gehalt des Rechts auf Datenschutz wahren und geeignete und spezifische Maßnahmen zur Wahrung der Grundrechte und Interessen der betroffenen Person vorsehen sowie die Vorgaben von Art. 89 Abs. 1 DSGVO einhalten. Die Öffnungsklausel ausfüllendes deutsches Recht ist ua § 14 Abs. 2 a Transplantationsgesetz, § 476 StPO und im bisherigem Recht auch § 28 Abs. 6 Nr. 4 und Abs. 7 BDSG a.F. iVm § 40 BDSG a.F.

§ 27 Abs. 1 BDSG wird auf Art. 9 Abs. 2 lit. j DSGVO gestützt. Fraglich ist jedoch, ob die Regelung bestimmt genug ist. Der Verweis in § 27 Abs. 1 Satz 2 BDSG, dass als Ausgleichsmaßnahmen für die relativ einfache Möglichkeit, besondere Kategorien von Daten zu verarbeiten, Maßnahmen gefordert werden, die weitgehend ohnehin zu den Pflichten der Verantwortlichen für jede Verarbeitung personenbezogener Daten gehören, ist unzureichend (→ § 7 Rn. 166).[299] 278

b) Wissenschaft im öffentlichen Interesse

Art. 6 Abs. 2 DSGVO ist eine Öffnungsklausel für die Mitgliedstaaten, nach der spezifische Regeln für den öffentlichen Bereich beibehalten oder erlassen werden können. Ermöglicht wird den Mitgliedstaaten, eigene Bestimmungen zur **Anpassung** der Anwendung der Vorschriften der Verordnung in Bezug auf die Verarbeitung personenbezogener Daten beizubehalten oder einzuführen, indem sie spezifische Anforderungen für die Verarbeitung sowie sonstige Maßnahmen **präziser bestimmen**, um eine rechtmäßige und nach Treu und Glauben erfolgende Verarbeitung zu gewährleisten. Öffentliche Stellen, deren gesetzlich zugewiesene **Aufgabe** es ist, Forschung zu betreiben, wie zB die Universitäten oder die Ressortforschung, erfüllen eine Aufgabeim öffentlichen Interesse oder üben sogar im Einzelfall öffentliche Gewalt iSd Art. 6 Abs. 1 UAbs. 1 lit. e Alt. 2 DSGVO aus. Forschung im öffentlichen Interesse iSd Art. 6 Abs. 1 UAbs. 1 lit. e Alt. 1 DSGVO betreiben können auch privat organisierte Forschungseinrichtungen, insbesondere solche die ganz überwiegend mit öffentlichen Mitteln finanziert werden und der Grundlagenforschung nachgehen.[300] Ob Forschungseinrichtungen die überwiegend privat finanziert sind und Forschung für und in Zusammenarbeit mit der Wirtschaft ausüben,[301] im öffentlichen Interesse forschen, ist abhängig von der konkreten Forschungsaufgabe und Zusammenarbeit. Dazu müsste ihnen diese Aufgabe durch Gesetz im materiellen Sinn übertragen worden sein oder die Forschung überwiegend mit öffentlichen Geldern gefördert werden. 279

Die Rechtmäßigkeit der Verarbeitung wird sich damit zukünftig für die Ressortforschung des Bundes und anderer dem Bund unterstehender Forschungseinrichtungen nach der Verordnung iVm dem **Bundesrecht** richten. Für die Forschung an Hochschulen, der Ressortforschung und anderer Forschungseinrichtungen öffentlicher Stellen der Länder wird dies nach der Verordnung iVm dem **Landesrecht** zu bewerten sein.[302] Den Bundes- und Landesgesetzgebern obliegt es nach Art. 6 Abs. 2 und 3 DSGVO spezifischere Bestimmungen zur **Anpassung der Verordnung** zu erlassen (→ § 7 Rn. 17 ff.). Diese können, um den besonderen Anforderungen der Wissenschaft zu genügen, nach Abs. 3 Fragen der Zulässigkeit der Datenverarbeitung in spezifischerer Weise regeln, nach Abs. 4 besondere Regelungen zu Zweckänderungen erlassen oder nach Abs. 2 Abweichungen zu allen anderen Regelungsbereichen der Verordnung vorsehen. 280

Die Verordnung hat direkte Bedeutung für die **privat organisierte Forschung.**[303] Aufgrund der Zusammenarbeit verschiedener Forschungseinrichtungen, zum Beispiel im 281

299 S. auch *Johannes/Richter*, DuD 2017, 302 f.
300 ZB DFG, Institute der MPG und Helmholtz-Gesellschaft.
301 ZB Fraunhofer Gesellschaft.
302 ZB (Landes-)Krankenhäuser und Universitätskliniken.
303 Also zB die industrielle oder pharmazeutische Forschung oder die Forschung bei der Fraunhofer Gesellschaft und den Instituten der Max-Planck-Gesellschaft.

Rahmen **klinischer Studien**, kommt es zu Wechselbeziehungen zwischen Verarbeitern, die der Verordnung unterfallen und verantwortlichen Stellen, die Landes- oder Bundesdatenschutzrecht unterfallen.

c) Öffnungsklausel für Betroffenenrechte

282 Art. 89 Abs. 2 DSGVO erlaubt den Mitgliedstaaten, **abweichende Regeln zu den Rechten der betroffenen Personen** zu erlassen, soweit es um die Verarbeitung personenbezogener Daten zu wissenschaftlichen Forschungszwecken geht und soweit die Konditionen und Garantien des Art. 89 Abs. 1 DSGVO eingehalten werden und diese Abweichungen zur Erfüllung des Zwecks notwendig sind (→ § 7 Rn. 271). ZB sind die Regelungen in den Archivgesetzen von Bund und Ländern zur Gegendarstellung eine abweichende Regel zum Recht auf Berichtigung, die den Zwecken der historischen Forschung dient.

283 § 27 Abs. 2 Satz 1 BDSG wird auf Art. 89 Abs. 2 DSGVO gestützt. Bedenklich ist an der Vorschrift, dass sie erstens **undifferenziert** den gesamten Spielraum der Öffnungsklausel ausnutzt, als wäre sie ein Regelungsauftrag. Diese Entscheidung liegt damit weitgehend bei den Verarbeitern, die durch die Breite der Vorschrift geradezu dazu eingeladen werden, die Betroffenenrechte mit Hinweis auf den Forschungszweck möglichst weitgehend einzuschränken (→ § 7 Rn. 168). Mit dieser Vorschrift **vernachlässigt** der Gesetzgeber seine Pflicht zum Schutz der betroffenen Personen völlig. Auch die Einschränkung des Widerspruchsrechts ist zu **pauschal**. Sie hätte zB auf Daten beschränkt werden können, die aus öffentlich zugänglichen Quellen entnommen wurden.

284 § 27 Abs. 2 Satz 2 BDSG schränkt zusätzlich das Auskunftsrecht ein. Die Vorschrift wird auf Art. 23 Abs. 1 lit. i DSGVO gestützt.[304] Sie genügt den Anforderungen von Art. 23 Abs. 2 DSGVO jedoch nicht (→ § 7 Rn. 172).[305] Die Vorschrift kann auch deswegen nur auf den spezielleren Art. 89 Abs. 2 DSGVO gestützt werden. Danach ist eine Einschränkung der dort genannten Rechte betroffener Personen aber nur statthaft, wenn die Zweckerreichung **unmöglich oder ernsthaft beeinträchtigt** würde. Diese Anforderung ist an die Angemessenheitsprüfung nach § 27 Abs. 2 Satz 2 BDSG zu stellen.

d) Öffnungsklausel Medienprivileg

285 Nach Art. 85 DSGVO bringen die Mitgliedstaaten durch Rechtsvorschriften das Recht auf Schutz personenbezogener Daten mit dem Recht auf **freie Meinungsäußerung und Information**, einschließlich der Verarbeitung personenbezogener Daten zu wissenschaftlichen Zwecken, in Einklang (→ § 8 Rn. 338). Diese Umsetzungspflicht überträgt den Mitgliedstaaten, einen Ausgleich zwischen den Grundfreiheiten auf Datenschutz und Meinungs- und Informationsfreiheit herzustellen.[306] Im Recht der Mitgliedstaaten können daher alle Arten von Informations- und Auskunftsansprüchen, die einen wissenschaftlichen Zweck verfolgen, privilegiert geregelt werden (→ § 8 Rn. 354 ff.).[307] Die Öffnungsklausel erlaubt dagegen nicht die Abschottung der Wissenschaft gegen Informationsbegehren und Auskunftsansprüche.

286 § 27 Abs. 4 BDSG kann auf Art. 85 DSGVO gestützt werden. Die Regelung konkretisiert die Grundsätze der Verordnung hinsichtlich der **Veröffentlichung** personenbezogener Daten zu wissenschaftlichen Zwecken. Das Veröffentlichungsrecht kann auch besondere Kategorien von Daten, einschließlich Gesundheitsdaten, umfassen.

---

304 BT-Drs. 18/11325, S. 99.

305 Dazu *Johannes*, ZD-Aktuell 2017, 05533.

306 Beachtlich ist, dass Art. 85 DSGVO nicht die Wissenschaftsfreiheit direkt anspricht; über den Informationsanspruch der Forschung kommt diese jedoch zur Geltung.

307 ZB § 476 StPO und Auskunftsansprüche in den Archivgesetzen vor Ablauf der Schutzfristen.

e) Anonymisierung und Pseudonymisierung

Die Probleme des Datenzugangs für die Forschung beziehen sich vorrangig auf Individualdaten. Oft kann der Datenbedarf jedoch auch mit **anonymisierten Daten** abgedeckt werden. Dann besteht kein Interesse an der Identität der betroffenen Person, so dass es bei der Auswertung nicht auf den Personenbezug ankommt.[308] Auch nach der Verordnung ist die Forschung mit Daten ohne Personenbezug ohne Einschränkungen möglich.[309] 287

Vergleichbar mit der Regelung von § 40 Abs. 2 BDSG a.F. enthält Art. 89 Abs. 1 DSGVO eine Konkretisierung des allgemeinen Gebots zur **Datenminimierung** und **Speicherbegrenzung** (→ § 3 Rn. 77) für die Forschungseinrichtung. Bei jeder Datenverarbeitung, die nach der Verordnung zu bewerten ist und wissenschaftliche Zwecke verfolgt, müssen besondere Garantien im Sinne von Art. 89 Abs. 1 DSGVO eingehalten werden. Diese sollen sicherstellen, dass durch technische und organisatorische Maßnahmen das Prinzip der Datenminimierung eingehalten wird. Nach Art. 89 Abs. 1 Satz 4 DSGVO dürfen die für den Forschungszweck benötigten Daten nach den einschlägigen Erlaubnistatbeständen nur dann mit Personenbezug erhoben und gespeichert werden, wenn dies für die Zwecke der wissenschaftlichen Forschung erforderlich ist. Soweit möglich. sind die Daten auf eine Art weiterzuverarbeiten, bei der die Identifizierung der betroffenen Person nicht mehr möglich ist (**Anonymisierung**).[310] Würde durch die Anonymisierung der Forschungszweck nicht erfüllt werden können, so sollten die Daten in pseudonymisierter Form verarbeitet werden. Erst wenn sowohl dem einem als auch dem anderem wissenschaftliche Gründe entgegenstehen, dürfen auch personenbezogene Daten verarbeitet werden.[311] 288

Insbesondere im Hinblick auf Erwägungsgrund 26 DSGVO ist der deutsche Gesetzgeber dazu angehalten die Vorgaben der Verordnung zur **Anonymisierung**, denn nichts anderes sieht Art. 89 Abs. 1 Satz 4 DSGVO vor, zu konkretisieren. Deutsches Recht zur Anonymisierung[312] kann daher als Klarstellung zur Verordnung direkt anwendbar sein.[313] Eine solche Klarstellung erfolgt in § 27 Abs. 3 Satz 2 und 3 BDSG (→ § 7 Rn. 273) Die Norm widerspricht allerdings Art. 89 Abs. 1 DSGVO, auf den sich auch die Öffnungsklausel Art. 9 Abs. 2 lit. j DSGVO bezieht. Von einer Anonymisierung kann nach der Verordnung nur abgesehen werden, wenn dies zur privilegierten Zweckverfolgung zwingend erforderlich ist. Für die in § 27 Abs. 3 Satz 1 BDSG genannte Ausnahme von der Anonymisierungspflicht, wenn jener berechtigte Interessen der betroffenen Person entgegenstehen, findet sich keine Entsprechung in der Verordnung. In dieser Hinsicht ist § 27 Abs. 3 Satz 1 BDSG unionsrechtswidrig. Er wird von Art. 89 Abs. 1 Satz 4 DSGVO verdrängt. Die Ausnahme erscheint auch nicht erforderlich. Die Verarbeiter könnte sich stets um eine Einwilligung bemühen. Im Zusammenhang mit medizinischer Forschung kann eine Verarbeitung von personenbezogenen Daten auch auf Art. 6 Abs. 1 UAbs. 1 lit. d DSGVO iVm Art. 9 Abs. 2 lit. c DSGVO zur erforderlichen Verarbeitung für lebenswichtige Interessen der betroffenen Person gestützt werden.[314] 289

308 *Gola/Schomerus* 2015, § 40 Rn. 14.

309 S. Eg. 26 DSGVO.

310 Eg. 26 DSGVO; *Härting/Schneider*, CR 2015, 822; *Roßnagel/Nebel*, DuD 2015, 457; *Roßnagel/Geminn/Jandt/Richter* 2016, 25.

311 Zum relativen Personenbezug *Hofmann/Johannes*, ZD 2017, 221.

312 ZB § 3 Abs. 6 a BDSG a.F., § 45 StVG, § 12 f EnWG, § 67 Abs. 8 a SGB X, § 9 Bundesfernstraßenmautgesetz, § 289 Solvabilitätsverordnung.

313 Die bisherigen deutschen Regelungen sind ebenfalls auslegungsbedürftig sind (dazu zB *Kühling/Klar*, NJW 2013, 3611), jedoch aussagekräftiger als die unterkomplexe Verordnung.

314 S. auch Eg. 159 DSGVO letzter Satz.

4. Ko-Regulierung

290 Durch den nach Art. 6 Abs. 2 in Verbindung mit Abs. 1 UAbs. 1 lit. e DSGVO eröffneten **Regelungsspielraum** für den öffentlich-rechtlichen Bereich kann der deutsche Gesetzgeber Regelungen für die wissenschaftliche Forschung im öffentlichem Interesse erlassen, also zB für die Ressortforschung und für die Hochschulen und Forschungseinrichtungen der Länder. Von dieser Möglichkeit hat jedenfalls der Bundesgesetzgeber mit dem neuen Bundesdatenschutzgesetz keinen Gebrauch gemacht.

291 Mit dem § 27 BDSG hat der Bundesgesetzgeber aber einen wichtigen Schritt zur **Anpassung und Erhaltung** des Datenschutzrechts zu wissenschaftlichen Forschungszwecken getan und sieht **einheitliche Reglungen für öffentliche und nichtöffentliche Stellen** vor. In dem die Öffnungsklauseln der Art. 9 Abs. 2 lit. j und Art. 89 Abs. 2 DSGVO genutzt werden, kommt es zu einer Ko-Regulierung. Deutsches Recht und Unionsrecht müssen im Sachzusammenhang der wissenschaftlichen Forschung zusammen angewandt werden.

292 § 27 Abs. 1 BDSG iVm Art. 89 Abs. 1 DSGVO erlaubt die Verarbeitung von Daten **besonderer Kategorien** nach Art. 9 Art. 1 DSGVO zu wissenschaftlichen Forschungszwecken. Dabei ist § 22 Abs. 2 BDSG zu Bestimmung der angemessen technischen und organisatorischen Sicherungsmittel heranzuziehen.

293 § 27 Abs. 2 BDSG schränkt die **Betroffenenrechte** der Art. 15, 16, 18 und 21 DSGVO ein. Da der Gesetzeswortlaut nur die Vorgaben der Öffnungsklausel des Art. 89 Abs. 2 DSGVO wiederholt, ist die Vorschrift zu **unbestimmt**. Zum Schutz der betroffenen Personen ist sie eng auszulegen. Dies gilt insbesondere für die Beschränkung des Auskunftsrechts nach § 27 Abs. 2 Satz 2 BDSG. Unverhältnismäßig kann der Aufwand nur sein, wenn der konkrete Aufwand die Verwirklichung der wissenschaftlichen Forschungszwecke unmöglich macht oder erheblich beeinträchtigt.

294 § 27 Abs. 3 BDSG konkretisiert die Vorgaben der Verordnung hinsichtlich der **Anonymisierung** besonderer Kategorien von Daten nach Art. 89 Abs. 1 Satz 4 DSGVO. Das **Trennungsgebot** nach § 27 Abs. 3 Satz 2 und 3 BDSG konkretisiert Art. 89 Abs. 1 Satz 1 bis 3 DSGVO. Die Ausnahme von der Anonymisierungspflicht, wenn diese gegen die Interessen der betroffenen Person verstieße, ist aber unionsrechtswidrig.

295 Das in § 27 Abs. 4 BDSG geregelte **Veröffentlichungsrecht** konkretisiert unter Ausnutzung der Öffnungsklausel von Art. 85 DSGVO die Grundsätze der Verordnung.

5. Zusammenfassung

296 Die forschungsspezifischen Datenschutzregelungen in der Verordnung adressieren den **Konflikt** zwischen den konkurrierenden Grundrechten der Forschungsfreiheit, der informationellen Selbstbestimmung sowie des Datenschutzes, indem sie über die Einwilligungsmöglichkeit und Garantien des Art. 89 Abs. 1 DSGVO einen **interessengerechten Ausgleich** der Grundrechte ermöglichen. Hierzu muss der Verantwortliche jedoch die gebotenen Abwägungskriterien ernsthaft nutzen. Auch nach der Verordnung ist nicht jeder Datenumgang zu wissenschaftlichen Forschungszwecken erlaubt. Außerdem ist die unterkomplexe Verordnung für eine praktikable Bestimmung der ausreichenden Entfernung des Personenbezugs für Zwecke der Anonymisierung und Pseudonymisierung so vage, dass sie durch konkretisierende nationale Regelungen ausgefüllt werden muss.

§ 8 Datenschutz in der Wirtschaft

I. Beschäftigtendatenschutz

1 Regelungen zum Beschäftigtendatenschutz dienen in erster Linie dem Schutz der Persönlichkeitsrechte des Beschäftigten. Dem Informationsinteresse des Arbeitgebers an Beschäftigtendaten steht das Schutzbedürfnis des Beschäftigten aufgrund seiner Weisungsgebundenheit sowie seines ökonomischen Abhängigkeitsverhältnisses vom Arbeitgeber

gegenüber.[1] Datenschutzregelungen sollen diese konfligierende Interessenlage auflösen. Die Verordnung enthält selbst keine eigenständigen Regelungen für die Datenverarbeitung im Beschäftigungskontext, sondern überträgt diese Aufgabe an die Mitgliedstaaten. Diese haben mit **Art. 88 Abs. 1 DSGVO** und **Art. 6 Abs. 2 DSGVO** zwei **Öffnungsklauseln**, um die Datenverarbeitung im Beschäftigungsverhältnis national regeln zu können.[2] Der nationale Gesetzgeber hat mit § 26 BDSG von der Öffnungsklausel des Art. 88 Abs. 1 DSGVO Gebrauch gemacht.

1. Der Beschäftigtendatenschutz in der Datenschutz-Grundverordnung

Zu der Frage, welche Personengruppen unter den **Beschäftigtenbegriff** zu subsumieren sind, enthält die Verordnung keine Antwort. Daher ist auf das Verständnis des europäischen Gerichtshofs abzustellen. In der Vergangenheit hat dieser sowohl Personen, die sich in einem Anstellungsverhältnis mit einem öffentlichen Arbeitgeber befunden haben, als auch solche, die bei einem nichtöffentlichen Arbeitgeber angestellt waren, als Beschäftigte anerkannt.[3] Ebenso sah er für eine Beamtin den persönlichen Anwendungsbereich einer EU-Richtlinie eröffnet, obwohl diese auf Arbeitnehmer abstellte.[4] Dies lässt auf ein weites Verständnis des europäischen Beschäftigtenbegriffs schließen. 2

Aufgrund dieses weiten Verständnisses und der Tatsache, dass die Verordnung sowohl den **öffentlichen** als auch den **nichtöffentlichen Bereich** zu regeln bezweckt, könnte man leicht zu der Annahme gelangen, dass die Öffnungsklausel des Art. 88 Abs. 1 DSGVO auch uneingeschränkt für die Datenverarbeitung von Beschäftigtendaten in öffentlichen Beschäftigungsverhältnissen gelten soll.[5] Dies ist jedoch nicht der Fall, denn einerseits spricht die in Art. 88 DSGVO verwendete Terminologie („Arbeitgeber", „Erfüllung des Arbeitsvertrags", „Unternehmensgruppe") für eine vornehmliche Anwendung des Art. 88 DSGVO auf nichtöffentliche Arbeitsverhältnisse. Andererseits bestimmt die Öffnungsklausel des Art. 6 Abs. 2 DSGVO ausdrücklich, dass Mitgliedstaaten spezifischere Regelungen in Bezug auf die Verarbeitung zur Erfüllung von Art. 6 Abs. 1 UAbs. 1 lit. c und e DSGVO treffen können. Dies soll explizit auch für besondere Verarbeitungssituationen gemäß Kapitel IX gelten und damit auch für den Beschäftigtendatenschutz (→ § 3 Rn. 116). 3

Die Verordnung enthält keine Definition der Begriffe der **öffentlichen Gewalt** und des **öffentlichen Interesses** (→ § 7 Rn. 9 ff.). Erwägungsgrund 45 DSGVO ist stattdessen zu entnehmen, dass die Mitgliedstaaten selbst festlegen können, was ihrem Verständnis nach öffentliche Gewalt darstellt oder im öffentlichen Interesse liegt, solange dies nicht dem Unionsrecht widerspricht. 4

Die Befugnis der Mitgliedstaaten, selbst festlegen zu können, welche Beschäftigungsverhältnisse als Ausübung **öffentlicher Gewalt** oder im **öffentlichen Interesse** anzusehen sind, gibt jedem Mitgliedstaat die Möglichkeit, bei öffentlichen Beschäftigungsverhältnissen selbst zu bestimmen, ob sich die zu erlassenden nationalen Regelungen zum Beschäftigtendatenschutz an den Vorgaben des Art. 6 Abs. 2 DSGVO oder des Art. 88 Abs. 2 DSGVO zu messen haben. Neben Beamtenverhältnissen können auch andere Beschäftigungsverhältnisse des öffentlichen Dienstes unter Art. 6 Abs. 1 UAbs. 1 lit. e DSGVO fallen. Für den Fall, dass ein **öffentliches Beschäftigungsverhältnis** nicht unter Art. 6 Abs. 1 UAbs. 1 lit. e DSVGO fällt, richtet sich die nationale Ausgestaltung der 5

1 *Braun*, in: Peters/Kersten/Wolfenstetter 2012, 40 f.
2 *Maier*, DuD 2017, 169 f.; *Roßnagel*, DuD 2017, 292.
3 EuGH Urt. v. 1.3.2012 – C-393/10, ECLI:EU:C:2012:110 Rn. 37 = EuZW 2012, 267 – O'Brien.
4 EuGH Urt. v. 22.10.2010 – C-444/09, ECLI:EU:C:2010:819 Rn. 40 = BeckEuRS 2010, 554019 – Gavieiro Gavieiro und Iglesias Torres.
5 S. zB *Maschmann*, in: Kühling/Buchner 2017, Art. 88 Rn. 11 ff; *Pauly*, in: Paal/Pauly 2017, Art. 88 Rn. 7 ff.

Datenverarbeitung von Beschäftigtendaten nach den Vorgaben von Art. 88 Abs. 2 DSGVO.[6]

6 Art. 88 Abs. 1 DSGVO ist zu entnehmen, dass Mitgliedstaaten nationale Rechtvorschriften durch Gesetz oder Verordnung regeln können oder dass diese im Rahmen von **Kollektivvereinbarungen** festgelegt werden können. Die für die Verarbeitung von Beschäftigtendaten in Abs. 1 genannten zulässigen Zwecke[7] sind nicht abschließend, was an der Formulierung „insbesondere" deutlich wird. Erwägungsgrund 155 führt aus, dass es auch weiterhin möglich ist, eine Datenverarbeitung auf die **Einwilligung** des Beschäftigten zu stützen. Durch das Recht der Mitgliedstaaten oder in Kollektivvereinbarungen können die Bedingungen festgelegt werden, unter denen personenbezogene Daten im Beschäftigungskontext auf der Grundlage der Einwilligung des Beschäftigten verarbeitet werden dürfen.

7 Art. 88 Abs. 2 DSGVO enthält die **Vorgaben für die nationalen Vorschriften.** Danach müssen diese angemessene und besondere Maßnahmen zur Wahrung der menschlichen Würde, der berechtigten Interessen und der Grundrechte der betroffenen Person, insbesondere im Hinblick auf die Transparenz der Verarbeitung, die Datenübermittlung innerhalb einer Unternehmensgruppe oder einer Gruppe von Unternehmen, die eine gemeinsame Wirtschaftstätigkeit ausüben und die Überwachungssysteme am Arbeitsplatz, umfassen. Gemäß Art. 88 Abs. 3 DSGVO haben die Mitgliedstaaten der Kommission innerhalb von **zwei Jahren** nach Inkrafttreten der Verordnung die Rechtsvorschriften mitzuteilen, die sie aufgrund von Abs. 1 erlassen oder beibehalten.

8 Trotz der Tatsache, dass die Verordnung gleich zwei Öffnungsklauseln für die Datenverarbeitung im Beschäftigungskontext enthält, sind die materiellen Vorgaben beider Verordnungsbestimmungen sehr ähnlich.[8] Die nationalen Regelungen zur Spezifizierung von Art. 6 Abs. 1 UAbs. 1 lit. e DSGVO haben gemäß Art. 6 Abs. 2 DSGVO dem **Grundsatz von Treu und Glauben** und dem **Rechtmäßigkeitsgrundsatz** zu genügen. Beide Grundsätze sind in Art. 5 Abs. 1 lit. a DSGVO normiert (→ § 3 Rn. 53). Nähere Ausführungen zum Grundsatz von Treu und Glauben sind der Verordnung nicht zu entnehmen. Jedoch ist dieser Grundsatz bereits aus Art. 6 Abs. 1 lit. a DSRL bekannt, sodass weiterhin davon auszugehen ist, dass eine Verarbeitung Treu und Glauben entspricht, wenn die betroffene Person in die Lage versetzt wird, von der Verarbeitung zu erfahren und ordnungsgemäß und umfassend Informationen über die Bedingungen der Verarbeitung erhält.[9] Der Grundsatz von Treu und Glauben und der Rechtmäßigkeitsgrundsatz stellen an die Verarbeitung von Beschäftigtendaten daher letztlich die gleichen Bedingungen wie Art. 88 Abs. 2 DSGVO. Art. 88 Abs. 2 DSGVO schreibt vor, dass nationale Regelungen die berechtigten Interessen und Grundrechte der Beschäftigten wahren müssen und die Transparenz der Datenverarbeitung sicherzustellen ist. Missachtet eine Datenverarbeitung diese Regeln, so hält sie auch nicht dem Grundsatz von Treu und Glauben stand.[10]

9 Da im Beschäftigungsverhältnis die Verarbeitung **besonderer Kategorien personenbezogener Daten** keine Seltenheit darstellt, sind auch die Regelungen der Verordnung zur

6 *Maier,* DuD 2017, 171.
7 „Zwecke der Einstellung, der Erfüllung des Arbeitsvertrags einschließlich der Erfüllung von durch Rechtsvorschriften oder durch Kollektivvereinbarungen festgelegten Pflichten, des Managements, der Planung und der Organisation der Arbeit, der Gleichheit und Diversität am Arbeitsplatz, der Gesundheit und Sicherheit am Arbeitsplatz, des Schutzes des Eigentums der Arbeitgeber oder der Kunden sowie für Zwecke der Inanspruchnahme der mit der Beschäftigung zusammenhängenden individuellen oder kollektiven Rechte und Leistungen und für Zwecke der Beendigung des Beschäftigungsverhältnisses".
8 *Maier,* DuD 2017, 171.
9 Vgl. EW 38 DSRL.
10 *Maier,* DuD 2017, 171.

Verarbeitung dieser Daten zu betrachten (→ § 8 Rn. 276 ff.). Im Beschäftigungsverhältnis sind insbesondere die Ausnahmen vom Verarbeitungsverbot aus Art. 9 Abs. 2 lit. b und h DSGVO von Relevanz. Für die in diesen Buchstaben genannten Fälle kann der nationale Gesetzgeber eigene Regelungen vorsehen.

2. Der Beschäftigtendatenschutz im deutschen Recht

Die künftige Regelung des § 26 BDSG zum Beschäftigtendatenschutz hat der Gesetzgeber auf die **Öffnungsklausel** des Art. 88 Abs. 1 DSGVO gestützt. Die Notwendigkeit, die Regelung zum Beschäftigtendatenschutz im öffentlichen Bereich auf die Öffnungsklausel des Art. 6 Abs. 2 DSGVO zu gründen, hat er übersehen. 10

a) Rechtlage bis zum 25. Mai 2018

Das nationale Recht sieht bisher im Bundesdatenschutzgesetz, in den Datenschutzgesetzen der Länder sowie im Bundesbeamtengesetz und den Beamtengesetzen der Bundesländer eigenständige Vorschriften zur Verarbeitung von Beschäftigtendaten vor, die sich im Grad ihrer Detailierung zum Teil deutlich unterscheiden. 11

§ 32 BDSG a.F. stellt den zentralen Erlaubnistatbestand für die Datenverarbeitung von **Beschäftigten** iSd § 3 Abs. 11 Nr. 1 bis 8 BDSG a.F. dar und gilt somit auch für Beamte, Richter und Soldaten des Bundes. Nach § 32 Abs. 1 BDSG a.F. dürfen personenbezogene Daten eines Beschäftigten für **Zwecke des Beschäftigungsverhältnisses** erhoben, verarbeitet oder genutzt werden, wenn dies für die Entscheidung über die Begründung eines Beschäftigungsverhältnisses oder nach Begründung des Beschäftigungsverhältnisses für dessen Durchführung oder Beendigung **erforderlich** ist. Die Regelung entspricht den Vorgaben von Art. 7 lit. b DSRL und zugleich den von der Rechtsprechung entwickelten allgemeinen Grundsätzen des Datenschutzes im Beschäftigungsverhältnis.[11] 12

§ 32 BDSG a.F. findet jedoch keine Anwendung auf Bundesbeamte, soweit die §§ 106 bis 115 BBG speziellere Regelungen für den Umgang mit personenbezogenen Daten für Zwecke des Beschäftigungsverhältnisses vorsehen.[12] Die Zulässigkeit der Datenverarbeitung von Beschäftigten, die keine Beamten sind, richtet sich bei öffentlichen Stellen der Bundesländer nach den jeweiligen **Landesdatenschutzgesetzen.**[13] Für die Verarbeitung von personenbezogenen Daten von Landes-, Kommunal-, oder Körperschaftsbeamten gelten die Normen der jeweiligen **Beamtengesetze der Bundesländer.**[14] Die Beamtengesetze der Bundesländer und das **Bundesbeamtengesetz** stellen für die Personalaktenverarbeitung ebenfalls auf die Erforderlichkeit der Verarbeitung ab.[15] Dies gilt auch für die Verarbeitung von Beschäftigtendaten nach den Landesdatenschutzgesetzen.[16] 13

b) Rechtlage ab dem 25. Mai 2018

Zur **Ausfüllung der Öffnungsklausel** des Art. 88 Abs. 1 DSGVO hat sich der nationale Gesetzgeber gegen ein eigenständiges Beschäftigtendatenschutzgesetz und für den Erlass einer einzigen Norm entschieden. Mit § 26 BDSG wird eine Regelung geschaffen, die die Regelung des § 32 BDSG a.F. weitgehend übernimmt. Die Vorschrift soll lediglich im Wortlaut der Terminologie der Datenschutz-Grundverordnung angepasst werden.[17] Der Gesetzgeber behält sich jedoch vor, Fragen des Beschäftigtendatenschutzes innerhalb des § 26 BDSG oder „im Rahmen eines gesonderten Gesetzes“ künftig anhand der 14

11 BAG, NZA 1984, 321 (321 f.); BAG, NZA 1985, 57 (57 f.); BAG, NZA 1996, 637 (637 f.).
12 BT-Drs. 16/13657, 18.
13 ZB § 34 HDSG; § 37 SächsDSG; § 24 NDSG.
14 ZB § 86 HBG; § 88 NBG; § 83 ff. LBG Baden-Württemberg.
15 §§ 117 Abs. 4 SächsBG; 86 Abs. 4 HBG; 83 iVm 84 Abs. 1 LBG Baden-Württemberg; 106 Abs. 4 BBG.
16 §§ 34 Abs. 1 Satz 1 HDSG; 37 Abs. 1 SachsDSG; 24 Abs. 1 NDSG iVm 88 Abs. 1 Satz 1 NBG.
17 BT-Drs. 18/11325, 95.

Grundsätze, die die Rechtsprechung zum geltenden Recht bereits angelegt hat, konkretisierend zu bestimmen.[18]

15 § 26 Abs. 8 BDSG definiert, welche Personengruppen als **Beschäftigte** iSd Gesetzes anzusehen sind. Abs. 8 Nr. 1 und Abs. 8 Satz 2 listen anders als § 3 Nr. 11 BDSG a.F. auch Leiharbeitnehmer im Verhältnis zum Entleiher, Bewerber und Personen, deren Beschäftigungsverhältnis beendet ist, als Beschäftigte auf. Dies stellt jedoch keine Neuerung dar, da diese Personengruppen nach allgemeiner Auffassung trotz fehlender expliziter Nennung auch als Beschäftigte iSd § 32 BDSG a.F. angesehen worden sind.[19]

16 § 26 Abs. 1 Satz 1 BDSG übernimmt mit leichter sprachlicher Anpassung die Regelung des § 32 Abs. 1 Satz 1 BDSG a.F., indem die Datenverarbeitung erlaubt wird, wenn sie für die Entscheidung über die Begründung eines Beschäftigungsverhältnisses, für dessen Durchführung oder Beendigung **erforderlich** ist. Im Vergleich zu § 32 BDSG a.F. wurde ergänzt, dass die Beschäftigtendatenverarbeitung auch zulässig ist, wenn sie zur **Ausübung oder Erfüllung gesetzlicher Rechte und Pflichten** oder kollektivvertraglicher Rechte und Pflichten der **Interessenvertretung** der Beschäftigten erforderlich ist. Diese Regelung zielt darauf ab, es Arbeitgebern und Betriebsräten zu ermöglichen, Daten von Beschäftigten zu verarbeiten, soweit dies für die Erfüllung betriebsverfassungs- oder kollektivrechtlicher Rechte und Pflichten erforderlich ist.[20] § 26 Abs. 1 Satz 2 BDSG erlaubt zudem die Datenverarbeitung für Zwecke der Aufdeckung von Straftaten im Beschäftigungsverhältnis, was § 32 Abs. 1 Satz 2 BDSG a.F. entspricht.

17 Mit § 26 Abs. 3 BDSG setzt der nationale Gesetzgeber Art. 9 Abs. 2 lit. b DSGVO um. Dieser regelt die Verarbeitung **besonderer Kategorien personenbezogener Daten** im Sinne des Art. 9 Abs. 1 DSGVO für Zwecke des Beschäftigungsverhältnisses. Ihre Verarbeitung ist gemäß Satz 1 zulässig, soweit sie zur Ausübung von Rechten und zur Erfüllung rechtlicher Pflichten aus dem Arbeitsrecht, dem Recht der sozialen Sicherheit oder des Sozialschutzes erforderlich ist. Gemäß § 26 Abs. 3 Satz 3 BDSG gilt § 22 Abs. 2 BDSG auch für die Verarbeitung besonderer Kategorien personenbezogener Daten im Beschäftigungskontext. Dieser sieht vor, dass der Verantwortliche angemessene und spezifische Maßnahmen zur Wahrung der Interessen der betroffenen Person vorzusehen hat, und zählt beispielhaft Schutzmaßnahmen auf, die der Verantwortliche treffen muss, wenn er besondere Kategorien personenbezogener Daten im Beschäftigungsverhältnis verarbeitet. Ihr Vornehmen oder ihr Fehlen sind auch im Rahmen der Erforderlichkeitsprüfung zu berücksichtigen.[21]

18 Im bisherigen Bundesdatenschutzgesetz gibt es keine arbeitsrechtliche Bereichsausnahme für die Verarbeitung **besonderer Kategorien personenbezogener Daten**. Die Verarbeitung richtet sich bisher nach den allgemeinen Bestimmungen des § 28 Abs. 6 bis 9 BDSG a.F., wobei § 28 Abs. 6 Nr. 3 BDSG a.F. die wichtigste Ausnahme für das Arbeitsrecht darstellt.[22] Dieser erlaubt die Verarbeitung, wenn sie zur **Geltendmachung, Ausübung oder Verteidigung rechtlicher Ansprüche** erforderlich ist und kein Grund zu der Annahme besteht, dass schutzwürdige Interessen des Betroffenen am Ausschluss der Verarbeitung überwiegen.

19 § 22 Abs. 1 lit. b BDSG dient der Ausnutzung der Öffnungsklausel des Art. 9 Abs. 2 lit. h iVm Abs. 3 DSGVO und erlaubt die Verarbeitung besonderer Kategorien personenbezogener Daten durch **ärztliches Personal** oder durch sonstige Stellen, die einer **Geheimhaltungspflicht** unterliegen oder unter deren Verantwortung verarbeitet werden für

18 BT-Drs. 18/11325, 95.
19 *Gola/Schomerus* 2015, § 3, Rn. 59 a; *Seifert,* in: Simitis 2014, § 3 Rn. 283; aA *Forst,* RDV 2014, 128.
20 *Wybitul,* NZA 2017, 415.
21 *Wybitul,* NZA 2017, 417.
22 *Däubler* 2015, § 5, Rn. 198.

diverse in der Norm aufgezählten Zwecke, die im weiten Sinne der Gesundheit zugerechnet werden können. Die Regelung des § 22 Abs. 1 lit. b BDSG entspricht weitgehend § 13 Abs. 2 Nr. 7 BDSG a.F. und § 28 Abs. 7 BDSG a.F.

3. Das Verhältnis des § 26 BDSG zur Datenschutz-Grundverordnung

Bevor der nationale Gesetzgeber zur Ausfüllung der Öffnungsklausel des § 88 Abs. 1 DSGVO tätig geworden ist, wurde in der Literatur festgestellt, dass er durch diese Öffnungsklausel über einen **großen Handlungsspielraum** verfügt, der „alle aktuell geltenden Regelungen zum Beschäftigtendatenschutz und auch weitere Bereiche einschließt“.[23] Der Freiraum für nationale Regelungen ist dabei als „beträchtlich“ bezeichnet worden.[24] 20

Zunächst ist in § 26 Abs. 8 BDSG eine **Konkretisierung** der in der Verordnung fehlenden Begriffsbestimmung des **Beschäftigten** zu sehen. Es macht Sinn, dass jeder Mitgliedstaat den Beschäftigtenbegriff im jeweiligen Anpassungs- und Umsetzungsgesetz zur Verordnung selbst bestimmen kann, da die Arbeits- und Beschäftigungsformen innerhalb der Europäischen Union sehr unterschiedlich sind, sodass eine unionsweit gültige Definition Schwierigkeiten bereiten würde. 21

Mit § 26 Abs. 1 Satz 1 BDSG nutzt der nationale Gesetzgeber hinsichtlich der **zulässigen Zwecke** einer Datenverarbeitung im **Beschäftigungskontext** den durch Art. 88 Abs. 1 DSGVO vorgegebenen Handlungsrahmen aus, da die Verordnungsnorm die Zwecke der Einstellung, der Erfüllung des Arbeitsvertrags, dessen Beendigung, sowie die Erfüllung durch Rechtsvorschriften oder durch Kollektivvereinbarung festgelegten Pflichten und Zwecke der Inanspruchnahme der mit der Beschäftigung zusammenhängenden individuellen oder kollektiven Rechte und Leistungen insbesondere als zulässige Zwecke benannt hat. Jedoch stellt auch der Zweck der Verarbeitung von Beschäftigtendaten zur Aufdeckung von Straftaten aus § 26 Abs. 1 Satz 2 BDSG einen zulässigen Zweck dar, da die Auflistung aus Art. 88 Abs. 1 DSGVO nicht abschließend ist. 22

§ 26 Abs. 1 BDSG stellt wie § 32 Abs. 1 BDSG a.F. auf die Erforderlichkeit ab. Damit ist eine umfassende **Verhältnismäßigkeitsprüfung** gemeint, die eine Abwägung widerstreitender Grundrechtspositionen beinhaltet.[25] Die kollidierenden Rechte und Interessen sind im Wege praktischer Konkordanz einem möglichst schonenden Ausgleich zuzuführen.[26] Die Verarbeitung von personenbezogenen Daten von Beschäftigten muss geeignet und zugleich das mildeste Mittel sein, um den unternehmerischen Interessen bei der Begründung, aber auch bei der Durchführung und Beendigung von Beschäftigungsverhältnissen, Rechnung zu tragen.[27] 23

Insgesamt muss festgestellt werden, dass der Vorgabe zur Wahrung der menschlichen Würde und der berechtigten Interessen und Grundrechte der Beschäftigten aus Art. 88 Abs. 2 DSGVO durch die Vornahme einer **Verhältnismäßigkeitsprüfung** zur Beurteilung der Zulässigkeit einer Datenverarbeitung entsprochen wird. Dies gilt auch, weil von der arbeitsrechtlichen Rechtsprechung mit Streubreite des Eingriffs, Anlassbezogenheit, Dauer der Überwachung, Inhalt und Persönlichkeitsrelevanz, nachteilige Folgen, Heimlichkeit und Kernbereichsbezug Kriterien als Hilfestellung zur Beurteilung der Verhältnismäßigkeit einer Datenverarbeitung entwickelt worden sind, die bei der Abwägung der Grundrechtspositionen heranzuziehen sind.[28] Diese Kriterien sind insgesamt we- 24

23 *Gola/Pötters/Thüsing,* RDV 2016, 58.
24 *Taeger/Rose,* BB 2016, 830.
25 *Gola/Schomerus* 2015, § 32 Rn. 10 ff.; *Seifert,* in: Simitis 2014, § 32 Rn. 11.
26 *Thüsing,* in: ders. 2014, § 3 Rn. 2.
27 *Seifert,* in: Simitis 2014, § 32 Rn. 11.
28 *Thüsing/Traut,* in: Thüsing 2014, § 9, Rn. 55.

sentlich differenzierter als die Vorgaben des Art. 88 Abs. 2 DSGVO und tragen darüber hinaus zusätzlich zum Schutz der Grundrechte des Beschäftigten bei.[29] Mit dem Abstellen auf die Erforderlichkeit in § 26 Abs. 1 BDSG wird den Anforderungen aus Art. 88 Abs. 2 DSGVO somit entsprochen.

25 Auch § 26 Abs. 4 BDSG ist als Ausnutzung der Öffnungsklausel des Art. 88 Abs. 1 DSGVO zu verstehen, da explizit auch **Kollektivvereinbarungen** als Rechtsgrundlagen einer Verarbeitung von Beschäftigtendaten im nationalen Recht festgelegt werden können. Auch diese müssen die Vorgaben von Art. 88 Abs. 2 DSGVO abbilden. **Betriebsvereinbarungen** bleiben damit als Instrumente des innerbetrieblichen Umgangs mit Beschäftigtendaten auch mit unmittelbarer Geltung der Verordnung und des künftigen Bundesdatenschutzgesetzes möglich, sodass die Betriebsparteien auch weiterhin präzise, an die Bedürfnisse des Betriebs angepasste, Regelungen treffen können. Zum Umfang der Rechtssetzungsbefugnis auf Basis von Betriebsvereinbarungen enthält die Verordnung keine Vorgaben und ist insoweit unvollständig. Jedoch schweigt hierzu auch das neue Bundesdatenschutzgesetz. Nach bisheriger Rechtsprechung verfügen die Betriebsparteien bei der Rechtssetzung nach nationalem Recht grundsätzlich über einen Entscheidungsspielraum.[30] § 75 Abs. 2 BetrVG verpflichtet die Betriebsparteien zum Schutz und zur **Förderung der freien Persönlichkeitsentfaltung** der im Betrieb Beschäftigten. Sie sind bei der Rechtssetzung daher nicht befugt, vom Schutzstandard des Bundesdatenschutzgesetzes abzuweichen.[31] Da § 26 BDSG die Regelung des § 32 BDSG a.F. lediglich fortführen möchte, ist auch weiterhin davon auszugehen, dass Betriebsvereinbarungen nicht vom garantierten Schutzstandard des § 26 BDSG und den weiteren für den Beschäftigtendatenschutz einschlägigen Bestimmungen in der Verordnung abweichen dürfen.

26 Art. 2 Abs. 1 DSGVO ist zu entnehmen, dass sich die Regelungen der Verordnung im **sachlichen Anwendungsbereich** nur auf die automatisierte oder dateimäßige Verarbeitung von Daten erstrecken (→ § 3 Rn. 4). § 26 Abs. 7 BDSG sieht hingegen vor, dass die Absätze 1 bis 6 auch anzuwenden sind, „wenn personenbezogene Daten, einschließlich besonderer Kategorien personenbezogener Daten, von Beschäftigten verarbeitet werden, ohne dass sie in einem Dateisystem gespeichert sind oder gespeichert werden sollen". Typische Fälle für die Anwendung dieser Vorschrift im betrieblichen Kontext sind Befragungen oder Beobachtungen von Beschäftigten. Dennoch steht § 26 Abs. 7 BDSG nicht im Widerspruch zur grundsätzlich vorrangig anzuwendenden Verordnung, da diese für die in § 26 Abs. 7 BDSG genannten Verarbeitungsformen schlicht nicht gilt.[32] Möchte der nationale Gesetzgeber auch diese **Verarbeitungsformen** einer automatisierten oder dateimäßigen Datenverarbeitung gleichstellen, so wird er von der Verordnung nicht daran gehindert.[33] Künftig werden daher weiterhin nahezu alle Verarbeitungen von § 26 BDSG erfasst werden, die für Zwecke des Beschäftigungsverhältnisses Informationen über einen Beschäftigten liefern.[34]

27 Art. 26 Abs. 2 BDSG stellt eine Spezifizierung für die **Einwilligungserteilung** im Beschäftigungskontext dar. Für die Beurteilung der Freiwilligkeit der Erteilung kann weiterhin auf die in der Literatur entwickelten verschiedenen Fallgruppen abgestellt werden, die gebildet worden sind, um Anhaltspunkte dafür zu gewinnen, wann von einer **freiwilli-**

29 *Maier,* DuD 2017, 171.
30 BAG, ZD 2014, 256.
31 So für die Rechtslage nach dem bisherigen Bundesdatenschutzgesetz *Gola/Schomerus* 2015, § 4 Rn. 10 a; *Pötters/Traut,* RDV 2013, 132; *Trittin/Fischer,* NZA 2009, 344.
32 *Wybitul,* NZA 2017, 418.
33 AA *Spelge,* DuD 2016, 777.
34 So für § 32 BDSG *Franzen,* in: Müller-Glöge/Preis/Schmidt 2017, § 32 BDSG, Rn. 2.

gen Entscheidung zur Einwilligungserteilung nicht mehr ausgegangen werden kann.[35] Auch wenn § 26 Abs. 2 Satz 3 BDSG für die Einwilligung die **Schriftform** vorsieht, werden damit die Handlungsbefugnisse aus der Verordnung vom nationalen Gesetzgeber nicht überschritten. Schließlich wird aus Erwägungsgrund 155 deutlich, dass die Regelungen zur **Einwilligung** in Art. 7 DSGVO für den Beschäftigungskontext nicht zwingend abschließender Natur sind. Vielmehr können die nationalen Gesetzgeber durch nationales Recht spezifische Vorschriften zur Festlegung der Bedingungen festlegen, unter denen eine Datenverarbeitung im Beschäftigungskontext auf Grundlage der Einwilligung des Beschäftigten erfolgt. Das Schriftformerfordernis widerspricht demnach nicht der Verordnung.[36] Zudem ist die Schriftform angesichts der Beweislast des Verantwortlichen aus Art. 7 Abs. 1 DSGVO ohnehin anzuraten.

4. Ko-Regulierung durch nationale und europäische Datenschutzvorschriften

Die Datenverarbeitung von Beschäftigten im Sinne des § 26 Abs. 8 BDSG wird sich ab 28
dem 25. Mai 2018 maßgeblich nach § 26 BDSG richten. Diese Vorschrift ist jedoch nicht die einzige, die es zu beachten gilt. So verweist § 26 Abs. 5 BDSG auf Art. 5 DSGVO und verpflichtet den Verantwortlichen geeignete Maßnahmen zu ergreifen, um sicherzustellen, dass insbesondere die **Grundsätze der Datenverarbeitung** aus Art. 5 DSGVO eingehalten werden (→ § 3 Rn. 39 ff.). § 26 Abs. 5 BDSG ist damit als Klarstellung zu verstehen.[37] Diese hätte jedoch auch unterbleiben können, da die Formulierung „insbesondere" deutlich macht, dass nicht allein die Einhaltung von Art. 5 DSGVO maßgeblich für die Beschäftigtendatenverarbeitung sein kann. So wird sich der Verantwortliche ebenfalls an die übrigen einschlägigen Regelungen der Verordnung zu halten haben, wie beispielsweise an die Betroffenenrechte oder auch an die Sicherheit der Verarbeitung nach Art. 32 DSGVO, sodass nicht nachvollziehbar ist, warum die Grundsätze der Datenverarbeitung explizit in § 26 Abs. 5 BDSG herausgestellt worden sind.

Art. 88 Abs. 1 DSGVO erlaubt es den Mitgliedstaaten, nationale Regelungen für die In- 29
anspruchnahme individueller Rechte zu erlassen, die mit der Beschäftigung zusammenhängen. Von dieser Befugnis wäre auch der Erlass **spezifischer Betroffenenrechte** für die Datenverarbeitung im Beschäftigungsverhältnis erfasst,[38] den der nationale Gesetzgeber jedoch bisher nicht vorgesehen hat. Solange keine spezifischen Betroffenenrechte im Bundesdatenschutzgesetz oder einem Beschäftigtendatenschutzgesetz für die Datenverarbeitung im Beschäftigungskontext vorgesehen sind, muss sich der Verantwortliche an die allgemeinen der Verordnung halten. Er muss daher seinen **Unterrichtungspflichten** nach Art. 12 ff. DSGVO nachkommen, den Beschäftigten nach Maßgabe von Art. 13 oder 14 DSGVO **informieren**, auf Anfrage **Auskunft** nach Art. 15 DSGVO erteilen und Daten gemäß Art. 17 DSGVO **löschen.**

Eine Anpassung der **Landesdatenschutzgesetze** an die Vorgaben der Verordnung muss 30
noch erfolgen. Jedoch sind hier zB spezifischere Betroffenenrechte enthalten. So bezieht sich beispielsweise das Auskunftsrecht nach § 18 Abs. 3 HDSG im Arbeitsverhältnis gemäß § 34 Abs. 3 HDSG auch auf die Art der automatisierten Auswertung der Daten des Beschäftigten. § 34 Abs. 4 Satz 2 HDSG sieht vor, dass „Daten, die vor der Eingehung eines Dienst- oder Arbeitsverhältnisses erhoben" worden sind, unverzüglich zu löschen sind, „sobald feststeht, dass ein Dienst- oder Arbeitsverhältnis nicht zustande kommt".

35 So zB bei einer ungerechtfertigten Druckausübung, s. *Thüsing/Traut,* in: Thüsing 2014, § 5 Rn. 13; bei einseitiger Beratung, die klar auf die Erteilung einer Einwilligung abzielt, s. *Weichert,* DuD 2002, 139, oder wenn die Einwilligungserteilung in Zusammenhang mit dem Abschluss des Arbeitsvertrags verlangt wird, s. *Schimmelpfenning/Wenning,* DB 2006, 2292.

36 *Maier/Ossoinig,* in: Roßnagel 2017, § 4 Rn. 43.

37 *Wybitul,* NZA 2017, 418.

38 *Maier/Ossoinig,* in: Roßnagel 2017, § 4 Rn. 51; *Maier,* DuD 2017, 173.

Ähnliche Bestimmungen finden sich auch in § 37 Abs. 4 Satz 1 und Abs. 5 SächsDSG und § 28 Abs. 6 Satz 1 und 3 HmbDSG. Der nationale Gesetzgeber könnte diese Rechte als Spezifizierungen von Art. 15 und 17 DSGVO für den Beschäftigungskontext beibehalten.

31 Auf die nationale arbeitsgerichtliche Rechtsprechung kann weiterhin abgestellt werden, solange damit in der Verordnung unbestimmte Rechtsbegriffe präzisiert werden. So besteht gemäß Art. 17 Abs. 1 lit. a DSGVO ein **Löschungsrecht** des Betroffenen, wenn Daten für die Zwecke, für die sie erhoben oder verarbeitet worden sind, nicht mehr notwendig sind. Die Rechtsprechung sieht zB für Abmahnungen, die eine Hinweis-, Warn- oder Dokumentationsfunktion erfüllen, je nach Schwere und Häufigkeit eine Speicherfrist von circa zwei Jahren als notwendig an.[39] Auf diese Speicherfrist kann auch künftig abgestellt werden.

32 Soweit **Landesdatenschutzgesetze** für die Verarbeitung von Beschäftigtendaten auf die **Erforderlichkeit** abstellen, können die Regelungen als Ausnutzung der Öffnungsklausel für den Beschäftigtendatenschutz betrachtet werden und daher erhalten bleiben. Dies gilt zB für die Regelungen von § 34 Abs. 1 Satz 1 HDSG, § 88 Abs. 1 Satz 1 NBG iVm § 24 Abs. 1 NDSG, § 36 Abs. 1 LDSG Baden-Württemberg oder § 37 Abs. 1 Satz 1 SächsDSG.

33 Da dem nationalen Gesetzgeber beim Beschäftigtendatenschutz umfangreiche Befugnisse zukommen, bleiben auch nationale Regelungen weiterhin anwendbar, die bestimmte Verarbeitungen von Beschäftigten von dessen Einwilligung abhängig machen. So macht § 38 Abs. 3 Satz 1 LDSG Baden-Württemberg die Erhebung von Daten eines Bewerbers zur Begründung eines Beschäftigungsverhältnisses bei einem früheren Dienstherrn oder Arbeitgeber von dessen **Einwilligung** abhängig. Gemäß § 38 Abs. 3 Satz 1 LDSG Baden-Württemberg gilt dies auch für die Übermittlung von Beschäftigtendaten an künftige Dienstherrn oder Arbeitgeber. Eine ähnliche Regelung ist auch in § 28 Abs. 4 Satz 2 HmbDSG enthalten. Auch eine Regelung wie § 37 Abs. 2 SächsDSG, die für die Veröffentlichung und damit für einen speziellen Umgang mit Beschäftigtendaten die Einholung einer **Einwilligung** oder eine **Interessenabwägung** mit zusätzlicher Beurteilung, ob schutzwürdige Interessen des Betroffenen entgegenstehen, fordert, kann beibehalten und weiterhin angewendet werden.

34 Als Spezifizierung von Art. 9 Abs. 2 lit. h iVm Abs. 3 und 4 DSGVO kann die Regelung des § 29 Abs. 3 LDSG Nordrhein-Westfalen angesehen werden. Diese bestimmt, dass die „Weiterverarbeitung der **bei ärztlichen oder psychologischen Untersuchungen und Tests** zum Zwecke der Eingehung eines Dienst- oder Arbeitsverhältnisses erhobenen Daten“ nur mit schriftlicher **Einwilligung** des Beschäftigten zulässig ist und dass die Einstellungsbehörde vom untersuchenden Arzt in der Regel nur die Übermittlung des Ergebnisses der Eignungsuntersuchung und der dabei festgestellten Risikofaktoren verlangen darf. Eine ähnliche Regelung findet sich auch in § 28 Abs. 5 Satz 1 und 2 LDSG Baden-Württemberg und kann ebenfalls erhalten bleiben.

5. Zusammenfassung

35 Mit § 26 BDSG hat der nationale Gesetzgeber die **Öffnungsklausel** des Art. 88 Abs. 1 DSGVO ausgestaltet, ohne seine Kompetenzen für den Bereich des Beschäftigtendatenschutzes vollumfänglich genutzt zu haben. Da § 26 BDSG nahezu wortgleich die Regelung des § 32 BDSG a.F. übernimmt, bleibt beim Beschäftigtendatenschutz für die in § 26 Abs. 8 BDSG aufgezählten Gruppen sehr vieles beim Alten, was angesichts des hohen deutschen Datenschutzniveaus erfreulich ist. **Änderungen** zur bisherigen Rechtslage

39 BAG, RDV 1995, 78.

dürften sich jedoch dort ergeben, wo die allgemeinen Verordnungsregeln auch für die Datenverarbeitung im Beschäftigungskontext Anwendung finden, der nationale Gesetzgeber jedoch keine Spezifikationen für die Datenverarbeitung im Beschäftigungskontext vorgenommen hat. Dies ist zB bei den Betroffenenrechten der Fall.

Die Regelungen zum Beschäftigtendatenschutz im öffentlichen Bereich sind bisher nicht 36
an die Vorgaben der Verordnung angepasst worden. Sie sind auf die Öffnungsklausel des Art. 6 Abs. 2 DSGVO iVm Art. 6 Abs. 1 UAbs. 1 lit. e DSGVO zu stützen. Viele Regelungen zum Beschäftigtendatenschutz in den **Landesdatenschutzgesetzen** könnten daher beibehalten bleiben.

II. Telekommunikation

Für die Erbringung von Telekommunikations(TK-)Diensten werden personenbezogene 37
Daten verarbeitet, sowohl zur Begründung des TK-Vertrags als auch zum Aufbau von Verbindungen und zur Übertragung von Inhalten. Der Schutz personenbezogener Daten von Teilnehmern von TK-Diensten gegenüber ihren TK-Anbietern wird weitgehend von Art. 7 GrCh und Art. 10 Abs. 1 GG gewährleistet und ist bisher in der Datenschutz-Richtlinie für elektronische Kommunikation (**RL 2002/58/EG**) und in den §§ 88 ff. und 91 ff. TKG geregelt.

1. Die Datenschutz-Grundverordnung und Telekommunikationsdienste

Die Datenschutz-Grundverordnung regelt den Datenschutz in der Telekommunikation 38
nicht ausdrücklich, sondern enthält nur allgemeine Regelungen zum Datenschutz.

a) Anwendungsbereich der Datenschutz-Grundverordnung

Die Verordnung gilt gemäß Art. 2 Abs. 1 DSGVO für die ganz oder teilweise **automatisierte Verarbeitung** personenbezogener Daten sowie für die nichtautomatisierte Verarbeitung personenbezogener Daten, die in einem Dateisystem gespeichert sind oder gespeichert werden sollen. § 91 Abs. 1 Satz 1 TKG geht weiter und regelt auch die nicht automatisierte Verarbeitung, zB das rein akustische Abhören eines Telefongesprächs. 39

Gemäß Art. 1 Abs. 1 DSGVO enthält die Verordnung nur Vorschriften zum Schutz natürlicher Personen. Im Gegensatz zu § 91 Abs. 1 Satz 2 TKG schützt sie nicht die Daten juristischer Personen. Der Schutz erstreckt sich allerdings nicht auf alle TK-Daten juristischer Personen, sondern nur auf solche, die dem **Fernmeldegeheimnis** unterliegen, also gemäß § 88 Abs. 1 Satz 1 TKG Daten über die Umstände der Kommunikation und den Inhalt der Kommunikation sowie gemäß Satz 2 über erfolglose Verbindungsversuche.[40] Nicht erfasst, weder vom Telekommunikationsgesetz noch von der Verordnung ist der Schutz der Bestandsdaten juristischer Personen. 40

Art. 2 Abs. 2 lit. d DSGVO schließt Tätigkeiten der **Gefahrenabwehr** und **Strafverfolgung** durch die zuständigen Behörden aus dem Anwendungsbereich der Verordnung aus. Allerdings gilt der Ausschluss in Art. 2 Abs. 2 lit. d DSGVO nur für die Datenverarbeitung durch die zuständigen Behörden, nicht aber für die Datenverarbeitung zum Zweck der öffentlichen Sicherheit durch die (in Deutschland) privaten TK-Anbieter. 41

40 *Braun*, in: Geppert/Schütz 2013, § 91 Rn. 21; *Eckhardt*, in: Spindler/Schuster 2015, § 91 TKG, Rn. 22.

b) Verhältnis der Datenschutz-Grundverordnung zur Richtlinie 2002/58/EG

42 Die Richtlinie 2002/58/EG gilt aus Sicht der Datenschutz-Grundverordnung im Gegensatz zur Datenschutz-Richtlinie zunächst auch nach dem 25. Mai 2018 weiter.[41] Art. 95 DSGVO legt fest, dass die Verordnung „natürlichen oder juristischen Personen in Bezug auf die Verarbeitung personenbezogener Daten in Verbindung mit der Bereitstellung öffentlich zugänglicher elektronischer Kommunikationsdienste in öffentlichen Kommunikationsnetzen in der Union keine zusätzlichen Pflichten auf[erlegt], soweit sie besonderen in der **Richtlinie 2002/58/EG** festgelegten Pflichten unterliegen, die dasselbe Ziel verfolgen". Erwägungsgrund 173 DSGVO präzisiert dies dahingehend, dass die Verordnung „auf alle Fragen des Schutzes der Grundrechte und Grundfreiheiten bei der Verarbeitung personenbezogener Daten Anwendung finden [sollte], die nicht den in der Richtlinie 2002/58/EG festgelegten spezifischen Pflichten, die dasselbe Ziel verfolgen, unterliegen", und stellt zugleich klar, dass der Erlass der Verordnung Änderungen an der Richtlinie notwendig macht. Dies bedeutet letztlich, dass zunächst alle Datenschutzvorschriften im deutschen Recht anwendbar blieben, die auf dieser Richtlinie beruhen und dasselbe Ziel wie die Verordnung verfolgen, nämlich den Schutz der Grundrechte und Grundfreiheiten bei der Verarbeitung personenbezogener Daten.

2. Die „ePrivacy-Verordnung"

43 Die Richtlinie 2002/58/EG wird aber voraussichtlich durch eine Verordnung (sog. „**ePrivacy-Verordnung**") ersetzt werden (→ § 3 Rn. 19 ff.). Damit wird eine umfassende Anpassung und Neuordnung des Telekommunikationsgesetzes erforderlich.

44 Die Verordnung soll laut Art. 29 Abs. 2 des Entwurfs ab dem 25. Mai 2018 gelten, also zeitgleich mit der Datenschutz-Grundverordnung. Dieser Termin wurde zwar inzwischen in einem Bericht des Rats der Europäischen Union als unrealistisch bezeichnet,[42] wahrscheinlich ist jedoch, dass gerade wegen des großen Zeitdrucks doch eine rechtzeitige Einigung erzielt und der Geltungsbeginn der ePrivacy-Verordnung zum 25. Mai 2018 erreicht wird. Dennoch bleibt unsicher, wann die Verordnung in Kraft treten wird und inwiefern die Inhalte des Entwurfs sich durchsetzen werden. Bisher liegen lediglich die Änderungsempfehlungen der Ausschüsse des Europäischen Parlaments vor.

a) Verhältnis zum Telekommunikationsgesetz

45 Die ePrivacy-Verordnung wird gegenüber den Datenschutzregeln des Telekommunikationsgesetzes eine ähnliche Wirkung entfalten, wie die Datenschutz-Grundverordnung gegenüber dem Bundesdatenschutzgesetz. Sie soll die Richtlinie 2002/58/EG gemäß Art. 27 Abs. 1 ePrivacy-VO-E ersetzen. Als Verordnung wäre sie direkt in Deutschland anwendbar, ohne zuerst durch einen nationalen Rechtsakt umgesetzt zu werden. Dabei wird sie einen Anwendungsvorrang gegenüber jenen Datenschutzregelungen des Telekommunikationsgesetzes entfalten, die mit ihr kollidieren. Gemäß Art. 1 Abs. 3 ePrivacy-VO-E präzisiert und ergänzt diese die Datenschutz-Grundverordnung im Hinblick auf ihre besonderen Zwecke. Diese sind zunächst der Schutz von Grundrechten und Grundfreiheiten natürlicher und juristischer Personen bei der Bereitstellung und Nutzung elektronischer Kommunikationsdienste, insbesondere die Rechte auf Achtung des Privatlebens und den Datenschutz (Art. 1 Abs. 1). Außerdem gewährleistet Art. 1 Abs. 2

41 Anders als die Richtlinie 95/46/EG (s. EuGH, Urt. v. 6.11.2003 – C-101/01, ECLI:EU:C:2003:596 – Lindqvist) nimmt die RL 2002/58/EG nur eine Mindestharmonisierung vor, die weitergehenden nationalen Regelungen nicht entgegensteht; *Braun*, in: Geppert/Schütz 2013, § 91 Rn. 5; s. Eg. 8 RL 2002/58/EG.

42 Rat der EU, Sachstandsbericht zum Vorschlag für eine Verordnung des Europäischen Parlaments und des Rates über die Achtung des Privatlebens und den Schutz personenbezogener Daten in der elektronischen Kommunikation und zur Aufhebung der Richtlinie 2002/58/EG (Verordnung über Privatsphäre und elektronische Kommunikation), 9324/17, Brüssel, 19.5.2017, 6.

ePrivacy-VO-E den freien Verkehr elektronischer Kommunikationsdaten, der aus Gründen der Achtung des Privatlebens und des Datenschutzes weder beschränkt noch untersagt werden dürfe.

Gemäß Art. 2 Abs. 1 ePrivacy-VO-E ist die Verordnung auf die Datenverarbeitung in 46
Verbindung mit der Nutzung und Bereitstellung elektronischer Kommunikationsdienste anwendbar. Nach Art. 4 Abs. 1 lit. b ePrivacy-VO-E gilt für den Begriff der elektronischen Kommunikationsdienste die Definition der Richtlinie über den europäischen **Kodex** für die elektronische Kommunikation (→ § 3 Rn. 21).[43] Hierbei handelt es sich ebenfalls um einen Vorschlag der EU-Kommission. Die Richtlinie (im Folgenden Kodex-E) ist ebenfalls noch nicht verabschiedet. Laut Art. 2 Nr. 4 Kodex-E sind elektronische Kommunikationsdienste weiterhin Dienste, die ganz oder überwiegend in der Signalübertragung bestehen. Dienste, die Inhalte anbieten oder eine redaktionelle Kontrolle über sie ausüben, sollen explizit ausgeschlossen sein. Die ePrivacy-Verordnung wird also grundsätzlich auf die Dienste anwendbar sein, auf die bisher auch die RL 2002/58/EG anwendbar war. Abseits dieses Anwendungsbereichs ist grundsätzlich die Datenschutz-Grundverordnung auf die Verarbeitung personenbezogener Daten anwendbar.[44] Auch dort, wo die ePrivacy-Verordnung keine Regelungen für die Verarbeitung von Kommunikationsdaten enthält, ist zunächst die Datenschutz-Grundverordnung anzuwenden.

b) Voraussichtliche Inhalte der ePrivacy-Verordnung

Grundsätzlich folgt der Kommissionsentwurf zur ePrivacy-VO den Inhalten der zu er- 47
setzenden RL 2002/58/EG, enthält jedoch auch Neuerungen (→ § 3 Rn. 20).

Der sachliche Anwendungsbereich der ePrivacy-Verordnung wird auch sogenannte 48
Over-the-Top-Kommunikationsdienste (OTT) erfassen, die mit klassischen TK-Diensten gleichgestellt werden sollen.[45] Nicht geregelt sind allerdings Peer-to-Peer-Kommunikationsdienste und -netze, wie etwa der Kommunikationsdienst Tox.[46] Hier fehlt es an einem zentralen Betreiber. Der Gesetzgeber scheint auch bei ePrivacy-VO-E und Kodex-E lediglich Dienste im Blick zu haben, die auf einer Client-Server-Architektur basieren.

In räumlicher Hinsicht folgt die Verordnung gemäß Art. 3 Abs. 1 lit. a ePrivacy-VO-E 49
dem **Marktortprinzip** der Datenschutz-Grundverordnung.[47]

Der Kommissionsentwurf betrifft vor allem die Verarbeitung von Kommunikationsda- 50
ten. Dies sind gemäß Art. 4 Abs. 3 lit. a. ePrivacy-VO-E **Kommunikationsinhalte** und **Kommunikationsmetadaten** (→ § 8 Rn. 62). Letztere entsprechen den Verkehrs- und Standortdaten. Für diese Daten enthält der Entwurf spezielle Verarbeitungsvorschriften, Regeln über die Einwilligung und Betroffenenrechte. Die Verarbeitung von Bestandsdaten wird von dem Entwurf, wie schon in der RL 2002/58EG, nicht geregelt.

In Teilen neu sind die Regelungen in Art. 8 ePrivacy-VO-E über den Schutz von Endein- 51
richtungen der Nutzer (PCs, Smartphones, etc.) und den in diesen gespeicherten Informationen. Art. 8 Abs. 1 erlaubt die Nutzung der Speicherfunktion eines Endgeräts sowohl zum Speichern von Informationen als auch zum Auslesen gespeicherter Informationen durch andere Personen als den Nutzer nur unter bestimmten Voraussetzungen, insbesondere im Falle einer Einwilligung des Nutzers.

Gemäß Art. 9 Abs. 1 ePrivacy-VO-E sollen für die Einwilligung grundsätzlich die Rege- 52
lungen der Datenschutz-Grundverordnung gelten (→ § 3 Rn. 104). Abs. 2 spezifiziert,

43 S. ausführlich zum Entwurf *Neumann*, N&R 2016, 262 ff.
44 Zur Anwendbarkeit der ePrivacy-Verordnung-E auf Telemediendienste → § 8 Rn. 119.
45 Eg. 11 ePrivacy-VO-E.
46 S. hierzu ausführlich *Maier/Schaller*, ZD 2017, 373.
47 S. auch Eg. 9 ePrivacy-VO-E.

dass die Einwilligung nach Art. 8 Abs. 1 lit. b, also insbesondere für Cookies, durch die Einstellungen des Internet-Browsers erklärt werden kann.

53 Die **Sanktionsvorschriften** gemäß Art. 23 Abs. 1 ePrivacy-VO-E richten sich nach der Datenschutz-Grundverordnung (→ § 6 Rn. 126 ff.).

54 Der Kommissionsentwurf enthält nur wenige **Öffnungsklauseln.** Gemäß Art. 11 ePrivacy-VO-E können die Mitgliedstaaten insbesondere Einschränkungen der in den Art. 5 bis 8 niedergelegten Rechte und Pflichten vornehmen, um ein oder mehrere der in Artikel 23 Absatz 1 lit. a bis e DSGVO genannten öffentlichen Interessen zu wahren oder Überwachungs-, Kontroll- oder Regulierungsaufgaben, die mit der Ausübung öffentlicher Gewalt verbunden sind, wahrzunehmen.

c) Voraussichtlicher Anpassungsbedarf

55 Die ePrivacy-Verordnung ist in Form des Kommissionsentwurfs zumindest auf weite Teile der bisher von der RL 2002/58/EG geregelten Verarbeitungssituationen anwendbar und wird voraussichtlich die auf dieser beruhenden Regelung im Telekommunikationsgesetz verdrängen. Daher würde dann für den Datenschutz im Telekommunikationsgesetz eine ähnliche Überarbeitung anstehen, wie für das Bundesdatenschutzgesetz im Verhältnis zur Datenschutz-Grundverordnung. Normen, die verdrängt werden, könnten gestrichen, Öffnungsklauseln ausgefüllt und zulässige Präzisierungen vorgenommen werden.

56 Sollte es wider Erwarten nicht gelingen, den Nachfolger der RL 2002/58/EG ab dem 25. Mai 2018 gelten zu lassen, so wäre eine doppelte Anpassung des Telekommunikationsgesetzes erforderlich: zunächst die (kleine) Anpassung zum 25. Mai 2018 an die Datenschutz-Grundverordnung und dann zu einem späteren Zeitpunkt die größere Anpassung an die geplante ePrivacy-Verordnung.

57 Weiterer Anpassungsbedarf entsteht durch die geplante Richtlinie über den europäischen **Kodex** für die elektronische Kommunikation, die derzeit als Kommissionsentwurf vorliegt (→ § 3 Rn. 21). Für das Telekommunikationsrecht bedeutet dies eine umfassende Neuregelung und Modernisierung.[48]

d) Öffnungsklauseln in der Datenschutz-Grundverordnung und in der ePrivacy-Verordnung

58 Die Öffnungsklauseln der Art. 6 Abs. 2 und 3 DSGVO (→ § 7 Rn. 22 ff.) ermöglicht es den Mitgliedstaaten für Stellen, die ihre Datenverarbeitung auf Art. 6 Abs. 1 UAbs. 1 lit. e DSGVO stützen, spezifischere Anforderungen zur Anpassung der Anwendung der Vorschriften der Verordnung in Bezug auf die Verarbeitung festzulegen oder zu erhalten. Die Öffnungsklauseln erlauben damit die Regelung eigener spezifischer Erlaubnistatbestände sowie auch die Regelung weiterer Maßnahmen, wie etwa technisch-organisatorische Vorschriften oder bereichsspezifische Betroffenenrechte. Der nationale Gesetzgeber kann eine vollständige und sinnvolle Regelung treffen, die sowohl das „Ob“ als auch das „Wie“ der Datenverarbeitung betrifft. Die Begriffe in Art. 6 Abs. 1 UAbs. 1 lit. e DSGVO „öffentliche Gewalt“ und „Aufgabe, die im öffentlichen Interesse liegt“, werden in der Verordnung nicht näher bestimmt. Nach Erwägungsgrund 45 überlässt die Verordnung deren Konkretisierung den Mitgliedstaaten. Diese Öffnungsklauseln gelten für die Telekommunikation allerdings nur bis zum Inkrafttreten der ePrivacy-Verordnung, soweit die ePrivacy-Verordnung nicht gilt oder soweit sie auf die Datenschutz-Grundverordnung verweist.

48 Zu den Folgen des ePrivacy-VO-E für die §§ 11 ff. TMG → § 8 Rn. 119 ff. Betroffen ist auch § 7 UWG, der von Art. 16 ePrivacy-VO-E verdrängt wird (→ § 8 Rn. 204 ff.). Zu den Folgen des ePrivacy-VO-E für die Auftragsverarbeitung → § 5 Rn. 95 ff.

Art. 23 Abs. 1 DSGVO erlaubt Beschränkungen der Rechte und Pflichten der Art. 5, 12 bis 22 und 34 DSGVO. Art. 11 Abs. 1 ePrivacy-VO-E enthält eine ähnliche Grundlage für Beschränkungen der Art. 5 und 8 ePrivacy-VO-E, die wiederum auf Art. 23 Abs. 1 DSGVO verweist. Beschränkungen der Art. 5 und 8 ePrivacy-VO-E sind damit möglich, sofern allgemeine öffentliche Interessen im Sinne von Art. 23 Abs. 1 lit a bis e DSGVO gewahrt werden sollen oder Überwachungs-, Kontroll- oder Regulierungsaufgaben wahrgenommen werden, die mit der Ausübung öffentlicher Gewalt verbunden sind. Bedingung ist die Einrichtung interner Verfahren zur Beantwortung von Anfragen auf Zugang zu elektronischen Kommunikationsdaten von Endnutzern und die Bereitstellung bestimmter Informationen auf Anfrage der zuständigen Aufsichtsbehörde. 59

aa) Ausübung öffentlicher Gewalt

Als Ausübung öffentlicher Gewalt wird in Deutschland insbesondere die Rechtsausübung der staatlichen Behörden im Subordinationsverhältnis zu den Bürgern angesehen. Hinzu kommt die Tätigkeit von Beliehenen.[49] In Deutschland sind TK-Dienste zwar staatlich reguliert, werden aber privat erbracht. Das Erbringen von TK-Diensten ist damit keine Aufgabe in Ausübung öffentlicher Gewalt. 60

bb) Universaldienste

Die Infrastrukturaufgabe, Telekommunikation flächendeckend anzubieten, ist in Art. 87 f Abs. 1 GG als Angelegenheit des Bundes, also als öffentliches Interesse, festgelegt und gemäß Abs. 2 privaten Dienstleistern übertragen. Gemäß § 1 TKG ist der Zweck des Telekommunikationsgesetzes, entsprechend Art. 87 f GG unter anderem, TK-Dienstleistungen flächendeckend angemessen zu gewährleisten. § 78 TKG enthält eine Liste von TK-Dienstleistungen, die eine unabdingbare Grundversorgung für die Bevölkerung darstellen. Die Norm basiert auf Art. 3 ff. der **Universaldiensterichtlinie** 2002/22/EG.[50] Damit besteht eine unionsrechtliche Konkretisierung des öffentlichen Interesses an der flächendeckenden Erbringung von TK-Dienstleistungen. Diese wird in die Art. 79 ff. Kodex-E überführt und überarbeitet. Die Norm konkretisiert gleichzeitig Art. 87 f GG,[51] so dass in Form von § 78 ff. TKG eine zwischen Deutschland und der Union harmonisierte Konkretisierung des öffentlichen Interesses an der Erbringung von TK-Diensten besteht. 61

Art. 6 Abs. 2 lit. a ePrivacy-VO-E enthält einen spezifischen Erlaubnistatbestand, der für die Verarbeitung von Kommunikationsmetadaten zum Zweck der Erbringung von Universaldiensten anwendbar sein könnte. Art. 6 Abs. 2 lit. a ePrivacy-VO-E erlaubt die Verarbeitung elektronischer Kommunikationsmetadaten, soweit „dies zur Einhaltung verbindlicher Dienstqualitätsanforderungen nach der [Richtlinie über den europäischen Kodex für die elektronische Kommunikation] oder der Verordnung (EU) 2015/2120 nötig ist, für die dazu erforderliche Dauer". Die Verordnung (EU) 2015/2120 ändert unter anderem die Universaldiensterichtlinie. Sie führte eine ganze Reihe qualitativer Anforderungen ein, die auch die Erbringung von Universaldiensten betreffen (zB die Gleichbehandlung des gesamten Internetverkehrs gemäß ihrem Art. 3 Abs. 3). 62

Insofern für diese Maßnahmen die Verarbeitung elektronischer Kommunikationsmetadaten erforderlich ist, wäre Art. 6 Abs. 2 lit. a ePrivacy-VO-E anwendbar. Die Verordnung fügt andererseits in Art. 1 Abs. 3 der Universaldiensterichtlinie einen Passus ein, der feststellt, dass im Rahmen nationaler Maßnahmen betreffend den Zugang oder die 63

49 *Ibler*, in: Maunz/Dürig 2016, Art. 86 Rn. 75.
50 RL 2002/22/EG vom 7.3.2002, ABl. L 108, 51, zuletzt geändert durch VO 2015/2120 vom 25.11.2015, ABl. L 310, 1.
51 *Hömig*, in: Hömig/Wolff 2016, Art. 87 f, Rn. 3.

Nutzung von Diensten und Anwendungen durch die Endnutzer im Rahmen von elektronischen Kommunikationsnetzen der Schutz von Grundrechten, insbesondere des Rechts auf Privatsphäre zu achten ist. Dies könnte so ausgelegt werden, dass der Grundrechtsschutz im Hinblick auf Universaldienste Sache der Mitgliedstaaten bleiben soll.[52] Allerdings unterscheidet der Entwurf der ePrivacy-Verordnung, wie auch die Vorgängerrichtlinie 2002/58/EG, gerade nicht zwischen Universaldiensten und anderen elektronischen Kommunikationsdiensten und nimmt die Richtlinie 2002/22 EG im Gegensatz zu anderen Richtlinien nicht gemäß Art. 2 Abs. 2 ePrivacy-VO-E aus ihrem Anwendungsbereich aus. Art. 1 Abs. 3 RL 2002/22 legt nur fest, dass die Mitgliedstaaten bei ihren Maßnahmen den Grundrechtsschutz zu achten haben. Die Norm legt keine Kompetenzen fest. Abseits des Anwendungsbereichs von Art. 6 Abs. 2 lit. a ePrivacy-VO-E wäre also grundsätzlich Art. 6 Abs. 1 ePrivacy-VO-E auf Universaldienste anzuwenden.

64 Eine Möglichkeit, um dennoch weiterhin die §§ 91 ff. TKG auf Universaldienste anzuwenden, könnte Art. 11 Abs. 1 ePrivacy-VO iVm Art. 23 Abs. 1 lit. e DSGVO enthalten. Wie dargestellt, ist die Erbringung von Universaldiensten als öffentliches Interesse etabliert. Allerdings stellt Art. 11 Abs. 1 ePrivacy-VO-E keine ähnlich weite Öffnungsklausel dar wie Art. 6 Abs. 2 DSGVO. Vielmehr ähnelt die Norm stark dem Art. 23 DSGVO und kann Grundlage sein, um einzelne Rechte und Pflichten, wie zum Beispiel die Pflicht zum Löschen nach Art. 7 Abs. 1 und Abs. 2 ePrivacy-VO-E einzuschränken. Daher wäre in Zukunft auf die Verarbeitung von elektronischen Kommunikationsdaten für Universaldienste Art. 6 Abs. 1 und 2 ePrivacy-VO-E anzuwenden. Im Bereich der Bestandsdatenverarbeitung, den die ePrivacy-Verordnung nicht betreffen wird, könnten aber für Universaldienste über Art. 6 Abs. 2 DSGVO die diesbezüglichen Regelungen anwendbar bleiben.

cc) Öffentliche Sicherheit

65 Die §§ 110 bis 115 TKG enthalten viele Verpflichtungen der TK-Anbieter, die dem Ziel dienen, die Erhebung personenbezogener Daten durch Sicherheitsbehörden zu ermöglichen. Sie sollen Überwachungsmaßnahmen ermöglichen und bestimmte personenbezogene Daten speichern und herausgeben – etwa nach § 111 TKG oder im Rahmen der „Vorratsdatenspeicherung“ nach §§ 113 a bis 113 g TKG. Diese Pflichten dienen der **Gefahrerforschung, Gefahrenabwehr** und **Strafverfolgung.** Diese Aufgabe wurde per Gesetz den privaten TK-Anbietern übertragen. Gemäß Art. 11 Abs. 1 ePrivacy-VO-E können die Mitgliedstaaten daher die Vorschriften in den §§ 110 bis 115 TKG weiter anwenden.[53] Die nationale Regelung der **Vorratsdatenspeicherung** von TK-Verbindungsdaten bleibt damit, unter Beachtung der Vorgaben des EuGH,[54] möglich. Die Vorratsdatenspeicherung schränkt die Löschpflicht der Betreiber nach Art. 7 Abs. 2 ePrivacy-VO-E ein. Voraussetzung ist die Einrichtung der in Art. 11 Abs. 2 ePrivacy-VO-E geforderten Verfahren und das Nachkommen der Informationspflicht gegenüber der zuständigen Aufsichtsbehörde.

---

52 S. auch Eg. 18 VO (EU) 2015/2120.

53 Da die TK-Anbieter zur Datenverarbeitung verpflichtet werden, könnte dieses Ergebnis auch über Art. 6 Abs. 2 iVm Abs. 1 UAbs. 1 lit. c DSGVO begründet werden. Allerdings ist der ePrivacy-VO-E insofern spezieller.

54 EuGH Urt. v. 8.3.2014 – C-293/12 und C-594/12, ECLI:EU:C:2014:238 – Digital Rights Ireland; EuGH, Urt. v. 21.12.2016 – C-203/15 und C-698/15, ECLI:EU:C:2016:970 – Tele2 Sverige; s. hierzu *Roßnagel*, MMR 2014, 372 und *Roßnagel*, NJW 2017, 696.

3. Verdrängtes und weiter anwendbares deutsches Recht im Einzelnen

Die Datenschutz-Grundverordnung und die ePrivacy-Verordnung lassen umfassende Anpassungen des Telekommunikationsgesetzes erforderlich werden. 66

a) Vorschriften des Telekommunikationsgesetzes zum Fernmeldegeheimnis

Die Vorschriften in §§ 88 bis 90 TKG sind nicht Teil des ausdrücklich mit „Datenschutz" betitelten Abschnitts des Telekommunikationsgesetzes, sondern gehen ihm voraus. Sie stellen die gesetzliche Konkretisierung des Fernmeldegeheimnisses aus Art. 10 Abs. 1 GG, insbesondere im Verhältnis zu den Diensteanbietern, dar.[55] Auch wenn damit der grundrechtliche Schutz des Fernmeldegeheimnisses eröffnet ist und die informationelle Selbstbestimmung insofern durch lex specialis verdrängt wird,[56] bedeutet dies nicht, dass die Regelungen dem Anwendungsvorrang der Verordnung hierdurch entzogen wären, denn inhaltlich sind sie ebenfalls mit dem Schutz personenbezogener Daten befasst.[57] Unionsrechtlich konkretisieren sie das Recht auf Achtung des Privatlebens und der Kommunikation (Art. 7 GrCh) und auf Schutz personenbezogener Daten (Art. 8 GrCh), deren Schutz auch Ziel der Datenschutz-Grundverordnung und des Entwurfs der ePrivacy-Verordnung ist. 67

§ 88 Abs. 1 TKG setzt das allgemeine Gebot der **Vertraulichkeit der Kommunikation** aus Art. 5 RL 2002/58/EG um. Art. 5 Abs. 1 Satz 1 RL 2002/58/EG verpflichtet die Mitgliedstaaten, die Vertraulichkeit der Nachrichten und der mit ihnen verbundenen Verkehrsdaten durch innerstaatliche Vorschriften sicherzustellen, soweit die Nachrichten mit öffentlichen TK-Netzen und öffentlich zugänglichen TK-Diensten übertragen werden. Art. 5 Abs. 1 Satz 3 und Abs. 2 der Richtlinie erlauben den Umgang mit diesen Daten, um TK-Dienste zu erbringen. § 88 Abs. 2 TKG konkretisiert dieses Gebot, indem es die Pflicht zur Wahrung des Fernmeldegeheimnisses den Diensteanbietern auferlegt. Allerdings ist § 88 Abs. 1 TKG nicht auf öffentliche und öffentlich zugängliche Netze beschränkt. Für ein Vertraulichkeitsgebot für nichtöffentliche TK-Netze und -Dienste bietet Art. 5 RL 2002/58/EG aber keine Grundlage. Dies gilt auch für Art. 5 ePrivacy-VO-E, der als Äquivalent von Art. 5 RL 2002/58/EG gelten darf. § 88 Abs. 1 und 2 TKG werden durch diesen nicht vollständig verdrängt, da auch Art. 5 ePrivacy-VO-E lediglich für öffentliche TK-Netze und -Dienste gilt. Fraglich bleibt, ob § 88 Abs. 1 TKG nicht als einfachgesetzliche Konkretisierung von Art. 10 Abs. 1 GG eine eigenständige Bedeutung über die Umsetzung von Art. 5 RL 2002/58/EG hinaus zukommt. Dagegen spricht die Gleichheit des Wesensgehalts von Art. 7 GrCh und Art. 10 GG. Auch als Bezugspunkt für § 206 Abs. 1 StGB bezogen auf das Tatbestandsmerkmal eines Verstoßes gegen das Fernmeldegeheimnis, wird zumindest § 88 Abs. 1 TKG nicht benötigt. Eine wortgleiche Entsprechung findet sich in § 206 Abs. 5 Satz 2 und 3 StGB. § 88 Abs. 3 TKG entspricht Art. 5 Abs. 1 Satz 3 und Abs. 2 RL 2002/58/EG. Er wird – soweit er sich auf öffentliche Netzwerke und Dienste bezieht – von Art. 6 Abs. 3 ePrivacy-VO-E verdrängt. 68

§ 88 Abs. 4 TKG basiert ebenfalls auf der RL 2002/58/EG. Ziel der Vorschrift ist die Vermeidung von Konflikten zwischen Funker und Kapitän eines Wasser- oder Luftfahrzeugs.[58] Hier hat der deutsche Gesetzgeber sein Recht aus Art. 15 Abs. 1 RL 2002/58/EG ausgeübt, die Rechte und Pflichten gemäß Art. 5 der Richtlinie unter bestimmten Umständen zu beschränken. Art. 11 Abs. 1 ePrivacy-VO-E enthält eine Art. 15 Abs. 1 RL 2002/58/EG vergleichbare Öffnungsklausel für Beschränkungen der 69

55 *Klesczewski*, in: Säcker 2013, § 88 TKG, Rn. 1.
56 *Durner*, in: Maunz/Dürig 2016, Art. 10 Rn. 209.
57 *Bock*, in: Geppert/Schütz 2013, § 88 Rn. 11.
58 *Munz*, in: Taeger/Gabel 2013, § 88 TKG, Rn. 19.

Rechte und Pflichten aus Art. 5 und 8 ePrivacy-VO-E. § 88 Abs. 4 TKG bleibt damit anwendbar.

70 § 89 Satz 1 TKG kann als Umsetzung von Art. 5 Abs. 1 Satz 2 RL 2002/58/EG verstanden werden und präzisiert das dort enthaltene Abhörverbot bezogen auf Funkanlagen. Das Vertraulichkeitsgebot des Art. 5 Abs. 1 Satz 1 RL 2002/58/EG wird zudem in § 89 Satz 2 TKG zu einem Mitteilungsverbot verdichtet. Diese Vorschriften können vor dem Hintergrund von Art. 5 und Art. 11 Abs. 1 ePrivacy-VO-E weiter angewendet werden. § 89 Satz 4 TKG ist zukünftig als Verweis auf Art. 5 ePrivacy-VO-E zu verstehen, wonach die Verordnung Ausnahmen von der Vertraulichkeit elektronischer Kommunikationsdaten vorsehen kann.

71 § 90 TKG dient letztlich auch der Umsetzung des Gebots aus Art. 5 Abs. 1 Satz 1 RL 2002/58/EG, hat aber keine europarechtlichen Wurzeln. Eine Kollision mit ePrivacy-VO-E oder Datenschutz-Grundverordnung ist nicht ersichtlich. Wenngleich die Zielrichtung der Vorschrift die klassische „Wanze“ ist, kann auch bestimmtes Spielzeug davon erfasst werden.[59]

b) Vorschriften des Telekommunikationsgesetzes zum Datenschutz

aa) Anwendungsbereich

72 § 91 Abs. 1 Satz 1 TKG bestimmt den Anwendungsbereich der §§ 91 bis 107 TKG. § 91 Abs. 1 Satz 1 TKG adressiert Anbieter öffentlicher und nicht-öffentlicher Netzwerke. Ausgeschlossen sind nur solche Anbieter, die Dienste nicht geschäftsmäßig erbringen, also nicht auf eine gewisse Dauer, sondern nur im Einzelfall.[60] Der Entwurf der ePrivacy-Verordnung ist gemäß seinem Art. 2 Abs. 2 lit. c auf Anbieter öffentlich zugänglicher Kommunikationsdienste beschränkt. Für die Anbieter nicht-öffentlicher Netze nach § 91 Abs. 1 Satz 1 TKG ist grundsätzlich die Datenschutz-Grundverordnung anzuwenden.

73 § 91 Abs. 2 TKG erklärt die Datenschutznormen in §§ 91 bis 107 TKG bezogen auf geschlossene Benutzergruppen öffentlicher Stellen der Länder für anwendbar. Die Vorschrift bleibt über die Öffnungsklausel in Art. 6 Abs. 2 DSGVO anwendbar.

bb) Informationspflichten

74 § 93 Abs. 1 TKG enthält Informationspflichten bei Vertragsschluss. Diese Pflichten sind in der Richtlinie 2002/58/EG nur teilweise enthalten. Gemäß § 93 Abs. 1 Satz 1 TKG hat der Diensteanbieter die Teilnehmer **bei Vertragsschluss** über **Art, Umfang, Ort** und **Zweck der Erhebung und Verwendung personenbezogener Daten** so zu unterrichten, dass die Teilnehmer in allgemein verständlicher Form Kenntnis von den grundlegenden Verarbeitungstatbeständen der Daten erhalten. Gemäß Satz 2 hat er sie auch auf die zulässigen Wahl- und Gestaltungsmöglichkeiten hinzuweisen. Diese Pflichten gelten nur gegenüber dem Teilnehmer, nicht gegenüber dem Nutzer, da der Vertrag mit dem Teilnehmer geschlossen wird. Gemäß Satz 3 sind die Nutzer vom Diensteanbieter durch allgemein zugängliche Informationen über die Erhebung und Verwendung personenbezogener Daten zu unterrichten. Satz 4 stellt klar, dass das Auskunftsrecht nach dem Bundesdatenschutzgesetz zusätzlich anwendbar bleibt.

75 Der Entwurf der ePrivacy-Verordnung enthält an verschiedenen Stellen Informationspflichten, die § 93 Abs. 1 TKG verdrängen, zB in Art. 8 Abs. 2 lit. b ePrivacy-VO-E zur Erhebung von Informationen, die von Endeinrichtungen ausgesendet werden, um sich mit anderen Entitäten zu verbinden und in Art. 12 Abs. 4 ePrivacy-VO-E zu Gestal-

59 S. beispielhaft Bundesnetzagentur zieht Kinderpuppe „Cayla“ aus dem Verkehr, Pressemitteilung v. 17.2.2017.

60 *Braun*, in: Geppert/Schütz 2013, § 91 Rn. 12 f.; *Klesczewski*, in: Säcker 2013, § 91 TKG, Rn. 30.

tungsmöglichkeiten der Rufnummernanzeige. Abseits hiervon wird § 93 Abs. 1 TKG von Art. 13 und 14 DSGVO verdrängt. Der Verweis in § 93 Abs. 1 Satz 4 TKG auf das Auskunftsrecht im Bundesdatenschutzgesetz ist überdies ab dem 25. Mai 2018 obsolet, da dies im neuen Bundesdatenschutzgesetz nicht mehr enthalten ist. In § 34 BDSG n.F. sind nur noch Einschränkungen des Auskunftsrechts nach Art. 15 DSGVO enthalten. § 93 Abs. 1 sollte vollständig gestrichen werden.

§ 93 TKG widerspricht in Abs. 1 Satz 1 und 3 auch bezüglich der **Formalia** der Infor- 76
mationspflicht der Verordnung, so dass er von Art. 12 Abs. 1 Satz 1 und Abs. 5 Satz 1 DSGVO verdrängt wird. Auch legt Art. 12 Abs. 5 Satz 1 DSGVO fest, dass die Informationen unentgeltlich zur Verfügung zu stellen sind. Dies ist in § 91 Abs. 1 TKG nicht ausdrücklich geregelt.

Die Informationspflicht nach § 93 Abs. 1 Satz 2 TKG könnte als reine Verbraucher- 77
schutznorm angesehen werden, da sie dem Telekommunikationsteilnehmer die Wahrnehmung von Gestaltungsmöglichkeiten hinsichtlich seines Vertrags mit dem Diensteanbieter ermöglichen soll. Allerdings handelt es sich um eine Informationspflicht, die es dem Teilnehmer insbesondere ermöglichen soll, die datenschutzfreundlichste Vertragsvariante zu wählen.[61] Sie ist daher nicht grundsätzlich vom Anwendungsbereich der ePrivacy-Verordnung und der Datenschutz-Grundverordnung ausgenommen. Auch § 93 Abs. 1 Satz 2 TKG wird deshalb von Art. 12 Abs. 1 DSGVO verdrängt.

Die Informationspflicht bei besonderen Risiken der Verletzung der Netzsicherheit nach 78
§ 93 Abs. 2 TKG wird von Art. 17 ePrivacy-VO-E verdrängt.

§ 93 Abs. 3 TKG wird von Art. 34 DSGVO verdrängt. 79

cc) Einwilligung im elektronischen Verfahren

Eine dem § 94 TKG entsprechende Regelung über die elektronische Abgabe der daten- 80
schutzrechtlichen Einwilligung enthält der Entwurf der ePrivacy-Verordnung nicht. Gemäß Art. 9 Abs. 1 ePrivacy-VO-E gelten insofern die Regelungen der Datenschutz-Grundverordnung. Daher sind für Anbieter öffentlicher und nichtöffentlicher Dienste gleichermaßen Art. 7 und 8 DSGVO anzuwenden (→ § 3 Rn. 95 f.), die § 94 TKG verdrängen. Eine elektronische Einwilligung ist nach Art. 7 DSGVO grundsätzlich möglich. Im Hinblick auf Bestandsdaten bei Universaldiensten kann der im Vergleich zu Art. 8 DSGVO etwas detailliertere § 94 TKG weiter angewendet werden.

Art. 9 Abs. 2 ePrivacy-VO-E enthält jedoch eine Klarstellung bezüglich der Einwilligung 81
gemäß Art. 8 Abs. 1 lit. b ePrivacy-VO-E. Diese insbesondere für die Verarbeitung von Cookies bedeutsame Einwilligung kann ausdrücklich auch durch die Browsereinstellungen abgegeben werden. Art. 9 Abs. 3 ePrivacy-VO-E verweist überdies für Einwilligungen nach Art. 6 Abs. 2 und 3 ePrivacy-VO-E auf die Möglichkeit des jederzeitigen Widerrufs nach Art. 7 Abs. 3 DSGVO. Dies soll wohl kein Ausschluss des jederzeitigen Widerrufsrechts für andere Einwilligungen (Art. 8 Abs. 1 lit. b ePrivacy-VO-E) sein. Vielmehr wird in Art. 9 Abs. 3 ePrivacy-VO-E zusätzlich angeordnet, dass die Nutzer halbjährlich an diese Möglichkeit zu erinnern sind.

dd) Bestandsdaten

§ 95 TKG regelt den Umgang mit Bestandsdaten. Der Entwurf der ePrivacy-Verord- 82
nung regelt Bestandsdaten nicht. Es ist aber der Anwendungsvorrang der Datenschutz-Grundverordnung zu beachten. Im Hinblick auf Verträge über Festnetzanschlüsse für Sprachtelefonie, Telefax und (funktionalen) Internetzugang kann § 95 TKG generell aufgrund von Art. 6 Abs. 2 DSGVO weiterhin angewendet werden, da diese **Universal-**

61 *Büttgen*, in: Geppert/Schütz 2013, § 93 Rn. 33.

dienste gemäß § 78 Abs. 2 TKG darstellen (→ § 8 Rn. 61 ff.), nicht hingegen der Mobilfunk inklusive des mobilen Internet.

83 § 95 Abs. 1 Satz 1 TKG wiederholt die **Zulässigkeit der Verarbeitung** von Bestandsdaten nach Art. 6 Abs. 1 UAbs. 1 lit. b DSGVO für den Abschluss eines TK-Dienstevertrags. Die Vorschrift unterfällt daher dem Verbot der Normwiederholung (→ § 2 Rn. 30) und ist (abseits von Verträgen über Universaldienste) nicht mehr anwendbar. Gleiches gilt für § 95 Abs. 1 Satz 2 TKG.

84 § 95 Abs. 1 Satz 3 TKG enthält eine grundsätzliche Einschränkung der **Übermittlung an Dritte**, die in Art. 6 Abs. 1 UAbs. 1 lit. b DSGVO nicht angelegt ist. Die Norm steht daher im Widerspruch zur Verordnung und wird (abseits von Universaldiensten) von ihr verdrängt. Gleiches gilt für § 95 Abs. 2 Satz 1 TKG.

85 § 95 Abs. 3 Satz 1 TKG enthält eine feste **Löschfrist** für Bestandsdaten bei Vertragsende zum Ende des darauffolgenden Jahres. Satz 2 erklärt außerdem § 35 Abs. 3 BDSG a.F. für anwendbar, der in bestimmten Fällen an die Stelle der Löschung die Sperrung treten lässt. Dagegen enthält Art. 17 Abs. 1 lit. a DSGVO keine feste Löschfrist für Fälle der Vertragsbeendigung. Der Verarbeiter hat die Löschung ohne schuldhaftes Zögern vorzunehmen. Dies könnte im Einzelfall sowohl kürzer als auch länger sein als die Frist in § 95 Abs. 3 Satz 1 TKG. § 95 Abs. 3 Satz 1 wird daher von Art. 17 Abs. 1 lit. a DSGVO verdrängt. § 95 Abs. 3 Satz 2 TKG iVm § 35 Abs. 3 BDSG a.F. wird ebenfalls durch die Verordnung verdrängt. Sie enthält keine Vorschrift, die die Sperrung an die Stelle der Löschung treten lässt. Beide Vorschriften könnten aber im Hinblick auf Universaldienste weiter angewendet werden. Allerdings entfällt die Sperrung nach § 35 Abs. 3 BDSG ab dem 25.5.2018 in der Neufassung des BDSG. Der Gesetzgeber hat sich diesbezüglich gegen eine weitere Anwendung entschieden. § 95 Abs. 3 Satz 2 TKG sollte daher gestrichen werden. Die feste Löschfrist in Satz 1 könnte dennoch für Universaldienste weiter angewendet werden. An die Stelle von § 95 Abs. 3 Satz 2 iVm § 35 Abs. 3 BDSG a.F. würde dann die eingeschränkte Verarbeitung nach Art. 18 DSGVO treten, deren Voraussetzungen sich aber von der bisherigen Sperrung unterscheiden.

86 § 95 Abs. 4 TKG erlaubt es dem Diensteanbieter, im Zusammenhang mit dem Begründen und dem Ändern des Vertragsverhältnisses sowie dem Erbringen von TK-Diensten die Vorlage eines **amtlichen Ausweises** zu verlangen, wenn dies zur Überprüfung der Angaben des Teilnehmers erforderlich ist, und von dem Ausweis eine kurzzeitige **Kopie** anzufertigen, die aber nach der Überprüfung zu vernichten ist. Satz 1, der die reine Überprüfung anhand des Ausweises gestattet, fällt gemäß Art. 2 Abs. 1 DSGVO als nichtautomatisierte und nicht dateigebundene Datenverarbeitung aus dem Anwendungsbereich der Verordnung heraus. Eine Kopie gemäß Satz 2 könnte zunächst eine nicht automatisierte Datenverarbeitung darstellen und damit ebenfalls aus dem Anwendungsbereich der Verordnung herausfallen. Soweit der Ausweis gescannt wird und die Verordnung anwendbar ist, enthält § 95 Abs. 4 Satz 2 und Satz 3 TKG aber eine Einschränkung der Vertragsdatenverarbeitung gegenüber Art. 6 Abs. 1 UAbs. 1 lit. b DSGVO und wird verdrängt, sofern nicht die Erbringung von Universaldiensten betroffen ist.

87 § 95 Abs. 5 TKG enthält das sogenannte „**Koppelungsverbot**“, das es ausschließt, die Datenverarbeitung auf eine Einwilligung zu stützen, wenn dem betroffenen Teilnehmer ein anderer Zugang zu diesen TK-Diensten ohne die Einwilligung nicht oder nur in nicht zumutbarer Weise möglich ist. Das Koppelungsverbot in dieser Form kennt weder der ePrivacy-Verordnungsentwurf noch die Datenschutz-Grundverordnung. In Art. 7 Abs. 4 DSGVO kommt es darauf an, dass die Daten, die aufgrund der Einwilligung verarbeitet werden sollen, für die Vertragserfüllung nicht erforderlich sind. Die Norm führt aber nicht automatisch zur Unwirksamkeit der Einwilligung wie § 95 Abs. 5 Satz 2

TKG, sondern fließt lediglich in die Beurteilung ein, ob die Einwilligung ohne Zwang abgegeben wurde. § 95 Abs. 5 TKG ist strenger als die Verordnungen und ist daher nicht mehr anwendbar.

ee) Verkehrsdaten

§ 96 TKG, der die Verarbeitung von Verkehrsdaten regelt, wird von Art. 6 ff. ePrivacy-VO-E verdrängt. Art. 6 regelt die Verarbeitung von „elektronischen Kommunikationsdaten“ und deren Untergruppe der „elektronischen Kommunikationsmetadaten“, die den Verkehrsdatenentsprechen, und „elektronischen Kommunikationsinhalten“. Art. 6 Abs. 1 lit. a ePrivacy-VO-E wird § 96 Abs. 1 Satz 1 und Satz 2 und Abs. 2 TKG verdrängen. Art. 7 Abs. 1 und 2 ePrivacy-VO-E verdrängen § 96 Abs. 1 Satz 3 TKG. § 96 Abs. 3 TKG wird durch Art. 9 Abs. 3 ePrivacy-VO-E verdrängt. 88

§ 96 Abs. 4 TKG wird von Art. 6 Abs. 2 lit. b ePrivacy-VO-E verdrängt. Beide Vorschriften erlauben die Verarbeitung von Verkehrsdaten zu weiteren Zwecken mit Einwilligung des Betroffenen oder Endnutzers. Die Norm im TKG ist auf die Vermarktung und bedarfsgerechte Gestaltung von Diensten und auf das Angebot von Zusatzdiensten zugeschnitten; die Regelung in der Verordnung ist abstrakter formuliert und lässt weitere Zwecke zu. Während § 96 Abs. 4 TKG eine Anonymisierung für die Daten der Angerufenen vorschreibt, macht Art. 6 Abs. 2 lit. b ePrivacy-VO-E die Zulässigkeit der Verarbeitung davon abhängig, dass der jeweilige Zweck nicht mit anonymisierten Daten erreicht werden kann. 89

ff) Entgeltermittlung und Entgeltabrechnung

Ebenfalls der Umsetzung von Art. 6 RL 2002/58/EG dient § 97 TKG.[62] Ein Unterschied zur Richtlinie ergibt sich wiederum beim Adressatenkreis, da § 97 TKG im Gegensatz zu Art. 6 RL 2002/58/EG auch Betreiber eines Dienstes für geschlossene Benutzergruppen erfasst.[63] § 97 TKG wird für die Anbieter öffentlich zugänglicher TK-Dienste von Art. 6 Abs. 2 lit. b ePrivacy-VO-E verdrängt. Für die Anbieter geschlossener Benutzergruppen ist bezüglich der Verarbeitung von Verkehrsdaten zur Entgeltermittlung und -abrechnung Art. 6 Abs. 1 UAbs. 1 lit. b DSGVO anzuwenden. 90

gg) Standortdaten

§ 98 TKG, der den Umgang mit Standortdaten[64] regelt,[65] setzt Art. 9 RL 2002/58/EG um,[66] dies allerdings nur unvollständig.[67] § 98 Abs. 1 Satz 1 TKG dient der Umsetzung von Art. 9 Abs. 1 Satz 1 RL 2002/58/EG. § 98 TKG ist sprachlich sehr eng an der Vorgabe der Richtlinie angelehnt und ihr gleich auf Standortdaten von Nutzern öffentlicher TK-Netze oder öffentlich zugänglicher TK-Dienste beschränkt. § 98 Abs. 1 Satz 1 TKG wird durch Art. 6 Abs. 2 lit. c ePrivacy-VO-E verdrängt. Wie auch im Falle der Verkehrsdaten gehen Standortdaten in der neuen Kategorie der elektronischen Kommunikationsmetadaten auf. 91

§ 98 Abs. 1 Satz 2 und Satz 3 TKG setzen die **Informationspflichten** des Art. 9 Abs. 1 Satz 2 RL 2002/58/EG, wenn auch unvollständig,[68] um. Gleiches gilt für Satz 6, der für 92

62 *Klesczewski*, in: Säcker 2013, § 97 TKG, Rn. 2; *Jenny*, in: Plath 2016, § 97 TKG, Rn. 1.
63 *Munz*, in: Taeger/Gabel 2013, § 97 TKG, Rn. 2.
64 In Art. 2 lit. c RL 2002/58/EG definiert.
65 Standortdaten, die zugleich Verkehrsdaten sind, unterfallen § 96 TKG: *Braun*, in: Geppert/Schütz 2013, § 98 Rn. 6; *Klesczewski*, in: Säcker 2013, § 98 TKG, Rn. 3.
66 *Munz*, in: Taeger/Gabel 2013, § 98 TKG, Rn. 2; *Klesczewski*, in: Säcker 2013, § 98 TKG, Rn. 3; *Jenny*, in: Plath 2016, § 98 TKG, Rn. 1.
67 *Klesczewski*, in: Säcker 2013, § 98 TKG, Rn. 4.
68 *Braun*, in: Geppert/Schütz 2013, § 98 Rn. 15 ff.

diesen Zweck die Nutzung von Bestandsdaten gestattet und damit der Umsetzung der Informationspflichten dient. Diese Vorgaben werden durch die in ePrivacy-Verordnung und Grundverordnung geregelten Informationspflichten verdrängt (→ § 4 Rn. 4 ff.).

93 § 98 Abs. 1 Satz 4 und 5 TKG verlangen eine gesonderte schriftliche **Einwilligung** sowie entsprechende Information des Nutzers, wenn die Standortdaten für einen Dienst mit Zusatznutzen verarbeitet werden, der die Übermittlung von Standortdaten eines Mobilfunkendgerätes an einen anderen Teilnehmer oder Dritte beinhaltet, die nicht Anbieter des Dienstes sind. Hier ist grundsätzlich die Grundverordnung anwendbar, auf die Art. 9 ePrivacy-VO-E verweist. § 98 Abs. 1 Satz 4 und 5 TKG sind nicht mehr anzuwenden.

94 Die in § 98 Abs. 1 Satz 7 TKG niedergelegte Pflicht des Teilnehmers zur **Unterrichtung der Mitbenutzer** beruht nicht auf der RL 2002/58/EG[69] und findet sich auch nicht im Entwurf für eine ePrivacy-Verordnung. Bezüglich der Einwilligung verweist Art. 9 Abs. 1 ePrivacy-VO-E auf die Grundverordnung. Die Norm wird gemäß Art. 2 Abs. 2 lit. c DSGVO von der Verordnung insoweit verdrängt, als es sich bei der Nutzung des Dienstes um mehr als eine ausschließlich persönliche oder familiäre Tätigkeit des Teilnehmers handelt. Für rein persönliche und familiäre Tätigkeiten ist die Verordnung aber nicht anwendbar, so dass § 98 Abs. 1 Satz 7 TKG anwendbar bleibt.

95 § 98 Abs. 1 Satz 8 TKG setzt Art. 9 Abs. 1 Satz 3 RL 2002/58/EG um. Er wird von Art. 9 Abs. 3 ePrivacy-VO-E verdrängt.

96 § 98 Abs. 2 TKG ist eine fast wörtliche Übernahme von Art. 9 Abs. 2 RL 2002/58/EG und Abs. 4 TKG eine fast wörtliche Übernahme von Art. 9 Abs. 3 RL 2002/58/EG.[70] § 98 Abs. 2 TKG wird von Art. 9 Abs. 3 ePrivacy-VO-E verdrängt, § 98 Abs. 4 TKG von Art. 6 ePrivacy-VO-E.

97 § 98 Abs. 3 TKG enthält eine Ausnahme von Abs. 1, um Standortdaten im Fall von **Notrufen** auch ohne Einwilligung des Teilnehmers an die Notrufstellen übermitteln zu können. Die Norm setzt Art. 10 lit. b RL 2002/58/EG um,[71] und wird von Art. 13 Abs. 1 ePrivacy-VO-E verdrängt.

hh) Einzelverbindungsnachweis

98 § 99 TKG beruht auf Art. 7 und Eg. 33 RL 2002/58/EG.[72] Der im Vergleich zu § 99 TKG vergleichsweise knapp formulierte Art. 7 RL 2002/58/EG gibt den Teilnehmern das Recht, Rechnungen ohne Einzelgebührennachweis zu erhalten, und überlässt die konkrete Ausgestaltung, insbesondere den Ausgleich mit dem Recht anrufender Nutzer und angerufener Teilnehmer auf Vertraulichkeit, den Mitgliedstaaten. Eine vergleichbare Regelung enthält der Entwurf für eine ePrivacy-Verordnung nicht. Ob ein Recht auf Rechnungen ohne Einzelgebührennachweis besteht, muss nach Art. 6 Abs. 1 UAbs. 1 lit. b DSGVO beurteilt werden. § 99 TKG ist nicht mehr anwendbar.

ii) Störungen von TK-Anlagen und Missbrauch von TK-Diensten

99 § 100 TKG enthält Vorschriften über den Umgang mit Verkehrsdaten zur Störungsbeseitigung in Abs. 1 und zur Betrugserkennung in Abs. 3, die Art. 6 Abs. 5 und Art. 15 Abs. 1 RL 2002/58/EG entsprechen. Dem entsprechen wiederum Art. 6 Abs. 2 lit. b und c ePrivacy-VO-E sowie bezüglich der Löschung Art. 7 ePrivacy-VO-E. Aufgrund von Art. 11 Abs. 1 ePrivacy-VO-E bleiben § 100 Abs. 1 und 3 TKG anwendbar.

---

69 *Braun*, in: Geppert/Schütz 2013, § 98 Rn. 24.
70 *Eckhardt*, in: Spindler/Schuster 2015, § 98 TKG, Rn. 27; *Klesczewski*, in: Säcker 2013, § 98 TKG, Rn. 11.
71 *Braun*, in: Geppert/Schütz 2013, § 98 Rn. 27.
72 *Jenny*, in: Plath 2016, § 99 TKG, Rn. 1; *Klesczewski*, in: Säcker 2013, § 99 TKG, Rn. 3.

§ 100 Abs. 2 TKG regelt die Zulässigkeit des Aufschaltens auf eine laufende Telefonverbindung für Umschaltungen oder zum Erkennen und Eingrenzen von Störungen im Netz. Das **Aufschalten** ermöglicht das Abhören eines Gesprächs und behandelt damit nicht den Umgang mit Verkehrsdaten, sondern mit Inhaltsdaten. Eine ausdrückliche Regelung hierzu findet sich in der Richtlinie 2002/58/EG nicht. Die Vertraulichkeit der Kommunikation inklusive der Gesprächsinhalte ist in Art. 5 Abs. 1 RL 2002/58/EG niedergelegt. Sie kann gemäß Art. 15 Abs. 1 der Richtlinie eingeschränkt werden. Art. 15 der Richtlinie erlaubt allerdings keine Beschränkungen zum Zweck der Störungsbeseitigung oder für **Umschaltungen**. Die RL 2002/58/EG enthält daher keine Grundlage für § 100 Abs. 2 TKG. Gleiches gilt für die ePrivacy-Verordnung. § 100 Abs. 2 TKG wird daher von Art. 6 Abs. 1 UAbs. 1 DSGVO verdrängt. 100

jj) Mitteilen ankommender Verbindungen

§ 101 TKG dient der Umsetzung von Art. 10 lit. a RL 2002/58/EG,[73] der erlaubt, die Unterdrückung der Rufnummernanzeige vorübergehend aufzuheben. Die Mitgliedstaaten sollen auch nach Art. 13 Abs. 2 ePrivacy-VO-E Bestimmungen für die Aufhebung der Rufnummernunterdrückung im Falle von böswilligen oder belästigenden Anrufen festlegen, was Art. 10 lit. a RL 2002/58/EG entspricht. § 101 TKG bleibt damit anwendbar. 101

kk) Rufnummernanzeige und -unterdrückung

§ 102 TKG basiert weitestgehend auf Art. 8 RL 2002/58/EG,[74] weicht jedoch insofern davon ab, dass nicht zwischen Nutzern und Teilnehmern unterschieden wird, sondern er stattdessen „zum Teil nur von Anrufern und Angerufenen spricht".[75] § 102 Abs. 2 TKG ist jedoch eine Verschärfung der Vorgaben der Richtlinie, indem bei **Werbeanrufen** keine Unterdrückung der Rufnummer stattfinden darf. Diese Verschärfung ist nach Art. 15 Abs. 1 RL 2002/58/EG zulässig. § 102 Abs. 2 TKG gilt ebenso wie Abs. 1 nicht für Diensteanbieter, die ihre Dienste nur den Teilnehmern geschlossener Nutzergruppen anbieten. § 102 Abs. 8 TKG basiert auf Art. 10 lit. b RL 2002/58/EG. § 102 TKG wird in Zukunft durch die Art. 12, 13 Abs. 1 und 14 lit. a ePrivacy-VO-E verdrängt. 102

ll) Automatische Anrufweiterschaltung

§ 103 TKG setzt Art. 11 RL 2002/58/EG um. Die Vorschrift dient dem Schutz der Teilnehmer vor **belästigenden Anrufen**, die mittels automatischer Weiterleitung vorgenommen werden.[76] § 103 Satz 2 TKG dient lediglich der Feststellung, dass die Regelung in Satz 1 nicht für Diensteanbieter gelten soll, „die als Anbieter für geschlossene Benutzergruppen ihre Dienste nur ihren Teilnehmern anbieten". § 103 TKG wird von Art. 14 lit. b ePrivacy-VO-E verdrängt. 103

mm) Teilnehmerverzeichnisse

§ 104 TKG dient der Umsetzung von Art. 12 RL 2002/58/EG,[77] ist aber auch an Art. 5 Abs. 1 lit. a RL 2002/22/EG angelehnt, der wiederum in § 78 Abs. 2 Nr. 2 TKG umgesetzt wurde.[78] § 104 TKG wird durch Art. 15 ePrivacy-VO-E verdrängt. 104

---

73 *Braun*, in: Taeger/Gabel 2013, § 101 TKG, Rn. 4; *Klesczewski*, in: Säcker 2013, § 101 TKG, Rn. 2; *Jenny*, in: Plath 2016, § 101 TKG, Rn. 1.
74 *Braun*, in: Taeger/Gabel 2013, § 102 TKG, Rn. 4; *Klesczewski*, in: Säcker 2013, § 102 TKG, Rn. 2; *Jenny*, in: Plath 2016, § 102 TKG, Rn. 1.
75 *Büning*, in: Geppert/Schütz 2013, § 102 Rn. 6.
76 *Klesczewski*, in: Säcker 2013, § 103 TKG, Rn. 1; s. auch Eg. 37 RL 2002/58/EG.
77 *Klesczewski*, in: Säcker 2013, § 104 TKG, Rn. 3.
78 *Wilms/Jochum*, in: Geppert/Schütz 2013, § 104 Rn. 8; *Braun*, in: Taeger/Gabel 2013, § 104 TKG, Rn. 4.

nn) Auskunftserteilung

105 Auch § 105 TKG dient der Umsetzung von Art. 12 RL 2002/58/EG.[79] § 105 Abs. 2 und 3 TKG basieren auf Art. 12 Abs. 1 RL 2002/58/EG.[80] § 105 Abs. 1 TKG hat keinen eigenen Regelungsgehalt, außer auf Abs. 2 und 3 und § 104 TKG zu verweisen, die alle auf der RL 2002/58/EG beruhen. Abs. 4 dient der Umsetzung und Sicherstellung von Abs. 2 und 3, die in Art. 12 Abs. 1 und 2 RL 2002/58 verlangt wird. Auch § 105 TKG wird damit von Art. 15 ePrivacy-VO-E verdrängt.

oo) Telegrammdienst

106 § 106 TKG fußt nicht auf unionsrechtlichen Vorgaben.[81] Telegrammdienste sind auch keine Universaldienste gemäß § 78 TKG (→ § 8 Rn. 61 ff.). § 106 TKG wird von Art. 6 ePrivacy-VO-E verdrängt soweit Verkehrsdaten verarbeitet werden und von Art. 6 Abs. 1 UAbs. 1 DSGVO soweit Inhaltsdaten verarbeitet werden.

pp) Nachrichtenübermittlungssysteme mit Zwischenspeicherung

107 Die unionsrechtliche Prägung des § 107 TKG ist „vergleichsweise schwach",[82] aber vorhanden. Art. 5 Abs. 1 Satz 3 RL 2002/58/EG erlaubt Ausnahmen von der Vertraulichkeit der Kommunikation, soweit die technische Speicherung einer Nachricht für die Weiterleitung erforderlich ist. § 107 TKG konkretisiert die **Erforderlichkeit** der Zwischenspeicherung und damit Art. 5 Abs. 1 Satz 3 RL 2002/58/EG. Auch § 107 TKG wird durch Art. 6 ePrivacy-VO-E verdrängt.

c) Vorschriften des Telekommunikationsgesetzes zur öffentlichen Sicherheit

108 § 108 TKG regelt die Pflicht der TK-Anbieter, **Notrufdienste** zu betreiben. § 108 Abs. 1 Satz 3 TKG enthält hierzu auch eine Pflicht, die Rufnummer des Anschlusses, von dem die Notrufverbindung ausgeht, sowie Daten zur Ermittlung des Standorts, von dem die Verbindung ausgeht, an die Notrufabfragestelle zu übermitteln. Die Pflicht zur Übermittlung von Daten zur **Standortbestimmung** beruht auf Art. 26 Abs. 5 Satz 1 der RL 2002/22/EG und nicht auf der RL 2002/58/EG. Die Pflicht zur Übermittlung der Rufnummer des Anrufenden hat derzeit noch keine Grundlage im Unionsrecht. Zwar enthält Art. 10 Abs. 1 lit. b RL 2002/58/EG die Zulässigkeit der Verarbeitung von Standortdaten ohne Einwilligung des Teilnehmers zum Zweck der Übermittlung an Notrufdienste, nicht aber eine entsprechende Pflicht. Eine solche Pflicht kann künftig jedoch aus Art. 13 Abs. 1 ePrivacy-VO-E abgeleitet werden. § 108 TKG wird insoweit verdrängt. Bei den sonstigen Vorgaben des § 108 TKG geht es um Aufgaben im öffentlichen Interesse,[83] die den dort genannten TK-Anbietern übertragen wurde, so dass diese gemäß Art. 11 Abs. 1 ePrivacy-VO-E weiter angewendet werden können.

109 § 109 Abs. 1 TKG enthält die Pflicht der Diensteanbieter zur technisch-organisatorischen Absicherung des **Fernmeldegeheimnisses** und des Schutzes personenbezogener Daten. Der ePrivacy-VO-E fehlen entsprechende Regelungen. Es kommt aber ein Anwendungsvorrang von Art. 32 DSGVO in Betracht. Die Sicherstellung des Fernmeldegeheimnisses stellt eine Aufgabe im öffentlichen Interesse dar, die gemäß § 88 Abs. 2 Satz 1 TKG den Diensteanbietern übertragen wurde. § 109 Abs. 1 Satz 1 Nr. 1 TKG könnte daher gemäß Art. 6 Abs. 2 DSGVO („sonstige Maßnahmen") weiter angewen-

---

79 *Braun*, in: Taeger/Gabel 2013, § 105 TKG, Rn. 3; *Klesczewski*, in: Säcker 2013, § 105 TKG, Rn. 2; *Jenny*, in: Plath 2016, § 105 TKG, Rn. 1.

80 *Wilms/Jochum*, in: Geppert/Schütz 2013, § 105 Rn. 7.

81 *Braun*, in: Taeger/Gabel 2013, § 106 TKG, Rn. 5.

82 *Braun*, in: Geppert/Schütz 2013, § 107 Rn. 2. AA *Jenny*, in: Plath 2016, § 107 TKG, Rn. 1: „Sie beruht nicht auf europarechtlichen Vorgaben".

83 *Eckhardt*, in: Geppert/Schütz 2013, § 108 Rn. 1.

det werden. § 109 Abs. 1 Satz 1 Nr. 2 TKG hingegen würde durch Art. 32 DSGVO verdrängt, der konkretere Maßnahmen vorsieht als § 109 Abs. 1 TKG. Gleiches gilt für die Durchsetzungsvorschriften zu den Pflichten aus § 109 Abs. 1 TKG gemäß § 109 Abs. 4 bis 8 TKG.

§ 109 Abs. 2 TKG schreibt Sicherheitsmaßnahmen für die **Netzsicherheit** vor und be- 110
trifft nicht den Schutz personenbezogener Daten. Zielrichtung ist vielmehr die Aufrechterhaltung der **Funktionsfähigkeit der Netze und Dienste.**[84] Die Norm fällt weder in den Anwendungsbereich des Entwurfs der ePrivacy-Verordnung noch der Datenschutz-Grundverordnung und bleibt grundsätzlich anwendbar. Allerdings enthält § 109 Abs. 2 Satz 4 TKG einen Verweis auf § 11 BDSG a.F., also auf die Regelungen zur Auftragsdatenverarbeitung. Diese Regelung legt den Diensteanbietern aber keine eigenen datenschutzrechtlichen Pflichten auf, sondern soll klarstellen, dass die Diensteanbieter für die Erfüllung der Pflichten nach § 109 Abs. 2 TKG auch soweit verantwortlich bleiben, wie sie sich der Dienste eines Dritten bedienen. Auch Satz 4 bleibt damit anwendbar, da er nicht dem Anwendungsbereich der Verordnung unterfällt. Allerdings ist die Regelung der Auftragsdatenverarbeitung in § 11 BDSG a.F. ab dem 25. Mai 2018 im neuen Bundesdatenschutzgesetz nicht mehr enthalten. Der Verweis auf § 11 BDSG a.F. ist durch eine direkte Festlegung der Verantwortlichkeit zu ersetzen.

§ 109 a Abs. 1 bis 3 und 7 TKG enthalten ausführliche Regelungen darüber, inwiefern 111
TK-Anbieter die Aufsichtsbehörden und die Betroffenen über die Verletzung des Schutzes personenbezogener Daten zu unterrichten haben. Art. 17 ePrivacy-VO-E enthält hingegen nur eine abstrakte Informationspflicht hinsichtlich Risiken für die Netzsicherheit. Die Inhalte von § 109 a Abs. 1 bis 3 und 7 TKG werden daher nicht von der ePrivacy-Verordnung geregelt. Allerdings enthalten die Art. 33 und 34 DSGVO detaillierte Regelungen hierzu, die § 109 a Abs. 1 bis 3 und 7 TKG verdrängen. § 109 a Abs. 4 TKG wird von Art. 17 ePrivacy-VO-E verdrängt. § 109 a Abs. Abs. 5 und 6 TKG enthalten Vorschriften darüber, inwiefern der Diensteanbieter den Netzverkehr bei Störungen einschränken darf. Dies wird weder von der Datenschutz-Grundverordnung, noch vom Entwurf der ePrivacy-Verordnung erfasst. § 109 a Abs. 5 und 6 TKG können daher weiter angewendet werden.

d) Sanktionsvorschriften

§§ 148 und 149 TKG enthalten strafrechtliche und ordnungsrechtliche Sanktionen für 112
den Fall von Verstößen gegen die Datenschutzvorschriften des Telekommunikationsgesetzes. Die Anwendbarkeit dieser Vorschriften folgt der Anwendbarkeit der jeweils geschützten Vorschrift. Der Entwurf der ePrivacy-Verordnung enthält eigene Sanktionsvorschriften in seinem Art. 23 und lässt den Mitgliedstaaten gemäß Art. 24 zusätzlich Raum für weitere Sanktionen. So können im Bereich des TK-Datenschutzes sowohl Sanktionen aus der ePrivacy-Verordnung (zB bei Verstößen gegen Art. 8 ePrivacy-VO-E) als auch aus der Datenschutz-Grundverordnung (zB bei Verstößen gegen Art. 25 DSGVO) oder dem Telekommunikationsgesetz (zB bei Verstößen gegen § 90 Abs. 1 Satz 1 TKG oder aufgrund neuer Sanktionsvorschriften) einschlägig sein (zu Sanktionen → § 6 Rn. 126 ff.).

4. Zusammenfassung

Die Frage, ob und inwiefern im Verhältnis zwischen Anbietern und Teilnehmern von 113
TK-Diensten die Vorschriften der Datenschutz-Grundverordnung, der ePrivacy-Verordnung oder des Telekommunikationsgesetzes zur Anwendung kommen, entzieht sich einer einfachen Antwort. Aus mehreren Gründen kann im Bereich des TK-Datenschut-

84 *Eckhardt*, in: Geppert/Schütz 2013, § 109 Rn. 41.

zes die Anwendung der Datenschutz-Grundverordnung ausgeschlossen sein. Die ePrivacy-Verordnung wird wie schon die RL 2002/58/EG nur für Anbieter öffentlich zugänglicher Dienste gelten. Nicht anwendbar ist die Datenschutz-Grundverordnung auf den Schutz von Daten juristischer Personen. Hier gilt aber die ePrivacy-Verordnung.

114 Außerdem eröffnet Art. 6 Abs. 2 und 3 DSGVO die Möglichkeit, für die hoheitliche Aufgabenerfüllung und die Erfüllung öffentlicher Interessen durch Private eigene Zulässigkeitsvoraussetzungen sowie eigene Pflichten der Diensteanbieter und spezifische Rechte der betroffenen Person zu regeln. Für die TK-Anbieter kommt dies insbesondere im Hinblick auf die Vorsorge für die öffentliche Sicherheit in §§ 110 ff. TKG zum Tragen.

115 Auch der Datenschutz in der Telekommunikation wird künftig durch eine Ko-Regulierung durch Union und Mitgliedstaat bestimmt. Hierdurch ergibt sich ein nicht einfach zu durchdringendes Geflecht von Normen, die – für manche Anbieter oder Angebote – anwendbar bleiben und solchen, die durch die Verordnung verdrängt werden. Die geplante ePrivacy-Verordnung würde hier wieder zu einer Vereinfachung beitragen, da sie durch ihre direkte Geltung in den Mitgliedstaaten viele Vorschriften des Telekommunikationsgesetzes verdrängen wird. Positiv hervorzuheben am Entwurf der ePrivacy-Verordnung ist, dass er einige spezifische Problembereiche des TK-Datenschutzes ausdrücklich und konkreter regelt als die abstrakten Erlaubnistatbestände der Datenschutz-Grundverordnung dies leisten können.

III. Telemedien

116 Mit dem Begriff der **Telemedien** bezeichnet der deutsche Gesetzgeber die Informations- und Kommunikationsdienste, die vor allem über das Internet angeboten werden. Telemediendatenschutz betrifft daher die personenbezogenen Daten, die im Internet entstehen und verarbeitet werden, um die vielfältigen **Internetdienste** zu erbringen. Der deutsche Gesetzgeber hat in den §§ 11 ff. TMG bereichsspezifische Datenschutzvorschriften für die Anbieter von Telemediendiensten aufgestellt. Die meisten der großen Datenschutzprobleme – datengetriebene Geschäftsmodelle wie Suchdienste, soziale Online-Netzwerke, Verkaufsplattformen, Benachrichtigungsdienste, Speicherdienste, Cloud-Dienste sowie Anwendungen wie vernetzte Autos, Smart Home, Smart Health, Big Data und viele mehr – sind Telemedien und werden vom Telemediengesetz reguliert.[85] Es differenziert zwischen Bestandsdaten, Nutzungsdaten, Abrechnungsdaten und Inhaltsdaten und sieht für diese in §§ 14 und 15 TMG unterschiedliche Erlaubnistatbestände vor.

117 Die datenschutzrechtlichen Vorschriften des Telemediengesetzes gehen von einem **Anbieter-Nutzer-Verhältnis** aus. Im Verhältnis des Diensteanbieters zu einem Dritten, der nicht Nutzer ist, greifen hingegen in der Regel bisher die allgemeinen Vorschriften des Bundesdatenschutzgesetzes, ab dem 25. Mai 2018 entweder die Vorschriften der Datenschutz-Grundverordnung oder des Bundes- oder des jeweiligen Landesdatenschutzgesetzes. Ausgenommen aus dem Geltungsbereich der §§ 11 ff. TMG ist nach § 11 Abs. 1 TMG die Erhebung und Verwendung personenbezogener Daten der Nutzer von Telemedien im Rahmen der Bereitstellung „im Dienst- und Arbeitsverhältnis zu ausschließlich beruflichen oder dienstlichen Zwecken“ sowie der Bereitstellung „innerhalb von oder zwischen nicht öffentlichen Stellen oder öffentlichen Stellen ausschließlich zur Steuerung von Arbeits- oder Geschäftsprozessen“. In diesen Fällen gelten bis zum 25. Mai 2018 die §§ 12 ff. und 27 ff. BDSG a.F. oder die Landesdatenschutzgesetze, ab

85 S. zu diesen Datenschutzproblemen zB *Roßnagel/Geminn/Jandt/Richter* 2016.

dem 25. Mai 2018 §§ 3 und 26 BDSG n.F., die Landesdatenschutzgesetze oder die Grundverordnung.

1. Die Datenschutz-Grundverordnung und Telemediendienste

Der Begriff der Telemedien ist der Verordnung fremd. Sie enthält keine spezifischen Sondervorschriften für Telemediendienste. Auch die risikobezogene Differenzierung zwischen Bestandsdaten, Nutzungsdaten, Abrechnungsdaten und Inhaltsdaten kennt die Verordnung nicht. 118

Viele Datenschutzregelungen des Telekommunikationsgesetzes werden voraussichtlich ab dem 25. Mai 2018 durch die sogenannte **„ePrivacy-Verordnung"** (→ § 3 Rn. 19 ff. und § 8 Rn. 40 ff.) verdrängt. Für den Datenschutz bei Telemediendiensten wird die ePrivacy-Verordnung jedoch voraussichtlich von ähnlich geringer Relevanz sein, wie schon die bisher geltende Vorgänger-Richtlinie 2002/58/EG, die sie ersetzen soll. Gemäß Art. 2 Abs. 1 des Kommissionsentwurfs für die ePrivacy-Verordnung (ePrivacy-VO-E) ist die Verordnung anwendbar auf die Datenverarbeitung iVm der Nutzung und Bereitstellung elektronischer Kommunikationsdienste. Gemäß Art. 4 Abs. 1 lit. b ePrivacy-VO-E gilt für den Begriff der elektronischen Kommunikationsdienste die Definition in der Richtlinie über den europäischen Kodex für die elektronische Kommunikation. Auch diese liegt bisher lediglich als Vorschlag der EU-Kommission vor (Kodex-E) (→ § 3 Rn. 21). Laut Art. 2 Nr. 4 des Richtlinienentwurfs sind elektronische Kommunikationsdienste weiterhin Dienste, die ganz oder überwiegend in der Signalübertragung bestehen. Dienste, die Inhalte anbieten oder eine redaktionelle Kontrolle über sie ausüben, sollen explizit ausgeschlossen sein. Daher betrifft der Entwurf, wie schon die Richtlinie 2002/58/EG, die meisten Telemediendienste in der Regel nicht. Wiederum sind solche Dienste erfasst, die überwiegend in der Signalübertragung bestehen. Für diese gelten aber die meisten Datenschutzvorschriften des Telemediengesetzes ohnehin nicht, sondern sie sind in datenschutzrechtlicher Hinsicht weitgehend als Telekommunikationsdienste zu behandeln. Nach Art. 4 Abs. 2 ePrivacy-VO-E sind aber auch interpersonelle Kommunikationsdienste erfasst, die eine interpersonelle und interaktive Kommunikation lediglich als untrennbar mit einem anderen Dienst verbundene untergeordnete Nebenfunktion ermöglichen[86] (bezogen auf Cloud-Dienste → § 5 Rn. 75 ff.). 119

Daneben gilt die Verordnung gemäß Art. 2 Abs. 1 ePrivacy-VO-E auch für „Informationen in Bezug auf die Endeinrichtungen der Endnutzer", unabhängig davon, ob diese von einem elektronischen Kommunikationsdienst oder von einem anderen Dienst verarbeitet werden. Hiermit sind **Cookies** gemeint, aber auch andere Techniken, die Informationen aus dem Endgerät auslesen oder zwecks Identifizierung und Verfolgung des Nutzers auf dem Endgerät speichern.[87] Soweit Telemediendiensteanbieter Cookies auf den Endgeräten der Nutzer speichern, betrifft sie der Verordnungsentwurf also. 120

Mit Geltungsbeginn der ePrivacy-Verordnung wird der in Art. 95 DSGVO geregelte Vorrang der bisherigen ePrivacy-RL 2002/58/EG gegenstandslos, da diese von der Verordnung abgelöst wird. Der Verweis auf die Richtlinie ist durch einen Verweis auf die Nachfolgeverordnung zu ersetzen. In den Bereichen, des Telemediendatenschutzes, die nicht von der ePrivacy-Verordnung erfasst werden, gilt grundsätzlich der Anwendungsvorrang der Datenschutz-Grundverordnung. 121

86 Abweichend von Art. 2 Nr. 5 Kodex-E.
87 Eg. 20 ePrivacy-VO-E.

2. Verdrängtes und weiter anwendbares deutsches Recht

122 Fraglich ist, wie sich die Grundverordnung und die ePrivacy-Verordnung auf die Vorschriften zum TMG-Datenschutz konkret auswirken. Hier wurde in der Literatur teilweise von einer vollständigen Verdrängung der §§ 11 ff. TMG ausgegangen.[88] Zum Kommissionsentwurf der Datenschutz-Grundverordnung war diese Einschätzung noch zutreffend.[89] Für die endgültige Fassung der Grundverordnung und ihr Zusammenspiel mit der ePrivacy-Verordnung ergibt sich aber ein differenzierteres Bild.

a) Öffentlicher Bereich

123 Das Telemediengesetz ist gemäß § 1 Abs. 1 Satz 2 TMG gleichermaßen anwendbar auf private und auf öffentliche Diensteanbieter. Auch die **Webseiten** und andere Telemediendienste von Bundesbehörden, Landesbehörden, Kommunen oder anderen öffentlichen Trägern unterliegen damit den §§ 11 ff. TMG. Art. 6 Abs. 2 und 3 DSGVO ermöglichen es den Mitgliedstaaten, spezifischere Bestimmungen zur Anpassung der Anwendung der Vorschriften der Verordnung beizubehalten oder einzuführen (→ § 7 Rn. 22 ff.). Hierzu können sie spezifische Anforderungen für die Verarbeitung sowie sonstige Maßnahmen präziser bestimmen, um eine rechtmäßige und nach Treu und Glauben erfolgende Verarbeitung zu gewährleisten. Art. 6 Abs. 2 DSGVO gestattet dies für Datenverarbeitungen in den Fällen des Art. 6 Abs. 1 UAbs. 1 lit. c und e DSGVO. Letzterer enthält die Datenverarbeitung für Aufgaben im öffentlichen Interesse, entweder in Ausübung öffentlicher Gewalt (also hoheitlich) oder wenn die Aufgabe dem für die Verarbeitung Verantwortlichen übertragen wurde. Dies bedeutet zunächst, dass für alle Diensteanbieter, die ihre Dienste in Ausübung öffentlicher Gewalt anbieten, also für alle Behörden und auch für Beliehene, spezifischere Vorschriften – wie die §§ 11 ff. TMG – aufrecht erhalten werden können. Gleiches gilt für die Telemediendienstangebote der öffentlich-rechtlichen **Rundfunkanstalten**, die als Anstalten und Körperschaften des öffentlichen Rechts ausgestaltet sind. Inhaltlich können die Mitgliedstaaten gemäß Art. 6 Abs. 3 DSGVO sowohl spezifische Erlaubnistatbestände schaffen oder erhalten als auch spezifische technische und organisatorische Maßnahmen sowie spezifische Betroffenenrechte, insgesamt also alle Normtypen, die im Einzelfall für eine kohärente und verhältnismäßige Regelung erforderlich sind, die eine Verarbeitung nach Treu und Glauben erfolgende Verarbeitung sicherstellt. Für den öffentlichen Bereich anwendbar bleiben damit insbesondere §§ 12, 13 Abs. 2 bis Abs. 7 sowie die §§ 14 und 15 und die entsprechenden Sanktionsvorschriften in § 16 TMG. Die Öffnungsklausel des Art. 6 Abs. 2 DSGVO gilt aber nicht nur für den Datenschutz bei Behörden und anderen öffentlichen Stellen, sondern auch für nichtöffentliche Stellen, denen eine Verpflichtung zur Datenverarbeitung auferlegt wurde oder die die Datenverarbeitung für die Wahrnehmung einer ihnen übertragenen Aufgabe im öffentlichen Interesse durchführen müssen (→ § 8 Rn. 22 ff.). Ein anderes Bild ergibt sich in den wenigen Bereichen, in denen die neue ePrivacy-Verordnung (teilweise) anwendbar sein wird, zB § 15 Abs. 1 und Abs. 3 TMG, denn diese enthält keine Öffnungsklauseln hinsichtlich der Rechtmäßigkeit der Verarbeitung für den öffentlichen Bereich und verdrängt grundsätzlich daher die betroffenen Vorschriften auch hinsichtlich öffentlicher Stellen. Zu beachten sind aber die Möglichkeiten aus Art. 11 Abs. 1 ePrivacy-VO-E, unter Verweis auf Art. 23 Abs. 1 DSGVO Beschränkungen vorzunehmen (→ § 8 Rn. 54).

88 S. zB *Keppeler*, MMR 2015, 779; wohl auch *Schantz*, NJW 2016, 1841.
89 *Nebel/Richter*, ZD 2012, 408.

b) Einzelne Vorschriften

Neben dieser großen Bereichsausnahme durch die Öffnungsklauseln des Art. 6 Abs. 2 und 3 DSGVO, also abseits der öffentlich-rechtlichen Diensteanbieter und der im öffentlichen Interesse tätigen oder zur Datenverarbeitung verpflichteten privaten Verantwortlichen, unterliegen die Datenschutzvorschriften der § 11 ff. TMG grundsätzlich dem Anwendungsvorrang der Datenschutz-Grundverordnung. Die folgenden Ausführungen gelten damit (nur) für privatrechtliche Diensteanbieter, die keine Aufgaben im öffentlichen Interesse erfüllen, die ihnen übertragen wurden, und die auch nicht zur Datenverarbeitung verpflichtet sind. 124

aa) Allgemeine Vorschriften

Die Grundverordnung ist gemäß Art. 2 Abs. 1 DSGVO auf jede automatisierte Verarbeitung personenbezogener Daten anwendbar sowie auf die nicht automatisierte Verarbeitung personenbezogener Daten, die in einem Dateisystem gespeichert sind oder gespeichert werden sollen. Bestands- und Nutzungsdaten zur Bereitstellung von Telemedien werden in der Regel automatisiert verarbeitet. In den wenigen Fällen, in denen Bestandsdaten nicht automatisiert verarbeitet werden (zB postalische Identitätsbestätigungsverfahren) werden diese Daten aber in Dateien gespeichert. Die Datenverarbeitung zur Bereitstellung von Telemedien wird also von Art. 2 Abs. 1 DSGVO vollständig erfasst. Telemedien oder Internetdienste unter einem anderen Begriff werden von der Verordnung an keiner Stelle gesondert geregelt, aber auch nicht von der Anwendung der Verordnung ausgenommen. Die allgemeinen Regeln der Verordnung sind damit grundsätzlich auf die in §§ 11 ff. TMG geregelten Datenverarbeitungen anwendbar. 125

§ 11 TMG enthält ausschließlich Vorschriften darüber, auf welche Dienste die ihm folgenden Datenschutzvorschriften anwendbar sind und auf welche nicht. § 11 selbst unterliegt nicht dem Anwendungsvorrang der Verordnung, ist aber nur anwendbar soweit eine Vorschrift der §§ 12 ff. TMG nicht dem Anwendungsvorrang der Verordnung unterliegt und grundsätzlich weiter angewendet werden kann. 126

Die allgemeinen Vorgaben in § 12 TMG sind enger gefasst als die allgemeinen Vorgaben der Verordnung zur **Rechtmäßigkeit der Verarbeitung** in Art. 6 Abs. 1 DSGVO. § 12 Abs. 1 und Abs. 2 TMG verlangen für die Verarbeitung personenbezogener Daten zur Bereitstellung von Telemedien eine Einwilligung des Nutzers oder die Erlaubnis durch eine Rechtsvorschrift, die sich ausdrücklich auf Telemedien bezieht. Eine solche Eingrenzung auf bereichsspezifische Datenschutzvorschriften ist der Verordnung fremd. § 12 Abs. 1 TMG würde damit die Anwendbarkeit solcher Erlaubnistatbestände ausschließen, die keinen ausdrücklichen Bezug zu Telemedien enthalten, also alle Erlaubnistatbestände der Verordnung. § 12 Abs. 1 TMG wird mithin durch Art. 6 Abs. 1 UAbs. 1 DSGVO verdrängt, § 12 Abs. 2 TMG durch Art. 5 Abs. 1 lit. b und Art. 6 Abs. 4 DSGVO. 127

§ 12 Abs. 3 TMG erklärt einerseits die jeweils geltenden Datenschutzvorschriften außerhalb des Telemediengesetzes für subsidiär anwendbar und weitet andererseits den Anwendungsbereich im Hinblick auf Telemediendienste auf die nicht automatisierte Verarbeitung aus. Der Verweis bleibt anwendbar im Hinblick auf die nicht automatisierte Verarbeitung personenbezogener Daten, die nicht in einem Dateisystem gespeichert werden oder gespeichert werden sollen, da diese Verarbeitungen nicht von Art. 2 Abs. 1 DSGVO erfasst sind. Der Anwendungsbereich des § 12 Abs. 3 TMG dürfte damit aber auf eine geringe Anzahl von Einzelfällen begrenzt sein. Die enthaltene **Subsidiaritätsklausel** widerspricht der Verordnung. Diese ist nicht nur subsidiär anwendbar, sondern grundsätzlich immer, es sei denn eine Vorschrift außerhalb der Verordnung ist im Einzelfall anwendbar. Das Verhältnis stellt sich also genau umgekehrt dar als nach § 12 128

Abs. 3 TMG, der daher für private Datenverarbeiter abseits von nicht automatisierten und nicht dateibezogenen Verarbeitungen nicht mehr anzuwenden ist. Im Rahmen der Bereichsausnahme nach Art. 6 Abs. 2 DSGVO bleibt die Vorschrift anwendbar. Für öffentliche Stellen der Bundesländer verweist § 12 Abs. 3 TMG weiterhin insbesondere auf die Landesdatenschutzgesetze, für öffentliche Stellen des Bundes bis zum 25. Mai 2018 insbesondere auf das Bundesdatenschutzgesetz a.F. und ab dem 25. Mai 2018 auf das neue Bundesdatenschutzgesetz und auf die Grundverordnung. Der Gesetzgeber im Mitgliedstaat Deutschland hat dann zu entscheiden, ob sich der Verweis auf die Grundverordnung oder auf das Bundesdatenschutzgesetz und die Landesdatenschutzgesetze richtet.

129 § 13 TMG regelt die **Pflichten des Diensteanbieters** und beruht in weiten Teilen auf den Vorgaben der Datenschutz-Richtlinie 95/46/EG. So enthält § 13 TMG Schnittmengen zu Art. 10 DSRL, der mit der Information bei der Erhebung personenbezogener Daten bei der betroffenen Person befasst ist. § 13 Abs. 2 TMG basiert auf Art. 7 lit. a DSRL, wobei ersterer eine „bewusst und eindeutig“ erteilte Einwilligung erfordert, letzterer die Erteilung der Einwilligung „ohne jeden Zweifel“. § 13 Abs. 4 TMG basiert auf Art. 17 Abs. 1 DSRL und konkretisiert diesen. § 13 Abs. 8 TMG wiederum fußt auf Art. 12 DSRL.[90]

130 Die Verordnung regelt § 13 Abs. 1 Satz 1 TMG entsprechende **Informationspflichten** in Art. 12, 13 und 14 DSGVO. § 13 Abs. 1 TMG bleibt jedoch hinter den deutlich detaillierteren Anforderungen der Verordnung zurück und kann deshalb nicht weiter angewendet werden.

131 Teilweise wird vertreten, die Informationspflicht aus § 13 Abs. 1 Satz 2 TMG hinsichtlich eines automatisierten Verfahrens zur Identifizierung des Nutzers beruhe auf Art. 5 Abs. 3 RL 2002/58/EG, der auf Telemediendienste anwendbar ist.[91] Um solche automatisierte Verfahren handelt es sich insbesondere bei der Speicherung oder dem Auslesen von **Cookies.** § 13 Abs. 1 Satz 2 TMG stellt nur eine unvollständige Umsetzung von Art. 5 Abs. 3 RL 2002/58/EG dar, der zur Verarbeitung von im Endgerät des Nutzers gespeicherten Informationen (Cookies) eine informierte Einwilligung des Nutzers verlangt. Der Kommissionsentwurf der ePrivacy-Verordnung, die die Richtlinie ablösen wird, enthält Regelungen über die Verarbeitung von im Endgerät des Nutzers gespeicherten Informationen in Art. 8 Abs. 1 ePrivacy-VO-E. Allerdings sind dort keine gesonderten Informationspflichten enthalten. Art. 8 Abs. 2 lit. b ePrivacy-VO-E enthält zwar eine Art „Informationspflicht“ für die Verarbeitung von Informationen, die Endgeräte aussenden, um sich mit anderen Entitäten zu verbinden, wobei es sich auch um Nutzungsdaten handeln kann; es handelt sich hierbei aber um eine Zulässigkeitsvoraussetzung und nicht um eine allgemeine Informationspflicht wie in § 13 Abs. 1 TMG. Dieser fällt daher insgesamt nicht in den Regelungsbereich der Verordnung. § 13 Abs. 1 Satz 2 TMG wird daher von den Art. 13 und 14 DSGVO verdrängt.

132 Gemäß § 13 Abs. 1 Satz 3 TMG muss der Inhalt der Unterrichtung für den Nutzer jederzeit abrufbar sein.[92] Dies steht in Konflikt mit der Grundverordnung. Art. 11 Abs. 1 DSGVO schreibt vor, dass Informationen leicht zugänglich sein müssen, legt aber nicht fest, dass diese jederzeit abrufbar sein müssen. Eine einmalige Übermittlung kann ebenso ausreichen. Auch Art. 13 und 14 DSGVO lassen diese Spezifizierung nicht zu. § 13 Abs. 1 Satz 3 TMG wird daher von den Art. 12 bis 14 DSGVO verdrängt.

90 Zum Verhältnis von § 13 TMG und der Datenschutz-Richtlinie *Moos*, in: Taeger/Gabel 2013, § 13 TMG, Rn. 1; *Hullen/Roggenkamp*, in: Plath 2016, § 13 TMG, Rn. 2.

91 *Moos*, in: Taeger/Gabel 2013, § 13 TMG, Rn. 1; *Jandt/Schaar/Schulz*, in: Roßnagel 2013, § 13 TMG, Rn. 14.

92 *Jandt/Schulz/Schaar*, in: Roßnagel 2013, § 13 TMG, Rn. 64 f.

§ 13 Abs. 2 und Abs. 3 TMG sind mit der **Einwilligung** befasst, deren Bedingungen sich in Art. 7 DSGVO finden. Art. 7 DSGVO ist selbst hinsichtlich der Anforderungen an die Einwilligung vergleichsweise konkret, so dass für Konkretisierungen durch § 13 Abs. 2 und 3 TMG kein Raum bleibt. Nach § 13 Abs. 2 TMG kann die Einwilligung unter bestimmten Bedingungen **elektronisch** erklärt werden;[93] er ist nahezu wortgleich mit § 94 TKG. Da Art. 7 DSGVO die Form der Einwilligung nicht festlegt und die elektronische Einwilligung grundsätzlich und nicht nur unter den Voraussetzungen des § 13 Abs. 2 TMG gestattet, ist dieser nicht weiter anwendbar. § 13 Abs. 3 Satz 1 TMG ist inhaltsgleich mit Art. 7 Abs. 3 Satz 3 der Grundverordnung und damit nicht weiter anwendbar. § 13 Abs. 3 Satz 2 TMG verlangt die jederzeitige Abrufbarkeit der Unterrichtung über das Widerrufsrecht. Die Verordnung enthält diese Anforderung nicht. § 13 Abs. 3 Satz 1 ist daher strenger als die Verordnung und nicht mehr anwendbar. Art. 9 Abs. 1 ePrivacy-VO-E verweist bezüglich der Einwilligung grundsätzlich auf die Datenschutz-Grundverordnung. Gemäß Art. 9 Abs. 2 ePrivacy-VO-E können Einwilligungen für die Verarbeitung nach Art. 8 Abs. 1 lit. b ePrivacy-VO-E (insb. Cookies) durch die Browsereinstellungen abgegeben werden. Diese Vorschrift spezifiziert die allgemeinen Vorschriften in Art. 7 DSGVO. 133

§ 13 Abs. 4 TMG enthält die Vorgabe für den Diensteanbieter, bestimmte **technische und organisatorische Vorkehrungen** zu treffen. Diese Vorkehrungen „dienen dem Grundsatz des Systemdatenschutzes".[94] Die Datenschutz-Grundverordnung enthält technische und organisatorische Vorkehrungen für den Schutz personenbezogener Daten in den Art. 24 Abs. 1, 25 Abs. 1 und 2 und 32 Abs. 1 DSGVO. Die wenigsten der in § 14 Abs. 4 TMG aufgelisteten Pflichten finden sich jedoch dort wieder. 134

§ 13 Abs. 4 Nr. 1 TMG verlangt, dass der Diensteanbieter Vorkehrungen trifft, damit der Nutzer die Nutzung des Telemediendienstes jederzeit **beenden** kann. Dies wird in der Regel durch eine entsprechende Schaltfläche realisiert, durch die die Verbindung zum Dienst unterbrochen werden kann.[95] Eine entsprechende Pflicht ist in der Grundverordnung nicht geregelt. Allerdings handelt es sich gar nicht wirklich um eine Regelung zum Schutz personenbezogener Daten, sondern um eine Verbraucherschutznorm. Die Norm hat zwar mittelbar datenschutzrechtliche Auswirkungen, denn durch die Beendigung der Nutzung kann ein Nutzer sicherstellen, dass keine Nutzungsdaten und Inhaltsdaten mehr verarbeitet werden. Allerdings stellt die Norm in erster Linie sicher, dass die Nutzer die Nutzung des Dienstes beenden können. Dieser verbraucherschutzrechtliche Aspekt steht klar im Vordergrund der Regelung. § 13 Abs. 4 Nr. 1 TMG fällt daher nicht in den Anwendungsbereich der Verordnung gemäß Art. 2 Abs. 1 DSGVO und bleibt auch für private Telemediendienstanbieter anwendbar. 135

Nr. 2 verlangt, dass Vorkehrungen zur **Löschung** oder **Sperrung** der personenbezogenen Daten über den Zugriff auf den Dienst unmittelbar nach Beendigung der Nutzung getroffen werden. Eine Löschungspflicht direkt nach der Nutzung eines Telemediendienstes ist der Verordnung nicht zu entnehmen. Vielmehr erlaubt sie die Weiterverarbeitung personenbezogener Daten gemäß Art. 5 Abs. 1 lit. b und Art. 6 Abs. 4 DSGVO zu Zwecken, die mit dem Erhebungszweck vereinbar sind. § 13 Abs. 4 Nr. 2 TMG ist nicht mehr anwendbar. 136

Nr. 3 verlangt den Schutz der Inanspruchnahme der Telemedien gegen **Kenntnisnahme Dritter**. Art. 32 Abs. 1 lit. b DSGVO schreibt die technisch-organisatorische Gewährleistung der **Vertraulichkeit** personenbezogener Daten vor und enthält damit auch die in 137

93 *Jandt/Schulz/Schaar*, in: Roßnagel 2013, § 13 TMG, Rn. 66 ff.
94 *Spindler/Nink*, in: Spindler/Schuster 2015, § 13 TMG, Rn. 18; *Jandt/Schulz/Schaar*, in: Roßnagel 2013, § 13 TMG, Rn. 91 ff.
95 *Jandt/Schaar/Schulz*, in: Roßnagel 2013, § 13 TMG, Rn. 98 ff.

§ 13 Abs. 4 Nr. 3 TMG geregelte Forderung. § 13 Abs. 4 Nr. 3 TMG wiederholt daher lediglich Art. 32 Abs. 1 lit. b DSGVO im Hinblick auf Telemediendienste und ist nicht mehr anwendbar.

138 Nr. 4 verlangt, dass Daten über die Nutzung verschiedener Telemedien **getrennt verarbeitet** werden. Die Norm soll die **Zweckbindung** personenbezogener Daten technisch umsetzen.[96] Sie widerspricht der Grundverordnung. Diese legt erstens die technische Umsetzung der Zweckbindung nicht auf das Mittel der getrennten Verarbeitung fest. Zweitens ist das Zweckbindungsprinzip der Verordnung deutlich flexibler als das des Telemediengesetzes, so dass eine grundsätzliche Pflicht zur getrennten Verarbeitung die Verantwortlichen in dem ihnen von der Verordnung gewährten Spielraum einschränken würde.

139 Nr. 5 verlangt die technisch-organisatorische Sicherstellung, dass Daten über die Inanspruchnahme verschiedener Telemedien nur zu **Abrechnungszwecken** zusammengeführt werden. Die Norm und ihre Grundlage in § 15 Abs. 2 TMG widersprechen dem flexibleren Zweckbindungsprinzip der Datenschutz-Grundverordnung. Beide sind daher nicht mehr anwendbar.

140 Gemäß Nr. 6 muss sichergestellt werden, dass Nutzungsprofile nicht mit **Angaben zur Identifikation** zusammengeführt werden können. Die Norm soll § 15 Abs. 3 TMG technisch umsetzen. Dieser ist aber nicht mehr anwendbar (→ § 8 Rn. 153), so dass auch § 13 Abs. 4 Nr. 6 TMG nicht mehr anwendbar ist.

141 Nach § 13 Abs. 5 TMG ist die **Weitervermittlung** zu einem anderen Diensteanbieter dem Nutzer anzuzeigen. Die Vorschrift wird durch Art. 13 Abs. 1 lit. e und Art. 14 Abs. 1 lit. e der Verordnung verdrängt und ist nicht weiter anwendbar.

142 Nach § 13 Abs. 6 TMG hat der Diensteanbieter „die Nutzung von Telemedien und ihre Bezahlung anonym oder unter Pseudonym zu ermöglichen, soweit dies technisch möglich und zumutbar ist", sowie den Nutzer über diese Möglichkeit zu unterrichten. Ein entsprechendes Recht findet sich im Katalog der Betroffenenrechte der Grundverordnung nicht. Allerdings ist die Pflicht zur **Pseudonymisierung** personenbezogener Daten in Art. 32 Abs. 1 lit. a DSGVO enthalten. Sie steht allerdings unter dem Vorbehalt, dass der **Stand der Technik**, die Implementierungskosten, Art, Umfang, Umstände und Zwecke der Verarbeitung dies zulassen sowie die Maßnahme im Hinblick auf Eintrittswahrscheinlichkeit und der Schwere des Risikos für die Rechte und Freiheiten natürlicher Personen angemessen ist. § 13 Abs. 6 TMG geht deutlich weiter. Nach dieser Vorschrift sollen nicht personenbezogene Daten nachträglich pseudonymisiert oder anonymisiert werden. Vielmehr soll das System so gestaltet werden, dass den Nutzern ermöglicht wird, im Internet pseudonym oder anonym zu handeln, so dass von Anfang an keine personenbezogenen Daten entstehen.[97] § 13 Abs. 6 TMG ist somit keine parallele Regelung zu Art. 32 Abs. 1 DSGVO, sondern eine risikoorientierte Konkretisierung der Systemgestaltung gemäß Art. 25 Abs. 1 DSGVO. Zwar berücksichtigt § 13 Abs. 6 TMG nicht alle Einschränkungen des Art. 25 Abs. 1 DSGVO, sondern steht nur unter dem Vorbehalt, dass die Systemgestaltung „technisch möglich und zumutbar" sein muss. Unter Berücksichtigung aller einschränkenden Bedingungen des Art. 25 Abs. 1 DSGVO könnte eine Neufassung eine Vorschrift wie § 13 Abs. 6 TMG als risiko- und bereichsspezifische Konkretisierung der Systemgestaltung nach Art. 25 Abs. 1 DSGVO vorsehen, ohne gegen die Verordnung zu verstoßen.

96 *Jandt/Schulz/Schaar*, in: Roßnagel 2013, § 13 TMG, Rn. 112 ff.
97 *Jandt/Schulz/Schaar*, in: Roßnagel 2013, § 13 TMG, Rn. 120 ff.

§ 13 Abs. 7 TMG wird, soweit er in Satz 1 Nr. 2 lit. a den Schutz personenbezogener Daten verfolgt, durch Art. 32 Abs. 1 DSGVO verdrängt und bleibt im Übrigen (IT-Sicherheit) anwendbar. 143

§ 13 Abs. 8 TMG verweist auf das **Auskunftsrecht** in § 34 BDSG a.F. Der Verweis ist im Anwendungsbereich der Grundverordnung nicht weiter anwendbar, da § 34 BDSG a.F. mit Geltungsbeginn des neuen Bundesdatenschutzgesetzes entfällt. 144

bb) Bestandsdaten

Gemäß § 14 Abs. 1 TMG darf ein Diensteanbieter Bestandsdaten eines Nutzers erheben, soweit dies für die Begründung, inhaltliche Ausgestaltung oder Änderung eines **Vertragsverhältnisses** erforderlich ist. Die Norm unterliegt für privatrechtliche Anbieter grundsätzlich dem Anwendungsvorrang der Grundverordnung. Art. 6 Abs. 1 UAbs. 1 lit. b DSGVO ermöglicht die Verarbeitung personenbezogener Daten, soweit dies für die Erfüllung eines Vertrags mit der betroffenen Person oder für vorvertragliche Maßnahmen erforderlich ist. Hierzu gehört auch das Zustandekommen des Vertrags selbst, wie Erwägungsgrund 40 DSGVO klarstellt. Es ist davon auszugehen, dass trotz der unvollständigen Auflistung auch Vertragsänderungen und die Beendigung eines Vertrags erfasst sind. § 14 Abs. 1 TMG bildet also eine Teilmenge von Art. 6 Abs. 1 UAbs. 1 lit. b DSGVO ab und bindet die Daten, die für die Vertragsgestaltung benötigt werden, fest an diesen Zweck. § 14 Abs. 1 TMG könnte daher als Konkretisierung der Erforderlichkeit im Sinne von Art. 6 Abs. 1 UAbs. 1 lit. b DSGVO für die Bestandsdaten bei Telemedien angesehen werden. Art. 6 Abs. 2 DSGVO erlaubt solche spezifischeren Vorschriften zur Anpassung der Anwendung der Vorschriften der Verordnung aber nur für die Bereiche des Art. 6 Abs. 1 UAbs. 1 lit. c und e DSGVO, nicht für lit. b. Außerdem widerspricht die strenge Zweckbegrenzung in § 14 Abs. 1 TMG dem deutlich flexibleren Zweckbindungsprinzip in der Verordnung gemäß Art. 5 Abs. 1 lit. b und Art. 6 Abs. 4 DSGVO.[98] Daher wird § 14 Abs. 1 TMG im Hinblick auf privatrechtliche Diensteanbieter von Art. 6 Abs. 1 UAbs. 1 lit. b DSGVO verdrängt. 145

§ 14 Abs. 2 TMG und der Verweis auf ihn in § 15 Abs. 5 Satz 4 TMG erlauben es den Diensteanbietern, auf Anordnung einer der in § 14 Abs. 2 TMG genannten Behörden zu den dort genannten Zwecken, Bestandsdaten und Nutzungsdaten zu übermitteln. Die Norm stellt keine Erlaubnis oder Verpflichtung dar, bestimmte Daten zu speichern. Sie bezieht sich nur auf die ohnehin beim Diensteanbieter vorhandenen Daten und stellt klar, dass bei einem **Auskunftsersuchen der Sicherheitsbehörden** die Diensteanbieter die Auskunft nicht aus Datenschutzgründen ablehnen dürfen.[99] Art. 6 Abs. 1 UAbs. 1 lit. c DSGVO verweist auf die Erlaubnis zur Datenverarbeitung nach einer Rechtsnorm des Mitgliedstaats gemäß Abs. 3, soweit dies zur Erfüllung einer rechtlichen Verpflichtung erforderlich ist, der der für die Verarbeitung Verantwortliche unterliegt. Gemäß Art. 6 Abs. 3 DSGVO können solche Verpflichtungen durch mitgliedstaatliches Recht beibehalten werden, wie auch Erwägungsgrund 45 DSGVO klarstellt. § 14 Abs. 2 und § 15 Abs. 5 Satz 4 TMG sind eine solche Verpflichtung. Beide bleiben anwendbar und führen ihrerseits zur Zulässigkeit einer Datenverarbeitung gemäß Art. 6 Abs. 1 UAbs. 1 lit. c DSGVO.[100] 146

Im Rahmen der Einführung des sogenannten „**Netzwerkdurchsetzungsgesetzes** (NetzDG)“,[101] das am 1. Oktober 2017 in Kraft getreten ist, wurde § 14 TMG um die neuen 147

98 S. *Richter*, DuD 2015, 735.
99 *Dix*, in: Roßnagel 2013, § 13 TMG, Rn. 49 ff.; *Spindler/Nink*, in: Spindler/Schuster 2015, § 14 TMG, Rn. 6 ff.; *Roßnagel*, NVwZ 2007, 743, 748.
100 AA BR-Drs. 315/17, 26 f.
101 Letzte Fassung BT Drs. 18/13013.

Absätze 3 bis 5 erweitert. Der Verweis in § 15 Abs. 5 Satz 4 TMG wurde entsprechend angepasst. Gemäß § 14 Abs. 3 TMG dürfen Bestandsdaten in Zukunft auch zur Verfolgung zivilrechtlicher Ansprüche wegen der Verletzung absolut geschützter Rechte durch rechtswidrige Inhalte gemäß § 1 Abs. 3 NetzDG herausgegeben werden. Nach Abs. 4 ist hierfür eine gerichtliche Anordnung im Einzelfall erforderlich, die vom Verletzten zu beantragen ist. Gemäß Abs. 5 ist der Diensteanbieter als Beteiligter zu dem Verfahren nach Abs. 4 hinzuzuziehen. Diese neue Erlaubnis zur Herausgabe von Bestandsdaten ist im Verhältnis zur Verordnung aus denselben Gründen weiter anwendbar wie § 14 Abs. 2 TMG.

cc) Nutzungsdaten

148 § 15 Abs. 1 Satz 1 TMG begrenzt die Verarbeitung von Nutzungsdaten auf zwei Zwecke. Sie dürfen nur erhoben und verwendet werden, um die **Inanspruchnahme eines Dienstes zu ermöglichen oder abzurechnen**. Sind diese Zwecke erfüllt, sind die Nutzungsdaten zu löschen.[102] Daten, die nicht zu Abrechnungszwecken benötigt werden, sind dabei nicht erst zu löschen, wenn davon auszugehen ist, dass ein Nutzer den Dienst nie wieder nutzen will, sondern nach jeder Sitzung.[103] Die **Löschung** muss gemäß § 13 Abs. 4 Satz 1 Nr. 2 TMG technisch und organisatorisch sichergestellt werden. § 15 Abs. 1 Satz 2 TMG nennt nicht abschließend Beispiele für Nutzungsdaten.[104] Gemäß Art. 8 Abs. 1 ePrivacy-VO-E ist das Speichern von Informationen im Endgerät des Nutzers und das Auslesen von Informationen aus dem Endgerät nur soweit zulässig, wie eine Einwilligung des Nutzers vorliegt, oder sie für die Bereitstellung des Dienstes oder für die Messung des Webpublikums nötig sind. Soweit es sich bei den hier genannten Daten um Nutzungsdaten handelt, (insb. bei **Cookies**),[105] wird § 15 Abs. 1 TMG von Art. 8 Abs. 1 ePrivacy-VO-E verdrängt. Hierdurch würde sich der Streit um die (mangelnde) Umsetzung der „Cookie-Richtlinie“[106] in Deutschland erübrigen.[107]

149 Art. 8 Abs. 2 ePrivacy-VO-E regelt die Verarbeitung von Informationen, die das Endgerät aussendet. Diese kann insbesondere erfolgen, um eine Verbindung herzustellen. Zu denken ist hierbei wohl vornehmlich an IP-Adressen. Durch Abs. 2 wird daher ein weiterer Anteil der Nutzungsdaten geregelt und § 15 TMG insoweit verdrängt.

150 Abseits der spezielleren ePrivacy-Verordnung ist der Anwendungsvorrang der Datenschutz-Grundverordnung zu beachten. Im Rahmen der Verordnung ist Art. 6 Abs. 1 UAbs. 1 lit. b DSGVO auf Nutzungsdaten anzuwenden. Die Inanspruchnahme des Dienstes zu ermöglichen und abzurechnen, ist Teil der Vertragserfüllung. Für § 15 Abs. 1 TMG gilt im Hinblick auf private Anbieter daher das Gleiche wie für § 14 Abs. 1 TMG. Er spezifiziert die Erforderlichkeit der Verarbeitung bestimmter Daten und begrenzt ihre Verarbeitung auf feste Zwecke. Die Norm widerspricht daher Art. 6 Abs. 1 UAbs. 1 lit. b DSGVO und kann nicht mehr angewendet werden.

151 § 15 Abs. 2 TMG beschränkt die Zulässigkeit der **Zusammenführung von Nutzungsdaten** eines Nutzers aus verschiedenen Telemedien auf Abrechnungszwecke. Eine solche enge Zweckbegrenzung widerspricht dem deutlich flexibleren Zweckbindungsprinzip in Art. 5 Abs. 1 lit. b und Art. 6 Abs. 4 DSGVO. § 15 Abs. 2 TMG ist daher nicht mehr anwendbar.

---

102 *Müller-Broich* 2012, § 15 TMG, Rn. 5.
103 *Spindler/Nink*, in: Spindler/Schuster 2015, § 15 TMG, Rn. 6.
104 *Dix/Schaar*, in: Roßnagel 2013, § 15 TMG, Rn. 42 ff.
105 *Dix/Schaar*, in: Roßnagel 2013, § 15 TMG, Rn. 43.
106 RL 2009/136/EG, die Änderungen an der RL 2002/58/EG vornahm.
107 Hierzu *Rauer/Ettig*, ZD 2015, 255.

Bei § 15 Abs. 3 TMG handelt es sich nach Auffassung der Bundesregierung um eine Umsetzung von Art. 5 Abs. 3 und Erwägungsgrund 25 der RL 2002/58/EG. Die von Art. 5 Abs. 3 der Richtlinie geforderte Informationspflicht sei in § 13 Abs. 1 TMG, der Einwilligungsvorbehalt in § 12 und § 15 TMG enthalten.[108] Dies wurde so wohl auch von der Art. 29-Datenschutzgruppe[109] und von der Europäischen Kommission[110] vertreten. Diese Auffassung ist indes umstritten.[111] Während die Richtlinie ein **Opt-in** fordert, regelt § 15 Abs. 3 TMG ein **Opt-out** mit Hinweis auf das Widerspruchsrecht des Nutzers. Streitfrage war, ob das Telemediengesetz in dieser Frage den Anforderungen der Richtlinie entspricht oder ob nicht vielmehr ein Konflikt zwischen Art. 5 Abs. 3 RL 2002/58/EG auf der einen und § 13 Abs. 1 und § 15 Abs. 3 TMG auf der anderen Seite besteht. Allerdings erübrigt sich die Relevanz des Streits dadurch, dass die Richtlinie voraussichtlich durch die ePrivacy-Verordnung abgelöst wird. Art. 8 Abs. 1 ePrivacy-VO-E enthält eine Fortentwicklung von Art. 5 Abs. 3 RL 2002/58/EG und verdrängt § 15 Abs. 3 TMG in bestimmten Fällen. 152

§ 15 Abs. 3 TMG betrifft die **Profilbildung** allgemein,[112] während Art. 8 Abs. 1 ePrivacy-VO-E die Nutzung der Speicherfunktionen eines Endgeräts des Nutzers und die Verarbeitung von im Endgerät des Nutzers gespeicherten Informationen, also Cookies u.a. Tracking-Techniken betrifft. Für diese Techniken der Profilbildung wird § 15 Abs. 3 TMG von Art. 8 Abs. 1 ePrivacy-VO-E verdrängt. Für alle anderen Fälle der Profilbildung aus Nutzungsdaten ist der Anwendungsvorrang der Datenschutz-Grundverordnung entscheidend. Eine Datenverarbeitung für Werbezwecke, Marktforschung oder bedarfsgerechte Gestaltung von Diensten nur unter Pseudonym ist der Grundverordnung nicht zu entnehmen. Diese Festlegung widerspricht den Erlaubnistatbeständen in Art. 6 Abs. 1 UAbs. 1 und dem Zweckbindungsprinzip in Art. 5 Abs. 1 lit. b und Art. 6 Abs. 4 DSGVO. § 15 Abs. 3 TMG und mit ihm § 13 Abs. 4 Nr. 6 TMG sind damit insgesamt nicht mehr anwendbar. Nach § 15 Abs. 4 Satz 1 TMG können Nutzungsdaten über das Ende des Nutzungsvorgangs hinaus vom Diensteanbieter verwendet werden, soweit sie für Zwecke der **Abrechnung** mit dem Nutzer erforderlich sind. Da das in Art. 15 Abs. 1 TMG enthaltene Gebot zur Löschung von Nutzungsdaten unmittelbar nach Beendigung des Nutzugsvorgangs nicht mehr anwendbar ist, ist auch die Erlaubnis zur Weiterverarbeitung in Abs. 4 Satz 1 hinfällig. Zu bestimmen, welche personenbezogenen Daten zur Erfüllung welcher Zwecke im Rahmen von Art. 6 Abs. 1 UAbs. 1 DSGVO als erforderlich gelten dürfen, obliegt abseits der Öffnungsklausel in Art. 6 Abs. 2 DSGVO nicht dem Gesetzgeber, letztlich dem Europäischen Gerichtshof. Zudem können die Daten gemäß § 15 Abs. 4 Satz 2 TMG zur Erfüllung gesetzlicher, satzungsmäßiger oder vertraglicher Aufbewahrungsfristen durch den Diensteanbieter gesperrt werden. Die Norm kann als Anwendung der Öffnungsklausel in Art. 6 Abs. 2 iVm Art. 6 Abs. 1 UAbs. 1 lit. c DSGVO weiter angewendet werden. 153

§ 15 Abs. 5 TMG ist mit der **Übermittlung von Abrechnungsdaten** befasst. Satz 1 adressiert die Übermittlung zum Zweck der Ermittlung des Entgelts und zur Abrechnung mit dem Nutzer an andere Diensteanbieter oder Dritte. Satz 2 erlaubt die Übermittlung an Dritte zum Zweck des Einzugs des Entgelts (Inkasso). Satz 3 erlaubt zum Zweck der 154

108 So die Antwort der Bundesregierung auf den Fragebogen der Europäischen Kommission COCOM11-20 vom 4.10.2011 (Questionnaire on the implementation of the Article 5(3) of the ePrivacy Directive).

109 S. Art. 29-Datenschutzgruppe 2013, WP 208, wonach die RL 2002/58/EG „in allen EU-Mitgliedstaaten umgesetzt wurde".

110 *Spindler/Nink*, in: Spindler/Schuster 2015, § 15 TMG, Rn. 9, unter Verweis auf eine „vom Bundesverband der Digitalen Wirtschaft eingeholten aber nicht veröffentlichten Mitteilung der EU-Kommission".

111 S. zB *Schmidt/Babilon*, K&R 2016, 86, 89 sowie die Umlaufentschließung der Datenschutzbeauftragten des Bundes und der Länder vom 5.2.2015; s. zum Streit auch *Spindler/Nink*, in: Spindler/Schuster 2015, § 13 TMG, Rn. 6.

112 Zur Ratio der Vorschrift s. *Dix/Schaar*, in: Roßnagel 2013, § 15 TMG, Rn. 61 ff.

Marktforschung anderer Diensteanbieter nur die Übermittlung anonymisierter Nutzungsdaten und verbietet damit die Übermittlung personenbezogener Nutzungsdaten an andere Diensteanbieter.[113] § 15 Abs. 5 TMG kollidiert insgesamt mit den weit offener gestalteten Art. 6 Abs. 1 UAbs. 1 lit. b und lit. f DSGVO und ist nicht mehr anwendbar.

155 § 15 Abs. 6 TMG beschränkt den **Inhalt der Abrechnung** über die Inanspruchnahme von Telemedien. Die Norm ist strenger als Art. 6 Abs. 1 UAbs. 1 lit. b DSGVO und ist im Hinblick auf private Anbieter nicht weiter anzuwenden.

156 § 15 Abs. 7 TMG ermöglicht die **Speicherung** von bestimmten **Abrechnungsdaten** durch den Diensteanbieter bis zu sechs Monate nach Versendung der Rechnung und auch darüber hinaus, sofern Einwendungen erhoben werden oder die Forderungen nicht beglichen werden. Auch § 15 Abs. 7 TMG stellt eine der Grundverordnung nicht zu entnehmende Beschränkung der Weiterverarbeitung personenbezogener Daten dar. Die Norm kollidiert mit Art. 6 Abs. 1 UAbs. 1 und Art. 5 Abs. 1 lit. b und Art. 6 Abs. 4 DSGVO und ist nicht weiter anwendbar.

157 Laut § 15 Abs. 8 TMG darf der Diensteanbieter personenbezogene Daten von Nutzern seiner Dienste auch über die **Speicherfrist** des § 15 Abs. 7 TMG verwenden, wenn ihm „zu dokumentierende tatsächliche Anhaltspunkte“ vorliegen, dass seine Dienste von diesen Nutzern „in der Absicht in Anspruch genommen werden, das Entgelt nicht oder nicht vollständig zu entrichten“ und „soweit dies für Zwecke der Rechtsverfolgung erforderlich ist“. Damit liegt eine Verarbeitung „zur Wahrung der berechtigten Interessen des für die Verarbeitung Verantwortlichen“ iSd Art. 6 Abs. 1 UAbs. 1 lit. f DSGVO vor. Welche konkreten Daten zu welchen konkreten Zwecken als erforderlich gelten dürfen, hat aber abseits der Öffnungsklausel in Art. 6 Abs. 2 DSGVO nicht der Gesetzgeber, sondern haben die Gerichte zu bestimmen. § 15 Abs. 8 TMG ist nicht mehr anwendbar.

158 Bei § 15 a TMG handelt es sich ebenso wie bei § 11 TMG um eine nationale Vorschrift ohne Entsprechung im aktuell geltenden Unionsrecht.[114] Es handelt sich dabei um eine bereichsspezifische Ausformung von § 42 a BDSG a.F.,[115] auf den § 15 a TMG verweist. Nach § 15 a TMG iVm § 42 a BDSG sind im Falle einer **unrechtmäßigen Übermittlung** oder sonstigen unrechtmäßigen **Kenntniserlangung** von beim Diensteanbieter gespeicherten Bestands- oder Nutzungsdaten unverzüglich sowohl die zuständige **Aufsichtsbehörde** als auch der Betroffene zu informieren, sofern eine schwerwiegende Beeinträchtigung für die Rechte oder schutzwürdigen Interessen des betroffenen Nutzers droht. Sprachliche Unterschiede zu den einschlägigen Regelungen in Art. 33 und 34 DSGVO ergeben sich etwa durch die Voraussetzung der unrechtmäßigen Übermittlung oder sonstigen tatsächlichen Kenntniserlangung[116] in § 15 a TMG und § 42 a BDSG, während die Verordnung lediglich abstrakt von einer „Verletzung des Schutzes personenbezogener Daten“ spricht. Die „schwerwiegende[n] Beeinträchtigungen für die Rechte oder schutzwürdigen Interessen des betroffenen Nutzers“ aus § 15 a TMG könnten als Äquivalent zum „hohe[n] Risiko für die persönlichen Rechte und Freiheiten“ der Verordnung gesehen werden. Damit ist die Vorschrift bei entsprechender europarechtsfreundlicher Auslegung mit der Verordnung grundsätzlich kompatibel. Ihre weitere Anwendung scheitert indes am Normwiederholungsverbot (→ § 2 Rn. 30). Überdies entfällt § 42 a BDSG a.F. ab dem 25. Mai 2018 ersatzlos. § 15 a TMG sollte daher gestrichen werden.

113 *Dix/Schaar*, in: Roßnagel 2013, § 15 TMG, Rn. 87 ff.
114 *Moos*, in: Taeger/Gabel 2013, § 15 a TMG, Rn. 1; s. dagegen *Hornung*, in: Roßnagel 2013, § 15 a TMG, Rn. 13 ff.
115 *Hornung*, in: Roßnagel 2013, § 15 a TMG, Rn. 1 ff.; *Hullen*, in: Plath 2016, § 42 a BDSG, Rn. 2.
116 *Hullen/Roggenkamp*, in: Plath 2016, § 15 a TMG, Rn. 6.

dd) Sanktionsvorschriften

Nach § 16 Abs. 2 Nr. 2 bis 5 TMG sind bestimmte vorsätzliche oder fahrlässige Verstöße gegen die Vorgaben der §§ 13, 14 und 15 TMG als **Ordnungswidrigkeiten** zu ahnden. Im Hinblick auf rein privatwirtschaftliche Diensteanbieter, die nicht im öffentlichen Interesse oder aufgrund einer Verpflichtung personenbezogene Daten verarbeiten, werden die von § 16 Abs. 2 Nr. 2, 4 und 5 TMG geschützten Normen durch die Datenschutz-Grundverordnung verdrängt und somit auch ihre Sanktionsvorschriften. Für Verstöße gegen Art. 8 Abs. 1 und 2 ePrivacy-VO-E enthält Art. 23 ePrivacy-VO-E eine eigene Sanktionsvorschrift.[117] § 13 Abs. 4 Nr. 1 TMG bleibt anwendbar. Ebenso bleibt § 13 Abs. 7 TMG anwendbar, soweit nicht der Schutz personenbezogener Daten betroffen ist. Im Hinblick auf diese beiden Normen bleibt daher auch § 16 Abs. 2 Nr. 3 TMG anwendbar. Wo das Telemediengesetz auf das Bundesdatenschutzgesetz verweist oder dieses subsidiär anwendbar ist, waren bisher §§ 43 und 44 BDSG a.F. anzuwenden (→ § 6 Rn. 136 ff.). Der ausdrückliche Verweis auf das Bundesdatenschutzgesetz in § 13 Abs. 8 TMG ist nicht mehr anwendbar und damit auch seine Sanktionierung nach dem Bundesdatenschutzgesetz nicht. Die subsidiäre Anwendung des Bundesdatenschutzgesetzes nach § 12 Abs. 3 TMG findet keine Anwendung mehr. Vielmehr ist im Bereich der Telemedien in erster Linie die Grundverordnung anzuwenden. 159

3. Zusammenfassung

Der Datenschutz in Telemedien muss überarbeitet werden. Die Überlegungen dieses Abschnitts sind dabei zu beachten. Die Regelungen zum Datenschutz in den §§ 11 ff. TMG müssen im Hinblick auf private Diensteanbieter, die keine Verpflichtung zur Datenverarbeitung haben und keine Aufgaben im öffentlichen Interesse erfüllen, zum allergrößten Teil der Datenschutz-Grundverordnung weichen. Im Hinblick auf öffentlich-rechtliche Diensteanbieter und private Anbieter, die eine Verpflichtung zur Datenverarbeitung haben und Aufgaben im öffentlichen Interesse erfüllen, können aber aufgrund von Art. 6 Abs. 2 DSGVO die vorbildlichen risikobezogenen Datenschutzvorschriften in §§ 11 ff. TMG (weitgehend) weiter angewendet werden. Der Entwurf für eine ePrivacy-Verordnung wird voraussichtlich neue Regeln über die Verarbeitung von Cookies und (anderen) Nutzungsdaten enthalten, die auf private und öffentliche Telemediendiensteanbieter anwendbar sein werden. Anpassungsbedarf für die §§ 11 ff. TMG ergibt sich zudem aufgrund der Verweise auf das Bundesdatenschutzgesetz, die mit dem Geltungsbeginn des neuen Bundesdatenschutzgesetzes am 25. Mai 2018 ins Leere laufen würden. 160

IV. Werbung

Die Bedeutung von personalisierter Werbung in der Wirtschaft wächst ständig. Je mehr personenbezogene Daten gesammelt werden und je genauer die Kenntnis von Interessen und Vorlieben von potentiell zu Bewerbenden ist, desto effektiver können sie für die Kundeneinschätzung und damit für Werbemaßnahmen eingesetzt werden. Die Werbeadressaten hingegen erleben die Werbung meist als Belästigung und fühlen sich im Hinblick auf die informationelle Selbstbestimmung nicht ausreichend geschützt.[118] Das Verhältnis der Betroffenen hat sich dahingehend gewandelt, selbst über die Verwendung 161

117 Diese ist allerdings im Entwurf missverständlich formuliert, indem sie Verstöße bei der Verarbeitung von elektronischen Kommunikationsdaten sanktioniert, obwohl Art. 8 bewusst nicht auf elektronische Kommunikationsdaten beschränkt ist.

118 *Forgo*, in: Wolff/Brink 2017, Grundlagen und bereichsspezifischer Datenschutz: Werbung, Rn. 2; *Roßnagel/Jandt*, MMR 2011, 86.

ihrer personenbezogenen Daten zu Werbezwecken (zwingend) entscheiden zu wollen.[119] Die Verarbeitung und Nutzung personenbezogener Daten zu Werbezwecken steht damit in einem Spannungsfeld zwischen den Selbstbestimmungsinteressen der Werbeadressaten und den wirtschaftlichen Interessen der werbenden Unternehmen. Die Datenschutz-Grundverordnung versucht diesen Konflikt insoweit aufzulösen, als sie lediglich allgemeine Regelungen zur Datenverarbeitung für werbliche Zwecke trifft und enthält damit keine spezielle Systematik des Interessenausgleichs, so wie sie im Bundesdatenschutzgesetz a.F. vorzufinden ist.

1. Regelungen in der Datenschutz-Grundverordnung

162 Die Grundverordnung enthält keine ausdrückliche Regelung zur **Werbung**. Art. 21 Abs. 2 ist die einzige Norm in der Grundverordnung, die den Begriff „Werbung" in Form von **Direktwerbung** verwendet.[120] Werden personenbezogene Daten verarbeitet, um Direktwerbung zu betreiben, hat die betroffene Person nach Art. 21 Abs. 2 DSGVO das Recht, Widerspruch einzulegen.

a) Begriff der Werbung

163 In Anlehnung an Art. 2 lit. a der Richtlinie über irreführende und vergleichende Werbung (sogenannte **Werbe-Richtlinie**, RL 2006/41/EG)[121] ist unter **Werbung** jede Äußerung bei der Ausübung eines Handels, Gewerbes, Handwerks oder freien Berufs zu verstehen. Werbung hat zum Ziel, den Absatz von Waren oder die Erbringung von Dienstleistungen, einschließlich unbeweglicher Sachen, Rechten und Verpflichtungen, zu fördern. Auch der Begriff „**Direktwerbung**" ist in diesem Sinne zu verstehen, jedoch mit dem Unterschied, dass sich diese unmittelbar an einen Werbeadressaten richtet.[122] Abgesehen davon, ob dem Datenschutzrecht auch eine wettbewerbsschützende Funktion zugesprochen wird oder nicht, ist bei der Anwendung datenschutzrechtlicher Vorschriften der Begriff „Werbung" iSd Wettbewerbsrechts zugrunde zu legen.[123]

b) Abwägung der betroffenen Interessen

164 In der Grundverordnung **mangelt es an einer speziellen Regelung** zur Zulässigkeit der Verarbeitung personenbezogener Daten für werbliche Zwecke.

165 Art. 6 Abs. 1 UAbs. 1 lit. f DSGVO regelt, dass die Verarbeitung personenbezogener Daten zur **Wahrung berechtigter Interessen** des Verantwortlichen oder eines Dritten erforderlich sein muss. Zudem dürfen die Interessen oder Grundrechte und Grundfreiheiten der betroffenen Person, die den Schutz personenbezogener Daten erfordern, nicht überwiegen. Ein bloßes Tangieren der Rechte der betroffenen Person ist nicht ausreichend und führt nicht zu einer Unzulässigkeit der Datenverarbeitung.[124]

166 Trotz eines sehr weiten Anwendungsfeldes erkennt der Unionsgesetzgeber in Erwägungsgrund 47 neben der Betrugsprävention **Direktwerbung** als einen **Fall eines berechtigten Interesses** an, wenn auch nur beispielhaft und nicht abschließend. Allerdings sind die kollidierenden Interessen des Werbenden und der betroffenen Person in einen Ausgleich zu bringen. Das bedeutet, dass notwendigerweise vor der Datenverarbeitung zu Werbezwecken eine Interessenabwägung erfolgen muss. Ob und in welchen Fällen Datenverarbeitung zu Werbezwecken zulässig ist und wessen Interessen überwiegen, wird

---

119 BT-Drs. 16/12001, 1.
120 Wie auch in der RL 2002/58/EG wird der Begriff „Direktwerbung" nur verwendet, jedoch nicht definiert.
121 RL 2006/114/EG vom 12.12.2006, ABl. Nr. L 376, 21.
122 *Köhler*, in: Köhler/Bornmann/Feddersen 2017, § 7 Rn. 129; *Buchner/Petri*, in: Kühling/Buchner 2017 Art. 6 Rn. 175.
123 *Buchner/Petri*, in: Kühling/Buchner 2017, Art. 6 Rn. 175; *Plath*, in: ders. 2016, § 28 BDSG, Rn. 12.
124 *Schulz*, in: Gola 2017, Art. 21 Rn. 51.

sich letztlich nach dem **Erforderlichkeitsmaßstab** richten und stets eine Frage des Einzelfalls bleiben.[125] Fällt nach der Interessenabwägung die Entscheidung zugunsten einer Verarbeitung personenbezogener Daten zu Werbezwecken, sind grundsätzlich auch die **allgemeinen Grundsätze** für die Verarbeitung personenbezogener Daten nach Art. 5 DSGVO zu beachten (→ § 3 Rn. 39 ff.).

Die explizite Hervorhebung der Direktwerbung im Erwägungsgrund 47 ist dahingehend zu verstehen, dass der Unionsgesetzgeber die **Datenverarbeitung zu Werbezwecken** im Rahmen der Interessenabwägung unter Einhaltung des Erforderlichkeitsmaßstabes **grundsätzlich ohne Einwilligung** für zulässig hält.[126] Bei **Kindern** sieht die Grundverordnung allerdings eine Ausnahme vor. Erwägungsgrund 38 betont, dass die Verwendung personenbezogener Daten von Kindern zu Werbezwecken ausschließlich mit Einwilligung erfolgen darf. 167

Das Recht, personenbezogene Daten zu Werbezwecken zu verarbeiten, macht die Grundverordnung nicht von einer Einwilligung abhängig, sondern (lediglich) davon, dass der betroffenen Person nach Art. 21 Abs. 2 DSGVO das Recht eingeräumt wird, gegen die Verarbeitung von Daten zu Zwecken der Direktwerbung **Widerspruch** einzulegen. Der Unionsgesetzgeber führt damit das **Opt-out-Verfahren** ein. Während beim **Opt-in** eine vorherige ausdrückliche Werbeeinwilligung erforderlich ist,[127] ist die Verarbeitung personenbezogener Daten zu Werbezwecken mit einem **Opt-out** zulässig, solange die betroffene Person von ihrem ihr eingeräumten Widerspruchsrecht keinen Gebrauch macht. 168

Die Grundverordnung knüpft zwar die Datenverarbeitung zu Werbezwecken an das Opt-out-Prinzip an, versucht allerdings durch die Einführung des Kriteriums „**vernünftige Erwartungshaltung der betroffenen Person**“ den Abwägungsmaßstab zu schärfen.[128] Nach Erwägungsgrund 47 ist bei der Interessenabwägung zu prüfen, ob die betroffene Person zum Zeitpunkt der Datenerhebung und angesichts der Umstände, unter denen sie erfolgt, vernünftigerweise absehen kann, dass möglicherweise eine Verarbeitung für diesen Zweck erfolgen wird. Kann die betroffene Person vernünftigerweise nicht mit einer weiteren Datenverarbeitung rechnen, könnten die Interessen dieser Person das Interesse des Verantwortlichen an der Datenverarbeitung zu Werbezwecken überwiegen. Der Maßstab bei der Bewertung der vernünftigen Erwartungshaltung der betroffenen Person wird in Erwägungsgrund 47 dahingehend konkretisiert, dass es nur auf die Beziehung zwischen der betroffenen Person und dem für die Datenverarbeitung Verantwortlichen ankommt. Das Verhältnis zur ersterhebenden Stelle ist dabei irrelevant.[129] 169

Um zu bestimmen, wie weit die **Begründetheit der vernünftigen Erwartungshaltung** der betroffenen Person reicht, wird die Beantwortung folgender Fragen maßgeblich sein: In welchem Zusammenhang erfolgt die Datenverarbeitung für werbliche Zwecke (**Erhebungs- und Verarbeitungskonzept**) und **welche Informationen** darüber wurden der betroffenen Person zur Verfügung gestellt.[130] Treten Personen als potentielle Kunden mit 170

125 *Albrecht*, CR 2016, 92; *Albrecht/Jotzo* 2017, Teil 3, Rn. 51; *Buchner/Petri*, in: Kühling/Buchner 2017, Art. 6 Rn. 147.

126 Die EU-Kommission sah in ihren Vorschlägen zur Grundverordnung zwar ursprünglich noch das Erfordernis einer Einwilligung bei Datenverarbeitung zu Werbezwecken vor, in die Verordnung wurde dieser Vorschlag jedoch nicht übernommen, *Buchner/Petri*, in: Kühling/Buchner 2017, Art. 6 Rn. 176; *Plath*, in: ders. 2016, Art. 6 DSGVO, Rn 21.

127 BGH, NJW 2008, 2997.

128 *Buchner/Petri*, in: Kühling/Buchner 2017, Art. 6 Rn. 152.

129 Das Kriterium „vernünftige Erwartungshaltung der betroffenen Person“ führte Art. 29-Datenschutzgruppe im WP 217 v. 9.4.2014 ein; s. dazu *Drewes*, CR 2016, 723.

130 S. ausführlich Art. 29-Datenschhutzgruppe, WP 217 v. 9.4.2014, 3 und 51; *Drewes*, CR 2016, 723; *Schulz*, in: Gola 2017, Art. 6 Rn. 57.

kommerziellen Anbietern von Waren und Dienstleistungen in Kontakt, können sie grundsätzlich davon ausgehen, dass die entsprechenden Unternehmen Werbemaßnahmen einsetzen werden, um ihre Produkte oder Dienstleistungen effizienter zu vermarkten. Dies gilt umso mehr, je intensiver die Unternehmen über die weitere Verwendung von personenbezogenen Daten informieren (zum Beispiel durch einen Hinweis beim Bestellvorgang oder auf der Webseite des Unternehmens über die beabsichtigte weitere Verwendung von Kundendaten).[131]

171 Wird die betroffene Person (umfassend) über die werbliche Nutzung ihrer personenbezogenen Daten informiert und macht sie von ihrem Widerspruchsrecht keinen Gebrauch, kann die vernünftige Erwartung dahingehend verstanden werden, dass ihre Daten für Werbezwecke einschließlich einer Weitergabe für diesen Zweck an Dritte verwendet werden dürfen und sie damit einverstanden ist. Sagt der Verantwortliche allerdings der betroffenen Person einen besonderen Umgang mit ihren personenbezogenen Daten zu, etwa dass er sie weder für Werbezwecke verwendet noch an Dritte weitergibt, erfolgt damit eine Art vertragliche Zusicherung. Setzt sich allerdings der Verantwortliche ohne die Zustimmung der betroffenen Person darüber hinweg, würde dies der vernünftigen Erwartungshaltung nicht entsprechen.[132]

172 Ferner verweist Erwägungsgrund 47 darauf, dass die Rechtmäßigkeit der Datenverarbeitung im Rahmen der Interessenabwägung auch durch **berechtigte Interessen eines Dritten** begründet sein kann. Dieser Fall wird vor allem dann interessant, wenn die Daten nicht durch den Werbenden selbst, sondern durch einen Dritten verarbeitet werden. Dritte können sich zwar auf das Interesse des Werbenden an der Durchführung von Werbemaßnahmen bei der Interessenabwägung berufen, eine vernünftige Erwartungshaltung wird allerdings nur dann anzunehmen sein, wenn die betroffene Person über die Verarbeitung ihrer personenbezogenen Daten für Werbezwecke informiert worden ist. Es muss für sie ersichtlich sein, dass ihre personenbezogenen Daten, die von Dritten verarbeitet werden, auch zu Werbezwecken genutzt werden können.

c) Fehlende Differenzierung zwischen Werbezwecken und Formen werblicher Ansprache

173 Die Grundverordnung nimmt keine Differenzierung zwischen den **Werbezwecken** bei der Verarbeitung personenbezogener Daten vor. Die Interessenabwägung ist sowohl für **eigene Geschäftszwecke** als auch für **Werbezwecke Dritter** vorzunehmen,[133] wonach Art. 6 Abs. 1 UAbs. 1 lit. f DSGVO auch auf den **Adresshandel** Anwendung findet.[134] Da die Grundverordnung einen weiten Begriff der Datenverarbeitung verwendet und die Datenverarbeitung nicht auf bestimmte Werbezwecke beschränkt, kann sich die Interessenabwägung nach Art. 6 Abs. 1 UAbs. 1 lit. f DSGVO auf sämtliche Phasen der Datenverarbeitung für werbliche Zwecke erstrecken, von der **Datenerhebung** über **Werbescoring**[135] bis zur **konkreten Ansprache** des Werbeadressaten.[136]

174 Ferner schränkt die Grundverordnung die Datenverarbeitung zu Werbezwecken weder auf bestimmte **Datenarten** oder **Datenkategorien** ein, noch nimmt sie explizite Konkretisierungen vor. Das im deutschen Datenschutzrecht verankerte **Listenprivileg**, das unter bestimmten Voraussetzungen die Verarbeitung oder Nutzung eigener Kundendaten er-

131 *Plath*, in: ders. 2016, Art. 6 DSGVO, Rn. 21.

132 *Drewes*, CR 2016, 723.

133 Dies entspricht auch dem Verständnis der RL 2002/58/EG, die keine Unterscheidung zwischen den Zwecken bei der Datenverarbeitung für werbliche Zwecke in Art. 16 trifft.

134 S. zu verschiedenen Formen werblicher Ansprache zB *Drewes*, CR 2016, 724 ff.; *Schulz*, in: Gola 2017, Art. 6 Rn. 62 ff.

135 Unter Werbescoring versteht man das Zusammenführen verschiedener Kriterien wie zB Alter, Geschlecht, Beruf usw., um das künftige Kaufverhalten besser einschätzen zu können.

136 *Schulz*, in: Gola 2017, Art. 6 Rn. 63; s. zu den verschiedenen Formen werblicher Ansprache zB *Drewes*, CR 2016, 724 ff.

laubt,[137] ist der Grundverordnung fremd. ISd Grundverordnung können für werbliche Zwecke sämtliche denkbare Datenarten und Datenkategorien genutzt werden. Allerdings ist dabei zu beachten, dass besondere Kategorien personenbezogener Daten nach Art. 9 Abs. 1 DSGVO wie zB Daten über ethnische Herkunft, religiöse Überzeugung, Gesundheitsdaten oder Daten zum Sexualleben) oder über strafrechtliche Verurteilungen und Straftaten von der Verarbeitung zu Werbezwecken grundsätzlich ausgeschlossen sind. Hier bedarf es der Einwilligung der betroffenen Person (→ § 8 Rn. 281). Die Unterschiede in der Schutzbedürftigkeit der Daten sind als Kriterium in den Abwägungsprozess einzubeziehen.[138]

Um (überhaupt) bestimmen zu können, welche Datenarten und -kategorien für Werbe- 175
zwecke genutzt werden können und wie schutzwürdig Datenarten und -kategorien sind, können zum Beispiel die jeweiligen nationalen Regelungen Hinweise für die Beurteilung der vernünftigen Erwartungshaltung geben. § 28 Abs. 3 Satz 6 BDSG a. F. sieht zum Beispiel vor, dass im Rahmen einer Interessenabwägung Kriterien wie die Sensibilität der Daten, der intendierte Zweck sowie die Zugehörigkeit eines Betroffenen zu einer Gruppe, die eines besonderen Schutzes bedarf, zu beachten sind (→ § 8 Rn. 174). Ferner kann auch der soziale Kontext in dem jeweiligen Mitgliedstaat als Kriterium in den Abwägungsprozess miteinbezogen werden. Da die Grundverordnung keinen einheitlichen Rahmen für die Beurteilung der vernünftigen Erwartungshaltung der betroffenen Person vorgibt, könnte die Einbeziehung unterschiedlicher Sichtweisen und Abwägungskriterien allerdings zu unterschiedlichen nationalstaatlichen Ergebnissen führen (→ § 1 Rn. 38).

d) Widerspruchsrecht

Mit der grundsätzlichen Erlaubnis nach Art. 6 Abs. 1 UAbs. 1 lit. f DSGVO personenbe- 176
zogene Daten für werbliche Zwecke zu verarbeiten und zu nutzen, korrespondieren das **Widerspruchsrecht** der betroffenen Person nach Art. 21 Abs. 2 DSGVO und darauf bezogene **Informationspflichten** des Verantwortlichen nach Art. 12 bis 14 DSGVO. Werden personenbezogene Daten verarbeitet, um Direktwerbung zu betreiben, hat die betroffene Person nach Art. 21 Abs. 2 DSGVO das Recht, Widerspruch einzulegen. Diese Norm gewährt der betroffenen Person ein unbedingtes, jederzeitiges Widerspruchsrecht, das auch für das **Profiling** gilt, soweit es mit der Direktwerbung in Verbindung steht.

Nach Art. 12 Abs. 5 DSGVO in Verbindung mit Erwägungsgrund 70 muss die Aus- 177
übung des **Widerspruchsrechts** nicht nur **jederzeit**, sondern auch **unentgeltlich möglich sein und darf nicht an das Vorliegen weiterer Voraussetzungen geknüpft sein.** Werden personenbezogene Daten für werbliche Zwecke verwendet, muss nach Art. 21 Abs. 4 DSGVO die Information über das Widerspruchsrecht spätestens zum Zeitpunkt der ersten Werbeansprache vorliegen. Dieser Hinweis muss in einer verständlichen und von anderen Informationen getrennten Form erfolgen.[139]

2. Regelungen in dem Entwurf einer ePrivacy-Verordnung

Die in einem Entwurf der EU-Kommission vorliegende ePrivacy-Verordnung (→ § 1 178
Rn. 46, § 3 Rn. 19) ist eine Spezialregelung zur Datenschutz-Grundverordnung, die sie im Bereich der elektronischen Kommunikation präzisieren und ergänzen soll.[140]

137 S. zum Listenprivileg nach § 28 Abs. 3 Satz 3 BDSG a.F. zB *Roßnagel*, NJW 2009, 2716 ff.; *Roßnagel/Jandt*, MMR 2011, 86 ff.; *Forgo*, in: Wolff/Brink 2017, Grundlagen und bereichsspezifischer Datenschutz, Rn. 76.

138 *Schulz*, in: Gola 2017, Art. 21 Rn. 65.

139 Eg. 70 DSGVO.

140 Eg. 5 ePrivacy-VO-E.

179 Art. 16 ePrivacy-VO-E regelt den Schutz vor **unerbetener Kommunikation**. Der Begriff „unerbetene Kommunikation“ wird weder im Verordnungstext noch in den Erwägungsgründen definiert. Dennoch versteht die Vorschrift unter unerbetener Kommunikation lediglich **Direktwerbung** und schränkt den Anwendungsbereich sehr ein, ohne dies zu begründen.[141]

180 ISd Art. 4 Art. 4 lit. f ePrivacy-VO-E[142] umfasst **Direktwerbung jede Art von Werbung in schriftlicher oder mündlicher Form**, die eine natürliche oder juristische Person an einen oder mehrere bestimmte oder bestimmbare (identifizierten oder identifizierbaren) Endnutzer mittels **elektronischer Kommunikationsdienste**[143] richtet. Die Verbreitung von Direktwerbung kann mittels automatischer Anruf- und Kommunikationssysteme, mit oder ohne menschliche Beteiligung erfolgen. Der Regelungsbereich der ePrivacy-Verordnung erstreckt sich auf Direktwerbung über folgende **Werbekanäle**: E-Mail, SMS, MMS, Telefax und Telefon einschließlich automatischer Anrufmaschinen.

181 Die Regelungen der ePrivacy-VO zu den elektronischen Kommunikationsdiensten beschränken sich jedoch nicht nur auf klassische Telekommunikationsdienste (zB Telefon oder E-Mail). Auch die bisher nicht reglementierten, die sogenannten **Over-the-Top–Dienste** wie zB WhatsApp, Facebook oder Skype werden jetzt von der ePrivacy-VO erfasst (→ § 3 Rn. 20). Die Regelungen der ePrivacy-VO finden somit auch auf Direktwerbung in Social Media und auf generelle Display-Direktwerbung Anwendung, wenn die Identifizierung der Endnutzer durch den Werbenden selbst bestimmt wird.

182 Nach Art. 16 Abs. 1 ePrivacy-VO-E dürfen Werbende **Direktwerbung** über elektronische Kommunikationsdienste an natürliche Personen **nur bei vorheriger Einwilligung** richten (**Opt-in**).

183 Eine Ausnahme vom Erfordernis einer vorherigen Einwilligung sieht Art. 16 Abs. 2 Satz 1 ePrivacy-VO-E für die **Bestandskundenwerbung per E-Mail** vor (**Opt-out**). Hat der Werbende die E-Mail-Adresse im Rahmen einer bestehenden Kundenbeziehung erhalten, darf diese zu Werbezwecken für eigene Produkte oder Dienstleistungen verwendet werden. Nach Satz 2 muss der Kunde bereits bei der Erhebung seiner E-Mail-Adresse und bei jedem Versand einer Nachricht darauf hingewiesen werden, dass ihm ein jederzeitiges und kostenloses Widerrufsrecht eingeräumt wird:

184 Werden Endnutzer vom Werbenden, der eine natürliche oder juristische Person ist, direkt angerufen, wird die Regelung für **Telefonwerbung** in Art. 16 Abs. 3 ePrivacy-VO-E dahingehend ausgeweitet, dass Direktwerbeanrufe nur unter Nennung der Anschlussnummer oder eines Codes, der kenntlich macht, dass es sich um Werbeanrufe handelt, zulässig sind (**Verbot der Rufnummerunterdrückung**).

185 Art. 16 ePrivacy-VO-E enthält in Abs. 4 eine **Öffnungsklausel**, die den Mitgliedstaaten die Möglichkeit eröffnet, durch Rechtsvorschriften für **persönliche Direktanrufe**, die sich an Endnutzer richten und natürliche Personen sind, ein Widerspruchsrecht ausreichen zu lassen (**Opt-out**).[144]

186 In Art. 16 Abs. 5 ePrivacy-VO-E enthält die **Öffnungsklausel** einen Regelungsauftrag an die Mitgliedstaaten sicherzustellen, dass die berechtigten Interessen von Endnutzern, **die juristische Personen** sind, in Bezug auf unerbetene Kommunikation nach Abs. 1 ausreichend geschützt werden. Dem nationalen Gesetzgeber steht es frei, ein **Opt-out-System** vorzusehen.

---

141 BR-Drs. 145/17, 16.

142 Art. 4 lit. f ePrivacy-VO-E wird durch Eg. 32 konkretisiert.

143 Der Begriff „elektronische Kommunikationsdienste“ nach Art. 4 Abs. 1 lit. b ePrivacy-VO-E wird in Art. 2 Nr. 4 Richtlinie über den europäischen Kodex für die elektronische Kommunikation-E definiert (→ § 8 Rn. 45, § 3 Rn. 23).

144 Eg. 36 ePrivacy-VO-E.

Art. 16 Abs. 6 ePrivacy-VO-E verpflichtet die Werbenden bei der Verwendung elektronischer Kommunikationsdienste Direktwerbung als solche zu kennzeichnen (**Täuschungsverbot**). 187

3. Regelungen in Deutschland

Das deutsche Recht kennt bisher risikospezifische Regelungen zur Datenverarbeitung für Werbezwecke in mehreren Gesetzen. Überwiegend gehen diese verloren oder werden durch Unionsrecht ersetzt. 188

a) Bundesdatenschutzgesetz

Nach mehreren Skandalen im Umgang mit personenbezogenen Daten führte der deutsche Gesetzgeber 2009 eigene risikoorientierte Regelungen zur Datenverarbeitung für **Werbezwecke** und zum **Adresshandel** in das Bundesdatenschutzgesetz ein.[145] Diese datenschutzrechtlichen Regelungen sind in § 28 Abs. 3 bis 3 b BDSG a.F. normiert.[146] 189

Personenbezogene Daten dürfen für Zwecke der Werbung und des Adresshandels nach § 28 Abs. 3 Satz 1 BDSG a.F. nur mit **Einwilligung des Betroffenen** verarbeitet werden. Das Grundanliegen, den Betroffenen mehr Schutz vor Belästigungen durch Werbung und Adresshandel und mehr Selbstbestimmung zu bieten, hat der deutsche Gesetzgeber im Grundsatz zwar anerkannt, ihm jedoch seine praktische Bedeutung durch viele Ausnahmeregelungen wieder genommen.[147] Die **Einwilligung** des Betroffenen muss den Anforderungen des § 28 Abs. 3 a Satz 1 BDSG a.F. genügen. Die Einwilligung muss für den Betroffenen **klare und nachvollziehbare Informationen** enthalten: Angaben zur verantwortlichen Stelle, konkret gewünschte Daten, Dauer und Zweck der Datenverwendung und gegebenenfalls Übermittlungen an Dritte. Grundsätzlich muss die Einwilligung nach § 28 Abs. 3 a Satz 1 BDSG a.F. schriftlich erfolgen, wobei das Widerspruchsrecht nach § 28 Abs. 4 BDSG a.F.[148] besonders hervorgehoben werden muss. Dies gilt insbesondere dann, wenn die Einwilligung mit anderen Erklärungen verbunden ist oder sie in die Allgemeine Geschäftsbedingungen eingebaut wird.[149] 190

Eine wichtige Ausnahme vom Einwilligungserfordernis des Betroffenen stellt § 28 Abs. 3 Satz 2 Nr. 1 bis 3 BDSG a.F. dar, der das sogenannte „**Listenprivileg**“ enthält. Unter diese Ausnahme fallen Listen- oder Adressdaten, die listenartig organisiert sind. Die Liste ist abschließend und beschränkt sich auf folgende Kriterien: Zugehörigkeit des Betroffenen zu dieser Personengruppe, Berufs-, Branchen- oder Geschäftsbezeichnung, Name und Titel, akademischer Grad, Anschrift und Geburtsjahr.[150] § 28 Abs. 3 Satz 2 BDSG a.F. umfasst folgende Formen werblicher Ansprache: **Eigenwerbung** (Nr. 1), **berufsbezogene Werbung für fremde oder eigene Angebote** (Nr. 2) und **Spendenwerbung** (Nr. 3). Werden personenbezogene Daten nach Maßgabe der Sätze 2 bis 4 verarbeitet, schreibt § 28 BDSG a.F. in Abs. 3 Satz 6 vor, dass eine Interessenabwägung stattfinden muss. Der Datenverarbeitung oder -nutzung dürfen keine schutzwürdigen Interessen des Betroffenen entgegenstehen. Bei der Interessenabwägung sind insbesondere Kriterien wie die Sensibilität der Daten, der intendierte Zweck sowie die Zugehörigkeit des Betroffenen zu einer Gruppe, die eines besonderen Schutzes bedürfen, zu beachten. 191

---

145 S. zu dieser Novelle *Roßnagel*, NJW 2009, 2716.

146 Die konkreten Werbeformen und den Kontaktweg zum Werbeadressaten (zB werbliche Ansprache per Brief, Telefonanruf, per E-Mail) regelt § 7 UWG; der neben § 28 Abs. 3 BDSG a.F. bzw. Art. 6 Abs. 1 UAbs. 1 lit. f DSGVO zu beachten ist.

147 *Roßnagel*, NJW 2009, 2720; *Roßnagel/Jandt*, MMR 2011, 88; *Plath*, in: ders. 2016, § 28 BDSG, Rn 110.

148 S. zum Widerspruch nach § 28 Abs. 4 BDSG zB *Simitis*, in: ders. 2014, § 28 Rn. 217 ff.

149 *Simitis*, in: ders. 2014, § 28, Rn. 217 ff.

150 *Forgo*, in: Wolff/Brink 2017, Grundlagen und bereichsspezifischer Datenschutz: Werbung, Rn. 79.

192 In § 28 Abs. 3 b BDSG a.F. ist das sogenannte **Kopplungsverbot** enthalten, das im Interesse des Betroffenen mit der in § 28 Abs. 3 Satz 1 BDSG a.F. geforderten Einwilligung die Verwendung seiner Daten für Werbezwecke oder Adresshandel verhindert. Damit sollen solche Fälle vermieden werden, in denen für Betroffene, eine Weigerung, Datenverarbeitung in Kauf zu nehmen, keine oder nur mit Nachteilen verbundene Verträge (deutlich kostspielige) abschließen zu können, zur Folge hätte.[151] Das Kopplungsverbot gilt nur dann, wenn dem Betroffenen kein Zugang zu gleichwertigen vertraglichen Leistungen ohne Einwilligung oder nicht in zumutbarer Weise möglich ist.[152]

b) Neues Bundesdatenschutzgesetz

193 Im neuen Bundesdatenschutzgesetz, das am 25. Mai 2018 in Deutschland in Kraft tritt, werden keine Vorgaben zur Verarbeitung personenbezogener Daten für werbliche Zwecke enthalten sein, womit **alle detaillierten Regelungen des § 28 Abs. 3 BDSG a.F. , einschließlich des Listenprivilegs, entfallen** werden. Da die Grundverordnung den Mitgliedstaaten kein Recht einräumt, den Erlaubnistatbestand in Art. 6 Abs. 1 UAbs. 1 lit. f selbst auszugestalten, konnte der Zulässigkeitstatbestand des § 28 Abs. 3 BDSG a.F. nicht aufrechterhalten werden.[153]

194 Ferner wird auch **§ 28 Abs. 3 a BDSG a.F.** im neuen Bundesdatenschutzgesetz nicht mehr enthalten sein.

195 Auch die **Regelung zum Kopplungsverbot** in § 28 Abs. 3 b BDSG a.F. für Zwecke der Werbung und des Adresshandels **wird aufgehoben**. Das Vorliegen einer unzulässigen Koppelung wird allein nach Art. 7 Abs. 4 DSGVO zu beurteilen sein. Anders als es in § 28 Abs. 3 b BDSG a.F. geregelt ist, wird in Art. 7 Abs. 4 DSGVO nicht darauf abgestellt, ob der betroffenen Person ein anderer Zugang zu gleichwertigen Leistungen ohne Einwilligung nicht oder nicht in zumutbarer Weise möglich ist, was für eine verbraucherfreundlichere Auslegung spricht Erwägungsgrund 47 DSGVO verweist darauf, dass die Einwilligung nicht als freiwillig erteilt gilt, wenn die Vertragserfüllung, einschließlich der Erbringung einer Dienstleistung, von einer Einwilligung abhängig ist, obwohl diese für die Erfüllung des Vertrags nicht erforderlich ist.[154]

196 Die Verordnung setzt der risikospezifischen Regelung der Verarbeitung personenbezogener Daten zu Werbezwecken in Deutschland zugunsten des Opt-out-Prinzips ein Ende. Da die Grundverordnung keine spezielle Regelung enthält, wird auch nach dem Inkrafttreten des neuen Bundesdatenschutzgesetzes der alleinige Maßstab für die Beurteilung der Zulässigkeit der Verarbeitung personenbezogener Daten zu Zwecken der Direktwerbung einschließlich Profiling – abgesehen von der Einwilligung – die Interessenabwägungsklausel nach Art. 6 Abs. 1 UAbs. 1 lit. f DSGVO in Verbindung mit Art. 21 Abs. 2 DSGVO sein. Durch das alleinige Abstellen auf Abwägung der berechtigten Interessen werden besonders Risiken und Folgen für die von der Datenverarbeitung betroffenen Personen ignoriert. Es handelt sich um keine adäquate Regelung zum Schutz von der Werbung betroffenen Personen.

c) Regelung in anderen deutschen Gesetzen

197 Neben dem Bundesdatenschutzgesetz enthalten auch das Telekommunikationsgesetz, das Telemediengesetz und das Gesetz gegen den unlauteren Wettbewerb Regelungen zur Datenverarbeitung zu Werbezwecken oder zur Werbung, die auch Auswirkungen auf die Verarbeitung personenbezogener Daten haben.

---

151 *Simitis*, in: ders. 2014, § 28, Rn. 223; *Plath*, in: ders. 2016, § 28 BDSG, Rn. 170.

152 Zum Kopplungsverbot bei Gewinnspielen LG Hamburg, BeckRS 2010, 30566; OLG Köln, BeckRS 2007, 19479.

153 *Kühling/Martini u..a.* 2016, 431.

154 BR-Drs. 110/17, 30.

aa) Werbung im Telekommunikationsgesetz

Gemäß § 95 Abs. 2 Satz 1 TKG darf ein Telekommunikationsdiensteanbieter **Bestandsdaten** nach § 3 Nr. 3 TKG, die für die Begründung, inhaltliche Ausgestaltung, Änderung oder Beendigung des Vertragsverhältnisses erforderlich sind, neben der Beratung der Teilnehmer, der Marktforschung und der Unterrichtung über einen individuellen Gesprächswunsch eines anderen Nutzers auch zur Werbung für eigene Angebote verwenden. Voraussetzung hierfür ist, dass der Teilnehmer in die Verwendung eingewilligt hat (→ § 8 Rn. 82 ff.). Bestandsdaten dürfen nicht nur für Produktwerbung, sondern zum Beispiel auch für Imagewerbung verwendet werden. Es muss sich aber stets um eine Eigenwerbung des Telekommunikationsdiensteanbieters handeln.[155] 198

bb) Werbung im Telemediengesetz

Das Telemediengesetz spricht in § 2 Satz 1 Nr. 5 zwar nicht ausdrücklich von Werbung im Rahmen **kommerzieller Kommunikation**, enthält jedoch einen Begriff, der sich mit dem der Werbung weitgehend deckt.[156] § 2 Satz 1 Nr. 5 fasst unter den Begriff der kommerziellen Kommunikation alle Maßnahmen, die in irgendeiner Weise den Absatz fördern oder dem Erscheinungsbild einer wirtschaftlich tätigen Person dienen, die sich damit auch auf Werbemaßnahmen erstrecken.[157] 199

Nach § 12 Abs. 2 TMG darf der Dienstleister für die **Bereitstellung von Telemedien** erhobene personenbezogene Daten für Zwecke der Werbung im Grundsatz nur verwenden, soweit dies ein Gesetz oder eine andere Rechtsvorschrift, die sich ausdrücklich auf Telemedien bezieht, erlaubt oder der Nutzer eingewilligt hat (→ § 8 Rn. 127). 200

Nutzungsdaten nach § 15 Abs. 3 TMG dürfen neben der Marktforschung oder zur bedarfsgerechten Gestaltung der Telemedien auch für werbliche Zwecke verwendet werden, um Nutzungsprofile zu erstellen. Voraussetzung hierfür ist, dass die Nutzungsdaten pseudonymisiert werden und der Nutzer nicht widerspricht (→ § 8 Rn. 152 f.). 201

Wird **Werbung per E-Mail** an den Adressaten verschickt, normiert § 6 Abs. 2 TMG das Verbot des verschleierten oder verheimlichten kommerziellen Charakters der Nachricht (**Täuschungsverbot**).[158] Verschleiern und Verheimlichen ist das Unterdrücken oder Unterschlagen von Informationen, um den Adressaten der Werbenachricht per E-Mail mit Absicht in die Irre zu führen.[159] Damit der Adressat Werbe-Mails sicher und schnell von geschäftlichen und privaten E-Mails unterscheiden kann, muss der Werbezweck aus der Kopf- und Betreffzeile der E-Mail klar hervorgehen.[160] 202

cc) Werbung im Gesetz gegen den unlauteren Wettbewerb

Werden personenbezogene Daten für Zwecke der Werbung verarbeitet und genutzt, sind neben den datenschutzrechtlichen Vorgaben auch lauterkeitsrechtliche Vorschriften zu beachten. 203

Während es im Datenschutzrecht um die Frage geht, ob personenbezogene Daten für werbliche Zwecke verarbeitet oder genutzt werden dürfen, regelt das Gesetz gegen den unlauteren Wettbewerb (UWG) in § 7, unter welchen Voraussetzungen eine Kommunikationsmaßnahme, bei der personenbezogene Daten zu Werbezwecken mittels verschiedener Werbekanäle verwendet werden, als eine **unzumutbare Belästigung** einzustufen ist. Die unterschiedlichen Werbekanäle, um mit dem Werbeadressaten in Kontakt zu 204

155 *Büttgen*, in: Geppert/Schütz 2013, § 95 Rn. 15.
156 *Forgo*, in: Wolff/Brink 2017, Datenschutzrecht, Grundlagen und bereichsspezifischer Datenschutz, Rn. 19.
157 *Ricke*, in: Spindler/Schuster 2015, § 2 TMG, Rn. 11 f.; *Martini*, in: Gersdorf/Paal 2017, § 2 TMG, Rn. 26.
158 *Schmitt*, in: Roßnagel 2013, § 6 TMG, Rn. 40.
159 *Pries*, in: Gersdorf/Paal 2017, § 6 TMG, Rn. 12.
160 *Schmitt*, in: Roßnagel 2013, § 6 TMG, Rn. 40.

treten, stellen unterschiedliche Anforderungen an die jeweilige Einwilligungserklärung des Werbeadressaten.

205 Grundsätzlich ist Werbung zulässig, solange sie keine unzumutbare Belästigung des Werbeadressaten darstellt. Den Grundbestand hierzu bildet § 7 UWG, der dem Schutz der privaten und geschäftlichen Sphäre des Werbeadressaten dient.

206 Unzumutbare Belästigung[161] durch Werbung wird in § 7 Abs. 2 UWG präzisiert. Nach § 7 Abs. 2 Nr. 1 (UWG)[162] ist **Brief- und Postwurfwerbung** grundsätzlich zulässig.[163] Nur in dem Fall, wenn Werbung hartnäckig ist, das heißt wiederholt erfolgt und der Adressat sie erkennbar nicht wünscht und dies eindeutig durch einen Sperrvermerk erkennbar ist, ist Werbung iSd § 7 Abs. 2 Nr. 1 UWG unzulässig.[164]

207 Während der Unlauterkeitstatbestand des § 7 Abs. 2 Nr. 1 UWG auf dem **Opt-out-Prinzip** basiert, gilt für Nr 2 bis 3 das **Opt-in-Prinzip. Telefonwerbung** (Nr. 2), **Werbung mittels automatischer Anrufmaschinen, Telefax** oder **E-Mail** (Nr. 3) ist ohne eine vorherige ausdrückliche Einwilligung des Werbeadressaten unzulässig.[165] Da bei Werbung nach § 7 Abs. 2 Nr. 2 und 3 UWG personenbezogene Daten genutzt werden, um mit dem Werbeadressaten in Kontakt zu treten und der Werbeadressat sich nur schwer der Werbung entziehen kann, verlangt § 7 Abs. 2 Nr. 2 und 3 UWG in Umsetzung des Art. 13 RL 2002/58/EG eine Einwilligung.[166]

208 § 7 Abs. 2 Nr. 4 UWG enthält das **Verbot der verheimlichten Absenderidentität.** Diese Norm konkretisiert die Lauterkeitsanforderungen an Nr. 3 und enthält das Transparenzgebot, das den Werbeadressaten die Durchsetzung ihrer Ansprüche gegenüber den Werbenden erleichtern soll und das Einstellen von Werbenachrichten verlangen zu können.[167] Vom Wortlaut her gleicht § 7 Abs. 2 Nr. 4 UWG zwar § 6 Abs. 2 Satz 1 TMG (→ § 8 Rn. 202). Der Unterschied besteht allerdings darin, dass § 6 Abs. 2 Satz 1 TMG das Aussortieren der E-Mail-Werbung ermöglichen und das § 7 Abs. 2 Nr. 4 UWG die Durchsetzung etwaiger Ansprüche gegen den Werbetreibenden erleichtern soll.[168]

209 § 7 Abs. 3 UWG enthält einen **Ausnahmentatbestand** zu § 7 Abs. 2 Nr. 3 UWG und lässt Werbung mittels automatischer Anrufmaschinen, Telefax oder E-Mail ohne eine ausdrückliche Einwilligung des Werbeadressaten zu. Nach § 7 Abs. 1 Nr. 1 UWG ist dies dann zulässig, wenn ein Unternehmer im Zusammenhang mit dem Verkauf von Waren oder Dienstleistungen vom Kunden dessen elektronische Postdresse erhalten hat (**Bestandskundenwerbung**). Die E-Mail-Adresse darf der Unternehmer zu Werbezwecken für eigene ähnliche Waren oder Dienstleistungen verwenden (Nr. 2). Darüber hinaus ist für die Zulässigkeit der Bestandskundenwerbung erforderlich, dass der Kunde nicht widersprochen hat (Nr. 3) und er klar und deutlich auf sein jederzeitiges Widerrufsrecht hingewiesen wird (Nr. 4).

---

161 Gemäß § 7 Abs. 1 Satz 1 UWG ist eine geschäftliche Handlung, die einen Marktteilnehmer in unzumutbarer Weise belästigt, unzulässig. Dies gilt nach Satz 2 insbesondere für Werbung, wenn erkennbar ist, dass der Werbeadressat diese nicht wünscht.

162 § 7 Abs. 2 Nr. 1 UWG bildet einen Auffangtatbestand für unzumutbare Belästigungen. Diese Norm umfasst vor allem Fälle, die von Abs. 2 nicht gedeckt sind (zB werbliche Ansprache in der Öffentlichkeit und Haustürwerbung); *Schöler*, in: Harte-Bavendamm/Henning-Bodewig 2016, § 7 Rn. 16.

163 *Fleischer*, NJW 2014, 2151.

164 Auch Einträge in Back- oder Robinsonlisten müssen beachtet werden; *Köhler*, in: Köhler/Bornkamm/Feddersen 2017, § 7 Rn. 113.

165 *Schöler*, in: Harte-Bavendamm/Henning-Bodewig 2016, § 7 UWG, Rn. 18 f.

166 S. zur Einwilligung iSd § 7 Abs. 2 UWG zB *Carsten/Menebröcker*, in: Götting/Nordemann 2016, § 7 Rn. 61 ff., *Fleischer*, NJW 2014, 2154 f.

167 *Schöler*, in: Harte-Bavendamm/Henning-Bodewig 2016, § 7 Rn. 24.

168 *Schmitt*, in: Roßnagel 2013, § 6 TMG, Rn. 39.

4. Verhältnis nationaler Regelungen zur Datenschutz-Grundverordnung und zum Entwurf einer ePrivacy-Verordnung

Während die Datenschutz-Grundverordnung aufgrund missverstandener Technikneutralität die spezifischen Risiken bestimmter Formen der Datenverarbeitung für die betroffenen Personen ignoriert (→ § 1 Rn. 42), regelt der Entwurf einer ePrivacy-Verordnung die spezifischen Risiken der Datenverarbeitung für Werbezwecke. Je nachdem, ob die Datenverarbeitung für Werbezwecke unter die Datenschutz-Grundverordnung oder unter die ePrivacy-Verordnung fällt, gehen die risikospezifischen Regelungen des deutschen Datenschutzrechts verloren oder werden im Unionsrecht in vergleichbarer Weise geregelt. 210

a) Neues Bundesdatenschutzgesetz

Die risikospezifischen Regelungen im Bundesdatenschutzgesetz a.F. über Verarbeitung oder Nutzung personenbezogener Daten für werbliche Zwecke und des Adresshandels werden durch das neue Bundesdatenschutzgesetz aufgehoben. 211

b) Telekommunikationsgesetz

Gemäß Art. 2 Abs. 1 ist der Entwurf einer ePrivacy-Verordnung auf die Verarbeitung elektronischer Kommunikationsdaten in Verbindung mit der Bereitstellung und Nutzung elektronischer Kommunikationsdienste anwendbar. Als lex specialis zur Datenschutz-Grundverordnung ist die ePrivacy-Verordnung vorrangig anzuwenden und entfaltet Anwendungsvorrang gegenüber den nationalen datenschutzrechtlichen Regelungen im Bereich der Telekommunikationsdienste, die mit ihr kollidieren (→ § 8 Rn. 44). 212

§ 95 Abs. 2 Satz 1 TKG setzt das Erfordernis einer Einwilligung, sofern Bestandsdaten unter anderem für Werbewecke verwendet werden, voraus. Der Anwendungsbereich der ePrivacy-VO erstreckt sich gemäß Art. 2 Abs. 1 auf elektronische Kommunikationsdaten, die nach Art. 4 Abs. 3 lit. a. **elektronische Kommunikationsinhalte und Kommunikationsmetadaten** sind. Letztere entsprechen den Verkehrsdaten und Standortdaten im Sinne des TKG. Die Verarbeitung von **Bestandsdaten** regelt die ePrivacy-Verordnung jedoch nicht (→ § 8 Rn. 82).[169] Auf nicht von der ePrivacy-Verordnung geregelten Fälle findet die Grundverordnung als Auffangregelung Anwendung. 213

Eine grundsätzliche Einwilligung schreibt die Grundverordnung nicht vor, wenn personenbezogene Daten zu Werbezwecken verarbeitet werden. Vielmehr lässt sie eine Interessenabwägung nach Art. 6 Abs. 1 UAbs. 1 lit f. DSGVO genügen. § 95 Abs. 2 Satz 1 TKG, der eine Einwilligung fordert, steht daher im Widerspruch zur Verordnung und wird von ihr verdrängt (→ § 8 Rn. 84). 214

c) Telemediengesetz

Eine Eingrenzung auf bereichsspezifische Datenschutzvorschriften, so wie sie in § 12 Abs. 1 und 2 TMG für Telemedien enthalten sind, sieht die Grundverordnung nicht vor. § 12 Abs. 1, 2 TMG unterliegt dem Anwendungsvorrang der Verordnung. § 12 Abs. 2 TMG, der für Verwendung personenbezogener Daten zu Werbezwecken Anwendung findet, wird durch Art. 6 Abs. 1 UAbs. 1 lit. f DSGVO verdrängt (→ § 8 Rn. 127). 215

Die Grundverordnung sieht weder für Zwecke der Marktforschung, einer bedarfsgerechten Gestaltung noch für Werbezwecke eine pseudonymisierte Datenverarbeitung vor. Diese Einschränkung widerspricht zum einen den Erlaubnistatbeständen in § Art. 6 Abs. 1 UAbs. 1 DSGVO und zum anderen dem Zweckbindungsprinzip in Art. 5 Abs. 1 lit. b und Art. 6 Abs. 4 DSGVO. Im Ergebnis ist § 15 Abs. 3 TMG nicht anwendbar und wird durch die Grundverordnung verdrängt (→ § 8 Rn. 153). Da § 12 Abs. 2 und § 15 216

169 Die Verarbeitung von Bestandsdaten ist auch in der RL 2002/58/EG nicht geregelt.

Abs. 3 TMG der Grundverordnung weichen müssen, ergibt sich im Ergebnis ein Anpassungsbedarf.

217 Der Anwendungsbereich der ePrivacy-Verordnung erstreckt sich unter anderem auch auf Werbung per E-Mail. Während Art. 16 Abs. 1 ePrivacy-VO-E die Zulässigkeit von Werbung als solche mittels elektronischer Kommunikationsdienste regelt, fordert § 6 Abs. 2 TMG die Kenntlichmachung des kommerziellen Hintergrunds von E-Mail-Werbung. Es besteht kein Konflikt zum Unionsrecht, da § 6 Abs. 2 TMG nicht zu einem Widerspruch zu den Vorgaben der ePrivacy-Verordnung führt, weil er sie nur ergänzt. § 6 Abs. 2 TMG schließt die Regelungslücke, ohne dass das Regelungsziel der ePrivacy-Verordnung verletzt wird.

d) Gesetz gegen den unlauteren Wettbewerb

218 **Direktwerbung über elektronische Kommunikationsdienste** an natürliche Personen darf nach Art. 16 Abs. 1 ePrivacy-VO-E **nur bei vorheriger Einwilligung** gerichtet werden. Diese Regelung entspricht weitgehend der nationalen Regelung in § 7 Abs. 2 Nr. 3 UWG. Allerdings unterscheidet Art. 16 Abs. 1 ePrivacy-VO-E nicht wie § 7 Abs. 2 Nr. 2 und 3 UWG zwischen den verschiedenen technischen Kommunikationsmitteln für Werbezwecke und formuliert technikneutraler, indem er der Begriff „elektronische Kommunikationsdienste" verwendet.[170] § 7 Abs. 2 Nr. 3 UWG nimmt eine abschließende Aufzählung vor und steht damit in Konflikt zu Art. 16 Abs. 1 ePrivacy-VO-E.

219 Ein weiterer Konflikt besteht dahingehend, dass Art. 16 Abs. 1 ePrivacy-VO-E eine **Konkretisierung des Adressatenkreises** vornimmt und eine Einwilligung nur dann vorschreibt, wenn es sich beim Endnutzer um eine natürliche Person handelt. § 7 Abs. 2 Nr. 2 und 3 UWG hingegen enthält eine weitergehende Regelung, indem in Nr. 2 ausdrücklich vom Verbraucher und anderen Marktteilnehmern, die iSd Art. 13 Abs. 5 RL 2002/58/EG auch juristische Personen sein können, die Rede ist.[171] § 7 Abs. 2 Nr. 3 UWG nimmt keine Differenzierung vor, wonach auszugehen ist, dass es sich bei den Adressaten sowohl um natürliche als auch um juristische Personen handelt. Art. 16 Abs. 1 ePrivacy-VO-E schränkt den Adressatenkreis im Vergleich zu § 7 Abs. 2 Nr. 2 und 3 UWG ein. Das Unionsrecht genießt damit Vorrang. Da § 7 Abs. 2 Nr. 4 UWG der Konkretisierung des § 7 Abs. 2 Nr. 2 und 3 UWG dient, wird auch diese Regelung der ePrivacy-Verordnung weichen müssen.

220 § 7 Abs. 2 Nr. 1 UWG, der **Brief- und Postwurfsendung** umfasst, wird weiterhin Anwendung finden, da der **Anwendungsbereich der ePrivacy-VO** sich **nur** auf Werbung **mittels elektronischer Kommunikationsdienste** erstreckt.

221 Die Regelung in Art. 16 Abs. 2 ePrivacy-VO-E (Ausnahme vom Erfordernis einer vorherigen Einwilligung bei Bestandkundenwerbung per E-Mail) entspricht zwar der geltenden Rechtslage nach § 7 Abs. 3 UWG, der eine Abweichung von § 7 Abs. 2 Nr. 3 UWG vorsieht. Da allerdings § 7 Abs. 2 Nr. 3 UWG bereits in Konflikt zu Art. 16 Abs. 1 ePrivacy-VO-E steht, wird im Ergebnis Art. 16 Abs. 2 ePrivacy-VO-E gegenüber nationaler Regelung vorrangig anzuwenden sein.

5. Zusammenfassung

222 Mit dem Inkrafttreten des neuen Bundesdatenschutzgesetzes werden die Regelungen zur Zulässigkeit der Verarbeitung oder Nutzung personenbezogener Daten zu Werbezwecken in § 28 Abs. 3 BDSG a.F. komplett wegfallen. Die Zulässigkeit von Werbung orientiert sich künftig – abgesehen von der Einwilligung – allein nach Art. 6 Abs. 1

170 So auch im Ergebnis Verbraucherzentrale Bundesverband e.V. 2017, 20.
171 So auch im Ergebnis *Schöler*, in: Harte-Bavendamm/Henning-Bodewig 2016, § 7 Rn. 263.

UAbs. 1 lit f. DSGVO, wonach eine Abwägung der betroffenen Interessen durchzuführen ist. Die Grundverordnung setzt damit den strengeren risikospezifischen Regelungen im Bundesdatenschutzgesetz a.F. ein Ende und führt ein „Opt-out" für die Verarbeitung personenbezogener Daten zu Werbezwecken ein.

Für die werbenden Unternehmen wird es „einfacher", personenbezogene Daten für Werbezwecke zu verarbeiten, da sie nur eine Interessenabwägung ihrer eigenen Interessen mit den Interessen der betroffenen Personen vornehmen müssen. Allerdings müssen die Verantwortlichen nachweisen, dass sie eine Interessenabwägung unter Berücksichtigung bestimmter Aspekte vorgenommen haben und diese zu ihren Gunsten ausgefallen ist. Für Unternehmen hat dies eine umfassende Dokumentationspflicht zur Folge (→ § 5 Rn. 92, 168 ff.), die durch den Rechenschaftsgrundsatz nach Art. 5 Abs. 2 DSGVO verstärkt wird (→ § 3 Rn. 83).[172] Die Grundverordnung lässt die entscheidenden Fragen der Abwägung offen. Bislang kann weder auf gefestigte Rechtsauffassungen noch auf Rechtsprechung zur Fragen der Zulässigkeit von Datenverarbeitung zu Werbezwecken im Rahmen einer Interessenabwägung zurückgegriffen werden. 223

Da der Entwurf für eine ePrivacy-Verordnung die Verarbeitung von Bestandsdaten nicht regelt, ist die Grundverordnung anzuwenden, von der § 95 Abs. 2 Satz 1 TKG verdrängt wird. §§ 12 Abs. 2 und 15 Abs. 3 TMG müssen ebenfalls der Grundverordnung weichen. Das Täuschungsverbot nach § 6 Abs. 2 TMG bleibt weiterhin anwendbar. 224

Die lauterkeitsrechtliche Zulässigkeit des Empfangs von Werbung über Telefon, Telefax und E-Mail richtet sich weiterhin nach § 7 Abs. 2 Nr. 2 und 3 sowie Abs. 3 UWG. Hieran ändert zunächst auch die Grundverordnung nichts, da diese Vorschriften auf den Bestimmungen der RL 2002/58/EG beruhen, die ausweislich Art. 95 DSGVO vorrangig anzuwenden ist. Mit dem Inkrafttreten der ePrivacy-Verordnung, die die RL 2002/58/EG ersetzen soll, würde die Regelung des § 7 Abs. 2 Nr. 2 und 3 sowie Abs. 3 UWG dieser allerdings weichen müssen. 225

Abgesehen von der mit der Interessenabwägung zusammenhängenden Dokumentationspflicht können sich für die Verantwortlichen Werbeerleichterungen lediglich bei der postalischen Werbung ergeben, da Art. 6 Abs. 1 UAbs. 1 lit. f DSGVO für Direktwerbung keine Einwilligung vorschreibt. Für Werbung mittels elektronischer Kommunikationskanäle hält die ePrivacy-Verordnung am Einwilligungserfordernis (Opt-in) – mit Ausnahme bei der Bestandwerbung per E-Mail – fest und wird die jetzige lauterkeitsrechtliche Zulässigkeit von Werbung nur geringfügig verändern, sofern sich die Inhalte des Entwurfs durchsetzen werden. 226

V. Auskunfteien, Bonitätsauskünfte, Scoring

Auskunfteien stellen Bonitätsauskünfte meist auf Grundlage von Kreditscoring zB im Vorfeld des Eingehens von Kreditverträgen auf Anfrage zu Verfügung. Bonitätsauskünfte sind bei Kreditverträgen für den Kreditgeber regelmäßig notwendig, um das Ausfallrisiko eines Kreditnehmers erkennen zu können. Insbesondere auch bei der Onlinevergabe von Krediten werden diese Dienstleistungen in Anspruch genommen. Die Unternehmen, die Bonitätsauskünfte anbieten sind meist Auskunfteien, die Daten zu diesem Zwecke sammeln. 227

Der Begriff der **Auskunftei**[173] bezeichnet daher ein Unternehmen, das unabhängig vom Vorliegen einer konkreten Anfrage geschäftsmäßig bonitätsrelevante Daten über Unter- 228

172 So im Ergebnis auch *Drewes*, CR 2016, 729; *Ertel* 2017, Die Datenschutz-Grundverordnung-Werbung v. 18.4.2016, https://www.datenschutz-notizen.de/datenschutz-grundverordnung-werbung-3914480/.

173 Auskunftei ist ein Kofferwort, das im Jahr 1888 im Auftrag des Auskunftsbürobetreibers Wilhelm Schimmelpfeng durch einen Germanisten aus den Worten „Auskunft" und „Kauffahrtei" gebildet wurde und

nehmen oder Privatpersonen sammelt, um sie bei Bedarf seinen Geschäftspartnern für die Beurteilung der Kreditwürdigkeit der Betroffenen gegen Entgelt zugänglich zu machen.[174] Von Auskunfteien werden als Ergänzung zu den Einzelangaben auch sogenannte Scorewerte gebildet und weitergegeben.[175]

229 **Scoring** ist ein mathematisch-statistisches Verfahren, mit dem die Wahrscheinlichkeit, mit der eine bestimmte Person ein bestimmtes Verhalten zeigen wird, berechnet werden kann. Diese Wahrscheinlichkeit wird durch den so genannten Scorewert angegeben. Vorwiegend werden Scoringverfahren zur Berechnung der Wahrscheinlichkeit des Zahlungsverhaltens und damit zur Ermittlung der Kreditwürdigkeit (Bonität) einer Person genutzt.[176]

230 Grundlegend zu unterscheiden sind dabei zwei **Arten der Kreditvergabe**. Zum einen handelt es sich um die klassische Art, etwa durch ein Kreditinstitut, zu dem sich der Kreditnehmer physisch begibt, um die Bedingungen für den Kredit mit einem Mitarbeiter des Instituts vis-à-vis auszuhandeln. Hier trifft ein Mensch die Entscheidung zur Vergabe des Kredits. Zum anderen handelt es sich um die Onlinekreditvergabe, etwa um ein Onlineprodukt kaufen zu können (zB auch in Form sogenannter Bezahldienste etwa Klarna oder Paypal), bei der binnen Sekunden eine Entscheidung über die Kreditvergabe automatisiert getroffen wird. Grundlage für die Entscheidung ist der Scorewert, ohne eine inhaltliche Entscheidungsfindung durch einen Menschen.

231 Typischerweise läuft die **Anfrage an eine Auskunftei** zur Bonitätsauskunft dabei wie folgt ab: Der zukünftige Vertragspartner (V1) der betroffenen Person (B) sendet verschiedene Daten, die er etwa im Rahmen eines Bestellvorgangs von B in ein von ihm vorgegebenes Formular eingeben lässt, an eine Auskunftei (A). Es handelt sich hierbei regelmäßig um Vor- und Zuname, Geburtsdatum sowie Anschrift und damit um personenbezogene Daten von B, die erhoben und anschließend übermittelt werden. In einem zweiten Schritt erteilt A die Bonitätsauskunft, allerdings regelmäßig nicht ausschließlich aufgrund der Daten des Formulars von V1, sondern weiteren, die an anderer Stelle erhoben wurden und bei A vorliegen. A übermittelt sodann einen errechneten **Scorewert** des B an den V1.[177] Ferner werden aus dem Kreditverhältnis Daten über das Tilgungsverhalten des B durch V1 an A ein- oder nachgemeldet. Auf diese Weise wächst der Datenbestand bei A. Schließt B zu einem späteren Zeitpunkt etwa einen Vertrag mit einem neuen Vertragspartner (V2), erhält V2 in einem bei A angefragten Scorewert ebenfalls Informationen etwa über das Tilgungsverhalten des B im Vertragsverhältnis zu V1. Möglicherweise sammelt oder kauft A daneben weitere personenbezogene Daten des B an. Mit jedem Vertragsverhältnis, das B abschließt, und mit jeder Anfrage weiterer Vertragspartner bei A wächst dessen Datenbestand. Stets ist zu bedenken, dass die **Datenhebung** und **Übermittlung** von personenbezogenen Daten des B durch V1, V2, Vx sowie der Umgang mit diesen Daten mit Bezug zu B durch A eines eigenen Erlaubnistatbestands bedürfen.

1. Auskunfteien, Bonitätsauskünfte und Scoring in der Datenschutz-Grundverordnung

232 Anders als das bisherige Bundesdatenschutzgesetz enthält die Datenschutz-Grundverordnung keine risikospezifische Vorschrift zur Regelung der Datenverarbeitung durch

---

sollte eigentlich als Bezeichnung für das Unternehmen Schimmelpfeng monopolisiert werden, was aber misslang, s., *Ehmann*, in: Simitis 2014, § 29 Rn. 81.

174 BT-Drs. 16/10529, 9.

175 *Duhr*, in: Roßnagel 2003, 1172 Rn. 48.

176 BT-Drs. 16/10529, 9.

177 Beispiel in Anlehnung an: *Born*, ZD 2015, 67.

Auskunfteien.[178] Auch Regelungen zu Bonitätsauskünften oder dem Scoring sind nicht vorgesehen, wenngleich das Scoring (und infolgedessen auch die **Bonitätsauskunft**, die regelmäßig einen Scorewert im Hinblick auf die Kreditwürdigkeit umfasst) durch das in der Verordnung benannte **Profiling**[179] erfasst wird. Hinweise finden sich bezüglich des Profiling nur in Art. 22 Abs. 1 DSGVO, demzufolge ein abstraktes **Verbot automatisierter Einzelentscheidung** – nebst Profiling – besteht. Abs. 2 enthält dann als Erlaubnistatbestand aber umfangreiche Ausnahmeregelungen, die ein Scoring ermöglichen.

a) Erlaubnistatbestand für Verarbeitungen durch Auskunfteien bei vertraglicher Grundlage

Für die Datenverarbeitung durch Auskunfteien gelten nach der Verordnung – nicht nur für das durch das Profiling umfasste Scoring[180] – ganz allgemein und grundsätzlich die Grundsätze aus Art. 5 DSGVO (→ § 3 Rn. 39 ff.) sowie der Umstand, dass die Rechtmäßigkeit einer Datenverarbeitung von einem **Erlaubnistatbestand** abhängt. Art. 6 DSGVO sieht in Abs. 1 UAbs. 1 lit. f als Auffangklausel einen solchen Erlaubnistatbestand für den Fall vor, dass die Verarbeitung zur Wahrung der berechtigten Interessen des Verantwortlichen oder eines Dritten erforderlich ist (→ § 3 Rn. 99). Vorausgesetzt wird dabei eine Interessenabwägung mit den Interessen und Grundrechten der betroffenen Person zum Schutz ihrer personenbezogenen Daten (insbesondere dann, wenn es sich um ein Kind handelt). 233

Zur Inanspruchnahme des Erlaubnistatbestands müsste ein **berechtigtes Interesse** des Verantwortlichen, also etwa einer Auskunftei selbst, zur Verarbeitung personenbezogener Daten der betroffenen Person gegeben sein. Erwägungsgrund 47 der Verordnung sieht für die Begründung eines berechtigten Interesses als Bezugspunkt auch diejenige Person eines Verantwortlichen vor, dem die personenbezogenen Daten offengelegt werden dürfen. Es handelt sich dort also um zwei Typen der Verantwortlichen: zum einen derjenige, zu dem etwa eine geschäftliche Beziehung besteht, sowie zum anderen derjenige, dem diese Daten offengelegt werden dürfen. Dieser wird auch im Fall einer Online-Kreditvergabe oder einer Online-Bestellung (wenn sie auf Rechnung erfolgt oder ihrerseits eine Finanzierungshilfe vorsieht)[181] regelmäßig die Auskunftei sein, wenn die Vergabe oder der Versand einer Bestellung in zulässiger Weise von der Weitergabe der personenbezogenen Daten an eine Auskunftei nebst positiver Bonitätsbeauskunftung geknüpft[182] worden ist. Hierbei dürfen die Grundrechte und -freiheiten der betroffenen Person nicht überwiegen, wobei deren vernünftige Erwartungen in Bezug auf ihre Beziehung zum Verantwortlichen zu berücksichtigen sind. 234

Ein berechtigtes Interesse des Verantwortlichen zur Erhebung und Übermittlung der Kundendaten an eine **Auskunftei**[183] wird bei einer Vertragsanbahnung zu einer Kreditvergabe, einem Fernabsatzgeschäft oder dem Abschluss eines Mietvertrags auf unbestimmte Zeit regelmäßig anzunehmen sein, kennen sich doch die Vertragspartner untereinander nicht und kann insofern nicht ein Vertrauensvorschuss im Hinblick auf die Kreditwürdigkeit gegeben werden. Das berechtigte Interesse liegt in diesem Fall darin, 235

---

178 *Roßnagel*, in: Roßnagel 2017, § 1 Rn. 11; *Moos/Rothkegel*, ZD 2016, 567.

179 ZB in Art. 4 Nr. 4 und Art. 22 DSGVO.

180 *Moos/Rothkegel*, ZD 2016, 568.

181 Bei anderen Zahlarten, etwa Zahlung per Nachnahme, Kreditkarte, SEPA-Lastschrift, PayPal mit Verkäuferschutz fehlt es an einem berechtigten Interesse wegen Zahlungsausfallrisikos, wenn die Lieferung erst nach Zahlung erfolgt, s. *Born*, ZD 2015, 68.

182 Es wird nicht zu erwarten stehen, dass etwa die im Rahmen der Verbraucherkredit-Richtlinie 2008/48/EG (ABl. (EU) L 133, 66) ergangenen Bonitätsprüfungspflichten im Falle einer Kreditvergabe nebst Einwilligungserfordernis in die Weitergabe der Daten dem Koppelungsverbot in Art. 7 Abs. 4 DSGVO unterfallen. Sie sind als gesetzliche Verpflichtung zur Erfüllung des Vertrags stets „erforderlich".

183 Die Auskunftei ist dann in diesem Fall der Verantwortliche, dem die personenbezogenen Daten offengelegt werden dürfen.

tatsächlich bestehenden Zahlungsausfallrisiken vorzubeugen. Das wird ein „vernünftiger“, mithin ein verständiger Kreditnehmer, Kunde oder Mieter aus objektiver Warte so erwarten müssen. Ein Überwiegen seiner Interessen, Grundrechte und -freiheiten wird regelmäßig in den genannten Beispielen nicht gegeben sein. Das gilt auch für das Einmelden von Daten zur Rückführung des Kredits. Der Kreditnehmer als betroffene Person wird vernünftiger Weise damit rechnen müssen, dass sich sein Rückzahlungsverhalten auf künftige Bonitätsprognosen auswirken kann und entsprechende Informationen durch den Kreditgeber an die Auskunftei übermittelt werden. Damit streitet Art. 6 Abs. 1 UAbs. 1 lit. f DSGVO auch in diesen Fällen für die Weitergabe der Daten durch den Kreditgeber an die Auskunftei. Die Auskunftei wird sich ihrerseits zur Verarbeitung der ihr übermittelten Daten regelmäßig auf das berechtigte Interesse eines Dritten gemäß Art. 6 Abs. 1 UAbs. 1 lit. f DSGVO als Erlaubnistatbestand berufen können.

236 Eine **Übermittlung** der personenbezogenen Daten durch einen möglichen Kreditgeber oder Warenanbieter an die Auskunftei könnte bei Vorliegen der Voraussetzungen dann neben Art. 6 Abs. 1 UAbs. 1 lit. f DSGVO bereits auf den Erlaubnistatbestand der lit. a (aufgrund einer Einwilligung der betroffenen Person) oder lit. c (aufgrund rechtlicher Verpflichtung, der der Verantwortliche unterliegt)[184] gestützt werden. Gestützt werden kann sie auch auf lit. b zur Erfüllung eines Vertrags oder Durchführung von vorvertraglichen Maßnahmen.

237 Die Verarbeitung der übermittelten Daten im Rahmen der **Erstmeldung** durch eine Auskunftei und die weitere Verarbeitung in der Auskunftei kann auf Art. 6 Abs. 1 UAbs. 1 lit. f DSGVO gestützt werden. Denn regelmäßig ist die Verarbeitung aus Sicht der Auskunftei als Verantwortlichem zur Wahrung der berechtigten Interessen des Kreditgebers erforderlich. Dies gilt auch für die Übermittlung der Scorewerte und die laufende Annahme und Verarbeitung nach **Einmeldung** im laufenden Vertragsverhältnis mit dem Kreditgeber.

238 Erfolgt eine Kreditvergabe ausschließlich automatisiert und online, ist die Übermittlung der Scorewerte zur automatisierten Entscheidung trotz des grundsätzlichen Verbots automatisierter Entscheidungen zulässig, wenn sie gemäß Art. 22 Abs. 2 lit. a DSGVO für den Abschluss eines Vertrags oder dessen Erfüllung erforderlich ist oder gemäß lit. c eine Einwilligung hierzu vorliegt.

239 Im Hinblick auf die automatisierte Entscheidungsfindung ist der Weg für eine Interessenabwägung iSd Art. 6 Abs. 1 UAbs. 1 lit. f DSGVO wegen der abschließend benannten Erlaubnistatbestände in Art. 22 Abs. 2 DSGVO versperrt. Dies betrifft aber nur den Kreditgeber, nicht die Auskunftei, weil diese keine Entscheidung trifft, sondern nur Grundlagen für eine Entscheidung des Kreditgebers liefert.

240 Im Fall der Einwilligung – die typischerweise auch bei Verträgen verlangt wird, zu deren Abschluss oder Durchführung die Verarbeitung personenbezogener Daten nicht erforderlich ist – wird auf die **Weitergabe der Daten** an eine Auskunftei sowie die Freiwilligkeit der Einwilligung hierzu ausdrücklich, gesondert und prominent hinzuweisen sein, da andernfalls die Freiwilligkeit der Einwilligungserteilung gemäß Art. 7 Abs. 4 DSGVO in Frage steht. Der typische Fall des Kreditscorings ist dank der gesetzlichen Verpflichtungen zur Bonitätsüberprüfung vor Verbraucherdarlehensvergabe stets erforderliche Vorfeldmaßnahme für den Abschluss eines hiermit in Verbindung stehenden Kreditvertrags. Im Endeffekt wirkt Art. 22 Abs. 2 DSGVO unmittelbar nur für den Verantwortlichen Kreditgeber im Verhältnis zum Kreditnehmer.

---

184 Dies wird bei Verbraucherkreditverträgen die Regel sein, weil die Datenbankabfrage hinsichtlich der Kreditwürdigkeit eines Verbrauchers durch Art. 8 der Verbraucherkreditrichtlinie 2008/48/EG (ABl. EU L 133, 66) und §§ 505 a, 505 b BGB in den dort benannten Fällen explizit vorgeschrieben ist.

b) Zulässigkeit der Scorewertermittlung

Als Teil eines **Profiling** wird die Ermittlung eines Scorewerts von Art. 22 Abs. 2 DSGVO erfasst. Unter welchen besonderen Voraussetzungen jedoch ein Profil und damit auch ein Scorewert außerhalb einer ausschließlich auf automatisierter Verarbeitung beruhenden Entscheidung gebildet und weiterverarbeitet werden darf, regelt die Verordnung nicht. Vielmehr unterwirft sie die inhaltlichen Anforderungen an den Verarbeitungsprozess aufgrund des Fehlens einer spezifischen Regelung grundsätzlich den allgemeinen Rechtfertigungsregeln, insbesondere Art. 6 Abs. 1 UAbs. 1 lit. f DSGVO. 241

Inwiefern personenbezogene Daten ohne konkreten Anlass etwa an **Auskunfteien übermittelt** werden dürfen, wird durch Erwägungsgrund 47 DSGVO ebenfalls aufgezeigt. Er fordert für das Bestehen eines berechtigten Interesses für die Datenverarbeitung eine besonders sorgfältige Abwägung. Besteht etwa kein Sachverhalt, in dem die betroffene Person mit einer **weiteren Verarbeitung** ihrer Daten vernünftigerweise rechnen müsste, überwiegen in der Regel ihre Interessen.[185] In diesen Fällen ist die Weitergabe der erhobenen personenbezogenen Daten an eine Auskunftei verboten. 242

c) Zweckbindung

Begrenzt wird die Tätigkeit der Auskunfteien auch durch den Grundsatz der Zweckbindung. Grundsätzlich ist für die Verarbeitung der personenbezogenen Daten zu einem anderen Zweck eine eigene Rechtsgrundlage erforderlich. Zulässig ist die Weiterverarbeitung ohne gesonderte Rechtsgrundlage jedoch dann, wenn die Verarbeitung mit dem Erhebungszweck vereinbar ist. Dies ergibt sich unmittelbar aus dem Grundsatz des Art. 5 Abs. 1 lit. b DSGVO der von Erwägungsgrund 50 gestützt wird (→ § 3 Rn. 60 ff.). Aufschluss darüber, ob die personenbezogenen Daten durch die Auskunftei zu einem – mit dem ursprünglichen Zweck vereinbaren – anderen Zweck weiterverarbeitet werden dürfen, gibt der Kompatibilitätstest nach Art. 6 Abs. 4 DSGVO (→ § 3 Rn. 100, 124). 243

d) Weitere Regelungen in der Verordnung

Die Verordnung knüpft an ein Profiling und damit auch an ein Scoring erweiterte proaktive **Informationspflichten** des Verantwortlichen, wenn diese zu einer automatisierten Entscheidungsfindung führen. Nach Art. 13 Abs. 2 lit. f und Art. 14 Abs. 2 lit. g DSGVO hat er aussagekräftige Informationen über die involvierte Logik sowie die Tragweite und die angestrebten Auswirkungen einer derartigen Verarbeitung für die betroffene Person zur Verfügung zu stellen. 244

Erweiterte **Auskunftsrechte** der betroffenen Person sind gemäß Art. 15 Abs. 1 lit. h DSGVO bei automatisierter Entscheidungsfindung nebst Profiling ebenfalls vorgesehen. Auf Nachfrage sind der betroffenen Person die vorstehend genannten Informationen reaktiv zu erteilen. 245

Ferner gilt ein **Widerspruchsrecht** gegen die Datenverarbeitung bei automatisierter Entscheidungsfindung nebst Profiling nach Art. 21 Abs. 1 Satz 1 DSGVO. Bei Widerspruch verarbeitet der Verantwortliche die personenbezogenen Daten nicht mehr, es sei denn, er kann zwingende schutzwürdige Gründe für die Verarbeitung nachweisen, die die Interessen, Rechte und Freiheiten der betroffenen Person überwiegen. 246

Zudem hat der Verantwortliche, der Profile oder Scorewerte erstellen will, zwingend dann eine **Datenschutz-Folgenabschätzung** (→ § 5 Rn. 160 ff.) nach Art. 35 Abs. 3 lit. a DSGVO durchzuführen, wenn es sich dabei um die systematische und umfassende Bewertung persönlicher Aspekte natürlicher Personen handelt, wenn diese als Grundlage für Entscheidungen dienen, die Rechtswirkung gegenüber natürlichen Personen entfal- 247

185 Ebenso *Buchner/Petri*, in: Kühling/Buchner 2017, Art. 6 Rn. 153.

ten oder diese in ähnlich erheblicher Weise beeinträchtigen. Entscheidungen, die Beeinträchtigungen in ähnlich erheblicher Weise entfalten sind der Regelfall des Kreditscorings, wird dabei doch der automatisiert generierte Scorewert zur Grundlage über die Entscheidung einer Kreditvergabe gemacht.

2. Regelungen in Deutschland

a) Regelungen des bisherigen Bundesdatenschutzgesetzes

248 Der Umgang mit personenbezogenen Daten zwischen Kreditinstituten und Auskunfteien erfolgte bis zur Datenschutznovelle I[186] auf der Grundlage der Generalklauseln der §§ 28[187] und 29[188] BDSG a.F. oder einer Einwilligung der Betroffenen. Risiken durch Scoring-Verfahren für die Kreditwürdigkeit der Betroffenen waren nicht gesetzlich adressiert, die Zulässigkeit derartiger Verfahren wurde daher unterschiedlich beurteilt.[189] Der hiermit einhergehenden Rechtsunsicherheit versuchte die Novelle 2009 zu begegnen, indem sie ua Informations- und Auskunftsrechte für die Betroffenen regelte, gesetzliche Erlaubnisse zur Datenkommunikation mit Auskunfteien präzisierte und die Durchführung von Scoringverfahren gestaltete.[190] Seither finden sich im Bundesdatenschutzgesetz a.F. die Regelungen zu § 28 a, der die Zulässigkeitsvoraussetzungen für eine Übermittlung von personenbezogenen Daten an Auskunfteien regelt, sowie § 28 b, der die Voraussetzungen der Zulässigkeit der Erhebung und Verwendung eines Scoring zum Zweck der Entscheidung über die Begründung, Durchführung oder Beendigung eines Vertragsverhältnisses[191] regelt.

249 Die Regelungen der §§ 28 a und 28 b BDSG a.F. sowie die geänderten Regelungen in § 29 BDSG a.F. legen Zulässigkeitsvoraussetzungen für bestimmte Datenverarbeitungen fest und konkretisieren damit den von den Art. 5 und 7 DSRL vorgegebenen Rahmen. Nach Art. 7 DSRL sehen sie vor, dass die Verarbeitung personenbezogener Daten lediglich erfolgen darf, wenn einer der Tatbestände des Art. 7, insbesondere eine positive Interessenabwägung nach Art. 7 lit. f DSRL, erfüllt ist. § 28 a BDSG a.F. legt Voraussetzungen fest, unter denen nichtöffentliche Stellen bestimmte Daten an Auskunfteien übermitteln dürfen.[192]

250 Hinsichtlich der übermittelten Daten enthält § 29 Abs. 1 BDSG a.F. eine entsprechende Speichererlaubnis für Auskunfteien. § 28 b BDSG a.F. bestimmt einheitliche Anforderungen für bestimmte Datenverwendungen im Zusammenhang mit der Durchführung von internen und externen Scoringverfahren.[193] Die Regelungen konkretisieren insgesamt damit den von Art. 7 lit. f der Richtlinie vorgegebenen Abwägungsrahmen zwischen den berechtigten Interessen der verantwortlichen Stelle oder eines Dritten und den schutzwürdigen Interessen des Betroffenen.[194]

251 Nach dem Bundesdatenschutzgesetz a.F. sind neben den zuvor genannten Vorschriften zudem das Verbot der automatisierten Einzelentscheidung gemäß § 6 a BDSG a.F. sowie Informationspflichten nach § 33 BDSG a.F., die Auskunftsrechte nach § 34 BDSG a.F. und die **Berichtigung, Löschung und Sperrung von Daten** iSv § 35 BDSG a.F. unmittel-

186 BT-Drs. 16/10529; s. zur Novelle *Roßnagel*, NJW 2009, 2716.
187 Als Rechtsgrundlage für ein rein internes Scoring, etwa zu Beschäftigtenbewertung, durch das Unternehmen selbst.
188 Als Rechtsgrundlage eines externen Scorings durch eine Auskunftei.
189 BT-Drs. 16/10529, 1.
190 S. hierzu *Roßnagel*, NJW 2009, 2716.
191 Werbescoring wird nicht unter § 28 b BDSG a.F. erfasst, da es nicht im Rahmen eines Vertragsverhältnisses erfolgt; s. *von Lewinski*, in: Wolff/Brink 2017, § 28 b BDSG, Rn. 18.
192 BT-Drs. 16/10529, 11.
193 *Taeger*, ZRP 2016, 74.
194 BT-Drs. 16/10529, 11.

bar für die Verarbeitung durch Auskunfteien und das Scoring zu beachten. So besteht nach § 6 a Abs. 1 BDSG a.F. grundsätzlich ein **Verbot automatisierter Einzelentscheidung,** die für den Betroffenen eine rechtliche Folge nach sich ziehen oder ihn erheblich beeinträchtigen. Ausnahmen von diesem Verbot regelt Abs. 2. Soll etwa für die Entscheidung durch einen Menschen oder für eine nach Abs. 2 zulässige automatisierte Entscheidung über die Begründung, Durchführung oder Beendigung eines konkreten Vertragsverhältnisses mit dem Betroffenen ein Scorewert verwendet werden, ist dies nur unter den Voraussetzungen des § 28 b BDSG a.F. zulässig.[195] Mit den Regelungen des Abs. 1 und 2 sind die Vorgaben des Art. 15 DSRL – eng an dessen Wortlaut angelehnt – in nationales Recht umgesetzt worden.[196]

b) Neue Regelung in Bundesdatenschutzgesetz

Das neue Bundesdatenschutzgesetz enthält im Wesentlichen an drei Stellen Regelungen 252
zu Auskunfteien, Bonitätsauskünften oder Scoring. Diese orientieren sich inhaltlich an denjenigen Vorschriften, die bereits im bisherigen Bundesdatenschutzgesetz stehen. Dennoch sind die bisherigen Regelungen zu Auskunfteien, Bonitätsauskünften und Scoring nicht vollständig im künftigen Bundesdatenschutzgesetz wiederzufinden.

So sieht § 30 BDSG eine Regelung zu Verbraucherkrediten vor, die inhaltlich in Abs. 1 253
und Abs. 2 die Regelungen aus §§ 29 Abs. 6 und 7 BDSG a.F. nachbildet. Diese Absätze setzen Art. 9 der **Verbraucherkreditrichtlinie** 2008/48/EG[197] um.[198] § 30 Abs. 1 BDSG beinhaltet die Forderung an die Auskunfteien, Auskunftsverlangen von Darlehensgebern aus anderen Mitgliedstaaten gleichberechtigt zu denen inländischer Darlehensgeber zu behandeln. In Abs. 2 wird die bekannte Forderung an Darlehensgeber erhoben, bei Ablehnung des Verbraucherkredits oder einer entgeltlichen Finanzierungshilfe dem Verbraucher gegenüber dies selbst sowie den Umstand mitzuteilen, dass er sich der Auskunft einer Auskunftei bedient hat. § 30 BDSG ist als Ausfluss der Verbraucherkreditrichtlinie lex specialis zur Verordnung.

Im Übrigen enthält § 30 BDSG keine dem § 29 BDSG a.F. entsprechende Regelung, so 254
dass als Rechtsgrundlage für die geschäftsmäßige Verarbeitung personenbezogener Daten durch Auskunfteien die allgemeinen Vorschriften der Verordnung Anwendung finden.

§ 31 BDSG gilt dem Schutz des Wirtschaftsverkehrs bei Scoring und Bonitätsauskünf- 255
ten. Ob § 31 BDSG dabei auf die Öffnungsklausel in Art. 22 Abs. 2 lit. b DSGVO gestützt werden konnte, ist umstritten.[199] Ursprünglich hatte das federführende Bundesministerium des Inneren (BMI) die §§ 28 a (Datenübermittlung an Auskunfteien) und 28 b (Scoring) BDSG a.F. in ihren wesentlichen Regelungen in §§ 38 und 39 ABDSG-E übernommen. Gestützt wurde dies auf die Zusammenschau der Art. 6 Abs. 4 und Art. 23 Abs. 1 DSGVO. Aus der Rechtsprechung des Bundesgerichtshofs[200] ergebe sich, dass die Erteilung von Bonitätsauskünften für das Funktionieren der Wirtschaft von erheblicher Bedeutung sei.[201] Hierzu erfolgten Stellungnahmen (ua des Bundesministerium der Justiz und Verbraucherschutz) die zwar die Aufrechterhaltung der Regelungen der §§ 28 a und 28 b BDSG a.F. begrüßten, jedoch eine Öffnungsklausel in

195 *Roßnagel*, NJW 2009, 2719.
196 BT-Drs. 14/4329, 38.
197 Richtlinie 2008/48/EG über Verbraucherkreditverträge und zur Aufhebung der Richtlinie 87/102/EWG des Rates; ABl. EU L 133/66.
198 BT-Drs. 18/11325, 101.
199 Überblick hierzu mwN *Taeger*, RDV 2017, 5 ff.
200 BGH, NJW 2011, 2204 (2206).
201 Referentenentwurf vom 5.8.2016, 72.

Art. 23 Abs. 1 DSGVO verneinten, da die Tätigkeit von Auskunfteien nicht im öffentlichen Interesse liege.[202]

256 Der Regierungsentwurf überführte daraufhin Teile der bisherigen §§ 28 a und 28 b BDSG a.F. in § 31 BDSG, enthielt sich aber jedes Hinweises auf eine **Öffnungsklausel.** Soweit aber automatisierte Entscheidungen betroffen sind, besteht zumindest in Art. 22 Abs. 2 lit. b DSGVO eine Öffnungsklausel, auf die die Aufrechterhaltung des § 28 b BDSG a.F. gestützt werden kann. Da das Scoring integraler Bestandteil des in Abs. 1 genannten Profiling ist, würde es überraschen, wenn nicht zumindest das Scoring im Rahmen automatisierter Entscheidungsfindung durch den nationalen Gesetzgeber geregelt werden dürfte. Das hohe Datenschutzniveau des bisherigen § 28 b BDSG a.F. kann dann in diesem – wesentlich engeren – Kontext automatisierter Entscheidungsfindung aufrechterhalten werden.[203]

257 § 31 BDSG erhält den materiellen Schutzstandard der §§ 28 a und 28 b BDSG a.F.[204] Abs. 1 enthält den materiellen Stand des § 28 b BDSG a.F. in Nr. 1, 3 und 4. Nr. 2 ist nicht mehr enthalten, da sie inhaltlich das Vorhandensein der Vorschriften der §§ 28 und 29 BDSG a.F. voraussetzt. § 31 Abs. 1 BDSG übernimmt damit die in § 28 b BDSG a.F. festgelegten Voraussetzungen für ein datenschutzkonformes Scoring[205] und konkretisiert im Hinblick auf Abs. 2, welche Voraussetzungen ein von einer Auskunftei ermittelter Scorewert im Hinblick auf sogenannte Negativ-Merkmale[206] erfüllen muss, damit er im Wirtschaftsverkehr erhoben und verwendet werden darf.[207] In Bezug auf § 31 Abs. 1 BDSG lassen sich daher die bisherigen Wertungen zu § 28 b Nr. 1, 3 und 4 BDSG a.F. entsprechend nutzbar machen. Die Einhaltung von Abs. 1 ist insgesamt allgemeine **Zulässigkeitsvoraussetzung für die Verwendung von Scorewerten** im Wirtschaftsverkehr zum Zweck der Entscheidung über die Begründung, Durchführung oder Beendigung eines Vertragsverhältnisses mit einer betroffenen Person. Abs. 1 stellt dem Wortlaut nach insofern auch keine Rechtsgrundlage für die Erstellung von Scorewerten abseits (vor-)vertraglicher Beziehungen mit der betroffenen Person dar.

258 § 31 Abs. 2 Satz 1 BDSG regelt dagegen spezieller die Zulässigkeitsvoraussetzungen der Verwendung von Bonitätsauskünften von Auskunfteien zu einer natürlichen Person, die mit Informationen über Forderungen gegen diese angereichert sind (Negativ-Merkmale). Materiell wird dazu auf die Kriterien des § 28 a Abs. 1 BDSG a.F. zurückgegriffen, wenngleich § 28 a Abs. 1 BDSG a.F. eine andere Zielrichtung hat. So regelt dieser die Zulässigkeitsvoraussetzungen zur Übermittlung von personenbezogenen Daten über eine Forderung an eine Auskunftei. § 31 Abs. 2 BDSG dagegen stellt lediglich auf deren Verwendung ab. Die logischerweise vor der Verwendung erfolgte Übermittlung der Daten ist nach den allgemeinen Regelungen der Verordnung zu beurteilen, etwa nach Art. 6 Abs. 1 UAbs. 1 lit. f DSGVO. Voraussetzung zur Verwendung der Bonitätsauskunft nebst Forderungsinformationen ist, dass einerseits die allgemeinen Zulässigkeitsvoraussetzungen zur Nutzung von Scorewerten im Wirtschaftsverkehr gemäß § 31 Abs. 1 BDSG erfüllt sind und andererseits die Voraussetzungen seines Abs. 2 Nr. 1 bis 5 vorliegen. Diese beinhalten in den fünf Nummern den materiellen Stand der Regelungen von § 28 a Abs. 1 Nr. 1 bis 5 BDSG a.F., wobei in § 31 Abs. 2 Nr. 5 BDSG nicht auf die „verantwortliche Stelle“ abgestellt wird, sondern auf den Gläubiger, der den Schuldner

202 *Taeger*, RDV 2017, 7,8.
203 AA *Taeger*, RDV 2017, 7.
204 BT-Drs. 18/11325, 101.
205 *Taeger*, RDV 2017, 4.
206 Negativmerkmale sind Daten, die Aussagen über die fehlende Zahlungsfähigkeit oder -willigkeit eines Betroffenen enthalten; s. mwN *Polenz*, in: Tamm/Tonner 2016, Kapitel 2, § 4, C. Verbraucherschützende Regelungsvorgaben im Datenschutzrecht, Rn. 84-90.
207 BT-Drs. 18/11325, 100.

zuvor über eine mögliche Berücksichtigung der fristlosen Kündigung wegen Zahlungsrückstands durch eine Auskunftei unterrichtet hat. Grundsätzlich können die bisherigen materiellen Wertungen in diesen Bereichen auch zukünftig verwendet werden.

§ 31 Abs. 2 Satz 2 BDSG enthält eine Klarstellung dahingehend, dass die Zulässigkeit der Verarbeitung von personenbezogenen Daten, einschließlich der Ermittlung von Wahrscheinlichkeitswerten von anderen bonitätsrelevanten Daten nach allgemeinem Datenschutzurecht unberührt bleibt. Bei derartigen „anderen bonitätsrelevanten Daten" handelt es sich etwa um solche, die über die Begründung, vertragsgemäße Durchführung und Beendigung eines Vertragsverhältnisses eines Geschäfts mit finanziellem Ausfallrisiko (sog. Positivmerkmale) Auskunft geben.[208] 259

Zudem enthält § 37 BDSG eine Regelung zur **automatisierten Entscheidung** im Einzelfall einschließlich Profiling. Diese bezieht sich jedoch ausschließlich auf Versicherungsverträge. Ausgestaltet ist die Vorschrift als Ausnahme zum generellen Verbot automatisierter Einzelentscheidungen nach Art. 22 Abs. 1 DSGVO. Mit der Regelung soll den spezifischen Belangen der Versicherungswirtschaft und der Versicherungsnehmer im Hinblick auf eine effiziente Bearbeitung von Versicherungsleistungen Rechnung getragen werden.[209] 260

Nicht umfasst werden durch das neue Bundesdatenschutzgesetz Zulässigkeitsvoraussetzungen für die Datenerhebung und -speicherung für eigene Geschäftszwecke (§ 28 BDSG a.F.) oder des Geschäftsmodells von Auskunfteien (§ 29 BDSG a.F.) an sich. Deren Zulässigkeit richtet sich nach den allgemeinen Vorschriften der Verordnung. 261

Nicht umfasst werden ebenfalls gesonderte Informations- und Auskunftsrechte sowie Rechte auf Berichtigung, Löschung und Sperrung von Daten nach §§ 33, 34 und 35 BDSG a.F. im Hinblick auf das Scoring. Vielmehr enthalten die Regelungen der §§ 32 bis 36 BDSG Beschränkungen der Rechte der betroffenen Personen, die sich aber nicht speziell auf Auskunfteien, Scoring oder Bonitätsauskünfte beziehen. 262

c) Regelung im Kreditwesengesetz und Bürgerlichen Gesetzbuch

Neben den genannten Regelungen des Bundesdatenschutzgesetzes finden sich etwa im Bürgerlichen Gesetzbuch und dem Kreditwesengesetz Regelungen, die sich mit Kreditwürdigkeitsüberprüfung und damit mit Bonitätsauskünften und Scoring befassen. Sie stellen ihrerseits Erlaubnistatbestände nach Art. 6 Abs. 1 UAbs. 1 lit. e DSGVO dar, die gemäß Abs. 2 beibehalten oder spezifiziert werden können. 263

So enthält § 10 Abs. 2 KWG eine Vorschrift, der zufolge Kredit- und Finanzdienstleistungsinstitute personenbezogene Daten für bestimmte Zwecke ihrer Kunden erheben und verwenden dürfen. Umfasst sind auch Daten von Personen, mit denen sie Vertragsverhandlungen über **Adressenausfallrisiken**[210] begründende Geschäfte aufnehmen, sowie von Personen, die für die Erfüllung eines Adressenausfallrisikos einstehen sollen.[211] Die Vorschrift bezieht sich ausschließlich auf personenbezogene Kundendaten. Diese müssen nachweisbar für die Bestimmung und Berücksichtigung von Adressenausfallrisiken erheblich und erforderlich sein. Damit wird deutlich, dass solche Daten letztlich 264

208 BT-Drs. 18/11325, 101.

209 BT-Drs. 18/11325, 105; *Greve*, NVwZ 2017, 740.

210 Unter Adressenausfallrisiko wird das Risiko des teilweisen oder vollständigen Ausfalls von Forderungen oder diesen ähnlichen Finanzinstrumenten verstanden. Dieses kann je nach betroffenem Instrument und Ursache verschiedene Ausprägungen annehmen. S. *Altrock/Stähler*, in: Zerey, 2016, § 31 Rn. 45. „Adresse" meint in diesem Kontext die geographische Herkunft des Geschäftspartners im Rahmen der Bonitätsgewichtungsfaktoren. Es gilt der Grundsatz der „OECD-Präferierung", mit dem Risikoaktiva aus OECD-Ländern gegenüber Nichtmitgliedstaaten privilegierte Bonitätsgewichte erhalten.

211 § 10 Abs. 2 Satz 1 KWG.

nur im Zusammenhang mit der Ermittlung des Kreditrisikos erhoben werden dürfen.[212] Die Vorschrift hat Bedeutung für die Ausstattung der Institute mit Eigenmitteln und Liquidität.

265 Für Kreditgeschäfte besteht in § 18 a Abs. 1 KWG für Kreditinstitute vor Abschluss eines **Verbraucherdarlehensvertrags** eine **Prüfpflicht** hinsichtlich der Kreditwürdigkeit des Darlehensnehmers. Das Kreditinstitut darf den Verbraucherdarlehensvertrag nur abschließen, wenn aus der Kreditwürdigkeitsprüfung hervorgeht, dass bei einem Allgemein-Verbraucherdarlehensvertrag keine erheblichen Zweifel an der Kreditwürdigkeit bestehen und dass es bei einem Immobiliar-Verbraucherdarlehensvertrag wahrscheinlich ist, dass der Darlehensnehmer seinen Verpflichtungen, die im Zusammenhang mit dem Darlehensvertrag stehen, vertragsgemäß nachkommen wird.

266 Ferner sind in §§ 505 a und 505 b BGB besondere Prüfpflichten für Darlehensgeber geregelt. Nach § 505 a Abs. 1 Satz 1 BGB muss der Darlehensgeber die Kreditwürdigkeit des Darlehensnehmers prüfen. Er muss eine Prognose über die Wahrscheinlichkeit abgeben, dass der Darlehensnehmer seine Zahlungsverpflichtungen aus dem Vertrag erfüllen kann und wird. § 505 b BGB konkretisiert, auf welcher Basis die Prüfung zu erfolgen hat, welche Informationen der Darlehensgeber also im Vorfeld einzuholen und zu bewerten hat.[213]

3. Verhältnis der deutschen Regelungen zur Datenschutz-Grundverordnung

267 § 30 BDSG ist die erforderliche Umsetzung der Anforderungen aus der Verbraucherkreditrichtlinie 2008/48/EG. Die inhaltliche Nachbildung entspricht § 29 Abs. 6 und 7 BDSG a.F. Diese Absätze setzen Art. 9 der **Verbraucherkreditrichtlinie** um. Um der Umsetzungspflicht gemäß dieser Richtlinie weiterhin nachzukommen, ist § 30 BDSG erforderlich.[214] Er stellt lediglich eine Ergänzung dar, ohne das Regelungsziel der Verordnung zu verletzen. Als verbraucherschützende Regelung mit datenschutzrechtlichen Bezügen auf Basis der Verbraucherkreditrichtlinie, die eine lex specialis im Verhältnis zur Verordnung darstellt, hat sie Gültigkeit neben der Verordnung. Deren Anwendungsbereich ist dann nicht eröffnet.

268 § 31 BDSG soll für alle Beteiligten Sicherheit in der Weise bieten, dass Scoringverfahren und Kreditinformationssysteme mit der Einmeldung von Positiv- und Negativdaten, die etwa durch Kreditinstitute, Finanzdienstleistungsunternehmen, Zahlungsinstitute, Telekommunikations-, Handels-, Energieversorgungs- und Versicherungsunternehmen oder Leasinggesellschaften erfolgt, prinzipiell weiter zulässig bleiben.[215] Die Vorschrift ist in ihrer Reichweite unionsrechtswidrig. Für sie fehlt eine Öffnungsklausel in Art. 22 Abs. 2 lit. b DSGVO, jedenfalls abseits automatisierter Entscheidungen. Die Grundlagen der Profilbildung unterliegen dem Willen des Verordnungsgebers zufolge den allgemeinen Vorschriften der Verordnung und den abzuwartenden Leitlinien des Europäischen Datenschutzausschusses, wie Erwägungsgrund 72 explizit erklärt. Anwender sind im Hinblick auf die Verfolgung des sichersten Weges daher gut beraten, wenn sie sich bis zum Vorliegen europäischer Leitlinien für das Scoring abseits automatisierter Entscheidungen ausschließlich auf die allgemeinen Vorschriften der Verordnung stützen. Damit würde dem Ziel der Verordnung im Hinblick auf eine Vollharmonisierung am ehesten Rechnung getragen.[216]

212 *Konesny/Glaser*, in: Boos/Fischer/Schulte-Mattler, 2016, § 10 KWG Rn. 10.
213 *Schürnbrand*, in: MüKo Band 3 a, 2017, § 505 b Rn. 1.
214 BT-Drs. 18/11325, 101.
215 BT-Drs. 18/11325, 101.
216 Mit verschiedenen Lösungsansätzen: *Taeger*, RDV 2017, 9.

Die Einschränkungen der Betroffenenrechte aus §§ 32 bis 36 BDSG stützt der deutsche Gesetzgeber auf die Öffnungsklausel in Art. 23 DSGVO .[217] §§ 32 Abs. 1 Nr. 1 und 34 Abs. 1 Nr. 1 BDSG enthalten weitere Ausnahmen zur Informationspflicht und zum Absehen von Auskunftsrechten im Rahmen der Weiterverarbeitung zu anderen Zwecken. Hiervon könnten zumindest theoretisch auch Daten zu Scoringzwecken erfasst sein. Allerdings sind sie nach dem vorstehend geäußerten Verständnis keine zulässige Regelungsmaterie des nationalen Gesetzgebers. So ist nach dem eingangs dargestellten Verständnis des Art. 6 Abs. 1 UAbs. 1 lit. f DSGVO die Weiterverarbeitung zu anderen Zwecken nur unter den Voraussetzungen der „vernünftigen Erwartungen der betroffenen Person" und dem Kompatibilitätstest nach Art. 6 Abs. 4 DSGVO möglich. In Art. 13 Abs. 3 DSGVO ist eine (Folge-)Informationspflicht für den Fall vorgesehen, dass die Daten zu anderen Zwecken verarbeitet werden. Ein Absehen von dieser Informationspflicht oder der Auskunftsverpflichtung über die Regelungen in §§ 32 Abs. 1 Nr. 1 und 34 Abs. 1 Nr. 1 BDSG, würde den Sicherheitsmechanismus aus Art. 13 Abs. 2 lit. f und 14 Abs. 2 lit. g DSGVO in dem grundrechtssensiblen Bereich des Profilings und Scorings unterlaufen. Die Vorschriften sind auf das Scoring nicht anzuwenden. 269

§ 37 BDSG unterfällt als Fall des Scorings, soweit es sich um eine automatisierte Einzelentscheidung – nebst Profiling – handelt, dem grundsätzlichen Verbot automatisierter Einzelentscheidungen nach Art. 22 Abs. 1 DSGVO. Seine Öffnungsklausel findet er in Art. 22 Abs. 2 lit. b DSGVO, wonach den Mitgliedstaaten die Möglichkeit eingeräumt ist, über Art. 22 Abs. 2 lit. a und c DSGVO hinausgehende weitere Zulässigkeitstatbestände für automatisierte Entscheidungen im Einzelfall zu schaffen.[218] § 37 BDSG statuiert damit zulässigerweise eine weitere automatisierte Entscheidung im Rahmen des Profilings in bestimmten Fällen der Leistungserbringung im Rahmen eines Versicherungsvertrags. 270

Die bankenaufsichtsrechtliche Verpflichtung des § 10 Abs. 2 KWG zur Durchführung einer Bonitätsprüfung bei mit **Adressenausfallrisiken** behafteten Geschäften folgt einer Verpflichtung aus der EU-Verordnung über Aufsichtsanforderungen an Kreditinstitute und Wertpapierfirmen.[219] Mit dem Kreditscoring kommen die Kreditinstitute ihrer Verpflichtung zur Minimierung von Risiken nach. Diese Vorschriften zum Scoring sind primär aufsichtsrechtlicher Natur. Die Verordnung verdrängt die dem EU-Sekundärrecht entspringenden Vorschriften nicht, sondern ergänzt sie hinsichtlich der Pflichten der verantwortlichen Stelle, der Rechte der betroffenen Personen und der Kontrolle durch betriebliche Datenschutzbeauftragte und Aufsichtsbehörden.[220] 271

Vor Abschluss eines Verbraucherdarlehensvertrags (§ 491 BGB) oder eines Vertrags über eine Finanzierungshilfe (§ 506 BGB) müssen Kreditinstitute die Kreditwürdigkeit des Verbrauchers prüfen. Die gesetzliche Verpflichtung hierzu fußt auf § 18 a Abs. 1 KWG. § 18 a Abs. 1 KWG setzt die Verbraucherkreditrichtlinie[221] in nationales Recht um. Die Richtlinie ist lex specialis gegenüber der Verordnung. Diese primär verbraucherschützende Vorschrift hat als Erlaubnisnorm auch einen datenschutzrechtlichen Bezug. Als solche hat sie neben der Verordnung weiterhin Bestand.[222] 272

Dies gilt auch für §§ 505 a Abs. 1 und 505 b Abs. 1 BGB, die dem Verbraucherschutz und dem allgemeinen Interesse an der Vermeidung notleidender Kredite dienen.[223] 273

217 BT-Drs. 18/11325, 102.
218 BT-Drs. 18/11325, 106.
219 VO (EU) Nr. 575/2013, ABl. 2013 L 176, 1.
220 *Taeger*, ZRP 2016, 73, 74.
221 RL 2008/48/EG, ABl. 2008 L 133, 66.
222 *Taeger*, ZRP 2016, 74.
223 *Taeger*, ZRP 2016, 74.

4. Zusammenfassung

274 Die Datenverarbeitung durch Auskunfteien, das Erstellen von Bonitätsauskünften und die Errechnung und Verwendung von Scorewerten unterfallen mangels gesonderter Regelung den allgemeinen Vorschriften der Verordnung. Ausschlaggebend sind dann für die Rechtmäßigkeit der Verarbeitung etwa die Grundsätze der Verarbeitung, die Erlaubnistatbestände für die Rechtmäßigkeit der Verarbeitung, das grundsätzliche Recht, keinen automatisierten Entscheidungen im Einzelfall einschließlich Profiling unterworfen zu werden, sowie die Betroffenenrechte. Der deutsche Gesetzgeber hat mit den Regelungen der §§ 30 und 37 BDSG zulässige Vorschriften erlassen, die neben der Verordnung Anwendung finden. Die Vorschriften der §§ 10 und 18 KWG und §§ 505 a und 505 b BGB können weitestgehend unverändert bestehen bleiben, stellen sie doch Rechtsvorschriften der Union- oder der Mitgliedstaaten dar – mit angemessenen Maßnahmen zur Wahrung der Rechte und Freiheiten der betroffenen Personen. Dies ist jedenfalls dann der Fall, wenn sie sich ausschließlich auf automatisierte Einzelentscheidungen beziehen und die Öffnungsklausel des Art. 22 Abs. 2 lit. b DSVGO zum Tragen kommt. Zudem sind sie bereits über die Regelung in Abs. 2 lit. a für den Abschluss oder die Erfüllung eines Vertrags erforderlich. Das Unionsrecht knüpft insoweit an das Vertragsrecht der Mitgliedstaaten an, ohne dieses selbst verändern zu wollen.[224] Die Bonität des Kunden ist für den Vertragsschluss erforderlich, sollen doch einerseits der Verbraucher und andererseits die Kreditinstitute vor Ausfallrisiken und ihren Folgen geschützt werden.

275 Mit § 31 BDSG verfolgt der Gesetzgeber den Wunsch, das hohe deutsche Datenschutzniveau der §§ 28 a und b BDSG a.F. in die Ära der Verordnung zu retten. Dem ist vom Grundgedanken her zuzustimmen, allerdings geht die Einbindung in das neue Datenschutzgesetz in der vorgenommenen Weise fehl, da die Norm – abseits automatisierter Entscheidungen – von der Verordnung verdrängt wird, so dass sie nicht anwendbar ist.

VI. Verarbeitung von Gesundheitsdaten, biometrischen und genetischen Daten

276 Die Verordnung verfolgt das Ziel, die Bedingungen für den Umgang mit besonderen Kategorien von Daten, zu denen insbesondere Gesundheitsdaten, biometrische und genetische Daten zählen, zu harmonisieren.[225] Der Umgang mit diesen Datenkategorien soll **grundsätzlich verboten** sein und nur in Ausnahmefällen durch gesetzliche Vorschriften des Unionsrechts oder im nationalen Recht der Mitgliedstaaten erlaubt werden.[226] Die Erlaubnisvorschriften stehen erstens unter dem Vorbehalt angemessener Garantien zum Schutz der Gesundheits-, biometrischen und genetischen Daten und anderer Grundrechte sowie zweitens unter der Bedingung, dass sie durch ein öffentliches Interesse gerechtfertigt sind. In den Erwägungsgründen der Verordnung werden Regelfälle – „insbesondere" – aufgeführt, bei denen ein öffentliches Interesse am Umgang mit besonderen Kategorien von Daten zur Rechtfertigung des Datenumgangs angenommen wird. Bezogen auf Gesundheits-, biometrische und genetische Daten beziehen sich die Zwecke insbesondere auf das Arbeits- und Sozialrecht sowie auf die Gesundheitsprävention, -kontrolle und Gesundheitsversorgung.[227] Ausnahmsweise soll die Verarbeitung der Daten erlaubt sein, um rechtliche Ansprüche geltend zu machen oder zu verteidigen.

277 In der Verordnung wird mit den biometrischen und den genetischen[228] Daten zwei neuen Datenkategorien ein **besonders hoher Schutzbedarf** zugesprochen. Mit den Gesund-

224 Ebenso *Martini*, in: Paal/Pauly 2017, Art. 22 Rn. 31.
225 Eg. 51 DSGVO.
226 Eg. 52 DSGVO.
227 Eg. 53 DSGVO.
228 Allgemein zu genetischen Daten und ihrer bisherigen Einordnung s. *Simitis*, in: ders. 2014, § 3 Rn. 259.

heitsdaten stehen die biometrischen und genetischen Daten in einem sehr engen Zusammenhang. Biometrische Daten geben insbesondere Auskunft über biologische Eigenschaften und physiologische Merkmale der Person.[229] Aus dem menschlichen Genom lassen sich neben der Abstammung vor allem mit einer gewissen Wahrscheinlichkeit Aussagen über zukünftige Erkrankungen und gegebenenfalls sogar Heilungschancen ableiten.[230] Beiden Datenkategorien ist gemeinsam, dass sie für jede Person einzigartig sind und diese eindeutig individualisiert werden kann. Bezogen auf genetische Daten wurde in der Vergangenheit die diese nicht umfassende Aufzählung der besonderen Kategorien von personenbezogenen Daten im europäischen und nationalen Recht als „willkürlich, antiquiert und unvollständig“ bezeichnet.[231] Die Erweiterung der Aufzählung besonderer Kategorien personenbezogener Daten kann als Versuch der Verordnung gewertet werden, dieser Kritik entgegenzutreten.

1. Gesundheitsdaten, biometrische und genetische Daten in der Datenschutz-Grundverordnung

Die Verordnung definiert genetische Daten in Art. 4 Nr. 13, biometrische Daten in Art. 4 Nr. 14 und Gesundheitsdaten in Art. 4 Nr. 15. Spezifische Regelungen für die Verarbeitung besonderer Datenkategorien enthält Art. 9 DSGVO. Die Vorschrift übernimmt die Regelungssystematik des Art. 8 DSRL. Dieser sah als Sondervorschrift bezogen auf die Verarbeitung besonderer Kategorien von Daten das grundsätzliche Verbot durch die Mitgliedstaaten in Abs. 1 vor und enthielt in Abs. 2 einen Katalog von Ausnahmefällen, in denen Abs. 1 nicht anzuwenden war. Art. 8 DSRL galt ebenso wie Art. 9 DSGVO für alle besonderen Kategorien von Daten und nicht nur für Gesundheitsdaten. 278

In diesem thematischen Regelungskomplex stellt die Aufnahme der Definitionen der genannten Datenkategorien in Art. 4 DSGVO eine wesentliche Neuerung dar. Gemäß Art. 4 Nr. 13 DSGVO sind **genetische Daten** „personenbezogene Daten zu den ererbten oder erworbenen genetischen Eigenschaften einer natürlichen Person, die eindeutige Informationen über die Physiologie oder die Gesundheit dieser natürlichen Person liefern und insbesondere aus der Analyse einer biologischen Probe der betreffenden natürlichen Person gewonnen wurden“.[232] Biologische Proben einer natürlichen Person – also eines Menschen – können dabei alle körpereigenen Substanzen sein, wie insbesondere Körperflüssigkeiten, Haar, Haut- und Nagelpartikel sowie organisches Material bis hin zu einzelnen Körperzellen. Bei der Definition **biometrischer Daten** stellt Art. 4 Nr. 14 DSGVO im Wesentlichen auf den Einsatz spezieller technischer Verfahren ab, durch die personenbezogene Daten zu den physischen, physiologischen oder verhaltenstypischen Merkmalen einer natürlichen Person gewonnen werden, die die eindeutige Identifizierung dieser natürlichen Person ermöglichen oder bestätigen.[233] Als konkrete Beispiele werden Gesichtsbilder oder daktyloskopische Daten genannt. Schließlich definiert Art. 4 Nr. 15 DSGVO die **Gesundheitsdaten.** In der englischen Fassung wird allerdings der Begriff „data concerning health“ verwendet, obwohl im nachfolgenden Art. 9 Abs. 5 DSGVO auf „health data“ abgestellt wird. Hierunter sind personenbezogene Daten zu verstehen, die sich auf die körperliche oder geistige Gesundheit einer natürlichen 279

229 S. die Definition biometrischer Daten der *Art. 29 Datenschutzgruppe*, WP 193,2012, 4 sowie bereits zuvor WP 136, 2007, 9.

230 *Arning/Forgó/Krügel*, DuD 2006, 700.

231 Dammann/Simitis 1997, Art. 8 Rn. 3; Geis, CR 1995, 174 ff.; *Simitis*, in: ders. 2014, § 3 Rn. 259.

232 S. *Weichert*, in: Kühling/Buchner 2017, Art. 4 Nr. 13 Rn. 3 ff.; *Klabunde*, in: Ehmann/Selmayr 2017, Art. 4 Rn. 41; *Ernst*, in: Paal/Pauly 2017, Art. 4 DSGVO, Rn. 96 ff.; *Kampert*, in: Sydow 2017, Art. 4 Rn. 182.

233 S. *Weichert*, in: Kühling/Buchner 2017, Art. 4 Nr. 14 Rn. 1 ff.; *Klabunde*, in: Ehmann/Selmayr 2017, Art. 4 Rn. 42; *Ernst*, in: Paal/Pauly 2017, Art. 4 Rn. 99 ff.; *Kampert*, in: Sydow 2017, Art. 4 Rn. 183 ff.

Person beziehen und aus denen Informationen über deren Gesundheitszustand hervorgehen.[234]

280 Art. 9 DSGVO regelt die **Zulässigkeit** der Verarbeitung von besonderen Kategorien personenbezogener Daten. Im Verlauf der unterschiedlichen Entwürfe gab es im Entwurf der Kommission mit Art. 9 eine allgemeine Regelung für besondere Kategorien von Daten und jeweils eine spezifische Vorschrift zu den Gesundheitsdaten in Art. 81 und den genetischen Daten in Art. 81 a. Im Entstehungsprozess der Verordnung wurden erst im Beschluss des Europäischen Parlaments vom 12. März 2014 biometrische Daten gemäß Art. 9 Abs. 1 den besonderen Kategorien personenbezogener Daten zugeordnet. Der Trilog integrierte die genannten Spezialvorschriften in Art. 9 DSGVO und verändert damit die Regelungssystematik.

281 Art. 9 Abs. 1 DSGVO sieht ein **generelles Verbot der Verarbeitung** besonderer Kategorien personenbezogener Daten vor, indem es die einzelnen Datenkategorien aufzählt.[235] Genetische und biometrische Daten sowie Gesundheitsdaten werden in dieser Norm explizit genannt. Der Abs. 2 stellt eine – zunächst – abschließende Aufzählung von insgesamt zehn Anwendungsfällen dar, in denen Abs. 1 nicht anwendbar ist. Diese können in zwei Gruppen eingeteilt werde.[236] Während die Anwendungsfälle der ersten Gruppe jeweils die Zulässigkeitsvoraussetzungen abschließend normieren,[237] werden die Anwendungsfälle der zweiten Gruppe jeweils durch den Vorbehalt ergänzt „soweit dies nach dem Unionsrecht oder dem Recht der Mitgliedstaaten" zulässig ist.[238] Ohne Berücksichtigung weiterer Voraussetzungen ist die Verarbeitung besonderer Datenkategorien grundsätzlich zulässig, wenn sie zum Schutz lebenswichtiger Interessen gemäß lit. c, durch eine politisch, weltanschaulich, religiös oder gewerkschaftlich ausgerichtete Stiftung, Vereinigung oder sonstige Organisation ohne Erwerbszweck im Rahmen ihrer rechtmäßigen Tätigkeiten gemäß lit. d erfolgt, der Betroffene die Daten offensichtlich öffentlich gemacht hat gemäß lit. e oder die Verarbeitung zur Geltendmachung, Ausübung oder Verteidigung von Rechtsansprüchen oder bei Handlungen der Gerichte in ihrer gerichtlichen Eigenschaft erforderlich ist gemäß lit. f. Unter dem zusätzlichen unions- und mitgliedstaatlichen Regelungsvorbehalt ist die Verarbeitung besonderer Datenkategorien grundsätzlich zulässig bei einer ausdrücklichen Einwilligung des Betroffenen gemäß lit. a, zur Ausübung der aus dem Arbeitsrecht, dem Recht der sozialen Sicherheit und des Sozialschutzes erwachsenden Rechte gemäß lit. b, aus Gründen eines erheblichen öffentlichen Interesses gemäß lit. g insbesondere im Bereich der öffentlichen Gesundheit gemäß lit. i, für Zwecke der Gesundheitsvorsorge oder der Arbeitsmedizin, für die Beurteilung der Arbeitsfähigkeit des Beschäftigten, für die medizinische Diagnostik, die Versorgung oder Behandlung im Gesundheits- oder Sozialbereich oder für die Verwaltung von Systemen und Diensten im Gesundheits- oder Sozialbereich gemäß lit. h sowie im öffentlichen Interesse liegende Archivzwecke, für wissenschaftliche oder historische Forschungszwecke oder für statistische Zwecke gemäß lit. j.

---

234 Konkretisiert werden die Gesundheitsdaten in Eg. 35 DSGVO. S. *Weichert*, in: Kühling/Buchner 2017, Art. 4 Nr. 15 Rn. 1 ff.; *Klabunde*, in: Ehmann/Selmayr 2017, Art. 4, Rn. 43; *Ernst*, in: Paal/Pauly 2017, Art. 4 Rn. 106 ff.; *Kampert*, in: Sydow 2017, Art. 4 Rn. 188 f.

235 *Weichert*, in: Kühling/Buchner 2017, Art. 9 Rn. 7.

236 Zu einer ähnlichen Gruppeneinteilung s. *Frenzel*, in: Paal/Pauly 2017, Art. 9 Rn. 19; *Kampert*, in: Sydow 2017, Art. 9 Rn. 12.

237 Zu dieser Gruppe von Anwendungsfällen gehören Abs. 2 lit. a, c, d, e und f.

238 Zu dieser Gruppe von Anwendungsfällen gehören mit etwas unterschiedlichen Formulierungen Abs. 2 lit. b, g, h, i und j. Art. 9 Abs. 2 lit. b und h DSGVO enthalten jeweils weitere Zusätze: „oder einem Kollektivvertrag nach dem Recht eines Mitgliedstaats, das geeignete Garantien für die Grundrechte und die Interessen der betroffenen Person vorsieht" bzw. „oder aufgrund eines Vertrags mit einem Angehörigen eines Gesundheitsberufs und vorbehaltlich der in Absatz 3 genannten Bedingungen und Garantien".

Ob diese in einer Vorschrift zusammengefasste Regelung der Zulässigkeit der Verarbeitung von besonderen Kategorien personenbezogener Daten eine Vereinfachung ist, ist jedoch fraglich. Die **Ausnahmetatbestände** sind in Art. 9 DSGVO – im Unterschied zu dem Regelungsansatz, der jeweils spezifische Vorschriften für Gesundheitsdaten und genetische Daten vorsah – diesbezüglich **nicht** mehr **differenziert**. Insofern stellt sich bei jeder Ausnahmeregelung die Frage, ob sie ausnahmslos für alle besonderen Kategorien von Daten anwendbar sein soll – wofür die Regelungssystematik spricht – und dies zu sinnvollen Ergebnissen führt. Bezogen auf Gesundheitsdaten, biometrische und genetische Daten ist besonders kritisch zu beurteilen, dass die Veröffentlichung durch den Betroffenen und die Geltendmachung, Ausübung und Verteidigung von Rechtsansprüchen für die Rechtfertigung der weiteren Verarbeitung ausreichend sein soll. Abgesehen von der in der Praxis voraussichtlich problematischen Beurteilung, ob diese Datenkategorien „offensichtlich" von dem Betroffenen, also insbesondere nicht versehentlich oder durch einen Dritten, veröffentlicht worden sind, hätte dieser Ausnahmefall weiter reichende Konsequenzen als eine grundsätzlich widerrufliche Einwilligung des Betroffenen. Bei Art. 9 Abs. 2 lit. f DSGVO erfolgt keine Einschränkung auf spezifische Rechtsansprüche, so dass grundsätzlich bei jeglicher gerichtlichen Auseinandersetzung auch wegen geringfügigen Ansprüchen oder Geldforderungen Gesundheitsdaten, genetische und biometrische Daten verarbeitet werden dürfen.[239] Diese Regelung ermöglicht keine einzelfallbezogene Gewichtung und Abwägung der Interessen, die für einen sozialadäquaten Lösungsansatz erforderlich wären. Eine solche muss über Art. 52 Abs. 1 Satz 2 GRCh hineininterpretiert werden. Unklar ist zudem, wie sich dieser Ausnahmefall zu Art. 9 Abs. 2 lit. b verhält, der die Verarbeitung besonderer Kategorien personenbezogener Daten explizit auf die Ausübung der Rechte aus dem Arbeitsrecht und dem Recht der sozialen Sicherheit und des Sozialschutzes beschränkt. 282

Aufgrund der ihnen zu entnehmenden Regelungsintention scheinen insbesondere die **Ausnahmefälle** des Abs. 2 lit. c, h, i und j hinsichtlich der vierten Variante der „wissenschaftlichen Forschungszwecke" auf Gesundheitsdaten, biometrische und genetische Daten ausgerichtet zu sein.[240] Die Datenverarbeitung zum Schutz lebenswichtiger Interessen wird aufgrund der weiteren Voraussetzung legitimiert, dass der Betroffene aus körperlichen oder rechtlichen Gründen zur Einwilligung außerstande ist und diese quasi unterstellt wird. Die Voraussetzungen der weiteren drei Ausnahmefälle werden vor allem durch das weitere Unionsrecht und das mitgliedstaatliche Recht bestimmt. Der zulässige Umgang mit besonderen Kategorien von Daten wird im Ausnahmefall lit. h durch den Verweis auf Abs. 3 zusätzlich eingeschränkt. Diese Datenkategorien dürfen für den genannten Ausnahmefall nur von Fachpersonal oder unter dessen Verantwortung verarbeitet werden und dieses Fachpersonal oder der Dritte muss nach Unionsrecht, dem Recht eines Mitgliedstaats oder den Vorschriften nationaler zuständiger Stellen dem Berufsgeheimnis oder einer anderen Geheimhaltungspflicht (→ § 8 Rn. 309 ff.) unterliegen. Insbesondere bezogen auf Gesundheitsdaten ist im deutschen Recht die in § 203 Abs. 1 Nr. 1 StGB normierte Schweigepflicht für Arzt, Zahnarzt, Tierarzt, Apotheker oder Angehörige eines anderen Heilberufs maßgeblich. 283

Gemäß Art. 9 Abs. 4 DSGVO können die Mitgliedstaaten zusätzliche Bedingungen, einschließlich Beschränkungen, in Bezug auf genetische, biometrische Daten oder Gesundheitsdaten einführen oder aufrechterhalten. 284

239 Allerdings mit der Einschränkung, dass gerade die Einführung der besonderen Kategorien personenbezogener Daten in den Prozess für die Durchsetzung des konkreten Anspruchs erforderlich ist, s. *Weichert*, in: Kühling/Buchner 2017, Art. 9 Rn. 86.

240 S. Eg. 159 DSGVO.

285 Art. 22 DSGVO stellt eine risikobezogene Regelung für **automatisierte Einzelentscheidungen** und das **Profiling** dar (→ § 3 Rn. 103). Diese sind gemäß Abs. 1 grundsätzlich verboten und nur in den in Abs. 2 geregelten Ausnahmefällen zulässig. Zudem untersagt Art. 22 Abs. 4 DSGVO, dass Entscheidungen gemäß Abs. 2 der Norm auf besonderen Kategorien personenbezogener Daten beruhen dürfen.

2. Nationale Vorschriften für Gesundheitsdaten, biometrische und genetische Daten

286 Das nationale Datenschutzrecht war bis zum Erlass der Datenschutz-Grundverordnung durch die europäische **Datenschutz-Richtlinie** geprägt. In diesem Zusammenhang wurden Gesundheitsdaten als besondere Arten personenbezogener Daten insbesondere durch das allgemeine Datenschutzrecht geschützt. Darüber hinaus wurde eine Schnittmenge der Gesundheitsdaten in spezifischen Datenschutzvorschriften unter den Bezeichnungen Patientendaten und Sozialdaten gesondert reglementiert. Genetische und biometrische Daten hatten bisher im nationalen allgemeinen Datenschutzrecht keine eigene Bedeutung.

a) Bisherige Rechtslage

287 Gegenüber den Regelungen der europäischen **Datenschutz-Richtlinie** erweitert die Verordnung den Katalog besonderer Kategorien von Daten und spezifiziert diese. Die Datenschutz-Richtlinie nahm keine abstrakte Begriffsdefinition der besonderen Kategorien personenbezogener Daten in Art. 2 DSRL vor. In Art. 8 DSRL waren neben den Daten über die Gesundheit, Daten über die rassische und ethnische Herkunft, politische Meinungen, religiöse oder philosophische Überzeugungen, die Gewerkschaftszugehörigkeit und das Sexualleben als besondere Kategorien aufgelistet, die gegenüber anderen personenbezogenen Daten eines erhöhten Schutzes bedürfen. Der höhere Schutzbedarf basiert auf der Vermutung, dass der Missbrauch dieser Daten schwerwiegendere Folgen für die individuellen Grundrechte, wie das Recht auf Schutz der Privatsphäre und der Nichtdiskriminierung, haben könnte als der Missbrauch von anderen „normalen" personenbezogenen Daten.[241] Im nationalen Recht wurden dieselben Datenkategorien den besonderen Arten personenbezogener Daten gemäß § 3 Abs. 9 BDSG a.F. zugerechnet, da aufgrund des mit ihnen verbundenen Verwendungszusammenhangs von ihrer Sensitivität ausgegangen wurde.[242] Für diese sah das Datenschutzrecht ein besonderes Schutzkonzept vor, das sich aus zahlreichen Vorschriften zusammenfügte, die in unterschiedlichen Gesetzen geregelt sind.[243]

b) Vorschriften des Bundesdatenschutzgesetzes

288 Im neuen **Bundesdatenschutzgesetz** werden Gesundheitsdaten, biometrische und genetische Daten wie auch in der Vergangenheit insoweit Regelungen unterworfen, als es spezifische Vorschriften für die besonderen Kategorien personenbezogener Daten gibt. Das nationale Recht verabschiedet sich zunächst von der abweichenden Bezeichnung der „besonderen Arten personenbezogener Daten" und übernimmt den europäischen Fachbegriff „der besonderen Kategorien personenbezogener Daten". Im ersten Teil des Bundesdatenschutzgesetzes[244] finden sich keine Vorschriften, die auf die besonderen Kategorien personenbezogener Daten Bezug nehmen. Erst im zweiten Teil, der sich aus-

241 S. *Art. 29 Datenschutzgruppe*, Advice paper on special categories of data („sensitive data"), 20.4.2011, 4.
242 Umfassend hierzu unter Hervorhebung des Systemwiderspruchs, einzelne Datenkategorien besonders hervorzuheben, *Simitis*, in: ders. 2014, § 3 Rn. 250 ff.
243 S. *Jandt*, in: Roßnagel 2017, § 4 Rn. 314 f.
244 Zur Systematik des Gesetzesentwurfs und die Differenzierung in vier Teile s. *Jensen*, ZD Aktuell 2017, 05596.

schließlich auf den Anwendungsbereich der Datenschutz-Grundverordnung bezieht,[245] ist mit § 22 BDSG eine Vorschrift für die besonderen Kategorien personenbezogener normiert. Dieser legt fest, unter welchen Voraussetzungen eine Verarbeitung besonderer Kategorien personenbezogener Daten, die gemäß Art. 9 Abs. 1 DSGVO untersagt ist, ausnahmsweise rechtmäßig erfolgen kann. Dabei enthält Abs. 1 insgesamt sieben verschiedene **Erlaubnistatbestände,**[246] über die die Zulässigkeit der Verarbeitung begründet werden kann. Abs. 2 sieht spezifische technische und organisatorische Maßnahmen zur Gewährleistung der Datensicherheit vor, die ergänzend zur Zulässigkeit für eine rechtmäßige Datenverarbeitung erfüllt werden müssen. Die Rechtsgrundlagen des Abs. 1 greifen die Differenzierung zwischen den öffentlichen und nicht-öffentlichen Stellen auf, die die Vorschriften des Bundesdatenschutzgesetzes a.F. geprägt haben. Gemäß § 22 Abs. 1 Nr. 1 BDSG dürfen öffentliche und nicht-öffentliche Stellen besondere Kategorien personenbezogener Daten verarbeiten, wenn

a) es erforderlich ist, um die aus dem Recht der sozialen Sicherheit und des Sozialschutzes erwachsenden Rechte auszuüben und den diesbezüglichen Pflichten nachzukommen,

b) sie zum Zweck der Gesundheitsvorsorge, für die Beurteilung der Arbeitsfähigkeit des Beschäftigten, für die medizinische Diagnostik, die Versorgung oder Behandlung im Gesundheits- oder Sozialbereich oder für die Verwaltung von Systemen und Diensten im Gesundheits- und Sozialbereich oder aufgrund eines Vertrags der betroffenen Person mit einem Angehörigen eines Gesundheitsberufs erforderlich ist und diese Daten von ärztlichem Personal oder durch sonstige Personen, die einer entsprechenden Geheimhaltungspflicht unterliegen, oder unter deren Verantwortung verarbeitet werden, oder

c) es aus Gründen des öffentlichen Interesses im Bereich der öffentlichen Gesundheit, wie des Schutzes vor schwerwiegenden grenzüberschreitenden Gesundheitsgefahren oder zur Gewährleistung hoher Qualitäts- und Sicherheitsstandards bei der Gesundheitsversorgung und bei Arzneimitteln und Medizinprodukten erforderlich ist.

§ 22 Abs. 1 Nr. 1 b) BDSG entspricht weitestgehend den nationalen Vorgängerregelun- **289** gen zur zulässigen Verarbeitung besonderer Arten personenbezogener Daten gemäß § 13 Abs. 2 Nr. 7 BDSG a.F. für öffentliche Stellen und § 28 Abs. 7 BDSG a.F. für nicht-öffentliche Stellen. Die Interpretation der Vorschrift kann daher zukünftig grundsätzlich auf die vorhandenen Erkenntnisse in der nationalen Literatur und der Rechtsprechung zurückgreifen.[247] Mit der neu aufgenommenen Formulierung „oder aufgrund eines Vertrags der betroffenen Person mit einem Angehörigen eines Gesundheitsberufs“ soll klargestellt werden, dass zwischen dem Verantwortlichen und dem Betroffenen ein Behandlungsvertrag gemäß § 630 a BGB besteht.[248] Die Gesundheitsberufe umfassen neben den Humanmedizinern,[249] die Heilberufe, die gemäß Art. 74 Nr. 19 GG einer gesetzlichen Zulassung bedürfen,[250] und Heilpraktiker. Diese müssen allerdings die Datenverarbeitung nicht persönlich vornehmen, sondern es reicht ausdrücklich aus, wenn dies unter ihrer Verantwortung geschieht. Der Formulierung nach scheint es nicht erforderlich zu sein, dass die Person, die faktisch unter der Verantwortung eines Geheimhaltungspflichtigen die Daten verarbeitet, selbst einer Geheimhaltungspflicht unterliegt. Durch diese Regelung wird die in der Vergangenheit bestehende Rechtsunsicherheit nicht beseitigt,

245 S. die Gesetzesbegründung, BT-Drs. 18/11325, 94.
246 Die Gesetzesbegründung spricht von „Rechtsgrundlagen der Verarbeitung“.
247 ZB *Sokol/Scholz*, in: Simitis 2014, § 13 Rn. 41 sowie *Simitis*, in: ders. 2014, § 28 Rn. 313 ff.
248 S. die Gesetzesbegründung, BT-Drs. 18/11325, 94.
249 Hierzu zählen Ärzte, Zahnärzte, Psychologische Psychotherapeuten und Kinder- und Jugendlichenpsychotherapeuten.
250 Dies sind u.a. Hebammen, Masseure, medizinische Bademeister, Ergotherapeuten, Logopäden.

ob sich der Verantwortliche, der gemäß § 203 StGB zur Geheimhaltung verpflichtet ist, strafbar macht, wenn Dritte die Datenverarbeitung für ihn vornehmen und die als Daten gespeicherten Geheimnisse zur Kenntnis nehmen können.[251]

290 **Öffentliche Stellen** können die Zulässigkeit der Verarbeitung besonderer Kategorien personenbezogener Daten darüber hinaus auf vier weitere Rechtsgrundlagen gemäß § 22 Abs. 1 Nr. 2 DSGVO stützen. Die Verarbeitung ist grundsätzlich zulässig, wenn sie

a) aus Gründen eines erheblichen öffentlichen Interesses zwingend,

b) zur Abwehr einer erheblichen Gefahr für die öffentliche Sicherheit,

c) zur Abwehr erheblicher Nachteile für das Gemeinwohl oder zur Wahrung erheblicher Belange des Gemeinwohls zwingend oder

d) aus zwingenden Gründen der Verteidigung oder der Erfüllung über- oder zwischenstaatlicher Verpflichtungen einer öffentlichen Stelle des Bundes auf dem Gebiet der Krisenbewältigung oder Konfliktverhinderung oder für humanitäre Maßnahmen erforderlich ist.

291 Bei allen vier Varianten muss zudem die weitere Voraussetzung erfüllt sein, dass die Interessen des Verantwortlichen an der Datenverarbeitung die Interessen der betroffenen Person überwiegen. Diese Erlaubnistatbestände für öffentliche Stellen entsprechen im Wesentlichen § 13 Abs. 1 Nrn. 1, 5, 6 und 9 BDSG a.F.[252] Für die Regelung in § 22 Abs. 1 Nr. 2 BDSG ist ebenfalls zu erwarten, dass sich die Rechtsanwender am bisherigen Meinungs- und Rechtssprechungsstand orientieren, sofern es in der Praxis zu Anwendungs- oder Auslegungsproblemen kommen sollte. Die Formulierung des **erheblichen öffentlichen Interesses** wurde auch in § 4c Abs. 1 Nr. 4 BDSG verwendet, so dass auf dessen Verständnis zurückgegriffen werden kann.[253] Demnach wurden z. B. die Überwachung von Finanzinstituten, die Steuer- und Zollverwaltung, die Verhinderung der Geldwäsche, die nationale Sicherheit und die öffentliche Gesundheit als wichtige öffentliche Interessen deklariert.[254] Die nationale – öffentliche – Sicherheit wird allerdings in § 22 Abs. 2 Nr. 1 b BDSG und die öffentliche Gesundheit in § 22 Abs. 1 Nr. 1 c BDSG explizit genannt, so dass diese Zwecke nicht zusätzlich von § 22 Abs. 1 Nr. 2 BDSG umfasst werden.

292 Weitere Vorschriften zu den besonderen Kategorien personenbezogener Daten, die auf Gesundheitsdaten, biometrische und genetische Daten anwendbar sind, finden sich in Teil 3 des neuen Bundesdatenschutzgesetzes. Für den Anwendungsbereich der **JI-Richtlinie** gilt gemäß § 46 Nr. 14 BDSG eine Definition der besonderen Kategorien personenbezogener Daten, die inhaltlich der Aufzählung gemäß Art. 9 Abs. 1 DSGVO entspricht.[255] Dadurch soll von vornherein Unsicherheit über das Verständnis der besonderen Kategorien personenbezogener Daten im Anwendungsbereich der JI-Richtlinie vermieden werden.[256] Des Weiteren werden in § 46 Nr. 11, 12 und 13 BDSG in dieser Reihenfolge die genetischen und biometrischen Daten sowie die Gesundheitsdaten legaldefiniert. Es sind im Interesse der Rechtseinheitlichkeit ebenfalls keine Unterschiede zu den Begriffsbestimmungen gemäß Art. 4 Nr. 13, 14 und 15 DSGVO vorhanden. Im nationalen Datenschutzrecht werden diese drei Datenkategorien erstmals durch eine Defi-

---

251 S. ausführlich zu diesem Problem *Jandt*, in: Roßnagel 2017, § 4 Rn. 372 f.

252 S. die Gesetzesbegründung BT-Drs. 18/11325, 95.

253 Es besteht allerdings der Unterschied, dass § 4c BDSG ausschließlich den Anwendungsbereich der Europäischen Union und die Datenübermittlung ins Ausland betrifft.

254 *Simitis*, in: ders. 2014, § 4c Rn. 18 ff.

255 S. dazu *Johannes/Weinhold* 2018, § 1 Kap. 11 a).

256 S. die Gesetzesbegründung, BT-Drs. 18/11325, 111.

nition näher umschrieben. Die Gesundheitsdaten werden weit gefasst, so wie es bereits in der Vergangenheit in der Literatur vertreten wurde.[257]

§ 48 BDSG ist die gesetzliche **Erlaubnisvorschrift** für den Umgang mit besonderen Kategorien von Daten im Anwendungsbereich von § 45 BDSG. Adressaten der Norm sind alle öffentlichen Stellen, die für die Verhütung, Ermittlung, Aufdeckung, Verfolgung oder Ahndung von Straftaten oder Ordnungswidrigkeiten zuständig sind. Abs. 1 regelt im Grundsatz, dass die Verarbeitung besonderer Kategorien personenbezogener Daten nur zulässig ist, wenn sie zur Aufgabenerfüllung unbedingt erforderlich ist. Im Unterschied zu Art. 9 Abs. 1 DSGVO wird die Verarbeitung nicht generell untersagt, sondern es wird eine – recht allgemein formulierte – Rechtsgrundlage begründet. In § 48 Abs. 2 Satz 1 BDSG wird ergänzend klargestellt, dass bei der Verarbeitung geeignete Garantien für die Rechtsgüter der betroffenen Personen gewährleistet sein müssen.[258] 293

Teil 3 enthält noch drei weitere Regelungen zu den besonderen Kategorien personenbezogener Daten. § 51 Abs. 5 BDSG fordert, dass sich die **Einwilligung** ausdrücklich auf besondere Kategorien personenbezogener Daten beziehen muss, wenn deren Verarbeitung legitimiert werden soll. Diese Voraussetzung für die Wirksamkeit der Einwilligung geht über diejenigen in Art. 7 DSGVO hinaus und übernimmt § 4 a Abs. 3 BDSG a.F.[259] § 54 Abs. 2 BDSG untersagt entsprechend Art. 9 Abs. 4 DSGVO grundsätzlich, dass zulässige **automatisierte Einzelentscheidungen** auf besonderen Kategorien personenbezogener Daten beruhen dürfen. Sie sind ausnahmsweise erlaubt, wenn geeignete Maßnahmen zum Schutz der Rechtsgüter sowie der berechtigten Interessen der betroffenen Personen getroffen wurden. § 64 Abs. 1 S. 1 BDSG enthält die Klarstellung, dass insbesondere bei der Verarbeitung besonderer Kategorien personenbezogener Daten ein angemessenes Schutzniveau der **Datensicherheit** durch technische und organisatorische Maßnahmen zu gewährleisten ist. 294

c) Regelung in anderen deutschen Gesetzen

Das Schutzkonzept für Gesundheitsdaten besteht nicht primär aus Vorschriften des allgemeinen Datenschutzrechts, sondern begründet sich vor allem auf zahlreichen spezifischen Regelungen in anderen nationalen Gesetzen. Diese weisen jeweils einen spezifischen Fokus auf und gehen von einem bestimmten Kontext der Datenverarbeitung aus. Insbesondere gibt es für den Gesundheitsbereich mit den **Landeskrankenhausgesetzen**[260] sowie dem 10. Kapitel „Versicherungs- und Leistungsdaten, Datenschutz, Datentransparenz" des SGB V spezifische Datenschutzvorschriften.[261] Diese beschränken den Umgang mit Patientendaten, zB gemäß § 12 HKHG, und Sozialdaten deutlich. Auch das **Bundeskrebsregisterdatengesetz** schützt als spezifisches Datenschutzrecht Gesundheitsdaten, die im Krebsregister gespeichert werden. 295

Im deutschen Recht wird der Schutz von Gesundheitsdaten insbesondere durch die in **§ 203 Abs. 1 Nr. 1 StGB** normierte Schweigepflicht für Arzt, Zahnarzt, Tierarzt, Apotheker oder Angehörige eines anderen Heilberufs erreicht. Diese Strafvorschrift verbietet den Geheimhaltungspflichtigen, Geheimnisse, die ihm in Erfüllung seiner beruflichen Aufgaben von Patienten anvertraut worden sind, gegenüber Dritten zu offenbaren. 296

Genetische Daten sind in Deutschland bisher in § 3 Nr. 11 **Gendiagnostikgesetz** definiert als Daten über genetische Eigenschaften, die durch eine genetische Untersuchung oder durch die im Rahmen einer genetischen Untersuchung durchgeführte genetische 297

257 *Jandt/Hohmann*, K&R 2015, 696 f. mwN.
258 S. die Gesetzesbegründung, BT-Drs. 18/11325, 111.
259 S. die Gesetzesbegründung, BT-Drs. 18/11325, 112.
260 Zu den unterschiedlichen Bezeichnungen dieser Gesetze in den verschiedenen Bundesländern, *Jandt/Roßnagel/Wilke*, RDV 2011, 225.
261 Definition der Versicherungs- und Leistungsdaten s. *Kühling/Seidel*, in: Kingreen/Kühling 2015, 38 ff.

Analyse gewonnen werden. Während die deutsche Definition maßgeblich auf den Vorgang der Gewinnung der Daten abstellt, ist die europäische Definition dem gegenüber weiter. Sie umfasst „Daten“, die „insbesondere aus der Analyse einer biologischen Probe einer natürlichen Person gewonnen wurden“.

3. Verhältnis zur Datenschutz-Grundverordnung

298 Art. 9 Abs. 1 DSGVO untersagt grundsätzlich die Verarbeitung besonderer Kategorien personenbezogener Daten und normiert in Abs. 2 lit. a bis j insgesamt zehn Ausnahmetatbestände von diesem Verbot. Von diesen sind vier nicht abschließend durch den europäischen Gesetzgeber gefasst worden, sondern enthalten einen Verweis auf das Unionsrecht oder das Recht der Mitgliedstaaten. Bei den Ausnahmen gemäß Art. 9 Abs. 2 lit. b, g, h und i DSGVO besteht somit ein **Ausgestaltungsspielraum** der Mitgliedstaaten. Dieser wurde durch den deutschen Gesetzgeber mit der Regelung in § 22 BDSG wahrgenommen.[262] Die genannten Ausnahmetatbestände von Art. 9 Abs. 2 DSGVO geben alle verbindlich vor, dass die Verarbeitung der besonderen Kategorien personenbezogener Daten für einen konkret bestimmten Zweck erforderlich sein muss. Außerdem fordern sie weitere Voraussetzungen, wie zB geeignete Garantien für die Grundrechte und Interessen der Betroffenen. Darüber hinaus ist jeweils eine Grundlage nach dem Unionsrecht oder dem Recht der Mitgliedstaaten gefordert. Insofern können diese vier Tatbestände, die eine Verarbeitung besondere Kategorien personenbezogener Daten ausnahmsweise erlauben, durch die nationalen Regelungen um weitere Voraussetzungen ergänzt werden. Nur wenn sowohl die Vorgaben der Regelung des Art. 9 Abs. 2 lit. b DSGVO i.V.m. § 22 Abs. 1 Nr. 1 a) BDSG, Art. 9 Abs. 2 lit. g DSGVO i.V.m. § 22 Abs. 1 Nr. 2 a) bis d) BDSG, Art. 9 Abs. 2 lit. h DSGVO i.V.m. § 22 Abs. 1 Nr. 1 b) BDSG oder Art. 9 Abs. 2 lit. i DSGVO i.V.m. § 22 Abs. 1 Nr. 1 c) BDSG[263] erfüllt sind, ist die Datenverarbeitung zulässig.

299 Im Ergebnis führen diese Kombinationen zu einer **Ko-Regulierung** aus europäischen und nationalen Erlaubnistatbeständen. Allerdings konkretisiert nur § 22 Abs. 2 BDSG Art. 9 Abs. 2 lit. g DSGVO durch die nationale Vorschrift. In den drei Fällen von § 22 Abs. 1 Nr. 1 a) bis 1 c) BDSG werden im Wesentlichen die Inhalte – teilweise mit identischer Formulierung – der korrespondierenden europäischen Vorschrift wiederholt.[264]

300 Bei § 22 Abs. 1 Nr. 1 a) BDSG wurde im Unterschied zu Art. 9 Abs. 2 lit. b DSGVO auf die Nennung des Arbeitsrechts verzichtet. Der Beschäftigtendatenschutz wird gebündelt in § 26 BDSG geregelt, in dessen Abs. 3 sich die Erlaubnisvorschrift für die Verarbeitung besonderer Kategorien personenbezogener Daten für Zwecke des Beschäftigungsverhältnisses findet (→ § 8 Rn. 10 ff.). Diese Vorschrift ist gegenüber § 22 Abs. 1 Nr. 1 a) BDSG vorrangig anzuwenden. Sofern öffentliche Stellen besondere Kategorien personenbezogener Daten verarbeiten möchten, müssen sie die gegenüber Art. 9 Abs. 2 lit. g DSGVO durch § 22 Abs. 2 BDSG in vier Einzeltatbestände ausdifferenzierten und konkretisierten Zwecke beachten und eine der nationalen Varianten erfüllen.

301 Eine **Kollision** zwischen den vorrangigen Vorschriften der Datenschutz-Grundverordnung und deren Ausgestaltung im Bundesdatenschutzgesetz kommt nur in Betracht, wenn der nationale Gesetzgeber den vorgegebenen Ausgestaltungsspielraum überschritten und eine Regelung erlassen hätte, die im Widerspruch zur Datenschutz-Grundverordnung steht. § 22 Abs. 1 Nr. 2 a) BDSG wiederholt Art. 9 Abs. 2 lit. g DSGVO. Die drei weiteren in § 22 Abs. 1 Nr. 2 b) bis d) BDSG genannten zulässigen Zwecke der Ver-

262 Die Gesetzesbegründung spricht sowohl von einer Ausgestaltung von Art. 9 Abs. 2 DSGVO durch § 22 BDSG als auch von Art. 9 DSGVO als Öffnungsklausel, BT-Drs. 18/11325, 94.

263 S. auch BT-Drs. 18/11325, 94 f.

264 *Helfrich*, ZD 2017, 98.

arbeitung besonderer Kategorien personenbezogener Daten stellen jeweils eine Konkretisierung des in Art. 9 Abs. 2 lit. g DSGVO allgemein formulierten Zwecks des „erheblichen öffentlichen Interesses dar". Sie engen damit den Anwendungsbereich des Art. 9 Abs. 2 lit. g DSGVO ein. Es wird gerade nicht jedes öffentliche Interesse als zulässig erachtet. In Bezug auf § 22 Abs. 1 Nr. 1 a) bis 2 und Nr. 2 a) BDSG ist allenfalls zu erwägen, ob der Erlass inhaltsgleicher nationaler Vorschriften einen Verstoß gegen das europarechtliche Normwiederholungsverbot darstellt (→ § 2 Rn. 30 f.). Enthalten Normen in europäischen Verordnungen allerdings Bestimmungen, die nationale Durchführungsakte erforderlich machen, sind die Mitgliedstaaten verpflichtet, entsprechende Vorschriften zu erlassen. Art. 9 Abs. 2 lit. b, g, h und j DSGVO fordern jeweils eine Vorschrift im Unionsrecht oder nationalen Recht als Grundlage der Verarbeitung. Insofern sind die nationalstaatlichen Vorschriften als zwingend zu erachten, selbst wenn sie lediglich den Norminhalt der Verordnung wiederholen und keine darüber hinaus gehenden Anforderungen vorsehen.

Ergänzend ist darauf hinzuweisen, dass Art. 9 Abs. 1 lit. a DSGVO die Möglichkeit des **Ausschlusses der Einwilligung** bezogen auf besondere Datenkategorien durch das nationale Recht vorsieht. Im deutschen Datenschutzrecht existierten – bisher – keine ausdrücklichen Vorschriften, die die Legitimierung der Datenverarbeitung durch eine Einwilligung explizit ausschließen.[265] Ein derartiger Regelungsansatz wurde aber zB für den Beschäftigtendatenschutz diskutiert.[266] Teilweise wird für den öffentlichen Bereich davon ausgegangen, dass nur ausnahmsweise der Rückgriff auf eine Einwilligung zulässig sei.[267] Das Bundessozialgericht hat 2008 im Anwendungsbereich des SGB V den Rückgriff auf die allgemeinen Regelungen des Datenschutzes ausgeschlossen, die die Datenübermittlung bei Vorliegen einer Einwilligungserklärung des Betroffenen erlauben (→ § 7 Rn. 95 f.).[268] Der nationale Gesetzgeber hat es leider auch nicht für erforderlich erachtet, im neuen Bundesdatenschutzgesetz die Möglichkeit gesetzlich auszuschließen, den Umgang mit Gesundheitsdaten über eine Einwilligung zu legitimieren. Dies wäre allerdings vor allem in Hinblick auf Gesundheits-Apps und vergleichbare „Freizeit-Apps", bei denen täglich zahlreiche Gesundheitsdaten über ihre Nutzer erhoben und gespeichert werden, sehr wünschenswert gewesen.[269] 302

Die Vorschriften zu den besonderen Kategorien personenbezogener Daten im dritten Teil des Bundesdatenschutzgesetzes müssen zur JI-Richtlinie in Beziehung gesetzt werden.[270] Im Einzelnen setzen § 46 BDSG Art. 3 JI-RL, § 48 BDSG Art. 10 JI-RL, § 54 BDSG Art. 11 JI-RL und § 64 BDSG Art. 29 JI-RL um. Die JI-Richtlinie enthält keine Regelung zur Einwilligung, geht aber davon aus, dass sie möglich ist.[271] § 51 Abs. 5 BDSG setzt daher nicht unmittelbar eine Vorschrift der JI-Richtlinie um, sondern basiert auf Art. 7 DSGVO und § 4 a Abs. 3 BDSG a.F. 303

---

265 Insbesondere enthalten die Krankenhausgesetze der Länder keinen expliziten Ausschluss der Einwilligung zur Legitimierung des Umgangs mit Patientendaten, s. zB § 12 Abs. 1 KHKG, der explizit auf das HDSG und die Einwilligung verweist.

266 S. § 321 Abs. 1 BDSG-E des durch Ablauf der 17. Wahlperiode gescheiterten Entwurfes eines Gesetzes zur Regelung des Beschäftigtendatenschutzes, BT-Drs. 17/4230, 10. *Scholz/Sokol*, in: Simitis 2014, § 4 Rn. 7 halten in der Regel Einwilligungen in Abhängigkeitsverhältnissen für unzulässig, aber auch schon dann, wenn sich die Beteiligten „nicht auf gleicher Augenhöhe" begegnen können, also faktisch ein Machtungleichgewicht besteht.

267 Scholz/Sokol, in: Simitis 2014, § 4 Rn. 7 begründen dies mit den „Verarbeitungspflichten" der öffentlichen Stellen; Gola/Schomerus 2015, § 4 Rn. 16.

268 *BSGE* 102, 134.

269 *Roßnagel/Geminn/Jandt/Richter* 2016, 146 ff.

270 Die Überprüfung, ob diese Richtlinie wiederum im Einklang mit der Datenschutz-Grundverordnung steht, ist rein europarechtlich zu prüfen und zu beantworten, so dass hier nicht näher darauf eingegangen wird.

271 S. Eg. 35 und 37 der JI-RL.

304 Die dargestellten spezifischen nationalen Datenschutzvorschriften insbesondere im Sozialgesetzbuch sind lange vor der Datenschutz-Grundverordnung in Deutschland erlassen worden. Grundsätzlich können die nationalen Datenschutzvorschriften im Sozialgesetzbuch auf die Öffnungsklausel gemäß Art. 9 Abs. 2 lit. b DSGVO gestützt werden. Dieser erlaubt die Datenverarbeitung besonderer Datenkategorien im Kontext des **Arbeits- und Sozialrechts**, soweit dies nach dem Recht der Mitgliedstaaten zulässig ist. In Deutschland weisen Gesundheitsdaten eine Schnittmenge mit den in § 67 Abs. 1 SGB X definierten Sozialdaten auf (zum Sozialdatenschutz → § 7 Rn. 110 ff.).

305 Für den thematischen Kontext der **Gesundheitsdaten, biometrischen und genetischen Daten** ist Art. 9 Abs. 2 lit. h DSGVO als wichtigste Norm anzusehen, der die Verarbeitung besonderer Datenkategorien für die (individuelle) Gesundheitsvorsorge, Arbeitsmedizin, für die Beurteilung der Arbeitsfähigkeit des Beschäftigten, für die medizinische Diagnostik, die Versorgung oder Behandlung im Gesundheits- oder Sozialbereich oder für die Verwaltung von Systemen und Diensten im Gesundheits- oder Sozialbereich auf der Grundlage der nationalen Vorschriften. Aufgrund dieses Regelungsspielraums kann der in Deutschland vorrangig durch Spezialvorschriften, insbesondere im SGB V (→ § 7 Rn. 131), den Krankenhausgesetzen der Länder, Gendiagnostikgesetz, Bundeskrebsregisterdatengesetz (BKRG) sowie § 203 StGB (→ § 8 Rn. 309 ff.), gewährleistete Schutz von Gesundheitsdaten und genetischen Daten berücksichtigt werden.

306 Unabhängig von den Regelungsspielräumen in den verschiedenen Erlaubnistatbeständen eröffnet Art. 9 Abs. 4 DSGVO speziell für Gesundheitsdaten, biometrische und genetische Daten einen ergänzenden **Regelungsspielraum** der Mitgliedstaaten, der sich auf alle Erlaubnistatbestände von Art. 9 Abs. 2 DSGVO erstreckt. Diese Öffnungsklausel erteilt den Mitgliedstaaten ausdrücklich die Befugnis, zusätzliche Bedingungen, einschließlich Beschränkungen in Bezug auf die Verarbeitung von Gesundheitsdaten, biometrischen und genetischen Daten beizubehalten oder einzuführen. Dies schließt die Möglichkeit ein, dass die Mitgliedstaaten weitere, strengere Bedingungen für die Verarbeitung dieser Daten vorsehen – so wie es in den genannten Spezialvorschriften, insbesondere den Krankenhausgesetzen der Länder und dem Sozialgesetzbuch (→ § 7 Rn. 110 ff.), bereits der Fall ist.

4. Geltendes Recht für Gesundheitsdaten, biometrische und genetische Daten

307 Die datenschutzrechtliche Bewertung der Verarbeitung von Gesundheitsdaten, biometrischen und genetischen Daten basiert auf den Vorschriften der Datenschutz-Grundverordnung und des Bundesdatenschutzgesetzes, die den besonderen Kategorien personenbezogener Daten gewidmet sind. Lediglich Art. 9 Abs. 4 DSGVO adressiert nur die Gesundheitsdaten, biometrischen und genetischen Daten und erlaubt es dem nationalen Gesetzgeber ausschließlich für diese besonderen drei Kategorien spezifische zusätzliche Bedingungen oder Beschränkungen einzuführen oder aufrechtzuerhalten. Im Bundesdatenschutzgesetz wurde von dieser **Ausgestaltungsbefugnis kein Gebrauch** gemacht. Alle spezifischen Vorschriften in anderen nationalen Gesetzen werden allerdings dahingehend zu überprüfen sein, ob sie mit Art. 9 Abs. 4 DSGVO konform sind. Grundsätzlich ist von ihrer parallelen Geltung als Spezialvorschrift zu § 22 BDSG auszugehen.

5. Zusammenfassung

308 Die Verordnung fordert wie schon bisher das europäische Datenschutzrecht ein hohes Schutzniveau für Gesundheitsdaten. Eine positive Entwicklung stellt die Erweiterung des Katalogs besonderer Datenkategorien um biometrische und genetische Daten dar, die somit auf die gleiche Schutzebene angehoben werden. Durch die Begriffsdefinitionen wird sowohl die Rechtssicherheit als auch die Harmonisierung unterstützt. Indem der

nationale Gesetzgeber diese Definitionen in das Bundesdatenschutzgesetz für den Anwendungsbereich der JI-Richtlinie übernommen hat, leistet er einen weiteren Beitrag zur Rechtsvereinheitlichung. Das hohe Schutzniveau wird in der Datenschutz-Grundverordnung durch die spezifischen und abschließend geregelten Erlaubnistatbestände, das Erfordernis der Datenschutz-Folgenabschätzung (→ § 5 Rn. 160 ff.)[272] und die Informationspflicht bei „Datenpannen“ erreicht.[273] Bei den Erlaubnistatbeständen ist als negativ zu verzeichnen, dass sie nicht zwischen den einzelnen Datenkategorien differenzieren und somit Zweifel bleiben, ob tatsächlich alle Ausnahmefälle auf Gesundheitsdaten, biometrische und genetische Daten anwendbar sein sollten. Der nationale Gesetzgeber hat den durch die Erlaubnistatbestände gemäß Art. 9 Abs. 2 lit. b, g, h und i DSGVO vorgegebenen Regelungsauftrag durch den Erlass von § 22 BDSG erfüllt. Ebenso wie die europäischen Vorschriften fehlen allerdings differenzierte Erlaubnistatbestände für die verschiedenen Kategorien personenbezogener Daten. Es wäre wünschenswert, wenn Deutschland ergänzend von der **Regelungsbefugnis** gemäß Art. 9 Abs. 4 DSGVO Gebrauch machen und die Anforderungen für Gesundheitsdaten, biometrische und genetische Daten anheben würde. Gerade für den Gesundheitsbereich positiv hervorzuheben sind die Ausgestaltungsspielräume, die eine Berücksichtigung des nationalen Rechts erlauben. Dadurch können spezifische nationale Datenschutzvorschriften für Gesundheitsdaten, Sozialdaten und genetische Daten weiterhin angewendet werden. Zudem ist es aufgrund der Regelungsbefugnis möglich, dass das nationale Recht zukünftig auf technische Entwicklungen und Geschäftsmodelle, wie insbesondere Gesundheits-Apps, Anwendungen der Telemedizin und gesundheitsdatenbasierte Versicherungstarife, schneller als der europäische Gesetzgeber durch den Erlass spezifischer Datenschutzvorschriften reagiert.[274]

VII. Geheimhaltungspflichten

Das Datenschutzrecht weist seit jeher einen engen Zusammenhang zu Geheimhaltungspflichten auf, die den Schutz der Vertraulichkeit von Informationen gewährleisten. Diese können gesetzlich, durch Berufs- und Standesrecht oder vertraglich begründet sein. Die wichtigsten Geheimhaltungspflichten sind Berufs- und Amtsgeheimnisse, Betriebs- und Geschäftsgeheimnisse und – gleichwohl es einen rechtlichen Sonderstatus aufweist – das Bankgeheimnis. Das europäische Datenschutzrecht statuiert selbst keine Geheimhaltungspflichten, sondern verweist lediglich in einigen Vorschriften auf Berufsgeheimnisse oder gleichwertige Geheimhaltungspflichten des Rechts des Mitgliedstaates. Die Verordnung verfolgt das übergeordnete Ziel, die europäischen Vorschriften zum Schutz auf personenbezogene Daten mit den nationalstaatlichen Pflichten zur Geheimhaltung in Einklang zu bringen. 309

1. Geheimhaltungspflichten in der Datenschutz-Grundverordnung

Art. 90 DSGVO mit der Überschrift „**Geheimhaltungspflichten**“ enthält keine grundsätzliche und abstrakte Regelung, durch die das Verhältnis der Vorschriften der Verordnung zu nationalstaatlichen Geheimhaltungspflichten vorgegeben wird, sondern bezieht sich ausschließlich auf die Befugnisse der Aufsichtsbehörden. Die Mitgliedstaaten werden ermächtigt, die Befugnisse der Aufsichtsbehörde gegenüber verantwortlichen Stellen oder Auftragsverarbeitern zu regeln, die nach dem Recht der Mitgliedstaaten oder nach von den zuständigen einzelstaatlichen Stellen erlassenen Regelungen dem Berufsgeheim- 310

272 *Jandt*, in: Kühling/Buchner 2017, Art. 35 Rn. 1 ff.
273 *Jandt*, in: Kühling/Buchner 2017, Art. 33 Rn. 1 ff. und Art. 34 Rn. 1 ff.
274 S. *Roßnagel/Geminn/Jandt/Richter* 2016, 146 ff.

nis oder einer gleichwertigen Geheimhaltungspflicht unterliegen.[275] Der Erlass nationalstaatlicher Regelungen steht allerdings unter dem Vorbehalt, dass diese notwendig und verhältnismäßig sind, um das Recht auf Schutz der personenbezogenen Daten mit der Pflicht zur Geheimhaltung in Einklang zu bringen. Art. 90 Abs. 1 Satz 2 DSGVO schränkt den Anwendungsbereich zudem auf personenbezogene Daten ein, die bei einer Tätigkeit des datenschutzrechtlich Verantwortlichen oder des Auftragsverarbeiters erlangt oder erhoben worden sind, die einer solchen Geheimhaltungspflicht unterliegt.[276]

311 Darüber hinaus verweist Art. 9 Abs. 2 lit. i DSGVO im Kontext der Erlaubnisvorschrift für die Verarbeitung besonderer Datenkategorien (→ § 8 Rn. 280 ff.) auf die **Berufsgeheimnisse.** Die Datenverarbeitung im Interesse der öffentlichen Gesundheit,[277] wie dem Schutz vor schwerwiegenden grenzüberschreitenden Gesundheitsgefahren oder zur Gewährleistung hoher Qualitäts- und Sicherheitsstandards bei der Gesundheitsversorgung sowie bei Arzneimitteln und Medizinprodukten, ist unter dem Vorbehalt zulässig, dass das nationale Recht angemessene und spezifische Maßnahmen zum Schutz der Rechte und Freiheiten der betroffenen Person vorsieht. Diese können insbesondere durch Berufsgeheimnisse gewährleistet werden.[278]

312 Der weitere Erlaubnistatbestand zur Verarbeitung von besonderen Datenkategorien für die **Gesundheits- und Sozialbereiche** gemäß Art. 9 Abs. 2 lit. h DSGVO enthält eine vergleichbare Begrenzung des Anwendungsbereichs. Die Verarbeitung muss insbesondere auf der Grundlage des Rechts eines Mitgliedstaats oder aufgrund eines Vertrags mit einem Angehörigen eines Gesundheitsberufs und vorbehaltlich der in Abs. 3 genannten Bedingungen und Garantien erfolgen. Die Norm konkretisiert die Anforderungen an die Datenverarbeitung in subjektiver Hinsicht, da diese entweder von Fachpersonal oder unter dessen Verantwortung erfolgen und dieses Fachpersonal nach dem Recht eines Mitgliedstaats oder den Vorschriften nationaler zuständiger Stellen dem Berufsgeheimnis unterliegen muss.[279] Anderen Personen ist die Verarbeitung nur erlaubt, wenn diese ebenfalls einer Geheimhaltungspflicht unterliegen (→ § 8 Rn. 281).

313 Art. 14 Abs. 1 DSGVO normiert eine **Informationspflicht gegenüber dem Betroffenen,** wenn Daten nicht direkt bei ihm erhoben worden sind. Abs. 5 der Norm statuiert insgesamt vier Ausnahmen von der Informationspflicht. Gemäß Art. 14 Abs. 5 lit. d DSGVO entfällt diese, wenn Daten aufgrund eines im Unionsrecht oder einzelstaatlichen Recht geregelten Berufsgeheimnisses, einschließlich einer satzungsmäßigen Geheimhaltungspflicht, unterliegen und daher vertraulich behandelt werden müssen.[280] Beispiele für derartige Rechtsvorschriften sind ua § 43 a BRAO oder § 203 StGB, wenn sie die Geheimnisse des Dritten schützen. Ihrem Wesen nach geheim sind zB Daten, die gespeichert werden, um strafrechtlich relevante Taten aufzudecken, wie zB in einem Whistleblowerverfahren erhobene Verdächtigungen solange eine „Verdunkelungsgefahr" besteht.[281]

314 Schließlich bezieht Art. 28 DSGVO als Vorschrift zur **Regelung der Auftragsverarbeitung** (→ § 5 Rn. 76 ff.) insbesondere gesetzliche Berufsgeheimnisse in das Datenschutzrecht ein. Gemäß Art. 28 Abs. 3 DSGVO ist die Auftragsverarbeitung nur zulässig, wenn sie auf der Grundlage eines Vertrags oder eines anderen Regelungsinstruments erfolgt und die nachfolgend aufgelisteten acht Vertragsinhalte aufweist. Insbesondere ist

275 Eg. 164 DSGVO.

276 S. *Uwer*, in: Wolff/Brink 2016, Art. 90 Rn. 11 f.; *Herbst*, in: Kühling/Buchner 2017, Art. 90 Rn. 21 ff.

277 S. *Kampert*, in: Sydow 2017, Art. 9 Rn. 46; *Weichert*, in: Kühling/Buchner 2017, Art. 9 Rn. 116 f.

278 S. *Kampert*, in: Sydow 2017, Art. 9 Rn. 46; *Weichert*, in: Kühling/Buchner 2017, Art. 9 Rn. 118.

279 S. *Schiff*, in: Ehmann/Selmayr 2017, Art. 9 Rn. 53.

280 S. auch *Schmidt-Wudy*, in: Wolff/Brink 2017, Art. 14 Rn. 105 f.; *Bäcker*, in: Kühling/Buchner 2017, Art. 14 Rn. 68 ff.

281 Gola/Schomerus 2015, § 33 Rn. 34.

gemäß Art. 28 Abs. 3 Satz 2 lit. b DSGVO zu gewährleisten, dass mit der Datenverarbeitung ausschließlich Mitarbeiter des Auftragsverarbeiters befasst werden, die sich zur Vertraulichkeit verpflichtet haben oder einer angemessenen gesetzlichen Verschwiegenheitspflicht unterliegen. Damit wird ein in Deutschland bisher bestehendes Problem externer Datenverarbeitungen im Auftrag von Berufsgeheimnisträgern aufgegriffen.[282]

2. Geheimhaltungspflichten in Deutschland

Das nationale Datenschutzrecht traf in § 1 Abs. 3 Satz 2 BDSG a.F. zunächst die grund- 315
sätzliche Feststellung, dass Verpflichtungen zur Wahrung gesetzlicher Geheimhaltungspflichten oder von Berufs- oder besonderen Amtsgeheimnissen, die nicht auf gesetzlichen Vorschriften beruhen, von den datenschutzrechtlichen Vorschriften unberührt bleiben. Hierdurch wurde die **Parallelgeltung** dieser beiden Regelungskomplexe angeordnet. Ihnen war zwar das Schutzziel der Vertraulichkeit von Informationen gemeinsam. Die genannte Vorschrift sollte aber sicherstellen, dass das Datenschutzrecht in keiner Weise den Schutzbereich bereichsspezifischer Geheimhaltungsvorschriften reduziert, die teilweise zeitlich schon vor den Datenschutzgesetzen existierten.[283] Des Weiteren wies § 39 BDSG a.F. einen Zusammenhang zu den Geheimnispflichten auf und normierte eine **besondere Zweckbindung** für personenbezogene Daten, die einem Berufs- oder besonderen Amtsgeheimnis unterlagen. Dadurch wurden weitere Verwendungszwecke grundsätzlich ausgeschlossen, es sei denn die Änderung des Zwecks war durch ein besonderes Gesetz zugelassen. Die Übermittlung der Daten an nicht-öffentliche Stellen bedurfte zudem gemäß § 39 Abs. 1 Satz 2 BDSG a.F. der Einwilligung der zur Verschwiegenheit verpflichteten Stelle.

§ 1 BDSG definiert den Anwendungsbereich des Bundesdatenschutzgesetzes. In diesem 316
Zusammenhang ist in § 1 Abs. 2 Satz 3 BDSG die beschriebene Regelung aus § 1 Abs. 3 Satz 2 BDSG a.F. mit identischem Wortlaut übernommen worden. In Deutschland gilt somit auch zukünftig der Grundsatz, dass die Verpflichtung zur Wahrung gesetzlicher Geheimhaltungspflichten oder von Berufs- oder besonderen Amtsgeheimnissen, die nicht auf gesetzlichen Vorschriften beruhen, von den Vorschriften des Bundesdatenschutzgesetzes **unberührt** bleiben. Der nationale Gesetzgeber hat es offensichtlich für erforderlich gehalten, diese Klarstellung beizubehalten, um von vorne herein Unklarheiten über die parallele Rechtsanwendung von Geheimhaltungspflichten und Datenschutzrecht auszuschließen.

Des Weiteren wird auf die Geheimhaltungspflichten im Teil 2 des Bundesdatenschutzge- 317
setzes in § 22 und in § 29 BDSG Bezug genommen. § 22 BDSG normiert in Umsetzung von Art. 9 Abs. 2 DSGVO Erlaubnisvorschriften für den Umgang mit besonderen Kategorien von personenbezogenen Daten (→ § 8 Rn. 280 ff.). § 22 Abs. 1 Nr. 1 b BDSG erlaubt öffentlichen und nicht-öffentlichen Stellen die Verarbeitung besonderer Kategorien personenbezogener Daten zum Zweck der Gesundheitsvorsorge, für die Beurteilung der Arbeitsfähigkeit des Beschäftigten, für die medizinische Diagnostik, die Versorgung oder Behandlung im Gesundheits- oder Sozialbereich oder für die Verwaltung von Systemen und Diensten im Gesundheits- und Sozialbereich oder aufgrund eines Vertrags der betroffenen Person mit einem Angehörigen eines Gesundheitsberufs (→ § 8 Rn. 281). Dies erfolgt allerdings mit der Einschränkung, dass diese Daten von ärztlichem Personal oder durch sonstige Personen, die einer entsprechenden Geheimhaltungspflicht unterliegen, oder unter deren Verantwortung verarbeitet werden. Für das deutsche Recht ist dieser Zusatz als ausdrücklicher Verweis auf die Berufsgeheimnisse zu

282 Bezogen auf Anwälte s. *Jandt/Nebel,* NJW 2013, 1570 sowie für Ärzte *Jandt/Roßnagel/Wilke,* NZS 2011, 641.
283 S. *Dix,* in: Simitis 2014, § 1 Rn. 175.

verstehen, die sich insbesondere für Ärzte und anderes medizinisches Personal aus § 203 StGB und ergänzend den entsprechenden Berufsordnungen ergibt.[284]

318 § 29 BDSG regelt die **Rechte der betroffenen Person** und **aufsichtsbehördliche Befugnisse** im Fall von Geheimhaltungspflichten. Gemäß § 29 Abs. 1 BDSG wird die Pflicht zur Information des Betroffenen gemäß Art. 14 Absätze 1 bis 4 DSGVO eingeschränkt, soweit durch ihre Erfüllung Informationen offenbart würden, die ihrem Wesen nach, insbesondere wegen der überwiegenden berechtigten Interessen eines Dritten, geheim gehalten werden müssen. Das Recht auf Auskunft der betroffenen Person gemäß Art. 15 DSGVO und die Pflicht zur Benachrichtigung gemäß Art. 34 DSGVO werden darüber hinaus eingeschränkt, soweit durch ihre Erfüllung Informationen offenbart würden, die nach einer Rechtsvorschrift oder ihrem Wesen nach, geheim zu halten sind. Bei der Beschränkung der Informationspflicht war der Verweis auf die sich aus Rechtsvorschriften ergebenden Geheimhaltungspflichten nicht erforderlich, da die Informationspflicht unmittelbar durch Art. 14 Abs. 5 lit. d DSGVO beschränkt wird. Durch § 29 Abs. 1 BDSG werden die Betroffenenrechte grundsätzlich reduziert und damit als Ausnahme von der grundsätzlichen Parallelgeltung den Geheimhaltungspflichten der Vorrang gegenüber dem Datenschutzrecht eingeräumt. Bezogen auf die Benachrichtigungspflicht folgt in § 22 Abs. 1 Satz 4 BDSG allerdings die Gegenausnahme, dass eine Benachrichtigung zu erfolgen hat, wenn die Interessen der betroffenen Person, insbesondere unter Berücksichtigung drohender Schäden, gegenüber dem Geheimhaltungsinteresse überwiegen. Diese Beschränkungen der Informations- und Auskunftsrechte gegenüber Berufsgeheimnisträgern entsprechen den Vorgängerregelungen in § 19 a Abs. 3 i.V.m. § 19 Abs. 4 Nr. 3, § 33 Abs. 2 Satz 1 Nr. 3 BDSG a.F. beziehungsweise § 19 Abs. 4 Nr. 3 und § 34 Abs. 7 BDSG a.F.

319 § 29 Abs. 2 BDSG enthält zugunsten der Geheimhaltungspflichten eine Ausnahme von der **Informationspflicht** des Betroffenen gemäß Art. 13 Abs. 3 DSGVO. Dieser ist nicht über die Übermittlung von Daten im Zuge der Aufnahme oder im Rahmen eines Mandatsverhältnisses an einen Berufsgeheimnisträger zu informieren, sofern nicht sein Interesse an der Informationserteilung überwiegt. Bei diesem Ausnahmetatbestand hat die übermittelnde Stelle immer zuerst eine Interessenabwägung vorzunehmen.

320 § 29 Abs. 3 BDSG betrifft schließlich die Rechte der **Aufsichtsbehörden** gegenüber den gemäß § 203 Absätze 1, 2 a und 3 StGB geheimhaltungspflichtigen Personen oder deren Auftragsverarbeitern. Ihnen gegenüber bestehen die Untersuchungsbefugnisse der Aufsichtsbehörden gemäß Art. 58 Abs. 1 lit. e und f DSGVO nicht, soweit die Inanspruchnahme der Befugnisse zu einem Verstoß gegen die Geheimhaltungspflichten dieser Personen führen würde. Sollte die Aufsichtsbehörde im Rahmen einer Untersuchung Kenntnis von Daten erlangen, die einer Geheimhaltungspflicht aus § 203 StGB unterliegen, ist die Aufsichtsbehörde gemäß § 29 Abs. 3 Satz 2 BDSG ebenfalls zur Geheimhaltung verpflichtet.

321 Die nationalen **Geheimhaltungsvorschriften** selbst sind nicht Gegenstand des Datenschutzrechts, sondern sie sind verstreut mit sehr unterschiedlichem Rechtscharakter normiert. Aus der Aufzählung des § 1 Abs. 2 Satz 3 BDSG ergibt sich für den deutschen Regelungskomplex eine Differenzierung in die drei Kategorien der gesetzlichen Geheimhaltungspflichten, Berufsgeheimnisse ohne gesetzliche Kodifikation und besondere Amtsgeheimnisse, die nicht gesetzlich geregelt sind. Diese Einteilung folgt nicht aus einem systematischen Regelungskonzept, sondern verfolgt das Ziel, die Geheimhaltungspflichten möglichst umfassend zu erfassen. In Deutschland sind einige Berufs- und Amtsgeheimnisse gesetzlich normiert, andere wiederum nicht, ohne dass ein sachlicher

284 S. BT-Drs. 18/11325, 95.

Grund für diesen unterschiedlichen Rechtscharakter besteht. Vermutlich ist er lediglich der jeweiligen historischen Entwicklung geschuldet.

Berufsgeheimnisse sind an den jeweiligen Berufsträger gebunden, der durch seine Berufsausübung gegenüber anderen Personen eine besondere Vertrauensstellung als Geheimnisträger einnimmt.[285] Einer gesetzlichen Verschwiegenheitsverpflichtung obliegen insbesondere Anwälte,[286] Notare,[287] Steuerberater,[288] Wirtschaftsprüfer[289] und der Bundesbeauftragte für den Datenschutz.[290] Im Unterschied zum Berufsgeheimnis können durch **Amtsgeheimnisse** entweder die Stelle oder Institution, wie zB beim Steuer-[291] oder Sozialgeheimnis,[292] oder ihre Beschäftigten als Normadressaten verpflichtet sein, wie beim Statistik-[293] oder Meldegeheimnis.[294] Darüber hinaus verpflichtet das amtliche Adoptionsgeheimnis nicht nur Behördenmitarbeiter, sondern auch alle Dritten, die Kenntnis von Tatsachen und Umständen einer Adoption erhalten[295] und entfaltet somit eine Fernwirkung. Eine persönliche gesetzliche Verschwiegenheitspflicht wird ergänzend durch die Verleihung des Beamtenstatus begründet. Beamte des Bundes sind gemäß § 67 Abs. 1 BBG persönlich zur Verschwiegenheit verpflichtet. Für Beamte der Länder, Gemeinden und Gemeindeverbände sowie der sonstigen der Aufsicht eines Landes unterstehenden Körperschaften, Anstalten und Stiftungen des öffentlichen Rechts ist die Verschwiegenheitspflicht in § 37 Abs. 1 BeamtStG normiert. 322

Für die Qualifizierung als gesetzliche Geheimhaltungspflicht ist allein die strafrechtliche Statuierung gemäß § 203 StGB nicht ausreichend.[296] Insbesondere die dem medizinischen Bereich zuzuordnenden und in Abs. 1 der Norm aufgeführten Fallgruppen sind nicht selbst als gesetzliche Geheimhaltungspflichten verankert.[297] Sie sind daher der zweiten Kategorie der **Berufsgeheimnisse ohne gesetzliche Kodifikation** zuzurechnen. Der verbindliche Charakter der **ärztlichen Schweigepflicht** ergibt sich beispielsweise ergänzend zu § 203 Abs. 1 Nr. 1 StGB aus den in Umsetzung von § 9 Musterberufsordnung der Ärzte erlassenen jeweiligen Vorschriften zur Schweigepflicht in den Satzungen der Landesärztekammern. Für den klinischen Bereich enthalten verschiedene Krankenhausgesetze der Länder Vertraulichkeitspflichten.[298] Für Psychotherapeuten ist ein Verstoß gegen die Schweigepflicht ebenfalls strafrechtlich bewehrt und in den landesrechtlichen Berufsordnungen normiert.[299] 323

Das sogenannte **„Bankgeheimnis"** nimmt eine Sonderstellung ein, da es an keiner Stelle gesetzlich erwähnt ist.[300] Es wird aber dennoch zB in § 30 a AO vom Gesetzgeber in gewissem Umfang anerkannt, indem zum einen auf das Vertrauensverhältnis zwischen Kreditinstitut und Kunden verwiesen wird und zum anderen die Nachforschungsbefug- 324

285 *Miedbrodt*, in: Roßnagel 2003, Kap. 4.9 Rn. 3 ff.
286 § 43 a Abs. 2 BRAO.
287 § 18 BNotO.
288 § 62 StBerG.
289 §§ 43 Abs. 1 Satz 1 und 50 WiPrO.
290 § 13 Abs. 4 BDSG. Für die Landesdatenschutzbeauftragten s. zB § 23 HDSG, § 23 BlnDSG.
291 § 30 AO.
292 § 35 SGB V.
293 § 16 Abs. 1 BStatG.
294 § 5 Abs. 1 MRRG.
295 § 1785 BGB.
296 *Dix*, in: Simitis 2014, § 1 Rn. 180.
297 Demgegenüber sind das Steuergeheimnis und das Dienstgeheimnis als explizite gesetzliche Geheimhaltungspflicht normiert und die Verletzung dieser Geheimhaltungspflichten kann gemäß § 355 StGB bzw. § 353 b StGB strafrechtlich sanktioniert werden.
298 ZB §§ 3 f. Bremisches Krankenhausdatenschutzgesetz.
299 S. zB § 11 Berufsordnung der Landeskammer für und psychologische Psychotherapeutinnen und -therapeuten und Kinder- und Jugendlichenpsychotherapeutinnen und -therapeuten Hessen vom 25.4.2009.
300 S. ausführlich zum Begriff und den rechtlichen Grundlagen für das Bankgeheimnis *Grabau/Hundt/Hennecka*, ZRP 2002, 430.

nisse der Finanzämter bei Kreditinstituten eingeschränkt werden. Den geringsten Bedeutungsumfang weisen wohl untergesetzliche Amtsgeheimnisse auf, wie zB das Personalaktengeheimnis. Nicht verbeamtet Beschäftigte im öffentlichen Dienst können durch eine Vereinbarung zwischen Dienststelle und Beschäftigten durch eine Verpflichtungserklärung gemäß § 1 Verpflichtungsgesetz vertraglich zur Verschwiegenheit verpflichtet werden.

3. Verhältnis zur Datenschutz-Grundverordnung

325 Das Verhältnis der Datenschutz-Grundverordnung ist erstens in Bezug auf die Vorschriften des Bundesdatenschutzgesetzes zu untersuchen, die auf die Geheimhaltungspflichten Bezug nehmen und zweitens in Bezug auf die nationalen Vorschriften, die die Geheimhaltungspflichten selbst regeln.

326 Die Verordnung enthält keine Vorschrift, durch die vergleichbar mit § 1 Abs. 2 Satz 3 BDSG das grundsätzliche Verhältnis zwischen dem Datenschutzrecht und den Geheimhaltungspflichten festgestellt wird. In den genannten Vorschriften der Verordnung wird jeweils auf die Geheimhaltungspflichten Bezug genommen, die im Unionsrecht und oder im Recht der Mitgliedstaaten geregelt sind. Dadurch wird zum einen anerkannt, dass es zwischen Geheimhaltungs- und Datenschutzvorschriften **Überschneidungsbereiche** gibt, und zum anderen gerade **kein Anwendungsvorrang** des europäischen Datenschutzrechts vor den nationalen Geheimhaltungspflichten statuiert.[301] Insofern entspricht die klarstellende Anordnung der Parallelgeltung von Datenschutzrecht und Geheimhaltungspflichten durch § 1 Abs. 2 Satz 3 BDSG der Intention des europäischen Gesetzgebers.

327 Die nationalen **Ausnahmevorschriften** von den europäischen Informations-, Auskunfts- und Benachrichtigungspflichten gemäß § 29 Abs. 1 und Abs. 2 BDSG wurden auf die Öffnungsklausel gemäß Art. 23 Abs. 1 lit. i DSGVO gestützt.[302] Diese sieht ausdrücklich das Recht der Mitgliedstaaten vor, die sich aus den Artikeln 12 bis 22 DSGVO sowie aus Art. 34 und Art. 5 DSGVO ergebenden Pflichten und Rechte – unter Berücksichtigung weiterer Voraussetzungen[303] – durch Gesetzgebungsmaßnahmen zu beschränken, solange der Schutz der betroffenen Person oder der Rechte und Freiheiten anderer Personen sichergestellt ist. Wie bereits dargelegt, werden durch § 29 Abs. 1 BDSG somit zulässigerweise Art. 14, 15 und 34 DSGVO eingeschränkt. Diese Beschränkungen gemäß § 29 Abs. 1 sind wohl genau genommen der zweiten Variante von Art. 23 Abs. 1 lit. i DSGVO zuzuordnen.[304] Dies kann aus der in allen drei Ausnahmetatbeständen verwendeten Formulierung abgeleitet werden, dass anderenfalls Informationen offenbart werden würden, die „insbesondere wegen der überwiegenden berechtigten Interessen eines Dritten, geheim gehalten werden müssen“. Insofern dienen die Beschränkungen vorrangig dem Schutz der Rechte und Freiheiten andere Personen und nicht dem Schutz des Betroffenen.

328 Die Regelung in § 29 Abs. 3 Satz 1 BDSG stützt der nationale Gesetzgeber auf die Öffnungsklausel gemäß Art. 90 DSGVO (→ § 8 Rn. 310).[305] Diese Norm bietet den Mitgliedstaaten die Option, die **Befugnisse der Aufsichtsbehörde** gemäß Art. 58 Abs. 1 lit. e und f DSGVO zu regeln, sofern der Verantwortliche oder Auftragsverarbeiter insbesondere nach dem Recht der Mitgliedstaaten oder nach einer von den zuständigen nationalen Stellen erlassenen Verpflichtung dem Berufsgeheimnis oder einer gleichwertigen Ge-

301 Eg. 164 DSGVO.
302 S. BT-Drs. 18/11325, 100 f.
303 Zu den konkreten Anforderungen einer Beschränkung s. *Bäcker*, in: Kühling/Buchner 2017, Art. 23 Rn. 34 ff.
304 Auf diese Differenzierung weist *Bäcker*, in: Kühling/Buchner 2017, Art. 23 Rn. 30 ff. ausdrücklich hin.
305 S. BT-Drs. 18/11325, 101.

heimhaltungspflicht unterliegen.[306] Die Untersuchungsbefugnisse der Aufsichtsbehörde gestatten ihr gemäß Art. 58 Abs. 1 lit. e DSGVO von dem Verantwortlichen oder Auftragsverarbeiter Zugang zu allen personenbezogenen Daten und Informationen zu erhalten, die zur Überprüfung erforderlich sind, und gemäß Art. 58 Abs. 1 lit. f DSGVO Zugang zu den Geschäftsräumen, einschließlich der Datenverarbeitungsanlagen und -geräte, des Verantwortlichen und des Auftragsverarbeiters. Diese Befugnisse werden in Übereinstimmung mit Art. 90 DSGVO durch § 29 Abs. 3 Satz 1 BDSG beschränkt, soweit die Inanspruchnahme dieser Befugnisse zu einem Verstoß gegen die Geheimhaltungspflichten dieser Personen führen würde. Der Verantwortliche und der Auftragsverarbeiter können daher unter Berufung auf § 29 Abs. 3 Satz 1 BDSG der Aufsichtsbehörde im Rahmen einer datenschutzrechtlichen Überprüfung den Zugang zu den personenbezogenen Daten und zu den Geschäftsräumen verweigern. Sollte die Aufsichtsbehörde dennoch bei einer Überprüfung Kenntnis von Daten erlangen, die einer Geheimhaltungspflicht unterliegen, so wird sie gemäß § 29 Abs. 3 Satz 2 BDSG ebenfalls zur Geheimhaltung verpflichtet. Der nationale Gesetzgeber weist zutreffend darauf hin, dass es ohne diese Regelungen zu einer Kollision zwischen den Befugnissen der Aufsichtsbehörde und den Pflichten der Geheimnisträger kommen würde.[307] Mit der Regelung in § 29 Abs. 3 Satz 1 BDSG hat der nationale Gesetzgeber den durch Art. 90 Abs. 1 DSGVO vorgegebenen Regelungsspielraum nicht überschritten. Insbesondere beschränkt sich die Ausnahme von den Befugnissen der Aufsichtsbehörde auf Art. 58 Abs. 1 lit. e und f BDSG und sie gilt nur zugunsten der Personen, die einer strafrechtlich normierten Geheimhaltungspflicht unterliegen. Personen, die zB nach dem Bankgeheimnis verpflichtet sind, können sich nicht auf die Ausnahme gemäß § 29 Abs. 3 Satz 1 BDSG berufen. Die nationale Vorschrift entspricht somit den Vorgaben des europäischen Datenschutzrechts.

Die gesetzlichen und nicht gesetzlich normierten **Geheimhaltungspflichten** sind nicht 329
dem Datenschutzrecht zuzurechnen und sie bestehen in ganz unterschiedlichen anderen Rechtsgebieten. Ein unmittelbarer Anwendungskonflikt zu den Vorschriften der Verordnung ist daher nicht gegeben. Kollisionspotential besteht allerdings, wenn Informationen sowohl durch eine Geheimhaltungspflicht geschützt sind als auch als personenbezogene Daten dem Regelungsregime der Verordnung unterliegen. Es sind – wie sich in der Vergangenheit bereits bestätigt hat – Konstellationen denkbar, bei denen die Weitergabe von Informationen durch die Geheimhaltungspflichten ausgeschlossen, aber gleichzeitig ihre Übermittlung durch das Datenschutzrecht legitimiert ist oder umgekehrt.[308] Ein weiteres Problem ergibt sich durch die in beiden Regelungsbereichen bestehende Möglichkeit der individuellen Legitimation. Der Betroffene kann durch eine entsprechende Erklärung die Weitergabe der Informationen oder personenbezogenen Daten erlauben. Zumindest im nationalen Recht bestehen aber unterschiedliche Anforderungen an die Wirksamkeit der jeweiligen Erlaubnis.[309] Ob und in welchem Umfang diese Konstellationen unter der Geltung der Verordnung zu einem Rechtsanwendungskonflikt führen, lässt sich nur bedingt abstrakt feststellen.

4. Geltendes Datenschutzrecht und sein Verhältnis zu den Geheimhaltungspflichten

Obwohl die Verordnung das Verhältnis zwischen Geheimnispflichten und dem Daten- 330
schutzrecht nicht festlegt, so dass § 1 Abs. 2 Satz 3 BDSG nicht durch einen Anwendungsvorrang verdrängt wird, könnte diese Norm durch das europäische Datenschutz-

306 Eg. 164 DSGVO.
307 BT-Drs. 18/11325, 101.
308 ZB beim Outsourcing von Dienstleistungen durch Berufsgeheimnisträger, s. *Jandt/Nebel*, NJW 2013, 1570.
309 Zu den unterschiedlichen Voraussetzungen s. *Jandt/Nebel*, NJW 2013, 1574 f.

recht eingeschränkt werden. Die auf die nationalen Geheimnispflichten verweisenden Vorschriften der Verordnung sind sehr unterschiedlich weit formuliert. § 1 Abs. 2 Satz 3 BDSG sieht explizit die Parallelgeltung von gesetzlich und nicht gesetzlich geregelten Berufs- und Amtsgeheimnissen vor. Es wird klargestellt, dass Datenschutzrecht und Vertraulichkeitsvorschriften jeweils eine eigenständige Regelungsintention verfolgen und die beiden Regelungskomplexe nicht in einem Konkurrenzverhältnis zueinander stehen.

331 Von den Vorschriften der Verordnung bezieht Art. 90 Abs. 1 DSGVO neben den gesetzlichen Geheimhaltungspflichten – **„Recht der Mitgliedstaaten"** – die von den zuständigen einzelstaatlichen Stellen erlassenen Regelungen zum Berufsgeheimnis und gleichwertige Geheimhaltungspflichten ein. Diese Aufzählung umfasst vor allem auch die – im deutschen Recht geregelten – Amtspflichten. Fraglich ist allerdings, ob die untergesetzlichen, insbesondere standesrechtlichen, Geheimnispflichten als gleichwertig im Sinne der Norm zu bewerten sind. Das Standesrecht steht in der Gesetzeshierarchie als autonomes Satzungsrecht unterhalb einfachgesetzlicher Vorschriften. Es beruht aber auf dem vom Staat insbesondere zur Gewährleistung der freien Berufe übertragenen Recht zur Selbstverwaltung in eigener Verantwortung. Verstöße gegen das Standesrecht werden von einer eigenen Berufsgerichtsbarkeit geahndet, den sogenannten Ehrengerichten. Als mögliche Rechtsfolgen kommt eine Bandbreite von einem Verweis bis hin zu einem Berufsverbot in Betracht. Aufgrund dieser besonderen Ausgestaltung könnte die Gleichwertigkeit mit gesetzlichen Geheimhaltungspflichten in Zweifel zu ziehen sein. Es ist allerdings erstens zu berücksichtigen, dass einige Berufsordnungen, wie zB die Bundesrechtsanwalts- und die Bundesnotarordnung, in Gesetze transformiert worden sind. Zweitens werden die standesrechtlichen Geheimhaltungspflichten regelmäßig durch entsprechende Strafvorschriften flankiert, so dass sie aufgrund dieser doppelten Ahndungsmöglichkeiten keineswegs als rein freiwillige Vorgaben im Sinne einer Berufsethik einzustufen sind. Dies alles spricht für die Gleichwertigkeit der standesrechtlichen mit den gesetzlichen Geheimhaltungspflichten. Insofern entspricht der Umfang des Verweises demjenigen von § 1 Abs. 2 Satz 3 BDSG.[310]

332 Alle anderen Vorschriften der Verordnung mit Bezug auf die Geheimhaltungspflichten enthalten diese umfassende Aufzählung nicht und sind auch nicht in ihrem Verweisumfang identisch. Art. 9 Abs. 2 lit. i DSGVO nennt die Berufsgeheimnisse nur als Beispiel für angemessene und **besondere Garantien** zum Schutz der Rechte und Freiheiten der betroffenen Person. Diese Vorschrift kann grundsätzlich weit verstanden werden. Es ist insbesondere davon auszugehen, dass die sich aus § 203 Abs. 1 StGB ergebenden Verschwiegenheitspflichten der Berufsgruppen und auch das durch Abs. 2 der Norm adressierte Amtsgeheimnis als angemessene und besondere Garantien zu bewerten sind. Ein gleichwertiger Schutz wird grundsätzlich durch das gemäß § 17 Abs. 1 UWG strafbewehrte Verbot des Verrats von Betriebs- und Geschäftsgeheimnissen erreicht, allerdings müssen diese im Anwendungsbereich von Art. 9 Abs. 2 lit. i DSGVO personenbezogene Daten umfassen.

333 Art. 9 Abs. 2 lit. h DSGVO bestimmt als eine Voraussetzung für eine rechtmäßige Verarbeitung **besonderer Datenkategorien**, dass das die Datenverarbeitung vornehmende Personal nach dem Recht eines Mitgliedstaats oder den Vorschriften nationaler zuständiger Stellen dem Berufsgeheimnis unterliegen muss. Diese Anforderung kann sowohl durch gesetzliche als auch untergesetzliche Berufsgeheimnisse erfüllt werden, dem Wortlaut nach aber nicht durch Amtsgeheimnisse oder sonstige Geheimhaltungspflichten. Aufgrund des Anwendungsbereichs von Art. 9 Abs. 2 lit. h DSGVO stellt sich vor allem die Frage, ob das in Deutschland als Amtsgeheimnis normierte Sozialgeheimnis gemäß § 35

310 So im Ergebnis auch *Paal*, in: Paal/Pauly 2017, Art. 14 Rn. 43.

Abs. 1 SGB I zu berücksichtigen ist. Dieses verpflichtet die Behörde selbst zur Wahrung der Vertraulichkeit.[311] Gegenüber der individuellen Pflicht der Berufsgeheimnisträger wirkt das **Sozialgeheimnis** institutionell.[312] § 35 Abs. 1 SGB I bezieht sich auf den Aufgabenbereich der Sozialversicherungsträger. Aufgrund der öffentlich-rechtlichen Organisationsform der gesetzlichen Krankenversicherungen in Deutschland, die Körperschaften des öffentlichen Rechts sind, werden die Sozialdaten folglich durch ein Amtsgeheimnis geschützt. Der Betroffene erfährt durch das Amtsgeheimnis im Vergleich zum Berufsgeheimnis jedoch keinen geringeren, sondern einen weitergehenden Schutz, da es mittelbar auch das Handeln der Bediensteten – unabhängig vom Rechtscharakter des jeweiligen Beschäftigungsverhältnisses – umfasst.[313] Zudem gilt für Bundes- und Landesbeamte, die Umgang mit Sozialdaten haben, die allgemeine Verschwiegenheitspflicht gemäß § 67 Abs. 1 BBG beziehungsweise § 37 Abs. 1 BeamtStG. Für alle Bediensteten der Sozialversicherungen greift in der Regel unmittelbar die strafrechtliche Geheimhaltungspflicht gemäß § 203 Abs. 2 StGB. Eine Verletzung des Sozialgeheimnisses führt somit zugleich zu einem Verstoß gegen das Berufsgeheimnis.[314] Sofern die Regelungsintention von Art. 9 Abs. 2 lit. h DSGVO ist, die besonderen Datenkategorien neben dem Datenschutz zusätzlich durch die Bindung des datenverarbeitenden Personals an ein Berufsgeheimnis zu schützen, kann dies nicht durch § 35 SGB I, aber über § 203 Abs. 2 StGB i.V.m. § 35 SGB I erreicht werden. § 35 SGB I muss demnach neben den Vorschriften der Verordnung anwendbar bleiben.

5. Zusammenfassung

Zwischen dem Datenschutzrecht und den Geheimhaltungspflichten besteht weder im europäischen noch im deutschen Recht ein Konkurrenzverhältnis. Im Unterschied zu § 1 Abs. 3 Satz 2 BDSG stellt die Verordnung die Parallelgeltung zwar nicht ausdrücklich fest. Sie verweist aber in mehreren Vorschriften auf Berufsgeheimnisse, Geheimhaltungs- oder Verschwiegenheitspflichten nach den nationalstaatlichen Vorschriften und ordnet deren Berücksichtigung an. Der konkrete Verweisumfang unterscheidet sich allerdings, so dass nicht durch alle Vorschriften auf alle nationalstaatlichen Geheimnispflichten verwiesen wird. Daraus kann umgekehrt aber nicht abgeleitet werden, dass die Datenschutz-Grundverordnung nicht alle, sondern nur einzelne nationalstaatliche Geheimhaltungsvorschriften anerkennt. In Deutschland sind die Geheimhaltungspflichten mit sehr unterschiedlichem Rechtscharakter jeweils in den Fachgesetzen normiert. Teilweise besteht für diese Bereiche gar keine Regelungskompetenz des europäischen Gesetzgebers. Diese Vorschriften, insbesondere die dem materiellen Strafrecht zuzuordnenden §§ 203, 353 b und 355 StGB, bleiben uneingeschränkt anwendbar. Soweit der nationale Gesetzgeber Beschränkungen von Betroffenenrechten und den Untersuchungsbefugnissen der Aufsichtsbehörden zum Schutz von Geheimhaltungspflichten erlassen hat, hat er seinen Regelungsauftrag erfüllt und den ihm gewährten Ausgestaltungsspielraum nicht überschritten. 334

VIII. Meinungs- und Medienfreiheit

1. Das Medienprivileg als Voraussetzung freier Medien

Die in Art. 5 Abs. 1 Satz 2 GG sowie Art. 11 Abs. 2 GRCh gewährleistete Medienfreiheit schützt die Freiheit der Berichterstattung von Presse- und Rundfunkunternehmen. 335

311 *Gutzler*, in: Rolfs/Giesen/Kreikebohm/Udsching 2016, § 35 SGB I, Rn. 8.
312 So ist Anspruchsverpflichteter des in § 30 VwVfG geregelten Geheimhaltungsanspruchs die Behörde und nicht der einzelne Bedienstete, *Kallerhoff*, in: Stelkens/Bonk/Sachs 2014, § 30 Rn. 25.
313 *Seewald*, in: Körner/Leitherer/Mutschler 2015, § 35 SGB I, Rn. 16.
314 *Kunkel*, in: Kunkel/Kepert/Pattar 2016, § 61 SGB VIII, Rn. 13.

Freie Medien sind ein konstituierendes[315] Element eines freiheitlichen Staats, nicht nur, weil sie Politik und Wirtschaft überwachen. Sie dienen auch der **Meinungsfreiheit**, da sie den Bürgern ermöglichen, sich zu informieren und sich dadurch überhaupt erst eine Meinung zu bilden.[316] Das erkennt auch Eg. 153 DSGVO an, nachdem im Hinblick auf die Bedeutung des Rechts auf freie Meinungsäußerung Begriffe wie Journalismus weit auszulegen sind. Die Funktion der Medien ist demnach für eine freie demokratische Gesellschaft nicht zu unterschätzen. Dies wurde historisch und leider immer wieder aktuell dadurch bestätigt, dass Diktaturen stets die **Freiheit der Medien** beschränkten und freie Berichterstattung unterbunden haben.[317] Daher verbietet Art. 5 Abs. 1 Satz 3 GG ausdrücklich Zensur, dh die inhaltliche Einschränkung der Berichterstattung.

336 Presse und Medien sind für ihre Berichterstattung auf die Verarbeitung von personenbezogenen Daten angewiesen. Eine Beschränkung dieser Datenverarbeitung aufgrund von Datenschutzvorschriften könnte die freie Berichterstattung einschränken. Die Presse könnte ihre verfassungsrechtlich zugewiesene Aufgabe nicht erfüllen.[318] Kritische Berichterstattung wäre faktisch ausgeschlossen, wäre sie von der Einwilligung des Betroffenen abhängig.[319] Es wäre daher nicht sachgerecht, Datenverarbeitung der Medien dem Grundsatz zu unterstellen, vor der Datenverarbeitung eine Einwilligung einzuholen oder sich auf einen gesetzlichen Erlaubnistatbestand berufen zu müssen. Aufgrund der herausragenden **Funktion der Medien für das Staatswesen** genießen sie das sogenannte Medienprivileg, das sie von den Vorschriften des Datenschutzes freistellt.

337 Wie auch im Hinblick auf Art. 11 Abs. 2 GRCh versteht sich der Begriff Medien als Oberbegriff für die Rundfunk und Presse genauso wie für neue Medien. Für ihre Privilegierung ist wegen der **meinungsbildenden Funktion** jeweils maßgeblich, ob sie journalistisch-redaktionelle Inhalte enthalten, unabhängig von der VerbreitungsArt. Nicht darunter fallen Internetbewertungsportale oder Blogs.[320] Zumindest letztere werden jedoch von der Meinungsfreiheit geschützt.

2. Das Medienprivileg in der Datenschutz-Grundverordnung

338 Die Verordnung trifft selbst keine spezifische Regelung zum Medienprivileg und der Meinungsfreiheit. Art. 85 Abs. 1 DSGVO bestimmt, dass die Mitgliedstaaten die Regelungen der Verordnung zum Datenschutz mit dem Recht auf freie Meinungsäußerung einschließlich der Datenverarbeitung zu journalistischen Zwecken durch Rechtsvorschriften in Einklang bringen sollen. Insoweit besteht eine **ausdrückliche Regelungspflicht der Mitgliedstaaten.**[321] Wie für den Bereich der Informationsfreiheit (→ § 8 Rn. 360 ff.) bleibt den Mitgliedstaaten die Ausgestaltung des Verhältnisses zum Datenschutz überlassen. Nach Art. 85 Abs. 2 DSGVO können sie Abweichungen und Ausnahmen von den wesentlichen Vorschriften der Verordnung vorsehen, wenn dies erforderlich ist, um den Einklang mit der Medienfreiheit und der Informationsfreiheit herzustellen.

339 Art. 85 Abs. 2 DSGVO nennt das Recht der freien Meinungsäußerung und die Informationsfreiheit. Nicht explizit wird die Presse- oder Medienfreiheit genannt. Dies bedeutet jedoch nicht, dass die Presse- und Medienfreiheit in diesem Zusammenhang nicht zu berücksichtigen wäre. Aus dem Wortlaut des Art. 85 Abs. 2 DSGVO ergibt sich, dass die

---

315 BVerfGE 20, 56 (97).
316 BVerfGE 20, 162 (174).
317 *Tinnefeld/Buchner*, in: Wolff/Brink 2017, Syst I, Medien, Rn. 7 ff.
318 BGH, NJW 2010, 2432 (2435).
319 *Dörr*, ZUM 2004, 540.
320 BGHZ 181, 328 (Rn. 19 ff.) zu Bewertungsportalen; s. *Spindler*, NJW-Beil. 2012, 100, der Blogs auch unter das Medienprivileg stellen möchte.
321 *Albrecht/Janson*, CR 2016, 502.

Datenverarbeitung zu journalistischen Zwecken bevorzugt werden soll. So bezieht sich der Erwägungsgrund 153 auch auf Art. 11 GRCh insgesamt und bestimmt, dass die Abweichungen und Ausnahmen gegenüber dem Datenschutz „insbesondere für die Verarbeitung personenbezogener Daten im audiovisuellen Bereich sowie in Nachrichten- und Pressearchiven gelten" sollen. Dass die Medienfreiheit nicht explizit genannt wird, erklärt sich dadurch, dass sie als Teilausprägung der Meinungsfreiheit und mit dieser als Einheit gesehen werden kann.[322] Die Meinungsfreiheit schließt die Medienfreiheit mit ein.[323] Das wird auch daran ersichtlich, dass nach Erwägungsgrund 153 wegen der Bedeutung des Rechts auf freie Meinungsäußerung Begriffe wie Journalismus, die sich auf diese Freiheit beziehen, weit ausgelegt werden. Die Verordnung geht damit von einem direkten Bezug zwischen Journalismus und Meinungsfreiheit aus.

Das weite Verständnis dieser Begriffe wird an anderer Stelle der Verordnung deutlich. 340
Nach Art. 17 Abs. 3 lit. a DSGVO gilt das **Recht auf Löschung** ausdrücklich nicht bei der Datenverarbeitung zur Ausübung des Rechts auf Meinungsäußerung und Information, um die Funktion der Medien in einer demokratisch-pluralen Gesellschaft nicht zu gefährden.[324] Umgekehrt stellt der Europäische Gerichtshof im Urteil zu Google Spain fest, dass sich ein Suchmaschinenbetreiber nicht auf das Medienprivileg des Art. 9 DSRL berufen kann, da es sich nicht um eine Datenverarbeitung zu journalistischen Zwecken handele.[325]

Die Möglichkeit zu Abweichungen und Ausnahmen in Art. 85 DSGVO bezieht sich 341
auch auf die Meinungsfreiheit.[326] Art. 85 Abs. 2 DSGVO zählt journalistische Zwecke nur beispielhaft auf. Dies ermöglicht den Mitgliedstaaten, auch für die Datenverarbeitung zu anderen Zwecken von der Verordnung abweichende Regelungen zu treffen, wenn dies der Meinungsfreiheit dient. Dies ist im Hinblick auf den Bereich der privaten Meinungsäußerung etwa in Bewertungsforen relevant.

3. Regelungen zum Medienprivileg in Deutschland

a) Bisherige Regelungen zum Medienprivileg

Das Medienprivileg wurde im deutschen Recht in § 41 BDSG a.F. als Rahmenregelung 342
verankert und von den Ländern in den Landesdatenschutz- und Landespressegesetzen für die Presse umgesetzt. Daneben bestehen bereichsspezifische Datenschutzvorschriften wie § 57 RStV für Telemedien. Diese Regelungen nehmen Presse- und Rundfunkunternehmen von den Vorschriften des Datenschutzes aus, soweit sie Daten zu eigenen journalistisch-redaktionellen oder literarischen Zwecken erheben, verarbeiten oder nutzen. Dabei müssen die Daten für eigene Veröffentlichungen des Presseunternehmens oder der Rundfunkanstalt dienen.[327] Die Bevorzugung ist weit auszulegen und schützt den gesamten Vorgang der Informationsverarbeitung, von der Beschaffung der Informationen über die Speicherung bis hin zur Nutzung, und zwar unabhängig davon, ob die Daten nach Presse- oder Strafrecht später veröffentlicht werden dürfen.[328] Es wird jedoch nur die Datenverarbeitung zu journalistisch-redaktionellen Zwecken bevorzugt. Soweit Daten zu anderen Zwecken, wie zB von Abonnenten oder Werbekunden verarbeitet

322 S. *Stock*, EuR 2002, 571 mwN.
323 S. für Art. 10 EMRK, der Vorbild des Art. 11 GrCh war, *Cornils*, in: Gersdorff/Paal 2016, Art. 10 EMRK, Rn. 22.
324 *Reding*, ZD 2012, 198.
325 EuGH Urt. v. 13.5.2014 – C-131/12, ECLI:EU:C:2014:317, Rn. 85 = EuZW 2014, 541, 547 – Google Spain und Google.
326 AA *Pötters*, RdV 2015, 14 f.
327 *Herb*, in: Hahn/Vesting 2012, § 57 Rn. 11.
328 *Dix*, in: Simitis 2014, § 41 Rn. 12.

werden, greift die Bevorzugung nicht und Medienunternehmen unterliegen in diesen Bereichen den Vorschriften zum Datenschutz.[329]

343 Aus dem Umstand, dass nur journalistisch-redaktionelle Datenverarbeitung bevorzugt wird, folgt, dass nicht alle neuen Medien hierunter fallen. Das Medienprivileg ist **kein allgemeines Meinungsprivileg.**[330] So besteht keine Ausnahme etwa für Internetforen oder Bewertungsportale, die Beiträge ohne redaktionelle Aufbereitung veröffentlichen.[331] Zwar können sich auch Organisationen und Unternehmen auf die Ausnahme berufen, soweit es etwa um Publikationen für Mitglieder oder Kunden geht. Dies allerdings nur, wenn die zuständige Abteilung organisatorisch selbständig ist, nicht aber für Publikation zB des Vorstandes einer Wählervereinigung, die aber von der Meinungsfreiheit geschützt sind.[332] Die Ausnahme für Medien rechtfertigt auch keine Weitergabe von Bildmaterial oder Informationen an Medien, zB im Rahmen der Presse- und Informationsarbeit der Polizei.[333] Hier wäre entweder eine Einwilligung erforderlich oder eine Erlaubnis etwa nach § 6 b Abs. 3 Satz 2 BDSG a.F., wenn die Weitergabe zur Strafverfolgung oder Gefahrenabwehr erforderlich ist.

344 Dagegen fallen Nachrichtenarchive, die über das Internet allgemein zugänglich sind, unter das Medienprivileg, wenn sie journalistisch-redaktionelle Inhalte anbieten. Das gilt selbst dann, wenn sich die Berichterstattung auf lange Zeit zurückliegende Ereignisse bezieht.[334] Aus der Ausnahme für Medien folgt, dass kein Recht auf Vergessenwerden für journalistisch-redaktionelle Publikationen nach deutschem Datenschutzrecht besteht.[335]

345 Findet das Medienprivileg Anwendung, dann galten für die Medien lediglich die Vorschriften des § 5 BDSG a.F. (Datengeheimnis), die Haftungsregelung des § 7 BDSG a.F., die Vorschrift des § 9 BDSG a.F. zu technischen und organisatorischen Maßnahmen zur Datensicherheit sowie Verhaltensregeln des § 38 a BDSG zur Förderung der Durchführung datenschutzrechtlicher Regelungen. Dementsprechend verweisen auch § 57 RStV sowie die Landesdatenschutz- und Landespressegesetze auf diese Vorschriften.

346 Das Medienprivileg war schon im Bundesdatenschutzgesetz 1977 enthalten und umstritten. Indem die deutschen Regelungen Medien von den Datenschutzvorschriften weitgehend ausnehmen, gehen sie über Art. 9 DSRL hinaus. Danach können die Mitgliedstaaten Ausnahmen für Medien vorsehen, soweit diese notwendig sind, um das Recht auf Datenschutz mit der Medienfreiheit in Einklang zu bringen. Gerechtfertigt wird die weitergehende Ausnahme damit, dass die Medien sich **Verhaltenskodizes** geben.[336] Die Ausnahme ermöglicht zwar die Verarbeitung personenbezogener Daten. Sie regelt aber nicht, was Medien veröffentlichen dürfen. Dies richtet sich nach den allgemeinen presserechtlichen Bestimmungen. Unabhängig von der datenschutzrechtlichen Bevorzugung der Medien wird das allgemeine Persönlichkeitsrecht der Betroffenen etwa in Form des Rechts auf Datenschutz und des Schutzes vor Ehrverletzungen durch die von der Rechtsprechung entwickelten Prinzipien des Äußerungsrechts durch zivilrechtliche Ansprüche auf Löschung, Richtigstellung und Schadensersatz geschützt.[337]

---

329 BGH, NJW 2010, 2432, 2436; *Dix*, in: Simitis 2014, § 41 Rn. 15 ff.; *Spindler/Nink*, in: Spindler/Schuster 2015, § 12 TMG, Rn. 9.

330 BVerwG, BeckRS 2015, 55408, Rn. 5.

331 BGHZ 181, 328 (Rn. 20 ff.); *Dix*, in: Simitis 2014, § 41 Rn. 11 mwN.

332 BVerwG, BeckRS 2015, 55408, Rn. 5.

333 *v. Zetschwitz*, in: Roßnagel 2003, Kap. 9.3 Rn. 71 f.

334 BGH, NJW 2010, 2432 (2436).

335 Anders kann sich dies nach dem Allgemeinen Persönlichkeitsrecht oder dem Recht am eigenen Bild (§§ 22 KUG) beurteilen.

336 *Caspar*, NVwZ 2010, 1452 f.; kritisch *Dix*, in: Simitis 2014, § 41 Rn. 5 ff.

337 *Koreng/Feldmann*, ZD 2012, 313.

b) Anpassung im Zuge der Datenschutzreform

Die Vorschrift des § 41 BDSG a.F. ist in der Neufassung des Bundesdatenschutzgesetzes nicht mehr enthalten. Dies liegt jedoch alleine daran, dass im Zuge der Föderalismusreform der Bund die Rahmengesetzgebungskompetenz verloren hat.[338] Der Bundesgesetzgeber geht jedoch davon aus, dass die Länder das Presseprivileg wie bisher absichern werden.[339] Die Länder müssen dazu ihre Landesgesetze anpassen, soweit diese auf das alte Bundesdatenschutzgesetz verweisen. Dies entspricht auch der Ausgestaltung des Art. 85 Abs. 1 DSGVO als Handlungsauftrag.[340] Änderungsvorhaben der Länder sind jedoch noch nicht bekannt. Es kann aber davon ausgegangen werden, dass die Länder es bei der bisherigen Konzeption belassen werden und lediglich redaktionelle Änderungen zB der Verweise vornehmen werden. 347

4. Verhältnis zur Datenschutz-Grundverordnung

Da die Verordnung selbst keine spezifische Ausgestaltung des Medienprivilegs und der Meinungsfreiheit vorsieht und diese den Mitgliedstaaten auferlegt, können ihre Vorschriften keinen Anwendungsvorrang haben. Dies gilt jedoch nur da, wo eine Privilegierung besteht. Soweit Medienunternehmen Daten nicht zu journalistisch-redaktionellen Zwecken verarbeiten, kommt ein Anwendungsvorrang vor den nationalen Regelungen in Frage. Dies betrifft den Bereich der privaten Medienunternehmen. Aber auch im Bereich des öffentlichen Rundfunks hat die Verordnung Anwendungsvorrang bei nicht journalistisch-redaktioneller Datenverarbeitung, soweit die Mitgliedstaaten nicht die Öffnungsklausel des Art. 6 Abs. 2 DSGVO heranziehen und die bestehenden Datenschutzregelungen oder andere für den öffentlichen Rundfunk geltende Vorschriften anwenden. 348

Das **Recht auf Löschung** findet jedoch bereits nach Art. 17 Abs. 3 DSGVO keine Anwendung im Bereich der Medien. Insoweit ergeben sich aber keine Änderungen des nationalen Rechts. 349

a) Weitere Anwendung deutschen Rechts

Die Verordnung richtet in Art. 85 Abs. 1 DSGVO den Auftrag an die Mitgliedstaaten, das Datenschutzrecht mit dem Recht auf freie Meinungsäußerung in Einklang zu bringen. Dafür können sie Abweichungen und Ausnahmen von der Verordnung für die Datenverarbeitung zu journalistischen Zwecken vorsehen. 350

b) Auslegung der verschiedenen Öffnungsklauseln

Problematisch ist, wie weit diese Öffnungsklausel auszulegen und damit die Ermächtigung der Mitgliedstaaten zu sehen ist. Teilweise wird vertreten, dass die **Gestaltungsspielräume der Mitgliedstaaten** durch die Öffnungsklauseln nur sehr restriktiv auszulegen seien. Unter Verweis auf die parallele Vorschrift zum Beschäftigtendatenschutz (s. → § 8 Rn. 1) in Art. 88 DSGVO sollten Öffnungsklauseln der Verordnung nur sehr begrenzt im „Rahmen der Verordnung“ ausgelegt werden.[341] Wegen des Ziels der Harmonisierung des Datenschutzrechts seien nur konkretisierende Regelungen möglich.[342] Diese Formulierung ist jedoch in der finalen Fassung entfallen. Vielmehr soll der Bereich des Presse- und Äußerungsrechts gerade den Mitgliedstaaten überlassen bleiben.[343] 351

338 BT-Drs 18/11325, 79.
339 BT-Drs 18/11325, 79.
340 *Albrecht/Janson*, CR 2016, 508.
341 *Kühling/Seidel/Sivridis* 2015, Rn. 145.
342 *Pötter*, RdV 2014, 12.
343 *Hornung/Hofmann*, JZ 2013, 170.

352 Die verschiedenen Öffnungsklauseln der Verordnung sind jedoch unterschiedlich ausgestaltet. Dies verdeutlicht deren Wortlaut. Verallgemeinernde Aussagen dazu verbieten sich daher. Nach der allgemeinen Öffnungsklausel des Art. 6 Abs. 2 DSGVO (→ § 7 Rn. 1 ff.) können Mitgliedstaaten „spezifischere Bestimmungen zur Anpassung" der Anwendung der Verordnung beibehalten oder einführen. Art. 6 Abs. 2 Satz 2 DSGVO ermöglicht, dass Mitgliedstaaten „Anforderungen präziser bestimmen". Damit soll den Mitgliedstaaten ermöglicht werden, ihre bewährten spezifischen Regelungsregime für besondere „innere Angelegenheiten" beizubehalten.[344] Die spezifische Regelung des Art. 88 DSGVO zum Beschäftigtendatenschutz gestattet den Erlass „spezifischerer Vorschriften zur Gewährleistung" des Datenschutzes im Bereich des Beschäftigtendatenschutzes. Beide Öffnungsklauseln gehen somit grundsätzlich von der Geltung der Verordnung einschließlich ihrer Grundprinzipien aus. Diese können die Mitgliedstaaten lediglich spezifizieren, wobei den Mitgliedstaaten aber ein weiter Spielraum zusteht, sodass auch bestehende Regelungen beibehalten werden können.

353 Andere Öffnungsklauseln gehen jedoch weiter. Beispielsweise können im Bereich der Kirchen und Religionsgemeinschaften nach Art. 91 DSGVO bestehende Vorschriften zum Datenschutz weiter gelten, sofern sie umfassend den Schutz natürlicher Personen bei der Datenverarbeitung regeln. Ein Anwendungsvorrang der Verordnung besteht hier nicht. Art. 91 Abs. 2 DSGVO ordnet jedoch an, dass Kirchen und **Religionsgemeinschaften** einer Datenschutzaufsicht unterliegen müssen. Diese kann zwar für diesen Bereich eigenständig von der weltlichen Datenschutzaufsicht eingerichtet werden. Sie muss aber die in Kapitel VI der Verordnung niedergelegten Bedingungen erfüllen, insbesondere gemäß Art. 52 Abs. 1 DSGVO völlig unabhängig und mit den Befugnissen des Art. 58 DSGVO ausgestattet sein.

c) Reichweite der Öffnungsklauseln zum Medienprivileg

354 Die Öffnungsklausel des Art. 85 DSGVO ist weiter ausgestaltet. Die Mitgliedstaaten sollen nach Art. 85 Abs. 1 DSGVO Datenschutz sowie Meinungs- und Medienfreiheit in Einklang bringen. Art. 85 Abs. 2 DSGVO gestattet es den Mitgliedstaaten, Abweichungen oder Ausnahmen von den Kernvorschriften der Verordnung vorzusehen. Beschränkt wird diese weite Kompetenz der Mitgliedstaaten nur durch den Vorbehalt, dass dies erforderlich sein muss, um den Einklang herzustellen. Daraus folgt, dass bestehende Regelungen, die bereits wie § 57 RStV, § 41 BDSG a.F.[345] oder die entsprechenden Regelungen in den Landesgesetzen diesen Einklang herstellen sollen, weiter Anwendung finden könnten,[346] auch wenn sie so weit gehen, dass sie die Medien fast vollständig von den Regelungen des Datenschutzes freistellen. Dabei ist aber zu beachten, dass Art. 85 Abs. 2 DSGVO Ausnahmen nur zulässt, soweit diese erforderlich sind, um einen Ausgleich zwischen dem Grundrecht auf Meinungsfreiheit und Datenschutz herzustellen. Jedoch kann die vorzunehmende Abwägung auch ergeben, dass eine vollständige Freistellung wie bei § 41 BDSG a.F. erforderlich ist.[347]

355 Nach Art. 85 Abs. 3 DSGVO müssen die Mitgliedstaaten der Kommission die Rechtsvorschriften mitteilen, die sie entsprechend erlassen haben. Daraus folgt jedoch keine inhaltliche Beschränkung der Mitgliedstaaten.[348] Diese Formulierung könnte darauf hindeuten, dass nur neu erlassene Vorschriften von der Öffnungsklausel erfasst werden. Allerdings dient diese Regelung nur der **Transparenz**. Nach der Entwurfsbegründung

344 S. *Roßnagel*, DuD 2017, 291 f.
345 Kritisch *Dix*, in: Simitis 2014, § 41 Rn. 1.
346 *Lauber-Rönsberg/Hartlaub*, NJW 2017, 1060; aA *Benecke/Wagner*, DVBl 2016, 603.
347 So *Albrecht/Janson*, CR 2016, 507 f.; aA *Beneke/Wagner*, DVBl 2016, 603.
348 AA wohl *Kühling/Seidel/Sivridis* 2015, Rn. 145 zum Kommissionsentwurf.

des Rats werden hier gleichermaßen bestehende Vorschriften von der Öffnungsklausel erfasst.[349]

Zwar wird vertreten, dass nach Art. 85 Abs. 2 DSGVO nur Ausnahmen für die Datenverarbeitung zu journalistischen Zwecken und nicht im **Bereich der privaten Meinungsäußerung** möglich seien.[350] Für diesen gelte daher das allgemeine Datenschutzrecht auch nach der Verordnung weiter. Dies übersieht jedoch, dass die Datenverarbeitung zu journalistischen Zwecken nur als ein Beispiel in Art. 85 Abs. 1 DSGVO genannt wird und der Begriff Journalismus weit ausgelegt werden soll.[351] Zudem entspricht es der ständigen Rechtsprechung, dass das Recht auf Meinungsfreiheit nicht nur auf Medienunternehmen begrenzt ist. Denkbar wäre daher auch, dass die Mitgliedstaaten neue Formen der Meinungsäußerung vom Datenschutz ausnehmen.[352] Dies ist jedoch den Mitgliedstaaten überlassen. 356

Im Ergebnis können die Mitgliedstaaten auch eine weitgehende Freistellung der Medien bei der Datenverarbeitung zu journalistischen Zwecken beibehalten. Einschränkungen durch die Datenschutz-Grundverordnung bestehen aufgrund der Öffnungsklausel des Art. 85 DSGVO nicht. 357

Vielfach übersehen wird, dass die Öffnungsklausel des Art. 6 Abs. 2 DSGVO nach ihrem letzten Satzteil auch „für andere **besondere Verarbeitungssituationen gemäß Kapitel IX**" gilt (→ § 7 Rn. 1 ff. und § 8 Rn. 1 ff.). Für den Bereich, den die Bedingungen des Art. 6 Abs. 1 UAbs. 1 lit. c und e DSGVO umfassen, geht die Öffnungsklausel des Abs. 2 den Vorgaben in Art. 85 bis 91 DSGVO vor. Denn die sprachliche Erweiterung der Öffnungsklausel im letzten Satzteil des Abs. 2 macht nur dann einen regulatorischen Sinn, wenn die Öffnungsklausel auch die dort genannten besonderen Verarbeitungssituationen erfasst.[353] Das bedeutet, dass jeder Mitgliedstaat im Anwendungsbereich der Öffnungsklausel des Abs. 2 eine eigene Regelung treffen kann. Umgekehrt bedeutet dies, dass die Regelungen der Art. 85 bis 91 DSGVO nur zur Anwendung kommen, soweit ihr Anwendungsbereich außerhalb der Öffnungsklausel des Abs. 2 liegt oder der Mitgliedstaat sich nicht auf diese Öffnungsklausel beruft. Für den Ausgleich von Meinungsfreiheit und Datenschutz, der in Art. 85 Abs. 1 DSGVO geregelt ist, sowie für die Regelung der Datenverarbeitung, die zu journalistischen, wissenschaftlichen, künstlerischen und literarischen Zwecken erfolgt, nach Art. 85 Abs. 2 DSGVO ergibt sich dadurch kein wesentlicher Unterschied, weil die Vorgaben des Art. 85 Abs. 1 und 2 DSGVO nur Anforderungen wiederholen, die nach Art. 11 GRCh ohnehin zu beachten wären. 358

5. Zusammenfassung

Aufgrund der besonderen Funktion der Medien in einer freien demokratischen Gesellschaft wird ihre Datenverarbeitung in Deutschland von den Regelungen des Datenschutzes ausgenommen. Auch die Verordnung ermöglicht es den Mitgliedstaaten, weitgehende Ausnahmen für Medien von ihren Regelungen vorzusehen oder beizubehalten. Insoweit kann es bei den deutschen Regelungen inhaltlich bleiben. Es besteht nur redaktioneller Anpassungsbedarf. Die Privilegierung in den bereichsspezifischen Regelungen und den korrespondierenden Vorschriften der Länder beziehen sich jeweils noch auf die 359

349 Rat der Europäischen Union, Interinstitutionelles Dossier: 2012/0011 (COD), S. 34.
350 *Pötters*, RdV 2015, 14.
351 *Spindler*, BB 2016, 939.
352 Wobei die Ausnahmen nur für den Datenschutz relevant wären, nicht aber für den Persönlichkeitsschutz. Hier bliebe es bei den Grundsätzen, zB für Bewertungsportale, die nicht unter das Medienprivileg fallen – s. BGHZ 181, 328 (Rn. 19 ff.).
353 S. zB *Maier*, DuD 2017, 170; *Roßnagel*, DuD 2017, 292; Ehmann/Selmayr-*Heberlein* 2017, Art. 6 Rn. 32; Schaffland/Wiltfang-*Schaffland/Holthaus*, DSGVO, Art. 6 Rn. 300; Sydow-*Reimer* 2017, Art. 6 Rn. 30.

bestehenden deutschen Gesetze in ihrer alten Fassung. Soweit diese wegen des Anwendungsvorranges der Datenschutz-Grundverordnung verdrängt werden, ist eine Bezugnahme jeweils auf die Verordnung erforderlich.

IX. Informationsfreiheit

1. Bedeutung der Informationsfreiheit

360 Informationsfreiheit gewährt Bürgern Zugang zu staatlichen Unterlagen. Diese können jedoch auch personenbezogene Daten zumindest von staatlichen Bediensteten enthalten. Auf den ersten Blick steht Informationsfreiheit zu Datenschutz dadurch in einem Konflikt.[354] Der vermeintliche Konflikt besteht jedoch nur oberflächlich. Die objektivrechtlichen Gehalte von **Datenschutz und Informationsfreiheit** verfolgen gleiche Ziele. Sie sichern demokratische Teilhabe und damit verfassungsrechtliche Staatsziele.[355] Sie gehören so beide zur modernen demokratischen Informationsgesellschaft.[356] Die Situation ist also nichts Besonderes. Es gehört zur ständigen Aufgabe des Gesetzgebers, einen Ausgleich zwischen Verfassungszielen herbeizuführen. Dies geschieht etwa nach den Prinzipien der praktischen Konkordanz[357] und der Verhältnismäßigkeit.[358]

361 Das **Grundrecht auf Informationsfreiheit** nach Art. 5 Abs. 1 Satz 1 Hs. 2 GG schützt das Recht des Bürgers, sich aus allgemein zugänglichen Quellen zu informieren. Allerdings ist das Grundrecht darauf beschränkt, dass Bürger sich aus Quellen informieren können, die allgemein zugänglich sind. Informationszugangsfreiheit, wie sie durch das Informationsfreiheitsgesetz gewährt wird, geht darüber hinaus. Hiernach hat der Bürger einen **anlasslosen Anspruch auf Zugang zu amtlichen Informationen**, auch wenn diese nicht allgemein zugänglich sind. Diese aktive Informationsfreiheit wird nicht direkt von Art. 5 Abs. 1 Satz 1 Hs. 2 GG erfasst.[359] Soweit der Gesetzgeber wie in § 1 IFG den Zugang zu staatlichen Informationen frei gibt, wird in diesem Umfang auch der Schutzbereich des Art. 5 Abs. 1 Satz 1 Hs. 2 GG eröffnet.[360] Mit dem Informationsfreiheitsgesetz hat der Gesetzgeber einen Anspruch normiert, der zwar nicht verfassungsrechtlich zwingend erforderlich, aber für eine moderne Demokratie verfassungspolitisch wünschenswert ist.[361] Dagegen erfasst Art. 11 Abs. 1 GRCh die Informationszugangsfreiheit als Unionsgrundrecht.[362]

2. Keine detaillierten Regelungen in der Datenschutz-Grundverordnung

362 Die Verordnung trifft keine spezifischen Regelungen zu Informationsfreiheit und Datenschutz. Vielmehr weist sie die Aufgabe der Konfliktlösung den Mitgliedstaaten zu. Nach Art. 85 Abs. 1 DSGVO sollen sie durch Gesetz das Recht auf den Schutz personenbezogener Daten mit dem Recht auf Informationsfreiheit in **Einklang** bringen.

363 Die Union konnte keine detaillierten Regelungen gegenüber den Mitgliedstaaten vorgeben, da sie keine allgemeine Kompetenz zur umfassenden Regelung der Informationsfreiheit in den Mitgliedstaaten besitzt.[363] Nach dem Grundsatz der **begrenzten Einzeler-**

---

354 S. *Roßnagel*, MMR 2007, 16.
355 *Roßnagel*, MMR 2007, 17 f.
356 *Gola*, NJW 1993, 3111; *Kloepfer*, DÖV 2003, 221.
357 *Hesse* 1995, Rn. 72.
358 S. *Kalenborn*, JA 2016, 8 mwN.
359 BVerfGE 103, 44 (60 f.).
360 BVerfG, Beschl. v. 20.6.2017 – 1 BvR 1978/13, Rn. 19, BeckRS 2017, 116390.
361 *Roßnagel*, MMR 2007, 17 f.
362 *Bernsdorff*, in: Meyer 2014, Art. 11 GRCh, Rn. 13; *Jarass* 2013, Art. 11, Rn. 12 mwN.
363 Anders als den Informationszugangsanspruch gegenüber den Organen der Union, der in Art. 15 AEUV gesichert und durch Verordnung (EG) Nr. 1049/2001, Abl. 145/43 geregelt ist. S. auch die Umweltinformations-Richtlinie.

mächtigung gemäß Art. 5 Abs. 1 und 2 EUV kann eine Europäisierung des innerstaatlichen Informationsrechts nur bereichsspezifisch stattfinden.[364]

Lediglich für den Zugang zu Dokumenten des Europäischen Parlaments, des Rates und der Kommission besteht mit der Verordnung (EG) Nr. 1049/2001 vom 30. Mai 2001 eine eigenständige unionsrechtliche Grundlage. Bereits Art. 15 AEUV statuiert den **Grundsatz der Öffentlichkeit** für Organe der Union. Nach Art. 2 Abs. 3 iVm Art. 1 lit. a der Verordnung (EG) Nr. 1049/2001 gilt diese für alle Dokumente des Parlaments, des Rates und der Kommission, d. h. für Dokumente aus allen Tätigkeitsbereichen der Union, die von diesen Organen erstellt wurden oder bei ihnen eingegangen sind und sich in ihrem Besitz befinden.[365] 364

Die **Kompetenz** zur Regelung des Datenschutzes stützt die Union dagegen auch auf Art. 16 Abs. 2 AEUV. Dieser gewährt nach seinem Wortlaut zwar nur die Kompetenz zur Regelung der Verarbeitung von Daten durch Unionsorgane und durch Mitgliedstaaten. Zu Art. 16 AEUV ist aber anerkannt, dass sich diese Kompetenz auch auf die Datenverarbeitung von privaten Stellen in den Mitgliedstaaten erstreckt.[366] Eine solche weitgehende Regelungskompetenz besteht jedoch nicht für den Bereich der Informationsfreiheit. Der in Art. 15 AEUV normierte Grundsatz der Offenheit und der damit verbundene Zugangsanspruch der Bürger verpflichtet nur die in Art. 15 Abs. 3 AEUV aufgeführten Organe und Einrichtungen der Union.[367] Art. 15 AEUV gewährt daher keine weitergehende Regelungskompetenz. Hinsichtlich der Informationsfreiheit ist auch keine besondere **Binnenmarktrelevanz** ersichtlich, die eine Kompetenz der Union begründen könnte. Unterschiedliche Regelungen zur Informationsfreiheit in den Mitgliedstaaten behindern nicht die Verwirklichung eines einheitlichen Binnenmarkts. Eine umfassende Regelung der Informationsfreiheit lässt sich daher auch nicht auf die Binnenmarktkompetenz der Union nach Art. 114 AEUV stützen. 365

Deshalb überträgt Art. 85 DSGVO die Aufgabe den Mitgliedstaaten, Informationsfreiheit mit den Regelungen der Verordnung in Einklang zu bringen. Damit dies nicht dazu führen muss, dass die Regelungen der Verordnung zum Datenschutz gegenüber der Informationsfreiheit Vorrang genießen, haben die Mitgliedstaaten nach Art. 86 DSGVO die Möglichkeit, personenbezogene Daten in Dokumenten, die im Besitz von öffentlichen Einrichtungen sind, freizugeben. Das ist erforderlich, da sonst die Gewährung von Informationszugang faktisch ausgeschlossen wäre, wenn sie von der Einwilligung oder einer gesetzlichen Erlaubnis abhinge. 366

Vielfach übersehen wird, dass die **Öffnungsklausel des Art. 6 Abs. 2 DSGVO** nach ihrem letzten Satzteil auch „für andere besondere Verarbeitungssituationen gemäß Kapitel IX" gilt (→ § 7 Rn. 1 ff. und § 8 Rn. 1 ff.). Soweit die Datenverarbeitung gemäß Art. 6 Abs. 1 UAbs. 1 lit. c und e DSGVO zur Erfüllung rechtlicher Verpflichtungen oder von Aufgaben erforderlich sind, die im öffentlichen Interesse liegen oder in Ausübung öffentlicher Gewalt erfolgen, dies gilt auch für den Zugang der Öffentlichkeit zu amtlichen Dokumenten nach Art. 86 DSGVO.[368] Beide Regelungen sind nicht aufeinander abgestimmt, müssen aber in einer übereinstimmenden weise zu Anwendung gelangen. Im Anwendungsbereich des Art. 86 DSGVO kann dies dadurch erfolgen, dass dessen Zielsetzung eines Ausgleichs der Grundrechte aus Art. 8 und 11 GRCh auf die Öff- 367

364 *Schoch*, EuZW 2011, 389; *Albrecht/Janson*, CR 2016, 503.

365 EuGH Urt. v. 18.7.17, ECLI:EU:C:2017:563 – Kommission/Breyer, Rn. 35.

366 *Brühann*, in: v. d. Groeben/Schwarze/Hatje 2015, Art. 16 AEUV, Rn. 68 mwN; aA *Ronellenfitsch*, DuD 2012, 561 ff.

367 *Hofstötter*, in: v. d. Groeben/Schwarze/Hatje 2015, Art. 15 AEUV, Rn. 28 und 37.

368 S. hierzu grundsätzlich zB *Maier*, DuD 2017, 170; *Roßnagel*, DuD 2017, 292; Ehmann/Selmayr-*Heberlein* 2017, Art. 6 Rn. 32; Schaffland/Wiltfang-*Schaffland/Holthaus*, DSGVO, Art. 6 Rn. 300; Sydow-*Reimer* 2017, Art. 6 Rn. 30.

nungsklausel des Art. 6 Abs. 2 DSGVO übertragen wird. Diese Zielsetzung ergibt sich ohnehin aus einer grundrechtskonformen Anwendung dieser Öffnungsklausel.

3. Informationsfreiheit in Deutschland

368 Mittlerweile bestehen in Deutschland weitreichende Regelungen, die einen anlasslosen Informationszugangsanspruch gewährleisten.[369] Mit Inkrafttreten des Informationsfreiheitsgesetzes erfolgte ein Paradigmenwechsel. Zuvor wurde ein solcher Anspruch nur in bestimmten Bereichen, wie durch das Umweltinformationsgesetz oder das Gesetz zur Verbesserung der gesundheitsbezogenen Verbraucherinformation gewährt.[370]

369 Widersprach zunächst der Grundsatz des Amtsgeheimnisses einem Zugang des Bürgers zu staatlichen Informationen, so wurde mit Inkrafttreten des Verwaltungsverfahrensgesetzes im Jahr 1977 der **Grundsatz der beschränkten Aktenöffentlichkeit** (§§ 29 und 30 VwVfG) eingeführt. Danach war **Akteneinsicht** nur zur Geltendmachung oder Verteidigung rechtlicher Interessen zu gewähren.[371] Ein umfassender Anspruch des Bürgers auf Zugang zu staatlichen Informationen wurde auch nicht aus Art. 5 Abs. 1 Satz. 1 Hs. 2 GG abgeleitet. Hiervon waren nur **allgemein zugängliche Quellen** umfasst, was bei Akten von Behörden nicht der Fall war.[372] Ein **Gebot der Transparenz** ergibt sich zwar aus anderen Verfassungsprinzipien wie dem Demokratieprinzip.[373] So ist Transparenz staatlichen Handelns als legitimes Ziel anerkannt, da sie „innerhalb der demokratischen, pluralistischen Gesellschaft einen wichtigen Beitrag zum öffentlichen Meinungsbildungsprozess“[374] leistet. Ein allgemeiner und anlassloser Informationszugangsanspruch folgt daraus jedoch nicht.[375]

370 § 1 IFG gewährt einen voraussetzungslosen Informationszugangsanspruch und bestimmt zugleich in Abs. 1 die Anspruchsberechtigten und -verpflichteten. Abs. 2 regelt die Zugangsmodalitäten und Abs. 3 das Verhältnis zu anderen Normen.[376] Nach § 1 Abs. 1 IFG hat „jeder“ das **Recht auf Zugang zu amtlichen Informationen.** Das Recht besteht gegenüber „Behörden des Bundes“. Einschränkungen sehen die §§ 3 bis 6 IFG vor. Hierbei ist die Regel-Ausnahme-Systematik des § 1 IFG zu beachten, nach der die verpflichtete Behörde das Vorliegen von Ausnahmen, die einen Zugang zu den Informationen hindern, darlegen muss.[377] Dies verdeutlicht das Gewicht, das der Gesetzgeber dem Informationszugangsanspruch zugesteht.

371 § 5 IFG regelt das **Verhältnis des Informationszugangsanspruchs zum Schutz personenbezogener Daten.** Zugang darf danach nur gewährt werden, wenn das Informationsinteresse das schutzwürdige Interesse Dritter, deren Daten betroffen sind, überwiegt. § 5 Abs. 1 IFG ordnet eine Interessenabwägung an. Für besonders **schützenswerte Daten** gemäß § 3 Abs. 9 BDSG a.F. trifft § 5 Abs. 1 Satz 2 IFG die Interessenabwägung selbst. Diese Daten dürfen nur übermittelt werden, wenn der Betroffene ausdrücklich einwilligt. Weitere Abwägungen trifft etwa § 5 Abs. 4 IFG für sogenannte **Bagatelldaten.** Die Norm bestimmt die Differenzierung damit bereits auf Gesetzesebene. Eine darauf beruhende Abwägung ist gerichtlich voll überprüfbar und eröffnet keinen Ermessensspiel-

369 Neben § 1 Abs. 1 Satz 1 IFG etwa § 3 Abs. 1 Satz 1 UIG, § 1 Abs. 1 Satz 1 VIG, § 5 Abs. 1 Satz 1 BArchG, § 3 Abs. 1 StUG sowie mittlerweile Landesgesetze zur Informationsfreiheit in 12 Bundesländern.
370 *Rossi* 2006, Einl., Rn. 14; s. auch *Debus*, in: Gersdorf/Paal 2017, § 1 IFG, Rn. 39 ff.
371 *Rossi* 2006, Einl., Rn. 1 ff., 5.
372 *Angelov* 2000, 35 ff. und 67.
373 *Kühling*, in: Gersdorf/Paal 2017, Art. 5 GG, Rn. 41; s. auch *Ziekow/Debus/Musch* 2013, 55 ff.
374 *BVerfG-K*, NVwZ 2011, 94 (Rn. 175).
375 *Ziekow/Debus/Musch* 2013, 56 f.
376 *Scheel*, in: Berger ua 2013, § 1 Rn. 1 f.
377 *Ziekow/Debus/Musch* 2013, 60 f.

raum der Verwaltung.[378] Eine solche nach Datenarten differenzierte Regelung entspricht auch den Anforderungen der Datenschutz-Richtlinie.[379]

Eine entsprechende Regel-Ausnahme-Systematik sieht auch das **Gesetz zur Verbesserung der gesundheitsbezogenen Verbraucherinformation** vor. Nach § 3 Abs. 1 Nr. 2 lit. a VIG besteht der durch § 2 VIG grundsätzlich gewährte Informationszugangsanspruch nicht, soweit Zugang zu personenbezogenen Daten beantragt wird. Die Vorschrift des § 5 Abs. 1 Satz 2 und Abs. 3 und 4 IFG gelten dann entsprechend.[380] 372

Das **Umweltinformationsgesetz** geht sogar darüber hinaus. Es sieht ebenfalls ein Regel-Ausnahme-Prinzip vor und gewährt grundsätzlich einen anlasslosen Zugang.[381] Dieser kann nur ausnahmsweise gemäß § 8 UIG zum Schutz öffentlicher Belange oder nach § 9 UIG zum Schutz sonstiger Belange abgelehnt werden. § 9 Abs. 1 Nr. 1 UIG betrifft den Schutz personenbezogener Daten, der einer Informationsweitergabe entgegensteht. Er verweigert die Information allerdings nur, wenn dadurch Interessen des Betroffenen erheblich beeinträchtigt würden.[382] Dabei hat die Behörde den Betroffenen anzuhören. Willigt er nicht ein, hat die Behörde das öffentliche Interesse an der Veröffentlichung mit den Interessen des Betroffenen abzuwägen, wobei die Abwägung keinen Ermessenspielraum eröffnet.[383] 373

Hieraus wird auch ersichtlich, welche Bedeutung das Informationsfreiheitsrecht dem Datenschutz gewährt. Ein **Vorrang des Datenschutzes** gegenüber der Informationsfreiheit ist daraus aber nicht zwingend zu deuten, wie das Umweltinformationsgesetz zeigt. Der Wortlaut des § 5 IFG gibt dafür dem Schutz personenbezogener Daten den Vorzug vor dem Informationszugangsanspruch.[384] Dies erfolgt jedoch nicht absolut. Beide sind auch nach dem Informationsfreiheitsgesetz gegeneinander abzuwägen und in Einklang zu bringen. Diese Abwägung determiniert § 5 IFG. Grundsätzlich muss nach § 5 Abs. 1 Satz 1 IFG das Interesse des Informationszugangssuchenden das schutzwürdige Interesse des Betroffenen überwiegen. Für bestimmte Kategorien von Daten wird die Abwägung durch § 5 Abs. 1 Satz 2 IFG vorgegeben oder durch § 5 Abs. 3 und 4 IFG determiniert. 374

Ein Vorrang des Datenschutzes wird teilweise aus den detaillierteren Regelungen zum Datenschutz im nationalen Recht geschlossen, die zeitlich vor den weniger umfassenden gesetzlichen Regelungen zur Informationsfreiheit entstanden.[385] Aus dem Umfang der gesetzlichen Regelungen lässt sich jedoch keine **Gewichtung** ableiten. Die Regelungsdichte der Informationszugangsfreiheit ist auch deshalb geringer, weil sie keine wesentliche Drittwirkung hat und so keine Regelung des privaten Bereichs erforderlich ist. Das Grundrecht auf Informationsfreiheit des Art. 5 Abs. 1 Satz 1 Hs. 2 GG strahlt zwar über die mittelbare Drittwirkung auch ins Verhältnis unter Privaten aus,[386] nicht aber die Informationszugangsfreiheit iSd Informationsfreiheitsgesetzes. Sie stellt kein eigenes nationales Grundrecht dar. Insoweit kommt ihr im Gegensatz zum Recht auf informatio- 375

378 *Schoch* 2016, § 5 IFG, Rn. 51; *Berger*, in: Berger u.a 2013 § 5 Rn. 5; OVG Münster, Urteil v. 19.3.2013 – 8 A 1172/11, in: BeckRS 2013, 51675, bestätigt durch BVerwG NVwZ, 2015, 675; aA VG Karlsruhe, NJOZ 2012, 300 (Rn. 28 und 32).

379 S. Art. 8 DSRL.

380 *Rossi*, in: Gersdorf/Paal 2017, § 3 VIG, Rn. 32.

381 *Karg*, in: Gersdorf/Paal 2017, § 3 UIG, Rn. 16.

382 OVG Berlin-Brandenburg, NVwZ-RR 2015, 801(802); aA *Karg*, in: Gersdorf/Paal 2017, § 9 UIG, Rn. 11 mwN.

383 VGH Kassel, ZUR 2014, 173 (174); *Karg*, in: Gersdorf/Paal 2016, § 9 UIG, Rn. 14.

384 *Schoch* 2016, § 5 IFG, Rn. 2.

385 *Kloepfer*, DÖV 2003, 229.

386 BVerfGE 90, 27 (31 f.); BVerfG, NJW 2013, 2180; *Kühling*, in: Gersdorf/Paal 2017, Art. 5 GG, Rn. 41.

nelle Selbstbestimmung keine Ausstrahlung auf das Verhältnis zwischen Privaten über die mittelbare Drittwirkung zu.[387]

4. Verhältnis zur Datenschutz-Grundverordnung

376 Die Verordnung enthält keine Regelungen zur Informationsfreiheit, setzt diese aber als verfassungsrechtlichen Anspruch voraus. Bereits aus dem Umstand, dass sie die Informationsfreiheit nicht selbst regelt, kann sie hier keinen Anwendungsvorrang genießen. Allerdings würde den allgemeinen Bestimmungen zum Datenschutz Anwendungsvorrang zukommen. Daher sieht Art. 86 DSGVO eine Öffnungsklausel vor. Danach können die Mitgliedstaaten die Freigabe von Dokumenten zulassen, auch wenn diese personenbezogene Daten enthalten. So sollen nach Erwägungsgrund 154 die Mitgliedstaaten Gesetzgebungsmaßnahmen zur Regelung der Abweichungen und Ausnahmen erlassen, die zum Zwecke der Abwägung zwischen diesen Grundrechten notwendig sind. Sie sind aber darauf beschränkt, das Recht auf Informationszugang mit dem Schutz personenbezogener Daten in Einklang zu bringen, und nicht als eigenständige Ermächtigung zur Einschränkung des Datenschutzes zu sehen. Jedoch kann der Zugang der Öffentlichkeit gemäß Erwägungsgrund 154 als öffentliches Interesse betrachtet werden. Die Öffnung des Art. 86 DSGVO ist weit formuliert (zum Vergleich der unterschiedlichen Ausgestaltung der Öffnungsklauseln s. → § 8 Rn. 351 ff.). Sie sieht keine Einschränkungen vor, wie die Mitgliedstaaten diesen Einklang herstellen sollen. Damit lässt sie den Mitgliedstaaten weite Regelungsspielräume.

5. Weitere Anwendung deutschen Rechts

377 Art. 6 Abs. 2 und 86 DSGVO überlassen es den Mitgliedstaaten, den Einklang zwischen Informationsfreiheit und Datenschutz herzustellen. Nach dieser Öffnungsklausel können personenbezogene Daten in amtlichen Dokumenten offengelegt werden, um den Informationszugang der Öffentlichkeit mit dem Datenschutz in Einklang zu bringen. Den Ausgleich zwischen den Belangen des Datenschutzes und der Informationsfreiheit hat bisher § 5 IFG hergestellt. Da die Verordnung keine spezifischen Vorgaben zur Informationsfreiheit trifft, kann § 5 IFG weiter Anwendung finden. Jedoch trifft auch die Verordnung Regelungen zu Datenarten, die besonders schützenswert sind, zur Einwilligung und zur Datenschutzaufsicht, die die Informationsfreiheit betreffen.

378 Auch wenn kein unmittelbarer Anwendungsvorrang der Verordnung zu den rechtlichen Quellen der Informationsfreiheit besteht, sollten diese aufeinander abgestimmt sein. Insoweit ergibt sich noch geringer Anpassungsbedarf für den nationalen Gesetzgeber.

a) Besonders schützenswerte Daten

379 § 5 Abs. 1 Satz 2 IFG bestimmt, dass besonders schützenswerte Daten nach § 3 Abs. 9 BDSG a.F. nur mit ausdrücklicher Einwilligung des Betroffenen zugänglich gemacht werden. Die besonders schützenswerten Daten werden mit Geltung der Verordnung jedoch von Art. 9 Abs. 1 DSGVO bestimmt. Dessen Katalog stimmt zwar bis auf **genetische Daten** mit dem des § 3 Abs. 9 BDSG a.F. überein, geht ihm in der Anwendung aber vor. Der Verweis des § 5 Abs. 1 Satz 2 IFG ist diesem Vorrang anzupassen.

b) Einwilligung

380 § 5 Abs. 1 Satz 2 IFG setzt für den Zugang zu Dokumenten, die **besonders schützenswerte Daten** enthalten, eine ausdrückliche **Einwilligung** des Betroffenen voraus. Art. 7 DSGVO bestimmt die Voraussetzungen einer datenschutzrechtlichen Einwilligung und

387 S. *Kloepfer*, DÖV 2003, 230, der auch einen Zugang zu privaten Daten erwägt.

Art. 8 DSGVO legt die Altersgrenze für die Einwilligung von Minderjährigen fest. Diese Regelungen genießen grundsätzlich Anwendungsvorrang vor § 4 a BDSG a.F.

Allerdings verweist das Informationsfreiheitsgesetz nicht ausdrücklich auf § 4 a BDSG a.F. Daher wird teilweise davon ausgegangen, dass die Einwilligung nach dem Informationsfreiheitsgesetz davon unabhängig sei und die Begriffe des Bundesdatenschutzgesetzes nur als Auslegungshilfe heranzuziehen sind.[388] Allerdings steht der Begriff der Einwilligung in § 5 IFG im klaren Zusammenhang mit den Regelungen zum Datenschutz. So stellt die Gesetzesbegründung zu § 5 IFG auf § 4 a BDSG a.F. ab.[389] Auch mit § 5 IFG sollten die Vorgaben der Datenschutz-Richtlinie umgesetzt werden. Insoweit ist die Bestimmung nicht dahingehend auszulegen, dass ein eigener Begriff der Einwilligung für den Bereich der Informationsfreiheit heranzuziehen ist. Das Erfordernis einer Einwilligung ist vielmehr ein grundlegendes Prinzip des Datenschutzrechts. Sie ist Ausdruck der informationellen Selbstbestimmung.[390] So ist der Begriff auch allgemein zu verstehen, wenn das Erfordernis einer Einwilligung die Informationsfreiheit einschränkt. Eine eigenständige und abweichende Regelung erscheint hier weder sinnvoll noch wünschenswert. Insoweit sollte bei der Auslegung des Begriffes der Einwilligung in § 5 IFG in Zukunft auf das generelle Verständnis abgestellt werden, das dann von der Verordnung geprägt wird. 381

c) Kontrolle durch die Bundesbeauftragte für den Datenschutz und die Informationsfreiheit

Die Aufsicht über die Einhaltung der Informationsfreiheit wird im Bund durch die Bundesbeauftragte für den Datenschutz und die Informationsfreiheit ausgeübt. Zur Durchsetzung und Kontrolle des Anspruches auf Informationszugang kann im Bund jeder gem. § 12 Abs. 1 IFG die Bundesbeauftragte für Informationsfreiheit anrufen. Ihre Aufgabe wird nach § 12 Abs. 2 IFG von der Bundesbeauftragten für Datenschutz wahrgenommen.[391] Die Kontrolle von Datenschutz wird für den nicht-öffentlichen Bereich wiederum von den Landesdatenschutzbeauftragten ausgeübt,[392] denen nach Landesrecht auch die Aufsicht für die Informationsfreiheit in den Ländern zugewiesen ist.[393] Die Kontrolle über Datenschutz und Informationsfreiheit erfolgt mithin in Deutschland durch dieselben Stellen. 382

Erst ab 2016 wurde die Stellung der **Bundesbeauftragten** gemäß §§ 22 bis 26 BDSG a.F. neu geregelt und unionsrechtlichen Vorgaben angepasst.[394] Dabei sollte nicht etwa schon die Datenschutz-Grundverordnung vom deutschen Gesetzgeber vorausschauend berücksichtigt werden. Die Änderungen erfolgten noch zur Umsetzung der von Art. 28 DSRL geforderten völligen Unabhängigkeit der Datenschutzkontrolle. Insoweit war eine Anpassung der Stellung der Bundesbeauftragten für den Datenschutz und die Informationsfreiheit überfällig.[395] Die Aufwertung der Stellung der Bundesbeauftragten für den Datenschutz und die Informationsfreiheit erfolgte nur hinsichtlich ihrer Aufgabe im Bereich des Datenschutzes und war nicht im Hinblick auf ihre Aufgaben im Bereich der Informationsfreiheit geboten. Hier bleiben ihre Befugnisse hinter denen im Bereich des Datenschutzes zurück. § 12 Abs. 3 IFG verweist auf dem Gebiet der Informationsfreiheit auf Teile der Ermächtigungen der Bundesbeauftragten für den Datenschutz und die 383

388 S. *Rossi* 2006, § 5 Rn. 21; zum Begriff der personenbezogenen Daten im VIG *Rossi*, in: Gersdorf/Paal 2017, § 3 VIG, Rn. 12.
389 BT-Drs. 15/449, 13.
390 *Holznagel/Sonntag*, in: Roßnagel 2003, Kap. 4.8 Rn. 1, 4.; kritisch *Simitis*, in: ders. 2014, § 4 a Rn. 3 ff.
391 Zur Doppelfunktion *Schnabel*, in: Gersdorf/Paal 2017, § 12 IFG, Rn. 27 ff.
392 *Gola/Schomerus* 2015, § 12 Rn. 29.
393 S. etwa § 12 Abs. 1 LIFG BW, § 18 Abs. 1 UFG Berlin.
394 *Roßnagel*, ZD 2015, 107 ff.
395 *Thomé*, VuR 2015, 132; *Voßhoff*, DuD 2016, 138; *Kröger/Pilniok*, DÖV 2015, 919.

Informationsfreiheit im Bundesdatenschutzgesetz, aber nur für den öffentlichen Bereich. Diese Verweise sind an die Neufassung des Bundesdatenschutzgesetzes in §§ 8 ff. BDSG n.F. anzupassen.

384 Art. 51 ff. DSGVO treffen Regelungen zu den Aufsichtsbehörden (s. → § 6 Rn. 1 ff.) und damit auch die Stellung der Bundesbeauftragten für den Datenschutz und die Informationsfreiheit. So stellt sich die Frage, ob der Anwendungsvorrang der Verordnung sich auch auf die Aufsicht über die Informationsfreiheit erstreckt. Allerdings ordnet Art. 51 Abs. 1 DSGVO an, dass die Mitgliedstaaten „unabhängige Behörden für die Überwachung der Anwendung dieser Verordnung" einrichten. Die Einschränkung auf die „Anwendung der Verordnung" schließt somit eine direkte Regelung hinsichtlich der Aufsichtsbehörden für Informationsfreiheit aus, da diese gerade nicht Gegenstand der Verordnung sind. Ein Anwendungsvorrang der Verordnung vor deutschem Recht folgt daraus also nicht. Das schließt nicht aus, dass die Aufsicht über Datenschutz und Informationsfreiheit in Deutschland weiter aus einer Hand erfolgen kann und von der Stärkung der Datenschutzaufsicht profitiert.

6. Zusammenfassung

385 Informationsfreiheit ist mit Datenschutz in Einklang zu bringen, da beide personenbezogene Daten betreffen. Die Verordnung ordnet an, dass die Mitgliedstaaten diesen Einklang herstellen müssen. Sie können dafür Abweichungen von den Vorschriften der Verordnung treffen, ohne dass die Verordnung Vorgaben macht. Die bestehenden Vorschriften können daher weiter Anwendung finden. Allerdings wäre es im Zuge der Angleichung wünschenswert, wenn die Begriffe auf die Verordnung abgestimmt werden.

§ 9 Das europäische Datenschutzrecht zukunftsfähig weiterentwickeln

1 Die Datenschutz-Grundverordnung hat nicht zu einem systematischen, umfassenden und einheitlichen Neubeginn des Datenschutzrechts in allen Mitgliedstaaten der Union geführt. Sie hat vielmehr ein vielfältiges und kompliziertes **Nebeneinander von Unionsverordnung** und **nationalen Recht** bewirkt. Dies erzeugt sehr viele schwierige Rechtsfragen, wie diese Rechtsbereiche zusammenwirken und welches Recht künftig anwendbar sein wird. Diese offenen Fragen bewirken eine hohe Rechtsunsicherheit. Um sie zu reduzieren, werden alle Mitgliedstaaten - soweit dies noch nicht geschehen ist – ihr oft sehr umfassendes bisheriges Datenschutzrecht an die Datenschutz-Grundverordnung anpassen. Dies wird allerdings in einer jeweils spezifischen Weise geschehen, so dass in der Union künftig weiterhin sehr viele unterschiedliche Datenschutzregelungen bestehen werden.

2 Dieses unschöne Ergebnis ist von niemandem gewollt. Es ist die Folge des überheblichen und vergeblichen Versuchs der **Europäischen Kommission**, die unübersehbare Fülle differenzierter Regelungen in den sehr vielen spezifischen Datenschutzgesetzen der 28 Mitgliedstaaten durch wenige abstrakte und weitgehend unbestimmte Regelungen ersetzen zu wollen. Mit 51 materiellen Datenschutzregelungen allein lässt sich der Umgang mit personenbezogenen Daten in der digitalen Gesellschaft nicht regulieren. Dies ist selbst dann nicht möglich, wenn auf risikogerechte Regelungen der drängenden Datenschutzprobleme verzichtet wird. Mit den vorgeschlagenen abstrakten risikoneutralen Regelungen lassen sich die Herausforderungen der digitalen Welt für die Grundrechte der betroffenen Personen nicht bewältigen. Hinzu kam der Versuch, die Kompetenz für die Konkretisierung der abstrakten Regelungen und für die künftige Fortentwicklung des Datenschutzrechts in der gesamten Union bei der Kommission zu zentralisieren und zu monopolisieren.

3 Zu Recht hat das **Parlament** den Angriff auf die demokratische Rechtssetzung gerade in der politischen Gestaltung der digitalen Gesellschaft zurückgewiesen und viele abstrakte Datenschutzvorgaben präzisiert. Zu Recht hat der **Rat** die Entmachtung der Mitgliedstaaten begrenzt und die Differenziertheit und Komplexität bestehender Datenschutzregelungen in weiten Teilen bewahrt. Der politische (Zeit-)Druck, im **Trilog** zu einer Einigung zu kommen, hat jedoch verhindert, dass durch weitere Beratungen ein in sich stimmiger und mit den nationalen Kompetenzen und Vorschriften abgestimmter Regelungskomplex zum Datenschutz in der Union entstehen konnte. Dennoch haben die vielfältigen Korrekturen des Parlaments und des Rats erhebliche Verbesserungen des Kommissionsentwurfs bewirkt.

4 Beide haben jedoch an der Rechtsform einer **Verordnung** festgehalten – auch wenn diese letztlich überwiegend den Inhalt und die Wirkung einer Richtlinie hat. Beide haben an der **Technikneutralität** festgehalten, die – bezogen auf die Risiken des Grundrechts auf Datenschutz – letztlich eine Risikoneutralität bewirkt und keinen Schutz vor den großen Risiken der modernen Verarbeitung personenbezogener Daten bieten kann. Sie bewirken damit gerade **keine Modernisierung** des Datenschutzrechts und gewährleisten keinen adäquaten Schutz der Grundrechte der betroffenen Personen. Beide haben vielfach die hohe Unbestimmtheit der Regelungen beibehalten, die letztlich dazu führt, dass die unbestimmten Begriffe je nach Datenschutzkultur in jedem Mitgliedstaat eine andere Datenschutzpraxis ermöglichen. Schließlich haben sie an den alten **Zielen** der Kommission festgehalten, die weder durch den Entwurf der Kommission noch durch ihre Korrekturen erreicht werden können. Insbesondere die vielen – angesichts der Komplexität der Probleme und der Notwendigkeit spezifischer Regelungen unvermeidbaren –

Öffnungsklauseln sowie die Risikoneutralität oder Unbestimmtheit vieler Regelungen verhindern, dass die Verordnung eine Vereinheitlichung des Datenschutzrechts, gleiche Wettbewerbsbedingungen und eine Modernisierung des Grundrechtsschutzes in der Union bewirkt.

5 Die Ausgestaltung der Verordnung, wie sie letztlich verabschiedet wurde, erfordert, die mit ihr verbundenen Ziele erheblich zu reduzieren. Statt der Vereinheitlichung des geltenden Datenschutzrechts strebt sie eine **Ko-Regulierung** des Datenschutzes zwischen der Union und den Mitgliedstaaten an. Nur so ist die notwendige Komplexität der Datenschutzregelungen angesichts einer gesellschaftsweiten Verarbeitung personenbezogener Daten zu erreichen. Statt einer Monopolisierung und Zentralisierung in der Weiterentwicklung des Datenschutzrechts hat sie eine sinnvolle Arbeitsteilung zwischen Union und Mitgliedstaaten eingerichtet. Angesichts der Vielfalt und Dynamik der zukünftigen, heute noch unbekannten Herausforderungen der Informationstechnik und ihrer Anwendungen für die Grundrechte, wäre es evolutorisch absolut falsch gewesen, die Lösungssuche zu zentralisieren und zu monopolisieren. Vielmehr ermöglicht die beschlossene Verordnung an vielen Stellen, dass mit unterschiedlichen Regelungskonzepten experimentiert werden kann. Dadurch können vielfältige Quellen dazu beitragen, dass sich in der Union ein lebendiger Datenschutz entwickelt. Statt einer Vereinheitlichung der Datenschutzpraxis ermöglichen unbestimmte Rechtsbegriffe und ihre situationsgerechte Konkretisierung, dass in den einzelnen Mitgliedstaaten Datenschutz den lokalen Bedingungen angepasst werden kann. Schließlich bieten die vielen Regelungsmöglichkeiten der Mitgliedstaaten Chancen für eine Modernisierung des Datenschutzrechts, indem dort versucht wird, durch risikoadäquate Regelungen einen ausreichenden Schutz der Grundrechte gegen künftige Herausforderungen zu gewährleisten.

6 Der Preis für die Schwächen des Kommissionsentwurfs und seine nur zum Teil abgestimmten Korrekturen ist, dass nun alle mit einem **Nebeneinander** von Unionsrecht und vielen nationalen Rechtsordnungen leben müssen. Dies hat zu einer nur sehr schwer zu durchschauenden Gemengelage datenschutzrechtlicher Regelungen aus beiden Bereichen geführt. Die Öffnungsklauseln, die unbestimmten Rechtsbegriffe und die fehlenden Konkretisierungen abstrakter Regelungen ermöglichen den Mitgliedstaaten, sehr viele ihrer bisher geltenden unterschiedlichen Regelungen beizubehalten. Außerdem können sie zu vielen Fragen, wenn sie dies für sinnvoll halten, neue Regelungen erlassen. All dies erschwert es denjenigen, die Datenschutzrecht künftig anwenden, festzustellen, welche Regelung für ihre Fragestellung relevant ist.

7 Das Buch hat hier Klarheit geschaffen. Es erläutert die **Gründe** für die schwierige Situation, in der alle Rechtsanwender sich befinden. Diese liegen zum einem im Verhältnis von Unionsrecht zu mitgliedstaatlichem Recht, im fehlenden Geltungsvorrang des Unionsrechts und in seinem Anwendungsvorrang. Sie liegen zum anderen im verfehlten Ansatz der Europäischen Kommission und den unzureichenden Korrekturen durch Parlament und Rat.

8 Für die Klärung der vielfältigen Anwendungsfragen ist auf die **Grundlagen** des primären Unionsrechts und des deutschen Verfassungsrechts zu rekurrieren. Hier ist beim Anwendungsvorrang einer Unionsverordnung anzusetzen und es sind dessen vielfältige Ausnahmen zu berücksichtigen und zu konkretisieren. Im Hintergrund stehen schwierige Fragen der Machtabgrenzung zwischen Union und Mitgliedstaaten, die sich in Fragen niederschlagen, wie die Anwendungsbereiche der Grundrechtsordnungen, der Gerichtszuständigkeiten und der Rechtswege abzugrenzen sind.

9 Die Untersuchung der **allgemeinen Regeln der Datenschutz-Grundverordnung** in ihrem Verhältnis zum deutschen Datenschutzrecht hat ergeben, dass immer von der Verordnung auszugehen ist, dass diese aber nur in manchen Fragen eindeutig den deutschen

Regeln vorgeht. Zu vielen Themen – wie etwa zur Zulässigkeit der Datenverarbeitung oder zur Beschränkung von Rechten der Betroffenen – bietet sie die Möglichkeit, zur Präzisierung oder Konkretisierung ihrer allgemeinen Regeln auf die jeweiligen nationalen Regeln zurückzugreifen. In diesen Fällen können die deutschen Regelungen Anwendung finden, wenn eine Prüfung im jeweiligen Einzelfall ergibt, dass sie sich im weiten Rahmen der Verordnung halten. Zu anderen Themen können deutsche Regelungen anwendbar sein, wenn sie ohne Widerspruch zu einer abstrakten oder konkretisierungsbedürftigen Regelung der Verordnung diese präzisieren oder konkretisieren. Ob hier eine Präzisierung oder Konkretisierung vorliegt oder ein anderer Regelungsgehalt und ob dieser im Widerspruch zu der allgemeinen Norm der Verordnung steht, ist ebenfalls nur im Einzelfall zu bestimmen.

Die Untersuchung der **bereichsspezifischen Regelungen** für einzelne Bereiche der Daten- 10
verarbeitung hat sehr unterschiedliche Ergebnisse gebracht. So bewirken einzelne Öffnungsklauseln sehr weitgehende Ausnahmen von der faktischen Geltung der Verordnung. Art. 6 Abs. 2 DSGVO etwa erlaubt den Mitgliedstaaten nur, „spezifische Anforderungen für die Verarbeitung sowie sonstige Maßnahmen präziser (zu) bestimmen", bewirkt jedoch faktisch, dass das gesamte öffentliche Datenschutzrecht in Deutschland grundsätzlich weiter anwendbar ist und vielfach nur definitorische Anpassungen benötigt. Viele andere Öffnungsklauseln ermöglichen ebenfalls die Weitergeltung des deutschen Datenschutzrechts für einen bestimmen Bereich der Datenverarbeitung. Eine ähnliche Wirkung haben die Kompetenzen, die die Verordnung den Mitgliedstaaten in Kapitel IX für besondere Verarbeitungssituationen einräumt. Auch hier haben die Mitgliedstaaten die Möglichkeit, ihre differenzierten Regelungen für den jeweiligen Bereich weiterhin anzuwenden. In anderen Bereichen geht jedoch das Datenschutzrecht der Union den meisten deutschen Vorschriften vor – wie etwa im Datenschutz bei Telemedien. Wieder in anderen Bereichen – wie etwa beim Datenschutz in der Telekommunikation – muss für jede Vorschrift oder gar für jeden Absatz und Satz genau geprüft werden, ob ein Anwendungsvorrang ders Unionsrechts besteht. Viele bereichsspezifische Regelungen liegen auch – wie etwa die Regelungen zu Berufsgeheimnissen – außerhalb des Anwendungsbereichs der Verordnung.

Die Mitgliedstaaten befinden sich nun in einer schwierigen **rechtspolitischen Situation.** 11
Aus dem Nebeneinander der Rechtsbereiche muss ein Miteinander werden, die fehlende Zukunftseignung des beschlossenen Datenschutzrechts muss sich zu einem modernen, den künftigen Risiken der Verarbeitung personenbezogener Daten gewachsenen europäischen Datenschutzrecht wandeln. Die ersten Anpassungen im neuen Bundesdatenschutzgesetz, in der Abgabenordnung und im Sozialgesetzbuch haben dies noch nicht erreicht. Um die Rechtsunsicherheit zu verringern, die das unsystematische Nebeneinander von Unionsrecht und Recht des Mitgliedstaats verursacht, kann Deutschland einerseits an vielen Stellen sein weiter anwendbares allgemeines und besonderes Datenschutzrecht an die Verordnung anpassen oder ihr entsprechend weiterentwickeln. Andererseits wird jeder Mitgliedstaat bemüht sein, Rechtssicherheit dadurch zu gewährleisten, dass er einen gewohnten, funktionierenden und ausgeglichenen Regelungsrahmen, der durch Rechtsprechung und Rechtspraxis verfestigt ist und weitgehend vorhersehbare Ergebnisse ermöglicht, beibehält. Auch wird er dafür sorgen, für seine Verwaltung, seine Wirtschaft und seine Bürger möglichst wenig Anpassungs- und Umstellungskosten zu verursachen. Hier muss jeder Mitgliedstaat versuchen, die für ihn jeweils richtige Mischung zu finden, sich an die unionsweit geltenden Regelungen der Verordnung anzupassen oder für seine Rechtsadressaten die geeigneten und gewohnten Regelungen beizubehalten. Zugleich ist die Diskussion fortzuführen, wie das europäische Datenschutzrecht zu einem zukunftsfähigen Grundrechtsschutz beitragen kann.

Literaturverzeichnis

A

Achenwall, G., Abriß der neuesten Staatswissenschaft der vornehmsten Europäischen Reiche und Republicken, Göttingen 1749.

AK Technik der Konferenz der unabhängigen Datenschutzbehörden des Bundes und der Länder, Das Standard-Datenschutzmodell, V.1.0 – Erprobungsfassung, 10.11.2016, https://www.datenschutz-mv.de/static/DS/Dateien/Datenschutzmodell/SDM-Methode_V_1_0.pdf.

Albrecht, J., Das neue EU-Datenschutzrecht – von der Richtlinie zur Verordnung – Überblick und Hintergründe zum finalen Text für die Datenschutzgrundverordnung der EU nach der Einigung im Trilog, CR 2016, 88.

Albrecht, J./Janson, N., Datenschutz und Meinungsfreiheit nach der Datenschutzgrundverordnung, CR 2016, 503.

Albrecht, J. P./Jotzo, F., Das neue Datenschutzrecht der EU, Baden-Baden 2017.

Ambrock, J./Karg, M., Ausnahmetatbestände der DS-GVO als Rettungsanker des internationalen Datenverkehrs?, ZD 2017, 154.

Angelov, J., Grundlagen und Grenzen eines staatsbürgerlichen Informationszugangsanspruchs, Frankfurt am Main 2000.

Archivschule Marburg (Hrsg.), Terminologie der Archivwissenschaft, Marburg, Stand 9. Oktober 2015, http://www.archivschule.de/uploads/Forschung/ArchivwissenschaftlicheTerminologie/Terminologie.html (zitiert: *Autor*, in: Archivschule 2015).

Arning, M./Forgó, N./Krügel, T., Datenschutzrechtliche Aspekte der Forschung mit genetischen Daten, DuD 2006, 700.

Art. 29-Datenschutzgruppe, Arbeitsdokument: Übermittlung personenbezogener Daten in Drittländer: Anwendung von Artikel 26 Absatz 2 der EU-Datenschutzrichtlinie auf verbindliche unternehmensinterne Vorschriften für den internationalen Datentransfer, 11639/02/DE, WP 74, 3.6.2003, http://ec.europa.eu/justice/policies/privacy/docs/wpdocs/2003/wp74_de.pdf.

Art. 29-Datenschutzgruppe, Working Document Establishing a Model Checklist Application for Approval of Binding Corporate Rules, 05/EN, WP 108, 14.4.2005, http://ec.europa.eu/justice/policies/privacy/docs/wpdocs/2005/wp108_en.pdf.

Art. 29-Datenschutzgruppe, Recommendation 1/2007 on the Standard Application for Approval of Binding Corporate Rules for the Transfer of Personal Data, WP 133, 10.1.2007, http://ec.europa.eu/justice/policies/privacy/docs/wpdocs/2007/wp133_en.doc.

Art. 29-Datenschutzgruppe, Stellungnahme 4/2007 zum Begriff „personenbezogene Daten“, 01248/07/DE, WP 136, 20.6.2007, http://ec.europa.eu/justice/policies/privacy/docs/wpdocs/2007/wp136_de.pdf.

Art. 29-Datenschutzgruppe, Working Document setting up a table with the elements and principles to be found in Binding Corporate Rules, 1271-00-00/08/EN, WP 153, 24.6.2008, http://ec.europa.eu/justice/policies/privacy/docs/wpdocs/2008/wp153_en.pdf.

Art. 29-Datenschutzgruppe, Arbeitsdokument „Rahmen für verbindliche unternehmensinterne Datenschutzregelungen (BCR)“, 1271-00-01/08/DE, WP 154, 24.06.2008http://ec.europa.eu/justice/policies/privacy/docs/wpdocs/2008/wp154_de.pdf.

Art. 29-Datenschutzgruppe, Working Document on Frequently Asked Questions (FAQs) related to Binding Corporate Rules, 1271-04-02/08/EN, WP 155 rev. 04, 24.6.2008, überarbeitete Fassung 8.4.2009, http://ec.europa.eu/justice/data-protection/article-29/documentation/opinion-recommendation/files/2008/wp155_rev 04_en.pdf.

Art. 29-Datenschutzgruppe, Stellungnahme 1/2010 zu den Begriffen „für die Verarbeitung Verantwortlicher“ und „Auftragsverarbeiter“, 00264/10/DE, WP 169, 16.2.2010, http://ec.europa.eu/justice/policies/privacy/docs/wpdocs/2010/wp169_de.pdf.

Art. 29-Datenschutzgruppe, Stellungnahme 3/2010 zum Grundsatz der Rechenschaftspflicht, 00062/10/DE, WP 173, 13.7.2010, http://ec.europa.eu/justice/policies/privacy/docs/wpdocs/2010/wp173_de.pdf.

Art. 29-Datenschutzgruppe, Advice paper on special categories of data („sensitive data”), 20.4.2011, http://ec.europa.eu/justice/data-protection/article-29/documentation/other-document/files/2011/2011_04_20_letter_artwp_mme_le_bail_directive_9546ec_annex1_en.pdf.

Art. 29-Datenschutzgruppe, Stellungnahme 01/2012 zu den Reformvorschlägen im Bereich des Datenschutzes, 00530/12/DE, WP 191, 23.3.2012, http://ec.europa.eu/justice/data-protection/article-29/documentation/opinion-recommendation/files/2012/wp191_de.pdf.

Art. 29-Datenschutzgruppe, Opinion 3/2012 on developments in biometric technologies, WP 193, 27.4.2012, http://ec.europa.eu/justice/data-protection/article-29/documentation/opinion-recommendation/files/2012/wp193_en.pdf.

Art. 29-Datenschutzgruppe, Arbeitsdokument 02/2012 mit einer Übersicht über die Bestandteile und Grundsätze verbindlicher unternehmensinterner Datenschutzregelungen (BCR) für Auftragsverarbeiter, 00930/12/DE, WP 195, 6.6.2012, http://ec.europa.eu/justice/data-protection/article-29/documentation/opinion-recommendation/files/2012/wp195_de.pdf.

Art. 29-Datenschutzgruppe, Opinion 08/2012 providing further input on the data protection reform discussions, WP 199, 5.10.2012, http://ec.europa.eu/justice/data-protection/article-29/documentation/opinion-recommendation/files/2012/wp199_en.pdf.

Art. 29-Datenschutzgruppe, Explanatory Document on the Processor Binding Corporate Rules, 00658/13/EN, WP 204 rev. 01, 19.4.2013 überarbeitete Fassung 22.5.2015, http://ec.europa.eu/justice/data-protection/article-29/documentation/opinion-recommendation/files/2015/wp204.rev_en.pdf.

Art. 29-Datenschutzgruppe, Arbeitsunterlage 02/2013 mit Leitlinien für die Einholung der Einwilligung zur Verwendung von Cookies, 1676/13/DE, WP 208, 2.10.2013, http://ec.europa.eu/justice/data-protection/article-29/documentation/opinion-recommendation/files/2013/wp208_de.pdf.

Art. 29-Datenschutzgruppe, Statement of the Article 29 Working Party on the opinion on the EU-U.S. Privacy Shield, 13.4.2016, http://ec.europa.eu/justice/data-protection/article-29/press-material/press-release/art29_press_material/2016/20160726_wp29_wp_statement_eu_us_privacy_shield_en.pdf.

Art. 29-Datenschutzgruppe, Guidelines on identifying a data controller's lead supervisory authority: WP 244, 13.12.2016, http://ec.europa.eu/information_society/newsroom/image/document/2016-51/wp244_en_40857.pdf.

Ashkar, D., Durchsetzung und Sanktionierung des Datenschutzrechts nach den Entwürfen der Datenschutz-Grundverordnung, DuD 2015, 796.

B

Bäcker, M., Das Grundgesetz als Implementationsgarant der Unionsgrundrechte, EuR 2015, 389.

Bäcker, M./Hornung, G., EU-Richtlinie für Datenverarbeitung bei Polizei und Justiz in Europa, ZD 2012, 147.

Barnitzke, B., Rechtliche Rahmenbedingungen des Cloud Computing, Baden-Baden 2014.

Bedner, M., Cloud Computing: Technik, Sicherheit und rechtliche Gestaltung, Kassel 2013.

Benecke, A./Wagner, J., Öffnungsklauseln in der Datenschutz-Grundverordnung und das deutsche BDSG, DVBl. 2016, 600-608.

Berger, S./Partsch, C./Roth, J./Scheel, C., Informationsfreiheitsgesetz, Kommentar, 2. Aufl., Köln 2013 (zitiert: *Autor*, in: Berger ua 2013).

Berger, H., Neuregelung des Bundesarchivrechts, ZRP 2017, 15.

Bergmann, L./Möhrle, R./Herb, A., Datenschutzrecht, Kommentar zum Bundesdatenschutzgesetz, den Datenschutzgesetzen der Länder und zum Bereichsspezifischen Datenschutz, 49. EL, Boorberg 2015.

Bergt, M., Die Bestimmbarkeit als Grundproblem des Datenschutzrechts, ZD 2015, 365.

Berufsverband der Datenschutzbeauftragten Deutschlands (BvD) e.V., Positionspapier des BvD zum Entwurf der Datenschutz-Grundverordnung vom 25.1.2012, 18.10.2012, https://www.bvdnet.de/fileadmin/BvD_eV/pdf_und_bilder/Standpunkte/121018-BvD-EU-DSGVO-E-Positionspaper_FINAL.pdf.

Bieker, F./Hansen, M., Normen des technischen Datenschutzes nach der europäischen Datenschutzreform, DuD 2017, 285.

Blum, H./Gassner, K./Seith, S. (Hrsg.), Ordnungswidrigkeitengesetz, Handkommentar, Baden-Baden 2016 (zitiert: *Autor*, in: Blum/Gassner/Seith 2016).

Bock, K./Meissner, S., Datenschutz-Schutzziele im Recht, DuD 2012, 425.

Boehme-Neßler, V., Das Recht auf Vergessenwerden – Ein neues Internet-Grundrecht im Europäischen Recht, NVwZ 2014, 825.

Boehs, J./Frank, T., Akkreditierungsrecht, Kommentar, München 2015 (zitiert: *Autor*, in: Bloehs/Frank 2015).

Bohnert, J. (Hrsg.), OWiG – Kommentar zum Ordnungswidrigkeitengesetz, 3. Aufl., München 2010 (zitiert: *Autor*, in: Bohnert 2010).

Böhret, C., Bessere Rechtsvorschriften durch Gesetzesfolgenabschätzungen? – Ein Uralt-Thema, VM 2006, 284.

Bongers, F./Krupna, K., Der Subunternehmer im Rahmen der Auftragsdatenverarbeitung – Weisungs- und Kontrollrechte in einer Auftragskette, RDV 2014, 19.

Boos, C./Kroschwald, S./Wicker, M., Datenschutz bei Cloud Computing zwischen TKG, TMG und BDSG: Datenkategorien bei der Nutzung von Cloud-Diensten, ZD 2013, 205.

Boos, K.-H./Fischer, R./Schulte-Mattler, H., KWG, CRR-VO, Kommentar zu Kreditwesengesetz , VO (EU) Nr. 575/2013 (CRR) und Ausführungsvorschriften, 5. Aufl., München 2016.

Born, T., Bonitätsprüfungen im Online-Handel – Scorewert-basierte automatisierte Entscheidung über das Angebot von Zahlungsmöglichkeit, ZD 2015, 66.

Brühann, U., Mindeststandards oder Vollharmonisierung des Datenschutzes in der EG, EuZW 2009, 639.

Buchner, B., Grundsätze und Rechtmäßigkeit der Datenverarbeitung unter der DS-GVO, DuD 2016, 155.

Buchner, J./Petri, B., Datenschutz-Grundverordnung: DS-GVO, Kommentar, München 2017, (zitiert: Kühling/Buchner 2017).

Bundesbeauftragte für den Datenschutz und die Informationsfreiheit (BfDI) (Hrsg.), BfDI-Info 6: Datenschutz-Grundverordnung, 2. Aufl., Bonn 2016.

Bundesministerium der Justiz (Hrsg.), Handbuch der Rechtsförmlichkeit, 3. Aufl., Berlin 2008.

Bundesministerium für Bildung, Wissenschaft, Forschung und Technologie (Hrsg.), Informationsgesellschaft – Chancen, Innovationen, Herausforderungen – Feststellungen und Empfehlungen, Bonn 1995.

Bundesverband Informationswirtschaft, Telekommunikation und neue Medien e. V (Bitkom), Risk Assessment & Datenschutz-Folgenabschätzung, Leitfaden, 2017, https://www.bitkom.org/noindex/Publikationen/2017/Leitfaden/FirstSpirit-1496129138918170529-LF-Risk-Assessment-online.pdf.

Burkiczak, C., Eine neue Zuständigkeit für das BVerfG? Zur Frage, wer über die Europarechtswidrigkeit deutscher Gesetze entscheiden sollte, ZRP 2015, 21.

C

Calliess, C./Ruffert, M. (Hrsg.), EUV/AEUV – Das Verfassungsrecht der Europäischen Union mit Europäischer Grundrechtecharta, Kommentar, 5. Aufl., München 2016 (zitiert: *Autor*, in: Calliess/Ruffert 2016).

Caspar, J., Das aufsichtsbehördliche Verfahren nach der EU-Datenschutz-Grundverordnung Defizite und Alternativregelungen, ZD 2012, 555.

Caspar, J., Datenschutz im Verlagswesen: Zwischen Kommunikationsfreiheit und informationeller Selbstbestimmung, NVwZ 2010, 1451.

Caspar, J., Soziale Netzwerke – Endstation informationelle Selbstbestimmung?, DuD 2013, 767.

Classen, C., Datenschutz ja – aber wie? Anmerkung zum Urteil des EuGH vom 8.4.2014, verb. Rs. EUGH Aktenzeichen C-293/12 und C-594/12 (Digital Rights Ireland u. a.), EuR 2014, 441.

Commission Nationale de l'Informatique et des Libertés (CNIL), Privacy Impact Assessment – Methodology (how to carry out a PIA) 2015, https://www.cnil.fr/sites/default/files/typo/document/CNIL-PIA-1-Methodology.pdf.

Crovitz, G., Hiding on the Internet, Wall Street Journal vom 30.8.2015, http://www.wsj.com/articles/hiding-on-the-internet-1440975213.

Culik, N./Döpke, C., Zweckbindungsgrundsatz gegen unkontrollierten Einsatz von Big Data-Anwendungen. Analyse möglicher Auswirkungen des DS-GVO, ZD 2017, 226.

D

Dammann, U., Erfolge und Defizite der EU-Datenschutzgrundverordnung – Erwarteter Fortschritt, Schwächen und überraschende Innovationen, ZD 2016, 307.

Dammann, U./Simitis, S., EG-Datenschutzrichtlinie, Kommentar, Baden-Baden 1997.

Danwitz, T., Die Grundrechte auf Achtung der Privatsphäre und auf Schutz personenbezogener Daten, DuD 2015, 581.

Däubler, W., Gläserne Belegschaften? Das Handbuch zum Arbeitnehmerdatenschutz, 6. Aufl., Frankfurt am Main 2015.

Däubler, W./Klebe, T./Wedde, P./Weichert, T. (Hrsg.), Bundesdatenschutzgesetz, Kompaktkommentar zum BDSG, 4. Aufl., Frankfurt am Main 2014 (zitiert: *Autor*, in: Däubler/Klebe/Wedde/Weichert 2014).

Dederer, H.-G., Die Grenzen des Vorrangs des Unionsrechts – Zur Vereinheitlichung von Grundrechts-, Ultra-vires- und Identitätskontrolle, JZ 2014, 313.

Dehmel, S./Hullen, N., Auf dem Weg zu einem zukunftsfähigen Datenschutz in Europa, ZD 2013, 147.

Desoi, M./Jandt, S., Zulässige Erhebung von Daten zu Forschungszwecken, DuD 2012, 895.

Dieterich, T., Rechtsdurchsetzungsmöglichkeiten der DS-GVO – Einheitlicher Rechtsrahmen führt nicht zwangsläufig zu einheitlicher Rechtsanwendung, ZD 2016, 260.

Dix, A., Datenschutzaufsicht im Bundesstaat – ein Vorbild für Europa, DuD 2012, 320.

Dovas, M.-U., Joint Controllership – Möglichkeiten oder Risiken der Datennutzung?, ZD 2016, 512.

Dörr, D., Freies Wort, freies Bild und freie Berichterstattung vs. Datenschutz? – Die Fortentwicklung der kommunikativen Freiheit durch den Datenschutz, ZUM 2004, 536.

Drewes, S., Dialogmarketing nach der DSGVO ohne Einwilligung der Betroffenen, CR 2016, 721.

Düsseldorfer Kreis, Beschluss vom 24./25.11.2010, RDV 2011, 52.

Düsseldorfer Kreis, Beschluss vom 11./12.09.2013, Datenübermittlung in Drittstaaten, https://www.bfdi.bund.de/SharedDocs/Publikationen/Entschliessungssammlung/DuesseldorferKreis/12092013DatenuebermittlungInDrittstaaten.pdf?__blob=publicationFile&v=1.

E

Eckhardt, J., EU-DatenschutzVO – Ein Schreckgespenst oder Fortschritt?, CR 2012, 195.

Ehmann, E., Der weitere Weg zur Datenschutzgrundverordnung – Näher am Erfolg, als viele glauben?, ZD 2015, 6.

Ehmann, E./Helfrich, M., EG-Datenschutzrichtlinie, München 1999.

Ehmann, E./Selmayr, M., Datenschutz-Grundverordnung, Baden-Baden 2017.

Engeler, M./Felber, W., Entwurf der ePrivacy-VO aus Perspektive der aufsichtsbehördlichen Praxis, ZD 2017, 251.

Epping. V./Hillgruber, C. (Hrsg.), Beck'scher Online-Kommentar Grundgesetz, 33. Edition, München 2017 (zitiert: *Autor*, in: Epping/Hillgruber).

Ertel, S., Datenschutz-Grundverordnung, Werbung v. 18.4.2016, https://www.datenschutz-notizen.de/datenschutz-grundverordnung-werbung-3914480/.

Europäischer Datenschutzbeauftragter, Stellungnahme 06/2015, Ein weiterer Schritt in Richtung eines umfassenden Datenschutzes in der EU, Empfehlungen des EDSB zur Datenschutzrichtlinie für Polizei und Justiz, 28.10.2015, https://secure.edps.europa.eu/EDPSWEB/webdav/site/mySite/shared/Documents/Consultation/Opinions/2015/15-10-28_Directive_Recommendations_DE.pdf.

F

Faust, S./Spittka, J./Wybitul, T., Milliardenbußgelder nach der DS-GVO? – Ein Überblick über die neuen Sanktionen bei Verstößen gegen den Datenschutz, ZD 2016, 120.

Fehling, M./Kastner, B./Störmer, R. (Hrsg.), Verwaltungsrecht, Kommentar, 4. Aufl., Baden-Baden 2016 (zitiert: *Autor*, in: Fehling/Kastner/Störmer 2016).

Fink, U., Gewährt das Recht der Europäischen Gemeinschaften den wissenschaftlichen Hochschulen grundrechtliche Freiheit?, EuGRZ 2001, 193.
Fischer, T., Strafgesetzbuch: StGB mit Nebengesetzen, 63. Aufl., München 2016.
Flämig, C./Kimminich, O./Krüger, H./Meusel, E.-J./Rupp, H. H./Scheven, D./Schuster, H. J./ Graf Stenbock-Fermor, F. (Hrsg.), Handbuch des Wissenschaftsrechts, Band 1, 2. Aufl., Berlin 1996 (zitiert: *Autor*, in: Flämig u.a., Bd. 1, 1996).
Fleddermann, C., Vollharmonisierung im Datenschutz – Was bleibt vom deutschen Datenschutz und einem künftigen Gesetz zum Beschäftigtendatenschutz?, ArbR Aktuell 2011, 661.
Fleischer, M., Werbefreiheit und rechtliche Zulässigkeit von Werbemaßnahmen, NJW 2015, 2150.
Forst, G., Wer ist "Beschäftigter" i.S.d. § 3 Abs. 11 BDSG?, RDV 2014, 128.
Franzen, M., Datenschutz-Grundverordnung und Arbeitsrecht, EuZA 2017, 313.
Frenz, W., Vorrang, Grenzen und Verstärkungseffekte der EU-Grundrechte – Folgerungen aus den Urteilen Akerberg Fransson, Pfleger und Dano (Hartz IV), DVBl 2015, 741.
Friedewald, M./Obersteller, H./Nebel, M./Bieker, F./Rost, M., White Paper Datenschutz-Folgenabschätzung, Ein Werkzeug für einen besseren Datenschutz, Karlsruhe 2016, https://www.forum-privatheit.de/forum-privatheit-de/texte/veroeffentlichungen-des-forums/themenpapiere-white-paper/Forum_Privatheit_White_Paper_Datenschutz-Folgenabschaetzung_2016.pdf.

G

Garstka, H./Coy, W. (Hrsg.), Wovon – für wen – wozu – Systemdenken wider die Diktatur der Daten, Wilhelm Steinmüller zum Gedächtnis, Berlin 2014.
Geminn, C., Das Smart Home als Herausforderung für das Datenschutzrecht – Enthält die DSGVO risikoadäquate Regelungen?, DuD 2016, 575.
Geminn, C., Risikoadäquate Regelungen für das Internet der Dienste und Dinge?, DuD 2017, 295.
Geminn, C./Roßnagel, A., Privatheit' und ‚Privatsphäre' aus der Perspektive des Rechts – ein Überblick, JZ 2015, 703.
Geppert, M./Schütz, R. (Hrsg.), Beck'scher TKG-Kommentar, 4. Aufl., München 2013 (zitiert: *Autor*, in: Geppert/Schütz 2013).
Gersdorf, H./Paal, B. P., Beck'scher Online-Kommentar Informations- und Medienrecht, 16. Edition, München 2017 (zitiert: *Autor*, in: Gersdorf/Paal 2017).
Gierschmann, S., Was „bringt" deutschen Unternehmen die DS-GVO? – Mehr Pflichten, aber die Rechtsunsicherheit bleibt, ZD 2016, 51.
Giesen, T., Imperiale und totalitäre Züge des Kommissionsentwurfs für eine europäische Datenschutzverordnung: Eine grundsätzliche Betrachtung zur Regelungskompetenz der EU für den Datenschutz, CR 2012, 550.
Giesen, T., Euphorie ist kein Prinzip des Rechtsstaats, in: Stiftung Datenschutz (Hrsg.), Zukunft der informationellen Selbstbestimmung, Berlin 2016, 23.
Gola, P., Zwei Jahre neues Bundesdatenschutzgesetz – Zur Entwicklung des Datenschutzrechts seit 1991, NJW 1993, 3109.
Gola, P. (Hrsg.), Datenschutz-Grundverordnung – VO (EU) 2016/679, München 2017 (zitiert: *Autor*, in: Gola 2017).
Gola, P./Lepperhoff, N., Reichweite des Haushalts- und Familienprivilegs bei der Datenverarbeitung – Aufnahme und Umfang der Ausnahmeregelung in der DS-GVO, ZD 2016, 9.
Gola, P./Pötters, S./Thüsing, G., Art. 82 DSGVO: Öffnungsklausel für nationale Regelungen zum Beschäftigtendatenschutz – Warum der deutsche Gesetzgeber jetzt handeln muss, RDV 2016, 57.
Gola, P./Klug, C./Körffer, B./Schomerus, R., Bundesdatenschutzgesetz, Kommentar, 12. Aufl., München 2015 (zitiert: Gola/Schomerus 2015).
Gola, P./Schulz, S., Der Entwurf für eine EU-Datenschutz-Grundverordnung – eine Zwischenbilanz, RDV 2013, 1.

Gola, P./Schulz, S., DS-GVO – Neue Vorgaben für Datenschutz bei Kindern? – Überlegungen zur einwilligungsbasierten Verarbeitung von personenbezogenen Daten Minderjähriger, ZD 2013, 475.
Gola, P./Wronka, G., Das Widerspruchsrecht gegenüber der Verarbeitung personenbezogener Daten zu Zwecken der Werbung, RDV 1996, 221.
Golla, S. J., Is Data Protection Law Growing Teeth? The Current Lack of Sanctions in Data Protection Law and Administrative Fines under the GDPR, JIPITEC 2017, 70.
Görtlitz, N., Europäischer Verfassungsvertrag und künftige EU-Kompetenzen, DÖV 2004, 374.
Gossen, H./Schramm, M., Das Verarbeitungsverzeichnis der DS-GVO – Ein effektives Instrument zur Umsetzung der neuen unionsrechtlichen Vorgaben, ZD 2017, 7.
Götting, H.-P./Nordemann, A., UWG, Handkommentar, 3. Aufl., München 2016 (zitiert: *Autor*, in: Götting/Nordemann 2016).
Grabau, F.-R./Hundt, I./Hennecka, J., Das Bankgeheimnis und § 30 a III AO, ZRP 2002, 430.
Grabitz, E. (Begr.)/Hilf, M./Nettesheim, M. (Hrsg.), Das Recht der Europäischen Union, 57. EL, München 2015 (zitiert: *Autor*, in: Grabitz/Hilf/Nettesheim 2015).
Graf, J.-P. (Hrsg.), Beck'scher Online-Kommentar StPO mit RiStBV und MiStra, 27 Ed., München 2017 (zitiert: *Autor*, in: Graf 2017).
Greve, H., Das neue Bundesdatenschutzgesetz, NVwZ 2017, 737.
Grobys, M./Panzer, A. (Hrsg.), Arbeitsrecht. Alphabetische Gesamtdarstellung, 2. Aufl., Baden-Baden 2014 (zitiert: *Autor*, in: Grobys/Panzer 2014).
Grunwald, A., Technikfolgenabschätzung – Eine Einführung, Berlin 2010.
Grünwald, A./ Nüßing/C., Kommunikation over the Top: Regulierung für Skype, WhatsApp oder Gmail?, MMR 2016, 91.

H

Hahn, W./Vesting, T. (Hrsg.), Beck'scher Kommentar zum Rundfunkrecht, 3. Aufl., München 2012.
Halfmaier, A., Die neue Datenschutzverbandsklage, NJW 2016, 1126.
Harte-Bavendamm, H./Henning-Bodewig, F. (Hrsg.), Gesetz gegen den unlauteren Wettbewerb, Kommentar, München 2016 (zitiert: *Autor*, in: Harte-Bavendamm/Henning-Bodewig 2016).
Härting, N., Datenschutzreform in Europa: Einigung im EU-Parlament, CR 2013, 715.
Härting, N./Schneider, J., Das Ende des Datenschutzes – es lebe die Privatsphäre, CR 2015, 819.
Hasselbach, K., Der Vorrang des Gemeinschaftsrechts vor dem nationalen Verfassungsrecht nach dem Vertrag von Amsterdam, JZ 1997, 942.
Helfrich, M., DSAnpUG-EU: Ist der sperrige Name hier schon Programm?, ZD 2017, 97.
Herdegen, M., Europarecht, 17. Aufl., München 2015.
Herrmann, J., Anmerkungen zur Reform des europäischen Datenschutzrechts – Harmonisierung unter Wahrung hoher datenschutzrechtlicher Standards, ZD 2014, 439.
Hesse, K., Grundzüge des Verfassungsrechts, 20. Aufl., Heidelberg 1995.
Hilber, M., Handbuch Cloud Computing, Köln 2014.
Hillegeist, T., Rechtliche Probleme der elektronischen Langzeitarchivierung wissenschaftlicher Primärdaten, Göttingen 2012.
Hoenike, M./Hülsdunk, L., Outsourcing im Versicherungs- und Gesundheitswesen ohne Einwilligung?, MMR 2004, 788.
Hoeren, T., Die Kirchen und das neue Bundesdatenschutzgesetz, NVwZ 1993, 650.
Hoeren, T., Der betriebliche Datenschutzbeauftragte – Neuerungen durch die geplante DS-GVO, ZD 2012, 355.
Hoeren, T./Sieber, U./Holznagel, B. (Hrsg.), Handbuch Multimedia-Recht, 44. EL, München 2017 (zitiert: *Autor*, in: Hoeren/Sieber/Holznagel 2017).
Hoffmann, B., Zweckbindung als Kernpunkt eines prozeduralen Datenschutzansatzes, Baden-Baden 1991.
Hoffmann, C./ Schulz, S. E./ Brackmann, F., Web 2.0 in der öffentlichen Verwaltung: Twitter, Facebook und »Blogs« aus rechtlicher Perspektive, in: Schliesky, U./Schulz, S. E. (Hrsg.),

Transparenz, Partizipation, Kollaboration – Web. 2.0 für die öffentliche Verwaltung, Kiel 2012, 163 (zitiert: Hoffmann/Schulz/Brackmann, in: Schliesky/Schulz 2012).
Hofmann, J. M., Zertifizierungen nach der DS-GVO, ZD-Aktuell 2016, 05324.
Hofmann, J. M., Anforderungen aus DS-GVO und NIS-RL an das Cloud Computing, ZD-Aktuell 2017, 05488.
Hofmann, J. M., NGCert – Dynamische Zertifizierung von Cloud Computing-Diensten, ZD-Aktuell 2017, 05665.
Hofmann, J. M./Johannes, P. C., DS-GVO: Anleitung zur autonomen Auslegung des Personenbezugs: Begriffsklärung der entscheidenden Frage des sachlichen Anwendungsbereichs, ZD 2017, 221.
Höming, D./Wolff, H. (Hrsg.), Grundgesetz für die Bundesrepublik Deutschland, 11. Aufl., Baden-Baden 2016 (zitiert: *Autor*, in: Höming/Wolff).
Hoppe, B./Heinze, T., Einführung in das Kulturmanagement, Wiesbaden 2015.
Hornung, G., Datenschutz durch Technik in Europa, ZD 2011, 51.
Hornung, G., Eine Datenschutz-Grundverordnung für Europa? – Licht und Schatten im Kommissionsentwurf vom 25.1.2012, ZD 2012, 99.
Hornung, G., Neue Pflichten für Betreiber kritischer Infrastrukturen: Das IT-Sicherheitsgesetz des Bundes, NJW 2015, 3334.
Hornung, G./Hartl, K., Datenschutz durch Marktanreize – auch in Europa? Stand der Diskussion zu Datenschutzzertifizierung und Datenschutzaudit, ZD 2014, 219.
Hornung, G./Hofmann, K., Ein „Recht auf Vergessenwerden"?, JZ 2013, 163.
Hornung, G./Hofmann, K.: Die Auswirkungen der europäischen Datenschutzreform auf die Markt- und Meinungsforschung, ZD-Beilage 2017, Heft 4, 1.
Huber, P., Auslegung und Anwendung der Charta der Grundrechte, NJW 2011, 2385.
Huber, F. X./Bergmann, M./Herzog, L./Boeing, H./Meeder, P. J./Buchholz, J., Datenschutz – ein Hemmschuh für prospektive Studien? Lösungswege am Beispiel einer Kohortenstudie, Gesundheitswesen 2001, 13.
Hufen, F., Staatsrecht II, Grundrechte, 4. Aufl., München 2014.
Hullen, N., Entwürfe der EU-Datenschutz-Grundverordnung im Überblick – Pseudonymisierung, Privacy-by-Design und Ko-Regulierung, jurisPR-ITR 19/2015, Anm. 2.
Hwang, S.-P., Anwendungsvorrang statt Geltungsvorrang? Normlogische und institutionelle Überlegungen zum Vorrang des Unionsrechts, EuR 2016, 355.

I

Immenga, U./Mestmäcker, E. (Hrsg.), Wettbewerbsrecht, Band 1, Kommentar, 5. Aufl., München 2012 (zitiert: *Autor*, in: Immenga/Mestmäcker 2012).
Information Commissoner's Office, Data controllers and data processors: what the difference is and what the governance implications are, 2014, https://ico.org.uk/media/for-organisations/documents/1546/data-controllers-and-data-processors-dp-guidance.pdf. (zitiert ICO, 2014).

J

Jandt, S., Das neue TMG – Nachbesserungsbedarf für den Datenschutz im Mehrpersonenverhältnis, MMR 2006, 652.
Jandt, S., Smart Health – Wird die DSGVO den dynamischen Herausforderungen gerecht?, DuD 2016, 571.
Jandt, S./Kieselmann, O./Wacker, A., Recht auf Vergessen im Internet – Diskrepanz zwischen rechtlicher Zielsetzung und technischer Realisierbarkeit?, DuD 2013, 235.
Jandt, S./Nebel, M., Die elektronische Zukunft der Anwaltstätigkeit – Rechtsprobleme beim Outsourcing von Scan-Dienstleistungen, NJW 2013, 1570.
Jandt, S./Roßnagel, A./Wilke, D., Krankenhausinformationssysteme im Gesundheitskonzern, RDV 2011, 222.
Jandt, S./Roßnagel, A./Wilke, D., Outsourcing der Verarbeitung von Patientendaten – Fragen des Daten- und Geheimnisschutzes, NZS 2011, 641.
Jarass, H. D., Grundfragen der innerstaatlichen Bedeutung des EG-Rechts, Köln 1994.

Jarass, H. D., Charta der Grundrechte der Europäischen Union, Kommentar, 3. Aufl., München 2016.

Jarass, H. D./Beljin, S., Die Bedeutung von Vorrang und Durchführung des EG-Rechts für die nationale Rechtsetzung und Rechtsanwendung, NVwZ 2004, 1.

Jaspers, A./Reif, Y., Der betriebliche Datenschutzbeauftragte nach der geplanten EU-Datenschutz-Grundverordnung – Ein Vergleich mit dem BDSG, RDV 2012, 78.

Jaspers, A./Reif, Y., Der Datenschutzbeauftragte nach der Datenschutz-Grundverordnung, Bestellpflicht, Rechtsstellung und Aufgaben. RDV 2016, 61.

Jensen, S., Kritik von Sachverständigen zum derzeitigen Entwurf des DSAnpUG-EU, ZD-Aktuell 2017, 05596.

Joecks, W./Miebach, K. (Hrsg.), Münchener Kommentar zum Strafgesetzbuch, Band 1, 2. Aufl., München 2011 (zitiert: *Autor*, in: MüKo StGB 2011, Bd. 1).

Johannes, P. C., Das Recht des Forschers auf Datenschutz, DuD 2012, 817.

Johannes, P. C., Der BDSG-Entwurf und das Mysterium der „23“, ZD-Aktuell 2017, 05533.

Johannes, P. C./Potthoff, J./Roßnagel, A./Neumair, B./Madiesh, M./Hackel, S., Beweissicheres elektronisches Laborbuch, Baden-Baden 2013.

Johannes, P. C./Richter, P., Privilegierte Verarbeitung im BDSG-E: Regeln für Archivierung, Forschung und Statistik, DuD 2017, 300.

Johannes, P. C./Roßnagel, A., Der Rechtsrahmen für einen Selbstschutz der Grundrechte in der Digitalen Welt, Kassel 2016.

Johannes, P. C./Weinhold, R., Das neue Datenschutzrecht bei Polizei und Justiz, Baden-Baden 2018 – in Vorbereitung.

K

Kahler, T, Die Europarechtswidrigkeit der Kommissionsbefugnisse in der Grundverordnung, RDV 2013, 69.

Kalenborn, T., Die praktische Konkordanz in der Fallbearbeitung, JA 2016, 6.

Karg, M., Gegenwart und Zukunft der Angemessenheit des Datenschutzniveaus im außereuropäischen Datenverkehr, VuR 2016, 457.

Kasteliz, M., Grundsätze und Rechtmäßigkeit der Verarbeitung personenbezogener Daten (Art. 5-11 DSGVO), in: Knyrim, R. (Hrsg.), Datenschutz-Grundverordnung – Das neue Datenschutzrecht in Österreich und der EU, Wien 2016, 99.

Katko, K./Knöple, P./Kirschner, T., Archivierung und Löschung von Daten – Unterschätzte Pflichten in der Praxis und ihre Umsetzung, ZD 2014, 238.

Keppeler, L. M./Berning, W., Technische und rechtliche Probleme bei der Umsetzung der DS-GVO Löschpflichten – Anforderungen an Löschkonzepte und Datenbankstrukturen, ZD 2017, 314.

Kilian, W./Heussen, B., Computerrechts-Handbuch – Informationstechnologie in der Rechts- und Wirtschaftspraxis, 33. EL, München 2017 (zitiert: *Autor*, in: Kilian/Heussen 2017).

Kinast, K./ Schröder, M., Audit & Rating: Vorsprung durch Selbstregulierung – Datenschutz als Chance für den Wettbewerb, ZD 2012, 207.

Kingreen, T., Ne bis in idem: Zum Gerichtswettbewerb um die Deutungshoheit über die Grundrechte – Anmerkung zur Entscheidung des EuGH vom 26. 2. 2013 (EUGH 2013-02-26 Aktenzeichen C-617/10) – EuGH (Große Kammer), Urt. v. 26. 2. 2013 – C-617/10 (Åklagare/ Hans Åkerberg Fransson), EuR 2013, 446.

Kingreen, T./Kühling, J. (Hrsg.), Gesundheitsdatenschutz, Baden-Baden 2015.

Kipker, D.-K., Der BMI-Referentenentwurf zur Umsetzung der NIS-RL – Was dürfen Betreiber von Kritischen Infrastrukturen und Anbieter von digitalen Diensten erwarten?, MMR 2017, 143 ff.

Kipker, D.-K., Umsetzungsgesetz zur NIS-RL mit nur geringen Anpassungen gegenüber der bisherigen Rechtslage beschlossen, MMR-Aktuell 2017, 389121.

Kipker, D.-K./Dix, A., EAID: Datenschutz-Grundverordnung – (wie) müssen das deutsche und das europäische Recht geändert werden?, ZD-Aktuell 2016, 04197.

Kipker, D.-K./Voskamp, F., Datenschutz in sozialen Netzwerken nach der Datenschutzgrundverordnung, DuD 2012, 737.

Kirchhof, F., Nationale Grundrechte und Unionsgrundrechte, Die Wiederkehr der Frage eines Anwendungsvorrangs unter anderer Perspektive, NVwZ 2014, 1537.
Kirchhof, P., Die Steuerung des Verwaltungshandelns durch Haushaltsrecht und Haushaltskontrolle, NVwZ 1983, 505.
Kloepfer, M., Informationszugangsfreiheit und Datenschutz: Zwei Säulen des Rechts der Informationsgesellschaft, DÖV 2003, 221.
Klug, C., Die Position des EU-Parlaments zur zukünftigen Rolle von Datenschutzbeauftragten – ein kommentierter Überblick, RDV 2014, 90.
Klug, C., Der Datenschutzbeauftragte in der EU, ZD 2016, 315.
Kluge, F., Etymologisches Wörterbuch der deutschen Sprache, Berlin/New York 1995.
Köhler, H./Bornmann, J./Feddersen,J. Gesetz gegen den unlauteren Wettbewerb, 35. neu bearbeitete Aufl., München 2017 (zitiert: *Autor*, in: Köhler/Bornmann/Feddersen 2017).
Kohn, W., Statistik – Datenanalyse und Wahrscheinlichkeitsrechnung, Berlin/Heidelberg 2005.
König, M., Zur Unzulässigkeit des Factoring hinsichtlich ärztlicher Honorarforderungen, NJW 1991, 755.
Koós, C./Englisch, B., Eine "neue" Auftragsdatenverarbeitung?, ZD 2014, 276.
Koreng, A./Feldmann, T., Das „Recht auf Vergessen" – Überlegungen zum Konflikt zwischen Datenschutz und Meinungsfreiheit, ZD 2012, 311.
Korff, D., Privacy seals in the new EU General Data Protection Regulation: Threat or facilitator?, Datenschutznachrichten 2015, 128.
Körner-Dammann, M., Weitergabe von Patientendaten an ärztliche Verrechnungsstellen, NJW 1992, 729.
Körner, A./Leitherer, S./Mutschler, B. (Hrsg.), Kasseler Kommentar Sozialversicherungsrecht: SGB I, SGB IV, SGB V, SGB VI, SGB VII, SGB X, SGB XI, 88. Ergänzungslieferung, Stand: Dez. 2015, München (zitiert: *Autor*, in: Körner/Leitherer/Mutschler 2015).
Kort, M., Was ändert sich für Datenschutzbeauftragte, Aufsichtsbehörden und Betriebsrat mit der DS-GVO? Die zukünftige Rolle der Institutionen rund um den Beschäftigtendatenschutz, ZD 20017, 3.
Krahmer, U. (Hrsg.), Sozialdatenschutz nach SGB I und X, Kommentar, 3. Aufl., München 2011 (zitiert: *Autor*, in: Krahmer 2011).
Krahmer, U./Trenk-Hinterberger, P. (Hrsg.), Sozialgesetzbuch I, Allgemeiner Teil, Lehr- und Praxiskommentar, 3. Aufl., Baden-Baden 2014 (zitiert: *Autor*, in: Krahmer/Trenk-Hinterberger 2014).
Krämer, W./Schoffer, O./Tschiersch, L., Datenanalyse mit SAS, Berlin/Heidelberg 2014.
Kranig, T., Anmerkung zu Kahler, Die Europarechtswidrigkeit der Kommissionsbefugnisse in der Grundverordnung, RDV 2013, 217.
Kranig, T./Peintinger, S., Selbstregulierung im Datenschutzrecht. Rechtslage in Deutschland, Europa und den USA unter Berücksichtigung des Vorschlags zur DS-GVO, ZD 2014, 3.
Kraska, S., Datenschutz-Zertifizierungen in der EU-Datenschutzgrundverordnung, ZD 2016, 153.
Kremer, S., Wer braucht warum das neue BDSG?, CR 2017, 367.
Kremer, S./ Völkel, C., Cloud Storage und Cloud Collaboration als Telekommunikationsdienste, CuR 2015, 501.
Krings, G./Mammen, L., Zertifizierung und Verhaltensregeln – Bausteine eines modernen Datenschutzes für die Industrie 4.0, RDV 2015, 231.
Krischker, S., Die Bußgeldbewehrtheit von Datenpannen – Über die Reichweite des Begriffs der Verarbeitung i.S.v. § 3 Abs. 4 BDSG, DuD 2015, 813.
Kröger, M./Pilniok, A., Verwaltungsorganisation unter Europäisierungsdruck, DÖV 2015, 917.
Kroschwald, S., Informationelle Selbstbestimmung in der Cloud: Datenschutzrechtliche Bewertung und Gestaltung des Cloud Computing aus dem Blickwinkel des Mittelstands, Wiesbaden 2016.
Küchenhoff, P., Das Grundgesetz und die Hochschulreform, DÖV 1964, 601.
Kuckartz, U./Rädicker, S./Ebert, T./Schehl, J., Statistik – Eine verständliche Einführung, Wiesbaden 2010.
Kugelmann, D., Datenschutz bei Polizei und Justiz, DuD 2012, 581.

Kühling, J., Rückkehr des Rechts: Verpflichtung von „Google & Co.“ zu Datenschutz, EuZW 2014, 527.

Kühling, J., Neues Bundesdatenschutzgesetz – Anpassungsbedarf bei Unternehmen, NJW 2017, 1985.

Kühling, J./Buchner, B., Datenschutz-Grundverordnung, Kommentar, München 2017 (zitiert: *Autor*, in: Kühling/Buchner 2017).

Kühling, J./Klar, M., Unsicherheitsfaktor Datenschutzrecht – Das Beispiel des Personenbezugs und der Anonymität, NJW 2013, 3611.

Kühling, J./ Martini, M.; Die Datenschutz-Grundverordnung: Revolution oder Evolution im europäischen und deutschen Datenschutzrecht?, EuZW 2016, 448.

Kühling, J./Martini, M./Heberlein, J./ Kühl, B./ Nink, D./Weinzierl, Q./Wenzel, M., Die Datenschutz-Grundverordnung und das nationale Recht : Erste Überlegungen zum innerstaatlichen Regelungsbedarf, Münster 2016 (zitiert *Kühling/Martini u.a.* 2016).

Kühling, J./Seidel, C./Sivridis, A., Datenschutzrecht, 3. Aufl., Heidelberg 2015.

Kunkel, P.-C./Kepert, J./Pattar, A. (Hrsg.), Sozialgesetzbuch VIII – Kinder- und Jugendhilfe, Kommentar, 6. Aufl., Baden-Baden 2016 (zitiert: *Autor*, in: Kunkel/Kepart/Pattar 2016).

L

Lange, F., Verschiebungen im europäischen Grundrechtssystem?, NVwZ 2014, 169.

Lauber-Rönsberg, A./Hartlaub, A., Personenbildnisse im Spannungsfeld zwischen Äußerungs- und Datenschutzrecht, NJW 2017, 1057.

Laue, P./Nink, J./Kremer, S., Das neue Datenschutzrecht in der betrieblichen Praxis, Baden-Baden 2016.

Lechner, H./Zuck, R., Bundesverfassungsgerichtsgesetz, Kommentar, 7. Aufl., München 2015 (zitiert: *Autor*, in: Lechner/Zuck 2015).

Leucker, F., Die zehn Märchen der Datenschutzreform, PinG 2015, 195.

Leupold, A./Glossner, S. (Hrsg.), Münchener Anwaltshandbuch IT Recht, 3. Aufl., München 2013.

Leutheusser-Schnarrenberger, S., Der EuGH stärkt den Zusammenhalt in der Europäischen Union, DuD 2016, 356.

Lewinski, K. v., Europäisierung des Datenschutzrechts – Umsetzungsspielraum des deutschen Gesetzgebers und Entscheidungskompetenz des BVerfG, DuD 2012, 564.

Lewinski, K. v./ Herrmann, C., Cloud vs. Cloud - Datenschutz im Binnenmarkt: Verantwortlichkeit und Zuständigkeit bei grenzüberschreitender Datenverarbeitung. ZD 2016, 467.

Linnenkohl, K., Der betriebliche Beauftragte für den Datenschutz – Rechtsfragen im Zusammenhang mit der Bestellung, NJW 1979, 1190.

Lorbach-Roth, C., Die Datenschutz-Grundverordnung als harmonisierende Maßnahme zur Schaffung eines einheitlichen Rechtsrahmens im europäischen Datenschutz – Die rechtliche Beurteilung am Beispiel des Bundesdatenschutzgesetzes, Masterarbeit im Studiengang Wirtschaftsrecht der Universität Kassel, Juli 2016.

Ludwig-Mayerhofer, W./Liebeskind, U./Geißler, F., Statistik – Eine Einführung für Sozialwissenschaftler, Weinheim und Basel 2014.

Ludwigs, M., Der Ultra-vires-Vorbehalt des BVerfG – Judikative Kompetenzanmaßung oder legitimes Korrektiv?, NVwZ 2015, 537.

Lurtz, H., Das Tauziehen um die Ausgestaltung der ePrivacy-Verordnung, ZD-Aktuell 2017, 05707.

M

Maas, H., EU-Datenschutz-Grundverordnung: Datensouveränität in der digitalen Gesellschaft, DuD 2015, 579.

Maier, N., Die Datenweitergabe im Rahmen des Cloud Computings unter besonderer Betrachtung von Unterauftragsverhältnissen, Kassel 2014.

Maier, N., Der Beschäftigtendatenschutz nach der Datenschutz-Grundverordnung – Getrennte Regelungen für den öffentlichen und nicht öffentlichen Bereich?, DuD 2017, 169.

Maier, N./Schaller, F., ePrivacy-VO – alle Risiken der elektronischen Kommunikation gebannt?, ZD 2017, 373.
Maisch, M./Seidl, A., Cloud Government: Rechtliche Herausforderungen beim Cloud Computing in der öffentlichen Verwaltung, VBlBW 2012, 7.
Mann, T./Sennekamp, C./Uechtritz, M. (Hrsg.), Verwaltungsverfahrensgesetz Großkommentar, Göttingen 2014 (zitiert: *Autor*, in: Mann/Sennekamp/Uechtritz 2014).
Marschall, K., Strafrechtliche Haftungsrisiken des betrieblichen Datenschutzbeauftragten? – Notwendige Handlungsempfehlungen, ZD 2014, 66.
Marschall, K., Wann drohen schwerwiegende Beeinträchtigungen im Rahmen von § 42a BDSG? – Mehr Rechtssicherheit durch mehr Informationen?, RDV 2015, 17.
Marschall, K., EU-DSGVO: Meldepflicht bei Datenpannen, BvD-News – Fachmagazin für den Datenschutz 01/2015, 30.
Marschall, K., Erweiterte Informationspflichten in der DSGVO: Änderungen für die Unternehmen, Datenschutz-Berater (DSB) 11/2016, 230.
Marschall, K., Meldepflichten in der DSGVO – So gehen Sie mit Datenpannen richtig um, DatenschutzPraxis 08/2017, 1.
Marschall, K./Blazy, S., Unsicheres Fahrwasser? DSGVO: Praxistipps für Start-ups, DatenschutzPraxis 05/2017, 8.
Marschall, K./Müller, P., Der betriebliche Datenschutzbeauftragte zwischen BDSG und DSGVO – Bestellung, Rolle, Aufgaben und Anforderungen im Fokus europäischer Veränderungen, ZD 2016, 415.
Martini, M., Do it yourself im Datenschutzrecht – Der „GeoBusiness Code of Conduct" als Erprobungsfeld regulierter Selbstregulierung, NVwZ 2016, 353.
Martini, M./Fritzsche, S., Mitverantwortung in sozialen Netzwerken – Facebook-Fanpage-Betreiber in der datenschutzrechtlichen Grauzone, NVwZ-Extra 21/2015, 1.
Masing, J., Abschied von den Grundrechten, Süddeutsche Zeitung vom 9.1.2012, S. 10.
Masing, J., Herausforderungen des Datenschutzes, NJW 2012, 2305.
Maunz, T./Dürig, G. (Begr.), Grundgesetz, Kommentar, 79. EL, München 2016 (zitiert: *Autor*, in: Maunz/Dürig 2016).
Mayer, F., Zurück zur Rechtsgemeinschaft: Das OMT-Urteil des EuGH, NJW 2015, 1999.
Meints, M./Thomsen, S., Protokollierung in Sicherheitsstandards, DuD 2007, 749.
Merton, R. K., Auf den Schultern von Riesen – Ein Leitfaden durch das Labyrinth der Gelehrsamkeit, Frankfurt a. M. 1983.
Mester, B. A., EU-Datenschutzgrundverordnung: Die europaweite Regelung des Datenschutzes noch 2015?, DuD 2015, 822.
Mestmäcker, E-J./Schweizter, H., Europäisches Wettbewerbsrecht, 3. Aufl., München 2014.
Metschke, R./Wellbrock, R., Datenschutz in Wissenschaft und Forschung, Berlin 2002.
Meyer, J. (Hrsg.), Charta der Grundrechte der Europäischen Union, Kommentar, 4. Aufl., Baden-Baden 2014 (zitiert: *Autor*, in: Meyer 2014).
Meyer-Ladewig, J./Nettesheim, M./ v. Raumer, S. (Hrsg.), EMRK Europäische Menschenrechtskonventionen, 4. Aufl., Baden-Baden 2017 (zitiert: *Autor*, in: Meyer-Ladewig/Nettesheim/ v. Raumer 2017).
Moll, W. (Hrsg,), Münchener Anwaltshandbuch Arbeitsrecht, 4. Aufl., München 2017 (zitiert: *Autor*, in: Moll).
Monreal, M., Weiterverarbeitung nach einer Zweckänderung in der DS-GVO, ZD 2016, 507.
Moos, F., Die EU-Standardvertragsklauseln für Auftragsverarbeiter 2010: Die wesentlichen Neuerungen und Kritikpunkte im Überblick, CR 2010, 281.
Moos, F./Rothkegel, T.; Nutzung von Scoring-Diensten im Online-Versandhandel, ZD 2016, 561.
Moos, F./Schefzig, J., „Safe Harbor" hat Schiffbruch erlitten, CR 2015, 625.
Müller, D., Cloud Computing: Der strafrechtliche Schutz der Datenvertraulichkeit vor potentiellen Insiderangriffen, DuD 2017, 371.
Müller-Broich, J. D., Telemediengesetz, Baden-Baden 2012.
Müller-Glöge, R./Preis, U./Schmidt, I. (Hrsg.), Erfurter Kommentar zum Arbeitsrecht, 17. Aufl., München 2017 (zitiert: *Autor*, in: Müller-Glöge/Preis/Schmidt 2017).

N

Nebel, M./Richter, P., Datenschutz bei Internetdiensten nach der DS-GVO: Vergleich der deutschen Rechtslage mit dem Kommissionsentwurf, ZD 2012, 407.

Nettesheim, M., Anmerkung zu BVerfG, Beschl. v. 15.12.2015 – 2 BvR 2735/14, JZ 2016, 424.

Neumann, A., Der Kommissionsvorschlag für einen europäischen Kodex für die elektronische Kommunikation – Geplante Änderungen im Bereich der Marktregulierung, N&R 2016, 262.

Neun, A./Lubitzsch, K., EU-Datenschutz-Grundverordnung – Behördenvollzug und Sanktionen, Betriebs-Berater 2017, 1538.

Nguyen, A., Die Subsidiaritätsrüge des Deutschen Bundesrates gegen den Vorschlag der EU-Kommission für eine Datenschutz-Grundverordnung, ZeuS 2012, 277.

Nguyen, A., Die zukünftige Datenschutzaufsicht in Europa: Anregungen für den Trilog zu Kap. VI bis VII der DS-GVO, ZD 2015, 265.

P

Paal, B. P./Pauly, D. A., Datenschutz-Grundverordnung, München 2017 (zitiert: *Autor*, in: Paal/Pauly 2017).

Palandt, O. (Begr.), Bürgerliches Gesetzbuch, Kommentar, 74. Aufl., München 2015 (zitiert: *Autor*, in: Palandt 2015).

Peters, F./Kersten, H./Wolfenstetter, K.-H. (Hrsg.), Innovativer Datenschutz, Berlin 2012.

Piltz, C., Datenschutzrecht und Webseiten: Welches Recht ist anwendbar und welche Aufsichtsbehörde ist zuständig?, K&R 2015, 559.

Piltz, C., Die Datenschutz-Grundverordnung: Teil 3: Rechte und Pflichten des Verantwortlichen und Auftragsverarbeiters, K&R 2016, 709.

Plath, K.-U. (Hrsg.), Bundesdatenschutzgesetz, Kommentar, Köln 2013 (zitiert: *Autor*, in: Plath 2013).

Plath, K.-U. (Hrsg.), BDSG/DSGVO, Kommentar, 2. Aufl., Köln 2016 (zitiert: *Autor*, in: Plath 2016).

Podlech, A., Die Transformation des für Informationssysteme geltenden Informationsrecht in die Informationssysteme steuerndes Systemrecht, in: Bräutigam, L./Höller, H./Scholz, R. (Hrsg.), Datenschutz als Anforderung an die Systemgestaltung, Wiesbaden 1990, 352.

Poscher, R./Buchheim, J., Staatsaufsicht und Datenschutz – Ein letzter weißer Fleck auf der datenschutzrechtlichen Landkarte?, DVBl 2015, 1273.

Posser, H./Wolff, H. A. (Hrsg.), Beck'scher Online-Kommentar VwGO, 42. Edition, München 2017 (zitiert: *Autor*, in: Posser/Wolff 2017).

Pötters, S., Primärrechtliche Vorgaben für eine Reform des Datenschutzrechts, RDV 2015, 10.

Pötters, S./Traut, J., Videoüberwachung im Arbeitsverhältnis, RDV 2013, 132.

Preuß, T., Das Datenschutzrecht der Religionsgesellschaften – Eine Untersuchung de lege lata und de lege ferenda nach Inkrafttreten der DS-GVO, ZD 2015, 217.

R

Rammos, T./Vonhoff, H., Cloud Computing und Sozialdatenschutz – rechtliche Rahmenbedingungen für den Einsatz von Cloud Computing-Diensten im Sozialleistungssektor, CR 2014, 265.

Rauer, N./Ettig, D., Rechtskonformer Einsatz von Cookies – Aktuelle Entwicklungen, ZD 2015, 255.

Reding, V., Sieben Grundbausteine der europäischen Datenschutzreform, ZD 2012, 195.

Reinhard, A., Interner Datenschutzbeauftragter im Konzern – Bestellung, Widerruf und Kündigung, NZA 2013, 1049.

Richter, P., Datenschutz durch Technik und die Grundverordnung der EU-Kommission, DuD 2012, 576.

Richter, P., Datenschutz zwecklos? – Das Prinzip der Zweckbindung im Ratsentwurf der DSGVO, DuD 2015, 735.

Richter, P., Big Data, Statistik und die Datenschutz-Grundverordnung, DuD 2016, 581.

Rinne, H., Taschenbuch der Statistik, Frankfurt am Main 2008.
Ritter, T., Neue Werteordnung für die Gesetzesauslegung durch den Lissabon-Vertrag, NJW 2010, 1110.
Rolfs, C./Giesen, R./Kreikebohm, R./Udsching, P. (Hrsg.), Beck'scher Online-Kommentar Arbeitsrecht, 39. Edition, München 2016 (zitiert: *Autor*, in: Rolfs/Giesen/Kreikebohm/Udsching 2016).
Ronellenfitsch, M., Fortentwicklung des Datenschutzes – Die Pläne der Europäischen Kommission, DuD 2012, 561.
Roßnagel, A., Die rechtliche Fassung technischer Risiken, UPR 1986, 46.
Roßnagel, A., Rechtswissenschaftliche Technikfolgenforschung, Umrisse einer Forschungsdisziplin, Baden-Baden 1993.
Roßnagel, A., Datenschutz-Audit, DuD 1997, 505.
Roßnagel, A., Datenschutzaudit, Braunschweig/Wiesbaden 2000.
Roßnagel, A. (Hrsg.), Handbuch Datenschutzrecht – Die neuen Grundlagen für Wirtschaft und Verwaltung, München 2003 (zitiert: *Autor*, in: Roßnagel 2003).
Roßnagel, A., Datenschutz in der künftigen Verkehrstelematik, NZV 2006, 281.
Roßnagel, A., Das Telemediengesetz – Neuordnung für Informations- und Kommunikationsdienste, NVwZ 2007, 743.
Roßnagel, A., Datenschutz in einem informatisierten Alltag, Gutachten im Auftrag der Friedrich-Ebert-Stiftung, Berlin 2007.
Roßnagel, A., Konflikte zwischen Informationsfreiheit und Datenschutz?, MMR 2007, 16.
Roßnagel, A., Selbst- oder Fremdbestimmung – die Zukunft des Datenschutzes, in: Roßnagel, A./Sommerlatte, T./Winand, U. (Hrsg.), Digitale Visionen – Zur Gestaltung allgegenwärtiger Informationstechnologien, Berlin 2008, 123.
Roßnagel, A., Die Novellen zum Datenschutzrecht – Scoring und Adresshandel, NJW 2009, 2716.
Roßnagel, A., Die Zukunft informationeller Selbstbestimmung: Datenschutz ins Grundgesetz und Modernisierung des Datenschutzkonzepts, Kritische Justiz, Beiheft 1/2009, 99.
Roßnagel, A., Technikneutrale Regulierung: Möglichkeiten und Grenzen, in: Eifert, M./Hoffmann-Riem, W. (Hrsg.), Innovationsfördernde Regulierung, Berlin 2009, 323.
Roßnagel, A., Das Bundesverfassungsgericht und die Vorratsdatenspeicherung in Europa, DuD 2010, 544.
Roßnagel, A., Die „Überwachungs-Gesamtrechnung" – Das BVerfG und die Vorratsdatenspeicherung, NJW 2010, 1238.
Roßnagel, A., Das Gebot der Datenvermeidung und -sparsamkeit als Ansatz wirksamen technikbasierten Persönlichkeitsschutzes?, in: Eifert, M./Hoffmann-Riem, W. (Hrsg.), Innovation, Recht und öffentliche Kommunikation, Berlin 2011, 41.
Roßnagel, A., Modernisierung des Datenschutzes – Nicht die Definition von Personendaten muss geändert werden, sondern die Anforderungen an ihren Schutz, digma – Zeitschrift für Datenrecht und Informationssicherheit 2011, 160.
Roßnagel. A., Datenschutzgesetzgebung: Monopol oder Vielfalt?, DuD 2012, 553.
Roßnagel, A.: Big Data – Small Privacy? Konzeptionelle Herausforderungen für das Datenschutzrecht, ZD 2013, 562.
Roßnagel, A. (Hrsg.), Recht der Telemediendienste, Kommentar, München 2013 (zitiert: *Autor*, in: Roßnagel 2013).
Roßnagel, A., Was wird aus der Datenschutzgrundverordnung?, ZD 2014, 545.
Roßnagel, A., Neue Maßstäbe für den Datenschutz in Europa – Folgerungen aus dem EuGH-Urteil zur Vorratsdatenspeicherung, MMR 2014, 372.
Roßnagel, A., Regulierung – was leistet unser Datenschutzrecht (nicht)? in: Hill, H. (Hrsg.), E-Transformation. Veränderung der Verwaltung durch digitale Medien, Baden-Baden 2014, 78.
Roßnagel, A. (Hrsg.), Wolken über dem Rechtsstaat? Recht und Technik des Cloud Computing in Verwaltung und Wirtschaft, Baden-Baden 2015. (zitiert: *Autor*, in: Roßnagel 2015).
Roßnagel, A., Das IT-Sicherheitsgesetz, DVBl. 2015, 1206.
Roßnagel, A., Der Anwendungsvorrang der eIDAS-Verordnung: Welche Regelungen des deutschen Rechts sind weiterhin für elektronische Signaturen anwendbar?, MMR 2015, 359.

Roßnagel, A., Unabhängigkeit der Datenschutzaufsicht, ZD 2015, 106.
Roßnagel, A., Was bringt das neue europäische Datenschutzrecht für die Verbraucher? – Die Datenschutzgrundverordnung steht vor ihrer Verabschiedung, VuR 2015, 361.
Roßnagel, A., Die neue Vorratsdatenspeicherung – Der nächste Schritt im Ringen um Sicherheit und Grundrechtsschutz, NJW 2016, 533.
Roßnagel, A., Schriftliche Stellungnahme zum öffentlichen Fachgespräch zur Datenschutz-Grundverordnung am 24.2.2016 im Ausschuss Digitale Agenda des Bundestags, Ausschussdrucksachen-Nr. 18(24)94.
Roßnagel, A. (Hrsg.), Arbeitshilfe zur Datenschutz-Grundverordnung – Vergleich der deutschen Übersetzung der DSGVO in der Entwurfsfassung vom 28. Januar 2016 zur verkündeten Fassung, ITeG Technical Reports, Band 4, Kassel 2016.
Roßnagel, A., Das Recht der Vertrauensdienste – Die eIDAS-Verordnung in der deutschen Rechtsordnung, Baden-Baden 2016.
Roßnagel, A., Wie zukunftsfähig ist die Datenschutzgrundverordnung? Welche Antworten bietet sie für die neuen Herausforderungen des Datenschutzrechts?, DuD 2016, 561.
Roßnagel, A., Datenschutz im vernetzten Fahrzeug, in: Hilgendorf, E. (Hrsg.), Autonome Systeme und neue Mobilität, Baden-Baden 2017, 23.
Roßnagel, A., Datenschutzgesetzgebung für öffentliche Interessen und den Beschäftigungskontext – Chancen für risikoadäquate Datenschutzregelungen?, DuD 2017, 290.
Roßnagel, A., Vorratsdatenspeicherung rechtlich vor dem Aus?, NJW 2017, 696.
Roßnagel, A., Europäische Datenschutz-Grundverordnung, Vorrang des Unionsrechts – Anwendbarkeit des nationalen Rechts, Baden-Baden 2017. (zitiert: *Autor*, in: Roßnagel 2017).
Roßnagel, A., Datenschutzaufsicht nach der EU-Datenschutz-Grundverordnung: Neue Aufgaben und Befugnisse der Aufsichtsbehörden, Wiesbaden 2017. (zitiert: Roßnagel 2017).
Roßnagel, A., Gesetzgebung im Rahmen der Datenschutz-Grundverordnung – Aufgaben und Spielräume des deutschen Gesetzgebers?, DuD 2017, 277.
Roßnagel, A./Friedewald, M./Geminn, C. u.a., Policy Paper Datensparsamkeit oder Datenreichtum?, Zur neuen politischen Diskussion über den datenschutzrechtlichen Grundsatz der Datensparsamkeit, Karlsruhe 2017, https://www.forum-privatheit.de/forum-privatheit-de/publikationen-und-downloads/veroeffentlichungen-des-forums/positionspapiere-policy-paper/PolicyPaper-Datensparsamkeit.pdf.
Roßnagel, A./Geminn, C./Jandt, S./Richter, P., Datenschutzrecht 2016 – „Smart" genug für die Zukunft? Ubiquitous Computing und Big Data als Herausforderungen des Datenschutzrechts, Kassel 2016.
Roßnagel, A./Jandt, S., Rechtskonformes Direktmarketing, Gestaltungsanforderungen und neue Strategien für Unternehmen, MMR 2011, 86.
Roßnagel, A./Jandt, S./Kroschwald, S./Wicker, M., Datenschutzkonformes Cloud Computing, in: Krcmar, H./Leimeister, M./Roßnagel, A./Sunyaev, A. (Hrsg.), Cloud-Services aus der Geschäftsperspektive, Berlin u.a. 2016, 207.
Roßnagel, A./Jandt, S./Richter, P., Die Zulässigkeit der Übertragung personenbezogener Daten in die USA im Kontext der NSA-Überwachung, ZD 2014, 545.
Roßnagel, A./Nebel, M., (Verlorene) Selbstbestimmung im Datenmeer, DuD 2015, 455.
Roßnagel, A./Nebel, M./Richter, P., Was bleibt vom Europäischen Datenschutzrecht? Überlegungen zum Ratsentwurf der DS-GVO, ZD 2015, 455.
Roßnagel, A./Pfitzmann, A./Garstka, H., Modernisierung des Datenschutzrechts, Gutachten im Auftrag des Bundesministeriums des Innern, Berlin 2001.
Roßnagel, A./Richter, P./Nebel, M., Besserer Internetdatenschutz für Europa, ZD 2013, 103.
Rossi, M., Informationsfreiheitsgesetz, Kommentar, Baden-Baden 2006.
Rost, M. C., Bußgeld im digitalen Zeitalter – was bringt die DS-GVO?, RDV 2017, 13.
Rost, M., Datenschutz in 3D, Daten, Prozesse und Schutzziele in einem Modell, DuD 2011, 351.
Rost, M./Pfitzmann, A., Datenschutz-Schutzziele – revisited, DuD 2009, 353.

S

Säcker, F. J. (Hrsg.), Telekommunikationsgesetz, Kommentar, 3. Aufl., Frankfurt am Main 2013 (zitiert: *Autor*, in: Säcker 2013).

Säcker, F. J./Rixecker, R./Oetker, H./Limperg, B. (Hrsg.), Münchener Kommentar zum Bürgerlichen Gesetzbuch, Band 2, 7. Aufl., München 2016 (zitiert: *Autor*, in: MüKo 2016).

Säcker, F. J./Rixecker, R./Oetker, H./Limperg, B. (Hrsg.), Münchener Kommentar zum Bürgerlichen Gesetzbuch, Band 3 a, 7. Aufl., München 2016 (zitiert: *Autor*, in: MüKo 2016).

Schaar, P., Europäischer Startschuss für die Datenschutzreform: Eine Chance für wirksame Verbesserungen, DuD 2012, 154.

Schaar, K., DS-GVO: Geänderte Vorgaben für die Wissenschaft, ZD 2016, 224.

Schaar, K., Anpassung von Einwilligungserklärungen für wissenschaftliche Forschungsprojekte, ZD 2017, 213.

Schack, H., Internationales Zivilverfahrensrecht, 6. Aufl., München 2014.

Schäfer, T., Statistik I – Deskriptive und Explorative Datenanalyse, Wiesbaden 2010.

Schallbruch, M., Die EU-Richtlinie über Netz- und Informationssicherheit: Anforderungen an digitale Dienste: Wie groß ist der Umsetzungsbedarf der NIS-Richtlinie in deutsches Recht im Bereich digitaler Dienste?, CR 2016, 663.

Schantz, P., Die Datenschutz-Grundverordnung – Beginn einer neuen Zeitrechnung im Datenschutzrecht, NJW 2016, 1841.

Schierenbeck, H., Bank- und Versicherungslexikon, 2. Aufl, München/Wien 1994.

Schild, H.-H./Tinnefeld, M.-T., Datenschutz in der Union – Gelungene oder missglückte Gesetzentwürfe?, DuD 2012, 312.

Schimmelpfennig, H.-C./Wenning, H., Arbeitgeber als Telekommunikationsdienste-Anbieter? – Eingeschränkter Zugriff auf elektronische Geschäftskorrespondenz bei zugelassener Privatnutzung von E-Mail und Internet am Arbeitsplatz?, DB 2006, 2290.

Schmid, G., Kahl, T., Verarbeitung „sensibler" Daten durch Cloud-Anbieter in Drittstaaten, ZD 2017, 54.

Schmidt, B./Babilon, T., Anforderungen an den Einsatz von Cookies, Browser-Fingerprinting und ähnlichen Techniken nach deutschem Recht, K&R 2016, 86.

Schmidt-Bleibtreu, B./Hofmann, H./Hennecke, H. (Hrsg.), Grundgesetz, Kommentar, 13. Aufl., Köln 2014 (zitiert: *Autor*, in: Schmidt-Bleibtreu/Hofmann/Hennecke 2014).

Schmitz, P., Datenschutzgerechte Gestaltung von AGB für Telemedia-Dienste, DuD 2001, 395.

Schneider, J./Härting, N., Wird der Datenschutz endlich internettauglich? – Warum der Entwurf der Datenschutz-Grundverordnung enttäuscht, ZD 2012, 199.

Schneider, J./Härting, N., Datenschutz in Europa – Plädoyer für einen Neubeginn: Zehn "Navigationsempfehlungen", damit das EU-Datenschutzrecht internettauglich und effektiv wird, CR 2014, 306.

Schoch, F., Informationsrecht in einem grenzüberschreitenden und europäischen Kontext, EuZW 2011, 388.

Schoch, F. (Hrsg.), Informationsfreiheitsgesetz, Kommentar, 2. Aufl., München 2016.

Scholderer, F., Unabhängigkeit und Interessenkonflikte der Aufsichtsratsmitglieder – Systematik, Kodexänderungen, Konsequenzen, NZG 2012, 168.

Scholz, R., Nationale und europäische Grundrechte: Umgekehrte "Solange"-Regel?, DVBl. 2014, 197.

Schönberger, C., Anmerkung zu BVerfG, Beschluss vom 15.12.2015 – 2 BvR 2735/14, JZ 2016, 422.

Schröter, H./Jakob, T./Klotz, R./Mederer, W. (Hrsg.), Europäisches Wettbewerbsrecht, Kommentar, 2. Aufl., Baden-Baden 2014 (zitiert: *Autor*, in: Schröter/Jakob/Klotz/Mederer 2014).

Schulze, R./Zuleeg, M./Kadelbach, S. (Hrsg.), Europarecht – Handbuch für die deutsche Rechtspraxis, 3. Aufl., Baden-Baden 2015 (zitiert: *Autor*, in: Schulze/Zuleeg/Kadelbach 2015).

Schwartmann, R., Ausgelagert und ausverkauft – Rechtsschutz nach der Datenschutz-Grundverordnung, RDV 2012, 55.

Schwarze, J./Becker, U./Hatje, A./Schoo, J. (Hrsg.), EU-Kommentar, 3. Aufl., Baden-Baden 2012 (zitiert: *Autor*, in: Schwarze 2012).

Simitis, S. (Hrsg.), Bundesdatenschutzgesetz, Kommentar, 8. Aufl., Baden-Baden 2014 (zitiert: *Autor*, in: Simitis 2014).
Skistims, H., Smart Homes – Rechtsprobleme intelligenter Haussysteme unter besonderer Beachtung des Grundrechts auf Gewährleistung der Vertraulichkeit und Integrität informationstechnischer Systeme, Baden-Baden 2016.
Soltész, U./Steinle, C./Bielesz, H., Rekordgelder versus Bestimmtheitsgebot – Die Kartellverordnung auf dem Prüfstein höherrangigen Gemeinschaftsrechts, EuZW 2003, 202.
Spelge, K., Der Beschäftigtendatenschutz nach Wirksamwerden der Datenschutz-Grundverordnung (DS-GVO) – Viel Lärm um nichts?, DuD 2016, 775.
Spiecker gen. Döhmann, I./Eisenbarth, M., Kommt das „Volkszählungsurteil" nun durch den EuGH? – Der Europäische Datenschutz nach Inkrafttreten des Vertrags von Lissabon, JZ 2011, 169.
Spilker, B., Postmortaler Datenschutz, DÖV 2015, 54.
Spindler, G., Persönlichkeitsrecht und Datenschutz im Internet – Anforderungen und Grenzen einer Regulierung, NJW-Beilage 3/2012, 98.
Spindler, G., IT-Sicherheitsgesetz und zivilrechtliche Haftung: Auswirkungen des IT-Sicherheitsgesetzes im Zusammenspiel mit der endgültigen EU-NIS-Richtlinie auf die zivilrechtliche Haftung, CR 2016, 297.
Spindler, G., Die neue EU-Datenschutz-Grundverordnung, DB 2016, 937.
Spindler, G., Selbstregulierung und Zertifizierungsverfahren nach der DS-GVO. Reichweite und Rechtsfolgen der genehmigten Verhaltensregeln, ZD 2016, 407.
Spindler, G., Big Data und Forschung mit Gesundheitsdaten in der gesetzlichen Krankenversicherung, MedR 2016, 691.
Spindler, G./Schuster, F. (Hrsg.), Recht der elektronischen Medien, Kommentar, 3. Aufl., München 2015 (zitiert: *Autor*, in: Spindler/Schuster 2015).
Spyra, G./Schütze, B., DS-GVO – Was ändert sich im Gesundheitswesen?, RDV 2016, 285.
Steinebach, M./Halvani, O./Schäfer, M./Winter, C./Yannikos, Y., Big Data und Privatheit, Darmstadt 2014.
Stelkens, P./Bonk, H./Sachs, M. (Hrsg.), Verwaltungsverfahrensgesetz, Kommentar, 8. Aufl., München 2014 (zitiert: *Autor*, in: Stelkens/Bonk/Sachs 2014).
Stock, M., Medienfreiheit in der EU nur „geachtet" (Art. 11 Grundrechtscharta) – Ein Plädoyer für Nachbesserungen im Verfassungskonvent, EuR 2002, 566.
Streinz, R. (Hrsg.), EUV/AEUV, Kommentar, 2. Aufl., München 2012 (zitiert: *Autor*, in: Streinz 2012).
Streinz, R., Europarecht: Anwendungsbereich der EU-Grundrechtecharta, JuS 2013, 568.
Strubel, M., Anwendungsbereich des Rechts auf Datenübertragbarkeit, ZD 2017, 355.
Stöbener, P./Wurster, B., Institutionelles: Konsultationsleitlinien und Gesetzesfolgenabschätzung auf dem Prüfstand, EuZW 2014, 664.
Sydow, G. (Hrsg.), Europäische Datenschutzgrundverordnung, Kommentar, Baden-Baden 2017 (zitiert: *Autor*, in Sydow 2017).

T

Taeger, J., Scoring in Deutschland nach der EU-Datenschutzgrundverordnung, ZRP 2016, 72.
Taeger, J., Verbot des Profiling nach Art. 22 DS-GVO und die Regulierung des Scoring ab Mai 2018, RDV 2017, 3.
Taeger, J./Gabel, D. (Hrsg.), BDSG und Datenschutzvorschriften des TKG und TMG, Kommentar, 2. Aufl., Frankfurt am Main 2013 (zitiert: *Autor*, in: Taeger/Gabel 2013).
Taeger, J./Rose, E., Zum Stand des deutschen und europäischen Beschäftigtendatenschutzes, BB 2016, 819.
Talidou, Z., Regulierte Selbstregulierung im Bereich des Datenschutzes, Frankfurt 2005.
Tamm, M./Tonner, K. (Hrsg.), Verbraucherrecht, 2. Aufl., München 2016 (zitiert: *Autor*, Tamm/Tonner 2016).
Thiele, C., Das Recht auf einen wirksamen Rechtsbehelf in vergleichender europäischer Perspektive (Art. 47 GRC, Art. 6 und 13 EMRK), ERA Forum 2015, 511.
Thoma, F., Risiko im Datenschutz, ZD 2013, 578.

Thomale, P.C, Die Privilegierung der Medien im deutschen Datenschutzrecht – zur Umsetzung der EG-Datenschutzrichtlinie hinsichtlich der journalistisch-redaktionellen Verarbeitung personenbezogener Daten, Wiesbaden 2006.
Thomé, S., Die Unabhängigkeit der Bundesdatenschutzaufsicht, VuR 2015, 130.
Thompson, D. F., Understanding Financial Conflicts of Interest, NEJM 1993, 573.
Thüsing, G. (Hrsg.), Beschäftigtendatenschutz und Compliance – Effektive Compliance im Spannungsfeld von BDSG, Persönlichkeitsschutz und betrieblicher Mitbestimmung, 2. Aufl., München 2014 (zitiert: *Autor*, in: Thüsing 2014).
Thym, D., Die Reichweite der EU-Grundrechte-Charta – Zu viel Grundrechtsschutz?, NVwZ 2013, 889.
Thym, D., Blaupausenfalle bei der Abgrenzung von Grundgesetz und Grundrechtecharta, DÖV 2014, 941.
Tinnefeld, M.-T./Buchner, B./Petri, T., Einführung in das Datenschutzrecht – Datenschutz und Informationsfreiheit in europäischer Sicht, 5. Aufl., München 2012.
Tinnefeld, M.-T., Der neue Datenschutz: Report über den „Führungs"-Wechsel im Team des ULD, DuD 2015, 817.
Trittin, W./Fischer, E. D., Datenschutz und Mitbestimmung. Konzernweite Personaldatenverarbeitung und die Zuständigkeit der Arbeitnehmervertretung, NZA 2009, 343.
Trute, H.-H., Die Forschung zwischen grundrechtlicher Freiheit und staatlicher Institutionalisierung, Tübingen 1994.

U

ULD, Datenschutzrechtliche Bewertung der Reichweitenanalyse durch Facebook, Kiel, 19.8.2011, https://www.datenschutzzentrum.de/facebook/facebook-ap-20110819.pdf.
ULD, Positionspapier des ULD zum Urteil des Gerichtshofs der Europäischen Union vom 6. Oktober 2015, Kiel, 14.10.2015, https://www.datenschutzzentrum.de/uploads/internationales/20151014_ULD-Positionspapier-zum-EuGH-Urteil.pdf.
Ulmer, C.-D., Datenverarbeitung und Datenschutz im Gesundheitswesen – technische Möglichkeiten und rechtliche Grundlagen, RDG 2012, 272.

V

Veil, W., DS-GVO: Risikobasierter Ansatz statt rigides Verbotsprinzip – Eine erste Bestandsaufnahme, ZD 2015, 347.
Verbraucherzentrale Bundesverband e. V, Gewährleistung der Privatsphäre und Vertraulichkeit in der elektronischen Kommunikation, 15. März 2017, http://www.vzbv.de/sites/default/files/downloads/2017/03/30/17-03-15_bmwi_vzbv_stellungnahme_eprivacy-verordnung.pdf.
Voigt, P./Alich, S., Facebook-Like-Button und Co. – Datenschutzrechtliche Verantwortlichkeit der Webseitenbetreiber, NJW 2011, 3541.
Volkmer, C./Kaiser, I., Das Verzeichnis von Verarbeitungstätigkeiten und die Datenschutz-Folgenabschätzung in der Praxis, PinG 2017, 153.
Vomhof, M., Verhaltensregeln nach § 38 a BDSG, PinG 2014, 209.
Vomhof, M.: Verhaltensregeln nach § 38 a BDSG. Der Code of Conduct der Versicherungswirtschaft, PinG 2015, 209.
von Danwitz, T., Europäisches Verwaltungsrecht, Berlin Heidelberg 2008.
von der Groeben, H./Schwarze, J./Hatje, A. (Hrsg.), Europäisches Unionsrecht, Band 1, 7. Aufl., Baden-Baden 2015 (zitiert: *Autor*, in: v. d. Groeben/Schwarze/Hatje 2015).
von Grafenstein, M., Das Zweckbindungsprinzip zwischen Innovationsoffenheit und Rechtssicherheit, DuD 2015, 789.
von Wulffen, M./Schütze, B. (Hrsg.), SGB X, Sozialverwaltungsverfahren und Sozialdatenschutz, Kommentar, 8. Aufl., München 2014 (zitiert: *Autor*, in: v. Wulffen/Schütze 2014).
von Zezschwitz, F., Konzept der normativen Zweckbegrenzung, in: Roßnagel (Hrsg.), Handbuch Datenschutzrecht, München, 2003, 219.
Voßhoff, A., Update BfDI 2.0 – Ausblick 2016, DuD 2016, 138.

Voßkuhle, A., „Integration durch Recht" – Der Beitrag des Bundesverfassungsgerichts, JZ 2016, 161.

W

Wagner, B./Goeble, T, Freie Fahrt für das Auto der Zukunft? Kritische Analyse des Gesetzentwurfs zum hoch- und vollautomatisierten Fahren, ZD 2017, 263.
Wagner, E., Der Entwurf einer Datenschutz-Grundverordnung der Europäischen Kommission, DuD 2012, 676.
Weichert, T., Datenschutzrechtliche Probleme beim Adressenhandel, WRP 1996, 522.
Weichert, T., Der Schutz genetischer Informationen – Strukturen und Voraussetzungen des Gen-Datenschutzes in Forschung, Medizin, Arbeits- und Versicherungsrecht, DuD 2002, 133.
Weichert, T., Regulierte Selbstregulierung – Plädoyer für eine etwas andere Datenschutzaufsicht, RDV 2005, 1.
Weichert, T., Das Äußerungsrecht der Datenschutzaufsichtsbehörden (Teil 2), DuD 2015, 397.
Weichert, T., Safe Harbor war Lug und Trug, JUVE Rechtsmarkt 1/2016, 74.
Weichert, T./Spaeing, F./Hülsmann, W., Stellungnahme zum Entwurf eines Gesetzes zur Anpassung des Datenschutzrechts an die Verordnung (EU) 2016/679 und zur Umsetzung der Richtlinie (EU) 2016/680 (Datenschutz-Anpassungs- und –Umsetzungsgesetz EU – DSAnpUG-EU) – Kabinettsvorlage für den 01.02.2017, https://www.datenschutzverein.de/wp-content/uploads/2017/02/20170201-DVD-Stellungnahme-BDSG-RegE.pdf.
Weinhold, R., Kritische Überlegungen zur Einführung „verbesserter" Videoüberwachung, ZD-Aktuell 2017, 05555.
Weiss, E. M., Rechtsbehelfe und Klagen, in: Knyrim, R. (Hrsg.), Datenschutz-Grundverordnung – Praxishandbuch, Wien 2016, 319.
Weiß, S., Die Struktur der Aufsichtsbehörden in den EU-Staaten und deren Kompetenzen – ein aktueller Überblick, RDV 2014, 319.
Wendehorst, C./Graf v. Westphalen, F., Das Verhältnis zwischen Datenschutz-Grundverordnung und AGB-Recht, NJW 2016, 3745.
Werry, S./Knoblich, S., Die neue europäische Datenschutz-Grundverordnung – Inhalte und akuter Handlungsbedarf für Pharma- und Medizinprodukteunternehmen, MPR 2017, 1.
Wicker, M., Haftet der Cloud-Anbieter für Schäden beim Cloud-Nutzer? Relevante Haftungsfragen in der Cloud, MMR 2014, 715.
Wicker, M., Haftungsbegrenzung des Cloud-Anbieters trotz AGB-Recht? Relevante Haftungsfragen in der Cloud, MMR 2014, 787.
Wicker, M., Cloud Computing und staatlicher Strafanspruch: Strafrechtliche Risiken und strafprozessuale Ermittlungsmöglichkeiten in der Cloud, Baden-Baden 2016.
Wolff, H.-J./Bachof, O/Stober, R./Kluth W.: Verwaltungsrecht I, 13. Aufl. München 2017.
Wolff, H. A./Brink, S., (Hrsg.), Datenschutzrecht in Bund und Ländern, Kommentar, München 2013 (zitiert: *Autor*, in: Wolff/Brink 2013).
Wolff, H. A./Brink, S. (Hrsg.), Beck'scher Online-Kommentar Datenschutzrecht, 19. Edition, München 2017, (zitiert: *Autor*, in: Wolff/Brink 2017).
Wolfie, C., Kommerzielle Digitale Überwachung im Alltag, Studie im Auftrag der österreichischen Bundesarbeitskammer, Wien 2014.
Woopen, C./Mertz, M., Ethik in der Technikfolgenabschätzung: Vier unverzichtbare Funktionen, APuZ 6-7 2014, 40.
Wronka, G., Anmerkungen zu den Verhaltensregeln der Deutschen Versicherungswirtschaft, RDV 2014, 93.
Wybitul, T., Der neue Beschäftigtendatenschutz nach § 26 BDSG und Art. 88 DSGVO, NZA 2017, 413.
Wybitul, T./Böhm, W.-T., Das neue EU-Datenschutzrecht – Folgen für Compliance und interne Ermittlungen, CB 2016, 101.
Wybitul, T./Rauer N., EU-Datenschutz-Grundverordnung und Beschäftigtendatenschutz – Was bedeuten die Regelungen für Unternehmen und Arbeitgeber in Deutschland?, ZD 2012, 160.

Z

Zalnieriute, M., The promise and potential of transgovernmental cooperations on the international data privacy agenda: Communicative action, deliberative capacity and their limits, Computer Law & Security Review 2016, 31.

Zerey, J.-C., Finanzderivate, 4. Auflage 2016.

Ziekow, J./Debus, A./Musch, E., Bewährung und Fortentwicklung des Informationsfreiheitsrechts, Evaluierung des Informationsfreiheitsgesetzes des Bundes im Auftrag des Deutschen Bundestages, Baden-Baden 2013.

Zuiderveen Borgesius, F./Van Hoboken, J./Fahy, R./Irion, K./Rozendaal, M., An Assessment of the Commission's Proposal on Privacy and Electronic Communications – Study for the Libe Committee, 2017.

Artikel- und Paragraphenverzeichnisse

Fette Zahlen bezeichnen die Paragraphen, magere die Randnummern.

DSGVO

BDSG a.F.

BDSG n.F.

Stichwortverzeichnis

Fette Zahlen bezeichnen die Paragraphen, magere die Randnummern.

Kolibri 360 GmbH
Ferdinand-Jühlke-Straße 7
99095 Erfurt, Deutschland
produktsicherheit@kolibri360.de